Manuel des

TRAVAUX A L'AIGUILLE

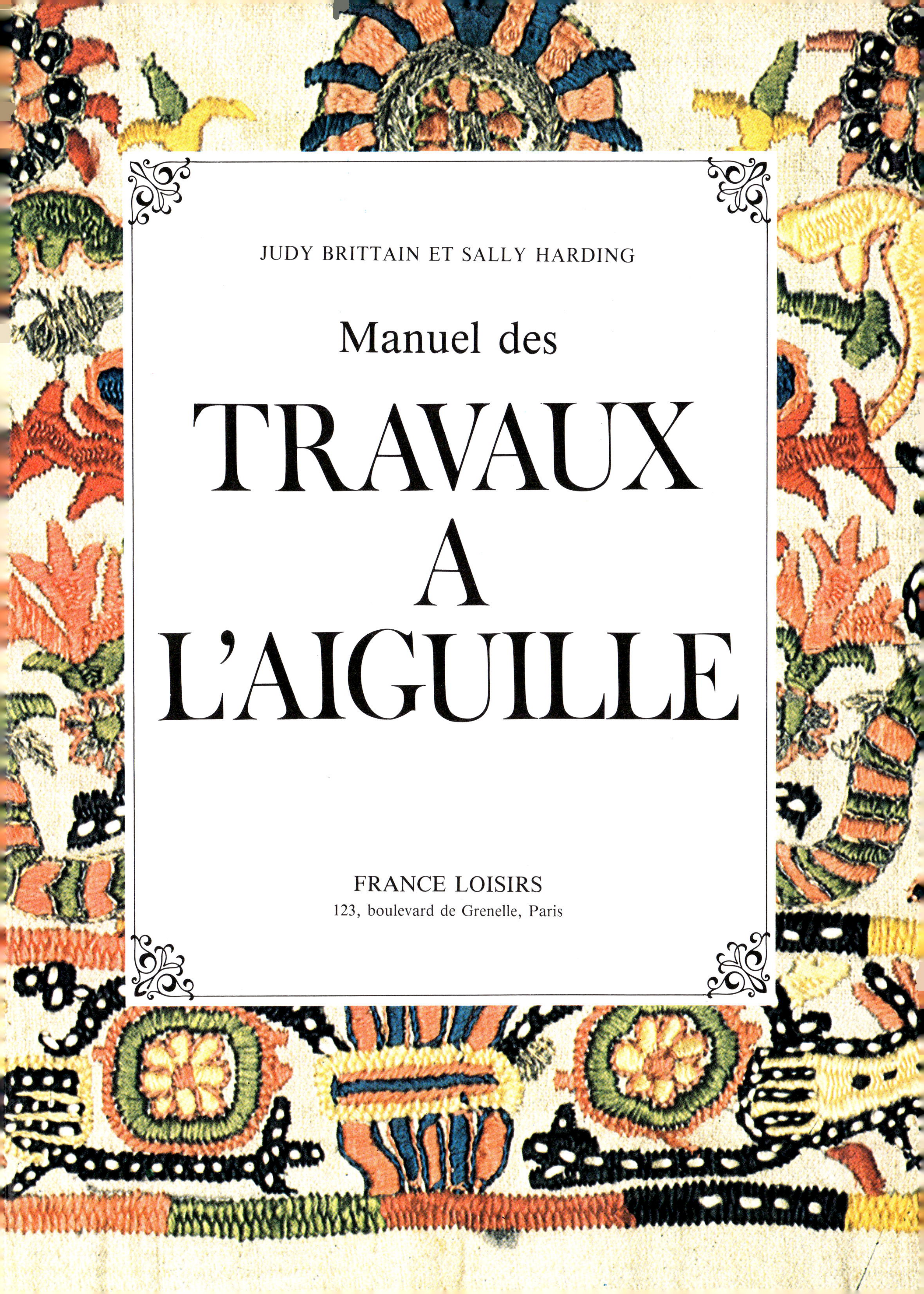

JUDY BRITTAIN ET SALLY HARDING

Manuel des
TRAVAUX A L'AIGUILLE

FRANCE LOISIRS
123, boulevard de Grenelle, Paris

Titre original:
Good Housekeeping Step-by-Step Encyclopedia of Needlecraft

Pour la présente édition:
Edition du Club France Loisirs, Paris,
avec l'autorisation de
l'Agence Internationale d'Edition

N° ISBN 2.7242.4054.5
N° Editeur 14235

Printed in Spain

SOMMAIRE

Tricot

Crochet

Broderie

Couture

INTRODUCTION

Aiguilles et fils de toutes sortes, lin, coton, laine, mais aussi fils d'or et d'argent, nous relient à nos lointaines origines. Ce fil d'Ariane a été tissé, depuis des millénaires, par tous ceux, hommes et femmes, qui ont cousu, brodé, tricoté, pour couvrir, réchauffer, mais aussi embellir.

Au Moyen Age, les travaux d'aiguille avaient atteint un tel degré de perfection que les broderies étaient considérées comme le summum de l'art, bien avant la peinture. Pendant la Renaissance, toutes les textures, y compris la dentelle, ont permis à l'imagination de s'exprimer librement. Puis... l'aiguille a glissé des doigts des fées, avec l'entrée fracassante des machines dans la vie de tous les jours.

Des techniques séculaires, scrupuleusement transmises de génération en génération, ont alors commencé à tomber en désuétude avant de tomber dans l'oubli.

Cette encyclopédie, très complète, des travaux d'aiguille a le propos, audacieux mais réaliste, de restituer à nos contemporains les raffinements inouïs de tous les points du passé, tout en leur montrant, avec des explications claires et des schémas simples, qu'ils sont, eux aussi, à même de réaliser des ouvrages utiles et beaux. Les modèles et les splendides illustrations présentés dans ces pages leur permettront de créer formes et couleurs.

Nul doute qu'ils sauront à leur tour transmettre un héritage culturel sans prix.

L'ÉDITEUR

Que trouverez-vous dans ce livre?

Cette encyclopédie aborde les genres principaux de travaux d'aiguille et d'ouvrages. Quatre chapitres regroupent les thèmes suivants: tricot, crochet, broderie, dentelle à l'aiguille et couture. Chaque chapitre vous initie aux notions élémentaires pour vous entraîner progressivement vers les réalisations les plus sophistiquées.

Pour tous les thèmes, vous retrouverez la même organisation en cinq points. D'abord l'historique qui vous permettra de connaître le développement de toutes les techniques, y compris celles disparues au siècle dernier. Ensuite, vous vous familiariserez avec le matériel et les fournitures nécessaires. Avant l'avènement de la technologie et de son cortège d'innombrables produits, tous les artisans connaissaient les subtiles interactions entre les différents fils et aiguilles. De plus, bien que vous soyez actuellement peu nombreux à broder avec des fils d'or, des pierreries ou des fils teints à la main, vous pourrez choisir judicieusement dans l'éventail des produits qui sont offerts de nos jours. Ensuite vous acquerrez, pas à pas, la méthode d'exécution qui vous permettra de mener à bien l'ouvrage entrepris. Viennent alors les glossaires des points qui vous aideront à créer des ouvrages variés et personnalisés. Quelques modèles reproduits dans ces pages sont des morceaux d'histoire, d'autres ont été créés spécialement pour vous ici. Quant à la rubrique « Idées et explications », elle saura, pour chaque chapitre, vous inciter à retrouver l'habileté de nos ancêtres.

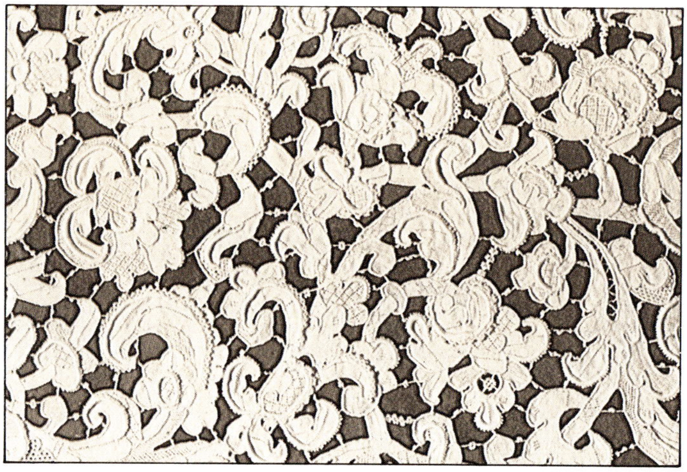

Dentelle à l'aiguille (punto in aria) 17e siècle, technique de la dentelle à l'aiguille, pages 226-229.

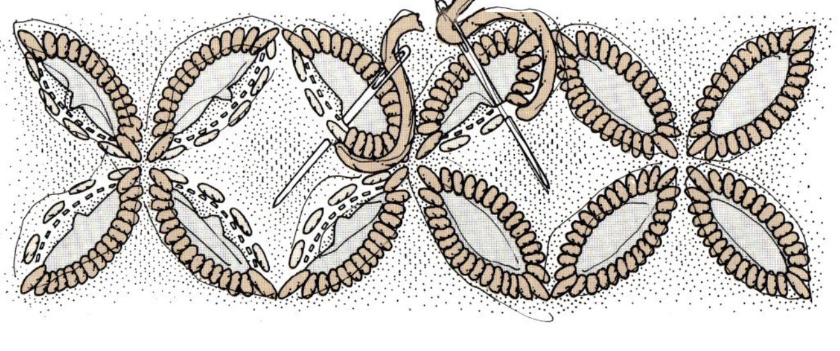

Broderie blanche à motifs ovales en cours de travail, technique, page 221.

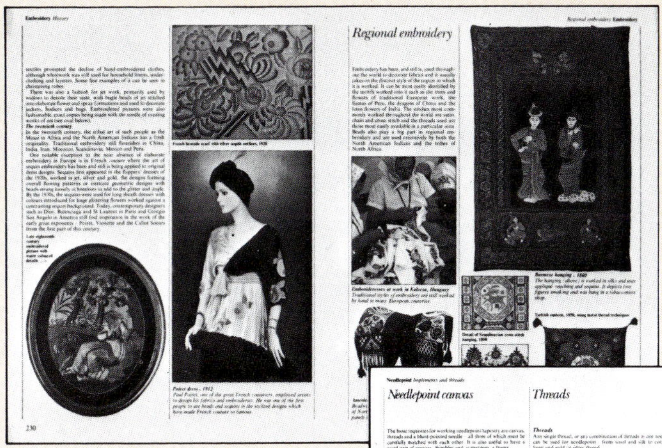

L'histoire illustrée
Nous sommes remontés aussi loin que possible, c'est-à-dire aussi loin que nous ayons des traces, pour chaque matière étudiée ici. Nous reproduisons les modèles les plus célèbres pour autant qu'on ait pu les photographier.

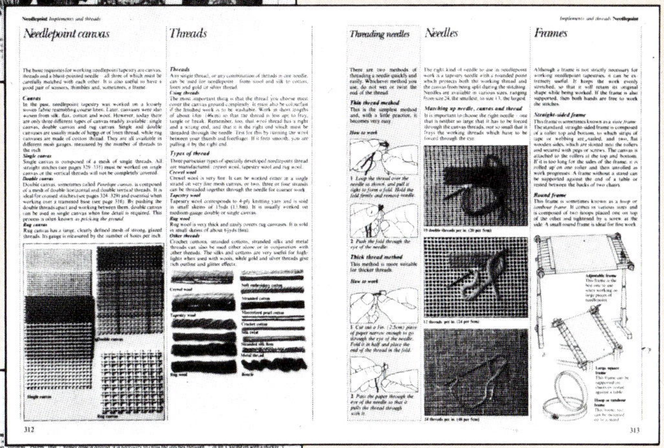

Matériel et fournitures
Le matériel nécessaire aux ouvrages est passé en revue depuis les aiguilles et les fils, les crochets et les épingles, jusqu'aux métiers et tissus. Pour le tricot et le crochet, les graphiques sont grandeur nature.

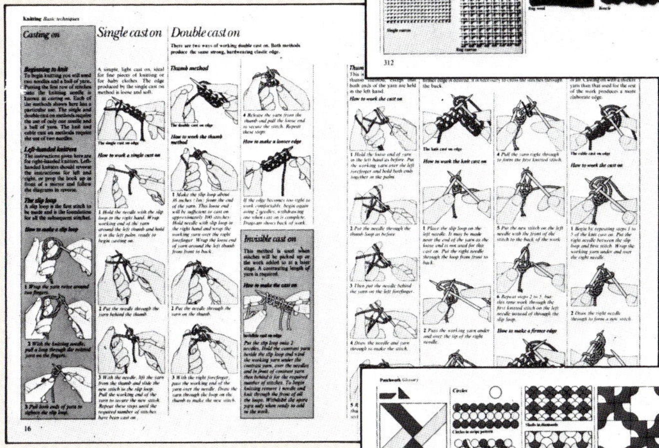

Comment faire?
La préoccupation principale de cette encyclopédie est de vous montrer les différents stades indispensables à la réalisation de chaque ouvrage. Ces pages techniques sont largement illustrées, tout au long de ce livre, de dessins montrant chaque stade et de photos de l'ouvrage terminé.

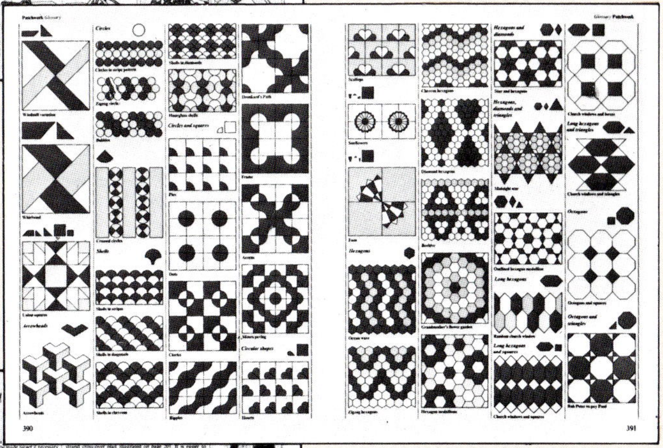

Glossaire de points
Vous trouverez soit des instructions écrites dans le tricot et le crochet, soit un graphique en cours de travail, comme pour la broderie. Des photos d'ouvrages anciens ou de modèles spécifiques accompagnent les textes.

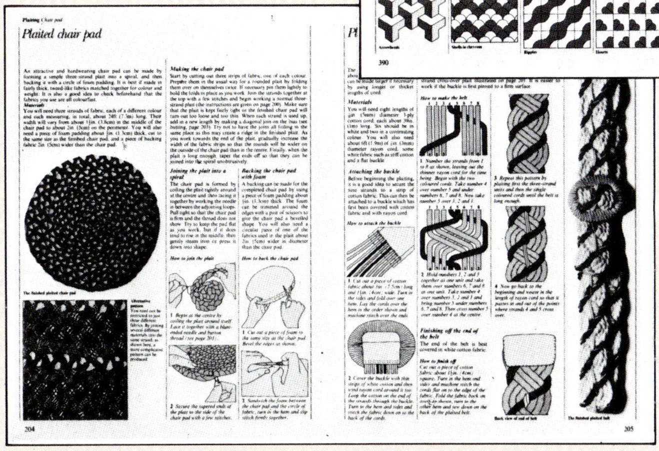

Idées et explications
Elles comprennent vêtements, accessoires et ameublement. Parmi les modèles destinés aux adultes, vous trouverez des pulls, des bonnets, des gants, des chaussettes, des ceintures, des sacs et des châles. Pour les enfants, ce seront chaussettes, bonnets, pulls, combinaisons, et robes. En matière d'ameublement, vous trouverez notamment des coussins, des rideaux et du linge de maison.

1

TRICOT

y compris Métiers et Machine à tricoter

Histoire du tricot

Le tricot, artisanat millénaire, est une activité toujours florissante. On tricote de plus en plus. Des stylistes de renom utilisent le tricot pour élargir et rehausser la gamme de leurs créations.

L'histoire du tricot relève du merveilleux car ses origines, très anciennes, sont difficiles à définir. En effet les textiles ne résistent pas à l'épreuve des ans, et rares sont les premiers ouvrages tricotés qui ont pu parvenir intacts jusqu'à nous.

L'origine du tricot est donc obscure. Qui le premier ou la première eut l'idée de tricoter? Probablement s'agit-il d'une extension de la technique des boucles, réalisées avec une aiguille à coudre. Le tricotage, au sens vrai du mot, désigne la fabrication, à la main, d'un tissu dont les mailles sont constamment reprises à l'aide d'un fil unique et d'au moins deux aiguilles sans chas.

Les tissus précolombiens du Pérou, fabriqués entre 900 ans avant et 600 après J.-C., seraient, pense-t-on, des ouvrages tricotés, tout comme les petits chaussons découverts par Champollion dans une tombe égyptienne datant du 4e siècle de notre ère. Pourtant, un examen attentif de ces étoffes montre que les boucles de l'ouvrage ont été réalisées avec différents brins de laine enfilés sur une aiguille à coudre. Il ne s'agirait donc pas de véritable tricotage.

Certains historiens pensent que le tricot était un art déjà millénaire au début de notre ère; Homère, dans l'Odyssée, en aurait même chanté les louanges. Pour eux, l'ouvrage que Pénélope confectionnait le jour et défaisait la nuit ne pouvait être que tricoté. Car, disent-ils, s'il avait été tissé, la femme d'Ulysse aurait passé plus de temps à défaire son ouvrage qu'à le travailler, tandis que si l'ouvrage était tricoté, elle pouvait le défaire rapidement et le recommencer inlassablement. Faute de preuves, la nature du travail de Pénélope restera un mystère jamais élucidé.

Premiers tricots

Les premiers ouvrages tricotés datent du 6e siècle de notre ère et ont été découverts au Moyen-Orient. Ce sont des œuvres d'un raffinement extrême dont les coloris rappellent ceux des tapis et des céramiques de l'époque. Pour avoir atteint une telle perfection, l'art du tricotage devait avoir été pratiqué depuis fort longtemps. Il a certainement été introduit en Occident par les soldats, les marins et les marchands arabes.

L'une des premières mentions du tricot en Occident apparaît sur le retable dit «la visite des Anges» de Maître Bertrand. Cette peinture, datant du 14e siècle et conservée au musée de Hambourg, montre la Vierge en train de tricoter sur quatre aiguilles.

Les premières corporations

Avec le temps, cet art est devenu une activité importante, un véritable métier, et la première confrérie de bonnetiers se crée à Paris en 1527. D'autres corporations sont fondées bientôt dans toutes les grandes cités d'Europe. Elles sont dirigées par des hommes. A cette époque, les femmes doivent se contenter de filer la laine, tandis que les hommes tissent et tricotent. Les seules femmes admises dans les corporations sont les veuves de compagnons qui reprennent la place de leur époux disparu. Les guildes et corporations exigent de leurs membres une grande maîtrise du tricotage: après six ans d'apprentissage, le compagnon peut postuler pour l'obtention du brevet de maître artisan et doit fournir les ouvrages suivants: une chemise de laine, un béret, une paire de chaussettes de laine et un tapis réalisé à l'aide de différentes couleurs.

Au 16e siècle, les ouvrages tricotés diffèrent selon les pays. L'Europe du Sud, catholique, tricote des habits liturgiques. La France, l'Espagne et l'Italie tricotent la soie et sont célèbres pour leurs bas, gants et gilets dont se parent princes et évêques.

En Allemagne et en Autriche, seule la laine est utilisée pour le tricot, mais elle est souvent rehaussée de broderies et ces pays se font remarquer par la magnificence de leurs tapis tricotés destinés à être accrochés au mur. En Angleterre, la dame d'atours d'Elisabeth Ire fait présent à la reine d'une paire de bas de soie tricotés. La cour les adopte aussitôt. Dès cette époque, le tricot devient une activité domestique florissante dans ce pays où le commerce de la laine tient dans l'économie une place prépondérante.

Une loi de 1565 précise même que toute personne âgée de plus de 7 ans doit obligatoirement, les jours fériés, porter sur la tête un béret de laine tricotée et foulée en Angleterre. Tout contrevenant s'expose à une amende.

On trouve de nombreux exemplaires de ces bérets dans les musées. Ils ont été tricotés puis feutrés par immersion dans l'eau pendant quatre à cinq jours. Quand la laine a suffisamment épaissi, le béret est mis en forme puis cardé. On peut alors couper dans l'étoffe sans craindre d'en défaire les mailles. Le fez turc et le béret basque sont toujours fabriqués de cette manière.

Tandis que le tricotage se développe grâce à une demande accrue en vêtements, un Anglais diplômé de Cambridge, William Lee, observant sa femme tricoter des chaussettes, a l'idée d'accélérer la technique du tricotage. Ainsi naît, en 1589, le premier métier à tricoter. Son invention révolutionne l'industrie du tricot, laquelle, de nos jours encore, continue d'utiliser les procédés techniques mis au point par William Lee.

L'introduction du métier à tricoter a pour résultat immédiat le déclin du tricotage manuel sauf dans les régions les plus reculées d'Europe. Vers le milieu du 18e siècle, les écoles et confréries de bonnetiers ont presque entièrement disparu. Cependant, le tricotage manuel en tant qu'art humble et domestique ne se perdra jamais.

Tricotage depuis le 17e siècle

Malgré l'avènement de la machine, le tricotage manuel s'est perpétué et les musées conservent de précieux ouvrages tricotés à la main. Malheureuse-

Tricot sur quatre aiguilles
Retable montrant la Vierge en train de relever les mailles de l'encolure d'un vêtement. Peinture du 14e siècle.

Tricoteur ambulant
Gravure d'après Annibal Carrache (Londres, Victoria & Albert Museum). Un homme debout tricote un bas aux aiguilles. Il peut tricoter deux fils en même temps grâce à une planchette portée en bandoulière, sur laquelle il fixe ses deux pelotes.

ment, les humbles vêtements quotidiens n'ont pas résisté au temps. C'est du 17e siècle que datent les magnifiques tapis probablement tricotés sur cadre, les superbes gants liturgiques de soie pourpre et de fils d'or, ainsi que la chemise de soie tricotée que Charles Ier d'Angleterre portait le jour de son exécution en 1649.

On se remit aux aiguilles avec les guerres des 19e et 20e siècles. Les Anglais baptisèrent Balaklava, du nom de leur victoire sur les Russes en Crimée, les passe-montagnes tricotés qu'ils portaient alors et qui leur permirent de lutter contre la rigueur du climat.

Comme activité plus pacifique, les dames de la bourgeoisie montante occupèrent leurs loisirs à des travaux d'aiguilles raffinés et inventèrent des points de broderie tricotée qu'elles utilisèrent pour confectionner des châles, mitaines, nappes et layettes. Citons encore les bourses et les pelotes à épingles ornées de scènes pastorales et brodées de perles, qui sont d'authentiques chefs-d'œuvre, considérés comme inégalés depuis. L'avènement des bibliothèques de prêt et des journaux de mode contribuèrent à populariser le tricot, mais certaines communautés isolées continuèrent de se transmettre oralement motifs et techniques traditionnels.

Les tricots des îles Shetland sont identiques à ceux que, selon la légende, les matelots espagnols rescapés de l'Invincible Armada enseignèrent aux habitants de l'île. Certains de ces modèles sont commercialisés depuis 1920, date à laquelle la vogue des pulls Shetland de toutes les couleurs se répandit en Amérique et en Europe. La renommée de ces pullovers n'a pas failli et les tricoteuses de l'île utilisent encore des modèles transmis par la tradition plutôt que par des marches à suivre écrites.

Le matériel

On ignore ce que furent les premiers outils du tricotage mais on suppose que nos ancêtres enroulaient un fil autour de leurs doigts pour former des boucles et réaliser ainsi une sorte de filet circulaire en montant des mailles successivement.

Les Indiens d'Amérique du Nord pratiquaient ce genre de tricotage en utilisant des broches tenues à la main ou plantées dans le sol et autour desquelles venait s'enrouler le fil afin de former des mailles.

A cette technique très simple, on substitua plus tard un cadre hérissé d'aiguilles recourbées qui remplacèrent les broches ou les doigts, et on utilisa une aiguille à crochet pour reprendre les mailles sur ces aiguilles recourbées.

Les cadres étaient rectangulaires ou ronds et les aiguilles recourbées étaient disposées autour d'une fente centrale par où se déroulait l'ouvrage tricoté. Les cadres étaient de tailles diverses et le fil autour des aiguilles était enroulé de différentes manières selon les points qu'on désirait obtenir. C'est sur ce type de métier que furent confectionnés les grands tapis multicolores des guildes, au Moyen Age. Le travail de la couleur relevait essentiellement de la fantaisie de l'artisan, puisque autour de chaque aiguille recourbée étaient enroulés des fils de différentes couleurs.

Depuis le milieu du 19e siècle, les métiers à tricoter se sont faits rares. Cependant, la technique survit dans le tricotin des enfants, cet appareil qui leur permet de réaliser de longs cordonnets. Ces métiers sont toujours utilisés pour fabriquer des tricots tubulaires ou de grandes dimensions.

Les anciennes aiguilles recourbées ressemblaient assez aux crochets actuels. Les premières aiguilles droites furent en cuivre, en bois, en fer, en ivoire et même en carapace de tortue! Les tricoteuses fabriquaient elles-mêmes leurs aiguilles qu'elles rangeaient, afin de leur conserver leur poli, dans des étuis de cuir ou dans des boîtes de bois et d'ivoire joliment décorées. Elles prenaient d'ailleurs grand soin de leurs aiguilles, dont elles affûtaient régulièrement les extrémités et qu'elles protégeaient au moyen de bouchons de liège ou de bois.

Les premières tricoteuses professionnelles devaient travailler très vite. Pour cela, elles fichaient l'aiguille droite dans un long étui, ce qui permettait à la main droite, ainsi libérée, de tricoter très rapidement les points d'une aiguille à l'autre. De cette manière, elles pouvaient tricoter jusqu'à 200 mailles à la minute.

Ces étuis étaient des œuvres d'art souvent finement ouvragées et gravées aux initiales de la tricoteuse. Ils se portaient sur la hanche droite et se fixaient à la ceinture de la tricoteuse ou à ses bretelles de tablier. Ils étaient presque toujours l'œuvre de jeunes gens qui les offraient à leurs belles comme gages d'amour et les motifs qui les ornaient étaient des cœurs, des fleurs et des devises.

Certains étuis étaient munis d'une chaînette d'où pendait une sorte de crochet. La chaîne s'enroulait autour de la taille et la tricoteuse attachait son ouvrage à ce crochet, ce qui lui offrait le double avantage de maintenir une certaine tension dans le fil et de pouvoir, à tout moment, abandonner l'ouvrage en le laissant pendre librement au crochet.

Ce type de tricotage se perpétua jusqu'à l'avènement des aiguilles industrielles en acier.

De nos jours, les aiguilles offrent un choix complet de longueurs et de grosseurs. La plupart des aiguilles sont droites, mais on utilise aussi des aiguilles circulaires et des aiguilles sans bout. Les grosseurs d'aiguilles sont indiquées page 14.

Gant liturgique espagnol
Les artisans du 16e siècle en tricotèrent de très beaux en fils de soie et d'or sur de minuscules aiguilles.

La chemise de Charles Ier d'Angleterre
Probablement tricotée en Italie, cette chemise de soie aurait été portée par Charles Ier le jour de son exécution en 1649.

Pelote à épingles tricotée en fil de soie
Pelote à épingles, du 18e siècle, ornée de motifs géométriques, tricotée avec de très fines aiguilles.

Le matériel

Aiguilles

Les aiguilles sont l'outil de base du tricot. Elles présentent toutes une extrémité pointue qui sert à former les mailles et une longue tige cylindrique qui retient les mailles déjà tricotées. On trouve des aiguilles sans bout ou munies d'une boule à une extrémité, en acier, en aluminium, en plastique ou en bois. Elles sont de différentes grosseurs et leur diamètre varie de 2 à 17 mm.

On utilise des jeux de deux aiguilles ou plus, et les aiguilles rigides sont préférables aux aiguilles souples si l'on souhaite tricoter rapidement. En effet les aiguilles souples sont plus agréables à manier mais elles ont tendance à se plier. Il faut veiller à ce que le bout de l'aiguille soit bien pointu, car des aiguilles aux pointes émoussées accrochent la laine et ôtent au tricot sa souplesse et sa régularité, surtout, s'il est en points ajourés.

Il est vivement conseillé de disposer d'un jeu complet d'aiguilles de toutes les grosseurs, afin de tricoter le maximum d'échantillons et de pouvoir les comparer pour choisir celui qui se rapproche le plus des dimensions souhaitées.

Aiguilles sans bout

Il s'agit d'aiguilles à 2 pointes, en jeux de quatre ou cinq aiguilles de même grosseur. Elles servent à réaliser des tricots en rond, chaussettes, gants, manches de certains pull-overs ou encore des motifs patchwork.

Aiguilles circulaires

Ce sont des aiguilles sans bout, reliées entre elles par un fil souple de plastique ou de fer. On en trouve de différentes grosseurs et longueurs et on les utilise pour réaliser de grands tricots tubulaires comme certains chandails ou des jupes.

Aiguilles auxiliaires

Ce sont des aiguilles sans bout mais très courtes. Elles existent dans toutes les grosseurs et peuvent être droites ou courbes. Elles servent à réaliser des points de torsades lorsque les mailles doivent être placées en attente devant ou derrière l'ouvrage.

Autres éléments utiles

Cinq autres accessoires complètent la panoplie de la parfaite tricoteuse. Ce sont :

La jauge à aiguilles

En métal ou en plastique, elle est percée de trous qui permettent de vérifier la grosseur des aiguilles.

Le compte-rangs

C'est un petit cylindre de plastique qui s'enfile sur l'une des aiguilles et qui sert à compter les rangs ou les mailles. Il suffit d'actionner un mécanisme situé sur le côté de l'appareil pour enregistrer les nombres.

Aiguille d'attente

C'est une longue épingle de sûreté qu'on utilise pour retenir les mailles en attente.

Aiguille à laine

C'est une aiguille de couture, à bout rond, qu'on utilise pour assembler les différents éléments d'un tricot. Le bout rond est indispensable car il n'arrache pas la laine. Les aiguilles de couture à pointe fine ne doivent être utilisées que pour coudre du tissu à un tricot.

Ruban de couturière

Un ruban-mètre ou une règle graduée sont indispensables pour mesurer un échantillon, ou pour vérifier la longueur d'un tricot.

Tailles des aiguilles

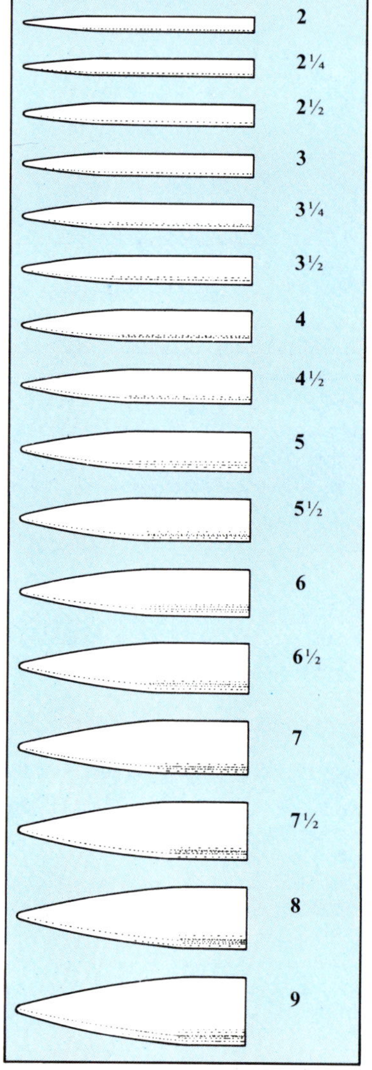

1-2 aiguilles 3 aiguilles sans bout
4 aiguilles à laine
5 aiguilles auxiliaires
6 aiguilles circulaires
7 aiguilles à tricoter courantes
8 compte-rangs, compte-mailles
9 jauge à aiguilles
10 aiguille auxiliaire
11 épingles 12 toise
13 ciseaux 14 ruban-mètre

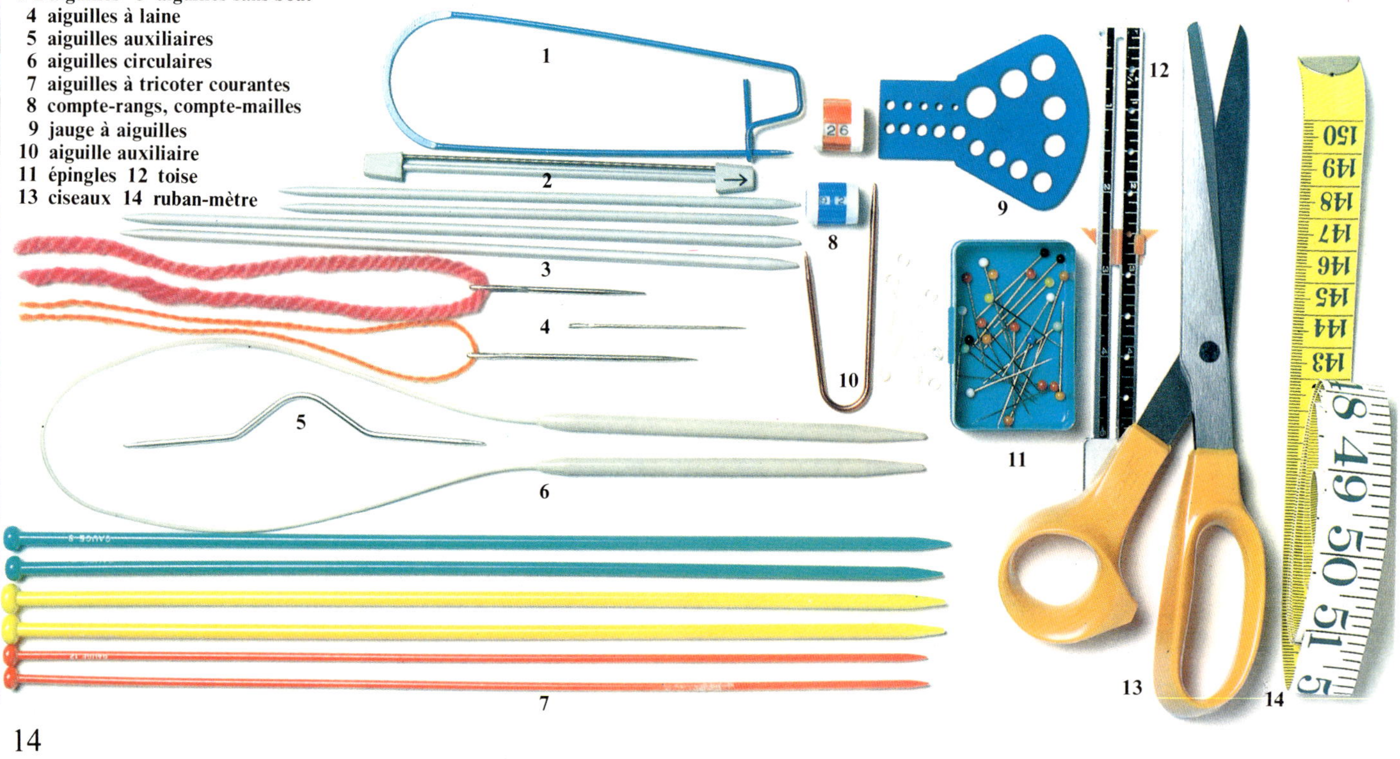

Comment bobiner les fils à tricoter

Presque tous les fils sont vendus en pelotes, mais il est parfois nécessaire de réaliser soi-même cette opération, lorsque la laine est présentée en écheveaux. Pour cela, déroulez soigneusement l'écheveau puis enroulez-le autour de deux chaises, placées dos à dos, ou autour des poignets d'une personne volontaire, en prenant soin de lui faire rentrer les pouces. Commencez la mise en pelote par l'extrémité externe de l'écheveau et non par l'extrémité interne, sinon la laine s'emmêlerait.

Faites des pelotes souples surtout s'il s'agit de laines naturelles. La laine est une fibre élastique et si elle est enroulée trop serrée, vous aurez des tricots déformés, qui, après un lavage, pendront ou, au contraire, rétréciront.

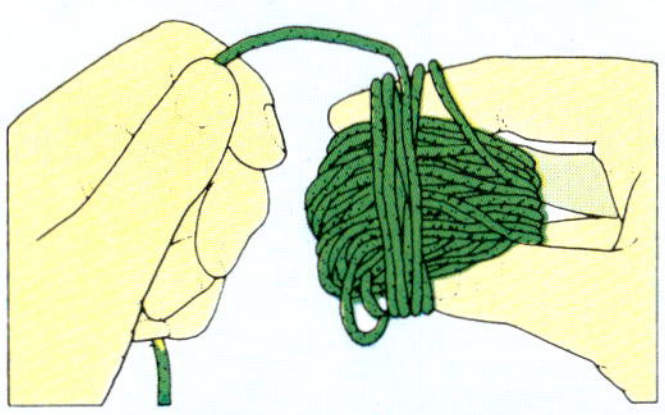

Comment enrouler la laine pour garder l'extrémité du fil en haut
Enroulez la laine fermement autour de 3 doigts puis dégagez-les. Continuez d'enrouler la laine sur cette petite bobine initiale jusqu'à former une pelote.

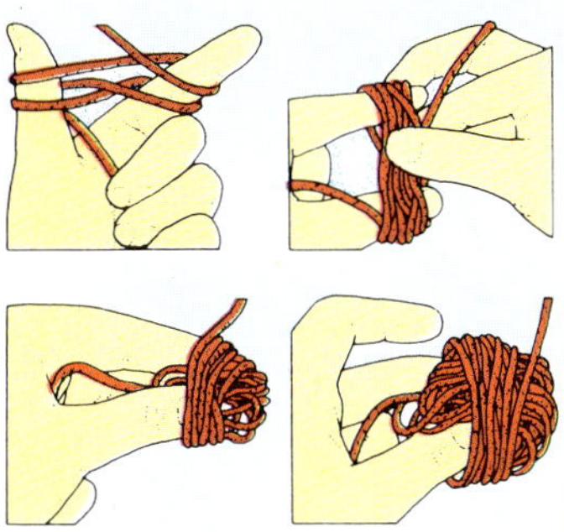

Comment enrouler la laine pour que l'extrémité du fil vienne du centre de la pelote
Maintenez avec les doigts le bout du fil placé en travers de la paume, puis enroulez le fil en forme de huit entre l'index et le pouce. Retirez la bobine ainsi obtenue, pliez-la, puis enroulez le fil autour d'elle en pelote souple.

Fils à tricoter

Les fils varient selon l'origine des fibres qui les composent : animales, végétales ou synthétiques.

Nous vous présentons ci-dessous les variétés les plus courantes.

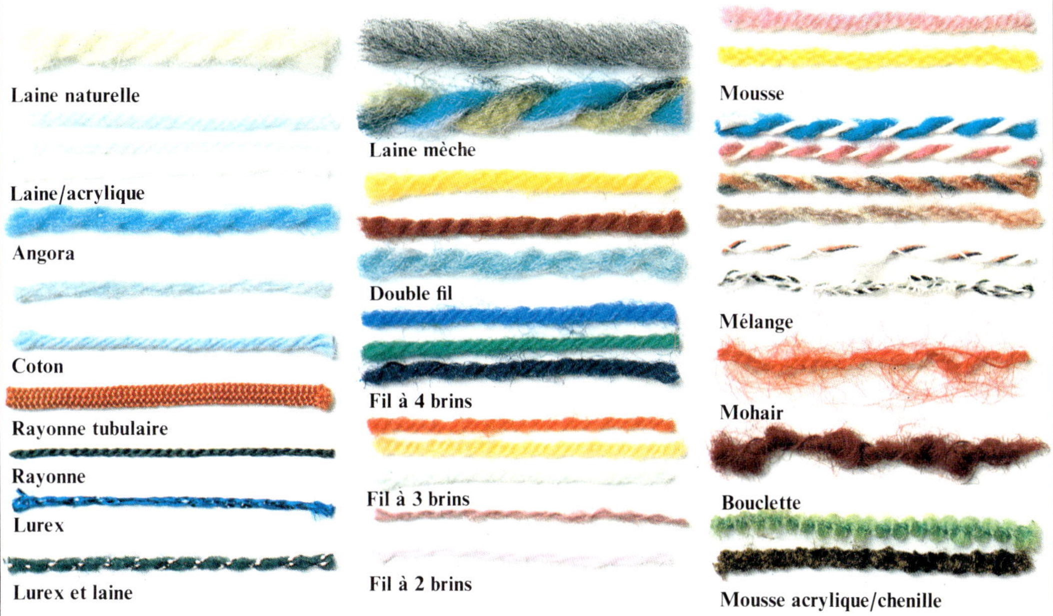

Fils bobinés
Les fils utilisés pour le tricot à la main sont presque toujours vendus en *«pelotes»*, **1, 2** et **3** ou *«en écheveaux»*, **4, 5**.
Les laines industrielles bobinées en cône ou cylindres sont préférables pour le tricot machine **6, 7, 8.**

Le montage

Le départ

Au début, vous n'aurez besoin que de 2 aiguilles et d'une pelote. Le montage consiste à porter un premier rang de mailles sur l'aiguille à tricoter. Chacune des méthodes illustrées ci-contre correspond à un usage précis et s'exécute avec une seule aiguille. Les montages tricotés et torsadés s'exécutent avec 2 aiguilles.

Tricoteuses gauchères

Les explications sont données pour des personnes droitières. Les gauchères doivent inverser les explications ou placer les schémas devant un miroir pour pouvoir suivre les explications ainsi inversées.

La boucle nouée

La première maille est formée par une boucle nouée et sert de base à toutes les autres mailles.

Exécution

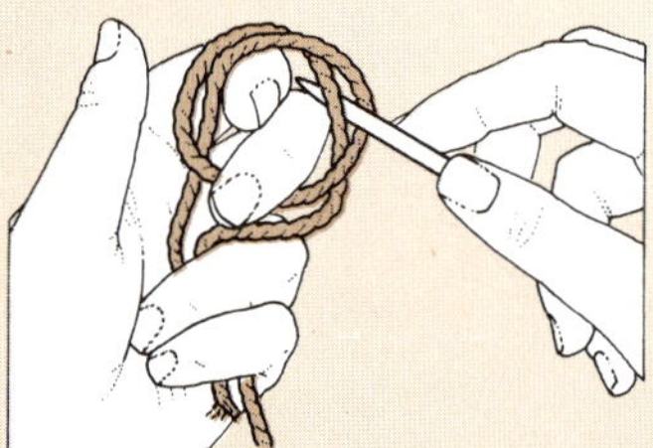

1 *Enroulez le fil 2 fois autour des doigts.*

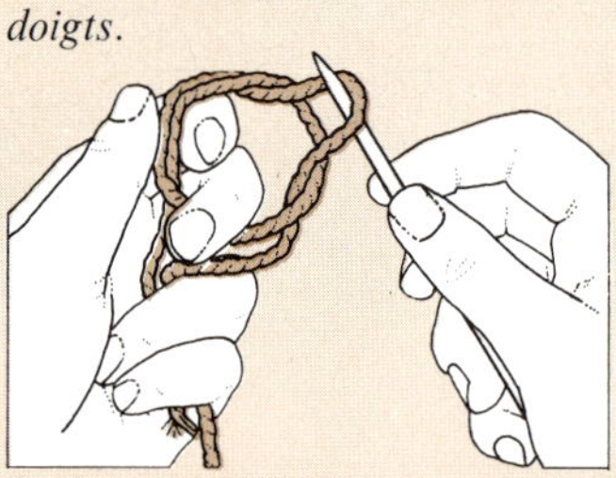

2 *Avec l'aiguille à tricoter, tirez une boucle dans le fil maintenu sur les 2 doigts.*

3 *Tirez les 2 extrémités du fil et resserrez la boucle nouée.*

Le montage simple

Le montage simple, très souple, est idéal pour les tricots délicats ou la layette qui nécessitent des bords souples.

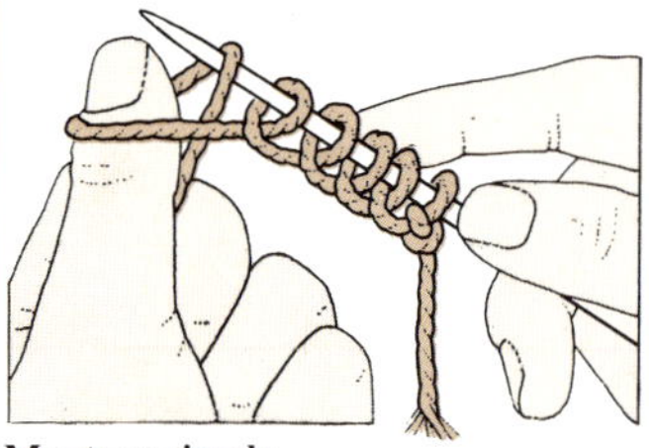

Montage simple

Exécution

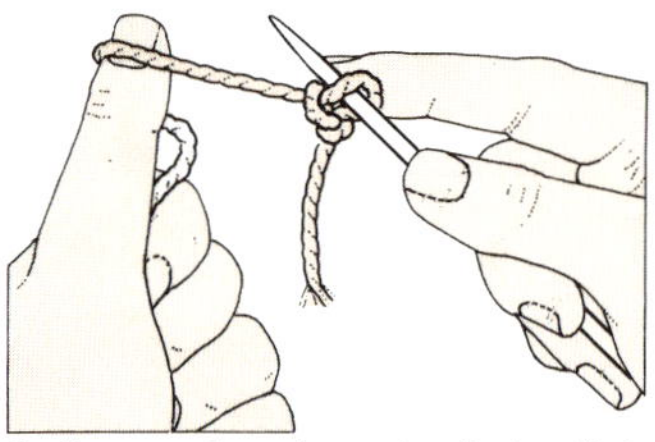

1 *Prenez dans la main droite l'aiguille sur laquelle se trouve la boucle nouée. Enroulez le fil venant de la pelote autour du pouce gauche et maintenez-le dans la paume de la main gauche, puis commencez le montage.*

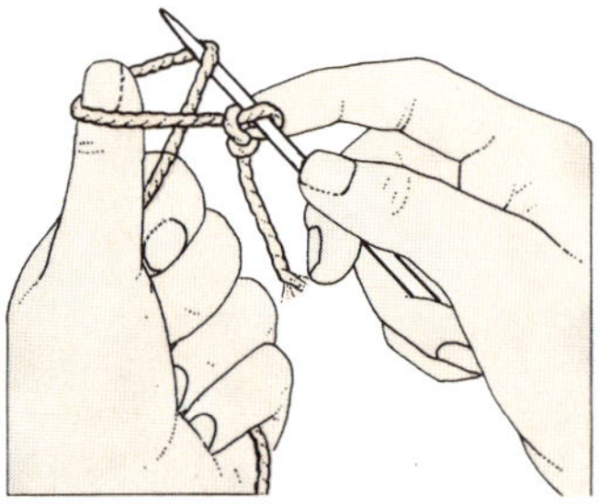

2 *Piquez l'aiguille dans la boucle formée autour du pouce.*

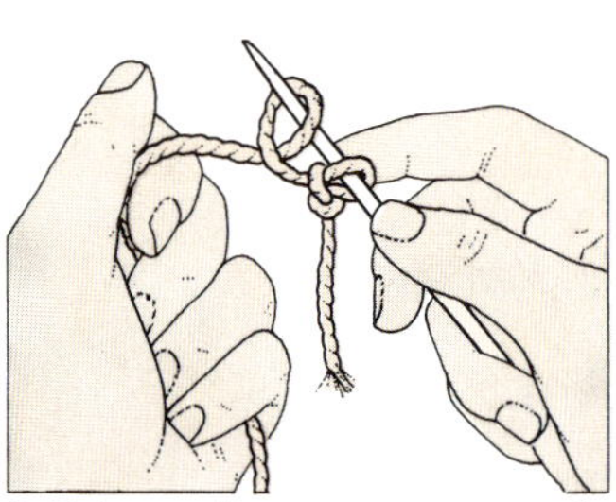

3 *Faites glisser cette nouvelle maille sur l'aiguille à côté de la précédente. Répétez ces opérations jusqu'à l'obtention du nombre de mailles souhaité.*

Avec le pouce

Montage avec le pouce

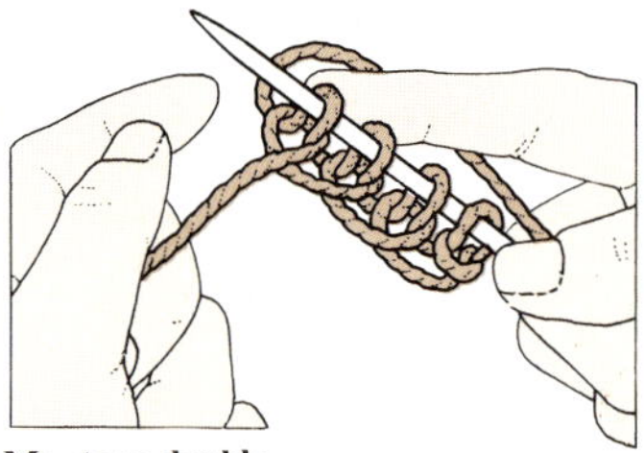

Montage double

Exécution

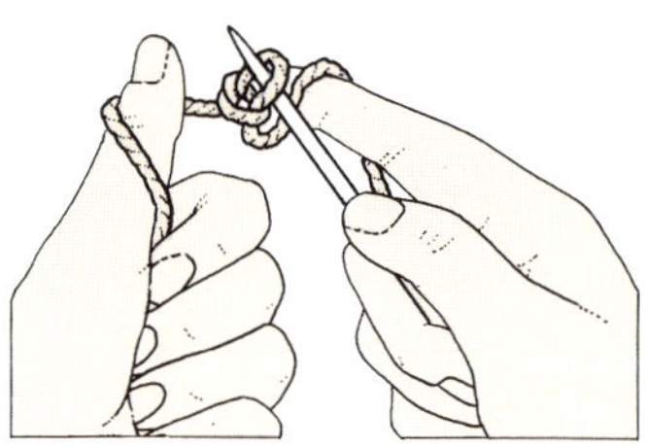

1 *Formez la première boucle à environ 1 mètre de l'extrémité du fil. Cette longueur de fil sera suffisante pour monter environ 100 mailles. Prenez l'aiguille où se trouve la boucle dans la main droite et enroulez le fil de la pelote autour de l'index de la main droite. Enroulez l'extrémité du fil autour du pouce gauche comme sur le schéma.*

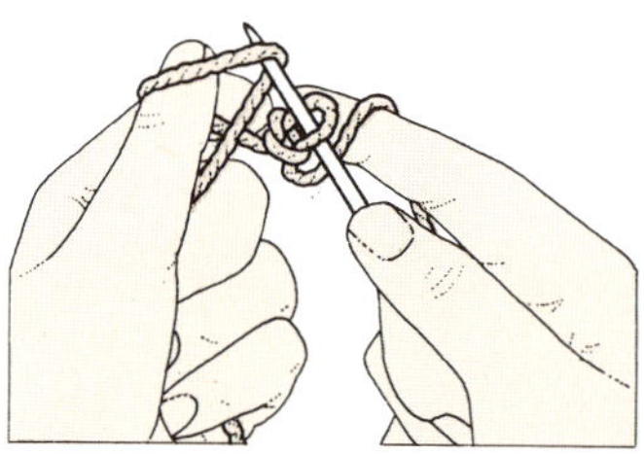

2 *Piquez l'aiguille à l'intérieur de la boucle formée autour du pouce.*

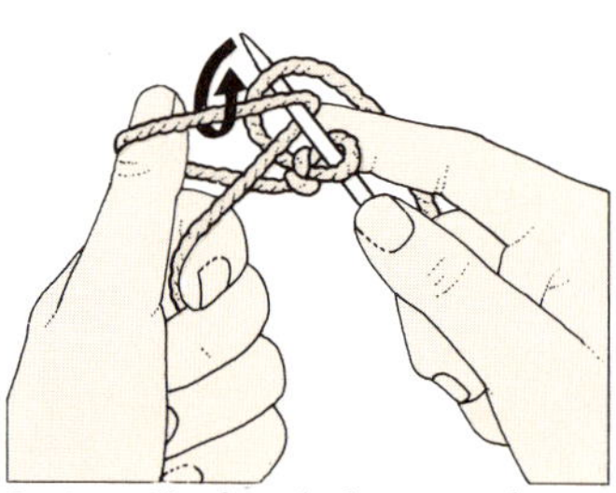

3 *Avec l'index de la main droite, passez le fil de la pelote autour de l'aiguille. Tirez le fil à travers la boucle sur le pouce pour former la nouvelle maille.*

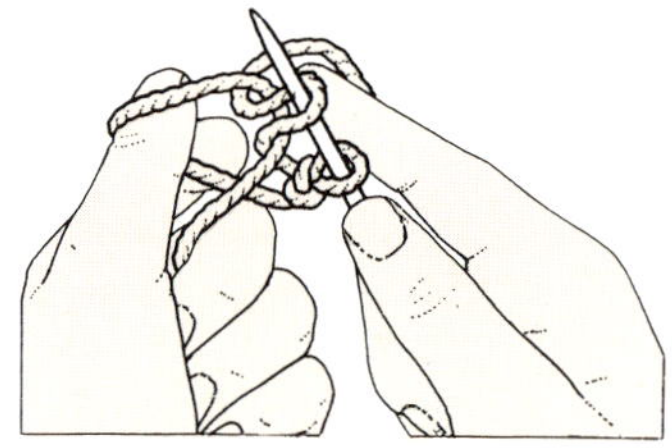

4 *Dégagez le pouce et tirez sur le fil de gauche pour resserrer la nouvelle maille. Répétez.*

Pour obtenir un bord plus souple

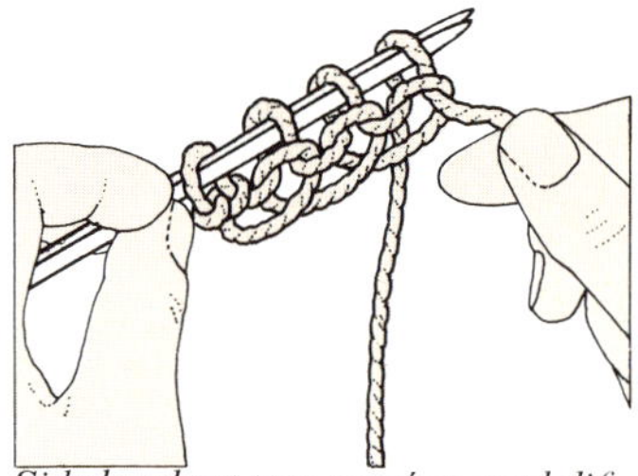

Si le bord est trop serré et rend difficile le premier rang, montez les mailles sur 2 aiguilles et retirez l'aiguille supplémentaire lorsque le montage sera terminé. Le schéma montre l'envers du travail.

Montage invisible

On utilise cette méthode lorsque les mailles doivent être relevées ou lorsque l'ouvrage doit être assemblé à un autre élément du tricot. Utilisez pour ce montage un fil auxiliaire de couleur différente.

Exécution

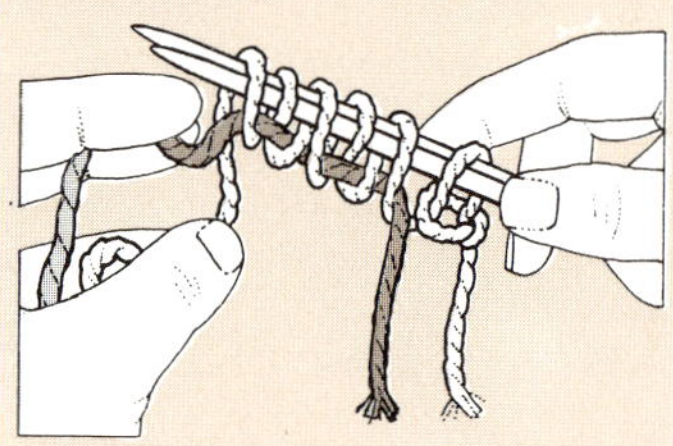

Montage invisible

Faites une boucle sur 2 aiguilles. Placez le fil auxiliaire à côté de la boucle et enroulez le fil de travail sous le fil auxiliaire autour des aiguilles et devant le fil puis derrière ce fil jusqu'à ce que vous ayez monté le nombre de mailles souhaité. Pour tricoter le premier rang retirez une aiguille et tricotez normalement. N'ôtez le fil auxiliaire qu'au moment de l'assembler à un autre élément.

Avec le pouce et l'index

C'est une méthode identique à celle du pouce, sauf que les deux extrémités du fil sont tenues dans la main gauche.

Exécution

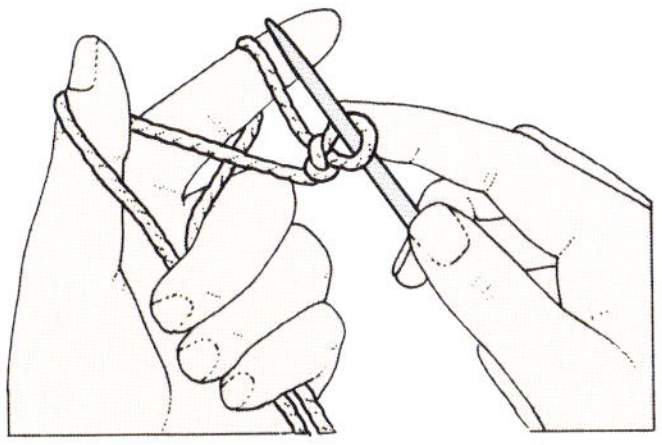

1 *Tenez l'extrémité du fil dans la main gauche comme précédemment. Placez le fil de la pelote sur l'index gauche et maintenez les 2 extrémités ensemble dans la paume de la main gauche.*

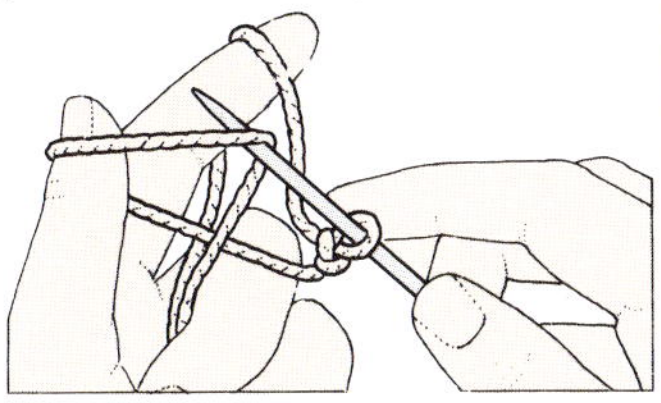

2 *Piquez l'aiguille dans la boucle formée par le pouce.*

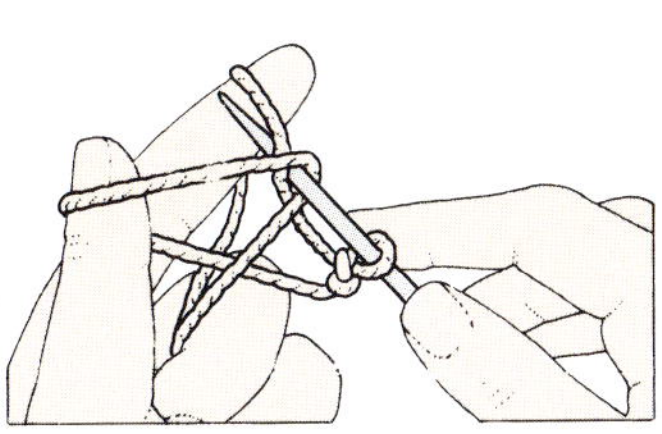

3 *Placez l'aiguille derrière le fil sur l'index gauche.*

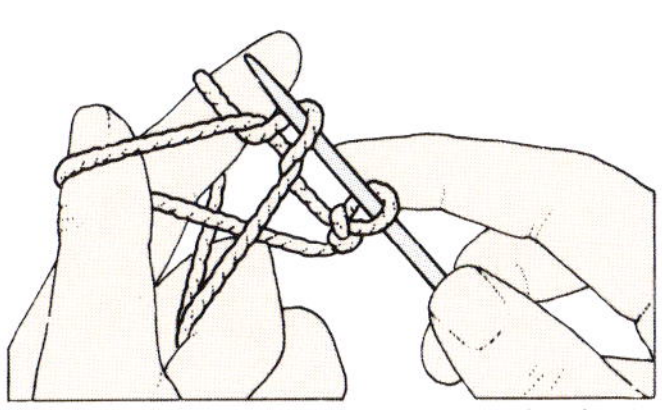

4 *Dégagez l'aiguille et le fil de la boucle pour former la maille.*

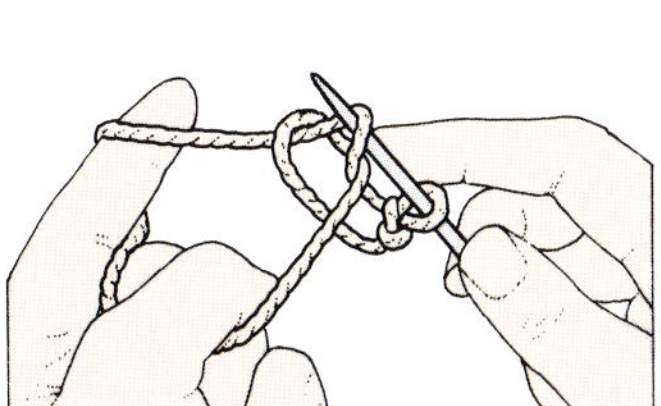

5 *Relâchez le fil du pouce et tirez les 2 extrémités pour resserrer la nouvelle maille.*

Montage tricoté à la française

Ce montage réalisé avec deux aiguilles se détend facilement et convient surtout pour les points délicats de dentelle. Si vous désirez obtenir un bord plus net, il faut tricoter le premier rang en mailles torses.

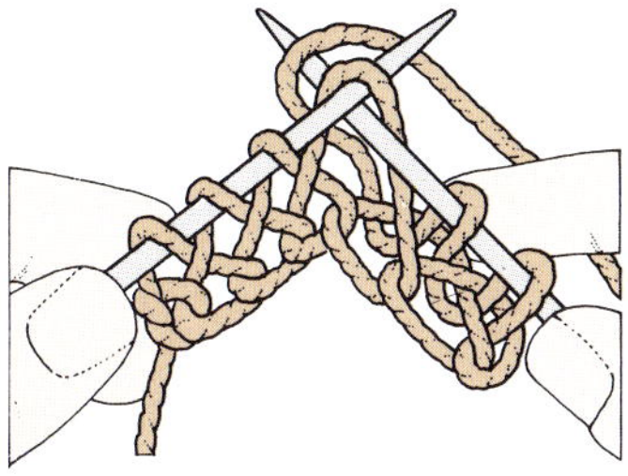

Montage à la française

Exécution

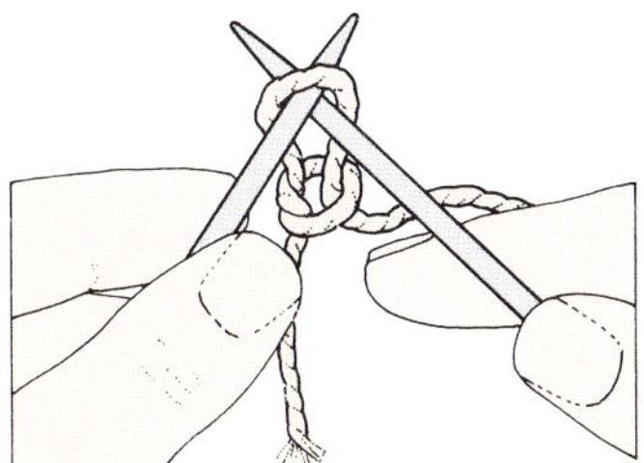

1 *Formez une boucle sur l'aiguille gauche à quelques centimètres de l'extrémité du fil. Piquez l'aiguille droite de l'avant à l'arrière dans cette première maille.*

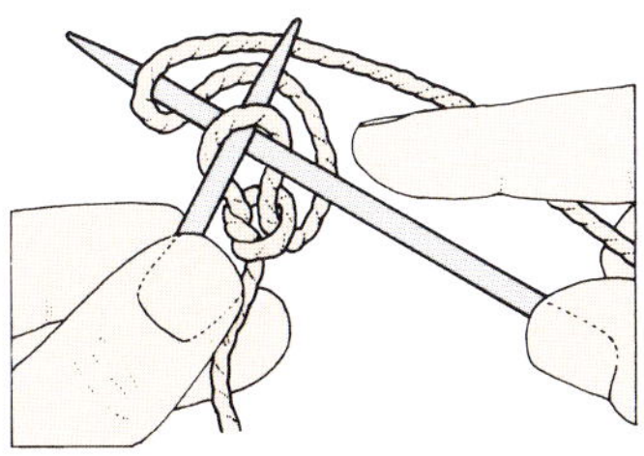

2 *Passez le fil venant de la pelote sous l'aiguille droite puis enroulez-le autour de cette aiguille.*

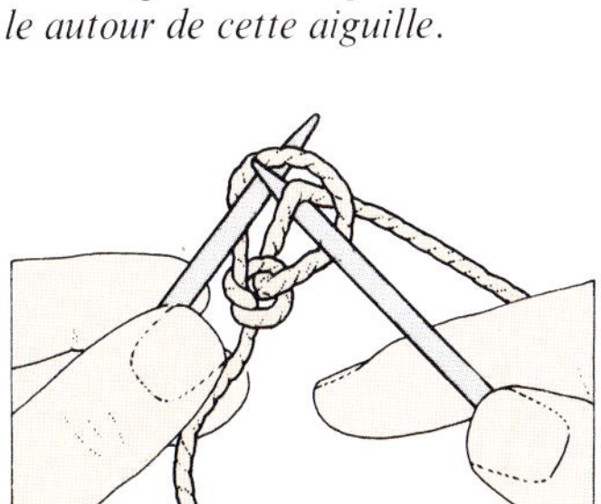

3 *Avec l'aiguille droite, tirez le fil à travers la boucle.*

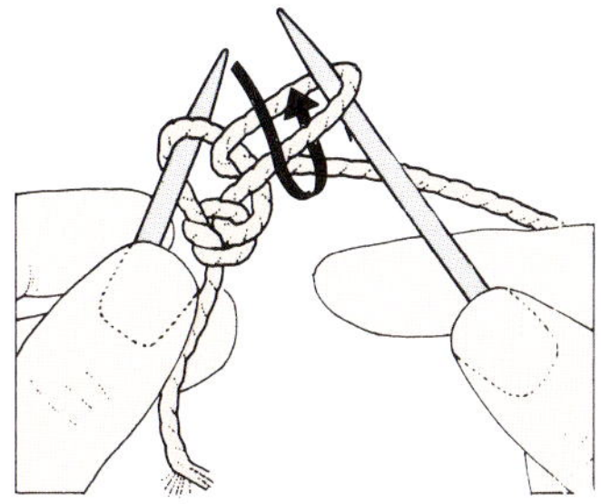

4 *Tirez le fil pour former la première maille tricotée.*

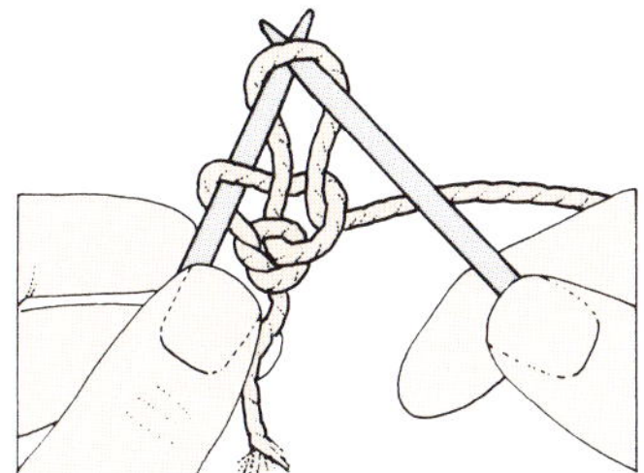

5 *Glissez cette nouvelle maille sur l'aiguille gauche en plaçant le brin avant de la maille à l'arrière de l'ouvrage.*

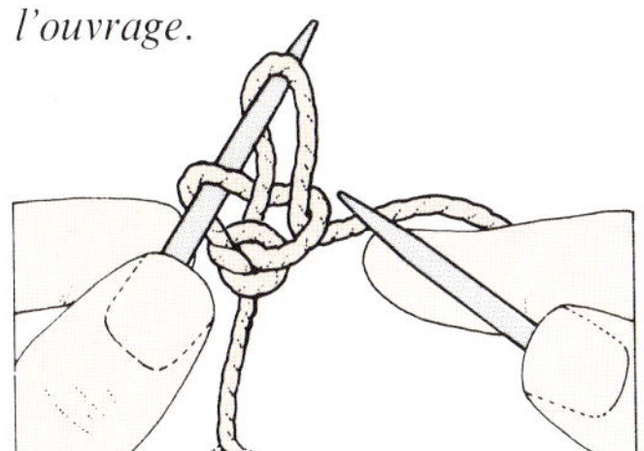

6 *Répétez les opérations 2 à 5 mais cette fois en piquant l'aiguille droite dans la maille formée sur l'aiguille gauche et non plus dans la boucle initiale.*

Pour obtenir un bord net

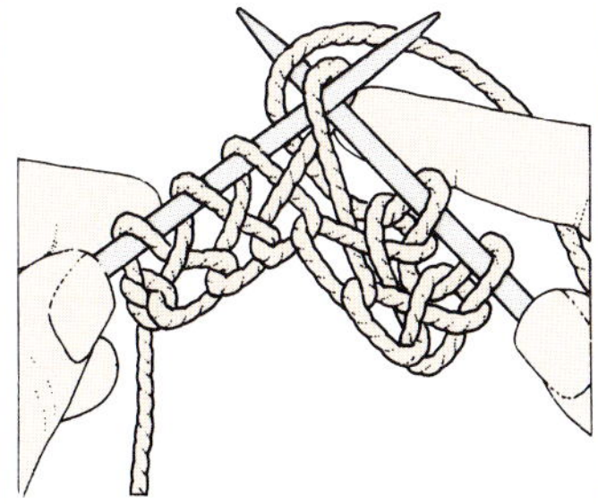

Pour une bonne tenue de votre montage, tricotez le 1º rang à l'endroit en m torses, en piquant l'aig droite dans l'arrière de la m sur l'aig g.

Montage tricoté à l'anglaise

Utilisez ce montage pour obtenir un bord résistant et très souple. On peut obtenir un montage plus élaboré en utilisant un fil plus gros que celui de l'ouvrage.

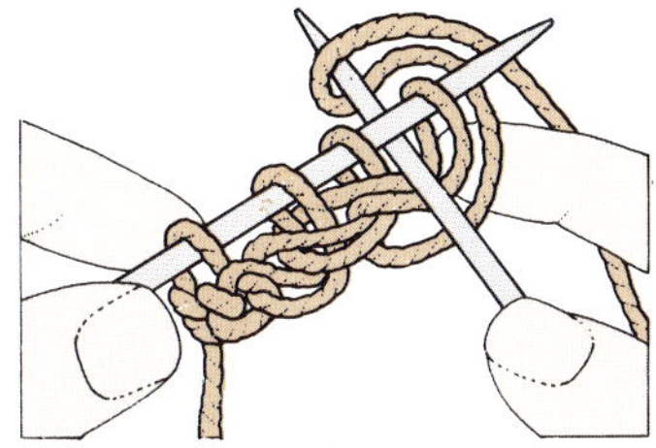

Montage à l'anglaise

Exécution

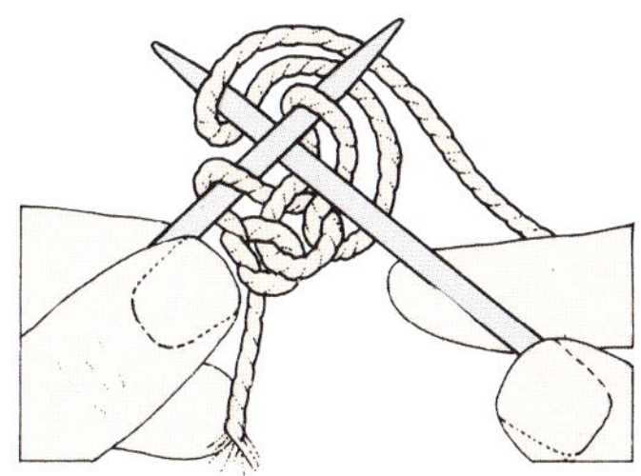

1 *Procédez de la même manière que pour le montage à la française en répétant les opérations 1 à 5. Piquez l'aig droite entre la boucle initiale et la 1º m. Enroulez le fil autour de l'aig droite et passez-le sous cette aig.*

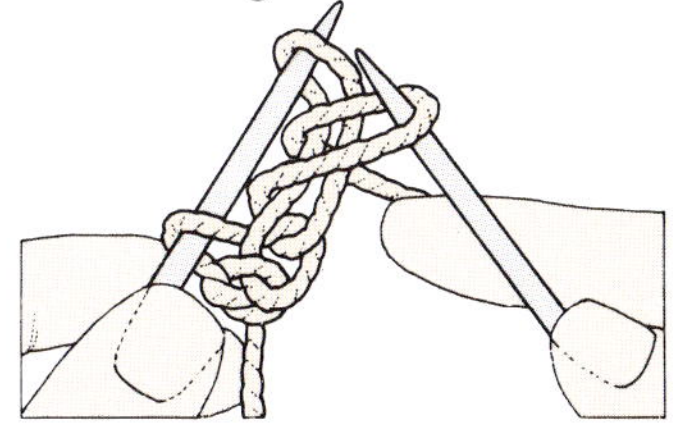

2 *Ramenez le fil avec l'aiguille droite et formez une nouvelle maille.*

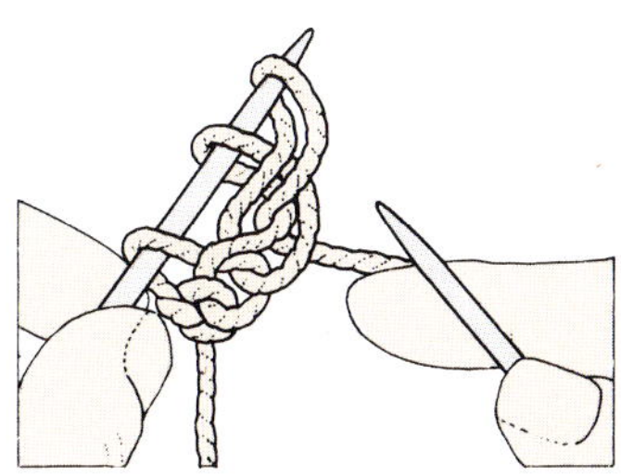

3 *Reprenez cette nouvelle maille sur l'aiguille gauche et ainsi de suite jusqu'à ce que vous ayez atteint le nombre de mailles souhaité.*

Montage du fil

Vous pouvez tenir vos aiguilles et votre fil de différentes manières. Certaines méthodes sont plus rapides que d'autres et chaque tricoteuse doit trouver son style. Le maintien du fil de travail autour des doigts assure une tension régulière et permet d'obtenir un tissu à mailles uniformes.

Le fil dans la main droite

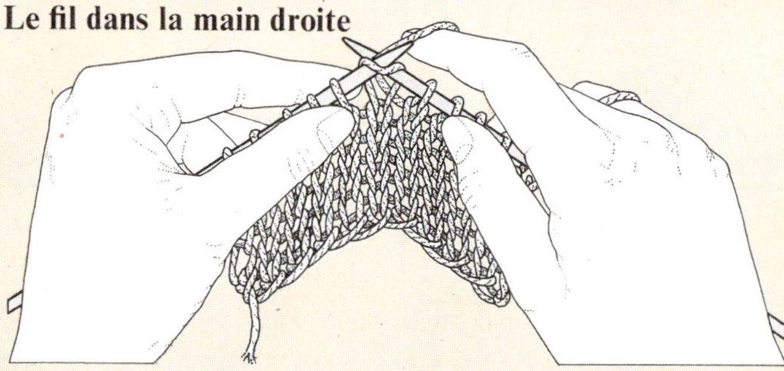

Tenez les aiguilles comme sur le schéma et prenez le fil dans la main droite. Passez le fil de travail entre les aiguilles avec l'index droit.

La maille envers

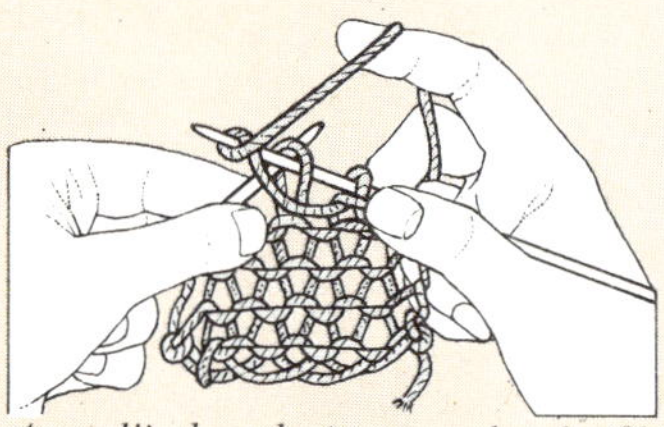

Avec l'index droit, enroulez le fil autour de l'aiguille. Pour un ouvrage simple avec des aiguilles courtes, tenez l'aiguille droite comme un stylo.

Position du fil

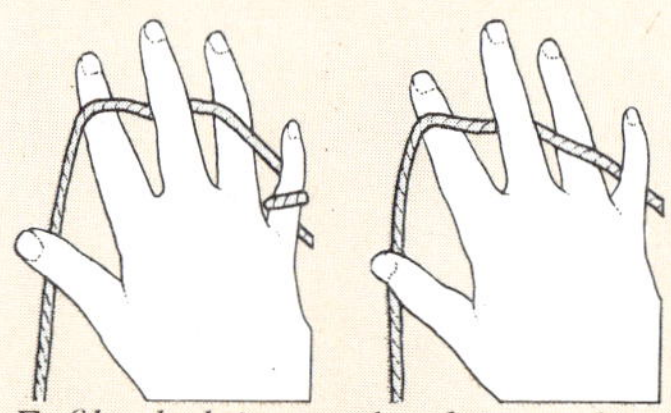

Enfilez la laine sur les doigts selon l'une ou l'autre des techniques indiquées ci-dessus.

Le fil dans la main gauche

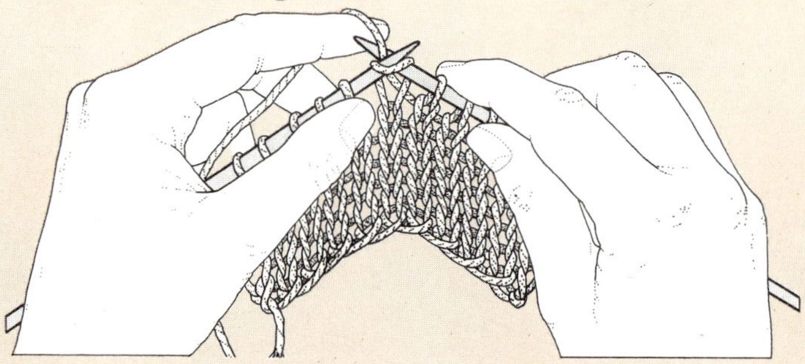

Les mailles obtenues sont identiques à celles de l'autre méthode. Cette fois, l'index gauche tend le fil tandis que l'aiguille droite se déplace pour attraper la maille de l'aiguille gauche et le fil à l'intérieur de cette maille.

La maille envers

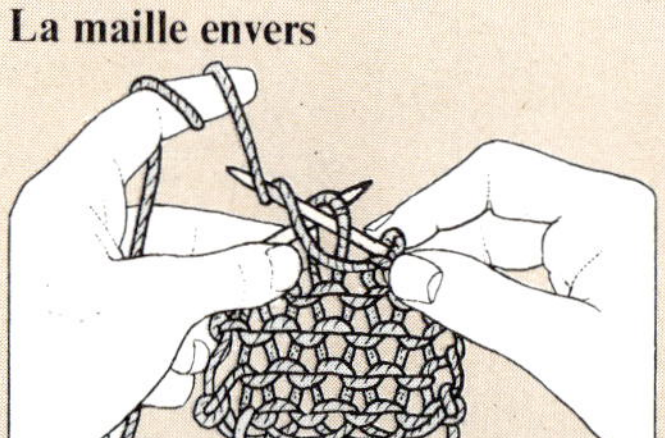

Entourez le fil autour de l'aiguille droite avant de le passer dans la maille.

Position du fil

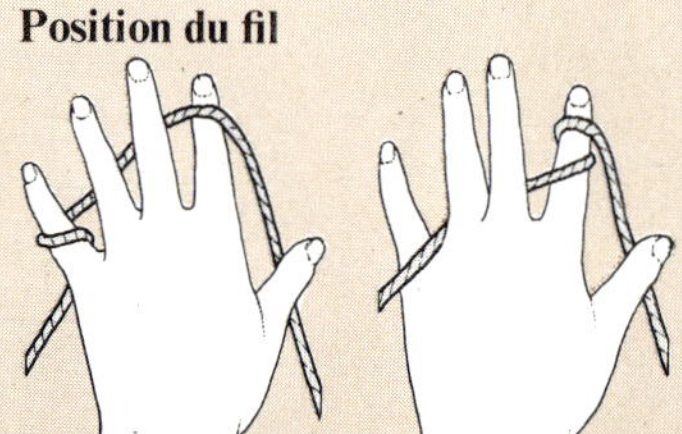

Enfilez la laine sur les doigts selon l'une ou l'autre des méthodes indiquées ci-dessus.

La maille endroit

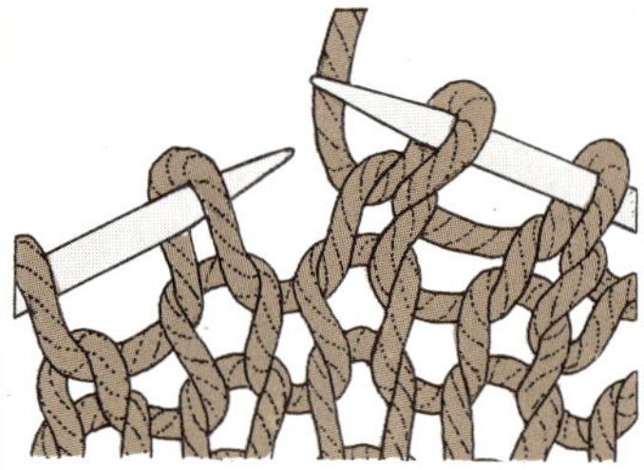

Maille endroit

Exécution

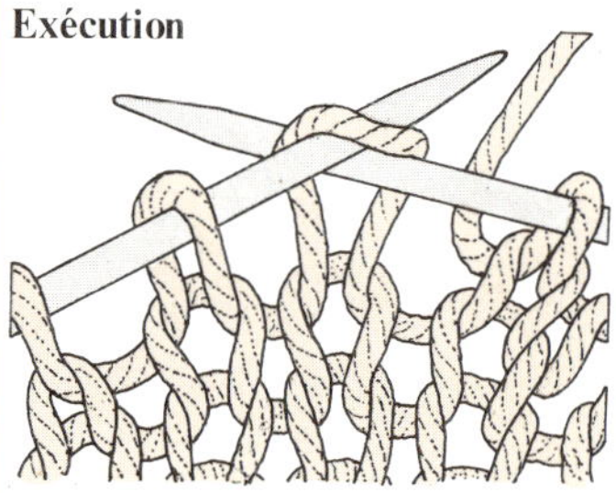

1 *La laine se trouve derrière le travail. Piquez l'aiguille droite de droite à gauche entre les deux brins de la maille sur l'aiguille gauche.*

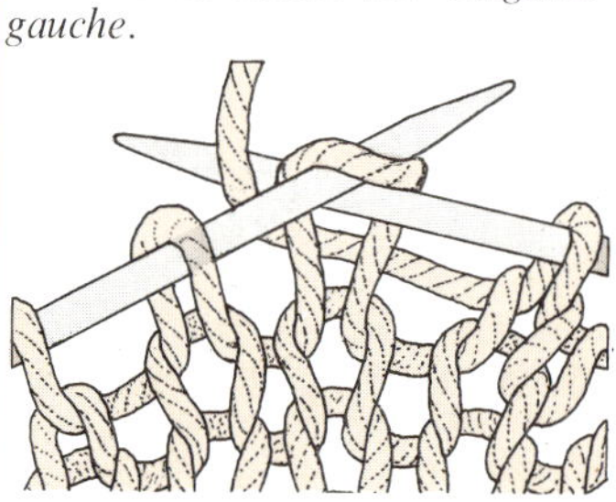

2 *Jetez le fil sur l'aiguille droite.*

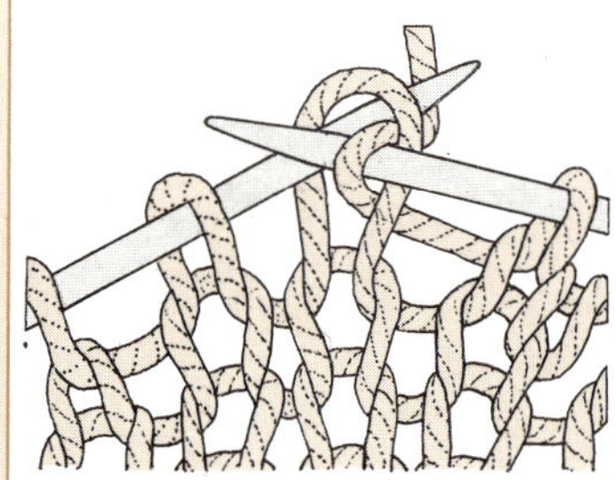

3 *Ressortez l'aiguille droite de la maille en ramenant le fil, laissez retomber la maille tricotée de l'aiguille gauche tandis que la nouvelle maille se retrouve sur l'aiguille droite. Tricotez ainsi toutes les mailles en les faisant passer de l'aiguille gauche à l'aiguille droite jusqu'à épuisement des mailles sur l'aiguille gauche.*

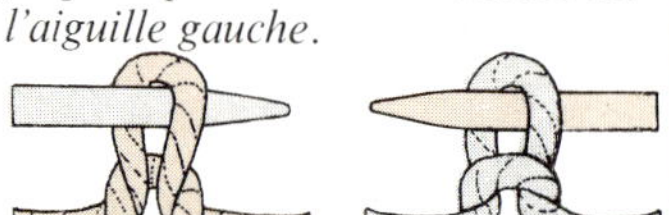

Une maille endroit

Endroit d'une maille endroit (à gauche) et envers (à droite).

Le second rang

Lorsque vous avez terminé le premier rang, tournez votre ouvrage et prenez l'aiguille sur laquelle se trouvent les mailles dans la main gauche. Tenez l'aiguille vide dans la main droite et commencez le nouveau rang. C'est maintenant l'envers de l'ouvrage qui se présente à vous.

Point mousse

On forme le point mousse en tricotant à l'endroit sur deux aiguilles tous les rangs de toutes les mailles (ci-dessous).

Point mousse

Jersey

On obtient le point de jersey (ci-dessous) en tricotant à l'endroit tous les rangs impairs et en tricotant à l'envers tous les rangs pairs.

Point jersey

Jersey en rond

Lorsque vous tricotez sur trois aiguilles ou plus, il est inutile de tourner votre ouvrage: le point de jersey apparaît toujours à l'extérieur et le jersey envers à l'intérieur.

La maille envers

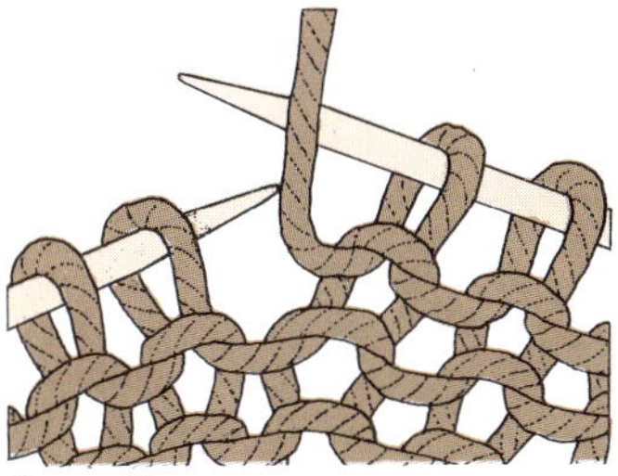

La maille envers

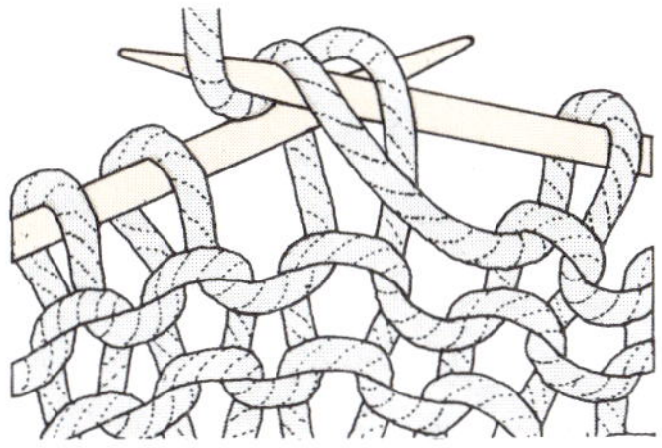

2 *Jetez le fil par-dessus l'aiguille droite.*

Exécution

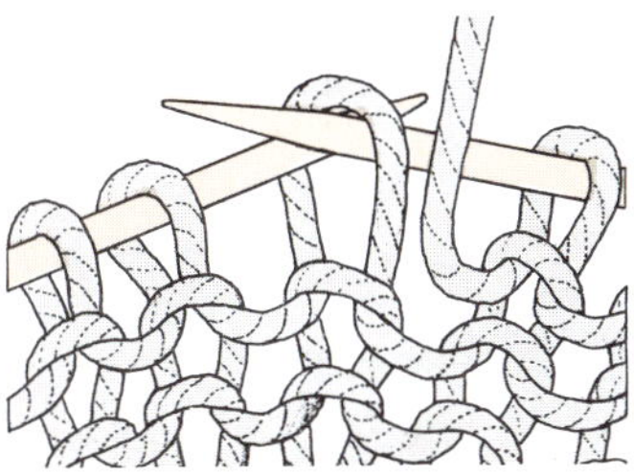

1 *Le fil se trouve devant l'ouvrage. Piquez l'aiguille droite de droite à gauche entre les 2 brins de la maille de l'aiguille gauche.*

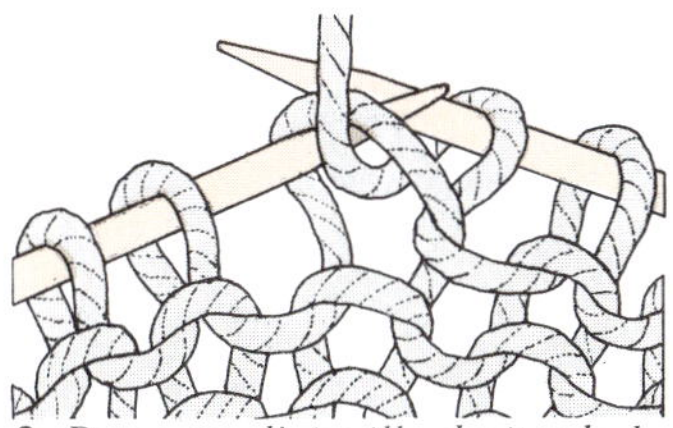

3 *Ressortez l'aiguille droite de la maille, en ramenant le fil, puis lâchez la maille tricotée de l'aiguille gauche tandis que la nouvelle maille se retrouve sur l'aiguille droite. Continuez ainsi en changeant d'aiguille à la fin de chaque rang.*

Rangs envers et endroit alternés

A la fin du premier rang de mailles envers, tournez votre ouvrage et commencez un nouveau rang. Si un rang de mailles envers est suivi par un rang de mailles endroit et que ces deux rangs soient tricotés alternativement, vous obtenez le point de jersey. Vous obtenez le point mousse en tricotant toutes les mailles à l'endroit ou à l'envers. L'échantillon ci-dessus a été exécuté avec des rangs tricotés à l'endroit et des rangs tricotés à l'envers.

Instructions pour les gauchères

Suivez les schémas pour la position du fil et des aiguilles en les plaçant devant un miroir. Si vous suivez la première méthode (fil dans la main droite) le fil de la pelote doit être tenu dans la main gauche. Pour tricoter, prenez dans la main droite l'aiguille sur laquelle se trouvent les mailles et piquez l'aiguille gauche dans les mailles. C'est l'index gauche qui fait passer le fil sur les aiguilles.

Variantes

Position «à la Suisse»

Cette méthode assure un tricot serré et régulier. L'ouvrage se fait avec le fil tenu dans la main gauche; c'est la manière la plus rapide de tricoter.

Maille endroit

Enroulez le fil autour de la main gauche derrière l'ouvrage, piquez l'aiguille droite entre les 2 brins et tricotez normalement à l'endroit.

Maille envers

Le fil se trouvant devant l'ouvrage, piquez l'aiguille droite entre les 2 brins et tricotez normalement à l'envers.

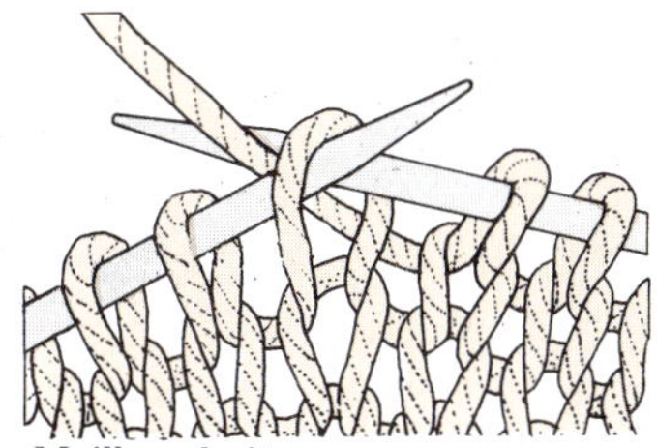

Maille endroit

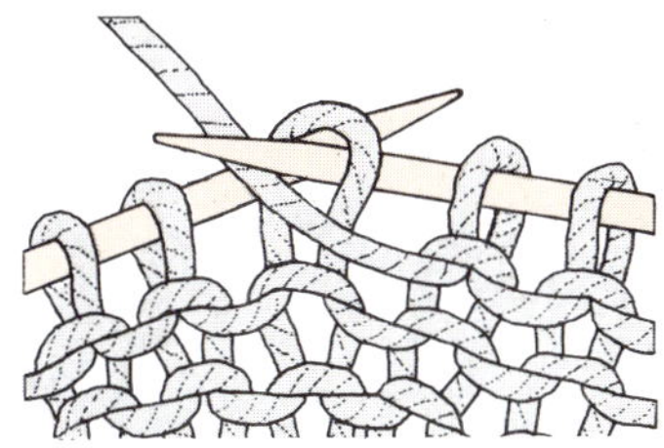

Maille envers

Mailles torses

On obtient un tricot plus souple et plus résistant en tordant les mailles. La maille torse endroit et envers est obtenue en tricotant les mailles par derrière.

Maille endroit torse

Le fil se trouvant derrière l'aiguille droite, piquez celle-ci dans le brin arrière de l'aiguille gauche puis tricotez normalement à l'endroit.

Maille envers torse

Le fil se trouvant devant l'aiguille droite, piquez celle-ci dans le brin arrière de la maille sur l'aiguille gauche, puis tricotez normalement à l'envers.

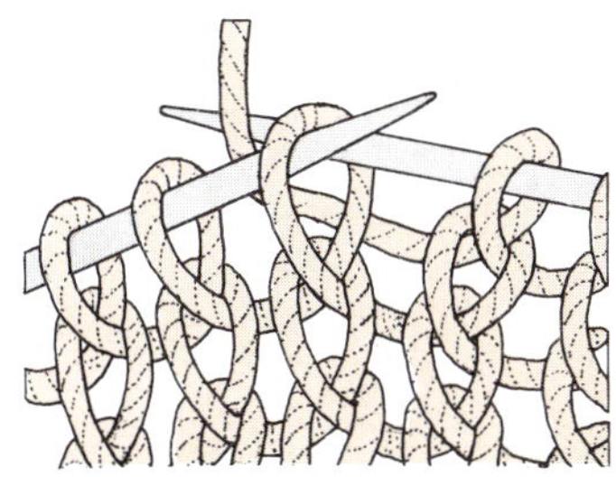

Maille endroit

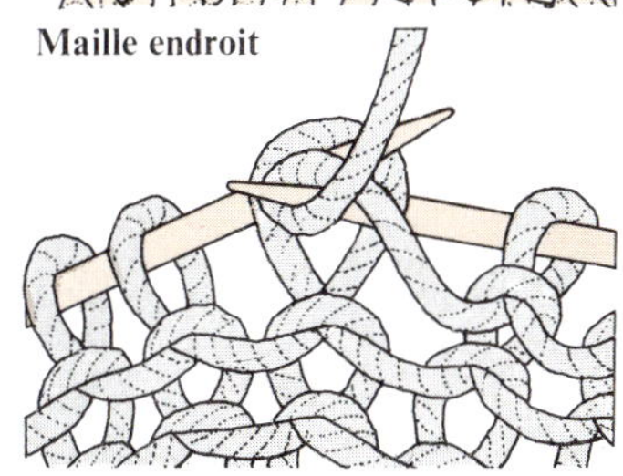

Maille envers

Jersey torsadé

C'est un très vieux point décoratif utilisé pour le tricot avec des perles (p. 63). L'effet de tresse se travaille sur les rangs envers.

Maille endroit

Tricotez les mailles normalement à l'endroit.

Maille envers

Le fil se trouvant devant l'ouvrage, piquez l'aiguille droite dans le brin arrière de la maille. Passez le fil sous l'aiguille et ressortez l'aiguille de la maille pour former la maille envers torse.

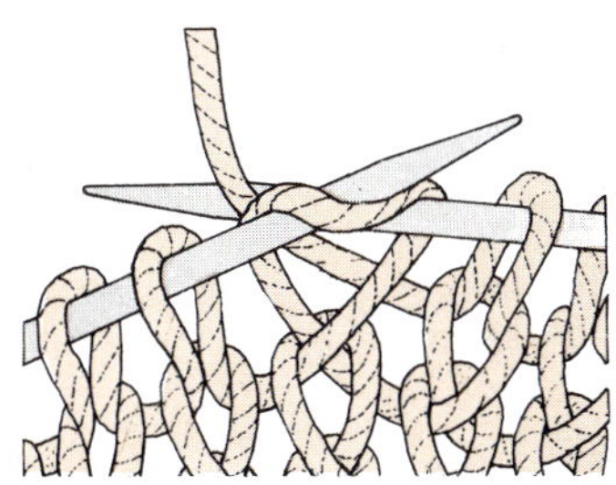

Maille endroit

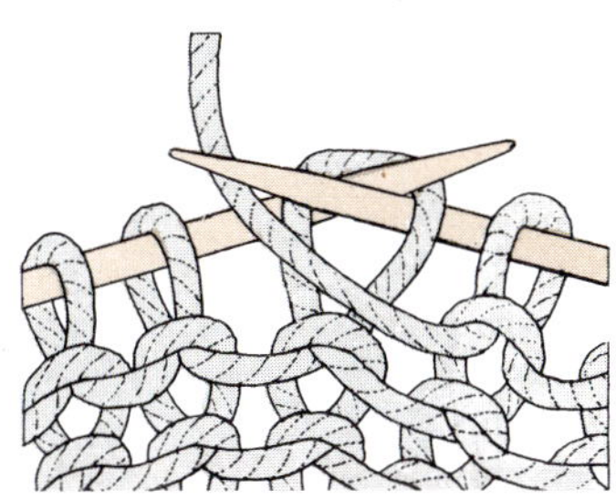

Maille envers

Les astuces

Maintenant que vous savez tricoter à l'endroit et à l'envers, vous allez commencer votre premier ouvrage. Ces deux pages contiennent de précieux renseignements. Vous trouverez ci-dessous une liste de conseils qui vous aideront à réaliser votre premier tricot.

A droite, nous vous indiquons comment rattraper une maille perdue et comment défaire l'ouvrage lorsque vous devez corriger une erreur.

Sur la page suivante, nous vous indiquons comment réaliser une lisière.

Enfin, lorsque votre ouvrage sera terminé, vous apprendrez à le retirer des aiguilles. Cela s'appelle la terminaison. Nous vous proposons quatre méthodes différentes.

Conseils préliminaires

1 Dans la mesure du possible, utilisez la laine indiquée dans les explications de votre modèle.

2 Si vous achetez plusieurs pelotes de la même laine, assurez-vous qu'elles sont toutes du même bain. Le numéro de référence du bain est toujours indiqué sur la bande-papier de la pelote.

3 Lisez toujours les explications avant de commencer votre ouvrage.

4 Si vous tricotez un modèle qui nécessite un grand nombre de mailles, utilisez des aiguilles assez longues, sinon vous perdrez des mailles.

5 Avec des fils à fibres longues comme l'angora ou le mohair, tricotez souplement pour respecter la nature des fibres.

6 Si vous hésitez sur la longueur de votre ouvrage, faites un montage invisible. Ainsi, vous pourrez aisément allonger votre tricot en reprenant les mailles par le bas.

7 N'interrompez jamais votre ouvrage au milieu d'un rang; cela étire le tricot et fait souvent perdre des mailles.

Mailles perdues

Maille perdue à l'endroit

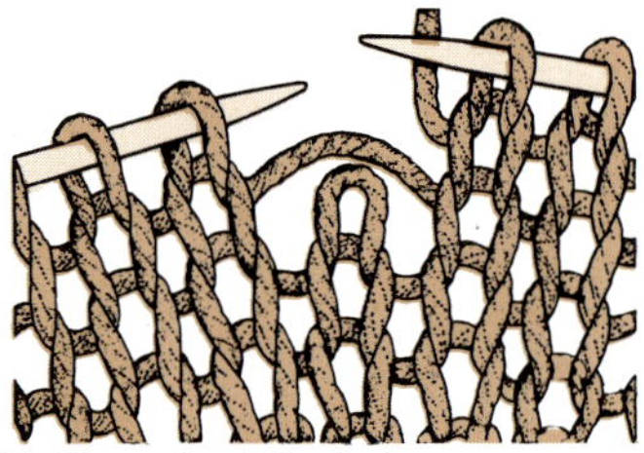

Maille perdue à l'endroit

Exécution

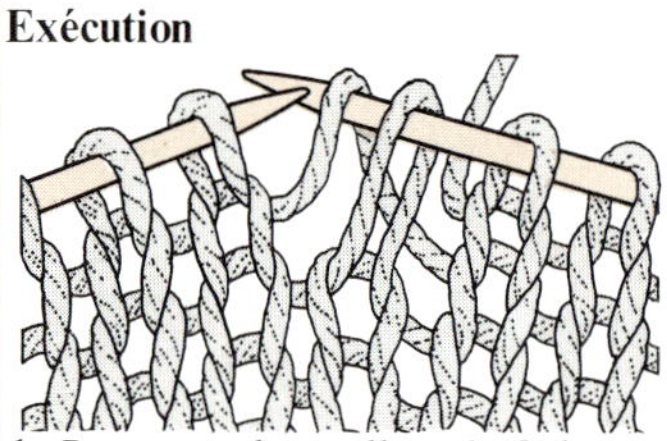

1 *Rattrapez la maille et le fil horizontal au-dessus de la maille sur l'aiguille droite en veillant à passer la maille perdue la première comme sur le schéma.*

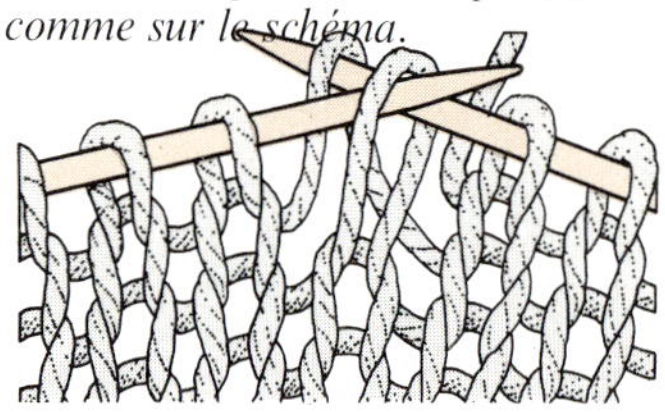

2 *Piquez l'aiguille gauche dans la maille.*

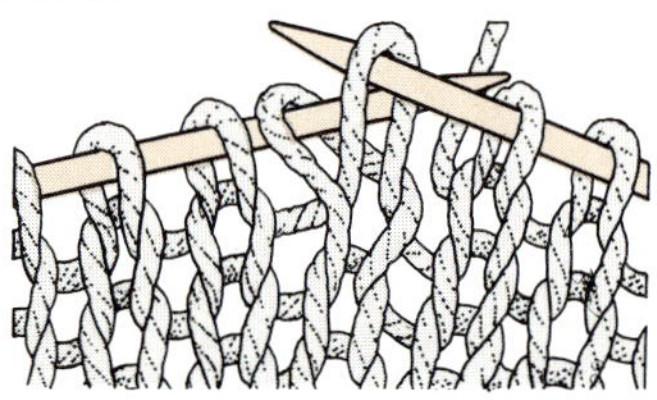

3 *Faites passer la maille par-dessus le fil horizontal et tirez celui-ci afin de reformer la maille.*

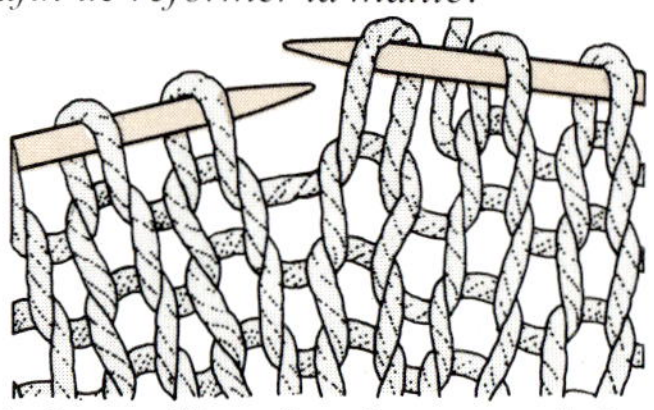

4 *La maille reformée est sur l'aiguille droite mais elle est dans le mauvais sens.*

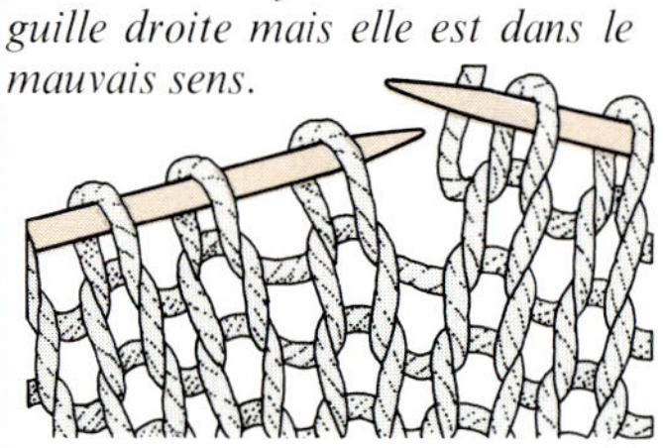

5 *Remettez la maille dans le bon sens sur l'aiguille gauche. Elle est prête à être tricotée.*

Maille perdue à l'envers

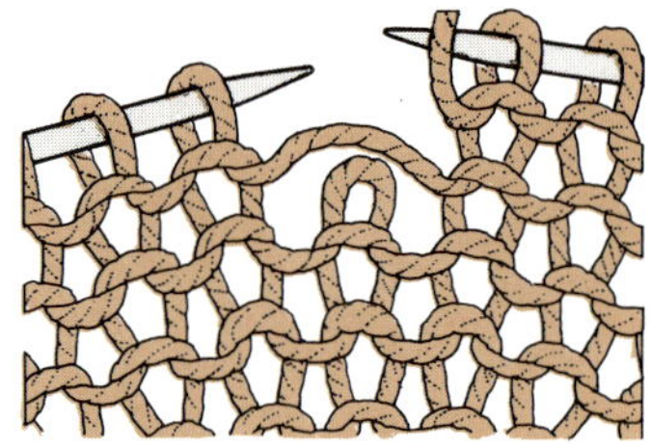

Maille perdue à l'envers

Exécution

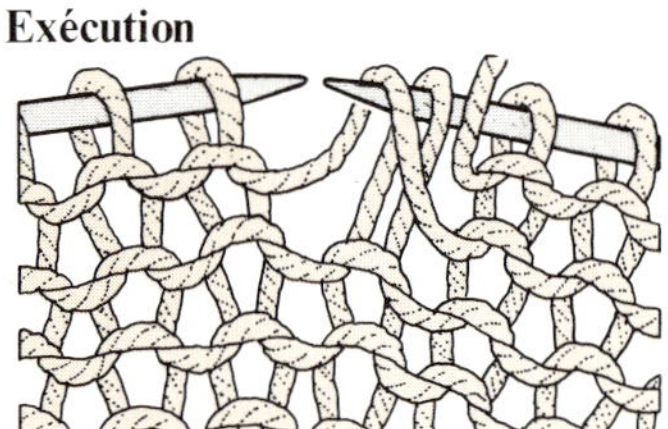

1 *Rattrapez la m et le fil horizontal au-dessus sur l'aig droite en veillant à passer la m perdue la première, comme sur le schéma.*

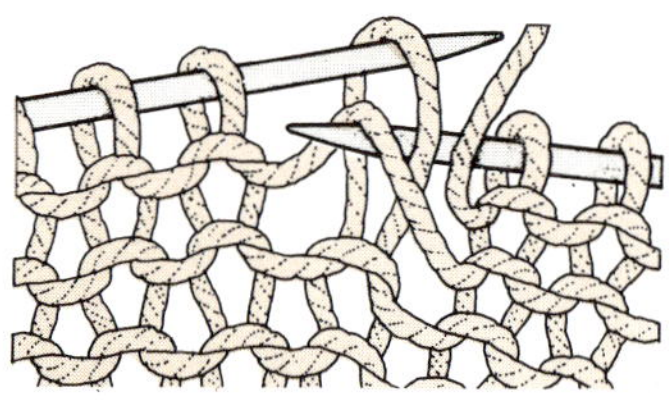

2 *Piquez l'aiguille gauche dans la maille.*

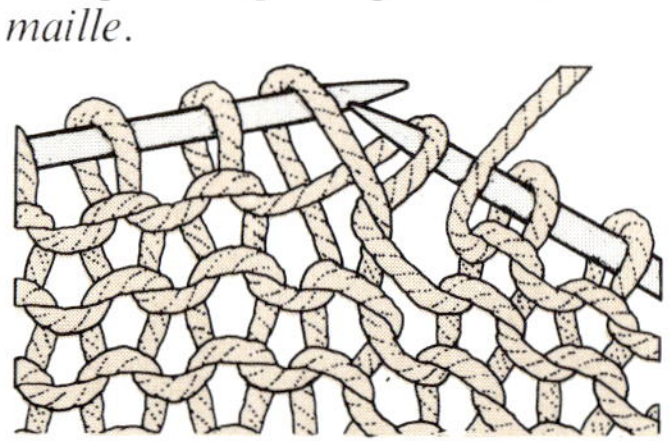

3 *Ressortez le fil horizontal de l'aiguille droite et laissez retomber la maille de l'aiguille gauche.*

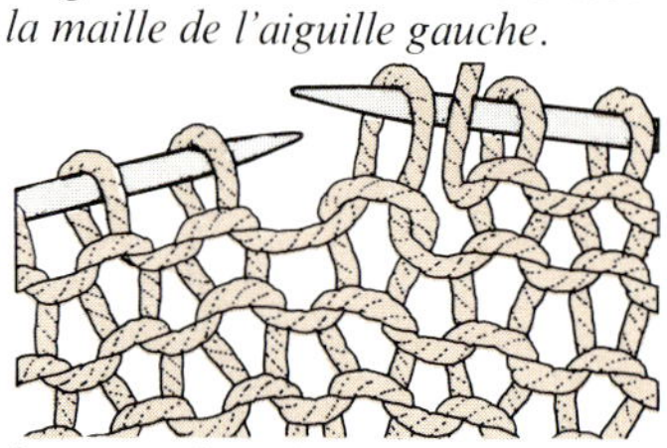

4 *La maille reformée est sur l'aiguille droite.*

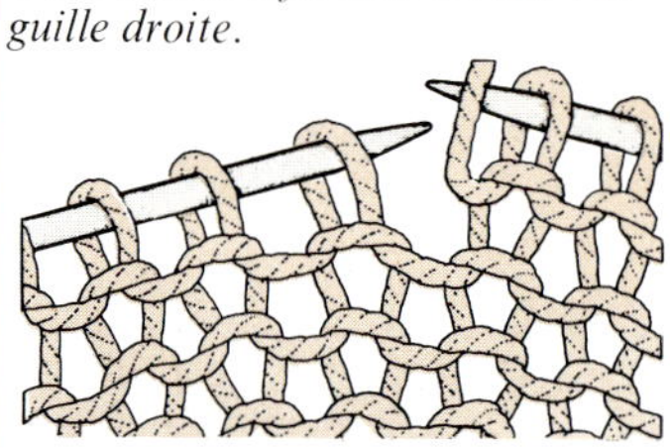

5 *Remettez la maille reformée sur l'aiguille gauche. Elle est prête à être tricotée à l'envers.*

Maille perdue sur rangs

Une maille perdue non rattrapée dans l'immédiat se démaille et forme une échelle. Cela arrive lorsque l'on interrompt l'ouvrage au milieu d'un R. Tous les points utilisant la m end et la m env peuvent être repris selon ces 2 méthodes.

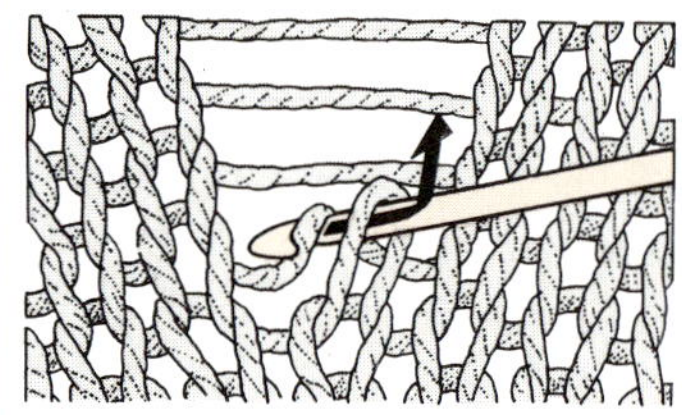

A l'endroit

Passez un crochet à travers la maille perdue, puis accrochez le fil horizontal et tirez-le à travers la maille pour former une nouvelle maille un rang au-dessus. Continuez ainsi jusqu'en haut de l'échelle. Mettez les autres mailles perdues sur une épingle de sûreté en attendant de les remailler.

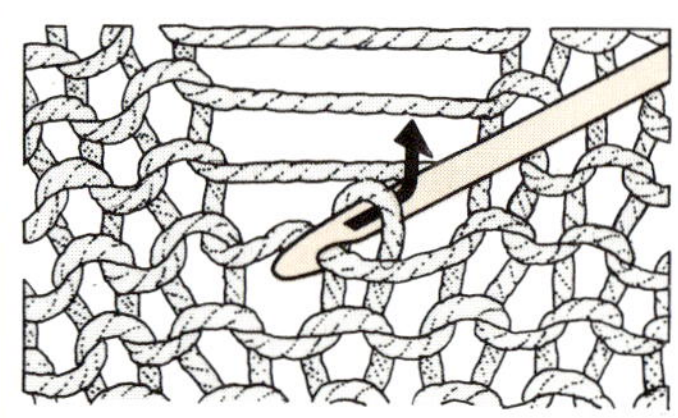

A l'envers

C'est un peu plus compliqué qu'à l'endroit. Après avoir accroché le fil horizontal, il faut retirer le crochet et le repiquer dans la nouvelle maille.

Les erreurs

Il arrive qu'on ne s'aperçoive d'une erreur que plusieurs rangs après.

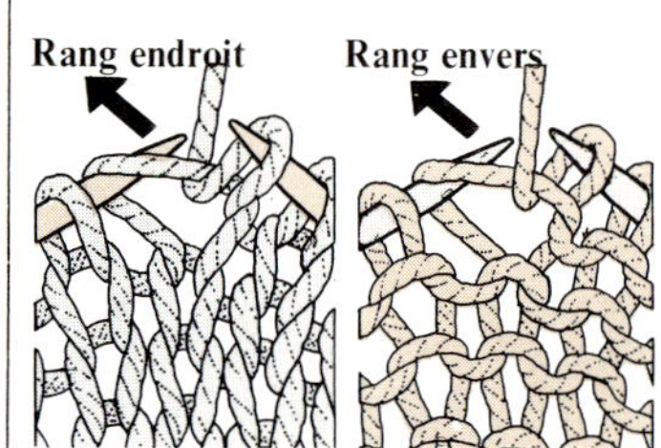

Comment défaire des mailles

Procédez avec minutie. Piquez l'aig dans le rang inférieur et défaites la maille au-dessus. Procédez ainsi jusqu'à l'erreur. Le schéma vous indique la position de l'aig pour un rang à l'endroit (gauche) et un rang à l'env (droite).

Lisières

Lisière de couture
C'est la plus simple. Tricotez à l'endroit la première et la dernière maille, vous aurez ainsi un bord net.

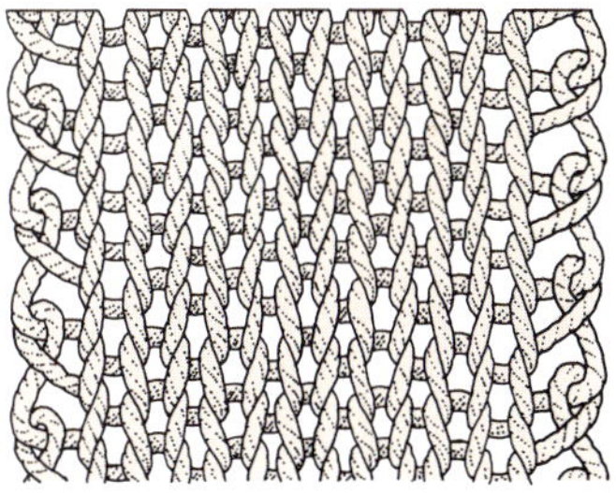

Exécution
Tricotez à l'endroit la 1° et la dernière m des r endroit et à l'env la 1° et la dernière m des r env.

Lisière chaînette
Elle permet d'obtenir un bord net et décoratif.

Exécution
Glissez à l'endroit la première et la dernière maille des rangs endroit. Tricotez à l'envers toutes les mailles des rangs envers.

Lisière perlée simple
On l'emploie généralement pour border le point de jersey.

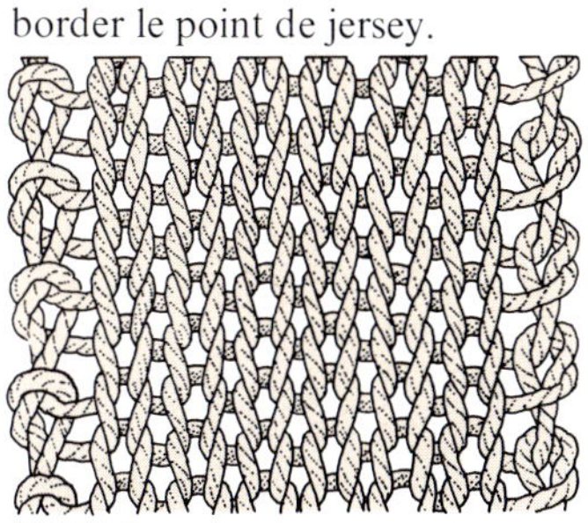

Exécution
Glissez à l'endroit la première maille de chaque rang et tricotez toujours à l'endroit la dernière maille de chaque rang envers ou endroit. Des maillons se forment le long de la lisière et lui donnent un aspect net. Chaque maillon représente deux rangs, ce qui facilite le calcul des rangs et l'assemblage du tricot.

Lisière pour incrustation
On l'emploie pour éviter l'enroulement du jersey.

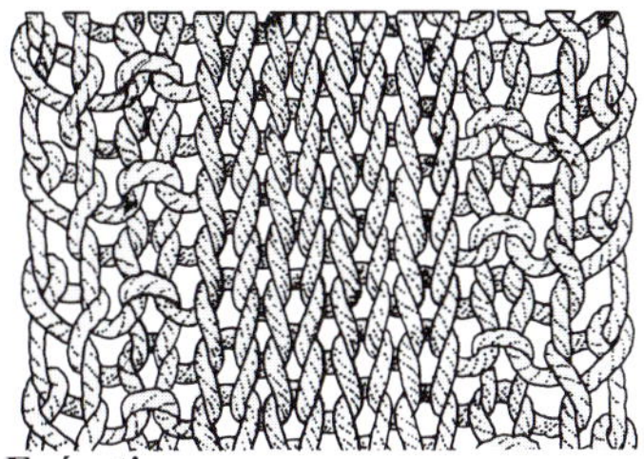

Exécution
Tricotez à l'envers les seconde et avant-dernière mailles des rangs endroit. Les rangs envers sont tricotés normalement.

Lisière formant picot
On l'emploie dans les ouvrages à jours ou dentelle.

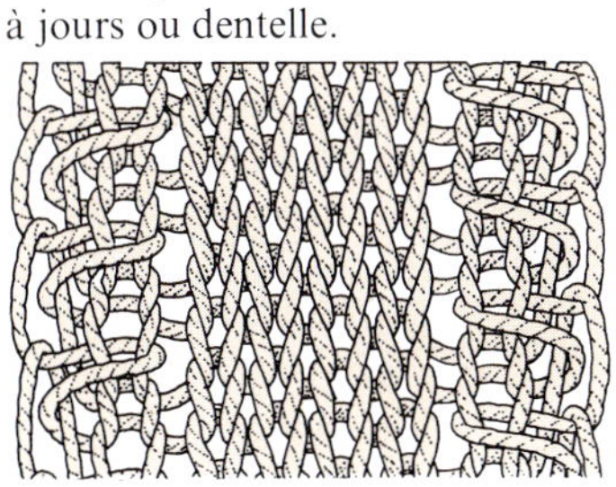

Exécution
A l'endroit: *Enroulez le fil autour de l'aiguille pour former une maille (page 34, jetés), glissez la maille suivante, tricotez une maille, rabattez la maille glissée. Tricotez.*
A l'envers: *Enroulez le fil autour de l'aiguille pour former une maille et tricotez 2 mailles ensemble à l'envers. Tricotez.*

Assemblage des lisières

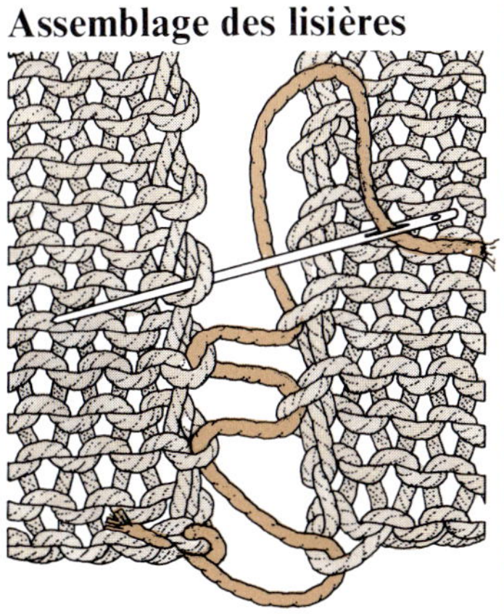

Piquez dans les maillons de la lisière perlée simple pour joindre les deux lisières. Une lisière nette facilite l'assemblage. Voir finition (page 84).

Terminaisons

Terminaison simple et rapide

A l'endroit
1 *Tricotez deux mailles à l'endroit. Piquez la pointe de l'aiguille gauche dans la première de ces deux mailles.*
2 *Soulevez-la et faites-la passer par-dessus la deuxième maille. Continuez de la même manière sur tout le rang. Coupez le fil, glissez-le dans la dernière maille et serrez.*
A l'envers
Procédez de la même manière. Tricotez les deux premières mailles à l'envers et piquez l'aiguille gauche dans la première maille tricotée. Soulevez-la et faites-la passer par-dessus la deuxième maille. Si vous rabattez des mailles sur un ouvrage tricoté en côtes, tricotez les mailles endroit à l'endroit et les mailles envers à l'envers.

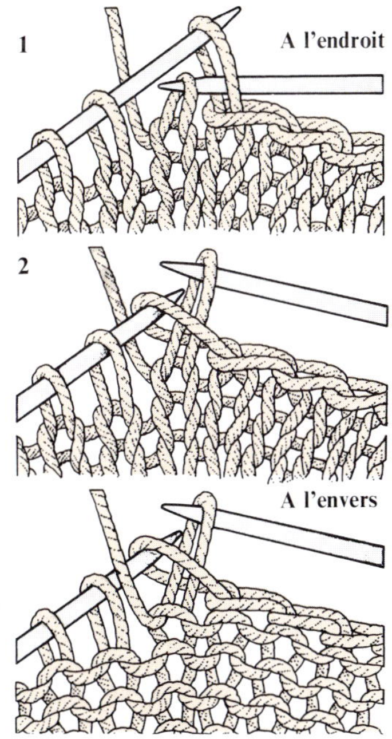

Terminaison élastique
Moins rapide que la précédente, cette méthode est cependant plus souple.
Tricotez les deux premières mailles, puis rabattez la première sur la seconde, mais gardez-la sur l'aiguille gauche. Tricotez la maille suivante et ne laissez glisser la maille rabattue que lorsque la nouvelle maille est formée.

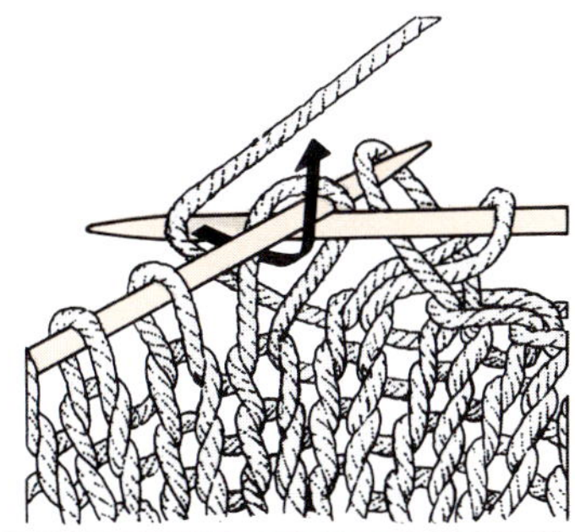

Terminaison au crochet
Cette terminaison convient pour des ouvrages tricotés avec de la soie ou du coton, qui sont moins élastiques que la laine.
1 *Tricotez la première maille avec le crochet. Le fil se trouvant à l'arrière, piquez le crochet dans le brin avant de la seconde maille. Tirez une boucle.*
2 *A l'aide du crochet, tirez le fil à travers la seconde puis la première maille. Laissez glisser les deux mailles et gardez sur le crochet la nouvelle maille.*
3 *Continuez en tirant le fil à travers la maille suivante sur l'aiguille et la maille sur le crochet.*

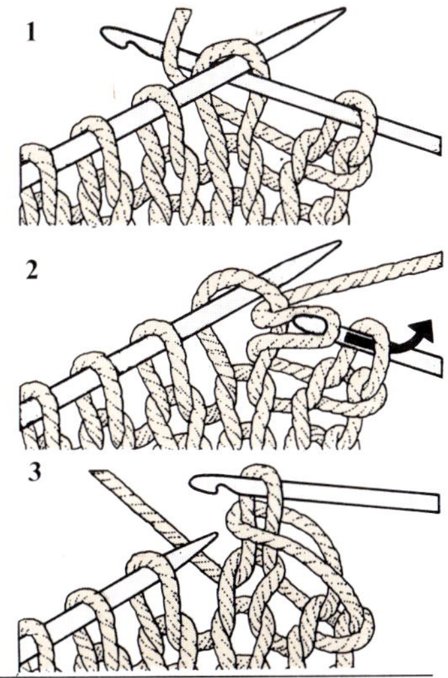

Terminaison invisible
N'utilisez cette méthode que lorsque l'ouvrage doit être repris.
Cassez le fil venant de la pelote et enfilez-le sur une aiguille à laine. Passez l'aiguille enfilée à travers les mailles sous l'aiguille à tricoter.

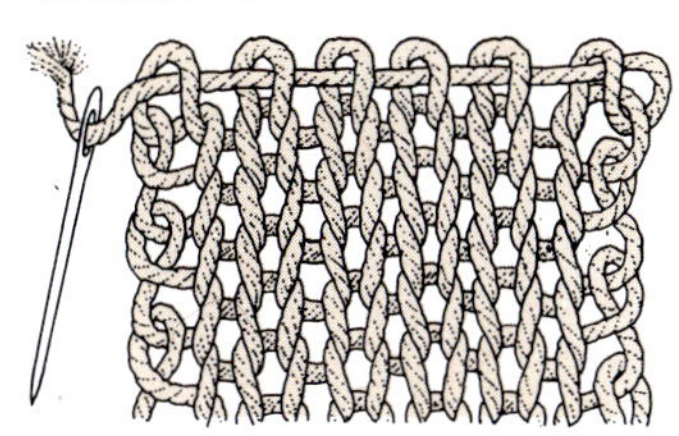

Points utilisant les mailles endroit et les mailles envers

On peut réaliser de nombreux points en combinant les deux mailles de base, maille endroit et maille envers.

Comment lire les explications

A première lecture, les explications peuvent paraître rébarbatives. Elles ne sont en fait que des abréviations très précises qui décrivent la marche à suivre, rang par rang. Si on n'utilisait pas ce système d'abréviations, la moindre explication nécessiterait des pages entières. On se réfère donc à un système codifié d'abréviations. Si vous lisez 5 m end, 3 m env, cela signifie qu'il vous faut tricoter 5 mailles à l'endroit et 3 mailles à l'envers. Un astérisque * signifie qu'il faut répéter l'explication : par exemple 1 m env, *5 m end, 3 m env, reprendre à *term 2 m env. Cela signifie qu'il faut commencer le rang par une maille envers, puis répéter 5 mailles endroit, 3 mailles envers jusqu'aux 2 dernières mailles qui seront tricotées à l'envers. On utilise aussi les parenthèses pour indiquer les répétitions : par exemple, 1 m end, 1 m env, (5 m end, 3 m env) 2 fs, 1 m end, 1 m env signifie qu'il faut tricoter deux fois 5 m end, 3 m env avant de passer à 1 m end, 1 m env. Au début de chaque explication, vous pouvez lire «nombre de mailles divisible par x». Cette précision vous indique le nombre de mailles nécessaire pour la réalisation de chaque motif à l'intérieur du rang. Ainsi, «Nb de m div par 8, plus 5» signifie qu'il faut monter 16 + 5, 24 + 5, ou 32 + 5 mailles, etc. Reportez-vous à la page 107 pour la liste complète des abréviations.

L'échantillon

La meilleure manière de s'initier à un nouveau point est de s'entraîner avec de la laine et des aiguilles. Tricotez un échantillon assez large pour bien laisser apparaître le motif et vous familiariser avec son exécution. Imposez-vous, dans cet échantillon, de répéter au moins trois fois le motif. Le genre de fil utilisé n'est pas très important. En règle générale, 60 mailles tricotées avec des aiguilles nº 3½ en utilisant un fil à quatre brins donnent une largeur approximative de 20 centimètres. En tricotant des échantillons les uns à la suite des autres, vous pouvez réaliser une écharpe ou une couverture.

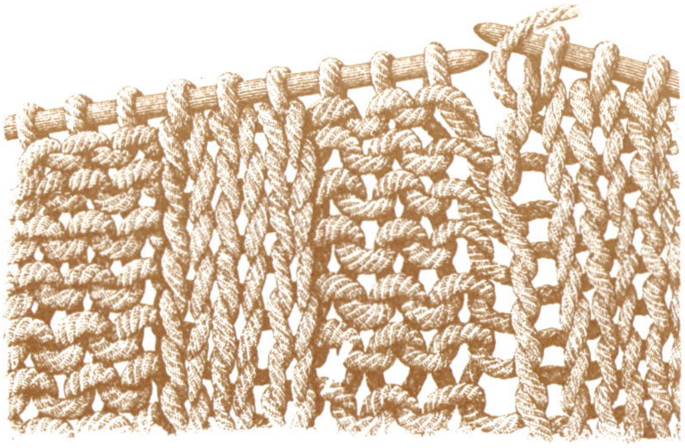

Comment passer d'une maille endroit à une maille envers
Tricotez trois mailles à l'endroit puis passez le fil à l'avant de l'ouvrage et tricotez à l'envers les trois mailles suivantes.

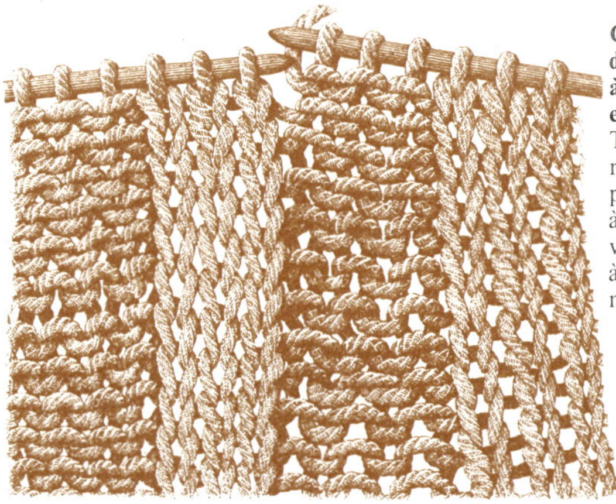

Comment passer d'une maille envers à une maille endroit
Tricotez trois mailles envers puis passez le fil à l'arrière de l'ouvrage et tricotez à l'endroit les trois mailles suivantes.

Côtes 1 et 1

Nb de m div par 2, plus 1.

R 1 *1 m end, 1 m env *; term par 1 m end.

R 2 1 m env *1 m end, 1 m env *.

Répétez les rangs 1 et 2.

Côtes 3 et 3

Nb de m div par 6, plus 3.

R 1 *3 m end, 3 m env *; term par 3 m end.

R 2 3 m env, *3 m end, 3 m env *.

Répétez les rangs 1 et 2.

Côte plate

Nb de m div par 13.

R 1 *4 m end, (1 m env, 1 m end) 3 fs, 3 m env *.

R 2 *3 m end, (1 m env, 1 m end) 3 fs, 4 m env *, rép à *.

Répétez les rangs 1 et 2.

Fausses côtes réversibles

Nb de m div par 3 plus 2.

R 1 (env de l'ouvrage) à l'end.

R 2 2 m env, *1 m end prise par derr, 2 m env *.

Répétez les rangs 1 et 2.

Triangles piqués

Nb de m div par 5 plus 1.

R 1 (end de l'ouvrage) 1 m end prise par derr, *1 m env, 2 m end, 1 m env, 1 m end prise par derr *.

R 2 1 m env, *1 m end, 2 m env, 1 m end, 1 m env *.

R 3 1 m end prise par derr, *4 m env, 1 m end prise par derr *.

R 4 1 m env, *4 m end, 1 m env *.

Répétez les rangs 1 à 4.

Point layette réversible

Nb de m div par 4 plus 3.

R 1 3 m end, *1 m env, 3 m end *.

R 2 1 m end, *1 m env, 3 m end *; term par 1 m env, 1 m end.

R 3 et 5 Rép R 1.

R 4 et 6 Rép R 2.

R 7, 9 et 11 Rép R 2.

R 8, 10 et 12 Rép R 1.

Rép les rangs 1 à 12.

Point de riz

Nb de mailles impair.

R 1 *1 m end, 1 m env *; term par 1 m end.

R 2 Rép R 1.

Point de damier 2 et 2

Nb de m div par 4.

R 1 et 2 *2 m end, 2 m env *.

R 3 et 4 *2 m env, 2 m end *.

Rép R 1 à 4.

Point de carreaux

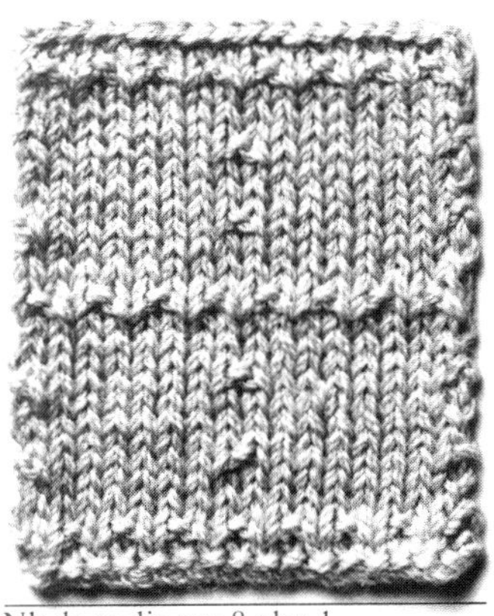

Nb de m div par 8 plus 1.

R 1 (env de l'ouvrage) et tous les R sur l'env, à l'env.

R 2 1 m env, *1 m end, 1 m env *.

R 4, 8 et 12 à l'end.

R 6 et 10 1 m env, *7 m end, 1 m env *.

Rép R 1 à 12.

Panier côtelé

Nb de m div par 4 plus 1.

R 1 (end de l'ouvrage) 1 m end, *1 m env, 1 m end *.

R 2 2 m end, *1 m env, 3 m end *; term par 1 m env, 2 m end.

R 3 2 m env, *1 m end, 1 m env *; term par 1 m end, 2 m env.

R 4 1 m env, *1 m end, 1 m env *.

R 5 1 m end, *3 m env, 1 m end *.

R 6 1 m env, *3 m end, 1 m env *.

Rép R 1 à 6.

Point de manne

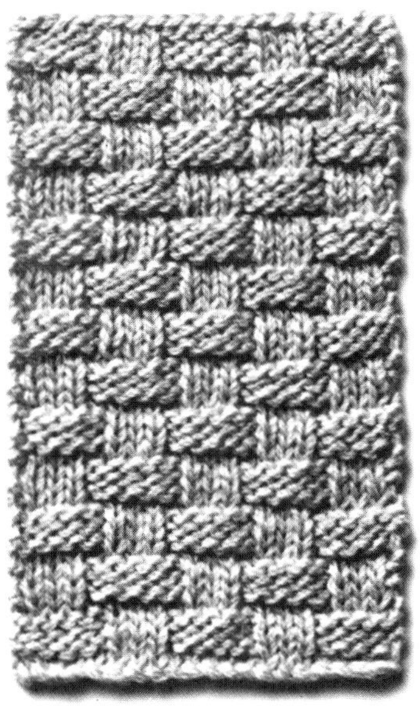

Nb de m div par 8 plus 5.

R 1 (end de l'ouvrage) à l'end.

R 2 5 m end, *3 m env, 5 m end *.

R 3 5 m env, *3 m end, 5 m env *.

R 4 comme R 2. **R 5** à l'end. **R 6** 1 m end, *3 m env, 5 m end *; term la dern rép par 1 m end au lieu de 5 m end. **R 7** 1 m env, *3 m end, 5 m env *; term la dern rép par 1 m env au lieu de 5 m env. **R 8** Rép R 6.

Rép R 1 à 8.

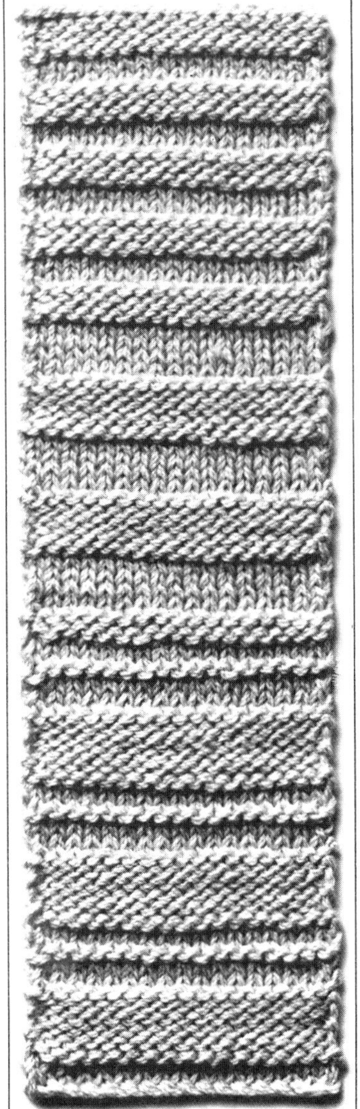

Côtes horizontales n° 1

R 1 et 2 (end de l'ouvrage) à l'end.

R 3 à l'env.

R 4 et 5 à l'end.

R 6 à l'env.

Rép R 1 à 6.

Côtes horizontales n° 2

R 1 et 2 à l'end.

R 3 et 5 à l'env.

R 4, 6 et 7 à l'end.

R 8 et 10 à l'env.

R 9 à l'end.

Rép R 1 à 10.

Côtes horizontales n° 3

R 1 (end de l'ouvrage) à l'end.

R 2 et 3 à l'env.

R 4 à l'end.

R 5 à l'env.

R 6 à l'end.

R 7 à l'env.

R 8 et 9 à l'end.

R 10 à l'env.

R 11 et 12 à l'end.

Rép R 1 à 12.

Côtes horizontales n° 4

R 1, 3 et 5 (end de l'ouvrage) à l'end.

R 2 et 4 à l'env.

R 6 à l'end.

R 7, 9 et 11 à l'end.

R 8 et 10 à l'env.

R 12 à l'end.

R 13 à l'env.

R 14 à l'end.

Rép R 1 à 14.

Les escaliers

Nb de m div par 32.

R 1 et 3 (end de l'ouvrage) *5 m end, 11 m env *.

R 2 *11 m end, 5 m env *.

R 4 et 6 à l'env.

R 5 à l'end.

R 7 et 9 4 m env, *5 m end, 11 m env *; term par 5 m end, 7 m env.

R 8 7 m end, *5 m env, 11 m end *; term par 5 m env, 4 m end.

R 10 et 12 à l'env.

R 11 à l'end.

R 13 et 15 8 m env, *5 m end, 11 m env *; term par 5 m end, 3 m env.

R 14 3 m end, *5 m env, 11 m end *; term par 5 m env, 8 m end.

R 16 et 18 à l'env.

R 17 à l'end.

R 19 et 21 1 m end, 11 m env, *5 m end, 11 m env *; term par 4 m end.

R 20 4 m env, *11 m end, 5 m env *; term par 11 m end, 1 m env.

R 22 et 2 m à l'env.

R 23 à l'end.

R 24 à l'env.

Rép R 1 à 24.

Damier fantaisie

Nb de m div par 8.

R 1 (end de l'ouvrage) à l'end.

R 2 *4 m end, 4 m env *.

R 3 1 m env, *4 m end, 4 m env *; term la dern rép par 3 m env au lieu de 4 m env.

R 4 2 m end, *4 m env, 4 m end *; term la dern rép par 2 m end au lieu de 4 m end.

R 5 3 m env, *4 m end, 4 m env *; term la dern rép par 1 m env au lieu de 4 m env.

R 6 *4 m env, 4 m end *; term.

R 7 à l'end.

R 8, 9, 10 et 11 *4 m end, 4 m env *.

R 12 à l'env.

R 13 *4 m env, 4 m end *.

R 14 1 m end, *4 m env, 4 m end *; term la dern rép par 3 m end au lieu de 4 m end.

R 15 2 m env, *4 m end, 4 m env *; term la dern rép par 2 m env au lieu de 4 m env.

R 16 3 m end, *4 m env, 4 m end *; term la dern rép par 1 m end au lieu de 4 m end.

R 17 *4 m end, 4 m env *.

R 18 à l'env.

R 19, 20, 21 et 22 *4 m env, 4 m end *.

Rép R 1 à 22.

Diagonales réversibles

Nb de m div par 8. **R 1** *1 m end, 1 m env, 1 m end, 5 m env *. **R 2** *et tous les R pairs* tric les m comme elles se présentent. **R 3** 1 m end, 1 m env, *5 m end, 1 m env, 1 m end, 1 m env *; term par 5 m end, 1 m env. **R 5** 1 m end, *5 m env, 1 m end, 1 m env, 1 m end *; term par 5 m env, 1 m end, 1 m env. **R 7** *5 m end, 1 m env, 1 m end, 1 m env *. **R 9** 4 m env, *1 m end, 1 m env, 1 m end, 5 m env *; term par (1 m end, 1 m env) 2 fs. **R 11** 3 m end, *1 m env, 1 m end, 1 m env, 5 m end *; term 1 m env, 1 m end, 1 m env, 2 m end. **R 13** 2 m env, *1 m end, 1 m env, 1 m end, 5 m env *; term par 1 m end, 1 m env, 1 m end, 3 m env. **R 15** 1 m end, *1 m env 1 m end, 1 m env, 5 m end *; term par 1 m env, 1 m end, 1 m env, 4 m end. **R 16** comme R 2. Rép R 1 à 16.

Côtes diagonales

Nb de m div par 8, plus 6.

R 1 1 m end, *4 m env, 4 m end *; term par 4 m env, 1 m end.

R 2 4 m end, *4 m env, 4 m end *; term par 2 m env.

R 3 3 m end, *4 m env, 4 m end *; term par 3 m env.

R 4 2 m end, *4 m env, 4 m end *; term par 4 m env.

R 5 1 m env, *4 m end, 4 m env *; term par 4 m end, 1 m env.

R 6 4 m env, *4 m end, 4 m env *; term par 2 m end.

R 7 3 m env, *4 m end, 4 m env *; term par 3 m end.

R 8 2 m env, *4 m end, 4 m env *; term par 4 m end.

Rép R 1 à 8.

Côtes en spirale

Nb de m div par 6.

R 1 *3 m env, 3 m end *.

R 2 *et tous les R pairs* tric les m comme elles se présentent.

R 3 2 m env, *3 m end, 3 m env *; term par 3 m end, 3 m env.

R 5 1 m env, *3 m end, 3 m env *; term par 3 m end, 2 m env.

R 7 *3 m end, 3 m env *.

R 9 2 m end, *3 m env, 3 m end *; term par 3 m env, 1 m end.

R 11 1 m end, *3 m env, 3 m end *; term par 3 m env, 2 m end.

Rép R 1 à 11.

Plissé à triangles

Nb de m div par 10 plus 1.

R 1 (end de l'ouvrage) 1 m end, *7 m env, 3 m end *.

R 2 4 m env, 6 m end; term par 1 m env.

R 3 1 m end, *5 m env, 5 m end *.

R 4 *6 m env, 4 m end *; term par 1 m env.

R 5 1 m end, *3 m env, 7 m end *.

R 6 *8 m env, 2 m end *; term par 1 m env.

R 7 1 m end, *1 m env, 9 m end *.

R 8, 9, 10, 11, 12 et 13 rép R 6, 5, 4, 3, 2, 1.

R 14 2 m env, *7 m end, 3 m env *; term par 7 m end, 2 m env.

R 15 *3 m end, 7 m env *; term par 1 m end.

R 16 1 m env, *6 m end, 4 m env *.

R 17 *5 m end, 5 m env; term par 1 m end.

R 18 1 m env, *4 m end, 6 m env *.

R 19 *7 m end, 3 m env *; term par 1 m end.

R 20 1 m env *2 m end, 8 m env *.

R 21 *9 m end, 1 m env *; term par 1 m end.

R 22, 23, 24, 25, 26, 27 et 28 Rép R 20, 19, 18, 17, 16, 15 et 14.

Rép R 1 à 28.

Zigzag piqué

Nb de m div par 6.

R 1 (env de l'ouvrage) *et tous les R de l'env*; à l'env.

R 2 *3 m end, 3 m env *.

R 4 1 m env, *3 m end, 3 m env *; term la dern rép par 2 m env au lieu de 3 m env.

R 6 2 m env, *3 m end, 3 m env *; term la dern rép par 1 m env au lieu de 3 m env.

R 8 *3 m env, 3 m end *.

R 10 2 m env, *3 m end, 3 m env *; term la dern rép par 1 m env au lieu de 3 m env.

R 12 1 m env, *3 m end, 3 m env *; term la dern rép par 2 m env au lieu de 3 m env.

Rép R 1 à 12.

Côtes en chevrons

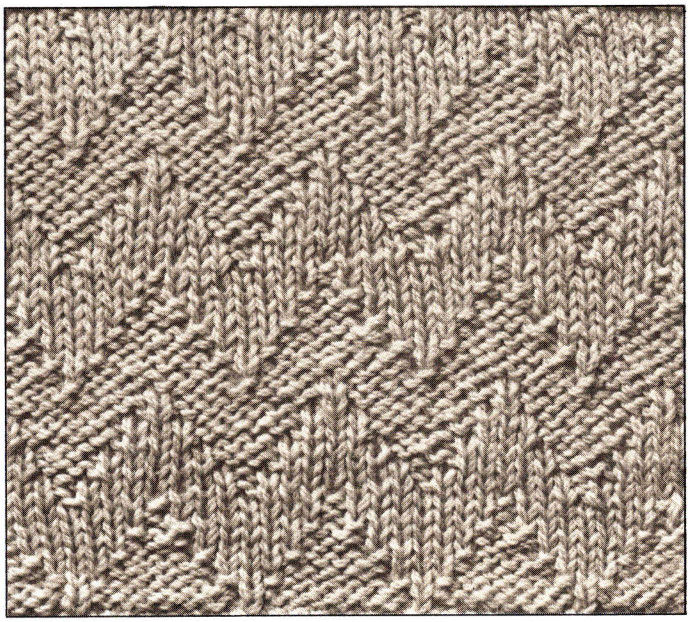

Nb de m div par 8.

R 1 *1 m end, 7 m env *.

R 2 *et tous les R pairs*; tric les m comme elles se présentent.

R 3 2 m end, *5 m env, 3 m end *; term par 5 m env, 1 m end.

R 5 3 m end, *3 m env, 5 m end *; term par 3 m env, 2 m end.

R 7 4 m end, *1 m env, 7 m end *; term par 1 m env, 3 m end.

R 9 1 m env, 7 m end *.

R 11 2 m env, *5 m end, 3 m env *; term par 5 m end, 1 m env.

R 13 3 m env, *3 m end, 5 m env *; term par 3 m end, 2 m env.

R 15 4 m env, *1 m end, 7 m env *; term par 1 m end, 3 m env.

Rép les R 1 à 15.

Chevron piqué

Nb de m div par 8 plus 6.

R 1 (end de l'ouvrage) 6 m end, *2 m env, 6 m end *.

R 2 1 m end, *4 m env, 4 m end *; term par 4 m env, 1 m end.

R 3 2 m env, *2 m end, 2 m env *.

R 4 1 m env, *4 m end, 4 m env *; term par 4 m end, 1 m env.

R 5 2 m end, *2 m env, 6 m end *; term par 2 m env, 2 m end.

R 6 6 m env, *2 m end, 6 m env *.

R 7 1 m env, *4 m end, 4 m env *; term par 4 m end, 1 m env.

R 8 2 m end, *2 m env, 2 m end *.

R 9 1 m end, *4 m env, 4 m end *; term par 4 m env, 1 m end.

R 10 2 m env, *2 m end, 6 m env *; term par 2 m end, 2 m env.

Rép les R 1 à 10.

Chevron à points

Nb de m div par 18.

R 1 (end de l'ouvrage) *8 m end, 2 m env, 8 m end *.

R 2 *7 m env, 4 m end, 7 m env.

R 3 *1 m env, 5 m end, 2 m env, 5 m end, 1 m env *.

R 4 *2 m end, 3 m env, 2 m end, 4 m env, 2 m end, 3 m env, 2 m end *.

R 5 *1 m env, 3 m end, 2 m env, 6 m end, 2 m env, 3 m end, 1 m env *.

R 6 *3 m env, (2 m end, 3 m env) 3 fs *.

R 7 *2 m end, 2 m env, 3 m end, 4 m env, 3 m end, 2 m env, 2 m end *.

R 8 *1 m env, 2 m end, (5 m env, 2 m end) 2 fs, 1 m env *.

R 9 *2 m env, 14 m end, 2 m env *.

R 10 *1 m end, 16 m env, 1 m end *.

Rép les R 1 à 10.

Croisillons piqués

Nb de m div par 12 plus 1.

R 1 (end de l'ouvrage) 1 m end, *1 m env, 9 m end, 1 m env, 1 m end *.

R 2 1 m end, *1 m env, 1 m end, 7 m env, 1 m end, 1 m env, 1 m end *.

R 3 1 m end, *1 m env, 1 m end, 1 m env, 5 m end, (1 m env, 1 m end) 2 fs *.

R 4 1 m env *, (1 m env, 1 m end) 2 fs, 3 m env, 1 m end, 1 m env, 1 m end, 2 m env *.

R 5 1 m end, *2 m end, (1 m env, 1 m end) 3 fs, 1 m env, 3 m end *.

R 6 1 m env, *3 m env, (1 m end, 1 m env) 2 fs, 1 m end, 4 m env *.

R 7 1 m end, *4 m end, 1 m env, 1 m end, 1 m env, 5 m end *.

R 8 comme R 6.

R 9 comme R 5.

R 10 comme R 4.

R 11 comme R 3.

R 12 comme R 2.

Rép R 1 à 12.

Point de parquet

Nb de m div par 12.

R 1 *2 m end, (1 m env, 3 m end) 2 fs, 1 m env, 1 m end *.

R 2 *et tous les R pairs* tric les m comme elles se présentent.

R 3 *3 m end, 1 m env, 1 m end, 3 m env, 3 m end, 1 m env *.

R 5 *1 m env, 3 m end *.

R 7 *(1 m end, 1 m env) 2 fs, 3 m end, 3 m env, 2 m end *.

R 9 *2 m end, (1 m env, 3 m end) 2 fs, 1 m env, 1 m end *.

R 11 *1 m end, (1 m env, 3 m end) 2 fs, 1 m env, 1 m end, 1 m env *.

R 13 *1 m env, 3 m end *.

R 15 *2 m env, 1 m end, (1 m env, 3 m end) 2 fs, 1 m env *.

R 17 *2 m end, 1 m env, 1 m end, 1 m env, 3 m end, 3 m env *.

R 19 *3 m end, 1 m env, 1 m end, 1 m env, 3 m end, 3 m env *.

R 21 *1 m env, 3 m end *.

R 23 *1 m end, 1 m env, 3 m end, (1 m env, 1 m end) 2 fs, 1 m env, 2 m end *.

Rép les R 1 à 23.

Losanges piqués

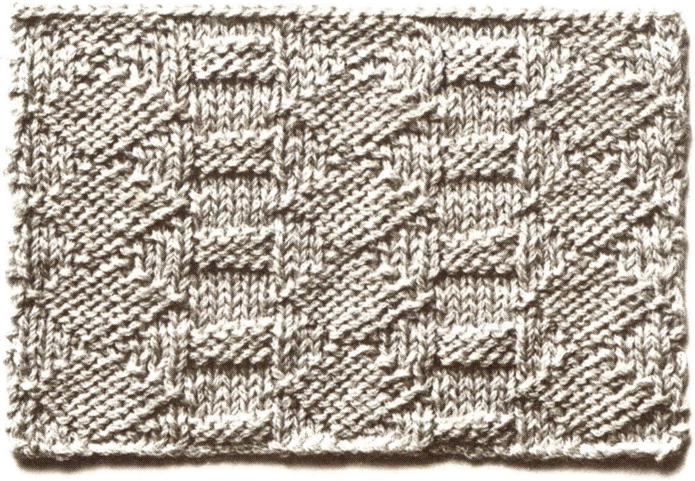

Nb de m div par 14 plus 5.

R 1 (end de l'ouvrage) 5 m env, *4 m end, 1 m env, 4 m end, 5 m env *.

R 2 5 m end, *3 m env, 3 m end, 3 m env, 5 m end *.

R 3 7 m end, *5 m env, 9 m end *; term la dern rép par 7 m end.

R 4 6 m env, *7 m end, 7 m env *; term la dern rép par 6 m env.

R 5 5 m env, *9 m env, 5 m end *.

R 6 comme R 4.

R 7 comme R 3.

R 8 comme R 2.

Rép les R 1 à 7.

Damier à losanges

Nb de m div par 18 plus 2.

R 1 (end de l'ouvrage) 2 m env, *4 m end, 4 m env, 2 m end, 2 m env, 4 m end, 2 m env *.

R 2 3 m end, *4 m env, 2 m end, 2 m env, 2 m end, 4 m env, 4 m end *; term la dern rép par 3 m end.

R 3 2 m end, *2 m env, 4 m end, 4 m env, 4 m end, 2 m env, 2 m end *.

R 4 1 m env, *4 m end, (4 m env, 2 m end) 2 fs, 2 m env *; term par 1 m end.

R 5 2 m env, *2 m end, 2 m env, 8 m end, 2 m env, 2 m end, 2 m env *.

R 6 1 m end, *2 m env, 4 m end, 6 m env, 2 m end, 2 m env, 2 m end *; term par 1 m env.

R 7 2 m end, *2 m env, 2 m end, 2 m env, 4 m end, (2 m env, 2 m end) 2 fs *.

R 8 1 m env, *2 m end, 2 m env, 2 m end, 6 m env, 4 m end, 2 m env *; term par 1 m end.

R 9, 11 et 12 Rép les R 5, 3 et 2.

R 10 1 m end, *2 m env, (2 m end, 4 m env) 2 fs, 4 m end *; term par 1 m env.

R 13 2 m env, *4 m end, 2 m env, 2 m end, 4 m env, 4 m end, 2 m env *.

R 14 5 m env *, (2 m end, 2 m env) 2 fs, 2 m end, 8 m env *; term la dern rép par 5 m env.

R 15 4 m end *, (2 m env, 2 m end) 2 fs, 4 m env, 6 m end *; term la dern rép par 4 m end.

R 16 3 m env *, (2 m end, 2 m env) 3 fs, 2 m end, 4 m env *; term la dern rép par 3 m env.

R 17 4 m end, *4 m env, (2 m end, 2 m env) 2 fs, 6 m end *; term la dern rép par 4 m end.

R 18 comme R 14.

Rép les R 1 à 18.

Fenêtres doubles

Nb de m div par 10 plus 2.

R 1 (end de l'ouvrage) à l'endroit.

R 2 à l'envers.

R 3 2 m end, *8 m env, 2 m end *.

R 4 2 m env, *8 m end, 2 m env *.

R 5, 7 et 9 2 m end, *2 m env, 4 m end, 2 m env, 2 m end *.

R 6, 8 et 10 2 m env, *2 m end, 4 m env, 2 m end, 2 m env *.

R 11 comme R 3.

R 12 comme R 4.

Rép R 1 à 12.

Point de riz côtelé

Nb de m div par 12 plus 7.

R 1 (1 m env, 1 m end) 3 fs *2 m env, 1 m end, 1 m env, 1 m end, 2 m env, (1 m end, 1 m env) 2fs, 1 m end *; term par 1 m env.

R 2 *et tous les R pairs* Tric les m comme elles se présentent.

R 3 1 m env, *1 m end, 1 m env *.

R 5 comme R 1.

R 7 (1 m end, 1 m env) 2 fs, 1 m end, *2 m env (1 m end, 1 m env) 2 fs, 1 m end, 2 m env, 1 m end, 1 m env, 1 m end *; term par 1 m env, 1 m end.

R 9 comme R 3.

R 11 comme R 7

Rép les R 1 à 12.

Double panier

Nb de m div par 18 plus 10.

R 1 (end de l'ouvrage) *11 m end, 2 m env, 2 m end, 2 m env, 1 m end *; term par 10 m end.

R 2 1 m env, 8 m end, 1 m env, *1 m env, (2 m end, 2 m env) 2 fs, 8 m end, 1 m env *.

R 3 *1 m end, 8 m env, (2 m end, 2 m env) 2 fs, 1 m end *; term par 1 m end, 8 m env, 1 m end.

R 4 10 m env, *1 m env, 2 m end, 2 m env, 2 m end, 11 m env *.

R 5, 6, 7 et 8 Rép R 1, 2, 3, 4.

R 9 à l'end.

R 10 (2 m env, 2 m end) 2 fs, 2 m env, *10 m env, (2 m end, 2 m env) 2 fs *.

R 11 * (2 m end, 2 m env) 2 fs, 2 m end, 8 m env *; term par (2 m end, 2 m env) 2 fs, 2 m end.

R 12 (2 m env, 2 m end) 2 fs, 2 m env, *8 m end (2 m env, 2 m end) 2 fs, 2 m env *.

R 13 * (2 m end, 2 m env) 2 fs, 10 m end *; term par (2 m end, 2 m env) 2 fs, 2 m end.

R 14, 15, 16 et 17 Rép R 10, 11, 12 et 13.

R 18 à l'env. Rép R 1 à 18.

Point de corbeilles

Nb de m div par 8.

R 1, 3 et 5 (end de l'ouvrage) *3 m env, 5 m end *.

R 2, 4 et 6 *5 m env, 3 m end *.

R 7, 9 et 11 *5 m end, 3 m env *.

R 8, 10 et 12 *3 m end, 5 m env *.

Rép R 1 à 12.

Côtes brisées 2 et 2

Nb de m div par 4 plus 2.

R 1, 3 et 5 2 m end, *2 m env, 2 m end *.

R 2, 4 et 6 2 m env, *2 m end, 2 m env *.

R 7, 9 et 11 2 m env, *2 m end, 2 m env *.

R 8, 10 et 12 2 m end, *2 m env, 2 m end *.

Rép R 1 à 12.

Les torsades

La technique de base des torsades est toujours la même quel que soit le motif: on change la position d'un certain nombre de mailles dans le rang. Dans les points qui utilisent les mailles endroit et les mailles envers, on tricote les mailles dans l'ordre où elles se présentent sur l'aiguille. Dans les points de torsades, on câble les mailles, c'est-à-dire qu'on en glisse un certain nombre sur une aiguille auxiliaire et qu'on les met en attente derrière ou devant l'ouvrage tandis qu'on tricote les mailles suivantes. Puis les mailles retenues sur l'aiguille auxiliaire sont reprises sur l'aiguille de l'ouvrage et tricotées à leur tour. L'aiguille auxiliaire est plus petite qu'une aiguille normale et n'a pas de bouts. On obtient une sorte de motif tressé, semblable à un cordage de pêcheur. Les torsades peuvent être simplement réalisées en mailles croisées (à droite) ou être au contraire extrêmement complexes comme celles des pulls marins ou irlandais. A l'origine, ces torsades aux motifs compliqués servaient à identifier les pêcheurs noyés car chaque village avait son point et ses motifs particuliers. Une fois que vous aurez compris le principe des torsades, vous pourrez en exécuter tous les motifs.

Torsade de gauche à droite

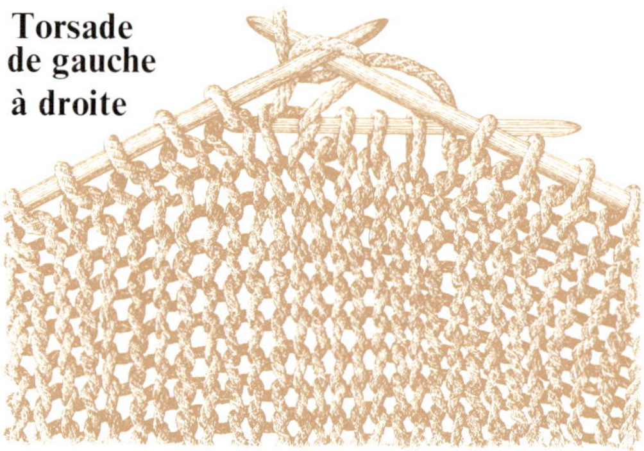

Lorsqu'il est nécessaire de croiser plus de deux mailles, on utilise une aiguille auxiliaire et les mailles qui doivent être croisées y sont maintenues en attente. Une torsade à trois mailles se travaille ainsi: glissez les trois premières mailles sur une aiguille auxiliaire (aig aux en abrégé) et maintenez-la sur l'arrière de l'ouvrage. Tricotez les trois mailles suivantes, puis les trois mailles de l'aiguille auxiliaire.

Torsade de gauche à droite Répétez le croisement des mailles tous les deux rangs si vous voulez obtenir des torsades rapprochées.

Torsade de droite à gauche

Glissez les 3 premières mailles sur l'aig aux et maintenez-la sur l'avant de l'ouvrage. Tricotez les 3 mailles suivantes puis reprenez les trois mailles en attente. Cette torsade de droite à gauche est la plus pratique pour un tricot en rond car il est plus facile de maintenir des mailles à l'avant de l'ouvrage.

Torsade de droite à gauche Détail du motif.

Torsade à quatre mailles

Panneau central de 8 mailles.

R 1 et 3 (env de l'ouvrage) 2 m end, 4 m env, 2 m end. **R 2** 2 m env, 4 m end, 2 m env. **R 4** 2 m env, glissez les 2 m suiv sur une aig aux placée dev l'ouvrage (ou l'inverse), 2 m end, puis les 2 m de l'aig aux à l'end, 2 m env. Rép les R 1 à 4.

Torsade quadrillée

Panneau central de 14 m.

Remarque *Croisez devant (c dev) glissez 2 m sur une aig aux et maintenez-la à l'avant de l'ouvrage, tric 2 m à l'end, puis tric les m de l'aig aux. Croisez derrière (c dr) identique à c dev mais maintenez l'aig aux à l'arrière de l'ouvrage.*

R 1 et 3 (env de l'ouvrage) 2 m end, 10 m env, 2 m end. **R 2** 2 m env, 2 m end (c dev) 2 fs, 2 m env. **R 4** 2 m env, (c dr) 2 fs, 2 m end, 2 m env. Rép R 1 à 4.

Torsade à six mailles

Panneau central de 10 m.

R 1 et 3 (env de l'ouvrage) 2 m end, 6 m env, 2 m end.

R 2 2 m env, 6 m end, 2 m env.

R 4 2 m env, gl les 3 m suiv sur une aig aux et maintenez derr (ou dev), 3 m end, puis les 3 m de l'aig aux à l'end, 2 m env.

R 5 comme R 1 et 3.

R 6 comme R 2.

Rép les R 1 à 6.

Torsade à six mailles 2

Panneau central de 10 m R 1 et 3 (env de l'ouvrage) 2 m end, 6 m env, 2 m end. **R 2** 2 m env, 6 m end, 2 m env. **R 4** 2 m env, gl les 3 m suiv sur une aig aux et maintenez derr (ou dev), 3 m end, puis les 3 m de l'aig aux à l'end, 2 m env. **R 5 et 7** comme R 1. **R 6 et 8** comme R 2. Rép R 1 à 8.

Torsade à 8 mailles

Panneau central de 12 m.	
R 1 et 3 (env de l'ouvrage) 2 m end, 7 m env, 2 m end.	
R 4 2 m env, gl les 4 m suiv sur une aig aux et maintenez derr (ou dev), 4 m end, puis les 4 m de l'aig aux à l'end, 2 m env.	
R 5, 7 et 9 comme R 1.	
R 6, 8 et 10 comme R 2.	
Rép R 1 à 10.	

Chaîne torsadée

R 1 et 3 (env de l'ouvrage) 2 m end, 6 m env, 2 m end.	
R 2 2 m env, 6 m end, 2 m env.	
R 4 2 m env, gl les 3 m suiv sur une aig aux et maintenez derr (ou dev), 3 m end, puis les 3 m de l'aig aux à l'end, 2 m env.	
R 5, 7, 9, 11, 13, 15 et 17 comme R 1.	
R 6 et 8 comme R 2.	
R 10 comme R 4.	
R 12, 14, 16, 18 comme R 2.	
Rép R 1 à 18.	

Le point de torsade simple

Nous indiquons ici deux techniques très simples pour tricoter des torsades sans utiliser d'aiguille auxiliaire. Vous pouvez inclure l'une ou l'autre dans un point de jersey.

Torsade en mailles croisées

C'est la plus simple de toutes puisqu'elle ne nécessite pas d'aig aux. Essayez cette méthode d'abord, c'est une excellente initiation aux torsades. Les torsades plus larges nécessitent une aig aux.

Maille croisée à l'endroit

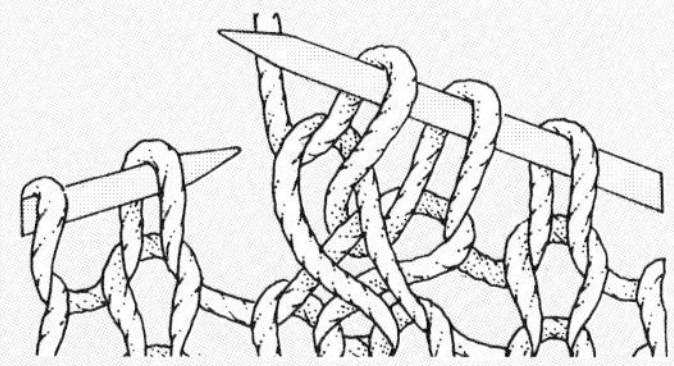

Torsade terminée
La première maille a été croisée sur la seconde de droite à gauche.

Exécution

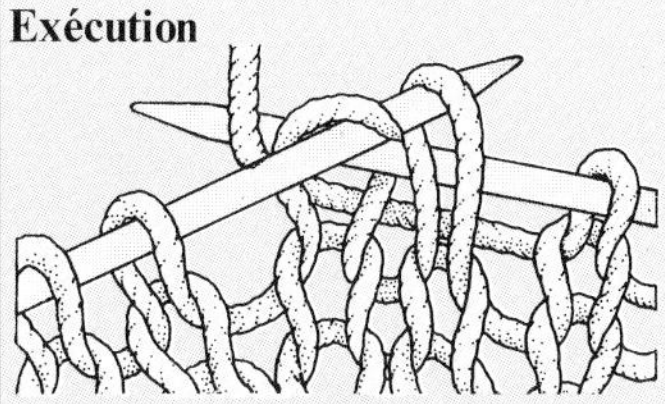

1 *Passez l'aiguille droite derrière la première maille de l'aiguille gauche, tricotez la maille suivante à l'endroit sans la lâcher, de l'aiguille gauche.*

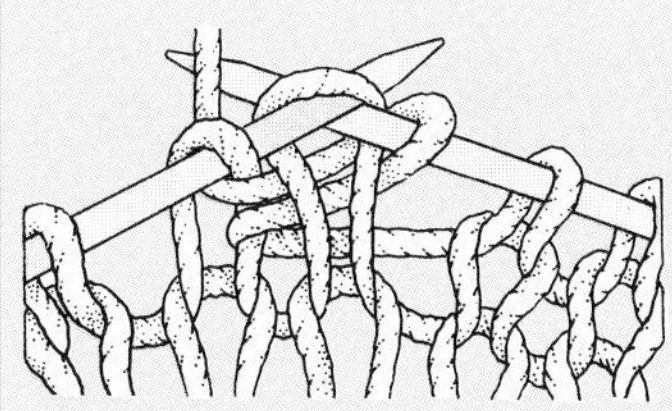

2 *Tricotez la première maille et laissez glisser les deux mailles de l'aiguille gauche. L'abréviation pour maille croisée est MC.*

Maille croisée à l'envers

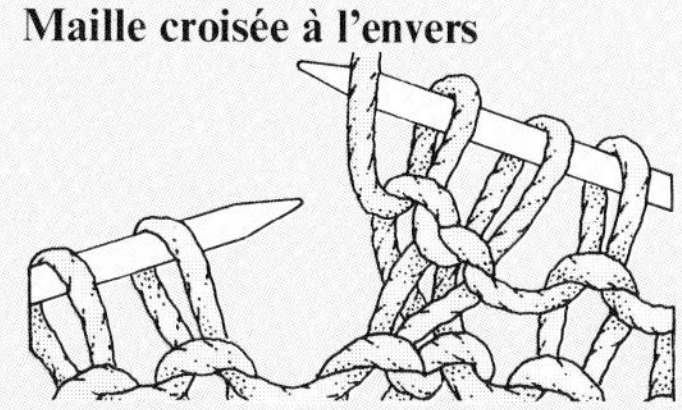

Torsade terminée
La première maille a été croisée sur la seconde. Le motif apparaîtra sur l'endroit de l'ouvrage comme un croisement de gauche à droite.

Exécution

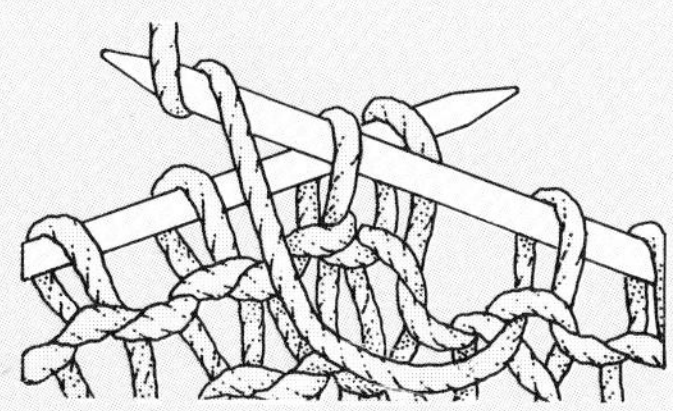

1 *Passez l'aiguille droite devant la première maille et piquez-la à l'envers dans la seconde maille, tricotez-la sans la lâcher.*

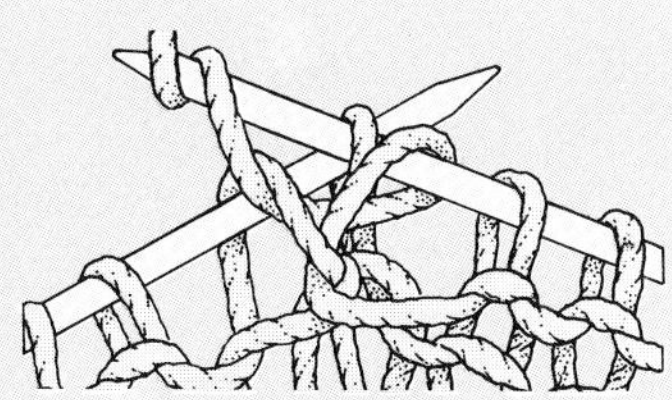

2 *Tricotez la première maille à l'envers et faites glisser les deux mailles de l'aiguille gauche.*

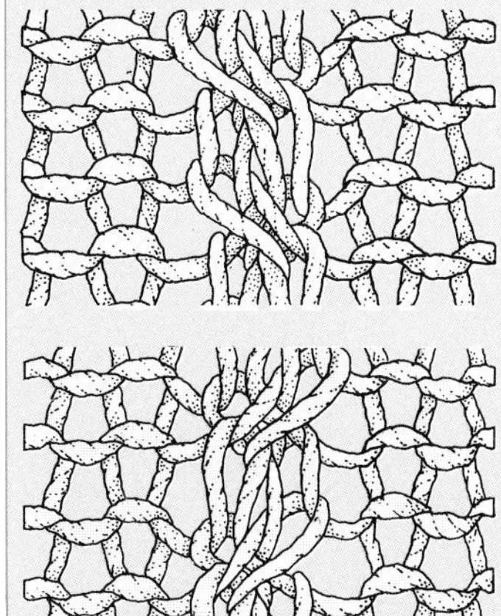

Exécution d'une côte nouée

On obtient un croisement de droite à gauche avec les mailles croisées à l'endroit. On obtient un croisement de gauche à droite avec les mailles croisées à l'envers.

Croisement de droite à gauche

Montez un nombre de m div par 5 plus 3.	
R 1 *3 m env (2 m end) *; term par 3 m env.	
R 2 3 m end, *2 m env, 3 m end *.	
Rép ces deux rangs.	

Croisement de gauche à droite

R 1 *3 m env, 2 m end *; term par 3 m env.	
R 2 3 m end, *(2 m env) 3 m end *.	

Torsade cordée

Panneau central de 16 m.

R 1, 3 et 5 (end de l'ouvrage) 2 m end, (1 m env, 3 m end) 3 fs, 6 m env, 2 m end.

R 2, 4 et 6 8 m end, (1 m env, 1 m end) 3 fs, 2 m end.

R 7 2 m end, gl les 7 m suiv sur une aig aux et maintenez derr, 5 m env, puis (1 m env, 1 m end) 3 fs, tric à l'env les m de l'aig aux 2 m end.

R 8, 10, 12 et 14 3 m end, (1 m env, 1 m end) 3 fs, 7 m end.

R 9, 11 et 13 2 m end, 6 m env, (1 m end, 1 m env) 3 fs, 2 m end.

R 15 2 m end, gl les 5 m suiv sur une aig aux et maintenez derr, (1 m env, 1 m end) 3 fs, tric à l'env les 7 m suiv, puis tric à l'env les 5 m de l'aig aux, 2 m end.

Torsade quadrillée (2)

Panneau de 17 m

Remarque *C dr Gl 1 m sur une aig aux et maintenez à l'arrière, 2 m end puis tric à l'env la m de l'aig aux.*
C dev Gl 2 m sur une aig aux et maintenez à l'avant, 1 m env puis tric à l'end les 2 m de l'aig aux.

R 1 (env de l'ouvrage) (2 m end, 2 m env) 2 fs, 1 m end, (2 m env, 2 m end) 2 fs. **R 2** 2 m env, 2 m end, 2 m env, gl les 3 m suiv sur une aig aux et maintenez derr, 2 m end, gl la m env de l'aig aux et remettez-la sur l'aig g et tricotez-la à l'env, puis tric à l'end les 2 m de l'aig aux, 2 m env, 2 m end, 2 m env. **R 3** comme R 1. **R 4** 2 m env, c dev, c dr, 1 m env, c dev, c dr, 2 m env. **R 5** (3 m end, 4 m env) 2 fs, 3 m end. **R 6** 3 m env, gl les 2 m suiv sur une aig aux et maintenez derr, 2 m end, les 2 m de l'aig aux à l'end, gl les 2 m suiv sur une aig aux et maintenez dev, 2 m end, les 2 m de l'aig aux à l'end, 3 m env. **R 7** comme R 5. **R 8** 2 m env, c dr, c dev, 1 m env, c dr, c dev, 2 m env. **R 9** comme R 1. **R 10** 2 m env, 2 m end, 2 m env, gl les 3 m suiv sur une aig aux et maintenez dev, 2 m end, puis faites gl la m env de l'aig aux et remettez-la sur l'aig g tricotez-la à l'env, puis tric à l'end les 2 m de l'aig aux, 2 m env, 2 m end, 2 m env. **R 11 à 16** Rép les R 3 à 8. Rép les R 1 à 16.

Losange torsadé

Panneau de 18 m.

Remarque *C dev Gl 3 m sur une aig aux et maintenez dev, tric à l'end les 3 m suiv puis les 3 m de l'aig aux.*
C dev 1 Gl 1 m sur une aig aux et maintenez dev, 1 m env, puis tric à l'end la m de l'aig aux en la prenant par derr.
C dr 1 Gl 1 m sur une aig aux et maintenez derr, 1 m end prise par derr, puis tric à l'env la m de l'aig aux.

R 1 (env de l'ouvrage) 5 m end, 8 m env, 5 m end. **R 2** 4 m env, c dev 1, 6 m end, c dev 1, 4 m env. **R 3** *et tous les autres R env* tric les m comme elles se présentent. **R 4** 3 m env, c dr 1, 1 m env, 6 m end, 1 m env, c dev, 3 m env. **R 6** 2 m env, c dr 1, 2 m env, c dev, 2 m env, c dev 1, 2 m env. **R 8** 1 m env, c dr 1, 3 m env, 6 m end, 3 m env, c dev 1, 1 m env. **R 10** 1 m env, c dev 1, 3 m env, 6 m end, 3 m env, c dr 1, 1 m env. **R 12** 2 m env, c dev 1, 2 m env, c dev, 2 m env, c dr 1, 2 m env. **R 14** 3 m env, c dev 1, 1 m env, 6 m end, 1 m env, c dr 1, 3 m env. **R 16** 4 m env, c dev, 6 m end, c dr 1, 4 m env. Rép les R 1 à 16.

Croisillons doubles

Panneau de 24 m.

Remarque *C dev Gl 3 m sur une aig aux et maintenez dev, 3 m end, puis les 3 m de l'aig aux à l'end.*
C dr gl 3 m sur une aig aux et maintenez derr, 3 m end, puis tric à l'end les 3 m de l'aig aux.
C dev 1 gl 3 m sur une aig aux et maintenez dev, 1 m env, puis tric à l'end les 3 m de l'aig aux.
C dr 1 gl 1 m sur une aig aux et maintenez derr, 3 m end, puis tric à l'env la m de l'aig aux.

R 1 (env de l'ouvrage) 2 m end, 3 m env, 4 m end, 6 m env, 4 m end, 3 m env, 2 m end. **R 2** 2 m env, 3 m end, 4 m env, c dr, 4 m env, 3 m end, 2 m env. **R 3** *et tous les rangs suiv à impairs* à l'env. **R 4** 2 m env, (c dev 1, 2 m env, c dr 1) 2 fs, 2 m env. **R 6** 3 m env, c dev 1, c dr 1, 2 m env, c dev 1, c dr 1, 3 m env. **R 8** 4 m env, c dev, 4 m env, c dr, 4 m env. **R 10** 3 m env, c dr 1, c dev 1, 2 m env, c dr 1, c dev 1, 3 m env. **R 12** 2 m env, (c dr 1, 2 m env, c dev 1) 2 fs, 2 m env. **R 14** 2 m env, 3 m end, 4 m env, 3 m end, 2 m env. **R 16 et 18** Rép R 4 et 6. **R 20** 4 m env, c dr, 4 m env, c dev, 4 m env. **R 22 et 24** Rép les R 10 et 12. Rép les R 1 à 24.

Torsade ondulée

Panneau central de 12 m.

R 1 (env de l'ouvrage) *et tous les rangs impairs* 2 m end, 8 m env, 2 m end.

R 2 2 m env, 4 m end, gl 2 m sur une aig aux et maintenez dev, 2 m end, puis tric à l'end les 2 m de l'aig aux, 4 m end, 2 m env.

R 4 2 m env, 8 m end, 2 m env.

R 6 comme R 2.

R 8 2 m env, gl 2 m sur une aig aux et maintenez derr, 2 m end, puis tric à l'end les 2 m de l'aig aux, 4 m end, 2 m env. **R 10** comme R 4. **R 12** comme R 8. Rép les R 1 à 12.

Arceaux

Panneau central de 12 m.

R 1 (env de l'ouvrage) 4 m end, 4 m env, 4 m end.

R 2 4 m env, 5 m end, 4 m env.

R 3 4 m end, 1 m env, gl 2 m en passant le fil dev 1 m env, 4 m end.

R 5, 7 et 9 2 m end, (1 m env, 1 m end) 3 fs, 2 m env, 2 m end.

R 6, 8 et 10 2 m env, (1 m end, 1 m env) 3 fs, 2 m end, 2 m env.

R 11 2 m end, gl 1 m en passant le fil dev, (1 m end, 1 m env) 3 fs, gl 1 m en passant le fil dev, 2 m end.

R 12 2 m env, gl la m suiv sur une aig aux et maintenez dev, 2 m env, 1 m end, puis tric à l'end la m de l'aig aux, gl les 3 m suiv sur une aig aux et maintenez derr, 1 m end, puis tric les m de l'aig aux, 1 m end, 2 m env, 2 m env.

R 13, 14, 15 et 16 Rép les R 1 et 2, 2 fs.

Rép les R 1 à 16.

Gourmette

Panneau central de 10 m.

R 1 (end de l'ouvrage) (2 m env, 2 m end) 2 fs, 2 m env.

R 2 (2 m end, 2 m env) 2 fs, 2 m end.

R 3 2 m env, gl les 4 m suiv sur une aig aux et maintenez dev, 2 m end, puis gl les 2 m env de l'aig aux sur l'aig g, puis faire passer l'aig aux avec les 2 m à l'end à l'arrière du travail, tric à l'env les 2 m de l'aig g puis les 2 m à l'end de l'aig aux, 2 m env.

R 4, 6 et 8 Rép R 8.

R 5, 7 et 9 Rép R 1.

R 10 Rép R 2. Rép les R de 1 à 10.

Torsades double

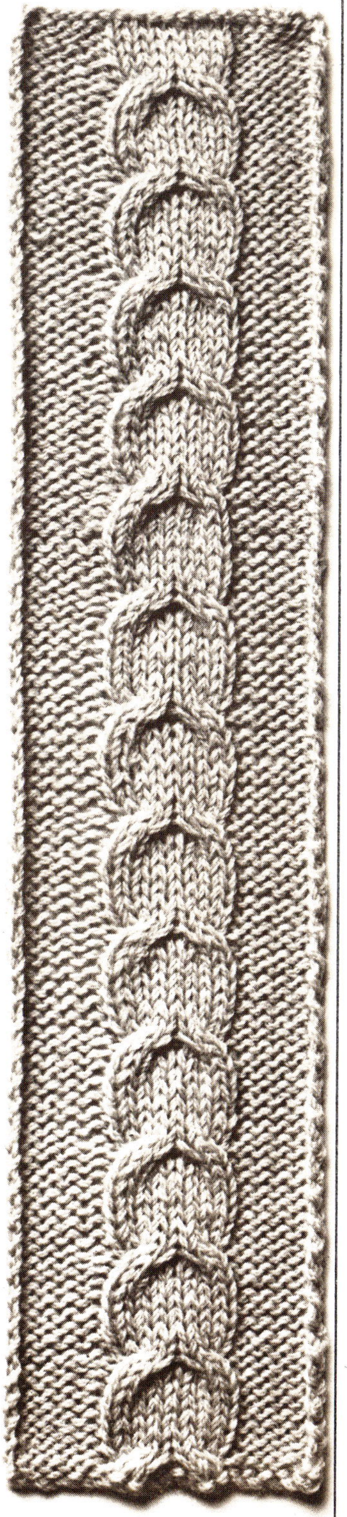

Panneau central de 12 m.

R 1, 3, 5 et 7 (env de l'ouvrage) 2 m end, 8 m env, 2 m end.

R 2 2 m env, gl les 2 m suiv sur une aig aux et maintenez dev, 2 m end, puis tric à l'end les 2 m de l'aig aux. Gl les 2 m suiv sur une aig aux et maintenez derr, 2 m end, puis tric à l'end les 2 m de l'aig aux, 2 m env.

Rép R 1 à 8.

Epis

Remarque *Torsion à droite TD Tric 2 m ens à l'end mais laissez les m sur l'aig g. Piquez l'aig dr à l'av entre les 2 m tric ens. Tric à nouveau la première maille, puis faites glisser les 2 mailles de l'aig.*
Torsion à gauche TG Placez l'aig dr derrière la première maille de l'aig g et tric à l'end la seconde maille par-derrière, puis sans la laisser tomber piquez l'aig dr à l'arrière de la m glissée et de la deuxième maille et tricotez-les ens à l'endroit en les prenant par-derrière.

Nb de m div par 16 plus 1.

R 1 (env de l'ouvrage) *et tous les R*

R 2 1 m end, *TG (TD) 2 fs, 3 m end, (TG) 2 fs, TD, 1 m end.

R 4 2 m end, *TG, (TD) 2 fs, 1 m end, (TG) 2 fs, TD, 3 m end *; term le dernier motif par 2 m end.

R 6 1 m end *(TG) 2 fs, TD, 3 m end, TG, (TD) 2 fs, 1 m end *.

R 8 2 m end *(TG) 2 fs, TD, 1 m end, TG, (TD) 2 fs, 3 m end *; term le dernier motif par 2 m end.

R 10 1 m end *(TG) 3 fs, 3 m end, (TD) 3 fs, 1 m end *.

R 12 2 m end *(TG) 3 fs, 1 m end, (TD) 3 fs, 3 m end *; term le dernier motif par 2 m end.

R 14, 16, 18, 20 et 22 Rép les R 10, 8, 6, 4, et 2.

R 24 2 m end (TD) 3 fs, 1 m end, (TG) 3 fs, 3 m end *; term le dernier motif par 2 m end.

R 26 1 m end *(TD) 3 fs, 3 m end, (TG) 3 fs, 1 m end *.

R 28 Comme R 24.

Rép les R 1 à 28.

Torsade fantaisie

Nb de m div par 18 plus 1.

Remarque *Croiser derrière c dr Gl 3 m sur une aig aux placée derr, 3 m end, puis les 3 m end de l'aig aux.*

R 1 (end de l'ouvr) 1 m end, *8 m env, 1 m end, 1 m env, 6 m end, 1 m env, 1 m end *.

R 2 1 m env, *1 m end, 6 m env, 1 m end, 1 m env, 8 m end, 1 m env *.

R 3 2 m end, *6 m env, 2 m end, 1 m env, c dr, 1 m env, 2 m end *; term le dernier motif par 1 m end.

R 4 1 m env *1 m end, 6 m env, 1 m end, 2 m env, 6 m end, 2 m env *.

R 5 3 m end, *4 m env, 3 m end, 1 m env, 6 m end, 1 m env, 3 m end *; term le dernier motif par 1 m end.

R 6 1 m env, *1 m end, 6 m env, 1 m end, 3 m env, 4 m end, 3 m env *.

R 7 4 m end, *2 m env, 4 m end, 1 m env, 6 m end, 1 m env, 4 m end *; term le dernier motif par 1 m end.

R 8 1 m env, *1 m end, 6 m env, 1 m end, 4 m env, 2 m end, 4 m env *.

R 9 *10 m end, 1 m env, c dr, 1 m env *; term par 1 m end.

R 10 à 17 Rép les R 8, 7, 6, 5, 4, 3, 2, et 1.

R 18 1 m env, *1 m end, 6 m env, 1 m end, 1 m env *.

R 19 1 m end, *1 m env, 6 m end, 1 m env, 1 m end, 8 m env, 1 m end *.

R 20 1 m env, *8 m end, 1 m env, 1 m end, 6 m env, 1 m end, 1 m env *.

R 21 1 m end, *1 m env, c dr, 1 m env, 2 m end, 6 m env, 2 m end *.

R 22 2 m env, 6 m end, 2 m env, 1 m end, 6 m env, 1 m end, 2 m env *; term le dernier motif par 1 m env.

R 23 1 m end, *1 m env, 6 m end, 1 m env, 3 m end, 4 m env, 3 m end *.

R 24 3 m env, *4 m end, 3 m env, 1 m end, 6 m env, 1 m end, 3 m env *; term le dernier motif par 1 m env.

R 25 1 m end, *1 m env, 6 m end, 1 m env, 4 m end, 2 m env, 4 m end *.

R 26 4 m env, *2 m end, 4 m env, 1 m end, 6 m env, 1 m end, 4 m env *; term le dernier motif par 1 m env.

R 27 1 m end, *1 m env, c dr, 1 m env, 10 m end *.

R 28 à 36 Rép les R 26, 25, 24, 23, 22, 21, 20, 19 et 18.

Rép les R 1 à 36.

Torsade à croisillons

Nb de m div par 16.

Remarque *C dev Gl 2 m sur une aig aux placée dev, tric 2 m à l'end puis les 2 m de l'aig aux à l'end.*
C dev E Gl 2 m sur une aig aux placée dev, tric 2 m à l'env puis l'end les 2 m de l'aig aux.
C *dev 1 Gl 2 m sur une aig aux placée dev, 1 m env, puis à l'end les 2 m de l'aig aux.*
C dr Gl 2 m sur une aig aux placée derr, 2 m end, puis à l'end les 2 m de l'aig aux.
C dr Gl 2 m sur une aig aux placée derr, 2 m end, puis à l'env les 2 m de l'aig aux.
C dr Gl 1 m sur une aig aux placée derr, 2 m end, puis à l'env la m de l'aig aux.

R 1, 3, 5, 7, 9 et 11 (env de l'ouv) 2 m end, *4 m env, 4 m end *; term par 4 m env, 2 m end.

R 2, 6 et 10 2 m env, *c dev, 4 m env, c dr, 4 m env *; term la dernière rép par 2 m env.

R 4 et 8 2 m env, *4 m end, 4 m env *; term par 4 m end, 2 m env.

R 12 1 m env, *c dr 1, c dev, c dr, c dev 1, 2 m env *; term le dernier motif par 1 m env.

R 13 et 15 1 m end, *2 m env, 3 m end, 4 m env, 3 m end, 2 m env, 2 m end *; term le dernier motif par 1 m end.

R 14 1 m env, *2 m end, 3 m env, c dr, 3 m env, 2 m end, 2 m env *; term le dernier motif par 1 m env.

R 16 1 m env, *c dev 1, c dr, c dev, c dr 1, 2 m env *; term le dernier motif par 1 m env.

R 17, 19, 21, 23, 25 et 27 Rép les R impairs 1 à 11.

R 18, 22 et 26 2 m env, *c dr, 4 m env, c dev, 4 m env; term le dernier motif par 2 m. **R 20 et 24** Rép les R 4 à 8.

R 28 1 m env, c dr 1, c dev 1, *2 m env, c dr 1, c dev, c dr, c dev 1 *; term par 2 m env, c dr 1, c dev 1, 1 m env.

R 29 et 31 1 m end, (2 m env, 2 m end) 2 fs, *2 m env, 3 m end, 4 m env, 3 m end, 2 m env, 2 m end *; term par 2 m env, 2 m end, 2 m env, 1 m end.

R 30 1 m env, (2 m end, 2 m env) 2 fs, *2 m end, 3 m env, c dev, 3 m env, 2 m end, 2 m env *; term par 2 m end, 2 m env, 2 m end, 1 m env.

R 32 1 m env, c dev 1, c dr 1, *2 m env, c dev 1, c dr, c dev, c dr 1 *; term par 2 m env, c dev 1, c dr 1, 1 m env. Rép les R 1 à 32.

Point tressé

Nb de m div par 6 plus 2.

R 1 et 3 (env de l'ouv) 1 m end, *2 m end, 4 m env *; term par 1 m end.

R 2 1 m end, *gl les 2 m suiv sur une aig aux placée dev, tric à l'end les 2 m de l'aig aux, 2 m env; term par 1 m end.

R 4 1 m end, 2 m env, *2 m end, gl les 2 m suiv sur une aig aux placée derr, 2 m end, puis tric à l'env les 2 m de l'aig aux *; term par 5 m end.

R 5 et 7 1 m end, *4 m env, 2 m end *; term par 1 m end.

R 6 1 m end, *2 m env, gl les 2 m suiv sur une aig aux placée derr, 2 m end, puis tric à l'end les 2 m de l'aig aux *; term par 1 m end.

R 8 5 m end, *gl les 2 m suiv sur une aig aux placée dev, 2 m env, puis à l'end les 2 m de l'aig aux, 2 m end *; term par 2 m end, 1 m env.

Rép les R 1 à 8.

Jersey croisillon

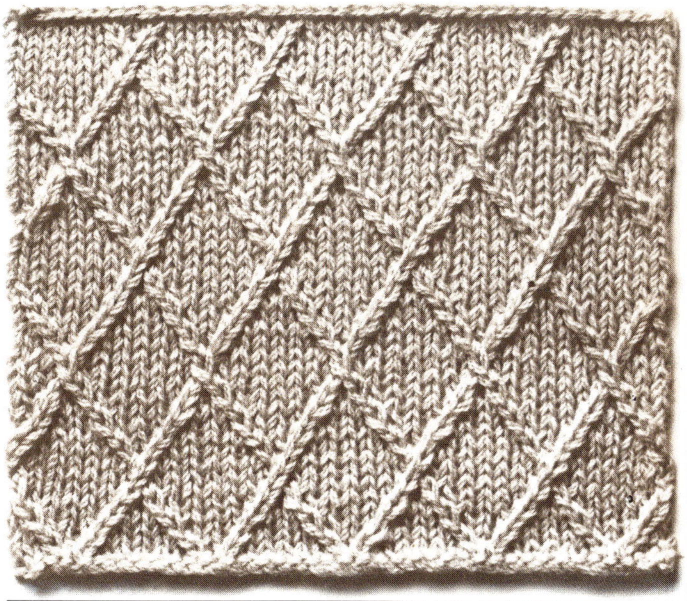

Nb de m div par 8 plus 2.

R 1 (env de l'ouv) *et tous les R impairs* à l'env.

R 2 1 m end, *TG, 4 m end, TD *; term par 1 m end.

R 4 2 m end, *TG, 2 m end, TD, 2 m end *.

R 6 3 m end, *TG, TD, 4 m end *; term le dernier motif par 3 m end.

R 8 4 m end, *TD, 6 m end *; term le dernier motif par 4 m end.

R 10 3 m end, *TD, TG, 4 m end *; term le dernier motif par 3 m end.

R 12 2 m end, *TD, 2 m end, TG, 2 m end *.

R 14 1 m end, *TD, 4 m end, TG *; term par 1 m end.

R 16 8 m end, *TG, 6 m end *; term 2 m end.

Rép les R 1 à 16.

Pour les abréviations TG et TD voir feuilles côtelées.

Augmentations et diminutions

Augmenter, c'est ajouter des mailles en cours de travail. Diminuer, c'est supprimer des mailles. Les augmentations et les diminutions ont deux buts essentiels. Le premier consiste à donner une forme à un vêtement tricoté, comme un devant de pull, une manche, une chaussette; le second, à réaliser un effet décoratif dans un point de dentelle, un point fantaisie ou en relief.

Les augmentations et les diminutions des vêtements sont tricotées symétriquement pour que le vêtement s'élargisse ou se rétrécisse pareillement des deux côtés. Les modes d'utilisation des augmentations et des diminutions sont expliqués en détail page 72.

Il y a de nombreuses manières de diminuer et d'augmenter. Il n'est pas inutile d'essayer chacune d'elles. Une bonne compréhension de ces techniques est une démarche essentielle dans la conception d'un vêtement tricoté. Aucune de ces méthodes ne présente de difficultés, mais pour obtenir un bon résultat les explications doivent être suivies à la lettre.

Une augmentation peut être visible ou invisible. On utilise généralement les augmentations apparentes pour les points de dentelle ou les points fantaisie, dans lesquels l'augmentation est un élément même du motif ajouré, par le trou qu'elle forme dans le tricot.

On réalise des augmentations invisibles en formant une maille à partir d'une autre de telle sorte qu'aucune marque n'apparaisse dans l'étoffe. On les utilise surtout pour l'exécution des vêtements.

Les diminutions sont toujours visibles. La maille diminuée est inclinée soit à gauche, soit à droite. Ces mailles inclinées sont importantes pour l'aspect de votre tricot. Il est absolument nécessaire d'exécuter symétriquement vos diminutions pour équilibrer leur inclinaison.

Par exemple, si votre première diminution dans le rang est un surjet simple, ce qui donne une inclinaison de droite à gauche, votre seconde diminution doit obligatoirement être exécutée en tricotant deux mailles ensemble, ce qui donne une inclinaison de gauche à droite.

Augmentations apparentes

Jeté dans un rang envers

On réalise un jeté dans un rang envers en passant le fil d'avance en arrière sous l'aiguille droite et en le ramenant en avant par-dessus cette aiguille.

Exécution

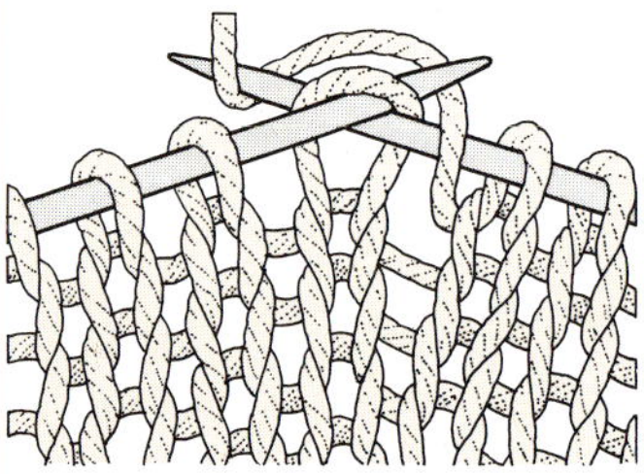

1 *Placez le fil de l'ouvrage à l'avant, entourez-le autour de l'aiguille droite et tricotez la maille suivante.*

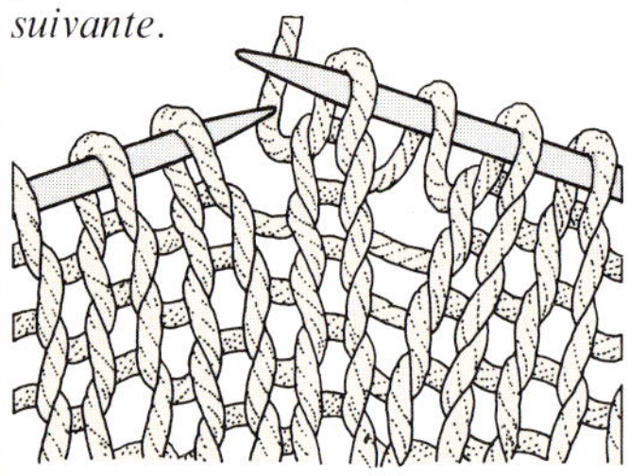

2 *Tricotez normalement jusqu'à la fin du rang.*

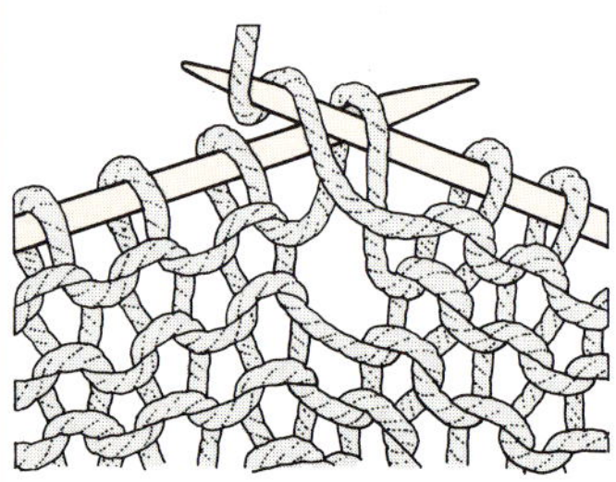

3 *Rang suivant : tricotez toutes les mailles à l'envers y compris le jeté du rang précédent*

Jeté dans un rang endroit

Cette augmentation se réalise en lançant le fil autour de l'aiguille à l'avant de l'ouvrage.

Exécution

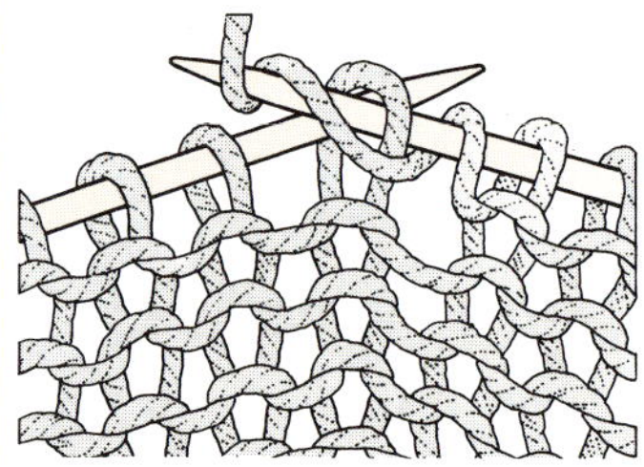

1 *Enroulez le fil autour de l'aiguille droite et ramenez-le en avant du travail. Tric à l'env la m suivante.*

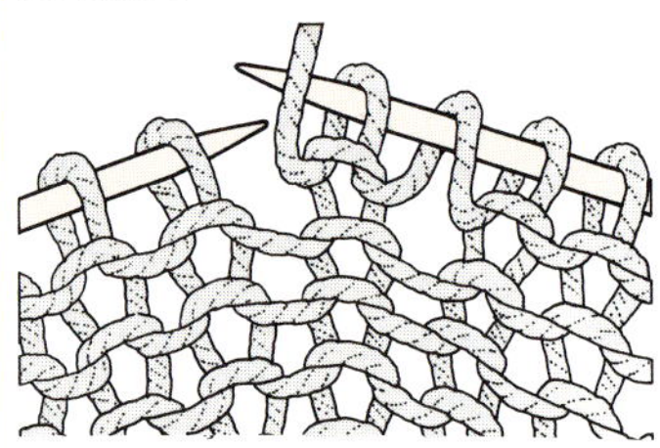

2 *Tricotez normalement à l'envers jusqu'à la fin du rang.*

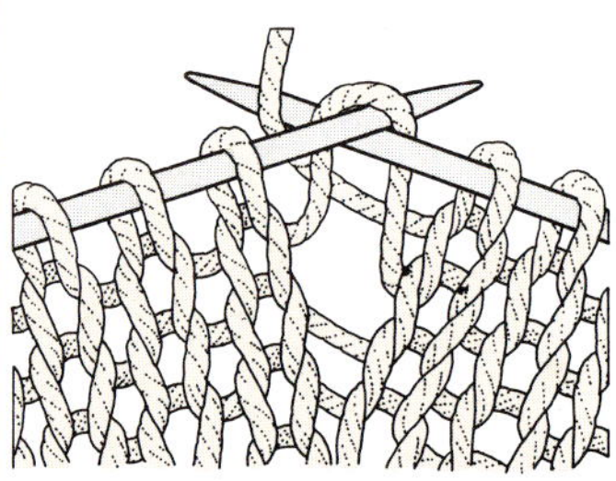

3 *Au rang suivant, tricotez normalement à l'endroit toutes les mailles y compris le jeté du rang précédent.*

Jeté entre une maille endroit et une maille envers

Exécution

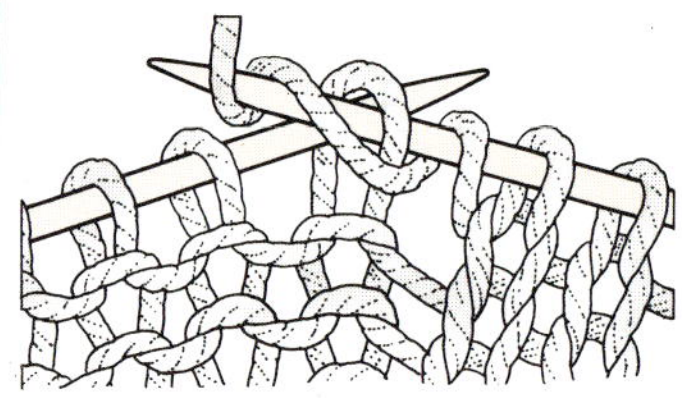

1 *Après 1 maille envers et avant une maille endroit, le fil est placé correctement à l'avant de l'ouvrage. Tricotez normalement le point suivant à l'endroit.*

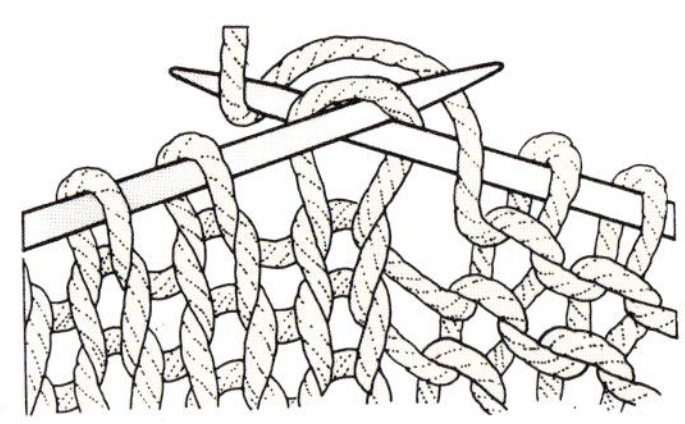

2 *Après 1 m endroit et avant 1 m envers, passez le fil d'arrière en avant sous l'aiguille droite, rejetez-le en arrière par-dessous l'aiguille et ramenez-le en avant par-dessous. Tricotez normalement la m suivante à l'envers.*

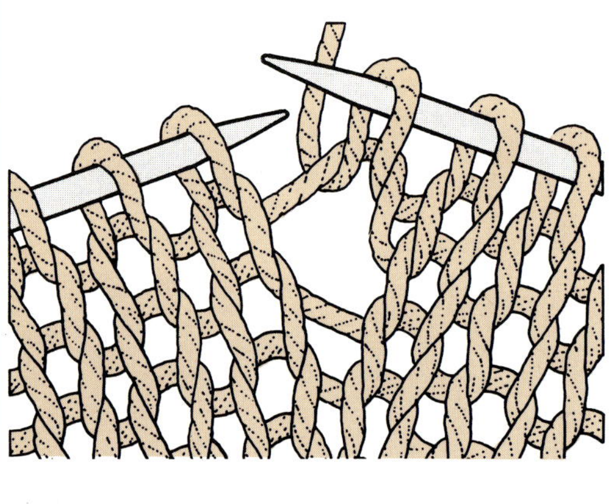

Le jeté terminé
Le trou qui résulte de l'apport du jeté n'apparaît que lorsqu'il a été tricoté au rang suivant.

Jeté sur mailles torses

On utilise le jeté comme augmentation avec les mailles torses.

Jeté dans un rang endroit de mailles torses

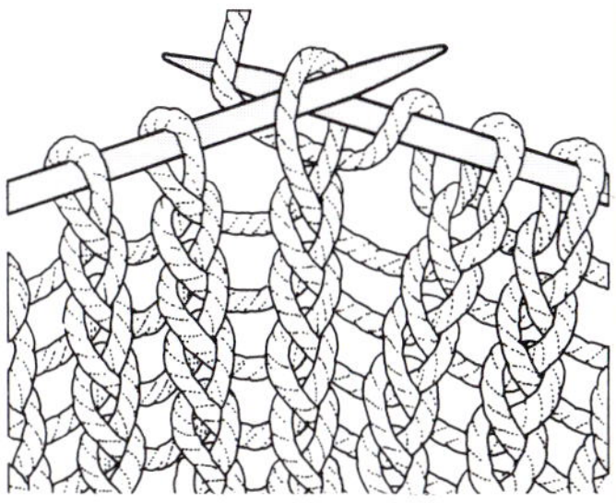

Passez le fil devant l'ouvrage en l'enroulant sur l'aiguille droite. Placez-le ensuite derrière la maille suivante de l'aiguille gauche que vous tricotez en la prenant par-derrière. Au rang suivant tricotez ce jeté à l'envers comme les autres mailles.

Jeté dans un rang envers de mailles torses

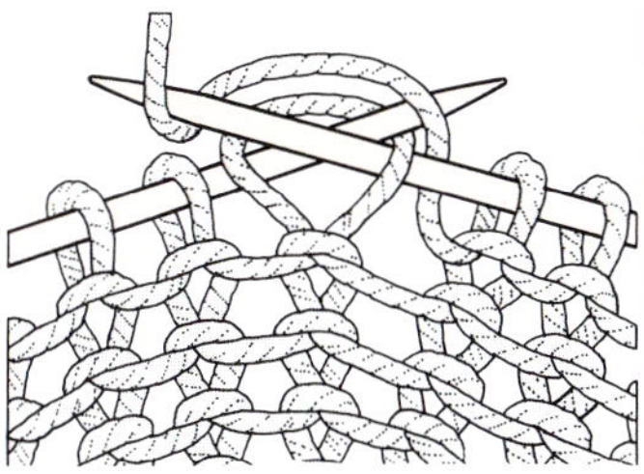

Passez le fil sous l'aiguille droite afin de le placer à l'arrière de l'ouvrage. Puis enroulez-le sur l'aiguille et tricotez la maille de l'aiguille gauche en la prenant par-derrière.

Motifs de dentelle

Les motifs du panneau central (à gauche) et de la bordure qui ornent le châle en Shetland (à droite) sont expliqués page 101 et utilisent tous deux le système d'augmentations et de diminutions avec des jetés. Le motif d'arbres sur le bord de l'ouvrage se réalise en inclinant les mailles en faisceaux. Les explications détaillées vous sont données page 43.

Jeté sur une lisière

Ce type d'augmentations sert à former des boucles ou des picots, aussi bien que des augmentations de lisière.

Jeté dans un rang endroit

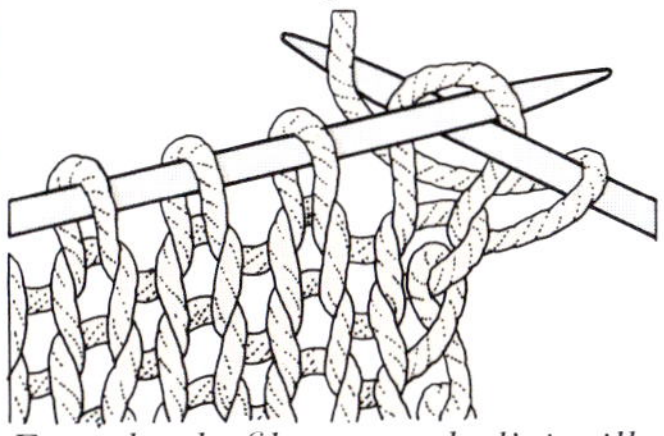

Enroulez le fil autour de l'aiguille et tricotez normalement à l'endroit la maille suivante.

Jeté dans un rang envers

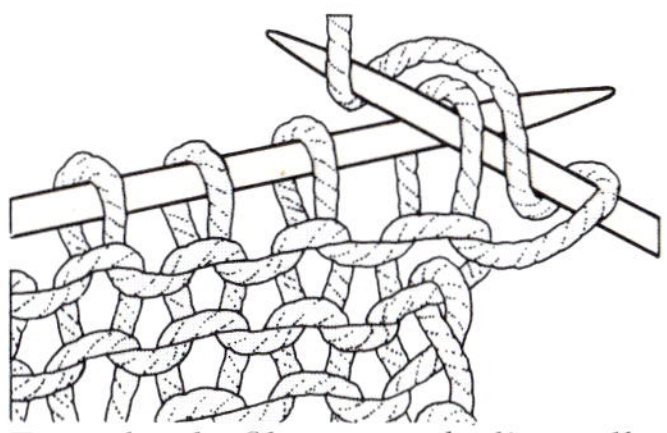

Enroulez le fil autour de l'aiguille droite et ramenez-le devant. Tricotez normalement à l'envers la maille suivante.

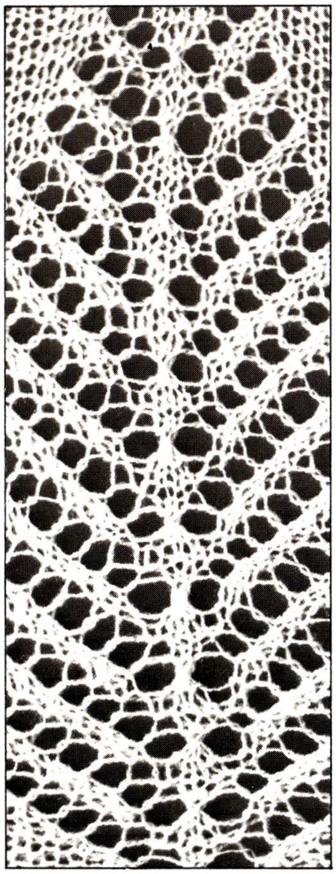

Jeté invisible par croisement

Cette augmentation ne forme pas de trou et ne se voit pas. Le mouvement du fil est le même que pour une maille torse mais on pique l'aiguille dans le brin avant, comme pour tricoter normalement à l'endroit ou à l'envers. Parce qu'elle est croisée, la nouvelle maille se resserre et bouche le trou qui normalement aurait dû apparaître si le jeté n'avait pas été tricoté en maille torse.

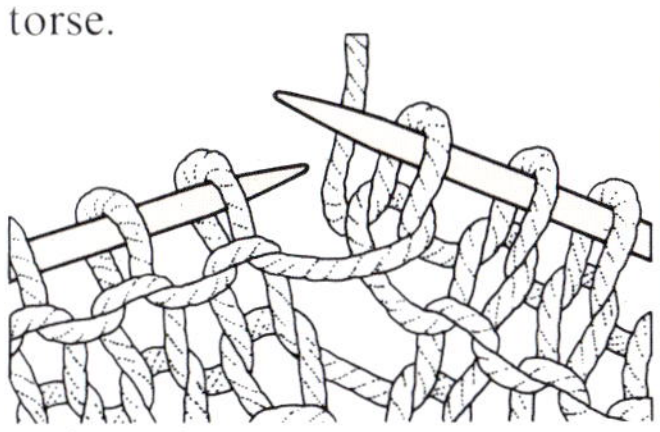

Jeté croisé

Exécution

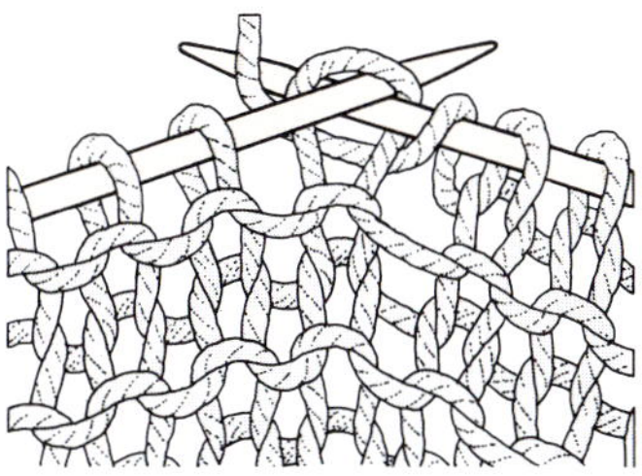

1 *Le fil se trouvant à l'arrière, enroulez-le autour de l'aig pour l'amener dev puis passez-le sous l'aig pour le ramener der. Tricotez la m suiv en piquant l'aig dr dans le brin avant.*

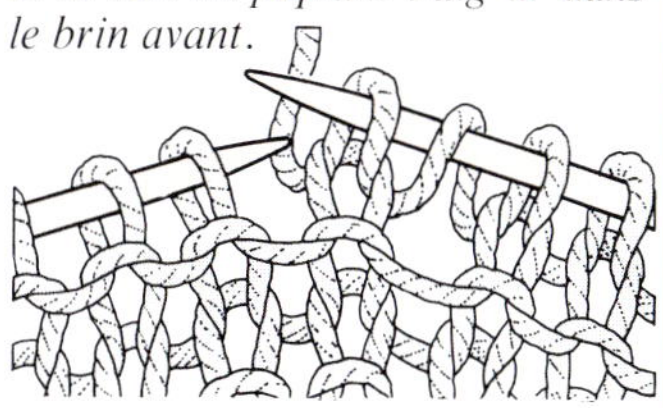

2 *Tricotez normalement jusqu'à la fin du rang*

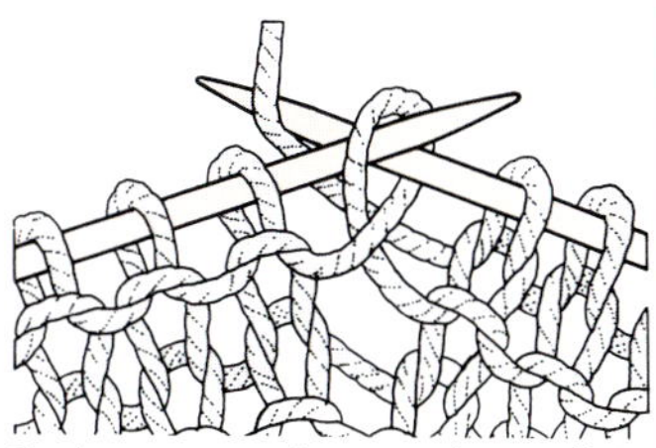

3 *Au rang suivant, piquez l'aiguille droite dans le brin avant en le croisant puis tricotez la maille.*

Augmentations doubles et multiples

On peut augmenter autant de mailles qu'on le désire en formant des jetés. Veillez à ce que ces jetés soient tricotés correctement au rang suivant.

Jeté double dans un rang endroit

Faites un jeté simple puis enroulez un tour supplémentaire de fil autour de l'aiguille droite. Au rang envers suivant, tricotez le premier jeté à l'envers et le second à l'endroit.

Jeté double dans un rang envers

Enroulez le fil autour de l'aiguille comme pour un jeté à l'envers puis enroulez-le une seconde fois autour de l'aiguille. Terminez le rang envers. Au rang suivant, tricotez le premier jeté qui se présente à l'endroit et le second à l'envers.

Augmentations multiples dans un rang endroit

On peut former autant d'augmentations qu'on le désire. Amenez le fil devant l'ouvrage et entourez-le autour de l'ouvrage autant de fois qu'il est nécessaire. Puis tricotez normalement. Au rang suivant à l'envers, les nouvelles mailles sont tricotées alternativement à l'endroit et à l'envers, mais le dernier jeté doit obligatoirement être tricoté à l'endroit et, par conséquent, l'alternance de mailles endroit et envers dépend de cette dernière maille.

Augmentations multiples dans un rang envers

Enroulez le fil autour de l'aiguille autant de fois qu'il est nécessaire, puis tricotez normalement à l'envers jusqu'à la fin du rang. Au rang suivant à l'endroit, tricotez alternativement à l'endroit et à l'envers les nouvelles mailles en vous rappelant que le dernier jeté doit être tricoté à l'envers.

Augmentations invisibles

Augmentation barrée simple

Dans les abréviations, se lit *aug b*
On forme deux mailles à partir d'une seule et seule une petite barre horizontale est visible sous la première maille de l'aiguille droite.

Augmentation terminée

Augmentation barrée sur un rang endroit

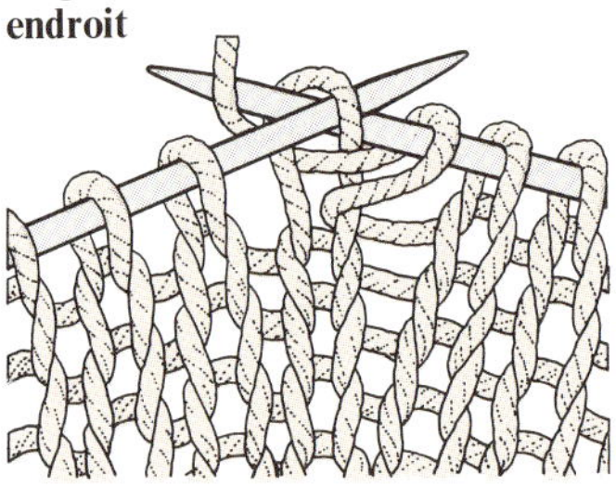

Tricotez à l'endroit la première maille puis, sans la laisser tomber, tricotez-la une seconde fois à l'endroit, mais en la prenant par-derrière.

Augmentation barrée sur un rang envers

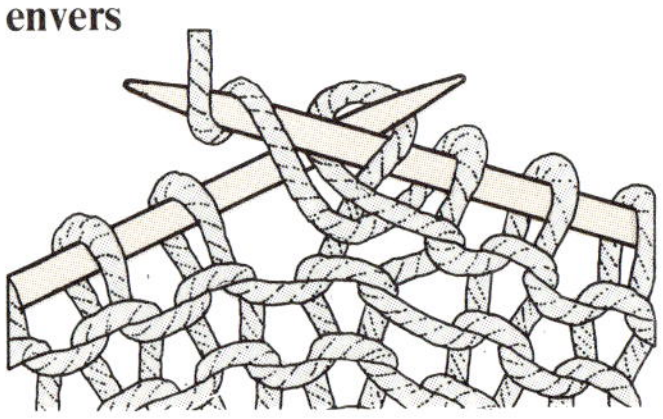

1 *Tricotez normalement à l'envers la première maille puis sans la lâcher tricotez-la une seconde fois à l'envers mais en la prenant par-derrière.*

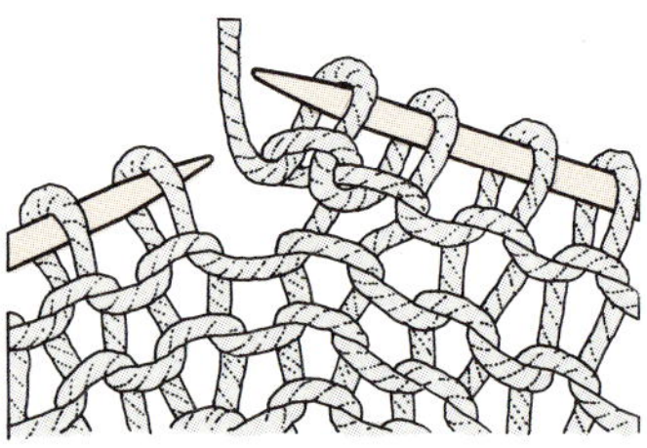

2 *Deux mailles ont été formées à partir d'une seule.*

Augmentation levée simple

Dans les abréviations, se lit *aug lev.*
L'augmentation terminée est à peine décelable sur l'aiguille droite.

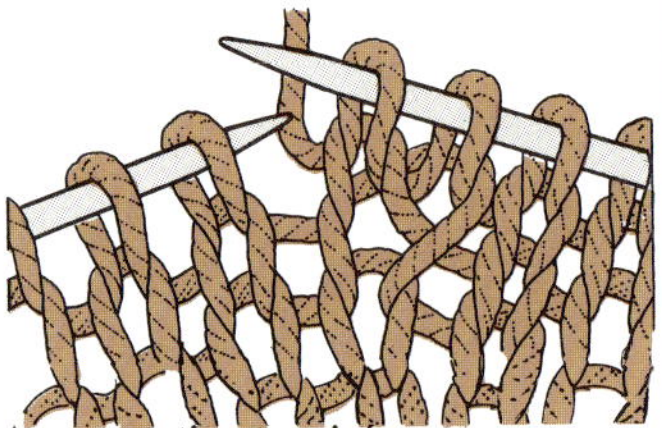

Augmentation terminée

Augmentation levée dans un rang endroit

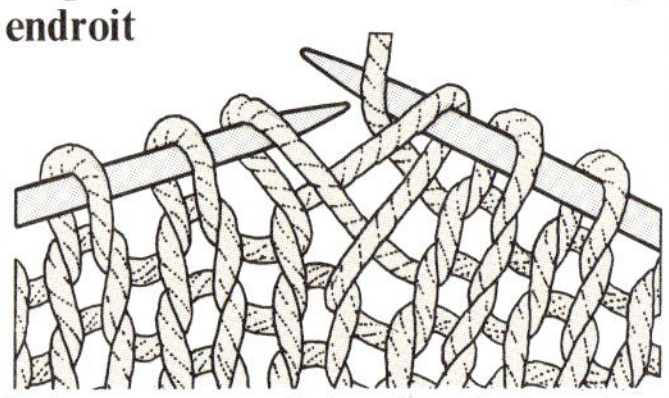

1 *Levez, avec l'aiguille droite, la tête de maille du rang précédent, juste en dessous de la maille à tricoter. Tricotez-la à l'endroit.*

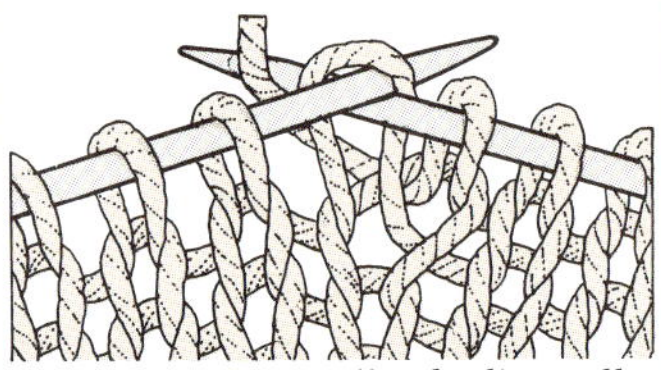

2 *Tricotez la maille de l'aiguille gauche que vous auriez dû tricoter et tricotez normalement jusqu'à la fin du rang.*

Augmentation levée dans un rang envers

1 *Levez avec l'aiguille droite la tête de la maille du rang précédent juste en dessous de la maille à tricoter. Tricotez-la normalement à l'envers.*

2 *Tric à l'env la m de l'aig g que vous auriez dû tric, puis tric normalement jusqu'à la fin du rang.*

Augmentation intercalaire simple

Dans les abréviations se lit *aug int.*

Augmentation intercalaire dans un rang endroit

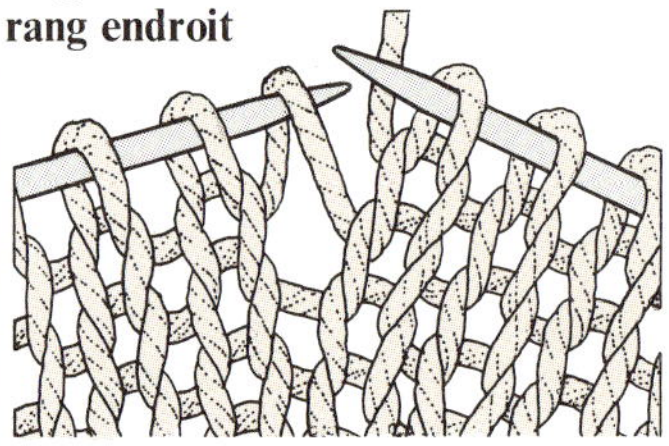

1 *Avec l'aiguille gauche, soulevez le fil horizontal qui se trouve entre les mailles de chaque aiguille.*

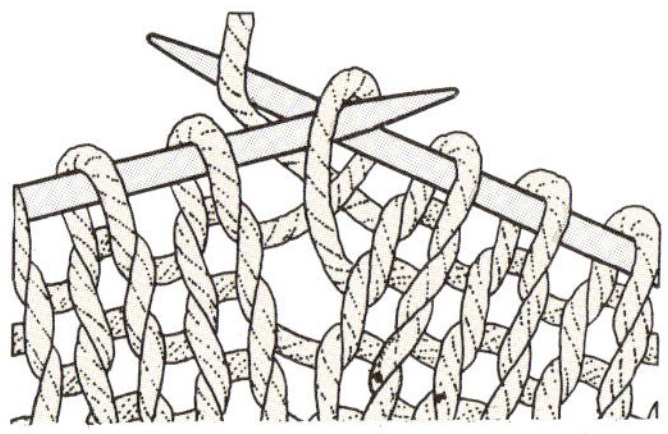

2 *Tricotez une maille à l'endroit dans le brin placé à l'arrière de ce fil.*

Variante

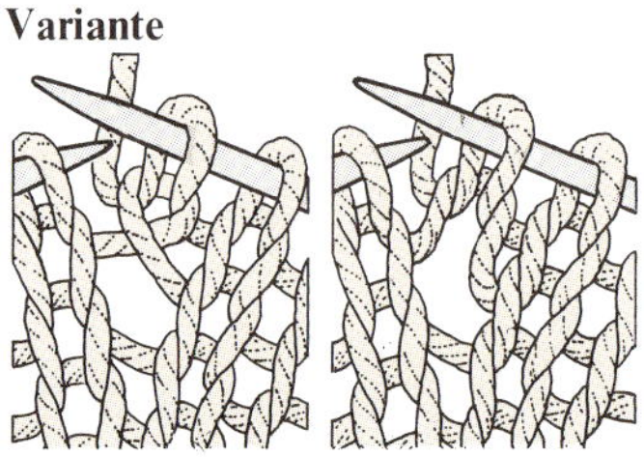

Tricotez le fil par-derrière pour obtenir une augmentation invisible (gauche). Pour obtenir un jour, tricotez normalement sans croiser le fil (à droite).

Augmentation intercalaire dans un rang envers

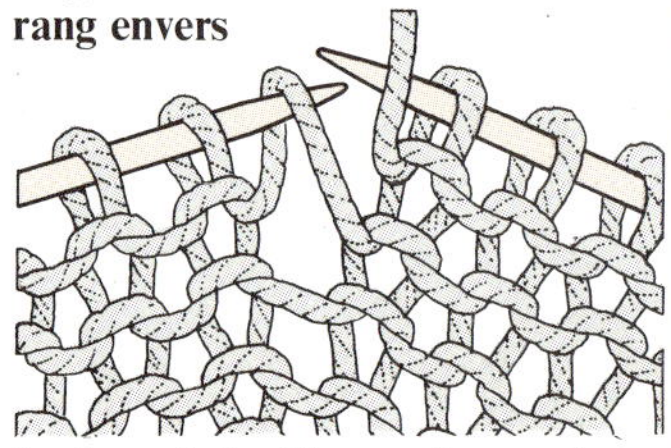

1 *Avec l'aiguille gauche, soulevez le fil horizontal qui se trouve entre les mailles de chaque aiguille.*

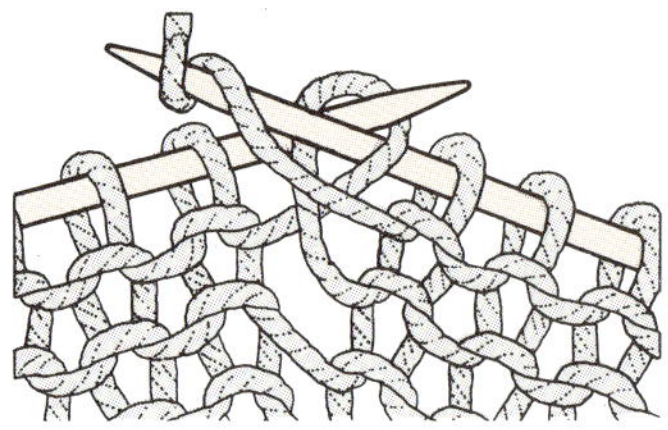

2 *Tricotez une maille à l'envers dans le brin placé à l'arrière de ce fil.*

Variante

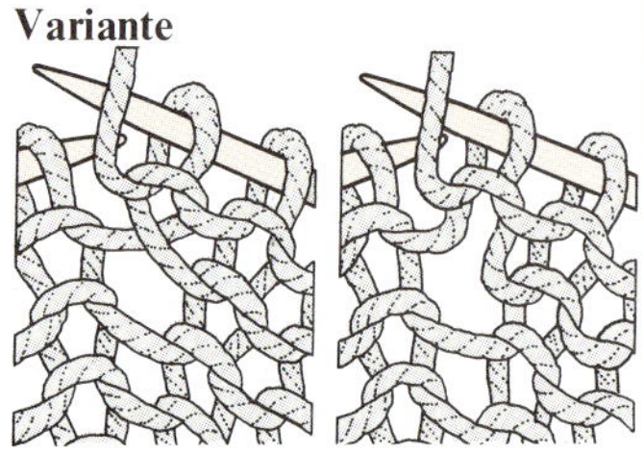

Tricotez le fil à l'envers en le prenant par-derrière pour obtenir une augmentation invisible (à gauche). Pour obtenir un jour, tricotez normalement sans croiser le fil (droite).

Augmentations doubles et multiples

Augmentation double invisible

On augmente deux mailles en même temps au lieu d'une.

Deux mailles à partir d'une seule: Tricotez la maille à l'endroit puis à l'envers puis de nouveau à l'endroit avant de la lâcher.

Augmentations combinées: Faites 2 augmentations séparées à la suite.

Augmentations multiples invisibles

Utilisez la même méthode que pour les augmentations doubles. Continuez à tricoter alternativement une maille endroit, une maille envers dans la même maille jusqu'à ce que le nombre d'augmentations soit atteint. Cette méthode d'augmentations multiples est utilisée pour réaliser des mouches ou des points en relief (voir page 38).

Diminutions

Deux mailles ensemble

L'abréviation se lit 2 m ens à l'end, ou 2 m ens à l'env. Si les deux mailles sont tricotées ensemble à l'endroit, elles sont inclinées de gauche à droite. Si elles sont tricotées ensemble par derrière, la diminution sera inclinée de droite à gauche.

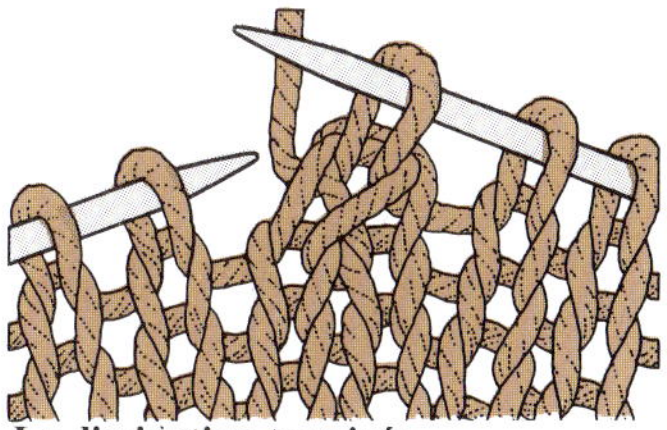

La diminution terminée

Diminution dans un rang endroit

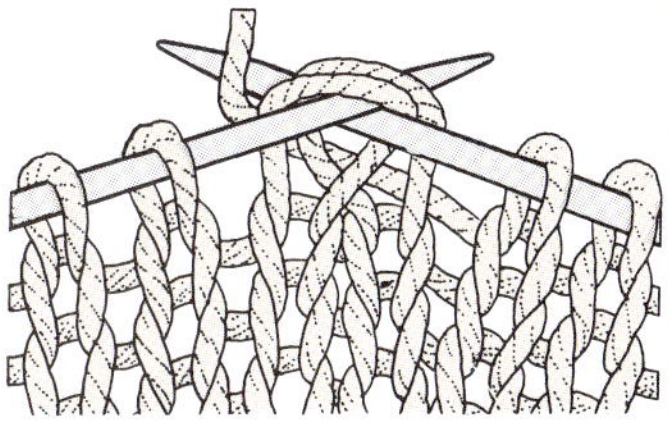

Piquez l'aiguille droite dans le brin avant des deux mailles suivantes. Tricotez-les ensemble comme une seule maille.

Diminution dans un rang envers

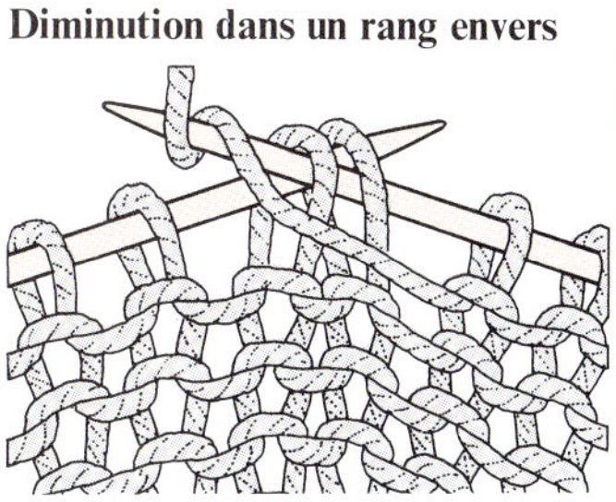

1 *Piquez l'aiguille droite dans les brins avant des deux mailles suivantes de l'aiguille gauche. Tricotez-les à l'envers comme une seule maille.*

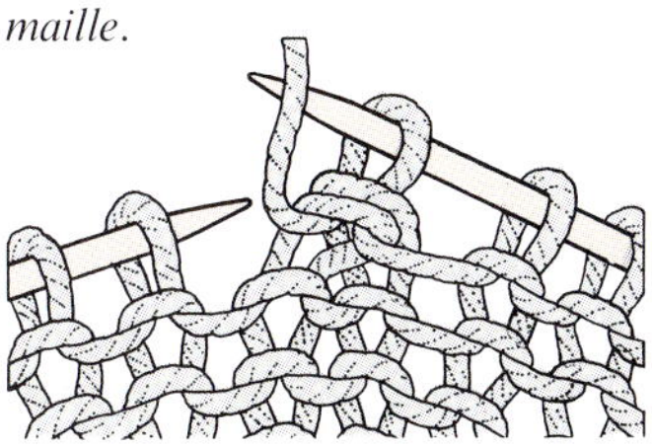

2 *Si les deux m env sont tric ensemble en prenant le brin avant, elles seront inclinées de g à dr. Si elles sont tric par-derrière, la dim sera inclinée de dr à g.*

Deux mailles ensemble avec des mailles torses

Utilisez ces diminutions lorsque vous tricotez en mailles torses.

Exécution de la diminution

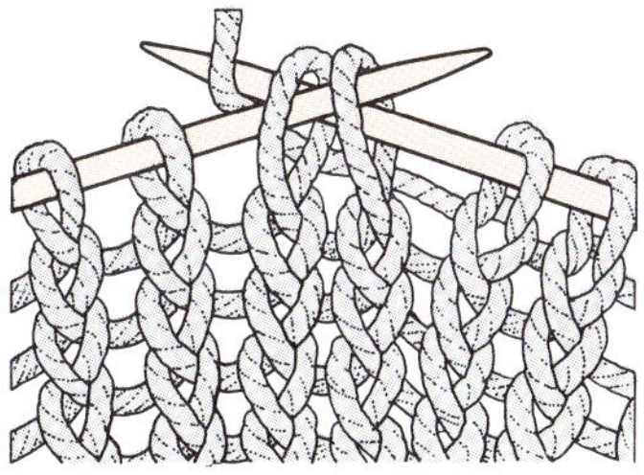

Piquez l'aiguille droite dans le brin arrière des deux mailles de l'aiguille gauche et tricotez à l'endroit. La diminution formée ainsi est inclinée de droite à gauche.

Deux mailles ensemble alternées à l'endroit et à l'envers

On utilise cette méthode lorsqu'on désire obtenir une augmentation de droite à gauche ou lorsque il faut diminuer deux mailles successives à l'endroit et à l'envers.

Exécution

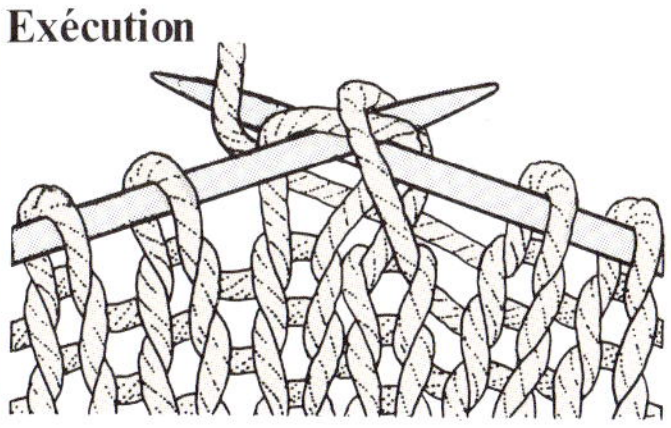

Piquez l'aiguille droite à l'envers dans le brin avant de la première maille et à l'endroit dans le brin avant de la seconde maille. Tricotez à l'endroit les deux mailles ensemble. Une maille sera croisée et l'autre sera normale.

Diminutions doubles

Pour diminuer rapidement, utilisez le surjet simple et deux mailles ensemble.

L'abréviation se lit: gl 1 m, 2 m ens à l'end, rab la m gl (ou surj).

Pour une augmentation double, lisez: gl 2 m, 1 m end, rab à l'end les 2 m gl.

Pour les rangs envers, inversez.

Le surjet

L'abréviation se lit surj ou gl 1 m, 1 m end, rab la m gl, ce qui signifie surjet, ou glissez une maille, tricotez une maille à l'endroit et rabattez la maille glissée. Sur l'endroit de l'ouvrage, la diminution est inclinée de droite à gauche.

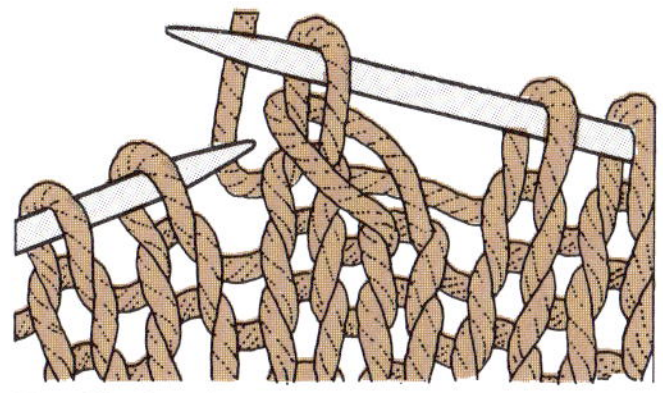

La diminution terminée

Surjet dans un rang endroit

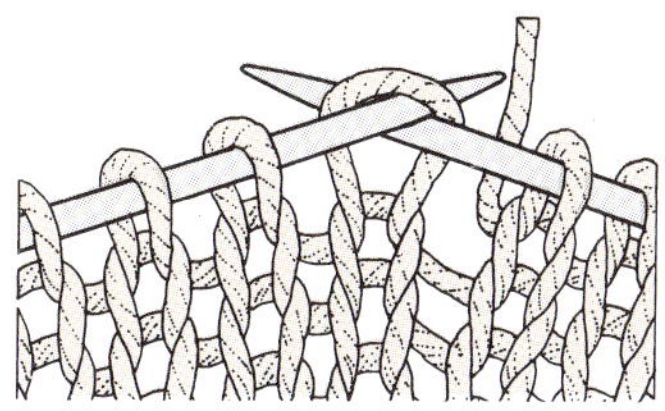

1 *Piquez l'aiguille droite dans la maille de gauche comme pour la tricoter à l'endroit, et glissez-la sans la tricoter sur l'aiguille droite.*

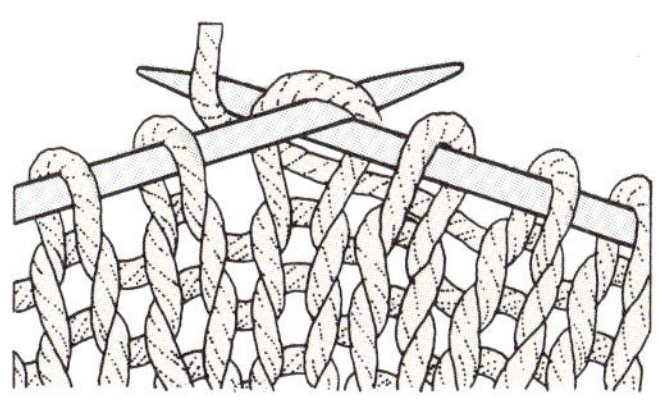

2 *Gardez la maille glissée sur l'aiguille droite et tricotez à l'endroit la maille suivante.*

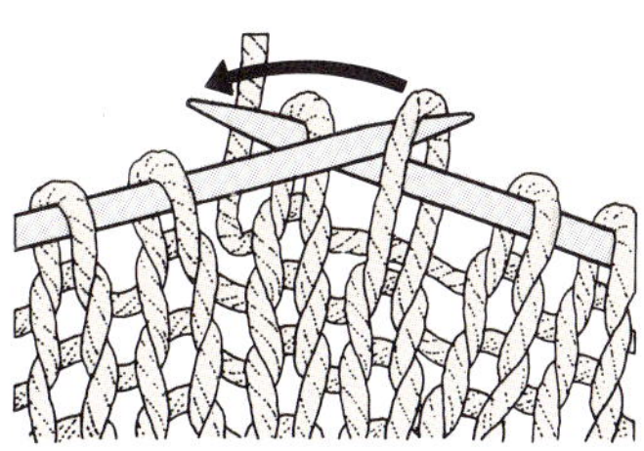

3 *Piquez l'aiguille gauche dans le brin avant de la maille glissée et faites-la passer par-dessus la maille qui vient d'être tricotée.*

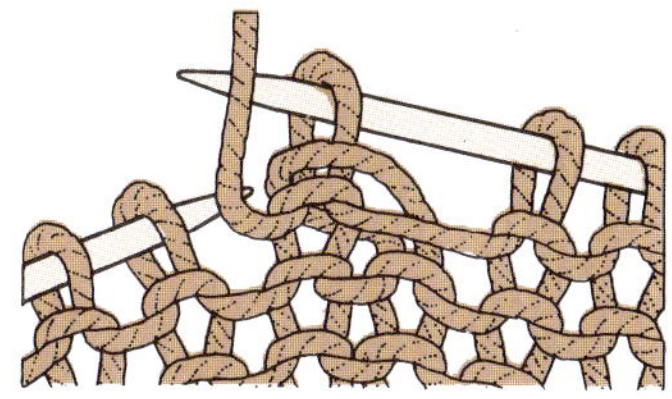

La diminution terminée

Surjet dans un rang envers

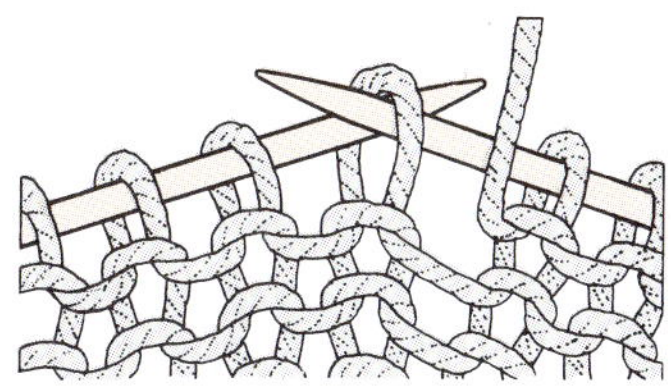

1 *Piquez l'aiguille droite dans la maille de l'aiguille gauche comme pour la tricoter à l'envers et glissez-la sur l'aiguille droite.*

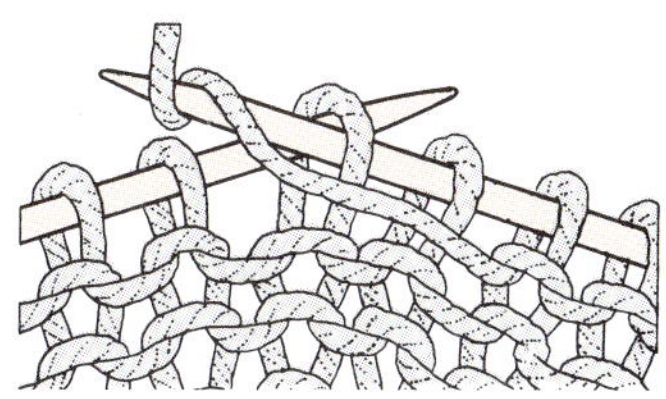

2 *Gardez la maille glissée sur l'aiguille droite et tricotez à l'envers la maille suivante.*

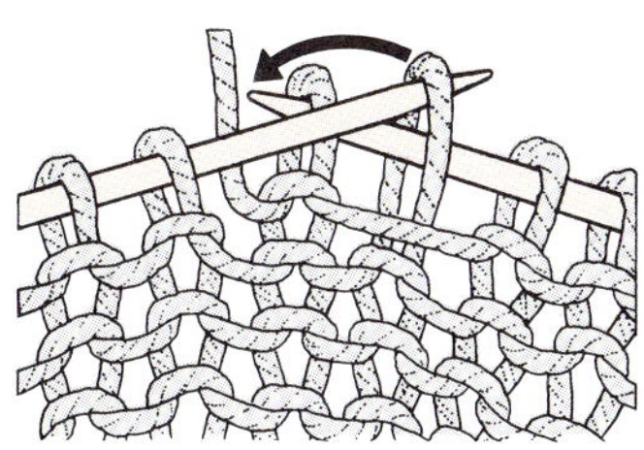

3 *Piquez l'aiguille gauche dans le brin avant de la maille glissée, et faites-la passer par-dessus la maille qui vient d'être tricotée.*

Diminutions symétriques

Une diminution sur un rang envers est inclinée de gauche à droite du côté endroit du tricot. Si vous désirez obtenir dans un rang envers, une diminution inclinée de droite à gauche sur l'endroit de l'ouvrage, tricotez à l'envers la première maille de l'aiguille gauche et remettez-la à l'envers sur l'aiguille gauche. Faites passer la seconde maille de l'aiguille gauche par-dessus la première et vous réalisez ainsi une inclinaison de droite à gauche. Remettez la première maille sur l'aiguille droite.

Points mouchetés et en relief

Le principe de ces points repose sur une seule maille constamment répétée et tricotée plusieurs fois, pour former un nœud de mailles. Ce nœud est exécuté différemment selon le point proposé. On diminue ensuite les mailles ajoutées dans cette maille unique, jusqu'à ce qu'il n'en reste plus qu'une seule. On obtient ainsi un plus ou moins grand relief du tricot, selon qu'on souhaite un effet de mouche ronde ou un effet de feuille en relief.

De même que les torsades, beaucoup de ces motifs ont été inventés dans des villages de pêcheurs: les corps des marins naufragés pouvaient être identifiés grâce aux motifs de leurs chandails. Les pages suivantes vous proposent des explications de points mouchetés ou en relief. Le principe du nœud de mailles expliqué ci-dessous est toujours le même. Il faut veiller à ne jamais tricoter la première maille en relief sinon vous obtiendriez une lisière inégale, ce qui rendrait difficile l'assemblage des différentes pièces du tricot.

Exécution d'une simple mouche

R 1 *2 m end, 1 jeté, tric 1 m end mais ne lâchez pas la maille, répétez deux autres fois 1 jeté, 1 m end dans la même maille. On obtient 6 mailles.*

R 2 *Tournez l'ouv; gl la première m à l'envers sur l'aig dr puis tric à l'env les 5 m suiv.*

R 3 *Tournez l'ouv, gl la première maille à l'end sur l'aig dr et tric 5 m end.*

R 4 *Tournez l'ouvrage, tric 2 m ens à l'env 3 fs.*

R 5 *Tournez l'ouvrage. Gl 1 m à l'end, tric 2 m ens à l'end, rab la m glissée. Il reste une seule maille sur l'aiguille.*

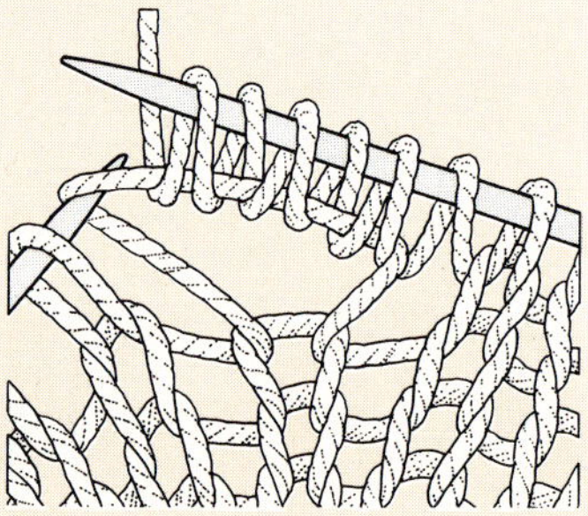

R 1

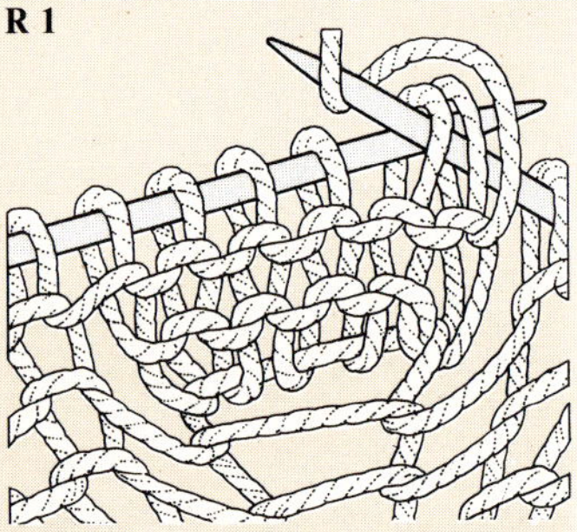

R 2, 3, 4

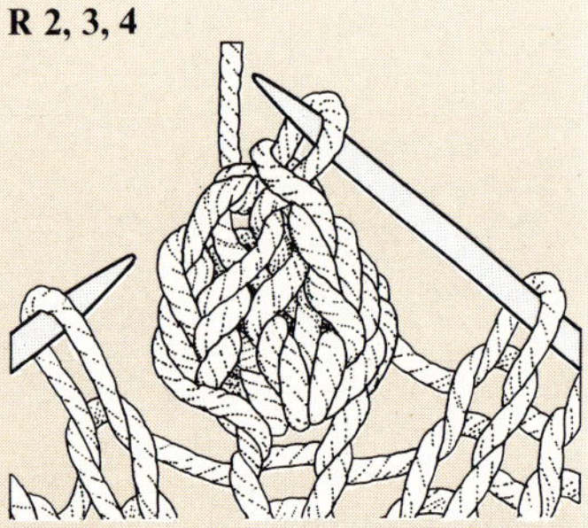

R 5

La mouche terminée
Ces cinq rangs forment une simple mouche. Dans les modèles suivants, vous retrouverez ce même principe de base.

Point moucheté

Nb de m div par 4.

R 1 (env de l'ouv) (1 m end, 1 jeté, 1 m end) dans la même m, 3 m ens à l'env *.

R 2 *1 m end, 3 m env *.

R 3 *3 m end, 1 m env *.

R 4 *1 m env, 3 m end *.

R 5 *3 m ens à l'env, (1 m end, 1 jeté, 1 m end) dans la même m *.

R 6 *3 m env, 1 m end *.

R 7 *1 m env, 3 m end *.

R 8 *3 m end, 1 m env *. Rép les R 1 à 8.

Groseilles

Nb de m impair.

R 1 (end de l'ouv) à l'end.

R 2 1 m end, *(1 m env, 1 jeté, 1 m env, 1 jeté, 1 m env) dans la m suiv, ce qui donne 5 m dans 1 m, 1 m end *.

R 3 à l'env.

R 4 1 m end, *gl 2 m en passant le fil dev, 3 m ens à l'env, rab les 2 m gl, 1 m end *.

R 5 à l'end.

R 6 2 m end, *(1 m env, 1 jeté, 1 m env, 1 jeté, 1 m env) dans la m suiv, 1 m end *; term par 1 m end.

R 8 2 m end, *gl 2 m en passant le fil dev, 3 m ens à l'env, rab les 2 m gl, 1 m end *; term par 1 m end.

Rép les R 1 à 8.

Pastilles

Nb de m div par 10 plus 2.

R 1 et 3 (env de l'ouv) (à l'env).

R 2 à l'end.

R 4 1 m end, *(5 m end, tournez, 5 m env, tournez) 3 fs, 10 m end *; term par 1 m end.

R 5, 6 et 7 Rép les R 1, 2 et 3.

R 8 6 m end, (5 m end, tournez l'ouv, 5 m env, tournez l'ouv); term par 6 m end.

Jacinthes

Nb de m div par 6 plus 5.

R 1 (end de l'ouv) 2 m env, *1 m end, 5 m env *; term par 1 m end, 2 m env.

R 2 2 m end, *1 m env, 5 m end *; term par 1 m env, 2 m end.

R 3 5 m env, *1 jeté, 1 m end, 1 jeté, 5 m env *.

R 4, 6 et 8 5 m end, *3 m env, 5 m end *.

R 5 et 7 5 m env *3 m end, 5 m env *.

R 9 5 m env, *gl 1 m, 2 m ens à l'end, rab la m gl, 5 m env *.

R 10 et 12 5 m end, *1 m env, 5 m end *.

R 11 5 m env, *1 m end 5 m env *.

R 13 2 m env, *1 jeté, 1 m end, 1 jeté, 5 m env *; term par 1 jeté, 1 m end, 1 jeté, 2 m env.

R 14, 16 et 18 2 m end, *3 m env, 5 m end *; term par 3 m env, 2 m end.

R 15 et 17 2 m env, *3 m end, 5 m env *; term par 3 m end, 2 m env.

R 19 2 m env, *gl 2 m ens à l'end, rab la m gl, 5 m env *; term par 1 surjet, 2 m env.

R 20 comme R 2.

Rép les R 1 à 20.

Raisins

Nb de m div par 20 plus 1.

Remarque *Lire FM. Faire une mouche selon les explications suivantes:* **R 1** *1 m end, 1 jeté, 1 m end, 1 jeté, 1 m end) formant ainsi 5 m en travaillant sur une seule maille.* **R 2** *Tournez l'ouvrage et tric à l'env ces 5 m.* **R 3** *tric les 5 m à l'end.* **R 4** *Rabattez la 4ᵉ, 3ᵉ, 2ᵉ et 1ᵉ m sur la dernière m tricotée. Votre mouche est terminée.*

R 1 (end de l'ouv) 1 m end, *(4 m env, 1 m end) 2 fs, 4 m env, FM, 4 m env, 1 m end *.

R 2 1 m env, *4 m end, 1 m env prise par derr (dans la m de la mouche), (4 m end, 1 m env) 3 fs *.

R 3 1 m end, *4 m env, 1 m end) 2 fs, 3 m env, FM, 1 m env, FM, 3 m env, 1 m end *.

R 4 1 m env, *3 m end, 1 m env prise par derr, 1 m end, 1 m env prise par derr, 3 m end, 1 m env, (4 m end, 1 m env) 2 fs *.

R 5 1 m end, *(4 m env, 1 m end) 2 fs, 2 m env, FM, (1 m env, FM) 2 fs, 2 m env, 1 m end *.

R 6 1 m env, *2 m end, 1 m env prise par derr, (1 m end, 1 m env prise par derr) 2 fs, 2 m end, 1 m env (4 m end, 1 m env) 2 fs *.

R 7 1 m end, *4 m env, FM, (4 m env, 1 m end) 3 fs *.

R 8 1 m env, *(4 m end, 1 m env) 2 fs, 4 m end, 1 m env prise par derr, 4 m end, 1 m env *.

R 9 1 m end, *3 m env, FM, 1 m env, FM, 3 m env, 1 m end, (4 m env, 1 m end) 2 fs *.

R 10 1 m env, *(4 m end, 1 m env) 2 fs, 3 m end, 1 m env prise par derr, 1 m end, 1 m env prise par derr, 3 m end, 1 m env *.

R 11 1 m end, *2 m env, FM (1 m env, FM) 2 fs, 2 m env, 1 m end, (4 m env, 1 m end) 2 fs *.

R 12 1 m env, *(4 m end, 1 m env) 2 fs, 2 m end, (1 m env prise par derr, 1 m end) 2 fs, 1 m env prise par derr, 2 m end, 1 m env *.

Rép les R 1 à 12.

Cerises

Panneau de 15 m. **R 1** (end de l'ouv) à l'env. **R 2** à l'end. **R 3** 7 m env, FM (faire une mouche) selon les explications suivantes: sur la maille suivante tric (1 m end, 1 jeté, 1 m end, 1 jeté, 1 m end) sur la m. R 2 tournez et 5 m env. R 3 tournez et 5 m end. R 4 2 m ens à l'env, 1 m env, 2 m ens à l'env. R 5 surjet double, puis les 7 m env. **R 4** 7 m end, 1 m env prise par derr, 7 m end. **R 5** 4 m env, FM, 2 m env, 1 m end prise par derr, 2 m env, FM, 4 m env. **R 6** 4 m end, 1 m env prise par derr, 2 m end, 1 m env, 2 m end 1 m env prise par derr, 4 m end. **R 7** 2 m env, FM, 1 m env, gl la m suiv sur 1 aig aux placée dev, 1 m env puis tric à l'end la m de l'aig aux c dev (croiser devant), 1 m env, 1 m end prise par derr, gl la m suiv sur une aig aux placée derr, 1 m end, puis tric à l'env la m de l'aig aux c dr (croiser derrière), 1 m env, FM, 2 m env. **R 8** 2 m end, 1 m env prise par derr, 2 m end (1 m env, 1 m end) 3 fs, 1 m end, 1 m env prise par derr, 2 m end. **R 9** 2 m env, c dev, 1 m env, c dev, 1 m end prise par derr, c dr, 1 m env, c dr, 2 m env. **R 10** 3 m end, c dr, 1 m end, 3 m env, 1 m end, c dev, 3 m end. **R 11** 4 m env, c dev, faire une aug en tric 1 m env dans le fil entre les 2 m, gl 1 m, tric 2 m ens à l'end, rab la m gl, faire 1 aug en tric 1 m env dans le fil tendu, c dr, 4 m env. **R 12** 5 m end, c dr, 1 m env, c dev, 5 m end. **R 13** 5 m env, tric 2 m env dans la m suivante en piquant d'abord le brin end puis le brin env, gl 1 m, 2 m ens à l'end puis rab la m glissée, tric 2 m env dans la m suiv, 5 m env. **R 14** 7 m end, 1 m env, 7 m end. **R 15 et 16** Rép les R 1 et 2. Rép les R 1 à 16.

Le point à boucles

Tric un échantillon.

Montez un nombre impair de mailles et tricotez un rang à l'endroit.

Rang 2 (envers de l'ouvrage): Tric 1 m end, *piquez l'aig à l'end dans la m suiv de l'aig gauche, enroulez le fil 2 fois autour de l'aig droite et d'un doigt (ou de deux doigts si vous désirez des boucles plus longues), puis encore une fois autour de l'aiguille, tirez 3 boucles à travers la m de l'aiguille gauche mais ne la lâchez pas, glissez les 3 boucles sur l'aiguille gauche puis tricotez ensemble à l'endroit cette maille et les 3 boucles, 1 m end. Continuez en répétant ces explications jusqu'à la fin du rang. Tricotez 1 ou 3 rangs de point mousse entre les points à boucle.

La taille des boucles varie selon le nombre de doigts autour desquels le fil est enroulé.

On peut utiliser un fil de différentes matières ou de différentes couleurs pour les boucles. Tenez-le dans la main gauche et enroulez-le autour des doigts, mais tricotez la maille et les boucles avec le fil de fond.

Exécution de la boucle

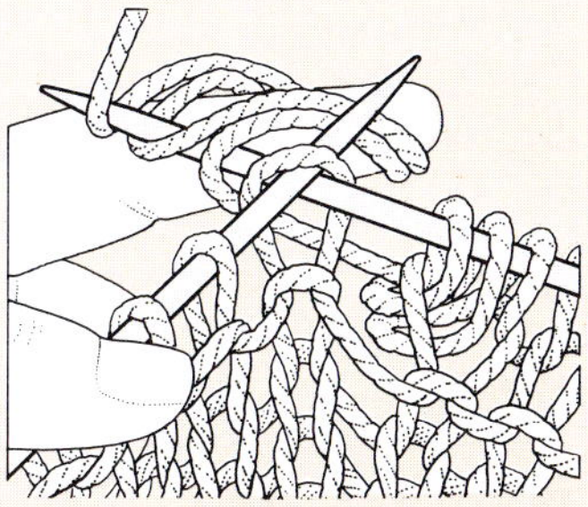

Le fil est enroulé 3 fois autour de l'aiguille droite. Les boucles ont une meilleure tenue quand elles sont tricotées avec une maille de l'aiguille gauche.

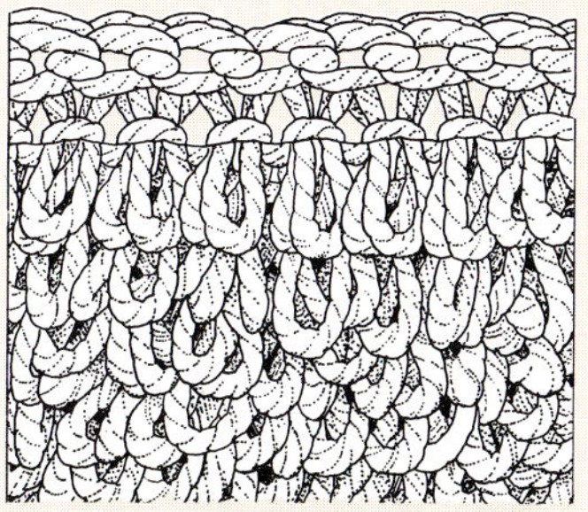

Point à boucles terminé

Ce point fourrure est simple à travailler et donne une étoffe tricotée chaude et épaisse.

Jours et points de dentelle

Ce sont des petits trous ou jours qui sont à la base des points de dentelle. Comme les points mouchetés ou en relief, les points de dentelle s'exécutent en combinant des jetés et des diminutions. Cependant, à la différence de ces derniers, les jetés et les diminutions se tricotent dans le même rang et réalisent un jour, sans que le nombre de mailles soit changé. Les jours forment des trous discrets et sont répartis comme des motifs de broderie anglaise. Il est nécessaire de tricoter trois rangs pleins entre ces jours, sinon ils perdent leur individualité et deviennent des faisceaux ajourés (voir page ci-contre). Les jours peuvent servir de petites boutonnières. On peut aussi confectionner une rangée de trou-trous pour passer un ruban ou des ourlets en dents de chat pour la layette (page 83). C'est avec des jours et des points de dentelle qu'on réalise les châles traditionnels des îles Shetland. Vous trouverez page 100 une explication détaillée d'un de ces châles. Il y a deux sortes de jours, le jour chaînette et le jour ouvert. Dans les deux cas, commencez à travailler votre jour à au moins deux mailles du début du rang, et terminez-les au moins deux mailles avant la fin du rang, autrement vous auriez une lisière inégale, et l'assemblage de votre tricot serait difficile.

Exécution de deux jours simples

Le jour chaînette

C'est le plus simple. Associé à un jour ouvert, il est à la base de nombreux points de dentelle.

Exécution

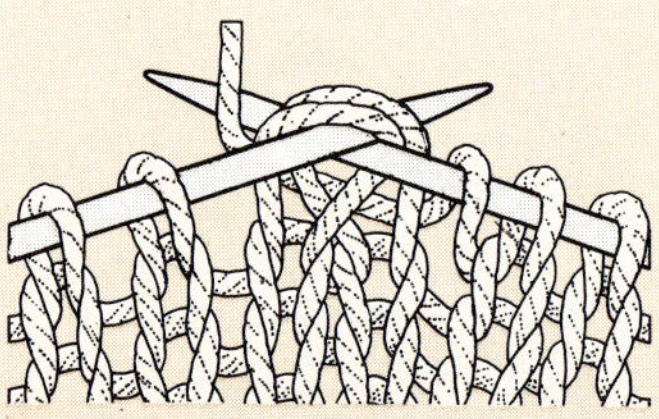

1 *2 m ens à l'end, 1 jeté, 2 m ens à l'end.*

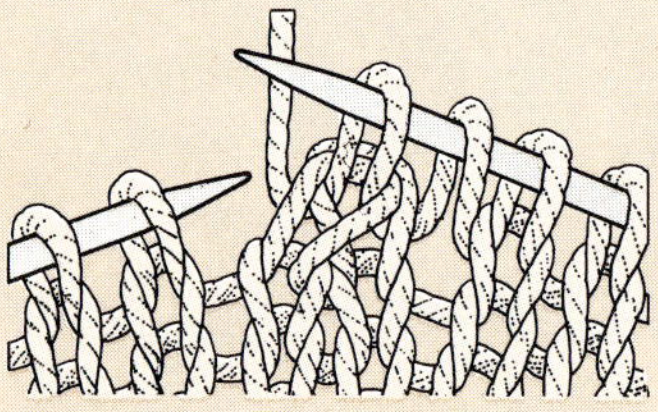

2 *L'augmentation réalisée par le jeté a compensé la maille soustraite en tricotant 2 m ens.*

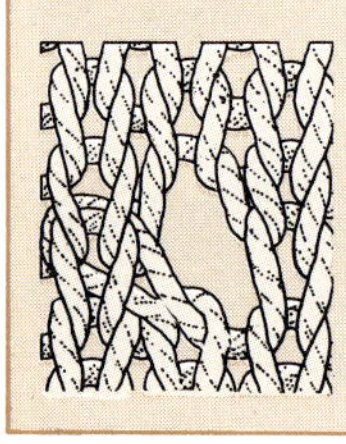

Jour chaînette
Détail d'un jour chaînette terminé.

Le jour ouvert

Cette méthode est recommandée pour faire un seul rang de jours et former des trou-trous pour passer un ruban

Exécution

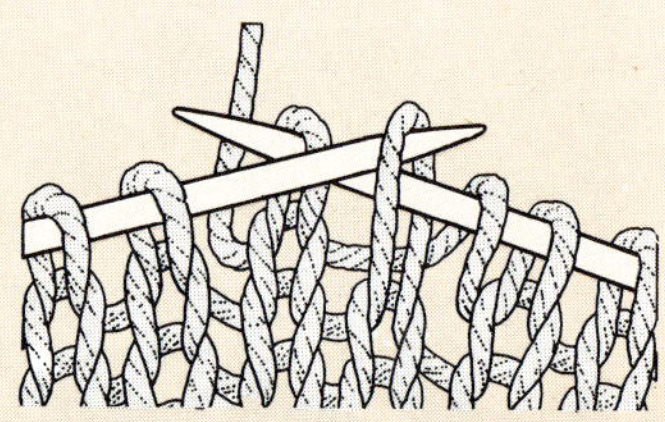

1 *2 m end, 1 jeté, gl 1 m à l'endroit (gl la m suiv à l'end sur l'aiguille droite), 1 m end, rab la m gl.*

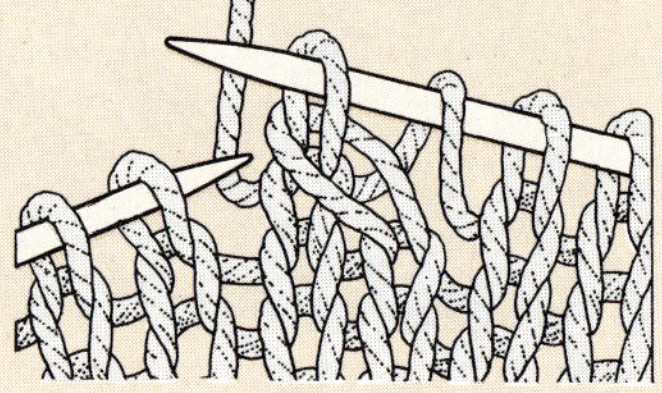

2 *Le jeté a remplacé la maille qui a été diminuée par glissement.*

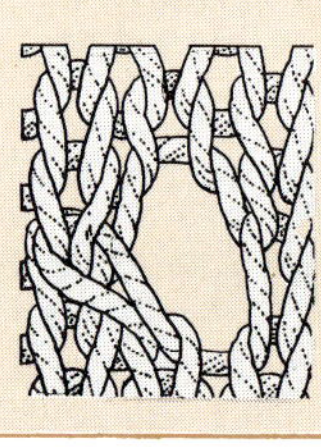

Jour ouvert
Détail du jour ouvert terminé.

Variétés de jour

On peut agrandir les jours en répétant la diminution. On obtient ainsi un jour double. Les jours en forme de cœur sont particulièrement décoratifs, tandis que les jours très larges, qu'on appelle «jours audacieux», peuvent être utilisés comme boutonnières et s'intégrer à des motifs plus importants. Les jours peuvent aussi être agrandis en tricotant davantage de mailles ensemble puis en réalisant au rang suivant un nombre d'augmentations égal au nombre de mailles supprimées au rang précédent. Au-delà de 5 mailles ensemble, il est cependant peu aisé de tricoter. Les jetés exécutés au rang qui suit les diminutions doivent être alternativement tricotés à l'endroit et à l'envers. Le «grand jour» est un exemple de diminutions et jetés multiples.

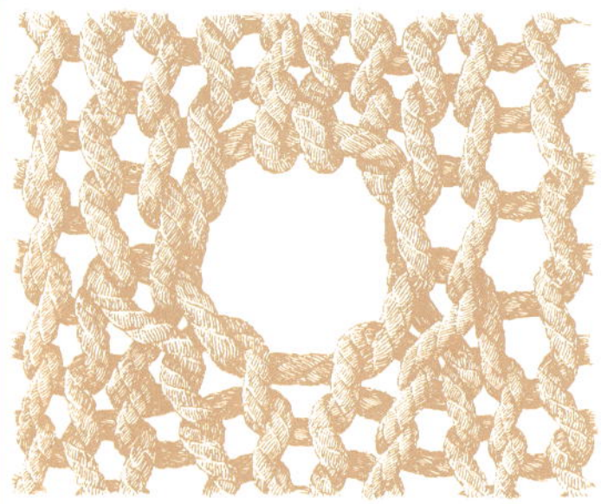

Jour double

Jour double

Montez un minimum de 8 m.

R 1 2 m end, 2 m ens à l'end, 1 jeté, 1 surj simple, 2 m end.

R 2 à l'env. Tric à l'end puis à l'env dans le jeté.

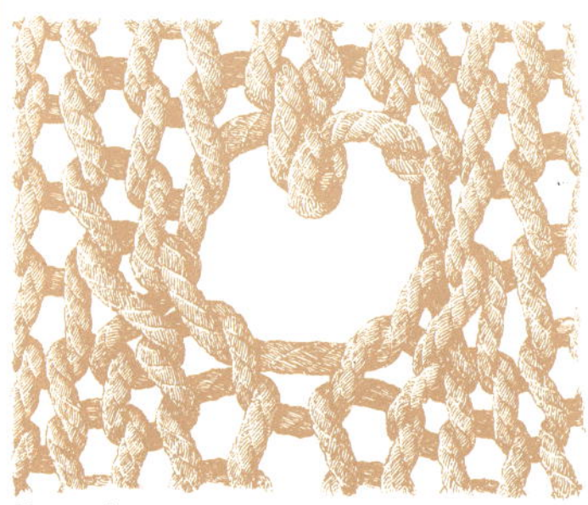

Jour picot

Jour à picot

Montez un minimum de 8 m.

R 1 2 m end, 2 m ens à l'end, 2 jetés, 1 surj, 2 m end.

R 2 à l'env. Tric à l'env le 1e jeté, puis à l'end le second pour former le petit point picot qui donne au jour sa forme de cœur.

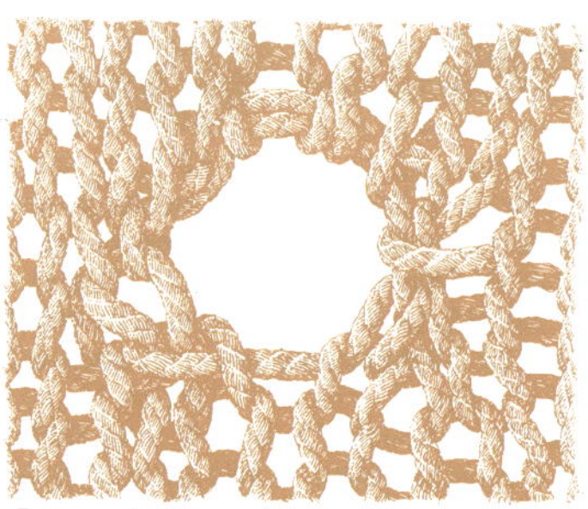

Jour audacieux

Jour audacieux

Il s'exécute sur 4 rangs à cause de sa taille.
Montez un nb minimum de 10 m.

R 1 3 m end, 2 m ens à l'end, 2 jetés, 1 surj, 3 m end.

R 2 3 m env, 2 m ens à l'env, (1 des m est le 1e jeté), 2 m ens à l'end (1 des m est le 2e jeté), 3 m env.

R 3 4 m end, 2 jetés, puis à l'end jusqu'à la fin du rang.

R 4 3 m env, 2 m ens à l'env (1 des m est le 1e jeté), et en même temps tric à l'env dans le brin juste en-dessous, 1 m end, tric à l'env le 2e jeté et en même temps tric à l'env et à l'end dans le fil horizontal juste en-dessous. A l'env jusqu'à la fin.

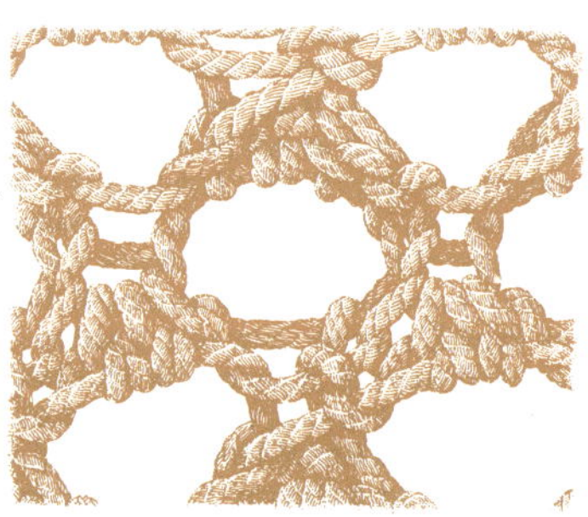

Grand jour

Grand jour

Montez un nb de m div par 4, plus 2 de chaque côté pour les lisières. Minimum 8 m.

R 1 (env de l'ouv) 2 m env, *1 jeté, 4 m ens à l'env *; term par 2 m env.

R 2 2 m end, *1 m end, (1 m end, 1 m env, 1 m end) dans le jeté *; term par 2 m end.

R 3 2 m env, *4 m ens à l'env, 1 jeté *; term par 2 m env.

R 4 2 m end *(1 m end, 1 m env, 1 m end) dans le jeté, 1 m end *; term par 2 m end.

Rép R 1 à 4.

Faisceaux ajourés

Utilisation des faisceaux ajourés en tricot

Les faisceaux ajourés sont composés de jours disposés de telle sorte qu'ils forment un ouvrage ajouré. La technique remonte au XVIe siècle quand elle fut mise au point pour imiter les faisceaux ajourés des points de dentelle.

Il y a deux manières.

1 Former des faisceaux décoratifs dans lesquels les jetés et les diminutions s'exécutent à des rangs différents.

2 Former un ouvrage ajouré. Dans ce cas, les jetés et les diminutions s'exécutent à chaque rang. Les faisceaux sont à la base de nombreuses bordures expliquées en détail pages 44-47 et pages 96-99.

Ce genre de tricot n'a pas seulement un effet décoratif, il constitue aussi de merveilleux vêtements légers pour l'été, ainsi que de la layette. Ces vêtements sont d'une grande fraîcheur par temps chaud, car leurs motifs ajourés assurent une agréable ventilation.

Faisceaux

On peut utiliser le jour chaînette ou le jour ouvert. Les motifs peuvent être disposés verticalement ou en diagonale, mais jamais horizontalement, car les fils entre les jours disparaîtraient, laissant seulement visible un rang de jours simples au lieu des faisceaux escomptés.

Motifs de faisceaux verticaux

Dans les motifs verticaux, la succession de jours travaillés l'un au-dessus de l'autre forme un biais dans l'étoffe tricotée. Un biais à droite se formera si le jeté est toujours exécuté avant la diminution. Un biais à gauche se formera si le jeté est toujours travaillé après la diminution. On peut éviter le biais en travaillant des motifs composés de courtes lignes verticales où le biais ne sera pas apparent. Si de longues lignes verticales sont nécessaires, le biais peut être neutralisé en formant les jetés alternativement avant et après la diminution. Le point de dentelle des débutantes (page 46) est un bon exemple de motif composé de faisceaux verticaux.

Faisceaux en diagonale

Les lignes en diagonales peuvent être utilisées pour tricoter des motifs de chevrons, de losanges et de croisillons. La direction de la diagonale est déterminée par l'ordre dans lequel sont formés les diminutions et les jetés. La diagonale sera inclinée à droite si le jeté est placé après la diminution. Elle sera inclinée à gauche si le jeté est placé avant la diminution. Le motif de dentelle biennoise est un point qui utilise des faisceaux en diagonale et verticaux.

Lorsque les faisceaux forment des chevrons, des losanges ou des croisillons, les bords des jours constituent un motif en eux-mêmes. Il y a trois types de bord: le bord chaînette, le bord souple et le bord croisé.

Remarque: Dans les trois points, la position du jeté change au rang 9. C'est ce qui modifie l'orientation de la diagonale.

Faisceaux de dentelle

Pour réaliser un ouvrage de dentelle très ajouré, les jetés et les diminutions s'exécutent à chaque rang. Dans les points de dentelle, le faisceau ajouré forme le filet de base tandis que les motifs pleins créent le dessin. Le point Ricrac (page 44) et le point de filet (à droite) sont des exemples de faisceaux ajourés. Le point de bourse était souvent utilisé comme fond tricoté sur lequel on incrustait des perles; il doit son nom aux bourses, très populaires, fabriquées au 20e siècle.

Variations

1 Bord chaînette
2 Bord souple
3 Bord croisé
4 Jours anglais
5 Point de bourse

Bord chaînette

Montez un minimum de 7 m. Tric à l'env tous les R pairs.

R 1 1 m end, 1 jeté, 1 surj, 4 m end.

R 3 2 m end, 1 jeté, 1 surj, 3 m end.

R 5 3 m end, 1 jeté, 1 surj, 2 m end.

R 7 4 m end, 1 jeté, 1 surj, 1 m end.

R 9 3 m end, 2 m ens à l'end, 1 jeté, 2 m end.

R 11 2 m end, 2 m ens à l'end, 1 jeté, 3 m end.

R 13 1 m end, 2 m ens à l'end, 1 jeté, 4 m end.

Bord souple

Montez un minimum de 7 m. Tric à l'env tous les R pairs.

R 1 1 m end, 1 jeté, 2 m ens à l'end, 4 m end.

R 3 2 m end, 1 jeté, 2 m ens à l'end, 3 m end.

R 5 3 m end, 1 jeté, 2 m ens à l'end, 2 m end.

R 7 4 m end, 1 jeté, 2 m ens à l'end, 1 m end.

R 9 3 m end, 1 surj, 1 jeté, 2 m end.

R 11 2 m end, 1 surj, 1 jeté, 3 m end.

R 13 1 m end, 1 surj, 1 jeté, 4 m end.

Bord croisé

Montez un minimum de 7 m. Tric à l'env tous les R pairs.

R 1 1 m end, 1 jeté, 2 m ens à l'end prises par derr, 4 m end.

R 3 2 m end, 1 jeté, 2 m ens à l'end prises par derr, 3 m end.

R 5 3 m end, 1 jeté, 2 m ens à l'end prises par derr, 2 m end.

R 7 4 m end, 1 jeté, 2 m ens à l'end prises par derr, 1 m end.

R 9 3 m end, 2 m ens à l'end prises par derr, 1 jeté, 2 m end.

R 11 2 m end, 2 m ens à l'end prises par derr, 1 jeté, 3 m end.

R 13 1 m end, 2 m ens à l'end prises par derr, 1 jeté, 4 m end.

Jours anglais

Montez un nombre impair de mailles. Tric à l'env tous les R pairs.

R 1 1 m end, *1 jeté, 2 m ens à l'end *.

Le jeté est formé avant la diminution et forme un biais à dr.

R 3 *1 surj, 1 jeté *; term par 1 m end.

Le jeté venant après la diminution forme un biais à gauche qui crée le motif.

Point de bourse

Montez un nombre pair de mailles, au minimum 8.

R 1 1 jeté, 2 m ens à l'env, 1 jeté, 2 m ens à l'env *.

Rép tous les R.

Point à jours

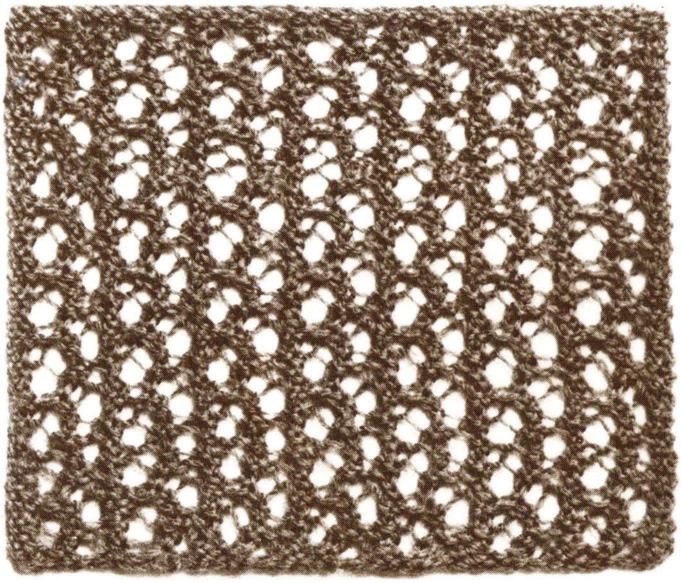

Nb de m div par 5 plus 3.

Remarque LB (lâchez la boucle) Lâchez la 2e boucle du double jeté du rang précédent. La 1e boucle est déjà tricotée.

Avant-premier R 3 m end, *(1 jeté), 2 fs, 2 m ens à l'end, 3 m end *.

R 1 5 m end, *LB, (1 jeté) 2 fs, 2 m ens à l'end, 3 m end *; term la dern rép par 1 m end.

R 2 3 m end, *LB, 2 m end, (1 jeté) 2 fs, 2 m ens à l'end, 1 m end *.

R 3 3 m end, *LB, (1 jeté) 2 fs, 2 m ens à l'end, 3 m end *.

Rép les R 1 à 3.

Toile d'araignée

Nb de m div par 6 plus 5. **R 1** (env de l'ouv) *et tous les R impairs* à l'env. **R 2** 2 m end, *1 jeté, 1 surj, 1 m end, 1 jeté, 1 surj, 1 m end prise par derr *; term par 1 jeté, 1 surj, 1 m end. **R 4** 3 m end, *2 m ens à l'end, 1 jeté, 1 m end, prise par derr, 1 jeté, 1 surj, 1 m end prise par derr *; term par 2 m end. **R 6** 2 m end, 2 m ens à l'end, *1 jeté, gl 2 m, 1 m end, rab les 2 m gl, 1 jeté, gl 1 m, 2 m ens à l'end, rab la m gl *; term par 1 jeté, gl 2 m, 1 m end, rab les 2 m gl, 1 jeté, 1 surj, 2 m end. **R 8** 3 m end, *1 m end prise par derr, 1 jeté, 1 m end, 1 jeté, 1 m end prise par derr, 1 m end *; term par 2 m end. **R 10** 2 m end, *1 jeté, 1 surj, 1 m end prise par derr, 1 jeté, 1 surj, 1 m end *; term par 1 jeté, 1 surj, 1 m end. **R 12** *2 m ens à l'end, 1 jeté, 1 m end prise par derr, 1 jeté, 1 surj, 1 m end prise par derr *; term par 2 m ens à l'end, 1 jeté, 1 m end prise par derr, 1 jeté, 1 surj. **R 14** 1 m end, *1 jeté, gl 2 m, 1 m end, rab les 2 m gl, 1 jeté, gl 1 m, 2 m ens à l'end, rab la m gl *; term par 1 jeté, gl 2 m, 1 m end, rab les 2 m gl, 1 jeté, 1 m end. **R 16** 1 m end, 1 m end prise par derr *, 1 m end, 1 jeté, 1 m end prise par derr, 1 m end, 1 m end prise par derr, 1 jeté *; term par 1 m end, 1 m end, 1 m end prise par derr, 1 m end. Rép R 1 à 16.

Torsade ajourée

Nb de m div par 11 plus 7.

R 1 (env) *et tous les R env* à l'env.

R 2 1 m end, *1 jeté, 1 surj, 1 m end, 2 m ens à l'end, 1 jeté, 6 m end * jusqu'aux dernières 6 m, term par 1 jeté, 1 surj, 1 m end, 2 m ens à l'end, 1 jeté, 1 m end.

R 4 2 m end, *1 jeté, gl 2 m, 2 m ens à l'end, rab la m gl, 1 jeté, 1 m end, gl 3 m sur une aig aux placée derr, 3 m end, puis à l'end les 3 m de l'aig aux, 1 m end * jusqu'aux 5 dern mailles, term par 1 jeté, gl 1 m, 2 m ens à l'end, rab la m gl, 1 jeté, 2 m end.

R 6 comme R 2.

R 8 2 m end, *1 jeté, gl 1 m, 2 m ens à l'end, rab 1 m gl, 1 jeté, 8 m end * jusqu'aux 5 dern m, term par 1 jeté, gl 1 m, 2 m ens à l'end, rab la m gl, 1 jeté, 2 m end.

Rép R 1 à 8.

Zigzag ajouré

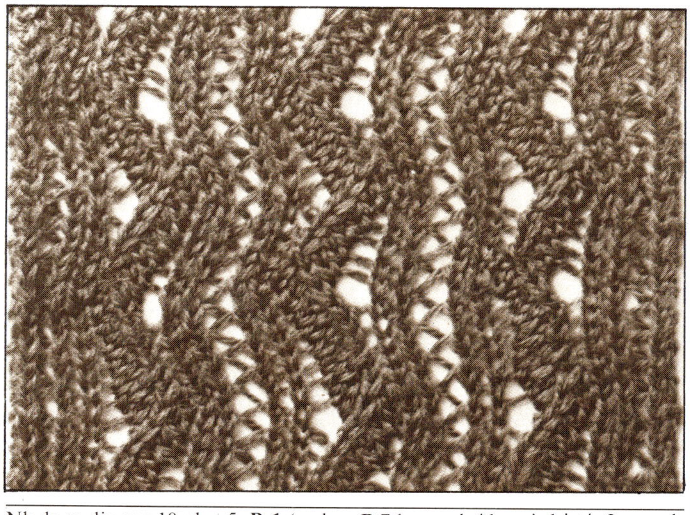

Nb de m div par 10 plus 5. **R 1** (end de l'ouvr) 1 m end, *1 surj, 1 jeté, 5 m end, 2 m ens à l'end, 1 jeté, 1 m end *; term par 1 surj, 1 jeté, 2 m end. **R 2** 1 m env, *2 m ens à l'env, 1 jeté, 2 m env, 1 jeté, 1 m env, 2 m ens à l'env, 3 m env *; term par 2 m ens à l'env, 1 jeté, 2 m env. **R 3** 1 m env, *1 surj, 1 jeté, 3 m end, 2 m ens à l'end, 2 m end, 1 jeté, 1 m end *; term par 1 surj, 1 jeté, 2 m end. **R 4** 1 m env, *2 m ens à l'env, 1 jeté, 2 m env, 1 jeté, 3 m env, 2 m ens à l'env, 1 m env *; term par 2 m ens à l'env, 1 jeté, 2 m env. **R 5** 1 m end, *1 surj, 1 jeté, 2 m end, 1 surj, 3 m end, 1 jeté, 1 m end *; term par 1 surj, 1 jeté, 2 m end. **R 6** 1 m dev, *2 m ens à l'env, 1 jeté, 2 m env, 1 jeté, 3 m env, 2 m ens à l'env prises par derr, 1 m env *; term par 2 m ens à l'env, 1 jeté, 2 m env. **R 7** 1 m end, *1 surj, 1 jeté, 2 m end, 1 jeté, 1 surj, 4 m end *; term par 1 surj, 1 jeté, 2 m end. **R 8** 1 m env, *2 m ens à l'env, 1 jeté, 4 m env, 2 m ens à l'env prises par derr, 1 m env, 1 jeté, 1 m env *; term par 2 m ens à l'env, 1 jeté, 2 m env. **R 9** 1 m end, *1 surj, (1 jeté, 2 m end) 2 fs, 1 surj, 2 m end *; term par 1 surj, 1 jeté, 2 m end. **R 10** 1 m env, *2 m ens à l'env, 1 jeté, 2 m env, 2 m ens à l'env prises par derr, 3 m env, 1 jeté, 1 m env *; term par 2 m ens à l'env, 1 jeté, 2 m env. **R 11** 1 m end, *1 surj, 1 jeté, 2 m end, 1 jeté, 3 m end, 2 m ens à l'end, 1 m end *; term par 1 surj, 1 jeté, 2 m end. **R 12** 1 m env, *2 m ens à l'env, 1 jeté, 2 m env, 2 m ens à l'env, 3 m env, 1 jeté, 1 m env *; term par 2 m ens à l'env, 1 jeté, 2 m env. Rép R 1 à 12.

Etoile filante

Nb de m div par 34 plus 2.

R 1 (end de l'ouv) 1 m end, *3 m end, 2 m ens à l'end, 4 m end, 1 jeté, 2 m env, (2 m end, 1 jeté, 1 surj) 3 fs, 2 m env, 1 jeté, 4 m end, 1 surj, 3 m end *; term par 1 m end.

R 2 1 m end, *2 m env, 2 m ens à l'env prises par derr, 4 m env, 1 jeté, 1 m env, 2 m end, (2 m env, 1 jeté, 2 m ens à l'env) 3 fs, 2 m end, 1 m env, 1 jeté, 4 m env, 2 m ens à l'env, 2 m env *; term par 1 m end.

R 3 1 m end, *1 m end, 2 m ens à l'end, 4 m end, 1 jeté, 2 m end, 2 m env, (2 m end, 1 jeté, 1 surj) 3 fs, 2 m env, 2 m end, 1 jeté, 4 m end, 1 surj, 1 m end *; term par 1 m end.

R 4 1 m end, *2 m ens à l'env prises par derr, 4 m env, 1 jeté, 3 m env, 2 m end, (2 m env, 1 jeté, 2 m ens à l'env) 3 fs, 2 m end, 3 m env, 1 jeté, 4 m env, 2 m ens à l'env *; term par 1 m end.

R 5 à 12 Rép les R 1 à 4 2 autres fois.

R 13 1 m end, *1 jeté, 1 surj, 2 m end, 1 jeté, 1 surj, 2 m env, 1 jeté, 4 m end, 1 surj, 6 m end, 2 m ens à l'end, 4 m end, 1 jeté, 1 m env, 2 m end, 1 jeté, 1 surj, 2 m end *; term par 1 m end.

R 14 1 m end, *1 jeté, 2 m ens à l'env, 2 m env, 1 jeté, 2 m ens à l'env, 2 m end, 1 m env, 1 jeté, 4 m env, 2 m ens à l'env, 4 m env, 2 m ens à l'env prises par derr, 4 m env, 1 jeté, 1 m env, 2 m end, 2 m env, 1 jeté, 2 m ens à l'env, 2 m env *; term par 1 m end.

R 15 1 m end, *1 jeté, 1 surj, 2 m end, 1 jeté, 1 surj, 2 m env, 2 m end, 1 jeté, 4 m end, 1 surj, 2 m end, 2 m ens à l'end, 4 m end, 1 jeté, 2 m end, 2 m env, 2 m end, 1 jeté, 1 surj, 2 m end *; term par 1 m end.

R 16 1 m end, *1 jeté, 2 m ens à l'env, 2 m env, 1 jeté, 2 m ens à l'env, 2 m end, 3 m env, 1 jeté, 4 m env, 2 m ens à l'env, 2 m ens à l'env prises par derr, 4 m env, 1 jeté, 3 m env, 2 m end, 2 m env, 1 jeté, 2 m ens à l'env, 2 m env *; term par 1 m end.

R 17 à 24 Rép les R 13 à 16 2 autres fois.

Rép les R 1 à 24.

Damier en folie

Nb de m div par 16 plus 2.

R 1, 3, 5 et 7 (end de l'ouv) 1 m end, *(1 surj, 1 jeté) 4 fs, 8 m end *; term par 1 m end.

R 2, 4, 6 et 8 1 m end, *8 m end, 8 m env, *; term par 1 m end.

R 9, 11, 13 et 15 1 m end, *8 m end (1 jeté, 2 m ens à l'end) 4 fs *; term par 1 m end.

R 10, 12, 14 et 16 1 m end, *8 m env, 8 m end *; term par 1 m end.

Rép R 1 à 16.

Lanterne chinoise

Nb de m div par 13 plus 2.

R 1 (env de l'ouv) 2 m end, *5 m env, 1 m env, 5 m env, 2 m end *.

R 2 2 m env, *1 m end, (1 jeté, 2 m ens à l'end) 2 fs, 1 m env, 5 m end, 2 m env *.

R 3 et 5 2 m end, *4 m env, 2 m end, 5 m env, 2 m end *.

R 4 2 m env, *1 m end, (1 jeté, 2 m ens à l'end) 2 fs, 2 m env, 4 m end, 2 m env *.

R 6 2 m env, *1 m end, (1 jeté, 2 m ens à l'end) 2 fs, 2 m env, gl les 2 m suiv sur une aig aux placée derr, 2 m end, puis les 2 m de l'aig aux à l'end, 2 m env *.

R 7, 8, 9, 10, 11 et 12 Rép les R 3, 4, 5 et 6 puis rép les R 3 et 4 à nouveau.

R 13 Rép le R 1.

R 14 2 m env, *5 m end, 1 m env, (1 surj) 2 fs, 1 m end, 2 m env *.

R 15 et 17 2 m end, *5 m env, 2 m end, 4 m env, 2 m end *.

R 16 2 m env, *4 m end, 2 m env, (1 surj, 1 jeté) 2 fs, 1 m end, 2 m env *.

R 18 2 m env, *gl les 2 m suiv sur une aig aux placée derr, 2 m end, puis à l'end les 2 m de l'aig aux, 2 m env, (1 surj, 1 jeté) 2 fs, 1 m end, 2 m env *.

R 19, 20, 21, 22, 23 et 24 Rép les R 15, 16, 17 et 18, puis à nouveau les R 15 et 16.

Rép les R 1 à 24.

Dentelle des débutantes

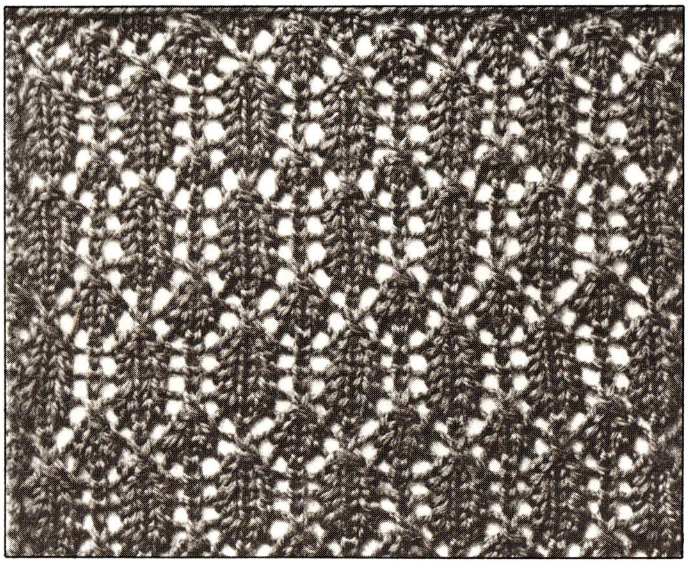

Nb de m div par 6 plus 1.

R 1 (envers de l'ouv) *et tous les R impairs.*

R 2, 4 et 6 1 m end, *1 jeté, 1 surj, 1 m end, 2 m ens à l'end, 1 jeté, 1 m end *.

R 8 2 m end, *1 jeté, gl 1 m, 2 m ens à l'end, rab la m gl, 1 m end, 2 m ens à l'end, 1 jeté, 1 m end *.

R 10 1 m end, *2 m ens à l'end, 1 jeté, 1 m end, 1 jeté, 1 surj, 1 m end *.

R 12 2 m ens à l'end, *1 jeté, 3 m end, 1 jeté, gl 1 m, 2 m ens à l'end, rab 1 m gl *; term par 1 jeté, 3 m end, 1 jeté, 1 surj.

Rép les R 1 à 12.

Cascade

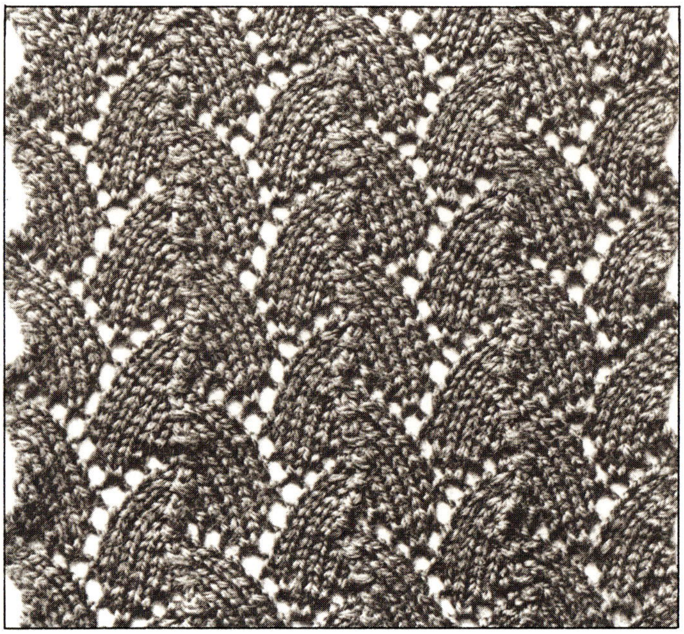

Nb de m div par 11 plus 1.

R 1 (env de l'ouv) *et tous les R impairs* à l'env.

R 2 2 m ens à l'end, *5 m end, 1 jeté, 1 m end, 1 jeté, 2 m end, gl 1 m, 2 m ens à l'end, rab la m gl *, jusqu'aux 2 dern m, term la dern rép par 1 surj.

R 4 2 m ens à l'end, *4 m end, 1 jeté, 3 m end, 1 jeté, 1 m end, 1 m gl, 2 m ens à l'end, rab la m gl *, jusqu'aux 2 dern m, term la dern rép par 1 surj.

R 6 2 m ens à l'end, *3 m end, 1 jeté, 5 m end, 1 jeté, gl 1 m, 2 m ens à l'end, rab la m gl *, jusqu'aux 2 dern m, term la dern rép par 1 surj.

R 8 2 m ens à l'end, *2 m end, 1 jeté, 1 m end, 1 jeté, 5 m end, gl 1 m, 2 m ens à l'env, rab la m gl *, jusqu'aux 2 dern m, term la dern rép par 1 surj.

R 10 2 m ens à l'end, *1 m end, 1 jeté, 3 m end, 1 jeté; 4 m end, gl 1 m, 2 m ens à l'end, rab la m gl *, jusqu'aux 2 dern m, term la dern rép par 1 surj.

R 12 2 m ens à l'end, *1 jeté, 5 m end, 1 jeté, 3 m ens à l'end; rab la m gl *, jusqu'aux 2 dern m, term la dern rép par 1 surj.

Rép les R 1 à 12.

Dentelle viennoise ou losange ajouré

Nb de m div par 20 plus 2.

R 1 (env de l'ouvr) *et tous les R impairs* à l'env, tric tourjours 1 m end, 1 m env dans tous les jetés du rang précédent.

R 2 1 m end, 1 jeté, *1 surj, 2 m end, 1 jeté, 1 surj, 1 m end, 1 jeté, 2 m ens à l'end, 2 m env, 1 surj, 1 jeté, 1 m end, 2 m ens à l'end, 1 jeté, 2 m end, 2 m ens à l'end, 1 jeté (2 fs) *; term par 1 jeté, 1 m end au lieu de 1 jeté (2 fs).

R 4 2 m env, * (1 jeté, 1 surj, 2 m end) 2 fs, 2 m env, (2 m end, 2 m ens à l'end, 1 jeté) 2 fs, 2 m env *.

R 6 2 m env, *1 m end, 1 jeté, 1 surj, 2 m end, 1 jeté, 1 surj, 1 m end, 2 m env, 2 m ens à l'end, 1 jeté, 2 m end, 2 m ens à l'end, 1 m end, 2 m env *.

R 8 2 m env, *1 surj, (1 jeté) 2 fs, 1 surj, 2 m end, 1 jeté, 1 surj, 2 m env, 2 m ens à l'end, 1 jeté, 2 m end, 2 m end, 2 m ens à l'end, 1 jeté (2 fs), 2 m ens à l'env, 2 m env *.

R 10 2 m env, *1 surj, 1 jeté (2 fs), 2 m ens à l'end, 3 m end, 1 jeté, 1 surj, 2 m ens à l'end, 1 jeté, 3 m end, 1 surj, 1 jeté (2 fs), 2 m ens à l'end, 2 m env *.

R 12 2 m env, *1 surj, 1 jeté (2 fs), 2 m ens à l'end, 1 m end, 2 m ens à l'end, 1 jeté, 4 m end, 1 jeté, 1 surj, 1 m end, 1 surj, 1 m end, 1 jeté (2 fs) *.

R 14 2 m env, *1 surj, 1 jeté (2 fs), (2 m ens à l'end) 2 fs, 1 jeté, 6 m end, 1 jeté, (1 surj) 2 fs, 1 jeté (2 fs), 2 m ens à l'end, 2 m env *.

R 16 2 m env, *1 surj, 1 jeté, 1 m end, 2 m ens à l'end, 1 jeté, 2 m end, 2 m ens à l'end, 1 jeté, 2 m end, 2 m ens à l'end, 1 jeté (2 fs), 1 surj, 2 m end, 1 jeté, 1 surj, 1 m end, 1 jeté, 2 m ens à l'end, 2 m env *.

R 18 2 m env, *(2 m end, 2 m ens à l'end, 1 jeté) 2 fs, 2 m env, (1 jeté, 1 surj, 2 m end) 2 fs, 2 m env *.

R 20 2 m env, *1 m end, 2 m ens à l'end, 1 jeté, 2 m end, 2 m ens à l'end, 1 jeté, 1 m end, 2 m env, 1 m end, 1 jeté, 1 surj, 2 m end, 1 jeté, 1 surj, 1 m end, 2 m env *.

R 22 2 m env, *2 m ens à l'end, 1 jeté, 2 m end, 2 m ens à l'end, 1 jeté (2 fs), 2 m ens à l'end, 2 m env, 1 surj, 1 jeté (2 fs), 1 surj, 2 m end, 1 jeté, 1 surj, 2 m env *.

R 24 1 m end, *2 m ens à l'end, 1 jeté, 3 m end, 1 surj, 1 jeté (2 fs), 2 m ens à l'end, 2 m env, 1 surj, 1 jeté (2 fs), 2 m ens à l'end, 3 m end, 1 jeté, 1 surj *; term par 1 m end.

R 26 3 m end, *1 jeté, 1 surj, 1 m end, 1 surj, 1 jeté (2 fs) 2 m ens à l'end, 2 m env, 1 surj, 1 jeté (2 fs), 2 m ens à l'end, 1 m end, 2 m ens à l'end, 1 jeté, 4 m end *; term par 3 m end.

R 28 4 m end, *1 jeté, (1 surj) 2 fs, 1 jeté (2 fs), 2 m ens à l'end, 2 m env, 1 surj, 1 jeté (2 fs), (2 m ens à l'end) 2 fs, 1 jeté, 6 m end *; term par 4 m end.

Rép les R 1 à 28.

Jours en angle

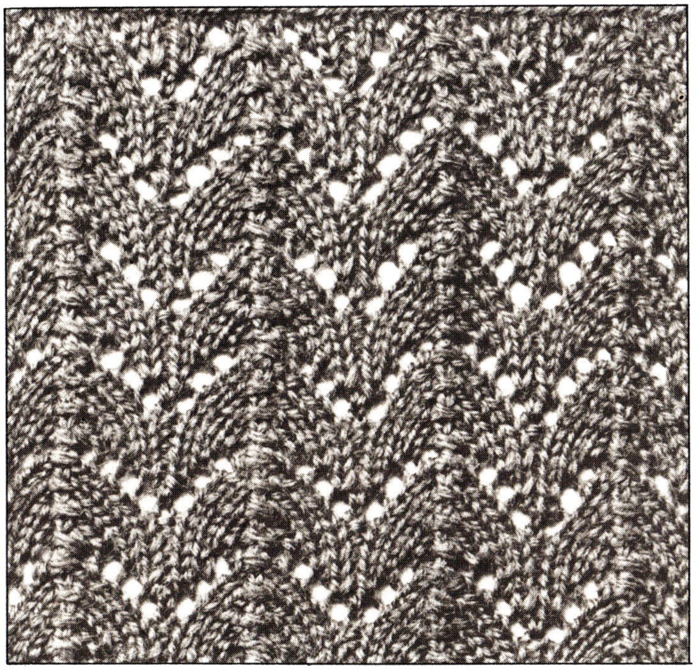

Nb de m div par 10 plus 1.

R 1 et 3 (env de l'ouv) à l'env.

R 2 1 m end, *1 jeté, 3 m end, gl 1 m, 2 m ens à l'end, rab la m gl, 3 m end, 1 jeté, 1 m end *.

R 4 1 m env, *1 m end, 1 jeté, 2 m end, gl 1 m, 2 m ens à l'end, rab la m gl, 2 m end, 1 jeté, 1 m end, 1 m env *.

R 5 et 7 1 m end, *9 m env, 1 m end *.

R 6 1 m env, *2 m end, 1 jeté, 1 m end, gl 1 m, 2 m ens à l'end, rab la m gl, 1 m end, 1 jeté, 2 m end, 1 m env *.

R 8 1 m env, *3 m end, 1 jeté, gl 1 m, 2 m ens à l'env, rab la m gl, 1 jeté, 3 m end, 1 m env *.

Rép les R 1 à 6.

Point de Victoire

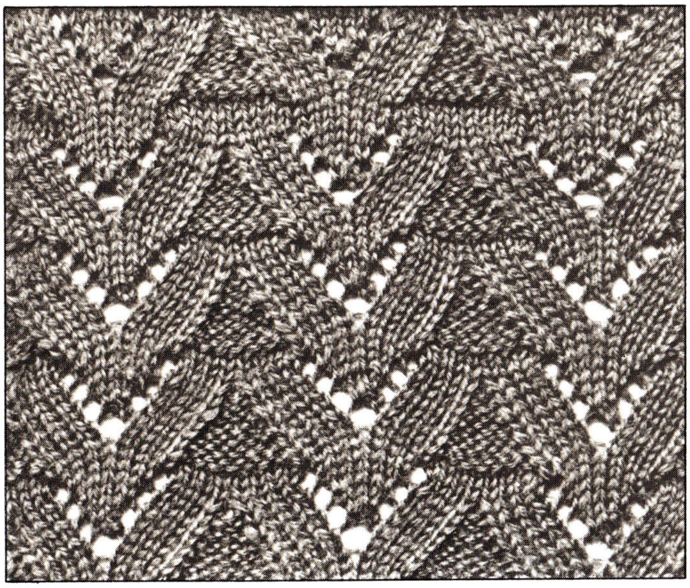

Nb de m div par 16.

R 1 (end de l'ouvr) à l'end.

R 2 *4 m end, 8 m env, 4 m end *.

R 3 *3 m env, 2 m ens à l'end, 3 m end, 1 jeté (2 fs), 2 m end, 1 surj, 3 m env *.

R 4 3 m end, 4 m env, tric à l'env le brin avant puis le brin arrière des jetés du rang préc, 4 m env, 3 m end *.

R 5 2 m env, 2 m ens à l'end, 3 m end, 1 jeté, 2 m end, 1 jeté, 3 m end, 1 surj, 2 m env *.

R 6 *2 m end, 12 m env, 2 m end *.

R 7 *1 m env, 2 m ens à l'end, 3 m end, 1 jeté, 4 m end, 1 jeté, 3 m end, 1 surj, 1 m env *.

R 8 *1 m end, 14 m env, 1 m end *.

R 9 *2 m ens à l'end, 3 m end, 1 jeté, 6 m end, 1 jeté, 3 m end, 1 surj *.

R 10 à l'env.

Rép 1 à 10.

Patte d'ours

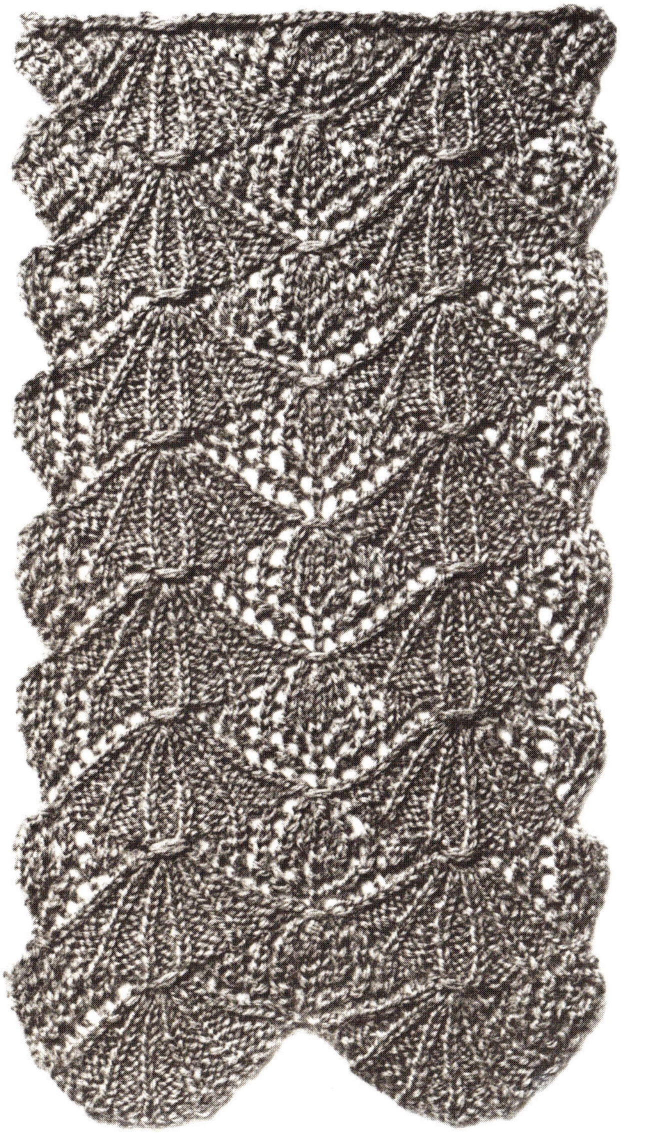

Nb de m div par 22 plus 1.

Remarque *Grappe Gl le nb de m donné en plaçant le fil à l'arrière, puis passer le fil dev, gl les mêmes m sur l'aig g, passer le fil à l'arrière, gl à nouveau les mêmes m avec le fil à l'arrière.*

R 1 (end de l'ouv) 1 m end, *1 jeté, (1 m end tric par derr, 3 m env) 5 fs, 1 m end tric par derr, 1 jeté, 1 m end *.

R 2 3 m env, *(3 m end, 1 m env) 4 fs, 3 m end, 5 m env *; term par 3 m env.

R 3 1 m end, *1 jeté, 1 m end tric par derr, 1 jeté, (1 m end tric par derr, 3 m env) 5 fs, (1 1 m end tric par derr, 1 jeté) 2 fs, 1 m end *.

R 4 5 m env, *(3 m end, 1 m env) 4 fs, 3 m end, 9 m env *; term par 5 m env.

R 5 1 m end, *1 jeté, 1 m end tric par derr, 1 jeté, 1 surj, 1 jeté (1 m end tric par derr, 2 m ens à l'env, 1 m env) 5 fs, 1 m end tric par derr, 1 jeté, 2 m ens à l'end, 1 jeté, 1 m end tric par derr, 1 m end *.

R 6 7 m env *(2 m end, 1 m env) 4 fs, 2 m end, 13 m env *; term par 7 m env.

R 7 1 m end, *1 m end tric par derr (1 jeté, 1 surj, 2 fs, 1 jeté, (1 m end tric par derr, 2 m env) 5 fs, 1 m end tric par derr, 1 jeté, (2 m ens à l'end, 1 jeté) 2 fs, 1 m end tric par derr, 1 m end *.

R 8 8 m env *(2 m end, 1 m env) 4 fs, 2 m end, 5 m env *; term par 8 m env.

R 9 2 m end, *(1 jeté, 2 m ens à l'end) 2 fs, 1 jeté, 1 m end tric par derr, 1 jeté, (1 m end tric par derr, 2 m ens à l'env) 5 fs, (1 m end tric par derr, 1 jeté) 2 fs, (1 surj, 1 jeté) 2 fs, 3 m end *; term par 2 m end.

R 10 et 12 10 m env, *(1 m end, 1 m env) 4 fs, 1 m end, 19 m env *; term par 10 m env.

R 11 1 surj, *(1 jeté, 2 m ens à l'end) 3 fs, 1 m end tric par derr, 1 jeté (1 m end tric par derr, 1 m env) 5 fs, 1 m end tric par derr, 1 jeté, 1 m end tric par derr, (1 surj, 1 jeté) 3 fs, gl 2 m, 1 m end, rab les 2 m gl *; term par 2 m ens à l'end au lieu de gl 2 m, 1 m end, rab les 2 m gl.

R 13 1 m end, *(2 m ens à l'end, 1 jeté) 2 fs, 2 m ens à l'end, 1 m end, 1 m end tric par derr, 1 jeté, (1 surj) 2 fs, gl 1 m, 2 m ens à l'end, rab la m gl, (2 m ens à l'end) 2 fs, 1 jeté, 1 m end tric par derr, 1 m end, 1 surj, (1 jeté, 1 surj) 2 fs, 1 m end *.

R 14 Grappe 2, *7 m env, grappe 5, 7 m env, grappe 3 *; term par grappe 2 au lieu de grappe 3.

Rép les R 1 à 14.

La couleur en tricot

On utilise des fils de couleurs différentes pour travailler la laine depuis qu'on sait tricoter, témoin cet échantillon trouvé à Fostat en Egypte et qui date probablement du 7e siècle. L'étoffe est travaillée sur un fond de soie d'or, rehaussé d'un motif très élaboré en soie marron qui évoque ceux des tuiles et des tapis de l'époque.

Mais c'est à la fin du 16e siècle que le travail de la couleur atteint son apogée. A cette époque, les corporations exigent de leurs apprentis, qui sont tous des hommes, qu'ils étudient pendant 6 ans. Pour devenir membre de la corporation, chaque postulant doit présenter, entre autres, un tapis de couleurs variées mesurant 2 m sur 1,50 m, représentant des scènes, un peu comme sur une tapisserie; ce tapis doit être exécuté en 13 semaines, ainsi qu'un béret, une chemise et une paire de chaussettes. C'était un immense travail et beaucoup de ces créations sont aujourd'hui considérées comme d'authentiques chefs-d'œuvre.

Brocart

Plus tard, la mode aidant, on conjugua brocart et tricot. Il s'agissait de travailler avec des fils qui variaient en coloris et en points. Presque toujours, le fond était tricoté dans un coloris tandis que le motif était exécuté en un point et une couleur différents. On faisait ensuite ressortir les bords du motif avec un troisième coloris. Le brocart en tricot devait rivaliser avec les autres brocarts de l'époque et, par conséquent, les motifs étaient travaillés en fil de soie.

Jacquards de tous les pays

Les thèmes d'inspiration reflètent toujours des aspects importants de la vie de tous les jours. Ainsi, au Pérou, le lama n'est pas seulement l'animal national, il est aussi celui qui porte la laine et, à ce titre, il figure dans presque tous les motifs.

Dans les pays alpins, la neige est si présente que le flocon revient dans tous les motifs.

En Norvège, le renne, les sapins et les fleurettes sont les motifs préférés.

Le travail de la couleur

Comme dans la peinture, la couleur en tricot se plie à toutes les fantaisies. Les possibilités varient à l'infini et ne dépendent que de votre imagination, une fois maîtrisés les problèmes techniques d'assemblage des couleurs. La manière la plus simple de s'entraîner à travailler la couleur est de réaliser des motifs à rayures horizontales dans lesquels le nouveau coloris est introduit au début du rang. A la fin du rang, on peut soit casser le fil, soit le laisser en attente sur le bord du tricot. Avec les motifs plus élaborés, le fil du motif peut être ajouté au début ou au milieu du rang. Les meilleures méthodes de travailler la laine de couleur sont expliquées ci-contre.

Les fils de couleurs modernes

Un choix immense s'offre à vous, beaucoup plus important qu'au 16e siècle, lorsqu'on réalisait des chefs-d'œuvre. La gamme des couleurs et des nuances est pratiquement illimitée, et les laines sont disponibles en 2, 3 ou 4 fils, que vous pouvez tricoter en double ou triple épaisseur. Ces laines peuvent être filées de diverses manières, ainsi le crêpe, qui est filé très serré, fait mieux ressortir chaque maille tricotée. Les fabricants de laine ont conçu des fils aussi variés que les chenilles, qui donnent au tricot un aspect velouté, les étoffes épaisses et bouclées, les fils mouchetés, ceux imitant le tweed ou encore les lumineux fils métalliques. Ajoutez les nouveaux coloris selon l'une ou l'autre des techniques expliquées ci-contre.

Assemblage des coloris

Ces techniques s'appliquent à tous les jacquards et permettent toutes d'introduire correctement un nouveau coloris sans que les fils s'emmêlent. Lorsque l'ouvrage est terminé, repoussez les petits bouts de fil dans la lisière ou sur l'envers de l'ouvrage.

Introduction d'un nouveau coloris au début du rang

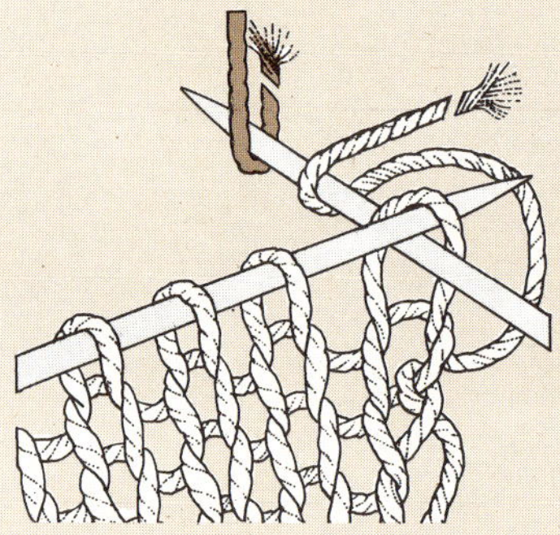

1 *Piquez l'aiguille droite dans la première maille de l'aiguille gauche et entourez-la du fil de fond et du fil du motif. Tric la maille avec les deux coloris.*

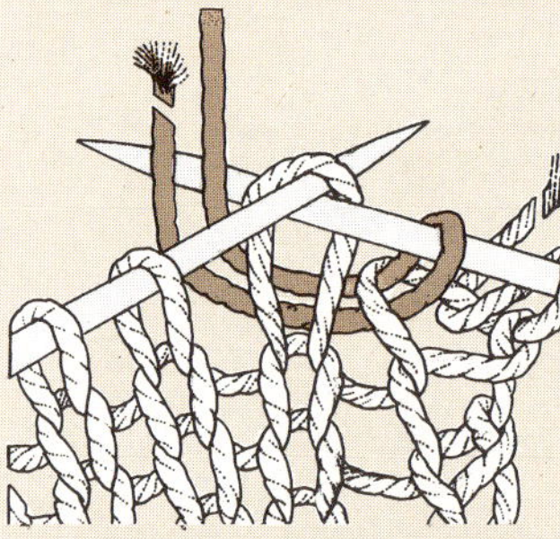

2 *Laissez le fil de fond à l'arrière et tric les 2 mailles suivantes avec le fil du motif employé double.*

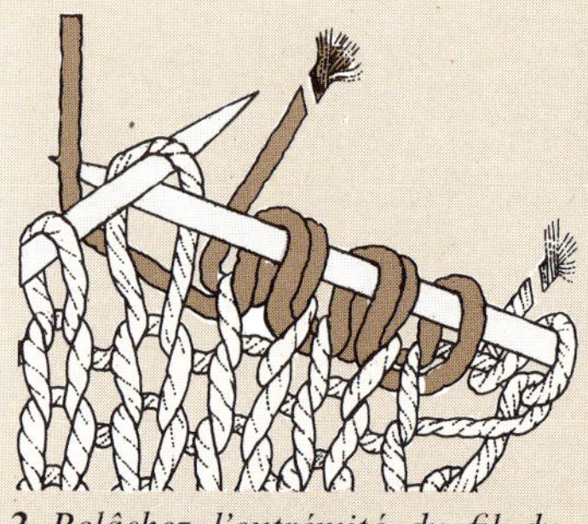

3 *Relâchez l'extrémité du fil du motif et continuez à tricoter. Au rang suivant, les 3 doubles mailles sont tricotées comme des mailles ordinaires. Si le fil de fond doit être à nouveau utilisé, gardez-le sur le côté de l'ouvrage, prêt à être de nouveau tricoté.*

Introduction d'un nouveau coloris au milieu du rang

Utilisez cette méthode lorsque le fil de fond doit de nouveau être utilisé dans le même rang.

1 *Piquez l'aiguille droite dans la maille suivante de l'aiguille gauche. Enroulez le fil du motif autour de l'aiguille droite et tricotez la maille avec ce dernier.*

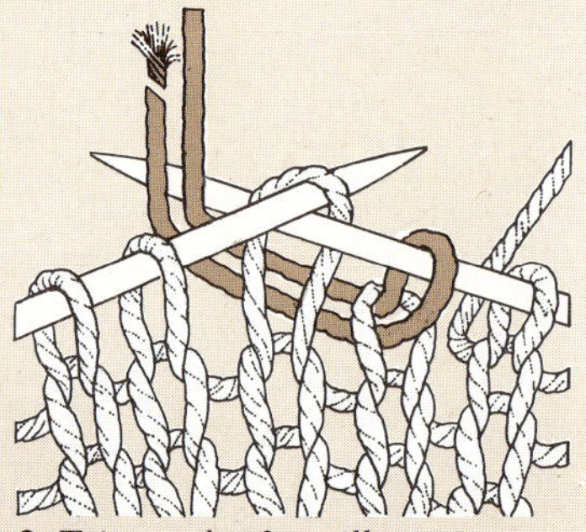

2 *Tricotez les 2 mailles suivantes avec le fil employé double.*

3 *Relâchez l'extrémité du fil du motif et continuez à tricoter avec ce fil. Utilisez le fil de fond et le fil du motif selon les indications de la grille. Au rang suivant, les mailles tricotées avec le fil employé double sont tricotées normalement.*

Les rayures

On peut illuminer de merveilleuses couleurs le plus simple des vêtements tricotés et en faire un vêtement remarquable rien qu'en remplaçant le coloris unique par des rayures de couleur horizontales. Les rayures peuvent être larges ou étroites, régulières ou irrégulières en camaïeu ou de tons opposés. Exercez-vous d'abord avec les rayures avant de vous lancer dans des jacquards compliqués. En vous exerçant, vous pourrez avoir des idées de motifs et inventer votre propre jacquard. Nous vous proposons ci-dessous quelques suggestions de rayures.

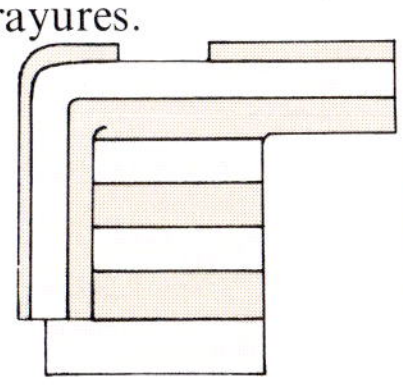

Rayures larges sur un pull-over ordinaire

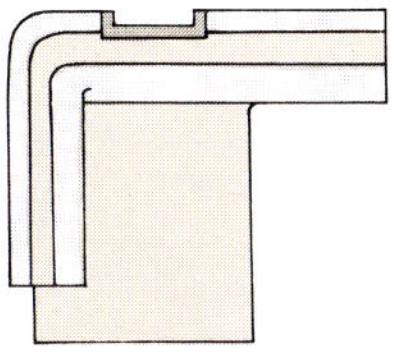

Renforcez la forme en T d'un chandail

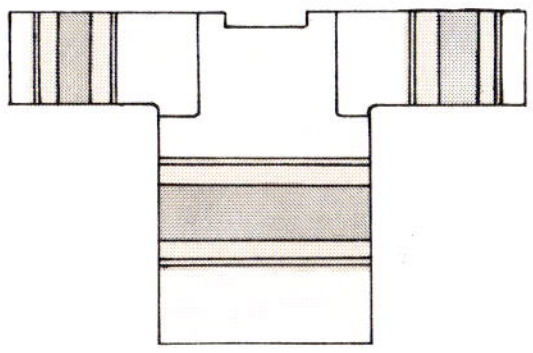

Rayures irrégulières sur une forme simple

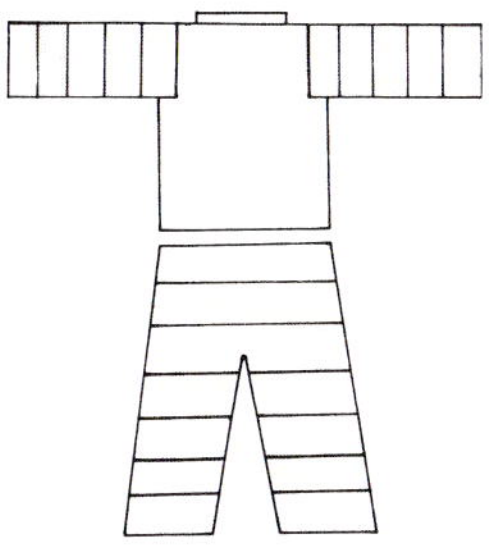

Manches et pantalon assortis

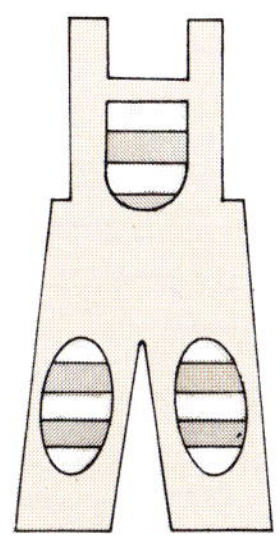

Poche et devant sur une salopette

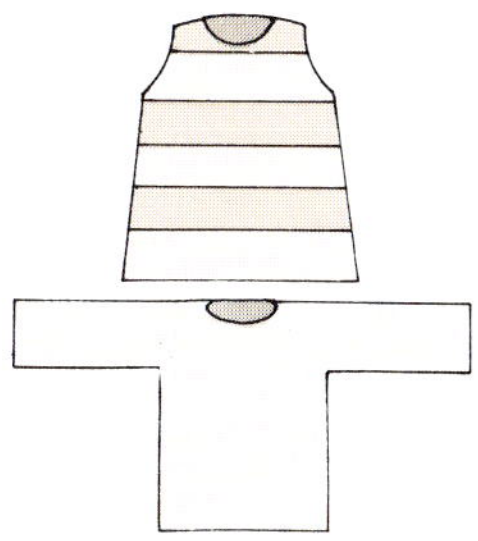

Assemblez une chemise et un pull sans manches

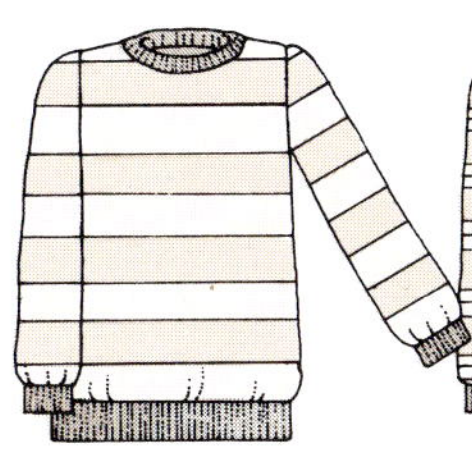

Rayures sport sur un pull classique

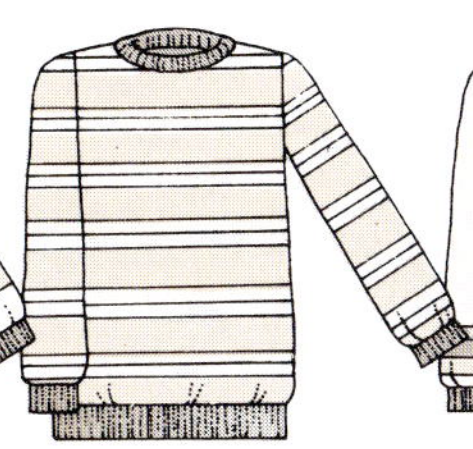

Tricotez les rayures deux par deux

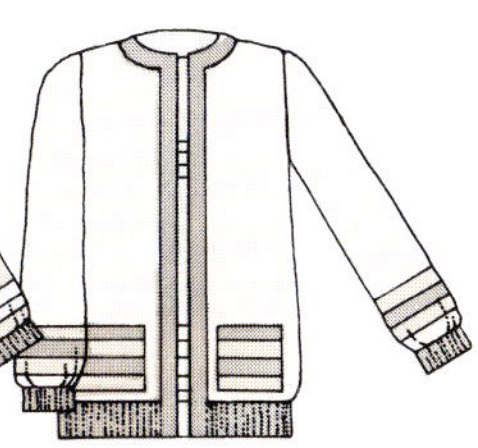

Assortissez les rayures de la veste à celles du chandail

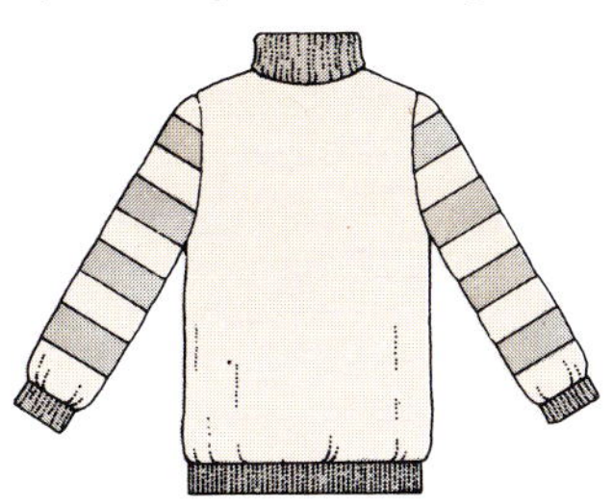

Faites des manches le point de mire du tricot

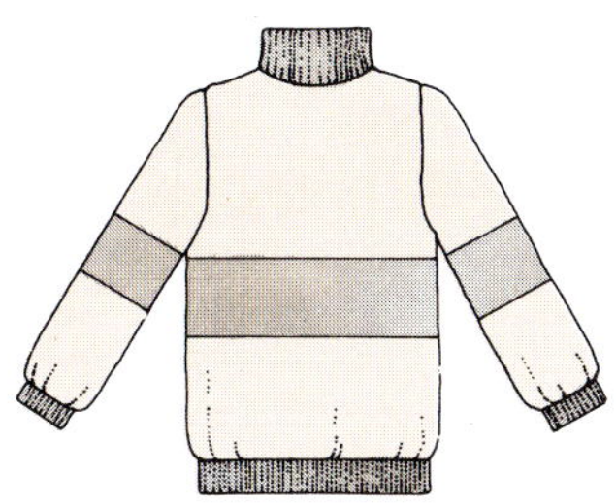

Une seule bande de couleur très large

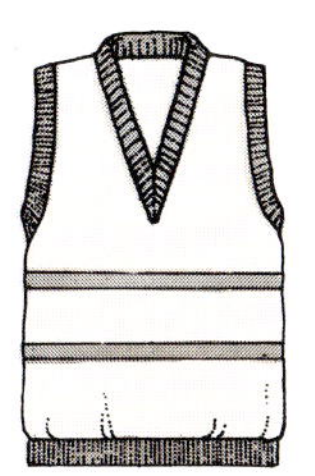

Détail de rayure sur un pull-over

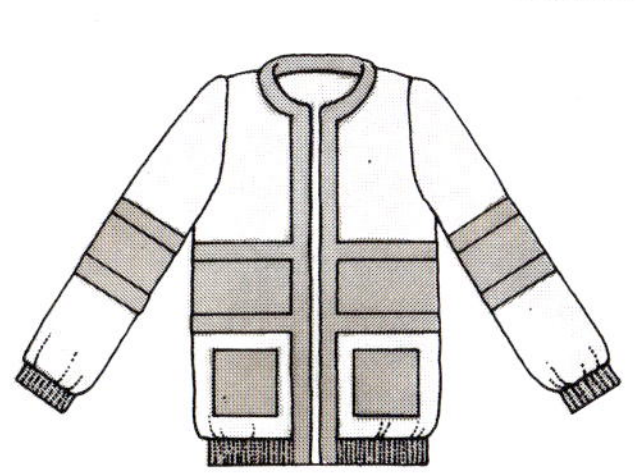

Assortissez les rayures aux bandes de boutonnières

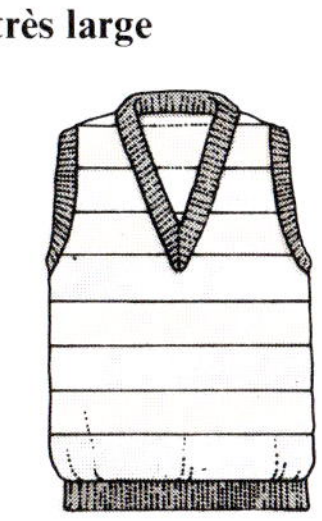

Rayures régulières sur un pull-over

La maille glissée

En utilisant la technique de la maille glissée, vous pouvez obtenir une grande variété d'effets sans la moindre difficulté. Cette technique offre trois possibilités essentielles. Elle permet **1** de créer des effets dans la texture d'un ouvrage tricoté en une seule couleur, **2** d'obtenir des motifs de toutes les couleurs et **3** de combiner les variations d'effets de texture et de couleur.

Technique de la maille glissée

On tricote certaines mailles et on en glisse d'autres. On glisse une maille en la passant d'une aiguille à l'autre sans la tricoter. Les mailles sont glissées à l'envers, c'est-à-dire comme si la maille devait être tricotée à l'envers, de l'aiguille gauche à l'aiguille droite et on amène le fil devant ou derrière la maille glissée. Les mailles sont toujours glissées à l'envers à moins que les explications ne précisent le contraire.

La maille glissée pour des effets de points

Pour créer des effets, les mailles peuvent être glissées pendant plusieurs rangs, ce qui resserre les mailles tricotées et donne une étoffe plus épaisse. Il est recommandé de ne pas glisser la maille sur plus de trois rangs, sinon elle risque de devenir trop tendue.

D'autres effets de points peuvent être obtenus selon que le fil est placé devant ou derrière les mailles glissées. Quand le fil est placé devant les mailles glissées, il forme une barre qui les dissimule en partie. On peut tricoter cette barre et créer ainsi de nouveaux motifs. Quand le fil est placé derrière les mailles glissées, il peut être tiré et former des plis. La taille de ces derniers dépend de l'espacement des mailles glissées.

Technique de la maille glissée pour les jacquards

Quand on utilise la technique de la maille glissée uniquement pour changer de coloris, les mailles du premier fil sont tricotées pendant deux rangs, tandis que les mailles du second fil sont glissées pendant deux rangs. Ensuite on glisse pendant deux rangs les mailles qui ont été tricotées, et inversement on tricote les mailles qui ont été glissées. Ainsi, un seul coloris est tricoté en même temps et l'envers de l'ouvrage est uniforme. Cette méthode de changement de couleurs ne peut être suivie qu'avec des motifs tout petits.

Technique de la maille glissée pour des effets de couleur et de texture

Quand on utilise la maille glissée pour ces effets combinés, on peut réaliser des motifs très élaborés. Une sélection de motifs est proposée page suivante. Les explications en sont données page 52. Certains motifs, comme l'arc-en-ciel, exigent une technique différente, le tricot en biais.

Tricot en biais

Dans le tricot en biais, chaque rang est incliné à gauche ou à droite. On crée cet effet en réalisant des augmentations et des diminutions selon un certain intervalle de mailles. Les augmentations sont exécutées directement au-dessus de l'augmentation précédente et chaque diminution se fait directement au-dessus de la précédente.

Un biais à droite se forme en exécutant la diminution au début d'un rang endroit, ou d'un groupe de mailles, puis en exécutant l'augmentation à la fin du rang. Un biais à gauche se forme en introduisant l'augmentation au début et la diminution à la fin d'un rang endroit.

Jacquards en mailles glissées

Tous les jacquards de cette page sont exécutés en mailles glissées. Voyez page 49 pour une explication de cette technique. Les explications des motifs sont données page 52.

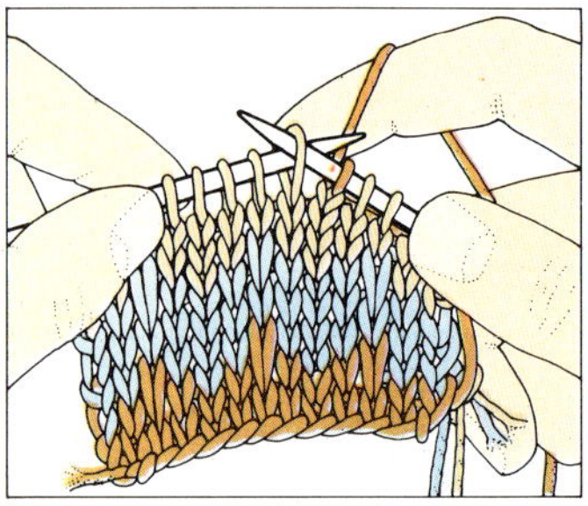

Endroit du tricot
Si les fils sont changés correctement, les motifs apparaîtront aisément sur l'endroit.

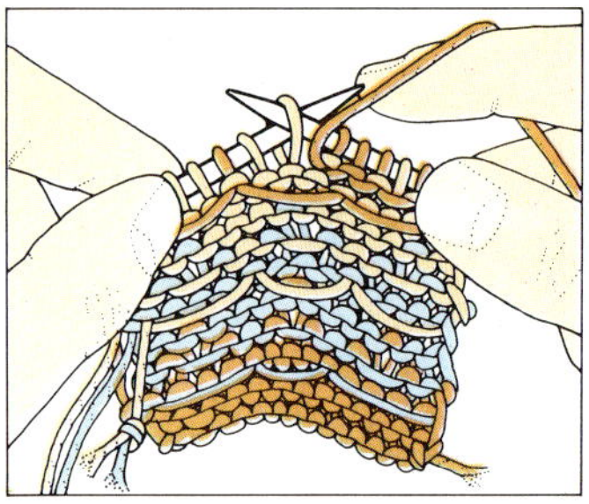

Envers du tricot
Les différents fils de couleur doivent être reliés derrière l'ouvrage pour ne pas s'emmêler.

1 Point et trait

2 Chevrons

3 Croisillons

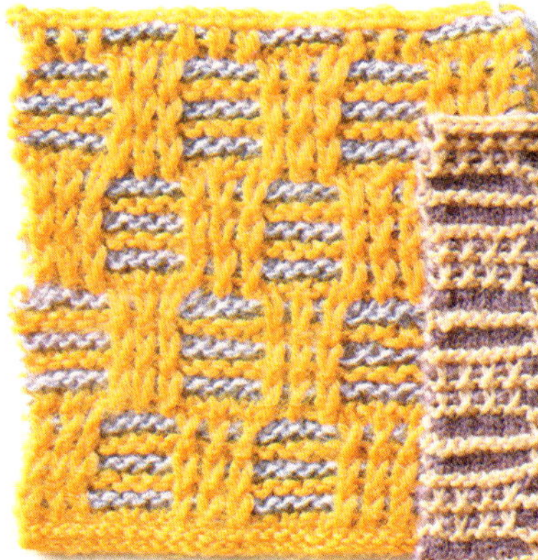

4 Damier sport

5 Damier de Hambourg

6 Damier persan

7 Entrelacs

8 Florentine

9 Motif grec

10 Damier fantaisie

Jacquard double-face

Certains motifs comme Peppermint et Plaid sont double-face, c'est-à-dire que l'ouvrage n'est pas retourné à la fin de chaque rang : on tricote deux rangs à la suite du même côté. Ce genre de motif doit être tricoté sur des aiguilles sans bout ou des aiguilles circulaires.

11 Peppermint

12 Plaid

13 Arc-en-ciel

Utilisation des motifs en mailles glissées

Haut de la tête

Jacquard du milieu

Bord du bonnet

Bonnet multicolore
On peut tricoter n'importe quel motif en mailles glissées. Le bonnet de droite, qui est une adaptation du béret classique, est tricoté en rayures unies et en deux différents points de chevron, les uns exécutés en mailles glissées, les autres en jacquard réversible. Détail de ces motifs à droite.

Gilet de bébé en jacquard
Un gilet de bébé tout à fait inhabituel tricoté en couleurs vives (en bas à droite) au lieu des traditionnelles couleurs layette. Le motif du gilet est donné en détail page 70. Pour transformer un modèle uni en jacquard, faites toujours un échantillon avant de commencer en utilisant le fil et le motif de votre choix. A partir de cet échantillon, vous pourrez calculer le nombre de mailles que vous devrez monter et le nombre de rangs nécessaires pour atteindre la hauteur voulue. Cela ne représente aucune difficulté pour un modèle aussi simple que celui-ci, composé uniquement de rectangles.

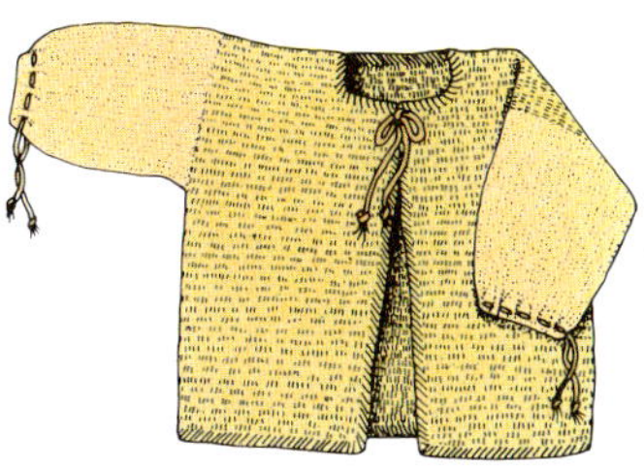

Les finitions du gilet ainsi que la cordelette ont été réalisées avec un fil rouge. Pour tricoter la bordure, relevez des mailles sur les deux côtés et autour du cou. Pour relever des mailles, suivez les explications de la page 96, puis tricotez un rang avec le fil rouge.

Grilles de jacquards à maille glissée

Le jacquard, par la technique de la maille glissée, est la méthode la plus simple de créer des modèles colorés et en relief. Le tableau ci-dessous indique la position de chaque échantillon sur la page précédente.

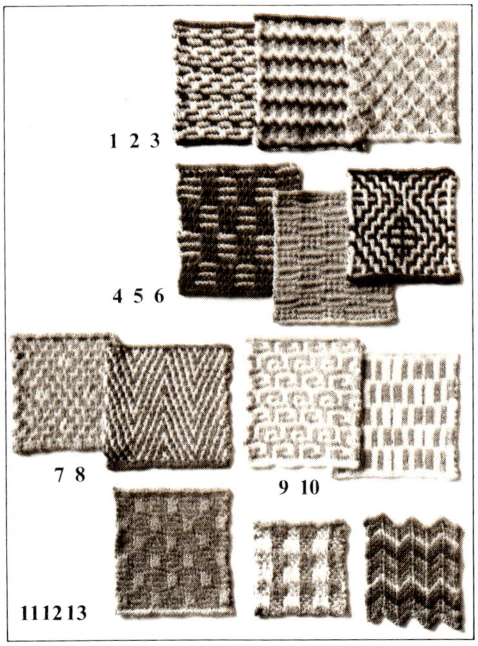

1 **Point et trait**
2 **Chevrons**
3 **Croisillons**
4 **Damier sport**
5 **Damier de Hambourg**
6 **Damier persan**
7 **Entrelacs**
8 **Florentine**
9 **Tuile grecque**
10 **Damier fantaisie**
11 **Peppermint**
12 **Plaid**
13 **Arc-en-ciel**

1 Point et trait

Nb de m div par 6 plus 4.
Coloris A, B et C.
Montez les mailles avec C.

R 1 (end de l'ouv) col A à l'end.

R 2 B, à l'env.

R 3 C 1 m end, *gl 2 m avec le fil derr, 4 m end *; term par gl 2 m, 1 m end.

R 4 A, 1 m env, *gl 2 m avec le fil dev, 4 m env *; term par 2 m gl, 1 m env.

R 5 B, à l'end.

R 6 C, à l'env.

R 7 A, 4 m end, *gl 2 m avec le fil derr, 4 m end *.

R 8 B, 4 m env, *gl 2 m avec le fil dev, 4 m env *.

R 9 à 24 Rép les R 1 à 8, deux autres fois, en changeant de coloris à chaque rang. La séquence couleur reste A, B, C, A, B, C, etc.

Rép les R 1 à 24.

2 Chevrons

Nb de m div par 4.
Coloris A, B et C.

R 1 (end de l'ouv) B, *1 m end, gl 3 m avec le fil dev *.

R 2 B, *1 m env, gl 1 m avec le fil dev, 3 m env *; term par 1 m gl, 2 m env.

R 3 B, à l'end.

R 4 B, à l'env.

R 5 à 8 C, rép les R 1 à 4.

R 9 à 12 A, rép les R 1 à 4.

Rép les R 1 à 12.

3 Croisillons

Nb de m div par 6 plus 5.
Coloris A, B et C.

R 1 (env de l'ouv) A, 4 m env, *gl 3 m avec le fil à l'arrière, 3 m env *; term par 1 m env.

R 2 B, à l'end.

R 3 B, rép R 1.

R 4 et 5 C, rép les R 2 et 3.

R 6 A, 5 end *, piquez l'aig dr à l'avant sous les 3 brins horizontaux et relevez-la pour tric la m suiv, en gardant les trois brins derr la m, 5 m end *.

R 7 A, 1 m env *, gl 3 m avec le fil derr, 3 m env *; term par 1 m env.

R 8 B, à l'end.

R 9 B, rép R 7.

R 10 et 11 C, rép R 8 et 9.

R 12 A, 2 m end *, reprendre à partir du R 6 *; term par 2 m end au lieu de 5 m end.

Rép les R 1 à 12.

4 Damier sport

Nb de m div par 10 plus 2.
Coloris A et B.

R 1 (end de l'ouv) A, à l'end.

R 2 A, (1 m end, 1 m env) 2 fs, 1 m end, *2 m env, 1 m end, 1 m env, 1 m end *; term par 2 m env.

R 3 B, 1 m end, *5 m end (gl 1 m avec le fil derr, 1 m end) 2 fs, gl 1 m avec le fil derr *; term par 1 m end.

R 4 B, 1 m end, *(gl 1 m avec le fil derr, 1 m end) 2 fs, gl 1 m avec le fil dev, 5 m end *; term par 1 m end.

R 5 A, à l'end.

R 6 A, 1 m end, *(1 m env, 1 m end) 2 fs, 1 m env, 5 m end *; term par 1 m end.

R 7, 8, 9, 10, 11 et 12 Rép les R 3, 4, 5, 6 puis de nouveau les R 3 et 4.

R 13 et 14 A, rép les R 1 et 2.

R 15 B, 1 m end, *(gl 1 m avec le fil derr, 1 m end) 2 fs, gl 1 m avec le fil derr, 5 m end *; term par 1 m end.

R 16 B, 1 m end, *5 m end (gl 1 m avec le fil dev, 1 m end) 2 fs, gl 1 m avec le fil dev *; term par 1 m end.

R 17 A, à l'end.

R 18 A, 1 m end, *5 m end, (1 m env, 1 m end) 2 fs, gl 1 m dev *; term par 1 m end.

R 19, 20, 21, 22, 23 et 24 Rép les R 15, 16, 17 et 18, puis de nouveau les R 15 et 16.

Rép les R 1 à 24.

5 Damier de Hambourg

Nb de m div par 16 plus 9.
Coloris A et B.

Remarque *Les rangs impairs sont les rangs endroit.*

R 1, 2, 5, 6, 9, 10, 13 et 14 A, à l'endroit.

R 3 et 7 B, (1 m end, gl 1 m avec le fil derr) 4 fs *, 9 m end, (gl 1 m avec le fil derr, 1 m end) 3 fs, gl 1 m avec le fil derr *; term par 1 m end.

R 4 et 8 B, (1 m end, gl 1 m avec le fil dev) 4 fs *, 9 m env, (gl 1 m avec le fil dev, 1 m end) 3 fs, gl 1 m avec le fil dev *; term par 1 m end.

R 11 et 15 B, 9 m end, *(gl 1 m avec le fil derr, 1 m end) 3 fs, gl 1 m avec le fil derr, 9 m end *.

R 12 et 16 B, 9 m env, *(gl 1 m avec le fil dev, 1 m end) 3 fs, gl 1 m avec le fil dev, 9 m env *.

Rép les R 1 à 16.

6 Damier persan

Nb de m div par 30 plus 3.
Coloris A et B.

Remarque *A tous les R end, gl toutes les m gl avec le fil derr.*
Montez les mailles avec A, et tric un R à l'end.

R 1 (end de l'ouv) B, 8 m end, *(gl 1 m, 3 m end) 4 fs, gl 1 m, 13 m end *; term par 8 m end.

R 2 *et tous les autres R pairs.* Tric à l'env les mêmes m qu'au rang précédent, à l'end avec le même coloris, gl les mêmes m gl avec le fil dev.

R 3 A, 1 m end, *(gl 1 m, 2 m end) 3 fs, gl 1 m, 1 m end, (1 m gl, 3 m end) 4 fs *; term par 1 m gl, 1 m end.

R 5 B, 6 m end, *(gl 1 m, 3 m end) 5 fs, gl 1 m 9 m end *; term par 6 m end.

R 7 A, 1 m end, gl 1 m, 1 m end, *(gl 1 m, 3 m end) 3 fs, gl 1 m, 1 m end, (gl 1 m, 3 m end) 3 fs, (gl 1 m, 1 m end) 2 fs *.

R 9 B, 4 m end, *(gl 1 m, 3 m end) 6 fs, gl 1 m, 5 m end *; term par 4 m end.

R 11 A, 1 m end, *(gl 1 m, 3 m end) 3 fs, gl 1 m, 5 m end, (gl 1 m, 3 m end) 3 fs *; term par gl 1 m, 1 m end.

R 13 B, 2 m end, *(gl 1 m, 3 m end) 3 fs, (gl 1 m, 1 m end) 2 fs, (gl 1 m, 3 m end) 3 fs, gl 1 m, 1 m end *; term par 1 m end.

R 15 A, 3 m end, *(gl 1 m, 3 m end) 2 fs, gl 1 m, 9 m end, (gl 1 m, 3 m end) 3 fs *.

R 17 B, 2 m end, *gl 1 m, 1 m end, (gl 1 m, 3 m end) 7 fs; term par 1 m end.

R 19 A, 1 m end, *(gl 1 m, 3 m end) 2 fs, gl 1 m, 13 m end, (gl 1 m, 3 m end) 2 fs *; term par gl 1 m, 1 m end.

R 21 B, 4 m end, (gl 1 m, 3 m end) 6 fs, gl 1 m, 1 m end, gl 1 m, 3 m end *; term par 2 m end.

R 23 et 24 Rép les R 15 et 16.

R 25 et 26 B, Rép les R 13 et 14.

R 27 et 28 A, Rép les R 11 et 12.

R 29 et 30 B, Rép les R 9 et 10.

R 31 et 32 A, Rép les R 7 et 8.

R 33 et 34 B, Rép les R 5 et 6.

R 35 A, 1 m end, *(gl 1 m, 3 m end) 4 fs, gl 1 m, 1 m end, (gl 1 m, 3 m end) 3 fs *; term par gl 1 m, 1 m end.

R 36 comme R 2.

Rép les R 1 à 36.

7 Entrelacs

Nb de m div par 16 plus 3. Coloris A et B.

Remarque *Sur tous les rangs end, gl toutes les m gl avec le fil derr.*
Montez les m avec A, et tric un rang à l'end.

R 1 (end) B, 1 m end, *(1 m end, gl 1 m, 3 m end, gl 1 m) 2 fs, 3 m end, gl 1 m *; term par 2 m end.

R 2 *et tous les autres R envers.* Tric à l'end les mêmes m qu'au R précédent avec le même coloris, gl les mêmes m avec le fil dev.

Suite Entrelacs

R 3 A, 1 m end, *gl 1 m, 3 m end *; term par gl 1 m, 1 m end.

R 5 B, 4 m end, *gl 1 m end (gl 1 m, 3 m end) 2 fs, gl 1 m, 5 m end *; term par 4 m end.

R 7 A, 2 m end, *gl 2 m, 3 m end, (gl 1 m, 3 m end) 2 fs, gl 2 m, 1 m end *; term par 1 m end.

R 9 B, 4 m end, *(gl 1 m, 3 m end) 2 fs, gl 1 m, 1 m end, gl 1 m, 5 m end *; term par 4 m end.

R 11 A, rép R 3.

R 13 B, 2 m end, *(gl 1 m, 3 m end) 2 fs, gl 1 m, 1 m end, gl 1 m, 3 m end, gl 1 m, 1 m end *; term par 1 m end.

R 15 A, 3 m end, *gl 1 m, 3 m end *.

R 17 B, 2 m end, *(gl 1 m, 1 m end, gl 1 m, 3 m end) 2 fs, gl 1 m, 3 m end *; term par 1 m end.

R 19 A, rép R 3.

R 21 B, 4 m end, *gl 1 m, 1 m end, gl 1 m, 5 m end; (gl 1 m, 3 m end) 2 fs *; term par 2 m end.

R 23 A, 3 m end, *gl 1 m, 3 m end, gl 2 m, 1 m end, gl 2 m, 3 m end, gl 1 m, 3 m end *; term par 1 m end.

R 25 B, 2 m end, *gl 1 m, 3 m end, gl 1 m, 5 m end, gl 1 m, 1 m end, gl 1 m, 3 m end *; term par 1 m end.

R 27 A, comme R 3.

R 29 B, 4 m end, *(gl 1 m, 3 m end, gl 1 m, 1 m end) 2 fs, gl 1 m, 3 m end *; term par 2 m end.

R 31 A, rép R 15.

R 32 comme R 2.

Rép les R 1 à 32.

8 Florentine

Nb de m div par 24 plus 2.
Coloris A et B.

Remarque *Sur tous les R endroit (impairs) toutes les m gl sont glissées avec le fil derr. Sur les rangs pairs (envers de l'ouv) toutes les m gl sont glissées avec le fil devant. Montez les m avec A, et tric un R à l'env.*

R 1 (end) B, 1 m end, *gl 1 m, 2 m end *; term par 1 m end.

R 2 B, 1 m end, *2 m env, gl 1 m *; term par 1 m end.

R 3 A, 1 m end, *1 m end, gl 1 m, (2 m end, gl 1 m) 3 fs, 3 m end, (gl 1 m, 2 m end) 3 fs, gl 1 m *; term par 1 m end.

R 4 A, 1 m end, *gl 1 m (2 m env, gl 1 m) 3 fs, 3 m env (gl 1 m, 2 m env) 3 fs, gl 1 m, 1 m env *; term par 1 m end.

R 5 B, 1 m end, *2 m end; (gl 1 m, 2 m end) 3 fs, gl 1 m, 1 m end, gl 1 m, (2 m end, gl 1 m) 3 fs, 1 m end *; term par 1 m end.

R 6 B, 1 m end, *1 m env; (gl 1 m, 2 m env) 3 fs, gl 1 m, 1 m env, gl 1 m, (2 m env, gl 1 m) 3 fs, 2 m env *; term par 1 m end.

R 7 et 8 A, rép les R 1 et 2.

R 9 et 10 B, rép les R 3 et 4.

R 11 et 12 A, rép les R 4 et 6.

Rép les R 1 à 12.

9 Tuile grecque

Nb de m div par 10 plus 2.
Coloris A et B.

Remarque *Sur tous les R endroit (impairs) glissez toutes les m gl avec le fil derr et sur tous les R pairs glissez toutes les m gl avec le fil devant.*

R 1 (end de l'ouv) A, à l'end.

R 2 A, à l'env.

R 3 B, 1 m end, *8 m end, gl 2 m *; term par 1 m end.

R 4 *et tous les R env suiv.* En utilisant le même coloris que dans les rangs précédents, tricotez à l'envers en gl avec le fil dev les mêmes m qui étaient glissées au rang précédent.

R 5 A, 1 m end, *gl 2 m, 4 m end, gl 2 m, 2 m end *; term par 1 m end.

R 7 B, 1 m end, *2 m end, gl 2 m, 4 m end, gl 2 m *; term par 1 m end.

R 9 A, 1 m end, *gl 2 m, 8 m end *; term par 1 m end.

R 11 B, à l'end.

R 13 A, *4 m end, gl 2 m, 4 m end *; term par 2 m end.

R 15 B, 2 m end, *gl 2 m, 2 m end, gl 2 m, 4 m end.

R 17 A, *4 m end, gl 2 m, 2 m end, gl 2 m *; term par 2 m end.

R 19 B, *6 m end, gl 2 m, 2 m end *; term par 2 m end.

R 20 comme R 4.

Rép R 1 à 20.

10 Damier fantaisie

Nb de m div par 22 plus 1.
Coloris A et B.

Remarque *Sur les R impairs, gl toutes les m gl avec le fil derr; sur les R envers (pairs) gl toutes les m gl avec le fil dev.*

R 1 (end) A, à l'end.

R 2 A, à l'env.

R 3 B, 1 m end, *gl 3 m, 2 m end, gl 2 m, 3 m end, gl 1 m, 3 m end, gl 2 m, 2 m end, gl 3 m, 1 m end *.

R 4 B, à l'env, *gl 3 m, 2 m env, gl 2 m, 3 m env, gl 1 m, 3 m env, gl 2 m, 2 m env, gl 3 m, 1 m env *; term par 1 m end au lieu de gl 1 m.

R 6 A, 1 m env, *3 m env, gl 2 m, 2 m env, gl 3 m, 1 m env, gl 3 m, 2 m env, gl 2 m, 3 m env, gl 1 m, term par 1 m env au lieu de gl 1 m.

R 7 à 14 Rép les R 3 à 6 deux autres fois.

R 15 A, à l'end.

R 16 A, à l'env.

R 17 et 18 B, rép les R 5 et 6.

R 19 et 20 A, rép les R 3 et 4.

R 21 et 28 Rép les R 17 à 20 eux autres fois.

Rép les R 1 à 28.

Jacquards double-face

Peppermint et Plaid sont des jacquards double-face, c'est-à-dire que l'ouvrage n'est pas toujours tourné à la fin d'un rang et qu'on tricote parfois deux rangs consécutifs à l'envers. Il faut tricoter ces jacquards en utilisant soit une aiguille circulaire, soit des aiguilles sans bout. Si les modèles doivent être tricotés sur une aiguille circulaire il n'y a pas à se préoccuper du coloris car à la fin d'un tour on peut utiliser l'un ou l'autre des coloris de l'ouvrage.

11 Peppermint

Nb de m div par 10 plus 5. Coloris A et B.

R 1 (env de l'ouv). A, à l'env.

R 2 B, à l'end gl les m à l'autre bout de l'aig.

R 3 A, à l'end.

R 4 B, 1 m env, *gl 3 m avec le fil dev, 7 m env *; term par 3 m gl, 1 m env, gl les m à l'autre bout de l'aig.

R 5 A, à l'env.

R 6 B, 1 m end, *gl 3 m avec le fil dev, 7 m end *; term par 3 m gl, 1 m end, gl les m à l'autre bout de l'aig.

R 7 A, à l'end.

R 8 B, rép R 4, gl les m à l'autre bout de l'aig.

R 9, 10 et 11 Rép les R 1, 2 et 3.

R 12 B, 6 m env, *gl 3 m avec le fil dev, 7 m env *; term par 3 m gl, 6 m env, gl les m gl à l'autre bout de l'aig.

R 13 A, à l'env.

R 14 B, 6 m end, *gl 3 m avec le fil derr, 7 m end *; term par 3 m gl, 6 m end, gl les m à l'autre bout de l'aig.

R 15 A, à l'end.

R 16 B, rép R 12, gl les m à l'autre bout de l'aig.

Rép les R 1 à 16.

12 Plaid

Nb de m div par 10 plus 2. Coloris A et B.
Montez les m avec A et tric un R à l'env.

R 1 (end de l'ouv) B, 1 m end; *(gl 1 m avec le fil dev, gl 1 m avec le fil derr) 2 fs, gl 1 m avec le fil dev, 5 m end *; term par 1 m end, gl les m à l'autre bout de l'aig.

R 2 A, 1 m end, *5 m end, gl 5 m avec le fil derr *; term par 1 m end, tournez l'ouv.

R 3 B, 1 m end, *5 m env, (gl 5 m avec le fil dev, gl 1 m avec le fil derr) 2 fs, gl 1 m avec le fil dev *; term par 1 m end, gl les m à l'autre bout de l'aig.

R 4 A, 1 m end, *gl 5 m avec le fil dev, 5 m env *; term par 1 m end, tournez.

R 5, 6, 7, 8 et 9 Rép les R 1, 2, 3, 4 et R 1 de nouveau.

R 10 A, 1 m end, *5 m end, (gl 1 m avec le fil dev, gl 1 m avec le fil derr) 2 fs, gl 1 m avec le fil dev *; term par 1 m end, tournez.

R 11 B, 1 m end, *5 m env, gl 5 m avec le fil dev *; term par 1 m end, gl les autres m à l'autre bout de l'aig.

R 12 A, 1 m end, *(gl 1 m avec le fil dev, gl 1 m avec le fil derr) 2 fs, gl 1 m avec le fil dev, 5 m env *; term par 1 m end, tournez l'ouv.

R 13 B, 1 m end, *gl 5 m avec le fil derr, 5 m end *; term par 1 m end, gl les m à l'autre bout de l'aig.

R 14, 15, 16, 17 et 18 Rép les R 10, 11, 12, 13 et 10 R de nouveau.

R 19 B, 1 m end, *5 m env; (gl 1 m avec le fil derr, gl 1 m avec le fil dev) 2 fs, gl 1 m avec le fil derr *; term par 1 m end, gl les m à l'autre bout de l'aig.

R 20 A, 1 m end, *gl 5 m avec le fil dev, 5 m env *; term par 1 m end, tournez (comme R 4).

R 21 B, 1 m end, *(gl 1 m avec le fil derr, gl 1 m avec le fil derr) 2 fs, gl 1 m avec le fil derr, 5 m end *; term par 1 m end, tournez (comme R 2).

R 23, 24, 25, 26, 27 Rép les R 19, 20, 21, 22 et 19 de nouveau.

R 28 A, 1 m end, *(gl 1 m avec le fil derr, gl 1 m avec le fil dev) 2 fs, gl 1 m avec le fil derr, 5 m env *; term par 1 m end, tournez.

R 29 B, 1 m end, *gl 5 m avec le fil derr, 5 m end *; term par 1 m end, gl les m à l'autre bout de l'aig (comme R 13).

R 30 A, 1 m end, *5 m end; (gl 1 m avec le fil derr, gl 1 m avec le fil dev) 2 fs, gl 1 m avec le fil derr *; term par 1 m end, tournez.

R 31 B, 1 m end, *5 m env, gl 5 m avec le fil dev *; term par 1 m end, gl les m à l'autre bout de l'aig (comme R 11).

R 32, 33, 34, 35 et 36 Rép les R 28, 29, 30, 31 et 28 de nouveau.

Rép les R 1 à 36.

13 Arc-en-ciel

C'est un tricot réalisé en biais. Pour le tricot en biais, voir les explications page 49.

Nb de m div par 12 plus 3.
Coloris A et B.
Montez les m avec A et tricotez un rang à l'end.

R 1 (end de l'ouv) B, 1 m end, gl 1 m, 1 m end, rab à l'env la m gl, *9 m end, gl 2 m, 1 m end, rab les 2 m gl *; term par 9 m end, 2 m ens à l'end, 1 m end.

R 2 B, 1 m end, *1 m env, 4 m end (1 m end, 1 jeté, 1 m end) dans la m suiv, 4 m end *; term par 1 m env, 1 m end.

R 3 et 4 A, rép R 1 et 2.

Rép les R 1 à 4.

Jacquards de tous les pays

Voici réunis des jacquards de nombreux pays. Inspirez-vous de leurs coloris et de leurs motifs pour créer vos propres modèles et décorer votre intérieur.

Pour l'utilisation des grilles jacquard, voir page 60.

Italie

Scandinavie

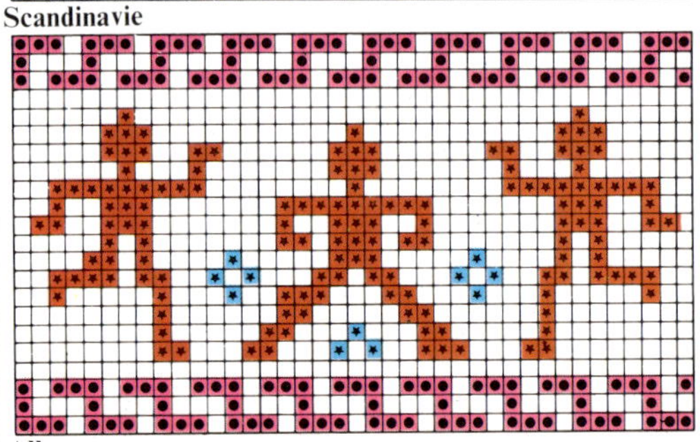

Allemagne

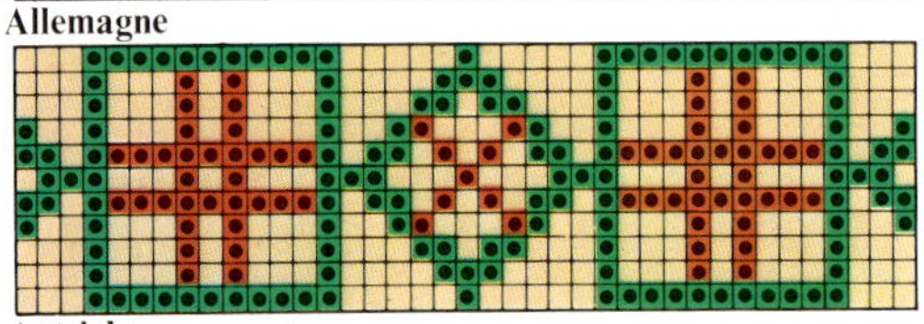

Autriche

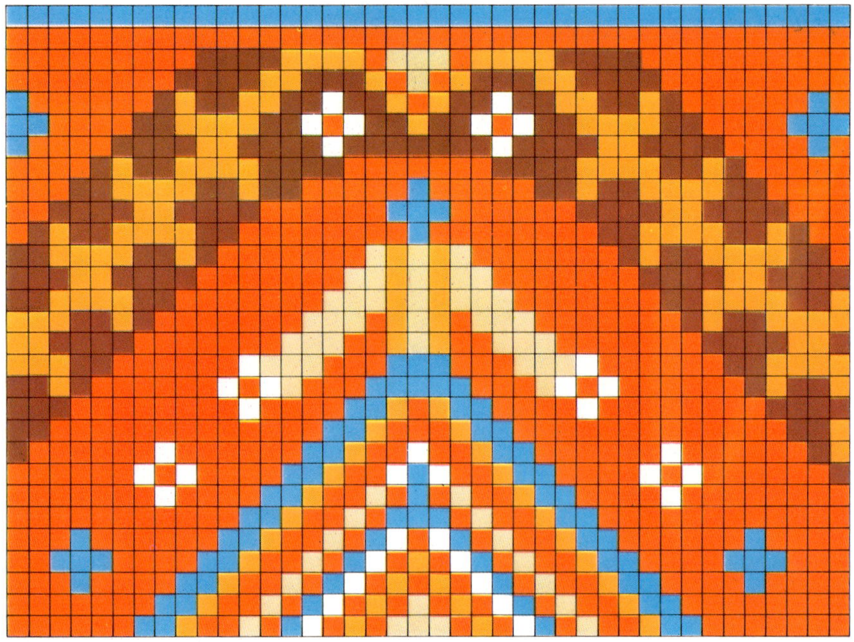

Mexique

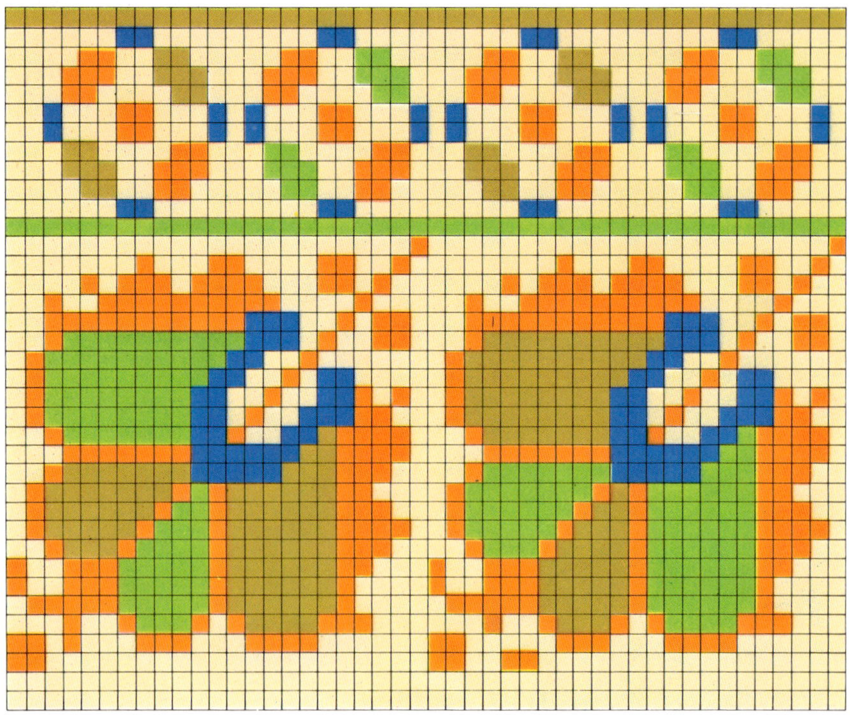

Yougoslavie

Scandinavie

Turquie

Turquie

Yougoslavie

Reproduction des motifs

On peut reproduire ces dessins de jacquards sur toutes sortes de vêtements.

Gants turcs

Les jacquards de ces gants aux coloris audacieux sont reproduits à gauche. Vous pouvez aussi utiliser ces motifs pour égayer un chandail.

Audacieux contrastes de coloris pour ces gants turcs

Chaussettes en jacquard

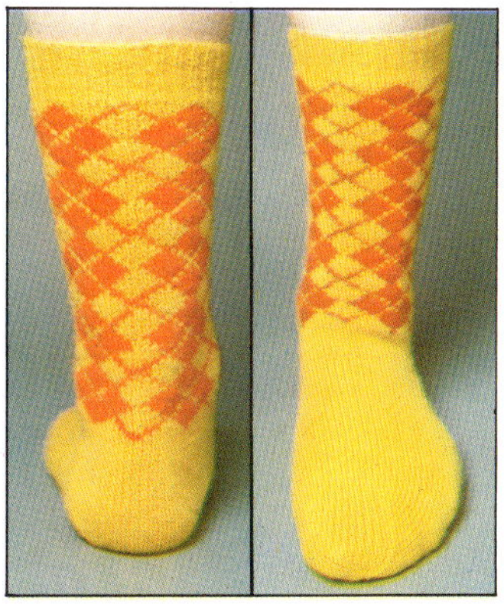

Chaussettes en jacquard
Pour réaliser ces chaussettes en jacquard écossais, suivez la grille de jacquard ci-dessous et les explications pour chaussettes en page 89.

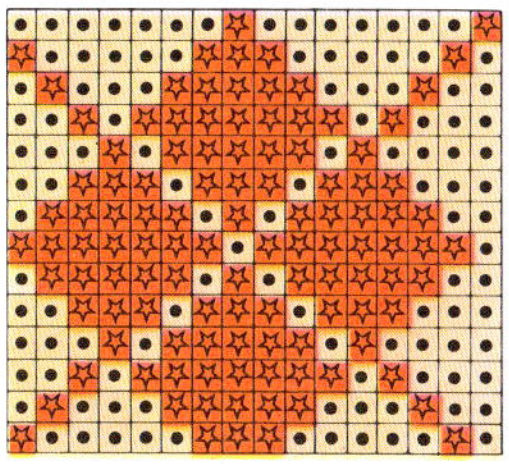

Grille de jacquard
En s'inspirant de ce dessin écossais, vous pouvez aussi réaliser une couverture bien chaude : tricotez des carrés de ces motifs que vous réunirez ensuite.

Matériaux et couleurs

Jeux de coloris et de fibres

Vous aurez beaucoup plus de plaisir à créer vous-même votre motif qu'à imiter un modèle proposé. Les coloris sont une question de goût personnel et vous donner des règles strictes d'associations des couleurs risquerait de tarir votre enthousiasme. Fiez-vous à votre imagination et associez les couleurs qui vous plaisent. Souvenez-vous qu'on peut créer un effet subtil en utilisant plusieurs nuances d'un même coloris et qu'une fibre différente peut aussi créer un effet heureux; si, par exemple, vous tricotez avec un fil marron roux à 4 brins, ajoutez-lui un mohair du même coloris, cela atténuera les brusques tranches de couleur et nimbera votre ouvrage d'une brume diffuse.

Choix des coloris

Si vous hésitez sur le choix des coloris, tenez-vous en aux tonalités naturelles des fils: les bruns, les noirs, les gris et les écrus. On retrouve ces couleurs dans tous les jacquards du Pérou, d'Islande, et des îles Shetland. Si ces teintes ne sont pas assez vives, tricotez un vêtement en dégradés d'un seul coloris. Ainsi, si vous tricotez un pull rose, utilisez toute la gamme des roses, du plus pâle au plus foncé ou bien, pour un chandail, utilisez toutes les nuances d'orange et de jaune. La nature est un doux guide, et si vous éprouvez des difficultés dans le choix de vos coloris, inspirez-vous d'une coupe de fruits ou d'un jardin. Si vous souhaitez une association originale de couleurs, tricotez un échantillon auparavant comme vous le feriez pour n'importe quel autre modèle tricoté.

Utilisation de restes de pelotes

Le jacquard constitue une excellente occasion de se débarrasser de vieux pelotons de fils. Cependant, il faut veiller à n'associer que des fibres de même nature et dont l'entretien est identique. Utilisez donc les synthétiques ensemble et les fibres naturelles aussi.

Une manière astucieuse d'utiliser vos restes de pelotes est de confectionner un patchwork. Son exécution est identique à celle d'un patchwork en tissu.

Il n'est pas obligatoire que les morceaux tricotés soient unis. Ils peuvent être rayés horizontalement, verticalement ou en diagonales, être parsemés de traits, de fleurs, ou représenter n'importe quel motif de votre choix. Etablissez un schéma de vos motifs avant de vous lancer. Utilisez du papier quadrillé et inspirez-vous des grilles présentées page 61 en prenant un carreau pour représenter une maille. Vous pouvez aussi vous inspirer des motifs à maille glissée.

Jacquard avec des matériaux insolites

Il n'est pas nécessaire de se limiter aux articles désignés «fil à tricoter». Tout peut être tricoté, depuis des rubans jusqu'aux vieux vêtements, il suffit de disposer d'un fil suffisamment long et souple pour pouvoir former des boucles. Faites un essai avec de la ficelle en associant de la ficelle rêche et de la ficelle lisse dans des tons naturels pour tricoter des tapis, des hamacs ou des sacs.

Par souci d'économie, vous pouvez prendre de vieux vêtements et les découper en fines lanières que vous tricoterez ensuite pour confectionner des petits tapis, des couvertures ou même des vêtements. Si les couleurs sont judicieusement choisies, ce tricot réalisé à partir de vieux vêtements peut dépasser sa fonction de récupération et se transformer en un ouvrage somptueux.

Techniques de jacquard

Motifs élaborés

On peut utiliser les coloris d'une manière beaucoup plus souple qu'avec la technique de la maille glissée. Les trois techniques de jacquard, celle des fils tendus, celle des fils tissés et celle des fils croisés ont deux avantages essentiels:

1 Elles empêchent la formation de boucles dans le fil non tricoté à l'arrière de l'ouvrage.

2 Elles permettent un tricot régulier et empêchent la formation de trous aux changements de couleurs.

Fils tendus à l'arrière

Pour des petits motifs disséminés sur un fond uni, comme les traits, les petits carreaux ou les fleurs, la technique des fils tendus est utilisée pour faire passer le fil de fond derrière le motif jusqu'à ce qu'il soit repris. C'est la technique idéale lorsqu'on n'utilise que deux coloris et que le motif ne comporte que quelques mailles. Bien que les fils soient automatiquement tendus aux changements de couleurs dans la technique de la maille glissée, les mailles glissées resserrent l'étoffe. Cet inconvénient n'existe pas avec la technique des fils tendus, ce qui crée un tricot plus uniforme.

Fils tissés à l'arrière

Quand il y a plus de deux coloris et que chacun d'eux est tricoté sur plus de 4 mailles, le fil doit être tissé à l'arrière de l'ouvrage. Ce tissage empêche que le fil de fond ne pende derrière l'ouvrage et s'emmêle. Le tissage sur l'envers d'un jacquard peut être utilisé pour donner de l'épaisseur à un tricot. Au 19° siècle, c'est ainsi qu'on réalisait de chaudes vestes pour hommes.

Fils croisés

On utilise cette technique lorsque le motif n'est utilisé qu'à un endroit précis de l'ouvrage pour des rayures verticales ou horizontales ou des taches de couleur et qu'il n'est pas nécessaire de faire suivre le fil du motif sur l'envers de l'ouvrage. Dans ce cas, ni la technique des fils tendus ni celle des fils tissés ne conviennent. Pour empêcher la formation d'un trou aux changements de couleurs. les fils sont croisés entre eux et les différents coloris ainsi reliés.

On utilise généralement un peloton de laine pour chaque motif de couleur. Pour tricoter une rayure verticale noire sur fond blanc, il faut 2 pelotons de laine blanche et un de laine noire. Pour tricoter des carrés de couleurs ou des motifs écossais, suivez les explications du modèle et croisez les fils pour les diagonales et les verticales et, éventuellement, utilisez la technique des fils tendus ou tissés.

Jacquard brodé

Certains dessins de jacquard ne comprennent qu'une seule maille, ainsi certains écossais, les croisillons ou les petites taches de couleur. Il est préférable d'ajouter cette couleur lorsque le tricot est terminé en le rebrodant. Le jacquard brodé est expliqué page 67.

On peut utiliser la broderie à d'autres fins. On peut ainsi border un jour avec une couleur contrastée (page 65). On peut ajouter de grands motifs ou des alphabets pour décorer un tricot. On utilise alors le point de croix (page 66). On peut utiliser les alvéoles pour faire des smocks tandis que les points de nœuds peuvent imiter un point de dentelle (page 67).

Technique de fils tendus

Utilisez cette technique pour de petits motifs rapprochés n'utilisant que deux ou trois couleurs.

A l'endroit

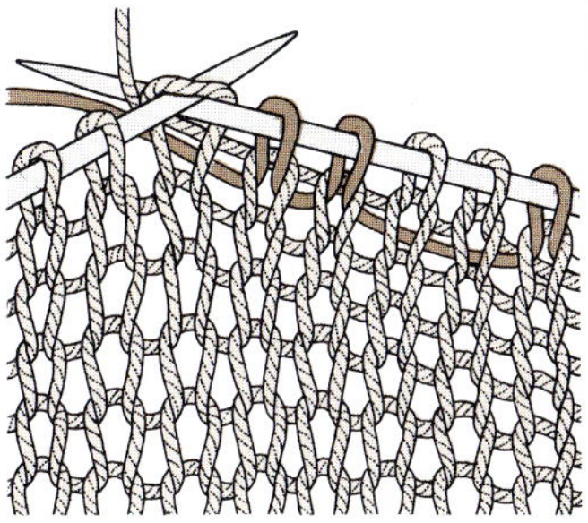

Placez les 2 fils derrière l'ouvrage, tric 2 m avec le premier coloris puis laissez courir le fil à l'arrière. Prenez le 2e coloris, tric 2 m et laissez-le courir à l'arrière. Continuez en croisant les fils aux changements de couleurs et en laissant très souple le fil à l'arrière.

A l'envers

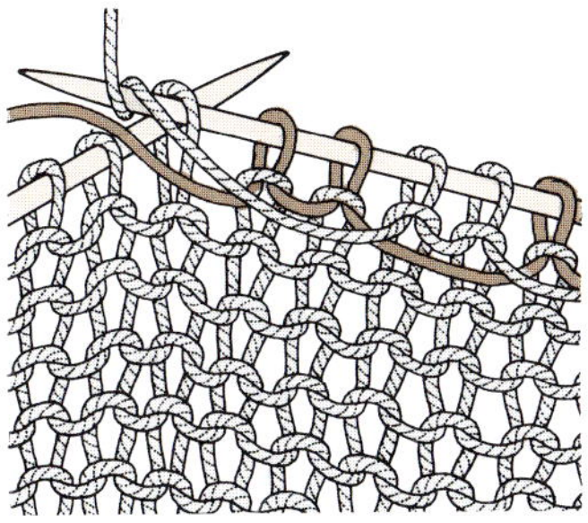

Travaillez de la même manière qu'à l'endroit mais en gardant le fil devant l'ouvrage.

Tension correcte

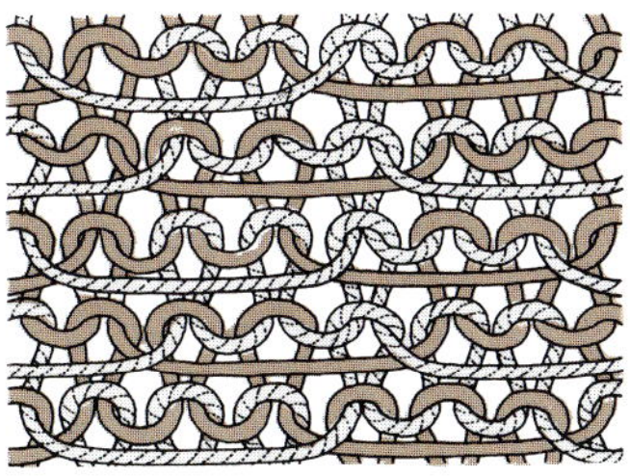

Si la tension est correcte le tricot garde son élasticité à l'arrière et ne se déforme pas. Si le fil est trop tendu le tricot fera des godets. Dans le tricot en rond, c'est uniquement la technique des fils tendus qui est utilisée.

Fils tissés

Utilisez la technique des fils tissés pour de grands motifs de couleurs différentes. Lorsque vous travaillez avec plus de trois coloris, enroulez chaque coloris autour d'une bobinette. Son poids empêchera les fils de s'emmêler.

A l'endroit

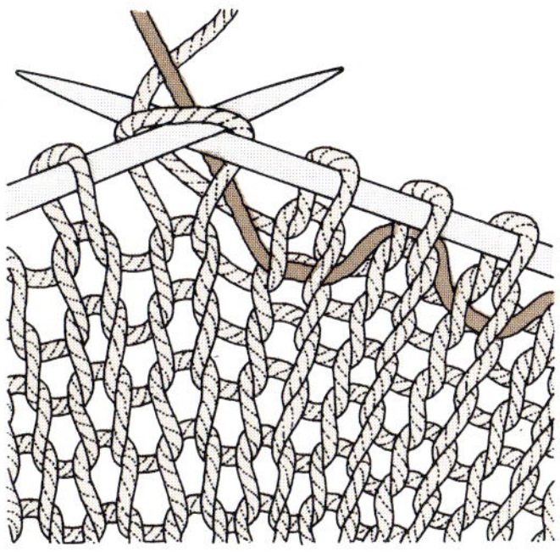

1 *Utilisez vos deux mains pour enrouler le fil (voir page 18). Tric 1 m à l'endroit avec le fil de fond et, en même temps, avec la main gauche, passez le fil du motif sur le fil de fond.*

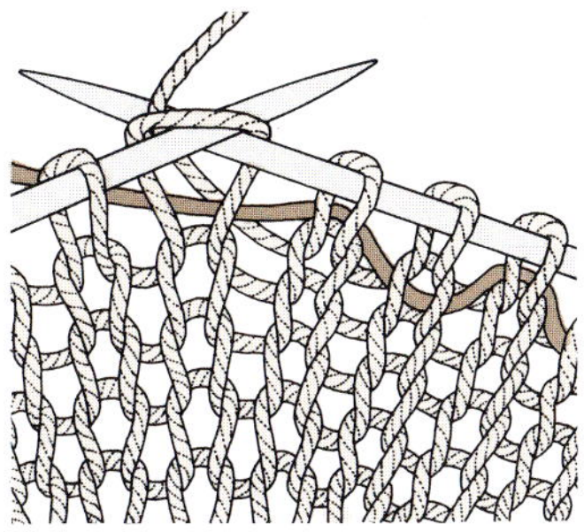

2 *Tric de nouveau 1 m à l'end avec le fil de fond mais cette fois amenez le fil du motif sous le fil de fond. Continuez ainsi à tisser le fil du motif tandis que vous travaillez le fil de fond.*
Lorsque c'est le fil du motif qui est tricoté, tissez le fil de fond.

A l'envers

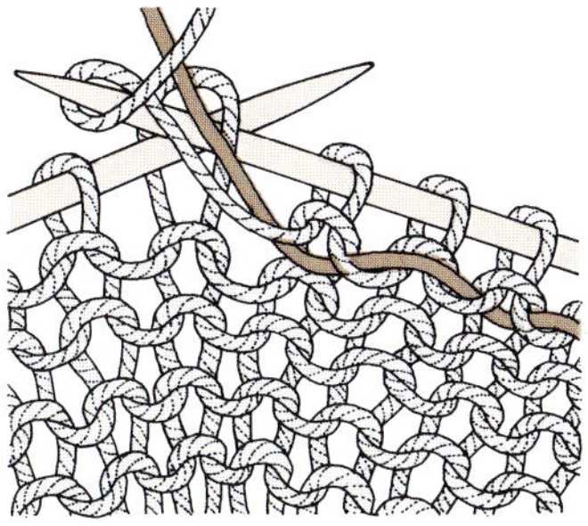

1 *Travaillez de la même manière que pour les rangs à l'endroit, en tenant les fils devant l'ouvrage. Utilisez vos deux mains. De la main gauche, faites passer le second coloris par-dessus le premier et tricotez une maille envers avec le premier coloris.*

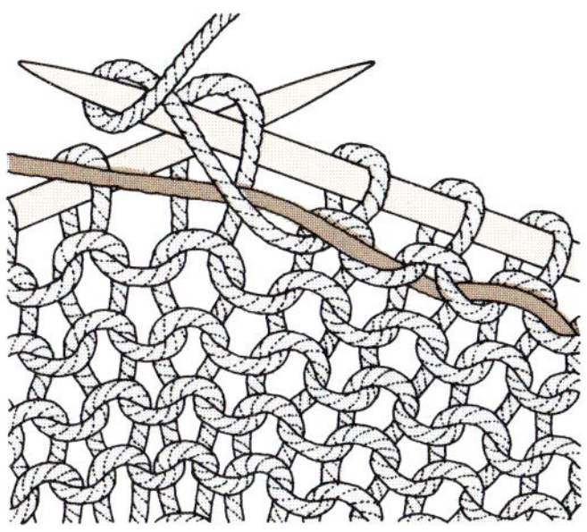

2 *Tricotez 1 maille envers avec le premier coloris, mais cette fois gardez le second coloris sous le premier.*

Tension correcte des fils tissés

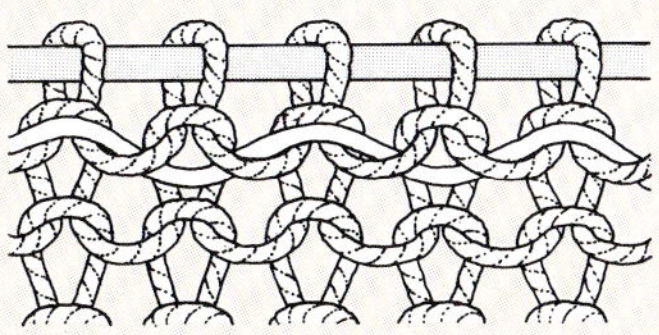

Tension correcte

La tension du fil tissé est identique à celle du fil tricoté, les fils se croisent uniformément et ondulent comme les mailles.

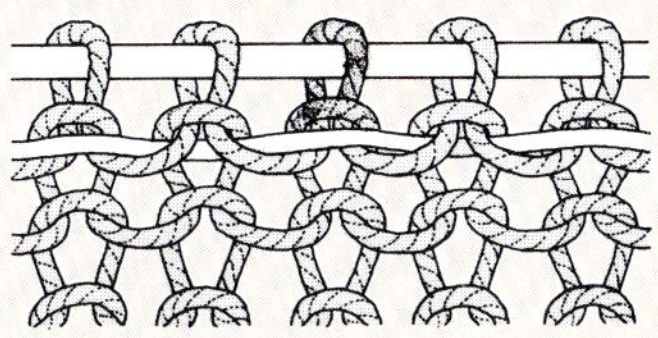

Tension incorrecte

Le fil tissé est trop tiré à l'envers. L'ouvrage sera trop serré devant et blousera. Il est préférable d'avoir une tension trop lâche plutôt que trop serrée.

Fils croisés

Changement de coloris en diagonale

Utilisez la technique des fils croisés lorsqu'un coloris est utilisé à un seul endroit de l'ouvrage.
Les fils des coloris ne courent pas derrière le travail, c'est pourquoi il est nécessaire d'utiliser un peloton de chaque coloris.

Inclinaison à droite

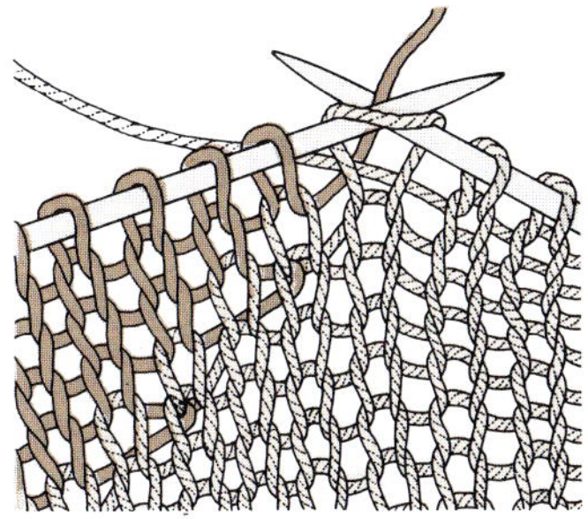

Le fil de droite est croisé avec le fil de gauche sur un rang endroit puis lâché à l'arrière. Le fil de gauche est alors repris. Sur le rang arrière suivant, la diagonale gagne une maille et les fils se mêlent automatiquement.

Inclinaison à gauche

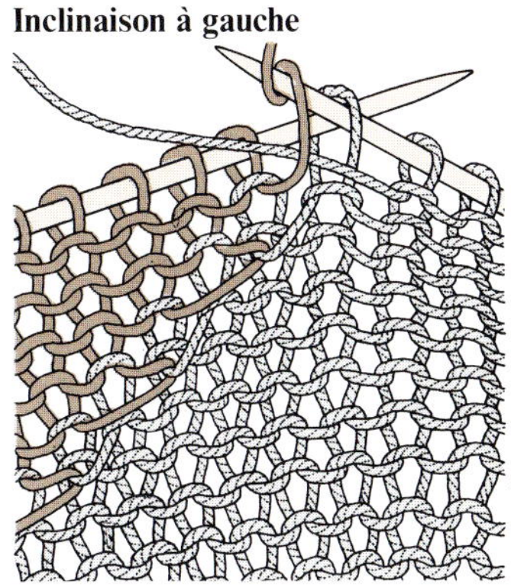

Les fils se croisent seulement sur l'envers. A l'endroit, la diagonale se forme et les fils se mêlent automatiquement.

Motifs verticaux

Les coloris se croisent à chaque rang. La technique est la même que pour les diagonales.

Assemblages de couleurs

Le tricot offre une gamme infinie de coloris. Le choix des motifs et des coloris est pratiquement illimité et lorsque vous avez compris les techniques du jacquard vous pouvez créer vos propres modèles. En guise d'inspiration, jetez un coup d'œil à l'ouvrage réalisé par Kaffe Fasset, page 62. Les grilles des jacquards présentées ci-contre se trouvent page 61. Vous pouvez les utiliser pour tricoter n'importe quel vêtement. Sur le schéma de base d'un gant (voir page 90), vous pouvez tricoter des variations comme celles de la page 59. Les seules limites sont celles de votre imagination.

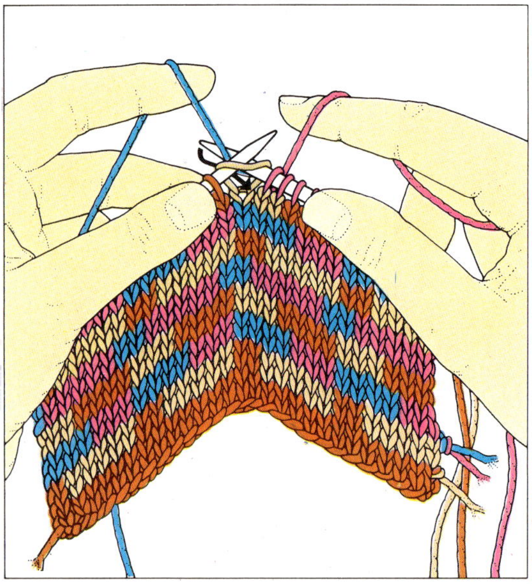

Tricot avec plus d'un coloris
Pour réussir votre assemblage de coloris, veillez à la tension du fil. Les techniques de jacquard sont exposées page 56.

1 Points

2 Carreaux et rayures

5 Barres et rayures

6 Damiers

9 Chevron

10 Losanges

11 Croissants

3 Ballon

4 Croix et rayures

7 Oiseau

8 Brocade

12 Diagonales

13 Treillis

Gants et moufles

Gants rayés

Une paire de gants est le triomphe des tricoteuses ; avec un seul schéma de base, vous pouvez réaliser des décorations à l'infini en jouant avec les formes et les coloris. Les instructions détaillées de ce gant et de la moufle sont données pages 90-91.

Moufles sans doigts

Les moufles sont amusantes et beaucoup plus faciles à tricoter que des gants. Elles ne demandent que peu de fil et sont la manière idéale d'utiliser vos bouts de laine.

Grilles de points

Les indications portées sur les grilles sont le schéma du point, tandis que les explications écrites en sont l'histoire. Bien que les jacquards soient toujours représentés par des grilles, les explications des points sont, elles, généralement écrites. Cependant, certains stylistes et certaines publications préfèrent utiliser des grilles. Il faut donc apprendre à lire la légende des symboles représentés sur ces grilles. Toutes les grilles se lisent de bas en haut, le premier rang du tricot étant représenté par le rang du bas de la grille.

Grilles de points

Les grilles de points sont très simples à comprendre. Chaque carré représente une maille et chaque ligne représente un rang. Une maille endroit peut être représentée par un carré vide et une maille envers par un carré plein. A chaque explication correspond un symbole différent, et la grille propose toujours une légende de ces symboles. La grille se lit de droite à gauche pour les rangs quand le côté droit de l'ouvrage est devant vous, et de gauche à droite quand l'envers de l'ouvrage est devant vous. Quand vous tricotez en rond, c'est toujours l'endroit de l'ouvrage qui se présente à vous, aussi est-ce le devant de l'ouvrage qu'on lit, de droite à gauche. Chaque ligne de la grille représente un rang ou un tour.

Grilles de jacquard

La grille est essentielle pour savoir à quel moment il faut introduire de nouveaux coloris. Chaque carré représente une maille et chaque rangée de carrés représente un rang. Chaque coloris est représenté par un symbole et la légende de ces symboles figure toujours à côté de la grille.

Le point généralement utilisé est le point de jersey: tous les rangs impairs sont tricotés à l'endroit de droite à gauche, et tous les rangs pairs sont tricotés à l'envers de gauche à droite. Si le tricot se fait en rond, chaque tour est tricoté de droite à gauche lorsque l'endroit du tricot est devant vous.

Pour réaliser le dessin, il faut respecter le nombre de points et les multiplier correctement. Les lisières qui n'ont pas à être répétées sont indiquées à part, au début et à la fin de chaque rang. Il est parfois nécessaire de tricoter des rangs non indiqués sur la grille pour terminer un ouvrage.

Réalisation d'une grille

Vous pouvez très facilement réaliser votre propre grille. Utilisez pour cela des carrés vides pour le fil de fond et des carrés noirs pour le fil du motif. Un troisième coloris peut servir à représenter des traits, des croix, des diagonales et d'autres symboles. Vous pouvez aussi travailler directement en couleurs, au moyen de crayons ou de peintures. Puis, une fois que votre jacquard est au point, tricotez un échantillon. Répétez au moins deux fois le motif pour pouvoir juger du dessin et des coloris.

Les grilles de points obéissent au même principe. Chaque maille est représentée par un carré et chaque maille différente a son symbole.

Une diminution (ou une augmentation) n'occupera jamais qu'un seul carré, que l'altération se porte sur une maille ou plusieurs. L'augmentation complémentaire à la diminution occupe alors un autre carré, adjacent ou pas. Voyez aussi les augmentations et diminutions symétriques, page 72, lorsque vous réalisez vous-même votre schéma.

Grilles de points

Exemple de légende de symbole, le point de damier fou (page 45) a été reproduit en grille.

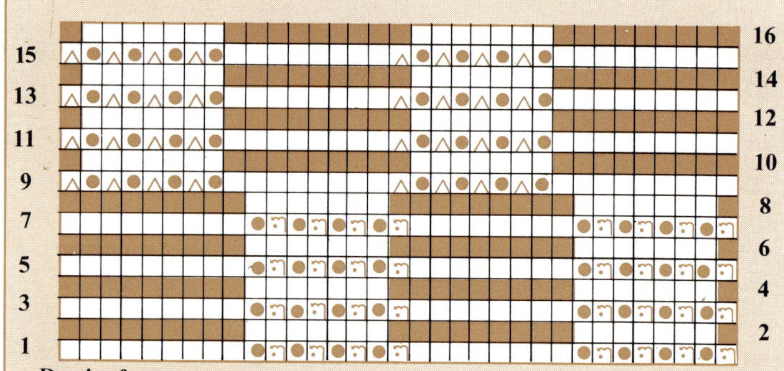

Damier fou

Symboles des grilles

Une sélection des symboles est représentée ci-dessous. Utilisez-les pour établir vos propres schémas. Tous les stylistes n'utilisent pas les mêmes symboles mais une légende accompagne toujours les grilles.

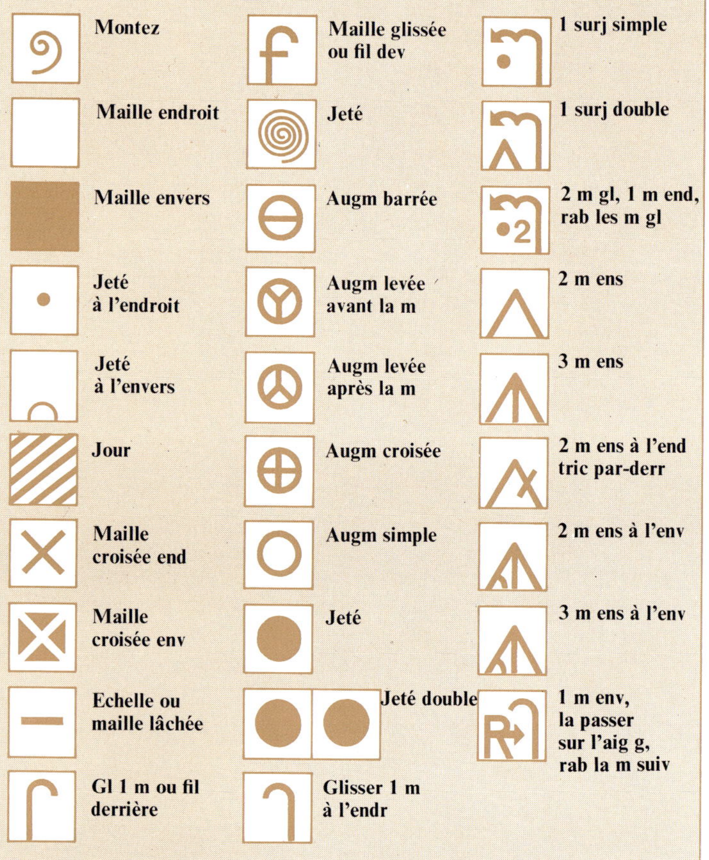

Diminutions symétriques

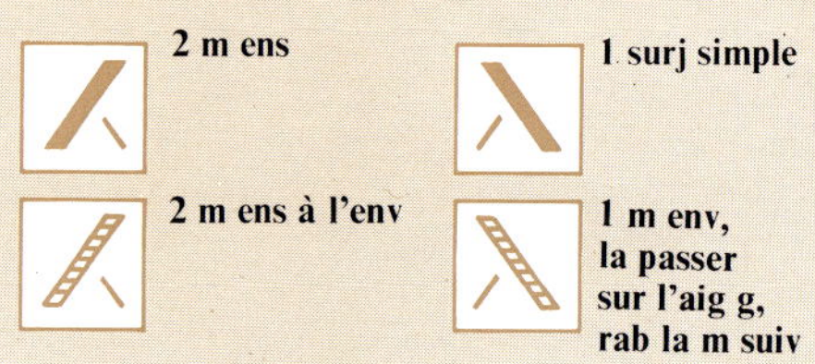

Grilles de jacquard

La lecture des grilles de jacquard est très facile. Chaque grille de cette page représente les jacquards de la page 58 reproduits dans le rectangle ci-dessous. Pour vous donner une idée de l'aspect de ces jacquards sur des vêtements tricotés, reportez-vous à la page 74 et suivez les variations du chandail modulaire.

Sur ces grilles, chaque coloris est représenté par un symbole différent. Utilisez les couleurs des jacquards ou vos propres coloris.

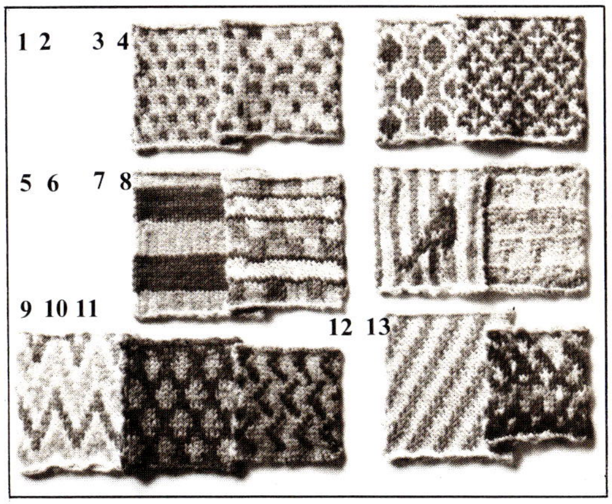

1 Points

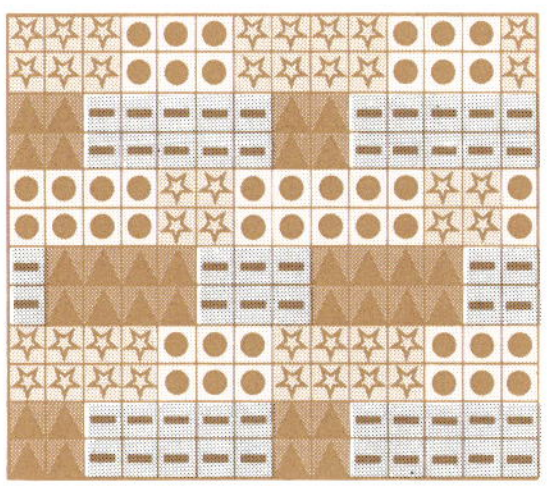

2 Carreaux et rayures

3 Ballon

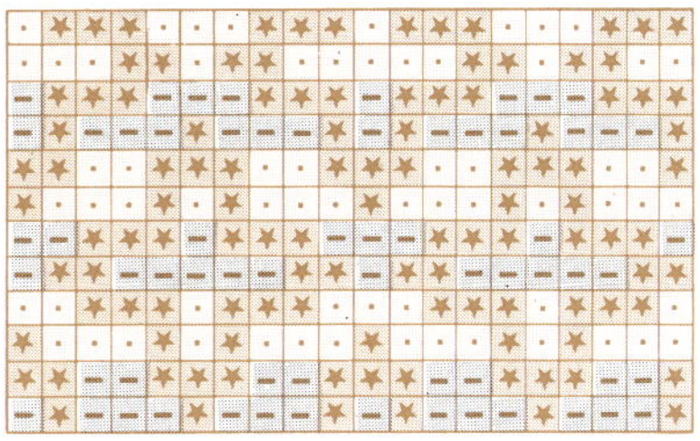

4 Croix et rayures

5 Barres et rayures

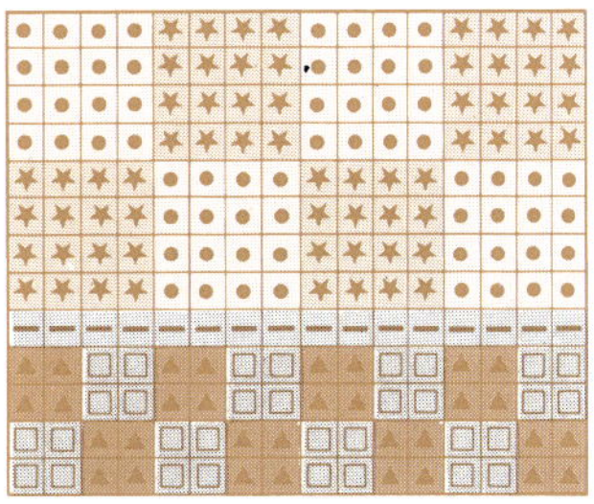

6 Damiers

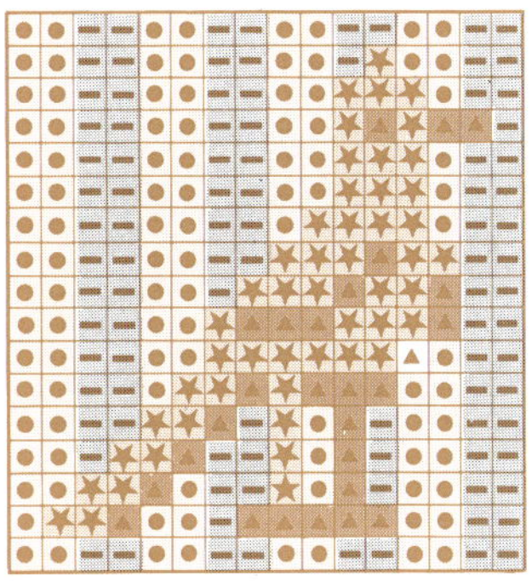

7 Oiseaux

8 Brocade

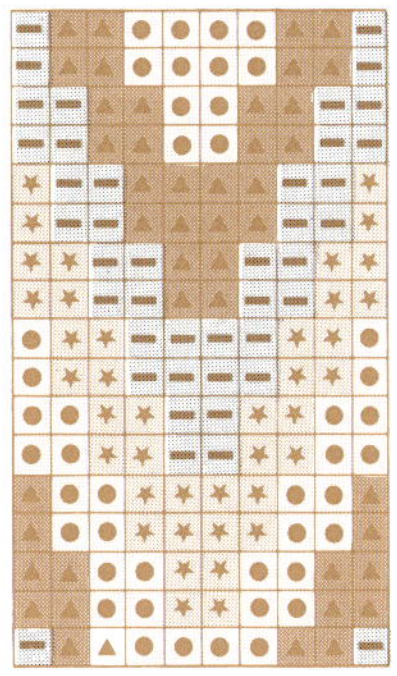

9 Chevron

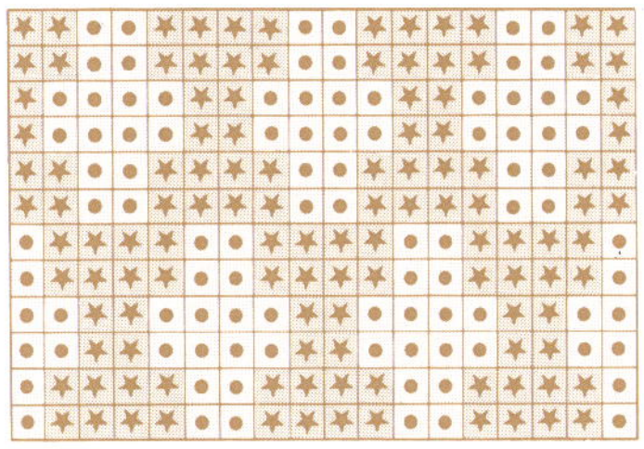

10 Losanges

11 Croissants

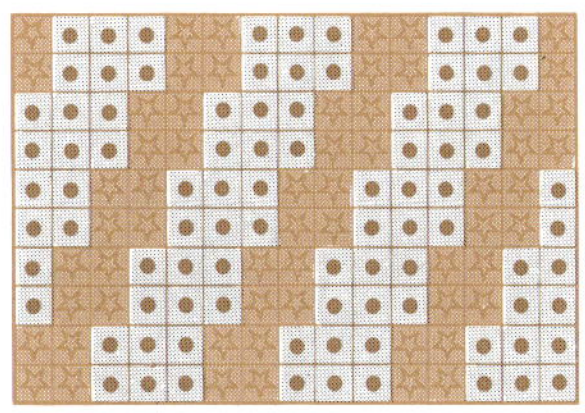

12 Diagonales

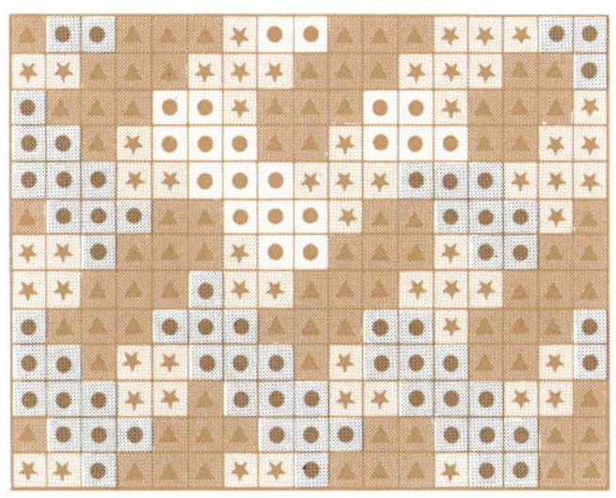

13 Treillis

Jacquards traditionnels des îles Shetland

L'origine de ces motifs est obscure. Depuis des siècles, ils se transmettent, sans instructions écrites, parmi les tricoteuses des îles. La légende dit qu'au 16e siècle, les marins naufragés de l'Invincible Armada les apprirent aux habitants. Une légende, plus ancienne encore, attribue aux Vikings la paternité de ces motifs. En réalité, c'est par les échanges maritimes qu'ils se sont répandus. Dans les années 20, les pulls Shetland décolletés en V furent très en vogue comme tenue de golf. Les Shetland sont désormais des classiques, mais ils sont toujours tricotés de manière traditionnelle dans leurs îles.

Béret du 19e siècle en véritable jacquard des îles Shetland

Variations de coloris

Beaucoup du charme des jacquards traditionnels vient des teintures naturelles qui sont employées pour les laines, et de la juxtaposition de petits motifs contrastés. Cette couverture en patchwork, conçue et réalisée par Kaffe Fassett, utilise des motifs inspirés de la nature et développés en une multiplicité de dessins.

Perles et sequins

L'utilisation des perles et des sequins en tricot a deux buts: elle donne un fini décoratif à l'ouvrage ou en renforce la solidité. Il existe deux techniques pour le travail des perles; les explications vous en sont données page 64.

Illumination de perles
On peut faire resplendir un motif en y ajoutant, comme sur ce modèle, des sequins qui ponctuent la lisière d'un reflet de bord de mer.

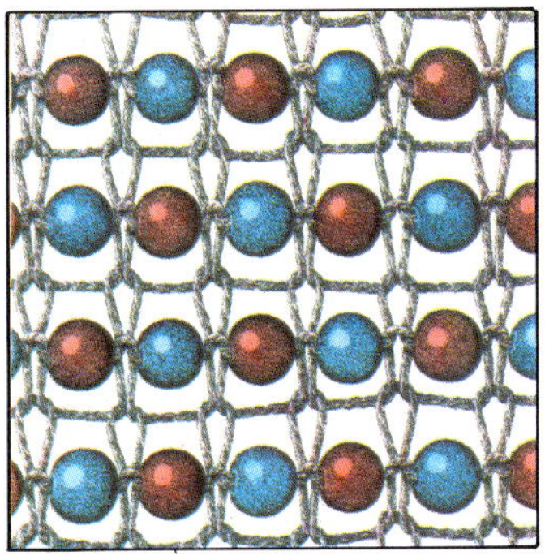

Tissu avec perles tricotées
On peut ainsi orner tout un ouvrage en le tricotant avec des perles.

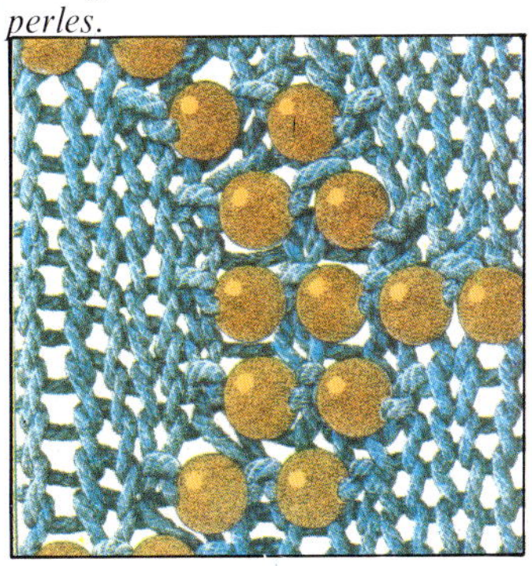

Les perles peuvent aussi être utilisées pour former un motif plus élaboré. Le dessin doit être réalisé au préalable sur une grille (page 61) et les perles ajoutées au fil à l'endroit marqué sur la grille.

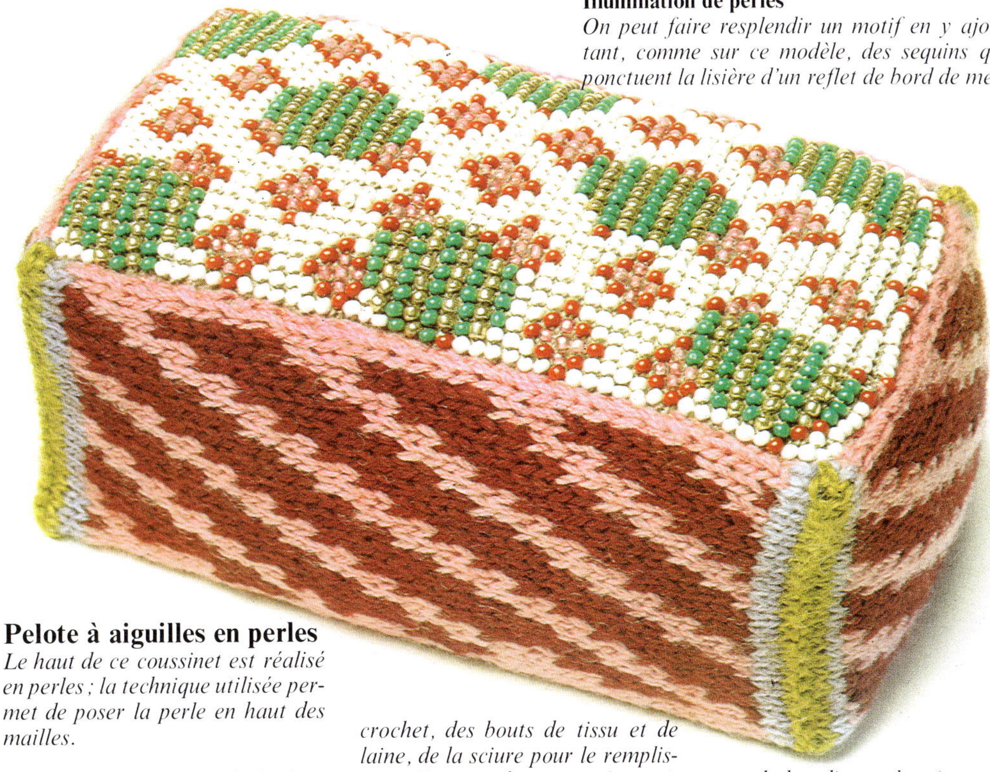

Pelote à aiguilles en perles
Le haut de ce coussinet est réalisé en perles; la technique utilisée permet de poser la perle en haut des mailles.

Réalisation de la pelote à aiguilles
Il vous faudra environ 700 perles de verre de 2 mm, pour le coloris de fond, et 250 de chacun des autres coloris, un jeu d'aiguilles en acier de 1 mm, du fin coton pour crochet, des bouts de tissu et de laine, de la sciure pour le remplissage. Faites un haut tricoté en suivant la grille ci-dessous. Puis réalisez une boîte en coton qui corresponde aux dimensions du haut et remplissez-la de sciure. Tricotez une bande en suivant la grille jacquard des diagonales (page 61) pour faire les côtés de la boîte et tricotez des rayures de couleurs différentes à chaque coin. Assemblez le sommet, la base et les côtés à la boîte.

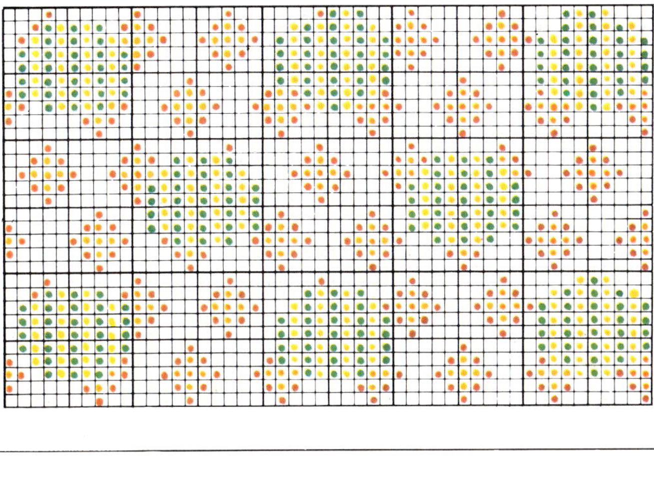

Exécution du haut de la pelote

Le haut de la pelote à aiguilles est réalisé en jersey torse. Assurez-vous que vous avez d'abord bien enfilé la dernière perle à tricoter, comme l'indique le schéma ci-dessous. Le schéma sur la gauche montre la grille pour le haut de la pelote, chaque carré représentant une maille et une perle.

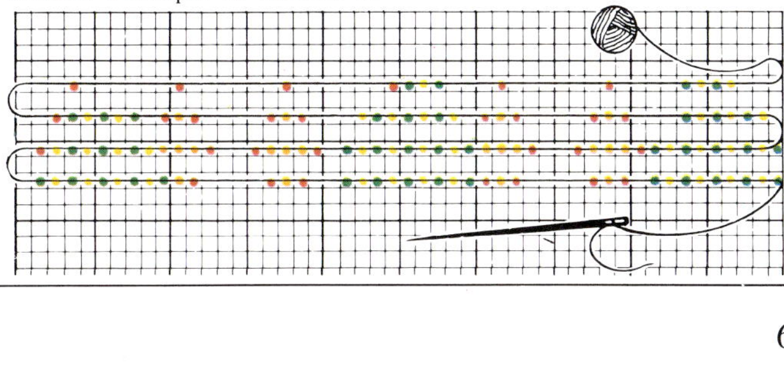

Tricots avec perles

Selon la technique utilisée, vous pouvez réaliser des étoffes tricotées entièrement avec des perles, ou donner simplement un reflet ou un éclat particuliers à un motif. Le secret de la réussite réside dans le choix judicieux de la place des perles. Les deux techniques se sont développées au 18e et au 19e siècles. L'une s'exécutait avec des points de dentelle d'une extrême délicatesse pour rehausser l'étoffe tricotée de l'éclat de cristaux ou de perles ou bien pour l'orner de perles travaillées en motifs de fleurs. L'autre technique, elle, permettait de réaliser avec des perles, des paysages, des saynètes sur des pelotes à épingles, des sacs ou des bourses.

Choix des perles et du fil

On peut tricoter avec n'importe quelles perles, mais souvenez-vous que leur poids s'ajoutera à celui du tricot. Les paillettes utilisées pour le tricot doivent être munies d'un trou sur le côté et non au centre. Le fil de tricotage doit être assez solide pour supporter le poids des perles, mais assez fin pour qu'on puisse les y enfiler. Utilisez du coton à crocheter pour les petites perles, et du fil à tricoter pour les perles en bois ou les grosses paillettes. Assurez-vous que les aiguilles à tricoter font des mailles plus petites que les perles sinon elles glisseront derrière.

Les perles, le fil et les aiguilles doivent être coordonnés. Le coton à crocheter a déjà été utilisé pour la réalisation de la pelote à aiguilles page 63. Avec des perles en verre de 2mm, les mailles ont été tricotées avec des aiguilles en acier artisanales. Vous pouvez en fabriquer de semblables. Achetez du fil de fer de 1 mm de diamètre et coupez-le à la longueur des aiguilles à tricoter, puis limez les pointes. C'est beaucoup plus facile qu'il n'y paraît. Avant l'ère industrielle, toutes les aiguilles étaient réalisées de cette manière.

Enfilage de perles sur un fil à tricoter

Dans le tricot de perles, les perles et les paillettes sont généralement d'une seule couleur et, contrairement aux perles de la seconde méthode, elles n'ont pas besoin d'être enfilées dans l'ordre. On peut les enfiler directement.

Au contraire, avec la seconde méthode, l'enfilage des perles exige une grande minutie, car elles doivent suivre l'ordre du motif. Le motif doit d'abord être dessiné sur du papier quadrillé, chaque carré représentant une perle. Enfilez les perles en lisant la grille à partir du coin supérieur gauche pour les rangs impairs et à partir du coin supérieur droit pour les rangs pairs jusqu'au coin droit inférieur. Lorsque vous suivez une grille de tricot, le travail débute toujours au coin inférieur droit.

Première méthode

Ajoutez les perles ou les paillettes sur tous les rangs pairs. Si vous ajoutez des perles à chaque rang, le tricot va se recroqueviller. Il se recroquevillera aussi si vous mettez des perles dès la première maille du rang.

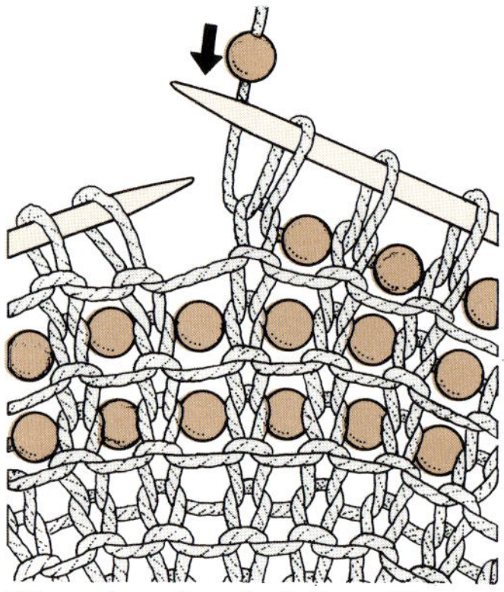

Glissez la perle près de la maille.

Comment tricoter les perles

Commencez à insérer vos perles à 2 ou 3 mailles du début du rang. Tricotez en point mousse si tout l'ouvrage est tricoté avec des perles.

R 1 A l'end.

R 2 Tric les 2 premières mailles à l'end pour avoir une lisière unie, puis glissez une perle à l'avant de l'ouvrage, près de la maille qui vient d'être tricotée, comme il est indiqué sur le schéma. Tric la maille suivante puis de nouveau glisser la perle. Continuez ainsi jusqu'à la lisière.

R 3 A l'end.

R 4 Perles. Veillez à ce que les perles se placent correctement à l'avant de l'ouvrage.

Motifs avec perles

Lorsque vous tricotez des motifs avec des perles, les perles sont ajoutées sur l'envers de l'ouvrage tous les deux rangs comme précédemment et les mailles de chaque côté de la perle sont tricotés à l'endroit pour amener les perles à l'avant de l'ouvrage.

Seconde méthode

Les perles sont ajoutées à chaque rang de telle sorte qu'elles recouvrent complètement l'étoffe tricotée. Chaque perle est placée verticalement au sommet d'une maille croisée, à l'endroit, ce qui empêche la perle de glisser sur l'envers de l'ouvrage.

Il faut établir une grille si vous travaillez avec des perles de différentes couleurs. Enfilez soigneusement les perles comme il a été expliqué à gauche. Les explications pour réaliser une pelote à aiguilles ont été données page 63.

Introduction des perles

Il faut toujours tricoter en jersey torse (page 19) pour empêcher les perles de glisser sur l'envers de l'ouvrage. Les perles sont ajoutées sur les rangs endroit et envers, entre les deux premières et les deux dernières mailles de chaque rang, et à chaque maille. Avant d'ajouter les perles, tricotez deux rangs en jersey.

Enfilage des perles dans un rang endroit

Pousser la perle à l'avant de l'ouvrage avec l'index gauche tout en tirant sur la nouvelle boucle. L'aiguille garde la maille ouverte tandis que la perle est mise en place.

Enfilage des perles dans un rang envers

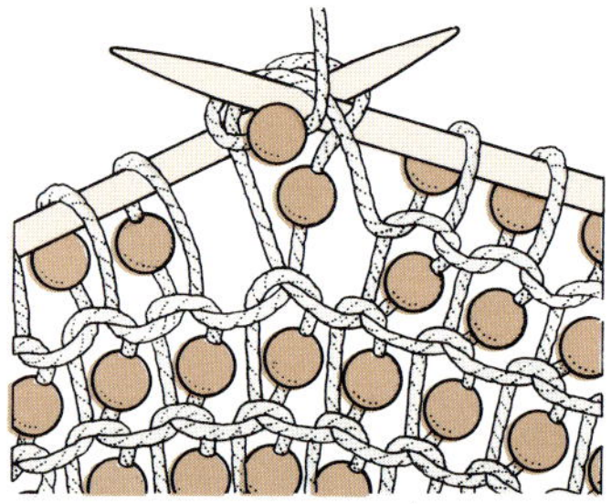

Pousser la perle à travers la boucle à l'aide du pouce gauche tandis que la nouvelle boucle se forme.

Comment enfiler les perles

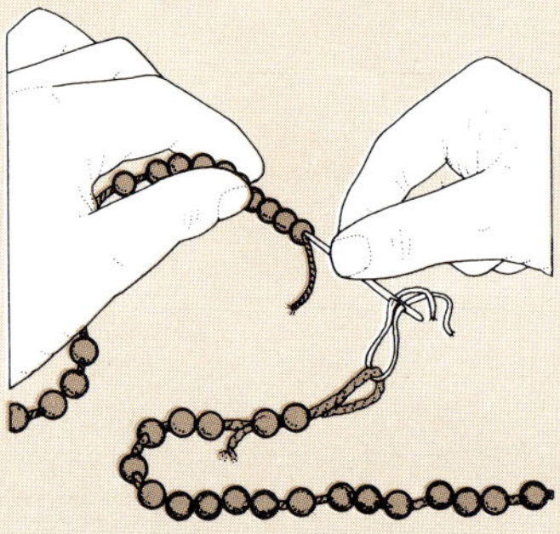

Enfilage des perles

Enfilez du coton à coudre dans une boucle de fil à tricoter, puis enfilez les deux extrémités du coton à coudre dans le chas d'une aiguille à coudre. Commencez à enfiler les perles le long de l'aiguille à coudre pour rejoindre le fil à tricoter. Lorsque les perles et les paillettes ne sont pas déjà sur un fil mais sont détachées, il faut d'abord les enfiler une à une sur l'aiguille.

Broderie sur tricot

On peut broder une étoffe tricotée de multiples façons, toutes relativement simples, qui transformeront un tricot uni en un tissu d'une grande richesse. Sept techniques différentes vous sont proposées ici et en couleur (pages 66 et 67). Les broderies les plus courantes sont la broderie suisse et le point de croix. Toutes deux apportent couleur et relief au tricot. Les points de nœud sont du plus heureux effet sur les motifs à dentelle. Dans les points de dentelle, on peut broder autour des jours en utilisant un fil de couleur différente. On peut tisser des échelles et compenser par des points de broderie une maille lachée ou une erreur de point. Les alvéoles, qui sont très semblables aux smocks, peuvent être utilisées comme motif décoratif sur des côtes et remplacer les diminutions sur le haut d'un vêtement.

Enfin, avec la broderie appliquée, vous pouvez concevoir des modèles très élaborés en superposant deux pièces de tricot l'une sur l'autre. Lorsque vous faites de la broderie sur tricot, travaillez toujours avec une aiguille à laine ou à tapisserie pour éviter d'accrocher le fil et prenez soin de coudre vos points en respectant la tension du fil tricoté.

Trois manières de décorer le tricot

Voici trois manières inhabituelles mais très simples de rehausser l'éclat d'un tricot. Inspirez-vous-en pour mettre en valeur l'étoffe du tricot, ou pour en faire ressortir la couleur.

Tissage d'échelles

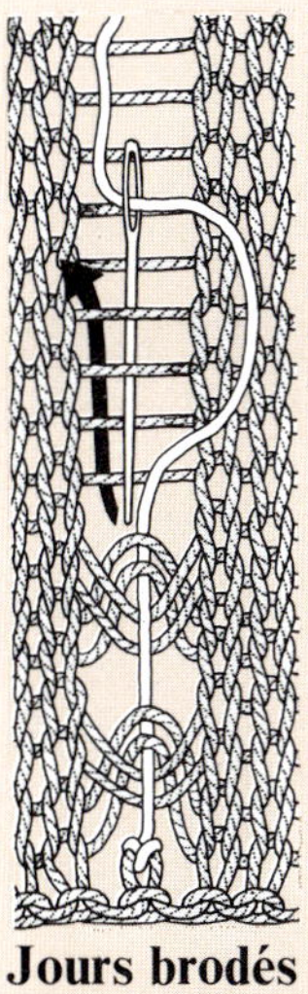

Méthode de travail
Passez le fil dans la maille tombée au bas de l'échelle. Piquez l'aiguille vers le bas sous la deuxième série des deux brins horizontaux suivants puis par-dessus la première série de deux brins. Inversez le sens de l'aiguille et tordez les deux séries de brins autour du fil de broderie. Continuez à travailler ainsi jusqu'en haut de l'échelle.

Jours brodés

Les jours (page 42) peuvent être mis en valeur en les brodant avec un fil de couleur différente.

Points autour de chaque œillet

Point de nœuds sur tricot ajouré

Au 18e siècle, les aiguilles à broder d'une extrême finesse étaient très prisées, mais comme elles étaient aussi très onéreuses, les habiles tricoteuses mirent au point une imitation parfaite de celles-ci. Elles réalisèrent au tricot de délicats points de dentelle arachnéens qu'elles brodaient ensuite au point de nœud.

Si vous désirez les imiter, utilisez un fil épais que vous tricoterez dans un point de dentelle quelconque et dont vous broderez les parties pleines au point de nœud. C'est ainsi qu'est décoré le point de dentelles des débutantes (page 57).

Exécution

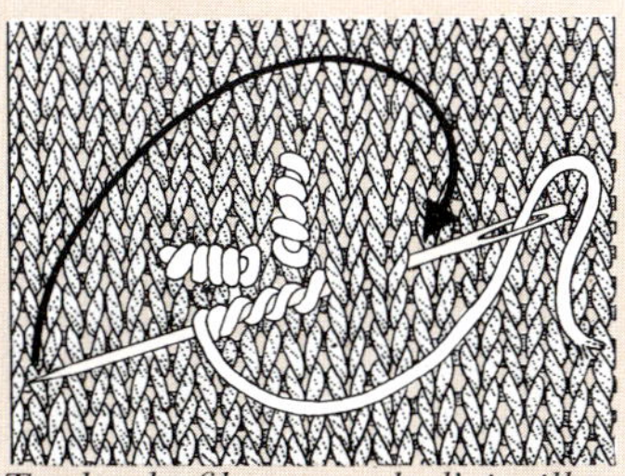

Tordez le fil autour de l'aiguille, tirez l'aiguille à travers ces boucles puis inversez la position de l'aiguille.

La broderie suisse

Si les mailles doivent être recouvertes complètement, brodez-les avec un fil de même nature que le fil de tricotage. Pour créer un contraste ou rehausser le tricot, employez n'importe quel autre fil.

Broderie sur jersey endroit dans les rangs horizontaux

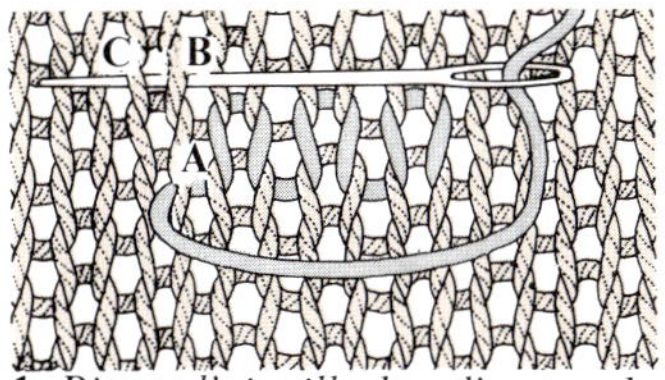

1 *Piquez l'aiguille dans l'envers du tricot vers l'endroit et faites-la ressortir au point A, puis piquez-la au point B à la base de la maille qui se trouve au-dessus et ressortez-la au point C.*

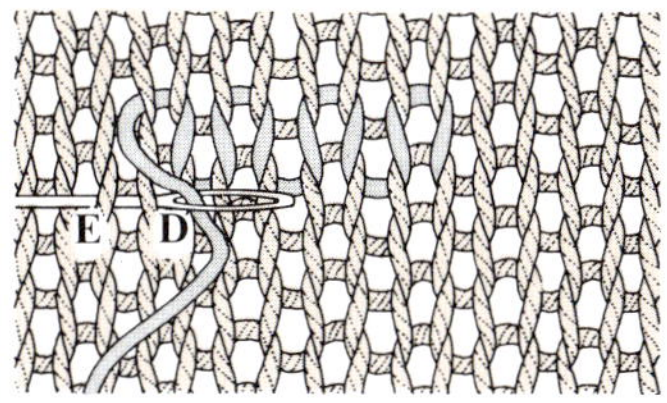

2 *Piquez l'aiguille au point D et faites-la ressortir au point E, prête à broder la maille suivante.*

Broderie sur jersey endroit dans les rangs verticaux

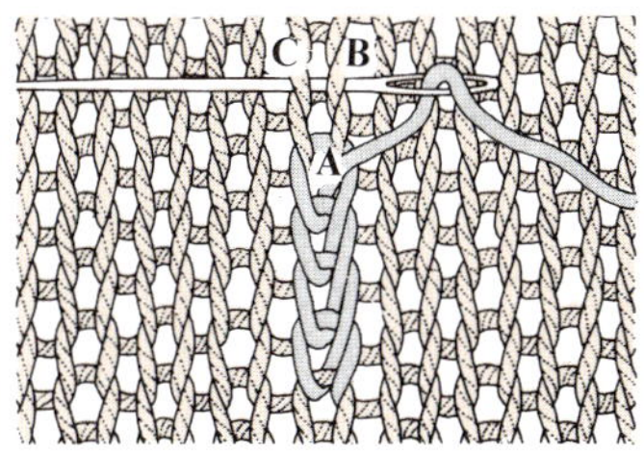

1 *Piquez l'aiguille dans l'envers du tricot et faites-la ressortir à l'endroit au point A. Piquez l'aiguille au point B et faites-la ressortir au point C.*

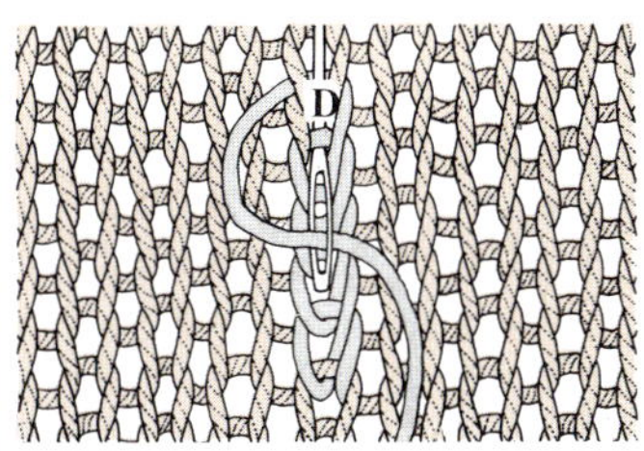

2 *Passez l'aiguille sous la tête de la maille au-dessous et ressortez-la au point D, prête à former la maille suivante.*

Broderie sur jersey envers dans les rangs horizontaux

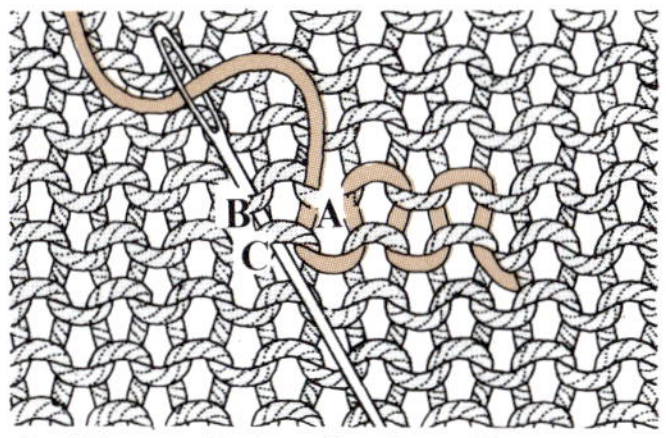

1 *Piquez l'aiguille dans l'envers et faites-la ressortir au point A. Passez le fil au-dessus de la tête de la maille et piquez l'aiguille au point B. Faites-la ressortir au point C sous la tête de la maille, au rang en dessous.*

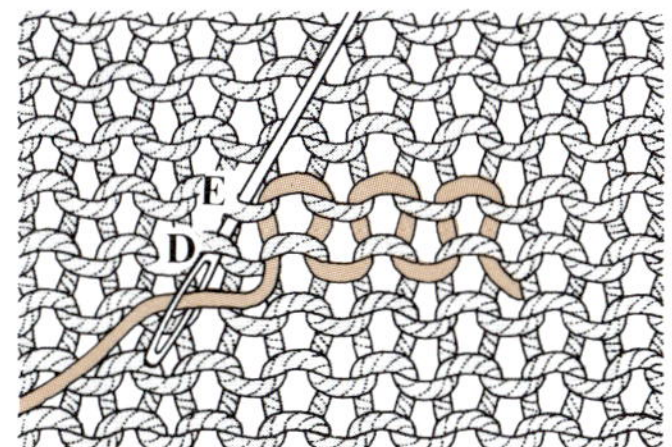

2 *Piquez l'aiguille au point D, puis faites-la passer sous le rang au-dessus et faites-la ressortir au point E, prête à recouvrir la tête de la maille suivante.*

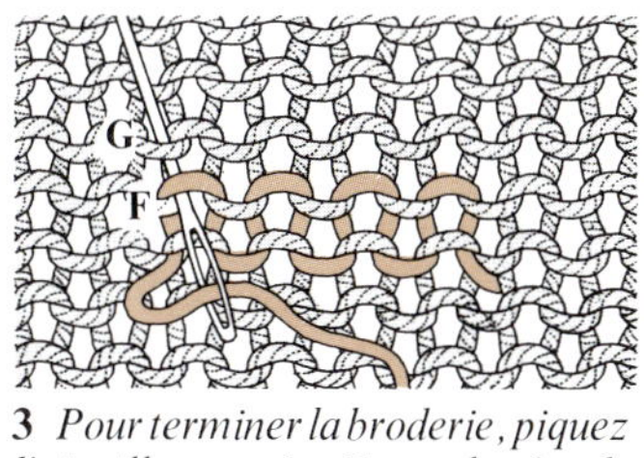

3 *Pour terminer la broderie, piquez l'aiguille au point F sous la tête de la dernière maille pour être brodée puis faites-la ressortir un rang au-dessus au point G.*

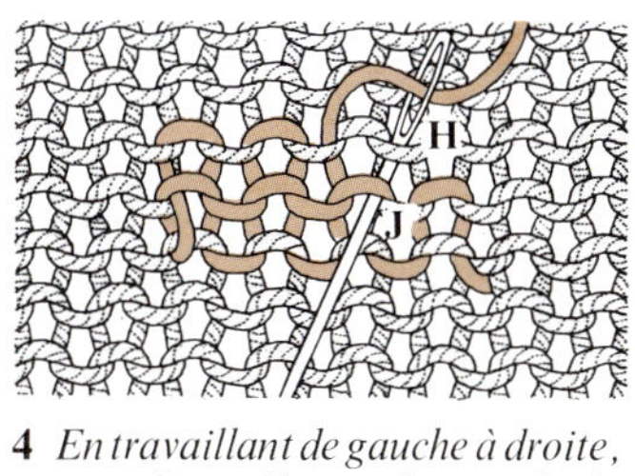

4 *En travaillant de gauche à droite, passez l'aiguille au-dessus de la maille et piquez-la au point H, couvrant ainsi la tête de la maille et ressortant à J sous la tête de la maille du rang juste en dessous.*

Broderie sur tricot

Jacquard brodé

Le jacquard brodé imite le tricot. C'est une technique qui permet d'ajouter de la couleur à une étoffe tricotée et qui est beaucoup plus rapide que le jacquard tricoté. On peut ajouter toutes sortes de motifs, des taches de couleur, des fleurs, des symboles. Toutes les grilles de jacquard peuvent être réalisées en jacquard brodé, qui est, soit dit en passant la manière la plus simple d'ajouter de la couleur dans certains jacquards écossais et de faire ressortir un motif sur une étoffe brochée. La seule manière de distinguer le jacquard brodé du jacquard tricoté est dans la très légère épaisseur de laine qui recouvre la maille tricotée dans le jacquard brodé.

Le jacquard brodé forme une étoffe à double épaisseur et est, par conséquent, un excellent moyen de renforcer certaines parties d'un vêtement comme les coudes, pour un chandail d'homme, ou les genoux pour un pantalon d'enfant.

Vous trouverez page 65 des schémas détaillés qui vous expliquent point par point la technique du jacquard brodé.

Point de croix

Le point de croix sur tricot se travaille de la même manière que sur les autres tissus. Tous les motifs brodés au point de croix peuvent être exécutés sur un tricot. Chaque maille doit être fermement cousue sans être trop serrée pour ne pas nuire à l'élasticité du tricot.

Technique du point de croix

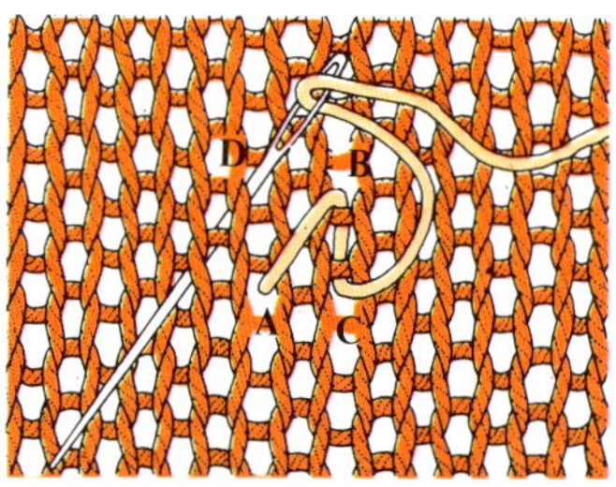

1 *Avec le fil, faites une diagonale entre le point A et le point B. Faites ressortir l'aiguille à C et piquez-la au point D.*

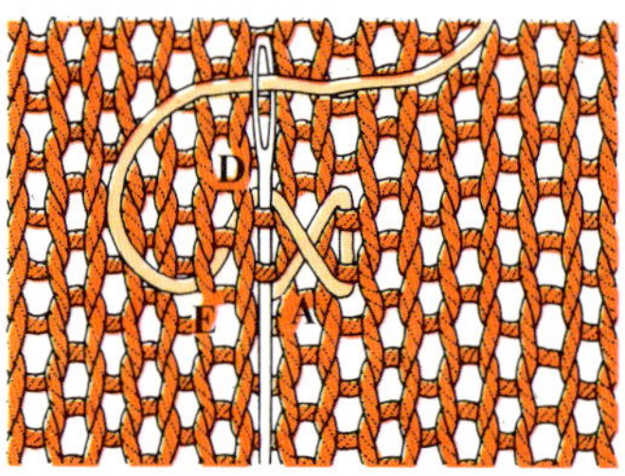

2 *Pour la deuxième croix, ressortez l'aiguille au point E, piquez de nouveau au point D et encore au point A.*

Point de croix sur des rangs

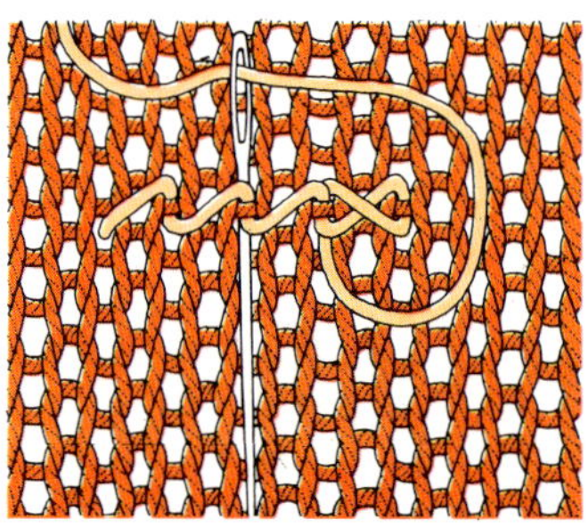

Exécutez un rang de diagonales, et en revenant, croisez-les en inversant les diagonales.

Nid-d'abeilles sur point de côtes

Ce point est une forme de smocks travaillés sur un tricot en côtes. On peut l'utiliser pour mettre en forme un vêtement, en resserrant l'excédent d'ampleur avec des points de broderie. Il faut compter 1 fois et demie la largeur du tricot pour exécuter ce point de broderie. Les alvéoles peuvent être brodés avec le même fil ou un fil de couleur différente.

Exécution des alvéoles

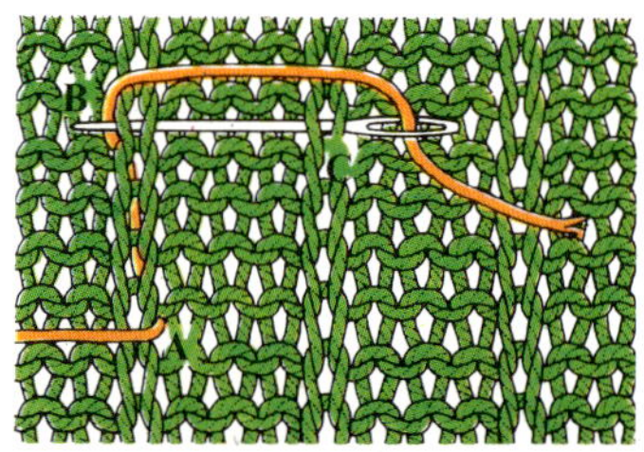

1 *Piquez l'aiguille au point A et faites-la ressortir au point B. Piquez au point C, faites ressortir au point B. Tirez le fil et répétez B-C une seconde fois.*

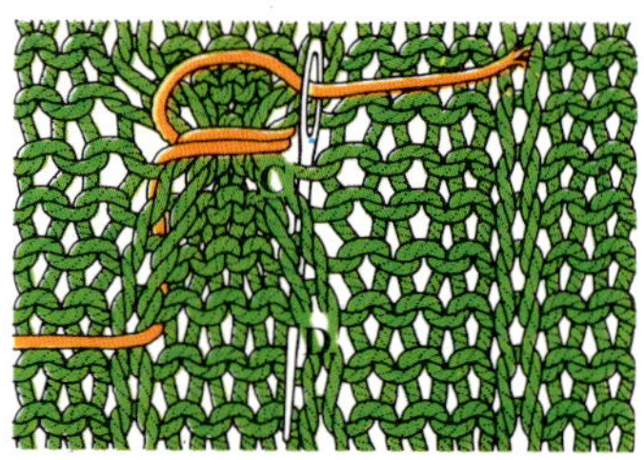

2 *Piquez l'aiguille au point C et faites-la ressortir au point D.*

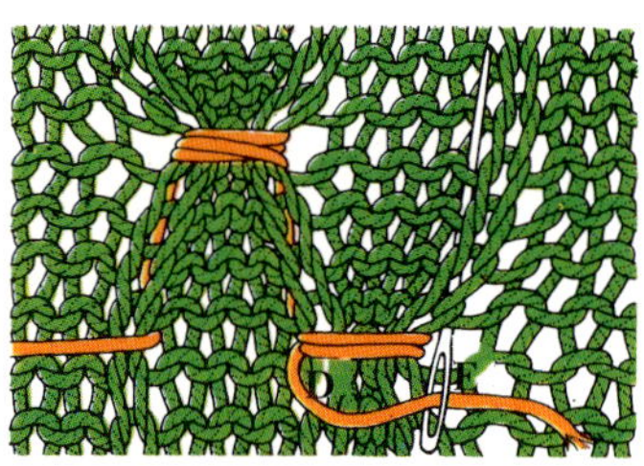

3 *Piquez l'aiguille au point E et faites-la ressortir au point D. Tirez le fil et répétez encore une fois.*

Point de nœud sur point de dentelle

Le point de dentelle surbrodé au point de nœud est une tradition qui remonte au 18e siècle lorsqu'on tricotait la dentelle pour imiter la broderie dont les prix étaient exorbitants. Vous pouvez réaliser une version moderne de cette technique. Assemblez des carrés tricotés au point des débutantes et faites-en un jeté de lit. Le point des débutantes est expliqué page 46. Vous trouverez page 65 l'explication du point de nœud.

Motifs en tricots ajoutés

Des carrés en jersey uni peuvent se transformer en motifs extraordinaires par l'adjonction de simples formes tricotées comme des carrés, des losanges ou des triangles. Sur ce motif, ce sont de simples bandes de jersey rayé qui évoquent un emblème celte. Pour l'exécuter, posez les bandes et cousez le tricot comme s'il s'agissait de jacquard brodé. Les carrés ainsi décorés peuvent être assemblés pour faire des housses de coussins, des couvertures, des châles ou des jetés de lit.

Un motif brodé réchauffe un tricot en point de jersey uni et lui apporte un éclat coloré. Vous pouvez ajouter des motifs de couleurs vives à de simples vêtements d'enfants comme des gants, des écharpes ou des bonnets. La grille du motif de ce béret est reproduite page 95. Ici, l'effet décoratif est amplifié par la répétition du même motif.

Le motif brodé
Le jacquard brodé est une si subtile illusion de tricot qu'il fait ressortir le moindre motif. Le motif de fleurs stylisées est brodé sur chacun des six côtés de ce béret.

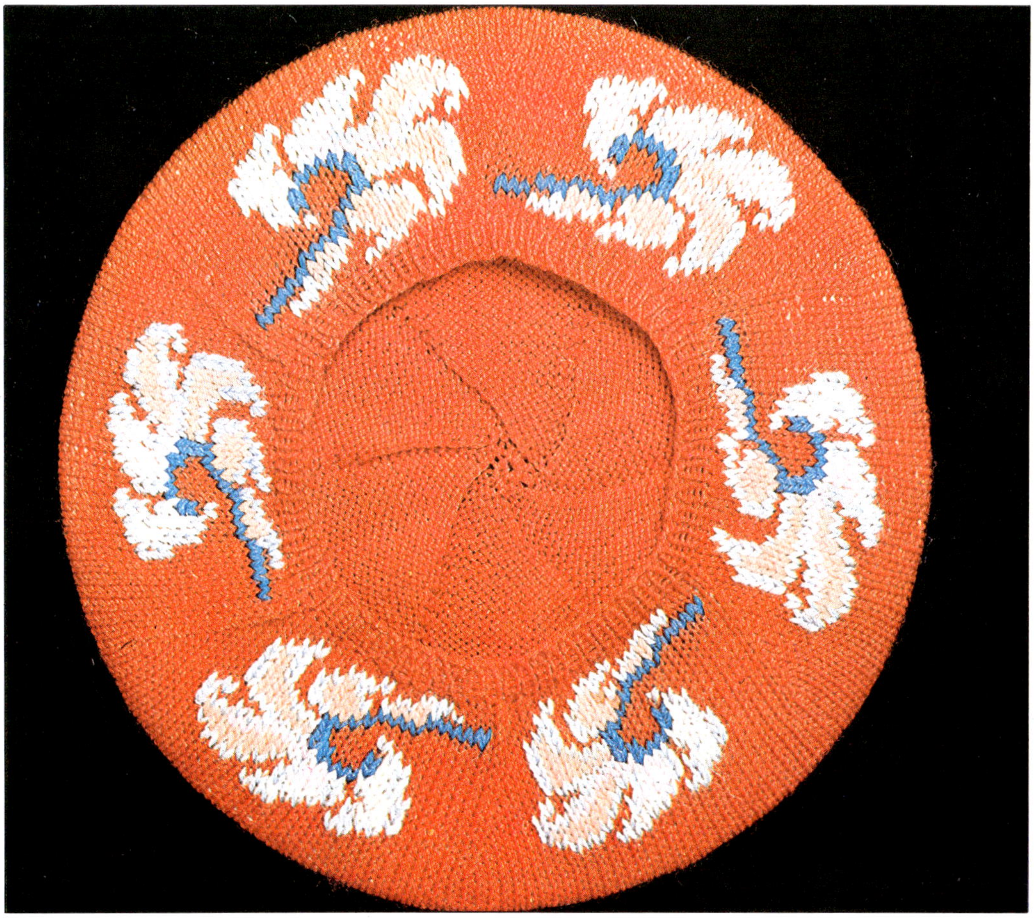

Mise en forme du tricot

Mise en forme du tricot

On peut très bien tricoter un vêtement sans diminutions et sans augmentations. Les formes carrées et rectangulaires ne dépendent que du nombre de mailles montées et du nombre de rangs tricotés. Les écharpes, les housses, les jetés de lit, voire des vêtements très simples peuvent être réalisés de cette manière. Vous trouverez page 70 des explications pour réaliser un petit cardigan de bébé et un chandail d'homme sans altérations. Pour les formes de vêtements plus découpées, les altérations sont nécessaires. Pour réaliser un vêtement tricoté, vous devez calculer ses dimensions auparavant, puis le nombre de mailles et de rangs nécessaires pour obtenir ces dimensions.

Pour calculer ce nombre de mailles et de rangs, vous devez d'abord tricoter un échantillon. Celui-ci comporte trois données essentielles: **1** La grosseur des aiguilles et le fil utilisé. **2** Le point tricoté. **3** Votre manière de tricoter.

La grosseur des aiguilles et la nature du fil

Décidez d'abord du choix du fil et des aiguilles. De ce choix dépend la taille de la maille. Les neuf échantillons (à droite) montrent l'importance de cette combinaison et son rôle dans le calcul des mailles et des rangs. Tous ces échantillons ont été exécutés avec 9 mailles et sur 9 rangs, mais chaque fois avec des aiguilles et un fil différent.

Le point

Certains points donnent un tricot lâche tandis que d'autres donnent un tricot serré. Les trois échantillons de points (à droite) ont tous été exécutés avec le même fil, le même nombre de mailles et de rangs; cependant, on obtient un résultat différent avec chacun d'eux.

Votre manière de tricoter

C'est vous, en tricotant, qui déterminez la tension du fil. C'est un style aussi personnel que l'écriture. Certaines tricoteuses tirent davantage sur le fil, leurs mailles sont plus petites et leur tricot assez serré. D'autres tricotent des mailles plus grandes et réalisent un tricot plus lâche. Les deux échantillons (à droite) ont été réalisés avec les mêmes aiguilles, le même fil, le même nombre de mailles et de rangs, mais ont été tricotés par deux personnes différentes. L'échantillon de gauche est légèrement plus grand que celui de droite. Bien que la différence entre ces deux échantillons soit minime (3 mm env), elle pourrait devenir énorme si vous tricotiez un vêtement en suivant les explications calculées selon les normes du styliste et non les vôtres.

La taille des aiguilles et la nature du fil

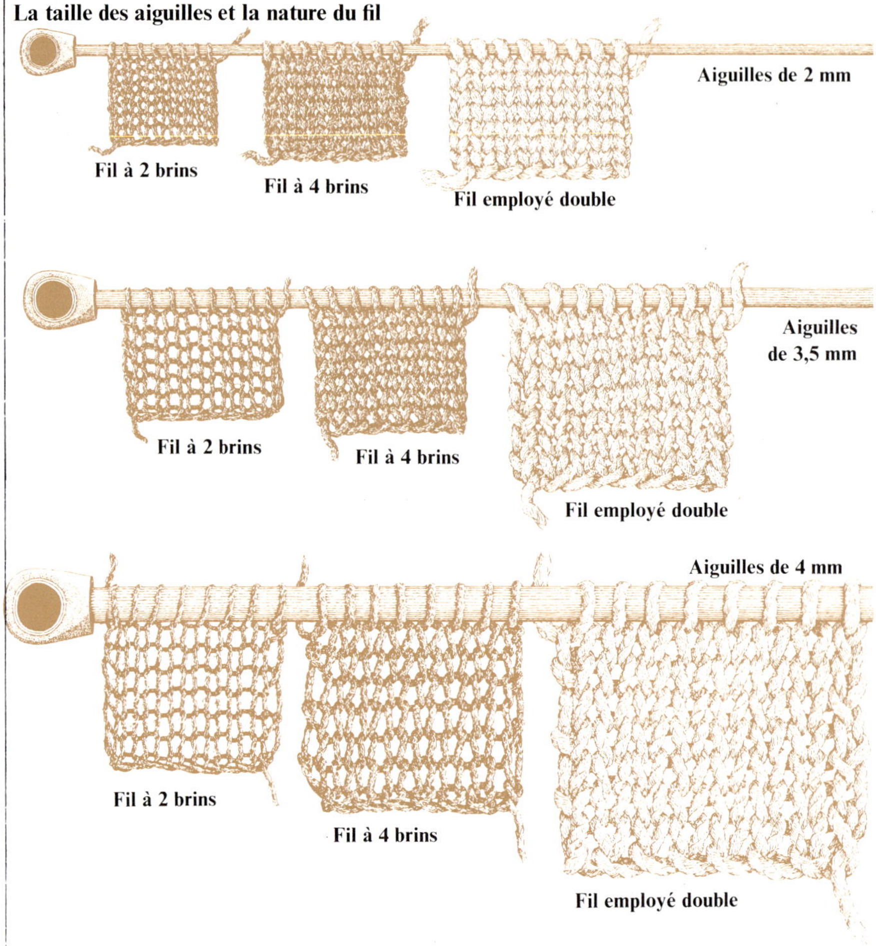

Le point

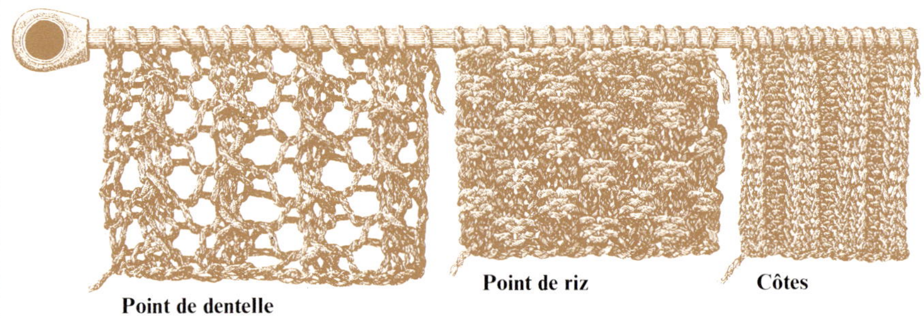

La manière de tricoter

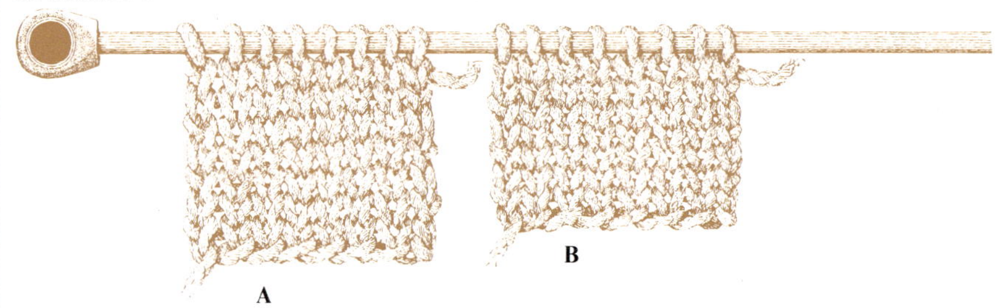

Calcul de l'échantillon

L'importance de l'échantillon

Il faut toujours calculer d'après un échantillon avant de commencer un ouvrage. Il y a deux raisons à cela: en effet, il permet de **1** comparer votre manière de tricoter à celle de l'échantillon donné et de le rectifier au besoin; **2** calculer le nombre de mailles et de rangs nécessaires à l'exécution d'un ouvrage. L'échantillon d'un modèle est toujours donné au début des explications et indique le nombre de mailles et de rangs nécessaires pour tricoter un carré de 5 ou 10 centimètres.

L'échantillon

Utilisez les mêmes fil, aiguilles et point que ceux indiqués pour le modèle. Faites un échantillon d'au moins 10 × 10. Repassez l'échantillon sans l'étirer.

Calcul du nombre de mailles

C'est ce qui détermine la largeur du tricot. Placez une règle graduée ou un ruban de couturière sur l'échantillon et, à l'aide d'épingles, délimitez 5 cm au milieu du tricot. Comptez le nombre de mailles entre ces épingles. Pour un calcul très précis, recommencez l'opération plusieurs fois à différents endroits. Une différence d'une demi-maille peut parfois se révéler essentielle. Si votre ouvrage a 50 cm de large et que votre échantillon vous donne 10½ mailles pour 5 cm, vous devez obtenir 105 mailles au total. Si vous ne tenez pas compte de cette demi maille et que vous multipliiez 10 × 5 cm vous obtenez 100 mailles au lieu des 105 nécessaires. Au total, vous perdez environ 2,5 cm.

Comment rectifier un échantillon

Si l'échantillon du modèle ne correspond pas au vôtre, faites un autre échantillon en changeant la grosseur des aiguilles. Une grosseur d'aiguilles en dessus ou en dessous donne généralement une différence d'une maille tous les 5 cm. S'il y a trop de mailles pour un centimètre, la tension est trop forte et vous devez utiliser des aiguilles plus grosses. S'il y a trop peu de mailles, la tension est insuffisante. Dans ce cas, prenez des aiguilles plus fines.

Calcul des rangs

Ils déterminent la longueur de l'ouvrage. Posez une règle graduée sur votre échantillon et délimitez 5 cm de longueur avec des épingles. Comptez le nombre de rangs entre les épingles. Après, vous pourrez calculer le nombre de rangs nécessaires pour votre ouvrage. Le calcul des rangs sert à déterminer l'emplacement des augmentations et des diminutions.

Innovations dans le modèle

Si vous souhaitez apporter des changements au modèle proposé, par exemple tricoter un point de dentelle au lieu d'un point de jersey ou ajouter des torsades — faites un échantillon. Vérifiez aussi votre échantillon lorsque vous passez d'un modèle uni à un modèle jacquard.

Créez vos propres modèles

Prenez d'abord vos mesures. Songez que les vêtements ne doivent jamais vous engoncer. Comparez ensuite vos mesures à celles de l'échantillon.

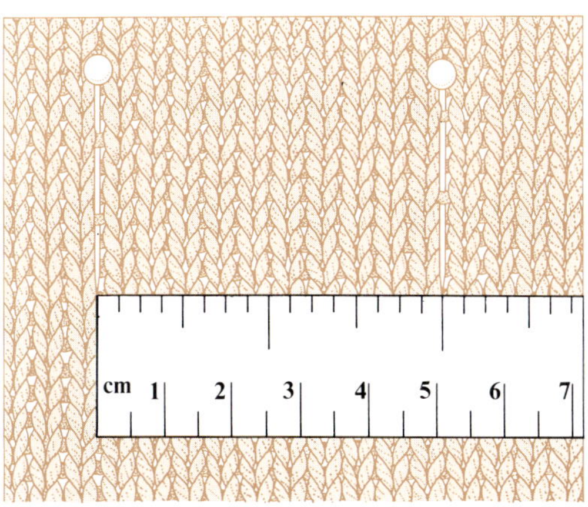

Calcul des mailles
Placez une règle graduée le long d'un rang de mailles, marquez les mailles avec des épingles et prenez vos mesures avec précision.

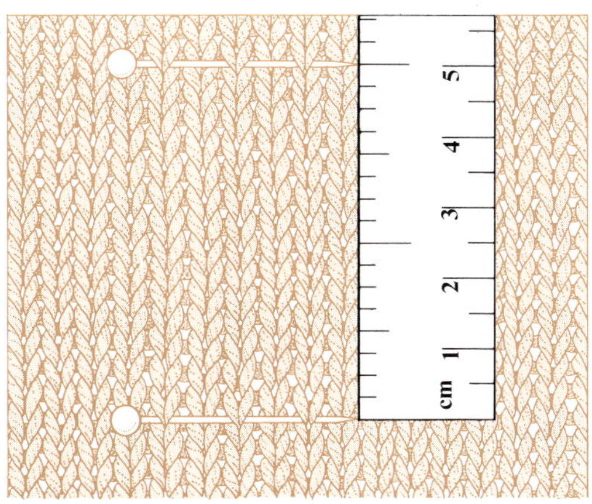

Calcul des rangs
Placez le centimètre sur l'échantillon. Epinglez à la distance voulue. Notez l'emplacement des épingles.

Mesures pour vêtements tricotés

Prendre les mesures

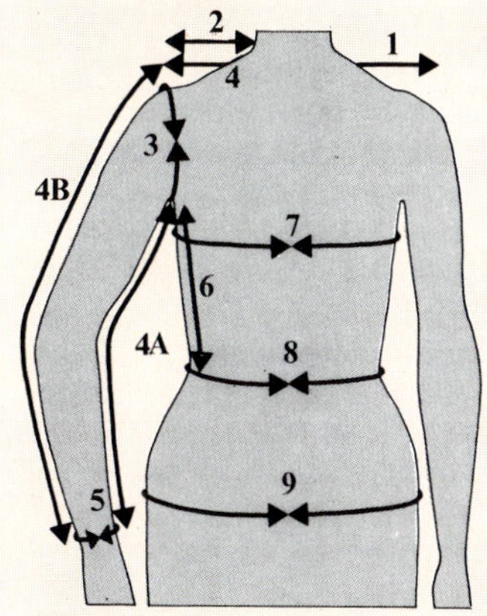

1 Carrure dos Mesure du dos d'une épaule à l'autre.
2 Longueur d'épaule De la pointe de l'épaule au cou.
Cette mesure vous permet de calculer l'encolure.
3 Tour de bras Mesurez large depuis le haut de l'épaule.
4 A et B Manche Prenez les mesures en pliant le bras depuis le dessous du bras jusqu'au poignet et extérieurement de l'épaule au poignet.
5 Poignet Mesurez le tour du poignet.
6 Hauteur de taille Mesurez de la taille au dessous de bras, le bras levé.
7 Tour de poitrine Prenez les mesures à l'endroit le plus large.
8 Taille Pour assurer l'aisance du mouvement, mesurez en mettant un doigt entre la taille et le ruban métrique.
9 Tour de hanche Mesurez la partie la plus large.

Mesures pour jupes

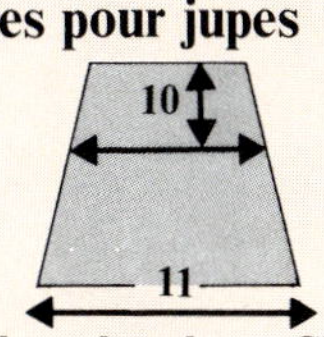

10 Taille et hanches C'est dans cette partie que se placent les altérations du tricot.
11 Ourlet, jupes droites Ajoutez 25 cm à la largeur des hanches pour obtenir la largeur du bas de l'ourlet.

Mesures pour bérets, gants et chaussettes

Reportez-vous à la page 88 pour les chaussettes, à la page 90 pour les gants et à la page 84 pour les bérets.

Veste de bébé et chandail

Veste de bébé
Cette veste aux formes simples est entièrement composée de carrés et de rectangles. Après avoir tricoté l'échantillon, calculez le nombre de mailles et de rangs nécessaires selon la taille du bébé.

Vêtements simples

De nombreux vêtements traditionnels sont conçus à partir de lignes droites. Voici un modèle de veste pour bébé et de chandail pour adulte conçus uniquement à partir de rectangles et de carrés. Il est très faciles d'adapter ces deux modèles à toutes les tailles. Suivez les explications de chaque modèle et fondez-vous sur le calcul de l'échantillon pour ajouter ou retirer des mailles selon les dimensions que vous avez choisies. Pour les mesures et l'échantillon, reportez-vous à la page 69. On peut tricoter chaque modèle en changeant une ou plusieurs couleurs, les points ou les motifs de décoration. La veste de bébé est photographiée page 51 dans un modèle jacquard.

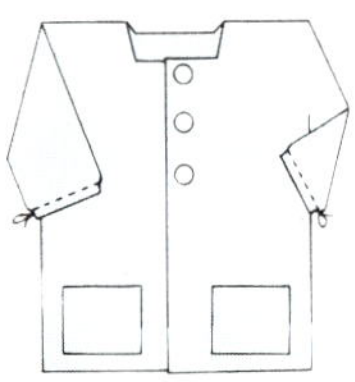

Veste de bébé

Fournitures 450 g de laine layette 4 fils. Laine pour cordelette. 12 boutons, 2 aiguilles de 2 mm. Echantillon un carré de 5 cm en point mousse donne 40 mailles et 44 R. Taille convient pour un tour de poitrine de 46 cm. L'ouvrage est entièrement réalisé en point mousse. **Dos** Montez 100 mailles. Tric 200 R. Rabattre. **Devant** Montez 55 m. Tric 198 R. Rab 23 m au début du R suiv. Tric 21 R sur les 32 m restantes. Rabattre. Faire un deuxième côté semblable. **Manches** Montez 80 mailles, tric 3 R. Faites un trou-trou: 2 m end, *1 jeté, 2 m ens *; term par 2 m end. Tric 106 R et rabattre. **Montage** Repasser chaque pièce (page 84). Assemblez le milieu du haut de la manche à la couture d'épaule. Cousez les manches et les coutures de côté. Faites une cordelette d'environ 35 cm que vous passerez dans les jours des poignets. Faites 12 brides (page 82) espacées de 12 mm et cousez les boutons.

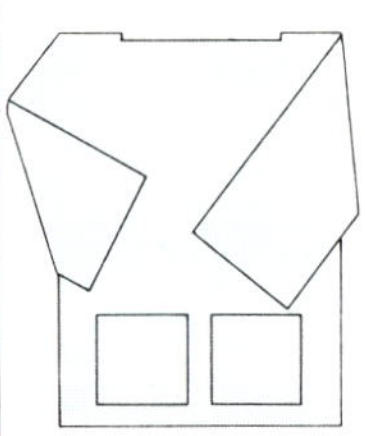

Chandail rectangulaire

Fournitures 400 g de laine employée double de coloris A, 300 g de la même laine coloris B, 300 g coloris C; 2 aiguilles de 8 mm. **Echantillon** Un carré de 10 cm en point mousse donne 16 m et 28 R. Les explications sont données pour un tour de poitrine d'environ 92 cm. Le fil est toujours employé double. **Point employé** Le chandail est entièrement tricoté en point mousse. Les rayures se font sur 4 R pour chaque couleur. Reportez-vous à la page 49 pour les rayures.

Dos et devant En prenant les 2 extrémités du coloris A, montez 80 m. Tric 1 R. Commencez les rayures et tricotez pendant 196 R en terminant par 3 R A. Rabattre avec A.

Poches Avec le coloris A montez 24 m. Tric 40 R de rayures. Rab avec A. **Montage** Repasser chaque pièce (page 84). Laissez une ouverture de 30 cm pour le cou, faites les coutures d'épaule en point arrière (page 84). Assemblez le milieu de la manche à la couture d'épaule. Fermez les coutures des côtés et des manches. Cousez les poches à 7,5 cm des coutures de côté et du bord du devant, en veillant à bien faire jouer les rayures.

Variation en bleu
Donnez du cachet à cette simple veste en lui ajoutant des boutons fantaisie et ajoutez des perles de toutes les couleurs à la cordelette.

Variation en vert foncé
D'autres touches intéressantes peuvent être apportées en tricotant la veste dans une couleur foncée et en ajoutant des poches largement rayées ainsi que des boutons décoratifs.

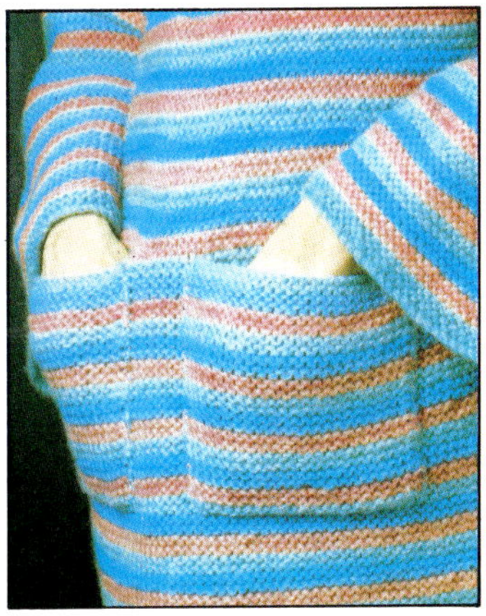

Chandail rectangulaire

Poches facultatives
On peut ajouter de simples poches carrées lorsque le tricot est terminé. Elles peuvent être unies ou bien être rayées comme sur le modèle (à gauche). Les techniques d'assemblage sont expliquées page 83.

Rayures de plusieurs couleurs
Tricotez le chandail en combinant entre elles n'importe quelles couleurs. Dans la combinaison proposée (à gauche) chaque couleur est tricotée pendant deux rangs au lieu de quatre. Des idées de rayures vous sont proposées page 49.

Poncho tricoté

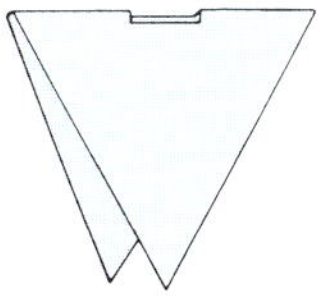

Le poncho est le premier vêtement proposé qui utilise les augmentations et les diminutions. Les différentes augmentations et diminutions sont expliquées page 36. Le modèle du poncho est expliqué page 72, et page suivante vous trouverez une explication détaillée de l'utilisation des altérations pour créer différents effets.

Ajoutez une frange au poncho
Utilisez de vieux restes de fil pour décorer le poncho avec une frange de couleurs vives. Faites passer les brins de laine dans le bord du poncho au moyen d'un crochet. On peut aussi nouer les brins de laine et créer d'autres effets décoratifs.

Le poncho

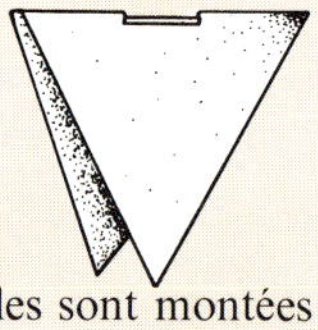

Le poncho est un simple triangle. On commence le modèle avec une seule maille. On réalise le triangle en augmentant une maille à la fin de chaque rang endroit. Lorsqu'un côté du poncho est terminé, une ouverture dans le cou est pratiquée en rabattant un certain nombre de mailles. Au rang suivant ces mailles sont montées de nouveau et le second côté du poncho est tricoté exactement de la même manière que le premier, sauf que les mailles sont diminuées au lieu d'être augmentées jusqu'à ce qu'il n'en reste plus qu'une.

Le poncho est tricoté en point **Trinité** avec un bord de quelques mailles en point de riz. Le point **Trinité**, composé de mouches régulières et très serrées, est un vieux point souvent utilisé pour les pulls de marins. Il tire son nom de la manière dont les mouches sont formées, c'est-à-dire « trois dans une et une dans trois », (1 m end, 1 m env, 1 m end, dans la m suiv, 3 m ens à l'env).

Il y a diverses manières d'adapter ce schéma de base. Par exemple, vous pouvez ne tricoter qu'un côté du poncho et en faire un châle épais (n'oubliez pas de rabattre large) ou bien vous pouvez ne pas tricoter l'encolure et faire un tapis.

(Explications du poncho en page 335).

Mise en forme de votre tricot : augmentations et diminutions

Nous vous avons montré page 36 comment réaliser une augmentation invisible en tricotant 2 mailles à partir d'une seule, maintenant nous vous expliquons comment travailler symétriquement ces altérations. Lorsque vous aurez compris cette technique, vous lirez plus facilement les explications, et vous serez capable de les utiliser lorsque vous voudrez créer vos propres vêtements. Nous expliquons d'abord comment obtenir de simples triangles.

Exécution des triangles

Les triangles sont réalisés en jouant sur les augmentations et les diminutions. C'est ainsi qu'est réalisé le poncho.

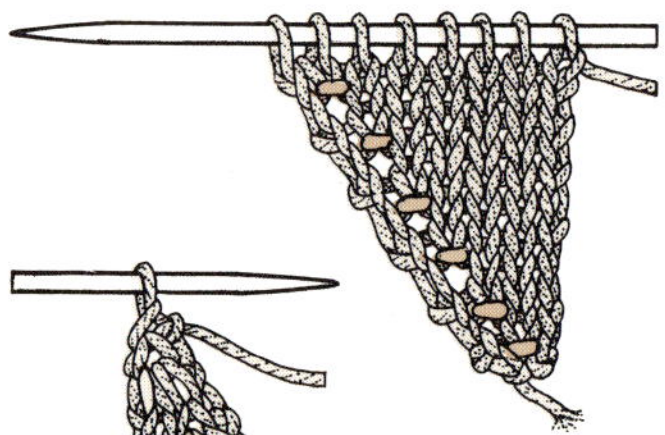

Triangle rectangle obtenu par des augmentations
Montez 2 m. Aug 1 m à la fin de chaque R end.

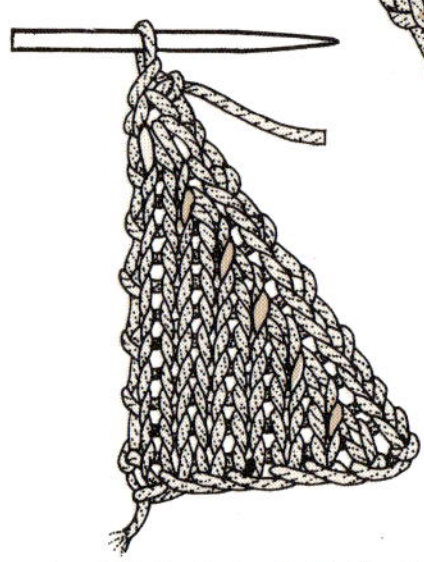

Triangle rectangle inversé obtenu par des diminutions
Montez le nombre de m de la longueur de la base du triangle,sgl gl tric 1 m à l'end, rab la m gl au début de chaque R end.

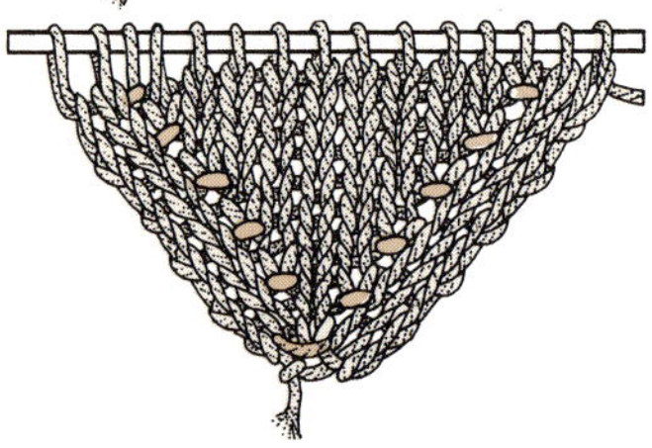

Triangle isocèle obtenu par augmentations sur tricot droit
Montez 3 m. Aug 1 m dans la seconde m de chaque R.

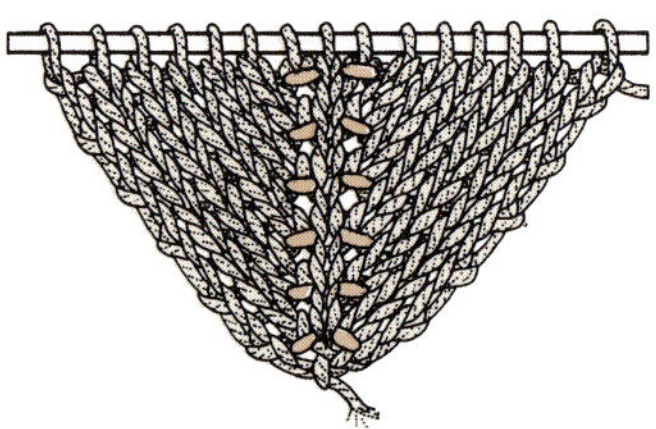

Triangle isocèle obtenu par augmentations. Tricot en biais
Montez 3 m. Aug 1 m sur la première m et la m du milieu. Au rang suiv, tric toutes les m à l'env. Rép en aug la m suiv la m du milieu et la m du milieu ellemême sur les R end.

Triangle isocèle obtenu par diminutions. Tricot droit
Montez le nb de m nécessaire. Diminuer sur la seconde maille de chaque rang.

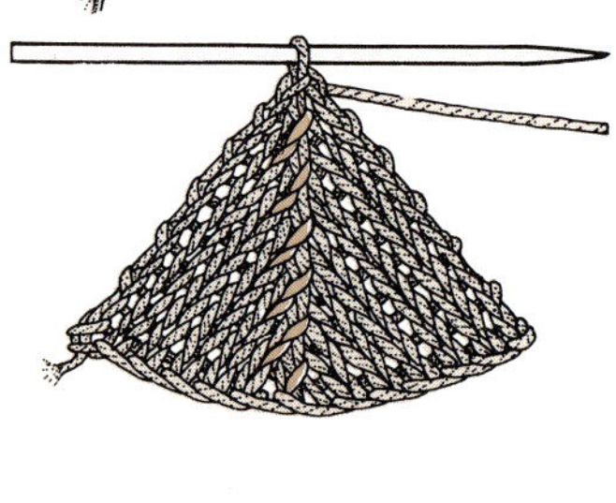

Triangle isocèle obtenu par diminutions. Tricot en biais
Montez le nb de m nécessaire, *tric jusqu'à la m du milieu, 2 m ens à l'end, cont à l'end. Sur les R env, tric 2 m ens à l'env.

Altérations symétriques

Les altérations symétriques s'appellent aussi « fully fashioned » et forment des bords raffinés. Il est très important que ces altérations soient tricotées ensemble sinon le modèle ne serait pas symétrique et le montage serait pratiquement impossible. Nous vous indiquons 3 méthodes pour exécuter des augmentations symétriques.

Maille tricotée dans le brin avant et le brin arrière
Cette augmentation barrée est très souvent utilisée pour les vêtements. En abrégé se lit *aug b*.

Augmentation levée
C'est une augmentation invisible. En abrégé, s'écrit *aug lev*. Relâcher la tension du fil au moment de l'exécution car cette augmentation a tendance à resserrer le tricot.

Augmentation intercalaire simple
On l'utilise surtout pour tricoter des gants. En abrégé se lit *aug int*.

Diminutions symétriques

La symétrie est ici encore d'une importance plus grande que pour les augmentations. Après une diminution, il se forme un angle au sommet de la maille. Cet angle doit toujours être incliné du côté de la diminution. Du côté gauche, une diminution est inclinée vers la droite, et du côté droit, elle est inclinée vers la gauche. Si la maille diminuée n'est pas dans le bon sens, elle peut tirer sur le tricot et le casser. Si le tricot est symétrique, cet inconvénient n'existe pas.

Diminutions simples
Le schéma à droite montre des diminutions travaillées à 3 mailles de chaque bord.

Diminutions doubles
Lorsque deux mailles sont diminuées en même temps on obtient un angle plus net.

En biais
On travaille deux diminutions à chaque rang.

Augmentations symétriques

Maille tric dans le brin avant et arrière

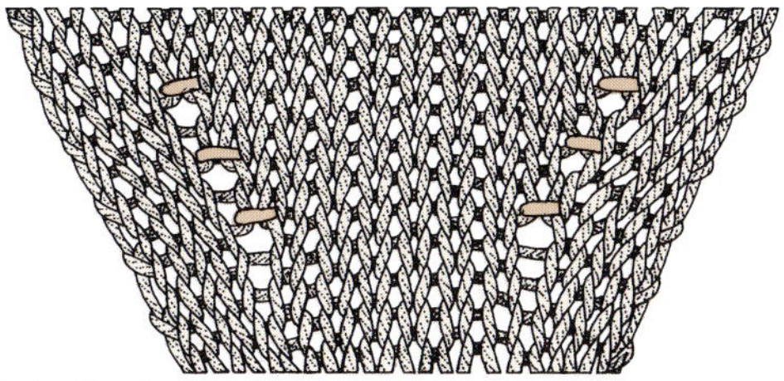

Exécution
la première augmentation sur la troisième maille à partir de la droite, son équivalent sera formé sur la gauche de la quatrième maille à partir de la fin du rang. Les barres sont identiques des deux côtés. La méthode de travail est la même pour un rang envers mais les barres n'apparaissent qu'à l'endroit de l'ouvrage. Les petites barres formées sous la nouvelle maille en font une augmentation décorative et sont très utiles pour compter le nombre de rangs augmentés.

Augmentation levée

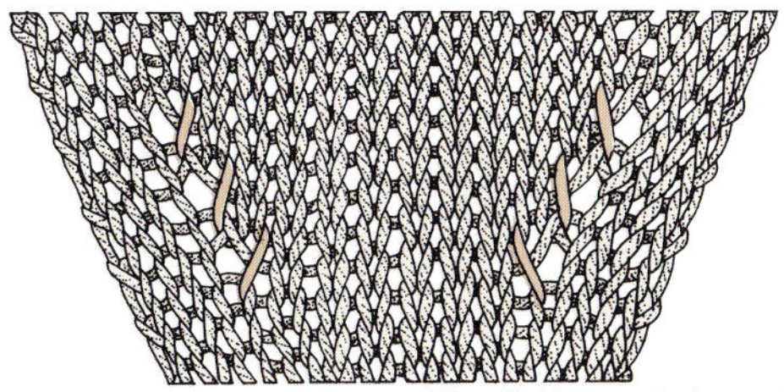

A droite Tric à l'end les mailles lisière puis levez la tête de maille du rang précédent.
A gauche Levez la tête de maille du rang précédent avant de tricoter les mailles lisière. La technique est identique sur les rangs envers.

Augmentation intercalaire

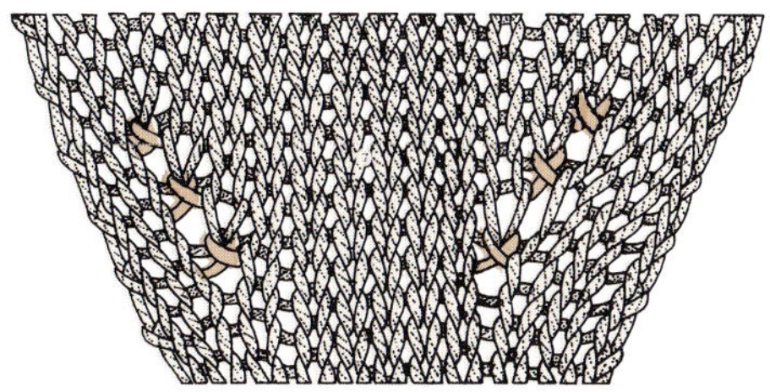

A droite Soulevez le fil horizontal après avoir tricoté la troisième maille.
A gauche Soulevez le fil horizontal avant de tricoter les 3 dernières mailles.

Diminutions symétriques

Diminutions simples

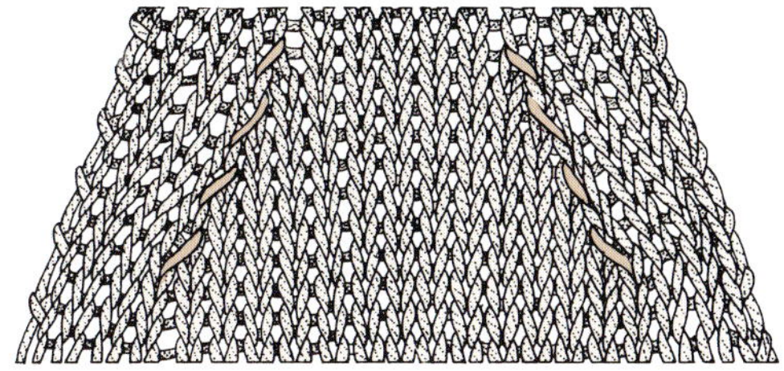

A droite A l'endroit, vous avez le choix, soit gl 1 m, 1 m end, rab la m gl (surjet simple), soit 2 m ens tric par derr. A l'envers, 1 m env, glissez-la sur l'aig gauche et rabattez la m suiv dessus. On peut aussi tricoter 2 m ens à l'env prises par derr.
A gauche A l'endroit, soit 2 m ens, soit 1 m end, gl la m sur l'aig g et rab la m suiv. A l'envers, on a 2 m ens à l'env ou surj env.

Diminution double

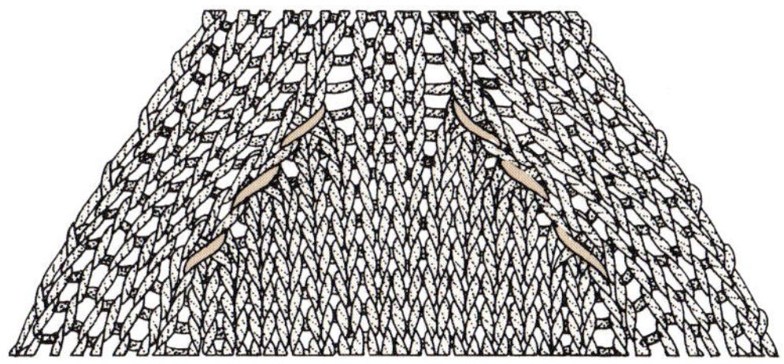

A droite Sur 1 R end, gl 1 m, 2 m ens à l'end, rab la m gl sur 1 R env, 2 m ens à l'env, remettez la m obtenue sur aig gauche, rab la 2° m de cette aig sur la 1°.
A gauche Sur l'end, gl 1 m, 1 m end, rab la m gl sur 1 R env, gl 1 m, 1 m env, puis glissez la m suivante de l'aig g à l'env et reprenez-la sur l'aig g de nouveau. Faites la m tric à l'env sur aig g, rab la m retournée par-dessus. Reprenez la m sur aig dr et rab la 1° m gl par-dessus.

Diminutions en biais

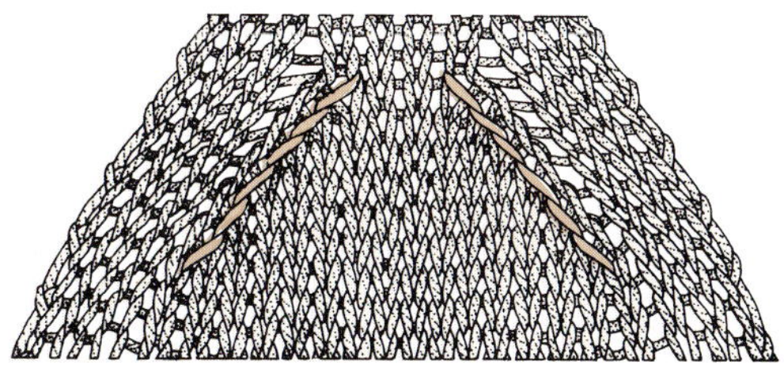

A l'endroit 1 surjet simple, tric jusqu'aux deux dernières mailles qui seront tricotées ensemble.
A l'envers 1 m env, gl la m sur l'aig g, rab la m suiv, tric jusqu'aux 2 dernières mailles que vous prenez ensemble. Pour les tricots en rond, seule la diminution à l'endroit est utilisée.

Ces neuf pulls illustrent bien toutes les variantes possibles.

Chandail modulaire

Les 10 chandails de ces deux pages sont tous conçus à partir d'un modèle unique. Nous vous proposons 5 encolures différentes (extrême-droite) et trois emmanchures différentes (ci-dessous), ainsi qu'une version sans manches. Ce sont des formes classiques, toutes combinables entre elles. A partir de ce schéma de base, vous pourrez créer une multitude de tricots.

Le devant et le dos de tous les modèles sont identiques, sauf bien entendu, le cardigan, dont le devant est ouvert. Choisissez votre modèle selon la forme d'encolure ou le type de manches qui vous conviennent puis adaptez-le aux dos et aux devants, jusqu'aux emmanchures qui varient selon les modèles choisis. Les explications détaillées de toutes les formes proposées sont données page 76.

Le point de base est le point de jersey, mais rien ne vous empêche de le changer pour des torsades, un point de dentelle, des mouches, etc. Lorsque vous utilisez un point différent du point de jersey, calculez le nombre de mailles après avoir fait un échantillon de votre point. Prenez des aiguilles plus fines ou plus grosses, suivant le cas. Pour l'échantillon, voir page 68.

Vous pouvez aussi recourir au jacquard pour créer des variantes. Les 9 modèles présentés à gauche s'inspirent des assemblages de couleurs modernes présentés page 58, avec à droite une version sans manches.

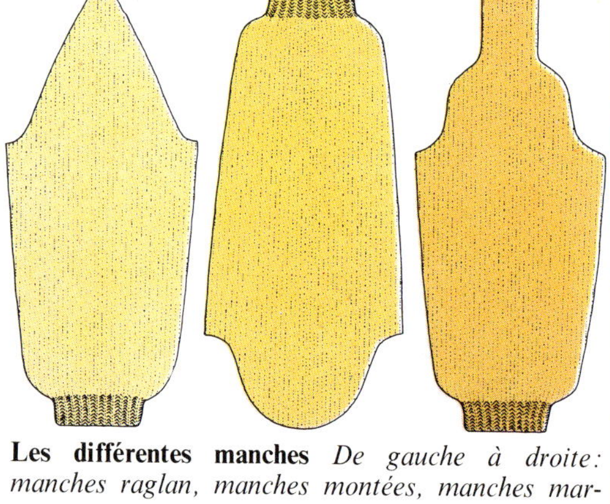

Les différentes manches *De gauche à droite: manches raglan, manches montées, manches marteau.*

Encolures

Les 5 encolures proposées avec le chandail modulaire sont le ras du cou, le col roulé, l'encolure ronde boutonnée, le col rabattu et l'encolure en V.

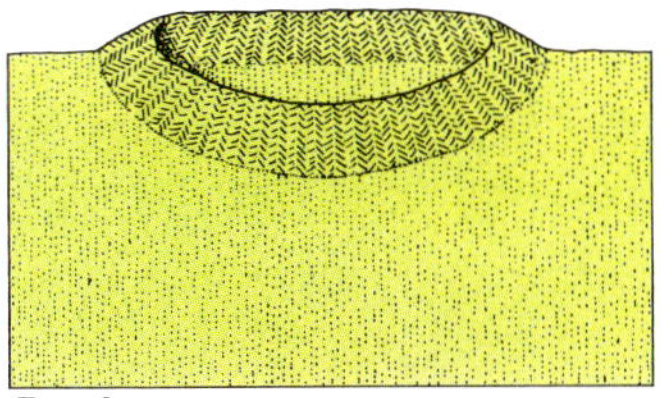

Ras de cou

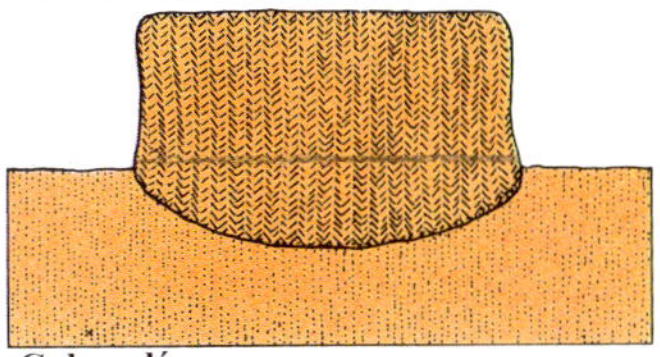

Col roulé

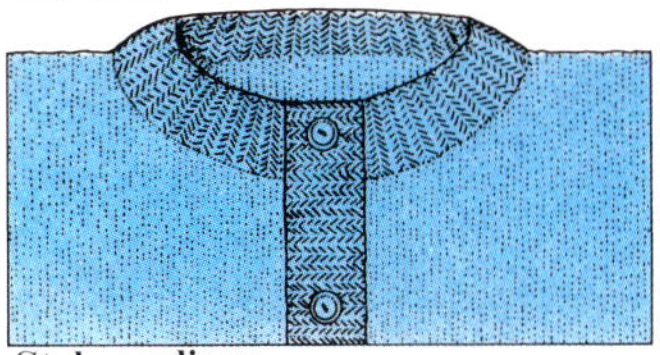

Style cardigan

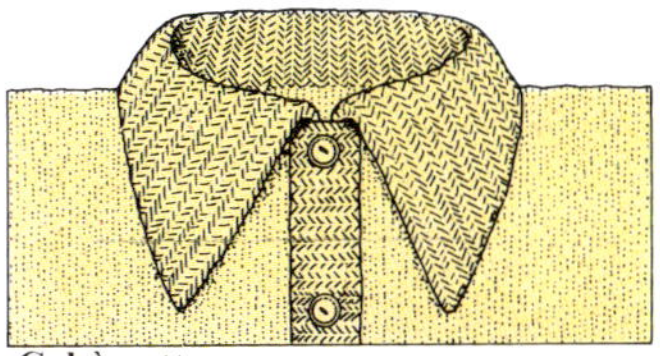

Col à patte

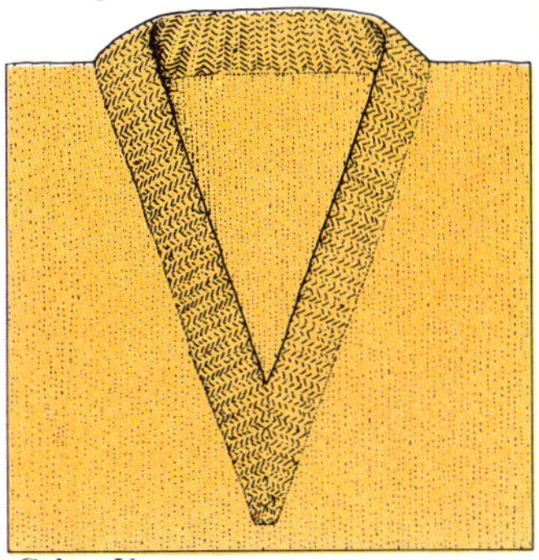

Col en V

Toutes ces encolures peuvent se combiner aux emmanchures proposées. Vous pouvez donner n'importe quelle longueur au col roulé, cela ne dépend que du nombre de rangs. Ajoutez une note de fantaisie en tricotant le col dans une couleur différente du reste de l'ouvrage.

Deux variantes

Ces deux variantes sont inspirées des grilles de la page 58. Le pull sans manches (à gauche) est tricoté en chevron à 4 couleurs. Le pull ras du cou avec des manches montées (à droite) est tricoté en bandes de motifs et utilise 4 couleurs. Détail du chevron (à gauche) et détail des motifs du pull ras du cou (à droite).

Explications valables pour tous les modèles

Fournitures Pour le pull de base ou le cardigan, il faut environ 450 g (475), 475 g (500) de laine 4 fils. Comptez 25 g de plus pour le col roulé. Pour le pull sans manches env 300 g, (325), 325 g (350). 2 aiguilles de 3,5 mm et 2 aig de 3 mm. 10 boutons pour le cardigan, 3 boutons pour le pull à col rabattu.
Echantillon Un carré de 10 cm en jersey avec les aig de 3,5 mm, 26 m et 34 R.
Tailles 34 (36) 38 (40) 42.
Tour de poitrine 86 (91) 97 (102) 107.
Longueur du modèle de base 60 (61) 62 (63,5) 64,5.
Longueur des manches 44 (45) 46 (47) 48.

Chandail de base, encolure ras du cou ou col roulé

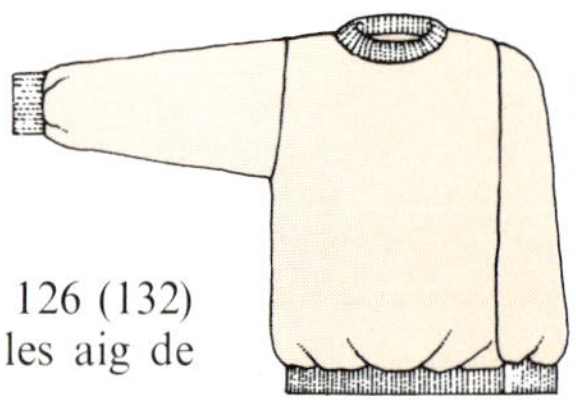

Dos Avec les aig n° 3, montez 114 (120) 126 (132) 138 m. Tric 14 R de côtes 1/1. Prenez les aig de 3,5 mm et tric 122 R en jersey.
Emmanchures Rabattre 5 m aux 2 extrémités, puis 2 (2) 3 (3) 4 m. Au R suiv et tous les 4 (5) 5 (6) 6 R dim 1 m aux 2 extrémités. Il reste 90 (94) 98 (102) 106 m **. Continuez droit en tric 68, (72) 76 (80) 84 R depuis le début de l'emmanchure.
Epaules Rab 5 (6) 7 (6) 7 m au début des 6 R suiv, puis 7 (6) 5 (7) 6 m au début des 4 R suiv. Rab les 32 (34) 36 (38) 40 m restantes.
Devant Semblable au dos jusqu'à **. Cont droit jusqu'à ce que 50 (52) 54 (56) 58 R aient été tric depuis le déb de l'emmanchure.
Encolure Au R suiv tric 37 (39) 41 (43) 45 m et mettez les m restantes en attente ***. Rab 2 m au déb du R suiv puis dim 1 m au bord de l'enc au R suiv et tous les 5 (6) 7 (8) 9 R. Il reste 29 (30) 31 (32) 33 m. Cont droit jusqu'à ce que la longueur de l'emmanchure soit identique à celle du dos et tric le dernier R à l'env.
Epaules Rab 5 (6) 7 (6) 7 m 3 fs tous les 2 R, puis 7 (6) 5 (7) 6 m. Tric 1 R puis rab les 7 (6) 5 (7) 6 m restantes. Reprenez les m en attente et rabat 16 m. Continuez comme pour le côté g en inversant les explications.
Manches Avec les aig n° 3 montez 58 (60) 62 (64) 66 m. Tric 14 R en côtes 1/1. Prenez les aig de 3,5 mm et tric en jersey, en aug 1 m aux 2 extrémités des 11 (9) 7 (5) 3° R et tous les 12 R suiv jusqu'à ce qu'il y ait 76 (80) 84 (88) 92 m sur l'aig puis cont droit jusqu'à ce qu'il y ait 134 (138) 142 (146) 150 R****.
Haut des manches Aux 2 extrémités rab 5 m, puis 2 (2) 3 (3) 4 m. Dim 1 m ensuite tous les 2 R jusqu'à ce qu'il reste 40 m, term par un rang env. Rab 2 m au début des 8 R suiv, 3 m au début des 2 R suiv, et 4 m au déb des 2 R suiv. Rab les 10 m restantes en une seule fois.
Bande d'encolure Faites la couture de l'épaule droite. Avec les aiguilles n° 3 relevez et tric 112 (116) 120 (124) 128 m autour de l'encolure. Pour l'encolure ras du cou tric 10 R en côtes 1/1. Rabattez en côtes. Pour un col cheminée tric 20 R en côtes 1/1. Rab en côtes. Pour un col roulé tric 20 R en côtes 1/1 puis prenez les aig de 3,5 mm et tric 20 autres R. Rab très souplement en côtes. Repassez le tricot en suivant les instructions sur la bande de la pelote. Faites la couture de l'épaule gauche et de la bande d'encolure. Cousez les manches. Assemblez les coutures des manches et des côtés. Pour le col cheminée rabattez la moitié du col vers l'intérieur et cousez-le à points glissés. Repassez les coutures.

Cardigan de base (classique)

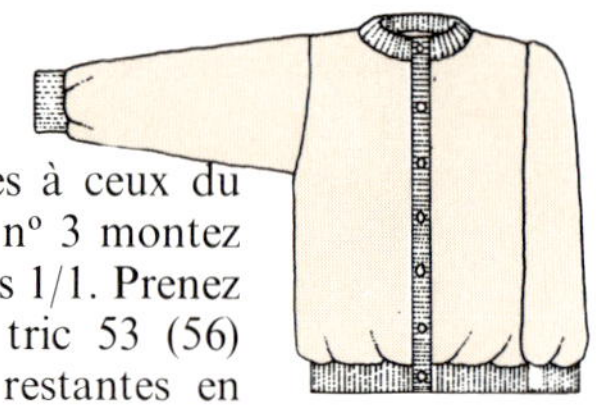

Le dos et les manches sont identiques à ceux du chandail. **Devant gauche** Avec les aig n° 3 montez 62 (65) 68 (71) 74 m. Tric 14 R en côtes 1/1. Prenez les aiguilles de 3,5 mm. Au R suiv tric 53 (56) 59 (62) 65 m, puis mettre les 9 m restantes en attente sur un arrête-mailles. Tric en jersey pendant 122 R. **Emmanchures** Rabattre 5 m au déb du R suiv puis 2 (2) 3 (3) 4 m tous les 2 R. Dim 1 m tous les 5 (6) 6 (7) 7 R. Vous avez 41 (43) 45 (47) 49 m. Continuez droit jusqu'à ce que vous ayez 49 (51) 53 (55) 57 R depuis le début de l'emmanchure. Rabattre pour l'**encolure** 4 m au début du R suiv, puis tric 1 R à l'end. Reprendre les explications du devant du chandail à partir de ***. **Devant droit** Avec les aiguilles n° 3 montez 62 (75) 68 (71) 74 m. Tric 14 R en côtes 1/1, et faites une boutonnière (page 82). Sur la 5° maille du 5° R. Au R suiv tric 9 m en côtes et glissez ces mailles sur une épingle de sûreté, en attente. Prenez les aiguilles de 3,5 mm et suivez les explic du dev g en les inversant. **Bord gauche** Reprenez les 9 m de l'épingle de sûreté avec les aig 3 mm et cont droit jusqu'à ce que la bande atteigne, en l'étirant, le bord de l'encolure. Arrêtez-vous sur l'env. Cassez le fil et laissez les m en attente. Cousez la bande et marquez avec une épingle la position des boutons, le 1° bouton au 5° R à partir du début, le dernier bouton dans la bande d'encolure au 5° R au-dessus des mailles en attente, puis 8 autres à égale distance entre ces deux boutons. **Bord droit** Faites une 2° bande semblable en espaçant les boutonnières comme les boutons. **Bande d'encolure** Assemblez les coutures des épaules. Avec les aig n° 3 reprenez les 9 m en attente du côté droit et relevez 102 (106) 110 (114) 118 m autour du cou, puis reprenez les 9 m en attente du côté gauche. Faites 9 R de côtes en faisant une boutonnière à la 5° m du 4° R. Rab en côtes. **Montage** Repassez le tricot. Montez les manches. Assemblez les coutures des manches et des côtés.
Cousez les bords.
Repassez les coutures
et cousez les boutons.

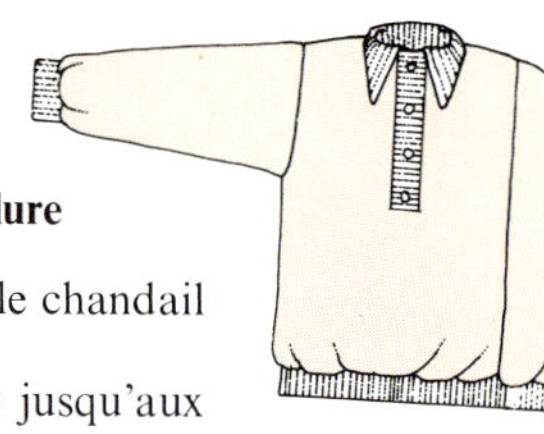

Chandail avec col rabattu et fente d'encolure

Trav le dos et les manches comme pour le chandail de base.
Devant comme pour le modèle de base jusqu'aux emmanchures.
Emmanchure et fente d'encolure Rabattez 5 m aux 2 extrémités puis 2 (2) 3 (3) 4 m au R suiv, puis le même nb de m au début du R suiv et tric jusqu'à ce que vous ayez 47 (50) 52 (55) 57 m sur l'aig, gl ces m sur un arrête-mailles et laissez-les en attente, gl les 6 m suiv sur une épingle de sûreté, puis cont à l'env jusqu'à la fin du R. Cont sur les 47 (50) 52 (55) 57 m restantes, dim 1 m au début du R suiv et tous les 4 (5) 5 (6) 6 R. Vous avez alors 42 (44) 46 (48) 50 m. Cont droit jusqu'à ce qu'il y ait 49 (51) 53 (55) 57 R depuis le début de l'emmanchure. Rab 5 m au début du R suiv **(encolure)**, puis tric 1 R à l'end. Cont comme pour le chandail de base à partir de ***. Reprenez les mailles en attente de l'autre côté et faites l'autre côté semblable en inversant les explications.
1° bande de boutonnière Avec les aig n° 3 montez 7 m, trav en côtes 1/1, jusqu'à ce que la bande soit de la long du dev. Rab. **2° bande de boutonnière** Marquez l'emplacement des boutons sur la 1° bande de boutonnière, placez le 1° à 2 cm du début, le dernier à 2 cm du haut et placez-en un autre au milieu. Gl les 6 m en attente sur les aig n° 3, (1 m end, 1 m env) 2 fs, 1 m end, aug 1 m dans la dernière m. Vous avez 7 m. C ont en côtes comme pour la 1° bande en faisant des boutonnières (page 82) espacées comme les boutons. **Col** Assemblez les coutures des épaules. Avec les aig n° 3 relevez 104 (108) 112 (116) 120 m autour de l'encolure. Trav en côtes, aug 1 m aux 2 extrémités tous les deux R, jusqu'à ce que le col mesure 10 cm. Rab en côtes. **Montage** Repassez le tricot. Montez les manches. Assemblez les coutures des manches et des côtés. Cousez les bandes devant. Repassez les coutures. Cousez les boutons.

Pull en V sans manches

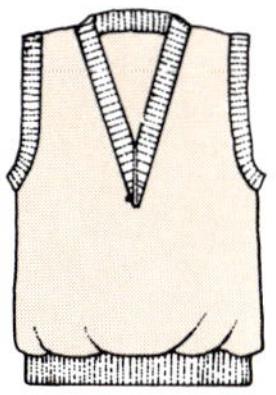

Dos Avec les aig n° 3 montez 114 (120) 126 (132) 138 m. Tric 14 R en côtes 1/1. Prenez les aig de 3,5 mm et tric 114 R en jersey. **(Emmanchures)** Rab 10 m aux 2 extrémités, puis 2 (2) 3 (3) 4 m. Dim 1 m au R suivant et tous les 6 (7) 7 (8) 8 R. Vous avez 76 (80) 84 (88) 92 m. Cont droit jusqu'à ce que vous ayez 76 (80) 84 (88) 92 R depuis l'emmanchure. Puis **(épaules)** rab 4 (5) 4 (5) 6 m au début des 6 R suiv, puis 5 (4) 6 (5) 4 m au début des 4 R suiv. Rab les 32 (34) 36 (38) 40 m restantes. **Devant** Comme le dos jusqu'aux emmanchures, puis trav les emmanchures et divisez le trav en 2 pour l'encolure, rab 10 m, tric jusqu'à ce que vous ayez 47 (50) 53 (56) 59 m sur l'aig, trav sur ces m et laissez les autres en attente, 1 R env. R suiv, rab 2 (2) 3 (3) 4 m puis tric les 2 dernières m ens à l'end. Cont à dim pour l'encolure tous les 4 R 15 (16) 17 (18) 19 autres fois et simultanément dim 1 m pour l'emmanchure tous les 7 (8) 8 (9) 9 R, puis cont droit jusqu'à ce qu'il y ait 76 (80) 84 (88) 92 R depuis le début de l'emmanchure. Pour l'épaule rab 4 (5) 4 (5) 6 m au début du R suiv et 1 fs tous les 2 R, puis 5 (4) 6 (5) 4 m au début du 2° R suiv. Tric 1 R puis rab les 5 (4) 6 (5) 4 m restantes. Reprenez les m en attente. Tric à l'end le reste du R. Puis rab 10 m et cont à l'env. R suiv, 2 m ens à l'end prises par derr. Cont en inversant les explications de la première moitié du devant. **Bande d'encolure** Assemblez la couture de l'épaule droite, avec les aig de 3 mm relevez 64 (67) 70 (73) 76 m le long de l'encolure gauche, relevez la boucle entre les m du milieu du devant et tricotez-la à l'end en la prenant par derr, faites une marque avec un fil de couleur puis relevez 63 (66) 69 (72) 75 m le long de l'encolure droite et 32 (34) 36 (38) 40 dans le dos. Vous avez 160 (168) 176 (184) 192 m. Tric en côtes 1/1 jusqu'à 2 m avant la m centrale, tric 2 m ens à l'env, 1 m end 2 m ens à l'env tric par derr, puis côtes 1/1. Au R suiv arrêtez les côtes 2 m avant la m centrale, 2 m ens à l'end tric par derr, 1 m env, 2 m ens. Rép ces 2 R 4 fs encore. Rab en côtes en diminuant toujours de chaque côté de la maille centrale. **Bords d'emmanchure** Assemblez la couture d'épaule gauche et la bande d'encolure. Avec les aig de 3 mm relevez 120 (126) 132 (138) 144 m autour de l'emmanchure. Tric 10 R en côtes 1/1. Rab en côtes. **Montage** Repassez le tricot.
Aplatissez les coutures au fer.

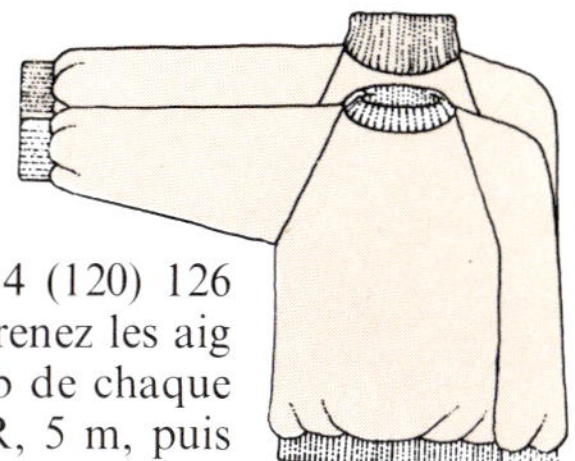

Emmanchures raglan et ras du cou ou col roulé

Dos Avec les aig de 3 mm, montez 114 (120) 126 (132) 138 m. Tric 14 R de côtes 1/1. Prenez les aig de 3,5 mm et tric 118 R en jersey. Rab de chaque côté pour les **emmanchures** tous les 2 R, 5 m, puis 1 m jusqu'à ce qu'il reste 32 (34) 36 (38) 40 m, term par un R env et rab.
Devant Comme pour le dos jusqu'à ce qu'il vous reste 54 (56) 60 (62) 66 m. Term par un R env. Formez l'encolure, tric 2 m ens à l'end, 19 (19) 21 (21) 23 m end et laissez les autres m en attente. Tric 1 R à l'env puis dim 1 m aux 2 extrémités tous les 7 (7) 8 (8) 9 R et cont à dim pour l'emmanchure tous les 2 R jusqu'à ce qu'il ne reste plus que 2 m. Rabattez. Reprenez les m en attente. Rabattez 12 (14) 14 (16) 16 m et tric ens à l'end les 2 dernières mailles. Cont comme pour le 1° côté.
Manches Trav comme pour le modèle de base jusqu'à ****. **Haut des manches** Rabattez de chaque côté tous les 2 R, 5 m, 1 m puis 1 m 6 fs tous les 4 R puis de nouveau tous les 2 R jusqu'à ce qu'il ne reste plus que 6 m. Rabattez. **Bande d'encolure** Montez les manches raglan, laissez la couture du dos gauche ouverte. Procédez comme pour la bande d'encolure du modèle de base.
Montage Repassez. Assemblez la couture raglan du dos et la bande d'encolure. Faites les coutures des épaules et des côtés. Aplatissez les coutures au fer.

Emmanchures raglan et col en V

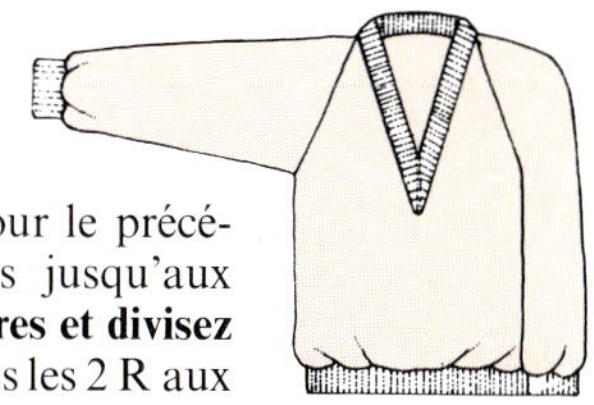

Faites le dos et les manches comme pour le précédent chandail. **Devant** Comme le dos jusqu'aux emmanchures. **Travaillez les emmanchures et divisez le travail en deux pour l'encolure,** dim tous les 2 R aux 2 extrémités, 5 m, 2 m ens, puis tric 50 (53) 56 (59) 62 m et laissez les autres m en attente. Tric le R suiv à l'env. Dim 1 m pour l'encolure puis tous les 4 R 13 (14) 15 (16) 17 autres fois, et simultanément dim 1 m pour l'emmanchure tous les 2 R jusqu'à ce qu'il ne reste plus que 2 m. Term par un R envers. Rab. Reprenez les m en attente et faites un deuxième côté semblable. **Bande d'encolure** Assemblez les coutures raglan, à l'exception du côté gauche du dos. Avec les aig e 3 mm relevez 6 m sur la manche, 60 (63) 66 (69) 72 m le long de l'encolure gauche relevez une m pour le milieu du dev, tric-la par derr, relevez le même nb de m de l'autre côté de l'encolure et de la manche puis 33 (35) 37 (39) 41 au dos de l'encolure. Vous avez 166 (174) 182 (190) 198 m sur l'aig. Tric 10 R selon les explications du pull sans manches en V. Rab en côtes. **Montage** Repassez. Assemblez les coutures du dos et de l'encolure. Cousez les coutures des manches et des côtés. Aplatissez les coutures au fer.

Chandail avec manches marteau et col ras du cou

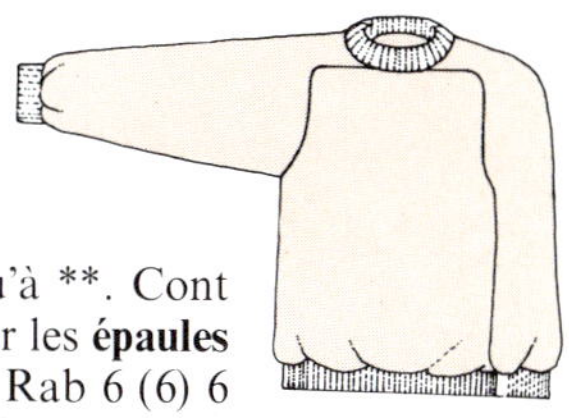

Dos Comme pour le pull de base jusqu'à **. Cont droit pendant 58 (62) 66 (70) 74 R. Pour les **épaules** rab 1 m aux 2 extrémités des 6 R suiv. Rab 6 (6) 6 (7) 7 (7) m au début des 6 R suiv puis 5 (6) 7 (5) 6 m au début des 2 R suiv. Rab les 32 (34) 36 (38) 40 m en une seule fs.
Devant Comme pour le dos. Trav droit pendant 52 (54) 56 (58) 60 R après l'emmanchure. Pour **l'encolure**, tric 37 (39) 41 (43) 45 m à l'end et laissez les autres en attente. Rab 2 m 2 fs tous les 2 R puis 1 m 1 (2) 3 (4) 5 fs tous les 2 R. Term par un R env. Pour **les épaules**, dim 1 m aux 2 extrémités du R suiv, puis 1 m pour l'emmanchure au R suiv seulement. Rép 2 autres fs ces 2 derniers R. Rab 6 (6) 6 (7) 7 m 2 fs tous les 2 R. Tric 1 R et rab les 5 (6) 7 (5) 6 m restantes en une seule fois. Reprenez les m en attente. Rab 16 m et faites un deuxième côté semblable.
Manches Comme pour le pull de base jusqu'à ****. Pour le **haut des manches**, aux 2 extrémités rab 5 m, puis 2 (2) 3 (3) 4 m, puis 1 m tous les 2 R jusqu'à ce qu'il ne reste plus que 40 m. Term par 1 R env. Rab 2 m au début des 8 R suiv. Cont sur les 28 m restantes pendant 36 (38) 40 (42) 44 R. **Manche droite** Rab tous les 2 R aux 2 extrémités, 17 m, puis 3 m, puis 1 m tous les 2 R jusqu'à ce qu'il ne reste plus que 2 m. Tric ces 2 m ens à l'end pour rab. Faites une seconde manche semblable.
Bande d'encolure Assemblez les emmanchures marteau, en laissant la couture du dos gauche ouverte. L'encolure est semblable à celle du pull de base.
Montage Repassez le tricot. Assemblez les coutures du dos et de la manche. Montez les manches. Assemblez les coutures des côtés et des manches. Aplatissez les coutures au fer.

Pulls marins

Ces modèles ont été rigoureusement sélectionnés et utilisent des points et des laines traditionnelles. Les explications du pull pour homme sont données page de droite et celles des pulls irlandais pour femme et enfant page 80.

Détail des points irlandais

Chandails irlandais
Sur cette photographie du début du siècle, on reconnaît la grande diversité des points irlandais.

Chandails irlandais
Les chandails irlandais sont tricotés à l'endroit et à l'envers sur deux aiguilles; le corps peut cependant être exécuté en rond jusqu'à la hauteur des emmanchures.
On utilise traditionnellement de la laine crème ou grise; on la teint parfois avec des colorants naturels; extraits de la mousse pour le vert clair et des algues pour le brun.

Pull Guernesey

Fournitures 950 gr de laine peignée à 5 fils, 2 aig circulaires de 2 mm, 1 de 91 cm et une autre de 51 cm, 2 aig longues de 2 mm, 2 jeux de 5 aig de 2 mm (un long et un court), 2 arrête-mailles (facultatif).
Echantillon Un carré de 10 cm en jersey avec les aig de 2 mm, 32 m et 40 R.
Taille poitrine: 96, **Longueur** 63,5 cm.
Manche 51 cm de l'épaule au poignet.
Devant et dos Avec les aig circulaires longues de 2 mm, montez 320 m. Travaillez 2 tours en mailles endroit, 2 tours en mailles envers. Trav 6 fs ces 4 tours. Continuez en jersey en faisant une fausse couture sur les côtés 157 m, 1 m env, 1 m end, 1 m env, (couture droite et dev) 157 m, 1 m env, 1 m end, 1 m env (couture gauche et derr). Tric droit pendant 32 cm ou 128 R. Travaillez l'empiècement. Commencez le gousset d'emmanchure au premier tour du motif d'empiècement en aug 1 m au milieu de chaque maille de couture de telle sorte qu'il y ait 2 m end au centre entourées de 1 m env de chaque côté. Ces deux m jersey sont le début du gousset d'emmanchure qui n'est tricoté qu'en mailles endroit. Aug 1 m de chaque côté des deux goussets jusqu'à ce que vous ayez 20 m. L'empiècement est tricoté en point fantaisie depuis le début. Pour l'emmanchure divisez le travail en deux 180 m de chaque côté. Gl les goussets et les m env de chaque côté (22 m) sur un arrête-mailles. Pour le devant continuez sur 2 aig mais travaillez les 3 m des 2 bords de l'emmanchure au point mousse. Lorsque vous arrivez à l'encolure (à 63,5 cm du début) mettez les 57 m du milieu sur un arrête-mailles. Pour les épaules, tric 50 m de chaque côté en point mousse pendant 12 R, terminez en jersey. Le dos se tricote de la même manière. Rab ens le côté dos et dev des épaules du côté dr en faisant une bordure en côtes horizontales.
Encolure Utilisez le jeu de 4 aig longues. Reprenez les 57 m en attente (dos et dev) avec les 15 m de chaque épaule, au total vous avez 144 m. Trav 17 tours en côtes 2/2, puis 1 tour end, 2 tours à l'envers, 1 tour end et rab en employant le fil double.
Manches Prenez les aig circulaires de 50 cm de longueur. Relevez 142 m pour la manche sans compter le gousset d'emmanchure. La manche commence avec 2 tours end, 2 tours env, répétés 1 fois (cont le gousset et les points de couture selon les indications déjà données) et dim 1 m des 2 côtés tous les 4 R. Tric 4,5 cm en jersey uni puis une bande du motif d'empiècement. Commencez les dim après le motif, dim 1 m des 2 côtés de la couture tous les 7 tours (5 fs), tous les 5 tours (13 fs) tous les 3 tours (11 fs) jusqu'à ce qu'il reste 80 m. Tric 7,5 cm en côtes 2/2 pour le poignet avec le jeu d'aig courtes. Rab en jersey en employant le fil double.
Point fantaisie pour l'empiècement 2 tours env, 2 tours jersey, rép 1 fs, **. **R 1** *2 m env, 2 m end*. **R 2** A l'end. **R 3** *2 m end, 2 m env *. **R 4** A l'end. Rép 5 fs ces 4 R. **Les 10 R suiv** 2 R end, 2 R env, 2 R end, 2 R env, 2 R end ** jusqu'à ce que vous obteniez 5 bandes. Les explications sont identiques pour les manches (voir schéma). Il n'y a qu'une seule bande entourée de côtes horizontales. **Remarque** Quand vous tric avec 2 aig, tric le dernier R du motif (end vers vous), puis 1 R env, 2 R end, 2 R env, 1 R end, 2 R env, 2 R end, 1 R env. Recommencez.

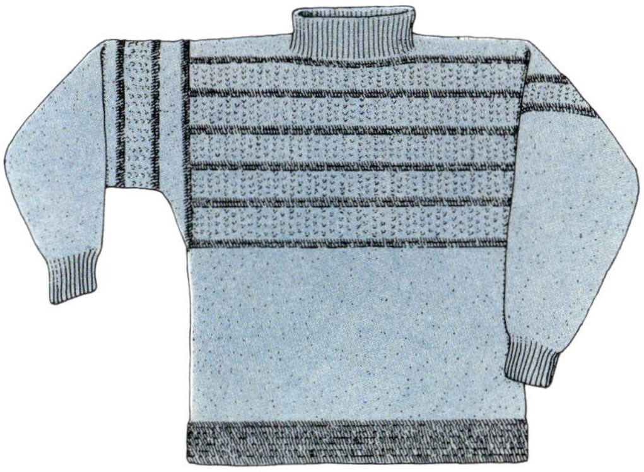

Pull guernesey
Ce pull est tricoté en rond mais on réalise de fausses coutures sur les côtés et le long des manches jusqu'aux poignets. Les augmentations sont tricotées dans les mailles de couture pour le gousset d'emmanchure, détail qui assure une longue vie à votre tricot. Les manches sont tricotées en relevant des mailles aux épaules et de haut en bas jusqu'au poignet.

Pull irlandais pour enfant

Le pull marin, de forme carrée, est tricoté avec des manches amples qui permettent une grande souplesse de mouvements. Il est exécuté en laine peignée à 5 fils avec de très fines aiguilles. Le tricot terminé est épais et serré, imperméable au vent et à la pluie et assez résistant pour durer toute une vie. On peut varier à l'infini les motifs de l'empiècement.

Les pulls irlandais originaires d'une des trois îles de la côte occidentale de l'Irlande, Inishmore, Inishmaan et Inisheer, sont tricotés en laine du pays épaisse et non dégraissée, ce qui rend le vêtement tricoté totalement imperméable. Les motifs de leurs chandails rythment la vie des pêcheurs: les torsades représentent les cordes, les losanges, les mailles des filets de pêche, les zigzags sont des sentiers dans les falaises ou des éclairs en sillons. Mais les riches motifs irlandais évoquent aussi les emblèmes entrelacés si caractéristiques de l'art celtique. Des archéologues supposent que l'art du tricot et des motifs fut transmis à ces îles par une secte copte venue d'Egypte en empruntant les routes du commerce de la Méditerranée par la France.

Explications

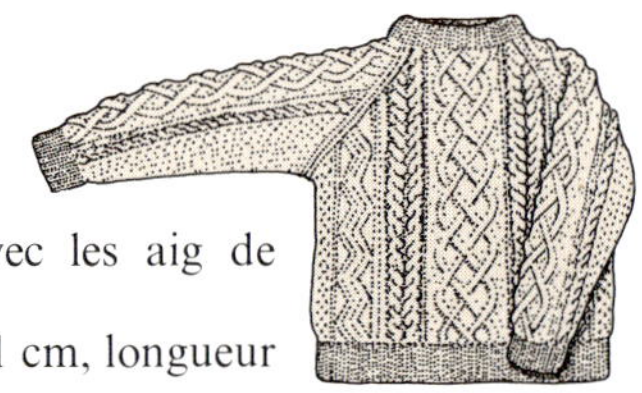

Fournitures 400 gr de grosse laine «Sport», 2 aig de 4 mm et 2 aig de 4,5 mm, 1 aig aux, 1 arrête-mailles et 2 épingles de suretê.
Echantillon Un carré de 10 cm avec les aig de 4,5 mm donne 20 m et 24 R.
Taille 6-8 ans. Tour de poitrine 66-71 cm, longueur 44,5 cm, couture de manche 30 cm.
Dos Avec les aig de 4 mm, montez 80 m. Tric le premier R à l'end en prenant les m par derrière puis 11 R de côtes 1/1, en tric 1 m lisière à l'end. Prenez les aig de 4,5 mm et commencez les torsades. **R 1** *1 m end, (1 m end, 1 m env) 2 fs, 1 m end tric par derr, 2 m env, (gl 1 m sur 1 aig aux, placée dev 1 m end tric par derr, tric à l'env la m de l'aig aux) 3 fs, 1 m end, 1 m env, 1 m end, 1 m end tric par derr, 1 m env, 2 m c dr, (1 m env, 4 m end) 2 fs, 1 m env, 2 m c dev, 4 m env, 4 m end, 6 m env, 4 m end, 4 m env, 2 m c dr, (1 m env, 4 m end) 2 fs, 1 m env, 2 m c dev, 1 m end tric par derr, 1 m end, 1 m env, 1 m end, (gl 1 m sur 1 aig aux placée dev, 1 m env, tric à l'end la m gl) 3 fs, 2 m env, 1 m end tric par derr, (1 m env, 1 m end) 2 fs, 1 m end. **R 2** (1 m end, 1 m env) 2 fs, 1 m end, 1 m env tric par derr, 2 m end, (1 m env tric par derr, 1 m end) 3 fs, 1 m env, 1 m end, 1 m env, 1 m env tric par derr, 1 m end, 2 m env, 1 m end, (4 m env, 1 m end) 2 fs, 2 m env, 4 m end, 4 m env, 6 m end, 4 m env, 4 m end, 2 m env, (1 m end, 4 m env) 2 fs, 1 m end, 2 m env, 1 m end, 1 m env tric par derr, (1 m env, 1 m end) 2 fs, (1 m env tric par derr, 1 m end) 3 fs, 1 m end, 1 m env tric par derr, (1 m end, 1 m env) 2 fs, 1 m end **R 3** 1 m end, (1 m env, 1 m end) 2 fs, 1 m end tric par derr, 1 m env, (gl 1 m sur 1 aig aux placée derr, 1 m end tric par derr, tric à l'env la m gl) 3 fs, (1 m end, 1 m env) 2 fs, 1 m end tric par derr, 1 m env, 2 m c dev, 1 m env, 4 m tors derr, 1 m env, 4 m tors dev, 1 m env, 2 m c dr, 4 m env, 4 m tors dev, 6 m env, 4 m tors dev, 4 m env, 2 m c dev, 1 m env, 4 m tors derr, 1 m env, 4 m tors dev, 1 m env, 2 m c dr, 1 m env, 1 m end tric par derr, (1 m env, 1 m end) 2 fs, (gl 1 m sur 1 aig aux placée dev, 1 m env, tric à l'end par derr la m gl) 3 fs, 1 m env, 1 m end tric par derr, (1 m end, 1 m env) 2 fs, 1 m end. **R 4** 1 m end, (1 m end, 1 m env) 2 fs, 1 m env tric par derr, 1 m end, (1 m env tric par derr, 1 m end) 3 fs, (1 m env, 1 m end) 2 fs, 1 m env tric par derr, 1 m end, 2 m env, (1 m end, 4 m env) 2 fs, 1 m end, 2 m env, 4 m end, 4 m env, 6 m end, 4 m env, 4 m end, 2 m env, (1 m end, 4 m env) 2 fs, 1 m end, 2 m env, 1 m end, 1 m env tric par derr, (1 m end, 1 m env) 2 fs, 1 m end (1 m env tric par derr, 1 m end) 3 fs, 1 m env tric par derr, (1 m env, 1 m end) 2 fs, 1 m end. **R 5** 1 m end, (1 m end, 1 m env) 2 fs, 1 m end tric par derr, 1 m env, (gl 1 m sur 1 aig aux dev, 1 m env tric à l'end par derr la m gl) 3 fs, (1 m env, 1 m end) 2 fs, 1 m end tric par derr, 1 m env, 2 m c dr, 1 m env, (4 m end, 1 m env) 2 fs, 2 m c dev, 3 m env, 3 m tors derr, 3 m tors dev, 4 m env, 3 m t derr, 3 m t dev, 3 m env, 2 m c dr, (1 m env, 4 m end) 2 fs, 1 m env, 2 m c dev, 1 m env, 1 m end tric par derr, (1 m end, 1 m env) 2 fs, (gl 1 m sur 1 aig aux derr, 1 m end tric par derr, tric à l'env la m gl) 3 fs, 1 m env, 1 m end tric par derr, (1 m env, 1 m end) 2 fs, 1 m end. **R 6** (1 m end, 1 m env) 2 fs, 1 m end, 1 m env tric par derr, 2 m end, (1 m env tric par derr, 1 m end) 3 fs, 1 m env, 1 m end, 1 m env, 1 m env tric par derr, 1 m end, 2 m env, 1 m end, (4 m env, 1 m end) 2 fs, 2 m env, 3 m end, 2 m env, 2 m end, 2 m env, 4 m end, 2 m env, 2 m end, 2 m env, 3 m end, 2 m env, (1 m end, 4 m env) 2 fs, 1 m end, 2 m env, 1 m end, 1 m env tric par derr, (1 m env, 1 m end) 2 fs, (1 m env tric par derr, 1 m end) 3 fs, 1 m end, 1 m env tric par derr, (1 m end, 1 m env) 2 fs, 1 m end. **R 7** 1 m end (1 m env, 1 m end) 2 fs, 1 m end tric par derr, 2 m env, (gl 1 m sur 1 aig aux dev, 1 m env, tric à l'end par derr la m gl) 3 fs, 1 m env, 1 m end, 1 m env, 1 m end tric par derr, 1 m env, 2 m c dev, 1 m env (4 m end, 1 m env) 2 fs, 2 m c dr, 2 m env, 3 m t derr, 2 m env, 3 m t dev, 2 m env, 3 m t derr, 2 m env, 3 m t dev, 2 m env, 2 m c dev, 1 m env, (4 m end, 1 m env) 2 fs, 1 m env, 2 m c dr, 1 m env, 1 m end tric par derr, 1 m env, 1 m end, 1 m env, (gl 1 m sur 1 aig aux derr, tric 1 m end par derr, tric à l'env la m gl) 3 fs, 2 m env, 1 m end tric par derr, (1 m end, 1 m env) 2 fs, 1 m end. **R 8** 1 m end, (1 m end, 1 m env) 2 fs, 1 m env tric par derr, 3 m end, (1 m env tric par derr, 1 m end) 3 fs, 1 m env, 1 m end, 1 m env tric par derr, 1 m end, 2 m env, 1 m end, (4 m env, 1 m end) 2 fs, 2 m env, 2 m end, 2 m env, 4 m end, 2 m env, 2 m end, 2 m env, 4 m end, 2 m env, 2 m end, 2 m env, (1 m end, 4 m env) 2 fs, 1 m end, 2 m env, 1 m end, 1 m env tric par derr, 1 m end, 1 m env, 1 m end, (1 m env tric par derr, 1 m end) 3 fs, 2 m end, 1 m env tric par derr, (1 m env, 1 m end) 2 fs, 1 m end. **R 9** 1 m end, (1 m end, 1 m env) 2 fs, 1 m end tric par derr, 3 m env, (gl 1 m sur 1 aig aux dev, 1 m env, tric à l'end par derr la m gl) 3 fs, 1 m env, 1 m end, 1 m end tric par derr, 1 m env, 2 m c dr, 1 m env, 4 m tors derr, 1 m env, 4 m tors dev, 1 m env, 2 m c dev, 1 m env, 3 m t derr, 4 m env, 3 m t dev, 3 m t derr, 4 m env, 3 m t dev, 1 m env, 2 m c dr, 1 m env, 4 m tors derr, 1 m env, 4 m tors dev, 1 m env, 2 m c dev, 1 m env, 1 m end tric par derr, 1 m end, 1 m env, (gl 1 m sur 1 aig aux placée derr, 1 m end tric par derr, tric à l'env la m gl) 3 fs, 3 m env, 1 m end tric par derr, (1 m env, 1 m end) 2 fs, 1 m end. **R 10** (1 m end, 1 m env) 2 fs, 1 m end, 1 m env tric par derr, 4 m end, (1 m env tric par derr, 1 m end) 3 fs, 1 m env, 1 m env tric par derr, 1 m end, 2 m env, 1 m end, (4 m env, 1 m end) 2 fs, 2 m env, 1 m end, 2 m env, 6 m end, 4 m env, 6 m end, 2 m env, 1 m end, 2 m env, 1 m end, (4 m env, 1 m end) 2 fs, 2 m env, 1 m end, 1 m env tric par derr, 1 m env, 1 m end, (1 m env tric par derr, 1 m end) 3 fs, 3 m end, 1 m env tric par derr (1 m end, 1 m env) 2 fs, 1 m end. **R 11** 1 m end, (1 m env, 1 m end) 2 fs, 1 m end tric par derr, 4 m env, (gl 1 m sur 1 aig aux dev, 1 m env, tric à l'end par derr la m gl) 3 fs, 1 m env, 1 m end tric par derr, 1 m env, 1 m end tric par derr, 2 m c dev, 1 m env, (4 m end, 1 m env) 2 fs, 2 m c dr, 1 m env, 2 m end, 6 m env; gl 2 m sur 1 aig aux derr, 1 m end, tric à l'end les 2 m de l'aig aux, 6 m env, 2 m end, 1 m env, 2 m c dev, (1 m env, 4 m end) 2 fs, 1 m env, 2 m c dr, 1 m env, 1 m end tric par derr, 1 m env, (gl 1 m sur 1 aig aux placée derr, 1 m end tric par derr, tric à l'env la m gl) 3 fs, 4 m env, 1 m end tric par derr, (1 m end, 1 m env) 2 fs, 1 m end. **R 12** 1 m end, (1 m end, 1 m env) 2 fs, 1 m env tric par derr, 5 m end, (1 m env tric par derr, 1 m end) 3 fs, 1 m env tric par derr, 1 m end, 2 m env, 1 m end, (4 m env, 1 m end) 2 fs, 2 m env, 1 m end, 2 m env, 6 m end, 4 m env, 6 m end, 2 m end, 1 m end, 2 m env, 1 m end, (4 m env, 1 m end) 2 fs, 2 m env, 1 m end, 1 m env tric par derr, 1 m end, (1 m env tric par derr, 1 m end) 3 fs, 4 m end, 1 m env tric par derr, (1 m env, 1 m end) 2 fs, 1 m end. **R 13** 1 m end, (1 m end, 1 m env) 2 fs, 1 m end tric par derr, 4 m env, (gl 1 m sur 1 aig aux derr, 1 m end tric par derr, tric à l'env la m gl) 3 fs, 1 m end, 1 m end tric par derr, 1 m env, 2 m c dr, 1 m env, (4 m end, 1 m env) 2 fs, 2 m c dev, 1 m env, 3 m t dev, 4 m env, 3 m t derr, 3 m t dev, 4 m env, 3 m t derr, 1 m env, 2 m c dr, (1 m env, 4 m end) 2 fs, 1 m env, 2 m c dev, 1 m env, 1 m end tric par derr, 1 m end, (gl 1 m sur 1 aig aux placée dev, 1 m env, tric à l'end la m gl) 3 fs, 4 m env, 1 m end tric par derr, (1 m env, 1 m end) 2 fs, 1 m end. **R 14** (1 m end, 1 m env) 2 fs, 1 m end, 1 m env tric

(Suite des explications pages 335 et 336.)

Pull irlandais pour femme

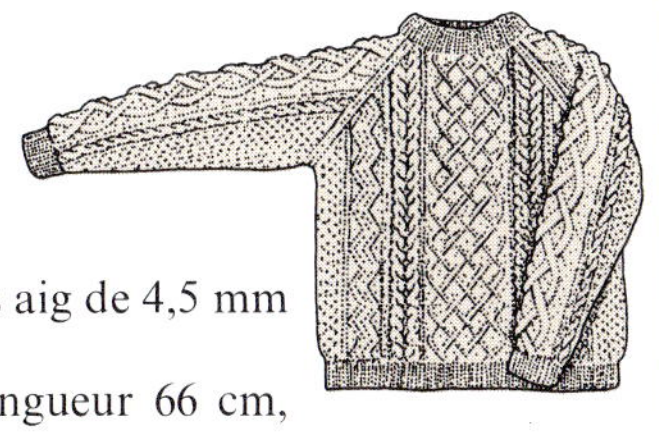

Fournitures 800 g de grosse laine sport, 2 aiguilles de 4 mm et 2 aiguilles de 4,5 mm, aig aux, 1 arrête-mailles et 2 épingles de sûreté.

Echantillon 1 carré de 10 cm avec les aig de 4,5 mm donne 20 m et 24 R.

Taille Tour de poitrine 91-96,5. Longueur 66 cm, couture des manches 46 cm.

Dos Avec les aig de 4 mm, montez 111 m. Tric 1 R de m end torses. Tric 11 R de côtes 1/1, en tric 1 m lisière à l'end. Prenez les aig de 4,5 mm et commencez les torsades. **R 1** 1 m end, (1 m env, 1 m end) 4 fs, 1 m end tric par derr, 1 m env, 1 m end tric par derr, 2 m env, (1 m t derr) 3 fs, 1 m end, 1 m env, 1 m end, 1 m end tric par derr, 1 m env, 2 m c dr, 1 m env, (1 m env, 4 m end) 2 fs, 1 m env, 2 m c dev, 2 m end, 4 m env, (4 m end, 6 m env) 2 fs, 4 m end, 2 m env, aug 1 m à l'env dans la m suiv, 2 m c dr, (1 m env, 4 m end) 2 fs, 1 m env, 2 m c dev, 1 m env, 1 m end tric par derr, 1 m end, 1 m env, 1 m end, (1 m t dev) 3 fs, 2 m env, 1 m end tric par derr, 1 m env, 1 m end tric par derr, (1 m end, 1 m env) 4 fs, 1 m end. **R 2** 1 m end, (1 m end, 1 m env) 4 fs, 1 m env tric par derr, 1 m end, 1 m env tric par derr, 2 m end, (1 m env tric par derr, 1 m end) 3 fs, 1 m env, 1 m end, 1 m env, 1 m env tric par derr, 1 m end, 2 m env, 1 m end, 1 m env tric par derr, (1 m env, 1 m end) 2 fs, (1 m env tric par derr, 1 m end) 3 fs, 1 m end, 1 m env tric par derr, 1 m end, 1 m env tric par derr, (1 m env, 1 m end) 4 fs. **R 3** 1 m end, (1 m end, 1 m env) 4 fs, 1 m end tric par derr, 1 m env, 1 m end t tric par derr, 1 m env, (1 m t derr) 3 fs, (1 m end, 1 m env) 2 fs, 1 m end tric par derr, 1 m env, 2 m c dev, 1 m env, 4 m t derr, 1 m env, 4 m t dev, 1 m env, 2 m c dr, 4 m env, (4 m t dev, 6 m env) 2 fs, 4 m t dev, 4 m env, 2 m c dev, 1 m env, 4 m t derr, 1 m env, 4 m t dev, 1 m env, 2 m c dr, 1 m env, 1 m end tric par derr, (1 m env, 1 m end) 2 fs, (1 m t dev) 3 fs, 1 m env, 1 m end tric par derr, 1 m env, 1 m end tric par derr, (1 m end, 1 m env) 4 fs, 1 m end. **R 4** 1 m end, (1 m env, 1 m end) 4 fs, 1 m env tric par derr, 1 m end, 1 m env tric par derr, 1 m end, (1 m env tric par derr, 1 m end) 3 fs, (1 m env, 1 m end) 2 fs, 1 m env tric par derr, 1 m end, 2 m env, (1 m end, 4 m env) 2 fs, 1 m end, 2 m env, 4 m end, 4 m env, (6 m end, 4 m env) 2 fs, 4 m end, 2 m env, (1 m end, 4 m env) 2 fs, 1 m end, 2 m env, 1 m end, 1 m env tric par derr, (1 m end, 1 m env) 2 fs, 1 m end, (1 m env tric par derr, 1 m end) 3 fs, 1 m env tric par derr, 1 m end, 1 m env tric par derr, (1 m env, 1 m end) 4 fs, 1 m end. **R 5** 1 m end, (1 m env, 1 m end) 4 fs, (1 m end tric par derr, 1 m env) 2 fs, (1 m t dev) 3 fs, (1 m env, 1 m end) 2 fs, 1 m end tric par derr, 1 m env, 2 m c dr, 1 m env, (4 m end, 1 m env) 2 fs, 2 m c dev, 3 m env, (3 m t derr, 3 m t dev, 4 m env) 2 fs, 3 m t derr, 3 m t dev, 3 m env, 2 m c dr, (1 m env, 4 m end) 2 fs, 1 m env, 2 m c dev, 1 m env, 1 m end tric par derr, (1 m end, 1 m env) 2 fs, 3 m t derr, 3 m t dev, 3 m env, 2 m c dr, (1 m env, 4 m end) 2 fs, 1 m env, 2 m c dev, 1 m env, 1 m end tric par derr, (1 m end, 1 m env) 2 fs, (1 m t derr) 3 fs, (1 m env, 1 m end tric par derr) 2 fs, (1 m end, 1 m env) 4 fs, 1 m end. **R 6** 1 m end, (1 m end, 1 m env) 4 fs, 1 m env tric par derr, 1 m end, 1 m env tric par derr, 2 m end, (1 m env tric par derr, 1 m end) 3 fs, 1 m env, 1 m end, 1 m env, 1 m env tric par derr, 1 m end, 2 m env, (1 m end, 4 m env) 2 fs, 1 m end, 2 m env, 3 m end, (2 m env, 2 m end, 2 m env, 4 m end) 2 fs, 2 m env, 2 m end, 2 m env, 3 m end, 2 m env, (1 m end, 4 m env) 2 fs, 1 m end, 2 m env, 1 m end, 1 m env tric par derr, (1 m env, 1 m end) 2 fs, (1 m env tric par derr, 1 m end) 3 fs, 1 m end, 1 m env tric par derr, 1 m end, 1 m env tric par derr, (1 m env, 1 m end) 4 fs, 1 m end. **R 7** 1 m end, (1 m end, 1 m env) 4 fs, 1 m end tric par derr, 1 m env, 1 m end tric par derr, 2 m env, (1 m t dev) 3 fs, 1 m env, 1 m end, 1 m env, 1 m end tric par derr, 1 m env, 2 m c dev, 1 m env, (4 m end, 1 m env) 2 fs, 2 m c dr, 2 m env, (3 m t derr, 2 m env, 3 m t dev, 2 m env) 3 fs, 2 m c dev, (1 m env, 4 m end) 2 fs, 1 m env, 2 m c dr, 1 m env, 1 m end tric par derr, 1 m env, 1 m end, 1 m env, (1 m t dev) 3 fs, 2 m env, 1 m end tric par derr, 1 m env, 1 m end tric par derr, (1 m env, 1 m end) 4 fs, 1 m end. **R 8** 1 m end, (1 m env, 1 m end) 4 fs, 1 m env tric par derr, 1 m end, 1 m env tric par derr, 3 m end, (1 m env tric par derr, 1 m end) 3 fs, 1 m env, 1 m end, 1 m env tric par derr, 1 m end, 2 m env, 1 m end, (4 m env, 1 m end) 2 fs, 2 m env, (2 m end, 2 m env, 4 m end, 2 m env) 3 fs, 2 m end, 2 m env, (1 m end, 4 m env) 2 fs, 1 m end, 2 m env, 1 m end, 1 m env tric par derr, 1 m end, 1 m env, 1 m end, (1 m env tric par derr, 1 m end) 3 fs, 2 m end, 1 m env tric par derr, 1 m end, 1 m env tric par derr, (1 m end, 1 m env) 4 fs, 1 m end. **R 9** 1 m end, (1 m env, 1 m end) 4 fs, 1 m end tric par derr, 1 m env, 1 m end tric par derr, 3 m env, (1 m t dev) 3 fs, 1 m env, 1 m end, 1 m end tric par derr, 1 m env, 2 m c dr, 1 m env, 4 m t derr, 1 m env, 4 m t dev, 1 m env, 2 m c dev, 1 m env, (3 m t derr, 4 m env, 3 m t dev) 3 fs, 1 m env, 2 m c dr, 1 m env, 4 m t derr, 1 m env, 4 m t dev, 1 m env, 2 m c dev, 1 m env, 1 m end tric par derr, 1 m end, 1 m env, (1 m t derr) 3 fs, 3 m env, 1 m end tric par derr, 1 m env, 1 m end tric par derr, (1 m end, 1 m env) 4 fs, 1 m end. **R 10** 1 m end, (1 m end, 1 m env) 4 fs, 1 m env tric par derr, 1 m end, 1 m env tric par derr, 4 m end, (1 m env tric par derr, 1 m end) 3 fs, 1 m env, 1 m env tric par derr, 1 m end, 2 m env, 1 m end, (4 m env, 1 m end) 2 fs, 2 m env, 1 m end, 2 m env, (6 m end, 4 m env) 2 fs, 6 m end, 2 m env, 1 m end, 2 m env, 1 m end, (4 m env, 1 m end) 2 fs, 2 m env, 1 m end, 1 m env tric par derr, 1 m env, 1 m end, (1 m env tric par derr, 1 m end) 3 fs, 3 m end, 1 m env tric par derr, 1 m end, 1 m env tric par derr, (1 m env, 1 m end) 4 fs, 1 m end. **R 11** 1 m end, (1 m end, 1 m env) 4 fs, 1 m end tric par derr, 1 m env, 1 m end tric par derr, 4 m env, (1 m t dev) 3 fs, 1 m env, 1 m end tric par derr, 1 m env, 2 m c dev, 1 m env, (4 m end, 1 m env) 2 fs, 2 m c dr, 1 m env, 2 m end, (6 m env, 4 m t derr) 2 fs, 6 m env, 2 m end, 1 m env, 2 m c dev, (1 m env, 4 m end) 2 fs, 1 m env, 2 m c dr, 1 m env, 1 m end tric par derr, 1 m env, (1 m t derr) 3 fs, 4 m env, 1 m end tric par derr, 1 m env, 1 m end tric par derr, (1 m env, 1 m end) 4 fs, 1 m end. **R 12** 1 m end, (1 m env, 1 m end) 4 fs, 1 m env tric par derr, 1 m end, 1 m env tric par derr, 5 m end, (1 m env tric par derr, 1 m end) 3 fs, 1 m env tric par derr, 1 m end, 2 m env, 1 m end, (4 m env, 1 m end) 2 fs, 2 m env, 1 m end, 2 m env, (6 m end, 4 m env) 2 fs, 6 m end, 2 m env, 1 m end, (4 m env, 1 m end) 2 fs, 2 m env, 1 m end, 1 m env tric par derr, 1 m end, (1 m env tric par derr, 1 m end) 3 fs, 4 m end, 1 m env tric par derr, 1 m end, 1 m env tric par derr.

(Suite des explications page 336.)

Abréviations des tricots irlandais

1 m t derr: Gl 1 m sur une aig aux placée derr, 1 m end tric par derr, tric à l'env la m de l'aig aux.

1 m t dev: Gl 1 m sur une aig aux placée dev, 1 m env, tric à l'end par derr la m de l'aig aux.

2 m t dev: Tric dans le brin avant de la seconde m de l'aig gauche puis dans la première m. Faites glisser les 2 m en même temps de l'aig gauche.

2 m t derr: Tric dans le brin arrière de la seconde maille de l'aig gauche puis dans celui de la première maille. Faites glisser les 2 m en même temps de l'aig gauche.

3 m t dev: Gl les 2 m suiv sur une aig aux placée dev, tric la m suiv à l'env puis à l'end les m de l'aig aux.

3 m t derr: Gl la m suiv sur une aig aux placée derr, tric 2 m à l'end puis à l'env la m de l'aig aux.

4 m t dev: Gl les 2 m suiv sur une aig aux placée dev, tric 2 m à l'end puis à l'end les m de l'aig aux.

4 m t derr: Gl les 2 m suiv sur une aig aux placée derr, tric 2 m à l'end, puis à l'end les 2 m de l'aig aux.

m c dev (maille croisée devant): Passez l'aig dr devant la 1° m de l'aig gauche et tric la m suiv à l'endroit, puis sans la laisser tomber, tric la 1° m à l'end. Faites glisser ensemble les 2 m de l'aig gauche.

m c dr (maille croisée derrière): Passez l'aig dr derr la 1° m de l'aig gauche puis tric à l'end la m suiv en la prenant par derr, sans la laisser tomber, tric la 1° m à l'end. Faites glisser ens les 2 m de l'aig gauche.

Boutonnières et bandes de boutonnières

Bandes de boutonnières
On peut utiliser un grand nombre de points pour les bandes de boutonnières, cependant le point mousse et le point de riz sont préférables, car ils ne roulent pas. Vous pouvez tricoter ces bandes avec la même laine que le tricot, mais rien ne vous empêche de choisir une couleur dans une tonalité voisine ou au contraire fortement contrastée.

Si les bandes de boutonnières sont tricotées séparément pour être assemblées au tricot ultérieurement, tricotez les 2 bandes simultanément, en utilisant une pelote pour chaque bande. Les deux bandes seront ainsi parfaitement identiques. Si vous tricotez les 2 bandes séparément, marquez l'emplacement des boutonnières sur l'autre bande avec une épingle afin de déterminer exactement la position des boutons.

Boutonnières horizontales
On les utilise surtout pour les chandails, cardigans et vestes.

Exécution

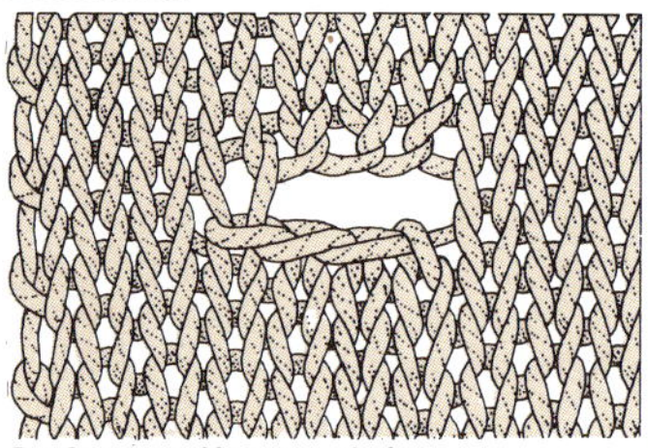

La boutonnière terminée

Tricotez jusqu'à l'emplacement de la boutonnière qui doit commencer à 3 ou 4 cm du bord de la bande. Rabattez 2 m ou davantage selon la grosseur du bouton.

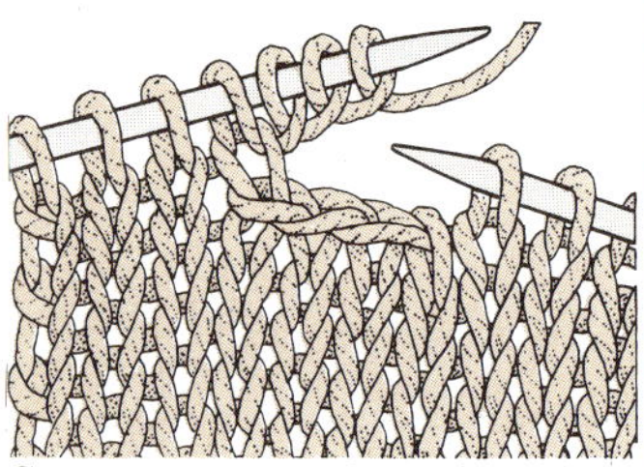

Comment remonter les mailles diminuées

Au rang suivant remontez le nombre de mailles correspondant au nombre de mailles diminuées.

Boutonnières horizontales renforcées
C'est une boutonnière particulièrement résistante. Ne l'utilisez que pour de gros vêtements.

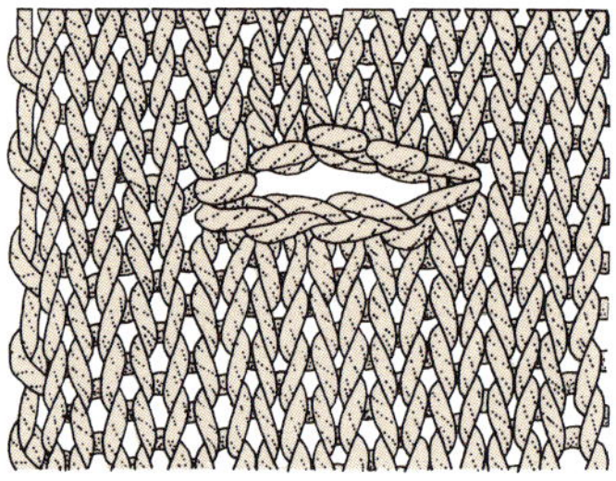

La boutonnière terminée

Exécution de la boutonnière
Passez le fil devant l'ouvrage, glisser 1 maille, ramenez le fil en arrière . * Glissez une seconde maille, rabattez la première maille glissée *. Répétez jusqu'à ce que vous ayez rabattu le nombre de mailles nécessaire. Replacez la dernière maille du rang sur l'aiguille gauche.

Tournez, reprenez le fil et passez-le entre les aiguilles à l'arrière. Utilisez le montage torsadé (page 17) et remontez le nombre de mailles rabattues plus une. Avant de placer la dernière des mailles remontées, amenez le fil devant l'ouvrage pour former une barre de division entre la dernière maille et la première maille qui suit la dernière maille remontée. La boutonnière est maintenant terminée.

Boutonnière layette
Ce sont les plus faciles. On les utilise surtout pour les vêtements de bébé et les points de dentelle. Faites un échantillon en tricotant un œillet et vérifiez s'il s'adapte à la taille de votre bouton. Pour de très petits boutons, vous pouvez tricoter des œillets simples, ouverts ou chaînettes. Pour des boutons plus gros, utilisez les autres œillets. Les explications des œillets sont données page 42.

Boutonnières verticales
On les utilise surtout avec les poches ou les revers d'un vêtement.

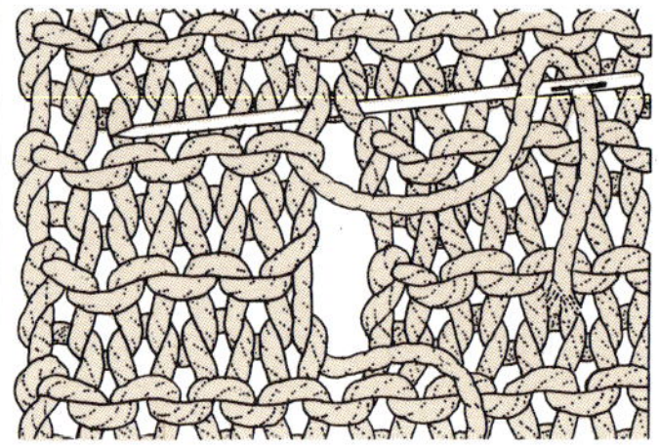

Fils rentrés

Exécution de la boutonnière
A l'emplacement prévu pour la boutonnière, séparez le tricot en deux et tricotez chaque partie séparément, jusqu'à la hauteur désirée. Tricotez un nombre impair de mailles pour que la pointe de l'aiguille soit prête à tricoter le côté gauche. Faites ensuite le côté gauche en tricotant un rang de moins que le côté droit et réunissez de nouveau les mailles. Rentrez les fils.

Patte de boutonnage
Parfois, lorsqu'on sépare un ouvrage en 2 pour former une ouverture dans un vêtement, il est nécessaire d'ajouter un élément de tricot supplémentaire pour y fixer les boutons.

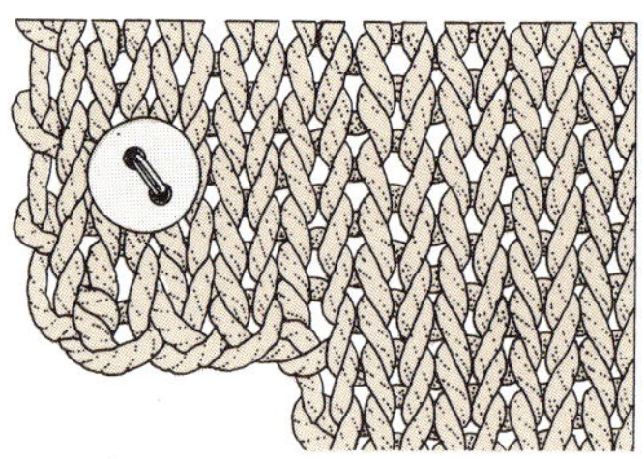

La patte de boutonnage terminée

Exécution d'une patte de boutonnage

Montage

A la fin d'un rang, montez un certain nombre de mailles supplémentaires et tricotez-les jusqu'à ce que vous ayez atteint la longueur désirée. Rabattez alors les mailles supplémentaires.

Poches

Poches fendues
Ces poches fendues sont tricotées en même temps que l'ouvrage.

Exécution
Tricotez jusqu'à l'emplacement du haut de la poche. Puis tricotez une bande de la largeur de la poche, et laissez en attente, sur des arrête-mailles, les mailles de chaque côté de cette bande. (Voir schéma à droite.)

Repliez la bande pour former la poche. Reprenez les mailles en attente et réunissez-les à celles de la bande. (Voir schéma à droite.)

Si un rabat de poche s'avère nécessaire, il faut l'ajouter par la suite en relevant des mailles en haut de la ligne de pliure de la poche. Pour éviter la formation de trous, ajoutez une maille à chaque extrémité. Tricotez ces mailles jusqu'à la longueur désirée. (Voir schéma à droite.)

Poches appliquées
Vous pouvez rehausser un simple jersey en l'agrémentant d'une poche décorée de torsades, de points ajourés ou de mouches. La poche est tricotée séparément puis cousue sur l'endroit de l'ouvrage selon la technique du jacquard brodé (page 65.) Le rabat est tricoté en même temps que l'ouvrage.

Exécution
Tricotez un carré ou un rectangle de la hauteur et de la largeur de la poche. Terminez par un rang à l'envers. Rapportez ensuite la pièce sur l'ouvrage, puis tricotez le rabat séparément; montez le même nombre de mailles que pour la poche, plus 2, et tricotez le rabat jusqu'à la longueur désirée. Placez l'aiguille qui porte les mailles du rabat contre celle qui porte les mailles du vêtement et tricotez ensemble une maille du tricot et une maille de rabat. (Voir schéma à droite.)

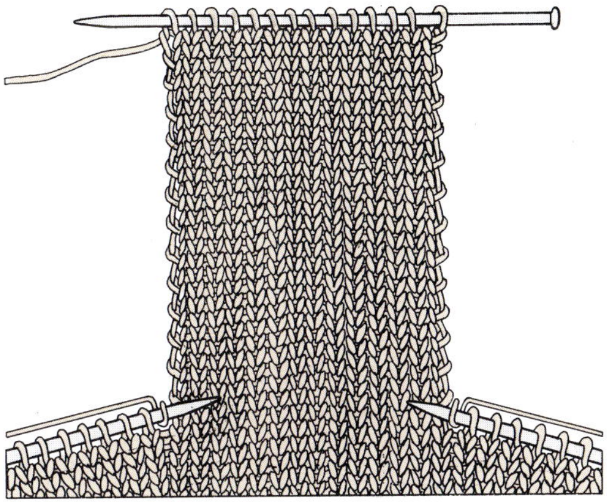

Poche fendue horizontalement
Tricotez une bande de la longueur et de la largeur de la poche et laissez de chaque côté en attente les mailles de l'ouvrage.

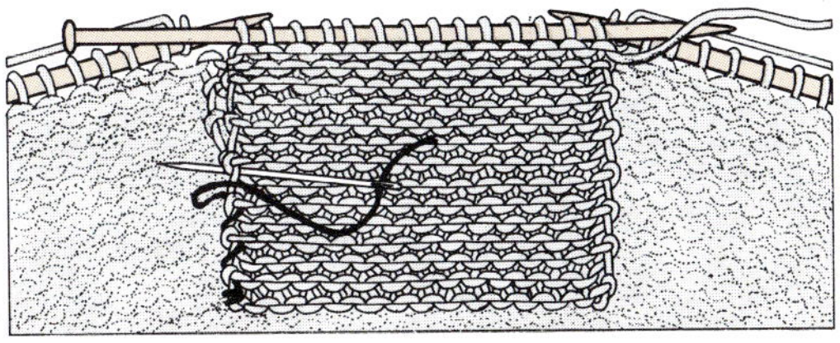

Assemblage
Repliez la bande tricotée pour former la poche. Cousez les côtés de la poche.

Bordure relevée
Relevez les mailles en haut de la poche et ajoutez 1 maille de chaque côté.

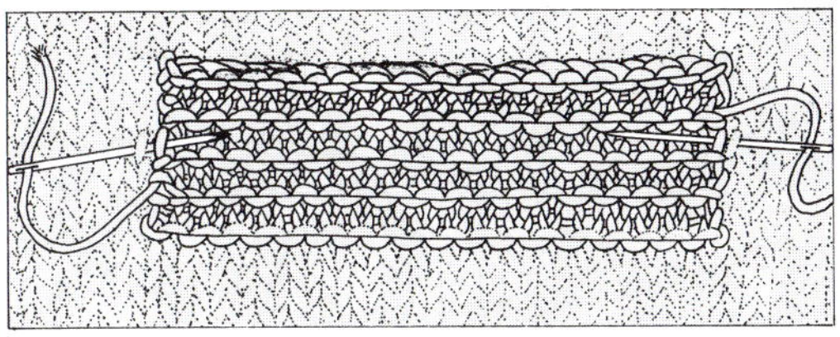

Finition de la poche
Cousez les côtés du rabat. Vous obtenez ainsi une poche fendue avec un rabat en point mousse.

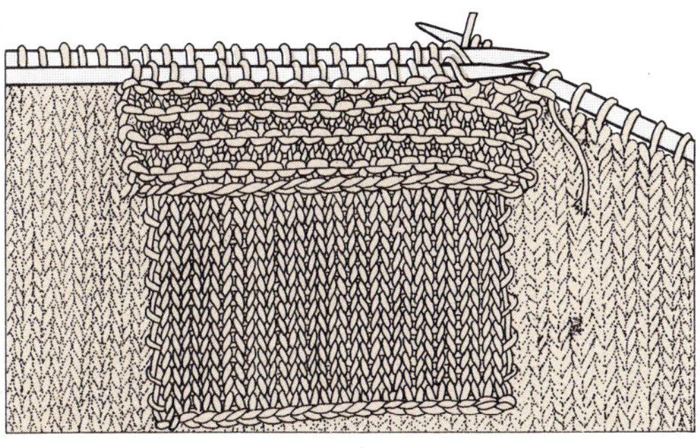

Assemblage d'une poche appliquée
Placez l'aiguille qui porte les mailles du tricot contre celle qui porte les mailles du rabat, et tricotez ensemble une maille du tricot et une maille du rabat.

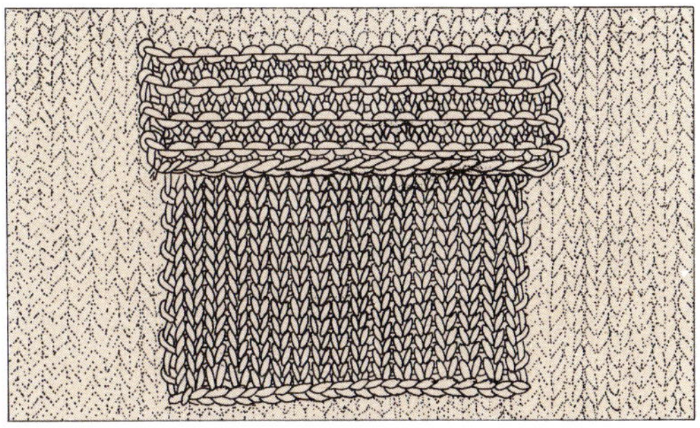

Poche appliquée à rabat
Poche appliquée terminée avec son rebord en point mousse.

Ourlets

La manière la plus classique est le tricot en côtes qui donne de la netteté aux poignets, à la taille et aux hanches. Cependant, on peut utiliser d'autres types d'ourlets.

Ourlet rabattu en jersey

En commençant un ouvrage par le bas, montez les mailles selon la méthode du montage tricoté, indiquée page 17. Tricotez quelques rangs de jersey pour l'ourlet, puis, sur l'endroit de l'ouvrage, tricotez un rang à l'envers pour marquer la pliure.

Tricotez le même nombre de rangs plus un et terminez par un rang envers. Avec la seconde aiguille, relevez les mailles de montage. Placez les deux aiguilles l'une contre l'autre et, avec une troisième aiguille, tricotez deux mailles ensemble. L'ouvrage est ainsi plié en deux et un pli d'ourlet s'est formé. Les mailles sont prêtes à être tricotées.

Ourlet dent de chat

Travaillez comme pour l'ourlet rabattu jusqu'à la hauteur désirée. Sur la ligne de pliure, tricotez une rangée de trou-trous: 1 rang (sur l'end) 1 m end, *2 m ens à l'end, 1 jeté, *1 m end. 2 rang tricotez mailles et jetés à l'envers. Continuez en jersey, en tricotant le même nombre de rangs plus un pour terminer par un rang envers. Terminez comme pour l'ourlet rabattu.

Ourlet fantaisie

On peut utiliser des motifs de bordures ou de lisières pour les ourlets. Les bordures doivent avoir le même nombre de mailles que le tricot et les lisières doivent avoir la longueur requise. Reportez-vous aux pages 28 à 33.

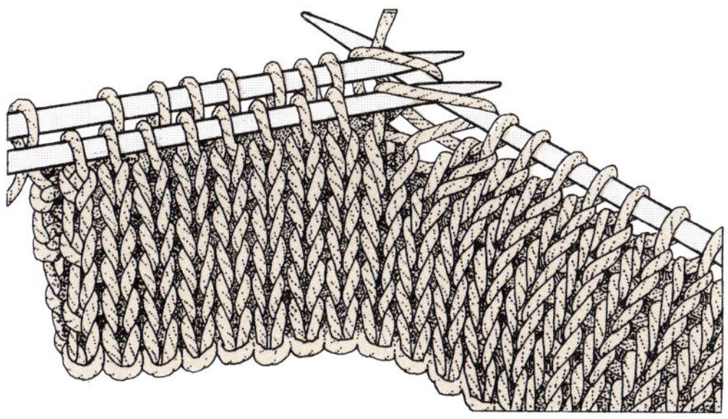

Ourlet rabattu en jersey
Relevez les mailles de montage et placez les deux aiguilles l'une contre l'autre. Tricotez deux mailles ensemble.

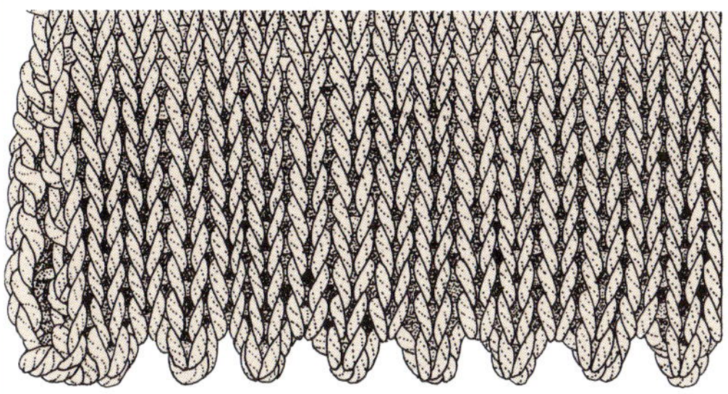

Ourlet en dents de chat
Le rang de trou-trous plié forme une ligne de dents.

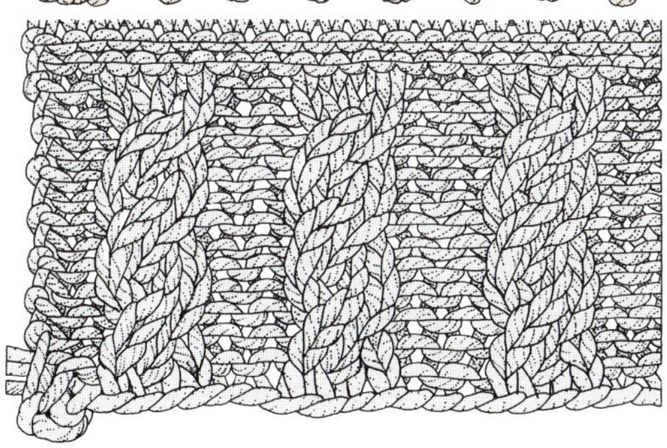

Ourlet fantaisie
Un motif à torsades est utilisé pour créer un effet décoratif. Reportez-vous aux pages 28 à 33 pour d'autres points fantaisie.

Mise en forme et repassage

Avant de coudre les morceaux du tricot, il est nécessaire de les repasser séparément pour les mettre en forme.

Mise en forme et repassage

Epinglez chaque pièce sur une surface rembourrée en lui donnant la taille et la forme requises. L'idéal est d'utiliser une table avec un molleton plié, recouvert d'un drap. Epinglez chaque pièce, endroit contre le molleton, pour la repasser sur l'envers. Ne tirez pas sur l'étoffe pour éviter de la déformer. Comparez les dimensions de chaque pièce avec celles du modèle.

Repassage

Repassez soigneusement chaque pièce avec un fer tiède et une patte-mouille. Ne promenez jamais le fer à repasser en va-et-vient, mais soulevez-le de place en place. Laissez les pièces épinglées jusqu'à ce qu'elles soient sèches et qu'elles aient perdu la chaleur du repassage. Avant de vous lancer, regardez, sur la bande entourant la pelote, comment le fil se repasse. Les points en relief, les torsades, les côtes doivent être repassés différemment du point mousse ou du point de jersey. Il faut veiller à ne pas écraser le point.

Repassage des points en relief

Repassez les points en relief avec une patte-mouille. Retirez immédiatement les épingles et assemblez aussitôt pendant que le tricot est encore humide et chaud et facile à mettre en forme. Une exécution rapide évitera aux points de s'aplatir.

Repassage des côtes

Un tricot en côtes doit être légèrement étiré pour le repassage. Repassez-le avec une patte-mouille épaisse, que vous retirerez ainsi que les épingles immédiatement après. Passez ensuite à l'assemblage.

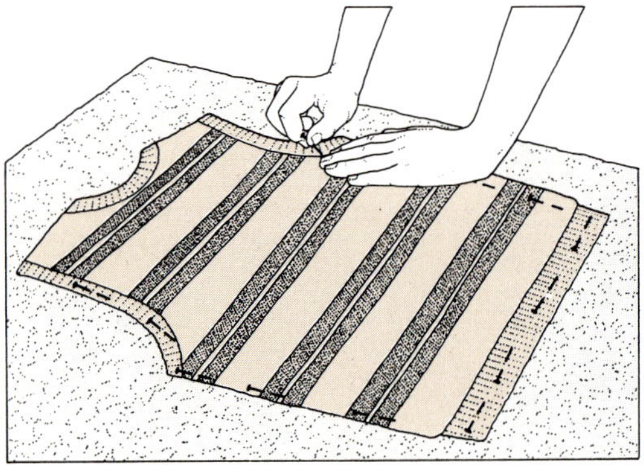

Mise en forme du tricot
Epinglez le tricot aux coins. comparez les dimensions avec celles du modèle puis épinglez complètement.

Repassage du tricot
Repassez le tricot épinglé avec une patte-mouille, sans appuyer.

Coutures et fermetures à glissière

Couture bord à bord

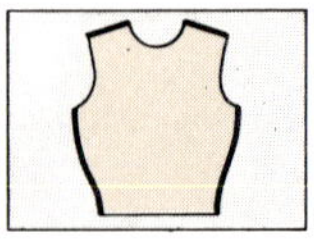

Elle donne un bord souple et convient aux vêtements d'enfants et aux tricots légers.

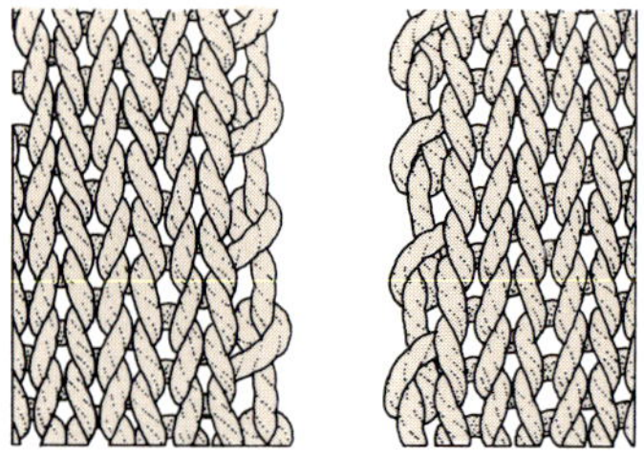

Assemblez bord à bord

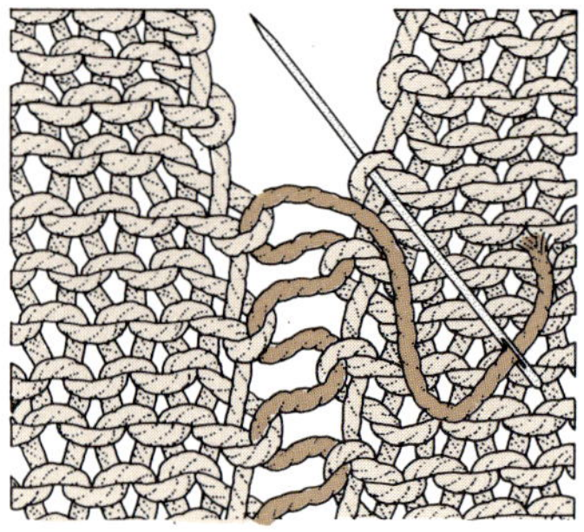

Cousez dans la tête des mailles

Avec cette méthode la couture est presque invisible, et ne forme pas d'accrocs. C'est la couture idéale des vêtements pour lesquels un bord rigide est à éviter.

Placez bord à bord les morceaux à assembler en insérant les têtes des mailles les unes dans les autres. Utilisez le même fil que celui de l'ouvrage et cousez en respectant la même tension que celle du tricot. Cousez alternativement dans la tête de chaque maille.

Point arrière

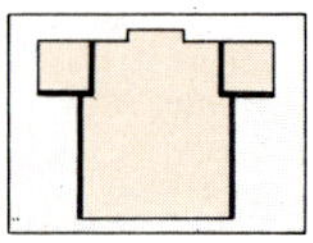

Cette couture donne un bord net et résistant à tous les vêtements.

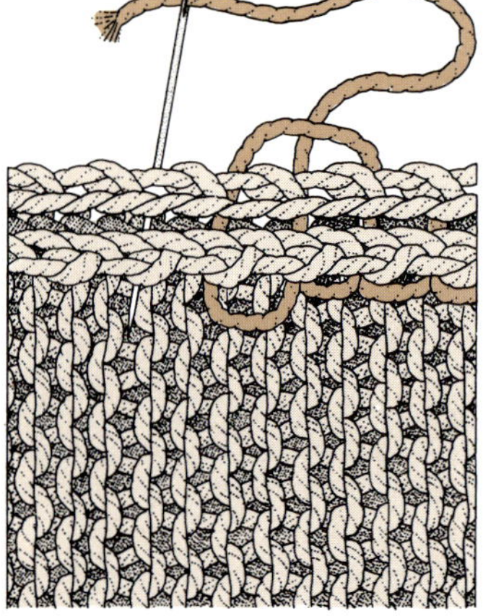

Disposez les différentes pièces à coudre en veillant à la symétrie des rangs et des mailles. Travaillez au point arrière en piquant le centre de chaque maille. Cousez à 6 mm du bord du tricot.

Fermetures à glissière

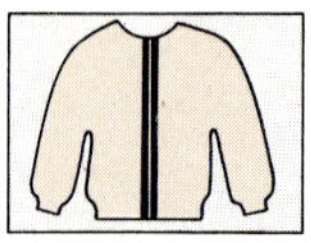

Les fermetures à glissière doivent être cousues sur une lisière assez rigide.

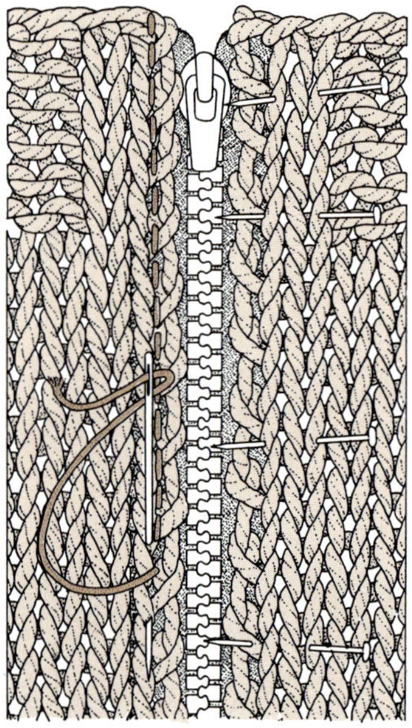

Reportez-vous à la page 21 pour les lisières. Les lisières en jersey ainsi que les lisières plates conviennent.

Epinglez la fermeture sur l'ouverture du tricot, et assurez-vous que le haut est bien placé et que la fermeture ne gondole pas. Posez la fermeture en point arrière avec du fil à coudre. Assurez-vous que le poids de la fermeture convient au vêtement.

Bandes de ceintures et parements

Bandes de ceinture élastique

Pour les bandes de ceinture, utilisez de préférence un élastique large et souple.

Coupez l'élastique aux dimensions de la taille puis fermez-le en cercle. Disposez-le autour de la taille à l'intérieur de la jupe et épinglez-le en divisant la taille en quatre parties égales. Répartissez également le tricot entre ces quatre sections et fixez l'élastique avec d'autres épingles. Cousez l'élastique à la jupe en point de chausson. Tenez l'ouvrage sur les doigts de la main gauche, tirez légèrement sur l'élastique et rentrez-le.

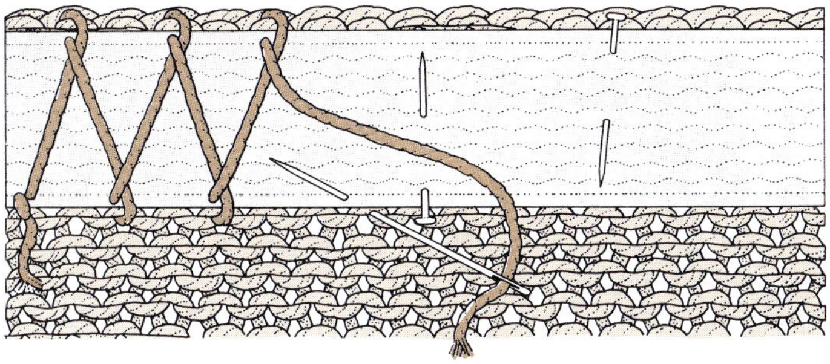

Parmenture

Utilisez une parmenture pour donner plus de netteté et de solidité à votre tricot et pour l'empêcher de se déformer. Les parmentures sont surtout utilisées pour border les bandes de boutonnières des cardigans et des vestes.

Prenez un ruban en gros-grain. Faites un petit ourlet en haut et en bas du gros-grain et épinglez-le à la bande. Répartissez le tricot sur le ruban. Assurez-vous qu'il n'est ni trop tendu ni trop lâche, et que les boutonnières sont régulièrement espacées. Cousez la parmenture. Lorsque la couture est terminée, marquez la place des boutonnières avec des épingles et coupez dans le ruban. Surfilez les boutonnières pour que le tissu ne s'effiloche pas puis brodez-les au point de feston avec le fil à coudre.

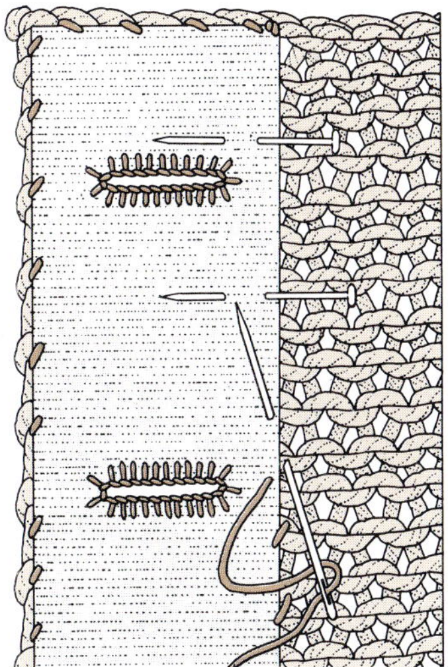

Parmenture

Coins en onglet

Lorsque le ruban de parmenture doit être cousu autour d'angles droits, cousez les bords extérieurs en premier puis pliez le ruban comme sur le schéma, cousez la pliure de l'angle puis les bords intérieurs.

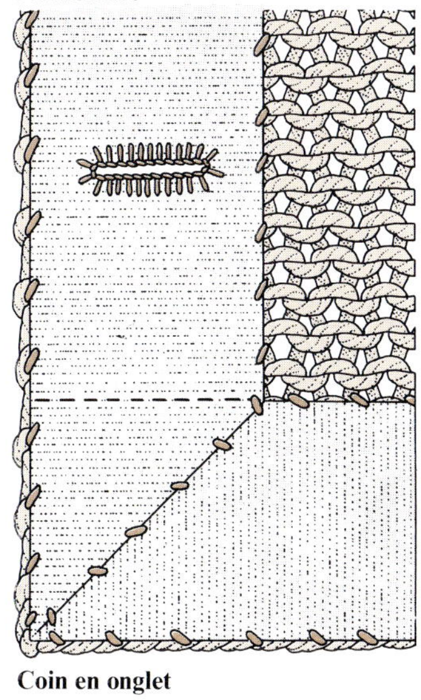

Coin en onglet

Assemblage invisible

Utilisez la méthode de grafting pour obtenir un assemblage invisible de vos tricots. Laissez les pièces de tricot sur leurs aiguilles. Maintenez-les dos à dos, les deux extrémités du fil du même côté, et les mailles à égale distance les unes des autres. Cassez le fil sur l'aiguille face à vous en laissant une longueur de fil d'une fois et demie la longueur de la couture. Enfilez le fil sur une aiguille à tapisserie.

Point de jersey

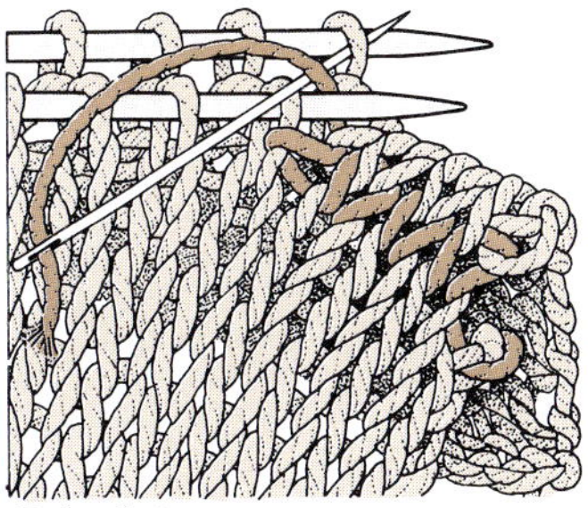

Point de jersey

Aiguille avant

*******1° maille* Piquez l'aiguille à tapisserie à l'endroit dans la maille puis faites-la glisser de l'aiguille.

2° maille Piquez l'aiguille à l'envers dans la maille et laissez-la sur l'aiguille à tricoter.

Aiguille arrière

1° maille Piquez l'aiguille à l'envers dans la maille, laissez-la glisser.

2° maille Piquez l'aiguille à l'endroit dans la maille et laissez-la sur l'aiguille à tricoter.

Répétez à partir de * jusqu'à la dernière maille.

Cousez les mailles en respectant la tension du fil qui doit être semblable à celle du tricot. Passez le fil dans la dernière maille et coupez-le. Passez les extrémités du fil sur l'envers de l'ouvrage.

Point mousse

Inversez l'ordre des mailles endroit et envers.

Aiguille avant

* *1° maille* Piquez l'aiguille à l'endroit, glissez la maille.

2° maille Piquez l'aiguille à l'envers, gardez la maille.

Aiguille arrière

1° maille Piquez l'aiguille à l'endroit, glissez la maille.

2° maille Piquez l'aiguille à l'envers, gardez la maille.

Chronologie des coutures

1 Couture des épaules

2 Montage des manches Marquez le milieu du haut de la manche, assemblez-le à la couture d'épaule avec une épingle. Epinglez les deux parties en répartissant l'ampleur.

3 Couture des côtés et des manches Cousez en une seule fois.

4 Cols Cousez le côté droit du col au côté envers de l'encolure en joignant les deux pièces par le milieu du dos.

5 Bandes de boutonnage.

6 Poches Elles peuvent être assemblées par une couture invisible en épinglant la poche le long d'une ligne de mailles ou de rangs, en veillant à ce qu'il n'y ait pas de démarcation entre les deux tricots. Utilisez la technique du jacquard brodé (page 65) pour coudre la poche.

7 Ourlets Les ourlets doivent avoir un aspect très net. Lorsque les bords ont été tricotés en côtes, torsades ou autre point fantaisie, il n'est pas nécessaire de faire un ourlet.

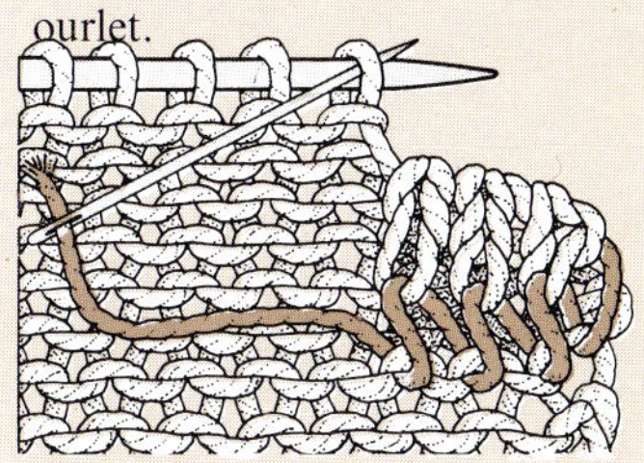

Exécution d'un ourlet avec mailles non rabattues

Pliure de l'ourlet

Pour une jupe ou toute autre pièce de tricot nécessitant un ourlet cousu, terminez par un rang endroit, et laissez les mailles sur l'aiguille. Retirez les mailles une à une avec une aiguille à tapisserie et cousez-les directement sur le tricot. Cousez la première maille sur la première maille du bord du tricot et ainsi de suite.

Pour obtenir un ourlet droit, tricotez ou tissez un fil de couleur différente dans le rang sur lequel l'ourlet doit être cousu. Lorsque le bord de montage doit être ourlé, utilisez le montage invisible (page 16). A l'aide d'une aiguille à tricoter, retirez ensuite le fil de couleur. Cousez directement l'ourlet à partir de l'aiguille à tricoter.

Tricot en rond

Le tricot circulaire ainsi que le tricot tubulaire se travaillent en rond et ne comportent pas de coutures. Le tricot en rond est bien antérieur au tricot à plat, c'est-à-dire celui que nous pratiquons aujourd'hui. Tous les tricots traditionnels de la campagne sont exécutés en ronds. On peut exécuter ce tricot sur des baguettes, des bobines ou des jeux d'aiguilles sans bouts, une seule aiguille circulaire ou sur un métier à tricoter.

Tricot avec une aiguille circulaire

C'est la méthode idéale pour de larges tricots tubulaires comme des jupes. On peut aussi utiliser deux aiguilles circulaires pour réaliser des tricots plats très larges comme les châles. Les aiguilles circulaires modernes sont faites d'un fil de nylon flexible qui relie deux aiguilles en métal.

Montez les mailles et suivez le schéma à droite pour fermer le cercle.

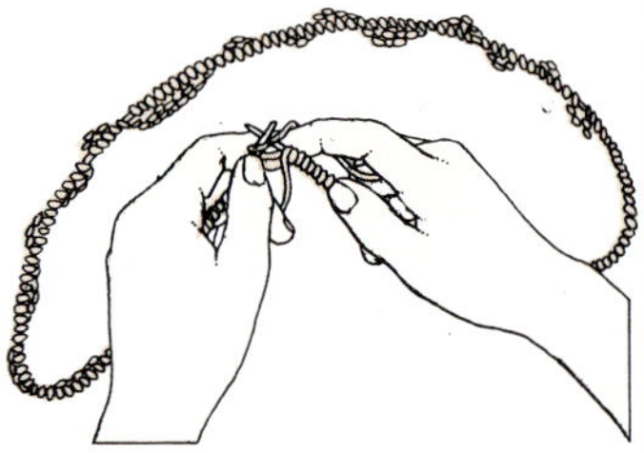

Comment fermer le cercle

Tricot tubulaire avec deux aiguilles

Il est possible de réaliser un tricot tubulaire avec un jeu de deux aiguilles sans bouts en glissant et en tricotant les mailles alternativement. On peut tricoter avec une extrémité ouverte ou fermée, tout dépend du montage utilisé. On utilise une extrémité fermée pour les bordures et les tricots double-face, tandis que les extrémités ouvertes conviennent aux manches, gants et chaussettes.

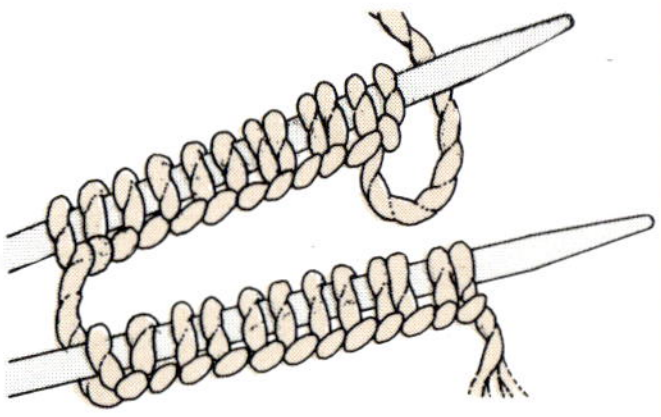

Position correcte de l'aiguille

Exécution d'une extrémité fermée

Montez un nombre pair de m et tric en point de jersey ou en côtes selon la méthode indiquée au paragraphe précédent. Tric jusqu'à la longueur désirée puis rabattez les m pour fermer le bord supérieur.

Exécution d'une extrémité ouverte

Montez un nombre pair de m puis gl la moitié des m sur une 2e aig. Pliez l'ouvrage, maintenez les aig parallèles; le fil de travail doit se trouver au début de l'aig arrière. A l'aide d'une 3e aig, gl d'abord une m de l'aig avant puis une m de l'aig arrière. Continuez à gl une m de l'aig avant et une m de l'aig arrière jusqu'à ce que toutes les m soient sur une seule aig. Tric jusqu'à la longueur désirée au point de jersey ou de côtes à points gl. Pour rabattre, répartir les m sur deux aig. Gl la 1e m sur une aig et la seconde m sur l'autre aig et continuez ainsi. Rab chaque côté séparément à l'aide d'une 3e aig pour que le travail reste ouvert en haut.

Points de base pour tricot tubulaire sur deux aiguilles

Dans les deux méthodes à m gl, point de jersey et point de côtes, les m sont toujours gl à l'env. Comme pour tous les tricots en rond, les explications ne sont données que pour un rang qui est constamment répété jusqu'à ce que la longueur désée ait été atteinte.

Jersey glissé: *1 m env, gl 1 m *.

Point de côtes glissé: Travaillez sur un nb de m div par 4. 1 m env, gl 1 m, *fil derr, 1 m end, fil dev, 1 m gl, 1 m env, 1 m gl *; term par le fil derr, 1 m end, fil dev, 1 m gl.

Tricot tubulaire sur trois aiguilles ou plus

Le tricot tubulaire avec trois aiguilles ou plus est la méthode la plus courante pour réaliser des chandails, chaussettes ou gants. On peut utiliser jusqu'à 6 aiguilles. Lorsqu'on tricote avec quatre aiguilles, trois aiguilles tiennent les mailles et on tricote avec la quatrième.

Les explications donnent en général le nombre de mailles qui doivent être montées sur chaque aiguille, mais il est parfois plus simple de monter le nombre total de mailles sur une seule aiguille puis de les répartir sur les autres aiguilles selon les modèles.

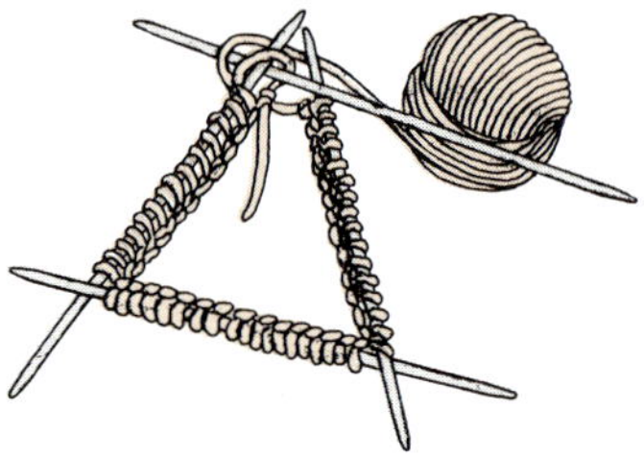

Début d'un tour

Lorsque vous tricotez avec 4 aiguilles, divisez les mailles en trois et tricotez avec la quatrième aiguille.

Exécution

Le premier tour de tricot ferme l'ouvrage; rapprochez le plus possible la première et la dernière aiguille puis piquez l'aiguille de travail dans la première maille à tricoter. Travaillez avec le fil de la dernière maille montée. Veillez à ce que la première maille tricotée ne s'éloigne pas trop de la dernière aiguille et ne forme pas de vide dans la fermeture du cercle.

Lorsque la première aiguille est vide, utilisez-la pour tricoter les mailles de l'aiguille suivante. Continuez à tricoter en gardant toujours le même nombre de mailles sur chaque aiguille. Tenez normalement les deux aiguilles qui travaillent comme vous le feriez avec un tricot à plat.

Tricotin et broches

Tricotin

La technique du tricotin se travaille sur un bouchon creusé au milieu, une bobine ou toute autre forme cylindrique creusée en son milieu. C'est une excellente manière de confectionner des cordelières et des tresses. Le tricotin est une version simplifiée du métier à tricoter.

Technique du tricotin

Nouez un fil de laine autour des clous en haut de la bobine. Après le second tour, soulevez la boucle qui se trouve à la base du clou à l'aide d'un crochet ou d'une grosse aiguille, et faites-la passer par-dessus la tête du clou. Le point de jersey et le point croisé peuvent se faire avec un tricotin. Le tricot en forme de tube descend par le bas du tricotin. Rabattez le travail comme pour un tricot normal.

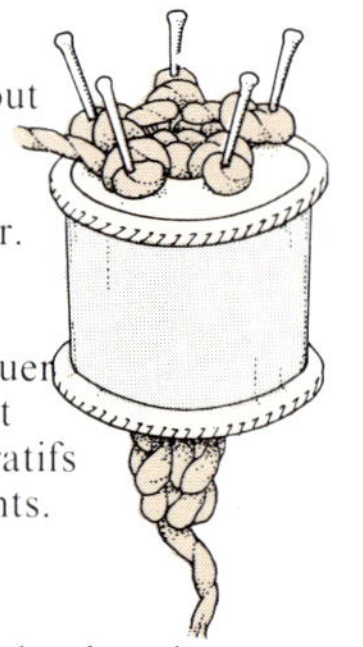

Tricotin

Aujourd'hui le tricotin est surtout utile pour apprendre aux enfants à tricoter. C'est aussi un moyen très simple de fabriquer des cordelières et des motifs décoratifs pour les vêtements.

Broches

Le tricot avec des brochettes est la plus ancienne forme de tricot circulaire. Les brochettes étaient tenues verticalement dans la main ou piquées dans le sol et le fil était enroulé autour d'elles. On peut utiliser n'importe quel nombre de brochettes, disposées en cercle ou en ligne droite selon qu'on veut obtenir un tricot plat ou tubulaire.

La technique Enroulez le fil autour des brochettes comme sur le schéma. Au troisième tour, soulevez la boucle qui se trouve à la base des brochettes et faites-la passer par-dessus. Enroulez de nouveau la laine et relâchez les boucles de la base après chaque tour.

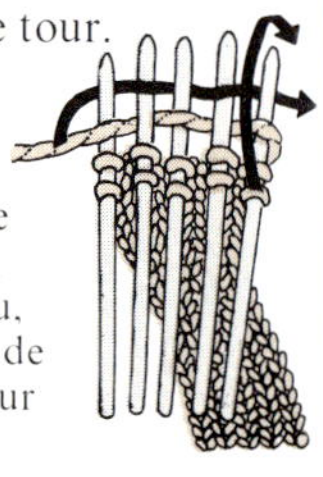

Tricot sur broches

Le tricot sur broche s'est sans doute développé tel un jeu, à partir d'herbe ou de laine enroulée autour des doigts.

Métier à tricoter

Avec le métier à tricoter, les mailles sont enroulées autour de crochets montés sur un cadre rectangulaire ou circulaire. Le principe est le même que pour le tricotin ou les broches, mais la méthode est plus élaborée et permet de fabriquer des tricots beaucoup plus importants.

Les métiers étaient utilisés par les membres des corporations au Moyen Age, pour créer les tapis de couleur qu'ils devaient présenter à la fin de leurs études. Malgré l'avènement de la machine, le tricotage au cadre demeure une manière très personnelle de travailler la couleur puisqu'on peut enrouler les couleurs de son choix autour de chaque crochet.

Types de cadre

Les cadres rectangulaires sont utilisés pour réaliser des tricots plats et tubulaires. Ils peuvent avoir de 30 à 52,5 cm de long et une fente qui varie de 6 à 18 mm. Les métiers circulaires ne donnent que des tricots tubulaires et ont un diamètre qui varie de 15 à 35,5 cm. Les crochets ou les clous sont espacés de 6 mm et disposés autour de la fente ou du cercle. Les anciens cadres avaient de 70 à 200 crochets et chaque crochet représentait une maille. Les cadres étaient posés sur un support pour que le tricot puisse tomber aisément dans la fente du cadre. La taille du cadre détermine la taille maximum du tricot, bien qu'un très petit nombre de crochets puisse être utilisé.

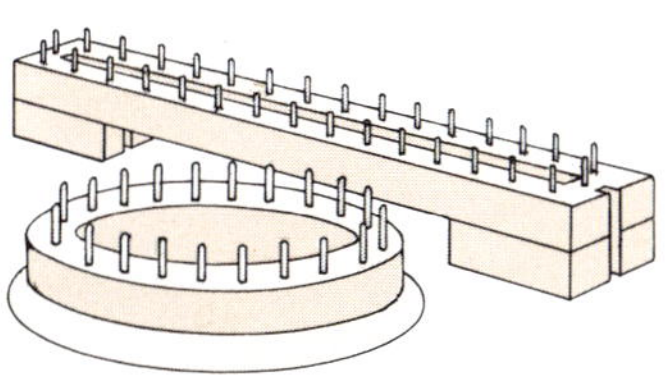

Cadres ronds et rectangulaires

Matériaux et outils

Tous les fils peuvent être utilisés, depuis la grosse ficelle pour filets de pêche jusqu'aux soies les plus délicates. Un clou recourbé ou un crochet sont nécessaires pour retirer les mailles de leur support.

Maille croisée

Utilisez la méthode expliquée ci-dessous pour obtenir un tricot en mailles croisées.

Exécution des mailles croisées

Nouez le fil à l'un des crochets ou bien fixez-le à une rainure extérieure. Enroulez le fil une fois autour de chaque crochet, puis enroulez-le une seconde fois.

Pour réaliser un tricot tubulaire sur un cadre droit, enroulez toujours la laine dans la même direction.

Pour réaliser un tricot droit, lorsque vous enroulez la laine pour la seconde fois, faites-le en sens inverse et continuez en enroulant une fois dans le sens des aiguilles d'une montre, une autre fois en sens inverse.

Après ce second tour soulevez la maille à la base du crochet et faites-la passer par-dessus la maille du haut. Continuez à enroulez le fil et à tricoter les mailles jusqu'à ce que vous ayez atteint la longueur désirée.

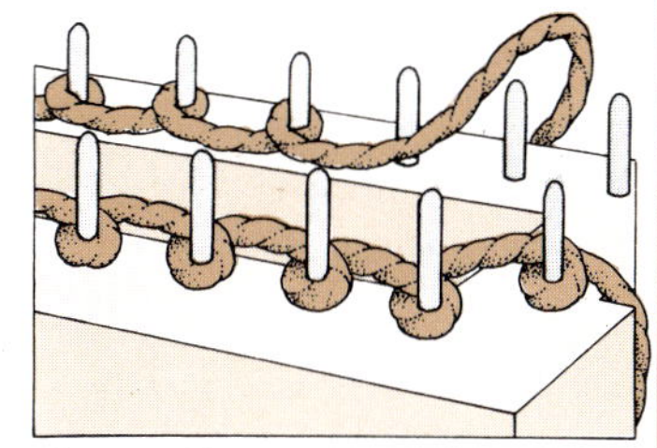

Fil enroulé
Attachez le fil au cadre avant de l'enrouler autour des crochets.

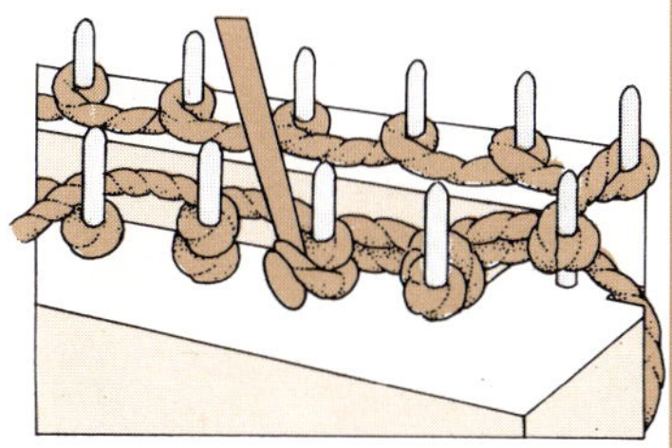

Tricotage d'une maille
A l'aide d'un crochet soulevez la boucle du bas et faites-la passer par-dessus celle du haut.

Jersey

On réalise un tricot plus serré en utilisant ce point de préférence au point croisé, c'est pourqoi on l'appelle le point rapproché.

Exécution

Enroulez le fil une fois puis faites un second tour. Ce tour et les suivants doivent se faire le long de l'extérieur des crochets. Procédez ensuite comme il a été indiqué, en soulevant la maille de base.

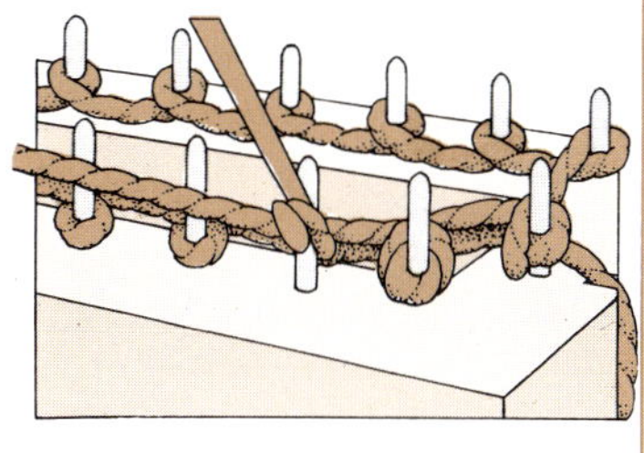

Fil enroulé
Les fils du 2e tour et des tours suivants doivent s'enrouler le long de l'extérieur des crochets.

Jersey double

Voici les mailles envers, mais le jersey à côtes ne peut se réaliser que sur un cadre droit pour tricoter à plat.

Exécution

Faites un montage de droite à gauche et montez les mailles en diagonale d'arrière en avant. Travaillez les rangs suivants en alternant à chaque fois le sens des diagonales. Vous pouvez réaliser des côtes plus larges en n'enroulant la laine que tous les deux crochets.

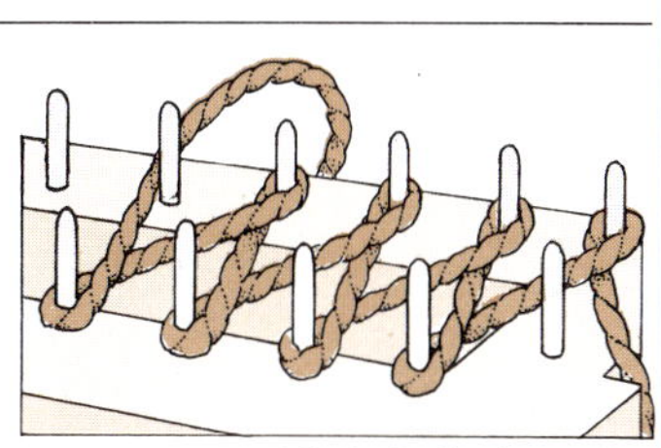

Le montage se fait de droite à gauche

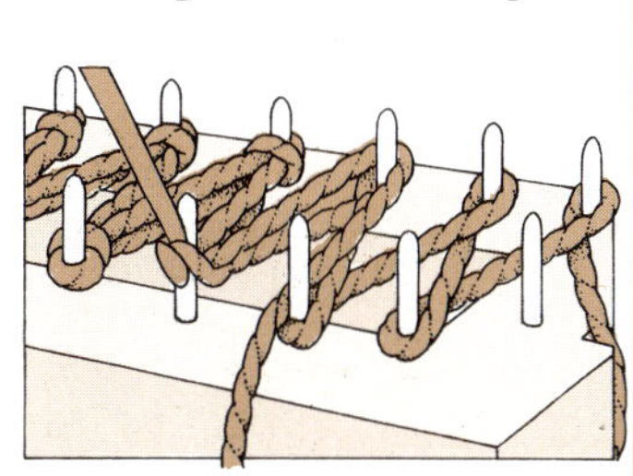

L'enroulage suivant se fait de gauche à droite et ensuite inversement

Altérations et terminaisons sur cadre

Augmentations

1 Enroulez un crochet supplémentaire au début ou à la fin de chaque rang. Si vous travaillez sur un cadre circulaire, changez pour un cadre plus grand.
2 Relevez le fil entre deux mailles, placez-le sur le crochet suivant, et décalez toutes les autres mailles d'un crochet.
3 Utilisez un fil plus gros.
4 Passez du point de jersey au point croisé.

Diminutions

1 Passez du point croisé au point de jersey
2 Utilisez un fil plus fin.
3 Utilisez un cadre sur lequel les crochets sont plus rapprochés.
4 Tricotez deux mailles ensemble.

Terminaison

Lorsque le tricot est terminé, enroulez chaque crochet séparément et rabattez.

Méthode de travail

Tricotez la maille sur le crochet B et faites-la passer sur le crochet A. Faites passer la maille de la base sur le crochet A et revenez à la maille du crochet B. Répétez l'opération avec le crochet C. Continuez ainsi jusqu'à la dernière maille. Coupez le fil, passez-le dans la maille, tirez. Passez un fil à travers toutes les mailles et rassemblez le travail. Les bords de montage sont toujours lâches en tricot au cadre. On peut les resserrer en relevant les mailles du bord et en les remettant sur le cadre pour les rabattre. On peut assembler les bords montés et les bords rabattus pour faire une double épaisseur si les deux bords sont reportés sur le cadre et rabattus ensemble.

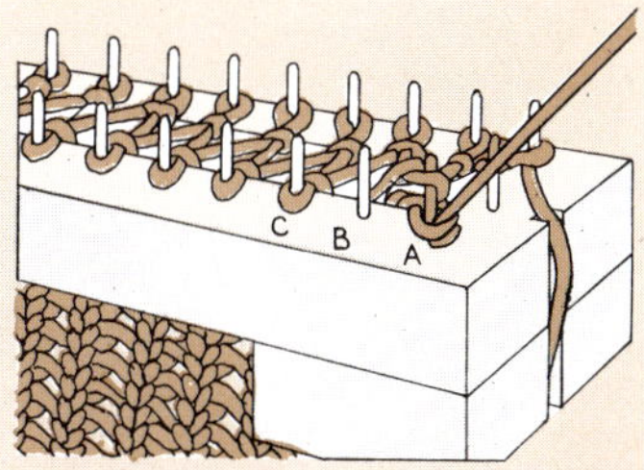

Terminaison

Détail de la chaussette

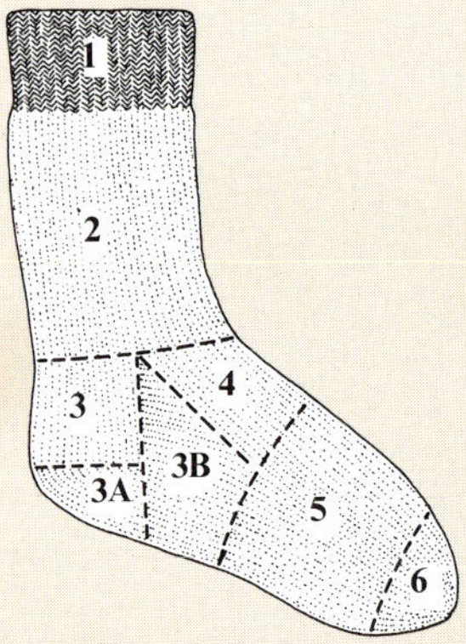

1 La jambe On tricote les chaussettes depuis le haut jusqu'à la pointe du pied. Le haut peut être tricoté en n'importe quel point, pourvu que le nombre de mailles corresponde. On le tricote généralement en côtes qui sont un point élastique et moulent parfaitement la jambe.
2 La tige Le point de jersey appelé aussi point de chaussette est, comme son nom l'indique, le point le plus courant, cependant on peut utiliser d'autres points. La jambe se termine à la cheville où les mailles sont divisées. On en prend une partie pour tricoter le talon tandis que les autres sont laissées en attente pour tricoter la tige.
3 Le talon On le tricote sur deux aiguilles. Comme il s'use beaucoup plus vite que les autres parties de la chaussette, il doit être renforcé. Nous vous indiquons deux méthodes. Le talon se divise en deux parties:
3a Le talonnet C'est le dessous du talon.
3b La fermeture du talon C'est la base du talon.
4 Le gousset Correspond à la cambrure du pied et se réalise en réunissant les mailles de la jambe et du talon.
5 Le pied La circonférence du pied est toujours identique à celle de la cheville. On peut tricoter le haut du pied dans n'importe quel point mais la base doit toujours être tricotée en jersey.
6 La pointe Nous vous proposons deux méthodes pour la réaliser.

Modèles de chaussettes

Chaussettes unies

Les explications pour les chaussettes unies offrent un choix de deux formes de talon et de pointe. Après les explications pour chaussettes unies, vous trouverez les explications pour des chaussettes en jacquard écossais et des chaussettes avec un motif en point de dentelle.
Fournitures 125 g de laine à 4 fils. Un jeu de 4 aiguilles sans bout de 3 mm et de 3,5 mm.
Echantillon Un carré de 10 cm donne 28 m et 36 R avec les aiguilles de 3,5 mm. Les explications sont données pour une cheville de 23 cm. Pour une taille différente, changez l'échantillon:
10 cm = 32 m cheville de 20,5 cm.
= 36 m cheville de 18 cm.

La jambe
Avec les aiguilles de 3 mm et le montage torsadé (page 17), montez 64 m et travaillez en rond en côtes 1/1 pendant 5 cm.

La tige
Prenez les aiguilles de 3,5 mm et continuez en jersey jusqu'à la cheville.

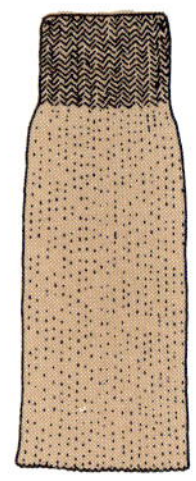

Le talon
Le talon comprend le talonnet et la plante et se travaille à plat avec deux aiguilles. On compte la moitié du nombre total de mailles plus 1, et le début du tour se situe au milieu du talonnet.
A ce moment, tric 17 m end, tournez et gl les dernières 16 m du tour à l'autre extrémité de l'aiguille; divisez les 31 m restantes sur deux aiguilles et laissez-les en attente pour

Le talonnet
Le talonnet est généralement carré. On peut le tricoter en jersey mais il est souhaitable de le renforcer en le tricotant en point nids d'abeilles. Vous pouvez aussi tricoter avec la laine un autre fil de même couleur (voir page 56). **Talonnet uni** Continuez en jersey pendant 7,5 cm et term par un R env.

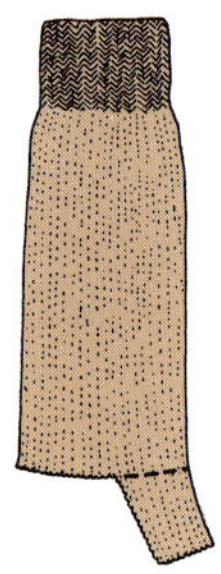

Talonnet en point nids d'abeilles
R 1 (env) à l'env. **R 2** 1 m end, *gl 1 m à l'env, 1 m end *. **R 3** à l'env. **R 4** 2 m end, *gl 1 m env, 1 m end *, tric la dern maille à l'end.

Fermeture du talon
Lorsque le talonnet est terminé, le talon est fermé. Il y a deux manières de fermer le talon, en rond et à la manière copte. **En rond. R 1** 18 m end, 1 surjet, 1 m end, tournez. **R 2** 5 m env, 2 m ens à l'env, 1 m env, tournez. **R 3** 6 m end, 1 surjet, 1 m end, tournez. **R 4** 7 m env, 2 m ens à l'env, 1 m env, tournez. Cont en tric 1 m de plus à chaque R, jusqu'à ce qu'elles soient toutes tricotées et qu'il reste 19 m. Term par 1 R env. **R suiv** 10 m end. Le talon est terminé.

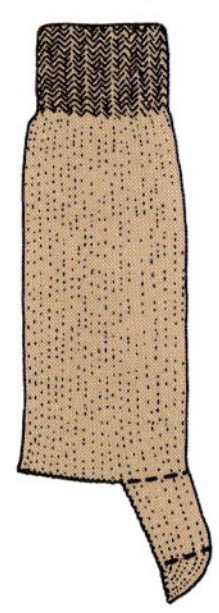

Fermeture copte
R 1 22 m end, 1 surj, tourner. **R 2** 12 m env, 2 m ens à l'env, tourner. **R 3** 12 m end, 2 m ens à l'env, tourner. **R 3** 12 m end, 1 surj, tournez. Rép les R 2 à 3 jusqu'à ce que toutes les m soient tricotées et qu'il reste 13 m. Term par un R env. **R suiv** 7 m end.

Gousset et pied
Gl les m en attente sur une aiguille, avec l'autre aiguille, tric 9 m end (fermeture ronde) ou 6 m (fermeture copte), relevez et tricotez 18 m le long du côté du talon; avec la deuxième aiguille, tricotez les m en attente; avec la troisième aiguille, relevez et tricotez 18 m le long du talon, puis tric les 10 m restantes (fermeture ronde) ou les 7 m (fermeture copte). **Tour suiv** A l'end. **Tour suiv** sur la première aig tric à l'end, term par 2 m ens à l'end, 1 m end; sur la deuxième aig, tric à l'end, sur la troisième aig, 1 m end, 1 m end, 1 m gl, tric à l'end jusqu'au bout. Rép ces 2 derniers tours jusqu'à ce qu'il reste 64 m, puis continuez droit jusqu'à ce que le pied mesure 5 cm de moins que la longueur totale.

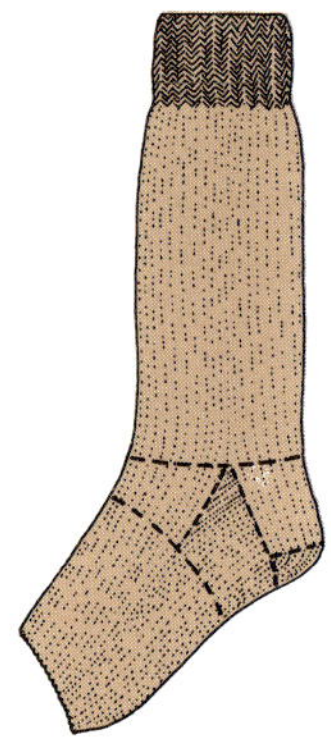

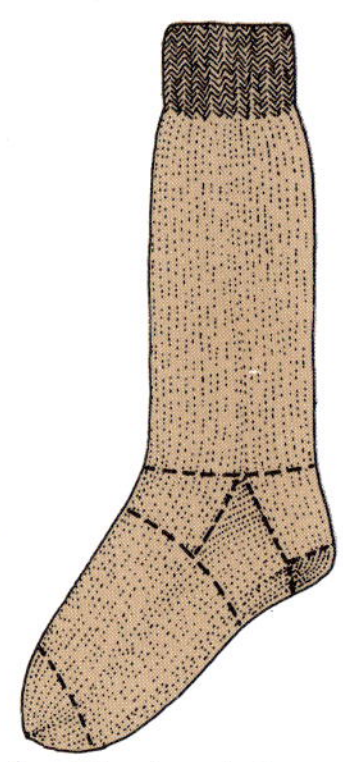

La pointe Nous vous proposons deux manières de la tricoter, à plat ou en rond. **En rond. 1 tour** *1 surjet, 14 m end * jusqu'à la fin. **2e tour** A l'end. **3e tour** *1 surjet, 13 m end *, jusqu'à la fin. Continuez de dim tous les 2 tours jusqu'à ce qu'il reste 16 m. Cassez le fil, passez-le dans les mailles, tirez et serrez. **A plat** Gl la première m de la 3e aig à l'extrémité de la 2e aig, vous avez 32 m sur la 2e aig et 1 m sur la 1e et la 3e aig. **Tour 1** Sur la 1e aig tric à l'end, term par 2 m ens à l'end, 1 m end, sur la 2e aig, 1 m end, 1 surj, à l'end, term par 2 m ens à l'end, 1 m end, sur la 3e aig, 1 m end, 1 surj, à l'end. **Tour 2** A l'end. Rép ces 2 R jusqu'à ce qu'il reste 16 m puis tric à l'end les m de la 1e aig sur la 3e aig et puis réunissez les m en grafting (voir page 85).

Chaussettes à motif en point de dentelle

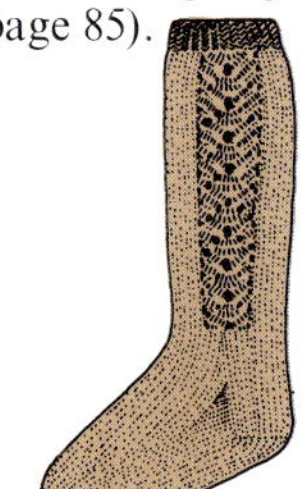

50 g de laine à 2 fils, 4 aig de 2 mm et 2,5 mm. Echantillon 10 cm avec aig 2,5 mm donne 40 m et 48 R. Taille pour cheville de 16,5 cm. Sur aig. 2 montez 64 m tric 2 cm cotes 1/1. Sur aig 2,5 trav comme chaussettes unies tout en tricotant un panneau de 16 m sur l'extérieur de la jambe en point de victoire (page 47). Comme vous tricotez en rond, lisez, tous les 2 R, end pour env et inversement. Continuez. A la cheville suivez les instructions pour chaussettes unies.

Chaussettes en jacquard écossais

La grille de ce motif est donnée page 54. **Fournitures** 100 g de laine à 4 fils pour le fil de fond, 50 g pour le fil du motif. Un jeu de 4 aig de 3 mm et un jeu de 3,5 mm. **Echantillon et taille** Comme pour les chaussettes unies. Avec les aig de 3 mm et le fil de fond, montez 64 m et tric 4 cm de côtes 1/1. Prenez les aig de 3,5 mm et cont en jersey en suivant la grille du motif jusqu'à ce que vous ayez atteint la longueur de la cheville. Dans la mesure du possible. Term par un motif complet. Term avec le fil de fond en utilisant la fermeture du talon en rond et en plaçant les diminutions de la pointe en spirale.

Tailles des chaussettes

Les chaussettes peuvent avoir n'importe quelle hauteur, il suffit d'allonger la tige ou la bordure en côtes. En règle générale, la longueur d'une chaussette équivaut à trois fois la longueur du pied et deux fois la longueur du pied correspond à la hauteur d'une socquette.

Voici comment il faut prendre les mesures.

1 Le mollet Mesurez à l'endroit le plus large.

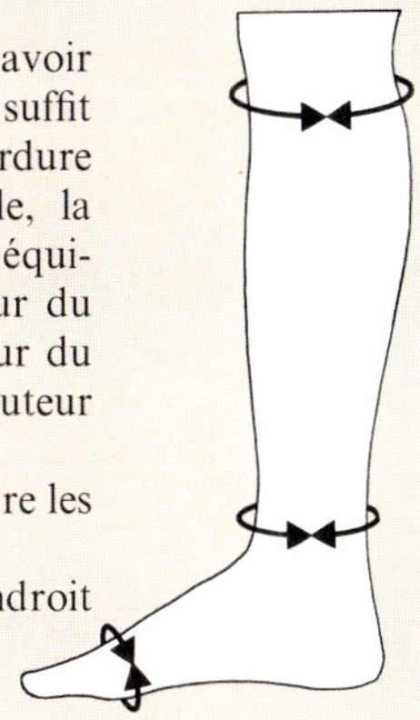

2 La cheville Mesurez la partie la plus forte. La largeur est souvent identique à celle du pied.

3 Largeur du pied Mesurez la partie la plus forte.

4 Longueur du pied Mesurez depuis le milieu du talon arrière jusqu'à la pointe des orteils. En cas de doute, il vaut mieux allonger que diminuer.

5 Longueur Prenez les mesures sur l'extérieur de la jambe à partir du bas du talon jusqu'en haut de la longueur voulue pour la chaussette.

1 Chaussettes avec motif en point de dentelle
Cette chaussette est une interprétation moderne des chaussettes toutes en dentelle si prisées des Elizabéthains.

2 Chaussette unie de style égyptien
Cette chaussette s'inspire d'une chaussette copte trouvée dans une tombe égyptienne au 6e siècle.

3 Chaussette en jacquard écossais
Des losanges contrastés, coupés de diagonales, forment ce classique jacquard écossais. Comme le fil de couleur, qui n'est pas travaillé, est tendu à l'arrière, ces chaussettes sont plus chaudes que les chaussettes unies.

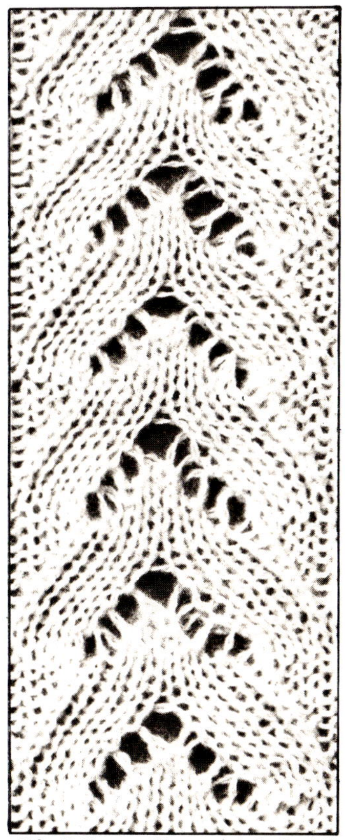

Détail d'un motif en point de dentelle

Moufles et gants

Moufles
Prenez les mesures autour des jointures. Pour la longueur, R, mesurez l'extrémité du majeur jusqu'au milieu du poignet ou plus loin si vous le désirez. On calcule la longueur du pouce depuis le bout du pouce jusqu'à la deuxième jointure.

Les gants
Mêmes mesures que pour les moufles. On mesure en plus la longueur de la paume et des doigts, ainsi que leur largeur.

Schéma
Les gants et les moufles sont exécutés de la même manière jusqu'à la séparation du pouce.

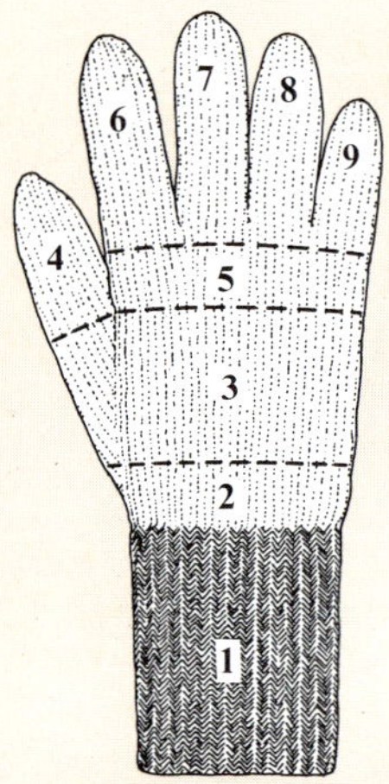

Schéma
1 Revers Les gants et les moufles se tricotent du revers jusqu'aux doigts. La largeur doit correspondre au tour des jointures.
2 Poignet Il est tricoté droit.
3 Paume et gousset Le pouce se tricote en même temps que la paume jusqu'à la hauteur du gousset.
4 Pouce On divise les mailles et le pouce est tricoté séparément.
5 Base de doigts Cette partie est tricotée droit jusqu'à la base des doigts.
6, 7, 8 et 9. Les doigts Les doigts sont tricotés dans l'ordre, l'un après l'autre.

Modèles de gants

Nous vous proposons deux paires de moufles et deux paires de gants. Le point proposé est le point de jersey mais vous pouvez utiliser n'importe quel autre point pourvu que le nombre de mailles corresponde.

Moufle A **Gant B** **Gant C** **Moufle D**

Fournitures et taille
50 g de laine à 3 fils pour tous les modèles. 4 aig de 2 mm et 4 aig de 2,5 mm. **Echantillon** Un carré tricoté en jersey avec les aig de 2,5 mm donne 36 m et 48 R. **Taille** Pour un tour de paume de 15 (18) cm.

Revers en côtes et poignet
Avec les aig de 2 mm montez 52 (60) m et tricotez en rond 7,5 (9) cm de côtes 1/1. Prenez les aig de 2,5 mm et tric en jersey pendant 1 cm.

Gousset du pouce
Commencez les augmentations pour le pouce.
Tour 1 Faites une aug int relevant le fil entre les m et le tric par derr à l'end.
Tour 2 et 3 A l'end.
Tour 4 1 aug int, 1 m end, 1 aug int, à l'end.
R 5 et 6 A l'end. **R 7** 1 aug int, 3 m end, 1 aug int, à l'end. Cont les aug tous les 3 tours jusqu'à ce que vous ayez 71 m (81 m) puis tric 3 trous à l'end.

Pouce
On tricote séparément un certain nombre de mailles.
Tour suiv 19 (21) m end, gl les 52 (60) sur un fil. Montez 3 m et répartissez ces 22 (24) m sur 3 aig. Pour les **modèles A et B** cont en jersey pendant 1,5 cm puis tric 4 tours en côtes 1/1 et rabattez souplement en côtes.

Modèle C et D Cont en jersey jusqu'à 1 cm de moins que la longueur totale et term par la première des trois m ajoutées.
Pointe du pouce. Tour 1 *1 surjet, 7 (8) m end, 2 m ens à l'end *. **Tour 2** A l'end. **Tour 3** *1 surjet, 5 (6) m end, 2 m ens à l'end *. Rép une fois encore. Cont à dim de cette manière tous les 2 R deux autres fois. Cassez le fil, passez-le dans les mailles, tirez le fil et serrez. Répartir les 52 (60) m restantes sur 3 aig. Relevez et tric à l'end 4 m dans les mailles ajoutées à la base du pouce, puis tric à l'end les 56 (64) m.

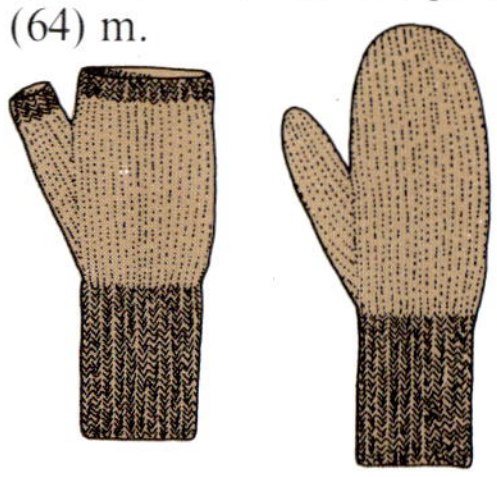

Moufles
Modèle A Cont en jersey et tric 10 tours (ou plus selon la longueur désirée) puis tric 6 tours en côtes 1/1. Rab souplement en côtes. **Modèle D** Cont en jersey jusqu'à 7,5 (4) cm de moins que la longueur totale. **Main gauche** Term après les 4 m ajoutées. **Main droite** Term avant les 4 m ajoutées. **Haut** Tour 1 *1 m end, 1 surjet, 22 (26) m end, 2 m ens à l'end, 1 m end. * Rép une autre fois. **Tour 2** A l'end. **Tour 3** *1 m end, 1 surjet, 20 (24) m end, 2 m ens à l'end, 1 m end *. Rép une autre fois. Cont à dim de cette manière jusqu'à ce qu'il reste 16 (20) mailles, puis répartissez le travail sur deux aiguilles pour avoir les diminutions aux extrémités des aiguilles et assemblez par grafting (page 85).

Gants
Cont en jersey jusqu'à 7,5 (4) cm de moins que la longueur totale. **Main gauche** Term après les 4 m ajoutées. **Main droite** Term avant les 4 m ajoutées.

Premier doigt Tric 8 (9) m end, glissez un fil dans les 40 (46) m suiv. Montez 2 m, puis tric les 8 (9) m restantes, et les 18 (20) m. **Mod. B** Cont en jersey pendant 1 cm puis tric 4 tours en côtes 1/1 et rabattez souplement en côtes. Term tous les doigts de la même manière. **Mod. C** Cont en rond jusqu'à 6 (1) cm de moins que la longueur totale et term au milieu des 2 m ajoutées. **Pointe du doigt. T. 1** 1 surj, 5 (6) m end, 2 m ens à l'end* rép une autre fois. **T. 2** A l'end. **T. 3** *1 surj, 3 (4) m end, 2 m ens à l'end* rép une fois. Cont à dim ainsi tous les 2 t. Cassez 1 fil, passez-le dans les m, tirez et serrez.

Deuxième et troisième doigt
Gl les premières et dernières 7 (8) m sur les aiguilles, tric 7 (8) m end, relevez et tric à l'end 2 m de la base du doigt précédent, tric à l'end les autres 7 (8) m, puis montez 2 m, 18 (20) m. Cont comme pour le premier doigt, mais cette fois la longueur sera de 7 cm. **Troisième doigt** Tric comme pour le second doigt, sauf la longueur qui sera celle du premier.

Quatrième doigt
Tric à l'endroit les 12 (14) m restantes, relevez et tric à l'end 2 m de la base du doigt précédent, vous avez 14 (16) m. Cont en jersey pendant 5 cm, term au milieu du dessus de la main. **Pointe du doigt** Comme pour le premier doigt, mais commencez les altérations au 3° tour.

Modèles de moufles et de gants

Moufles sans doigt en cinq couleurs, photographiées page 59

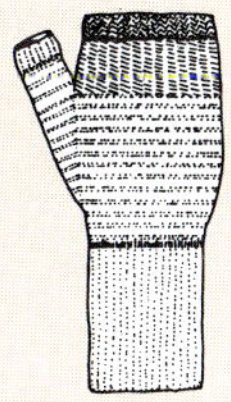

Fournitures La moufle se tricote en 5 couleurs avec de la laine à 4 fils. Il en faut environ 50 gr. Un jeu de 4 aiguilles de 2,5 mm, un jeu de 4 aiguilles de 3 mm. **Echantillon** Un carré de 10 cm en jersey à rayures horizontales avec les aiguilles de 3 mm donne 34 m. Ce gant convient à un tour de main de 17, 19,5 cm. Suivez les explications données pour les moufles unies sans doigts modèle A. Tricotez le revers avec le coloris A. Tric le pouce et la paume en rayures horizontales avec les coloris B et C. Prenez les aiguilles de 3 mm et tric le haut de la paume en rayures verticales avec les coloris D et E. Prenez les aig de 3 mm et le coloris B pour les côtes autour des doigts. Prenez le coloris C et les aiguilles de 3 mm pour les côtes autour du pouce.

Gant rayé en point de manne (page 23) photographié page 59

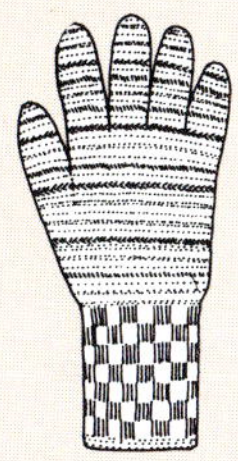

Fournitures Restes de laine à 4 fils en différents coloris. Il en faut environ 50 gr. 4 aig de 2,5 mm. **Echantillon et taille** Identiques au modèle de base des gants unis et des moufles. Montez 52/60 m avec le coloris de votre choix. Tricotez le premier tour à l'end et le second à l'env. Puis suivez le point de manne pendant 7,5/9 cm. Lorsque les chiffres des grandes tailles diffèrent de ceux des petites tailles, ils sont écrits entre parenthèses. Le modèle peut être tricoté en une seule couleur ou en deux (A et B). Si vous choisissez 2 couleurs, utilisez le coloris A pour toutes les mailles endroit et le coloris B pour toutes les mailles envers. **Revers en point de manne Tour 1** A l'end. **Tour 2, 3 et 4** *5 m env, 3 m end *; term par 4 m env. **Tour 5** A l'end. **Tour 6, 7 et 8** 1 m env, *3 m end, 5 m env *; term par 3 m end. Rép les tours 1 à 8.

Suivez ensuite les explications pour le gant uni, en commençant par le poignet, puis en tric des rayures au gré de votre fantaisie.

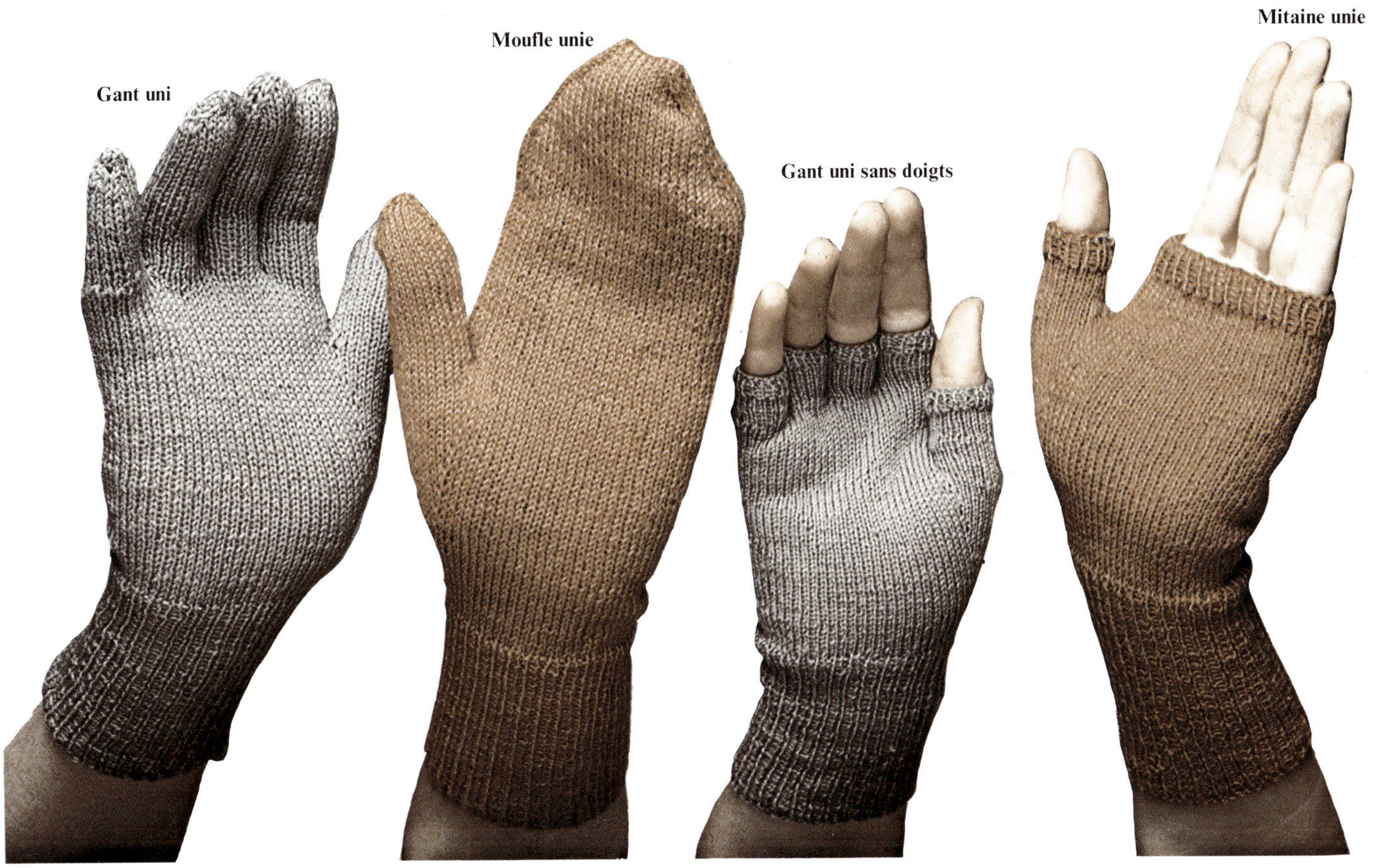

Médaillons

Comment tricoter des médaillons
On peut donner quantité de formes géométriques aux médaillons: carrés, cercles, hexagones, pentagones ou octogones. On les tricote avec quatre, cinq ou six aiguilles. On peut aussi tricoter les cercles sur deux aiguilles. Les très grands médaillons servent de châles ou de dessus de table, les petits de carpettes ou de napperons; cousus ensemble, ils peuvent devenir des dessus de lits, des tapis, des nappes ou des housses de coussins. On peut les tricoter avec n'importe quel fil, depuis les soies et les cotons délicats jusqu'aux épaisses laines Shetland pour les couvertures et les châles. On les réalise soit en augmentant à partir du centre vers l'extérieur, soit en diminuant de la circonférence vers l'intérieur. La méthode par augmentations successives est très facile et on l'emploie pour réaliser d'un seul morceau des bonnets ou des tricots double-face sans coutures, comme les housses de coussins et les petits sacs ou les bourses.

Forme des médaillons
C'est l'ordre des augmentations et des diminutions qui détermine la forme du médaillon. On peut ainsi réaliser des lignes droites ou ondulantes, ou bien répartir les altérations pour qu'elles soient totalement invisibles. On forme des lignes droites en faisant deux augmentations ou deux diminutions à chaque fois. Pour les lignes ondulantes, une seule altération suffit à chaque extrémité. On peut augmenter de n'importe quelle manière; cependant, l'augmentation barrée est préférable (page 36) pour ce genre de tricot. Avec les points de dentelle, ce sont évidemment les jetés qui servent d'augmentations.

Augmentations invisibles
Lorsque vous lisez dans les explications «faites une augmentation barrée au début et à la fin de chaque rang», cela veut dire qu'il faut tricoter la première et l'avant-dernière maille de chaque rang pour que les barres se placent correctement.

Place des augmentations apparentes
En général, on tricote les jetés avant les première et dernière mailles d'un rang. Lorsque l'augmentation se place avant une maille endroit, faites une augmentation en passant le fil devant. Avant une maille envers, enroulez le fil autour de l'aiguille.

Détails utiles pour tricoter les médaillons
Montez les mailles (reportez-vous page 17). Lorsque vous devez tricoter sur quatre ou cinq aiguilles, il est plus facile de monter d'abord les mailles sur une seule aiguille puis de les répartir sur les autres aiguilles. Utilisez un coton assez serré et des aiguilles de 4 mm. Il se peut que vous éprouviez quelques difficultés au début, mais vous vous habituerez vite à tricoter sur quatre ou cinq aiguilles. Poussez les mailles vers le milieu de chaque aiguille et tricotez aussi serré que possible pour les empêcher de tomber. Après le rang de montage tricotez le rang suivant en prenant les mailles par derrière pour aplatir le tricot. Si le médaillon fronce, tricotez un autre tour de mailles sans altérations. Au contraire s'il est trop serré, sautez un tour de mailles. Il est important de reprendre ces rangs supplémentaires pour conserver l'équilibre de l'ensemble. Rabattez normalement puis cassez le fil et faites-le passer dans la dernière et la première maille pour fermer le tour. Pour l'ouverture du milieu, enfilez une aiguille avec le fil de l'ouvrage ou un fil différent et passez-le dans les mailles. Tirez le fil et serrez-le.

Formes de médaillons

Les formes principales
Ces neuf modèles vous expliquent en détail comment travailler les formes. Les explications sont données en point de jersey, excellent point de base pour faire ressortir les diminutions et les augmentations. Lorsque vous avez compris le rapport entre les augmentations, les diminutions et les formes des médaillons, vous pouvez vous permettre n'importe quelle fantaisie.

Carré avec lignes d'augmentations droites

Prenez 4 aiguilles. Montez 2 mailles sur chacune d'elles et tricotez avec la cinquième.

Tour 1 Tric toutes les m par derr.

Tour 2 Aug 1 m dans chaque m.

Tour 3 A l'end.

Tour 4 Aug 1 m au début et à la fin de chaque aiguille.

Rép les tours 3 et 4 jusqu'à ce que le carré ait la taille voulue.

Pentagone avec lignes d'augmentations droites

Prenez 4 aiguilles et montez 2 m sur chacune d'elles, tric avec la 5e.

Tour 1 Tric les m par derr.

Tour 2 Aug 1 m toutes les 2 m.

Tour 3 A l'end.

Tour 4 Aug 1 m au début et à la fin de chaque aiguille.

Tour 5 et 6 A l'end.

Tour 7 Aug 1 m au début et à la fin de chaque aig.

Tour 8 A l'end.

Rép les tours 4 à 8 jusqu'à ce que le médaillon ait la taille désirée.

Carré avec lignes d'augmentations ondulantes

Prenez 4 aig et montez 2 m sur chacune d'elles. Tric avec la cinquième.

Tour 1 Tric les m par derr.

Tour 2 Faites un jeté au début de chaque aig.

Rép le tour 2 jusqu'à ce que le carré ait la taille voulue.

Carré avec lignes de diminutions droites

Montez 20 m sur chacune des 4 aig.

Tour 1 2 m ens à l'end au début de chaque aig, 1 surj à la fin de chaque aig.

Tour 2 A l'end.

Rép ces 2 tours jusqu'à ce qu'il ne reste plus que 2 m sur chaque aig. Rabattez puis cassez le fil et enfilez-le sur une aiguille. Passez-le dans les m, y compris la première maille. Cette méthode de diminution vaut pour toutes les formes de médaillons. Les diminutions sont toujours placées comme les augmentations.

Hexagone avec lignes d'augmentations ondulantes

Prenez trois aig et montez 4 m sur chacune d'elles. Tric avec une quatrième.

Tour 1 Tric à l'end toutes les m en les prenant par derr.

Tour 2 1 jeté avant la première et la 3ᵉ m sur chaque aig.

Tour 3 *et tous les tours impairs* A l'end.

Tour 4 1 jeté avant la 1ᵉ et la 4ᵉ m sur chaque aig.

Tour 6 1 jeté avant la 1ᵉ et la 5ᵉ m sur chaque aig. Continuez à tric à l'end tous les R impairs. A tous les tours pairs, augm les 6ᵉ, 7ᵉ et 8ᵉ m, etc.

Octogone avec lignes d'augmentations droites

Prenez 4 aig et montez 2 m sur chacune d'elles. Tric avec la 5ᵉ.

Tour 1 Tric à l'end toutes les m en les prenant par derr.

Tour 2 Aug 1 m dans chaque m.

Tour 3 *et tous les tours impairs* A l'endroit.

Tour 4 Aug 1 m dans la 1ᵉ et la 3ᵉ m de chaque aig.

Tour 6 Aug 1 m entre la 3ᵉ et la dernière m de chaque aig.

Tour 8 Aug 1 m dans la 4ᵉ et dernière m de chaque aig.

Tour 10 Aug 1 m dans la 5ᵉ et dernière m de chaque aig. Continuez de la même manière.

Cercle avec lignes d'augmentations en rayons

Prenez 4 aig et montez 2 m sur chacune d'elles. Tric avec la 5ᵉ.

Tour 1 Tric toutes les m en les prenant par derr.

Tour 2 Faites une aug dans chaque m.

Tours 3, 4 et 5 A l'end.

Tour 6 Aug 1 m dans chaque m.

Tours 7 à 11 A l'end.

Tour 12 Aug 1 m dans chaque m.

Tours 13 à 19 A l'end.

Tour 20 Aug 1 m toutes les 2 m.

Tours 21 à 25 A l'end.

Tour 26 Aug 1 m toutes les 3 m.

Tours 27 à 31 A l'end.

Tour 32 Aug 1 m toutes les 4 m.
Cont en tric 5 R droit puis aug pendant 1 tour en faisant les aug toutes les 5 m et ainsi de suite.

Cercle avec augmentations invisibles

Prenez 4 aig, montez 2 m sur chacune d'elles. Tric avec la 5ᵉ.

Tour 1 Tric toutes les m à l'end en les prenant par derr.

Tour 2 Aug 1 m dans chaque m (16).

Tour 3 *et tous les R impairs* A l'end.

Tour 4 Aug 1 m toutes les 2 m (24).

Tour 6 1 m end, aug 1 m dans la m suiv puis *aug 1 m toutes les 3 m * (32 m).

Tour 8 Aug 1 m toutes les 4 m (40 m).

Tour 10 1 m end, aug 1 m dans la m suiv puis *aug 1 m toutes les 5 m * (48 m).

R 12 Aug 1 m dans la 1ᵉ m, *aug 1 m toutes les 6 m * (56 m).

R 14 4 m end, aug 1 m dans la m suiv puis *aug toutes les 7 m * (64 m).

R 16 1 m end, aug 1 m dans la m suiv puis *1 m toutes les 8 m * (72 m).

R 18 Aug 1 m dans la 1ᵉ m puis *aug 1 m toutes les 9 m * (80 m).

R 20 5 m end, aug 1 m dans la m suiv *aug 1 m toutes les 10 m * (88 m). Continuez en aug tous les 2 R.

Hexagone

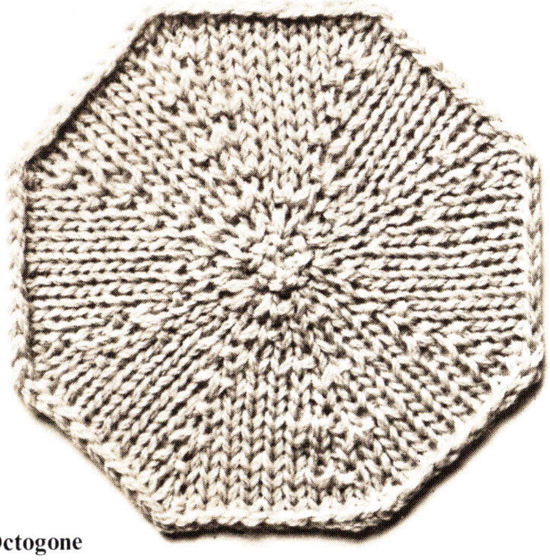

Octogone

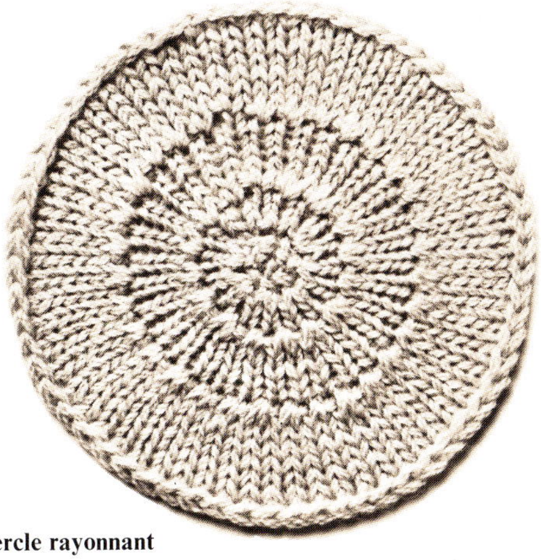

Cercle rayonnant

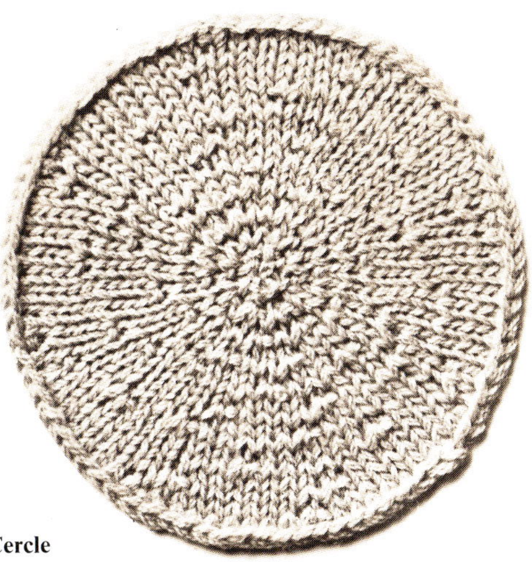

Cercle

Exécution d'un médaillon en sections

Cercle réalisé en sections sur deux aiguilles. Ce médaillon est réalisé section par section et l'ouvrage est tourné à intervalles réguliers avant la fin de chaque rang. Lorsque dans les explications, vous lisez « tournez, laissez 2 mailles », cela signifie que les 2 m ne sont pas tricotées. Pour empêcher la formation d'un trou, voici comment il faut procéder:
Glissez une des deux dernières mailles de l'aiguille gauche sur l'aiguille droite sans la tricoter. Passez le fil autour de cette maille puis en arrière et glissez la m glissée de nouveau sur l'aig gauche. Tournez et tricotez. Le fil entouré autour de la maille comble le trou.

Une section sur une aiguille

Médaillon terminé

Exécution du médaillon

Montez 12 m en utilisant le montage invisible.

R 1 *et tous les R impairs* A l'end.

R 2 A l'envers. Tournez, laissez 2 m.

R 4 A l'env, laissez 4 m.

R 6 A l'env, laissez 6 m.

R 8 A l'env, laissez 8 m.

R 10 à 12 A l'env.

Ceci forme une section du cercle. Répétez les explications à partir du R 1, 11 autres fois pour terminer le cercle. Rabattez et assemblez par la méthode de grafting. Vous pouvez tricoter une bordure en **dentelle en même temps** que vous réalisez le cercle.

Bonnets tricotés

Béret simple
Le béret se travaille à partir du sommet central vers l'extérieur en ondulations hexagonales puis droit de nouveau pour la bordure de la tête. C'est en fait une extension du médaillon de la page 93. Les techniques utilisées pour les médaillons sont expliquées pages 92 et 93. Une fois que vous avez compris le principe du béret, vous pouvez y adapter n'importe quelle forme de médaillon.

Béret tube
Le modèle de base peut servir à tricoter un béret de n'importe quelle longueur. Pour cela, cessez les augmentations à l'endroit indiqué dans les explications et continuez à travailler droit jusqu'à la longueur souhaitée. Nous vous donnons les explications pour réaliser une bordure en point damier 2/2 (page 23).

Béret à motifs
Cette troisième version est un modèle de couleurs variées tricoté en trois points différents. Vous commencez l'ouvrage avec le fil de fond, puis les ondulations hexagonales se travaillent en rayures de trois couleurs. La partie droite du béret est réalisée en jacquard à maille glissée, puis avec le fil de fond, à l'endroit et à l'envers en chevrons et diagonales réversible. Ces deux modèles sont réversibles, aussi le bonnet peut-il se porter avec le bord retourné.

Célèbres bérets tricotés

Les tricoteuses ont de tout temps créé de multiples styles de chapeaux. La plupart d'entre eux répondaient à la nécessité impérieuse de se protéger du mauvais temps, tandis que d'autres obéissaient à des usages sociaux ou religieux.

Dans l'Angleterre du 15° siècle le port des bérets tricotés et feutrés était obligatoire, et quiconque se trouvait sans béret était sanctionné d'une amende.

Le béret basque est un autre genre de tricot, feutré et bien qu'il ne réponde à aucune obligation sociale, il est le couvre-chef le plus populaire en France.

Les bérets italiens du 17° siècle étaient portés à la maison par des hommes qui avaient rasé leurs crânes afin de pouvoir se parer des imposantes perruques qui étaient de mode à l'époque.

Le passe-montagne, inventé pour protéger les soldats dans les climats très rigoureux, demeure la protection idéale contre le froid.

Les bérets de marins portés sous toutes les latitudes sont à l'origine une protection contre les éléments et peuvent se porter rabattus sur les oreilles ou roulés sur la tête, selon les conditions atmosphériques. Le béret des Shetland est une version extrêmement raffinée de ce simple béret de marin et comporte des motifs colorés, ce qui ne l'empêche pas de pouvoir se porter rabattu sur les oreilles lorsque le temps l'exige.

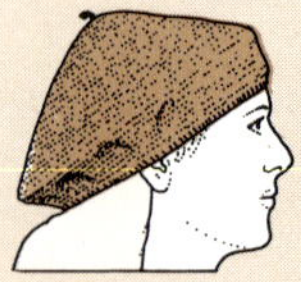
Béret basque

Passe-montagne

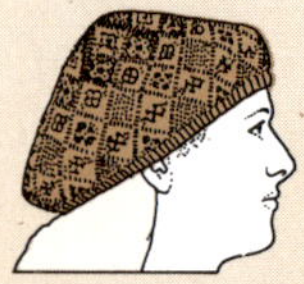
Béret marin

Béret simple avec motif en jacquard brodé

Béret à motifs

Béret tube

Explications des modèles

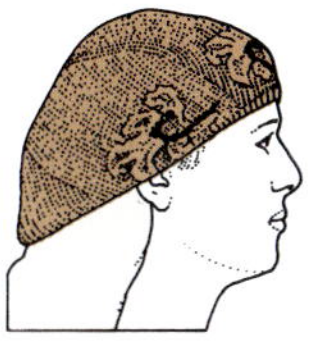

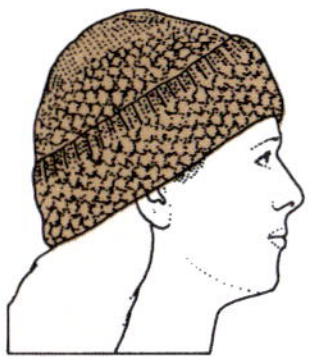

Béret simple et béret tube

Fournitures 75 g env de laine à 3 brins pour le béret et 75 g de laine à 4 fils pour le bonnet. 4 aig de 3,5 mm sans bout, 4 aig de 3 mm sans bout. **Echantillon** Un carré de 10 cm donne 28 m. **Taille** Le béret correspond à un tour de tête d'environ 51 cm. Répartissez 12 m sur 3 aig de 3,5 mm et tricotez avec la 4°. Utilisez de préférence le montage tricoté de la page 17. Laissez une grande longueur de fil pour resserrer le centre du béret à la fin de l'ouvrage. **Tour 1** A l'end. **Tour 2** Aug int dans la 1° et 3° m de chaque aiguille (tric à l'end les autres m). **Tour 3** Aug int dans la 1° et 4° m de chaque aig. **Tour 4** Aug int dans la 1° et 5° m de chaque aig. **Tour 5** Aug int dans la 1° et 6° m de chaque aig. **Tours 6 à 14** Continuez à aug de la même manière à chaque R (**R 6** Aug dans la 1° et 7° m, etc.) jusqu'à ce qu'il y ait 30 m sur chaque aig, soit 90 m en tout. **R 15** Tric à l'end tous les R impairs jusqu'au tour 50. **Tour 16** Aug int dans la 1° et la 16° m sur chaque aig. **R 18** Aug int dans la 1° et 17° m de chaque aig. **Tour 20** Aug int dans la 1° et 18° m. **Tours 22 à 49** Tric à l'end les R impairs sans aug et aug les R pairs. (R 22 Aug dans la 1° et la 19° m, R 24 aug dans la 1° et la 20° m, etc.) **Pour le béret tube** Arrêtez les aug lorsqu'il y a 144 m. Travaillez le tour en point damier 2/2 jusqu'à ce que vous obteniez la longueur souhaitée. Pour terminer, tric 5 R de côtes 1/1 avec les aig de 3 mm et rab. **Pour le béret simple** Cont à aug jusqu'à ce que vous ayez 64 m sur chaque aig, soit 192 m en tout. **Tours 50 à 58** A l'end. **Tour 59** 30 m end, 2 m ens à l'end, tric ens à l'end les 2 dern m de chaque aig. **Tour 60** Tric tous les tours pairs jusqu'au tour 76. **Tour 61** 29 m end, 2 m ens à l'end, tric ens à l'end les 2 dern m de chaque aig. **Tour 63** 28 m end, 2 m ens à l'end, tric ens à l'end les 2 dern m de chaque aig. **Tour 65** 27 m end, 2 m ens à l'end, tric ens à l'end les 2 dern m. **Tours 67 à 75** Cont à tric tous les R pairs et à dim de la même manière tous les R impairs. (Tour 67 26 m end, 2 m ens à l'end, tric à l'end les 2 dern m. **Tour 69** 25 m end, 2 m ens à l'end, tric ens à l'end les 2 dern m jusqu'à ce qu'il y ait 46 m sur chaque aig, 138 en tout.) **Tours 76 à 79** Avec les aig de 3 mm *1 m end, 1 m env * jusqu'à la fin du tour. **Tour 80** Rab toutes les m. **Finitions** Aplatissez le béret au fer en lui donnant une forme ronde. Nous vous suggérons de découper un cercle en carton de la taille du béret, de tendre le béret dessus pour le mettre en forme.

Bonnet à motifs

Fournitures 75 gr de laine à 3 fils dans le coloris principal A, restes de laine à 3 fils. 4 aig de 4 mm sans bouts. **Echantillon** 10 cm donnent 28 m en rayures jersey. **Taille** Le bonnet convient à un tour de tête de 51 cm. En prolongeant l'hexagone de forme ondulée jusqu'à ce que vous ayez atteint le nombre de mailles souhaité, vous pouvez allonger le bonnet. Veillez à ce que le nombre de mailles soit divisible par 8 pour respecter le motif.

Les explications de ce bonnet sont identiques à celles du béret simple expliqué ci-dessus. Montez les m avec le coloris A et tric les premiers R du modèle. Cont à tric l'hexagone en rayures de 3 couleurs (B, C et D). Tric ces rayures jusqu'à ce qu'il y ait 144 m sur les aig. Au début du tour suiv, commencez à tric les rayures en chevrons (reportez-vous à la page 52 pour le glossaire du jacquard à maille glissée). Souvenez-vous que ce bonnet est tricoté en tours et non en rangs; il n'y a pas de changement dans la lecture des R endroit, mais pour les R envers il faut lire les explications de la fin du R jusqu'au commencement, de même qu'il faut lire maille envers pour maille endroit et vice-versa.

Travaillez les rayures chevron avec les coloris B, C et D pendant 5 cm. Puis commencez les chevrons (page 25) avec le coloris A. Comme il s'agit d'un modèle réversible endroit et envers, le bord peut être porté droit ou replié. Tric jusqu'à ce que vous obteniez la longueur désirée et terminez par 12 tours de diagonales réversibles (page 24) puis rabattez les m.

Dimensions des bonnets

Le béret et les bonnets ont été conçus pour un tour de tête de 51 cm. Pour augmenter ou diminuer la taille, prenez des aiguilles plus grosses ou plus fines. Pour les bonnets, diminuez ou augmentez la longueur de l'hexagone.

Pour calculer la taille d'un chapeau ou d'un bonnet, prenez vos mesures à l'endroit le plus large pour obtenir le tour de tête. Mesurez la longueur de la tête d'une oreille à l'autre et du milieu du front à la base du crâne pour obtenir le diamètre.

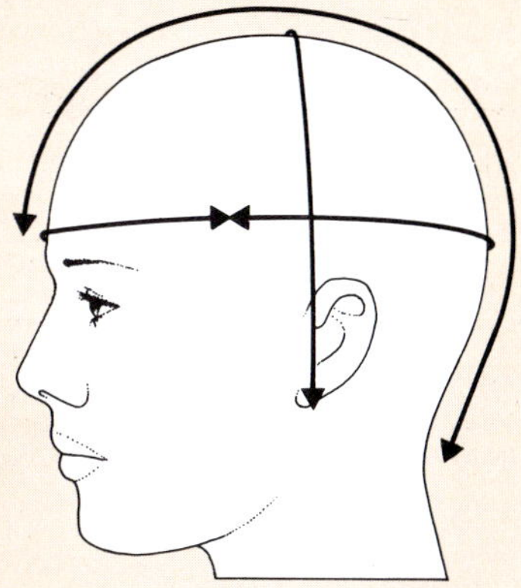

Exécution du motif en jacquard brodé

Le béret est orné d'un simple motif rebrodé sur chacun de ses six segments. La grille du motif est expliquée ci-dessous. Pour le jacquard brodé, reportez-vous à la page 65.

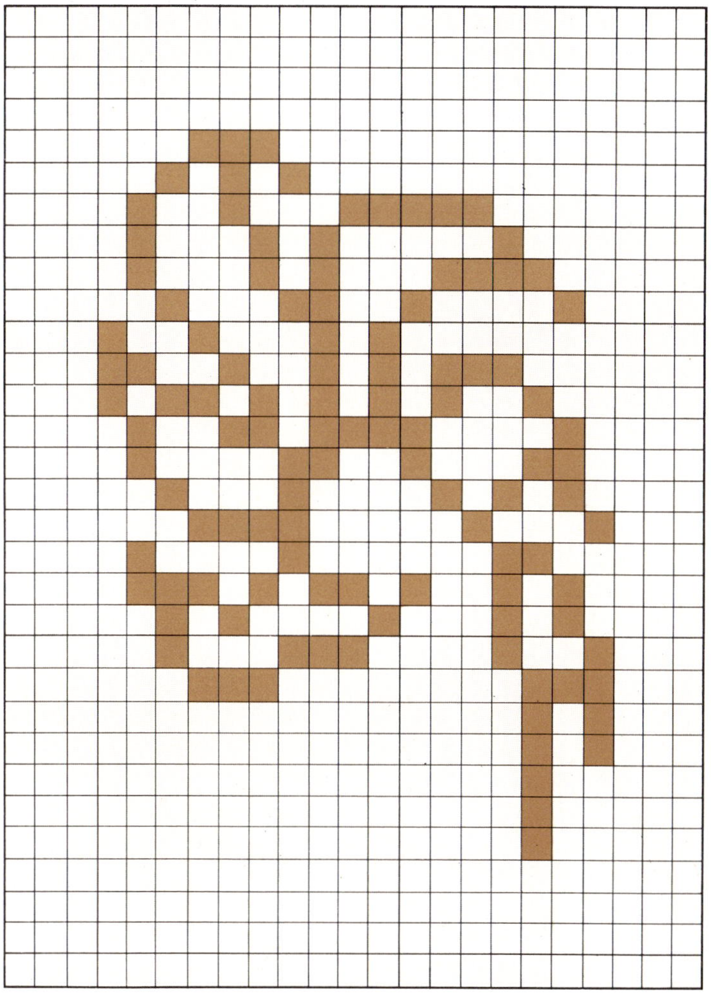

Galons et bordures

Les galons et les bordures en point de dentelle décorent très joliment des vêtements. Les galons se tricotent verticalement et peuvent être cousus au bord des étoffes tissées. On peut aussi les tricoter en relevant des mailles. Les bordures se tricotent horizontalement et sont souvent exécutées en même temps que l'ouvrage principal. Les motifs proposés se tricotent avec un fin coton à crocheter ou avec de la laine à deux fils et des aiguilles de 2 mm.

Bord en picot

Le bord en picot est le plus simple de tous les bords tricotés. Il se travaille rapidement et présente une bordure nette et délicatement bouclée. Les boucles ainsi formées peuvent être reprises comme mailles de l'ouvrage principal.

Exécution du bord

1 *Faites un nœud et tricotez une maille. Puis passez le fil sur l'aiguille droite pour faire une maille de lisière.*

2 *Glissez la première maille à l'envers et passez-la sur l'aiguille droite.*

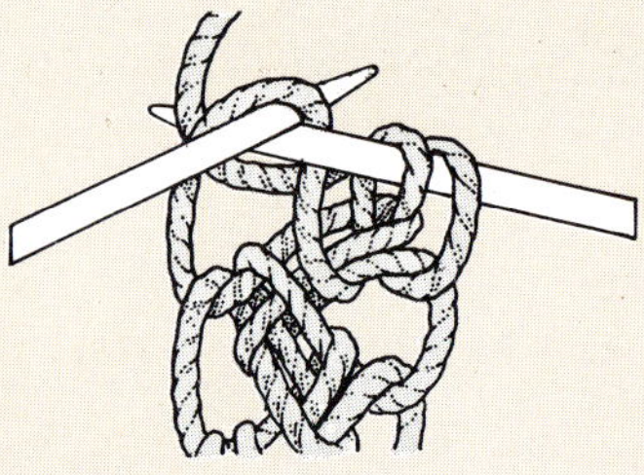

3 *Tricotez 1 maille normalement. Rabattez la maille glissée.*

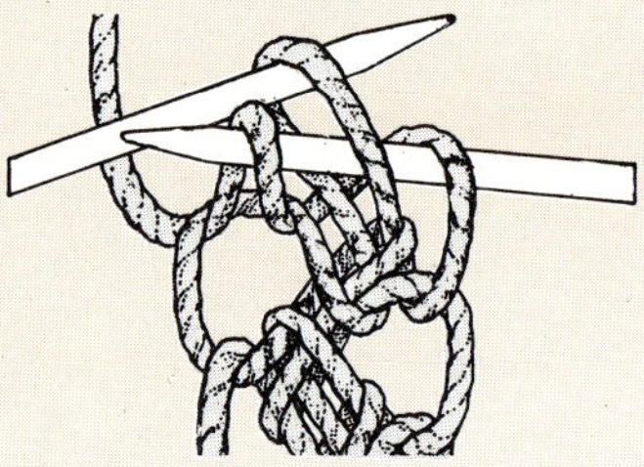

4 *Les explications complètes se lisent ainsi: 1 m end, * 1 jeté, gl 1 m à l'env, 1 m end, rab la m gl * répétez ces explications jusqu'à la longueur souhaitée.*

Comment assembler un galon de dentelle à un tricot

On peut tricoter directement l'ouvrage en relevant les mailles du galon.

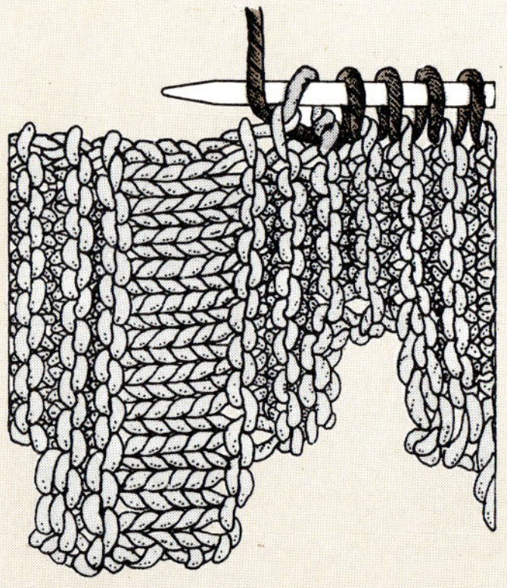

Exécution

Tricotez le galon de dentelle jusqu'à la longueur désirée et rabattez. Maintenez à l'arrière du galon le fil de l'ouvrage principal. Piquez l'aiguille droite entre chaque rang, de l'avant vers l'arrière.

Tirez une boucle de laine pour former une maille. Continuez ainsi jusqu'à ce que vous ayez le nombre de mailles nécessaires à la réalisation de votre ouvrage.

Feuilles

Montez 8 m. **R 1** (end) 5 m end, 1 jeté, 1 m end, 1 jeté, 2 m end. **R 2** 6 m env, tric dans le brin avant et arrière de la m suiv, pour faire une aug, 3 m end. **R 3** 4 m end, 1 m env, 2 m end, 1 jeté, 1 m end, 1 jeté, 3 m end. **R 4** 8 m env, aug dans la m suiv, 4 m end. **R 5** 4 m end, 2 m env, 3 m end, 1 jeté, 1 m end, 1 jeté, 4 m end. **R 6** 10 cm env, aug 1 m dans la m suiv, 5 m end. **R 7** 4 m end, 3 m env, 4 m end, 1 jeté, 1 m end, 1 jeté, 5 m end. **R 8** 12 m env, aug 1 m dans la m suiv, 6 m end. **R 9** 4 m end, 4 m env, 1 surj, 7 m end, 2 m ens à l'end, 1 m end. **R 10** 10 m env, aug 1 m dans la m suiv, 7 m end. **R 11** 4 m end, 5 m env, 1 surj, 5 m end, 2 m ens à l'end, 1 m end. **R 12** 8 m env, aug 1 m dans la m suiv, 2 m end, 1 m env, 5 m end. **R 13** 4 m end, 1 m env, 1 m end, 4 m env, 1 surj, 3 m end, 2 m ens à l'end, 1 m end. **R 14** 6 m env, aug 1 m dans la m suiv, 3 m end, 1 m env, 5 m end. **R 15** 4 m end, 1 m env, 1 m end, 5 m env, 1 surj, 1 m end, 2 m ens à l'end, 1 m end. **R 16** 4 m env, aug 1 m dans la m suiv, 4 m end, 1 m env, 5 m end. **R 17** 4 m end, 1 m env, 1 m end, 6 m env, gl 1 m, 2 m ens à l'end, rab la m gl, 1 m end. **R 18** 2 m ens à l'env, rab les 5 m suiv en prenant 2 m ens à l'env pour rab la première m, 3 m env, 4 m end. Rép les R 1 à 18.

Pointes en point mousse

Montez 2 m. **R 1** 2 m end. **R 2** 1 jeté, 2 m end. **R 3** 1 jeté, 3 m end. **R 4** 1 jeté, 4 m end. **R 5** 1 jeté, 5 m end. **R 6** 1 jeté, 6 m end. **R 7** 1 jeté, 7 m end. **R 8** 1 jeté, 8 m end. **R 9** 1 jeté, 9 m end. **R 10** 1 jeté, 10 m end. **R 11** 1 jeté, 11 m end. **R 12** 1 jeté, 12 m end. **R 13** 1 jeté, 13 m end. **R 14** 1 jeté, 14 m end.

Cassez le fil et laissez la pointe terminée à l'extrémité de l'aiguille du côté du bout. Sur la même aiguille montez 2 mailles et tric une autre pointe comme la première. Continuez ainsi jusqu'à ce que vous ayez le nombre de pointes désiré; ne cassez pas le fil lorsque vous avez terminé votre dernière pointe. Tricotez toutes les mailles à la suite puis faites quelques rangs de point mousse pour terminer la bordure. Passez tous les fils sous la bordure.

Faisceaux dentelés

Montez 13 m.

R 1 *(env) et tous les autres rangs envers* 2 m end, à l'env, 2 m end.

R 2 7 m end, 1 jeté, 1 surjet, 1 jeté, 4 m end.

R 4 6 m end, (1 jeté, 1 surjet) 2 fs, 1 jeté, 4 m end.

R 6 5 m end, (1 jeté, 1 surjet) 3 fs, 1 jeté, 4 m end.

R 8 4 m end, (1 jeté, 1 surjet) 4 fs, 1 jeté, 4 m end.

R 10 3 m end, (1 jeté, 1 surjet) 5 fs, 1 jeté, 4 m end.

R 12 4 m end, (1 jeté, 1 surjet) 4 fs, 2 m ens à l'end, 2 m end.

R 14 5 m end, (1 jeté, 1 surjet) 4 fs, 2 m ens à l'end, 2 m end.

R 16 6 m end, (1 jeté, 1 surjet) 3 fs, 2 m ens à l'end, 2 m end.

R 18 7 m end, (1 jeté, 1 surjet) 2 fs, 2 m ens à l'end, 2 m end.

R 20 8 m end, 1 jeté, 1 surjet, 2 m ens à l'end, 2 m end.

Rép les R 1 à 20.

Clochetons

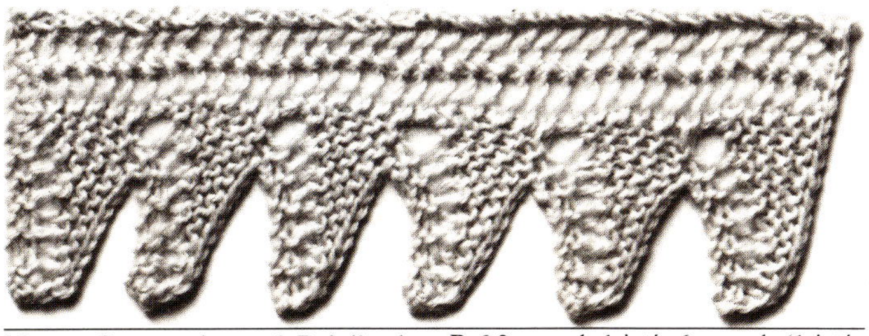

Montez 8 m et tricotez 1 R à l'end.

R 1 Gl 1 m, 1 m end, (1 jeté, 2 m ens à l'end) 2 fs, 1 jeté, 2 m end.

R 2 2 m end, 1 jeté, 2 m end, (1 jeté, 2 m ens à l'end) 2 fs, 1 m end.

R 3 Gl 1 m, 1 m end, (1 jeté, 2 m ens à l'end) 2 fs, 2 m end, 1 jeté, 2 m end.

R 4 2 m end, 1 jeté, 4 m end, (1 jeté, 2 m ens à l'end) 2 fs, 1 m end.

R 5 Gl 1 m, 1 m end, (1 jeté, 2 m ens à l'end) 2 fs, 4 m end, 1 jeté, 2 m end.

R 6 2 m end, 1 jeté, 6 m end, (1 jeté, 2 m ens à l'end) 2 fs, 1 m end.

R 7 Gl 1 m, 1 m end, (1 jeté, 2 m ens à l'end) 2 fs, 6 m end, 1 jeté, 2 m end.

R 8 2 m end,1 jeté, 8 m end, (1 jeté, 2 m ens à l'end) 2 fs, 1 m end.

R 9 Gl 1 m, 1 m end, (1 jeté, 2 m ens à l'end) 2 fs, 8 m end, 1 jeté, 2 m end.

Bord crénelé

Montez 6 m.

R 1, 2 et **3** A l'end.

R 4 Montez 3 m, à l'end.

R 5, 6 et **7** A l'end.

R 8 Montez 3 m, à l'end.

R 9, 11, 12, 14 et **15** A l'end.

R 10 et **12** A l'env.

R 16 Rab 3 m, à l'end.

R 17, 18 et **19** A l'end.

R 20 Rab 3 m, à l'end.

Rép les R 1 à 20.

Ondulations

Montez 17 m et tricotez un rang à l'end. **R 1** (end) 4 m end, (1 jeté, 1 m end, 2 m ens à l'end) 2 fs, 1 jeté, 3 m end, 1 jeté, 4 m end. **R 2** 4 m end, 1 jeté, 5 m end, (1 jeté, 2 m ens à l'env, 1 m end) 2 fs, 1 jeté, 4 m end. **R 3** 4 m end, (1 jeté, 1 m end, 2 m ens à l'end) 2 fs, 1 jeté, 1 m end, 1 jeté, 1 surjet, 1 m end, 2 m ens à l'end, 1 jeté, 1 m end, 1 jeté, 4 m end. **R 4** 4 m end, 1 jeté, 3 m end, 1 jeté, 3 m ens à l'env, 1 jeté, 3 m end, (1 jeté, 2 m ens à l'env, 1 m end) 2 fs, 1 jeté, 4 m end. **R 6** 2 m ens à l'end, 3 m end, 1 jeté, 2 m ens à l'env, 1 m end, 2 m ens à l'env prises par derr, 1 jeté, 1 m end, 1 jeté, 2 m ens à l'env, 1 m end, 1 m end, 2 m ens à l'env prises par derr, (1 jeté, 1 m end, 2 m ens à l'env) 2 fs, 4 m end. **R 7** 4 m end, (1 jeté, 1 surjet, 1 m ens) 2 fs, 1 jeté, gl 1 m, 2 m ens à l'end, rab la m gl, 1 jeté, 3 m end, 1 jeté, 3 m ens à l'end, 1 jeté, 3 m end, 2 m ens à l'end. **R 8** 2 m ens à l'end, 3 m end, 1 jeté, 2 m ens à l'env, 3 m end, 2 m ens à l'env tric par derr, (1 jeté, 1 m end, 2 m ens à l'env tric par derr) 2 fs, 1 jeté, 2 m ens à l'end, 3 m end. **R 9** 3 m end, 2 m ens à l'end, 1 jeté, 1 surjet, (1 m end, 1 jeté, 1 surjet) 2 fs, 1 m end, 2 m ens à l'end, 1 jeté, 3 m end, 2 m ens à l'end.

Voir R 10 à R 12 page 337.

PIC

Montez 17 m et tric 1 R à l'end. **Section A du modèle** 2 m end, 1 m end tric par derr, 1 jeté, 1 m end, 2 m ens à l'env, (1 jeté) 2 fs, (2 m ens à l'env) 2 fs, 1 jeté (1 aug pour 10 m à 11 m). **Section B** 2 m end, 2 m ens à l'env, 1 jeté, (2 m ens à l'env) 2 fs, (1 jeté) 2 fs, 2 m ens à l'env, 1 jeté, 2 m ens à l'env. **R 1** (end de l'ouvrage) 4 m end, 1 jeté, 2 m ens à l'env, 2 m end, 1 jeté, 2 m end, 1 m env, 3 m end, 1 jeté, 1 m end tric par derr, 2 m end. **R 2** A, (5 m end, 1 jeté, 2 m ens à l'env) 2 fs, 1 m end, 1 m env, 3 m end, 1 jeté, 1 m end tric par derr, 2 m end. **R 3** (4 m end, 1 jeté, 2 m ens à l'env) 2 fs, 1 m end, 1 m env 3 m end, 1 jeté, 1 m end tric par derr, 2 m end. **R 4** A, 7 m end, 1 jeté, 2 m ens à l'env, 2 m end. **R 5** 4 m end, 1 jeté, 2 m ens à l'env, 6 m end, 1 jeté, 2 m ens à l'env, 1 m end, 1 m env, 3 m end, 1 jeté, 1 m end tric par derr, 2 m end. **R 6** A, 9 m end, 1 jeté, 2 m ens à l'env, 2 m end. **R 7** 4 m end, 1 jeté, 2 m ens à l'env, 5 m end, 2 m ens à l'end, 1 jeté, 1 m end, 1 jeté, 2 m ens à l'env, 1 m end, 1 m env, 3 m end, 1 jeté, 1 m end tric par derr, 2 m end. **R 8** A, 3 m end, 1 jeté, 2 m ens à l'env, 6 m end, 1 jeté, 2 m ens à l'env, 2 m end. **R 9** 4 m end, 1 jeté, 2 m ens à l'env, 3 m end, 2 m ens à l'end, 1 jeté, 5 m end, 1 jeté, 2 m ens à l'env, 1 m end, 1 m env, 3 m end, 1 jeté, 1 m end tric par derr, 2 m end. **R 10** A, 7 m end, 1 jeté, 2 m ens à l'env, 4 m end, 1 jeté, 2 m ens à l'env, 2 m end. **R 11** 4 m end, 1 jeté, 2 m ens à l'env, 1 m end, 2 m ens à l'end, 1 jeté, 9 m end, 1 jeté, 3 m end, 1 m env, 3 m end, 1 jeté, 1 m end tric par derr, 2 m end. **R 12** 2 m end, 1 m end tric par derr, 1 jeté, 1 m end, 2 m ens à l'env, (1 jeté) 2 fs, 2 m ens à l'env, 3 m ens à l'env, 1 jeté, 1 m end, (1 jeté, 2 m ens à l'env, 2 m end) 2 fs. **R 13** 4 m end, 1 jeté, 2 m ens à l'env, 2 m end, 1 jeté, 1 surjet, 7 m end, 2 m ens à l'end, 1 jeté, 4 m end, 1 m env, 2 m ens à l'env, 1 jeté, 2 m ens à l'env, 2 m end. **R 14** 2 m end, 2 m ens à l'env, 1 jeté, (2 m ens à l'env) 2 fs, 1 jeté (2 fs), 2 m ens à l'env, 1 m end, 1 jeté, 2 m ens à l'env, 5 m end, 2 m ens à l'env tric par derr, 1 jeté, 5 m end, 1 jeté, 2 m ens à l'env, 2 m end. **R 15** 4 m end, 1 jeté, 2 m ens à l'env, 4 m end, 1 jeté, 1 surjet, 3 m end, 2 m ens à l'end, 1 jeté, 1 m end, 2 m ens à l'env, 1 m end, 1 m env, 2 m ens à l'env, 1 jeté, 2 m ens à l'env, 2 m end. **R 16** B, 1 m end, 2 m ens à l'env tric par derr, 1 jeté, 7 m end, 1 jeté, 2 m ens à l'env, 2 m end.

Voir R 17 à R 24 page 337.

Bord de mer

Montez 13 m.

R 1 *Et tous les R impairs*, 2 m end, à l'env, tric les 2 dernières mailles à l'endroit, (le nb des m envers varie selon les R).

R 2 Gl 1 m, 3 m end, 1 jeté, 5 m end, 1 jeté, 2 m ens à l'end, 1 jeté, 2 m end.

R 4 Gl 1 m, 4 m end, gl 1 m, 2 m ens à l'end, rab la m gl, 2 m end, (1 jeté, 2 m ens à l'end) 2 fs, 1 m end.

R 6 Gl 1 m, 3 m end, 1 surjet, 2 m end, (1 jeté, 2 m ens à l'end) 2 fs, 1 m end.

R 8 Gl 1 m, 2 m end, 1 surjet, 2 m end, (1 jeté, 2 m ens à l'end) 2 fs, 1 m end.

R 10 Gl 1 m, 1 m end, 1 surjet, 2 m end, (1 jeté, 3 m ens à l'end) 2 fs, 1 m end.

R 12 1 m end, 1 surjet, 2 m end, 1 jeté, 1 m end, 1 jeté, 2 m ens à l'end, 1 jeté, 2 m end.

R 14 Gl 1 m, (3 m end, 1 jeté) 2 fs, 2 m ens à l'end, 1 jeté, 2 m end.

Répétez les R 1 à 14.

Perdrix

Vous devez utiliser une aiguille auxiliaire. **RM** Relâchez le jeté du R précédent. **Aug** Pour augmenter tric dans le brin avant et dans le brin arrière de la même maille (dans ce modèle il s'agit du jeté du R précédent).

Montez 2 m et rabattez 2 m, tric la 1° m, laissez-la sur l'aiguille, et placez la nouvelle m sur l'aig gauche, puis tric cette maille et placez la nouvelle maille suivante sur l'aig gauche. Puis tric à l'end 2 m (les 2 nouvelles mailles) et faites passer la première maille par-dessus la seconde; puis tricotez la troisième maille (la première maille du début) et passez la seconde maille par-dessus. Vous avez une pointe en picot.

Montez 18 m et tricotez un rang à l'end.

Rang de préparation 5 m end, 2 m ens à l'end, 2 m end, 1 jeté, 1 m end, 2 m ens à l'end, 1 jeté, 2 m ens à l'end, 1 m end, 1 jeté, 3 m end.

R 1 Gl 1 m, 2 m end, 1 jeté, gl le jeté du R précédent, 2 m end, aug, 3 m end, gl les 2 m suiv sur une aig aux placée dev, 3 m end, puis à l'end les 2 m de l'aig aux, 1 jeté, 2 m ens à l'end, 1 m end.

R 2 Montez 2 m et rabattez 2 m, 6 m end, 2 m ens à l'end, 1 jeté, 2 m ens à l'end, 4 m end, (1 m end, 1 m env) dans les 2 jetés ens, comme s'il s'agissait d'une seule boucle, 3 m end.

R 3 Gl 1 m, 1 m end, 2 m ens à l'end, 1 jeté, 2 m ens à l'end, 10 m end, 1 jeté, 2 m ens à l'end, 1 m end.

R 4 5 m end, (1 jeté, 1 m end) 2 fs, 2 m ens à l'end, 1 jeté, 2 m ens à l'end, 3 m end, 1 jeté, RM, 3 m end.

R 5 Gl 1 m, 2 m end, (1 m end, 1 m env) dans le jeté du R précédent, 7 m end, aug, 1 m end, aug, 2 m end, 1 jeté, 2 m ens à l'end, 1 m end.

R 6 Montez 2 m et rab 2 m, 4 m end, 1 jeté, 2 m end, 1 jeté, 2 m ens à l'end, 1 m end, 1 jeté, (1 m end, 2 m ens à l'end, 1 jeté, 2 m ens à l'end) 2 fs, 2 m end.

R 7 Gl 1 m, 2 m end, 1 jeté, RM, 6 m end, (1 jeté, 2 m ens à l'end, 1 m end) 4 fs.

R 8 5 m end (1 jeté, 2 m ens à l'end, 1 m end) 3 fs, 1 jeté, 2 m ens à l'end, 2 m end (1 m end, 1 m env) dans le jeté du R précédent, 3 m end.

R 9 Gl 1 m, 1 m end, 2 m ens à l'end, 1 jeté, 2 m ens à l'end, 5 m end, (1 jeté, 2 m ens à l'end, 1 m end) 4 fs.

R 10 Montez 2 m et rab 2 m, 4 m end, (1 jeté, 2 m ens à l'end, 1 m end) 3 fs, 1 jeté, 2 m ens à l'end, 2 m end, 1 jeté, RM, 3 m end.

R 11 Gl 1 m, 2 m end, (1 m end, 1 m env) dans le jeté du R précédent, 6 m end, (1 jeté, 2 m ens à l'end, 1 m end) 4 fs.

R 12 5 m end, (1 jeté, 2 m ens à l'end, 1 m end) 4 fs, 2 m ens à l'end, 1 jeté, 2 m ens à l'end, 2 m end.

R 13 et 15 Rép R 7 et 9.

R 14 Montez 2 m et rab 2 m, 4 m end, (1 jeté, 2 m ens à l'end, 1 m end) 3 fs, 1 jeté, 2 m ens à l'end, 2 m end (1 m end, 1 m env) dans le jeté du R précédent, 3 m end.

R 16 5 m end, (1 jeté, 2 m ens à l'end, 1 m end) 3 fs, 1 jeté, 2 m ens à l'end, 2 m end, 1 jeté, RM, 3 m end.

R 17 Gl 1 m, 2 m end, (1 m end, 1 m env) dans le jeté du R précédent, 6 m end, 1 jeté, (2 m ens à l'end, 1 m end) 2 fs, (1 jeté, 2 m ens à l'end, 1 m end) 2 fs.

R 18 Montez 2 m et rab 2 m, 4 m end, 1 jeté, 2 m ens à l'end, 1 m end, 2 m ens à l'end, 1 jeté, 2 m ens à l'end, 1 m end, 1 jeté, 3 m end, 2 m ens à l'end, 1 jeté, 2 m ens à l'end, 2 m end.

R 19 Gl 1 m, 2 m end, 1 jeté, RM, 7 m end, 1 jeté, 2 m ens à l'end, 2 m end, (1 jeté, 2 m ens à l'end, 1 m end) 2 fs.

R 20 5 m end, 1 jeté, (2 m ens à l'end) 2 fs, 1 jeté, 2 m ens à l'end, 1 m end, 1 jeté, 5 m end (1 m end, 1 m env) dans le jeté du R précédent, 3 m end.

R 21 Gl 1 m, 1 m end, 2 m ens à l'end, 1 jeté, 2 m ens à l'end, 7 m end, (2 m ens à l'end, 1 m end) 2 fs, 1 jeté, 2 m ens à l'end, 1 m end.

R 22 5 m end, 2 m ens à l'end, 2 m end, 1 jeté, 1 m end, 2 m ens à l'end, 1 jeté, 2 ens à l'end, 1 m end, 1 jeté, RM, 3 m end.

Rép les R 1 à 22.

Picot diagonal

Montez 17 m et tricotez un R l'end.

R 1 Gl 1 m, 1 m end, 1 jeté, 2 m ens à l'end, 1 jeté, 1 m end, 1 jeté, (2 m ens à l'end) 2 fs, (1 jeté) 2 fs, (2 m ens à l'end) 2 fs, 1 jeté, 1 m end, 1 jeté, 3 m end.

R 2 Gl 1 m, 8 m end, 1 m env, 9 m end.

R 3 Gl 1 m, 1 m end, 1 jeté, 2 m ens à l'end, 1 jeté, 2 m end, 1 jeté, 2 m ens à l'end, 4 m end, 2 m ens à l'end, 1 jeté, 2 m end, 1 jeté, 3 m end.

R 4 Gl 1 m, 20 m end.

R 5 Gl 1 m, 1 m end, 1 jeté, 2 m ens à l'end, 1 jeté, 3 m end, 1 jeté, 2 m ens à l'end, 4 m end, 2 m ens à l'end, (1 jeté, 3 m end), 2 fs.

R 6 Gl 1 m, 22 m end.

R 7 Gl 1 m, 7 m end, 1 jeté, (2 m ens à l'end) 2 fs, (1 jeté) 2 fs, (2 m ens à l'end) 2 fs, 1 jeté, (2 m ens à l'end) 2 fs, 1 jeté, 1 m end, 1 jeté, 2 m ens à l'end, 1 m end, 1 jeté, 3 m end.

R 8 Gl 1 m, 11 m end, 1 m env, 11 m end.

R 9 Rab 3 m, 4 m end, 1 jeté, 2 m ens à l'end, 4 m end, 2 m ens à l'end, 1 jeté, 2 m end, 1 jeté, 2 m ens à l'end, 1 m end, 1 jeté, 3 m end.

R 10 Gl 1 m, 21 m end.

R 11 Gl 1 m, 1 m end, 1 jeté, 2 m ens à l'end, 1 jeté, 1 m end, 1 jeté, 2 m ens à l'end, 4 m end, 2 m ens à l'end, 1 jeté, 3 m end, 1 jeté, 1 m ens à l'end, 1 m end, 1 jeté, 3 m end.

R 12 Gl 1 m, 23 m end.

R 13 Gl 1 m, 1 m end, 1 jeté, 2 m ens à l'end, 1 jeté, 2 m end, 1 jeté, (2 m ens à l'end) 2 fs, (1 jeté) 2 fs, (2 m ens à l'end) 2 fs, 1 jeté, 1 m end, (1 jeté, 2 m ens à l'end, 1 m end) 2 fs, 1 jeté, 3 m end.

R 14 Gl 1 m, 14 m end, 1 m env, 10 m end.

R 15 Gl 1 m, 1 m end, 1 jeté, 2 m ens à l'end, 1 jeté, 3 m end, 1 jeté, 2 m ens à l'end, 4 m end, 2 m ens à l'emd, 1 jeté, 2 m end, (1 jeté, 2 m ens à l'end, 1 m end) 2 fs, 1 jeté, 3 m end.

R 16 27 m end.

R 17 Gl 1 m, 7 m end, 1 jeté, 2 m ens à l'end, 4 m end, 2 m ens à l'end, 1 jeté, 3 m end, (1 jeté, 2 m ens à l'end, 1 m end) 2 fs, 1 jeté, 3 m end.

R 18 Gl 1 m, 28 m end.

R 19 Rab 3 m, 4 m end, 1 jeté, (2 m ens à l'end) 2 fs, (1 jeté) 2 fs, (2 m ens à l'end) 2 fs, 1 jeté, 1 m end, (1 jeté, 2 m ens à l'end, 1 m end) 3 fs, 1 jeté, 3 m end.

R 22 Gl 1 m, 28 m end.

R 23 Gl 1 m, 1 m end, 1 jeté, 2 m ens à l'end, 1 jeté, 2 m end, 1 jeté, 2 m ens à l'end, 4 m ens à l'end, 2 m ens à l'end, 1 jeté, 3 m end, (1 jeté, 2 m ens à l'end, 1 m end) 3 fs, 1 jeté, 3 m end.

R 24 Gl 1 m, 30 m end.

R 25 Gl 1 m, 1 m end, 1 jeté, 2 m ens à l'end, 1 jeté, 3 m end, 1 jeté, (2 m ens à l'end) 2 fs, (1 jeté) 2 fs, (2 m ens à l'end) 2 fs, 1 jeté, 1 m end, (1 jeté, 2 m ens à l'end, 1 m end) 4 fs, 1 jeté, 3 m nd.

R 28 Gl 1 m, 33 m end.

R 29 Rab 3 m, 4 m end, 1 jeté, 2 m ens à l'end, 4 m end, 2 m ens à l'end, 1 jeté, 18 m end.

R 30 Rab 14 m assez lâches, 16 m end.

Rép les R 1 à 30.

Arbre de Noël

Montez 16 m et tricotez 1 R à l'end.

R 1 1 jeté, 2 m ens à l'end, 1 m end, 1 jeté, 10 m end, 1 jeté, 2 m ens à l'end, 1 m end.

R 2 2 m end, 1 jeté, 2 m ens à l'end, 12 m end, 1 m env.

R 3 1 jeté, 2 m ens à l'end, 1 m end, 1 jeté, 2 m ens à l'end, 1 jeté, 9 m end, 1 jeté, 2 m ens à l'end, 1 m end.

R 4 2 m end, 1 jeté, 2 m ens à l'end, 13 m e, d; 1 m env.

R 5 1 jeté, 2 m ens à l'end, 1 m nd, (1 jeté, 2 m ens à l'end) 2 fs, 1 jeté, 8 m e, d, 1 jeté, 2 m ens à l'end, 1 m end.

R 6 2 m end, 1 jeté, 2 m ens à l'end, 14 m end, 1 m env.

R 7 1 jeté, 2 m ens à l'end, 1 m end, (1 jeté, 2 m ens à l'end) 3 fs, 1 jeté, 7 m end, 1 jeté, 2 m ens à l'end, 1 m end.

R 8 2 m end, 1 jeté, 2 m ens à l'end, 15 m end, 1 m env.

R 9 1 jeté, 2 m ens à l'end, 1 m end, (1 jeté, 2 m ens à l'end) 4 fs, 1 jeté, 6 m end, 1 jeté, 2 m ens à l'end, 1 m end.

R 10 2 m end, 1 jeté, 2 m ens à l'end, 16 m end, 1 m env.

R 11 1 jeté, 2 m ens à l'end, 1 m end, (1 jeté, 2 m ens à l'end) 5 fs, 1 jeté, 5 m end, 1 jeté, 2 m ens à l'end, 1 m end.

R 12 2 m end, 1 jeté, 2 m ens à l'end, 17 m end, 1 m env.

R 13 1 jeté, 2 m ens à l'end, 1 m end, (1 jeté, 2 m ens à l'end) 6 fs, 1 jeté, 4 m end, 1 jeté, 2 m ens à l'end, 1 m end.

R 14 2 m end, 1 jeté, 2 m ens à l'end, 18 m end, 1 m env.

R 15 1 jeté, 2 m ens à l'end, 1 m end, (1 jeté, 2 m ens à l'end), 7 fs, 1 jeté, 3 m end, 1 jeté, 2 m ens à l'end, 1 m end.

R 16 2 m end, 1 jeté, 2 m ens à l'end, 19 m end, 1 m env.

R 17 1 jeté, (2 m ens à l'end), 2 fs, (1 jeté, 2 m ens à l'end) 7 fs, 3 m end, 1 jeté, 2 m ens à l'end, 1 m end.

R 18, 20, 22, 24, 26, 28, 30 Rép les R 14, 12, 10, 8, 6, 4 et 2.

R 19 1 jeté, (2 m ens à l'end) 2 fs, (1 jeté, 2 m ens à l'end) 6 fs, 4 m end, 1 jeté, 2 m ens à l'end, 1 m end.

R 21 1 jeté, (2 m ens à l'end) 2 fs, (1 jeté, 2 m ens à l'end) 5 fs, 5 m end, 1 jeté, 2 m ens à l'end, 1 m end.

R 23 1 jeté, (2 m ens à l'end) 2 fs, (1 jeté, 2 m ens à l'end) 4 fs, 6 m end, 1 jeté, 2 m ens à l'end, 1 m end.

R 25 1 jeté, (2 m ens à l'end) 2 fs, (1 jeté, 2 m ens à l'end) 3 fs, 7 m end, jeté, 2 m ens à l'end, 1 m end.

R 27 1 jeté, (2 m ens à l'end) 2 fs, (1 jeté, 2 m ens à l'end) 2 fs, 8 m end, 1 jeté, 2 m ens à l'end, 1 m end.

R 29 1 jeté, (2 m ens à l'end) 2 fs, 1 jeté, 2 m ens à l'end, 9 m end, 1 jeté, 2 m ens à l'end, 1 m end.

R 31 1 jeté, (2 m ens à l'end) 2 fs, 10 m d 1 jeté, 2 m ens à l'end, 1 m, end.

R 32 2 m end, 1 jeté, 2 m ens à l'end, 11 m end, 1 m env.

Rép les R 1 à 32.

Losanges ajourés

Montez 17 m.

Remarque Dble jeté: double jeté. Toutes les mailles envers sur les R impairs correspondent à la seconde maille du double jeté exécuté au R précédent.

R 1 3 m end, (1 jeté, 2 m ens à l'env) 2 fs, 10 m end.

R 2 12 m end, (1 jeté, 2 m ens à l'env) 2 fs, 1 m end.

R 3 3 m end, (1 jeté, 2 m ens à l'env) 2 fs, 6 m end, 2 m ens à l'end, jeté dbe, 1 m end, aug dans la dernière m

R 4 4 m end, 1 m env, 9 m end, (1 jeté, 2 m ens à l'env) 2 fs, 1 m end.

R 5 3 m end, (1 jeté, 2 m ens à l'env) 2 fs, 4 m end, 2 m ens à l'end, 1 jeté dble, (2 m ens à l'end) 2 fs, 1 jeté dlbe, 1 m end, aug dans la dernière m.

R 6 4 m end, 1 m env, 3 m end, 1 m env, 7 m end, (1 jeté, 2 m ens à l'env) 2 fs, 1 m end.

R 7 3 m end (1 jeté, 2 m ens à l'env) 2 fs, 2 m end, 2 m ens à l'end, 1 jeté dble (2 m ens à l'end) 2 fs] 2 fs, 1 jeté dbe, 1 m end, aug dans la dernière m.

R 8 4 m end, (1 m end, 3 m end) 2 fs, 1 m env, 5 m end, (1 jeté, 2 m ens à l'env) 2 fs, 1 m end.

R 9 3 m end, (1 jeté, 2 m ens à l'env) 2 fs, 2 m ens à l'end, [1 jeté ouble (2 m ens à l'end) 2 fs] 3 fs, 1 jeté dble, 2 m ens à l'end.

R 10 2 m end, (1 m env, 3 m end) 4 fs, (1 jeté, 2 m ens à l'env) 2 fs, 1 m end.

R 11 3 m end, (1 jeté, 2 m ens à l'env) 2 fs, 2 m end, 2 m ens à l'end, 1 jeté dble, (2 m ens à l'end) 2 fs] 3 fs.

R 12 2 m ens à l'end, 1 m end, (1 m env, 3 m end) 2 fs, 1 m env, 5 m end, (1 jeté, 2 m ens à l'env) 2 fs, 1 m end.

(Suite des explications page 337.)

Perdrix

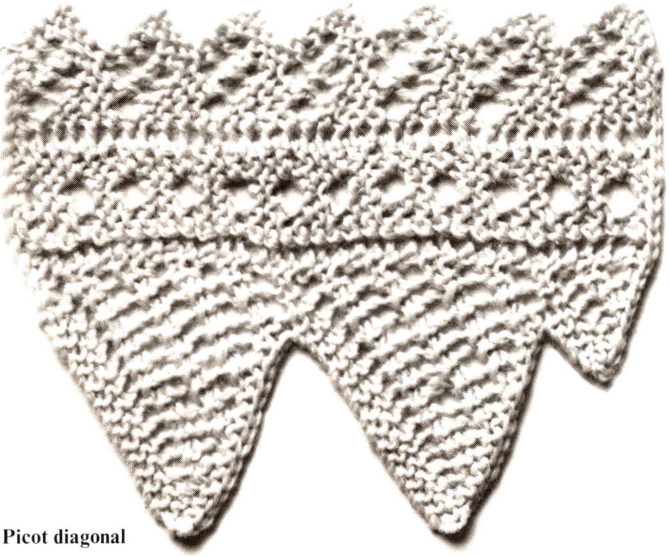

Picot diagonal

Arbre de Noël

Losanges ajourés

Faisceaux et losanges (voir explications page 512.)

Bordure envers en coquille

1 Base 8 R jersey.

2 Trav en jersey env, (tric à l'end sur les R env et à l'env sur les R end) sur une hauteur égale à 2 fs la largeur de la bordure. Ne rabattez pas.

3 Repliez la bordure en deux, le jersey envers se trouvant à l'extérieur. Cassez le fil mais laissez une bonne longueur.

4 Sur l'envers de l'ouvrage reprenez une à une avec une aiguille à coudre chaque maille sur l'aiguille et cousez-la à la maille correspondante du premier rang. Puis à des intervalles égaux (par exemple toutes les 8 m) entourez la bordure jusqu'en haut d'un fil et resserrez pour former le dessin.

Echantillon de points de dentelles

Au lieu de reporter sur un papier des explications de points de dentelle, les brodeuses du 19e siècle ne s'inspiraient que d'échantillons tricotés. Elles cousaient ensemble des carrés d'un échantillon de chaque point et réalisaient ainsi de grandes bandes décoratives.

Un châle traditionnel

Les châles traditionnels des îles Shetland sont conçus en trois parties: un carré central, une bordure et une lisière. Il n'y a ni rang de montage ni rang de terminaison et ces châles se travaillent de l'extérieur vers l'intérieur; lorsqu'ils étaient tricotés avec des fils d'une extrême finesse, ils ressemblaient à des toiles d'araignées merveilleusement ouvragées. On utilise de nos jours de la fine shetland à 2 brins, ou de la laine layette ou, si l'on souhaite un châle plus épais, une laine Shetland à 4 brins.

L'exécution suit toujours le même principe: le châle se tricote avec de longues aiguilles en fer sur lesquelles on monte un très petit nombre de mailles qui sont travaillées en lisière dentelée. Lorsque la lisière est terminée, les mailles sont relevées le long du bord droit et forment la base de la bordure interne. le motif de la bordure se tricote en diminuant aux angles pour former les coins en onglet. Cette partie du châle se termine par une ligne de jours après laquelle commence le panneau central. Celui-ci se tricote souvent au point mousse bien que n'importe quel autre point convienne, la seule règle à respecter étant celle du carré parfait. La règle d'or des tricoteuses de l'île est de tricoter autant de doubles rangs qu'il y a de mailles sur l'aiguille.

Lorsque le carré est terminé, on utilise un second jeu d'aiguilles pour tricoter une seconde lisière et bordure en tous points identiques aux premières. Lorsque cette lisière est terminée, elle est montée sur le panneau central au lieu de se terminer par un rang de jours.

Les troisième et quatrième lisières et bordures s'exécutent de la même manière. La lisière est une longue bande pliée en quatre. Deux bordures sont tricotées, suivies par le panneau central, puis de nouveau les deux autres bordures. Il reste alors à assembler les coins en onglet. Lorsque le châle est terminé, lavez-le délicatement.

Montage

Mettez toutes les pièces à plat. Assemblez au point de chevron les deux coins en onglet de la bordure (à l'intersection de B et C, et de D et A). Assemblez ensuite les mailles des trois autres bords de la bordure aux trois côtés du panneau central.

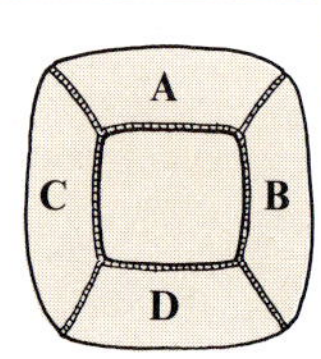

Fournitures

175 g de fine shetland à 2 brins – deux jeux d'aiguilles longues de 4 mm. Le châle terminé est un carré d'environ 110 cm de côté.

Motif de la lisière

Ce motif est repris 65 fs. Montez 9 m.

R 1 3 m end, (1 jeté, 2 m ens à l'end) 2 fs, 1 jeté, 2 m end. **R 2** Et tous les R pairs à l'end. **R 3** 3 m end (1 jeté, 2 m ens à l'end) 2 fs, 1 jeté, 3 m end. **R 5** 3 m end, (1 jeté, 2 m ens à l'end) 2 fs, 1 jeté, 4 m end. **R 7** 3 m end, (1 jeté, 2 m ens à l'end) 2 fs, 1 jeté, 5 m end.

R 9 3 m end, (1 jeté, 2 m ens à l'end) 2 fs, 1 jeté, 6 m end.

R 11 3 m end, (1 jeté, 2 m ens à l'end) 2 fs, 1 jeté, 7 m end.

R 13 3 m end, (1 jeté, 2 m ens à l'end) 2 fs, 1 jeté, 8 m end.

R 15 Rab assez lâche 7 m et tric à l'end les autres m. **R 16** A l'end. Rép les R 1 à 16 64 fs (65 fs en tout). Terminez par le R 15. Rab toutes les m. Assemblez les 2 extrémités par une couture. Pliez la lisière en 4. Relevez les mailles par les différentes sections des bordures (page 96) en prenant ensemble les côtés A et B puis C et D, vous tricoterez ainsi 2 longueurs de bordures à chaque fois.

Motif de bordure

Relevez 261 m le long des 2 côtés de la lisière, soit 129 m le long du côté A, 3 m pour l'angle, 129 m le long du côté B. **R 1** 16 m end, (1 jeté, 4 m ens à l'end, 1 jeté, 27 m end) 3 fs, 1 jeté, 4 m ens à l'end, 1 jeté, 16 m end, 1 m end, 1 jeté, 2 m ens à l'end, 16 m end, (1 jeté, 4 m ens à l'end, 1 jeté, 27 m end) 3 fs, 1 jeté, 4 m ens à l'end, 1 jeté, 16 m end. **R 2** Et tous les R pairs. A l'end jusqu'aux 3 m du centre (coin en onglet) que vous tricotez ainsi: 1 m end, 1 jeté, 2 m ens à l'end. Cont à l'end. **R 3** *14 m end, (2 m ens à l'end, 1 jeté, 3 m end, 1 jeté, 2 m ens à l'end, 23 m à l'end) 3 fs, 2 m ens à l'end, 1 jeté, 3 m end, 1 jeté, 2 m ens à l'end, 14 m end **, 1 m end, 1 jeté, 2 m ens à l'end. Rép de * à **. **R 5** *13 m end, (2 m ens à l'end, 1 jeté, 5 m end, 1 jeté, 2 m ens à l'end, 21 m à l'end) 3 fs, 2 m ens à l'end, 1 jeté, 5 m end, 1 jeté, 2 m ens à l'end, 13 m end **, 1 m end, 1 jeté, 2 m ens à l'end. Rép de * à **. **R 7** *12 m end, (2 m ens à l'end, 1 jeté, 2 m end, 1 jeté, 3 m ens à l'end, 1 jeté, 2 m end, 1 jeté, 2 m ens à l'end, 19 m end) 3 fs, 2 m ens à l'end, 1 jeté, 2 m end, 1 jeté, 3 m ens à l'end, 1 jeté, 2 m end, 1 jeté, 2 m ens à l'end, 12 m end **, 1 m end, 1 jeté, 2 m ens à l'end. Rép de * à **. **R 9** *11 m end, (2 m ens à l'end, 1 jeté, 1 m end, 2 m ens à l'end, 1 jeté, 3 m end, 1 jeté, 2 m ens à l'end, 1 m end, 1 jeté, 2 m ens à l'end, 17 m end) 3 fs, 2 m ens à l'end, 1 jeté, 1 m end, 2 m ens à l'end, 1 jeté, 3 m end, 1 jeté, 2 m ens à l'end, 1 m end, 1 jeté, 2 m ens à l'end, 11 m end **, 1 m end, 1 jeté, 2 m ens à l'end. Rép de * à **. **R 11** *10 m end, (2 m ens à l'end, 1 jeté, 1 m end, 2 m ens à l'end, 1 jeté, 5 m end, 1 jeté, 2 m ens à l'end, 1 m end, 1 jeté, 2 m ens à l'end, 15 m end) 3 fs, 2 m ens à l'end, 1 jeté, 1 m end, 2 m ens à l'end, 1 jeté, 5 m end, 1 jeté, 2 m ens à l'end, 1 m end, 1 jeté, 2 m ens à l'end, 10 m end ** sur 1 m end, 1 jeté, 2 m ens à l'end. Rép de * à **. **R 13** 9 m end, (2 m ens à l'end, 1 jeté, 1 m end, 2 m ens à l'end, 1 jeté, 2 m end, 1 jeté, 3 m ens à l'end, 1 jeté, 2 m end *, 1 jeté, 2 m ens à l'end, 1 m end, 1 jeté, 2 m ens à l'end, 13 m end) 3 fs, 2 m ens à l'end, 1 jeté, 1 m end, 2 m ens à l'end, 1 jeté, 2 m end, 1 jeté, 3 m ens à l'end, 1 jeté, 2 m end, 1 jeté, 2 m ens à l'end, 1 m end, 1 jeté, 2 m ens à l'end, 9 m end **, 1 m end, 1 jeté, 2 m ens à l'end. Rép de * à **. **R 15** *8 m end, ([2 m ens à l'end, 1 jeté, 1 m end] 2 fs, 2 m ens à l'end, 1 jeté, 3 m end, 1 jeté, 2 m ens à l'end, [1 m end, 1 jeté, 2 m ens à l'end] 2 fs, 11 m end) 3 fs (2 m ens à l'end, 1 jeté, 1 m end) 2 fs, 2 m ens à l'end, 1 jeté, 3 m end, 1 jeté, 2 m ens à l'end, (1 m end, 1 jeté, 2 m ens à l'end) 2 fs, 8 m end **, 1 m end, 1 jeté, 2 m ens à l'end. Rép de * à **. **R 17** *7 m end, ([2 m ens à l'end, 1 jeté, 1 m end] 2 fs, 2 m ens à l'end, 1 jeté, 5 m end, 1 jeté, 2 m ens à l'end [1 m end, 1 jeté, 2 m ens à l'end] 2 fs, 9 m end) 3 fs (2 m ens à l'end, 1 jeté, 1 m end) 2 fs, 2 m ens à l'end, 1 jeté, 5 m end, 1 jeté, 2 m ens à l'end, (1 m end, 1 jeté, 2 m ens à l'end) 2 fs, 7 m end **, 1 m end, 1 jeté, 2 m ens à l'end. Rép de * à **. **R 19** *6 m end, ([2 m ens à l'end, 1 jeté, 1 m end] 2 fs, 2 m ens à l'end, 1 jeté, 2 m end, 1 jeté, 3 m ens à l'end, 1 jeté, 2 m end, 1 jeté, 2 m ens à l'end [1 m end, 1 jeté, 2 m ens à l'end] 2 fs, 7 m end) 3 fs (2 m ens à l'end, 1 jeté, 1 m end) 2 fs, 2 m ens à l'end, 1 jeté, 2 m end, 1 jeté, 3 m ens à l'end, 1 jeté, 2 m end, 1 jeté, 2 m ens à l'end, (1 m end, 1 jeté, 2 m ens à l'end) 2 fs, 6 m end **, 1 m end, l'end. 2 m ens à l'end? Rép de * à **. **R 21** *5 m end, ([2 m ens à l'end, 1 jeté, 1 m end] 3 fs, 2 m ens à l'end, 1 jeté, 3 m end, 1 jeté, 2 m ens à l'end, [1 m end, 1 jeté, 2 m ens à l'end] 3 fs, 5 m end) 3 fs (2 m ens à l'end, 1 jeté, 1 m end) 3 fs, 2 m ens à l'end, 1 jeté, 3 m end, 1 jeté, 2 m ens à l'end, (1 m end, 1 jeté, 2 m ens à l'end) 3 fs, 5 m end **, 1 m end, 1 jeté, 2 m ens à l'end. Rép de * à **. **R 23** *4 m end, ([2 m ens à l'end, 1 jeté, 1 m end] 3 fs, 2 m ens à l'end, 1 jeté, 5 m end, 1 jeté, 2 m ens à l'end, [1 m end, 1 jeté, 2 m ens à l'end] 3 fs, 3 m end) 3 fs (2 m ens à l'end, 1 jeté, 1 m end) 3 fs, 2 m ens à l'end, 1 jeté, 5 m end, 1 jeté, 2 m ens à l'end, (1 m end, 1 jeté, 2 m ens à l'end) 3 fs, 4 m end **, 1 m end, 1 jeté, 2 m ens à l'end. Rép de * à **. **R 25** *3 m end, ([2 m ens à l'end, 1 jeté, 1 m end] 3 fs, 2 m ens à l'end, 1 jeté, 2 m end, 1 jeté, 3 m ens à l'end, 1 jeté, 2 m end,

Châle des îles Shetland

C'est une habitante de l'île qui a tricoté ce châle de mémoire. Détails du panneau central et de la bordure.

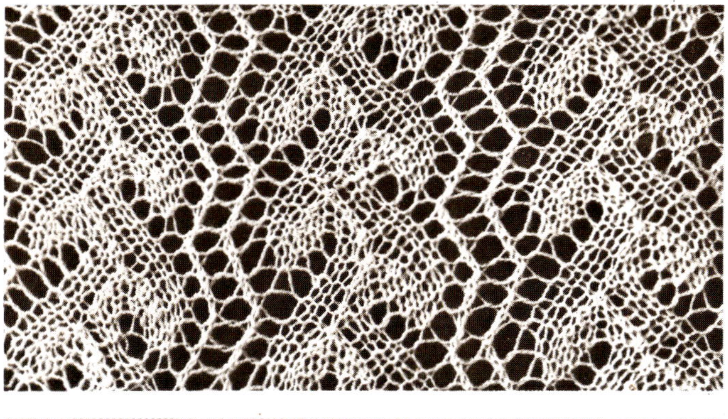

1 jeté, 2 m ens à l'end [1 m end, 1 jeté, 2 m ens à l'end] 3 fs, 1 m end) 3 fs (2 m ens à l'end, 1 jeté, 1 m end) 3 fs, 2 m ens à l'end, 1 jeté, 2 m end, 1 jeté, 3 m ens à l'end, 1 jeté, 2 m end, 1 jeté, 2 m ens à l'end, (1 m end, 1 jeté, 2 m ens à l'end.) 3 fs, 3 m end **, 1 m end, 1 jeté, 2 m ens à l'end. Rép de * à **. **R 27** *2 m end, 2 m ens à l'end, 1 jeté, 1 m end ([2 m ens à l'end, 1 jeté, 1 m end] 3 fs, 2 m ens à l'end, 1 jeté, 3 m end, 1 jeté, 2 m ens à l'end [1 m end, 1 jeté, 2 m ens à l'end] 3 fs, 1 m end, 1 jeté, 3 m ens à l'end, 1 jeté, 1 m end) 3 fs, (2 m ens à l'end, 1 jeté, 1 m end) 3 fs, 2 m ens à l'end, 1 jeté, 3 m end, 1 jeté, 2 m ens à l'end, (1 m end, 1 jeté, 2 m ens à l'end) 4 fs, 2 m end **, 1 m end, 1 jeté, 2 m ens à l'end. Rép de * à **. **R 29** *2 m end, 2 m ens à l'end, ([2 m ens à l'end, 1 jeté, 1 m end] 3 fs, 2 m ens à l'end, 1 jeté, 5 m end, 1 jeté, 2 m ens à l'end, [1 m end, 1 jeté, 2 m ens à l'end] 3 fs, 3 m end) 3 fs, (2 m ens à l'end, 1 jeté, 1 m end) 3 fs, 2 m ens à l'end, 1 jeté, 5 m end, 1 jeté, 2 m ens à l'end, (1 m end, 1 jeté, 2 m ens à l'end) 3 fs, 2 m ens à l'end, 2 m end **, 1 m end, 1 jeté, 2 m ens à l'end. Rép de * à **. **R 31** *2 m end, ([2 m ens à l'end, 1 jeté, 1 m end] 3 fs, 2 m ens à l'end, 1 jeté, 2 m end, 1 jeté, 3 m ens à l'end, 1 jeté, 2 m end, 1 jeté, 2 m ens à l'end [1 m end, 1 jeté, 2 m ens à l'end] 3 fs, 1 m end) 3 fs, (2 m ens à l'end, 1 jeté, 1 m end) 3 fs, 2 m ens à l'end, 1 jeté, 2 m end, 1 jeté, 3 m ens à l'end, 1 jeté, 2 m end, 1 jeté, 2 m ens à l'end, (1 m end, 1 jeté, 2 m ens à l'end) 3 fs, 2 m end **, 1 m end, 1 jeté, 2 m ens à l'end. Rép de * à **. **R 33** *2 m end, 2 m ens à l'end, ([2 m ens à l'end, 1 jeté, 1 m end] 3 fs, 2 m ens à l'end, 1 jeté, 3 m end, 1 jeté, 2 m ens à l'end, [1 m end, 1 jeté, 2 m ens à l'end] 3 fs, 5 m end) 3 fs, (2 m ens à l'end, 1 jeté, 1 m end) 3 fs, 2 m ens à l'end, 1 jeté, 3 m end, 1 jeté, 2 m ens à l'end, (1 m end, 1 jeté, 2 m ens à l'end) 3 fs, 2 m ens à l'end, 2 m end **, 1 m end, 1 jeté, 2 m ens à l'end. Rép de * à **. **R 35** *2 m end, ([2 m ens à l'end, 1 jeté, 1 m end] 3 fs, 2 m ens à l'end, 1 jeté, 5 m end, 1 jeté, 2 m ens à l'end [1 m end, 1 jeté, 2 m ens à l'end] 3 fs, 3 m end) 3 fs, (2 m ens à l'end, 1 jeté, 1 m end) 3 fs, 2 m ens à l'end, 1 jeté, 5 m end, 1 jeté, 2 m ens à l'end, (1 m end, 1 jeté, 2 m ens à l'end) 3 fs, 2 m end **, 1 m end, 1 jeté, 2 m ens à l'end. Rép de * à **. **R 37** *2 m end, 2 m ens à l'end, ([2 m ens à l'end, 1 jeté, 1 m end] 2 fs, 2 m ens à l'end, 1 jeté, 2 m end, 1 jeté, 3 m ens à l'end, 1 jeté, 2 m end, 1 jeté, 2 m ens à l'end, [1 m end, 1 jeté, 2 m ens à l'end] 2 fs, 7 m end) 3 fs, (2 m ens à l'end, 1 jeté, 1 m end) 2 m ens à l'end, 1 jeté, 2 m end, 3 m ens à l'end, 1 jeté, 2 m end, 1 jeté, 2 m ens à l'end, (1 m end, 1 jeté, 2 m ens à l'end) 2 fs, 2 m ens à l'end, 2 m end **, 1 m end, 1 jeté, 2 m ens à l'end. Rép de * à **. **R 39** *2 m end, ([2 m ens à l'end, 1 jeté, 1 m end] 3 fs, 2 m ens à l'end, 1 jeté, 3 m end, 1 jeté, 2 m ens à l'end, [1 m end, 1 jeté, 2 m ens à l'end] 3 fs, 3 m end) 3 fs, (2 m ens à l'end, 1 jeté, 1 m end) 3 fs, 2 m ens à l'end, 1 jeté, 3 m end, 1 jeté, 2 m ens à l'end, (1 m end, 1 jeté, 2 m ens à l'end) 3 fs, 2 m end **, 1 m end, 1 jeté, 2 m ens à l'end. Rép de * à **. **R 41** *2 m end, 2 m ens à l'end, ([2 m ens à l'end, 1 jeté, 1 m end] 2 fs, 2 m ens à l'end, 1 jeté, 5 m end, 1 jeté, 2 m ens à l'end [1 m end, 1 jeté, 2 m ens à l'end] 2 fs, 9 m end) 3 fs, (2 m ens à l'end, 1 jeté, 1 m end) 2 fs, 2 m ens à l'end, 1 jeté, 5 m end, 1 jeté, 2 m ens à l'end, (1 m end, 1 jeté, 2 m ens à l'end) 2 fs, 2 m ens à l'end, 2 m end **, 1 m end, 1 jeté, 2 m ens à l'end. Rép de * à **. **R 43** *2 m ens, ([2 m ens à l'end, 1 jeté, 1 m end] 2 fs, 2 m ens à l'end, 1 jeté, 2 m end, 1 jeté, 3 m ens à l'end, 1 jeté, 2 m end, 1 jeté, 2 m ens à l'end [1 m end, 1 jeté, 2 m ens à l'end] 2 fs, 7 m end) 3 fs, (2 m ens à l'end, 1 jeté, 1 m end) 2 fs, 2 m ens à l'end, 1 jeté, 2 m end, 1 jeté, 3 m ens à l'end, 1 jeté, 2 m end, 1 jeté, 2 m ens à l'end, (1 m end, 1 jeté, 2 m ens à l'end) 2 fs, 2 m end **, 1 m end, 1 jeté, 2 m ens à l'end. Rép de * à **. **R 45** *2 m end, 2 m ens à l'end, ([2 m ens à l'end, 1 jeté, 1 m end] 2 fs, 2 m ens à l'end, 1 jeté, 3 m end, 1 jeté, 2 m ens à l'end [1 m end, 1 jeté, 2 m ens à l'end] 2 fs, 11 m end) 3 fs, (2 m ens à l'end, 1 jeté, 1 m end) 2 fs, 2 m ens à l'end, 1 jeté, 3 m end, 1 jeté, 2 m ens à l'end, (1 m end, 1 jeté, 2 m ens à l'end) 2 fs, 2 m ens à l'end, 2 m end **, 1 m end, 1 jeté, 2 m ens à l'end. Rép de * à **. **R 47** *2 m end, ([2 m ens à l'end, 1 jeté, 1 m end] 2 fs, 2 m ens à l'end, 1 jeté, 5 m end, 1 jeté, 2 m ens à l'end [1 m end, 1 jeté, 2 m ens à l'end] 2 fs, 9 m end) 3 fs, (2 m ens à l'end, 1 jeté, 1 m end) 2 fs, 2 m ens à l'end, 1 jeté, 5 m end, 1 jeté, 2 m ens à l'end, (1 m end, 1 jeté, 2 m ens) 2 fs, 2 m end **, 1 m end, 1 jeté, 2 m ens à l'end. Rép de * à **. **R 49** *2 m end, 2 m ens à l'end, (2 m ens à l'end, 1 jeté, 1 m end, 2 m ens à l'end, 1 jeté, 2 m end, 3 m ens à l'end, 1 jeté, 2 m end, 1 jeté, 2 m ens à l'end, 1 m end, 1 jeté, 2 m ens à l'end, 13 m end) 3 fs, 2 m ens à l'end, 1 jeté, 1 m end, 2 m ens à l'end, 1 jeté, 2 m end, 1 jeté, 3 m ens à l'end, 1 jeté, 2 m end, 1 jeté, 2 m ens à l'end, 1 m end, 1 jeté, 2 m ens à l'end, 2 m ens à l'end, 2 m end **, 1 m end, 1 jeté, 2 m ens à l'end. Rép de * à **. **R 51** *2 m end, ([2 m ens à l'end, 1 jeté, 1 m end] 2 fs, 2 m ens à l'end, 1 jeté, 3 m end, 1 jeté, 2 m ens à l'end [1 m end, 1 jeté, 2 m ens à l'end] 2 fs, 11 m end) 3 fs, (2 m ens à l'end, 1 jeté, 1 m end) 2 fs, 2 m ens à l'end, 1 jeté, 3 m end, 1 jeté, 2 m ens à l'end, (1 m end, 1 jeté, 2 m ens à l'end) 2 fs, 2 m end **, 1 m end, 1 jeté, 2 m ens à l'end. Rép de * à **. **R 53** *2 m end, 2 m ens à l'end, (2 m ens à l'end, 1 jeté, 1 m end, 2 m ens à l'end, 1 jeté, 5 m end, 1 jeté, 2 m ens à l'end, 1 m end, 1 jeté, 2 m ens à l'end, 15 m end) 3 fs, 2 m ens à l'end, 1 jeté, 1 m end, 2 m ens à l'end, 1 jeté, 5 m end, 1 jeté, 2 m ens à l'end, 1 m end, 1 jeté, 2 m ens à l'end, 2 m ens à l'end, 2 m end **, 1 m end, 1 jeté, 2 m ens à l'end.

(Suite des explications page 337.)

Avantages de la machine à tricoter

Le tricot à la machine est une technique en soi et le succès de son application est indépendant d'une bonne connaissance du tricot main. La machine l'emporte sur le tricot manuel essentiellement pour la rapidité d'exécution et la facilité de conception des modèles.

Exécution plus rapide

Parce que le tricotage à la machine est beaucoup plus rapide qu'à la main, vous pouvez vous y initier sans avoir le sentiment de perdre un temps précieux. Si vous hésitez sur la taille, la forme ou le point d'un ouvrage, il n'y a rien de plus simple que de tricoter un échantillon, car la rapidité d'exécution est si grande que ce n'est absolument pas un problème de défaire et de retricoter si cela s'avère nécessaire. Vous pouvez tricoter des longueurs d'étoffe droites ou exécuter des diminutions ou des augmentations. Vous pouvez aussi tricoter des bandes d'étoffe que vous coupez ensuite (page 103).

Rapidité signifie aussi que vous pouvez vous lancer et tricoter en quelques jours, à vos moments perdus, des ouvrages que vous hésiteriez à réaliser à la main. Ainsi s'offre à vous la possibilité de tricoter des manteaux, des capes, des jupes longues, courtes ou évasées, des châles, des couvertures, des dessus de lits ou des housses de coussins. Certains fils synthétiques s'avèrent moins rébarbatifs à la machine et vous aident à réaliser de magnifiques châles ou autres ouvrages de longue haleine d'une extrême finesse.

Facilité de conception des modèles

Lorsque vous concevez votre modèle pour le tricoter à la main, vous devez constamment vous reporter aux explications écrites et au schéma. Avec une machine à tricoter automatique, vous n'avez plus à vous soucier du point et vous pouvez ainsi accorder toute votre attention à la forme du modèle. Une fois que la machine est réglée pour exécuter un point précis, il n'y a plus à s'en préoccuper. Au contraire, lorsque vous tricotez à la main, vous devez veiller à ce que les augmentations ne dérèglent pas l'ordonnance d'un point. Cela ne se produit pas avec la machine à tricoter. Une bonne machine en bon état de fonctionnement tricote une étoffe impeccable.

Méthode de tricotage

Lorsque vous tricotez à la main, vos mailles sont placées le long d'une aiguille et sont tricotées par une seconde aiguille et ainsi de suite. Une machine dispose d'un grand nombre d'aiguilles dont chacune retient une maille. Il s'ensuit que les altérations à l'intérieur d'un rang, si courantes dans le tricot manuel, impliquent de déplacer le tricot sur la machine. Cet inconvénient peut être évité si les altérations sont faites à chaque extrémité, ou si certaines aiguilles sont mises en position d'attente et que vous tricotez chaque côté séparément.

Tricot machine

Une machine à tricoter traditionnelle se compose d'une fonture comportant un certain nombre de rainures ou logements (entre 166 et 200) dans lesquels glissent les aiguilles à clapet. Un chariot se déplace le long de la fonture et fait glisser vers le haut les aiguilles sélectionnées. Le fil, dont la distribution est contrôlée par une tige, un bouton de tension et un ressort de tension, vient se placer dans le crochet de l'aiguille sur lequel le clapet se referme tandis que l'aiguille redescend dans son logement et tire le fil avec elle à travers la maille précédente, formant ainsi une nouvelle maille.

Ceci est, bien sûr, une explication simplifiée du fonctionnement de la machine, mais elle est largement suffisante pour aider une débutante à résoudre quelques-uns des problèmes qui se posent à elle. Ainsi il est essentiel que le fil soit dévidé régulièrement avec une tension constante, ni trop forte, ni trop faible. Une mauvaise tension est une cause d'erreur fréquente qui peut être aisément rectifiée en ajustant cette tension. Si les points obtenus ne sont pas parfaits, vérifiez que l'aiguille n'est pas cassée ou tordue, ce qui l'empêcherait de glisser dans son logement. Il se peut aussi que le clapet soit défectueux.

Le bobinoir

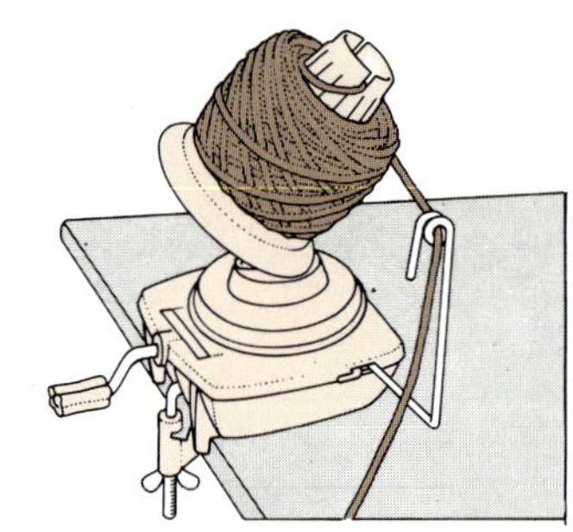

La distribution du fil est si essentielle à la bonne marche du tricot qu'il est tout à fait illusoire de tenter de tricoter avec une pelote de laine conçue pour le tricotage manuel. Les tricoteuses utilisent généralement la laine enroulée sur des cônes, mais la plupart des fils à tricoter peuvent être utilisés sans problèmes sur une machine si vous avez pris soin de le rebobiner en prenant le fil du milieu de la pelote pour commencer. Pour cette opération, utilisez un bobinoir.

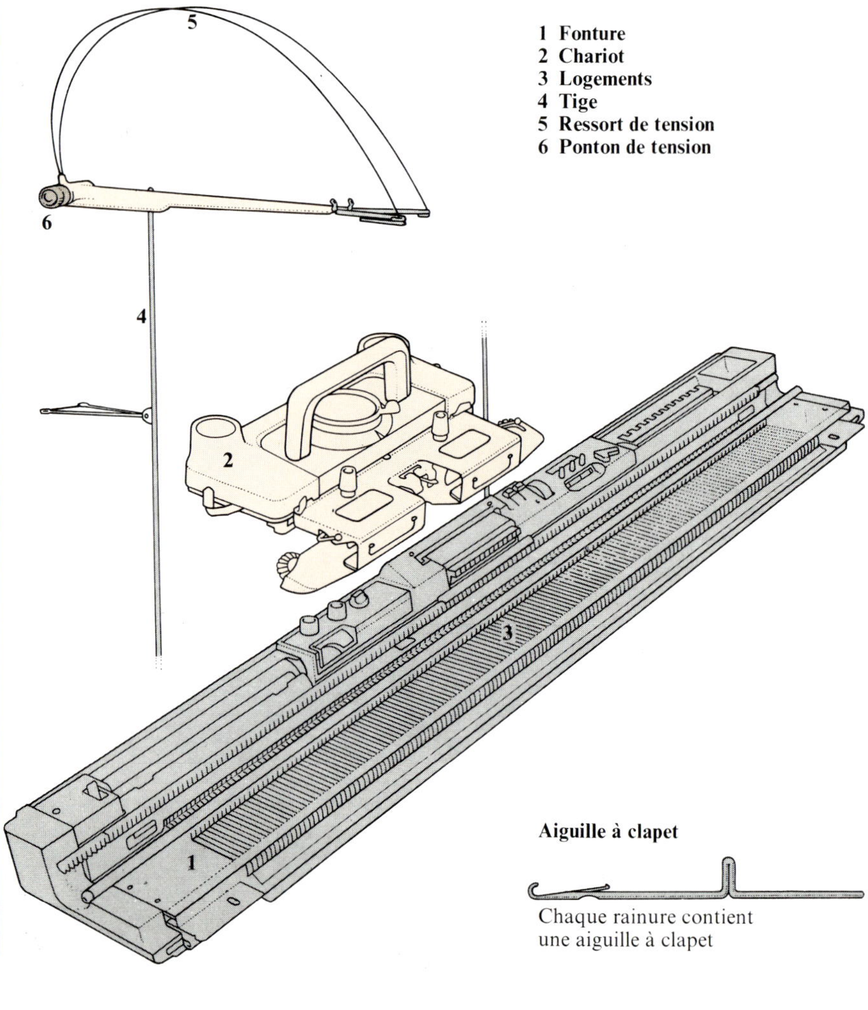

1 Fonture
2 Chariot
3 Logements
4 Tige
5 Ressort de tension
6 Ponton de tension

Aiguille à clapet

Chaque rainure contient une aiguille à clapet

Choix d'une machine

De nombreuses marques proposent des machines à tricoter, de la plus simple à la plus sophistiquée.

La plus simple peut tricoter parfaitement le jersey et les côtes. Les machines automatiques et semi-automatiques offrent une plus grande variété de points, et vous permettent de réaliser le jacquard, simple ou fantaisie, le tissage, la maille glissée, les torsades et les points de dentelle (soit en reportant les mailles sur des aiguilles voisines, soit en utilisant un fil très fin). Certaines machines ultra-modernes sont munies de cartes qui rendent la réalisation de points compliqués aussi simple que celle du jersey.

Des accessoires comme la seconde fonture pour réaliser les côtes ou le guide-fil secondaire pour le jacquard élargissent les possibilités de la machine et lui permettent de fabriquer une très grande variété d'étoffes tricotées.

Avant de faire un choix définitif, demandez une démonstration et vérifiez les points suivants:

1 Le chariot se déplace-t-il facilement le long de la fonture?

2 Les différents points s'exécutent-ils rapidement et simplement?

3 Combien de leçons faut-il prendre? Comment ces leçons sont-elles données? Par correspondance? Uniquement par le livret d'instructions, ou bien une démonstratrice se déplace-t-elle? Le livret d'instructions suffit généralement pour une machine simple. Même si vous avez des leçons à domicile, lisez attentivement le livret d'instructions avant d'acheter la machine. Ses illustrations doivent être assez claires pour vous permettre de résoudre des problèmes simples.

4 La machine tricote-t-elle une étoffe unie avec des bords nets?

5 La machine est-elle munie d'aiguilles pouvant se placer en position d'attente pour diminuer les encolures, les épaules ou les manches?

Vérifiez tous ces détails, que vous achetiez une machine neuve ou d'occasion. Toute machine doit être couverte par une garantie.

Les différentes machines

Machine simple fonture

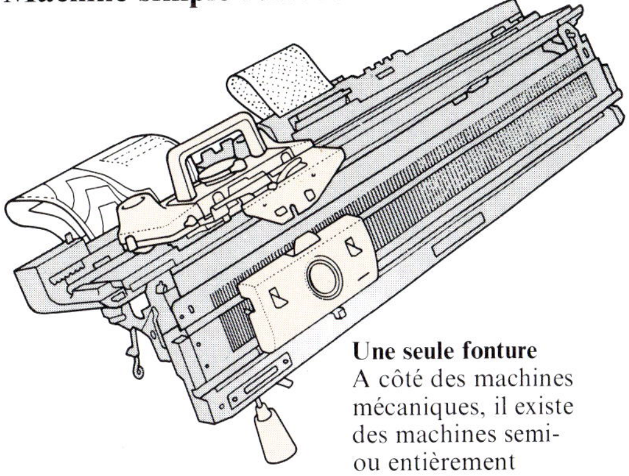

Une seule fonture
A côté des machines mécaniques, il existe des machines semi- ou entièrement automatiques.

Les machines simple fonture ne possèdent qu'une seule fonture. Elles ne tricotent pas les côtes, mais réalisent des points imitant les côtes, ce qui suffit généralement pour les bordures, les poignets ou les bandes d'encolure. Certains points épaississent la laine et produisent de chauds vêtements.

Dispositif pour côtes
On peut adapter un accessoire pour tricoter des côtes. Il vous permet de réaliser des tricots sur base côte, ainsi que les tricots tubulaires. Les performances des machines diffèrent selon la marque. Il est toutefois recommandé de débuter avec une machine simple fonture et de n'adapter un accessoire pour côtes que lorsque vous maîtrisez le maniement de votre machine.

Machine à double fonture

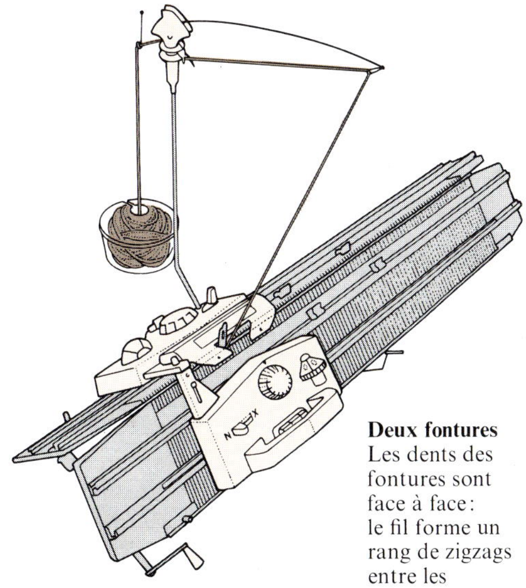

Deux fontures
Les dents des fontures sont face à face: le fil forme un rang de zigzags entre les 2 fontures.

Les machines double fonture ont deux fontures et exécutent les vraies côtes, le jersey tubulaire et de nombreux points sur base côtes, ce qui permet de tricoter des étoffes épaisses à partir de fil fin.

Presque toutes les machines sont actionnées manuellement (il faut pousser le chariot le long des fontures); cependant, certaines machines sont munies d'un moteur électrique.

Techniques propres à la machine

Diminutions

On peut diminuer sur une machine en changeant la tension (même principe que lorsque vous prenez des aiguilles à tricoter plus fines ou plus grosses) ou en changeant le point. Par exemple, une simple bande de couleur à la taille d'un pull en jersey donnera l'impression que la taille du vêtement est marquée, car il faut plus de mailles au centimètre pour tricoter un motif en jacquard que pour tricoter un simple jersey en utilisant la même tension et le même fil. Les robes de bébé peuvent avoir la jupe tricotée en point plissé et le haut en simple jersey. Bien que le nombre d'aiguilles et la tension demeurent inchangés, le haut sera plus étroit que la jupe qui donnera un effet froncé parce que le nombre de mailles au centimètre est généralement moins grand pour le plissé que pour le jersey.

Le tissage

On intitule souvent cette technique «effet de tissage». Cet effet est obtenu en utilisant un second fil de couleur différente, et généralement plus épais que le fil de fond. La sélection des aiguilles peut se faire par cartes perforées et être ainsi entièrement automatique. Cet effet de tissage donne une étoffe de belle apparence qui se détend plutôt moins que d'autres, qu'elles soient tricotées à la main ou à la machine; il peut servir à tricoter des jupes, des pantalons, ou des housses d'ameublement. L'étoffe s'effiloche très peu et convient parfaitement pour la technique du cut-and-sew.

Cut-and-sew

Au sens strict, cut-and-sew signifie coupez et cousez, c'est-à-dire tricotez des bandes d'étoffe tricotée, repassez-les (si le fil le permet), puis coupez-les comme vous le feriez avec un tissu ordinaire et assemblez-les à la machine à coudre.

En réalité cette technique ne convient qu'à certains fils et dépend de la tricoteuse. Avec des fils très fins ou des synthétiques qui ne se repassent pas, certaines tricoteuses délimitent les contours du patron sur l'étoffe par un point de bâti avant de couper. Le point droit ou le point zigzag conviennent.

Avec les fils qui supportent le repassage, on utilise une triplure qui donne du corps au tissu et rend la coupe et la couture plus aisées. Le vêtement réalisé a aussi meilleure allure.

Pour éviter les pertes de tissu, surtout avec les fils coûteux, aussi bien que pour gagner du temps, un certain nombre de tricoteuses utilisent une variante de cette méthode. Elles tricotent à la machine tout ce qui ne présente pas de difficultés et ne coupent le tissu qu'aux endroits un peu compliqués. Pratiquement, elles tricotent jusqu'aux diminutions de l'épaule et coupent le tissu pour l'encolure.

Machines à tricoter: le commencement

Une fois que vous avez choisi la marque et le type de votre machine, lisez-en attentivement la notice d'instructions. Familiarisez-vous avec les différentes pièces et accessoires et entraînez-vous à exécuter des opérations simples comme le montage, les diminutions et les augmentations.

Réglage de la densité

Accordez une attention particulière aux instructions sur la densité: une densité correcte est la condition *sine qua non* d'un parfait tricot machine. Faites des échantillons pour déterminer cette densité, car vous ne pouvez prétendre exécuter un vêtement aux dimensions souhaitées sans savoir exactement le nombre de mailles et de rangs nécessaires. Etudiez bien la fonction des boutons de densité et du levier d'écartement des fontures.

Position d'attente

Assurez-vous que vous avez bien compris ce que signifie «position d'attente». Cela ne veut pas dire position repos (lorsque les aiguilles sont dans la position la plus basse et reposent contre la glissière inférieure). Les aiguilles en position d'attente gardent les mailles, mais celles-ci ne sont pas tricotées au passage du chariot tant que les aiguilles sont en position d'attente. On utilise ce procédé pour tricoter les encolures ou le talon d'une chaussette.

Le tricot

Au début, exécutez des petits ouvrages en point de jersey. Cela vous aidera à mieux «sentir» votre machine. L'expérience vous apprendra qu'il est préférable de travailler à un rythme régulier. Vous remarquerez ainsi que si la densité est trop faible, votre point est trop serré et l'étoffe obtenue trop raide, et qu'au contraire si la densité est trop lâche, votre vêtement risque de se déformer.

Au début, n'utilisez que de la laine à 4 fils bobinée sur cônes. La plupart des fils à tricoter à la main doivent être dessuintés. Pour cela, prenez un morceau de cire dans votre main et laissez glisser le fil dessus tandis que vous bobinez.

Modèles simples

Choisissez un ouvrage extrêmement simple pour vos débuts. Des coussins rectangulaires, des écharpes, des sacs, des T-shirts avec des fentes d'encolure verticales sont d'une facilité enfantine.

Réglez la densité pour que votre échantillon vous donne 28 mailles et 40 rangs pour un carré de 10 cm de côté. Vous pouvez ainsi calculer le nombre de mailles et de rangs pour n'importe quelle taille.

Le coussin

Pour réaliser une housse de coussin de 40 cm de côté, il vous faut monter 105 mailles. Il est généralement préférable de tricoter avec un nombre de mailles pair afin de pouvoir lire plus facilement le nombre de mailles sur la machine. Pour obtenir 40 cm, tricotez 160 rangs.

Si vous souhaitez une housse en deux parties, et les monter ensuite à la machine (voir la rubrique montage), ajoutez deux mailles supplémentaires de chaque côté, et deux rangs supplémentaires au début et à la fin pour la marge des coutures.

Les instructions pour la housse du coussin sont donc les suivantes:

Montez 110 mailles (106 + 2 + 2).

Tricotez 164 rangs (160 + 2 + 2).

Rabattez.

Voilà votre premier ouvrage tricoté à la machine terminé et vous savez maintenant qu'il est très simple d'exécuter un carré aux dimensions souhaitées. Les écharpes, les sacs, les couvertures qui ne nécessitent pas de diminutions sont tout aussi simples. Vous pouvez ensuite ajouter une note de fantaisie à vos ouvrages en les rehaussant de motifs brodés.

Exécution d'un T-shirt

Lorsque vous aurez réglé la densité, vous calculerez le nombre de rangs et de mailles nécessaires. Le dos et le devant sont faits d'un simple rectangle. Lorsqu'ils seront tricotés, décidez ensuite de la largeur d'encolure que vous souhaitez. Laissez cet espace vide et assemblez les coutures d'épaule. Décidez ensuite de la profondeur d'emmanchure appropriée, calculez cette profondeur d'après l'échantillon et marquez cet emplacement sur le dos et le devant avec un fil de couleur.

Vous pouvez terminer le dessous d'emmanchure en crochetant les bords. Vous pouvez aussi relever des mailles autour de l'emmanchure et tricoter soit une bande d'emmanchure, soit une manche (il n'y a pas besoin de faire des diminutions). Vous pouvez aussi tricoter les manches séparément et les coudre sur le T-shirt.

Assemblez les coutures de côté, faites les ourlets des manches et du bas. Vous pouvez aussi les décorer avec un point de crochet. Décorez votre vêtement avec des motifs de broderie si le cœur vous en dit. Vous êtes désormais prête pour tricoter des vêtements plus élaborés à la machine.

Instructions pour machines à tricoter

Les instructions des modèles pour machines peuvent être: 1 Rédigées comme pour des modèles tricotés à la main. **2** Présentées sous forme de grille, ou **3** Une Combinaisons des explications écrites et dessinées.

Instructions écrites

La tendance actuelle est de préférer les schémas aux mots. Mais vous pouvez toujours vous procurer des explications écrites.

Lecture des explications écrites

La plupart des termes de votre notice d'instruction vous sont familiers: «Montez à la main» signifie que vous devez enrouler le fil autour de chaque aiguille, en suivant les instructions de votre notice pour cette opération. Vous lirez aussi: montage ouvert ou «montage fermé avec fil auxiliaire». Ce dernier procédé signifie qu'un fil auxiliaire est utilisé pour le montage et qu'il sera retiré une fois l'ouvrage terminé. Ce fil doit être le même que le fil principal, mais de couleur contrastée.

Ces instructions pour le montage ne concernent que des machines à fonture unique. Les machines à double fonture ou munies d'un accessoire pour réaliser des côtes utilisent généralement le montage en côtes en formant un rang de zigzags entre les deux fontures, suivi de deux rangs en circulaire.

Tout cela est décrit minutieusement dans votre notice. Les explications pour les diminutions, les augmentations et les encolures avec mailles en attente ne représentent aucune difficulté si vous suivez attentivement les conseils donnés.

Désenfilage

«Le désenfilage» n'est pas toujours mentionné dans les notices. Cela signifie qu'au lieu de rabattre d'une manière classique, vous tricotez sept ou huit rangs supplémentaires puis retirez le fil du guide-fil et passez le chariot le long des fontures; le tricot tombera de la machine. On utilise généralement cette méthode pour assembler les pièces de tricot par grafting, c'est-à-dire en piquant dans les boucles des mailles ouvertes. Bien entendu, cela aussi sera expliqué en détail dans votre notice.

Les débutantes sont souvent rebutées par la complexité apparente de toutes ces opérations et celle des explications de modèles. Parfois les explications concernent plusieurs tailles. Pour vous y retrouver, entourez au crayon rouge les explications concernant la taille de votre choix. Vous verrez, ces explications sont presque toujours beaucoup plus simples que vous ne l'imaginez.

Schémas

Les schémas ont un langage bien particulier, fait de signes et de symboles. Ces symboles sont bien entendu toujours expliqués et peuvent varier d'une marque de machine à l'autre.

Lecture d'un schéma

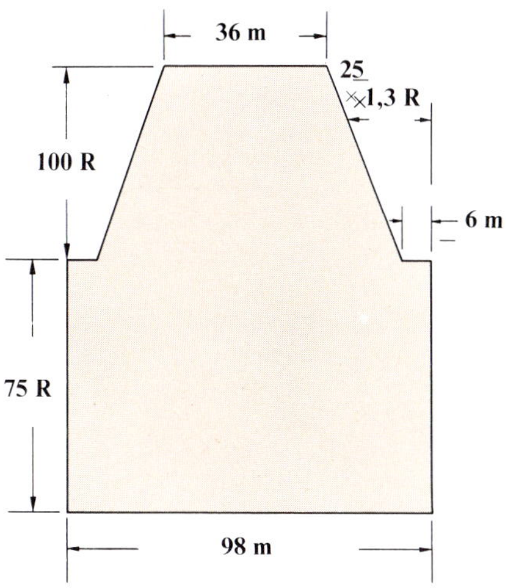

Voici un schéma pour le dos raglan d'un pull d'enfant. Il ne présente aucune difficulté particulière et les indications sont suffisamment explicites, sans qu'il soit nécessaire de posséder des connaissances spéciales. Les dimensions sont indiquées ainsi que le nombre de mailles et de rangs qui correspondent à ces dimensions. Celles-ci sont données entre parenthèses. Seules les instructions marquées (1) et (2) demandent quelques précisions.

– (signe moins) signifie: diminuez.

+ (signe plus) signifie: augmentez.

signifie, «chaque»: de telle sorte que – 25 × 1¨3 rangs signifie «diminuez 1 maille tous les 3 rangs, 25 fois». Cette abréviation peut aussi se trouver sous cette forme: – 25 × 1[3].

Il est important de se rappeler, lorsque vous achetez un livret de modèles qui utilise ces explications stylisées, qu'un glossaire des symboles est toujours donné. Ne cherchez pas à les apprendre par cœur. Lorsque vous aurez tricoté plusieurs vêtements en suivant ce genre d'explications, vous lirez ces symboles aussi facilement que des mots écrits.

De nombreuses tricoteuses préfèrent travailler d'après des explications sous forme de symboles. Le tricot est ainsi beaucoup plus simple à changer ou à adapter à une taille différente: vous pouvez récrire très facilement les explications en changeant la tension.

Un autre avantage des explications par signes est qu'il est beaucoup plus pratique de concevoir ses propres vêtements en utilisant cette méthode.

Grilles pour tricot machine

Dans la même lignée que les grilles d'explication, vous trouverez les grilles qui rendent le travail à la machine beaucoup plus simple et plus rapide et vous permettent de jouer à votre guise avec votre fantaisie. Certaines machines ont des grilles de la taille du vêtement à réaliser, d'autres ne le représentent qu'à la moitié de sa taille. Mais le principe est toujours le même.

Fonctionnement des grilles

Avec toutes les marques, les grilles qui s'adaptent à la machine ou y sont incorporées reposent sur un cadran lecteur et reproduisent le dessin du vêtement qui doit être tricoté. Vous perforez la marque de tension du point qui dépend bien entendu de votre échantillon, puis vous marquez le nombre de rangs. Le schéma se déplace au fur et à mesure que le tricot avance et vous pouvez lire le nombre de mailles qui doivent être diminuées ou augmentées. Il n'est pas nécessaire de compter les rangs, car la feuille vous indique à chaque rang où vous en êtes dans la réalisation de votre ouvrage. Les grilles de schémas sont généralement fournies avec un choix de formes classiques dans différentes tailles, à partir desquelles il est aisé d'apporter vos propres modifications.

Avantages des grilles de schémas

Les avantages des grilles de schémas sont la rapidité et la simplicité; une fois que vous avez trouvé la forme qui vous convient, vous pouvez la reprendre à l'infini en variant le fil, les points et la taille des points.

De simples patrons de couturière peuvent aussi vous fournir des formes que vous utiliserez avec votre grille. De même, vous pourrez utiliser des vêtements usagés ou des accessoires de vêtements.

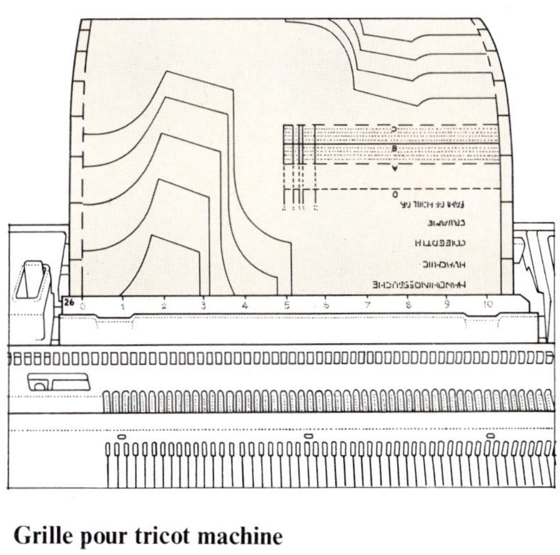

Grille pour tricot machine

Cet accessoire permet de travailler d'après un schéma.

Tricot machine d'après des modèles pour tricot à la main

De nombreuses tricoteuses débutantes tentent d'adapter à la machine des modèles dont les explications sont données pour être tricotées à la main. Bien que le point de jersey ne représente aucune difficulté, il est indispensable de tricoter au préalable un échantillon pour déterminer la tension du fil ainsi que le nombre de rangs nécessaires pour obtenir les mêmes dimensions que le tricot main.

Ainsi, lorsque l'échantillon du tricot main est de 28 mailles et 36 rangs pour un carré de 20 cm, vous devez tricoter plusieurs échantillons en changeant à chaque fois la tension, et choisir celui qui vous donne exactement les mêmes dimensions.

Utilisation de la grille de schéma

Les modèles pour tricot manuel fournissent généralement un schéma avec les dimensions du modèle. Pour l'adapter à votre machine, introduisez une feuille vierge dans votre cadran lecteur de cartes et mettez le dispositif de correction des points et de la tension. Puis tournez à la main le dispositif d'entraînement et déchiffrez le schéma en marquant des points jusqu'à ce que la forme complète du vêtement soit reproduite. Evitez les modèles avec diminutions à l'intérieur du rang.

Mais vous perdrez vite l'envie d'adapter des modèles de tricot manuel sur votre machine. Vous trouverez dans le commerce une grande variété de modèles pour tricots à la machine avec des explications écrites ainsi que des schémas. Ne vous acharnez donc pas à tenter de reproduire des modèles conçus pour le tricot manuel. Vous vous décourageriez.

Les fils pour machines à tricoter

Le choix des fils pour le tricot machine est quasi illimité. Même les grosses laines bouclettes peuvent être utilisées. Si le fil est trop gros, n'utilisez qu'une aiguille sur deux.

Fils en cônes

Il y a plusieurs avantages à tricoter avec des fils bobinés sur cônes. Vous pouvez tricoter directement à partir du cône (alors que les fils pour le tricot manuel doivent presque toujours être rebobinés pour le tricot machine; ils sont généralement dessuintés alors que les fils pour le tricot manuel ne le sont pas toujours; d'autre part, il n'est pas nécessaire de rentrer les fils et vous ne perdez pas de temps à joindre les extrémités des laines.

La plupart des centres de machines à tricoter ont des stocks de fils bobinés sur cônes. A défaut, vous en trouverez sur les catalogues de vente par correspondance. Pratiquement toutes les laines sont disponibles, depuis les laines ordinaires, résistantes pour les tricots d'écoliers jusqu'aux laines sophistiquées pour tous les tricots mode. N'utilisez jamais de fils rêches. Ils ne peuvent pas donner de belles étoffes tricotées et risquent d'abîmer les aiguilles de votre machine. Deux types de fils bobinés sur cônes méritent une mention spéciale: ils sont d'excellente qualité et d'un prix tout à fait raisonnable; mais, attention: ils ne sont réservés qu'aux tricoteuses chevronnées.

Laine shetland

La laine bobinée sur cônes conserve encore son suint, elle est sale et luisante. Adoptez une tension assez lâche lorsque vous tricotez pour que l'étoffe qui sorte de la machine puisse travailler. Lavez-la dans l'eau tiède et les points gonfleront, donnant ainsi au tricot un aspect moelleux. Comme le lavage altère la taille du tricot, l'échantillon pour déterminer la tension ne doit être calculé qu'après avoir été lavé. L'eau tiède et le détergent ne doivent servir que pour dégraisser la laine. Entretenez ensuite votre laine shetland comme les autres laines, c'est-à-dire à l'eau presque froide. Vous trouverez les shetland en deux épaisseurs. Les tricoteuses expérimentées utilisent la fine shetland pour de délicats points ajourés, ou encore elles mélangent les différentes grosseurs de fils pour réaliser des effets de texture.

Synthétiques fins bobinés sur cônes

Ils n'ont rien à voir avec les stocks de synthétiques à 3 ou 4 fils qu'on trouve dans les centres pour machines à tricoter ou les catalogues de vente par correspondance. Ce sont des restes, souvent sans suite, de fils à usage industriel et qui sont proposés à des prix très bas sur les marchés, par les catalogues de vente par correspondance ou même par les centres pour machines à tricoter. Certaines firmes de vente par correspondance les proposent sur de larges cônes. Les fils sont beaucoup trop fins pour être tricotés seuls (sauf pour créer des effets particuliers) mais, lorsque vous utilisez trois ou quatre fils ensemble, vous pouvez réaliser des vêtements tous usages à des prix extrêmement intéressants. Ces fils supportent généralement le repassage à la vapeur. Si vous n'avez pas de fer à vapeur, utilisez un fer ordinaire et une pattemouille et faites un essai sur un bout du vêtement. En mêlant des fils de différentes couleurs, vous pouvez obtenir toutes sortes de bigarrures, d'effets d'ombre et de tweed.

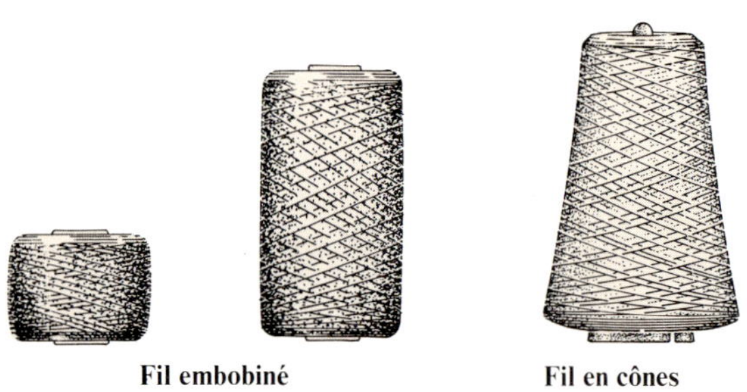

Fil embobiné **Fil en cônes**

Confection de vêtements tricotés à la machine

Lorsque vous en arrivez au stade de l'assemblage de vêtements, votre travail se rapproche davantage de celui de la couturière que de celui de la tricoteuse. Cependant, le surfilage et le point arrière que beaucoup de tricoteuses manuelles utilisent ne convient pas pour les vêtements tricotés à la machine.

Ce domaine du tricot machine en est encore à un stade expérimental. De nombreuses méthodes ont été essayées, comme l'assemblage des pièces au crochet, la reprise des mailles sur la machine ou l'exécution simultanée de deux pièces, mais aucune n'a donné de résultats vraiment satisfaisants. Les bonnes tricoteuses se fient essentiellement à deux méthodes.

Le point matelassé

Cette méthode est normalement expliquée dans toutes les notices d'instruction. Lorsque le point est exécuté correctement, cette méthode donne un fini extraordinaire aux vêtements, mais cela peut prendre plus de temps pour coudre un vêtement de cette manière que pour le tricoter, ce qui réduit à néant l'avantage de rapidité de la machine.

Le point matelassé se travaille en arrière et en avant entre les deux pièces à assembler. On termine par un point arrière dans les dernière et avant-dernière mailles de chaque côté.

La machine à coudre

On l'utilise de plus en plus pour assembler les différentes pièces d'un tricot et elle donne d'excellents résultats. Il est absolument nécessaire de travailler avec une extrême minutie. Les tricoteuses avisées ont mis au point leurs propres méthodes, mais nous vous suggérons quelques «trucs».

Utilisez toujours un fil synthétique d'excellente qualité.

Epinglez les pièces avant de les coudre en disposant les épingles à angles droits par rapport aux coutures.

Retirez les épingles au fur et à mesure.

Utilisez le pied-de-biche pour fermeture à glissière: vous obtiendrez ainsi une couture d'une parfaite netteté. Certaines tricoteuses préfèrent utiliser un pied-de-biche roulé, surtout avec le jacquard, car les fils de laine sur l'envers de l'ouvrage risquent moins de se prendre dans le pied-de-biche. Réglez le bouton de pression assez bas.

Choisissez une longueur de points moyenne; si votre machine exécute le point zigzag, sélectionnez la plus faible longueur de points. Mais vous pouvez très bien obtenir d'excellents résultats avec une machine n'exécutant que le point droit.

Finitions à la main

Il faut toujours terminer à la main. Les manches raglan doivent être fixées au point matelassé. Les cols et les bandes d'emmanchures doivent être retournés à l'intérieur et cousus à points glissés, ou encore retournés sur l'extérieur et fixés au point arrière dans les mailles non fermées du dernier rang tricoté avec le fil de fond (c'est-à-dire si vous avez désenfilé la machine au lieu d'arrêter le tricot). Les hauts de poche et les fentes de côté doivent être soigneusement cousues à la main. Les bandes de boutonnières tricotées en point de jersey peuvent être assemblées à la machine puis reprises à la main de l'intérieur; les bandes de côté sont plus difficiles à assembler à la machine, mais une habile couturière saura venir à bout de cette difficulté. Dans ce domaine, rien ne vaut l'expérience.

Les tricoteuses on tendance à utiliser de plus en plus leurs machines à tricoter conjointement avec leurs machines à coudre. La gamme des fournitures est maintenant si étendue qu'une amatrice avisée est dorénavant capable de réaliser des vêtements avec un fini professionnel.

Entretien des articles de laine

Vous pouvez prolonger l'existence de vos tricots en respectant un certain nombre de conseils d'entretien.

Lavage

Utilisez un savon non détergent pour la laine et de l'eau tiède ou légèrement dégourdie. Avant de laver de la laine de couleur, vérifiez qu'elle ne déteint pas en plongeant seulement une partie du tricot dans l'eau. Enroulez-la dans une serviette; s'il y a une auréole, lavez le lainage exclusivement dans l'eau froide. Lavez le vêtement sans le tordre ni le frotter et rincez-le plusieurs fois dans l'eau froide, jusqu'à ce que l'eau soit claire. Eventuellement, ajoutez un adoucisseur à la dernière eau de rinçage.

Ne tordez pas l'étoffe, mais roulez-la délicatement dans une serviette-éponge pour en exprimer l'eau. Utilisez une seconde serviette-éponge si cela s'avère nécessaire. Pour faire sécher votre vêtement, ne le pendez pas sur un fil, mais étendez-le à plat sur le séchoir en posant une serviette-éponge sous le vêtement. Remettez-le en forme. Eloignez le vêtement des sources de chaleur.

Réutilisation du fil

Le principal problème lorsque vous réutilisez du fil est d'arriver à défaire les mailles du tricot sans couper dans la ligne de couture. Vous pouvez y remédier en passant un fil de couleur contrastante dans la ligne de couture à l'intérieur du vêtement. Lorsque les coutures sont défaites, repérez la dernière maille du dernier rang, dénouez le fil et commencez à détricoter. Pour que le fil ne s'emmêle pas, enroulez-le au dossier d'une chaise. Attachez l'écheveau obtenu aux deux extrémités et lavez-le. Lorsqu'il est sec, rebobinez-le en pelotes.

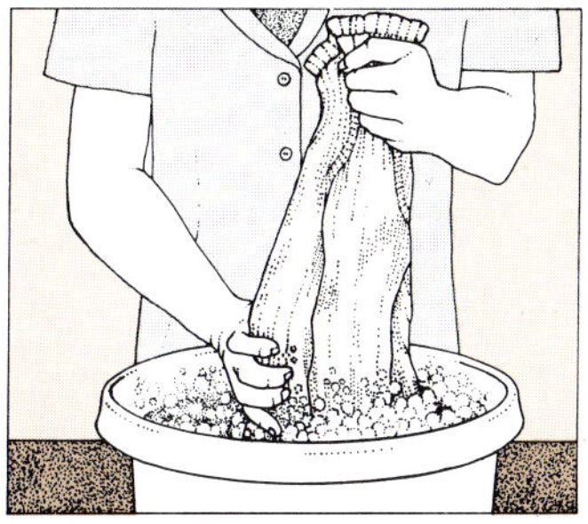

Technique de lavage correcte
Faites dissoudre la mousse dans le vêtement, mais ne frottez jamais la laine, sinon elle risque de feutrer. Ne laissez pas le vêtement tremper dans l'eau, mais retirez-le rapidement.

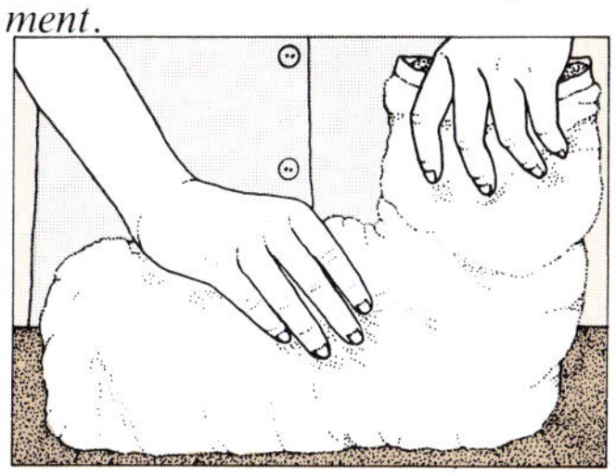

Rinçage

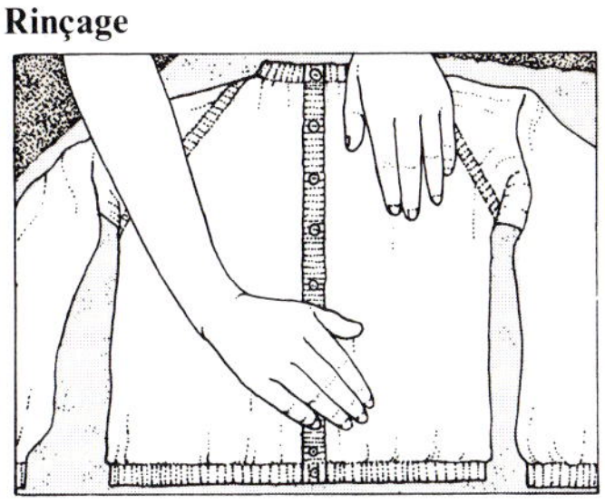

Remise en forme du vêtement

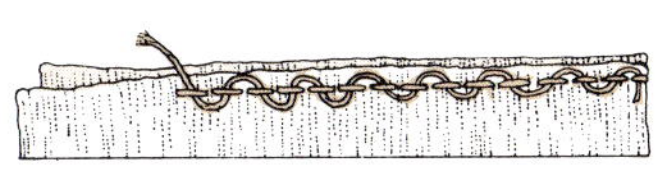

Couture marquée par un fil de couleur

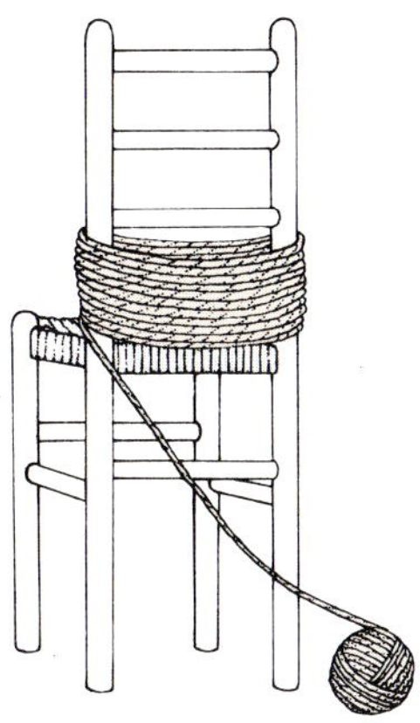

Rebobinage du fil

Abréviations

aig	aiguille	**env**	envers
aig aux	aiguille auxiliaire	**esp**	espace
att	attente	**fs**	fois
aug	augmenter (augmentation)	**g**	gauche
		gl	glissé
aug b	augmentation barrée	**gr**	groupe
aug int	augmentation intercalaire	**ht**	haut (hauteur)
		horiz	horizontal
aug lev	augmentation levée	**interv**	intervalle
b	boucle	**lais**	laisser
bd	bride double	**larg**	largeur
bs	bride simple	**lis**	lisière
bt	bride triple	**long**	longueur
c dev	croiser devant	**m**	maille
c dr	croiser derrière	**mc**	maille coulée
ch	chaque	**m gl**	maille glissée
che	chainette	**m cr**	maille croisée
col	coloris	**ml**	maille en l'air
com	commencer	**ms**	maille serrée
cont	continuer	**mil**	milieu
croch	crocheter (crochet)	**nb**	nombre
db	demi-bride	**ouv**	ouvrage
dble	double	**préc**	précédent
deb	début	**pt**	point
dern	dernière	**qq**	quelque
derr	derrière	**r**	rang, rangée
dev	devant	**rab**	rabattre
diam	diamètre	**rd**	rond
dim	diminuer (diminution)	**rép**	répéter
div	diviser	**suiv**	suivant
dr	droit	**surj**	surjet
ds	dans	**t**	tourner
emman	emmanchure	**term**	terminer
encol	encolure	**trav**	travail
end	endroit	**tric**	tricoter
ens	ensemble	**vertic**	verticalement (vertical)

2
CROCHET

y compris Crochet Tunisien,
Filet et Crochet géant

Histoire du crochet

Robe d'enfant
Début 19° siècle, robe d'enfant avec motif en relief sur l'empiècement et au bord des manches.

Sac à main
Fin du 19° siècle, sac crochet en fin coton blanc.

Col de dentelle au crochet
19° siècle, col de dentelle; probablement irlandais, motifs en relief.

L'origine du crochet, du vieux mot français *croc*, est difficile à établir, très peu d'ouvrages anciens au crochet nous étant parvenus. Comme le tricot, le crochet se travaille en boucles, avec un seul fil. Mais alors que le tricot demande deux ou plusieurs aiguilles sur lesquelles on monte plusieurs mailles le crochet n'exige qu'un seul crochet avec lequel on ne travaille qu'une maille à la fois. Il existe cependant une technique différente: *le point tunisien*, qui se travaille comme le tricot, en montant un premier rang de mailles qui sont coulées au rang suivant et remontées ensuite. Il est plus que probable que le point tunisien a été à l'origine à la fois de ces deux variantes que sont le tricot et le crochet. La technique du crochet semble avoir été largement répandue dans le monde; on en a retrouvé des spécimens très anciens en Chine, en Turquie, en Afrique et en Europe, tout comme aux Etats-Unis et en Amérique du Sud. Les ouvrages au crochet présentent deux aspects très différents: travaillés avec des crochets et des fils très fins, ils prennent l'apparence d'un tissage délicat, ajouré, qui ressemble à de la dentelle; exécutés avec des fils et des crochets plus gros, ils constituent une texture plus épaisse.

C'est ce dernier aspect qui est le plus connu. Les Chinois l'utilisaient pour fabriquer des poupées, les Africains en faisaient des coiffures pour leurs chefs, les Turcs des chapeaux, et en Ecosse, on confectionnait ainsi des bonnets et de lourdes vestes, portés surtout par les bergers, d'où le nom de *tricots de berger*. Cette texture épaisse est encore aujourd'hui la plus répandue; on fait toutes sortes de vêtements: pulls, vestes, chaussettes, bonnets, etc. Elle est également employée pour faire des tapis, des couvertures chaudes et des châles.

Les ouvrages au crochet peuvent être travaillés à plat ou en rond, ce qui permet, dans ce cas, de créer des formes tubulaires ou des médaillons. Les familles de pionniers, aux Etats-Unis, à l'époque où la laine neuve était rare, utilisaient de vieux restes de laine pour en faire des carrés multicolores qui, assemblés, formaient des tapis, des couvertures et des châles, à la manière du patchwork. Cette technique, appelée parfois *carré afghan*, est encore très en vogue et peut même servir à confectionner des vêtements et des sacs à main.

Dentelle au crochet

La délicate technique de la dentelle au crochet est apparue en Italie au 16° siècle, sous le nom de *dentelle des religieuses*, car les religieuses en faisaient du linge d'église et des vêtements sacerdotaux. Exigeant des crochets et des fils de coton d'une grande finesse, cette technique se répandit en Espagne et en Irlande où les moniales, là aussi, en confectionnaient ainsi des vêtements sacerdotaux.

Ce n'est qu'au début du 19° siècle que la dentelle au crochet a été utilisée pour les vêtements et le linge de maison. Son succès a fort probablement été dû, en Irlande, à une émigrée française, Eléanore de la Branchardière, qui, fixée dans ce pays, s'intéressa à la dentelle au crochet exécutée par les religieuses d'un couvent de Dublin. Elle développa cet art et inventa un grand nombre de points dont elle publiait ensuite les modèles dans sa revue *The Needle* (L'Aiguille). Une certaine Madame Gray Potter, de Garrickmacross, a également grandement contribué, au début du 19° siècle, à développer la dentelle au crochet; elle incitait en effet les familles pauvres de la ville à gagner ainsi leur vie en travaillant à domicile. Connu dans le monde entier sous le nom de *dentelle d'Irlande*, ce genre de crochet est devenu et reste un artisanat florissant. Rosaces ou trèfles, en relief sur un fond de filet, exécutés avec un coton blanc très fin, sont d'un effet extrêmement décoratif. Cette technique peut être utilisée pour la confection de nappes ou de couvre-lits, ou encore en bordure ou entre-deux pour les vêtements ou du linge de maison.

Il existe bien d'autres techniques de dentelle au crochet. Le filet, par exemple, est très facile à exécuter et très à la mode pour garnir des vêtements ou former des bordures. Il se présente comme un réseau de brides formant des carrés tantôt pleins, tantôt ajourés qui dessinent un motif. Le crochet exécuté à l'aide d'une fourche spéciale sur laquelle sont formées les mailles a, lui aussi, une apparence de dentelle. Une autre sorte de crochet consiste à former des boucles sur une aiguille très grosse, et à les travailler ensuite à l'aide d'un crochet de taille normale.

Une fois la technique de base acquise, le crochet est très facile à exécuter. L'ouvrage en cours est très maniable, puisqu'il ne peut pas se défaire comme le tricot, ne présentant qu'une seule maille à la fois. Un autre avantage du crochet est qu'on peut en appliquer des bordures directement sur le tissus. On peut également combiner crochet et tricot en garnissant par exemple, une couverture de tricot d'une bordure au crochet. Il est ainsi possible de varier à l'infini le travail au crochet en utilisant toutes sortes de fils, depuis le coton jusqu'au ruban de soie ou à la laine épaisse.

Jaquette au crochet
Utilisation moderne du crochet pour une jaquette en patchwork.

Le matériel

Voici, en mm, les tailles des crochets les plus couramment employées:

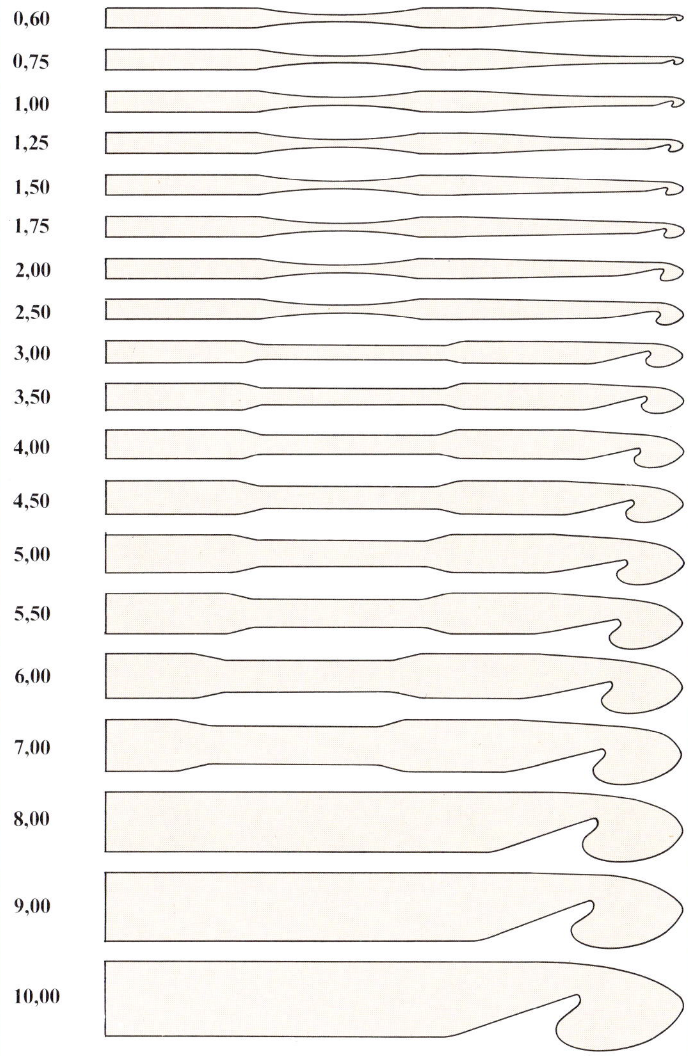

Les fils

Cotons à crocheter

Laines à tricoter

Coton à tricoter

Fibres nouvelles

Comment tenir fil et crochet

Passage du fil

Pour contrôler la tension du fil, il est important de le tenir fermement mais assez souplement pour qu'il se déroule sans difficulté. Même méthode pour les gauchères. Choisissez la méthode qui vous convient le mieux.

Comment enrouler le fil autour du petit doigt

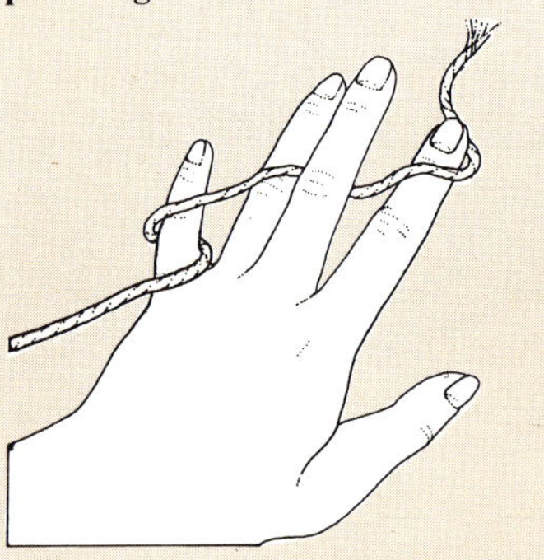

Passez le fil autour du petit doigt, au-dessus du doigt suivant, en dessous du médium et tenez-le avec l'index.

Comment passer le fil au-dessus du petit doigt

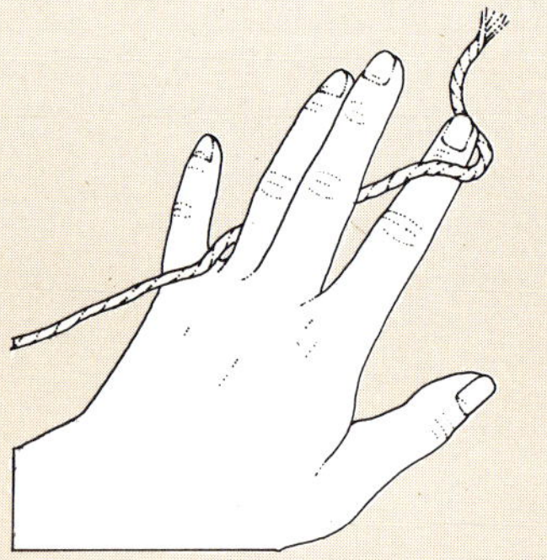

Passez le fil au-dessus du petit doigt, en dessous des deux doigts suivants et tenez-le avec l'index.

Comment tenir le crochet

On peut tenir le crochet comme un couteau ou comme un crayon. Vous choisirez la façon qui vous semble la plus facile.

Comme un crayon

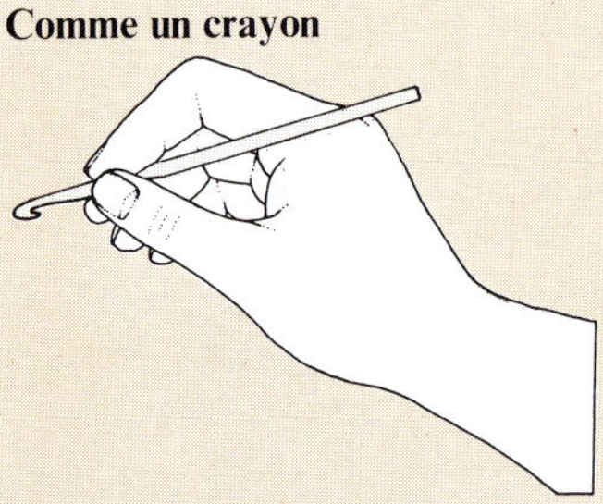

1 *Tenez le crochet de la main droite comme un crayon. Si vous êtes gauchère, faites de même de la main gauche.*

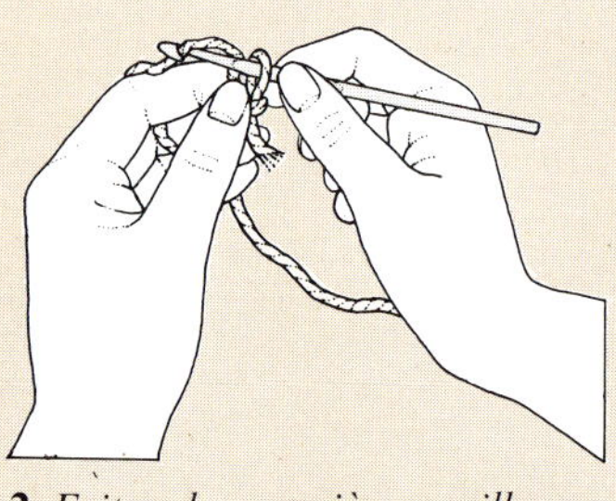

2 *Faites la première maille en passant le fil depuis votre index gauche à travers la boucle initiale.*

Comme un couteau

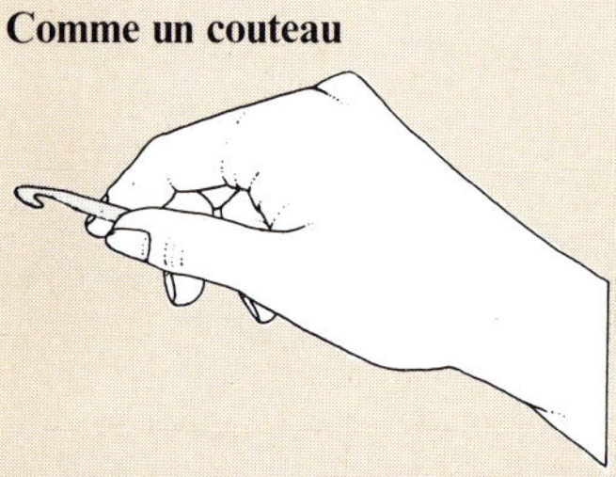

1 *Tenez le crochet de la main droite comme un couteau. Si vous êtes gauchère, faites de même de la main gauche.*

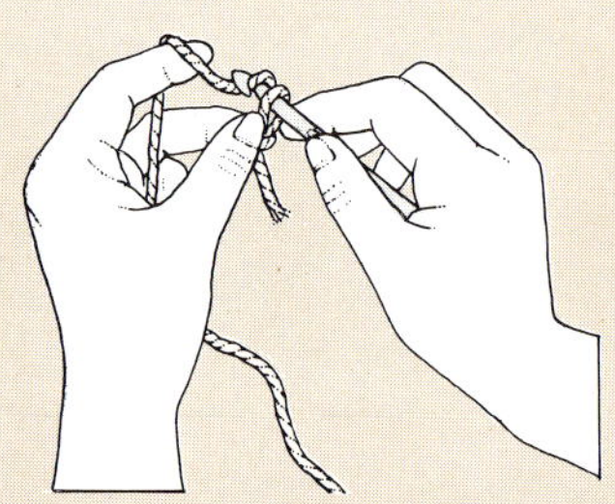

2 *Faites la première maille en passant le fil depuis votre index gauche à travers la boucle initiale.*

Montage

Commencez par former une boucle, placez-la sur le crochet. Guidez le fil de la main gauche, puis rapprochez les deux mains de manière à mettre en contact le crochet dans la main droite et le fil sur l'index gauche.

La première boucle

La première boucle se fait de la même façon que celle du tricot, mais on utilise le crochet au lieu d'aiguilles à tricoter pour tirer la boucle à travers le nœud.

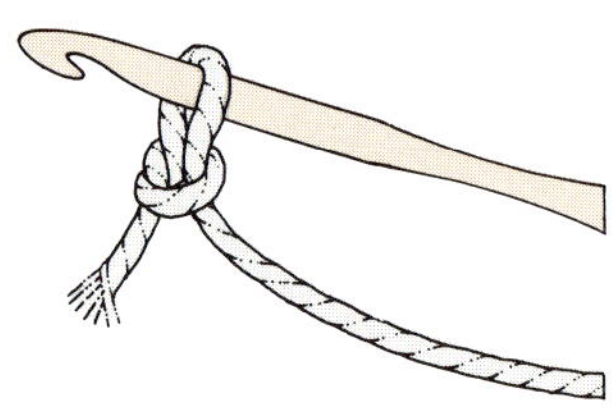

Comment faire la première boucle

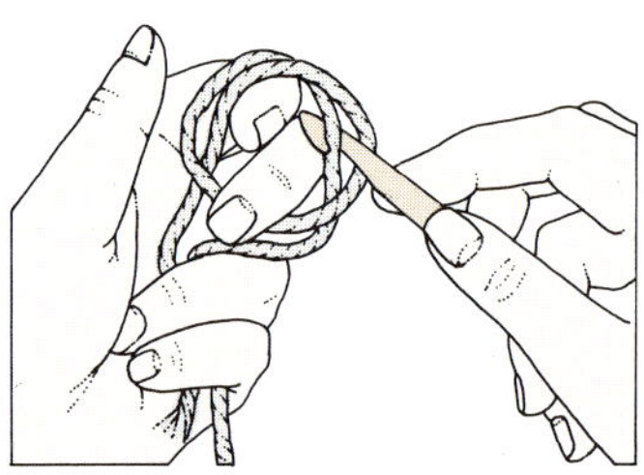

1 *Enroulez le fil deux fois autour de deux doigts et passez le crochet entre les deux fils.*

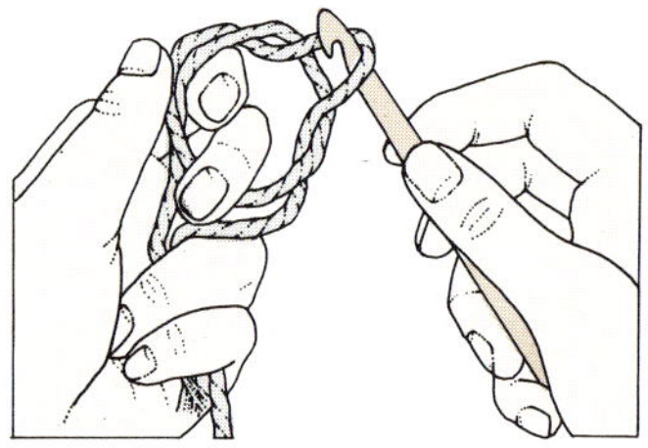

2 *Avec le crochet, tirez l'un des fils à travers l'autre.*

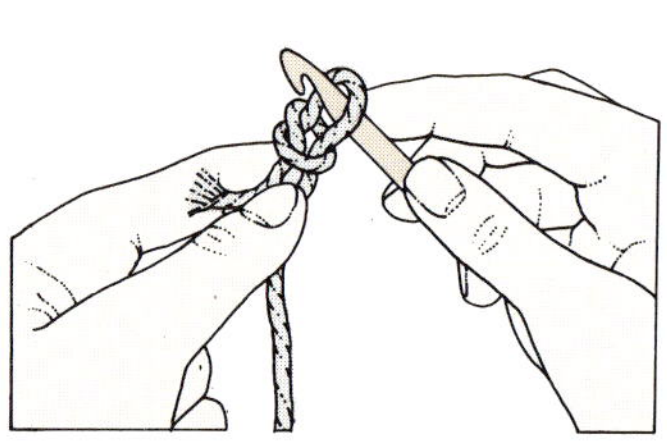

3 *Tirez les deux bouts du fil pour serrer la boucle et passez-la sur le crochet.*

La chaînette

La chaînette est le rang de base sur lequel s'exécute le rang ou l'anneau suivant. On l'utilise également pour espacer les mailles ou pour exécuter des barrettes dans la dentelle au crochet.

Au début de toutes les explications, vous trouverez le diamètre du crochet, le genre de fil à utiliser, ainsi que le nombre de mailles à monter en chaînette. Pour apprendre les points de base, une chaînette de vingt mailles suffit. L'abréviation pour chaînette est *che*.

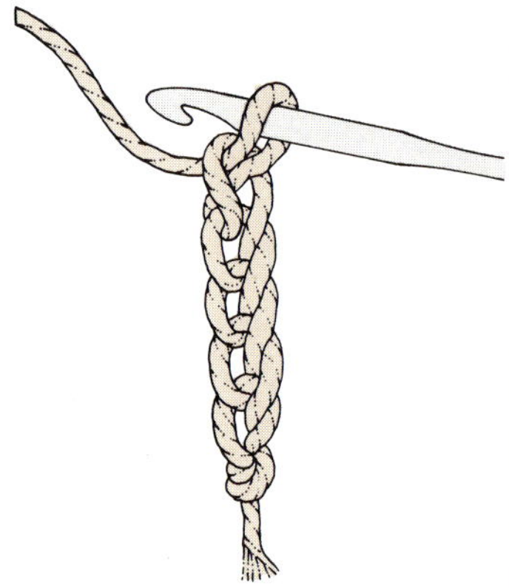

Comment faire une chaînette

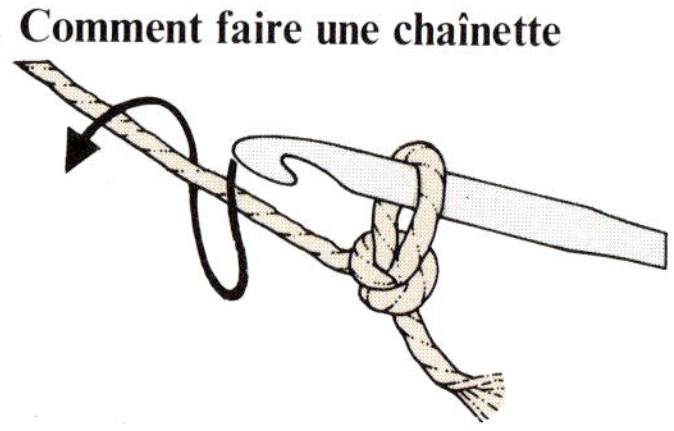

1 *Tenez le fil de la main gauche et le crochet avec la première boucle de la main droite. Passez le crochet d'abord en dessous, puis au-dessus du fil pour former une boucle.*

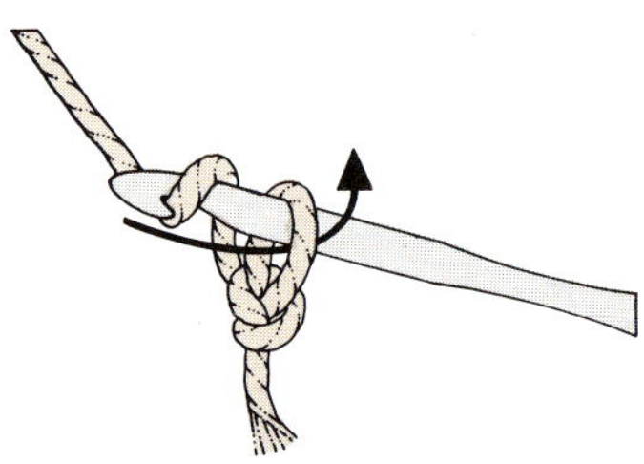

2 *Tirez le crochet avec le fil à travers la première boucle pour former une maille, ce sera la première maille de la chaînette. Exercez-vous jusqu'à ce que vous puissiez le faire facilement et sans y penser.*

Double chaînette

Les vêtements (chaussettes, bonnets, gants) dont les lisières sont plus particulièrement soumises à l'usure, peuvent être travaillés à partir d'une double chaînette.

L'abréviation utilisée sera *dch*.

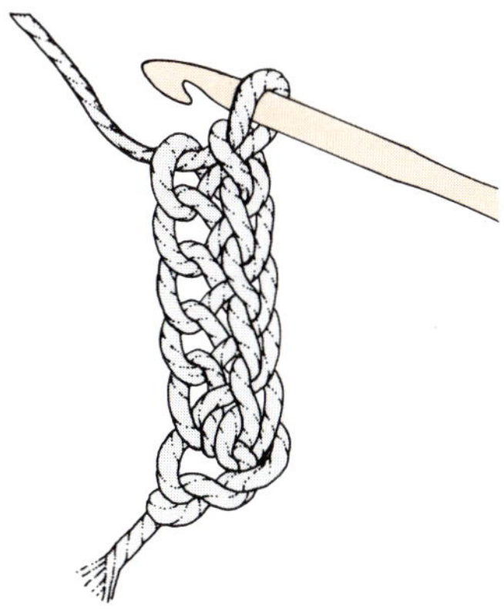

Comment faire une double chaînette

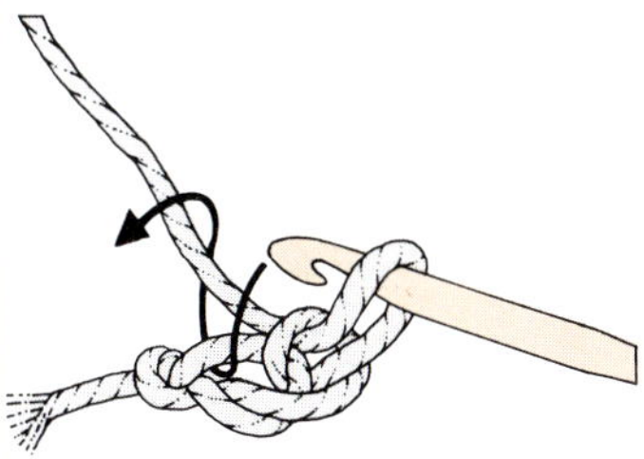

1 *Faites la première boucle et crochetez deux mailles. Passez le fil derrière et le crochet à travers les deux motifs de la première maille, enroulez le fil autour du crochet et passez-le à travers la maille. Il y a deux boucles sur le crochet.*

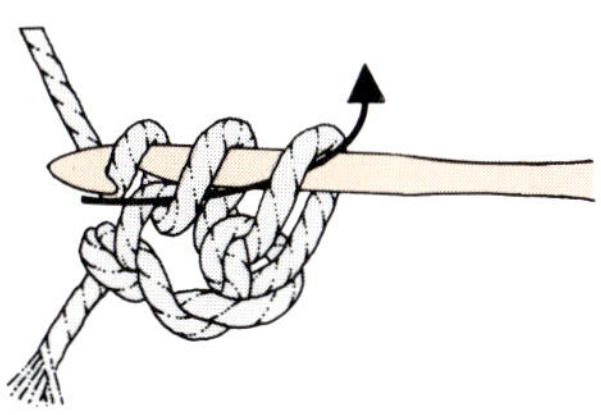

2 *Passez le fil autour du crochet et tirez-le à travers les deux boucles pour former une double chaînette. Continuez en piquant toujours le crochet dans le côté gauche de la maille précédente.*

Finition du travail

Le travail fini, le fil doit être convenablement arrêté afin que la pièce ne se défasse pas.

Comment effectuer les finitions

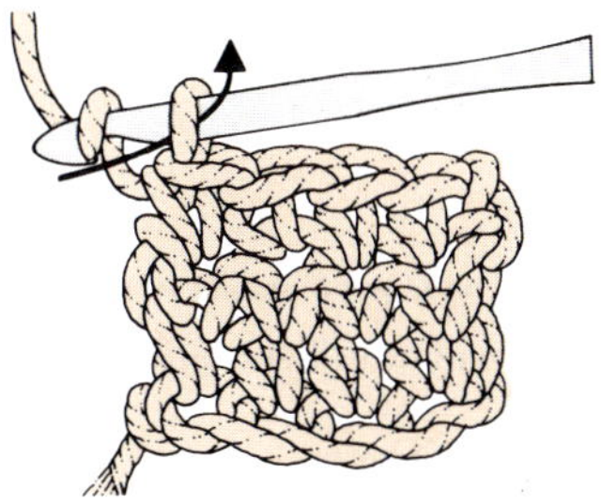

1 *Le travail fini, coupez le fil et passez-le à travers la dernière maille. Tirez afin de fermer la boucle.*

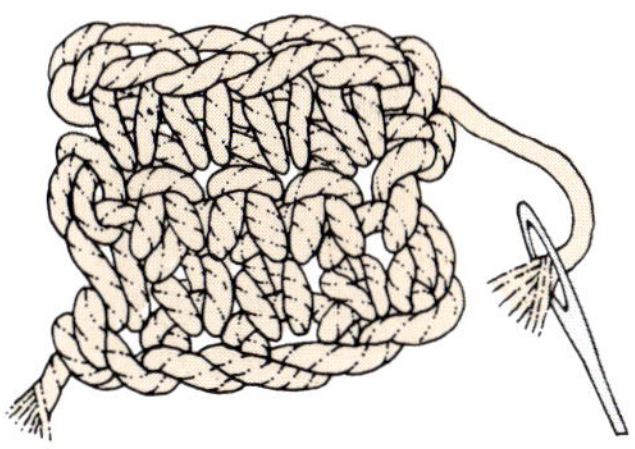

2 *Enfilez la laine sur une aiguille à coudre et arrêtez avec soin sur l'envers du travail.*

Comment compter les mailles

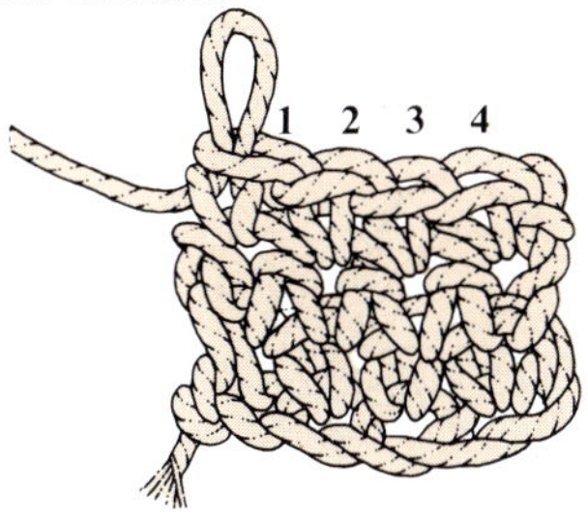

Les mailles du crochet se comptent plus difficilement que celles du tricot, puisqu'elles ne restent pas sur une aiguille. Notre dessin montre la façon de compter les mailles d'une double chaînette. Les brides se comptent plus facilement, puisqu'elles apparaissent en hauteur. Une maille chaînette compte pour un; si elle est travaillée entre deux brides, on compte trois mailles.

Comment suivre les indications

Toutes les indications pour effectuer un travail au crochet sont données en abréviations; celles-ci sont faciles à apprendre. En général elles sont rappelées dans toutes les instructions. Vous trouverez ces abréviations en page 107 (chapitre Tricot) cumulées avec les abréviations du tricot.

à travers: piquer le crochet au milieu d'une maille
augmentation: ajouter une maille
boucle: maille tirée à travers une autre maille
brin arrière: partie de la boucle qui se trouve derrière le crochet
brin avant: partie de la boucle qui se trouve devant le crochet
chaînette: suite de mailles du montage
couler (une maille): passer une boucle à travers la maille de base et une boucle du crochet
diminution: suppression d'une maille
glisser une maille: piquer le crochet dans une maille et en retirer le fil sans faire de maille
jeté: lancer le fil sur le crochet avant ou après l'avoir introduit dans une maille
lever une maille: passer une maille sur le crochet sans faire de jeté
lisière: bord de l'ouvrage
montage: débuter le travail
point: dessin obtenu par la façon de crocheter
rabattre: faire passer le jeté par une ou plusieurs boucles sur le crochet
rang: ensemble des mailles composant une ligne de l'ouvrage
tourner: passer de l'endroit à l'envers du travail et vice versa
tour: employé généralement lorsqu'on travaille en rond.

Un astérisque indique que les instructions doivent être répétées à partir de * jusqu'à la fin du rang.

Les points de base

Les points du crochet s'exécutent toujours de la même manière, que le travail soit plat et donc retourné à la fin de chaque rang, ou circulaire et travaillé en continuité. Cependant, l'aspect de certains points varie selon qu'on les travaille à plat ou en rond, puisqu'en tournant, la direction des mailles change, alors qu'en continuité, elle reste toujours la même. Cela apparaît davantage dans les ouvrages exécutés en mailles hautes.

Avant de commencer un travail, rappelez-vous que les mailles du premier rang sont toujours prises à travers le brin arrière de la chaînette de base. A moins d'indication spéciale, tous les rangs suivants sont exécutés en passant le fil à travers les deux fils de la maille du rang précédent. Le crochet passe toujours d'avant en arrière.

Comment tourner

A la fin de chaque rang l'ouvrage est tourné et le fil passe derrière le crochet pour permettre de continuer le travail en piquant dans les mailles du rang précédent. Comme les points de base sont tous exécutés de manière différente et présentent une hauteur variable, il faut donc prévoir un certain nombre de mailles en l'air, afin de rattraper la hauteur du rang. Chaque point demande un nombre donné de mailles en l'air, correspondant à sa dimension.

A la fin du rang de chaînette, le crochet est piqué dans la 2°, 3°, 5°, 6° ou 7° maille en partant du crochet, selon la hauteur du point choisi. A la fin de ce rang et des rangs suivants, il faut travailler le nombre de mailles en l'air qui correspondent au point choisi. Le crochet est alors piqué dans la première ou la seconde maille selon la hauteur du point en question.

Nous donnons ci-après le tableau des mailles en l'air nécessaires aux divers points et de la position adéquate du crochet.

Type de point	Nombre de mailles en l'air à prévoir en fin de rang	Où piquer le crochet à la fin de la chaînette de base	Où piquer le crochet à la fin de chaque rang
Maille coulée	1 maille en l'air	2° maille en partant du crochet	1° maille du rang suivant
Maille serrée	1 maille en l'air	2° maille en partant du crochet	1° maille du rang suivant
Demi-bride	2 mailles en l'air	3° partant du crochet	1° du rang suivant
Simple bride	3 mailles en l'air	5°	2°
Double bride	4 mailles en l'air	6°	2°
Triple bride	5 mailles en l'air	7°	2°

Il suffit d'une chaînette de 20 mailles pour vous entraîner à travailler ces points.

Les mailles basses

La petite maille serrée ou « point de France », ou maille coulée

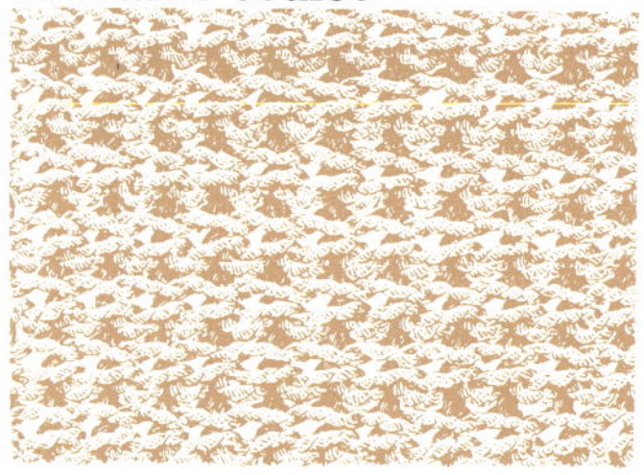

Aspect de la petite maille serrée

Comment travailler la petite maille serrée

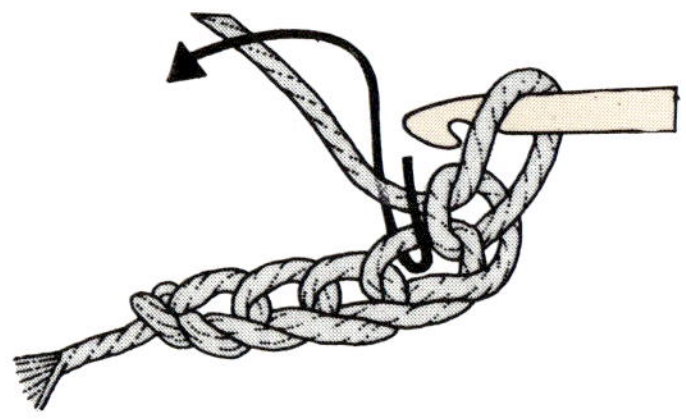

1 *Faites une chaînette de base. Passez le crochet par le brin arrière de la 2° maille en partant du crochet.*

2 *Un jeté (fil autour du crochet), tirez le fil à travers la maille et la boucle du crochet. Continuez sur toutes les mailles de la chaînette.*

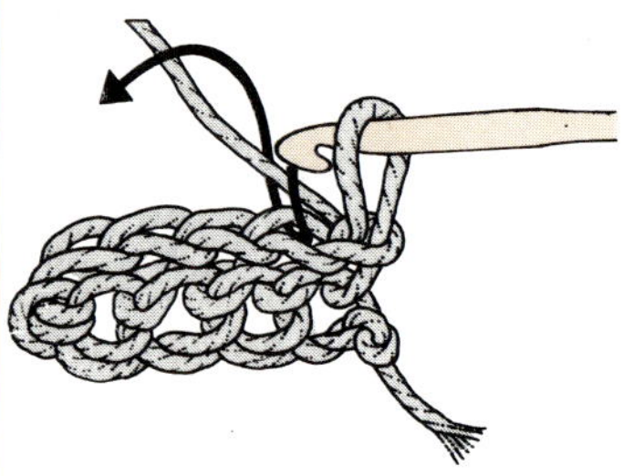

3 *A la fin du rang faites une maille en l'air, tournez et piquez le crochet à travers le brin arrière de la 1° maille du rang précédent. Continuez ainsi pour les rangs suivants.*

La maille serrée

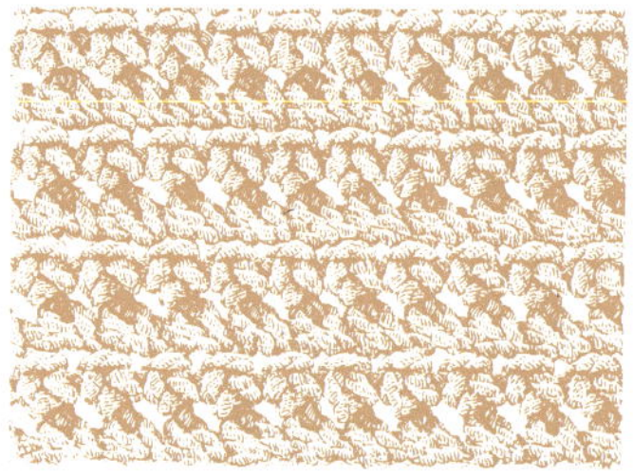

Aspect de la maille serrée

Comment exécuter la maille serrée

1 *Faites une chaînette de base, passez le crochet à travers le brin arrière de la 2° maille de la chaînette, 1 jeté et tirez le fil.*

2 *Avec deux boucles sur le crochet, faites 1 jeté et tirez le fil à travers les deux boucles. C'est la maille serrée.*

3 *Continuez tout le long du rang.*

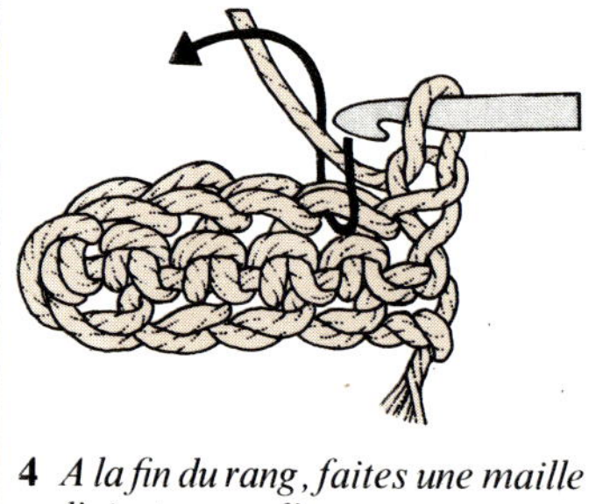

4 *A la fin du rang, faites une maille en l'air, tournez l'ouvrage et passez le crochet à travers les deux brins de la première maille du rang précédent.*

Les mailles hautes

La demi-bride

Aspect de la demi-bride

Comment travailler la demi-bride

1 *Faites une chaînette de base, 1 jeté, tirez le fil à travers le brin arrière de la 3º maille en partant du crochet.*

2 *1 jeté, passez le fil, vous avez trois boucles sur le crochet, 1 jeté et passez le fil à travers les trois boucles.*

3 *Continuez ainsi tout le long du rang.*

4 *A la fin du rang, faites deux mailles en l'air et faites la première demi-bride dans la première maille du rang précédent, continuez ainsi pour les rangs suivants.*

La bride

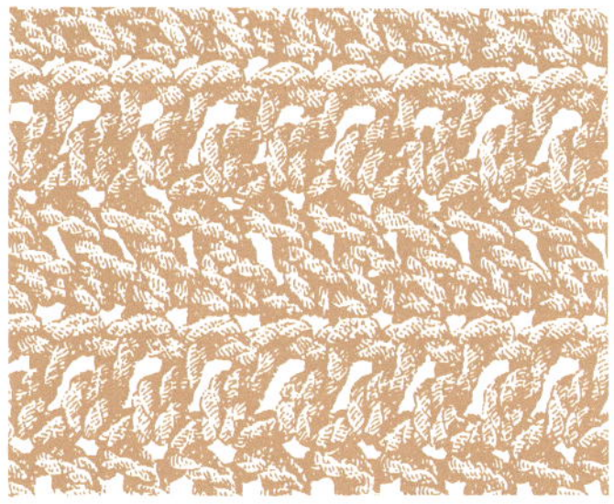

Aspect de la bride

Comment travailler une bride

1 *Faites une chaînette et passez le fil à travers le brin arrière de la 5º maille en partant du crochet.*

2 *1 jeté, tirez le fil (trois boucles sur le crochet), 1 jeté, tirez le fil à travers les deux premières boucles.*

3 *Il reste deux boucles sur le crochet, 1 jeté, et tirez le fil à travers les deux boucles.*

4 *Continuez jusqu'à la fin du rang, 3 mailles en l'air, tournez le travail et faites la première bride dans la 2º maille du rang précédent.*

La double bride

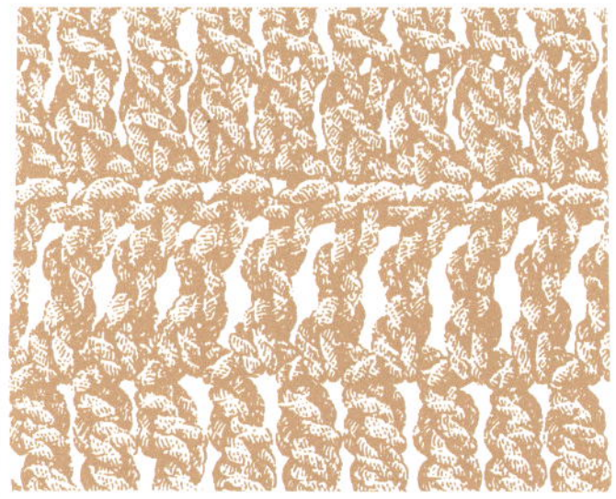

Aspect de la double bride

Comment travailler la double bride

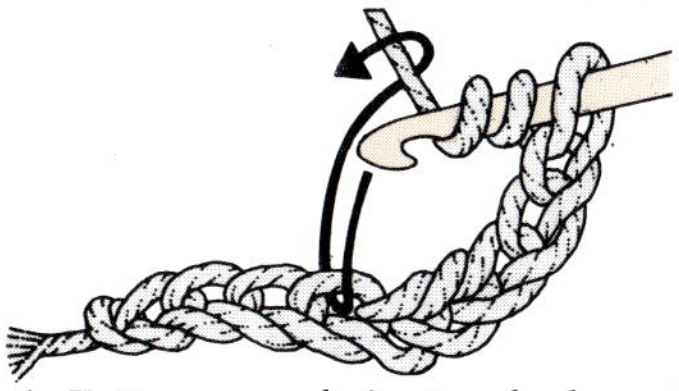

1 *Faites une chaînette de base, 2 jetés, (enroulez le fil deux fois autour du crochet) et piquez dans la 6º maille en partant du crochet.*

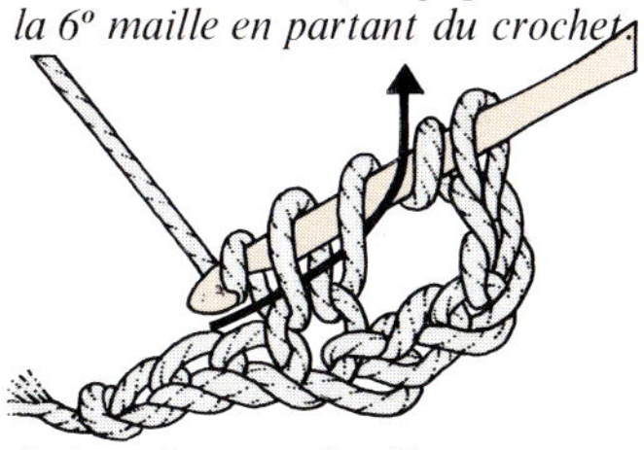

2 *1 jeté, tirez le fil, vous avez 4 boucles sur le crochet, 1 jeté, tirez le fil à travers les deux premières boucles.*

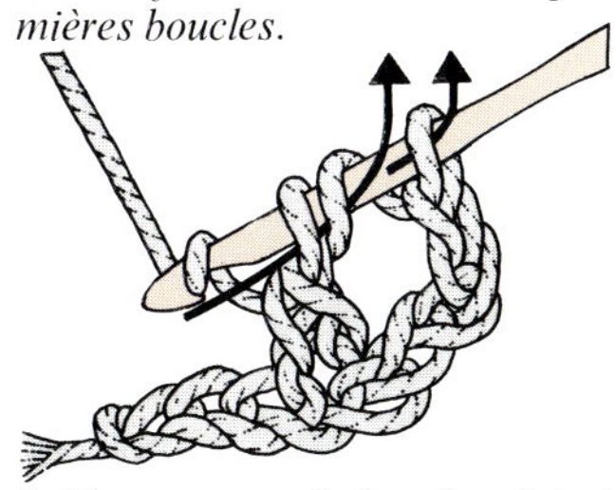

3 *Vous avez trois boucles, 1 jeté, tirez le fil à travers les deux premières boucles, 1 jeté, tirez à travers les deux dernières boucles.*

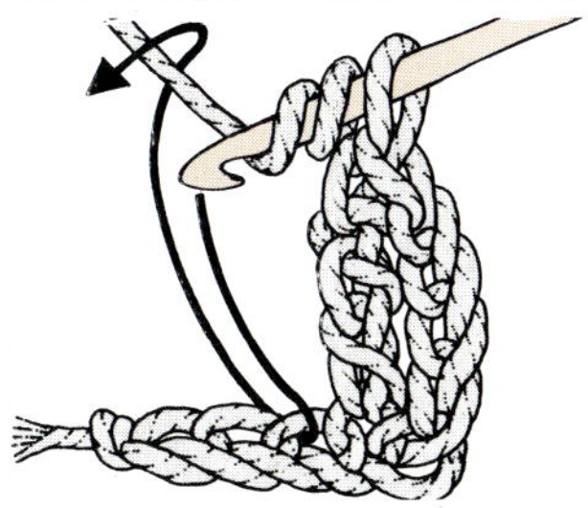

4 *Continuez jusqu'à la fin du rang, puis faites 4 m en l'air, tournez et faites la 1º double bride dans la 2º m du rang précédent.*

Triple bride

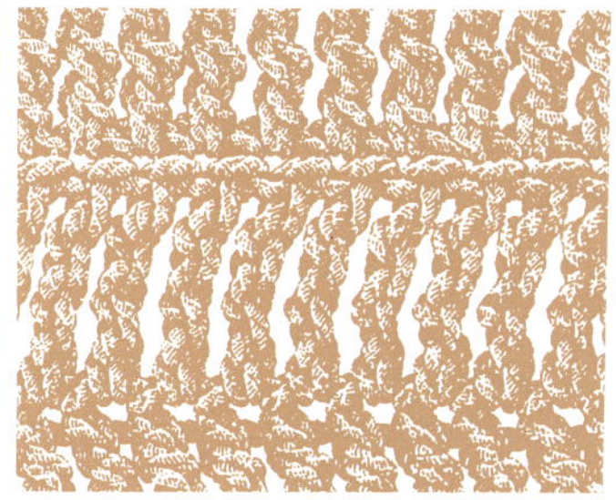

Aspect de la triple bride

Comment faire la triple bride

1 *Faites une chaînette de base, 3 jetés, piquez le crochet dans la 7º maille en partant du crochet.*

2 *1 jeté, tirez le fil, vous avez 5 boucles sur le crochet, 1 jeté, tirez le fil à travers les deux premières boucles, répétez trois fois.*

3 *Continuez jusqu'à la fin du rang puis faites 5 mailles en l'air, tournez et faites la première triple bride dans la 2º maille du rang précédent.*

Les diverses techniques

En piquant le crochet de différentes manières dans les mailles du rang précédent et en guidant le fil selon l'aspect recherché, on obtient une grande variété de textures. Voici quelques points couramment employés.

La maille serrée torse

En passant le crochet en dessous du fil (jeté envers) on obtient la maille serrée torse.

Comment travailler la maille serrée torse

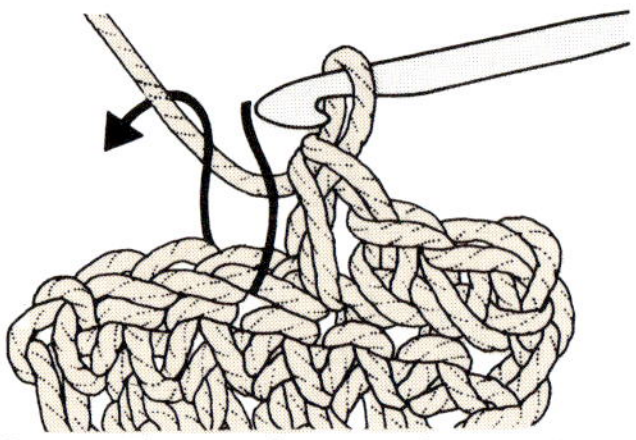

Passez le crochet au-dessus du fil (1 jeté envers) puis tirez-le à travers la maille.

Comment piquer le crochet dans une moitié de la maille du rang précédent

On obtient des effets à côtes en piquant le crochet soit sous le brin arrière, soit sous le brin avant de la maille du rang précédent. D'autres points se font en variant les intervalles entre les rangs.

Comment piquer sous le brin arrière

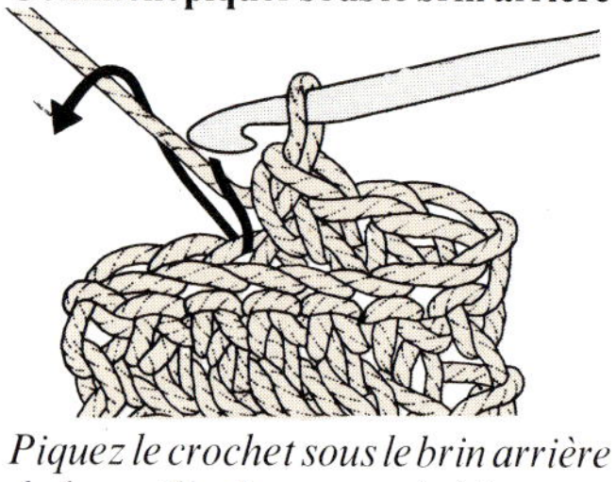

Piquez le crochet sous le brin arrière de la maille du rang précédent.

Comment piquer sous le brin avant

Piquez le crochet sous le brin avant de la maille du rang précédent.

Les points à l'envers

En piquant le crochet d'arrière en avant, le point se fait à l'envers.

Comment travailler le point à l'envers

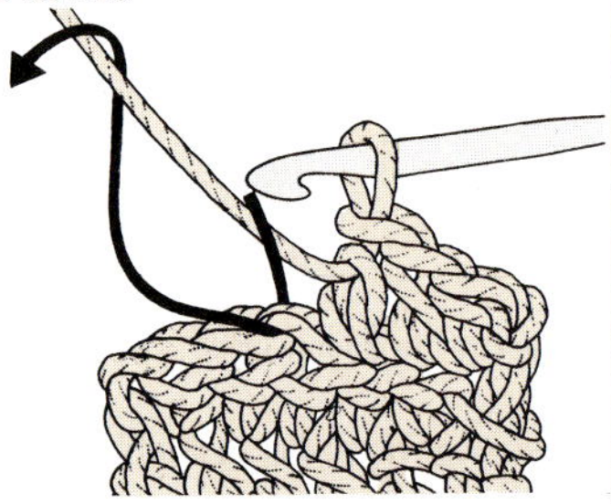

Piquez le crochet d'arrière en avant dans la maille du rang précédent.

Comment piquer entre les mailles

On obtient des effets variés en piquant dans l'espace entre les mailles plutôt que dans les mailles même.

Comment piquer entre deux mailles

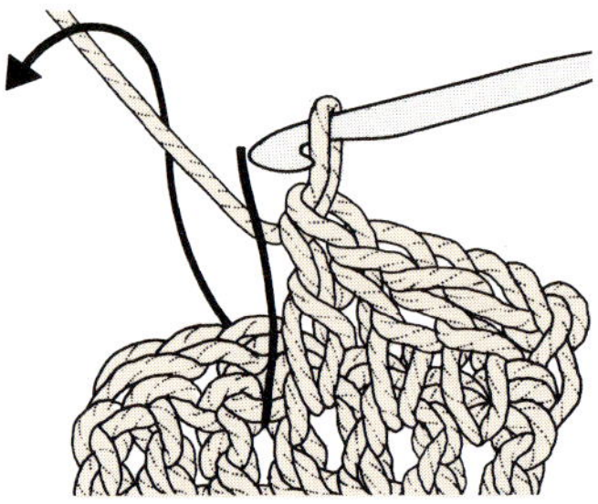

Piquez le crochet dans l'espace entre les deux mailles du rang précédent.

Comment piquer dans l'espace formé par des mailles en l'air au rang précédent

Piquez le crochet dans l'espace formé par des mailles en l'air au rang précédent.

Comment piquer dans les mailles formées plusieurs rangs plus bas

Piquez le crochet d'avant en arrière dans une maille située à l'avant-dernier rang.

Comment piquer le crochet dans une maille située trois rangs plus bas

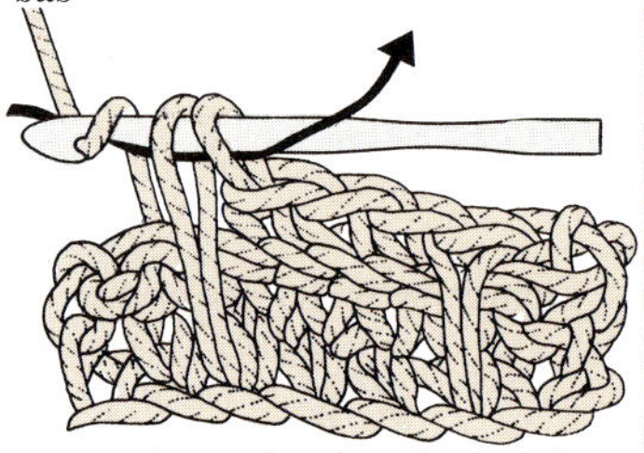

Piquez le crochet dans le côté d'une maille située trois rang plus bas.

Comment travailler en contournant une maille

On obtient un aspect en relief en passant le crochet autour d'une maille par l'arrière ou un aspect en retrait en le passant d'arrière en avant.

Comment obtenir un effet en relief

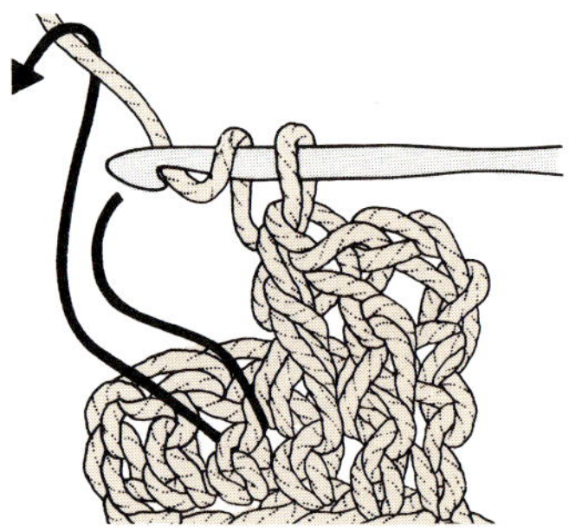

Passez le crochet par l'avant autour des mailles du rang précédent. Pour un aspect en retrait travaillez d'arrière en avant.

Le point russe

Il s'agit tout simplement de la maille serrée, mais celle-ci est travaillée en rond, de manière à présenter toujours le même côté. Montez une chaînette et fermez-la à l'aide d'une maille coulée.

1° tour 1 maille en l'air, puis continuez en mailles serrées, fermez le tour en glissant une maille.

2° tour 1 maille en l'air, *1 maille serrée dans la maille suivante en passant le fil sous les deux brins de celle-ci * répétez de * jusqu'à la fin. Reliez avec une maille glissée.

Répétez toujours le second tour.

Point de mailles doubles

Faites une chaînette.

1° rang Piquez le crochet dans la 2° m partant du crochet, 1 jeté, tirez une boucle, piquez ds la m suiv, 1 jeté, tirez le fil à travers les 3 boucles, *piquez dans la même m que pour la boucle préc, 1 jeté, tirez le fil, piquez ds la m suiv, tirez le fil à travers les 3 boucles, répétez à partir de *1 m en l'air, tournez.

2° rang Piquez ds la 1° m, 1 jeté, tirez le fil, piquez ds la m suiv, 1 jeté, tirez le fil à travers les 3 boucles *, piquez ds la m du point préc, 1 jeté, tirez le fil, piquez ds la m suiv, tirez le fil, 1 jeté, tirez à travers les 3 boucles, rép depuis * jusqu'à la fin 1 m en l'air, tournez.

Répétez toujours ces deux rangs.

Point à côtes

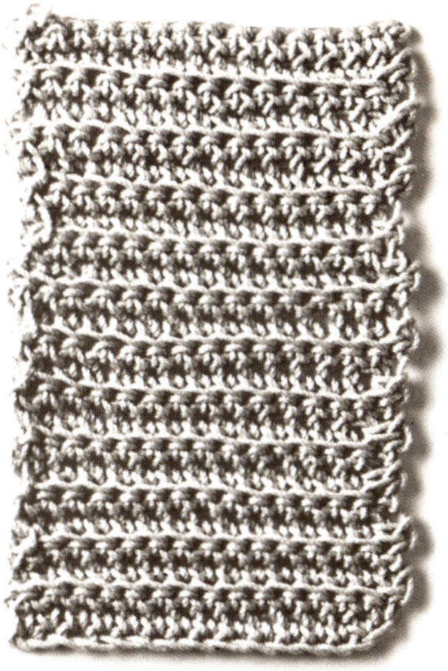

Faites une chaînette plus 1 ml, tournez, 1 rang de ms, 1 ml, tournez.

1° rang *1 ms dans la 1° m, piquez le crochet à travers le brin arrière 1 ms, rép à partir de *1 ml, tournez.

Répétez toujours le 1° rang.

Demi-bride croisée

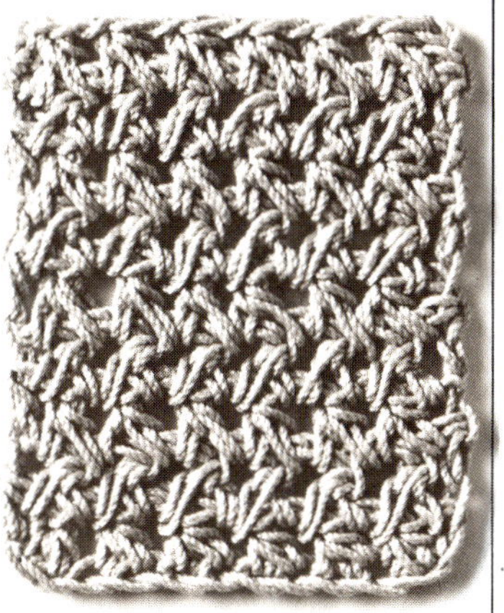

Chaînette d'un nombre de mailles impair plus 2 ml, tournez.

1° rang 1 jeté, piquez le crochet ds la 3° m de la che, 1 jeté, tirez le fil, 1 jeté, piquez ds la m suiv, 1 jeté, tirez le fil à travers les 5 boucles, 1 ml, tournez, *(jeté, piquez ds la m suiv, tirez le fil) 2 fs, tirez le fil à travers les 5 boucles, 1 ml, rép de * à la fin, 1 demi bride ds la dern ml, 2 ml, tournez.

2° rang *1 jeté, piquez ds la ml, 1 jeté, tirez le fil, 1 jeté, tirez le fil, 1 jeté, tirez le fil à travers les 5 boucles, 1 ml, piquez ds le même esp que la m préc, 1 jeté, tirez le fil, 1 jeté, piquez ds l'esp suiv, 1 jeté, tirez le fil à travers les 5 boucles, 1 ml rép dep *1 demi bride ds la dernière ml, 2 ml, tournez.

Répétez toujours le 2° rang.

Demi-brides doubles

Faites une che plus 2 ml, tournez.

1° rang 1 jeté, piquez ds la 1° m, tirez le fil, 1 jeté, piquez ds la m suiv, tirez le fil, 1 jeté, tirez à travers les 5 boucles, 1 ml, *1 jeté, piquez ds la même m que pour le point préc, tirez le fil, 1 jeté, piquez ds la m suiv, tirez le fil à travers les 5 boucles, 1 ml, rép dep *1 demi-bride ds la ml, 1 ml, tournez.

2° rang 1 ms dans les espaces suiv les ml, 1 ms ds la ml de la fin du rang, 2 ml, tournez.

Rép toujours le 1° et le 2° rang.

Brides en relief

Chaînette d'un nombre de mailles impair plus 3 ml, tournez 1 rang de brides sur la chaînette, 1 ml, tournez.

1° rang 1 ms dans chaque bride jusqu'à la fin du R, 1 ms ds la dernière ml, 2 ml, tournez.

2° rang *1 jeté, piquez le crochet de droite à gauche autour de la bride suivante et faites une bride (abréviation: br) sautez la maille serrée audessus de cette bride, 1 ms ds la ms suiv, rép à part de *, 1 br autour de la dernière bride, une ms dans la dernière ml, 1 ml, tournez.

3° rang 1 ms ds chaque m, 1 ms ds la dernière ml, 2 ml, tournez.

4° rang *1 br autour de la bride du rang préc, 1 ms dans la ms suiv, rép depuis *, 1 ms ds la dernière ml, 1 ml, tournez.

Répétez toujours le 3° et le 4° rang.

Point contrarié

1 chaînette d'un nombre de mailles pair plus 2 ml, tournez.

1° rang (1 ms, 1 ml, 1 ms) dans la 3° m partant du crochet, *sautez 1 m, (1 ms, 1 ml, 1 ms) ds la m suiv, rép à partir de *; 1 ms ds la dern ml, 2 ml, tournez.

2° rang *(1 ms, 1 ml, 1 ms) dans l'espace entre les groupes, 1 ms ds la dern ml, 2 ml, tournez.

Répétez toujours le 2° rang.

Brides à côtes

Faites une chaînette plus 3 ml, tournez 1 rang de brides sur la chaînette, 3 ml, tournez.

1° rang *1 bride ds la première maille en passant par le brin arrière, répétez dep *3 ml, tournez.

1° rang *1 bride ds la première maille en passant par le brin arrière, répétez dep *3 ml, tournez.

Répétez toujours le 1° rang.

Point Judith

Nombre de mailles multiples de 4 plus 2.
1 R de ms sur la chaînette, 3 ml, tournez.

1° rang *sautez une m, 1 bride sur chacune des 3 ms suiv, piquez sous la m sautée en passant dev les 3 brides et faites une bride, rép depuis *1 bride dans la ml, 1 ml, tournez.

2° rang 1 ms ds ch m jusqu'à la fin, 3 ml, tournez.

Répétez toujours le 2° et le 3° rang.

Point tressé

Nb de m mult de 4 plus 3, 1 ml, tournez, trav les 2 premiers rangs comme indiqué pour le point à côtes.

3° rang 1 ms ds le brin arrière des 3° brides, *piquez ds la ms suiv de l'avant-dernier rang (2 R plus bas), 1 ms, sautez la ms correspondante, 1 ms ds le brin arrière des 3 ms suiv, rép à part de *1 ml, tournez.

4° rang 1 ms sous le brin arrière de chaque m, 1 ml, tournez.

5° rang 1 ms sous le brin arr de la 1° ms, *1 ms dans la ms sous la ms suiv, sautez la m corresp, 1 ms sous le br arr des 3 m suiv, rep dep *1 ms ds l'av dern ms, 1 ms sous le brin arr de la dernière ms, tournez.

6° rang Comme le 4°.

Répétez toujours les rangs 4 à 6.

Les points pleins

On obtient des effets de tissage soit en piquant le crochet plusieurs fois dans la même maille, soit en enroulant le fil plusieurs fois autour du crochet et en tirant ensuite le fil à travers tous les jetés. Voilà les techniques de base de divers points pleins.

Le point ananas

Comment faire le point ananas

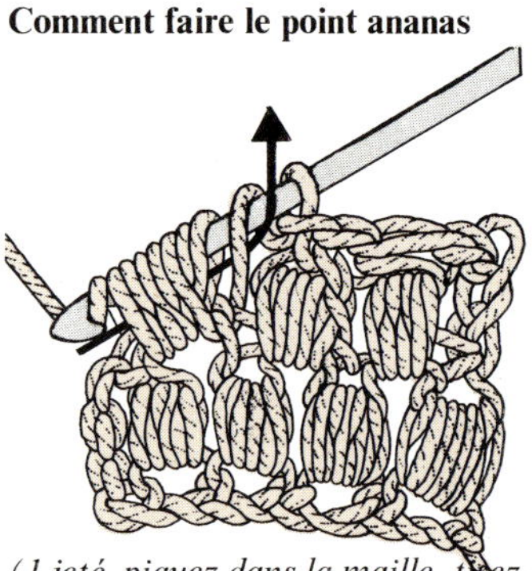

(1 jeté, piquez dans la maille, tirez le fil) 4 fois dans la même maille, 9 boucles sur le crochet, tirez le fil à travers 8 boucles, 1 jeté, tirez le fil à travers les deux boucles restantes, 1 ml.

Le point de maïs

Les mailles sont séparées par des brides, le point s'exécute sur une chaînette.

Comment faire le point de maïs

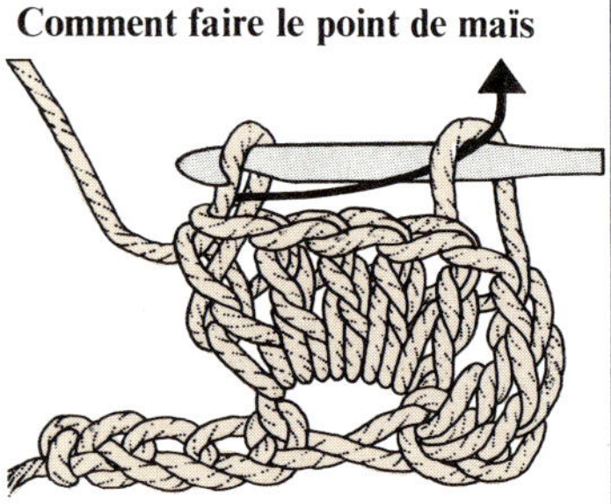

1 *5 brides dans une maille, retirez le crochet de la dernière bride, piquez-le dans la 1°, rattrapez la dernière bride et passez-la à travers la première.*

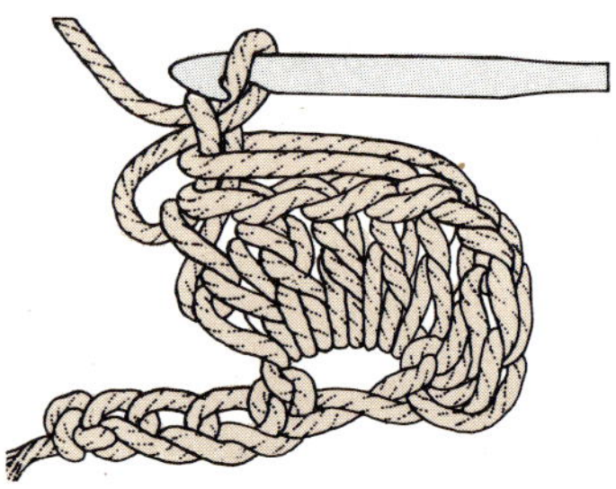

2 *Terminez par une ml.*

Le point câblé

Ce point s'exécute en passant le crochet autour de la bride du rang précédent.

Comment faire un câblé

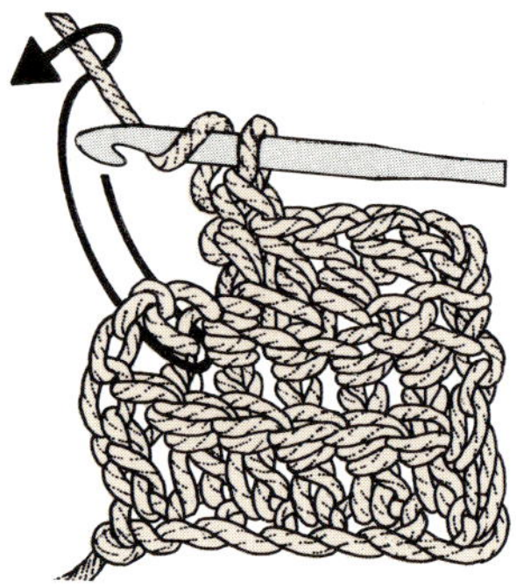

Piquez le crochet d'arrière en avant et de nouveau en arrière de la bride du rang précédent, 1 jeté, tirez le fil, 3 boucles sur le crochet, 1 jeté, tirez à travers 2 boucles, 1 jeté, tirez à travers les 2 boucles restantes.

Les brides au point minute

Ce point s'exécute en enroulant le fil plusieurs fois autour du crochet avant de faire une maille. On utilise pour cela un crochet plus fin du bout que du corps. Tenez les boucles avec l'index et le pouce gauches. La taille de la bride minute dépend du nombre des jetés. Commencez par une chaînette de mailles lâches et faites une bride dans chacune d'elles.

Comment faire la bride minute

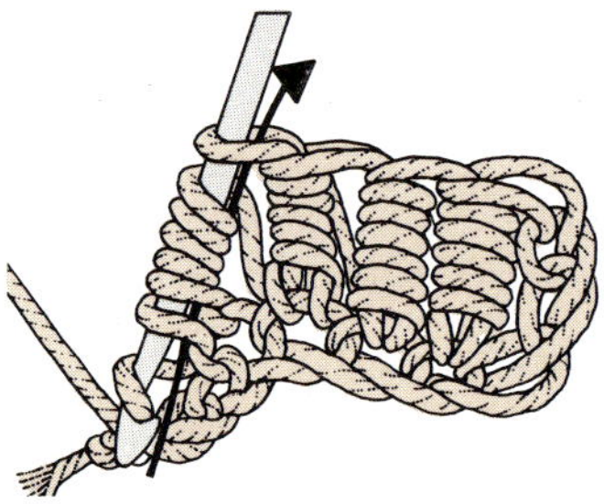

Enroulez le fil plusieurs fois autour du crochet, piquez dans la chaînette, 1 jeté, tirez à travers tous les fils sur le crochet.

Les écailles

Chaque écaille est faite d'un groupe de brides travaillées dans les espaces du rang précédent.

Comment faire les écailles

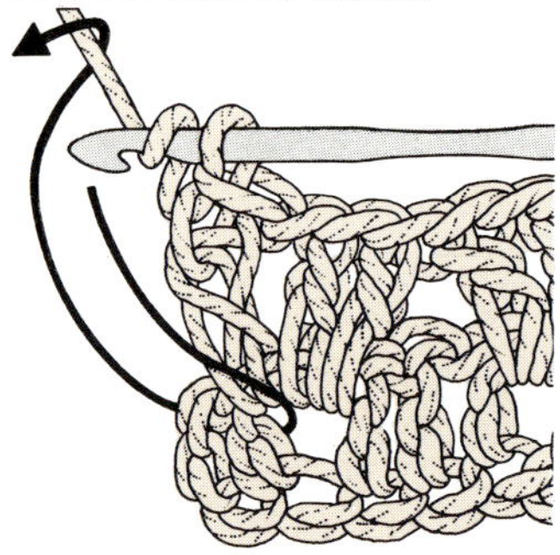

(2 brides, 1 ml, 2 brides) dans l'espace entre deux brides du rang précédent.

Les points coquille

Passez le fil autour de chaque bride comme ci-dessous.

Comment passer le fil

1 *1 bride, 1 jeté, piquez autour de la bride, 1 jeté, tirez le fil.*

2 *(1 jeté, repassez le crochet derrière la bride, 1 jeté) deux fois, 1 jeté, tirez le fil à travers toutes les boucles.*

3 *Faites maintenant la bride suivante.*

Les boucles

Les points boucles s'exécutent sur l'envers du travail et sur des rangs séparés par un rang de ms. Les boucles peuvent être de taille variée; pour qu'elles soient régulières servez-vous d'un crayon, d'un patron en carton ou de votre doigt. Les boucles finies peuvent rester telles quelles ou être transformées en franges si on les coupe. Commencez par un rang de mailles serrées.

Comment faire des boucles

1 *Enroulez le fil d'arrière en avant autour de votre index gauche. Piquez le crochet dans la 1° maille et passez-le derrière le fil sur l'index, prenez les deux bouts du fil.*

2 *Tirez les deux bouts du fil et lâchez l'index, 3 boucles sur le crochet, 1 jeté.*

3 *Tirez le fil à travers les 3 boucles, continuez jusqu'au bout du rang. Faites un rang de ms avant le prochain rang de boucles.*

Le point ananas

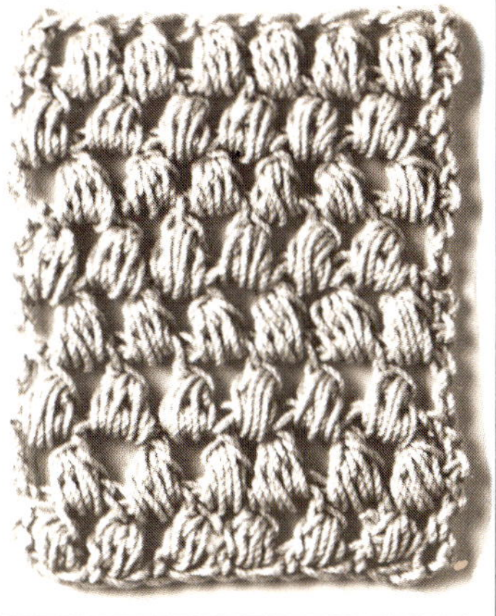

Monter un nombre de mailles impair, 3 ml, tournez.

1° rang 1 jeté, piquez ds la 4° m partant du crochet, 1 jeté, tirez le fil, (1 jeté, piquez ds la même m, 1 jeté, tirez le fil) 3 fois, 1 jeté, tirez le fil à travers 8 boucles, 1 jeté, tirez le fil à travers les 2 boucles restantes, 1 ml, * sautez une maille, (1 jeté, piquez ds la m suiv, 1 jeté, tirez le fil) 4 fois, 1 jeté, tirez à travers 8 boucles, 1 jeté, tirez à travers les 2 boucles restantes, 1 ml. Rép à part de * jusqu'à l'avant-dernière maille, sautez une maille, 1 bride ds la dern m.

2° rang *(1 jeté, piquez ds l'esp entre les m, 1 jeté, tirez le fil) 4 fois, 1 jeté, tirez à travers 8 boucles, 1 jeté, tirez à travers les 2 boucles rest, 1 ml. Répétez depuis * jusqu'à la fin du R, 1 bride ds la dernière maille, 3 ml, tournez.

Répétez toujours le 2° rang.

Boules en relief

Faites une chaînette div par 4 plus 3, 1 ml, tournez.
Faites 3 rangs de ms, 1 ml, tournez.

4° rang 1 ms dans les 3 prem m, *piquez ds la m suiv, tirez le fil, (1 jeté, piquez ds la même m de l'avant-dernier rang, donc au 1° rang, 1 jeté, tirez le fil à travers 2 boucles) 6 fois, 1 jeté, tirez le fil à travers les 8 boucles du crochet (1 ananas) 1 ms ds la m suiv. Répétez dep * jusqu'à la fin du R, 1 ml, tournez. Faites 3 rangs de ms, 1 ml, tournez.

8° rang 1 ms ds la 1° ms, *1 ananas ds la m suiv, rép depuis * jusqu'à la fin du R, 1 ml, tournez.

Répétez toujours les rangs 1 à 8.

Ananas en diagonale

Nombre de mailles divisible par 4 plus 3, 1 ml, faites 3 R de ms, 1 ml, tournez.

4° rang Comme le 4° R du point boules en relief, 3 R ms, 1 ml, tournez.

8° rang 1 ananas ds la m suiv, *1 ms ds les 3 m suiv, 1 ananas ds la m suiv, rép dep * jusqu'à l'av dern m, 1 ms ds les 2 m suiv, 1 ml, tournez. 3 rangs ms, 1 ml, tournez.

12° rang Comme le 8° rang des boules en relief, 3 R de ms, 1 ml, tournez.

16° rang 2 ms, *1 ananas, 3 ms, rép dep * jusqu'à la dern m, faites trois rangs de ms, 1 ml, tournez. 1 ananas ds la dern ms, 1 ml, tournez. Répétez toujours du 1° au 16° R.

Les nopes en relief

Nombre de mailles divisible par 6 plus 5, 1 ml, tournez.
Faites 3 R de ms.

4° rang 1 ms ds les 5 prem ms, *1 ml, (1 bride dans la ms suiv de l'avant-dernier rang) 6 fois dans la même m. Retirez le crochet de la dern bride, piquez ds la 1° ml de ce groupe, tirez la boucle de la bride à trav la ml, (1 nope) sautez la ms correspondante, 1 ms dans les 5 ms suiv. Répétez à part de * jusqu'au bout du rang, 1 ml, tournez. Faites 3 rangs de ms, 1 ml, tournez.

8° rang 1 ms ds les 2 prem. ms, *1 ms ds les 5 ms suiv. Rép dep * jusqu'à 3 m av la fin du R. 1 nope sous la m suiv, 1 ms ds les 2 dern ms, 1 ml, tournez.

Répétez toujours les rangs 1 à 8.

Point noisette

Nombre de m divisible par 3, 1 ml, tournez.
1 rang de ms sur la chaînette, 1 ml, tournez.

1° rang *1 jeté, piquez le crochet ds la m suiv, (1 jeté, tirez le fil, 1 jeté, tirez à travers 2 boucles) 5 fois, 1 jeté, tirez à travers 6 boucles, 2 ms ds les 2 ms suiv, rép dep * à la fin du R, 1 ml, tournez.

2° rang 1 ms ds chacune des m jusqu'à la fin du rang, 1 ml, tournez.

3° rang *1 ms ds les 2 ms suiv, 1 jeté, piquez ds la m suiv, (1 jeté, tirez le fil, 1 jeté, tirez à travers 2 boucles) 5 fois, 1 jeté, tirez à travers 6 boucles. Rép dep * jusqu'à la fin du R, 1 ml, tournez.

4° rang Comme le deuxième.

Répétez toujours du 1° au 4° rang.

Les mouchets

Une chaînette de nombre impair, ml, tournez.

1° rang Piquez le crochet ds la 4° m à part du crochet, 1 jeté, tirez le fil, 1 jeté, tirez à travers 2 boucles, (1 jeté, piquez ds la même m, 1 jeté, tirez à travers 2 boucles) 2 fois, 1 jeté, tirez à travers 4 boucles, 1 ml, *sautez une m, (1 jeté, piquez ds la m suiv, tirez le fil, 1 jeté, tirez à travers 2 boucles) 3 fois ds la même m, 1 jeté, tirez à travers les 4 boucles du crochet (c'est un mouchet); 1 ml répétez dep * jusqu'à l'av dern m, sautez 1 m, 1 bride ds la dern m, 3 ml, tournez.

2° rang *1 mouchet dans l'esp entre les ml, rép jusqu'à la fin du R, 1 bride ds les ml de la fin, 3 ml, tournez.

Répétez toujours le 2° rang.

Point Marion (ou canari)

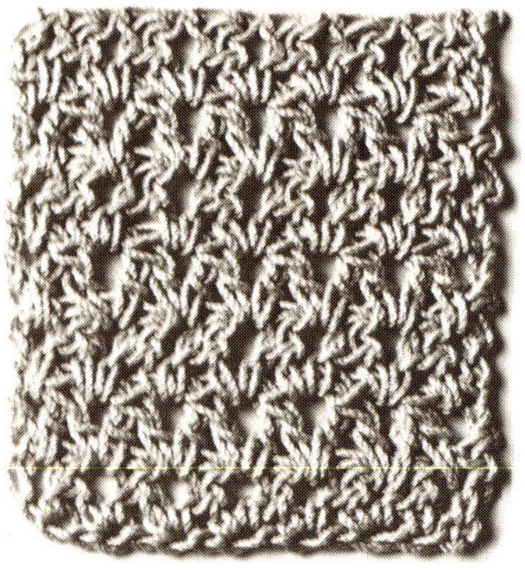

Nombre de mailles pair plus 3, 1 ml, tournez.

1° rang Piquez le crochet ds la 4° m part du crochet, 1 jeté, tirez le fil, 1 jeté, tirez à travers 2 boucles, 1 jeté, sautez une m, piquez ds la m suiv, 1 jeté, tirez à travers les 3 boucles du crochet, 1 ml, * 1 jeté, piquez ds la m du point préc, 1 jeté, tirez le fil à travers 2 boucles, 1 jeté, sautez 1 m, piquez ds la m suiv, 1 jeté, tirez le fil 1 jeté, tirez à travers 2 boucles, 1 jeté, tirez à travers les 3 boucles. Rép dep *, 1 bride ds la dern m, 3 ml, tournez.

2° rang 1 jeté, piquez ds le 1° esp, tirez le fil, 1 jeté, tirez le fil à travers 2 boucles, 1 jeté, piquez ds l'esp suiv, 1 jeté, tirez le fil, 1 jeté, tirez à travers 2 boucles, 1 jeté, tirez à travers les 3 boucles, 1 ml, rép dep *, 1 bride ds les ml, 3 ml, tournez.

Répétez toujours le 2° rang.

Ecailles serrées

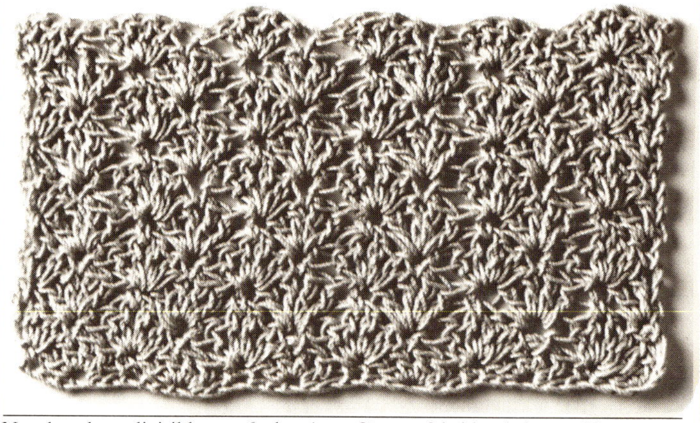

Nombre de m divisible par 6 plus 4, 3 ml, tournez.

1° rang 3 brides ds la 4° m part du crochet, sautez 2 m, 1 ms ds la m suiv, *sautez 2 m, 4 brides ds la m suiv, sautez 2 m, 1 ms ds la m suiv, rép dep * jusqu'au bout, 3 ml, tournez.

2° rang 2 brides ds la ms, *1 ms entre la 2° et la 3° bride, 4 brides ds la m suiv, rép dep *1 ms entre la dernière bride et les ml, 3 ml, tournez.

Répétez toujours le 2° rang.

Point de fleurettes

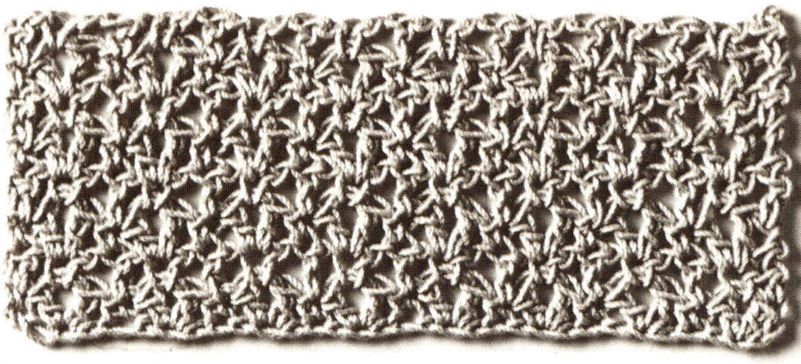

Nombre de m divisible par 4 plus 3, 2 ml, tournez.

1° rang (1 br, 1 ml, 1 br) ds la 3° m part du crochet, sautez 1 m, 1 ms ds la m suiv, *sautez 1 m, (1 br, 1 ml, 1 br) ds la m suiv, sautez 1 m, 1 ms ds la m suiv, rép dep *2 ml, tournez.

2° rang *1 br ds la ms, 1 ml, 1 ms ds l'esp, 1 ml, rép dep *, 2 ml, tournez.

3° rang *(1 br, 1 ml, 1 br) ds la ms, 1 ms ds la br, rép dep *, faire la dern ms ds les ml, 2 ml, tournez.

Répétez le 2° et le 3° rang.

Côte dentelle

Nombre de m div par 3 plus 1, 3 ml, tournez.

1° rang (1 br, 2 ml, 1 ms) ds la 4° m du crochet, *sautez 2 m (2 br, 2 ml, 1 ms) ds la m suiv, rép à part de *3, ml, tournez.

2° rang (1 br, 2 ml, 1 ms) ds l'esp des 2 ml, (2 br, 2 ml, 1 ms) ds l'esp suiv), rép dep *, 3 ml, tournez.

Répétez toujours le 2° rang.

Point étoilé

Nombre de m divisible par 3 plus 1, 2 ml, tournez.

1° rang 2 br ds la 3° m part du crochet, sautez 2 ml, (1 ms, 2 br) dans la m suiv, rép dep *, 1 ms ds les ml, 2 ml, tournez.

2° rang 2 br ds la première ms, *(1 ms, 2 br) dans la ms suiv, rép dep *, 1 ms ds les ml, 2 ml, tournez.

Répétez toujours le 2° rang.

Les oursins (point ramages)

Nombre de mailles impair, 1 ml, tournez.

1° rang (1 ms, 2 ml, 1 ms) ds la 3° m part du crochet, sautez une m (1 ms, 2 ml, 1 ms) ds la m suiv, rép dep * jusqu'à l'avant-dernière m, sautez une m, 1 ms dans la dern ml, 2 ml, tournez.

2° rang (1 ms, ml, 1 ms) ds l'esp des ml, rép dep *1 ms ds les ml, 2 ml, tournez.

Répétez toujours le 2° rang.

Point tulipe

Nombre de mailles div par 4 plus 1, 3 ml, tournez.

1° rang 3 br ds la 4° m part du crochet, *sautez 3 m, (1 ms, 3 ml, 3 br) ds la m suiv, rép dep * jusqu'à la 4° m av la fin du R, sautez 3 m, 1 ms ds la dern ml, 3 ml, tournez. **2° rang** 3 br ds la 1° ms, *(1 ms, 3 ml, 3 br) ds l'esp de 3 ml, rép dep * jusqu'au dern esp, 1 ms ds cet esp, 3 ml, tournez.

Répétez toujours le 2° rang.

Point lové

Nombre de m div p 3, 3 ml, tournez.

1° rang 1 br ds la 4° m part du crochet, 1 ml, 1 br ds la m suiv, *sautez 1 m, 1 br ds la m suiv, 1 ml, 1 br ds la m suiv.

2° rang Rép dep *, 3 ml, tournez.

Répétez toujours le 2° rang.

Jour japonais

Nombre de m div p 14 plus 1, 1 ml, tournez.

1° rang 1 ms ds la 2e m part du crochet, *sautez 6 m, 13 brides longues dans la m suiv (tirez le fil pour former une br longue), sautez 6 m, 1 ms ds la m suiv, rép dep *, puis 4 ml, tournez.

2° rang 1 br longue ds la ms, *5 ml, 1 ms ds la 7e des brides longues, 5 ml, 2 br longues ds la ms, rép dep *1 ml, tournez.

3° rang *1 ms entre 2 br longues, 13 br longues ds la ms, rép dep *, 1 ms entre la dern br longue et les ml, 4 ml, tournez.

Répétez toujours les 2e et 3e rangs.

Point boucle

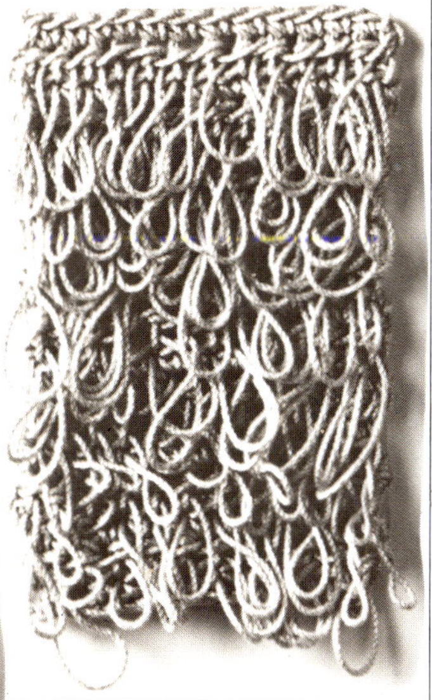

Faites une chaînette, 1 ml, *tournez, un rang de ms sur la che, 1 ml, tournez.

1° rang Sur l'envers du travail, *1 jeté, piquez le crochet dans la m suiv, passez le fil autour de votre doigt, 1 jeté, tirez la boucle, 1 jeté, tirez à travers les 3 boucles du crochet, rép dep *, 1 ml, tournez.

2° rang 1 ms dans chaque m, 1 ml, tournez.

Répétez ces 2 rangs.

Les palmettes

Nombre de m div par 3 plus 1, 1 ml, tournez.

1° rang 1 ms dans la 2e m part du crochet, *2 ml, sautez 2 m, 1 ms dans la m suiv, rép dep *, 3 ml, tournez.

2° rang 1 ms dans la 2e m part du crochet, 3 br dans la ms suiv, rép dep *, 2 br dans la dern ml, 1 ml, tournez.

3° rang 1 ms dans la première br, *2 ml, 1 ms dans la 2e des 3 br, rép dep *, 3 ml, tournez.

Répétez toujours les 2e et 3e rangs.

Coquilles

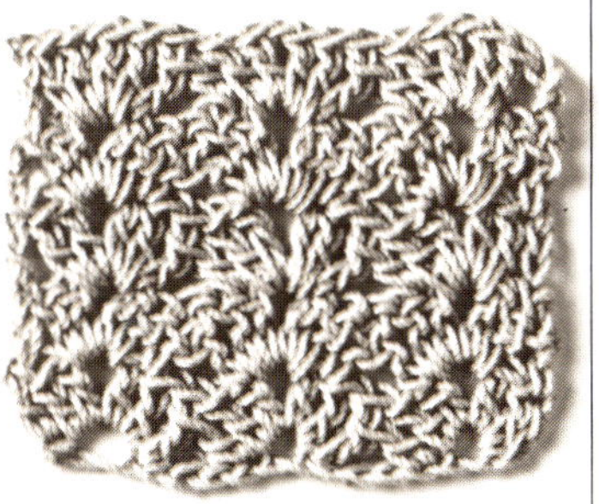

Nombre de m div par 6 plus 2, 3 ml, tournez.

1° rang (2 br, 1 ml, 2 br) dans la 4e m part du crochet, piquez dans la m suiv, 1 jeté, tirez le fil, 1 jeté, tirez à travers 2 boucles, 1 jeté, sautez 3 m, piquez dans la m suiv, 1 jeté, tirez le fil, (1 jeté, tirez à travers 2 boucles) 3 fois, (2 br, 1 ml, 2 br) dans la m suiv, rép dep *, 1 br dans la dernière ml, 3 ml, tournez.

2° rang *(2 br, 1 ml, 2 br) dans l'esp entre les m, piquez ds la m suiv, 1 jeté, tirez le fil, 1 jeté, tirez à travers 2 boucles, 1 jeté, sautez 3 m, piquez ds la m suiv, tirez à travers 2 boucles, 1 jeté, sautez 3 m, piquez ds la m suiv, tirez le fil, (1 jeté, tirez à travers 2 boucles) 3 fois, rép dep *, finissez avec (2 br, 1 ml, 2 br) dans l'esp, 1 br dans la ml, 3 ml, tournez.

Répétez toujours le 2e rang.

Pois de senteur

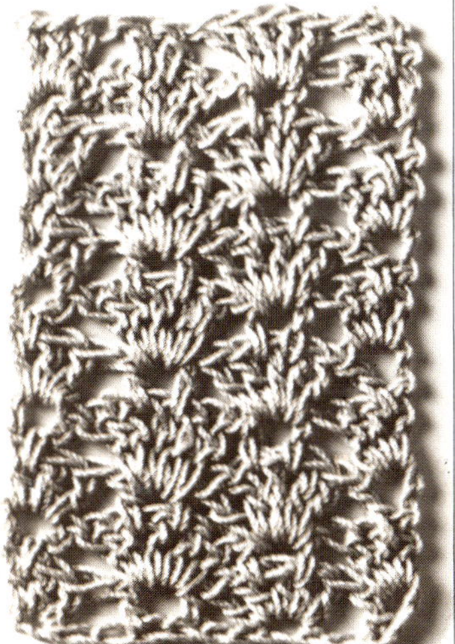

Nombre de m div p 7 plus 4, 3 ml, tournez.

1° rang 1 br dans la 4e m part du crochet, *sautez 2 m, 5 br ds la m suiv, sautez 2 m, 1 br ds les 2 m suiv, rép dep * jusqu'à la 3e m avant la fin, sautez 2 m, 3 br entre la dern br et les ml, 3 ml, tournez.

2° rang 1 br entre les deux premières br, *1 br entre les brides isolées, 1 br entre les 2e et 3e br du groupe des 5, 1 br entre les 4e et 5e br, rép dep *, 3 br entre la dernière br et les ml, 3 ml, tournez.

Répétez toujours le 2e rang.

Les écailles

Nombre de mailles div par 6 plus 4, 3 ml, tournez.

1° rang 3 br dans la 4e m part du crochet, 1 ms dans la m suiv, *sautez 2 ml, 5 br dans la m suiv, sautez 2 m, 1 ms dans la m suiv, rép dep *, 3 ml, tournez.

2° rang Piquez dans le brin arrière de la m, 3 br dans la ms, *1 ms dans la 3e des 5 brides, 5 brides dans la ms, rép dep *, 1 ms dans les ml, 3 ml, tournez.

Répétez toujours le 2e rang.

Les points à jours

Les jours sont formés par l'espace entre les mailles sautées du rang précédent et les mailles en l'air du rang suivant. On obtient différents dessins en variant les combinaisons de mailles et d'espaces sautés, tel par exemple le simple filet. Les points les plus faciles se font en mailles serrées et en brides qui composent des grilles. On peut également lier les brides de façon à obtenir un effet ajouré.

Le point à jours le plus simple

Les espaces sont formés de mailles sautées et des chaînettes qui les surmontent.

Faites 1 bride, 2 mailles en l'air, sautez 2 mailles du rang précédent, une bride dans la maille suivante.

Les arceaux simples

Les espaces sont formés de mailles sautées et de chaînettes qui les surmontent.

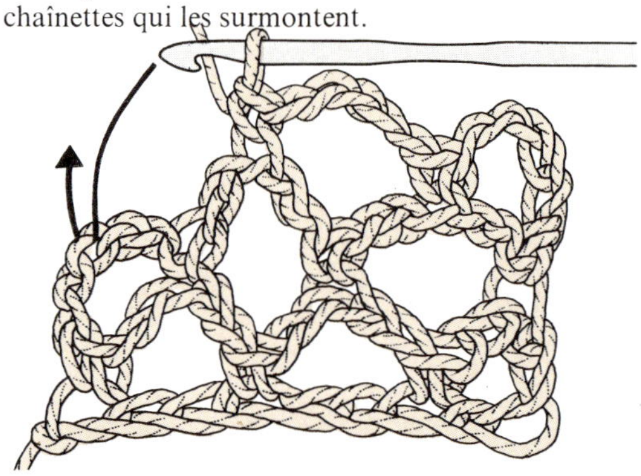

1 ms au milieu de 5 ml du rang préc, 5 ml, 1 ms au milieu de 5 ml du rang précédent.

La grille d'arcades

La grille d'arcades s'exécute sur un rang de mailles en l'air.

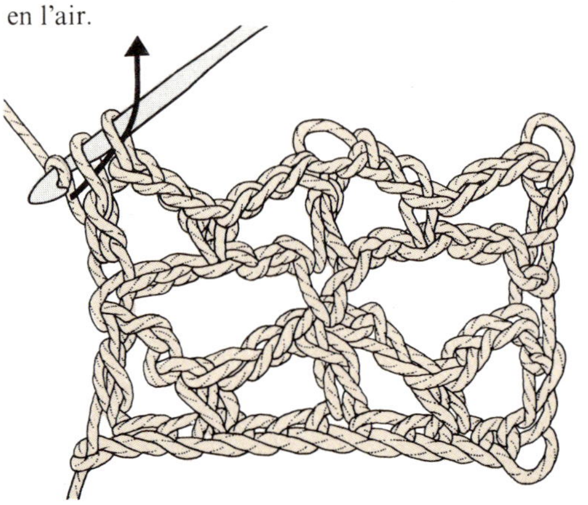

Faites 1 br, 3 ml, sautez 2 ml du R pré, 1 ms ds la m suiv, sautez 2 m, 1 br ds la m suiv.

Les brides croisées

On obtient un effet de jours par un rang de brides croisées en X sur une chaînette de base.

Comment faire les brides en X

1 *Faites 3 ml, (remplaçant la première br) 1 br ds la 5° m partant du crochet, 4 ml, 1 jeté, piquez le crochet dans le point de rencontre entre la br et les 3 ml. Voir dessin ci-dessus.*

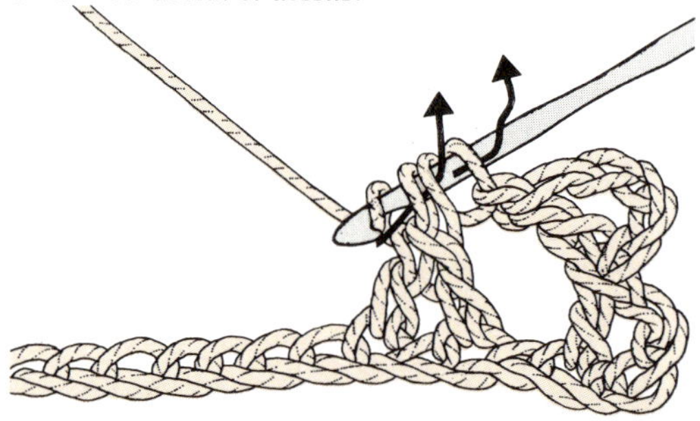

2 *Achevez la br comme d'habitude, 1 ml, *2 jetés, sautez une m, piquez ds la m suiv, 1 jeté, tirez le fil, 1 jeté, tirez à travers 2 boucles, 3 boucles sur le crochet, sautez 1 m, piquez ds la m suiv, tirez le fil, 5 boucles sur le crochet, (1 jeté, tirez à travers 2 boucles) 4 fois, comme ci-dessus.*

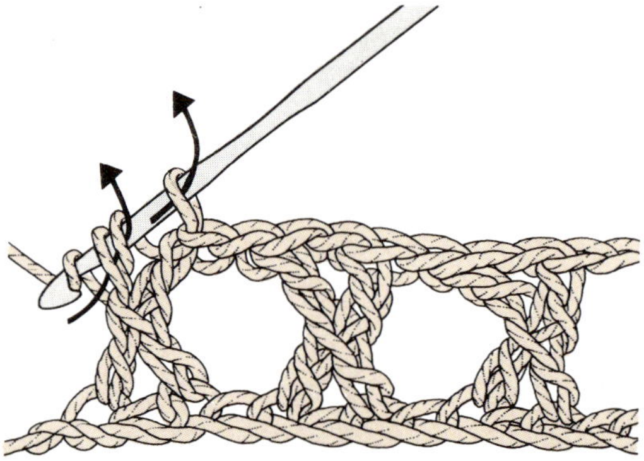

3 *1 ml, 1 jeté, piquez le crochet dans la partie supérieure des br liées, achevez la br comme d'habitude, 1 ml.*

Les arceaux simples

Nombre de m div par 4 plus 1, 5 ml, tournez.

1° rang 1 ms dans la 1° m part du crochet, *5 ml, sautez 3 m, 1 ms dans la m suiv, rép dep *, 5 ml, tournez.

2° rang 1 ms dans l'esp de 5 ml, *5 ml, 1 ms dans la m suiv, rép dep *, 5 ml, tournez.

Répétez toujours le 2° rang.

Le nœud de Salomon

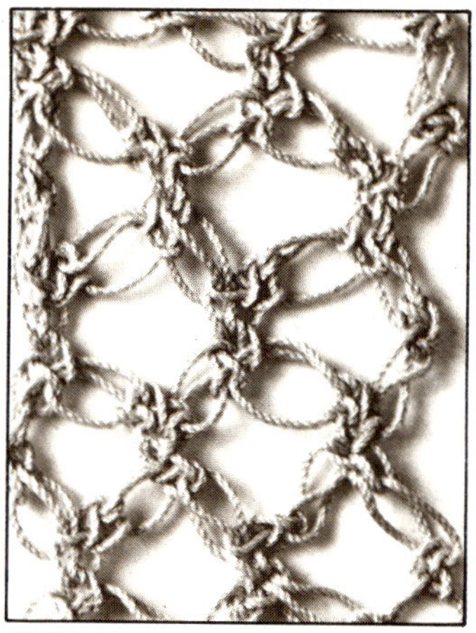

On ne fait pas de chaînette pour ce point. Faites une boucle et passez-la sur le crochet.

1° rang Allongez la boucle sur env 1 cm, 1 jeté, tirez une boucle, piquez entre le fil simple et le fil double de la boucle, 1 jeté, tirez le fil, 1 jeté, tirez à travers 2 boucles du crochet, rép dep *. Faites un nombre pair de nœuds.

2° rang Sautez le nœud sur le crochet et les 3 nœuds suiv, 1 ms, dans le nœud suiv, *faites 2 nœuds comme au premier rang, 1 ms dans le nœud suiv, rép dep *, faites la dern ms dans la première ml du 1° rang.

3° rang Faites 3 nœuds, une ms dans le nœud libre suiv *, faites 2 nœuds, 1 ms dans le nœud libre suiv, rép dep *.

Faites toujours le 3° rang.

Point de ficelles

Nombre de mailles div par 6 plus 1, 1 ml, tournez.

1° rang 1 ms dans la 2e part du crochet, *5 ml, sautez 5 m, (1 ms, 3 ml, 1 ms) dans la m suiv, rép dep * jusqu'à la 6e m avant la fin du rang, 5 ml, sautez 5 m, 1 ms dans la dern m, 1 ml, tournez.

2° rang 1 ms dans la première ms, *5 ml (1 ms, 3 ml, 1 ms) dans la boucle de 3 m, rép dep *, finir par 5 ml, 1 ms dans la dern ms, 1 ml, tournez.

Répétez toujours le 2e rang.

Point d'arcades

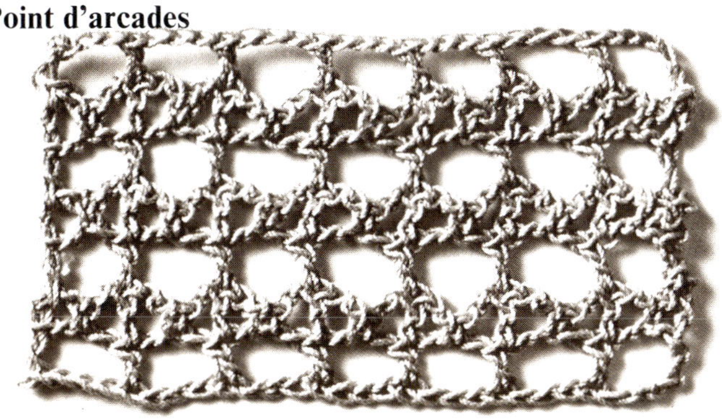

Nombre de mailles divisible par 4 plus 1, 5 ml, tournez.

1° rang 1 br dans la 10e m part du crochet, *3 ml, sautez 3 m, 1 br ds la m suiv, rép dep *, 4 ml, tournez.

2° rang *1 ms dans 2e des 3 ml, 2 ml, 1 br dans la br, 2 ml, rép dep *, finir par 2 ms dans la 2e ms, 2 ml, 1 br dans les ml finales, 5 ml, tournez.

3° rang 1 br dans la br suiv, *3 ml, 1 br dans la br suiv, rép dep *, faire la dern br dans les ml, 4 ml, tournez.

Répétez toujours les 2e et 3e rangs.

Point damier

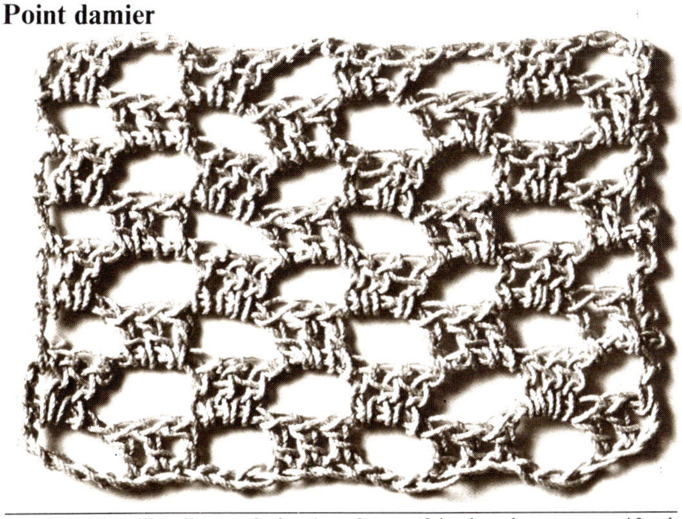

Nombre de mailles div par 6 plus 1, 3 ml, tournez.

1° rang 1 br dans la 4e m part du crochet, 1 br dans la m suiv, *3 ml, sautez 3 m, 1 br dans les 3 m suiv, rép dep *, 1 br dans la dern m, 3 ml, tournez.

2° rang 2 br dans le prem esp, *3 ml, 3 br dans l'esp suiv, rép dep *, finir avec 3 ml, 1 br dans les m finales, 3 ml, tournez.

Rép toujours le 2e rang.

Palmes

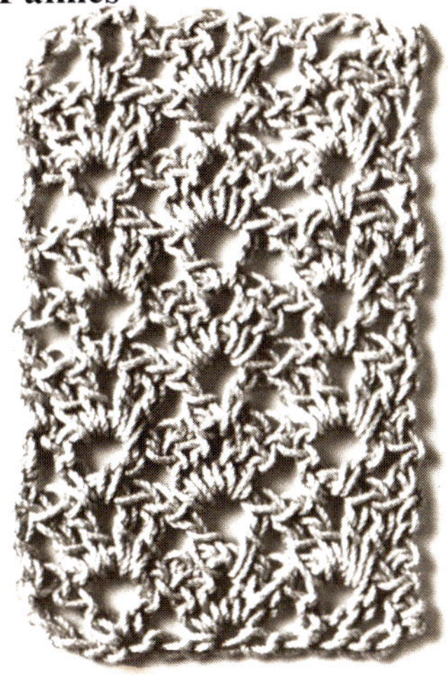

Nombre de m div par 6 plus 1, 3 ml, tournez.

1° rang (1 br, 2 ml, 1 br) dans la 7e m part du crochet, *sautez 2 ml (2 br, 1 ml, 2br) dans la m suiv, sautez 2 m, (1 br, 2 ml, 1 br) dans la m suiv, rép dep * jusqu'à la 3e m av la fin du R, sautez 2 m, 1 br dans la dern m, 3 ml, tournez.

2° rang *(2 br, 1 ml, 2 br) ds l'esp de 2 ml, (1 br, 2 ml, 1 br) dans l'esp d'une m suiv, rép dep. *, finir par (2 br, 1 ml, 2 br) dans l'esp de 2 ml, 1 br ds la m finale, 3 ml, tournez.

3° rang *(1 br, 2 ml, 1 br) dans l'esp d'1 ml, (2 br, 1 ml, 2 br) dans l'esp de 2 ml, rép dep *, finir par (1 br, 2 ml, 1 br) dans la ml finale, 3 ml, tournez.

Répétez toujours le 2e et le 3e rang.

Grille à picots

Nombre de m div par 4 plus 1, 5 ml, tournez.

1° rang (1 ms, 3 ml, 1 ms) dans la 10e m part du crochet, *(ml, sautez, 3 m, (1 ms, 3 ml, 1 ms) dans la m suiv, rép dep * jusqu'à la 4e m avant la fin du rg, 5 ml, sautez 3 m, 1 ms dans la dern ml, 5 ml, tournez.

2° rang *(1 ms, 3 ml, 1 ms) ds la 3e des 5 ml, 5 ml, rép depuis * à la fin, 1 ms dans la ml finale, 5 ml, tournez.

Répétez toujours le 2e rang.

Arcades de brides

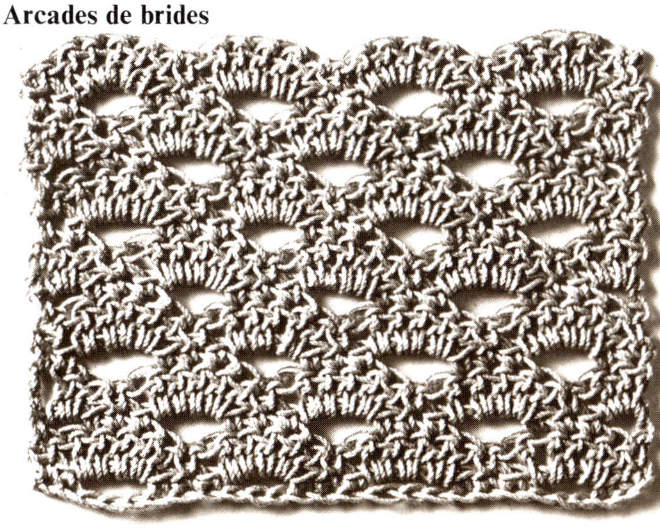

Nombre de m div par 6 plus 1, 1 ml, tournez.

1° rang 1 ms ds la 2e part du crochet, 1 ms dans la m suiv, *3 ml, sautez 3 m, 1 ms dans les 3 m suiv, rép dep * jusqu'à la 5e m avant la fin du rang, 3 ml, sautez 3 m, 1 ms dans chacune des dern m, 1 ml, tournez.

2° rang 1 ms ds la 1e ms, 5 br dans l'esp de 3 ml, 1 ms ds la m suiv, rép dep *, 3 ml, tournez.

3° rang *1 ms dans les 2e, 3e, 4e br des 5 br, 3 ml, rép dep * jusqu'à la fin, finissez par 1 ms dans les 2e, 3e, 4e br, 2 ml, 1 ms dans la dern ms, 3 ml, tournez.

4° rang *2 br dans l'esp de ml, sautez 1 ms, 1 ms dans la ms suiv, *5 br dans l'esp de 3 ml, sautez 1 ms, 1 ms dans la ms suiv, rép dep *3 br dans le dern esp de ml, 1 ml, tournez.

5° rang 1 ms dans les deux prem br, *3 ml, 1 ms dans les 2e, 3e, 4e br des 5 br, rép dep *, finir par 3 ml, 1 ms dans les deux dern br, 1 ml, tournez.

Répétez toujours les rangs 2 à 5.

La couronne

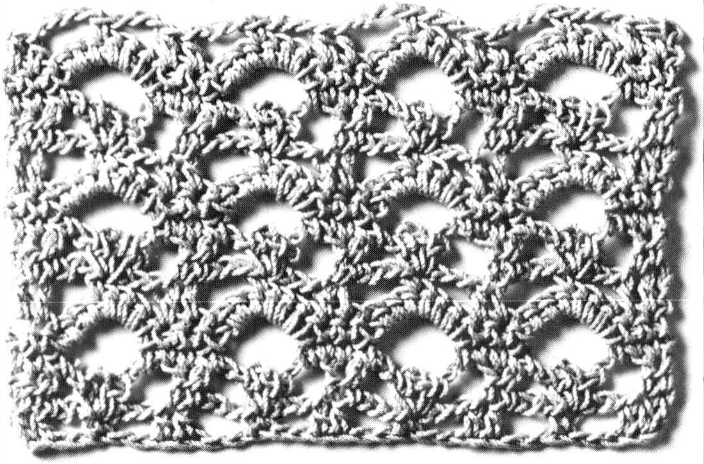

Nombre de m divisible par 7 plus 2, 2 ml, tournez.

1° rang 1 db dans la 3° m part du crochet, 1 db dans la m suiv, *3 ml, sautez 2 m, 1 ms dans la m suiv, 3 ml, sautez 2 m, 1 db dans chacune des 2 m suiv, rép dep *, 1 ml, tournez.

2° rang 1 db dans chacune des 2 db, *3 ml, (1 ms, 3 ml, 1 ms) dans la ms, 3 ml, 1 db dans les deux db suiv, rép dep *, 1 ml, tournez.

3° rang 1 ms dans les 2 db, 1 ms dans l'esp de 3 ml, 5 ml, 1 ms dans l'esp suiv, 1 ms dans les 2 db, rép dep *, 1 ml, tournez.

4° rang 1 ms dans les 2 prem ms, sautez 1 ms, 7 ms dans l'esp sous les 5 ml, sautez 1 ms, 1 ms dans les deux ms suiv, rép dep *, 2 ml, tournez.

5° rang 1 db, ds les 2 ms, *3 ml, sautez 3 ms, 1 ms dans la ms suiv, 3 ml, sautez 3 m, 1 db dans les 2 ms suiv, rép dep *, 2 ml, tournez.

Répétez toujours du 2° au 5° rang.

Point étoilé fantaisie

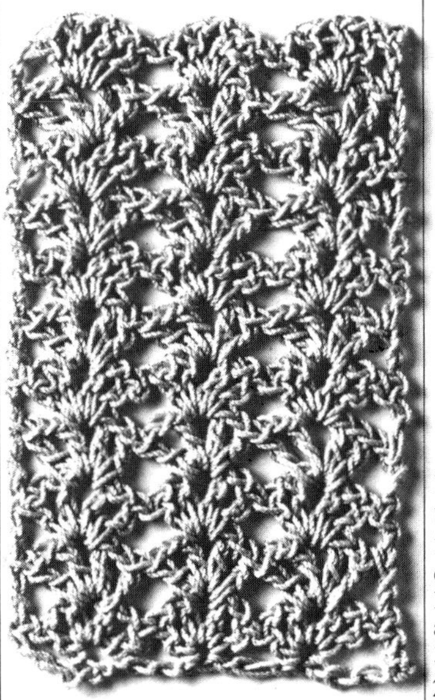

Nombre de m div par 4 plus 1, 3 ml, tournez.

1° rang 1 br dans la 8° m part du crochet, (1 ml, 1 br) 3 fois, dans la même m *sautez 3 m, 1 br dans la m suiv, (1 ml, 1 br) 3 fois dans la même m, rép dep * jusqu'à la 4° m av la fin du R, sautez 3 m, 1 br dans la dern m, 3 ml, tournez.

2° rang *1 br dans la 2° esp, (1 ml, 1 br) trois fois dans le même esp, 3 ml, tournez.

Rép toujours le 2° rang.

Les coquilles

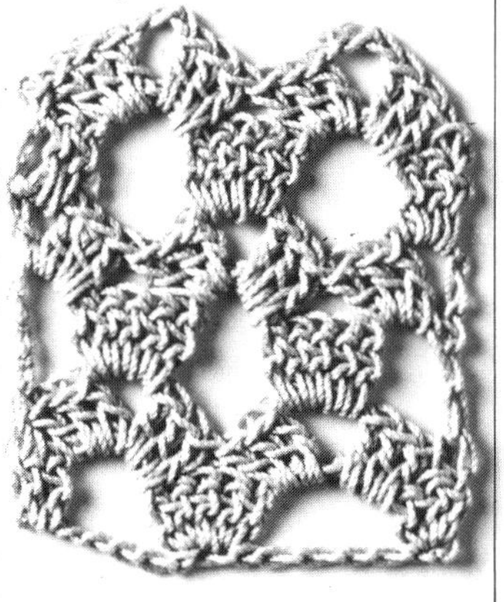

Nombre de m div. par 6 plus 1, 3 ml, tournez.

1° rang 2 br dans la 4° m part du crochet, *4 ml, sautez 5 m, 5 br dans la m suiv, rép dep * jusqu'à la 6 m avant la fin du rang, 4 ml, sautez 5 ml, 3 br dans la dern m, 1 ml, tournez.

2° rang *(3 br, 3 ml, 3 br) dans l'esp sous les 4 ml, rép dep *, 1 ms dans la dern ml, 6 ml, tournez.

3° rang *5 br sous les 3 ml, 4 ml, rép dep *, finir par 5 br sous les 3 ml, 3 ml, 1 br dans les dern ml, 5 ml, tournez.

4° rang 3 br sous les 3 ml, *(3 br, 3 ml, 3 br) sous les 4 ml, rép dep *, finissez par (3 br, 2 ml, 1 br) dans les ml finales, 3 ml, tournez.

5° rang 2 br sous les 2 ml, *4 ml, 5 br sous les 3 ml, rép dep *, 4 ml, 3 br dans les dern ml, 1 ml, tournez.

Rép du 2° au 5° rang.

Dentelle Picot

Nombre de m div par 15 plus 1, 7 ml, tournez.

1° rang 1 ms dans la 3° m part du crochet, 1 picot, 2 ml, sautez 9 m, 1 br dans la m suiv, *5 ml, picot, 2 ml, sautez 4 m, 1 br dans la m suiv, rép dep *, 8 ml, 1 picot, tournez.

2° rang Sautez la 1° br, 1 br dans la br suiv, *5 ml, 1 br dans la br suiv, (5 ml, picot, 2 ml, 1 br dans la br suiv) deux fois, rép dep * jusqu'aux 2 dern picots, 5 ml, 1 br dans la br suiv, 5 ml, picot, 1 br dans 3° m au-dessus du picot, 8 ml, 1 picot, tournez.

3° rang Sautez la 1° br, 1 br dans la br suiv, *1 br dans les 5 ml suiv, 1 br dans la br suiv, (5 ml, 1 picot, 1 br dans la br suiv) deux fois, rép dep *, finir par 1 br dans chacune des 5 ml suiv, 1 br dans la br suiv, 5 ml, 1 picot, 8 ml, 1 picot, 2 ml, tournez.

4° rang Sautez la 1° br, 1 br dans la br suiv, *1 br dans les 6 br suiv, (5 ml, 1 picot, 2 ml, 1 br dans la br suiv) deux fois, rép dep *, finir par 1 br dans chacune des 6 br suiv, 5 ml, 1 picot, 2 ml, 1 br dans la 3° m après le picot, 8 ml, 1 picot, 2 ml, tournez.

5° rang Sautez la 1° br, 1 br dans la br suiv, *5 ml, sautez 5 br, 1 br dans la br suiv, (5 br, 2 ml, 1 br dans la br suiv) deux fois, rép dep *, finir par 5 ml, 1 picot, 2 ml, sautez 5 br, 1 br dans la br suiv, 5 ml, 1 picot, 2 ml, 1 br dans la 3° ml après le picot, 8 ml, 1 picot, 2 ml, tournez.

6° rang Sautez la prem br, 1 br dans la br suiv, *5 ml, 1 picot, 2 ml, 1 br dans la br suiv, rép dep *, faites la dern br dans la 3° ml après le picot, 8 ml, 1 picot, 2 ml, tournez.

Répétez toujours du 2° au 6° rang.

Les palmes

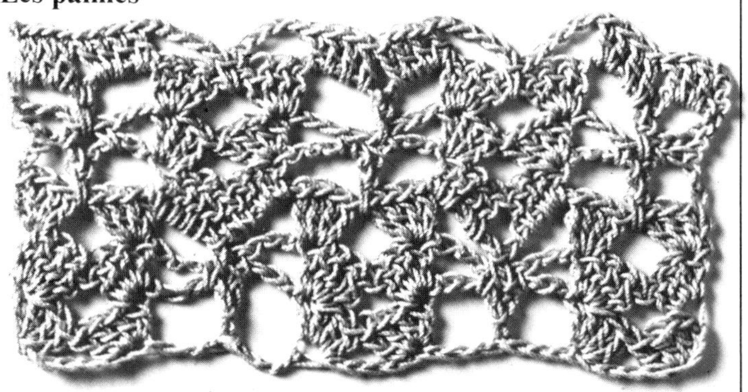

Nombre de m div par 13 plus 6, 3 ml, tournez.

1° rang 3 br dans la 4° m partant du crochet, *sautez 4 m, 4 br ds la m suiv, 5 ml, sautez 3 ml, 1 ms dans la m suiv, 5 ml, sautez 3 ml, 4 br dans la m suiv, rép dep * jusqu'à la 5° m avant la fin du R, sautez 4 m, 4 br dans la dern m, 3 ml, tournez.

2° rang 3 br dans la 1° br, *sautez 6 br, 4 br dans la br suiv, 3 ml, 1 ms dans l'esp de 5 ml, 1 ms dans l'esp suiv, 3 ml, 4 br dans la br suiv, rép dep *, sautez 6 br, 4 br dans la ml finale, 3 ml, tournez.

3° rang 3 br dans la 1° br, *sautez 6 br, 4 br ds la br suiv, *5 ml, 1 ms entre 2 ms, 5 ml, 4 br dans la br suiv, rép dep *, sautez 6 br, 4 br dans les ml finales, 6 ml, tournez.

4° rang 4 ms entre le gr de br, *5 ml, 4 br dans chacune des 2 chaînettes de 5 ml, 5 ml, 1 ms entre le gr de br, 6 ml, tournez.

5° rang 1 ms dans le 1° esp, *1 ms dans l'esp suiv, 3 ml, 4 br dans la br suiv, 3 ml, 1 ms dans l'esp suiv, rép dep *, 1 ms dans le dernier esp, 3 ml, 1 br dans la 3° des 6 ml, 6 ml, tournez.

6° rang 1 ms entre 2 ms, *5 ml, 4 br dans la br suiv, sautez 6 m, 4 br dans la br suiv, 5 ml, 1 ms entre deux ms, rép dep *, 5 ml, 1 ms dans la 3° des 6 ml, 3 ml, tournez.

7° rang 3 br dans le premier esp, *4 br dans l'esp suiv, 5 ml, 1 ms entre le gr de br, 5 ml, 4 br dans l'esp suiv, rép dep *, 4 br dans l'esp de ml finales, 3 ml, tournez.

Répétez toujours les rangs 2 à 7.

Arceaux à picots

Nombre de m div p 8, 1 ml, tournez.

1° rang A part de la 2° m partant du crochet, *1 ms dans les 4 m suiv, 3 ml, 1 mc dans la première de ces ml, 1 picot, 1 ms dans les 4 m suiv, tournez, 9 ml, 1 mc dans la première ms, tournez, 9 ml, 1 mc dans la 1° ms, tournez, sous les 9 ml faites 7 ms, 3 picots, 7 ms, rép dep *, 9 ml, tournez.

2° rang *1 ms dans le 2° des 3 picots, 8 ml, rép dep *, 1 ms ds le 2° des 3 picots, 4 ml, 1 tr br sous les ml finales, 1 ml, tournez.

3° rang ms dans les 4 ml suiv, tournez, 5 ml, 1 mc dans la première des ms, 2 picots, 7 ms sous les 5 ml, rép dep * du premier rang jusqu'aux dernières m, 1 ms dans 4 ml suiv, 4 ml, tournez, 5 ml, 1 mc dans la première ms, tournez, 7 ms sous les 5 ml, 2 picots, tournez.

4° rang *8 ml, 1 ms dans le 2° et 3° picot, rép dep *, 3 ml, tournez.

Répétez toujours les rangs 1 à 4.

Petites fleurs

Nombre de m div par 8 plus 1, 3 ml, tournez.

1° rang Commencez par la 8° m partant du crochet, **2 jetés, piquez ds la m, tirez le fil, (1 jeté, tirez à travers 2 boucles) deux fois ** trois fois dans la même m, 1 jeté, tirez à travers 4 b, *7 ml, rép dep ** à ** trois fois, dans la même m comme précédem, 1 jeté, tirez le fil à travers 4 boucles, 3 ml, sautez 3 m, 1 ms dans la m suiv, sautez 3 m, rép de ** à ** trois fois dans la m suiv, 1 jeté, tirez à travers 4 boucles, rép dep * jusqu'à la fin du rang, 3 ml, tournez.

2° rang Rép de ** à **, dans la ml avant le 1° pétale, 1 jeté, tirez à travers 4 boucles, 3 ml, rép de ** à ** deux fois au sommet du pétale que vous venez de faire, 1 jeté, tirez à travers 3 boucles, *1 ms dans la 4° des 7 ml, 3 ml rép de ** à ** dans les m que vous venez de faire, ** à ** trois fois dans la m après le pétale suiv, de ** à ** trois fois dans la ml après le pétale suiv, 1 jeté, tirez à travers 9 boucles, 3 ml, rép de ** à ** deux fois dans le haut du groupe que vous venez de faire, tirez à travers 3 boucles, rép dep *, finir par 1 ms dans la 4° des 7 ml, rép de ** à ** deux fois dans la ms que vous venez de faire, rép de ** à ** 3 fois ds la ms après le pétale suiv, 1 jeté, tirez à travers 6 boucles, 3 ml, tournez.

3° rang Rép de ** à ** 2 fois au sommet du pétale que vous venez de faire, 1 jeté, tirez à travers 3 boucles, *3 ml, 1 ms dans la ms, 3 ml, rép de ** à ** 3 fois au centre du groupe suiv, 1 jeté, tirez à travers 4 boucles, 7 ml, rép de ** à ** 3 fois au même endr, 1 jeté, tirez à travers 4 boucles, rép dep *, finir par 3 ml, 1 ms dans la ms, 3 ml, rép de ** à ** au sommet du dernier groupe, 1 jeté, tirez à travers 4 boucles, 7 ml, tournez.

4° rang Rép de ** à ** 2 fois dans la 4° et 7° ml, * rép de ** à ** 3 fois dans la ml après le pétale, rép de ** à ** dans la ml avant le pétale suiv, 1 jeté, tirez à travers 9 boucles, 3 ml, rép de ** à ** deux fois dans le sommet du dern gr, 1 jeté, tirez à travers 3 boucles, 1 ml dans la 4° des 7 ml, 3 ml, rép de ** à ** deux fois dans la dern ms, rép de * à la fin du rang, finissez par 1 ms sous les dern ml, 3 ml, tournez.

5° rang *rép de ** à ** trois fois dans le sommet du groupe suiv, 1 jeté, tirez à travers 4 boucles, 7 ml, rép de ** à ** 3 fois dans le sommet du même gr, 1 jeté, tirez à travers 4 boucles, 3 ml, finissez par 1 ms sous les dern ml, 3 ml, tournez.

Répétez toujours les rangs 2 à 5.

Bordure de chevrons

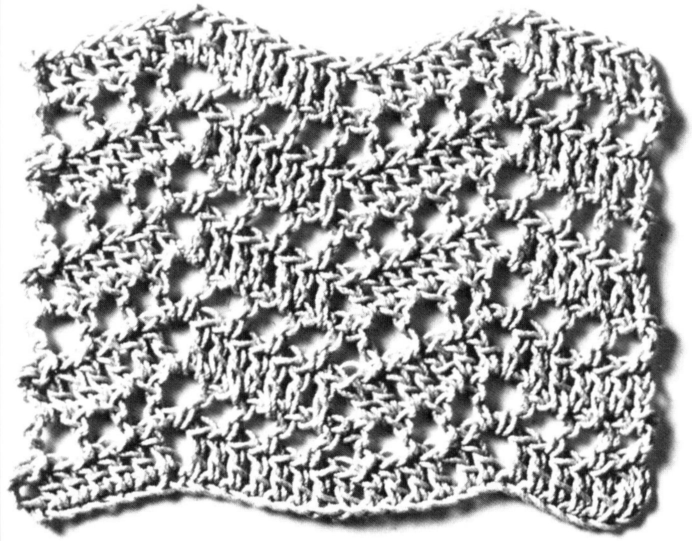

Nombre de m div par 14, 2 ml, tournez.

1° rang 1 br dans la 4° m partant du crochet, 1 br dans les 5 m suiv, *2 ml, 1 br dans les 14 m suiv, rép dep * jusqu'avant les 7 dern m, 2 ml, 1 br dans chacune des 7 m suiv, tournez.

2° rang 1 mc dans la 2° br, 4 ml, (sautez la br suiv, 1 br dans la br suiv, 1 ml) deux fois, sautez la br suiv, *(1 br, 1 ml, 1 br) sous les 2 ml, (1 ml, sautez 1 br, 1 br dans la br suiv) 3 fois, sautez 2 br, (1 br dans la br suiv, 1 ml, sautez 1 br) 3 fois, rép dep *, finir par (1 br, 3 ml, 1 br) sous les 2 ml, (1 ml, sautez 1 br, 1 br dans la br suiv) 3 fois, tournez.

3° rang 1 mc sous les ml, 3 ml, (1 br dans la br, 1 br sous les ml) deux fois, 1 br dans la br, *(1 br, 2 ml, 1 br) sous les 3 ml, (1 br dans la br, 1 br sous les ml) trois fois, sautez 2 br, (1 br sous les ml, 1 br dans la br) 3 fois, rép dep *, finir par (1 br, 2 ml, 1 br) sous les ml, (1 br dans la br, 1 br sous les ml) trois fois, tournez.

Répétez toujours rangs 2 et 3.

Lignes courbes

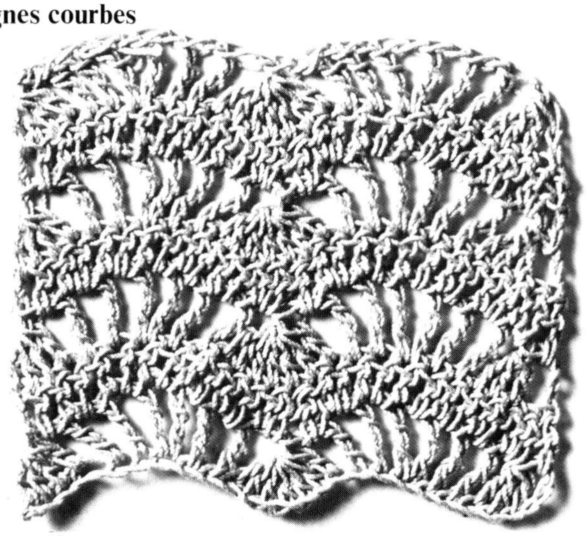

Nombre de m div par 12, 3 ml, tournez.

1° rang 1 jeté, piquez ds la 4° m partant du crochet, 1 jeté, tirez le fil, 1 jeté, tirez à travers 2 boucles, ** 1 jeté, piquez dans la m suiv, 1 jeté, tirez à travers 2 boucles **, rép de ** à ** 1 fois, 1 jeté, tirez à travers 4 boucles, *(1 ml, 1 db, dans la m suiv) deux fois, (1 ml, 1 db) 2 fois dans la m suiv, (1 ml, 1 db dans la m suiv 2 fois, rép de ** à ** dans chacune des 7 ml suiv, 1 jeté, tirez à travers 7 boucles, 1 jeté, tirez à travers les 2 b restantes, c'est un (gr de 7 br), rép dep * finissez par 1 gr de 4 br au lieu de 7, 3 ml, tournez.

2° rang (1 br sous les ml, 1 br dans la db) 6 fois, * rép de ** à ** dans chacun des esp sous 2 ml suiv, 1 jeté, tirez à travers 3 b, 1 br dans la db, (1 br sous les ml, 1 br dans la db) 5 fois, rép dep *, puis rép de ** à ** sous les ml suiv et dans l'esp final, 1 jeté, tirez à travers 3 boucles, 3 ml, tournez.

3° rang Sautez la 1° br, faites le gr de 3 br suiv, *(1 ml, 1 db dans la br suiv) 2 fois, 1 ml, 1 gr de 7 br, rép dep *, finir par 4 br au lieu de 7, 3 ml, tournez.

Répétez le 2° et le 3° rang.

La mise en forme

Ne travaillant qu'une maille à la fois, il vous sera facile d'adapter votre ouvrage à toutes les mesures, soit en l'appliquant à plat sur un patron ou en l'essayant sur la personne même. Les ouvrages au crochet peuvent être exécutés de trois manières: en assemblant de diverses manières de simples carrés ou rectangles, en augmentant ou diminuant des points au cours du travail, ou encore en variant la hauteur des points utilisés. Cependant, quelle que soit la technique choisie, il faudra déterminer la taille du point.

Comment exécuter un échantillon

Quel que soit le dessin choisi, il vous faudra mesurer l'ouvrage. Les points devront être choisis en tenant compte de trois données: **1** la taille du crochet et l'épaisseur du fil; **2** le genre de point employé; **3** l'exécutant(e). Que vous suiviez un modèle existant ou que vous en inventiez un vous-même, il faudra tenir compte de ces trois données pour déterminer avec précision le nombre des mailles et celui des rangs nécessaires. Les illustrations ci-contre démontrent l'importance du choix du crochet et du fil. Les six exemples proposés comportent tous 8 mailles sur 8 rangs, les variations des mesures sont uniquement dues à la différence de la taille du crochet et de l'épaisseur du fil utilisés.

Le point

Selon le point choisi, votre ouvrage variera sensiblement de taille. En effet, certains points forment une texture plus lâche que d'autres. Nos trois exemples ci-contre ont tous été exécutés avec des crochets de même taille et des fils d'une même épaisseur sur 8 mailles et 8 rangs; la variation de taille ne provient que des différents points choisis.

L'exécutant(e)

La tension du fil est contrôlée par la personne qui réalise l'ouvrage. Cette tension varie selon les individus. Le travail d'une débutante est souvent serré. Dans ce cas, il convient d'utiliser un crochet plus gros. Les deux exemples ci-contre ont été exécutés par deux personnes distinctes et bien que la différence soit minime, elle peut devenir importante sur une surface plus grande. 1 cm de plus ou de moins peut signifier la réussite ou l'échec de l'ouvrage.

La taille du crochet et l'épaisseur du fil — **Crochet N° 3**

Laine à tricoter

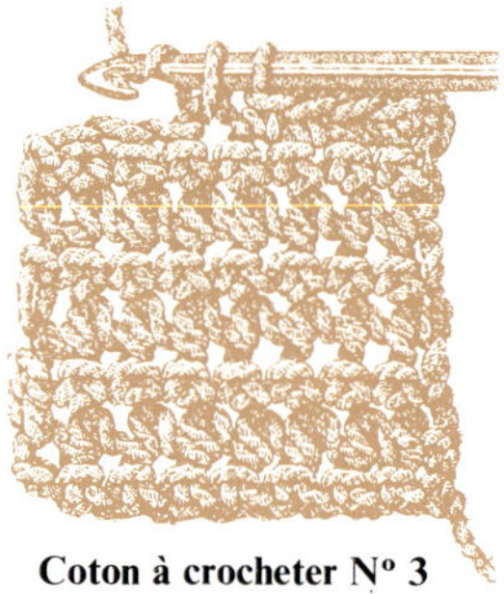

Coton à crocheter N° 3

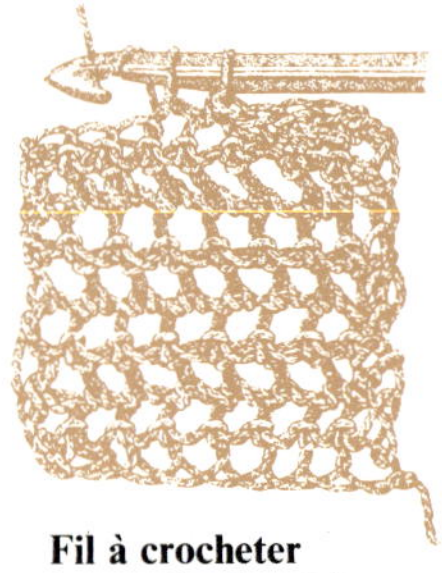

Fil à crocheter (coton le plus fin)

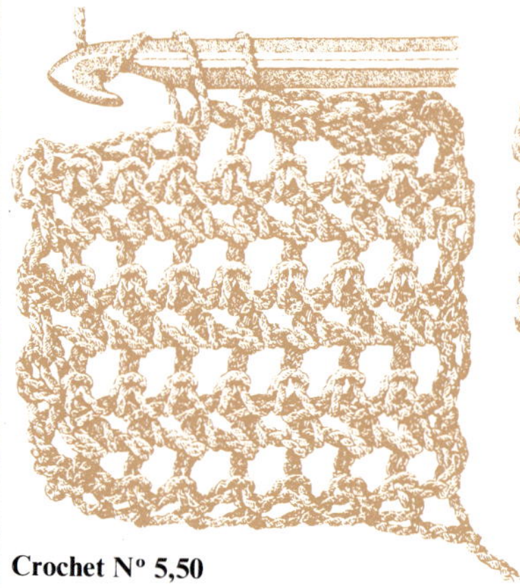

Crochet N° 5,50

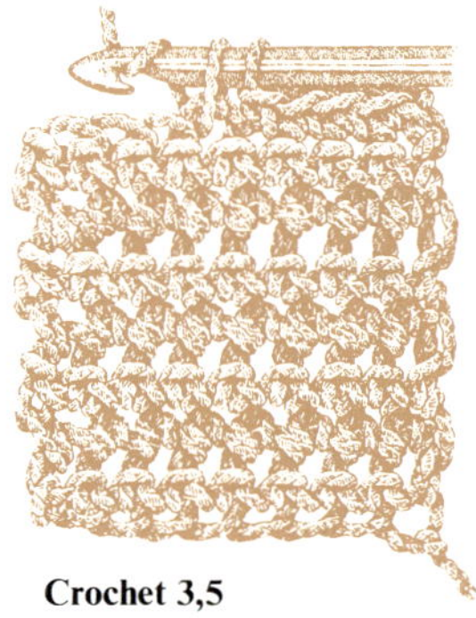

Crochet 3,5

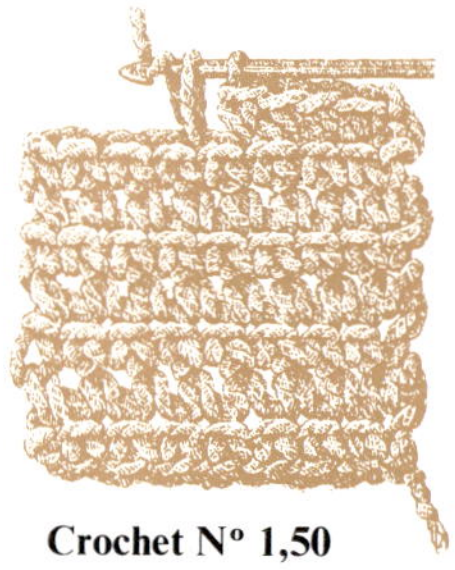

Crochet N° 1,50

Les divers points — **Crochet N° 3 Coton à crochet N° 3**

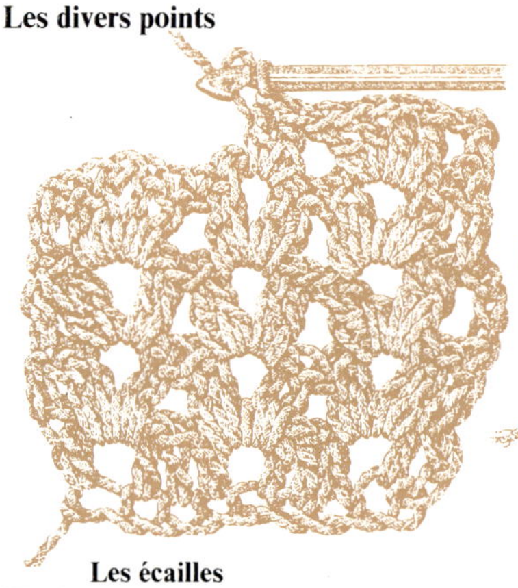

Les écailles

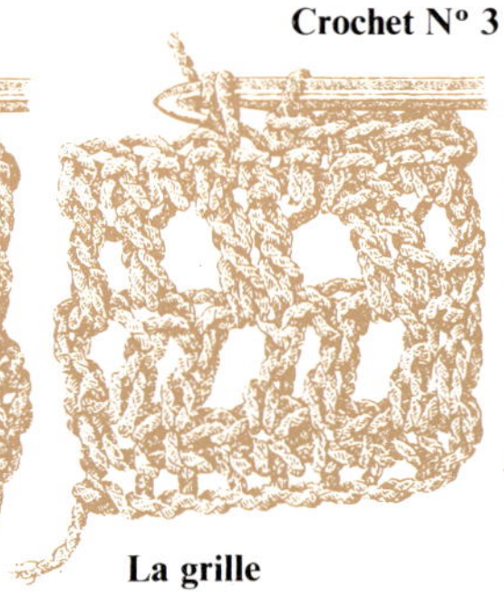

La grille

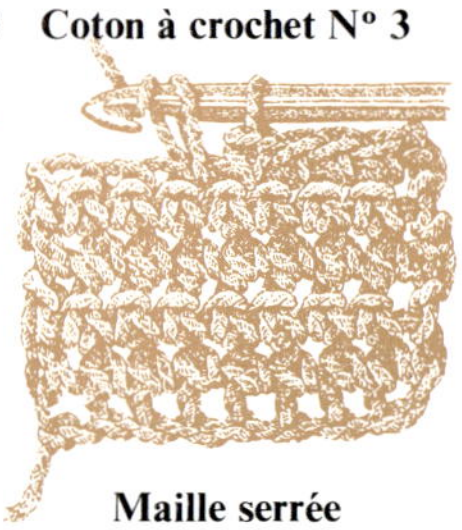

Maille serrée

L'exécutante — **Crochet N° 3 – Coton à crocheter N° 3**

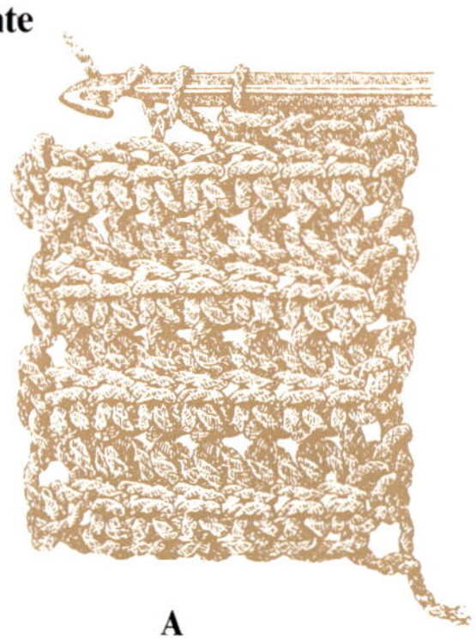

A

B

L'échantillon

Exécutez toujours un échantillon avant de commencer un ouvrage. Il vous aidera à établir la tension du fil selon les indications du patron ou à calculer le nombre de mailles et de rangs nécessaires si vous créez votre modèle. Le nombre de mailles et celui de rangs détermineront la taille du crochet. Si votre échantillon comporte un plus grand nombre de mailles qu'indiqué sur le patron, prenez un crochet de taille supérieure. Dans le cas contraire, diminuez la taille de votre crochet.

Comment mesurer la largeur de l'échantillon

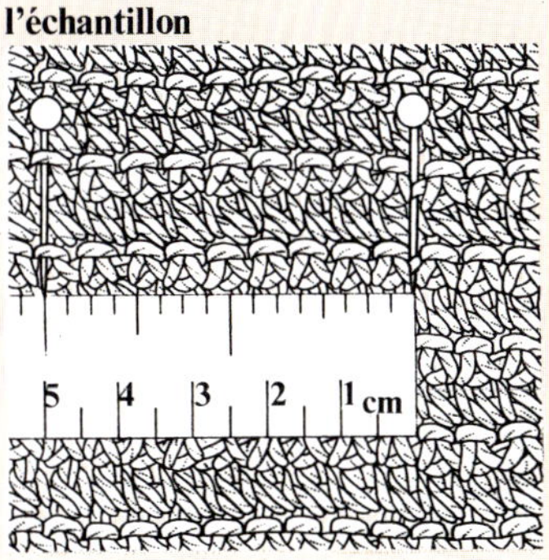

Posez votre échantillon à plat et délimitez 5 cm à l'aide de deux épingles. Comptez le nombre de mailles entre les épingles. Contrôlez en répétant l'opération dans plusieurs endroits. Vous pouvez ainsi calculer le nombre de mailles nécessaires par cm.

Comment mesurer la hauteur de l'échantillon

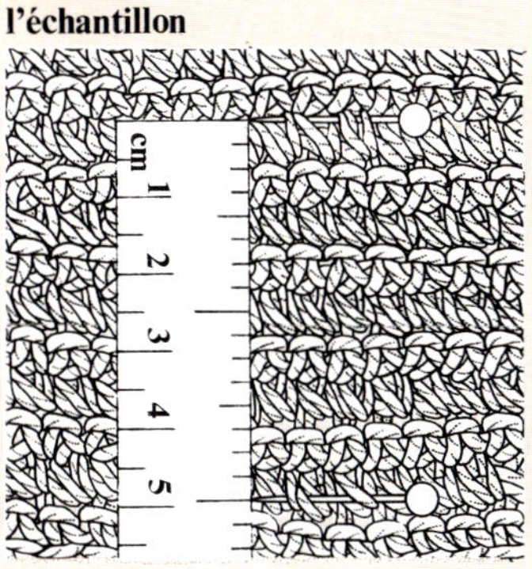

Laissez votre échantillon à plat, mais posez les épingles en hauteur, à 5 cm de distance. Comptez le nombre de rangs nécessaires.

Les augmentations

Vous élargirez votre ouvrage en augmentant le nombre des mailles. Les augmentations se font généralement sur les points de base. Pour les points fantaisie, la manière d'augmenter est indiquée dans les explications.

Les augmentations par dédoublement

La façon la plus simple d'augmenter consiste à piquer deux fois dans la même maille, doublant ainsi cette dernière. Vous pouvez le faire au début, au milieu ou à la fin d'un rang, augmentant d'une ou de plusieurs mailles à la fois.

Simple augmentation en début et en fin de rang

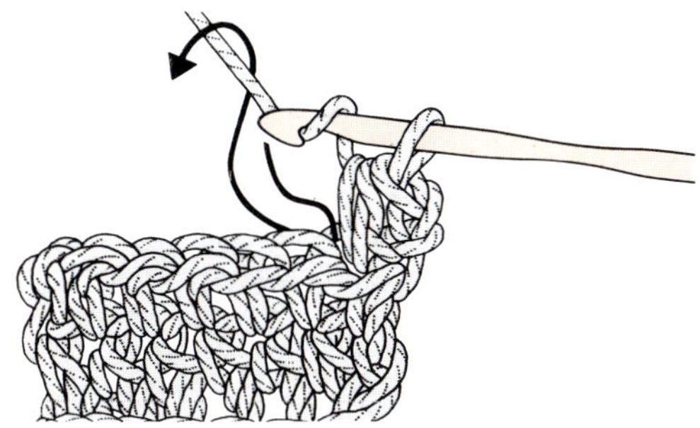

En début et en fin de rang, piquez le crochet dans la maille du dernier rang, travaillez un point. Piquez dans la même maille et faites un second point.

En début de rang, piquez deux fois dans la première maille. En fin de rang, faites la même chose dans la dernière maille.

Augmentations simples en cours de rang

Les augmentations en cours de rang ou de tour s'effectuent de la même manière. Marquez l'endroit de l'augmentation par un fil de couleur distincte, afin de retrouver l'endroit facilement. Dans le cas où plusieurs augmentations sont nécessaires, ayez soin de les répartir uniformément.

Les doubles augmentations

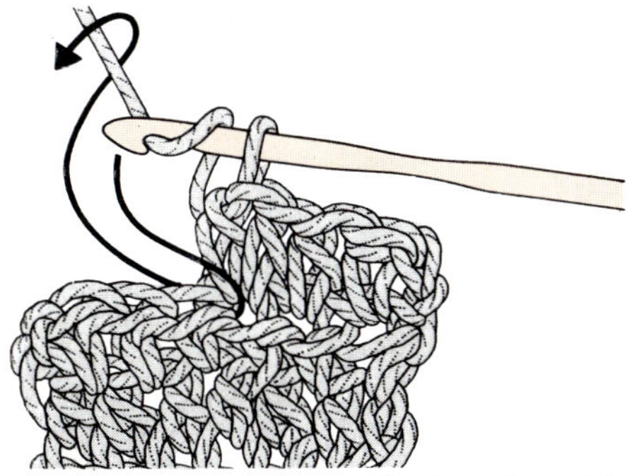

Les doubles augmentations se font en piquant trois fois dans la même maille.

Les mailles supplémentaires dans les angles

Au cas où des mailles supplémentaires sont nécessaires pour former un angle, on ajoute quelques mailles en l'air.

Augmentations multiples en début de rang

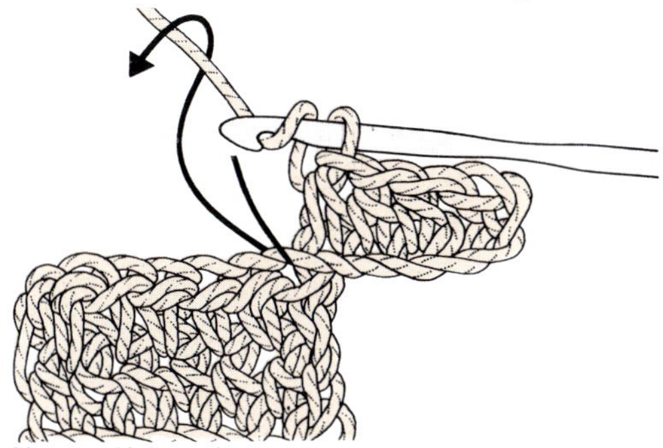

Si vous désirez ajouter 4 augmentations en début de rang et qu'il vous faut 2 m en l'air pour tourner, faites une chaînette de 6 ml. Piquez alors dans la 3° maille partant du crochet et travaillez 4 nouvelles mailles.

Augmentations multiples en fin de rang

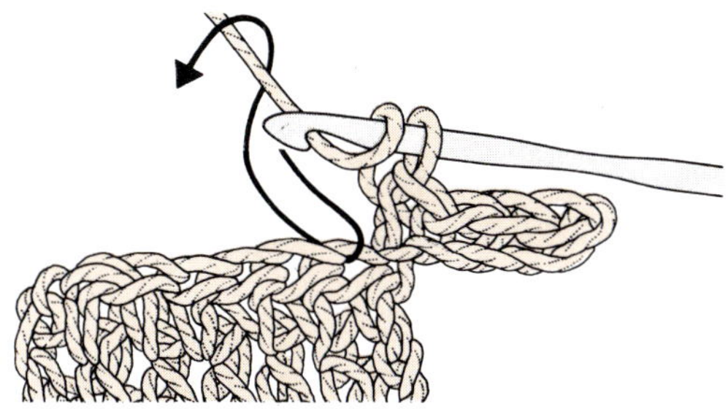

Utilisez la même méthode que précédemment, mais faites les augmentations à la fin du dernier rang, afin que celles-ci soient à la même hauteur sur les deux côtés. Pour 4 augmentations, faites une chaînette de 4 ml à la fin du dernier rang plus 1 ml pour tourner. Au début du rang suivant, piquez dans la 2° maille en partant du crochet et faites des mailles coulées le long de la chaînette. Puis continuez le travail comme précédemment.

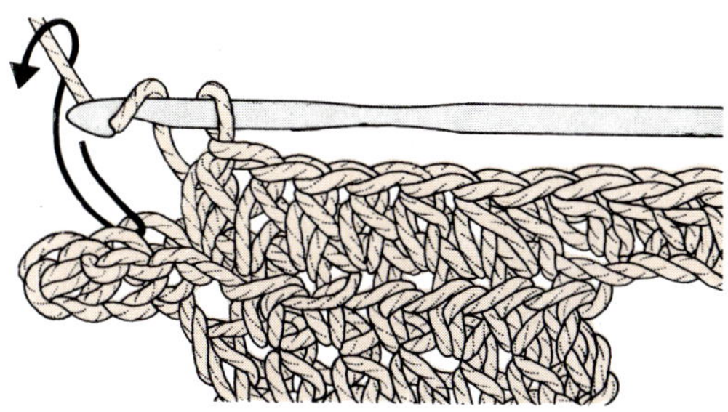

Au rang suivant travaillez le point choisi au-dessus des mailles coulées *(mc)*.

Les diminutions

Pour diminuer la largeur d'un ouvrage, vous exécuterez des diminutions au cours du travail. Comme les augmentations, celles-ci sont généralement effectuées sur les points de base.

Comment diminuer en sautant une maille

C'est la technique la plus simple pour effectuer des diminutions. La diminution se fait en sautant une maille pour une simple diminution, deux mailles pour une double diminution.

La diminution simple en début de rang

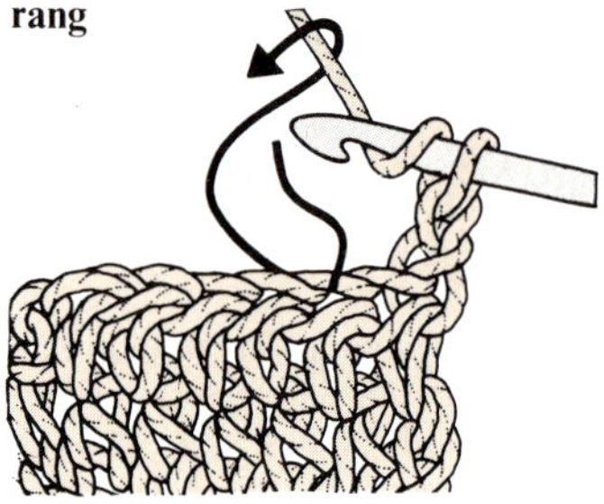

Sautez la première maille et travaillez directement la maille suivante.

La diminution simple en fin de rang

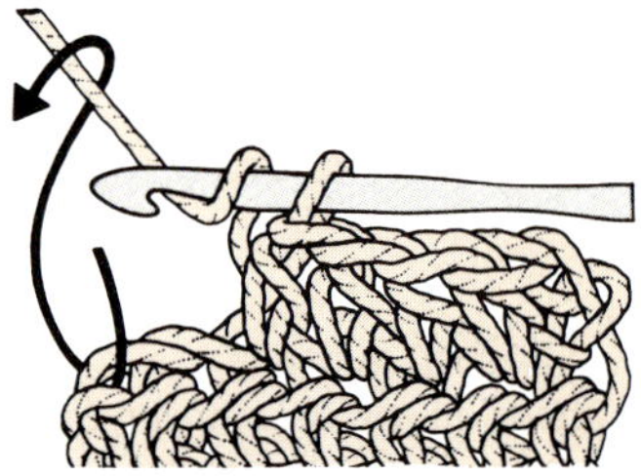

Sautez l'avant-dernière maille, travaillez normalement la dernière maille du rang.

La diminution simple en cours de rang

Même technique que précédemment. Veillez à bien répartir les diminutions multiples.

Les doubles diminutions

Elles s'effectuent de la même façon que les diminutions simples, mais au lieu d'une seule maille, vous en sauterez deux. Veillez à bien répartir les diminutions au cours de l'ouvrage. Afin d'éviter les trous, il peut être préférable d'effectuer plusieurs diminutions simples au lieu d'une diminution double.

Comment diminuer en prenant deux mailles au lieu d'une

Une autre manière de diminuer consiste à prendre deux mailles à la fois, ce qui peut se faire au début, au milieu ou à la fin du rang.

Diminution en maille serrée

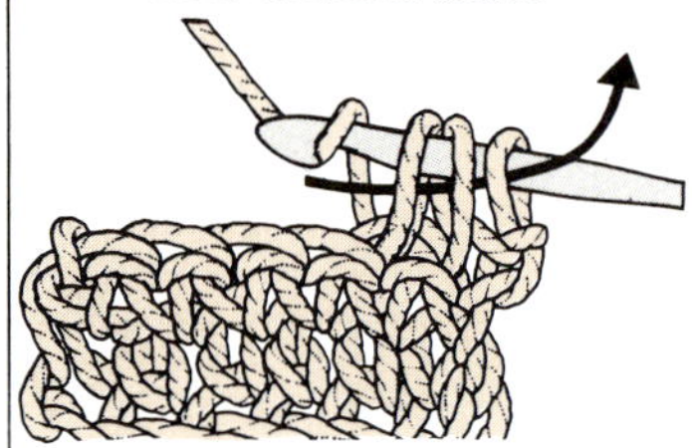

Faites une ml pour tourner, piquez dans la première maille, 1 jeté, tirez le fil, piquez dans la maille suivante, 1 jeté, tirez le fil, (3 boucles sur le crochet), 1 jeté, tirez à travers les 3 boucles. C'est une diminution simple. Procédez de la même manière au milieu ou à la fin du rang.

Diminutions en demi-brides

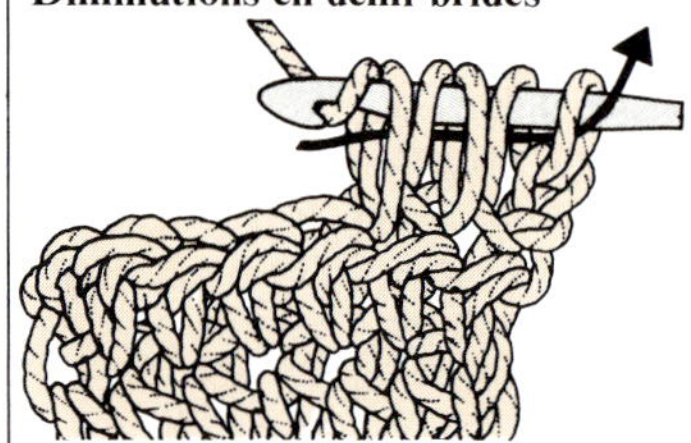

Faites 2 ml pour tourner, 1 jeté, piquez dans la première maille, tirez le fil, 1 jeté, piquez dans la m suiv, 1 jeté, tirez le fil, (5 boucles sur le crochet), 1 jeté et tirez à travers les 5 b. Pour toutes les diminutions simples, procédez de la même manière au milieu et en fin de rang.

Diminutions en brides

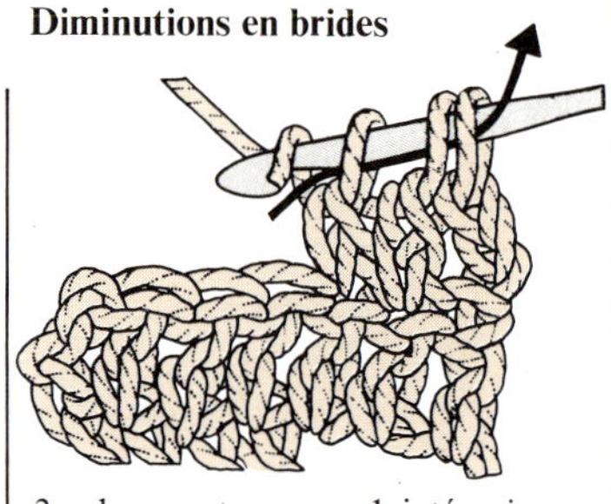

3 ml pour tourner, 1 jeté, piquez ds la 1° m, 1 jeté, tirez le fil à travers les 2 boucles sur le crochet, 1 jeté, piquez dans la m suiv, 1 jeté, tirez le fil, 1 jeté et tirez le fil à travers 2 boucles, (3 boucles sur le crochet), 1 jeté, tirez le fil à travers les 3 boucles. C'est une diminution simple.

Diminutions en milieu de rang

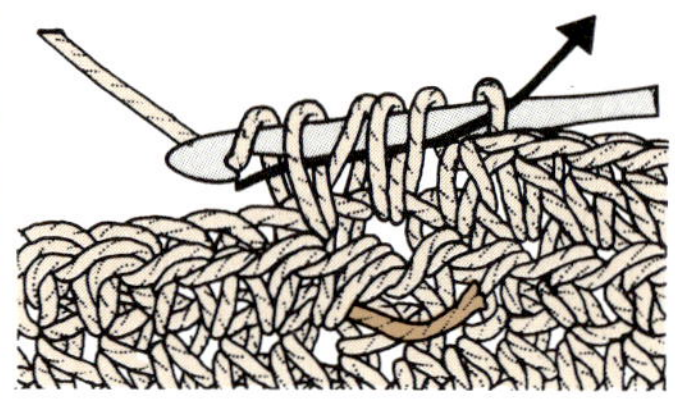

Quel que soit le point utilisé, il convient de marquer l'endroit de la diminution au milieu du rang par un fil de couleur différente, afin de retrouver l'endroit au cours des rangs suivants.

Diminutions dans un angle

Une troisième façon de diminuer consiste à laisser des mailles non tricotées en début ou en fin de rang.

Diminutions multiples en début de rang

Travaillez des mailles coulées sur les mailles à diminuer, puis faites le nombre de ml nécessaires pour tourner (selon le point choisi) puis finissez le rang comme prévu.

Diminutions multiples en fin de rang

Travaillez jusqu'à l'endroit où commencent les diminutions. Ne travaillez pas ces mailles, faites les ml pour tourner et continuer le rang suivant.

La forme est donnée par l'utilisation de points différents

Toutes les mailles de base ont des hauteurs différentes. En les utilisant dans un même rang ou dans des rangs qui se suivent, on peut mettre l'ouvrage en forme. Cette technique s'utilise souvent pour l'exécution des motifs de patchwork.

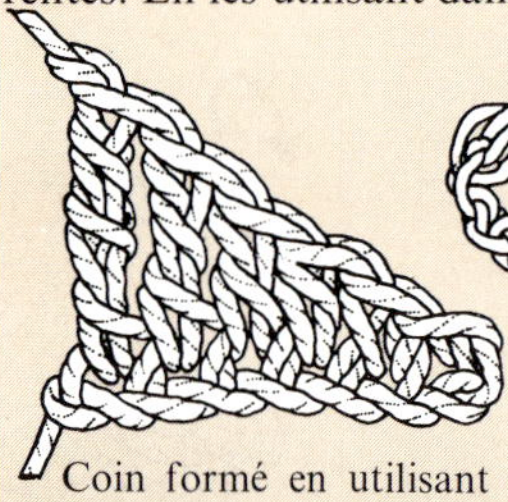

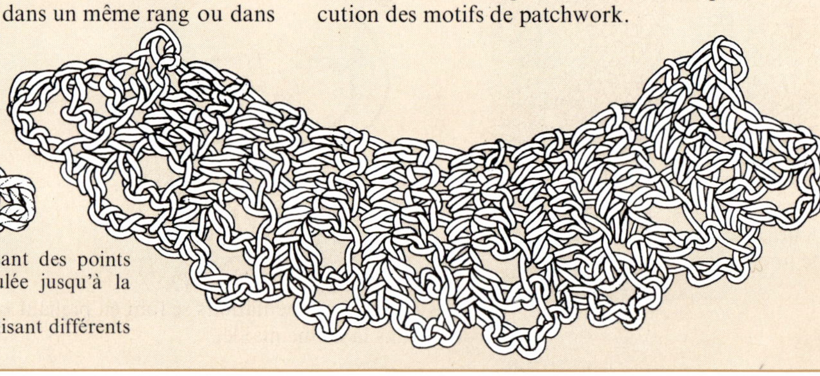

Coin formé en utilisant des points depuis la maille coulée jusqu'à la triple bride.
Ruché exécuté en utilisant différents points.

Quelques modèles

Les modèles suivants (salopette d'enfant, nid de bébé, robe d'enfant) sont illustrés sur les pages suivantes. Les modèles sont donnés pour deux tailles 56 cm et (61 cm) de tour de poitrine.

Salopette

Matériel 250 gr (350 gr) de laine coloris A, 25 gr en coloris B, C, D. Crochets N° 3,5 et 4,00, 2 boutons. **Echantillon** 14 m et 14 rangs pour 10 cm. **Mesures** Tour de poitrine (56-61 cm). Longueur de l'épaule à l'entrejambes (40 et 45 cm), longueur de jambes (32 et 37 cm). **Devant** Faites une chaînette de 22 (25 m) avec le crochet N° 4 col A. **Jambe droite** Pour le premier rang faites une demi-bride dans la 3° m en partant du crochet, 1 db dans toutes les m l (21 ou 24 m). **2° rang** 2 m l, 1 db entre les db du R préc jusqu'à la fin du rang. Rép le 2° rang encore 2 fois, ne cassez pas le fil A. **6° rang** Col B, 3 m l, 1 b entre chaque db jusqu'à la fin du R. **7° rang** Col C, 1 m l, 1 m s entre chaque b jusqu'à la fin du R. **8° rang** Col A, 2 m l, 1 db entre chaque m s jusqu'à la fin. **9° rang** Col A, 2 m l, 1 db entre chaque db jusqu'à la fin. **10° rang** Col D, comme le 6° rang. **11° rang** En m s et toujours entre les m du rang précédent travaillez (3 R A, 3 R B) 3 (4) fois, puis pour la première taille faites 3 R A. **12° rang** Comme le 11°, en disposant les couleurs comme indiqué sur l'illustration. **13° rang** Comme le 11°, mais faire (3C, 3A) 3 (4) fois, puis pour la première taille seulement faire 3C. **15° et 16° rangs** Comme le 11° R en disposant les couleurs comme indiqué. **17° au 19° rang** Comme les rangs 11 à 13. **20° rang** Col D, 3 ml, 1 br entre chaque m s jusqu'au bout. Cassez les fils B, C et D, et continuez en A, faisant toujours des db entre les m du rang précédent jusqu'à atteindre 32 (37) cm de long. Finir par un rang sur l'envers du travail. Coupez le fil, laissez cette partie de côté. **Jambe gauche** Travaillez comme pour la jambe droite, mais ne coupez pas le fil à la fin. **Entrejambe** Au R suiv, continuez sur la jambe gauche, faites 2 m l et continuez sur la jambe droite 44 (50) m. Continuez en db, en diminuant 1 m au début et à la fin du rang suiv et au déb et à la fin de chaque 6° rang jusqu'à obtenir 36 (42) m, continuez tout droit jusqu'à 19 (22) cm de longueur en partant de l'entrejambe, (diminuez 1 m au centre du dernier rang pour la taille N° 2 seulement) il reste 36 (41) m. **Emmanchures** Au R suiv, coulez des m sur les premières 2 (3) m continuez jusqu'à 2 (3) m avant la fin du rang, tournez. Diminuez 1 m au déb et à la fin du R suiv. Pour la taille 2 faites encore un rang 30 (33) m. Faites les rangs 6 à 20 comme pour les jambes en disposant les couleurs comme aux R 11 à 19 puis, faites 1 (3) rangs en db col A**. **Décolleté** Au R suiv, faites 9 (10) m, tournez et continuez les bretelles. Dim 1 m du côté du cou pendant les 2 (3) R suiv, il reste (8) m, puis faites 6 (8) R tout droit. Arrêtez ce côté. Sautez 12 (13) m au milieu, faites la 2° bretelle en vis-à-vis. **Dos** Travaillez comme pour le devant, mais inversez les indications jusqu'à obtenir 36 (42) m, finissez par le R de dim. Au R suiv, trav sur 30 (34) m, tournez. Au R suiv, coulez des m sur 6 (5) m du R préc, continuez sur les 12 (16) m suiv. R suiv, travaillez jusqu'à la fin du R. Continuez comme pour le devant, mesurez les 2 parties sur le côté de l'ouvrage, depuis l'entrejambe jusqu'à **. Faites encore 3 R de db en A, puis faites le décolleté comme pour le dev jusqu'à obtenir 6 (8) m pour la bretelle. Faites encore 4 (5) rangs tout droit. **Boutonnières** Faites 2 (3) db, 2 m l, sautez 2 m, faites 2 (3) db. Au R suiv, faites 1 db dans chaque m l. Faites 2 rangs, répétez le R de la boutonnière et le suiv. Arrêtez cette partie. Après les 12 (13) m du milieu, raccrochez le fil et travaillez jusqu'au bout, faites la bretelle opposée en vis-à-vis. **Finitions** Repassez si nécessaire, à la pattemouille, selon les instructions données pour votre laine. Faites les coutures de côté et d'entrejambe. Avec le crochet N° 3,5 et le col C (D) faites un R de m s autour de l'encolure, des emmanchures et en bas des jambes. Repassez les coutures. Cousez les boutons.

Le nid de bébé

Matériel 200 g de laine moelleuse col A, 50 g dans chaque coloris B, C, D et F. Crochets N° 5 et N° 6, 1 fermeture éclair pour le bas (facultatif). **Echantillon** 10 cm = 10 m et 10 R, avec le point principal et le crochet N° 5. **Mesures** Tour de poitrine 46 cm et 66 cm de longueur, longueur à l'épaule 61 cm, manches 25 cm. **Devant** Avec le crochet N° 6 et le col A, faites 41 m l. **1° rang** 1 db dans la 3° m en partant du crochet, 1 db dans chaque m jusqu'à la fin du rang (40 m). **2° rang** 2 m l, 1 db entre les db. Répétez le 2° rang 4 fois. Diminuez 1 m au début et à la fin du R suiv. Faites encore un rang. Prenez le crochet N° 5. **9° rang** Col B, 1 m l, 1 m s sous le brin arrière de chaque m. **10° rang** Col B comme le R préc. Répétez ces 2 dern rangs en faisant 2 R col E, 2 R col A, 2 R D, 2 R C, 2 R B. Reprenez le crochet N° 6 et continuez en col A. **21° rang** 2 m l, 1 db entre chaque m. Faites encore 3 rangs comme le 2° rang. Diminuez une m au déb et à la fin du R suiv et de chaque 6° rang jusqu'à obtenir 30 m, faites encore 2 rangs (25 R en col A) **. Partagez le devant pour le haut. Au R suiv travaillez sur 15 m tournez et faites encore 13 R pour finir du côté de l'emmanchure. **Encolure** Continuez jusqu'avant les 5 dern m, Tournez. **R suiv** Coulez des m sur les 3 m suiv, crochetez les 7 m restantes. **R suiv** Continuez jusqu'au bout du rang. Arrêtez cette partie. Reprenez au milieu, raccrochez le fil et faites l'autre côté en vis-à-vis. **Dos** Répétez jusqu'à ** comme pour le devant, puis continuez sur 16 rangs tout droit. **Encolure** Travaillez 7 m, cassez le fil, sautez 16 m du milieu et rattachez le fil, faites les dernières 7 m, arrêtez. **Manches** Avec le crochet N° 5,5, col A, montez 33 m l et faites les 4 premiers rangs comme pour le devant (32 m). Prenez le crochet N° 6 et faites les rangs 9 à 20 comme pour le devant. Prenez le crochet N° 5,5 et répétez le 21° rang du devant. Faites encore 9 rangs, arrêtez. **Capuchon** Avec le crochet N° 5,5 et col A, montez 51 m et faites les 2 premiers rangs comme pour le devant (50 m). Avec le crochet N° 6 répétez les rangs 9 à 20 du devant. Avec le crochet N° 5,5 faites le 21° rang, faites encore 2 rangs. Au rang suiv, faites 18 m, tournez et faites encore 9 rangs sur ces m. Arrêtez. Sautez les 14 m du centre, rattachez le fil et travaillez sur 18 m. Faites encore 9 rangs. Arrêtez. **Finitions** Ne repassez pas. Assemblez toutes les pièces par mc en col A comme suit. Faites les coutures d'épaules, celles des côtés et des manches, en ajustant le milieu de la manche à la couture d'épaule. Fermez les derniers rangs du capuchon et cousez les côtés sur les 14 m du milieu. Avec le crochet N° 5,5 et col B faites un rang de m s le long de l'ouverture devant. Avec le col B faites 4 chaînettes d'env 15 cm de long et cousez sur l'ouverture devant par deux. Cousez la fermeture éclair au bas du nid.

Robe de fillette au crochet

Matériel 200 gr (300 gr) de coton grosseur moyenne dans chacun des coloris A, B, C, crochets N°s 2 et 2,5. **Echantillon** 1 dessin de 20 m du début = 8 cm avec le crochet N° 2, 1 dessin de 12 m en haut = 5 cm avec le crochet N° 2,5. **Mesures** 65 (75) cm tour de poitrine. Longueur 61 (69) cm. **Dos** Avec le crochet N° 2,5 et col A, faites une chaînette de 145 (165) m. **1° rang** 1 jeté, piquez dans la 4° m en partant du crochet, 1 jeté, tirez le fil, 1 jeté, tirez à travers les 2 boucles, 1 jeté, piquez dans la m suiv, 1 jeté, tirez le fil à travers 2 boucles, 1 jeté, tirez à travers les 3 b, gr de br, *1 b dans les 8 m l suiv, 3 b dans la m suiv, 1 b dans les 8 m suiv, 1 jeté, piquez dans la m suiv, 1 jeté, tirez le fil, 1 jeté, tirez à travers les 2 b, sautez la m suiv, 1 jeté, piquez dans la m suiv, 1 jeté, tirez le fil, 1 jeté, tirez à travers 2 b, 1 jeté, tirez à travers les 3 b, gr de 3 b, rép dep * jusqu'avant les 20 dernières m, 1 b dans chacune des 8 m suiv, 3 b dans la m suiv, 1 b dans les 8 m suiv, gr de 2 b sur les 2 m suiv, 1 b dans la dern m, 143 (163) m. **2° rang** 3 m l, gr de 2 b, en piquant le crochet dans l'esp entre les ms, *1 b dans les espaces entre les 8 m suiv, 3 b dans l'esp suiv, 1 b dans les 8 esp suiv, 1 gr de 3 b au-dessus des 3 esp suiv, rép dep * jusqu'à la fin du R finissant avec un gr de 2 b dans les 2 derniers esp, 1 b dans les dern m l introsuisez B dans la dern b. Répétez le 2° rang encore 12 (14) fois, travaillez toujours en rayures de 2 R B, 2 R C, 2 R A. **Jupe** (toujours en rayures). **Rang suiv** 3 m l, gr de 2 b, *1 b dans les 17 esp suiv, gr de 3 b sur les 3 esp suiv, rép dep *, finissez par 1 gr de 2 b dans les m l de la fin 129 (147) m. **Rang suiv** 3 ml, gr de 2 b *, 1 b dans les 7 esp suiv, 3 b dans l'esp suiv, 1 b dans les 7 esp suiv, gr de 3 b dans les 3 esp suiv, rép dep *, finissez comme préc. Répétez le dernier rang encore 12 (14) fois. **Rang suiv** 3 m l, 1 gr de 2 b, *1 b dans les 15 esp suiv, gr de 3 b sur les 3 esp suiv, rép dep *, finissant comme préc 115 (131) m. **Rang suiv** 3 m l, gr de 2 b, *1 b dans les 6 esp suiv, 3 b dans la m suiv, 1 b dans les 6 esp suiv, gr de 3 b sur les 3 esp suiv, rép dep *, finissant comme préc, répétez le dernier rang encore 10 (12) fois. **Rang suiv** 3 m l, gr de 2 b, *1 b dans les 13 esp suiv, 1 gr de 3 b dans les 3 esp suiv, rép dep *, finissant comme préc, 101 (115) m. **Rang suiv** 3 m l, gr de 2 b, 1 b dans chacun de 5 esp suiv, 3 b dans l'esp suiv, 1 b dans les 5 esp suiv, gr de 3 b sur les 3 esp suiv, rép dep *, finissant comme préc. Répétez ce rang encore 8 (10) fois. **Rang suiv** 3 m l, gr de 2 b, *1 b dans les 11 esp suiv, gr de 3 b dans les 3 esp suiv, rép dep *, finir comme préc, 87 (99) m. **Rang suiv** 3 m l, gr de 2 b, 1 b dans chacun des 4 esp suiv, 3 b dans l'esp suiv, 1 b dans les 4 esp suiv, gr de 3 b dans les 3 esp suiv, rép depuis *, finir comme préc. Répétez le dernier rang encore 14 fois. Ajustez la longueur si nécessaire. **Emmanchures** Coulez 6 m sur les 6 prem m du rang suiv, continuez comme d'habitude jusqu'avant les 6 dern m du rang, tournez, suivant le dessin dim 1 m à chaque bout du 1° des 4 rangs suiv. Continuez tout droit, en suivant le dessin, jusqu'à ce que l'emmanchure mesure 8 (9) cm. **Encolure** Travaillez les 10 prem m du R suiv, tournez, en surveillant le dessin pendant 14 (16) cm, finissez par l'angle de l'emmanchure. **Rang suiv** 1 m l, 1 m s dans les 5 esp suiv, 1 b dans chaque esp jusqu'au bout. Arrêtez. Sautez les 53 (59) m du milieu, rattachez le fil et cont jusqu'au bout. Faites la bretelle en vis-à-vis. **Devant** Comme le dos, mais commencez l'encolure à 5 (6) cm de hauteur d'emmanchure au lieu de 8 (9). **Finitions** Repassez légèrement à la pattemouille, cousez les coutures de côté et des épaules. Avec le crochet N° 2, faites un rang de m s autour du devant et du dos de l'encolure, avec le même coloris que le dernier rang. Avec le col C faites un rang de m s autour des emmanchures et un rang de m s sur les côtés de l'encolure. Repassez toutes les coutures.

La salopette

La salopette illustrée ici ne nécessite que peu de mise en forme aux emmanchures, elle est travaillée en laine d'une couleur principale et de trois coloris contrastants pour la bavette et les bas des jambes. Le modèle (page précédente) est donné pour une taille de 56 et 61 cm de tour de poitrine. La longueur des jambes peut être adaptée à la taille de l'enfant.

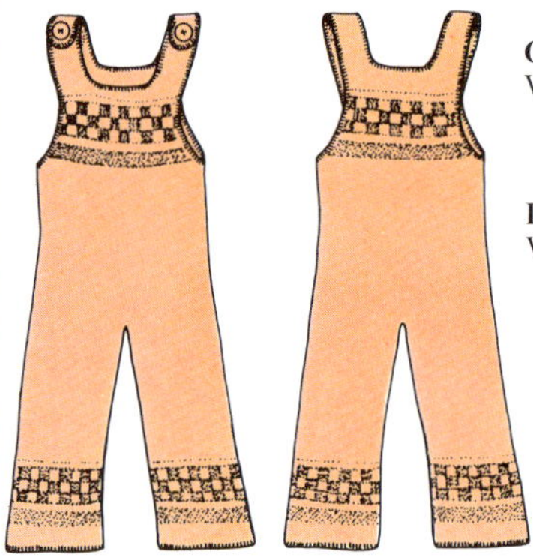

Gauche
Vue de dos.

Droite
Vue de devant.

Les bretelles
Les bretelles sont attachées par 2 boutons. Pour fixer les boutons plus solidement, cousez-les sur un rond de feutrine appliqué au dos de la bretelle.

Les coloris contrastés
Les dessins de la bavette et du bas de jambes peuvent être adaptés selon les modèles des pages 136 ou 137, ou encore en changeant les coloris selon votre goût.

A gauche
Détail de la jambe, jaune, vert et bleu sur fond rouge.
A droite
Détail de la jambe, vert, beige et marron sur fond brun.

Le nid d'ange (ou la robe de chambre)

Le nid d'ange (tour de poitrine 46 cm) peut être utilisé comme sac de couchage ou comme robe de chambre. Il comporte une fermeture éclair en bas, qui peut être enlevée en cas d'utilisation comme robe de chambre. Les explications du modèle sont sur la page 129.

Détail de la manche

Détail de la fermeture

Robe de fillette

La robe illustrée ci-dessous est expliquée pour un tour de poitrine de 65 ou de 75 cm. Elle est exécutée en coton plus fin avec un crochet plus mince que les autres modèles, son dessin est également plus compliqué.

Le dessin de la robe est fait de deux rangs de brides dans chacune des trois couleurs, il est réversible. Vous pouvez en varier la longueur selon vos besoins en gardant le dessin de base comme indiqué.

Détail des épaules et du décolleté

Détail de l'ourlet festonné

Les finitions

Boutonnières et brides

Dans un ouvrage au crochet, les finitions sont au moins aussi importantes que le travail dans son ensemble. Vous pouvez tout faire au crochet, que ce soit les boutons, les cordelières ou les coutures. Mais vous pouvez également acheter des boutons et assembler les coutures avec une aiguille et du fil.

Les boutons au crochet

Vous pouvez faire des boutons en vous servant d'un anneau en plastique ou d'un moule en bois, ou encore tout simplement en les bourrant de coton. Pour les boutons en anneau, vous pouvez utiliser n'importe quel anneau de plastique de taille adéquate.

Comment faire un bouton en anneau

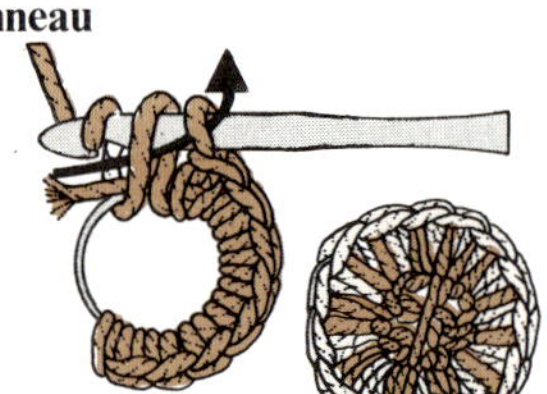

Travaillez autour de l'anneau et fixez les m par une mc. Tournez les mailles vers l'intérieur et fixez-les. Vous pouvez les décorer encore en exécutant un deuxième rang de m s par-dessus le premier rang.

Comment couvrir des boutons

Faites un cercle de taille appropriée et insérez-y la forme du bouton. Faites les diminutions nécessaires pour rabattre les mailles sur le dos du bouton. Arrêtez. Si vous vous servez d'un rembourrage de coton, adaptez la taille du cercle au diamètre désiré. Serrez le coton et fixez-le. Vous pouvez exécuter ces boutons dans des coloris décoratifs et les agrémenter de broderies.

Les boutonnières verticales

Elles se font de deux manières différentes, selon qu'il s'agit de petites mailles (jusqu'à la demi-bride) ou de mailles plus hautes.

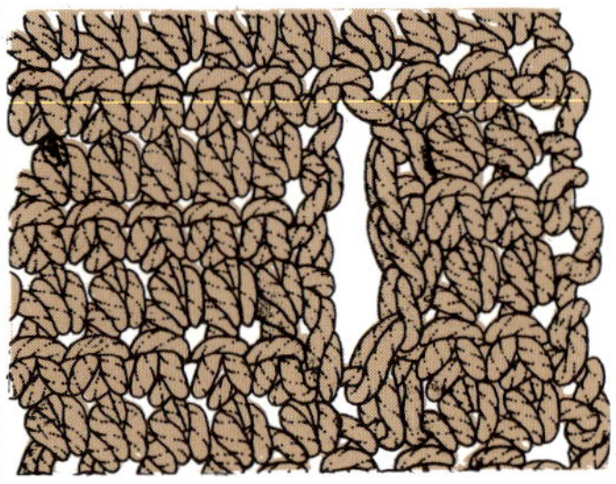

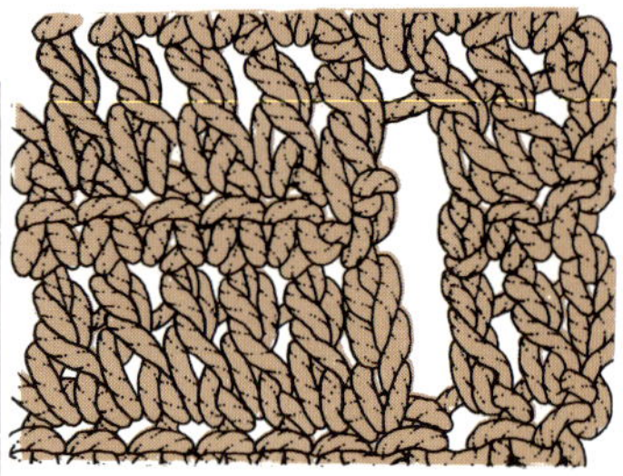

Les boutonnières dans les petites mailles

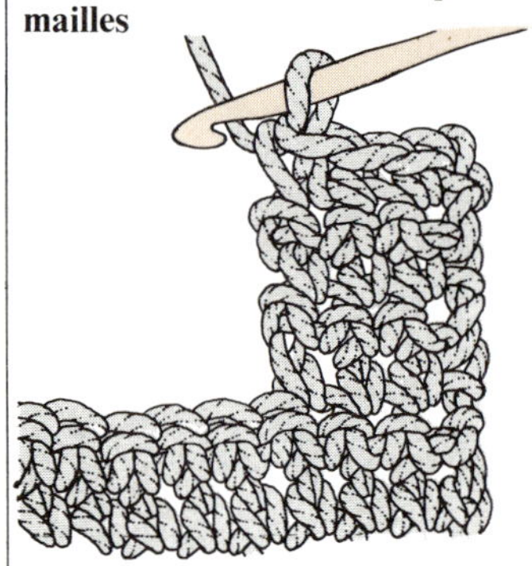

1 *Travaillez jusqu'à l'endroit désigné pour la boutonnière en aller et retour et jusqu'à la hauteur voulue.*

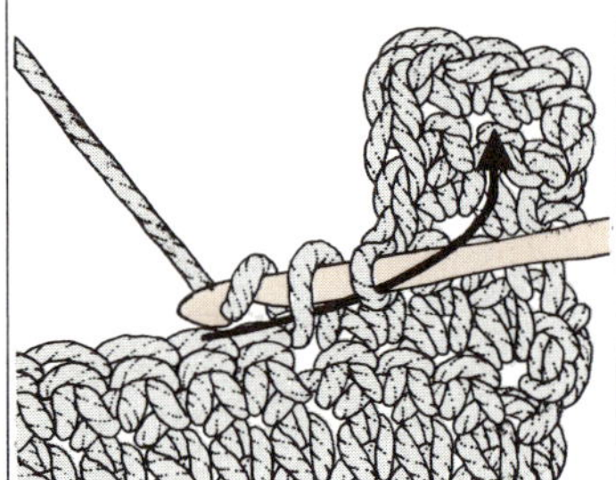

2 *Descendez par des mc jusqu'au rang initial de la boutonnière.*

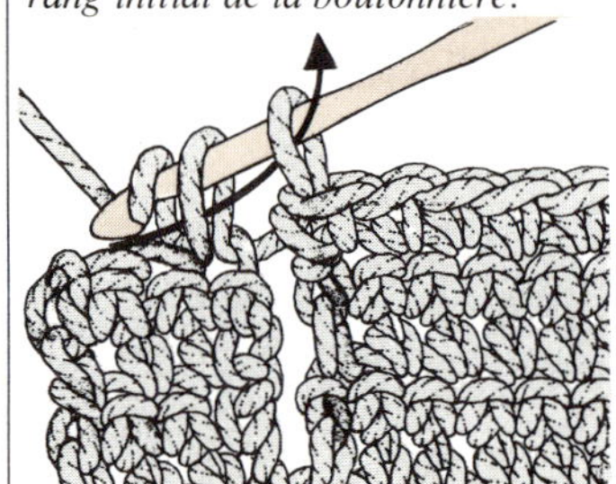

3 *Travaillez l'autre côté de la boutonnière en vis-à-vis jusqu'à la hauteur du premier côté, puis continuez le rang entier en fermant la boutonnière en haut.*

Les boutonnières dans les mailles hautes

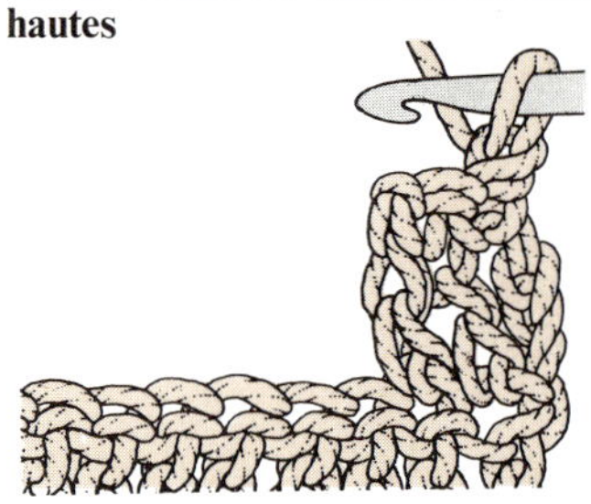

1 *Allez jusqu'à l'endroit voulu pour la boutonnière et travaillez comme pour les boutonnières précédentes, finissez par le côté extérieur du tricot.*

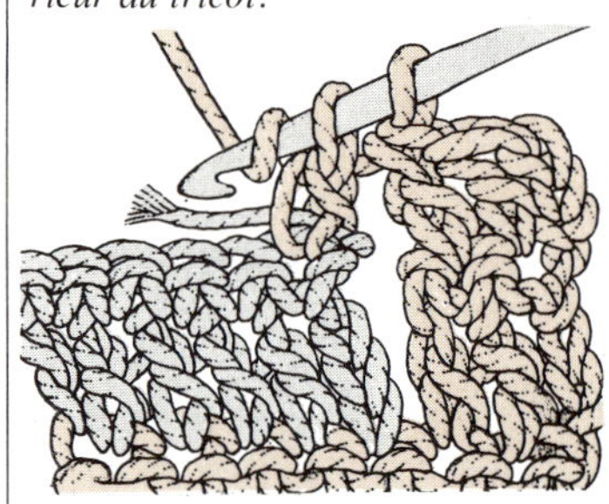

2 *Avec une autre pelote, travaillez en partant du côté intérieur de la boutonnière jusqu'à la hauteur du premier côté. Coupez le fil et continuez avec le fil du début à travers toutes les mailles en fermant la boutonnière par le haut.*

Boutonnières horizontales

C'est la façon la plus simple de faire des boutonnières dans un ouvrage au crochet.

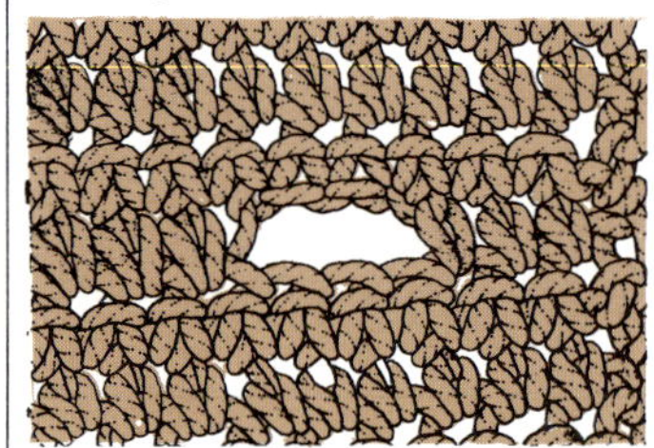

Comment faire les boutonnières horizontales

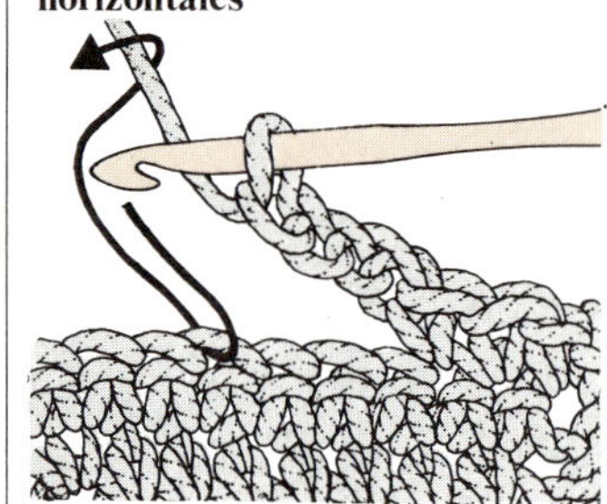

1 *Travaillez jusqu'à l'endroit choisi pour les boutonnières, 3 ou 4 mailles suffisent en général. Faites 2 ou plusieurs ml, selon la taille désirée. Sautez le même nombre de m du rang inférieur.*

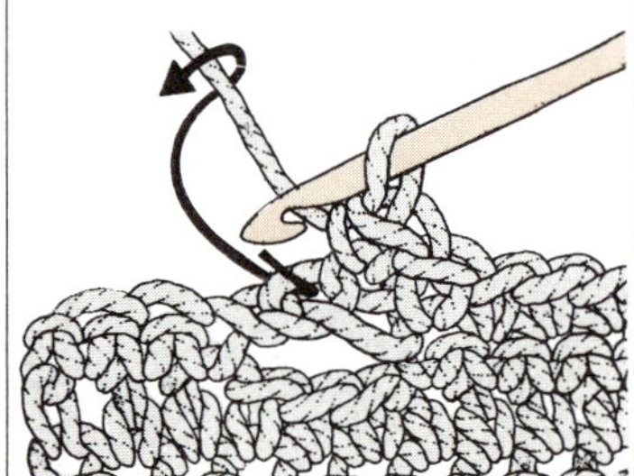

2 *Continuez le travail jusqu'au bout du rang. Au rang suivant faites les points normaux dans les ml.*

Les brides à boutonnière

Les brides se rajoutent sur les côtés après l'achèvement du travail. Marquer les endroits choisis pour les boutons. Travaillez en mc le long du côté et faites des ml de la longueur appropriée pour les brides, en sautant les mailles correspondantes.

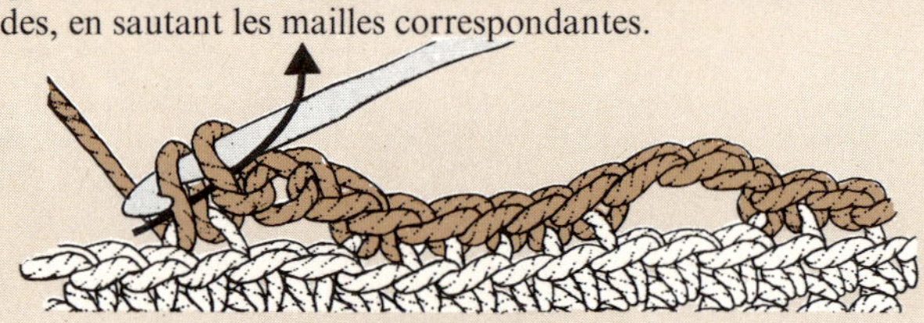

Les tresses au crochet

Il existe différentes façons de faire des tresses ou des cordelettes au crochet. De divers coloris, elles peuvent servir à lier, à froncer ou être utilisées comme ceintures.

Les tresses de couleur

Les tresses bicolores sont exécutées comme les tresses simples. Il suffit d'alterner les coloris des fils. Tenez les fils de deux couleurs de la main gauche et sur l'index gauche. Prenez-les alternativement et faites des boucles en changeant chaque fois de couleur. Vous pouvez faire des tresses plus épaisses en utilisant plusieurs fils d'une même couleur.

Tresse bicolore simple

Cordelette bicolore épaisse

Les tresses rondes

Ces tresses s'utilisent comme ceintures ou en embrasses de rideaux. Elles peuvent être plus ou moins épaisses selon le nombre des mailles de base. Faites une chaînette de 5 ml et fermez-la en anneau par une mc. Faites des mc dans chacune des mailles jusqu'à obtenir la longueur désirée. Vous pouvez utiliser plusieurs couleurs pour un effet différent.

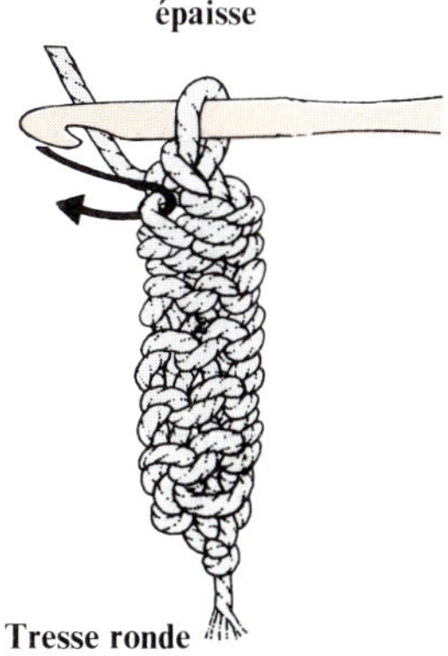

Tresse ronde

Utilisation d'une chaînette simple

Faites une chaînette comme indiqué page 112. Fixez-la par une épingle de nourrice par un bout et passez-la, comme sur l'illustration, à travers un rang de db br pour froncer une manche, une encolure ou la taille d'un vêtement.

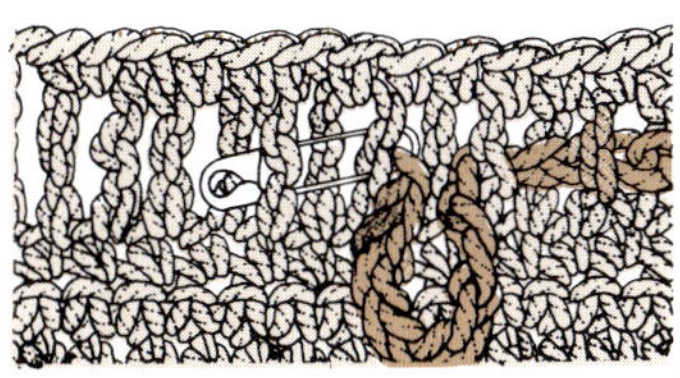

Chaînette simple

Repassage à la pattemouille

Avant de coudre les différentes pièces d'un ouvrage au crochet, il est utile de les repasser. Veillez à ne pas déformer les pièces au repassage. Posez chacune d'elle à l'envers sur une surface molletonnée, épinglez-les soigneusement en maintenant les coutures et les rangs bien droits.

Repassez soigneusement avec une pattemouille en posant le fer plutôt qu'en le glissant. Laissez refroidir les pièces avant d'enlever les épingles. Les pièces sont maintenant prêtes à être cousues.

Bords et coutures

Les coutures peuvent se faire de différentes façons. Pour les cardigans, les pull-overs et les robes, il convient de coudre d'abord les épaules et d'effectuer les coutures des côtés et des manches d'une seule traite. On marque le haut des manches à l'aide d'une épingle. La manche est ensuite ajustée dans l'emmanchure épinglée et bâtie avant que la couture ne soit faite.

L'assemblage par mailles coulées

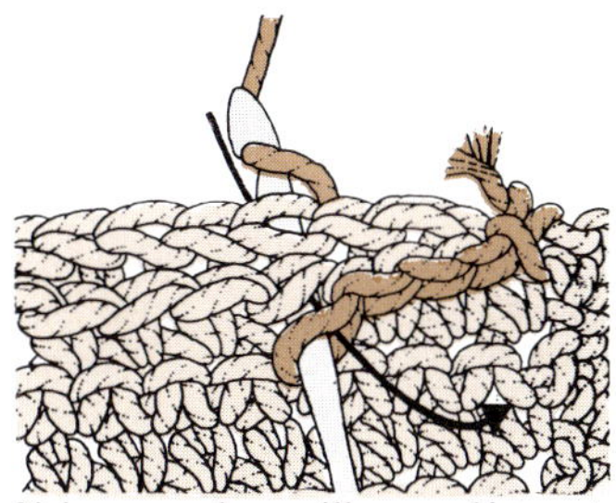

Si le rang de mailles coulées est destiné à être visible, placez les pièces envers contre envers. Si, au contraire, l'assemblage doit être invisible, placez les pièces endroit contre endroit. Piquez le crochet d'avant en arrière à travers les mailles de bordure, 1 jeté, et tirez le fil. Faites une mc puis piquez dans la m suiv. Continuez jusqu'au bout et arrêtez le fil.

L'assemblage par mailles serrées

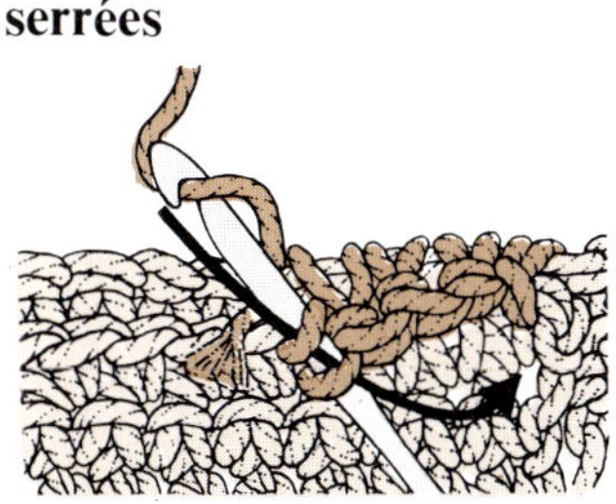

Placez les pièces à assembler endroit contre endroit. Piquez le crochet d'avant en arrière à travers les bords des deux pièces, 1 jeté et tirez le fil, faites une maille serrée, piquez le crochet dans les m suiv, et continuez ainsi jusqu'au bout, puis arrêtez le fil.

L'assemblage par points arrière

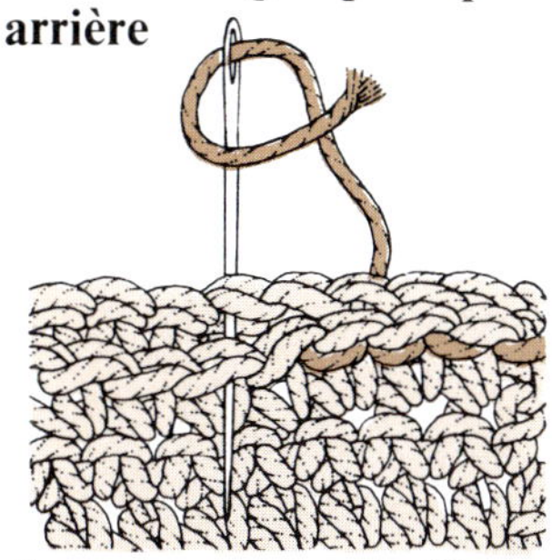

Ce point est particulièrement résistant et peut être utilisé pour les vêtements de long usage. Placez les pièces à assembler endroit contre endroit. Avec une aiguille et du fil de même teinte, faites une couture à points arrière comme sur le dessin.

Les coutures tissées

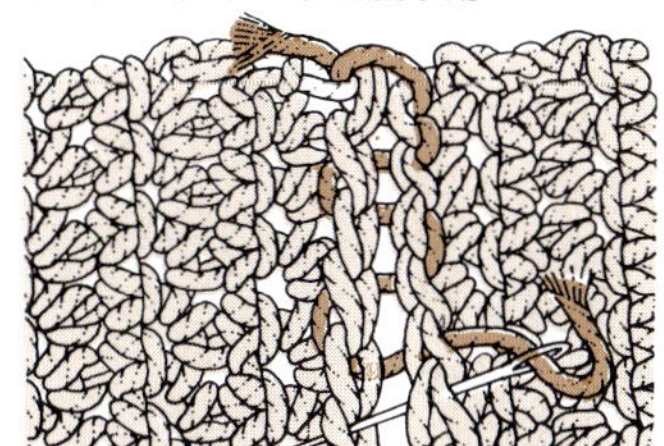

Ces coutures s'utilisent surtout pour les lainages fins et les vêtements de bébé. Posez les pièces côte à côte sur l'end. Avec une aig et de la laine, faites des points assez lâches en passant alternativement dans le centre des m des côtés, comme sur le dessin.

La finition en mailles serrées

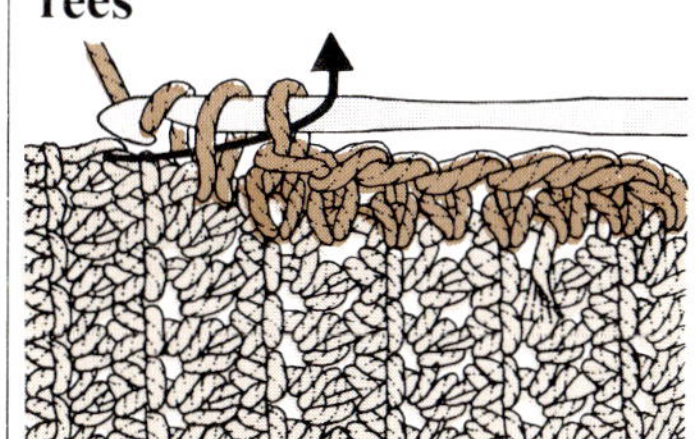

On utilise cette bordure pour les encolures ou les bordures. Piquez le crochet d'avant en arrière, 1 jeté et tirez le fil. Faites une maille serrée et continuez ainsi tout le long du bord. Un fil de couleur contrastante sera d'un joli effet.

Le crochet multicolore

Les ouvrages multicolores s'exécutent soit en points tissés, en employant une seule couleur par rang, soit en points de base (mailles serrées, brides) qui permettent l'emploi de plusieurs couleurs dans un même rang (voir page ci-contre).

Vous trouverez ci-après les explications de quelques ouvrages multicolores en points tissés. Les mailles forment des dessins irréguliers, qui parfois se recoupent et suggèrent ainsi un plus grand nombre de couleurs que celles effectivement utilisées. L'effet peut encore être souligné en changeant de couleurs en cours de rang.

Les différentes façons d'enchaîner les fils de couleurs sont expliquées page 137.

1 Pointillé
2 Chevron multicolore
3 Point de meule
4 Mouchets tricolores
5 Côtes tricolores
6 Ecailles bicolores

1

2

3

4

5

6

Grilles de motifs multicolores

Voici quelques grilles de motifs multicolores exécutés en mailles serrées (voir page de droite), dont vous trouverez les détails page 136.

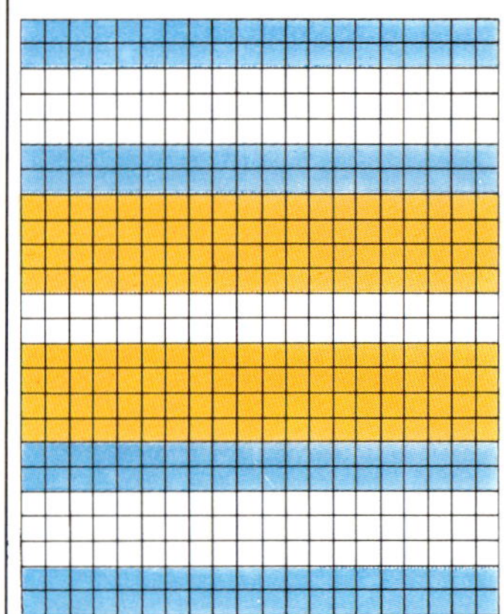
1 Lignes horizontales

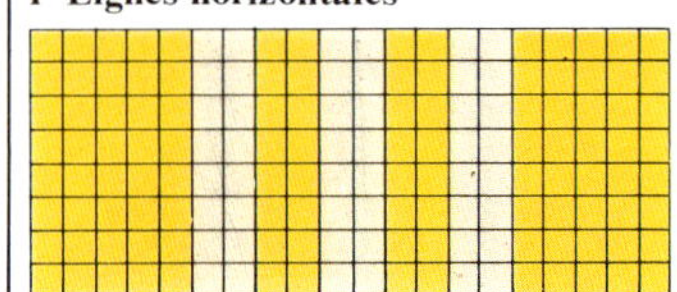
2 Lignes verticales

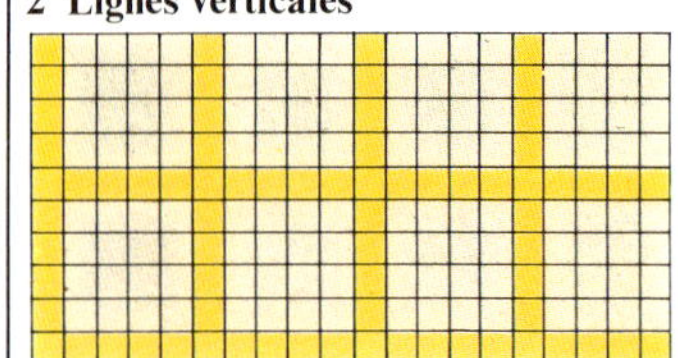
3 Carrés

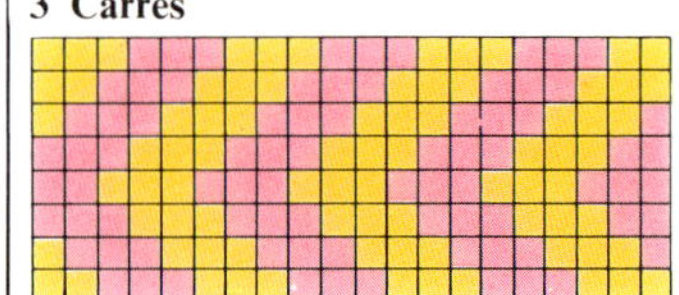
4 Zigzags

Autres motifs

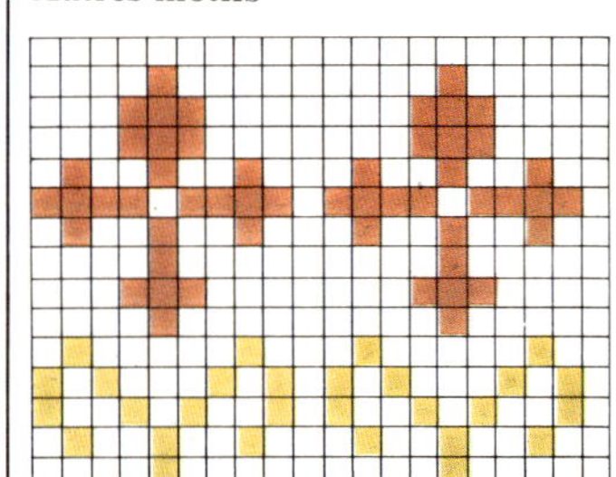
5 Fleurs

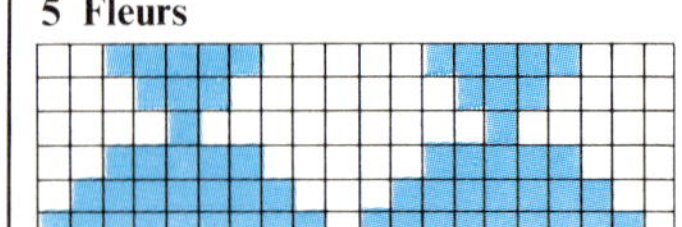
6 Ecailles

Les motifs multicolores

Le mode d'exécution des ouvrages multicolores est généralement indiqué sous forme de grilles, plus faciles à suivre en travaillant les points de base. Chaque case représente une maille. Les reproductions correspondant aux grilles sont données ci-après. L'écharpe multicolore ci-contre donne une idée de l'effet obtenu par l'emploi de fils de différentes couleurs. La même technique de patchwork peut être employée pour la confection d'un coussin ou d'un couvre-lit. Selon les couleurs choisies, vous obtiendrez des effets ombrés en camaïeu, des dessins contrastés éclatants ou une harmonie de couleurs en rapport avec la décoration de votre pièce.

Les façons d'enchaîner les fils de différentes couleurs sont expliquées pages 132-133. L'assemblage peut se faire à l'aide d'un fil de couleur contrastante; chaque pièce peut aussi être entourée d'un rang de mailles serrées d'une couleur différente.

1 Rayures horizontales

2 Rayures verticales

3 Carrés

4 Zigzags

5 Fleurs

6 Ecailles

L'écharpe ci-dessus pourrait aussi être exécutée aux couleurs de l'école ou du club.

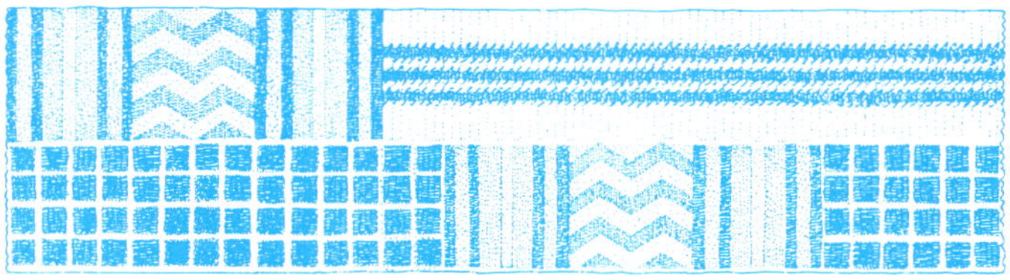

Diagramme de l'écharpe

Le diagramme montre la disposition des motifs de l'écharpe. Vous obtiendrez un couvre-lit en répétant plusieurs fois la bande.

Détail du modèle

Le crochet multicolore

Explications

Les motifs expliqués ci-après sont reproduits en couleurs page 134. Les instructions d'enchaînement des fils et les détails du travail à effectuer se trouvent sur la page opposée. Les abréviations figurent en page 113.

1 Le pointillé

2 couleurs A et B. Avec A faites une chaînette divisible par 3 plus 1, 1 ml, tournez. **1° rang** 1 ms dans la 2° m partant du crochet *2 ml, sautez 2 m, 1 ms dans la m suiv, rép dep * jusqu'à la fin du R. Fixez B dans la dern ms. **2° rang** Avec B 4 ml, *3 br dans l'esp de 2 ml, rép dep *, 1 br dans la dern ms. **3° rang** Revenez au déb du 2° rang, passez le fil A sous la 4° des 4 ml, 1 ml pour rempl la prem ms, *2 ml, 1 ms dans l'esp d'une ms, rép dep *, tirez le fil B dans la dern ms. **4° rang** Avec B comme le 2° rang. En commençant toujours au rang de la couleur voulue, rép les 3° et 4° rang.

2 Les chevrons multicolores

2 couleurs A et B. Avec A faites une chaînette divisible par 14 plus 1, 2 ml, tournez. **1° rang** 1 ms dans la 3° m partant du crochet, *1 ms dans les 5 ml suiv, sautez 3 ml, 1 ms dans les 5 m suiv, 3 ms dans la m suiv, rép dep *, finir par 2 ms dans la dern m. **2° rang** 1 ml, 1 ms dans la même m, *1 ms dans les 5 ms suiv, 3 ms dans la ms suiv, rép dep *, finissez par 2 ms dans les dernières ml. Rép toujours le 2° rang, faites encore 2 rangs en A puis 2 B, 2 A, etc.

3 Point de meule

2 couleurs A et B. Avec A faites une chaînette divisible par 10 plus 1, 1 ml, tournez. **1° rang** 1 ms dans la 2° m partant du crochet, 1 ms dans chaque m, fixez B par la dern ms. **2° rang** Avec B, 1 ml, *1 ms dans la m suiv, 1 br dans les 5 m suiv, 1 dbr dans la m suiv, 1 ms dans la m suiv, 1 ml, sautez 1 m, rép dep *, coulez 1 m dans les m de la fin, tournez. **3° rang** Avec B, 1 ml, *1 ms dans la ms, 1 dbr dans la dbr, 1 br dans les 5 br, 1 dbr dans la dbr, 1 ms dans la ms, 1 ml, rép dep *, mc dans les dern ml, fixez A. **4° rang** 3 ml, *1 ms dans les 9 m suiv, 1 br dans la m sautée du R préc, rép dep *, finissez par 1 br dans les dern ml. **5° rang** Avec A 1 ml, 1 ms dans ch m, fixez B dans la dern ms. **6° rang** Avec B, 3 ml, 1 br dans les 2 m suiv, *1 dbr dans la m suiv, 1 ms dans la m suiv, 1 ml, sautez 1 m, 1 ms dans la m suiv, 1 dmbr dans la m suiv, 1 br dans les 5 m suiv, rép dep *, finissez par 3 br au lieu de 5. **7° rang** 3 ml, 1 br dans les 2, *1 dbr dans la dbr, 1 ms dans la ms, 1 dbr, 1 br dans les 5 br suiv, rép dep *, passez A dans la dern br. **8° rang** Avec A, 1 ml pour rempl la ms, 1 ms dans les 4 m suiv, *1 br dans la m sautée du 5° rang, 1 ms dans les 9 m suiv, rép dep *, finissez par 5 ms dans les 5 dern ms. **9° rang** Comme le 5°. Répétez toujours les rangs 2 à 9.

4 Mouchets tricolores

3 couleurs A, B, C. Avec A faites une chaînette divisible par 4 plus 2, 2 ml, tournez. **1° rang** 1 br dans la 4° m part du crochet, *2 ml, sautez 2 ml, 1 br dans les 2 m suiv, rép dep *, joignez B sur la dern br. **2° rang** Avec B, 2 ml, *1 br dans les 2 m sautées du 1° rang, 2 ml rép dep *, finissez par 1 ml au lieu de 2, puis coulez 1 m dans la 3° ml du début du 1° rang, ajoutez G. **3° rang** Avec C, 3 ml, 1 br dans la br sautée du rang préc, *2 ml, 1 br dans les 2 br sautées du R préc, rép dep *. Passez A à trav la dern br. **4° rang** Avec A comme le 2° rang. En utilisant une couleur tout le long des rangs rép toujours les R 3 et 4.

5 Côtes tricolores

3 couleurs A, B, C. Avec A faites une che div par 3 plus 2, 1 ml, tournez. **1° rang** 1 ms dans la 3° m part du crochet, 1 ms dans les m suiv. **2° rang** 1 ml, 1 ms dans chaque ms, ne coupez pas A. **3° rang** Ajoutez B, 1 ml, 1 ms dans chaque ms. **4° rang** Comme le 2° rang, ne coupez pas B. **5° rang** Revenez au déb du 4° R, ajoutez C, 1 ml, 1 ms dans chaque ms, ne coupez pas G. **6° rang** Tirez A à trav la prem m, 1 ml, 1 ms dans ms suiv, *1 dbbr passant le crochet de droite à gauche de la maille correspondante du 2° rang, 1 ms dans les 2 ms suiv, rép dep *. **7° rang** Comme le 2° rang. **8° rang** Tirez C à trav la 1° m, 1 ml, 1 ms dans chaque ms. **9° rang** Revenez au déb du 8° rang, joignez B par la 1° m, 1 ml, 1 ms dans la ms suiv, *1 dbbr passant le crochet de dr à g autour de la dbbr du 6° rang, 1 ms dans les 2 ms suiv, rép dep *. **10° rang** Comme le 2° rang. Reprenant toujours au début du rang de la couleur correspondante, rép toujours les rangs 5 à 10.

6 Ecailles bicolores

2 couleurs A et B. Avec A faites une chaînette divisible par 6 plus 1, 3 ml, tournez. **1° rang** 2 br dans la 4° m part du crochet, *sautez 2 m, 1 ms dans la m suiv, sautez 2 m, 5 br dans la m suiv, rép dep *, finissez par 3 br au lieu de 5 dans la dern m. **2° rang** Ajoutez B au sommet des 2 ml au déb du 1° rang, 1 ms dans cette m, *2 ml, **1 jeté, piquez dans la br suiv, 1 jeté, passez le fil, 1 jeté, tirez à trav les 2 boucles **, rép de ** à ** dans la br suiv, dans la ms suiv, puis dans les 2 br suiv, 1 jeté, tirez à trav les 6 boucles du crochet, 2 ml, 1 ms dans la br suiv, rép dep *, joignez A dans la dern ms. **3° rang** Avec A, 3 ml, 1 br dans la prem ms, *1 ms dans le haut du gr, 5 br dans la ms suiv, rép dep *, finissez par 3 br dans la dern ms. **4° rang** Revenez au déb du 3° rang, passez B en haut des 3 ml et continuez comme au 2° rang. Répétez toujours les rangs 3 et 4.

Comment travailler avec les grilles

Les ouvrages multicolores s'exécutent toujours dans les points de base – mailles serrées ou brides – en utilisant plusieurs couleurs au cours d'un même rang.

Les indications sont souvent données à l'aide de grilles, plus faciles à consulter que les indications écrites, puisque le dessin entier y est immédiatement visible. Chaque couleur est représentée par un symbole différent. Chaque case représente une maille et chaque ligne représente un rang. Il faut lire les grilles dans la direction de votre travail – de bas en haut – de droite à gauche et de gauche à droite si vous travaillez en rangs ou seulement de droite à gauche si vous travaillez en tournant.

L'écharpe multicolore

Laine 4 fils, 50 gr chacun, marron et crème pour les rayures verticales et les carrés, 25 gr jaune, 25 gr rose pour les zigzags, 25 gr chacun de bleu ciel, bleu marine, orange clair, orange et vert citron, ou encore des restes de laine pour les rayures horizontales.
Crochets N°s 3,5 et 4.
Echantillon 11 m pour 5 cm.
Exécution L'écharpe se compose de 2 bandes de 20 cm chacune, crochetées en ms (grilles page 134). Crochet N° 4 pour tous les motifs sauf les rayures horizontales qui seront faites avec le crochet 3,5. Commencez par *24 rayures horizontales, suivies de 20 rangs de zigzag, 24 rangs rayures horizontales, puis 100 R de rayures vertes. Rép dep * jusqu'à la longueur désirée. Commencez la 2° bande par 70 rangs de carrés puis **24 R rayures horizontales, 20 R zigzag, 24 R rayures horizontales, 100 R de carrés jusqu'à la longueur de la première bande. Assemblez les bandes par des mailles coulées. Pour obtenir une écharpe plus large ajoutez alternativement d'autres bandes.

Jouer avec les couleurs

Vous pouvez changer de couleur à tout moment, soit en faisant passer le fil tout au long du rang précédent pour le ressortir au moment voulu, soit en l'ajoutant au milieu d'un rang. Les rayures horizontales se travaillent en changeant de couleur au début d'un rang, les rayures verticales en faisant suivre le fil par-dessus l'ouvrage quand il n'est pas utilisé. Dans ce cas, pour changer de couleur, il suffit d'intervertir les fils. Les diagonales et les chevrons sont travaillés comme les motifs à rayures.

Vous pouvez inventer des motifs soit en ajoutant les couleurs comme indiqué, puis en les faisant suivre tout au long de l'ouvrage, soit en les ajoutant au milieu d'un rang, pour les laisser pendre sur l'envers de l'ouvrage, puis en reprenant au rang suivant.

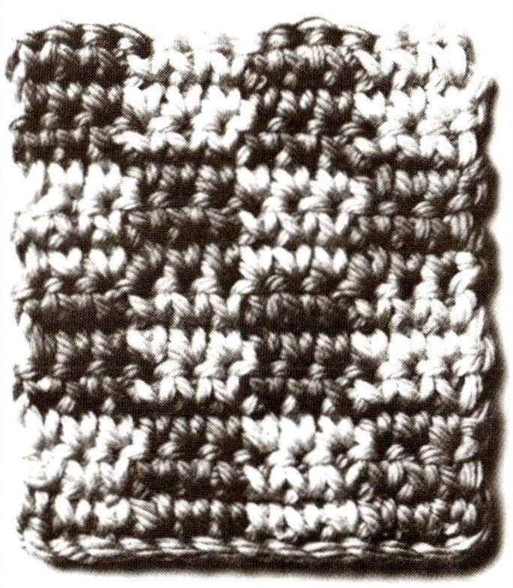

Motif coloré en maille serrée

Motif coloré en brides

Comment ajouter un fil au travail en ms

Vous procéderez ainsi pour ajouter un nouveau fil à la pelote finie ou pour ajouter une autre couleur.

Comment ajouter un nouveau fil avant une maille

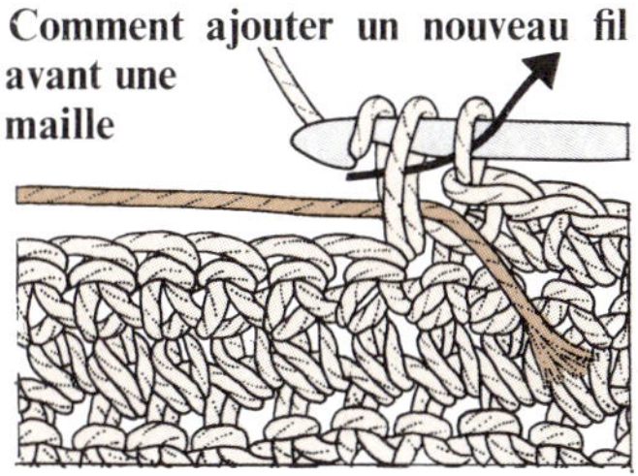

1 *Faites suivre le nouveau fil tout au long du rang précédent, sans tirer, et travaillez comme s'il faisait partie du rang. Vous ajouterez ce fil au jeté de la ms.*

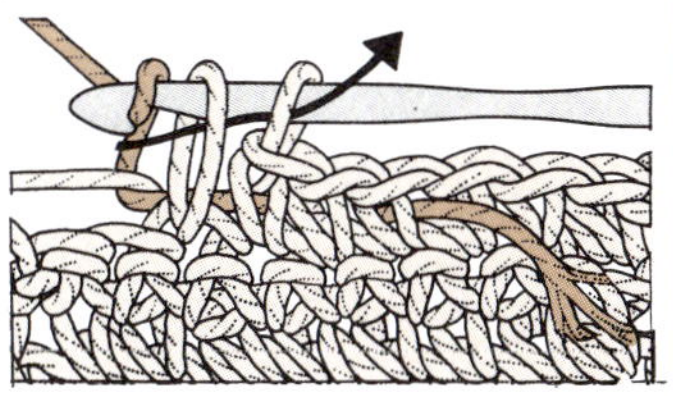

2 *Si vous devez reprendre le même fil plus loin dans le même rang, passez-le le long du rang précédent. Sinon, faites-le passer encore pendant quelques mailles puis coupez-le. Si vous devez reprendre la première couleur au rang suiv, laissez pendre la laine derrière l'ouvrage et reprenez-la ensuite.*

Comment ajouter un fil après une maille

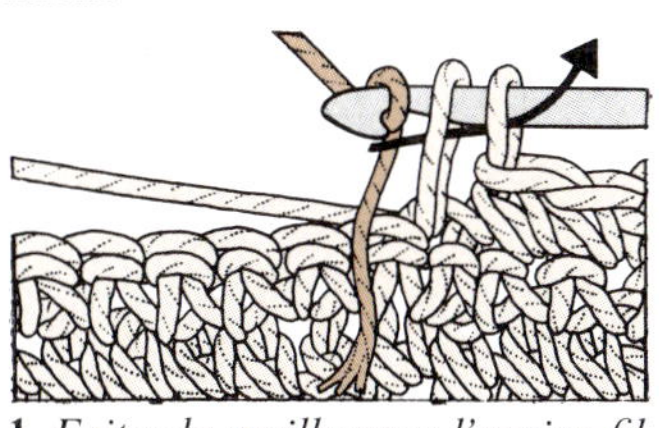

1 *Faites la maille avec l'ancien fil jusqu'au jeté final et prenez ensuite le nouveau fil.*

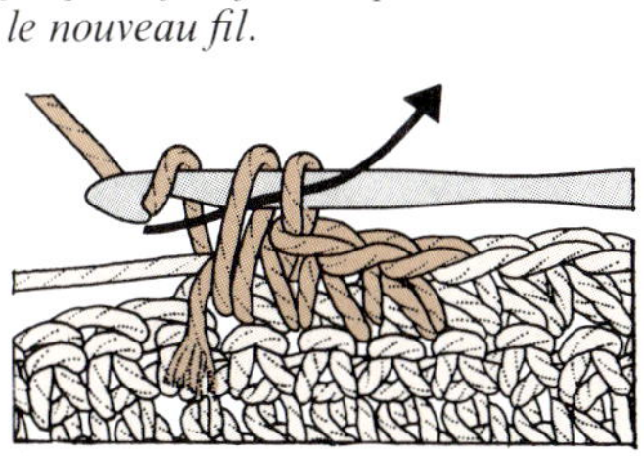

2 *Posez le bout de la nouvelle laine sur le haut du rang et travaillez par-dessus. Si l'ancien fil doit être réutilisé dans le même rang, placez-le au dessus du rang et travaillez par-dessus.*

Comment travailler avec plusieurs couleurs dans le même rang

Si vous utilisez deux couleurs dans un même rang, changez de couleur au cours du travail en prenant le nouveau fil et en faisant suivre la couleur précédente en haut du rang.

Comment changer de couleur en ms

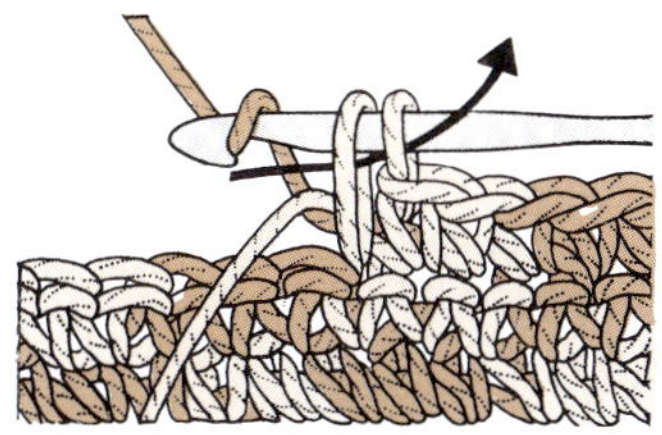

1 *Commencez la nouvelle couleur au moment du dernier jeté de la m préc. Puis faites suivre la 1re couleur le long du rang préc.*

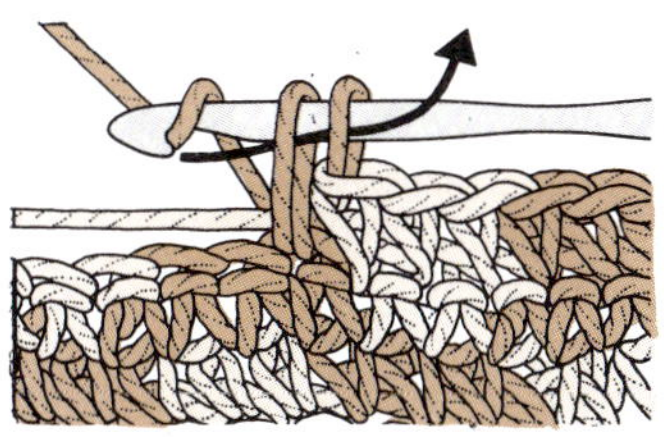

2 *Pour changer de nouveau, intervertissez les fils. En travaillant plusieurs couleurs de cette manière, il convient de faire des ms pour cacher le fil qui n'est momentanément pas employé.*

Comment changer de couleur avec des brides

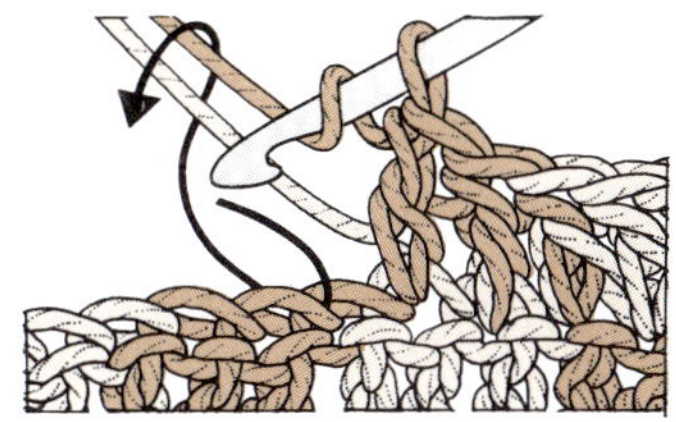

1 *Commencez la deuxième couleur au moment du 2e jeté de la bride. Faites suivre la première couleur le long des m et travaillez par-dessus.*

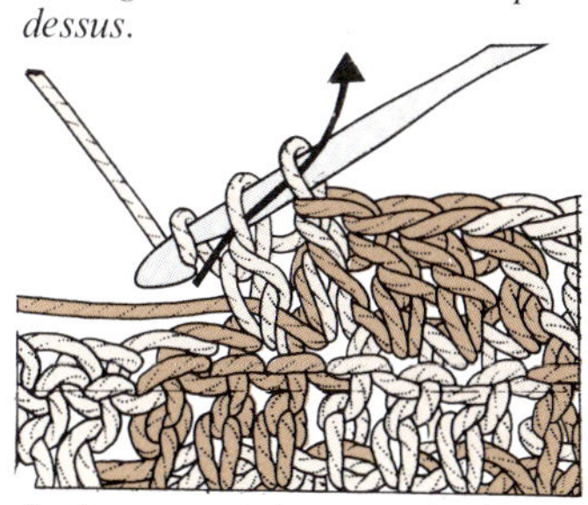

2 *Au moment de reprendre la première couleur, intervertissez les fils et faites suivre la 2e couleur le long des m.*

Comment introduire un nouveau fil dans les brides

Cette méthode est utilisée pour tous les travaux multicolores exécutés en brides, y compris les grilles.

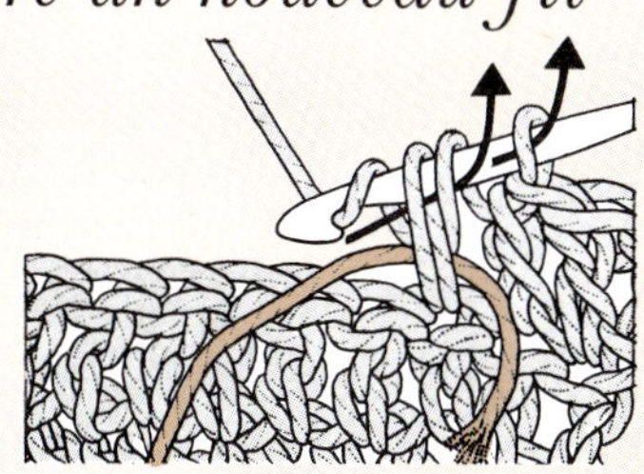

1 *Faites suivre le fil le long du rang préc, jusqu'au moment de vous en servir.*

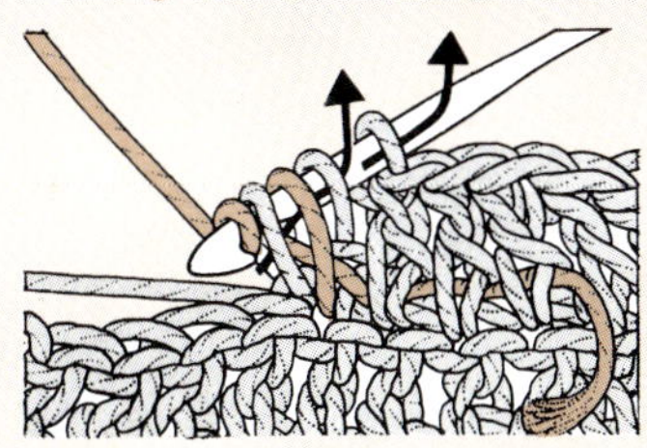

2 *1 jeté avec l'ancien fil, piquez le crochet comme d'habitude, 1 jeté avec les deux fils et tirez les laines, 1 jeté avec le nouveau fil et tirez à trav la boucle double et la boucle simple, 1 jeté avec le nouveau fil et tirez-le à travers les 2 boucles restantes.*

3 *Si vous abandonnez la première couleur, faites encore quelques m par dessus, puis coupez ce fil. Si vous vous en servez encore, passez-le le long de la base des m suiv.*

Travailler en rond

Le travail en rond s'effectue en fermant la chaînette de base pour former un anneau. Vous travaillez ensuite, sans tourner le travail, le long de cet anneau de base qui peut prendre un grand nombre de formes différentes. En augmentant ou en diminuant les mailles, on peut former des pétales, ou bien continuer à travailler en rond pour faire des bérets ou des balles. On peut également crocheter en hauteur de manière tubulaire pour les manches, les chaussettes ou les gants.

L'anneau de base

Que vous fassiez des pièces plates ou tubulaires, il faut commencer par une chaînette.

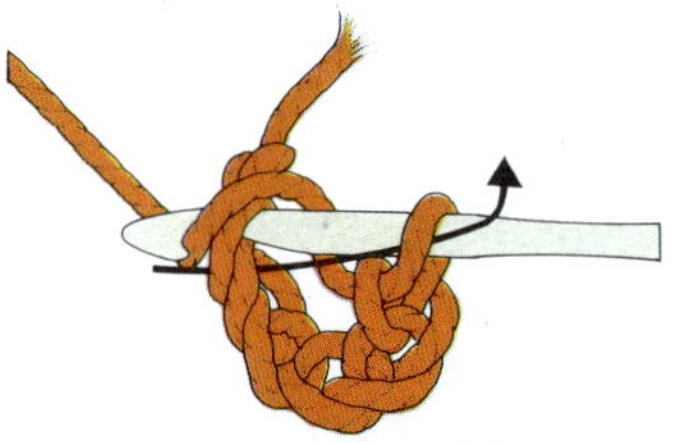

Comment faire un anneau de chaînette simple
Faites une chaînette de la longueur voulue et fermez-la par une maille coulée.

Les anneaux en mailles serrées

Si votre ouvrage demande un grand nombre de ml, travaillez l'anneau en ms.

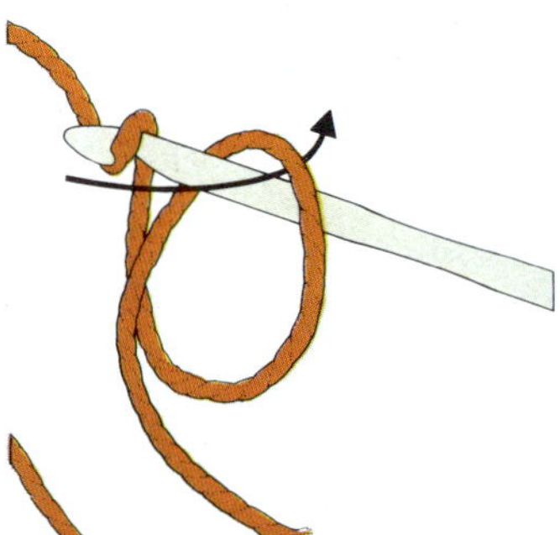

Comment faire un anneau en ms
1 Après avoir formé un rond comme indiqué, passez le crochet par dessous, 1 jeté et tirez à travers le rond, 1 jeté et tirez à trav la boucle sur le crochet.

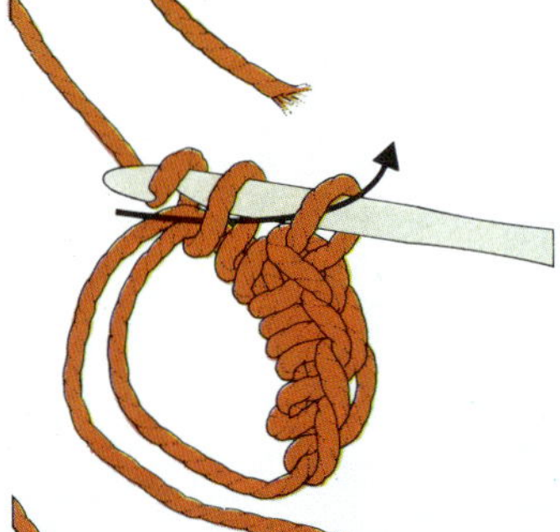

2 Travaillez des ms autour de l'anneau par-dessus les deux brins.

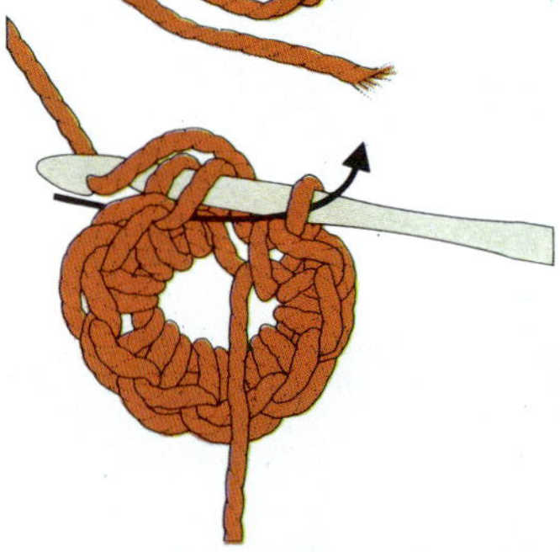

3 Une fois obtenu le nombre voulu de mailles, tirez le brin pour fermer l'anneau et faites une maille coulée pour finir.

Simples médaillons

Ces motifs sont travaillés en partant du centre et en augmentant les mailles à l'extérieur de celui-ci. A l'aide de ces augmentations, vous donnerez à votre ouvrage la forme voulue : plat, en relief ou en dentelle, d'une seule couleur ou multicolore (pour les motifs multicolores, regardez pages 144-145; pour les motifs en relief pages 148-149).

Les carrés se font à l'aide d'augmentations régulières aux quatre coins. Les motifs circulaires demandent des augmentations régulièrement réparties autour de l'anneau. Les hexagones sont augmentés 6 fois à intervalles réguliers et les octogones nécessitent 8 augmentations.

Les motifs de cette page sont expliqués en détail pages 140-141.

1

2

3

4

5

6

7

1 Rosace festonnée
2 Rosace unie
3 Carré grand-mère
4 Carré Caraïbes
5 Carré Liliane
6 Carré Bermudes
7 Carré Galapagos
8 Hexagone simple
9 Le moulinet
10 Hexagone pétales

8

9

10

Assemblage des médaillons
Placez les motifs endroit contre endroit et réunissez-les avec des mailles coulées ou par une des méthodes expliquées page 133.

Les médaillons-dentelle

Ces motifs sont construits comme des médaillons simples, mais s'exécutent plus rapidement. Pour un effet de dentelle, utilisez du coton fin.

Les motifs géants
Un seul motif peut devenir un coussin de dentelle. On le fixe sur un fond de tissu de même couleur ou de couleur contrastée.

1

Les petits carrés
Un certain nombre de petits carrés peut devenir un couvre-lit. L'anneau de base peut prendre la forme d'un trèfle, par exemple. Les instructions pour ces deux carrés se trouvent page 141.

1 Carré de Strasbourg
2 Carré au trèfle

2

Simples médaillons

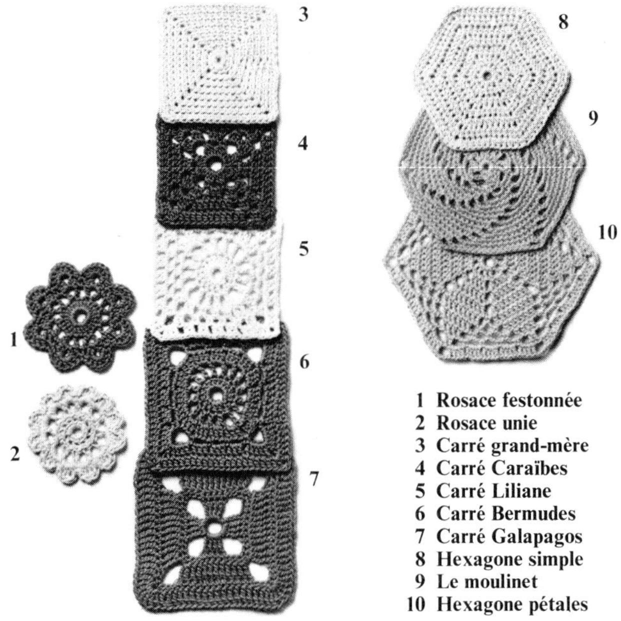

1 Rosace festonnée
2 Rosace unie
3 Carré grand-mère
4 Carré Caraïbes
5 Carré Liliane
6 Carré Bermudes
7 Carré Galapagos
8 Hexagone simple
9 Le moulinet
10 Hexagone pétales

1 La rosace festonnée

Faites une chaînette de 6 mailles et fermez par une mc. **1° tour** 3 ml, 23 br dans l'anneau, fermez par 1 ms dans la 3° des 3 prem ml. **2° tour** 5 ml, 1 br dans la mc, 1 ml, *sautez 2 m, (1 br, 1 ml, 1 br) dans la br suiv, 1 ml, rép dep * encore 6 fois, fermez par 1 mc dans la 3° des premières 5 ml. **3° tour** 1 mc dans l'esp des 2 ml, 3 ml, (1 br, 1 ml, 2 br) dans le même esp, *1 ms dans l'esp de la ml, (2 br, 2 ml, 2 br) dans l'esp des 2 ml, * encore 6 fois, 1 ms dans l'esp d'1 ml, fermez par 1 mc dans la 3° des prem 3 ml. **4° tour** 1 mc dans l'esp de 2 ml, 3 ml, (2 br, 1 ml, 3 tr) dans le même esp, *1 ms avant la ms suiv, 1 ms après la même ms, (3 br, 1 ml, 3 br) dans l'esp des 2 ml encore 6 fois dep *, 1 ms avant la ms suiv, 1 ms après la ms, fermez par 1 mc dans la 3° des 3 prem ml. Arrêtez.

2 Rosace unie

Chaînette de 4 m, fermez avec une mc dans la prem m. **1° tour** 1 ml, 1 ms dans l'anneau, fermez par 1 mc dans la 1° ml. **2° tour** 1 ml, 1 ms dans la même m, piquez le crochet dans le brin arrière de chaque m, faites 2 ms dans chaque m jusqu'au bout, fermez par 1 mc. **3° tour** 3 ml, *sautez 1 ms, 1 ms dans le brin arr de la ms, 2 ml, rép dep *, fermez par 1 mc dans la prem des 3 prem ml. **4° tour** Dans chaque esp de 2 ml, faites 1 ms, 2 dbbr, 1 br et 1 ms, fermez par 1 mc dans la prem ms. Arrêtez.

3 Carré grand-mère

Chaînette de 4 ml, fermez par 1 mc dans la prem ml. **1° tour** 1 ml, 1 ms dans l'anneau, fermez par 1 mc dans la 1° ml. **2° tour**, 1 ml, piquez toujours sous le br arr des m, 1 ms dans la ms suiv, *3 ms dans la ms suiv, 1 ms dans chacune des 2 ms suiv, rép dep * jusqu'à la dern ms, 3 ms dans la ms suiv, fermez par 1 mc dans la 1° ml. **3° tour** 1 ml, travaillez toujours sous le br arr des m, 1 ms dans les 2 ms suiv, *3 ms dans la ms suiv, 1 ms dans les 4 ms suiv, rép dep * encore deux fois, 3 ms dans la ms suiv, 1 ms dans la ms suiv, fermez par 1 mc dans la 1° ml. 4° tour 1 ml, travaillez toujours sous le br arr des m, 1 ms dans les 3 ms suiv, *3 ms dans la ms suiv, 1 ms dans les 6 ms suiv, rép dep * encore deux fois, 3 ms dans la ms suiv, 1 ms dans les 2 ms suiv, 1 mc dans la 1° ml. Continuez ainsi, faisant toujours 2 ms de plus de chaque côté à chaque tour, jusqu'à la taille voulue. Arrêtez le fil.

4 Carré Caraïbes

Chaînette de 8 ml, fermée par 1 mc. **1° tour** 3 ml, 1 jeté, piquez dans l'anneau, tirez le fil, 1 jeté, tirez à trav 2 boucles **, rép de ** à **, 1 jeté, tirez à trav 3 boucles, 5 ml, * rép de ** à ** trois fois, 1 jeté, tirez le fil à trav 4 boucles, 1 groupe, 2 ml, 1 gr, 5 ml, rép dep * encore deux fois, 1 gr, 2 ml, 1 mc dans la 3° des 3 prem ml. **2° tour** 1 mc dans l'esp des 5 ml, 3 ml, rép de ** à ** deux fois, 1 jeté, tirez à trav 3 boucles, 2 ml, 1 gr dans le même esp, *2 ml, 3 br dans l'esp des 2 ml, 2 ml, (1 gr, 2 ml, 1 gr) dans l'esp des 5 ml, rép dep * encore deux fois, 2 ml, 3 br dans l'esp des 2 ml, 2 ml, 1 mc dans la 3° des 3 prem ml. **3° tour** 1 mc dans l'angle des 2 ml, 3 ml, rép dep ** à ** deux fois, 1 jeté, tirez le fil à trav 3 boucles, 2 ml, 1 gr dans le même esp, *2 ml, 2 br dans l'esp des 2 ml, (1 gr, 2 ml, 1 gr) dans l'angle des 2 ml, rép dep * encore 2 fois, 2 ml, 2 br dans l'esp des 2 ml, 1 br dans les 3 br suiv, 2 br sous les 2 ml, 2 ml, 1 mc **dans** la 3° des 3 prem ml. **4° tour** Comme au 3° rang, mais faites 1 br **dans** chacune des 7 br au lieu de 3 br de chaque côté. Continuez ainsi en faisant 4 br de plus de chaque **côté** à chaque tour jusqu'à la taille voulue. Arrêtez le fil.

5 Carré Liliane

Chaînette de 6 m, fermée par 1 mc dans la 1° ml. **1° tour** 3 ml, 15 br dans l'anneau, 1 mc dans la 3° des 3 prem ml. **2° tour** 5 ml, *1 br dans la br suiv, 2 ml, rép dep *14 fois, 1 mc dans le 3° des 5 prem ml. **3° tour** 1 mc dans le 1° esp, 3 ml, (1 br, 3 ml, 2 br) dans le même esp, *(2 ml, 1 ms) dans l'esp suiv trois fois, 2 ml, (2 br, 3 ml, 2 br) dans l'esp suiv, rép dep * deux fois (2 ml, 1 ms) dans l'esp suiv 3 fois, 2 ml, 1 mc dans la 3° des 3 prem ml. **4° tour** 1 mc dans l'esp suiv, 3 ml, (1 br, 3 ml, 2 br) dans le même esp, *(2 ml, 1 ms dans les 2 ml) 4 fois, 2 ml, (2 br, 3 ml, 2 br) sous les 3 ml, rép dep * encore deux fois, (2 ml, 1 ms sous les 2 ml) 4 fois, 2 ml, 1 mc dans la 3° des 3 prem ml. **5° tour** 1 mc sous les 3 ml, 3 ml, (2 br, 3 ml, 3 br) dans le même esp, *(1 ml, 2 br sous les 2 ml) 5 fois, 1 ml, (3 br, 2 ml, 3 br) sous les 3 ml, rép dep * deux fois, (1 ml, 2 br, sous les 2 ml) 5 fois, 1 ml, 1 mc dans la 3° des 3 ml. Arrêtez le fil.

6 Carré Bermudes

Chaînette de 8 ml, fermée par 1 mc. **1° tour** 3 ml, 15 br dans l'anneau, fermer par 1 mc dans la 3° des 3 prem ml. **2° tour** 5 ml, (1 br dans la br suiv 2 ml) 15 fois, 1 mc dans la 3° des 5 prem ml. **3° tour** mc sous les prem 2 ml, 3 ml, 2 br dans le même esp, 1 ml, *3 br dans l'esp suiv, 1 ml, rép dep * jusqu'au bout, 1 mc dans la 3° des 3 prem ml. **4° tour** mc dans le 1° esp de ml, * (3 ml, 1 ms dans l'esp suiv) rép dep *, 1 mc dans la 3° des 3 prem 3 ml. **5° tour** 1 mc sous les 3 prem ml, 3 ml, 2 br dans le même esp, 3 br sous les 2 esp suiv de 3 ml, * (5 br, 2 ml, 5 br) sous les 6 ml, 3 br dans les 3 esp de 3 ml suiv, rép dep * deux fois, (5 br, 2 ml, 5 br) sous les 6 ml, 1 mc dans la 3° des 3 prem ml. **6° tour** 3 ml, 1 br dans chaque br jusqu'à l'angle * (1 br, 1 dbbr, 1 br) sous les 2 ml, 1 br dans chaque br jusqu'à l'angle suiv, rép dep * encore deux fois, (1 br, 1 dbbr, 1 br) sous les 2 ml, 1 br dans chaque br jusqu'à la fin, 1 mc dans la 3° des 3 prem ml. Arrêtez le fil.

7 Carré Galapagos

Chaînette de 10 m, fermez par une mc. **1° tour** 1 ml, *4 dbbr dans l'anneau, 7 ml, rép dep * deux fois de plus, 3 dbbr dans l'anneau, 1 mc dans la 4° des prem, 11 ml, 1 mc dans chacune des 3 ml suiv. **2° tour** 1 ml, 1 ms dans les 2 ml suiv, *1 ms dans chacune des 4 dbbr, 1 ms dans les 3 ml suiv, 1 ml, 1 ms dans chacune des 3 ml suiv, rép dep * encore deux fois, 1 ms dans chacune de 4 dbbr, 1 ms dans chacune des 3 ml, 1 ml, 1 mc dans la prem ml, tournez. **3° tour** 11 ml, *2 dbbr dans la ms suiv, 1 dbbr dans les 8 ms suiv, 2 dbbr dans la ms suiv, 6 ml, rép dep * encore deux fois, 2 dbbr dans la ms suiv, 1 dbbr dans chacune des 8 ms suiv, 1 dbbr dans le même esp que les 11 ml, 1 mc dans la 4° des 11 ml, 1 mc dans les 3 ml suiv, tournez. **4° tour** Comme le 2° tour, mais 1 ms dans chacune des dbbr au lieu de 4. **5° tour** 1 mc dans l'esp de 1 ml, 4 ml, 5 dbbr dans le même esp, *1 dbbr dans chaque ms jusqu'à l'angle suivant, 6 dbbr dans l'esp de l'angle, rép dep * encore deux fois, 1 dbbr dans chaque ms jusqu'au bout, 1 mc dans la 4° des 4 prem ml. Arrêtez le fil.

Médaillons-dentelle

8 Hexagone simple

Chaînette de 4 m, fermez par une mc dans la 1° ml. **1° tour** 1 ml, 11 ms dans l'anneau, fermez par une mc, tournez. **2° tour** 2 ml, *3 dembr dans la ms suiv, rép dep * encore 4 fois, 3 dembr dans la ms suiv, 1 mc dans la 2° des 2 prem ml, tournez. **3° tour** 2 ml, 1 dembr dans la dembr suiv, *3 dembr dans la dembr suiv, 1 dembr dans chacune des 3 dembr suiv, rép dep * encore 4 fois, 1 dembr dans la dembr suiv, 1 dembr dans la dembr suiv, 1 mc dans la 2° des 2 prem ml, tournez. **4° tour** 2 ml, 1 dembr dans les 2 dembr suiv, *3 dembr dans la dembr suiv, 1 dembr dans les 5 dembr suiv, rép dep * encore 4 fois, 3 dembr dans la dembr suiv, 1 dembr dans les 2 dembr suiv 1 mc dans la 2° des 2 prem ml, tournez. Continuez ainsi en faisant deux dembr supplémentaires de chaque côté à chaque tour jusqu'à la taille voulue. Arrêtez le fil.

9 Le moulinet

Chaînette de 5 m, fermez en anneau par une mc. **1° tour** *6 ml, 1 ms dans l'anneau, rép dep * encore 5 fois, 1 mc dans la 3° des ml. **2° tour** *4 ml, 1 ms sous les 6 ml, rép dep * encore 5 fois, faites la dern ms dans la mc avant les prem 4 ml. **3° tour** *4 ml, 2 ms sous les 4 ml, 1 ms dans la ms, rép dep * encore 5 fois, faites la dern ms dans la dern ms à la fin du tour préc. **4° tour** *4 ml, 2 ms dans l'esp des 4 ml, 1 ms dans les 2 ms suiv, rép dep * jusqu'au bout. **5° tour** *4 ml, 2 ms sous les 4 ml, 1 ms dans les 3 ms suiv, rép dep *. Continuez ainsi en faisant toujours une ms de plus à chaque tour jusqu'à atteindre la taille voulue, finissez par une mc dans la ms suiv. Arrêtez le fil.

10 Hexagone pétales

Chaînette de 6 m fermée par une mc. **1° tour** 4 ml, (1 br dans l'anneau, 1 ml) 11 fois, 1 mc dans la 3° des 4 ml. **2° tour** 3 ml, 2 br dans l'esp, 1 br dans la br, 2 ml, *1 br dans la br, 2 br dans l'esp, 1 br dans la br, 2 ml, rép dep * encore 4 fois, 1 mc dans la 3° des 3 prem ml. **3° tour** 3 ml, 1 br dans le même esp, 1 br dans les 2 br suiv, 2 br dans la br suiv, 2 ml, *2 br dans la br suiv, 1 br dans les 2 br suiv, 2 br dans la br suiv, 2 ml, rép dep * encore 4 fois, 1 mc dans la 3° des 3 prem ml. **4° tour** 3 ml, 1 br dans le même esp, 1 br dans les 4 br suiv, 2 br dans la r suiv, 2 ml, rép dep * encore 4 fois, 1 mc dans la 3° des 3 prem m. **5° tour** 3 ml, 1 br dans les 7 br suiv, *3 ml, 1 ms dans l'esp de 2 ml, 3 ml, 1 br dans les 8 br suiv, rép dep * encore 4 fois, 3 ml, 1 ms sous les 2 ml, 3 ml, 1 mc dans la 3° des 3 prem ml. **6° tour** 1 mc dans la br suiv, 3 ml, 1 br dans les 5 br suiv, *3 ml (1 ms sous les 3 ml, 3 ml) deux fois, sautez la br suiv, 1 br dans les 6 br suiv, rép dep * encore 4 fois, 3 ml, (1 ms sous les 3 ml, 3 ml) trois fois, 1 mc dans la 3° des 3 prem ml. **7° tour** 1 mc dans la m suiv, 3 ml, 1 br dans les 3 br suiv, *3 ml, (1 ms sous les 3 ml, 3 ml) trois fois, sautez la br suiv, 1 br dans les 4 br suiv, rép dep * encore 4 fois 3 ml, (1 ms sous les 3 ml, 3 ml) 3 fois, 1 mc dans la 3° des 3 prem ml. **8° tour** 1 mc entre la 2° et la 3° br du gr, 1 br au même endr, *3 ml, (1 ms sous les 3 ml, 3 ml) 4 fois, 2 br entre la 2° et la 3° br du gr, rép dep * encore 4 fois, 3 ml, (1 ms sous les 3 ml, 3 ml) 4 fois, 1 mc dans la 3° des 3 prem ml. **9° tour** 1 mc sous les 3 ml, 3 ml, 3 br au même end, (4 br sous les 3 ml) encore 5 fois, rép dep * 4 fois, 3 ml, 1 mc dans la 3° des 3 prem ml. Arrêtez le fil.

1

2

1 Carré de Strasbourg
2 Carré au trèfle

1 Carré de Strasbourg

5 ml, fermez l'anneau. **1° tour** *15 ml, 1 mc dans la ms, rép encore 11 fois, faire la dernière mc dans la dern mc du rang préc. **2° tour** 1 mc dans la première boucle, *4 ml, 1 ms dans la boucle suiv 4 ml, (1 jeté, piquez dans la boucle suiv, 1 jeté, tirez le fil, 1 jeté, tirez à trav les 2 boucles) 3 fois, 1 jeté, tirez à trav les 4 boucles sur le crochet, c'est un gr, 4 ml, 1 gr dans la même boucle, *4 ml, 1 ms dans la boucle suiv, rép dep * encore 3 fois, faites la dern mc dans la mc du début du tour. **4° tour** 1 mc au centre de la prem boucle de 4 ml, 3 ml, dans cette même boucle, *4 ml, 1 ms dans la boucle suiv 4 ml, (gr, 4 ml, gr) dans la boucle suiv, 4 ml, 1 ms dans la boucle suiv, 4 ml, 1 gr dans la boucle suiv, rép dep * encore 3 fois, ne faites pas le dernier gr et 1 mc dans la 3° des 3 prem ml. Arrêtez le fil.

2 Carré au trèfle

Faites 16 ml. **1° tour** 1 ms dans la première des 16 ml pour former une boucle, (15 ml, 1 ms dans la même ml) deux fois, vous avez 3 boucles. **2° tour** 24 ms dans chaque boucle, 1 mc dans la prem ms. **3° tour** 1 ms dans chaque ms du tour, 1 mc dans la prem ms. **4° tour** 1 mc dans les 3 ms suiv, *1 ms dans la ms suiv, ** 4 ml, 1 ms dans la 3° m partant du crochet, 5 ml, 1 ms dans la 3° m part du crochet, 1 ml **, c'est un picot, sautez 4 ms, 1 ms dans la ms suiv, (1 picot, sautez 4 ms, 1 ms dans la ms suiv) deux fois, 1 picot, 1 ms dans la 5° ms de la fouille suiv, rép dep * encore 2 fois, ne faites pas la dern ms, 1 mc dans la prem ms du tour, vous avez 12 boucles picot. **5° tour** 1 mc dans le centre de la prem boucle picot, *8 ml, 1 ms au centre de la boucle suiv tournez, 1 mc dans la boucle faite, 3 ml, 9 br dans la même boucle, 1 br dans la ms suiv, tournez, 4 ml. Sautez les 2 prem br, 1 br dans la br suiv, (1 ml, sautez 1 br, 1 br dans la br suiv) 3 fois, 1 ml, sautez 1 br, 1 br dans la 3° des 3 ml, 4 ml, 1 ms dans la 3° ml part du crochet, 2 ml, 1 ms dans la même boucle, (1 picot, 1 ms au centre de la boucle suiv) 2 fois, rép dep *3 fois encore, ne faites pas la dern ms, faites 1 mc à la base des 8 prem ml. **6° tour** 1 mc sur le côté de la br et dans les 3 ml suiv, *1 picot, 1 ms au centre de l'esp de la ml, 1 picot, 1 ms dans la dern br de la «couronne» (1 picot, 1 ms au centre de la boucle suiv) 2 fois, 1 picot, 1 ms dans la 3° des 3 ml du début de la «couronne», rép dep *3 fois, ne faites pas la dern ms, 1 mc dans la ms avant le prem picot. **7° tour** 1 mc au centre du prem picot, cont comme le 5° tour, mais faites 4 boucles picot entre chaque «couronne» au lieu de 2. **8° tour** Comme le 6° tour mais faites deux picots de plus de chaque côté du carré. Arrêtez le fil.

Médaillons colorés

Les motifs colorés peuvent comporter deux ou plusieurs couleurs. Non seulement ils sont décoratifs, mais il permettent d'utiliser toutes sortes de restes de fil. Carrés, ronds, hexagones multicolores, une fois assemblés, deviendront des couvertures, des châles ou des sacs. Un seul motif agrandi peut recouvrir un coussin. Le changement de couleur se fait au début d'un tour. Il convient d'attacher soigneusement le fil au début et à la fin de chaque changement.

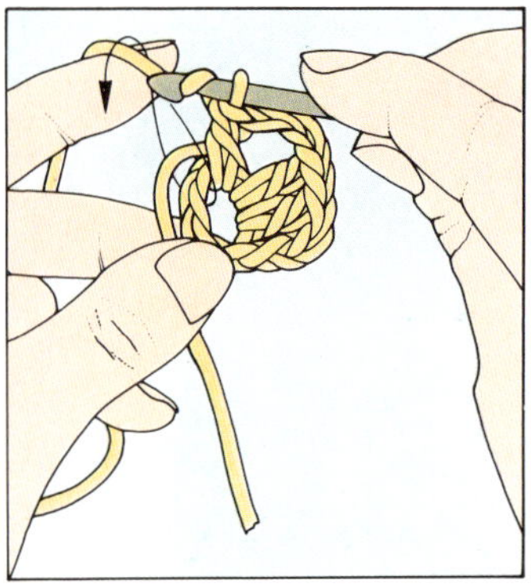

Comment attacher le fil au premier rang En crochetant le premier rang, travaillez les mailles par-dessus le début du fil.

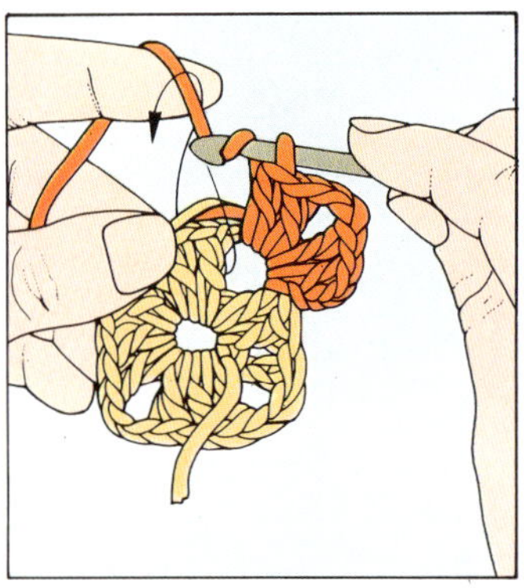

Comment attacher les fils au cours des rangs consécutifs Fixez le début et la fin du fil en travaillant par-dessus les deux fils à la fois. A la fin du travail, coupez les bouts de fil qui dépassent.

1

Les explications des motifs ci-contre se trouvent pages 144-145.

2

3

4

5

6

7

8

1 **Petits carrés multicolores**
2 **Carré bicolore**
3 **Carré old America**
4 **Carré à l'ancienne**
5 **Hexagone étoilé**
6 **Cocarde bicolore**
7 **Octogone bicolore**
8 **Carré tyrolien**
9 **Carré Janine**
10 **Carré danois**
11 **Hexagone pétales bicolore**
12 **Hexagone bicolore**

9

10

11

12

Les carrés grand-mère multicolores ou afghans

Les familles de pionniers américains, qui devaient utiliser le moindre brin de laine, ont commencé à faire ce genre de couverture, dont la première qualité devait être la chaleur.
La période de première nécessité passée, on mit plus de sens artistique dans l'assemblage de ces ouvrages qui devinrent ainsi de véritables œuvres d'art.

L'assemblage

Exécutés avec des couleurs soigneusement choisies et entourés d'une bordure sombre, ces carrés ressemblent à des vitraux et sont d'un joli effet décoratif.

Créez vos propres motifs et assemblez-les en suivant nos indications page 133.

Médaillons de couleurs

1 **Petits carrés multicolores**
2 **Carré bicolore**
3 **Carré old America**
4 **Carré à l'ancienne**
5 **Hexagone étoilé**
6 **Cocarde bicolore**
7 **Octogone bicolore**
8 **Carré tyrolien**
9 **Carré Janine**
10 **Carré danois**
11 **Hexagone pétales bicolores**
12 **Hexagone bicolore**

1 Petits carrés multicolores

5 couleurs A, B, C, D et E. **1° rang** Avec A montez une chaînette de 8 ml et fermez-la avec une mc. **2° tour** 4 ml, 3 br dans l'anneau, *5 ml, 4 dbbr dans l'anneau, rép 2 fois dep *, 5 ml, 1 mc dans la 4° des 4 prem ml. Arrêtez le fil. Faites ainsi trois carrés de plus en coloris B, C, D et E. Avec E assemblez les carrés comme suit: tenez deux carrés envers contre envers, fixez un 1 E dans un angle, 3 ms dans l'angle, 1 ms entre les dbbr, 3 ms dans l'esp. Arrêtez le fil.

2 Carré bicolore

2 couleurs A et B. Avec A faites 8 ml et fermez-les avec une mc. **1° tour** Avec A 6 ml, *1 br dans l'anneau, 3 ml rép dep * encore 6 fois, fixez par 1 mc dans la 1° des 6 ml. Coupez le fil A. **2° tour** Attachez le fil B dans un esp quelconque, 3 ml, 3 br dans le même esp. *2 ml, 4 br dans l'esp suiv, rép dep * 6 fois de plus, 2 ml, 1 mc dans la 3° des prem 3 ml, coupez le fil B. **3° tour** Attachez A dans un esp, 3 ml, 5 br dans le même esp, *3 ml, 6 br dans l'esp suiv * encore deux fois, 1 ml, 6 br dans l'esp suiv 3 ml, 1 mc dans la 3° des 3 prem ml, coupez le fil A. **4° tour** Attachez B à un esp d'une ml, *3 ml, 1 ms entre la 3° et la 4° br d'un gr, 3 ml, (2 br, 3 ml, 2 br) sous les 3 ml, 3 ml, 1 ms entre la 3° et la 4° du gr, 3 ml, 1 ms sous la ml, rép dep * encore 3 fois, sans faire la dern ms et faire une mc dans la prem ml. Arrêtez le fil.

3 Carré old America

2 couleurs A et B, chaînette de 6 ml avec A, fermez avec une mc. **1° tour** Avec A 3 ml, 2 br dans l'anneau, *3 ml, 3 br dans l'anneau, rép dep * encore deux fois, 3 ml, 1 mc dans la 3° des 3 prem ml, coupez le fil A. **2° tour** Fixez B dans un esp, 3 ml, (2 br, 3 ml, 3 br) dans le même esp, *1 ml, (3 br, 3 ml, 3 br) dans l'esp suiv, rép dep * encore 2 fois, 1 ml, 1 mc dans la 3° des 3 prem ml, coupez le fil. **3° tour** Fixez A à un esp des 3 ml, 3 ml, (2 br, 3 ml, 3 br) dans le même esp, *1 ml, 1 br sous la ml, 1 ml, (3 br, 3 ml, 3 br) sous les 3 ml, rép dep * encore deux fois, 1 ml, 3 br sous la ml, 1 ml, 1 mc dans la 3° des 3 prem ml. **4° tour** Fixez B à un esp de 3 ml, (2 br, 3 ml, 3 br) dans le même esp, *1 ml, 3 br sous la ml deux fois, 1 ml, (3 br, 3 ml, 3 br) sous les 3 ml, rép dep * encore 2 fois, 1 ml, 1 mc dans la 3° des 3 prem ml. Arrêtez le fil.

4 Carré à l'ancienne

2 couleurs A et B. Avec A une che de 4 ml, fermez par 1 mc. **1° tour** Avec A 4 ml, ** 2 jetés, piquez dans l'anneau, 1 jeté, tirez le fil, (1 jeté, tirez à trav 2 boucles) deux fois **, rép de ** à ** encore 3 fois, 1 jeté, tirez le fil à trav 5 boucles, *4 ml, rép de ** à ** 5 fois, 1 jeté, tirez à trav 6 boucles, rép dep * encore 6 fois, 4 ml, 1 mc dans la 4° des 4 prem ml. Coupez le fil A. **2° tour** Fixez B à un esp de 4 ml, 3 ml, 3 br dans le même esp, *4 br dans l'esp suiv, 6 ml, 4 br dans l'esp suiv, rép dep * encore 2 fois, 4 br dans l'esp suiv, 6 ml, 1 mc dans la 3° des 3 prem ml, arrêtez le fil.

5 Hexagone étoilé

3 couleurs A, B, C. Avec A faites une che de 6 ml, fermez avec une mc. **1° tour** 4 ml, 2 br dans l'anneau, *1 ml, 3 dbbr dans l'anneau, rép dep *, 4 fois encore, 1 ml, 1 mc dans la 4° des 4 prem ml. **2° tour** Avec A, *1 ms dans l'esp sous 1 ml, 7 ml, rép dep * encore 5 fois, 1 mc dans la prem ms. Coupez le fil A. **3° tour** Fixez B à un esp de 7 ml dans chaque esp faites 1 dembr, 2 br, 3 dbbr, 2 br, 1 dembr, 1 mc dans la prem dembr. Coupez le fil B. **4° tour** Fixez C à la prem dembr d'un pétale, 4 ml, 1 br dans les 2 br, 1 dembr dans chacune des 3 dbbr, 1 br dans les 2 br, 1 dbbr dans la dembr, *1 dbbr dans la dembr, 1 br dans les deux br, 1 dembr dans les 3 dbbr, 1 br dans les 2 br, 1 dbbr dans la dembr, rép dep * encore 4 fois, 1 mc dans la 4° des 4 prem ml. Arrêtez le fil.

6 Cocarde bicolore

Couleurs A et B. Avec A, 1 che de 4 ml, fermez par 1 mc. **1° tour** Avec A, 1 ml, 15 ms dans l'anneau, 1 mc dans la prem ml. Coupez le fil A. **2° tour** Fixez B à une ms, 1 ml, 2 ms dans la même ms, * sautez 1 ms, 3 ms dans la ms suiv, rép dep * jusqu'à la dern ms, sautez 1 ms, 1 mc dans la prem ml. **3° tour** Travaillez de *gauche à droite* 1 ms dans chaque ms, 1 mc dans la prem ms. Coupez le fil B. **4° tour** Fixez A sur une m sautée du 2° tour, 5 ml, * trav derrière les rangs précédents 1 dbr dans l'esp suiv du 2° tour, 3 m, rép dep * jusqu'à la fin, 1 mc dans la 2° des 5 prem ml. **5° tour** Avec A 5 br dans chaque esp sous 3 ml. **6° tour** Avec A comme le 3° tour. **7° tour** Avec A, 1 ml, travaillez derrière le rang préc, 1 ms dans chaque br jusqu'à la fin, 1 mc dans la première ml. Coupez le fil A. **8° tour** Fixez B à une ml, 3 ml, 1 br dans le même esp, 2 br dans chaque ms jusqu'au bout, 1 mc dans la 3° des 3 prem ml. Arrêtez le fil.

7 Octogone bicolore

2 couleurs A et B. Avec A 1 chaînette de 6 ml, fermez par une mc. **1° tour** Avec A 3 ml, 15 br dans l'anneau, 1 mc dans la 3° des 3 prem ml. Coupez le fil A. **2° tour** Fixez B à une br, 3 ml, (1 br, 1 ml, 2 br) dans le même esp, * sautez 1 br, (2 br, 1 ml, 1 br) dans la br suiv, rép dep * encore 6 fois, 1 mc dans la 3° ml des 3 prem ml. Coupez le fil B. **3° tour** Fixez A sous 1 ml, 3 ml (1 br, 1 ml, 2 br) dans le même esp, *1 br entre le gr, (2 br, 1 ml, 1 br) sous la ml, rép dep * encore 6 fois, 1 dbr dans le gr, 1 mc dans la 3° des prem 3 ml. Coupez le fil A. **4° tour** Fixez B à une maille, 1 ml, 1 ms dans toutes les m, 1 mc dans la 1° ml. Arrêtez le fil.

8 Carré tyrolien

4 couleurs A, B, C et D. Avec A faites une chaînette de 6 ml et fermez par une mc. **1° tour** Avec A 1 ml, 15 ms dans l'anneau, fermez par 1 mc. **2° tour** Avec A 1 ml, * sautez 3 ms, 1 ms dans la ms suiv, 10 ml, rép dep * encore 2 fois, 1 mc dans la première des 11 ml. **3° tour** Avec A 1 ml, *11 ms ds la boucle des 10 ml, 1 ms dans la ms, rép dep * encore 3 fois, ne faites pas la dern ms, 1 mc dans la 1° ml. Coupez le fil A. **4° tour** Fixez B à la 6° des 11 ms, 1 ml, 1 ms dans le même esp, 1 ms dans chaque ms tout autour et 2 ms dans chaque angle, 1 mc dans la prem ml. Coupez le fil B. **5° tour** Joignez C à un angle et travaillez comme le 4° tour. Coupez le fil. **6° tour** Joignez D à un angle et travaillez comme le 4° tour. Coupez le fil D. Continuez ainsi travaillant 1 tour C, A et B, puis 3 tours en A. Arrêtez le fil.

9 Carré Janine

3 couleurs A, B et C. Avec A une chaînette de 4 ml, fermez par 1 mc. **1° tour** Avec A 4 ml, 5 dbbr dans l'anneau, *3 ml, 6 dbbr dans l'anneau, rép dep * encore 2 fois, 3 ml, fermez par 1 mc dans la 4° des 4 prem ml. **2° tour** Avec A 5 ml, ** 1 jeté deux fois, piquez dans la dbbr suiv, 1 jeté, tirez le fil, (1 jeté, tirez à trav 2 boucles) deux fois, ** rép de ** à ** dans les 4 dbbr suiv, 1 jeté, tirez à trav 6 boucles, *5 ml, 1 mc dans la 2° des 3 ml, 5 ml, rép de ** à ** dans les 6 dbbr suiv, 1 jeté, tirez à trav 7 boucles, rép dep * encore 2 fois, 5 ml, 1 mc dans la 2°

Suite Carré Janine

des 3 ml. Coupez le fil A. **3° tour** Joignez B en haut d'un gr, * (3 dbbr, 1 ml, 3 dbbr, 2 ml, 3 dbbr, 1 ml, 3 dbbr) sous les 3 ml du 1° tour. 1 mc en haut du r suiv, rép dep * encore 3 fois, 1 mc dans la maille où est attaché le fil B et fixez-y A en même temps. **4° tour** Avec A, 4 ml, 5 dbbr dans la même mc, * (6 dbbr, 2 ml, 6 dbbr) sous les 2 ml, 6 dbbr en haut du gr suiv, rép dep * encore 2 fois, (6 dbbr, 2 ml, 6 dbbr) sous les 2 ml, 1 mc dans la 4° des 4 prem ml. Coupez le fil A. **5° tour** Fixez C dans la dern ms du 4° tour, 1 ml, 1 ms dans les 5 dbbr suiv, 1 br dans l'esp entre le gr des dbbr du 3° tour, *1 ms dans les 6 dbbr suiv, 3 ms sous les 3 ml de l'angle, (1 ms dans chacune des 6 dbbr, 1 br sous la ml entre les gr de dbbr du 3° tour) deux fois, rép dep * encore deux fois, 1 ms dans les 6 dbbr suiv, 3 ms sous les 2 ml de l'angle, 1 ms dans les 6 dbbr suiv, 1 br sous la ml entre le gr de dbbr du 3° tour, 1 mc dans la prem ml. **6° tour** Avec C, 3 ml, 1 br dans toutes les m du tour, 3 br dans la m centrale des angles, finir par 1 mc dans la 3° des 3 prem ml. Arrêtez le fil.

10 Carré danois

4 couleurs A, B, C et D. 1 chaînette de 10 ml, fermez par une mc. **1° tour** Avec A, 1 ml, 19 ms dans l'anneau, fermez par 1 mc dans la prem ml. **2° tour** Avec A, 9 ml, * sautez 4 ms, 1 ms dans la ms suiv, 8 ml, rép dep * encore 2 fois, sautez 4 ms, 1 mc dans la 1° des 9 prem ml. **3° tour** Avec A, 1 ml, 9 ms sous les 8 ml, 1 ms dans la ms, rép dep *, ne pas faire la dern ms, 1 mc dans la prem ml. Coupez le fil A. **4° tour** Fixez B à la 5° des 9 ms (angle), 1 ml, 1 ms dans la même ms, *1 ms dans les 9 ms suiv, 2 ms dans la ms suiv, rép dep * encore 2 fois, 1 ms dans les 9 ms suiv, 1 mc dans la prem ml. Coupez le fil B. **5° tour** Ajoutez C à la dern mc, 1 ml, 1 ms dans le même endr, *1 ms dans les 10 ms suiv, 2 ms dans la ms suiv, rép dep * encore 2 fois, 1 ms dans les 10 ms suiv, fermez par 1 mc dans la prem ml. Coupez le fil C. **6° tour** Fixez D à la dern mc, 4 ml, 1 br dans la même m, *1 ml (1 br dans la ms suiv, 1 ml, sautez 1 ms) 5 fois, 1 br dans la ms suiv, 1 ml, (1 br, 1 ml, 1 br) dans la ms suiv, rép dep * encore 2 fois, 1 ml, (1 br dans la ms suiv, 1 ml, sautez 1 ms) 5 fois, 1 br dans la ms suiv, 1 ml, 1 mc dans la 3° des 4 prem ml. **7° tour** Avec D, 1 ml, 2 ms sous la ml, 1 ms dans la br, * (1 ms sous la ml, 1 ms dans la br) 7 fois, 2 ms sous la ml, 1 ms dans la br, rép dep * encore 2 fois, (1 ms sous la ml, 1 ms dans la br) 6 fois, 1 ms sous la ml, 1 mc dans la prem ml.

Suite Carré danois

Coupez le fil D. **8° tour** Fixez A dans un angle, 1 ml, 1 ms dans le même esp, 1 ms dans toutes les ms du rang et 2 ms dans chaque angle, 1 mc dans la prem ml. Coupez le fil A. **9° tour** Fixez C dans un angle, 4 ml, 1 br au même endr, * (1 ml, sautez 1 ms, 1 br dans la ms suiv) 8 fois, 1 ml, sautez 1 ms, (1 br, 1 ml, 1 br) dans la ms suiv, rép dep * encore 2 fois, (1 ml, sautez 1 ms, 1 br dans la ms suiv) 8 fois, 1 ml, 1 mc dans la 3° des 4 prem ml. **10° tour** Avec C, 1 ml, 2 ms sous la ml, 1 ml dans la br, * (1 ms sous la ml, 1 ms dans la br) 9 fois, 2 ms dans l'esp suiv, 1 ms dans la br, rép dep * encore deux fois, (1 ms sous la ml, 1 ms dans la br) 8 fois, 1 mc dans la prem ml. Coupez le fil C. **11° tour** Fixez B à un angle et travaillez comme le 8° tour. Arrêtez le fil.

11 Hexagone pétales bicolore

2 couleurs A et B. Avec A faites 3 ml et fermez par mc. **1° tour** 1 ml, 5 ms dans l'anneau, fermez par 1 mc. **2° tour** 1 ml, fixez B et faites 1 ms dans la même m, *1 ms en A et 1 ms en B dans la m suiv, rép dep * à la fin, 1 mc dans la prem ml. **3° tour** 1 ml, piquez dans le brin arr de chaque m dans *tous* les tours, *2 ms en B dans la ms suiv, 1 ms A dans la ms suiv, rép dep * jusqu'à la dern m, 2 ms B dans la dern m, 1 mc A dans la prem ml. **4° tour** 1 ml, *2 ms B dans la ms suiv, 1 ms B dans la ms suiv, 1 ms A dans la ms suiv, rép dep * jusqu'à l'av-dern m, 2 ms B dans la ms suiv, 1 ms B dans la ms suiv, 1 mc A dans la prem ml. **5° tour** 1 ml, *2 ms B dans la ms suiv, 1 ms B dans les 2 ms suiv, 1 ms A dans la ms suiv, rép dep * jusqu'avant les 3 dern m, 2 ms B dans la ms suiv, 1 ms A dans la ms suiv, rép dep * dans la prem ml. Continuez ainsi en aug d'une m B dans chaque gr à chaque R jusqu'à obtenir 8 m en B dans chaque gr (54 m dans le tour). **10° tour** 1 ml, *2 ms A dans la ms suiv, 1 ms B dans les 7 ms suiv, 1 ms A dans la ms suiv, rép dep * jusqu'au bout, ne pas faire la dern ms A, 1 mc A dans la prem ml. **11° tour** 11 ml, *2 ms A dans la ms suiv, 1 ms A dans les 2 ms suiv, 1 ms B dans les 6 ms suiv, 1 ms A dans la ms suiv, rép dep * jusqu'au bout, ne pas faire la dern ms A, 1 mc A dans la prem ml. Continuez ainsi, augmentant de 6 m à chaque tour, mais faisant 1 m de moins en B dans chaque gr de chaque tour jusqu'à ce qu'il ne reste qu'une m B (96 m dans le tour). Arrêtez le fil.

12 Hexagone bicolore

2 couleurs A et B. Avec A faites une chaînette de 6 ml et fermez par 1 mc. **1° tour** Avec A, 3 ml, 2 br dans l'anneau, *3 ml, 3 br dans l'anneau, rép dep * encore 4 fois, 3 ml, 1 mc dans la 3° des 3 prem ml. Coupez le fil A. **2° tour** Fixez B sous les 3 ml, 5 ml, (2 trbr, 2 ml, 3 trbr) dans le même esp, * (3 trbr, 2 ml, 3 trbr) dans l'esp suiv, rép dep * 4 fois encore, 1 mc dans la 5° des 5 prem ml. Coupez le fil B. **3° tour** Joignez A à l'endr de la mc, 3 ml, 1 br dans les 2 trbr suiv, * (2 br, 2 ml, 2 br) sous les 2 ml, 1 br dans les 6 trbr suiv, rép dep * encore 4 fois, (2 br, 2 ml, 2 br) sous les 2 ml, 1 br dans les 3 trbr suiv, 1 mc dans la 3° des 3 prem ml. Coupez le fil A. **4° tour** Fixez B dans une m, 3 ml, 1 br dans la m préc, * sautez 1 m, 1 br dans la m suiv, 1 br dans la m sautée, rép dep * pendant tout le tour, 1 mc dans la 3° des 3 prem ml. Arrêtez le fil.

Le coussin

Matériel 100 gr de coton N° 3, 1 crochet N° 3,5, échantillon 14 m et 15 tours pour 10 cm en dembr. Le coussin fini mesure 32 cm². Faites une che de 4 ml et fermez-la par une mc. **1° tour** Faites 8 dembr dans l'anneau, mais ne fermez pas ce tour ni les autres. **2° tour** 2 dembr dans chaque dembr jusqu'au bout (16 m). **3° tour** *1 ml, (1 jeté, piquez entre les 3 dembr suiv, 1 jeté, tirez le fil) 4 fois au même endr, 1 jeté, tirez à trav les 9 boucles sur le crochet, c'est 1 groupe, gr, 1 ml, 1 dembr entre les dembr 3 fois, rép dep * trois fois encore. **4° tour** *1 ml, 1 gr au-dessus du gr, 1 ml, 1 dembr entre le gr et la dembr suiv, 1 dembr entre les dembr 2 fois, 1 dembr entre la dembr et le gr, rép à part de * encore 3 fois. **5° tour** Comme le 4°, mais faites 5 dembr de chaque côté au lieu de 4. **6° tour** Comme le 4°, mais faites 2 ml au lieu d'1 ml avant et après les gr et faites 6 dembr à chaque côté. **7° tour** *2 ml, (1 gr, 1 ml, 1 gr) sur le gr, 2 ml, 7 dembr, rép dep * encore 3 fois. **8° tour** *2 ml, (1 gr, 1 ml, 1 gr) sous la ml, 2 ml, 8 dembr, rép dep * encore 3 fois. **9° tour** Comme le 8° mais avec 9 dembr de chaque côté. **10° tour** *2 ml, (2 gr, 1 ml, 2 gr) sous la ml, 2 ml, 10 dembr, rép dep * encore 3 fois. **11° tour** *2 ml, (2 gr, 1 ml, 2 gr) sous la ml, 2 ml, 5 dembr, 1 gr entre les 2 dembr suiv, 5 dembr, rép dep * encore 3 fois. **12° tour** *2 ml, (2 gr, 1 ml, 2 gr) sous la ml, 2 ml, 5 dembr, 1 gr de chaque côté du gr du R préc, 5 dembr, rép dep * encore 3 fois. **13° tour** *12 ml, (3 gr, 1 ml, 3 gr) sous la ml, 2 ml, 5 dembr, 3 gr, 5 dembr, rép dep * encore 3 fois. **14° tour** *2 ml, 1 gr entre le 1° et le 2° gr, 1 gr entre le 2° et le 3° gr (3 gr, 1 ml, 3 gr) sous la ml, (1 gr entre le gr) deux fois, 2 ml, 5 dembr, 4 gr, 5 dembr, rép dep * encore 3 fois. **15° tour** *2 ml, (1 gr entre le gr) 4 fois, (3 gr, 1 ml, 3 gr) sous la ml, (1 gr entre le gr) 4 fois, 2 ml, 5 dembr, 5 gr, 5 dembr, rép dep * encore 3 fois. **16° tour** *2 ml, (1 gr entre le gr) 6 fois, (3 gr, 1 ml, 3 gr) sous la ml, (1 gr entre le gr) 6 fois, 2 ml, 5 dembr, 6 gr, 5 dembr, rép dep * encore 3 fois. **17° tour** *1 dembr sous les 2 ml, 1 dembr entre chaque gr jusqu'à l'angle, (2 dembr, 1 ml, 2 dembr) sous la ml, 1 dembr entre ch gr, 1 dembr sous les 2 ml, 5 dembr, 5 gr, rép dep * encore 3 fois. **18° tour** Comme le 17°, mais faites 4 gr au-dessus des 5 du rang préc. **19° tour** Comme le 17° mais faites 3 gr dans chacun du R préc. **20° tour** Comme le 17° mais faites 2 gr dans ch. **21° tour** Comme le 17° mais ne faites qu'un gr au-dessus de celui du R préc, 3 tours en dembr, (2 dembr, 1 ml, 2 dembr) dans chaque angle. Après le 24° tour, fermez par 1 mc dans la dembr suiv. Arrêtez le fil.

Médaillons en relief

On peut donner du relief aux motifs en exécutant des « noisettes », en piquant deux fois dans la même maille, ou encore en faisant des mailles bouclées ou des boules. Vous en trouverez quelques exemples ci-dessous et à droite.

Grand motif pour un coussin (explications page 145).

Un petit motif travaillé en coton fin peut devenir une broche.

Les modèles numérotés ci-après requièrent différentes techniques qui sont expliquées page 148.

1 Carré de Paris

2 Rosace flamboyante

3 Anémone

4 Pissenlit

5 Fleur old America

6 Cocarde bouclée

Assemblage des médaillons

Un certain nombre de motifs assemblés peuvent former un couvre-lit ou un coussin. Ils peuvent également servir de décoration pour une couverture matelassée comme ci-dessous. Cette couverture comporte également un motif à chaque angle. Vous trouverez la façon d'assembler ces motifs page 132. Veillez à utiliser le même genre de fil, la même taille de crochet et la même tension du fil pour les motifs à assembler, afin d'obtenir un ensemble régulier.

Médaillons en relief bordés de dentelle

Autrefois, on crochetait fréquemment des bordures de dentelle pour finir un assemblage de motifs. (Voir la couverture de poupée ci-dessous.) Voyez aussi les détails des Carrés de Paris en bas de page (explications page 148) et la bordure éventail (page 165).

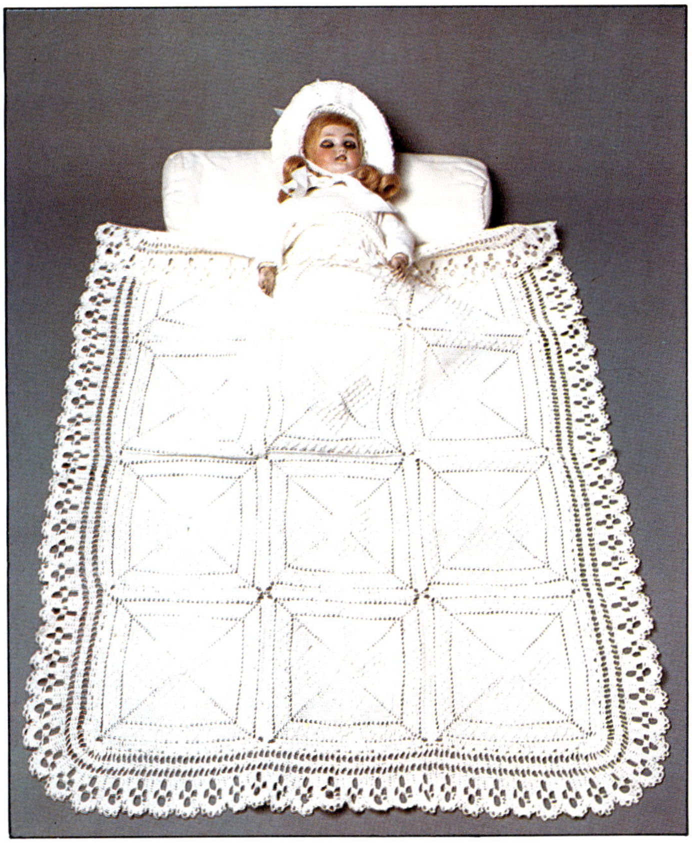

Couverture de poupée

Carrés de Paris bordés éventail

Applications

1 Les feuilles

2 Hibiscus

3 Trèfle à 4 feuilles

4 Roses

5 Trèfle

Pull-over d'enfant orné d'applications de trèfles à 4 feuilles

Les applications au crochet sont en général employées pour l'ornementation du linge de maison, elles sont alors travaillées en coton très fin. Elles peuvent être fixées sur un tissu ou assemblées par un fond de dentelle. Les explications des motifs ci-dessus se trouvent page 148.

Explications des médaillons en relief et applications

Médaillons en relief

1 Carré de Paris
2 Rosace flamboyante
3 Anémone
4 Pissenlit 5 Fleur old America
6 Cocarde bouclée

1 Carré de Paris

1 chaînette de 12 m fermée par 1 mc. **1° tour** 3 ml, 1 br dans l'anneau, * (1 jeté, piquez dans l'anneau, tirez le fil, 1 jeté, tirez à trav 2 boucles) 6 fois, 1 jeté, tirez à trav 6 boucles, 1 jeté, tirez à trav les 2 boucles rest (c'est une boule), 4 br dans l'anneau, rép dep * encore 2 fois, 1 boule, 2 br dans l'anneau, 1 mc dans la 3° des 3 prem ml. **2° tour** 3 ml, 1 br dans le même end, *1 br dans les 3 m suiv, 2 br dans la br suiv, rép dep * 3 fois encore, ne faites pas les 2 dern br, 1 mc dans la 3° des 3 prem ml. **3° tour** 1 br dans le même end, * (1 br dans la br suiv, 1 boule dans la br suiv) deux fois, 1 br dans la br suivante, 2 br dans la br suiv, rép dep * encore 3 fois, ne faites pas les 2 dern br, 1 mc dans la 3° des prem ml. **4° tour** 3 ml, 1 br au même end, *1 br dans les 7 m suiv, 2 br dans la br suiv, 3 ml, 2 br dans la br suiv, rép dep * encore 3 fois, ne faites pas les 2 dern br et 1 mc dans la 3° des 3 prem ml. **5° tour** 3 ml, 1 br au même end, *1 br dans les 2 br suiv, (1 boule dans la br suiv, 1 br dans la br suiv) 3 fois, 1 br dans la br suiv, 2 br dans la br suiv, 4 ml, 2 br dans la br suiv, rép dep * encore 3 fois, ne faites pas les 2 dern br, 1 mc dans la 3° des 3 prem ml. Arrêtez le fil.

2 Rosace flamboyante

Une chaînette de 8 ml fermée par 1 mc. **1° tour** 3 ml, 17 br dans l'anneau, fermé par 1 mc dans la 3° des 3 ml. **2° tour** 8 ml, (1 br dans la br suiv, 5 ml) 17 fois, 1 mc dans la 3° des 8 ml. **3° tour** *1 ms dans les 2 ml suiv, (1 ms, 1 ml, 1 ms) dans la ml suiv, 1 ms dans les 2 ml suiv, sautez 1 br, rép dep * encore 17 fois. **4° tour** *1 ms dans les 3 ms suiv, (1 ms, 1 ml, 1 ms) sous la ml, 1 ms dans les 3 ms suiv, rép dep * encore 17 fois. **5°, 6°, 7°, 8° et 9° tours** Comme le 4° en faisant une ms de plus dans chaque gr à chaque rang. **10° tour** *5 ml, 1 ms entre la 8° et la 9° des 16 ms suiv (soit au-dessus de la br sautée au 3° tour), rép dep * encore 16 fois, 5 ml, 1 mc dans la base des 5 ml. **11° tour** *5 ml, 1 ms dans la 3° ml de la boucle, 5 ml, 1 ms dans la ms suiv, rép dep * encore 17 fois sans faire la dern ms, 1 mc dans la base des prem 5 ml. **12° tour** Jusqu'à la 3° ml de la boucle, *5 ml, 1 ms dans la boucle suiv, rép dep * encore 35 fois, ne faites pas la dern ms, faites 1 mc dans la mc avant les 5 prem ml. **13° tour** Comme le 12°. Arrêtez le fil.

3 Anémone

3 couleurs A, B et C. Avec A faites une chaînette de 5 ml et fermez par 1 mc. **1° tour** 1 ml, 4 ms dans l'anneau, 1 mc dans la 1° ml. **2° tour** 1 ml, 1 ms dans le même end, 2 ms dans chaque ms jusqu'au bout, 1 mc dans la prem ml. **3° tour** 1 ml, 1 dembr au même end, 2 dembr dans chaque ms, 1 mc dans la 2° des 2 prem ml. **4° tour** Piquez le crochet dans le brin avant des m, *3 ml, 1 dbbr au même end, 2 dbbr dans les 2 dembr suiv, (1 dbbr, 3 ml, 1 mc) dans la dembr suiv, rép dep * encore 4 fois. Coupez le fil A. **5° tour** Fixez B derrière le centre d'un pétale, puis piquez le crochet dans le brin arr de toutes les m du R préc, trav comme le 4° tour, mais faites des trbr au lieu de dbbr. Coupez le fil B. **6° tour** Fixez C sur l'end du trav dans une ms du 1° rang (3 ml, 1 ms dans la ms suiv) 4 fois, 3 ml, 1 mc dans la m de fixation de C. Arrêtez le fil.

4 Pissenlit

1 chaînette de 4 ml fermée par 1 mc. **1° tour** 1 ml, 11 ms dans l'anneau, 1 mc dans la 1° ml. **2° tour** Piquez dans le brin avant les ms, (1 ms, 4 ml, 1 ms) dans chaque ms. **3° tour** Piquez dans le br arr de chaque ms du 1° rang, *6 ml, (1 ms, 6 ml, 1 ms) dans la ms suiv, rép dep * jusqu'au bout. Arrêtez le fil.

5 Fleur old America

Trois couleurs A, B et C. Avec A faites une chaînette de 4 m et fermez par 1 mc. **1° tour** *2 ml, 4 br dans l'anneau, rép encore 3 fois dep *. **2° tour** Avec A 1 mc en arrière de la 3° br, * maintenez le fil derrière l'ouvrage, 4 ml, 1 mc dans l'arrière de la 3° br du gr suiv, ép dep * encore deux fois, 4 ml, 1 mc dans la prem mc. Coupez le fil A. **3° tour** Fixez B dans 1 boucle de 4 ml, dans chaque boucle faites 1 mc, 5 br, 1 mc. **4° tour** Avec B, *6 ml, 1 mc dans l'arr de la mc entre les pétales, rép dep * encore 3 fois. Coupez le fil B. **5° tour** Fixez A dans une boucle de 6 ml, 3 ml, (2 br, 3 ml, 3 br) dans la même boucle, *1 ml, (3 br, 3 ml, 3 br) dans la boucle suiv, rép dep * encore 2 fois, 1 ml, 1 mc dans la 3° des 3 prem ml. Coupez le fil A. **6° tour** Avec B, comme le 3° tour du Carré old America (page 144). Arrêtez le fil.

6 Cocarde tricolore

3 couleurs A, B et C. Avec A faites une chaînette de 3 ml fermée par 1 mc. **1° tour** 1 ml, 3 ms dans l'anneau, fermez par une mc. **2° tour** 1 ml, 1 ms au même end, 2 ms dans chaque ms jusqu'au bout, 1 mc dans la 1° ml. **3° tour** Comme le 2° tour. Coupez le fil A. **4° tour** Ajoutez B, 1 ml, *2 ms dans la ms suiv, rép dep * encore 7 fois, ne faites pas la dern ms, 1 mc dans la 1° ml. Coupez le fil B. **5° tour** Ajoutez C, 1 ml, *2 ms dans la ms suiv, 1 ms dans les 2 ms suiv, rép dep * encore 7 fois, ne faites pas la dern ms, 1 mc dans la 1° ml. **6° tour** Avec C 1 ml, *2 ms dans la ms suiv, 1 ms dans les 3 ms suiv, rép dep * 7 fois encore. Coupez le fil C. **7° tour** Tournez l'ouvrage et fixez A sur l'envers, 1 ml, *1 jeté, piquez ds la m suiv, tenez un crayon derr l'ouvrage et passez le fil de manière à faire une boucle, 1 jeté, tirez le fil, 1 jeté, tirez à trav les 3 boucles sur le crochet, rép dep * jusqu'au bout, 1 mc dans la 1° ml. Coupez le fil A. **8° tour** Ajoutez B et travaillez comme le 7° tour, mais augmentez régulièrement de 8 m au cours du tour. Coupez le fil B. **9° tour** Fixez C et travaillez comme le 8° tour. Arrêtez le fil.

Applications

1 Feuilles
2 Hibiscus
3 Trèfle à 4 feuilles
4 Rose
5 Trèfle

1 Feuilles

16 ml pour la 1° feuille. **1° tour** 1 ms dans la 2° m partant du crochet, 1 ms dans les 13 ml suiv, 3 ms dans la ml suiv, continuez de l'autre côté de la chaînette, 1 ms dans les 14 ml suiv, 1 ml, tournez. **2° tour** Piquez dans le brin arr de toutes les m, 1 ms dans les 11 ms suiv, 1 ml, tournez. **3° tour** 1 ms dans les 11 ms suiv, 3 ms dans la m suiv, 1 ms les 12 ms suiv, 1 ml, tournez. **4° tour** 1 ms dans les 12 ms suiv, 3 ms dans la ms suiv, 1 ms dans les 10 ms suiv, 1 ml, tournez. **5° tour** 1 ms dans les 10 ms suiv, 3 ms dans la ms suiv, 1 ms dans les 10 ms suiv, 1 ml, tournez. **6° tour** 1 ms dans les 10 ms suiv, 3 ms dans la ms suiv,

1 ms dans les 8 ms suiv, 1 ml, tournez. **7° tour** 1 ms dans les 8 ms suiv, 3 ms dans la ms suiv, 1 ms dans les 8 ms suiv, 1 ml, tournez. **8° tour** 1 ms dans les 8 ms suiv, 3 ms dans la ms suiv, 1 ms dans les 6 ms suiv. Arrêtez le fil. Faites 2 autres feuilles de la même manière. Pour la tige, faites 1 chaînette de 3 ml, 1 mc dans la base d'une des feuilles, 8 ml, 1 mc dans la base de la 2° feuille, tournez, prenez 3 brins de fil et faites par-dessus 1 ms dans chaque ml jusqu'au bout, tournez, 1 mc dans chacune des 30 prem m, 1 mc à la base de la 3° feuille (elle est en face de la 1° feuille). Arrêtez le fil.

2 Hibiscus

2 couleurs A et B. Avec A, faites une chaînette de 6 ml et fermez-la avec 1 mc. **1° tour** 3 ml, 19 br dans l'anneau, 1 mc dans la 3° des 3 ml. Coupez le fil A. **2° tour** Attachez B, *1 ml, 1 br dans la br suiv, 2 br dans la br suiv, 1 br dans la br suiv, 1 ml, 1 ms dans la br suiv, rép dep * encore 4 fois, ne pas faire la dern ms, 1 mc dans l'end d'arrivée de B. Arrêtez le fil. Coupez quelques brins de fil et ajoutez-les sur l'arrière de l'ouvrage pour former la tige.

3 Trèfle à quatre feuilles

Chaînette de 5 ml fermée par 1 mc. **1° tour** 1 ml, 13 ms dans l'anneau, fermez par 1 mc dans la prem ml. **2° tour** 1 ml, 1 ms dans la ms suiv, *4 ml **2 jetés, piquez le crochet ds la m suiv, 1 jeté, tirez le fil, (1 jeté, tirez à trav 2 boucles) deux fois, ** rép de ** à ** deux fois encore dans la même m, 1 jeté, tirez à trav 4 boucles, 3 ml, 1 ms dans les 2 ms suiv, rép dep * encore 3 fois, 6 ml pour la tige, tournez et faites 1 mc dans chaque ml, puis 1 mc dans la ms suiv de la fleur. Arrêtez le fil.

4 Rose

Enroulez le fil 3 ou 4 fois autour de votre doigt, retirez la boucle et consolidez par une mc. **1° tour** 1 ml, 17 ms dans l'anneau, 1 mc dans la prem ml. **2° tour** 6 ml, sautez 2 ms, 1 dembr dans la ms suiv, *4 ml, sautez 2 ms, 1 dembr dans la ms suiv, rép dep * encore 3 fois, 4 ml, 1 mc dans la 2° des 4 prem ml. **3° tour** Dans chaque boucle de 4 ml faites (1 ms, 1 dembr, 3 br, 1 dembr, 1 ms), finissez par 1 mc dans la prem ms. **4° tour** 1 ms dans le brin arr de la dembr du 2° tour, *5 ml, maintenez le fil sur l'envers de l'ouvrage, 1 mc dans le br arr de la dembr suiv du 2° tour, rép dep * encore 4 fois, 5 ml, 1 mc dans la même br que la prem mc. **5° tour** Dans chaque boucle de 5 ml faites (1 ms, 1 dembr, 5 br, 1 dembr, 1 ms), finir par 1 mc dans la prem ms. **6° tour** 1 mc dans le br arr de la mc du 4° tour, *6 ml, maintenez le fil sur l'env de l'ouvrage, 1 mc dans la mc suiv du 4° tour, rép ep * jusqu'au bout. **7° tour** Dans chaque boucle de 6 ml faites (1 ms, 1 dembr, 7 br, 1 dembr, 1 ms), finissez par 1 mc dans la prem ms. Arrêtez le fil.

5 Trèfle

Faites 16 ml. **1° tour** 1 ms dans la prem des ml pour former une boucle, (15 ml, 1 ml dans la même maille que précédemment) 2 fois, vous avez 3 boucles. **2° tour** Disposez un fil séparé tout le long de l'ouvrage et travaillez par dessus ce fil, faites 22 ms dans les boucles de 15 ml, 1 mc dans la prem ms. **3° tour** Travaillant encore une fois par dessus un fil séparé, sautez 1 ms, *1 ms dans les 20 ms suiv, sautez 2 ms, (1 ms de cette boucle et une ms de la boucle suiv), rép dep * encore 2 fois, 1 mc dans la prem ms, 25 ml, tournez. **Tige** 1 ms dans la 2° m part du crochet, puis, par dessus un fil séparé, faites 1 ms dans chaque ml, puis 1 mc dans la prem ms du trèfle. Arrêtez le fil.

Le filet

Cette technique est extrêmement facile à exécuter, elle se compose uniquement de brides et de mailles en l'air qui forment une grille dont certains espaces sont remplis de brides simples, alors que d'autres restent ajourés. Le dessin ainsi formé peut également être exécuté dans une autre couleur que la grille. On obtient alors un effet décoratif intéressant.

Comment faire la grille
Nous donnons ici le principe de la grille. Certains motifs demandent des espaces formés par deux ml au lieu d'une seule.
1° rang 1 br dans la 7° m partant du crochet, * sautez 1 ms, 1 br dans la m suiv, rép dep * jusqu'à la fin, 4 ml, tournez.
2° tour et tous les rangs suiv. Sautez la prem br, *1 br dans la br suiv, 1 ml, sautez 1 ml, rép dep * jusqu'à la fin, finissez par 1 br dans la 3° des 4 ml de la fin du rang. Au 2° rang faites la br finale dans la 2° des 6 ml du début du rang précédent.

Les explications
Le filet se travaille en général d'après une grille plutôt que d'après des explications écrites. Ces grilles sont dessinées sur du papier quadrillé. Le dessin apparaît dans les carrés remplis.

Symboles des grilles

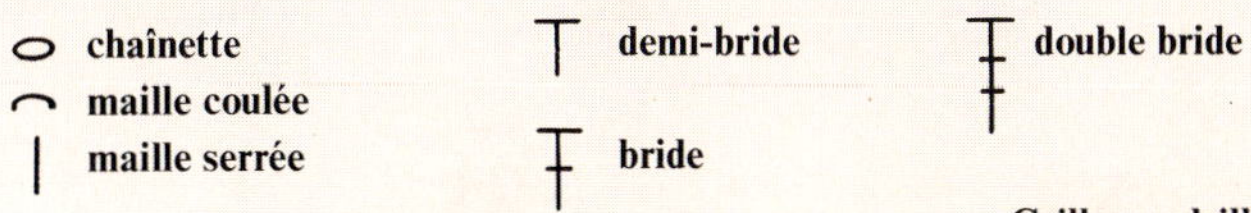

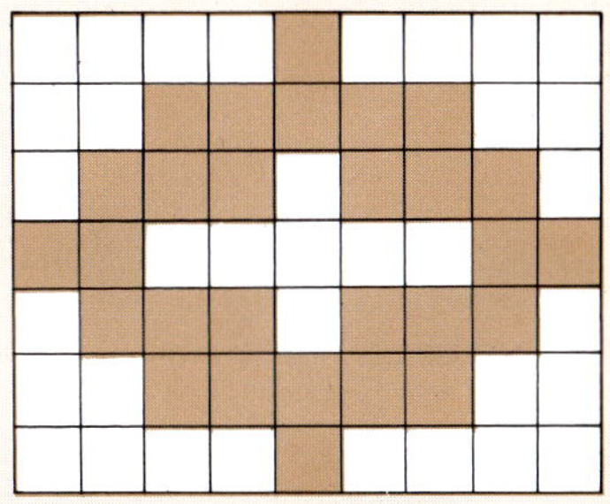

Grille quadrillée pour le filet
Les carrés noirs représentent le dessin à exécuter.

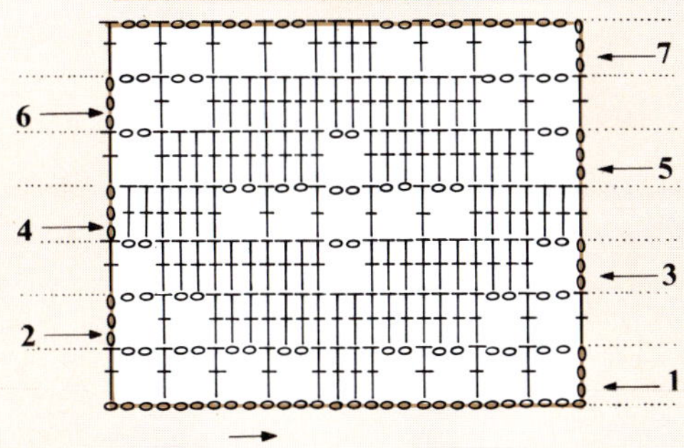

La grille à symboles
Le même dessin représenté par les symboles usuels du filet.
1 espace comporte 2 br séparées par 2 che.

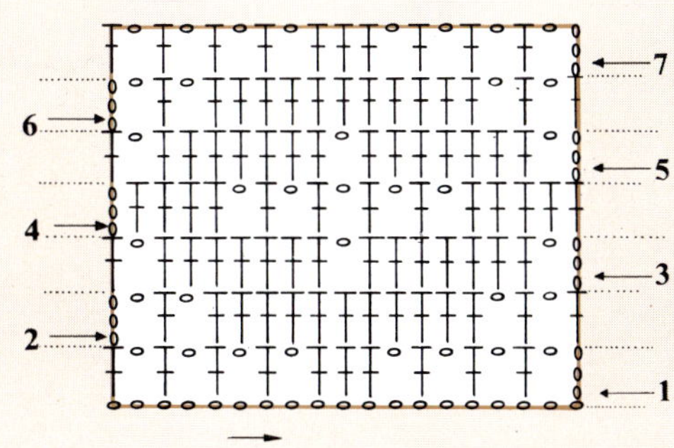

Autre grille
1 espace comporte 2 br séparées par 1 che.

Le filet

Le filet s'utilise pour les vêtements tout comme pour la décoration de la maison. On en fait des rideaux, des sets de table ou des bordures de nappes, par exemple. Les dessins du filet sont faciles à exécuter. Les instructions sont données à la page précédente. Nous vous proposons les grilles de 3 motifs (voir ci-contre), vous pourrez en faire une incrustation sur une robe ou les appliquer sur une poche.

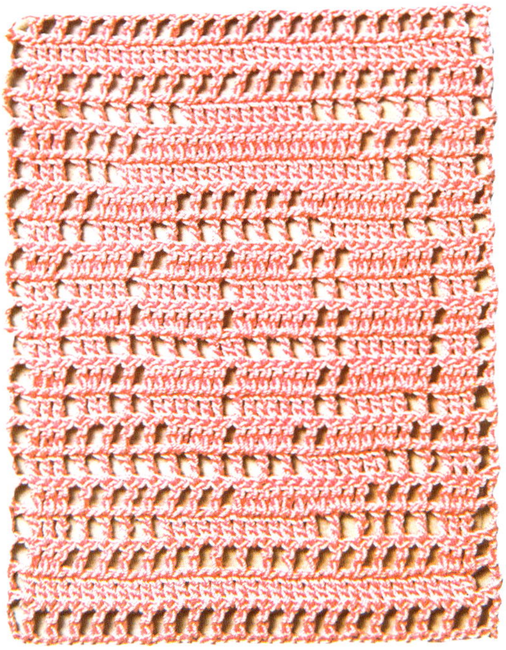

Motif géometrique

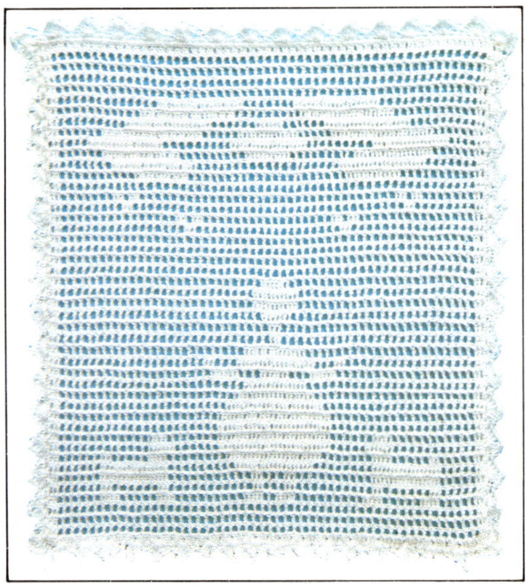

Napperon en filet
Vous exécuterez facilement des figures stylisées au crochet. Des broderies scandinaves au point de croix peuvent aisément être reproduites au crochet à l'aide d'une grille.

Le bébé lapin

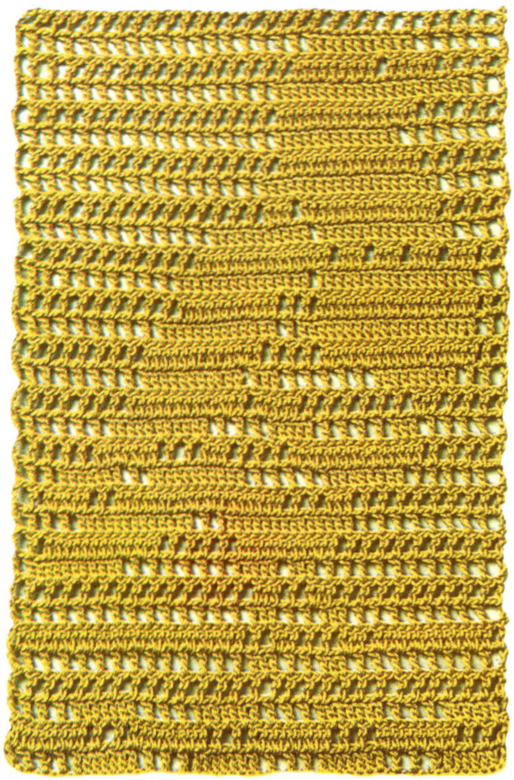

L'oiseau

Les grilles

Nous vous avons indiqué, page précédente, comment lire une grille. C'est l'explication la plus simple à suivre, même pour créer vos propres motifs. Les grilles ci-dessous correspondent aux dessins ci-contre (voir à gauche).

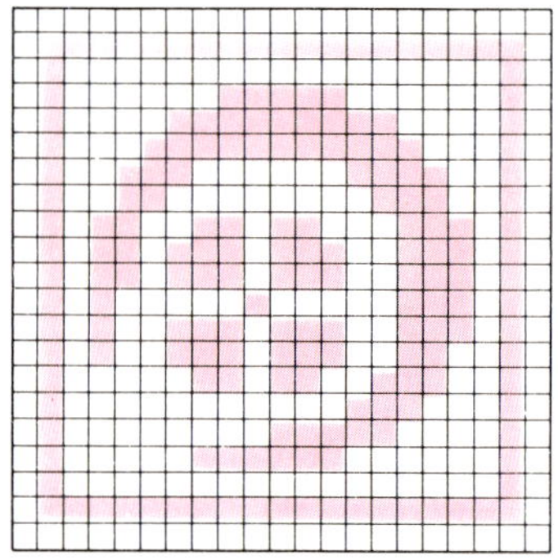

Motif géométrique

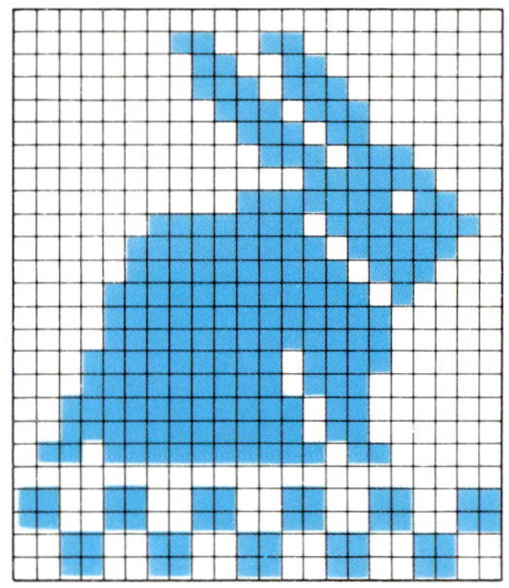

Le bébé lapin

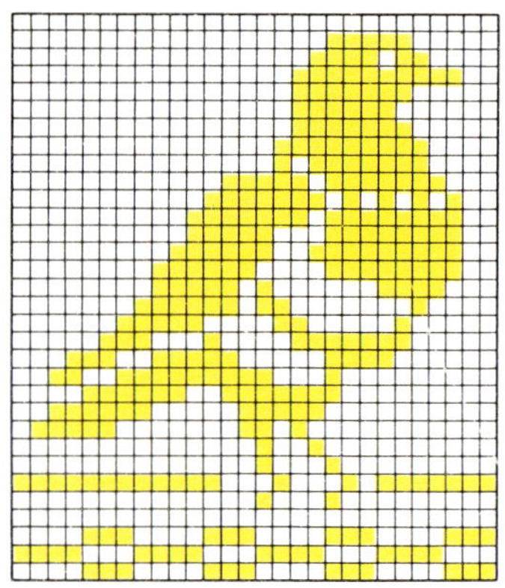

L'oiseau

Les rideaux bistrot

Rien de mieux, pour habiller une fenêtre, que des rideaux « bistrot ». Vous pouvez les suspendre à une tige de bambou, ou à une tringle que vous passerez directement à travers les jours du rideau. Vous pouvez également utiliser des anneaux de rideau. Avant de commencer, prenez les mesures exactes de votre fenêtre et contrôlez bien la tension de votre fil.

Matériel 8 pelotes de 25 gr de coton à crocheter N° 3, 1 crochet N° 2,5. **Echantillon** Largeur 39 cm, longueur 42 cm (ajustables selon besoins), 27 m et 11 rangs pour 10 cm. **Le rideau** Avec le crochet N° 2,5, faites une chaînette de 110 ml.
1° rang 1 br dans la 8° ml partant du crochet, *2 ml, sautez 2 ml, 1 br dans la m suiv, rép dep * jusqu'à la fin (35 jours). **2° rang** 3 ml, 2 br dans le prem esp, 1 br dans la br suiv, *2 br dans l'esp suiv, 1 br dans la br suiv, rép dep * jusqu'à la fin, finissez par 2 br dans le dern esp, 1 br dans la 5° des 7 ml. **4° rang** Comme le 2° faire la dern br dans la 3° des 3 ml finales. Continuez en suivant la grille jusqu'à la fin des 21 rangs, lorsque le rideau mesure 42 cm (ajustables selon besoins), 27 m
Bordure Sur l'endr du trav ajoutez le fil au coin supérieur gauche, faites 1 ms dans cette m, 3 ml, 3 br dans le prem esp, * sautez 1 esp, (1 ms, 3 ml, 3 br) dans l'esp suiv, continuez dep * le long du côté gauche, le long du bas et remontez le côté droit. Faites (1 ms, 3 ml, 3 br) dans les espaces des angles, finissez par 1 ms dans la dernière m en haut du côté droit. Faites 1 ms dans chaque m le long du haut. Arrêtez le fil. Repassez à la pattemouille.

La grille

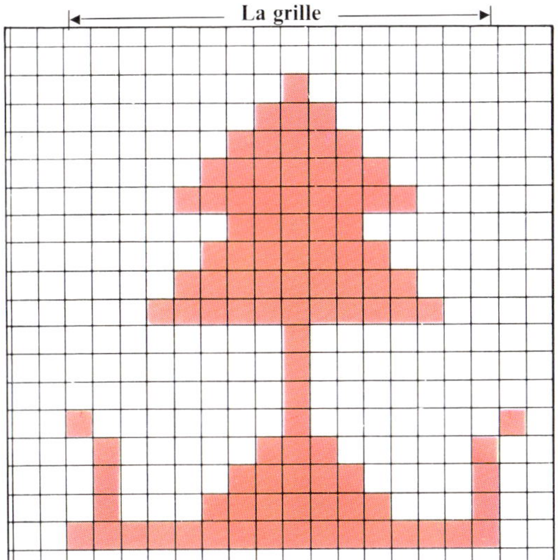

Comment suivre la grille
Suivez cette grille en faisant 5 ml au début de chaque rang en commençant par un esp plein. Travaillez de droite à gauche pour les rangs sur l'envers et de gauche à droite pour les rangs aller.

Rideau filet
Ces rideaux peuvent être exécutés avec du coton fin sur un crochet plus mince. Initialement, ce fin filet au crochet se devait de ressembler le plus possible à de la dentelle.

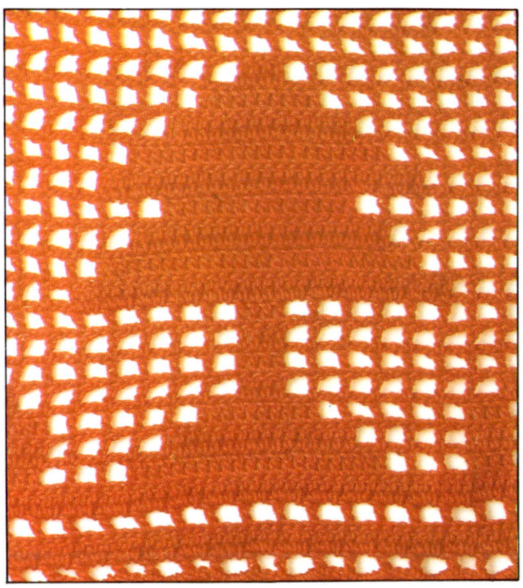

Détail du rideau
Vous pouvez travailler les espaces pleins avec du coton d'une autre couleur, vert pour l'arbre par exemple et blanc pour la grille (voir comment ajouter des couleurs page 137).

Le crochet tunisien

Cette technique représente le lien entre le tricot aux aiguilles et le tricot au crochet. On peut même la considérer comme l'ancêtre du crochet. Comme pour le tricot aux aiguilles, on travaille le point tunisien sur un grand nombre de mailles, mais ces mailles se trouvent toutes sur un même crochet, plus long qu'un crochet ordinaire, et de la même épaisseur sur toute sa longueur. Les mailles se travaillent à partir d'une chaînette de base; on y passe le crochet, on tire le fil et on achève les mailles au rang suivant. Ces deux rangs se répètent continuellement. On obtient ainsi un tissage épais et serré, utile surtout pour confectionner des couvre-lits, des châles et des couvertures. On peut travailler n'importe quel genre de fil au crochet tunisien. A l'origine pourtant, on utilisait surtout de la laine, en raison de sa plus grande capacité isolante.

Le crochet tunisien achevé

Comment travailler le crochet tunisien

Nous donnons ici les points de base de cette technique. Pour vous entraîner, une chaînette de 20 m est suffisante.

Comment faire le point de base

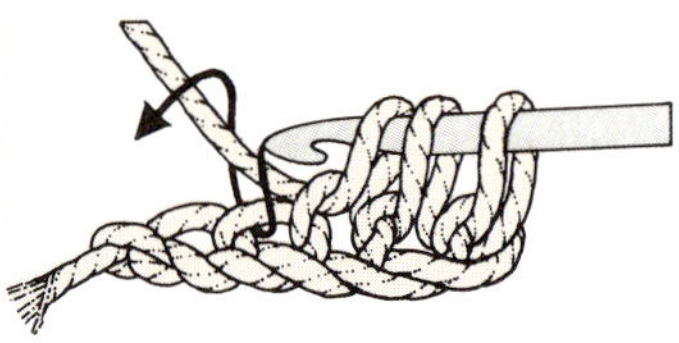

1 *Premier rang: Le fil étant sur l'arrière du travail, piquez le crochet dans la 2ᵉ m partant du début et tirez le fil à trav cette maille. Continuez ainsi jusqu'à la fin du rang.*

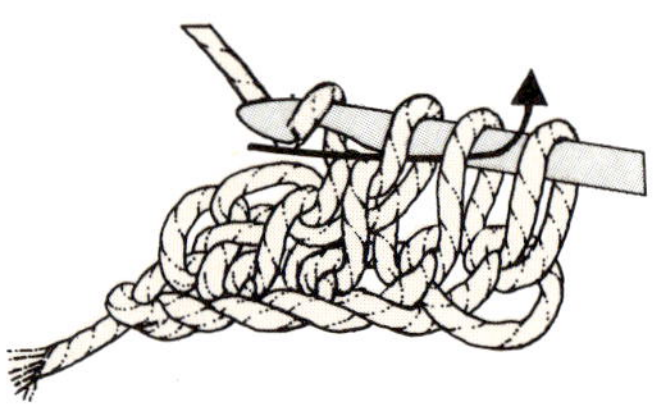

2 *Le fil reste sur l'envers de l'ouvrage, faites 1 jeté et tirez le fil à trav la 1ᵉ m, *1 jeté et tirez le fil à trav les deux m suiv. Rép dep * jusqu'à la fin du rang.*

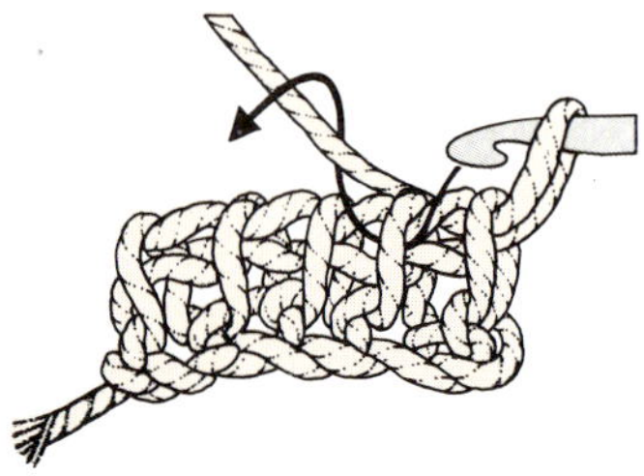

3 *Le fil toujours sur l'envers, piquez dans la boucle verticale de la 2ᵉ m du R préc, 1 jeté et tirez le fil à trav 1 boucle.*

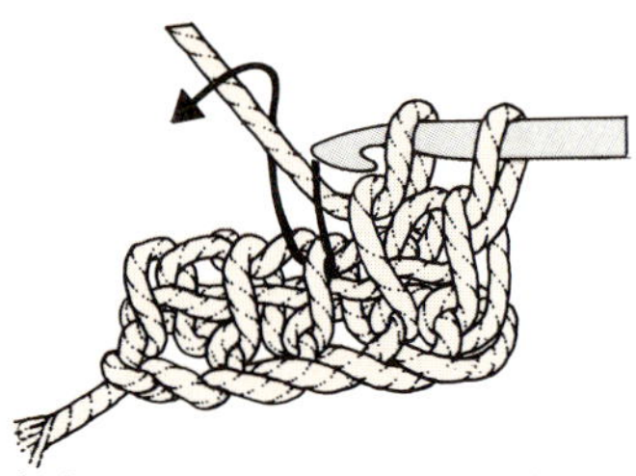

4 *Continuez ainsi jusqu'à la fin du rang. Répétez depuis le dessin Nº 2 en faisant des rangs à boucles et des rangs retour.*

Donner une forme au crochet tunisien

La mise en forme du crochet tunisien s'effectue, comme pour le crochet ordinaire, en augmentant ou en diminuant les mailles.

Augmentation simple sur le côté droit

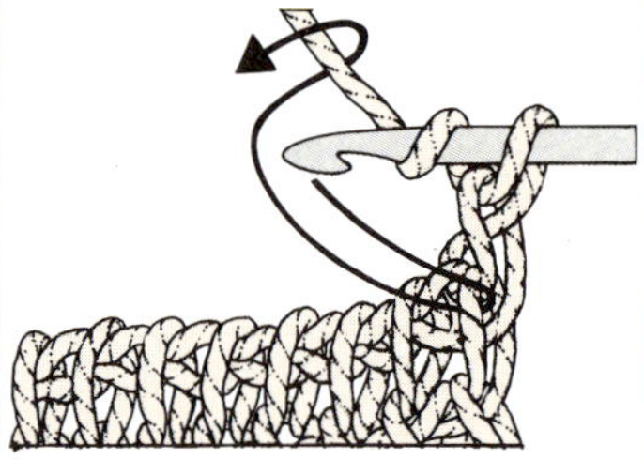

Pour augmenter en début de rang à droite, faites 1 ml et piquez le crochet derr le fil vertical de la m lisière, 1 jeté, tirez une boucle, continuez le reste du rang comme d'habitude.

Augmentations multiples sur le côté droit

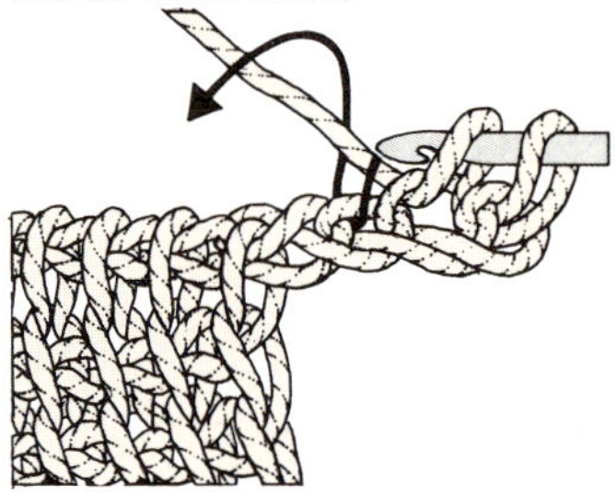

A la fin du rang retour, faites le nombre de ml supplémentaires désiré, travaillez en point de base dans chacune des ml, puis dans la m lisière du rang préc. Puis continuez comme d'habitude.

Diminution sur le côté droit

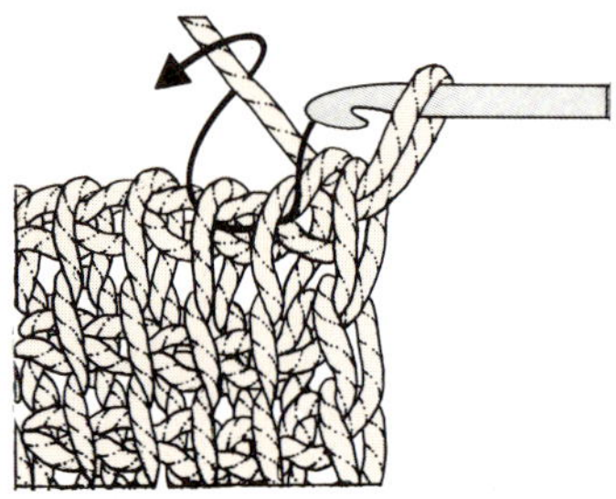

Au début d'un rang aller, piquez le crochet à travers deux boucles au lieu d'une seule et travaillez-les ensemble. Continuez le rang comme d'habitude.

Augmentation sur le côté gauche

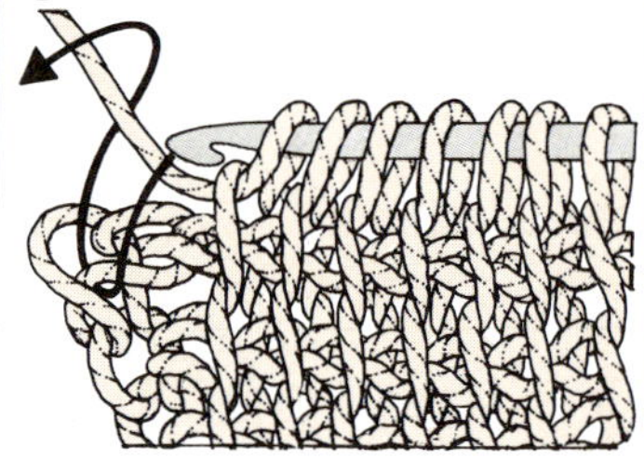

Au début d'un rang retour faites 1 jeté et tirez le fil à trav 1 boucle, 1 ml, *1 jeté et tirez à trav 2 boucles, répétez dep * jusqu'à la fin du rang. Au rang suivant, allez jusqu'à la dernière boucle, piquez dans la boucle supplémentaire, tirez le fil et travaillez la suite comme d'habitude.

Augmentations multiples sur le côté gauche

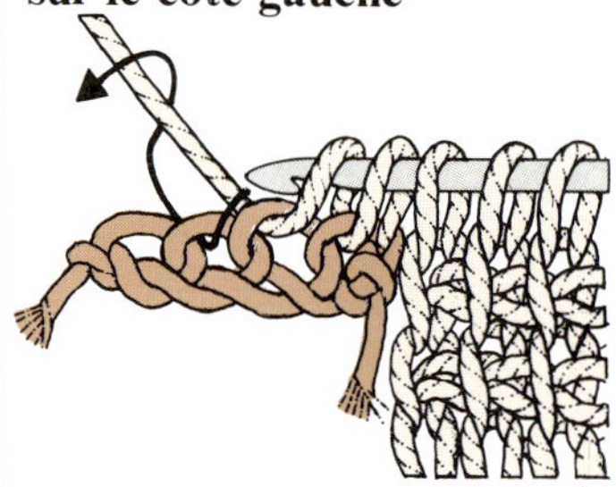

Prenez un fil séparé et faites le nombre de ml voulu pour les augmentations. A la fin d'un rang aller, faites des boucles dans les m que vous venez de monter. Faites le rang retour comme d'habitude.

Diminutions sur le côté gauche

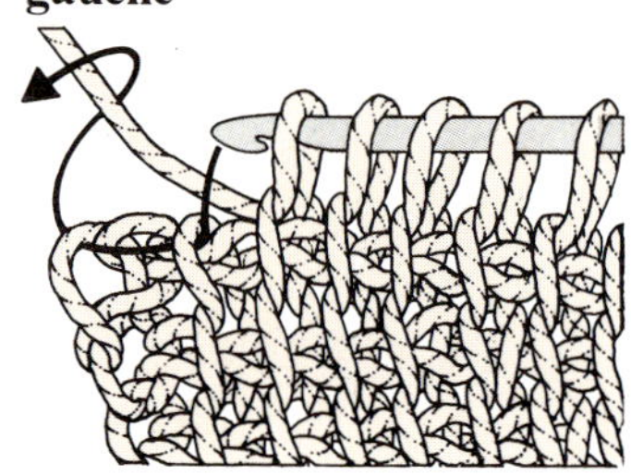

A la fin d'un rang aller, travaillez deux boucles à la fois. Faites le rang retour comme d'habitude.

Motifs tunisiens

1

4

2

5

3

6

1 Pavés tunisiens bicolores

2 couleurs A et B. Faites 1 chaînette d'un nb de m div par 8. **1° rang** Avec A, piquez le crochet dans la 2° m, 1 jeté, tirez le fil, (piquez dans la m suiv, 1 jeté, tirez le fil) deux fois, avec B (piquez dans la m suiv, 1 jeté, tirez le fil) 4 fois. Continuez ainsi faisant 4 boucles A et 4 boucles B. **2° rang** Avec B, 1 jeté, tirez à trav 1 boucle, (1 jeté, tirez à trav 2 b), 3 fois, avec A (1 jeté, tirez à trav 2 b) 4 fois, continuez ainsi jusqu'au bout. Continuez ainsi pendant 4 rangs encore, puis changez les couleurs et travaillez 6 rangs. Répétez toujours ces 12 rangs.

2 Les ondes

2 couleurs A et B. Avec A faites une chaînette de m divisible par 10, plus 2. Faites les deux premiers rangs au point tunisien simple. **3° rang** Avec B piquez le crochet dans la prem boucle sans tirer le fil, c'est 1 mc, * faites 2 m simples, (1 jeté, piquez dans la m suiv, tirez le fil, 1 jeté, tirez à trav 2 boucles, c'est une dbm) 4 fois, 2 m simples, 2 mc, rép dep *. **4° rang** Avec B comme le 2°. **5° et 6° rangs** Avec A point tunisien simple. **7° rang** Avec B, 2 dbm, *2 m simples, 2 mc, 2 mailles simples, 4 dbm, rép dep *. **8° rang** Avec B comme le 2° rang. Répétez toujours ces 8 rangs.

3 Grille tunisienne

Chaînette d'un nombre de m impair. **1° rang** 1 jeté, piquez dans la 3° m partant du crochet, tirez le fil, *1 jeté, sautez 1 m, piquez dans la m suiv, 1 jeté, tirez le fil, rép dep *. **2° rang** Point tunisien simple. **3° rang** *1 jeté, piquez dans la m suiv, 1 jeté, tirez le fil, rép dep *. **4° rang** Comme le 2°. Répétez toujours le 3° et le 4° rang.

4 Fausses côtes tunisiennes

Nombre de mailles chaînette impair, 2 rangs de point tunisien simple. **3° rang** *Piquez le crochet de droite à gauche dans la m suiv, 1 jeté, tirez le fil, piquez le fil de gauche à droite dans la m suiv, 1 jeté, tirez le fil, rép dep * à la fin. **4° rang** Comme le 2°. **5° rang** *Piquez le crochet de gauche à droite dans la m suiv, 1 jeté, tirez le fil, piquez de droite à gauche dans la m suiv, 1 jeté, tirez le fil, rép dep *. **6° rang** Comme le 2°. Répétez toujours du 3° au 6° rang.

5 Point tunisien ajouré

Nombre de mailles chaînette pair, 2 rangs de point tunisien simple. **3° rang** *Passez le fil devant l'ouvrage, piquez le crochet de droite à gauche sur le dev des 2 m suiv en même temps, 1 jeté, tirez le fil sur le devant, piquez entre les m, 1 jeté et tirez le fil, rép dep * jusqu'à la dern m, piquez dans la dern m, 1 jeté et tirez le fil. **4° rang** Comme le 2°. Répétez toujours les rangs 3 et 4.

6 Dentelle tunisienne

Chaînette d'un nb de m div par 4 et faites le premier rang au point tunisien simple. **2° rang** 1 jeté, tirez à trav 2 boucles, *4 ml, 1 jeté, tirez à trav 5 b, rép dep * jusqu'à ce qu'il reste 3 boucles sur le crochet, 3 ml, 1 jeté, tirez le fil à trav 3 boucles, 1 ml. **3° rang** Piquez dans la 1° m, 1 jeté, tirez le fil, rép pour les 2 m suiv, * (piquez dans la m suiv, 1 jeté, tirez le fil) 4 fois, rép dep *. Répéter toujours le 2° et le 3° rangs, finir par le 2° rang.

Explications de modèles

Les explications ci-après se rapportent aux modèles de la page 155.

Chaussons au point tunisien

Matériel Environ 50 ou 75 g de laine 4 fils, 1 crochet tunisien N° 5,5, deux aiguilles à tricoter N° 3,5. Cuir souple pour les semelles. **Echantillon** Pour pied d'environ 12-14 ou 16 cm de long. Nous donnons les explications pour une seule couleur. Vous pouvez les adapter comme il vous plaira, en utilisant par exemple différentes couleurs pour les côtés.

Modèle à cheville tricotée

Avec le crochet N° 5,5, faites une chaînette de 16 (18 ou 20) m et faites 2 rangs au point tunisien simple. **3° rang** Faites 5 m, 1 jeté (pour une augmentation), continuez jusqu'à la 5° m avant la fin du rang et faites 1 jeté (pour une autre augmentation). Finir le rang. **4° rang** Travaillez comme le 2° rang, en faisant une maille dans le jeté du rang préc. Vous avez 18 (20 ou 22) m. Continuez les augmentations au même endroit à chaque rang aller, jusqu'à obtenir 32 (36 ou 40) mailles puis continuez tout droit jusqu'au 12° (15° ou 18°) rang partant du début. **Séparation pour la cheville** Au rang suiv faites 12 (13 ou 14) m puis continuez sur ces mailles pendant 9 (10 ou 11) rangs complets (aller et retour). **Rang suiv** Trav sur 2 (3 ou 4) m, travailler 2 m ens à la fin. **Rang suiv** Faites le retour comme le 2° rang. **Rang suiv** Trav 1 (2 ou 2) m, trav 2 m ens jusqu'à la fin. **Rang suiv** Comme le 2° rang. Pour les tailles 2 et 3 seulement. **Rang suiv** Faites 1 m, 2 m ens, trav jusqu'à la fin du rang et revenez. Pour toutes les tailles arrêtez le fil. Sautez 8 (10 ou 12) m. Rattachez le fil et continuez jusqu'au bout. Faites la 2° partie en vis-à-vis. **Cheville** Avec les aiguilles à tricoter 3½, sur l'endr de l'ouvrage, remmaillez et tricotez 35 (39 ou 43) m autour de la cheville et sur le dessus du pied. Commencez le prem R avec 1 m env, puis faites des côtes 1/1 pendant 5 (6, 7) cm. Arrêtez toutes les m en souplesse. **Finition** Pliez l'ouvrage en eux et assemblez les côtés pour faire la semelle, fermez le devant. Fermez la couture du talon et fixez les côtes derr la cheville. Coupez la semelle à la taille voulue, faites des trous tout autour et cousez-la avec des points de croix.

Bonnets

Matériel Pour les deux modèles, environ 50 gr de laine à tricoter couleurs A, B, C, D; un crochet N° 4,5; 1 bouton pour le bonnet à oreillettes. **Echantillon** 12 m et 16 R pour 10 cm en dembr avec le crochet N° 4,5. **Remarque** Les dembr sont tricotées *entre* les mailles tout le long de l'ouvrage. **Taille** environ 2 ans.

Bonnet à bord retourné

Avec le crochet N° 4,5 faites 4 ml et fermez par 1 mc. **1° tour** 2 ml, 7 dembr dans l'anneau, 1 mc dans la 2° des 2 ml (8 m). **2° tour** 1 mc dans l'esp entre les 2 prem m, 2 ml, 1 dembr dans le même esp, 2 dembr dans tous les esp jusqu'à la fin, 1 mc dans la 2° des 2 ml, (16 m). **3° tour** Ajoutez B à un esp entre deux m, 2 ml, 2 dembr dans l'esp suiv, *1 dembr dans l'esp suiv, 2 dembr dans l'esp suiv, rép dep * à la fin, 1 mc dans la 2° des 2 ml (24 m). **4° tour** Joindre C à un esp, 2 ml, 1 dembr dans l'esp suiv, 2 dembr dans l'esp suiv, *1 dembr dans les 2 esp suiv, 2 dembr dans l'esp suiv, rép dep *, finir par 1 mc dans la 2° des 2 ml (32 m). **5° rang** Avec C 1 mc dans le prem esp, 2 ml, 1 dembr dans chaque esp jusqu'à la fin, 1 mc dans la 2° des 2 ml. **6° tour** Ajouter D ans un esp, 2 ml, 1 dembr dans les 2 esp suiv, 2 dembr dans l'esp suiv, *1 dembr dans les 3 esp suiv, 2 dembr dans l'esp suiv, rép dep *, 1 mc dans la 2° des 2 ml (40 m). **7° tour** Ajoutez A et trav comme le 6° tour (50 m). continuez tout droit, 1 tour en C, 2 tours en B, 1 tour en D, puis 20 tours en A, augmentez de 2 m au dernier tour (52 m). **Bord festonné** Mettant l'ouvrage sur l'envers, fixez B dans un esp, 1 ms dans le même end, 1 ml, sautez 1 esp, 3 br dans l'esp suiv, 1 ml, sautez 1 esp, 1 ms dans l'esp suiv, rép dep * jusqu'au bout. Ne faites pas la dern ms, 1 mc dans la prem ms. Arrêtez le fil.

Bonnet à oreillettes

Travaillez 7 tours comme pour le bonnet à bord retourné, mais faites 2 tours B, 1 tour A, 1 tour C, 2 tours D, 1 tour B (50 m). Continuez tout droit, 1 tour C, 1 tour D, puis 14 tours A. **Pour les oreillettes** Sur l'end de l'ouv, sautez les 4 m à part de l'attache, ajoutez B entre 2 m, 2 ml, 1 dembr dans les 12 esp suiv. Continuez sur des 13 m faisant des dembr. Continuez l'ouv, sautez les 4 m à part de l'attache, ajoutez B entre 2 m, 2 ml, 1 dembr dans les 12 esp suiv. Continuez sur es 13 m faisant es dembr. Continuez tout droit sur 2 tours, puis diminuez 1 m à la fin de chaque tour jusqu'à avoir 3 m. Faites encore 1 tour. **Tour suiv** 3 ml, sautez 2 m, 1 dembr dans la m finale, tournez et faites encore 2 tours sur ces 3 m. Arrêtez le fil. Sur l'end de l'ouvrage, sautez les 17 m suiv, ajoutez B entre 2 m, 2 ml, 1 dembr dans chacun des 12 esp suiv. Continuez sur ces 13 m comme pour la prem oreille jusqu'à ce qu'il ne reste que 3 m, puis faites 4 tours et arrêtez le fil. Cousez le bouton à l'endroit voulu.

Les boutonnières tunisiennes

Les boutonnières horizontales sont les plus simples à exécuter au crochet tunisien. Pour les boutonnières verticales. Employez la méthode du crochet ordinaire (page 132).

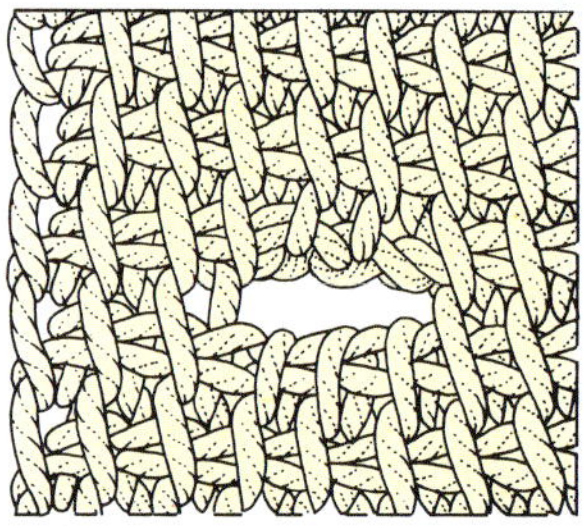

La boutonnière finie

Comment la faire

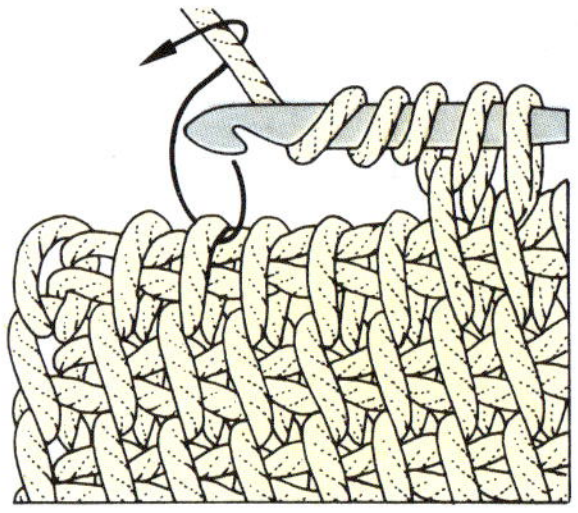

1 *Au rang aller, travaillez jusqu'à l'endroit choisi pour la boutonnière, puis faites 1 jeté pour chaque maille que vous devez sauter selon la taille du bouton.*

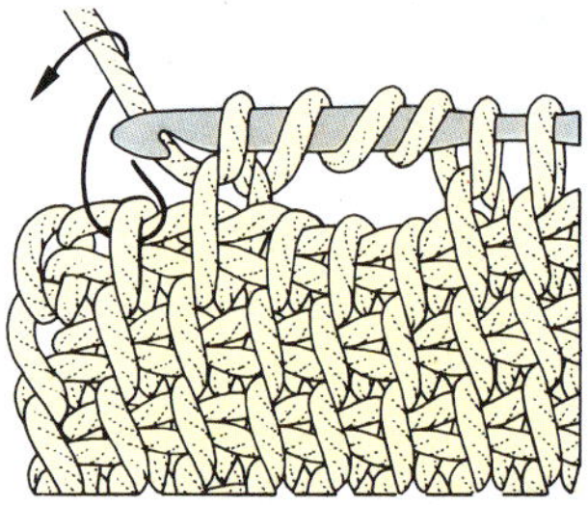

2 *Sautez le nombre des mailles correspondantes du rang précédent et terminez le rang aller.*

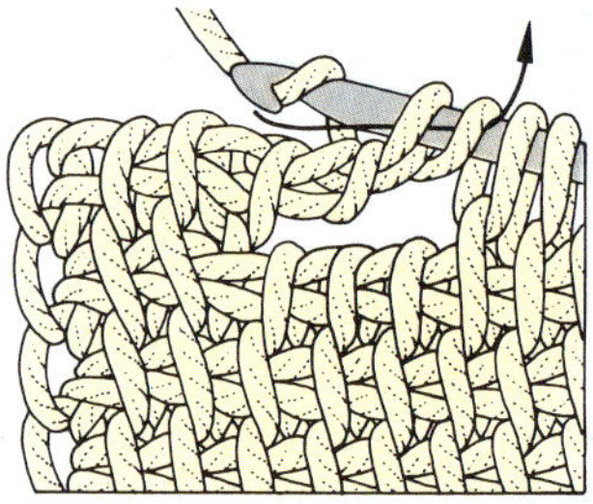

3 *Au rang retour, travaillez les jetés comme des mailles et terminez le rang comme d'habitude.*

Modèles de crochet tunisien

Les explications de ces modèles sont données page 153. On change toujours de couleur au début d'un rang, de la même manière que pour le crochet ordinaire (page 137).

1 Pavés tunisiens bicolores

2 Les ondes

3 Grille tunisienne

4 Fausses côtes tunisiennes

5 Point tunisien ajouré

6 Dentelle tunisienne

Chaussons au point tunisien

Les explications pour les chaussons au point tunisien se trouvent page 153. Vous pouvez les agrandir en faisant une chaînette de base plus longue et davantage de rangs. Les chevilles peuvent être allongées en ajoutant des rangs.

Chausson à rayures vertes et bleues

Chausson à rayures grises, bleues et jaunes

Les chevilles sont tricotées en côtes 1/1

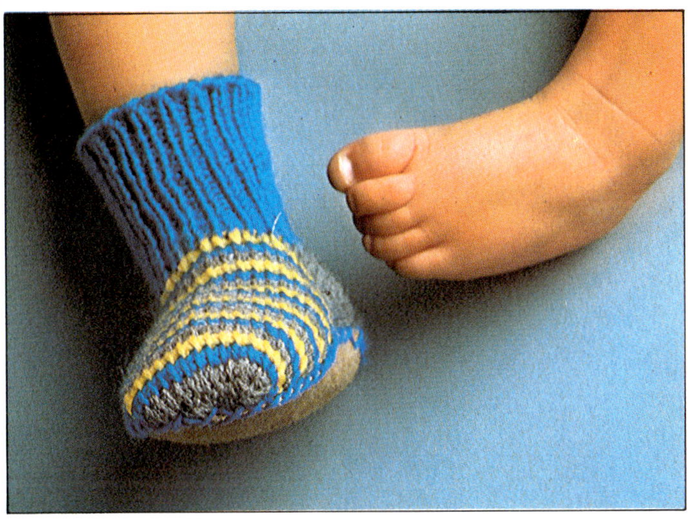

Bonnets tricotés en rond

Les explications de ces deux bonnets d'enfant se trouvent page 153. Ils sont travaillés en rond en partant du même modèle; seuls les bords sont différents. Les oreilles sont ajoutées une fois le bonnet terminé.

Bonnet à bord retourné

Bonnet à oreillettes

Perles et paillettes

On utilise perles et paillettes soit pour agrémenter de simples motifs, soit pour confectionner des ouvrages entiers. On les enfile toujours avant de commencer le travail pour ne pas avoir à casser le fil à chaque fois.

Comment utiliser perles et paillettes avec des mailles serrées

Sur les mailles d'un crochet plat, les perles s'ajoutent alternativement à chaque deuxième rang. La structure particulière des mailles serrées donnera aux perles une position inclinée.

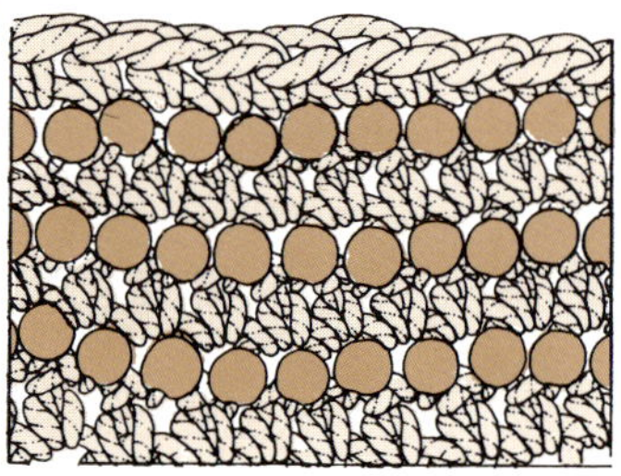

Comment ajouter des perles à un ouvrage en mailles serrées

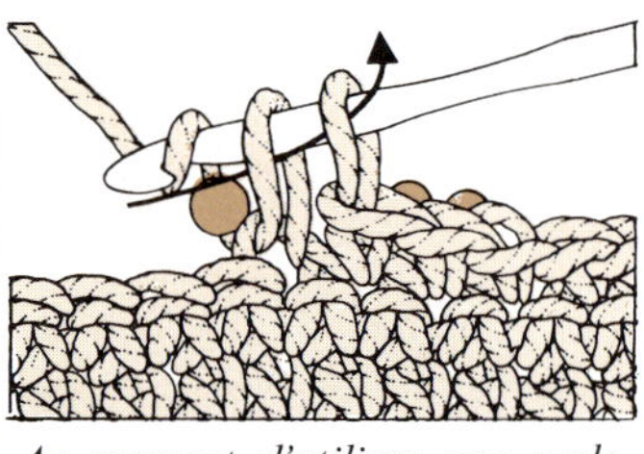

Au moment d'utiliser une perle, piquez le crochet dans la maille du rang préc comme d'habitude, et tirez le fil, puis glissez la perle près de la maille, faites 1 jeté et tirez le fil fermement à travers les deux boucles, en approchant au maximum la perle du haut de la maille du rang précédent.

Comment ajouter des perles et des paillettes à un ouvrage en brides

Dans un tel ouvrage, disposez les perles trou au-dessus.

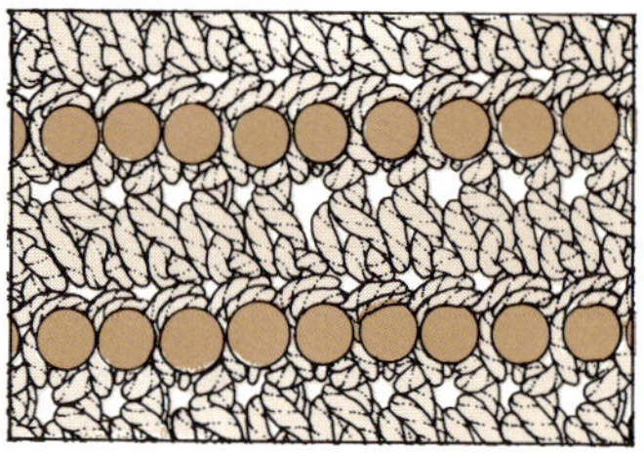

Comment ajouter les perles aux demi-brides

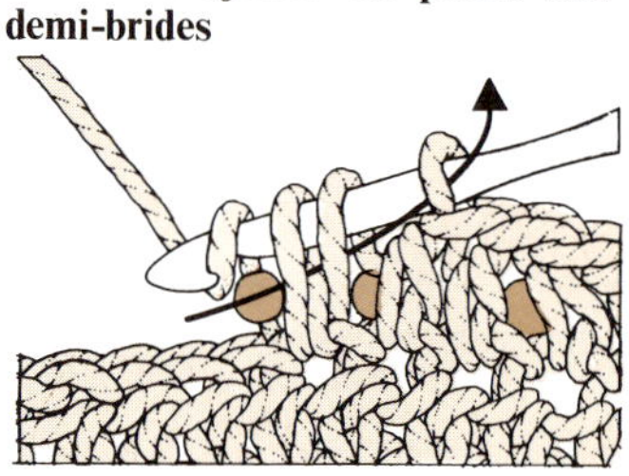

Faites 1 jeté et piquez le crochet dans la m du rang précédent, 1 jeté, tirez le fil, glissez la perle jusqu'en haut, 1 jeté, tirez à trav les 3 boucles.

Comment ajouter perles et paillettes à un ouvrage tubulaire

Dans un tel ouvrage, les paillettes peuvent être ajoutées à chaque tour. Elles se superposeront alors les unes aux autres à chaque rang.

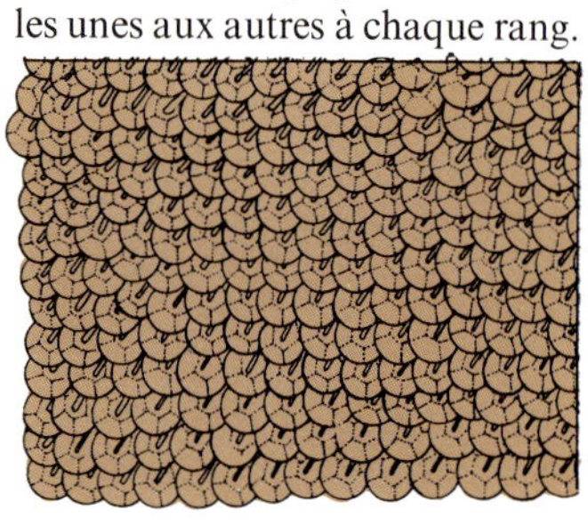

Comment enfiler des perles ou des paillettes

Enfilez une aiguille à coudre en doublant le fil, passez le fil à crocheter dans la boucle formée par le fil à coudre et repliez-le. Enfilez ensuite les perles ou les paillettes avec l'aiguille à coudre et faites-les passer sur le fil à crocheter. La dernière perle enfilée sera la première utilisée en cours de travail.

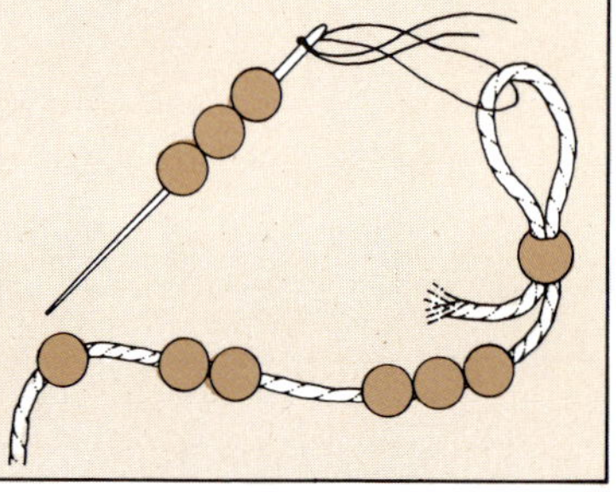

La dentelle à la fourche

Cette variante du crochet tire son nom de la fourche sur laquelle elle est exécutée. Cette fourche, à deux branches en acier, permet de confectionner des bandes ou des galons dont on fera des bordures ou des entre-deux. Ajoutées les unes aux autres, ces bandes forment un tissage léger et aérien, idéal pour des châles ou des écharpes. Les fourches existent en plusieurs largeurs; on peut y travailler avec toutes sortes de fils: soie, coton, laine fine, ficelle, corde ou raphia.

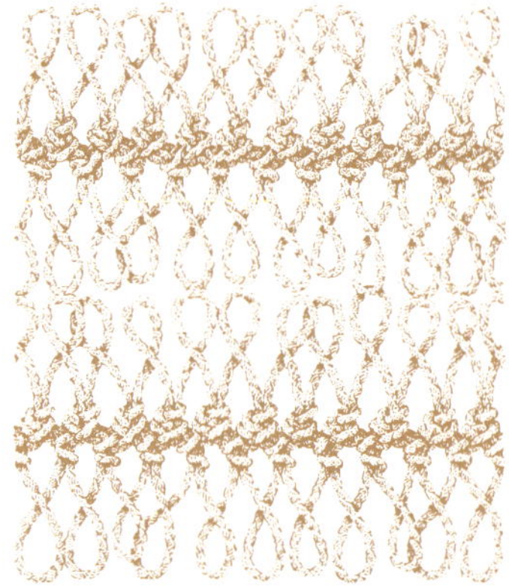

Technique de la dentelle à la fourche

Les mailles sont formées à l'aide d'un crochet sur les deux branches de la fourche. Celle-ci est tournée après chaque maille de droite à gauche, ce qui achève de former les boucles.

Comment faire de la dentelle à la fourche

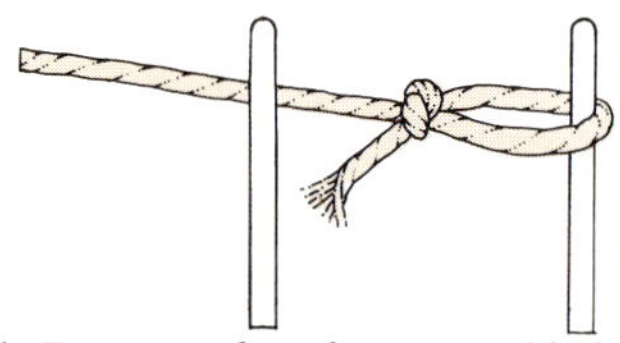

1 *Faites une boucle comme d'habitude (voir page 112) et posez-la sur la branche droite de la fourche, le nœud à l'intérieur; passez le fil derrière la branche gauche. Tenez le fil de la main gauche comme pour le crochet ordinaire (page 112) et tenez la fourche entre l'index et le pouce de la main gauche.*

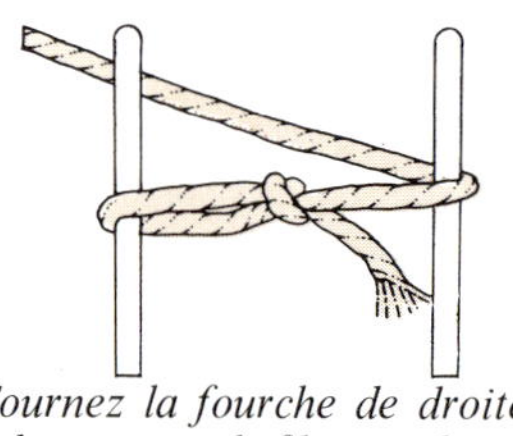

2 *Tournez la fourche de droite à gauche pour que le fil passe derrière les deux branches.*

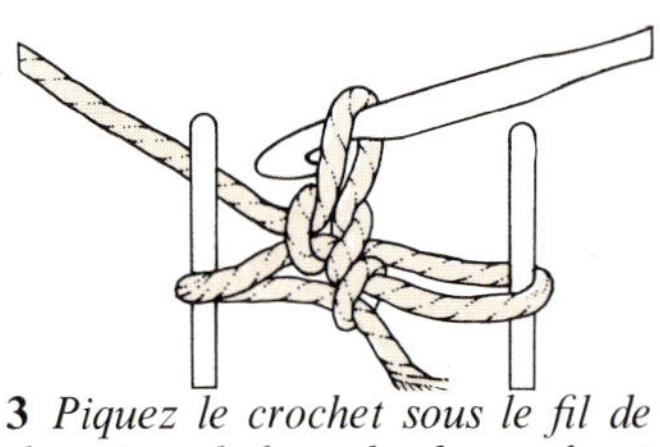

3 *Piquez le crochet sous le fil de devant sur la branche de gauche et faites 1 jeté, tirez le fil, 1 jeté encore, et tirez le fil à travers la première boucle. Cela forme une ms et c'est le premier tour.*

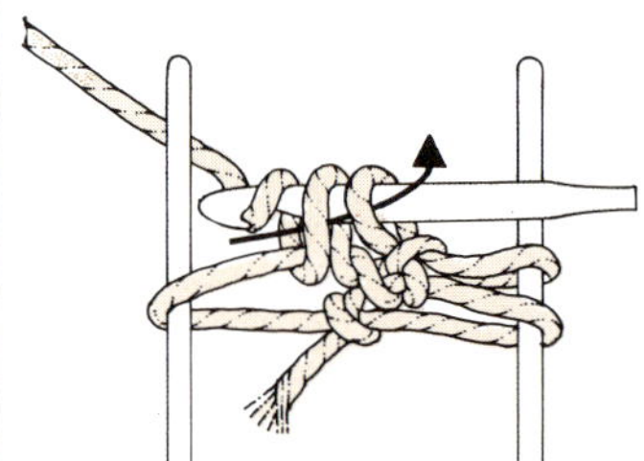

4 *En gardant la boucle sur le crochet, tournez la fourche de droite à gauche. Piquez le crochet sous le fil qui passe sur la branche gauche et faites une ms comme d'habitude.*

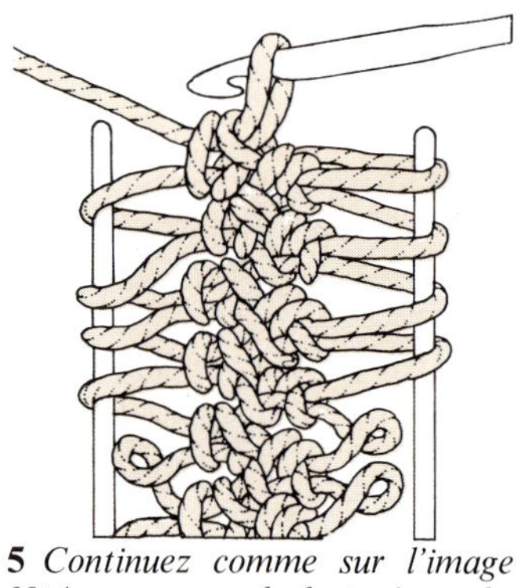

5 *Continuez comme sur l'image Nº 4 en tournant de droite à gauche après chaque maille. Quand la fourche est pleine, retirez soigneusement toutes les mailles, remettez seulement les 4 ou 5 dernières boucles, en laissant le reste pendre derrière la fourche et continuez. Une fois la longueur désirée atteinte, arrêtez l'ouvrage en cassant le fil et en le passant à travers la dernière maille.*

Finition
Une fois le galon achevé, fixez les boucles à l'extérieur par des ms.

Finition des galons

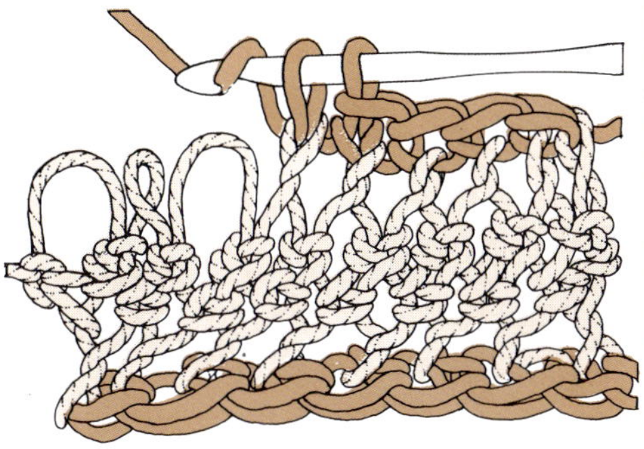

Finition des galons
Piquez le crochet dans la première boucle, tordez la boucle, 1 jeté, tirez le fil à trav, puis piquez le crochet dans la seconde boucle, tournez-la pour la tordre, 1 jeté, tirez le fil à trav 1 jeté et tirez à trav les deux boucles. Continuez et faites le second côté de même.

Assemblage des bandes
Voici deux méthodes pour assembler des bandes, l'une à points coulés, l'autre à mailles en l'air.

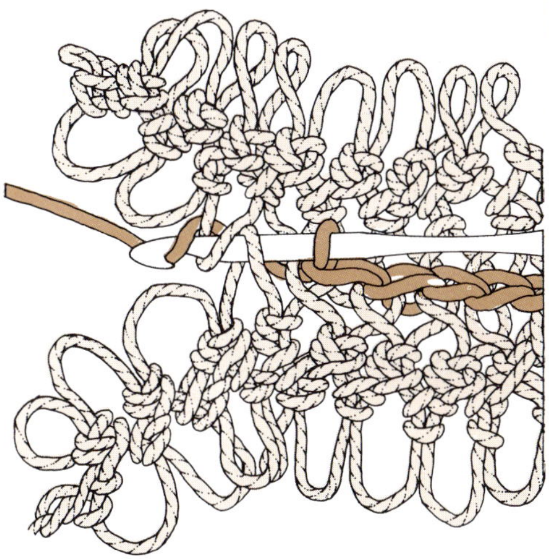

La maille coulée
Posez les bandes côte à côte. Avec une boucle sur le crochet, piquez celui-ci dans la boucle supérieure, puis dans la boucle inférieure. Assemblez-les par maille coulée, en passant le fil à travers les 3 boucles à la fois. Continuez jusqu'à ce que toutes les bandes soient assemblées.

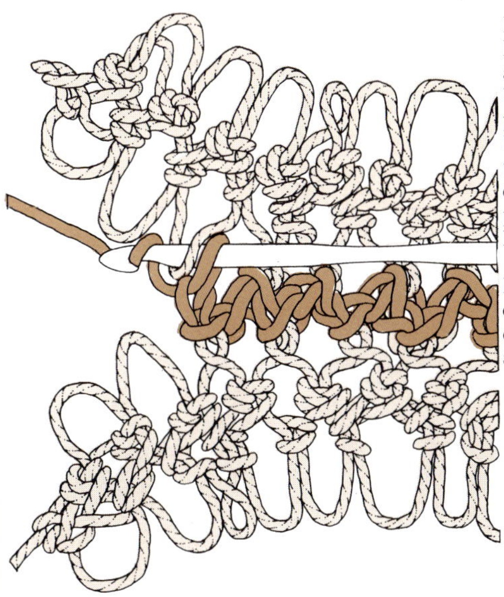

La maille en l'air
Posez les bandes côte à côte. Avec une boucle sur le crochet, piquez celui-ci dans la boucle du haut, 1 jeté, tirez à trav les 2 boucles, faites 1 ml, puis piquez le crochet dans la boucle du bas, 1 jeté, tirez à trav les 2 boucles, 1 ml, continuez jusqu'à ce que les bandes soient assemblées.

Explications

Le galon à la rose

Faites 2 bandes de dentelle comportant un nombre de boucles divisible par 3. Travaillez le long d'un côté comme suit: Faites une boucle, piquez le crochet à trav les 3 prem boucles en les tordant, tirez la première boucle à trav et faites 1 ms, *3 ml, 1 ms dans les 3 boucles suivantes prises ensemble, rép dep * jusqu'à la fin de la bande. Pour joindre les 2 bandes placez-les côte à côte, attachez le fil à la prem ms de la prem bande, *3 ml, 1 ms dans la 2° des 3 ml de la 2° bande, 3 ml, 1 ms dans la 2° des 3 ml de la 1° bande, rép dep *, finir par 3 ml, 1 ms dans la dern ms. Arrêtez le fil.

Le galon de Sienne

Faites une bande de dentelle de la largeur et de la longueur désirée en fermant chaque boucle par 2 dembr, trav dans le brin devant de la boucle gauche. Travaillez le long de chaque côté comme suit: **1° rang** Attachez le fil à la prem boucle, en la tordant à chaque fois, 1 ml, tournez. **2° rang** 1 ms dans la prem ms, *2 ml, 1 ms dans la même m, 1 ms dans la ms suiv, rép dep * jusqu'à la fin. Arrêtez le fil.

Entre-deux

Travaillez comme pour le galon à la rose, mais faites la bordure des deux côtés de chaque bande, puis exécutez un rang de ms le long des côtés extérieurs de l'entre-deux.

Galon zigzag

Faites deux bandes de dentelle comportant chacune un multiple de 12 boucles. Faites une bordure le long d'un côté de la prem bande comme suit: Attachez le fil à la prem boucle, faites 1 ms dans cette boucle, (1 ml, 1 ms dans la boucle suiv) 5 fois, en tordant les boucles chaque fois, *1 ml, piquez le crochet dans les 12 boucles suiv à la fois en tordant les boucles et faites une ms dans ces boucles ensemble, (1 ml, 1 ms dans la boucle suiv en tordant toujours) 12 fois, rép dep *, finir par 6 boucles au lieu de 12. Travaillez le long de l'autre côté de la bande, en commençant par 6 boucles ens, * (1 ml, 1 ms dans la boucle suiv) 12 fois, 1 ml, 1 ms dans 12 boucles à la fois, rép dep *, finir par 6 boucles à la fois. Faites la même chose sur les 2 côtés de la deuxième bande puis assemblez-les. Posez-les côte à côte, attachez le fil à la prem ms d'une des bandes, *2 ml, 1 ms dans la ms suiv de la 2° bande, 2 ml, 1 ms dans la ms suiv de la 1° bande, rép dep * jusqu'à la fin. Arrêtez le fil.

Dentelle festonnée

Faites 2 bandes de dentelle en travaillant 2 br dans chaque boucle, nombre de m pair pour chacune des bandes. Pour les assembler, placez-les côte à côte, piquez le crochet dans 2 boucles de la bande de droite et faites 1 ms, *2 ml, piquez dans 2 boucles de la bande de gauche et faites 1 ms, 2 ml, piquez dans deux boucles à droite et faites 1 ms, rép dep * jusqu'à ce que les bandes soient jointes. Pour la bordure du haut piquez le crochet dans les 2 prem boucles et faites 1 ms, *2 ml, piquez le crochet dans les 2 boucles suiv et faites 1 ms, rép dep * jusqu'au bout. Pour le feston piquez dans les 2 prem boucles sur l'autre côté de la bande et faites 1 ms, *5 ml, piquez dans les 2 boucles suiv et faites 1 ms, rép dep *. Dans chaque boucle de 5 m faites 1 ms, 1 dembr, 3 br, 5 ml, 1 mc dans la prem de ces 5 ml, 3 br, 1 dembr, 1 ms.

Galon topaze

Nombre de mailles multiples de 4. Faites une bande de la longueur et de la largeur voulues, en fermant chaque boucle par 1 ms dans le brin devant de la boucle sur la branche gauche. Faites les finitions le long de chaque côté comme suit: **1° rang** Piquez le crochet dans 4 boucles à la fois, en les tordant ensemble et faites 1 ms, *3 ml, piquez dans les 4 boucles suivantes à la fois, tordez-les et faites 1 ms, rép dep *, tournez. **2° rang** 3 ml, 1 ms dans la 2° des 3 ml, 3 ml, 1 ms dans la ms, rép dep * jusqu'au bout. Arrêtez le fil.

Franges

2 couleurs A et B, ou 3 sortes de différents fils. Avec A faites 2 bandes chacune comportant un nb de m multiple de 3, fermez chaque boucle par 1 ms dans le fil de devant de la boucle gauche. Placez les bandes côte à côte, piquez dans les 3 prem boucles de la bande de gauche, piquez dans 3 boucles de la bande de droite et tirez-les à travers les boucles sur le crochet, piquez dans les 3 boucles suiv de la bande de gauche et tirez-les à trav les boucles du crochet, rép dep * jusqu'au bout. Pliez l'ouvrage en deux le long de l'attache, vous avez une chaîne épaisse en haut de l'ouvrage. Avec B joignez la prem ml sur le côté du haut, 1 ms dans le même end, 1 ms dans chaque ms jusqu'au bout, tournez. **2° rang** 3 ml, 1 ms dans la prem ms, * sautez 1 ms, (1 ms, 3 ml, 1 ms) dans la ms suiv, rép dep * à la fin. Arrêtez le fil. Coupez les boucles le long du côté libre pour en faire des franges.

Motifs de dentelle à la fourche

Les explications des motifs suivants sont données page 157. En les allongeant et en ajoutant davantage de bandes, on peut faire des modèles 1 à 6 des couvre-lits ou des châles. Le modèle 7 ne peut servir que de frange. Tous les modèles peuvent être utilisés dans la longueur donnée, mais il est possible aussi de les allonger pour en faire des bordures pour des ouvrages au crochet, en tricot ou en tissu. On fixe ces bordures à l'aide de mailles coulées le long des ouvrages en tricot ou au crochet (voir page 114), on les coud à la main le long des pièces de tissu.

1 Galon à la rose
2 Galon de Sienne
3 Galon zigzag
4 Dentelle festonnée
5 Galon topaze
6 Franges

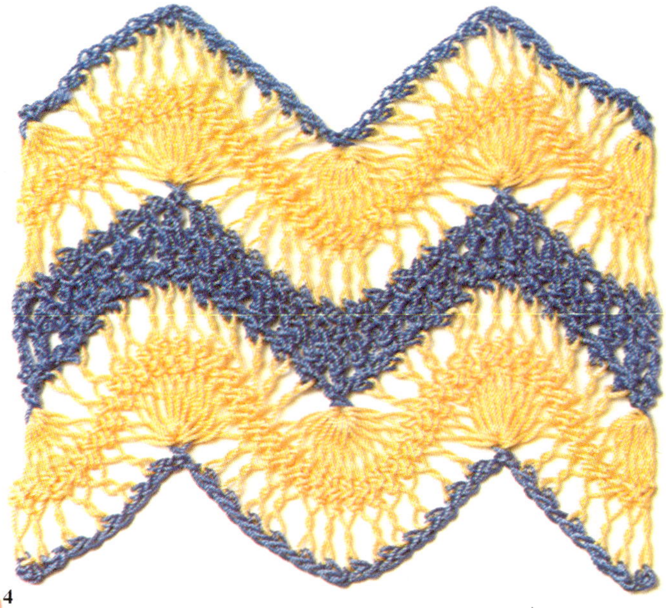

4

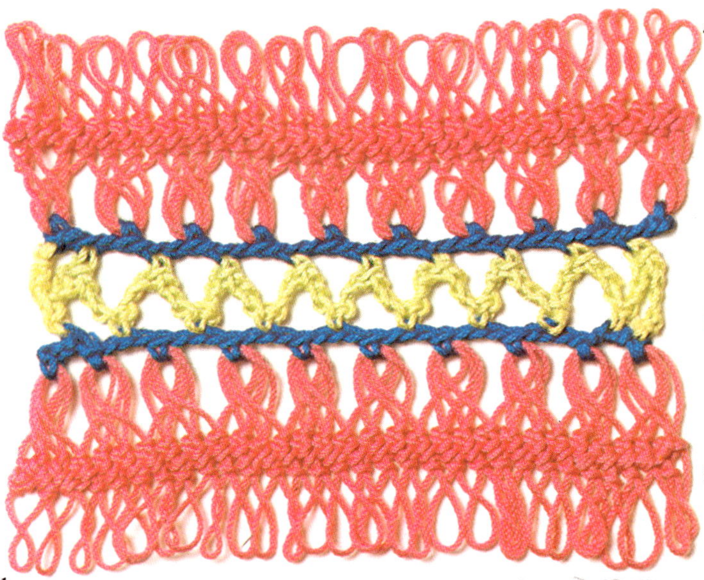

1

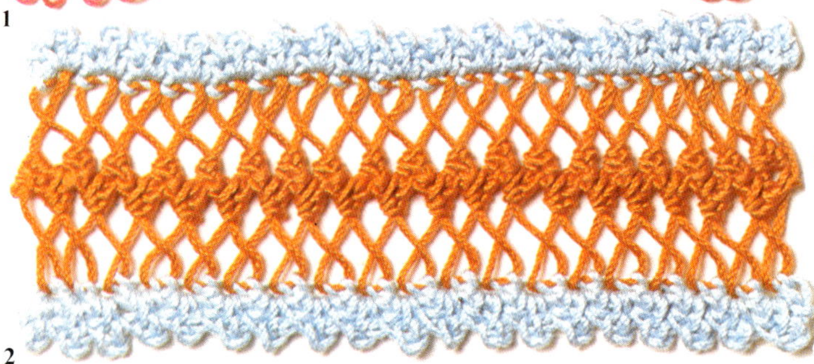

2

3

5

6

7

Broderie sur crochet

On peut utiliser les points de broderie pour assembler des pièces exécutées au crochet ou pour décorer un ouvrage un peu terne. Les fils, de même couleur ou de couleurs contrastantes, sont cousus avec une aiguille à bout rond.

Les coutures bord à bord
On peut utiliser ce genre de couture pour assembler des carrés grand-mère, soit avec un fil de couleurs contrastantes, soit avec un fil ton sur ton. Des carrés de laine ou de coton blanc assemblés de cette façon sont d'un effet décoratif frappant (fig. 1).

Le point de reprise sur brides
Vous pouvez obtenir n'importe quel dessin en passant un point de reprise autour des brides d'un ouvrage au crochet (fig. 2). Le point de reprise s'exécute également sur filet (voir page 151).

Le point de boutonnière sur brides
Les brides peuvent être entourées de points de boutonnière de différentes couleurs (fig. 3).

Le point de chaînette
Des dessins au point de chaînette peuvent s'ajouter dans un angle ou au centre d'un ouvrage en mailles serrées (fig. 4).

Le point de croix souligne un changement de coloris
Un rang de points de croix d'une troisième couleur peut séparer deux bandes de crochet de couleurs différentes (fig. 5).

Motifs au point lancé
Il y a aussi toutes sortes de possibilités d'ajouter des dessins au point lancé à un ouvrage crocheté (fig. 6).

1 Couture bord à bord

2 Point de reprise

3 Point de boutonnière

4 Point de chaînette

5 Point de croix

6 Point lancé

Le crochet géant

Il n'existe qu'un seul point au crochet géant et c'est un point à jours. On l'exécute avec une aiguille à tricoter géante et un crochet normal. C'est la taille de l'aiguille et du crochet, en même temps que le nombre des boucles, qui déterminent les mesures de l'ouvrage. La taille du crochet et de l'aiguille à tricoter est indiquée dans l'explication des modèles.

Le crochet géant

Faites une chaînette de base d'un nombre de mailles divisible par 5. Le nombre des mailles peut varier selon la taille des points que vous désirez obtenir.

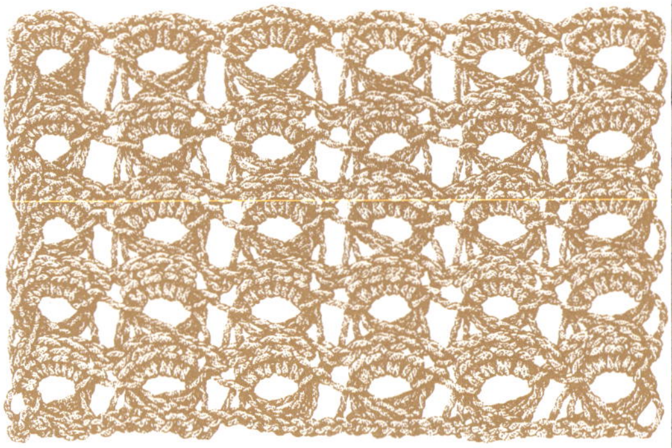

Le crochet géant

Comment faire le crochet géant

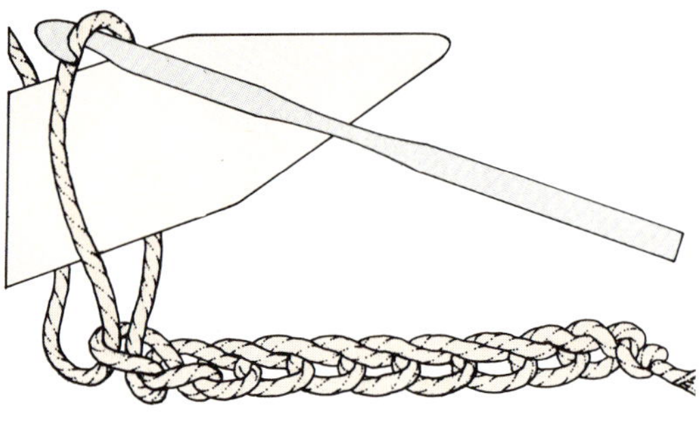

1 *Tirez la dernière maille de la chaînette et passez-la sur l'aiguille à tricoter que vous tenez de la main gauche.*

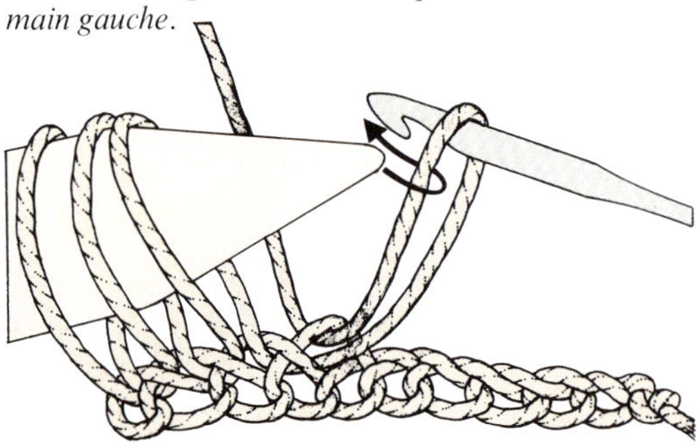

2 *Sautez une maille, piquez le crochet dans la m suiv, 1 jeté, tirez une boucle et mettez-la sur l'aiguille. Continuez ainsi jusqu'à la fin du rang. Ne tournez pas.*

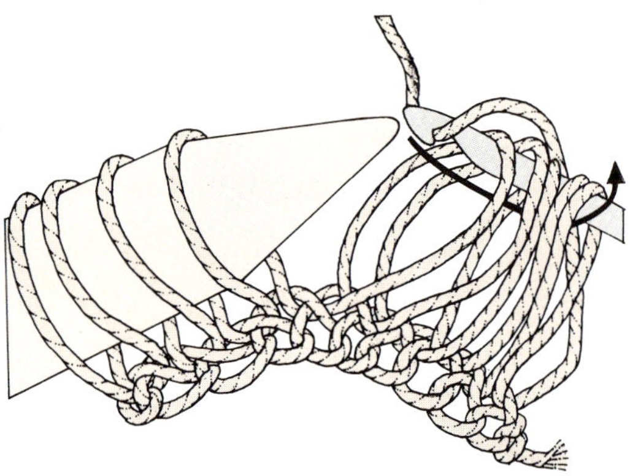

3 *Piquez le crochet de gauche à droite à travers les 5 premières boucles, retirez-les de l'aiguille, 1 jeté et tirez le fil à travers ces 5 boucles.*

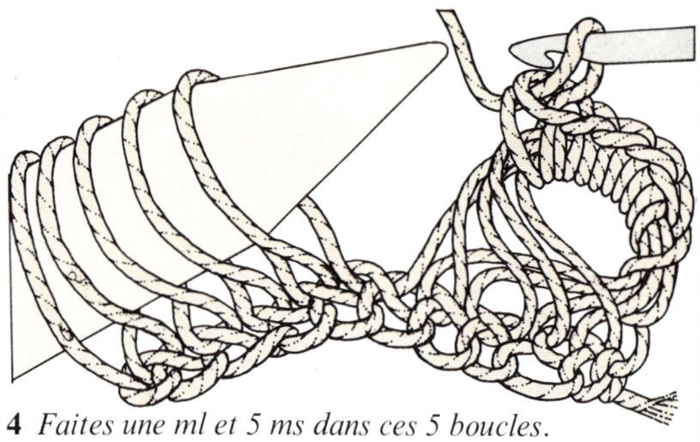

4 *Faites une ml et 5 ms dans ces 5 boucles.*

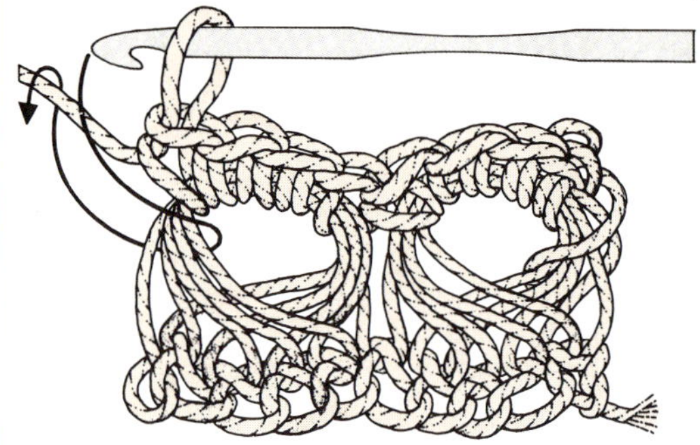

5 ** Piquez le crochet dans les 5 boucles suivantes sur l'aig, 1 jeté, tirez le fil à trav 5 boucles, 1 jeté et tirez à trav les 2 boucles restantes, 4 ms dans les 5 boucles. Répétez dep * jusqu'à la fin du rang.*

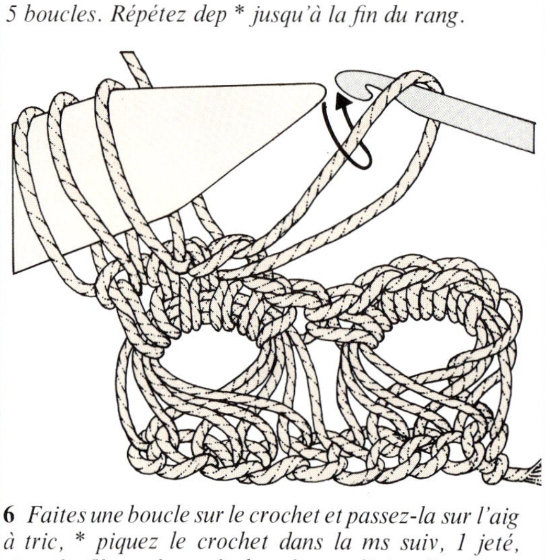

6 *Faites une boucle sur le crochet et passez-la sur l'aig à tric, * piquez le crochet dans la ms suiv, 1 jeté, tirez le fil et placez la boucle sur l'aig. Continuez dep * jusqu'à la fin du rang. Ne tournez pas. Continuez toujours ces deux rangs.*

Modèle du pull-over sans manches

Devant et dos (même façon) Avec un crochet N° 4 montez une chaînette de 95 (100, 105, 110, 115) m. **1° rang** Tirez la dern m et mettez-la sur l'aiguille à tricoter, * piquez dans la m suiv, 1 jeté et posez la boucle sur l'aig, rép dep * jusqu'à la fin du rang, 95 (100, 105, 110, 115) m sur l'aig. **2° rang** Tenez l'aig à tric de la main gauche, piquez le crochet à trav 5 boucles de droite à gauche, 1 jeté, tirez le fil à trav les 5 boucles, 1 jeté et tirez à trav les 2 boucles restantes pour faire une ms, puis faites encore 4 ms dans la boucle, * piquez le crochet dans les 5 m suiv et faites une ms, retirez les boucles de l'aig et faites encore 4 ms dans la même boucle, rép dep * jusqu'au bout, ne tournez pas, 19 (20, 21, 22, 23) groupes de mailles. **3° rang** Remettez la boucle du crochet sur l'aig à tricoter, * tenez l'aig de la main gauche, piquez le crochet dans la ms suiv sur la droite, 1 jeté, tirez le fil à trav la ms et mettez-le sur l'aig, rép dep * jusqu'au bout en ne piquant que dans le brin arrière de la ms. Rép les rangs 2 et 3 encore 15 fois puis une fois le rang 2. **Rang suiv** Augmentez de deux boucles à chaque bout en piquant deux fois dans les 2 prem et les 2 dern ms. **Rang suiv** 2 ms dans les 2 prem boucles, 5 ms dans chaque boucle de 5, jusqu'aux 2 dern boucles, 2 ms dans les 2 dern boucles. **Rang suiv** Augmentez de deux boucles comme précédemment. **Rang suiv** 4 ms dans les 4 prem boucles, 5 ms dans les 5 boucles jusqu'aux 4 dern boucles, 4 ms dans les 4 dern boucles. **Rang suiv** Augmentez une boucle de chaque côté en piquant deux fois dans la prem et la dern ms. **Rang suiv** Jusqu'au bout comme rang 2 (21, 22, 23, 24, 25 groupes de boucles), continuez jusqu'à 54 (54, 57, 57, 60) cm de longueur finir par rang 2, tournez. **Rang suiv** 1 ml, sautez la prem ms, 1 ms dans les 3 ms suiv, rép dep * jusqu'à la dern ms, 1 ms dans la dern ms, tournez. **Rang suiv** 1 ms dans chaque ms jusqu'à la fin, tournez, répétez encore une fois ce dernier rang. Arrêtez le fil. **Finitions** Mettez l'ouvrage en forme et repassez à la pattemouille, cousez les épaules sur 11 (11, 12, 12, 13) cm de chaque côté en laissant l'encolure ouverte. Cousez les côtés jusqu'au début des augmentations. **Bordure du bas** Faites 7 ms dans deux groupes de boucles jusqu'au bout, fixez par une mc dans la 1° ms. **Rang suiv** 1 ml, 1 ms dans chaque ms jusqu'au bout, 1 mc dans la prem ms, répétez ce rang encore une fois. **Emmanchure** Sur l'endroit du travail, attachez le fil sur la couture de côté et faites 3 ms dans chaque boucle dans le rang de boucles et 1 ms dans chaque ms dans le rang de ms, faites 1 mc dans la prem ms. Faites encore deux rangs comme pour la bordure du bas. Arrêtez le fil.

Pull-over au crochet géant

Pour ce modèle (explications page précédente) de tour de poitrine 81 (86, 91, 97, 102) cm, il vous faudra 150 (200, 200, 200, 250) g de laine à tricoter 4 fils, un crochet N° 4 et une aiguille à tricoter de 2 cm de diamètre. L'échantillon est de 3 groupes de boucles et 3 rangs pour 7 cm². La longueur est de 57 (57, 60, 60, 63) cm.

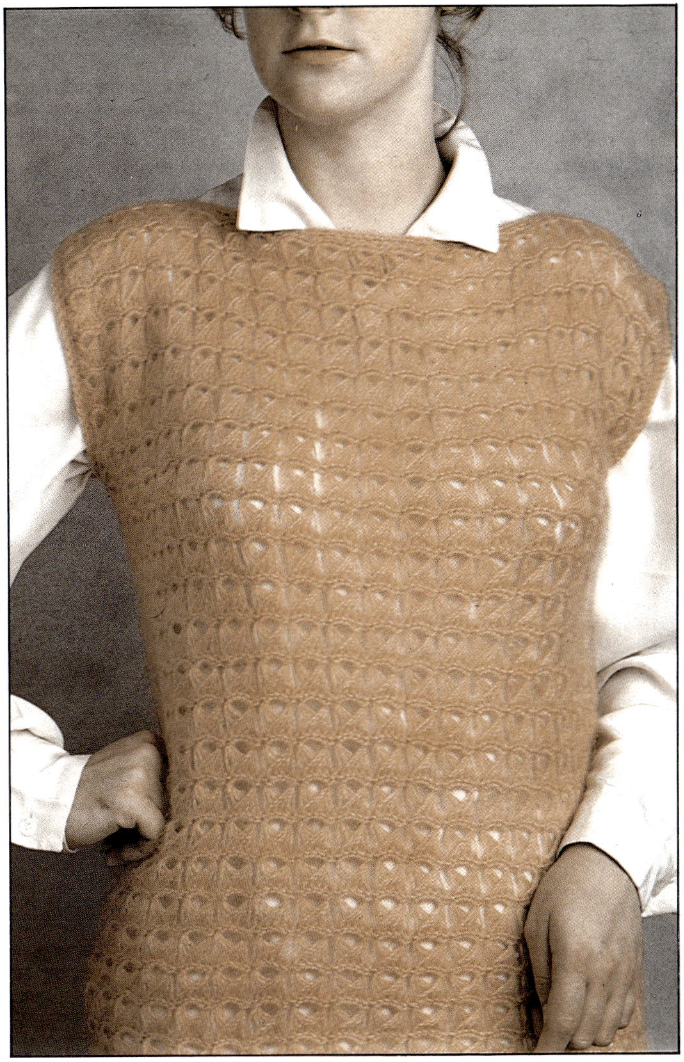

La dentelle géante *(voir détail ci-contre) peut avoir une texture plus ou moins serrée selon la taille de l'aig à tricoter choisie. Notre exemple a été exécuté avec une aig de 2 cm. Si vous désirez une texture plus serrée, utilisez une aiguille plus fine.*

Les bordures au crochet

Les bordures au crochet étaient initialement destinées à ressembler le plus possible à de la dentelle, c'est pourquoi elles étaient exécutées avec des crochets et des cotons très fins. Cependant, faites en laine sur un crochet plus gros, elles sont tout aussi décoratives. On les utilise pour finir un ouvrage au crochet, en tricot ou en tissu. On peut les ajouter directement à l'ouvrage en question ou les travailler en bandes et les coudre à la fin.

Comment ajouter la bordure directement à l'ouvrage

Le premier rang de la bordure se crochète sur les mailles existantes.

Comment travailler

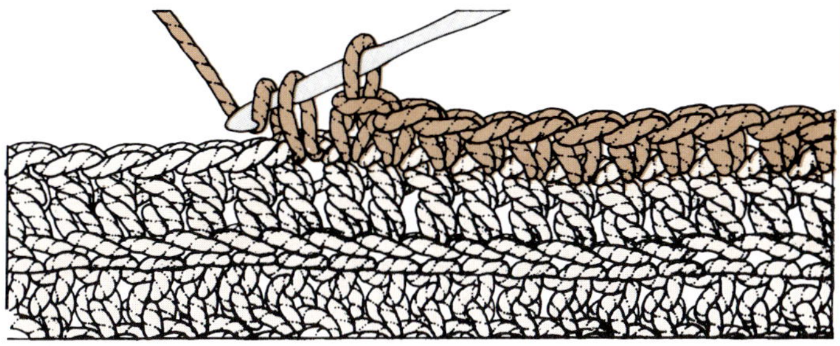

1 *Faites 1 rang de ms avec une laine soit contrastante, soit de même couleur que celle de l'ouvrage, travaillez directement le long d'un côté de l'ouvrage.*

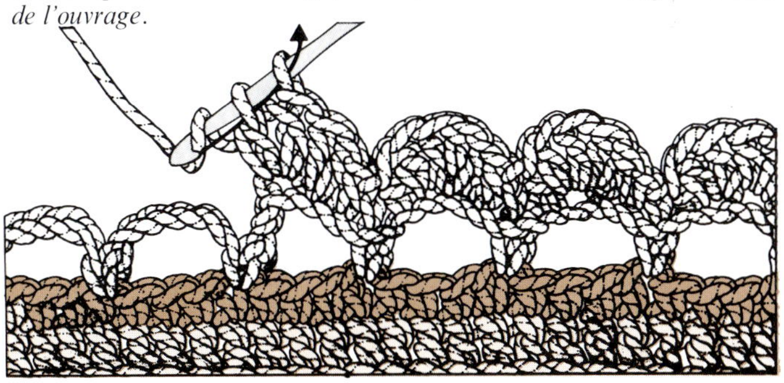

2 *Travaillez ensuite la bordure en rangs aller-retour jusqu'à la fin.*

Comment ajouter la bordure à un ouvrage au crochet à l'aide de mailles serrées

Au cas où votre bordure doit être posée verticalement le long d'un ouvrage, il faut la fixer une fois terminée seulement, soit en la cousant, soit en l'ajoutant par des mailles serrées ou des mailles coulées (voir page 114).

Comment travailler

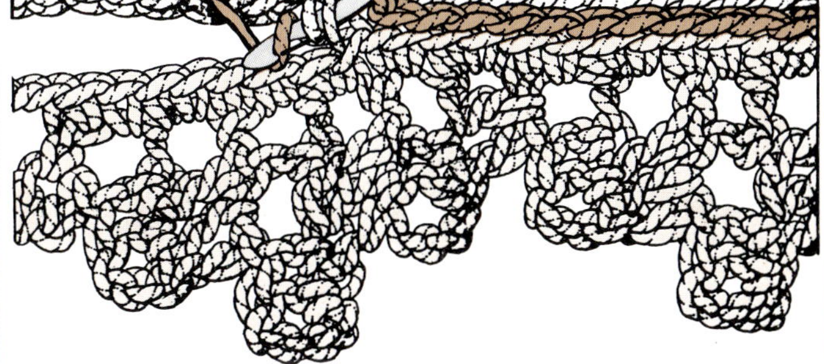

Faites des mailles coulées en piquant à travers ouvrage et bordure.

Modèles de bordures

Picot simple

Ajouté dans un rang de mailles serrées au bord d'un ouvrage. *1 ms dans les 2 ms, 4 ml, 1 mc dans la dern ml, rép dep * jusqu'au bout.

Petits arceaux

Ajouté à un rang de ms au bord d'un ouvrage. 1 ms dans la ms suiv, *3 ml, sautez 1 ms, 1 ms dans la ms suiv, rép dep * jusqu'au bout.

Ondes

Ajouté aux ms du bord d'un ouvrage, nombre de m div par 18 plus 1. 1 mc dans la prem ms, *1 ms, 1 dembr, 1 br, 1 dbbr, 1 br, 1 dembr, 1 ms, 1 mc, 1 ms, 1 dembr, 1 br, 1 dbbr, 1 br, 1 dembr, 1 ms, 1 mc, rép dep * à la fin.

Bordure bicolore

Ajouté aux ms du bord d'un ouvrage, nombre de m div par 4 plus 1. 2 couleurs A et B. **1° rang** Avec A faites des ms jusqu'à la fin du rang. Cassez le fil et revenez au début du rang. **2° rang** Avec B faites des ms jusqu'à la fin du rang. Cassez le fil et revenez au début du rang. **3° rang** Avec A, 1 ms dans la prem ms, *6 ml, sautez 3 ms, 1 ms dans la ms suiv, rép dep jusqu'à la fin. Cassez le fil et revenez au début du R. **4° rang** Avec B, 1 ms dans la prem ms, *1 mc dans le brin arr des 6 ml suiv, 1 ms dans le ms suiv, jusqu'au bout. Arrêtez le fil.

Tige

Ajouté à un rang de ms au bord d'un ouvrage. Avec 2 ou plusieurs couleurs, faites un rang de mc de chaque couleur. Recommencez toujours depuis le début du rang.

Festons

Ajouté à un rang de ms au bord d'un ouvrage, nb de mailles div par 6 plus 1. 1 mc dans la prem ms, * sautez 2 ms, 5 br dans la ms suiv, sautez 2 ms, 1 mc dans la ms suiv, rép dep * à la fin.

Ananas

Ajouté au bord d'un ouvrage terminé par un rang de ms de nb pair. Fixez le fil à la prem ms, 1 dembr dans la ms suiv, (1 jeté, piquez derrière la tige de la bride, 1 jeté, tirez le fil) 3 fois, 1 jeté, tirez à trav les 7 boucles sur le crochet, 1 ml, sautez 1 ms, rép dep * à la fin, 1 dembr dans la dern ms.

Torsade

Ajouté à un bord de ms d'un nb de mailles div par 3 plus 1. **1° rang** Avec A, 1 ms dans la prem ms, *3 ml, sautez 2 ms, 1 ms dans la ms suiv, rép dep *, cassez le fil A et revenez au déb du rang. **2° rang** Avec B, 1 ms dans la prem ms, *3 ml, retirez le crochet de la dern ml, piquez dans la boucle de 3 ml du 1° rang, reprenez la boucle de la dern ms et tirez le fil, 1 jeté et tirez le fil, rép dep * à la fin, finir par 1 ms dans la dern ms.

Arceaux à picots

Faites une chaînette de la longueur voulue, nombre de m div par 3 plus 1, 2 ml, tournez. **1° rang** 1 br dans la 4° ml partant du crochet, 1 br dans chacune des ml jusqu'à la fin. **2° rang** *3 ml, sautez les 2 br suiv, 1 br dans la br suiv, rép dep * à la fin. **3° rang** 1 mc dans la prem boucle, *6 ml, 1 mc dans la 4° m partant du crochet, 2 ml, 1 ms dans la boucle suiv, rép dep * à la fin. Arrêtez le fil.

Bordure à triangles

1 chaînette de la longueur voulue, nombre de m div par 4 plus 1, 2 ml, tournez. **1° rang** 1 br dans la 4° m partant du crochet, 1 br dans chacune des m. **2° rang** 3 ml, 3 br dans la prem br (angle), * sautez 3 br, 1 ms dans la br suiv, 3 ml, 3 br dans la même m, rép dep *, finir par: sautez 3 br, 1 ms dans la ml de la fin. Arrêtez le fil.

Bordure fleurie

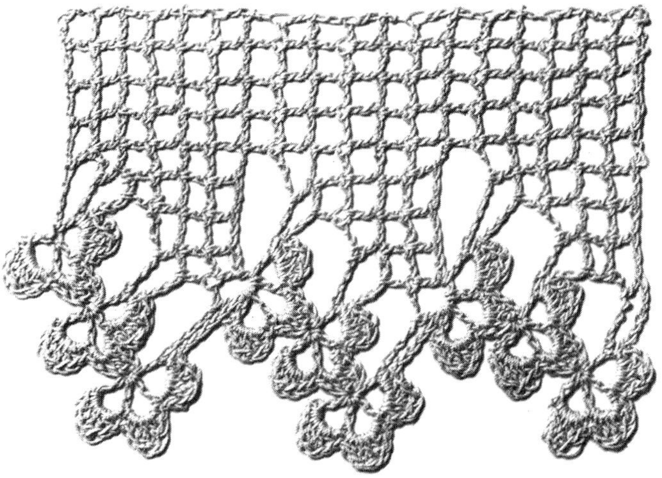

Chaînette de 21 ml. **1° rang** 1 br dans la 8° m part du crochet, (2 ml, sautez 2 m, 1 br dans la ml suiv) 3 fois, 5 ml, sautez 3 ml, (1 br, 3 ml) 3 fois dans la ml suiv, 1 br dans la même m, 1 ml, tournez. **2° rang** (1 ms, 1 dembr, 1 br, 1 dbbr, 1 br, 1 dembr, 1 ms) dans chacun des 3 esp de ml, (c'est un trèfle), 1 br dans l'esp de 5 ml, (2 ml, 1 br dans la br suiv) 4 fois, 2 ml, sautez 1 ml, 1 br dans la ml suiv, 5 ml, tournez. **3° rang** Sautez la prem br, 1 br dans la br suiv, (2 ml, 1 br dans la br suiv) 4 fois, 2 ml, 1 br dans l'esp de 5 ml, 7 ml, (1 br, 3 ml) 3 fois dans la dbbr du centre du pétale, 1 br dans la même m, 1 ml, tournez. **4° rang** 1 trèfle comme précédem, 5 ml, 1 br dans l'esp de 7 ml, *2 ml, 1 br dans la br suiv, rép dep * à la fin, dern br dans la 3° des 5 ml, 5 ml, tournez. **5° rang** Comme le 3°, mais faites (2 ml, 1 br dans la br suiv) 6 fois au lieu de 4. **6° rang** Comme le 4°. **7° rang** Sautez la prem br, 1 br dans la br suiv, (2 ml, 1 br dans la br suiv) 3 fois, 7 ml, sautez 4 esp, (1 br, 3 ml) 3 fois dans l'esp suiv, 1 br dans le même esp, 1 ml, tournez. Rép les rangs 2 à 7 pendant la longueur désirée, finir par un 6° rang. Arrêtez le fil.

Bordure de trèfles

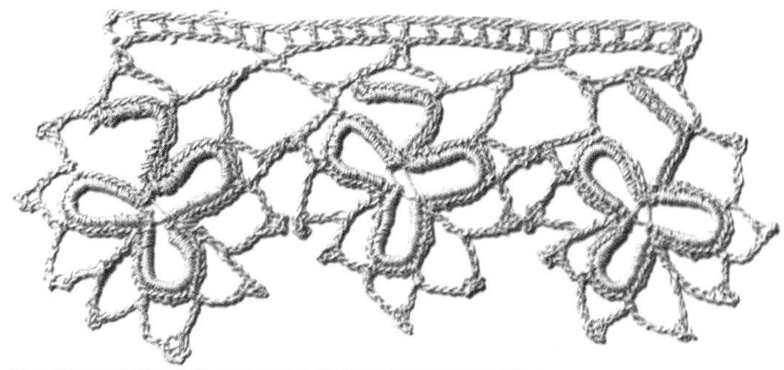

Premier trèfle
Chaînette de 29 m. **1° tour** 1 mc dans la 14° m part du crochet, (13 ml, 1 mc dans la même m) 2 fois. **2° tour** Travaillez par-dessus une cordelette ou 4 brins de votre fil; 25 ms dans chaque boucle, puis toujours par-dessus le fil, 15 ms par-dessus la part restante des ml pour la tige, la dern ms dans la dern ml, coupez la cordelette. **3° tour** 1 ms dans l'end de la dern ms, (6 ml, 1 ms dans la 4° m part du crochet, (1 picot), 3 ml, sautez 9 ms du pétale suiv, 1 ms dans la ms suiv, 8 ml, picot, 3 ml, sautez 5 ms, 1 ms dans la ms suiv, 8 ml, picot, 3 ml, 1 dbbr entre les pétales) 2 fois, 8 ml, 1 picot, 3 ml, sautez 9 ms du pétale suiv, 1 ms dans la ms suiv, ** 8 ml, 1 picot, 3 ml, sautez 5 ms, 1 ms dans la ms suiv, 8 ml, 1 picot, 3 ms, 1 ms dans le centre de la tige, 8 ml, 1 picot, 3 ml, 1 mc dans la prem ms. Arrêtez le fil.

Deuxième trèfle Comme pour le premier trèfle jusqu'à **, 4 ml, 1 mc dans le picot de la boucle à la fin du premier pétale du prem trèfle, 2 ml, 1 ms dans la 3° des 4 ml, 3 ml, sautez 5 ms du 2° trèfle, 1 ms dans la ms suiv, finissez comme le prem trèfle. Faites autant de trèfles que désiré, reliez-les comme indiqué. **Bordure du haut** Sur l'envers du travail, fixez le fil au picot du dernier trèfle (la boucle dessous la tige), *11 ml, laissez la dern boucle de chacune d'elles sur le crochet, 1 ms dans les 2 picots suiv, 1 jeté, tirez à trav 3 boucles du crochet, c'est une dbbr jointe, 11 ml, 1 ms dans le picot suiv, rép dep *, finissez par 4 ml, tournez. **2° rang** *(sautez 1 ml, 1 br dans la ml suiv, 1 ml) 5 fois, 1 br au sommet de la dbbr jointe, 1 ml, rép dep * à la fin, ne faites pas la dern ml. Arrêtez le fil.

Filet diamant

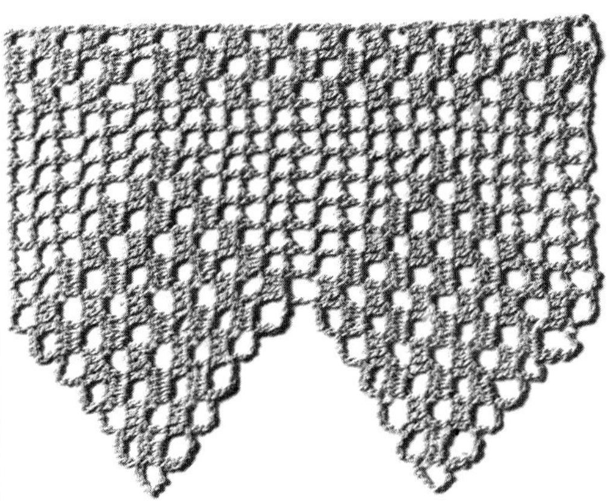

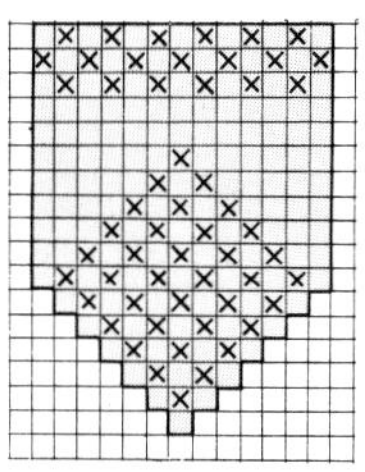

38 ml. **1° rang** 1 br dans la 8° m part du crochet, *2 ml, sautez 2 ml, 1 br dans la ml suiv, rép dep * jusqu'aux 6 dern ml, 1 br dans les 3 ml suiv, 2 ml, sautez 2 ml, 1 br dans la ml suiv, 3 ml, tournez. **2° rang** 2 br dans l'esp de 2 ml, 1 br dans la br suiv, 2 ml, sautez 2 br, 1 br dans la br suiv, 2 br dans l'esp de 2 ml, 1 br dans la br suiv, (2 ml, 1 br dans la br suiv) 7 fois, 2 br dans l'esp de 2 ml, 1 br dans la 5° des 7 ml, 6 ml, 1 dbbr dans la base de la dern br, 1 mc dans les 3 dern ml (augmentation d'un esp), 7 ml, tournez. **3° rang** 1 br dans la dern mc (aug d'un esp), 2 br dans l'esp de ml, 1 br dans la br suiv, 2 ml, sautez 2 br, 1 br dans la br suiv, (2 ml, 1 br dans la br suiv) 6 fois, 2 ml, sautez 2 br, 1 br dans la br suiv, 2 br dans la che de 2 ml, 1 br dans la br suiv, 2 ml, sautez 2 br, 1 br dans la 3° des 3 ml, 3 ml, tournez, continuez jusqu'à la longueur désirée.

Bordure Richelieu

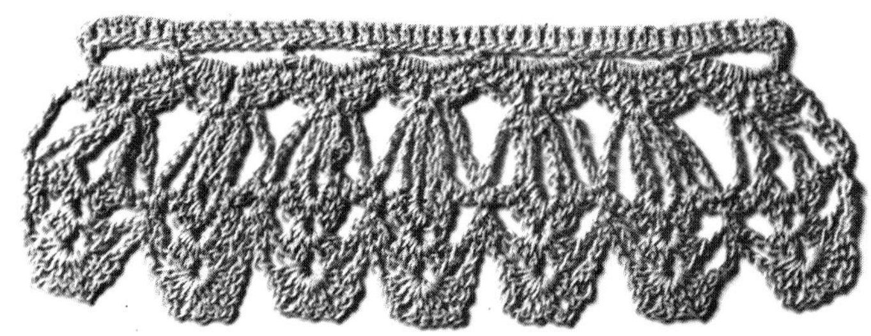

Chaînette de longueur voulue, divisible par 7 plus 1, 2 ml, tournez. **1° rang** 1 br dans la 4° part du crochet, 1 br dans toutes les ml. **2° rang** 6 ml, sautez 6 br, 1 ms dans la br suiv, rép dep * à la fin. **3° rang** 1 mc dans la prem boucle, 3 ml, (3 br, 2 ml, 4 br) dans la même boucle, * (4 br, 2 ml, 4 br) dans la boucle suiv, rép dep *. **4° rang** *3 ml, 1 ms dans l'esp de 2 ml, (15 ml, 1 ms dans le même esp) 3 fois, 3 ml, 1 ms entre les groupes de br, rép dep *, finir par 1 ms dans la 3° des 3 ml du début. **5° rang** 8 ml, *3 ms dans la prem boucle de 15 ml, (3 br, 2 ml, 3 br) dans l'esp suiv, 3 ms dans la boucle suiv, rép dep *. **6° rang** *3 ml, (3 br, 2 ml, 3 br) dans l'esp de 2 ml, 3 ml, 1 ms entre le gr de ms, rép dep *, finissez par 1 ms dans la 8° des 8 ml. **7° rang** *3 ml, (3 br, 2 ml, 3 br, 2 ml, 3 br) dans l'esp de 2 ml, 3 ml, 1 ms dans la ms, rép dep *, sautez la dern ms, finissez par 1 mc dans la prem des 3 ml. Arrêtez le fil.

Les pensées

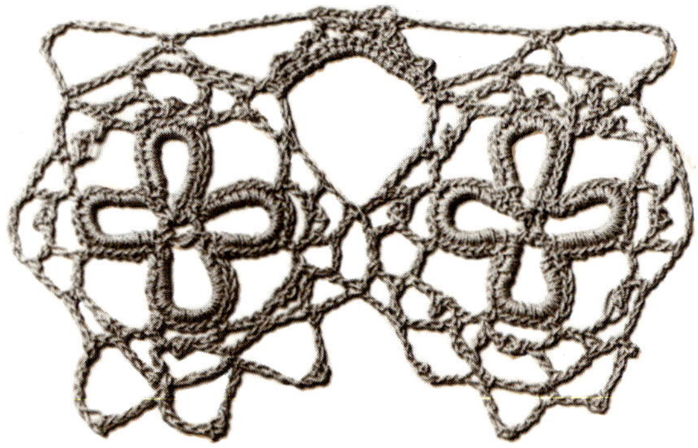

Premier motif 6 ml, fermez en anneau par 1 mc. **1° tour** (1 ms dans l'anneau, 12 ml) 4 fois, 1 mc dans la prem ms. **2° tour** Par-dessus une cordelette ou 4 brins de votre fil, faites 20 ms dans chaque boucle, 1 mc dans la prem ms. Arrêtez le fil. **3° tour** Fixez le fil à la 8e ms d'un pétale, 1 ms dans le même end, *5 ml, 1 ms dans la 3e part du crochet, c'est un picot, 3 ml, sautez 4 ms, 1 ms dans la ms suiv, 5 ml, 1 picot, 3 ml, sautez 7 ms du pétale suiv, 1 ms dans la ms suiv, rép dep * tout autour, sautez la dern ms, 1 mc dans la prem ms. **4° tour** 1 mc au-dessus de la prem ml et dans la boucle, 8 ml et 1 br dans la même boucle de l'autre côté du picot, *3 ml, (1 ms, 5 ml, 1 ms) dans la boucle suiv, rép dep * tout autour, ne faites pas la dern br, (5 ml, 1 br), 1 mc dans la 3e des 8 ml. Arrêtez le fil. **Deuxième motif** Comme pour le premier jusqu'à avoir 3 tours. **4° tour** 1 mc au-dessus de la prem ml et dans la boucle, 8 ml, 1 br dans le même esp, 3 ml, (1 ms, 5 ml, 1 ms) dans la boucle suiv, 3 ml, 1 br dans la boucle suiv, 2 ml, 1 mc dans la boucle correspondante du premier motif, 2 ml, 1 br dans la même boucle du 2e motif, finissez le tour comme pour le prem motif. Faites autant de motifs que désiré et assemblez comme indiqué. **Bordure de tête 1° rang** Fixez le fil à la 2e boucle de 5 ml en partant du côté extérieur du motif final, 1 ms dans le même end, *5 ml, (1 ms, 5 ml, 1 ms) dans la boucle de 5 ml suiv, 5 ml, 1 ms dans la boucle de 5 ml suiv, 12 ml, 1 ms dans la boucle correspondante du motif suiv, tournez, 15 ms dans la boucle de 12 ml que vous venez de faire, 1 mc dans la boucle, 1 ms dans la prem ms, (3 ml, sautez 1 ms, 1 ms dans la ms suiv) 7 fois, 1 mc dans la même boucle de 5 ml, rép dep * jusqu'au dern motif, 5 ml, (1 ms, 5 ml, 1 ms) dans la boucle suiv, 5 ml, 1 ms dans la boucle suiv, 5 ml, 1 ms dans la boucle suiv, 13 ml, tournez. **2° rang** Sautez la prem boucle, 1 ms dans la boucle suiv, *10 ml, sautez 2 boucles de 3 ml, (1 ms dans la boucle suiv, 3 ml) deux fois, 1 ms dans la boucle suiv, 10 ml, sautez la boucle de 5 ml suiv, 1 ms dans la boucle suiv, rép dep *, finissez par 10 ml, 1 br dans la dern ms. Arrêtez le fil. **Bordure festonnée 1° rang** Sautez 3 boucles après la fin de la bordure de tête sur le motif final, attachez le fil à la boucle suiv, 1 ms dans le même end, *5 ml, 1 picot, 3 ml, sautez la boucle suiv, (1 ms, 5 ml, 1 picot, 3 ml, 1 ms) dans la boucle suiv, 5 ml, 1 picot, 3 ml, sautez la boucle suiv, 1 ms dans la boucle suiv, 3 ml, laissez la dern boucle de chacune d'elles sur le crochet, 1 br dans la boucle suiv, 1 br dans la boucle correspondante du motif suiv, 1 jeté et tirez à trav 3 boucles sur le crochet, 3 ml, 1 ms dans la boucle suiv, rép dep * ne faites pas 3 ml, 2 br et 3 ml à la fin. Arrêtez le fil.

Les pépites

1 chaînette de longueur désirée, nb de m div par 8 plus 3, 2 ml, tournez. **1° rang** 1 br dans la 4e m part du crochet, 1 br dans chaque ml à la fin. **2° rang** 3 ml, 1 br dans les 2 br suiv, * (2 ml, sautez 2 br, 1 br dans la br suiv) 2 fois, rép dep * à la fin. **3° rang** 4 ml, gardez la dern boucle sur le crochet, 3 dbbr dans l'esp suiv. 1 jeté, tirez le fil à trav les 4 boucles du crochet, *9 ml, garder les boucles sur le crochet, 3 dbbr dans l'esp suiv les 3 br, 1 jeté, tirez à trav les 7 boucles du crochet, rép dep * à la fin, finissez par 9 ml, un gr de 3 dbbr dans le dern esp, 1 dbbr dans les ml finales. **4° rang** mc dans le sommet du prem groupe, (1 ms, 1 dembr, 7 br, 1 dembr, 1 ms) dans chaque boucle de 9 ml, 1 mc dans le sommet du dernier groupe. Arrêtez le fil.

Bordure florentine

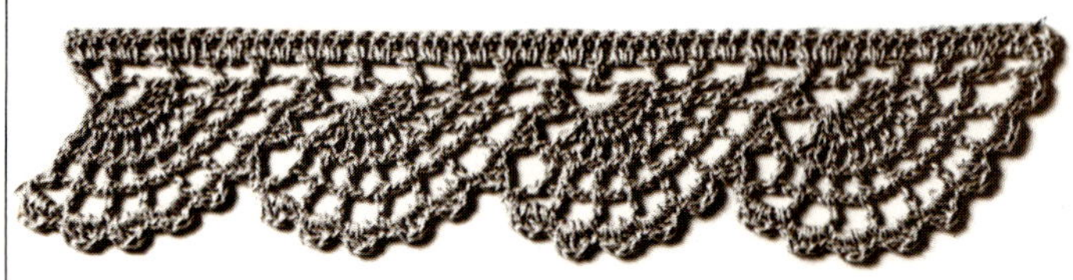

8 ml fermées en anneau par 1 mc. **1° tour** 3 ml, 8 br dans l'anneau, tournez. **2° tour** 4 ml, 1 br dans la 2e br, *1 ml, 1 br dans la br suiv, rép dep * 5 fois, 1 ml, 1 br dans la 3e des 3 ml. **3° tour** 5 ml, 1 br dans la 2e br, *2 ml, 1 br dans la br suiv, rép dep * 5 fois, 2 ml, 1 br dans la 3e des 4 ml. **4° tour** 6 ml, 1 br dans la 2e br, *3 ml, 1 br dans la br suiv, rép dep * 5 fois, 3 ml, 1 br dans la 3e des 5 ml. **5° tour** * (1 ms, 3 br, 1 ms) dans l'esp de 3 ml, rép dep * 7 fois, 8 ml, tournez, 1 mc dans la 2e des 3 prem brides, tournez. **6° tour** 3 ml, 8 br dans la boucle de 8 ml, tournez. **7° tour** 4 ml, 1 br dans la 2e br, *1 ml, 1 br dans la br suiv, rép dep * 5 fois, 1 ml, 1 br dans la 3e des 3 ml, 1 mc dans la 2e br du gr suiv de 3, tournez. **8° tour** 5 ml, sautez la prem br, 1 br dans la br suiv comme le 3e tour, rép dep * à la fin. **9° tour** Comme le 4e tour, 1 mc dans la 2e br du gr suiv de 3, tournez. Répétez toujours les rangs 5 à 9 jusqu'à la longueur voulue, puis faites le rang 5, ne faites pas la boucle de 8 ml à la fin du rang. **Bordure de tête** Le long du côté droit de l'ouvrage, 5 ml, 1 br dans la fin du rang suiv, *2 mc, 1 br dans la fin du rang suiv, rép dep * à la fin, tournez. **Tour suiv** 3 ml, 2 br dans l'esp de 2 ml, 1 br dans la br suiv, rép dep * à la fin, faites la dern br dans la 3e des 5 ml. Arrêtez le fil.

Bordure de feuilles

Première feuille 16 ml. **1° tour** 1 ms dans la 2e m part du crochet, et dans les 13 ml suiv, 13 ml, 3 ms dans la dern ml, continuez de l'autre côté des ml, 1 ms dans chaque ml jusqu'au bout, 1 ms dans la même m que la prem ms, tournez. Travaillez maintenant toujours en piquant dans le brin arrière de chaque maille. **2° tour** 1 ms dans les 13 ms suiv, 1 ml, tournez. **3° tour** 1 ms dans chaque ms, 3 ms dans la ms centrale du groupe de 3 ms, 1 ms dans chaque ms de l'autre côté jusqu'à 1 ms avant le groupe de 3 ms suiv, 1 ml, tournez. **4° tour** 1 ms dans chaque ms jusqu'à la 3e ms avant la fin, 3 ms dans la ms centrale du gr de 3 ms. **5°, 6°, 7° tour** Comme le 4e. **8° tour** 1 ms dans chaque ms jusqu'à la ms centrale du groupe de 3 ms. Arrêtez le fil. **Deuxième feuille** Comme pour la première feuille pendant les 7 premiers tours, 1 ml, tournez. **8° tour** 1 mc dans la ms correspondante de la première feuille, 1 ms dans chaque ms jusqu'à la ms centrale du gr de 3 ms, 1 mc dans la m centrale. Arrêtez le fil. Faites autant de feuilles que désiré. Attachez-les comme indiqué. **Bordure de tête 1° tour** Attachez le fil à la ms centrale de la prem feuille, 1 ms dans le même end, *7 ml, gardez la dern boucle sur le crochet, 1 dbbr dans la ms centrale le long de cette feuille, puis 1 dbbr dans la ms centrale le long de la feuille suiv, 1 jeté et tirez le fil à trav les 3 boucles sur le crochet, c'est un gr de dbbr, 7 ml, 1 ms dans la ms centrale du sommet en haut de cette feuille, rép dep * à la fin, 4 ml, tournez. **2° tour** * (sautez 1 ml, 1 ml, 1 br dans la ml suiv) 3 fois, sautez 1 ml, 1 br dans le haut du gr de br, 1 ml, (sautez 1 ml, 1 br dans la ml suiv, 1 ml) 3 fois, sautez 1 ml, 1 br dans la ms, rép dep * à la fin. Arrêtez le fil.

Bordure de roses

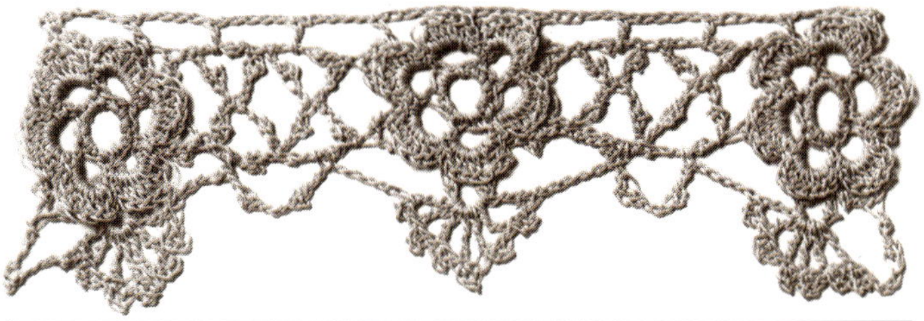

Premier motif 8 ml, fermez en anneau. **1º tour** 1 ml, 11 ms dans l'anneau, 1 mc dans la prem ml. **2º tour** *5 ml, sautez 1 ms, 1 ms dans la ms suiv, rép dep * 4 fois, 5 ml, 1 ms dans la mc de la fin du 1º tour. **3º tour** Dans chaque boucle de 5 ml faites 1 ms, 1 dembr, 5 br, 1 dembr, 1 ms. **4º tour** Tenez le crochet derrière le pétale que vous venez de faire, 1 ms dans la 1º ms du tour 2, *4 ml, 1 ms dans la 3º ml part du crochet, c'est un picot, 5 ml, 1 picot, 2 ml, 1 ms dans la ms du 2º tour entre les 2 pétales suiv, rép dep * tout autour, 1 mc dans la prem ms. Arrêtez le fil. **Deuxième motif** Comme les 4 premiers rangs du premier motif, mais ne cassez pas le fil. Pour assembler les motifs faites comme suit **1º tour** 1 mc au centre du picot suiv, 1 ms dans la même boucle, 4 ml, 1 picot, 5 ml, 1 picot, 2 ml, c'est une boucle picot, 1 ms dans le centre du picot suiv, tournez. **2º tour** 1 boucle picot, 1 ms dans le centre de la boucle picot suiv, 1 boucle picot, 1 ms dans la ms de la boucle picot du rang précédent, tournez. **3º tour** 1 mc dans le centre de la boucle picot suiv, 1 ms dans la même boucle, 1 boucle picot, 1 ms dans le centre de la boucle picot suiv, tournez. **4º tour** 4 ml, 1 picot, 1 ml, 1 mc dans le centre de chaque boucle du premier motif, 3 ml, 1 picot, 2 ml, 1 ms dans la boucle picot suiv du 2e motif, 3 ml, 1 picot, 2 ml, 1 ms dans la ms de la base du rang précédent. Arrêtez le fil. Faites autant de motifs que nécessaire, assemblez-les comme indiqué, laissez une boucle picot libre à chaque bout de l'assemblage. **Bordure de tête** Sur l'end du travail attachez le fil à la boucle picot en haut du premier motif, 1 ms dans la même place que l'attache, * (5 ml, 1 br dans la boucle picot suiv) 4 fois, 5 ml, 1 ms dans la boucle picot suiv, rép dep * à la fin. Arrêtez le fil. **Bord festonné** Sur l'endroit du travail, côté opposé, attachez le fil en haut de la boucle avant la boucle picot du premier motif, 5 ml, 1 picot, 3 ml, * dans la boucle suiv (en haut du motif) (1 dbbr, 3 ml, 1 ms en haut de la dbbr, 5 ml, 1 ms dans la boucle picot à la jointure des motifs, 1 boucle picot dans la boucle suiv, 5 ml, rép dep *, finir par 1 gr de dbbr comme précédem 5 ml, 1 picot, 2 ml, 1 ms dans la boucle picot suiv. Arrêtez le fil.

Les éventails

10 ml fermées en anneau. **1º rang** 3 ml, 14 br dans l'anneau, 5 ml, tournez. **2º rang** Sautez les 2 prem br, (1 br dans la br suiv, 2 ml, sautez 1 br) 6 fois, 1 br dans la 3º des 3 ml, tournez. **3º rang** *7 ml dans l'esp suiv, retirez le crochet, piquez dans la 3º des 3 ml, puis dans la boucle quittée et tirez le fil, c'est le point maïs, 3 ml, rép dep * 5 fois, 1 point maïs dans le dern esp, 10 ml, tournez. **4º rang** Sautez les 2 prem esp, (1 ms, 5 ml, 1 ms) dans l'esp suiv, 3 ml, tournez. **5º rang** 13 br dans la boucle de 5 ml, 1 ms dans la boucle de 10 ml, 5 ml, tournez. **6º rang** Sautez la ms et la prem br, (1 br dans la br suiv, 2 ml, sautez 1 br) 6 fois, 1 br dans la 3º des 3 ml, tournez. Répétez les rangs 3 à 6 jusqu'à la longueur voulue, finissez par un 3º rang, ne tournez pas, ne cassez pas le fil. **Bordure de tête** 1 br dans l'esp en dessous du dernier point maïs, *5 ml, 1 br dans la boucle de 10 ml, 5 ml, 1 br dans l'esp en dessous du point maïs suiv, rép dep * à la fin. Arrêtez le fil.

Les tournesols

Premier motif Passez 10 fois le fil autour de votre doigt, puis retirez la boucle. **1º tour** 40 ms dans l'anneau, 1 mc dans la prem ms. **2º tour** 1 ml, 1 ms dans chaque ms à la fin, 1 mc dans la prem ms. **3º tour** Comme le deuxième. **4º tour** *5 ml, sautez 1 ms, 1 ms dans la ms suiv, rép dep * à la fin, la dern ms dans la mc de la fin du 3º tour, (20 boucles). **5º tour** 1 mc dans la prem boucle, 4 ml, gardez la dern boucle sur le crochet, 5 dbbr dans la même boucle, 1 jeté, tirez à trav les 3 boucles du crochet, *5 ml, garder la dern boucle sur le crochet, 3 dbbr dans la boucle suiv, 1 jeté, tirez à trav les 4 boucles du crochet, rép dep * à la fin, 5 ml, 1 mc en haut du premier groupe. Arrêtez le fil. **Deuxième motif** Comme le premier motif pendant les 4 prem rangs. **5º tour** 1 mc dans la prem boucle, 4 ml, 1 groupe de dbbr comme au premier motif, *2 ml, 1 mc dans 1 boucle de 5 ml du premier motif, 2 ml, 1 gr de 3 dbbr dans la boucle suiv du 2º motif, rép dep * deux fois, finissez comme le 1º motif. Faites autant de motifs que désiré et joignez-les comme indiqué. Veillez à laisser 7 boucles libres en haut et en bas des motifs entre les 3 boucles qui assemblent les motifs. **Bordure de tête** Sur l'endroit du travail, fixez le fil à la 7º boucle avant l'attache du premier motif, 9 ml, 1 dbbr dans la boucle suiv, * (4 ml, 1 ms dans la boucle suiv) 3 fois, 4 ml, 1 dbbr dans la boucle suiv, 4 ml, gardez la dern boucle sur le crochet, 1 trbr dans la boucle suiv, et 1 trbr dans la première boucle libre du motif suiv, 1 jeté, tirez à trav les 3 boucles du crochet, 4 ml, 1 dbbr dans la boucle suiv, rép dep * jusqu'au dernier motif, (4 ml, 1 ms dans la boucle suiv) 3 fois, 4 ml, 1 dbbr dans la boucle suiv, 4 ml, 1 trbr dans la boucle suiv, 7 ml, tournez. **Rang suiv** *1 br dans la dbbr (4 ml, 1 br dans la ms) 3 fois, 4 ml, 1 br dans la dbbr, 4 ml, 1 trbr dans le groupe de trbr, 4 ml, rép dep *, faire la dern br dans la 5º des 9 ml. Arrêtez le fil.

Les boucles picot

1 chaînette de la longueur désirée. **1º rang** 1 ms dans la 2º ml part du crochet, *1 ml, tirez cette boucle jusqu'à la taille voulue, pour garder la même taille mettez un crayon ou une grosse aiguille à tricoter dans la boucle, retirez le crochet, piquez dans la m derrière la boucle, puis dans la m suiv le long de la chaînette de base, 1 jeté, tirez le fil, tirez à trav les 2 boucles sur le crochet, rép dep * à la fin. Arrêtez le fil.

Les bordures croissant

Chaînette de longueur désirée, nb de m divisible par 8 plus 5, 2 ml, tournez. **1º rang** 1 br dans la 4º m part du crochet, 1 br dans chaque ml. **2º rang** *5 ml, sautez les 3 br suiv, 1 br dans la br suiv, rép dep *. **3º tour** 1 mc dans la prem boucle, *3 ml, 1 br dans la boucle suiv, (5 ml, 1 br dans la même boucle) 3 fois, 3 ml, 1 ms dans la boucle suiv, rép dep * à la fin. Arrêtez le fil.

3

BRODERIE

y compris Smocks et Dentelle à l'aiguille

Histoire de la broderie

La broderie est l'art d'embellir un tissu par des points décoratifs. On peut broder sur n'importe quelle matière souple, depuis le cuir jusqu'à la gaze, avec des fils allant de la laine aux fils d'or les plus fins; on peut encore enrichir la broderie de pierres précieuses, de perles et d'émaux. La richesse même de la broderie a souvent causé sa perte, quand des mains avides en détruisaient le dessin pour s'emparer des fils d'or et des pierreries. Comme pour tous les travaux d'aiguille, nous savons peu de choses sur les origines de la broderie. Peu de traces en sont restées, en raison de la fragilité des supports; il est donc difficile de situer son origine. Les Grecs l'ont attribuée à Minerve, les Péruviens à Mama Ella, l'épouse de leur premier souverain Mango Capac, et les Chinois disent qu'elle a été inventée par l'épouse de l'empereur Yao. Il existe cependant des récits, des sculptures, des peintures qui racontent l'histoire des arts de l'aiguille.

La broderie antique

Dans bien des pays – surtout en Chine – la broderie servait de langage symbolique plutôt que de décoration. Elle indiquait le rang et la situation sociale de son propriétaire, alors elle était destinée à lui apporter gloire et bonheur. Ce langage symbolique a survécu dans bien des motifs, si bien que certains signes, datant de 2000 ans, restent à peu près les mêmes aujourd'hui. Dans la broderie chinoise par exemple, le papillon est l'emblème de la félicité conjugale ou de la coquetterie, la chauve-souris rose celui du bonheur, la grue symbolise la longévité, les canards mandarins le bonheur conjugal et l'oie le bonheur domestique. Le perroquet, lui, est un avertissement pour les femmes infidèles. Le phénix était réservé à l'impératrice, en tant que symbole de beauté et de chance, alors que le dragon à cinq griffes, ou Dragon-Lung, et la couleur jaune ne pouvaient servir qu'à l'empereur. Les fleurs et les fruits aussi avaient leur signification: la pêche et le volubilis servaient d'ornements aux mariages, la grenade était signe d'espoir et de fertilité, et le lotus représentait l'abondance et la pureté.

Aux Indes, la broderie était réglementée par le code de Manu – établi il y a plus de 2500 ans – qui comportait des règles strictes quant aux utilisations et aux types de dessins; il désignait aussi les contrées d'origine de certains genres de broderie. C'est ainsi que dans certaines régions de l'Inde, la broderie devint le gagne-pain d'hommes et de femmes qui développèrent des techniques transmises dans les familles de génération en génération.

Dans l'ancien Pérou – loin de l'Europe et de l'Asie – on utilisait des points de broderie ressemblant aux points de tricot pour créer des broderies rituelles élaborées, qui étaient exécutées avec des fils de laine de lama brillamment colorés. Les Péruviens fabriquaient non seulement des tissus extrêmement sophistiqués à partir de points de broderie, mais ils utilisaient également des points noués pour faire des franges, des bordures représentant des oiseaux, des poupées...

Les Grecs et les Romains brodaient souvent leurs tuniques et leurs toges de dessins géométriques sévères. Ils aimaient également les gilets richement brodés d'or, qui étaient exécutés pour eux en Phrygie. Les Phrygiens étaient célèbres pour leurs broderies d'or. Les motifs circulaires de leurs gilets se sont retrouvés après des siècles dans des ouvrages anglais. Graduellement, les motifs géométriques firent place à des motifs figurant des végétaux, des animaux et des personnages humains. Il ne reste rien de ces œuvres, sinon quelques témoignages des temps anciens, tels que le sermon de saint Astère, évêque d'Amasie au 4e siècle, qui morigéna ainsi ses paroissiens: «Tâchez de suivre dans votre vie les enseignements de la Bible, plutôt que de les faire broder sur vos vêtements extérieurs.»

La broderie médiévale

En Europe, la France produisit au 11e siècle la tapisserie de Bayeux, une œuvre épique de 70 m sur 50 cm, brodée en laine sur toile. Elle représente les victoires de Guillaume le Conquérant et elle est probablement l'œuvre des dames de sa cour. C'est le peu de valeur des matériaux employés qui nous vaut aujourd'hui de voir cette œuvre préservée – elle ne représentait aucune tentation pour les pillards. Un écrit de l'abbé de Bourgueil nous décrit une broderie bien plus riche. L'abbé parle des rideaux de lit d'Adela, fille de Guillaume le Conquérant. Ces rideaux étaient brodés si finement que la broderie était à peine visible: «des soins attentifs avaient produit des fils d'or et d'argent si fins que je crois que rien de plus fin ne peut exister – le tissu également en était si fin que rien ne pouvait en surpasser la finesse – des pierreries rouges brillaient au milieu de l'ouvrage, ainsi que des perles qui n'étaient pas de peu de prix. Le scintillement et la beauté de la tapisserie étaient tels qu'on aurait pu dire qu'ils dépassaient les rayons de Phébus. De plus, en lisant les inscriptions, vous pouviez y reconnaître des histoires vraies et originales...». Cette tapisserie n'ayant pas été retrouvée, il est probable qu'elle n'a pas résisté à l'avidité des pilleurs.

Entre les 11e et 13e siècles, l'Angleterre s'enrichit sous la domination des Normands; la broderie, qui y fleurit sous le nom de «opus anglicanum», servait principalement aux ornements d'église. Les papes la prisaient beaucoup et elle constituait un présent royal. Heureusement, on appréciait davantage la finesse du travail que la valeur des fils qui n'étaient généralement que de soie. La considération dont elle était l'objet nous vaut aujourd'hui la présence de maintes broderies dans les musées et les cathédrales, partout en Europe. Les dessins les plus anciens comportaient des motifs entourés de guirlandes de fleurs, de fruits et d'oiseaux, réminiscences des premières broderies phrygiennes. Plus tard apparurent des arcades gothiques, qui entouraient des représentations réalistes de personnages de la Bible, exécutés au point de tige. Vers le 14e siècle, la broderie anglaise déclina pour ne refleurir qu'au 16e siècle.

Entre-temps, en Allemagne, des broderies sur fond de toile étaient enrichies de simples perles de verre au lieu de pierres et perles fines et les fils de soie remplacés par des fils de lin. Deux nouveaux genres de broderies apparurent à la suite de cette simplification des matériaux: la broderie de perles utilisée pour des tableaux, des bourses ou des coussins et la broderie à jours «opus teutonicum», exécutée avec des fils de lin sur toile de lin. Ces broderies étaient en général exécutées par des religieuses, blanc sur blanc, d'après les dessins des peintres ambulants. Les points ne servaient plus seulement à faire des dessins, mais à «ouvrir» le tissu pour en faire de la dentelle. Cette technique se répandit d'abord en Suisse, puis en Scandinavie où elle existe toujours par exemple à Hardanger en Norvège et à Hedebo au Danemark.

Les Italiens aussi s'intéressaient à la broderie à jours, ils en firent un style encore plus ouvert, créant les fameuses broderies «reticella», qui aboutirent au 15e siècle à la dentelle à l'aiguille, combinaison du point «reticella» et de bordures de dentelle aux aiguilles. Vers la même époque, ils développèrent une toute nouvelle technique: la résille, où le fond est couvert de soie colorée, travaillée au point de croix italien, et qui laisse apparaître le tissu de fond à travers des lignes contournées. Cette broderie se faisait surtout à Assise en Italie, mais on la trouve également en Grèce et en Scandinavie.

La Renaissance
Au 15e siècle, la Renaissance eut une influence immédiate sur la broderie qui, jusque-là, avait suivi sa propre voie; les divers points déterminaient la texture, et les soies, les laines, les ors et le lin enrichissaient la surface. Dès le début de la Renaissance, l'aiguille fut utilisée comme pinceau et les fils comme peinture: la broderie devint réaliste, montrant pour la première fois des édifices avec leur perspective. Ce nouveau style était patronné par les riches mécènes du temps, les ducs de Bourgogne et les Médicis, qui en assumaient les frais et employaient les peintres de l'époque, comme Véronèse ou Boticelli pour faire les cartons.

Le 16e siècle
Au 16e siècle, en Espagne, ce sont les tableaux qui servirent de modèles pour les broderies – des points aux fils d'or enrichis de pierres précieuses en soulignaient les effets somptueux et la précision. Un autre style apparut également en Espagne «la broderie noire» – exécutée avec des fils de soie noire sur du lin blanc. Le dessin était fait de tourbillons au point de tige, décorés de feuilles pleines et parfois égayés d'or et de paillettes. Cette technique se répandit rapidement en Europe et bien des portraits de l'époque montrent des personnages vêtus d'habits ornés de broderie noire.

La tendance au réalisme atteignit son point culminant en Allemagne, où on utilisait des rembourrages pour donner du relief et des fils de fer pour rehausser les points de broderie sur le tissu de fond. Cette technique fut imitée dans d'autres parties de l'Europe où l'on fit des ornements d'autel, des couvercles de boîtes et des encadrements de miroirs.

Le 17e siècle
Vers le 17e siècle, l'extravagance se mua en souci de confort, les tentures brodées étaient faites en laine pour couper les courants d'air. Pour la première fois, apparurent les fauteuils rembourrés et ce fut un nouveau départ pour les travaux d'aiguille. En Angleterre prit naissance une technique, probablement dérivée des cotons imprimés d'Orient, qui faisait foisonner des arbres, des fleurs, des fruits et des oiseaux stylisés et plus grands que nature, brodés en fils de laine multicolore. La mode de la dentelle se répandit également: la dentelle aux fuseaux avait été inventée en Saxe au milieu du 16e siècle et la dentelle aux aiguilles, venant d'Italie, essaima en Espagne, en France et en Belgique.

Le 18e siècle
Au 18e siècle, la broderie fut largement employée pour les vêtements. Sur les habits de femmes, elle couvrit les corsages, les jupes, les manchettes et les décolletés. Sur les habits d'hommes, elle était même d'un plus grand effet et d'une plus grande originalité: des gilets de brocart étaient entièrement couverts de broderies dont les motifs se répétaient sur les manchettes, les cols, les parements, les poches des habits. Les dessins allaient des fleurs, minutieusement reproduites, aux scènes entières, par exemple des combats de coqs, y compris les plumes volantes, etc. Même les boutons étaient couverts des mêmes motifs. La broderie blanche aussi était largement utilisée sur les parures de lit, les chemises de nuit et la layette.

Le 19e siècle
Le 19e siècle apporta des dessins de broderie manufacturés, des revues spécialisées en broderie en même temps que certaines machines.

La fabrication de textiles faits à la machine contribua à accélérer le déclin des vêtements brodés à la main, bien que la broderie blanche resta en usage pour le linge de maison, les sous-vêtements et la layette. On peut en contempler quelques exemples parmi les robes de baptême.

Il y eut également une mode du jais, qui ornait d'abord les vêtements de veuve; des perles de jais tubulaires couvraient de fleurs ou

Détail de la tapisserie de Bayeux «Odo encourage ses troupes»

Broderie du début du 17e siècle «Caïn et Abel»

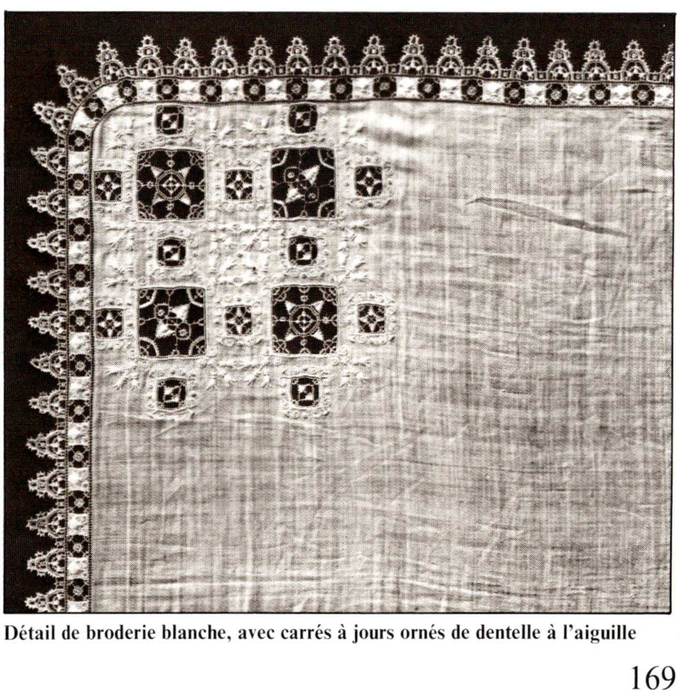

Détail de broderie blanche, avec carrés à jours ornés de dentelle à l'aiguille

de branches les vestes, les corsages et les sacs. Les tableaux brodés, copiés sur des peintures connues, eurent également leur heure de gloire (voir ci-dessous).

Le 20° siècle

Au 20° siècle, on découvre les broderies primitives des Masaïs en Afrique ou des Indiens d'Amérique du Nord. La broderie traditionnelle existe toujours en Chine, aux Indes, au Maroc, en Scandinavie, au Mexique et au Pérou.

En Europe, la France constitue une exception dans le désert actuel de la broderie. En effet, la broderie de paillettes continue à être utilisée dans la haute couture. Les paillettes et les sequins apparaissent d'abord sur les robes des « teenagers » des années 20 – en jais, en or ou en argent, les motifs sont disséminés sur tout le vêtement, en dessins flous ou en figures très géométriques. Les sequins pendent le long des ourlets pour ajouter encore au scintillement. Vers les années 30, les paillettes se portent sur les longues robes fourreau, dessinant de grandes fleurs scintillantes sur fond de paillettes de couleur contrastante. Aujourd'hui encore, des couturiers parisiens, tels que Dior, Balenciaga ou Saint-Laurent, des Américains, comme Giorgio San Angelo, s'inspirent de leurs illustres prédécesseurs : Poiret, Vionnet et les sœurs Caillot du début du siècle.

Tableau brodé fin du 18° siècle, souligné d'aquarelle

Echarpe de brocart française, ornée de paillettes d'argent, 1920

Robe de Poiret, 1912

Paul Poiret, l'un des grands couturiers français employait des artistes pour dessiner ses tissus et ses broderies. Il était l'un des premiers à utiliser des perles et des paillettes dans ces motifs stylisés qui ont fait la réputation de la haute couture française.

La broderie folklorique

La broderie a toujours servi, partout dans le monde, à orner des tissus et elle prend souvent un aspect caractéristique selon la région où elle a été exécutée. On peut facilement l'identifier par les motifs qui y reviennent souvent, comme par exemple les arbres et les fleurs de la broderie traditionnelle européenne, les lamas du Pérou, les dragons de la Chine et le lotus des Indes. Les points les plus souvent utilisés dans le monde entier sont le point lancé, le point de chaînette et le point de croix; les fils varient selon la région. Les perles jouent également un rôle important dans la broderie folklorique, elles sont largement utilisées par les Indiens d'Amérique du Nord et les peuples d'Afrique du Nord.

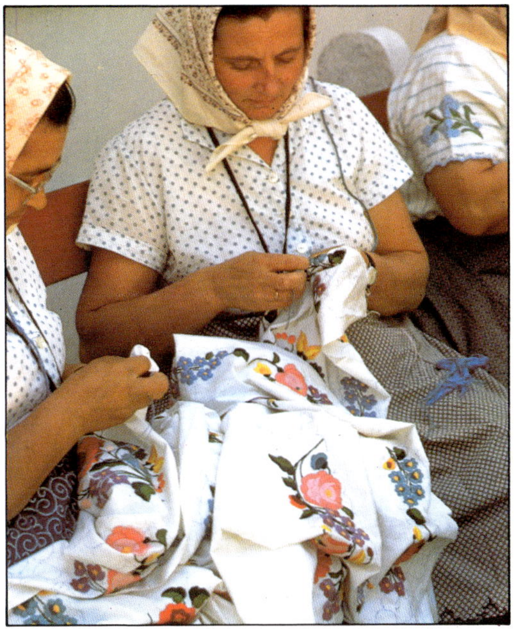

Brodeuse au travail à Kalocsa en Hongrie
Les broderies traditionnelles continuent à être faites à la main dans bien des pays européens.

Selle brodée de perles des Indiens d'Amérique du Nord
Remarquez le dessin géométrique semblable à celui des couvertures indiennes.

Tenture murale de Birmanie, 1880
Tenture brodée de soie, utilisant l'appliqué, le point de Boulogne et des paillettes. Elle représente deux personnages qui fument et elle se trouvait dans le magasin d'un marchand de tabac.

Détail d'une tenture scandinave au point de croix, 1800

Détail d'une jupe crétoise au point lancé en bordure, 1820

Coussin turc aux fils métallisés, 1850

Les métiers à broder

Les métiers à broder servent à maintenir tendu le tissu sur lequel on brode. Bien qu'ils ne soient pas nécessaires à toutes les broderies, ils en facilitent grandement le travail. En effet, si le tissu reste bien tendu, les points sont naturellement réguliers; de plus, moins souvent manipulée, la broderie reste plus propre. Un métier à broder sur pied vous laisse, par ailleurs, les deux mains libres, vos points seront donc plus faciles à faire. Il existe un grand nombre de métiers à broder. Le choix se fait selon la taille et le genre de l'ouvrage et aussi, bien entendu, selon la préférence personnelle de la brodeuse. Un grand cadre sera, par exemple, nécessaire pour un ouvrage de grande taille qui doit rester fixe. Un cadre à main, par contre, sera préférable pour les petites pièces qui pourront ainsi être aisément transportées.

Les tambours

Ces cadres tirent leur nom de leur forme circulaire. Ils existent en différentes tailles et se composent de deux cerceaux, placés l'un par-dessus l'autre et maintenus par une vis.

Les cadres droits

Il existe des cadres droits de différentes fabrications. On en trouve pour toutes sortes de broderies. Ils maintiennent le tissu bien tendu et permettent d'en voir une grande surface. Les cadres les plus répandus comportent un rouleau devant et derrière, sur lesquels sont fixés des cordonnets ou des rubans; les rouleaux sont maintenus par deux montants latéraux que fixent des vis ou des goupilles.

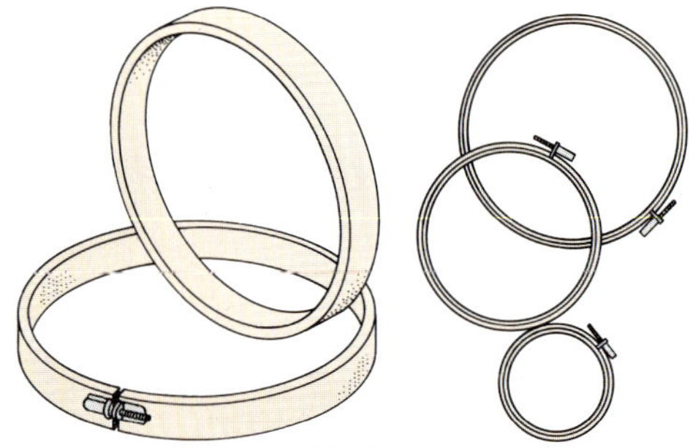

Tambours

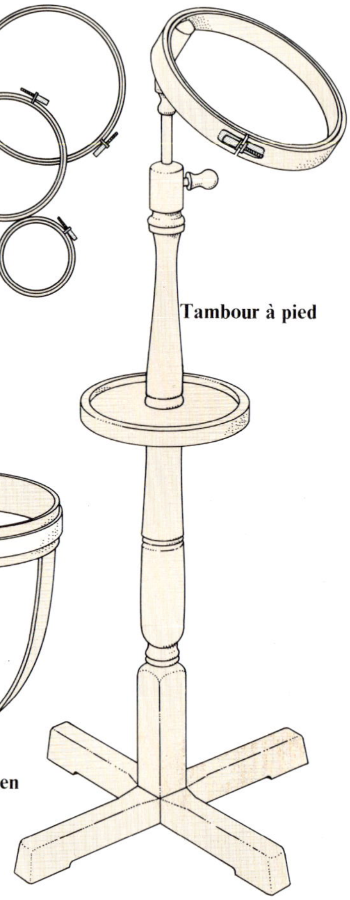

Tambour à pied

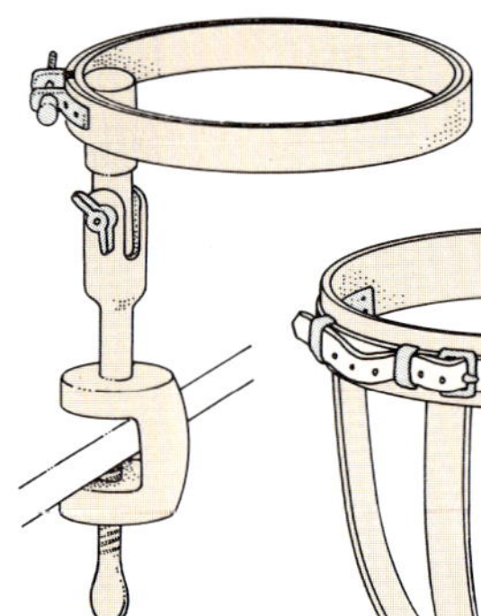

Tambour à serre-joint

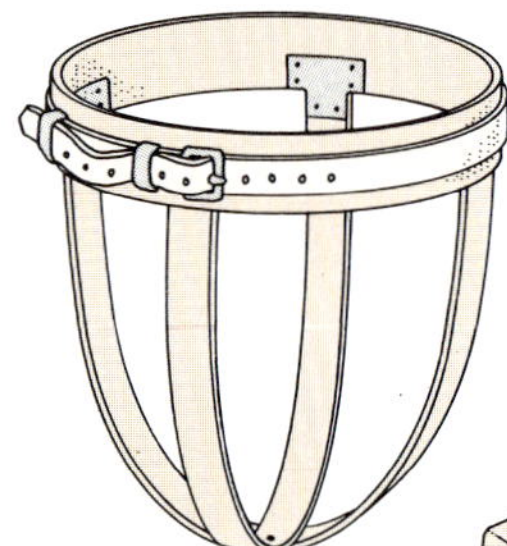

Tambour à broder indien

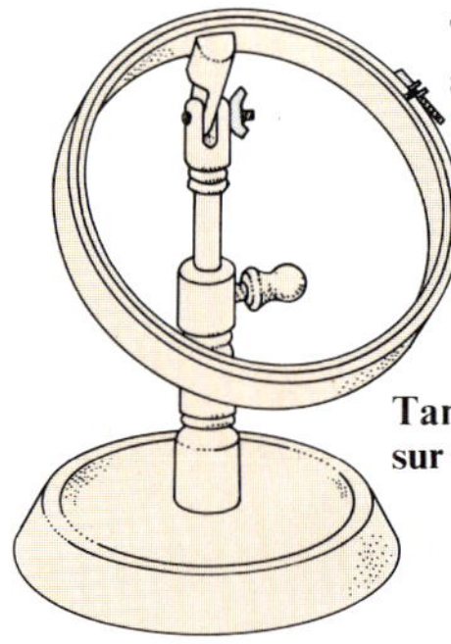

Tambour à poser sur la table

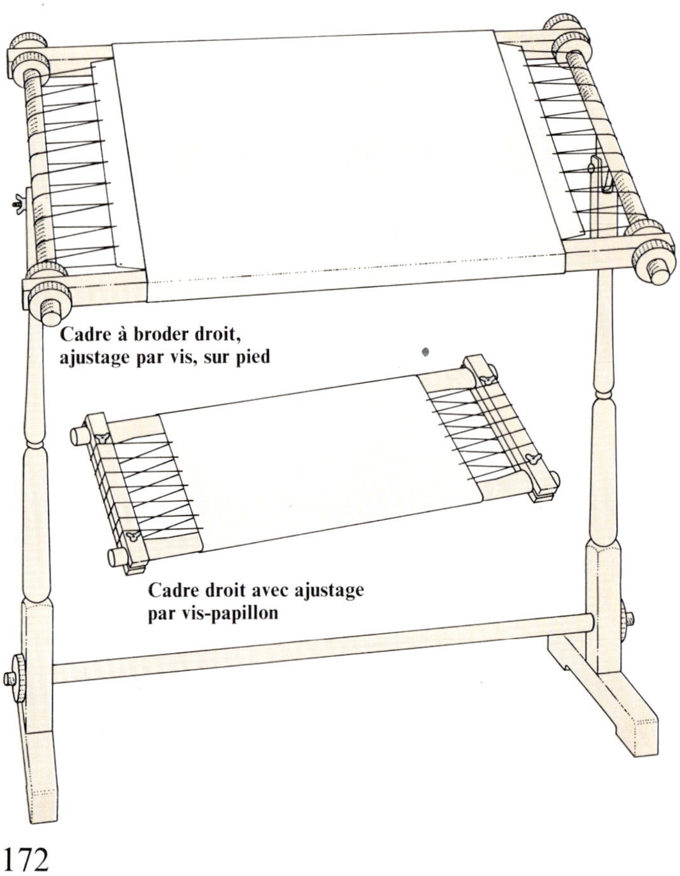

Cadre à broder droit, ajustage par vis, sur pied

Cadre droit avec ajustage par vis-papillon

Deux cadres droits sur pied

Comment monter les tambours

Les tambours sont en général utilisés pour de petites pièces de broderie; ils sont très faciles à monter.

Comment monter un tambour à broder

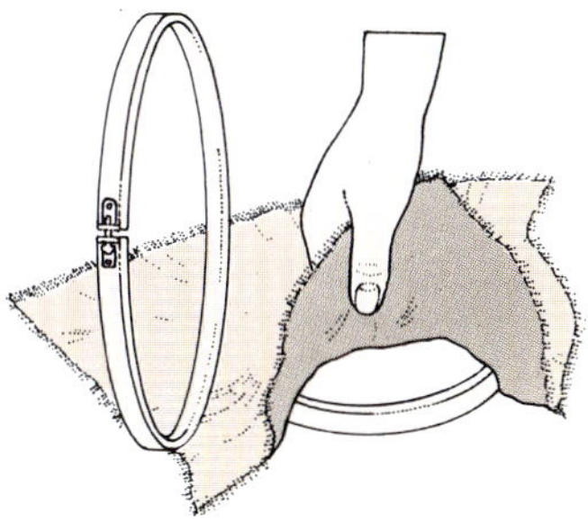

1 *Placez le tissu à broder sur le cadre inférieur et fixez le cadre supérieur par-dessus.*

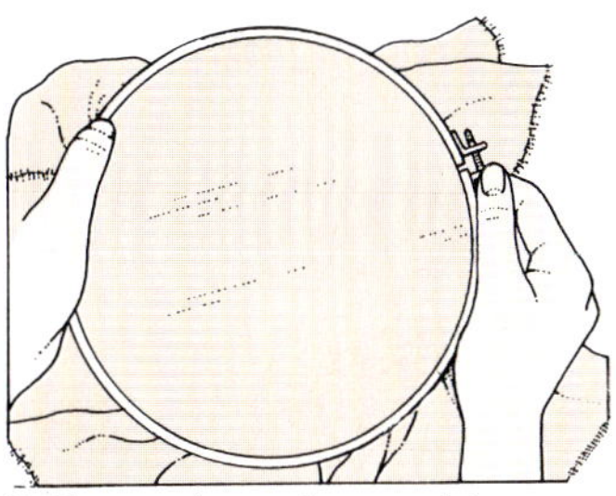

2 *Serrez le cadre supérieur en tournant la vis jusqu'à ce que le tissu soit régulièrement tendu. Ne tirez pas sur le tissu une fois la vis en place, vous pourriez le déformer ou le rayer.*

Comment entourer le cadre

Les tissus fins ont tendance à s'affaisser au cours du travail. Votre ouvrage sera mieux tenu si vous entourez le cadre inférieur de ruban.

Comment entourrer le cadre

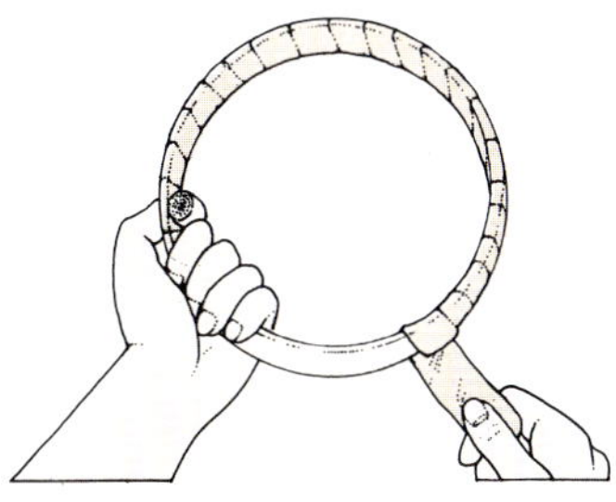

Avant de monter votre tambour, entourez le cadre inférieur avec du ruban tissé comme sur le dessin. Fixez le bout avec quelques points.

Pour retirer la broderie

Si vous brodez des pièces assez grandes, telles des bordures par exemple, il faut faire avancer le tissu au cours du travail. Il faut donc remonter le tissu soigneusement pour ne pas endommager la broderie déjà faite.

Comment remonter

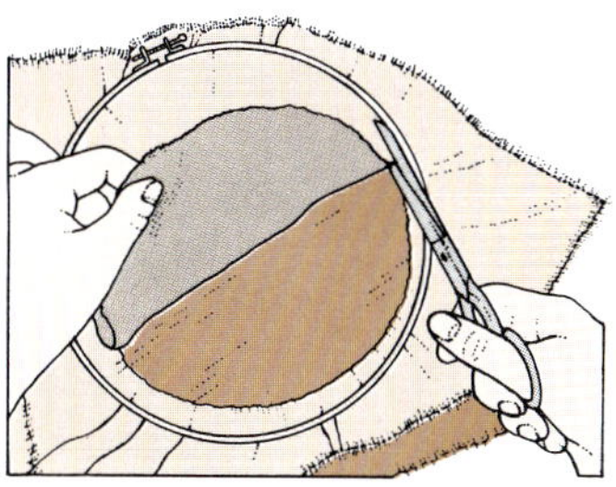

Placez le tissu sur le cercle inférieur et couvrez-le d'un tissu genre mousseline. Fixez le cadre supérieur et coupez la mousseline pour dégager la surface à broder.

Pour monter des pièces inhabituelles

S'il vous faut monter des pièces de tissu de taille inhabituelle, montez-les sur un tissu de support.

Comment monter des pièces inhabituelles

1 *Cousez la pièce sur un tissu plus grand et montez-le de la manière habituelle.*

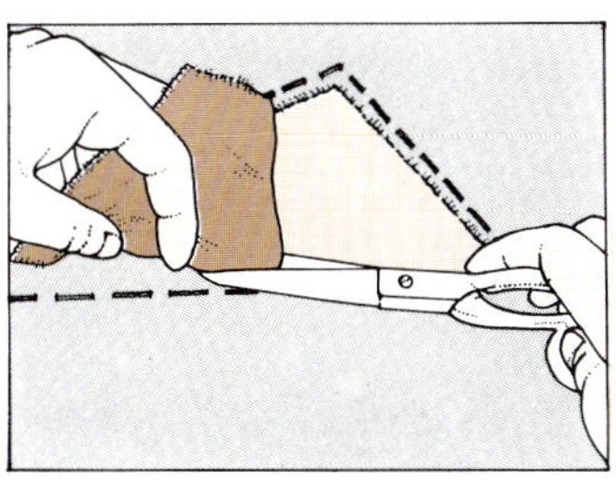

2 *Après fixation, coupez le tissu qui dépasse par en dessous en laissant la surface à broder libre.*

Comment monter un cadre droit

Ces métiers à broder sont plus compliqués à monter et à démonter que le tambour; il convient de préparer le tissu de support avant de le monter. Vous pouvez ourler le tissu ou couvrir les bords d'un ruban d'environ 2 cm que vous enlèverez à la fin.

Comment attacher le tissu au cadre

Après avoir préparé le tissu, marquez le milieu des rouleaux du haut et du bas. Puis attachez le tissu à la sangle du rouleau par des points d'arête ou de chausson en partant du milieu et en allant vers l'extérieur (fig. 1). Si le tissu est plus long que le cadre, enroulez-le autour d'un rouleau.

Puis passez les côtés dans les rouleaux et serrez le tissu par les vis ou les goupilles. Lacez les côtés du tissu aux côtés du cadre avec une aiguille et de l'extra-fort ou un fil solide (fig. 2). Commencez par lacer les côtés sans serrer puis serrez-les alternativement pour bien tendre le tissu. Serrez le haut en ajustant si nécessaire les vis ou les goupilles et tirez encore une fois avant de bien attacher le laçage. Il est indispensable de très bien tendre le tissu; plusieurs mises au point peuvent être nécessaires.

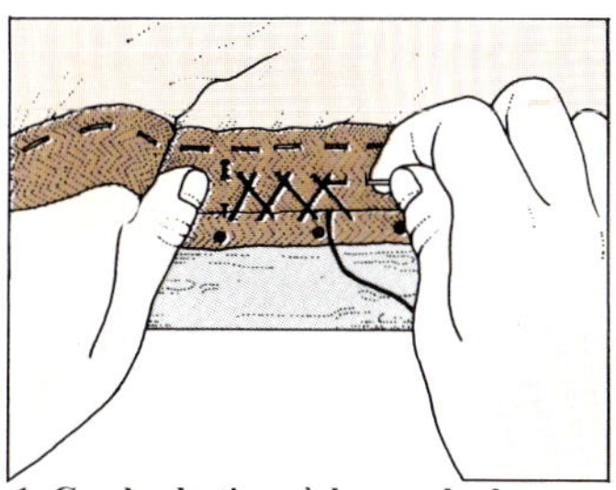

1 Coudre le tissu à la sangle du rouleau

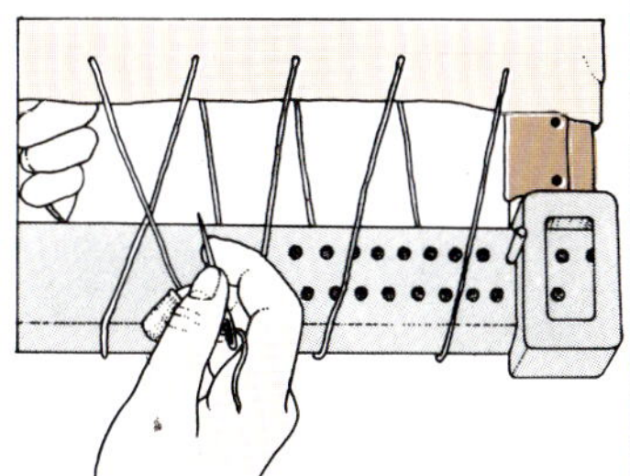

2 Lacer le tissu aux côtés du cadre

L'éclairage

Mise en place
Le métier à broder doit être installé dans un endroit bien éclairé. La broderie doit être éclairée directement par une lampe ou un spot, d'abord pour ne pas fatiguer les yeux, ensuite pour permettre de bien assortir les coloris des fils.

Les fils, les tissus, les aiguilles

La beauté de la broderie dépend de l'harmonie qui se crée entre le tissu de fond et les fils; les points doivent être exécutés avec une aiguille choisie en fonction de l'ouvrage prévu. Autrefois, quand on fabriquait à la maison le tissu et le fil, la composition des deux était bien connue et le choix de la technique se faisait donc tout naturellement. L'apparition des métiers à filer et à tisser mécaniques a fait perdre cette connaissance des matériaux et bien des broderies modernes pâtissent d'avoir été exécutées avec des aiguilles et du fil mal adaptés au tissu de fond. Le fil doit facilement entrer et sortir du tissu et ne pas dédoubler ni casser les fils du tissage. La broderie à jours constitue la seule exception à cette règle (pages 214-225). Nos reproductions ci-contre vous présentent les matériaux le plus souvent utilisés et la manière de les accorder entre eux.

Les fils

Les fils à broder existent en soie, en coton, en lin, en laine, en métal et en fibres synthétiques, lesquelles, en général, imitent les matières naturelles. Ces fils sont fabriqués en différentes épaisseurs de manière à en varier les effets. En achetant votre fil, n'oubliez jamais qu'il ne doit pas être lourd au point de déformer le tissu, ni léger au point de devenir invisible.

Les tissus

N'importe quel tissu peut être brodé, à condition qu'il soit suffisamment solide pour maintenir les points, suffisamment souple pour que le fil y passe aisément et assez résistant pour supporter la tension continuelle du travail. Nous vous présentons ci-contre les tissus les mieux adaptés à la broderie; ils vont de la soie la plus fine aux lainages les plus épais. Vous pouvez également broder sur des tissus imprimés et vous servir des dessins pour souligner de broderie, par exemple, les cartons et les motifs.

Les aiguilles

La fabrication des aiguilles a bien évolué depuis le temps où l'on se servait d'épines ou d'arêtes de poissons pour assembler deux pièces tissées. Aujourd'hui, nous disposons d'un vaste assortiment d'aiguilles de toutes tailles destinées à différents usages. Vous trouvez les principales sortes d'aiguilles sur la page ci-contre: chaque catégorie va de l'aiguille la plus fine à la plus épaisse pour s'harmoniser à toutes sortes de tissus. Le chas de l'aiguille est en général assez long pour faciliter le passage du fil. L'exception est constituée par les aiguilles pour fil métallique, qui ont des chas ronds pour retenir les fils précieux.

Les fils

Les fils ci-après sont les plus utilisés en broderie. Les fils métalliques sont présentés pages 206-207.

Fils de soie — **Fils de lin** — **Fils de coton** — **Fils de laine**

Soie floche — **Fil à tisser** — **Coton floche** — **Laine à tapisserie**

Les tissus

Les échantillons ci-après sont des exemples pris dans les 4 genres de tissus utilisés en broderie.

Cotons
1 Linon de coton **2** Velours de coton
3 Mousseline de coton **4** Satin de coton

Soies
1 Pongé de soie **2** Gaze de soie
3 Shantung **4** Soie sauvage

Lins
1 Jute **2** Batiste
3 Toile de lin **4** Evenweave **5** Toile croisée

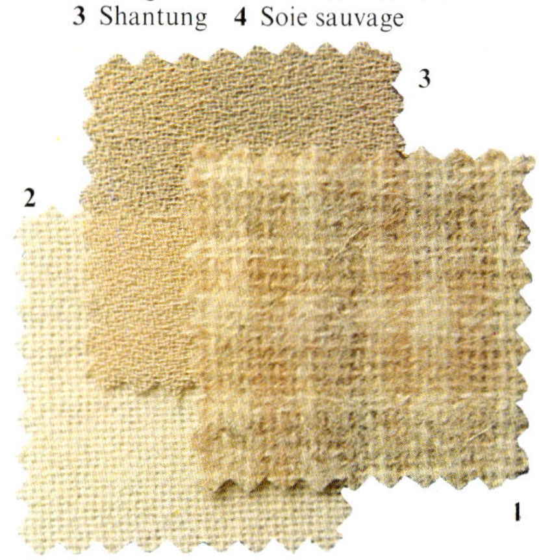

Laines
1 Laine tweed **2** Toile de laine
3 Crêpe georgette

Le matériel

Un matériel de bonne qualité assure les meilleurs résultats en broderie. Les ciseaux doivent être petits et pointus, et le dé doit bien tenir au doigt, car il est destiné à faire passer l'aiguille fermement dans le tissu. Les aiguilles et les épingles devraient être piquées dans des pelotes remplies de sable ou de sciure.

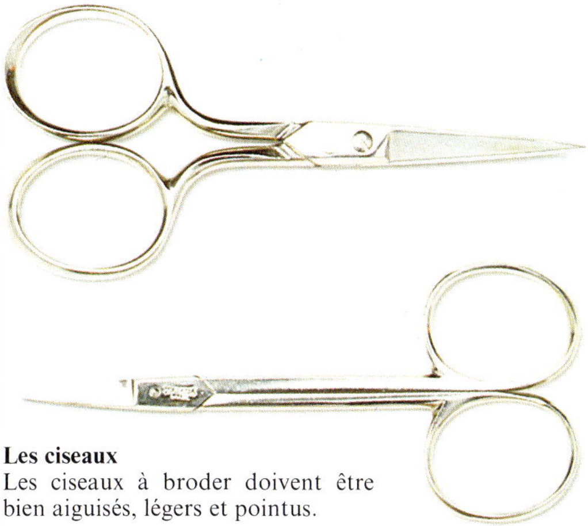

Les ciseaux
Les ciseaux à broder doivent être bien aiguisés, légers et pointus.

Les dés
Les dés doivent avoir des dentelures précises.

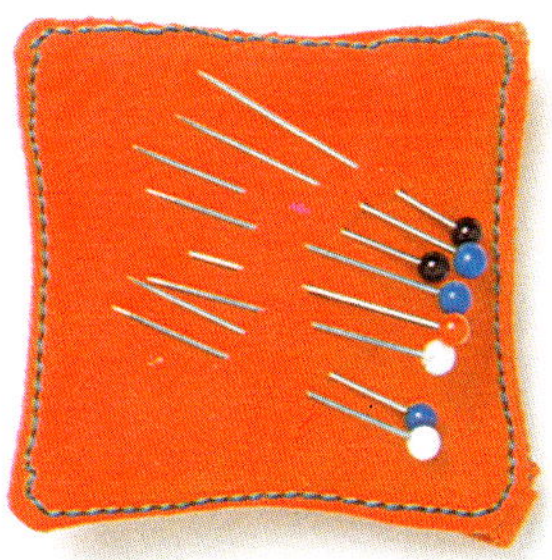

Les pelotes à épingles
Les pelotes à épingles protègent les épingles et les aiguilles de la rouille.

Les aiguilles

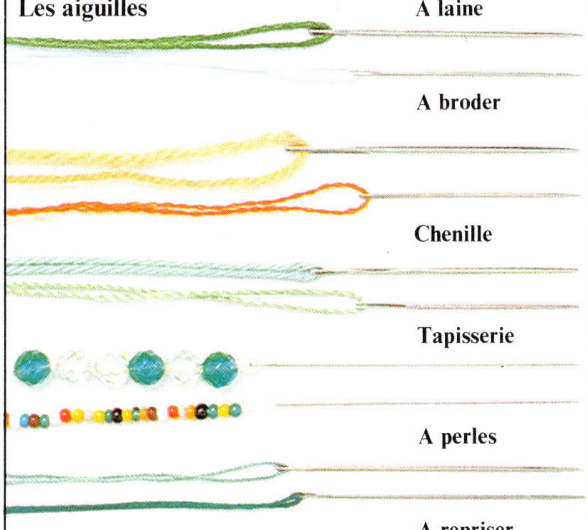

Echantillons

Nous vous donnons ci-après quelques combinaisons de fils, d'aiguilles et de tissus adaptées à différents points de broderie.

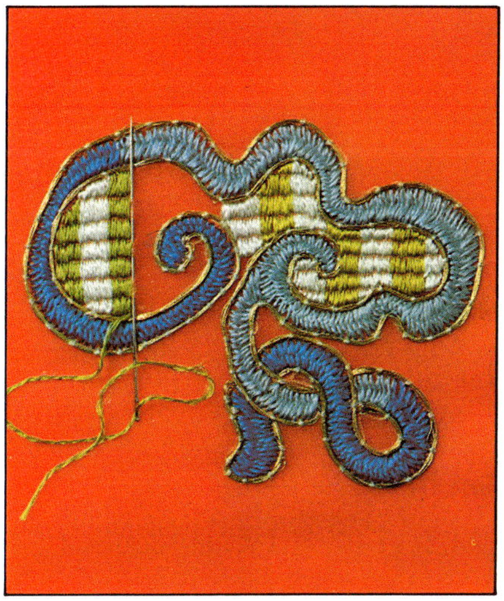

Soie floche et fil de métal sur gaze de soie brodée à l'aiguille à repriser.

Coton floche et fil de lin sur aiguille à laine au point lancé, au point chaînette et au point de nœud sur du coton imprimé.

Cordonnet de soie sur aiguille à laine et laine à broder sur aiguille chenille au point de croix sur tweed de laine.

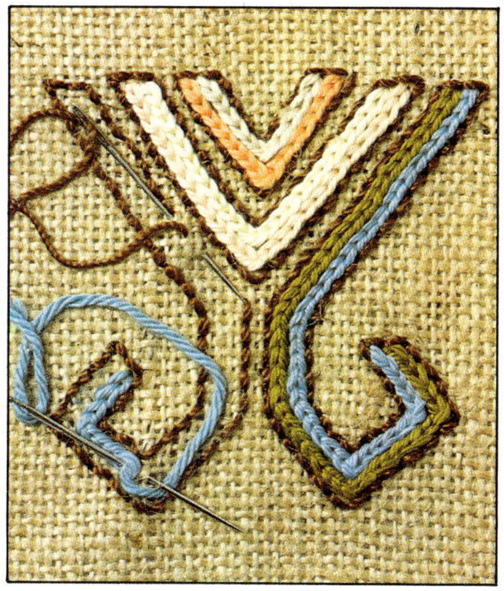

Coton retors à broder et coton perlé sur aiguille chenille au point de chaînette et au point arrière sur toile de jute.

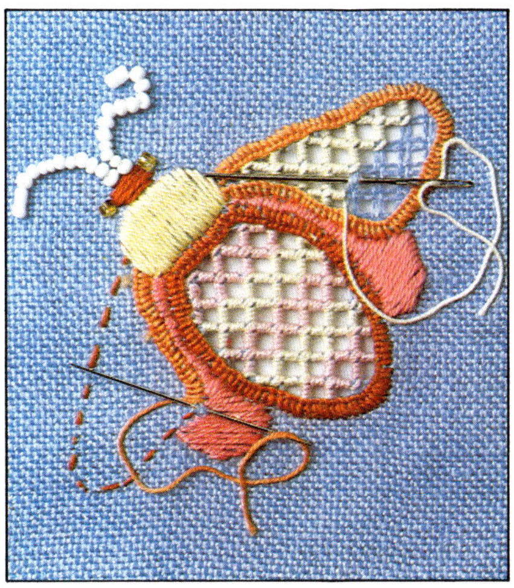

Coton à broder et coton à crocheter sur aiguille à laine et aiguille à tapisserie sur toile de lin au point grillagé et au point lancé sur toile de lin.

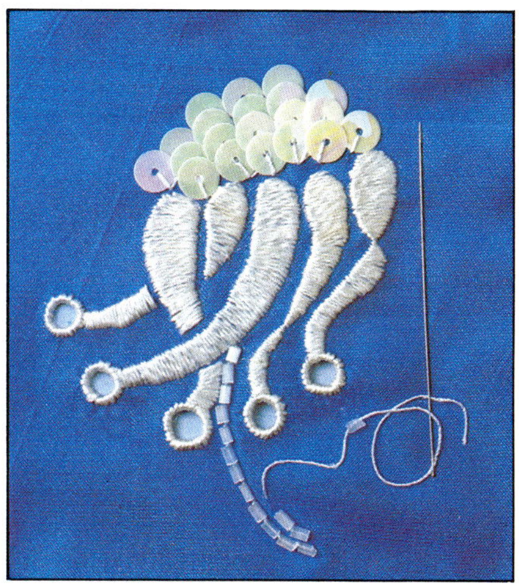

Perles et paillettes sur aiguille à perles au point Richelieu avec soie floche sur soie.

Le décalque

Avant de commencer votre broderie, vous aurez choisi le dessin, le tissu de fond et le fil à utiliser (pages 174-175). Il vous faudra ensuite voir comment décalquer le dessin sur votre tissu (à moins d'avoir choisi un ouvrage tout préparé). Nous vous donnons ici différentes méthodes pour reproduire des dessins. Vous pouvez, bien entendu, créer votre propre motif, mais pour les débutants, il est préférable de commencer par un ouvrage tout préparé avant de se lancer dans les broderies originales.

Les ouvrages préparés

Ils sont en général imprimés sur tissu et destinés d'avance à un ouvrage défini: nappe, sac ou coussin.

Les décalques
Ce sont des dessins sur papier spécial qu'il suffit d'imprimer sur le tissu à l'aide d'un fer à repasser chaud.

Les schémas
Ces dessins sont faits pour les ouvrages au point de croix et les ouvrages à jours (voir pages 182, 214). On les exécute en comptant les fils de chaîne (longueur) et les fils de trame (largeur) du tissu de fond. Le schéma indique le genre de point à employer et le nombre de fils à couvrir par point.

Les dessins sur papier quadrillé
Ces dessins doivent être bâtis sur le tissu de fond. Ils sont ensuite brodés carré par carré. Le processus est le même que pour l'agrandissement (voir page suivante).

La reproduction de dessins originaux

Pour reproduire des dessins originaux, vous avez à choisir entre les 6 méthodes suivantes: **1** Le dessin à main levée. **2** Le décalque avec papier carbone. **3** Le dessin sur tissu. **4** Le dessin sur papier de soie. **5** Le piquetage. **6** L'éclairage.

La broderie à main levée

Une personne, sachant dessiner et connaissant les divers points de broderie, pourra exécuter son dessin tout en le brodant.

Méthode de travail

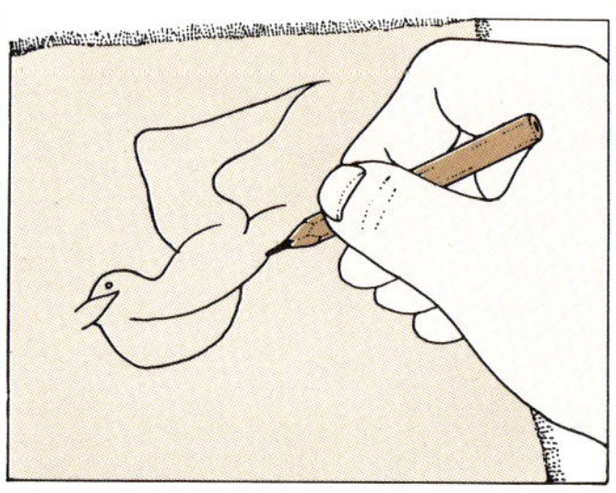

Faites un dessin en couleurs et brodez-le, ou dessinez directement sur le tissu avec un crayon, puis suivez les traits.

Décalquer avec du papier carbone

Cette méthode s'applique aux tissus lisses. Servez-vous de carbone de tailleur sombre pour les tissus clairs et clair pour les tissus sombres.

Méthode de travail

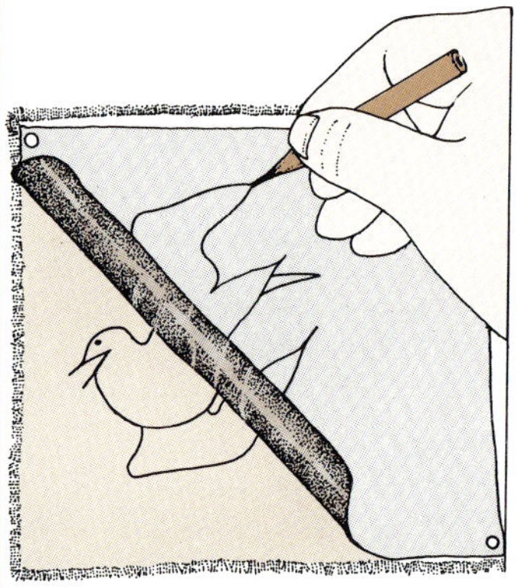

Placez le papier carbone sur le tissu et suivez les lignes du dessin

Dessiner directement sur tissu

Cette méthode est à conseiller pour des tissus très fins tels que gaze, linon, mousseline et organza.

Méthode de travail

Posez le tissu sur le dessin et suivez les contours directement.

Calquage sur bâti

Cette méthode est indiquée pour reporter des dessins sur de gros tissus inégaux comme le velours ou le tissu éponge.

Méthode de travail

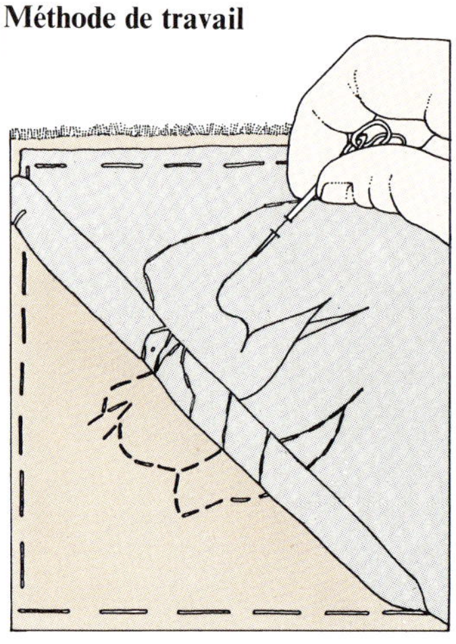

Après avoir fait le dessin sur papier de soie, épinglez-le sur le tissu et bâtissez en suivant les lignes du dessin avec de petits points pour reproduire tous les détails. Retirez le papier de soie, le dessin restera en points de bâti. Si la broderie finale couvre les points de bâti, laissez-les tels quels, sinon retirez-les à l'aide d'une pince.

Le piquetage

Cette méthode traditionnelle de reproduction peut être appliquée sur n'importe quel tissu plat. Il vous faudra: de la craie tailleur en poudre, une grosse aiguille ou épingle pour piqueter, du papier calque, des punaises, un morceau de feutre (ou une planche à dessin) et un rouleau de tissu ou de feutre.

Méthode de travail

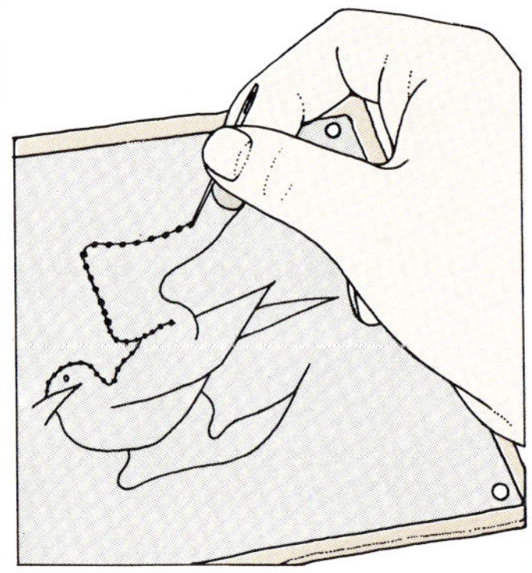

1 *Posez le dessin sur une table couverte d'un morceau de feutre ou sur une planche à dessin. Piquez des points serrés tout autour du dessin en suivant les plus infimes détails.*

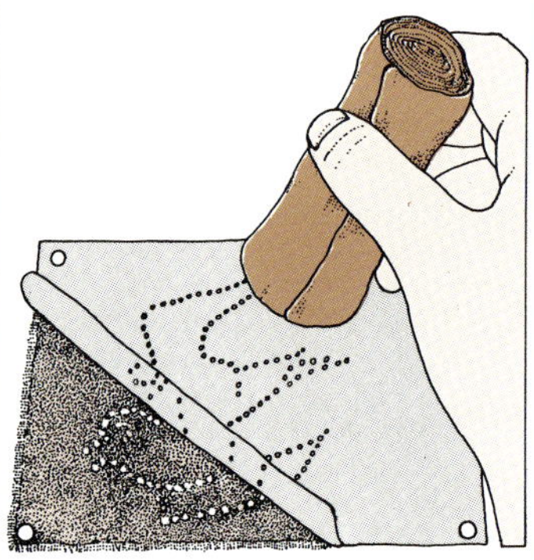

2 *Posez le dessin piqueté sur le tissu et fixez-le avec des punaises. Trempez le rouleau de tissu dans la craie pulvérisée et tapotez-en le dessin pour faire passer la craie à travers les trous d'épingle. Retirez soigneusement le papier, fixez les pointillés en les retraçant légèrement au crayon.*

Agrandir, réduire ou multiplier un dessin

N'importe quel dessin peut être agrandi, réduit ou multiplié en bandes ; aucune de ces techniques n'est difficile, il suffit de mesurer et de disposer correctement le dessin. Pour réduire un dessin, suivez en sens inverse les indications pour l'agrandissement.

Agrandir

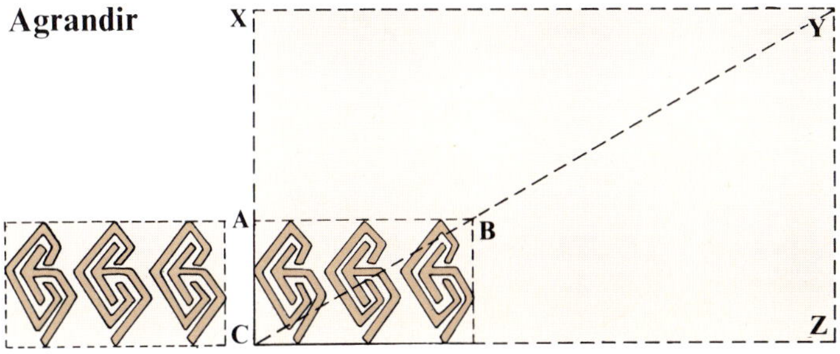

Disposez d'abord le dessin dans un espace carré ou rectangulaire (en haut à gauche). Puis prenez une grande feuille de papier et posez le dessin original sur le coin inférieur gauche (au-dessus à droite). Puis tracez une ligne diagonale de C par B à Y. Cette ligne peut avoir n'importe quelle longueur, mais, pour obtenir une hauteur précise, prolongez la ligne CA et mesurez sur celle-ci la hauteur désirée au point X. De là, tirez la ligne de X à Y : elle doit être parallèle à la base du dessin original et rencontrer la diagonale GBY. On obtient ainsi la position voulue pour la ligne finale YZ et les nouvelles proportions nécessaires.

Ensuite, divisez le dessin original en carrés égaux (ci-dessus à droite). Puis faites le même nombre de carrés sur le papier d'agrandissement, mais en proportion (ci-dessus à gauche). Tracez enfin le dessin carré par carré.

Multiplier le dessin

Un dessin multiplié peut s'appliquer aux bordures ou aux coins. Pour vous rendre compte de l'endroit où placer les dessins, tenez une glace sur le dessin et passez-le autour du tissu jusqu'à obtenir l'emplacement idéal. Marquez cet endroit par une ligne sur le dessin et reportez le dessin ainsi marqué sur le tissu. Une fois la ligne atteinte, répétez le motif en le travaillant dans le sens contraire (vu dans un miroir).

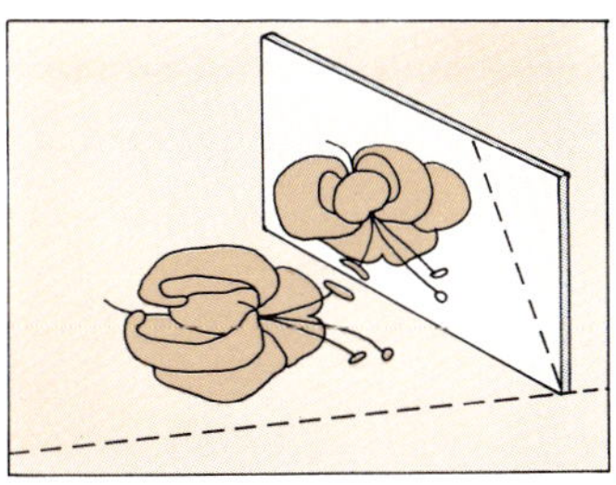

Méthode de travail
Pour les coins, placez la glace à un angle par rapport au dessin jusqu'à obtenir l'image d'un angle de l'ouvrage. Marquez l'angle et le dessin et répétez le motif de l'autre côté de l'angle.

Reproduction de dessins par utilisation de la lumière

Vous pouvez vous servir de l'éclairage, naturel ou artificiel, pour reproduire un dessin.

Comment travailler avec une lumière artificielle

Placez une forte lumière sous une plaque de verre. Posez le dessin sur le verre et couvrez-le de papier calque ou du tissu de fond s'il est assez fin. La lumière passera à travers le papier calque ou le tissu et vous pourrez facilement suivre le dessin.

Comment travailler avec la lumière du jour

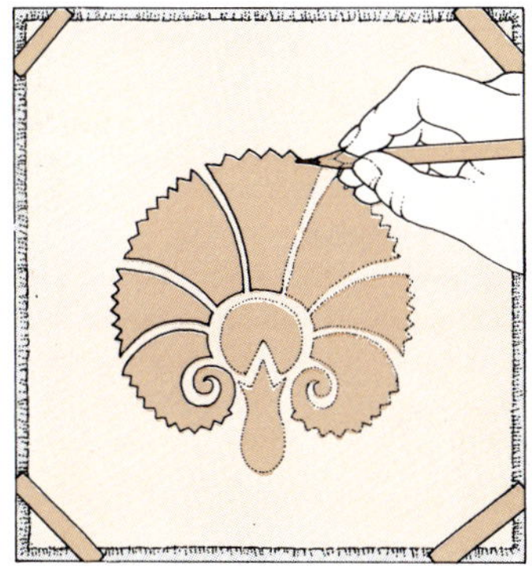

Fixez le dessin sur le carreau d'une fenêtre avec du ruban adhésif. Veillez à ce que le soleil passe bien à travers la vitre. Attachez le papier calque ou le tissu fin sur le dessin. Puis tracez les lignes du dessin avec un crayon.

La projection de dessins sur tissu

Bien des contours ou des objets peuvent être reproduits sur tissu à l'aide d'un petit appareil de projection. Vous pouvez ainsi copier des portraits, des maisons, des animaux, des paysages et des dessins compliqués de tapis ou de carreaux.

Comment reproduire des dessins à l'aide d'un projecteur
Epinglez le tissu au mur, mettez un transparent sur le projecteur et projetez-le sur le tissu. Réglez le projecteur jusqu'à ce que la taille du dessin soit satisfaisante. Dessinez directement sur le tissu avec un crayon.

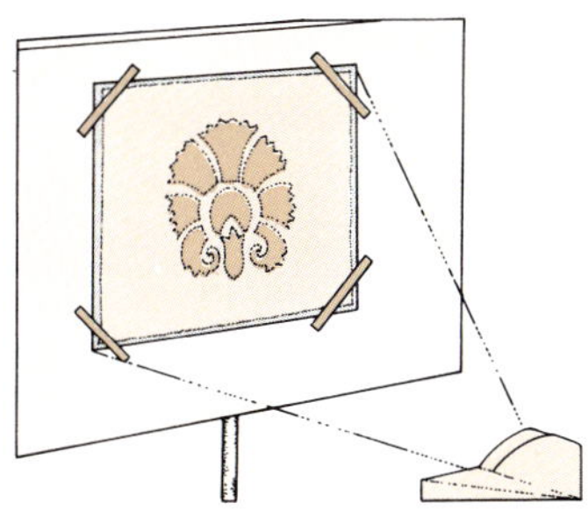

Calquer des dessins en relief

Vous pouvez reproduire une vieille broderie ou un dessin en relief en le calquant sur du papier fin mais résistant.

Méthode de travail
Epinglez le papier sur la broderie, préalablement fixée sur une planche à dessin. Avec un crayon doux, passez et repassez sur la surface jusqu'à obtenir une reproduction. Retirez le papier et dessinez les contours. Puis reportez le dessin sur le tissu à l'aide d'un papier calque.

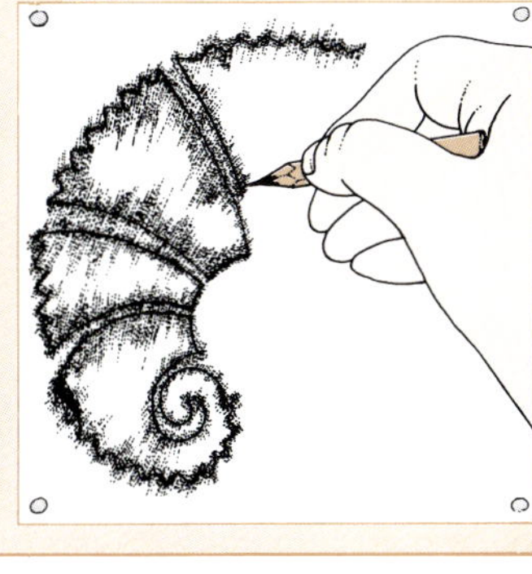

Les points de broderie

Il existe des centaines de points de broderie, dont certains connus et utilisés dans le monde entier, tels que le point lancé, le point de croix, de reprise, de tige, de chaînette et bien d'autres, originaires de régions bien définies telles que Crète, Malte, France, Chine, etc. Cependant, aussi grand que soit le nombre de points existants, il est amusant de constater qu'ils se divisent tous en quatre catégories : les points plats, les points de croix, les points à boucle et les points noués.

Les points plats
Les points plats se composent de points droits de différentes longueurs et allant dans différentes directions à des intervalles variables. Les principaux points de cette famille sont : le point devant, le point arrière, le point de tige, le point de satin, le point lancé.

Les points de croix
Le point de croix est travaillé en forme de croix dont les branches se croisent de diverses manières. Les principaux points de croix sont : le point de croix simple, le point de croix décalé et le point de chausson.

Les points à boucle
Ces points s'exécutent en faisant une boucle retenue par un petit point. Les principaux points à boucle sont le point de chaînette, le point d'épine et le point boutonnière.

Les points noués
Les points noués forment des nœuds de différentes formes sur le tissu. Les principaux points noués sont le point de nœud, le point de nœud double, le point corail et le point de feston.

Les dérivés

Les points de base ont donné naissance à des points composés grâce auxquels on peut créer des effets de relief, de tissage, de surjet ou de lacis.

Le point Boulogne
Cette technique consiste à fixer un fil posé sur le tissu par de petits points régulièrement espacés.

La dentelle à l'aiguille
Les points de base sont ici utilisés sans tissu de fond, ils produisent un effet de dentelle.

Les points à jours
Les points servent ici à « ouvrir » le tissu et à le maintenir ouvert.

Les smocks
Les points de base retiennent de fins plissés décoratifs.

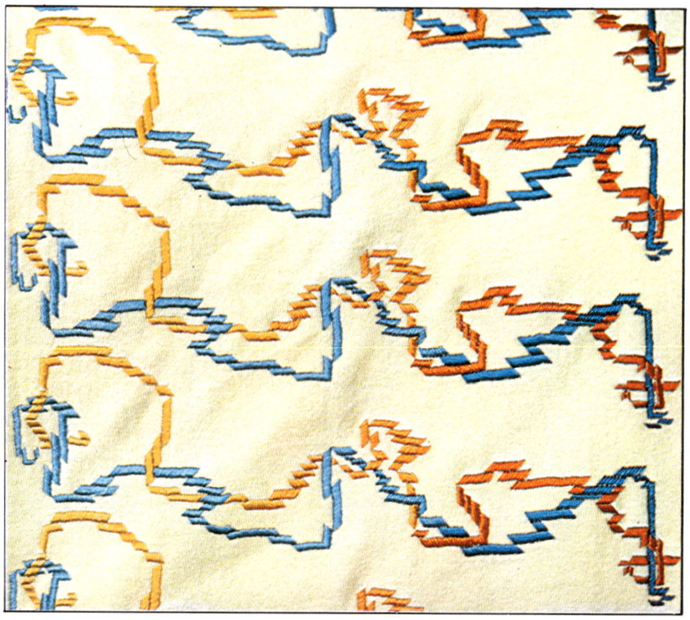

Les points plats : détail d'une robe brodée au point lancé
Dessin moderne de point lancé en soie sur laine.

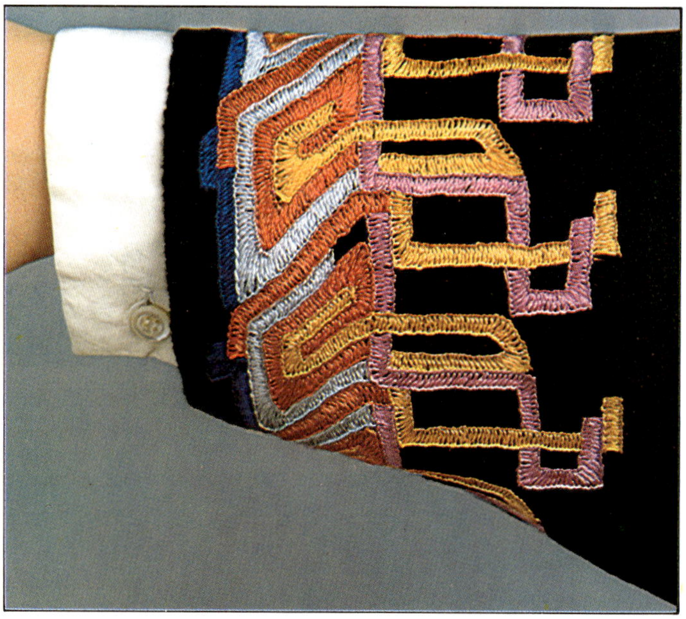

Les points à boucle : bordure de chaînette double
Manchette de robe de laine ornée de soie floche.

Les points de croix
Bordure au point de croix.
Le point de croix apparaît sur bien des broderies folkloriques traditionnelles, ici sur un châle mexicain.

Les points noués: Chat au point noué dans un paysage miniature
Les fleurs sont aussi brodées au point de nœud sur fond de broderie satin.

Application: perles sur fil en motifs
Détail de manchette d'une robe traditionnelle des Carpathes.

Les points à jour: broderie anglaise
Bordure de lingerie aux points ajourés (19e siècle, Angleterre).

Echantillons de points de broderie

Les «exemplaires» ou échantillons de broderie servaient, à l'origine, d'aide-mémoire. Au 15e siècle, ils comportaient surtout des points à jours exécutés sur d'étroites bandes de toile. Ils n'étaient pas signés. Dès le 16e siècle apparut le premier tableau récapitulatif et ce fut la fin de l'utilisation pratique des «exemplaires». Au 17e siècle, les tableaux devinrent carrés, ils étaient illustrés et signés par la brodeuse. Les fleurs, les oiseaux et les motifs à répétition, puis les bordures apparurent et, au 18e siècle, le tableau devint un accessoire de l'enseignement scolaire, indiquant les points de broderie, les premiers principes du dessin et l'art de la présentation artistique. Vers le début du 20e siècle, on trouve des modèles d'échantillons préparés, prêts à être brodés.

Tableau d'échantillons anglais du 16e siècle, signé Jane Bostock – une des premières pièces existantes.

Détail de «l'exemplaire»

Les points plats

Il s'agit des points de broderie les plus anciens et les plus faciles à exécuter. Ils se composent de points droits, plats, allant dans diverses directions à intervalles différents. En tant que points de remplissage, ils peuvent être disposés de diverses façons, pour bien capter la lumière et produire des effets ombrés subtils.

Ce sont les Chinois qui sont probablement les meilleurs utilisateurs des points plats, le point lancé se trouve dans nombre de leurs broderies figuratives. Le point de reprise, le point avant double, le point arrière, le point de tige se retrouvent sur les broderies les plus anciennes. Le point de tige était utilisé en Egypte et au Pérou, 900 ans avant notre ère.

Le point devant

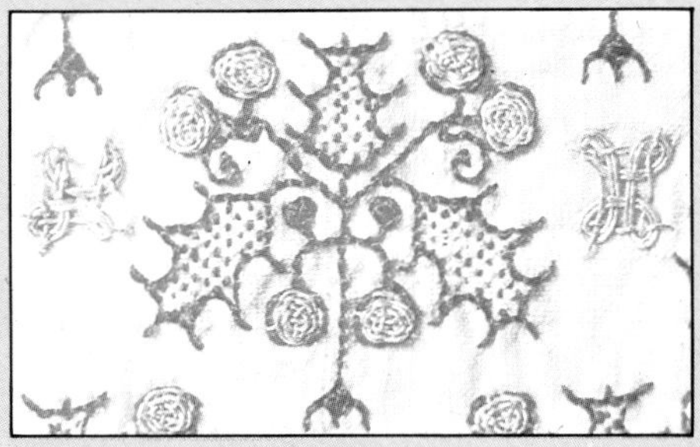

Détail d'une coiffe anglaise du 17° siècle

Le plus simple de tous les points, le point devant est le point de base de la couture à la main. En broderie, on l'utilise pour faire des lignes, des contours et comme base pour d'autres points. On l'utilise également pour le rembourrage.

Il se fait en entrant et en sortant dans le tissu à intervalles réguliers.

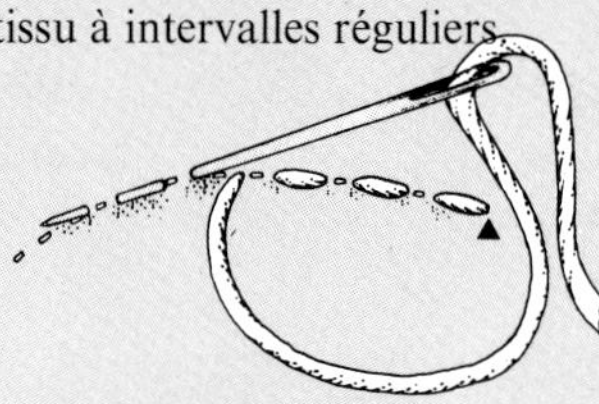

Faites plusieurs petits points réguliers à la fois.

Le point arrière

Détails d'un tableau de points italiens du 17° siècle

Ce point s'utilise pour les lignes et les contours. Fait en points petits et réguliers, il est plus épais que le point devant double.

Il s'exécute en faisant un point en avant et un point en arrière.

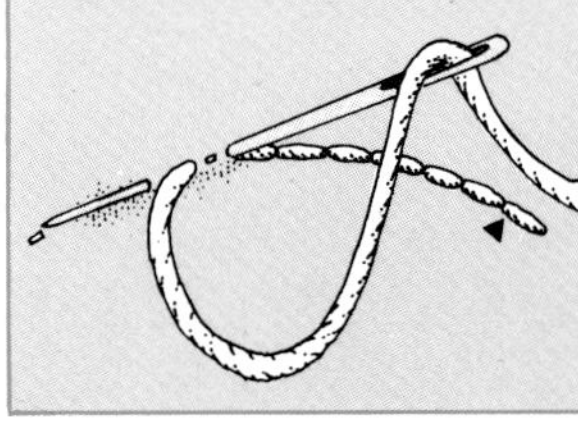

Les points doivent ressembler aux points faits par la machine à coudre.

Le point de tige

Détail d'un sac anglais du 18° siècle

C'est l'un des principaux points de broderie. Il est utile pour les fonds, les remplissages, les contours et les lignes, ainsi que pour ombrer.

Le fil doit rester du même côté de l'aiguille. Pour les fonds, faites des rangs très rapprochés. Pour des effets plus aérés, ménagez un petit angle.

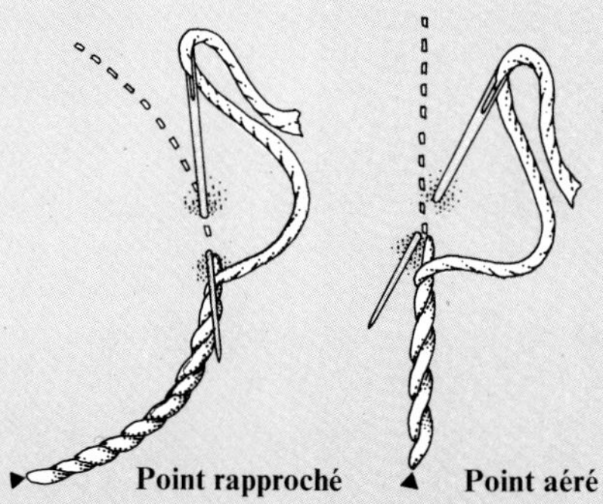

Le point de tige transpercé

Ce point est important pour toutes les broderies figuratives; on l'utilise également pour les contours et pour le remplissage. Comme son nom l'indique, il est exécuté en fendant le fil, ce qui rend le travail pratiquement invisible et donne une surface lisse et plate.

Il se fait comme le point de tige, mais l'aiguille passe au milieu du fil en le fendant avant de ressortir.

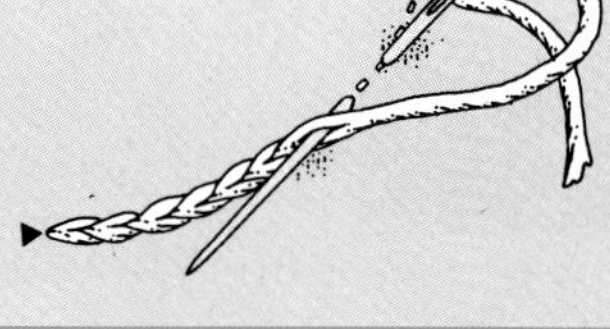

Le point lancé

Détail d'un motif chinois du 18° siècle

Ce point semble facile à exécuter, il exige cependant une grande précision pour que les points soient rapprochés et suffisamment égaux et que les contours soient précis. On l'utilise pour fixer les contours, pour le remplissage, pour les motifs géométriques et les effets d'ombre.

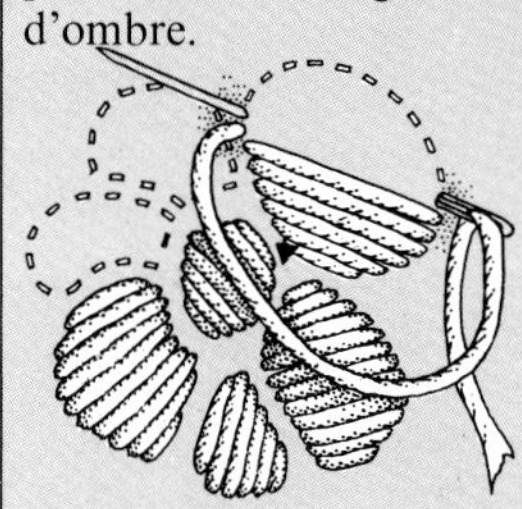

Ce point peut être exécuté en diverses longueurs, mais s'il est trop long, son aspect devient lâche et irrégulier.

Le point lancé long et court

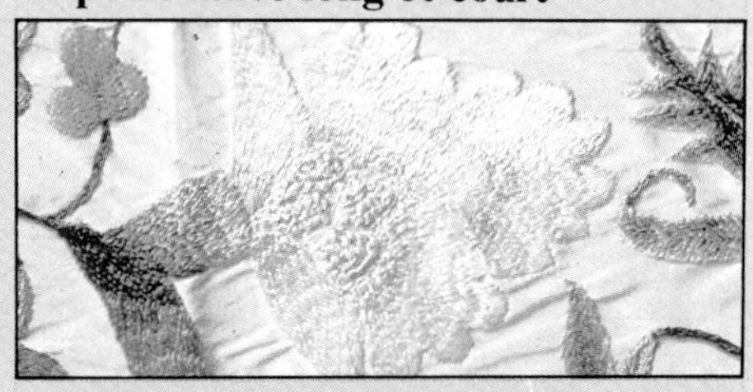

Détail d'une planche à chaussure du 18° siècle

Ce point apparaît dans les motifs géométriques pleins, les angles et les contours.

Le premier rang est travaillé au point lancé long et court. S'il est utilisé pour un remplissage, les rangs suivants s'emboîtent dans les points précédents.

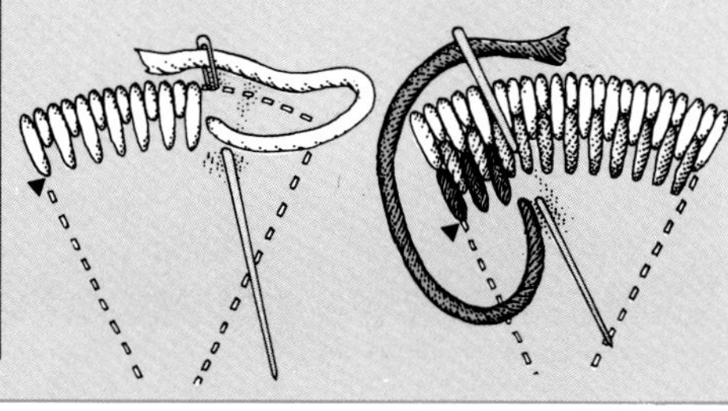

Le point de reprise

Détail de tenture murale du Dodécanèse (18° siècle)

Il s'agit d'un long point devant qui donne de grands points de surface. Il est utile comme point de remplissage si on travaille des lignes très rapprochées, ou en tant que point décoratif (dit point de Damas), pour les motifs géométriques, si on varie la longueur des points.

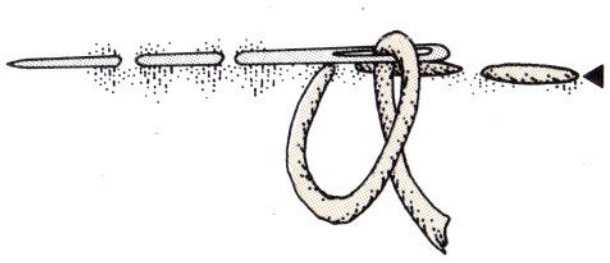

Le point devant double

Détail d'un voile turc de mariée du 19° siècle

Ce point est également appelé «point Holbein». Il sert aux remplissages et aux contours. Il présente des points d'égale longueur sur l'endroit et sur l'envers du travail.

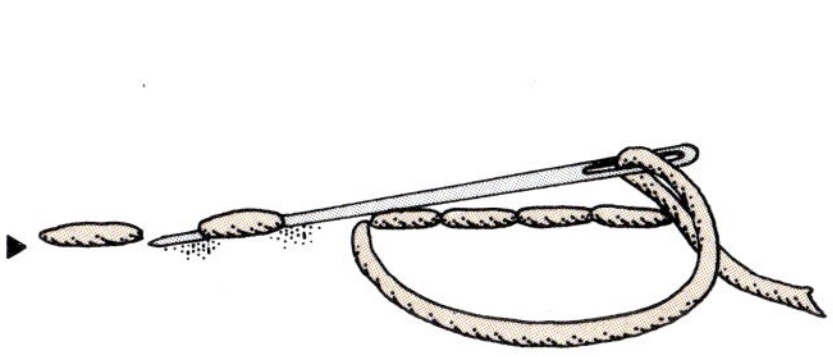

Le point arrière double

Point arrière double en soie sur laine

Il s'utilise pour les contours et les remplissages, son relief est plus prononcé que celui du point devant. Il peut avoir un aspect perlé, de semis ou de poudre.

Il s'exécute en faisant deux points arrière dans le même trou, en laissant un espace avant les deux points suivants.

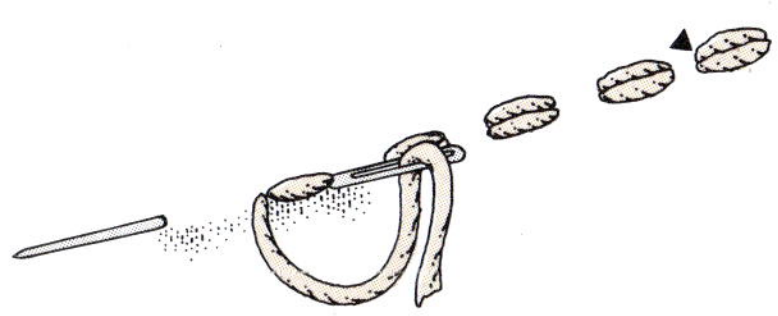

Le point lancé empiétant

Détails d'une couverture de boîte japonaise du 19° siècle

Ce point permet des mélanges de couleurs et des effets de dégradé.

Le premier rang s'exécute comme pour le point lancé, les rangs suivants s'emboîtent entre les points des rangs précédents.

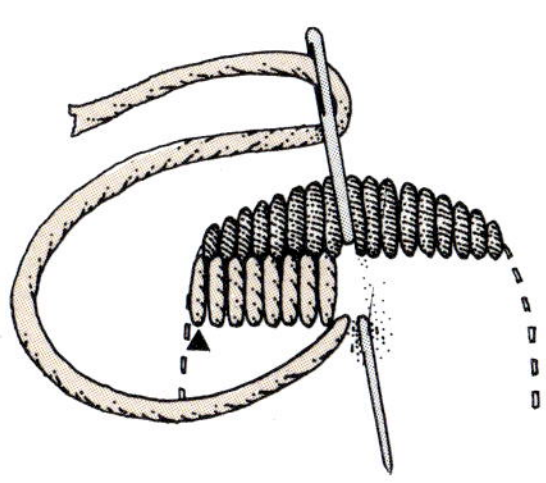

Vous obtiendrez des effets subtils en changeant les couleurs à chaque rang.

Le passé plat

Passé plat en soie sur laine

Très souvent utilisé pour remplir des feuilles et des pétales, ce point est utile aussi pour les bordures quand il est travaillé à longueur régulière. On commence par un petit point central en haut du motif, puis on continue alternativement sur la gauche et sur la droite, en dessous des points précédents. En enfilant deux aiguilles, vous pouvez facilement exécuter des dessins de plusieurs couleurs.

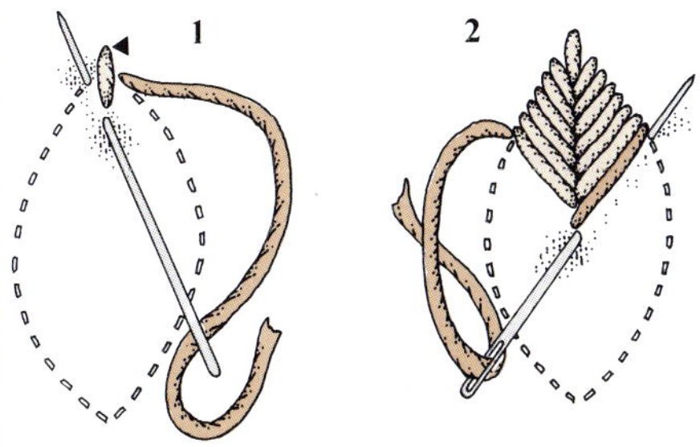

Point de flèche

Point en pointe de flèche travaillé en soie sur soie

On utilise ce point pour des remplissages légers. On obtient également un effet de «semis» si on l'exécute en double. Il se travaille à l'horizontale ou à la verticale et se compose de deux points droits à angle droit par rapport l'un à l'autre. Travaillez les rangs qui se suivent en enchaînant sur les rangs précédents.

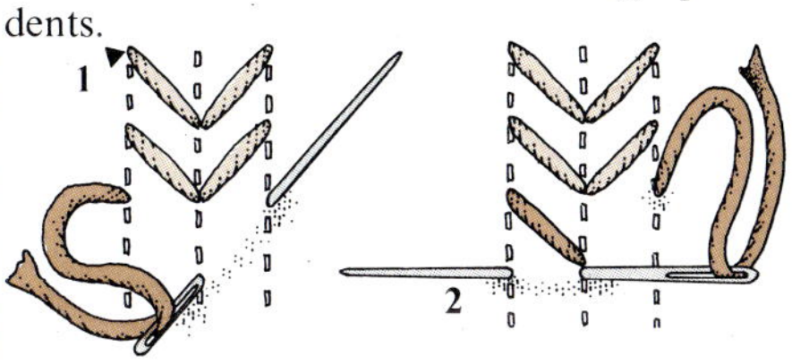

Le point d'arête

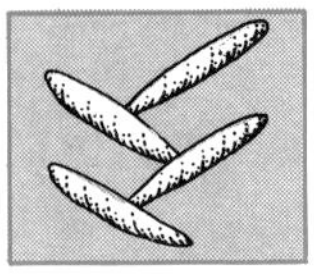

Il s'exécute comme le passé plat, en laissant des espaces plus larges entre les points.

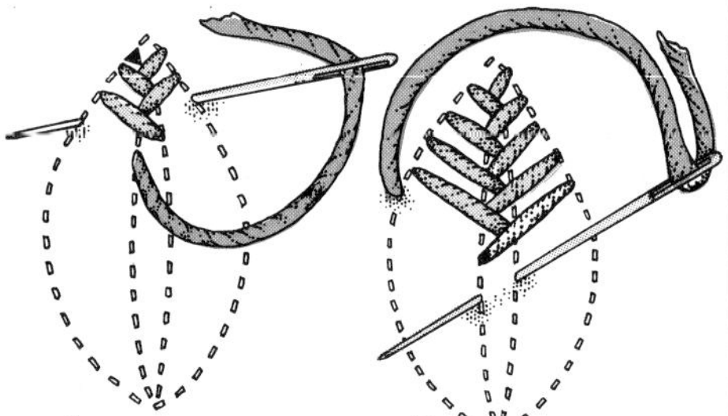

1 2

Point de fougère

Point de fougère travaillé en soie sur soie

Ce point s'utilise pour des remplissages légers et des semis.

On travaille trois points de longueur égale disposés en angle, chaque groupe est suivi d'un groupe semblable. Si les points extérieurs doivent être rapprochés, raccourcissez le point central.

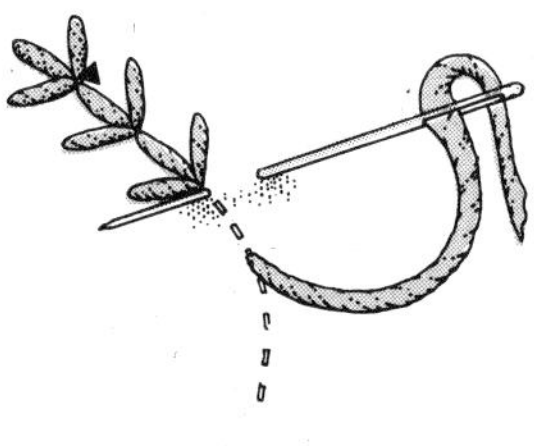

Les trois points de chaque groupe sont travaillés dans le même trou.

Chevrons

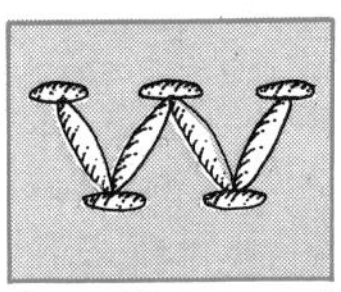

On utilise ce point pour les bordures et pour des remplissages en lacis.

Des points diagonaux de longueur égale sont disposés en angle, commençant et finissant par un petit point arrière. Le travail est facilité par des lignes parallèles dessinées ou brodées.

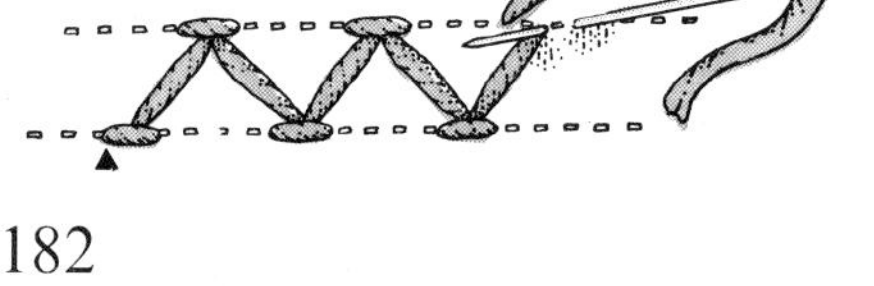

Les points de croix

Les points de croix se composent de deux points qui se croisent; l'angle de croisement peut varier depuis le simple angle droit jusqu'aux angles obliques des points d'arête et des points d'épine.

Le point de croix, l'un des plus anciens points de broderie, était largement utilisé par les Phrygiens et les Egyptiens. Il est également répandu dans les broderies folkloriques de Grèce, de Turquie, de Roumanie, d'Autriche et des pays scandinaves. Le groupe des points d'épine se retrouve dans bien des broderies d'Algérie et du Yémen.

Le point de croix

Détail d'une taie d'oreiller grecque du 18e siècle

Ce point est le plus répandu de tous les points de broderie. On l'utilise pour des contours, des remplissages, des jours, des bordures et des motifs. Le point du dessus devrait toujours être exécuté dans la même direction, à moins que vous ne recherchiez des effets spéciaux d'ombre et de lumière. Ce point s'exécute seul, ou en séries d'allers et de retours.

Le point de croix seul

Vous exécuterez la croix entière avant de faire le point suivant. Vous aurez ainsi des croix précises et nettes.

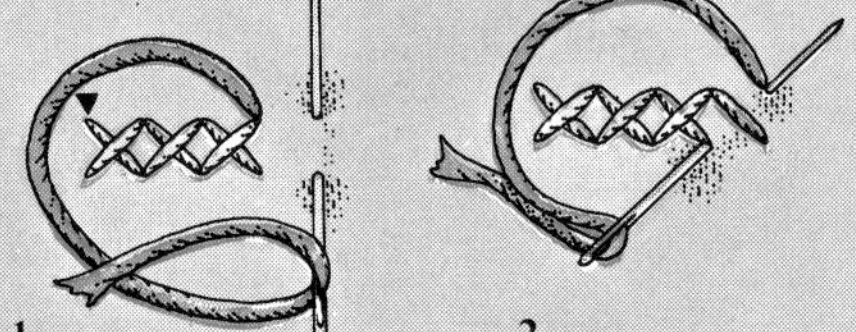

1 2

Le point de croix par séries

Faites une rangée de points obliques dans une direction, puis couvrez-les par une rangée de points obliques dans la direction opposée.

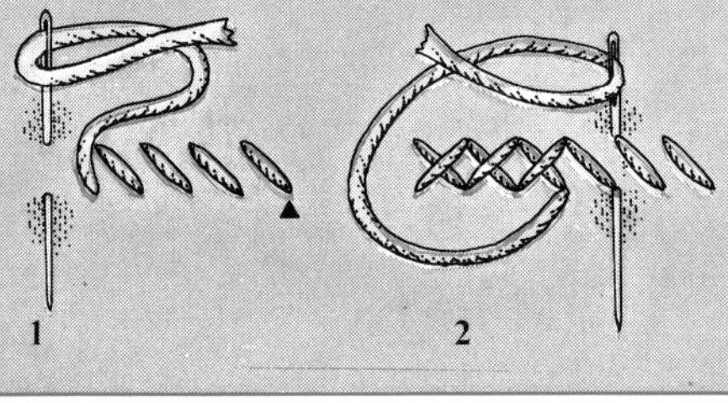

1 2

Le point de croix asymétrique

Détail d'une tenture grecque

Ce point s'utilise pour des bordures et des remplissages.

Il comporte un point court, croisé par un point plus long qui dépasse le point précédent.

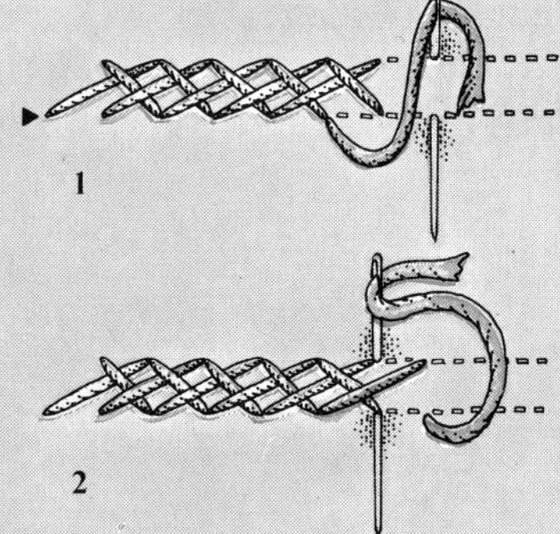

Point de chausson

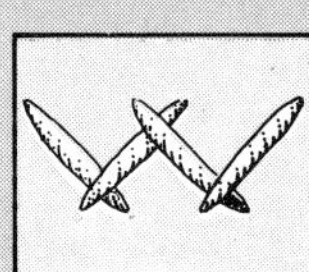

C'est un point utile pour les ourlets et les remplissages; c'est également un point de base pour bien d'autres points.

Il se travaille de gauche à droite. L'endroit de l'ouvrage montre des rangées parallèles de points avant.

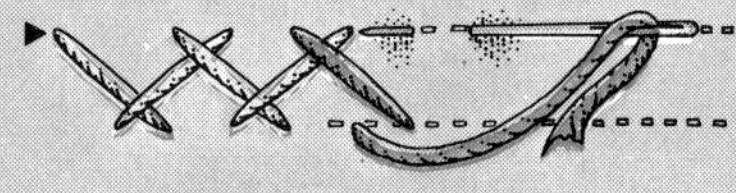

Le point de croix double

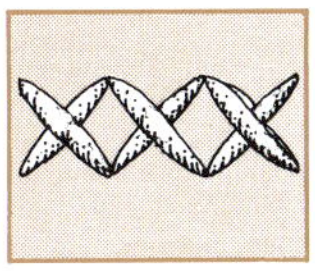

Ce point présente la même apparence sur l'envers et sur l'endroit de l'ouvrage. Il est employé pour des pièces très fines ou réversibles.

Il s'exécute en quatre étapes, les premières diagonales importantes étant faites au premier rang et avant le dernier. Le pointillé montre ce qui apparaît sur l'envers du travail. Il faudra parfois repasser sur une croix de manière à faire enchaîner le dessin. Veillez à le faire de façon pratiquement invisible.

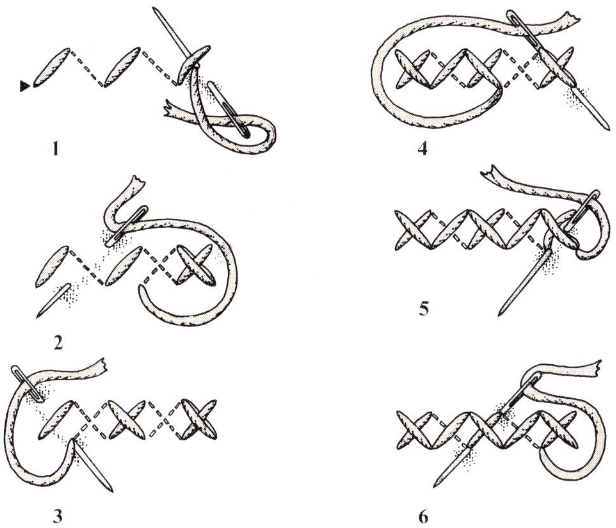

Le point carré

Envers

Ce point réversible forme une croix sur un côté et un carré sur l'autre.

On passe deux fois sur la croix pour obtenir un effet réversible. Pour broder des lettres, il peut être nécessaire de repasser sur certains points. Vous trouvez à droite de chaque point la reproduction du point sur l'envers.

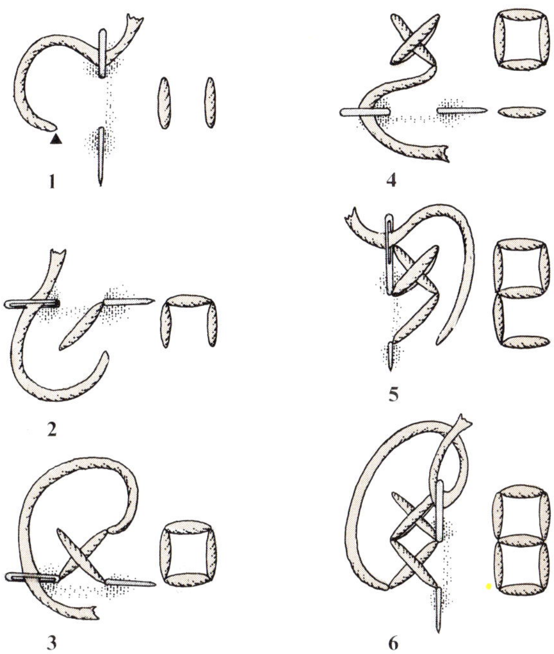

La croix de Saint-Georges

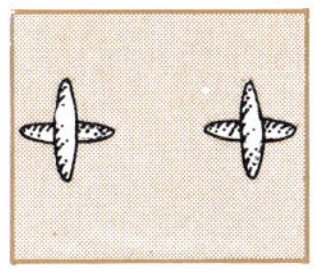

Ce point s'utilise comme le point de croix illustré sur la page précédente.

Il s'exécute en faisant des points horizontaux qui sont ensuite couverts par des points verticaux.

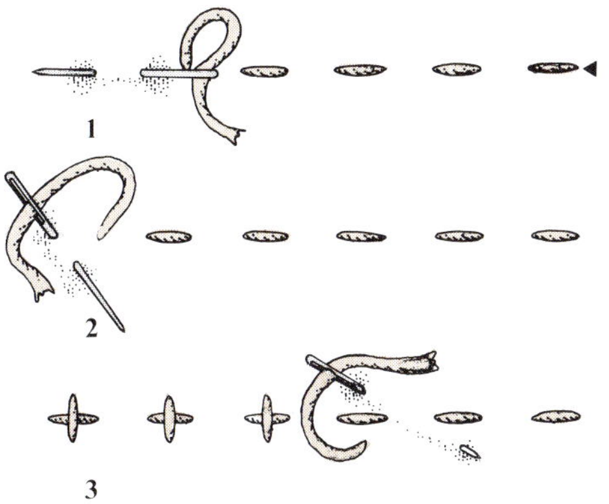

Le point étoilé

Ce point s'utilise pour les bordures et les remplissages légers. Il peut apparaître seul pour une étoile.

On fait d'abord une croix de Saint-Georges qui est ensuite couverte par un point de croix de même taille, sur lequel on fait un tout petit point de croix central. Chaque croix peut être faite d'une couleur différente.

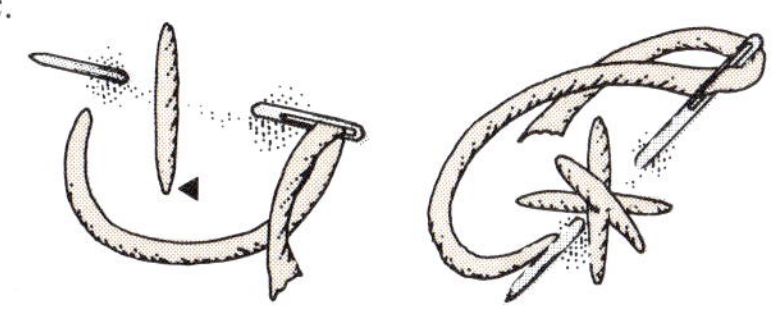

La petite croix centrale représente un tiers du point normal.

Point de moucheture

Ce point est souvent utilisé dans la broderie noire espagnole. Il sert aux remplissages et en tant que bordure.

On fait un point droit qui est ensuite recouvert d'un point de croix, plus court d'un tiers.

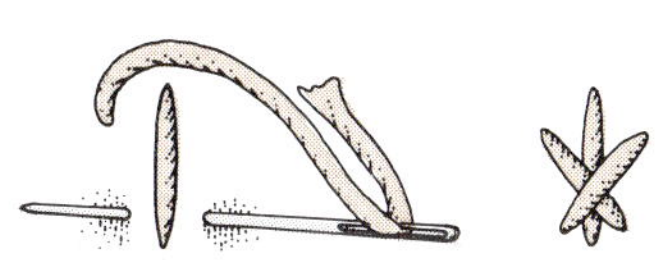

Le point de croix part un petit peu au-dessus de la base du point droit.

Le point zigzag

Ce point s'utilise pour des bordures, les remplissages et les fonds géométriques en treillis.

Il se fait en deux fois, par lignes droites et diagonales. Au retour, les points droits se font dans les mêmes trous qu'à l'aller, les diagonales croisent les premières.

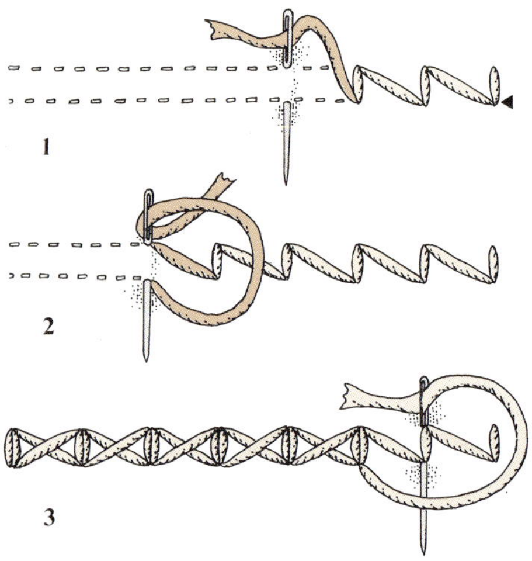

Point zigzag en soie sur toile

Le point de vannerie

Point de vannerie travaillé en soie sur soie

Ce point fait un effet de galon; il sert aux bordures et aux remplissages.

Il se travaille serré ou espacé. L'envers de l'ouvrage présente une série de points parallèles.

Il se fait par un point devant et un point arrière, comme le point de croix, mais plus rapproché.

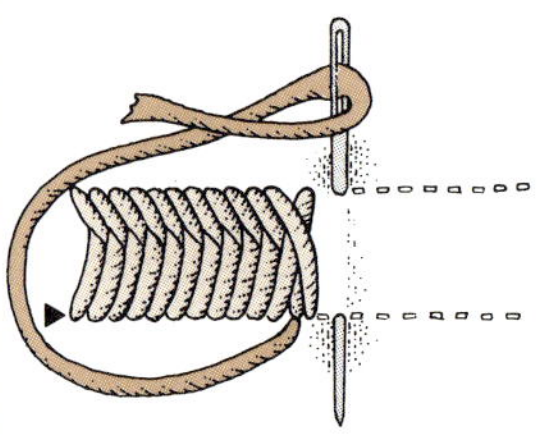

1 Le point devant se fait en diagonale vers le haut à droite, l'aiguille pique verticalement vers le bas dans les lignes en pointillé.

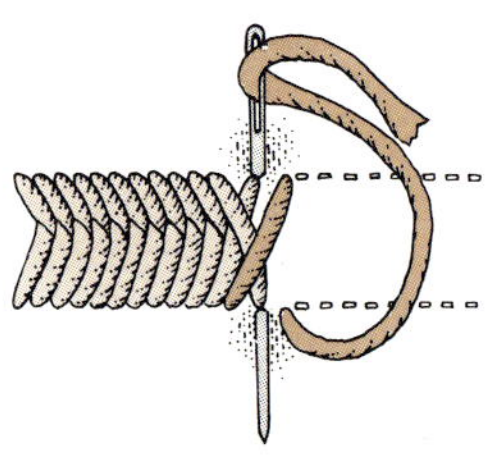

2 Le point arrière passe dans les mêmes trous que les deux points précédents.

Passé rembourré ou plumetis

Point d'arête superposé travaillé en soie sur soie

Ce point donne un effet de rembourrage, il sert aux pétales, aux feuilles, aux losanges.

Il débute par un point central vertical et se poursuit par des points entrelacés en diagonale. Il doit être aussi serré que possible pour donner une surface lisse.

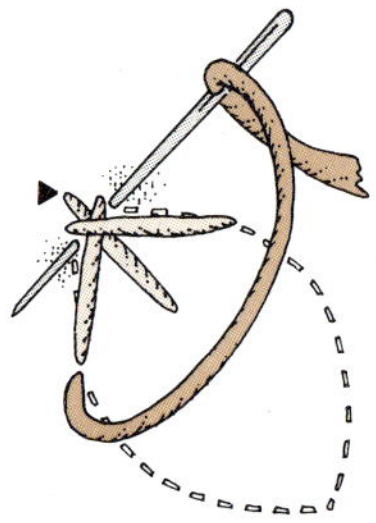

1 Faites d'abord un point central qui est couvert de points croisés.

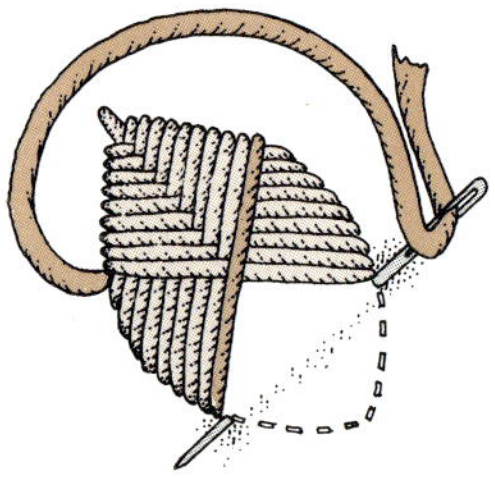

2 Les points suivants sont travaillés en diagonale, très rapprochés, ils se croisent au centre.

Passé espacé

Point de feuille travaillé en soie sur soie

Il s'agit d'un point léger, aéré; il est idéal pour remplir des feuilles. Il est particulièrement réussi, contourné par une ligne. On l'utilise également en bordure; il peut varier de taille selon les besoins.

On travaille ce point de bas en haut d'un bord à l'autre.

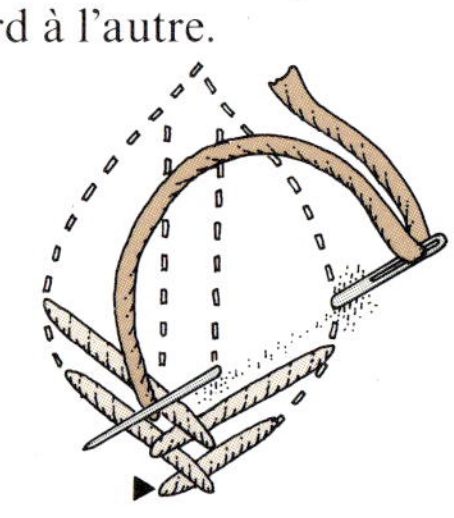

1 L'aiguille sort à gauche du centre, elle pique le bord droit et ressort un peu à droite du centre.

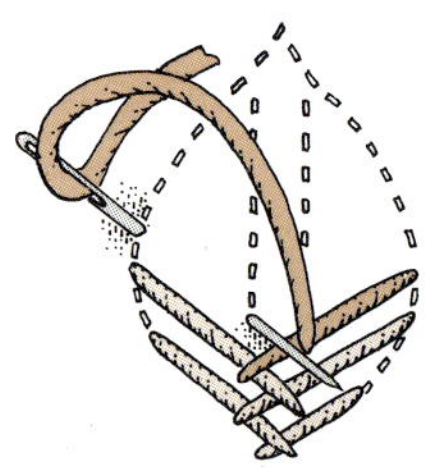

2 L'aiguille pique au bord gauche et ressort à gauche du centre, en dessous du point précédent.

Point de chausson double

Ce point, également connu sous le nom de « point d'ombre », est utilisé pour des travaux délicats, en faisant apparaître soit l'endroit, soit l'envers du point sur l'ouvrage. On l'utilise également pour ombrer des broderies fines, auquel cas les points arrière se voient sur l'endroit de l'ouvrage, les points principaux apparaissant par transparence.

On le travaille comme le point de chausson, mais les lignes diagonales se touchent en haut et en bas de la ligne.

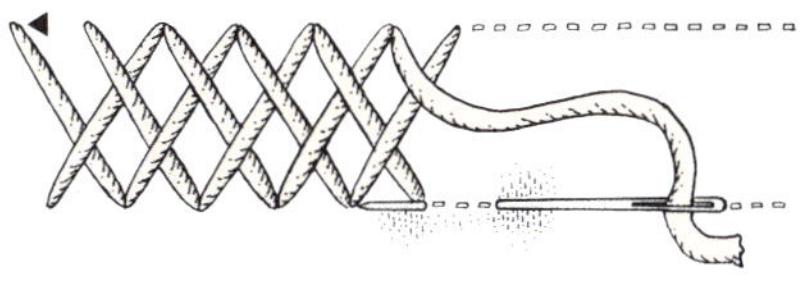

Endroit

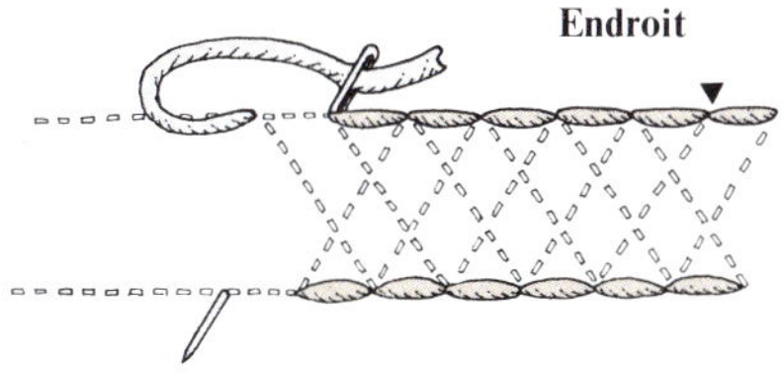

Envers

Détail d'enveloppe de coussin grec, 18e siècle

Le passé plat

Le passé plat en soie sur coton

Ce point est travaillé comme le passé, mais il est plus rapproché, l'effet en est plus dense. Travaillés en remplissage, les points se croisent légèrement, donnant ainsi plus de relief à l'ouvrage.

Il se travaille comme le passé, mais en allant de l'intérieur vers l'extérieur.

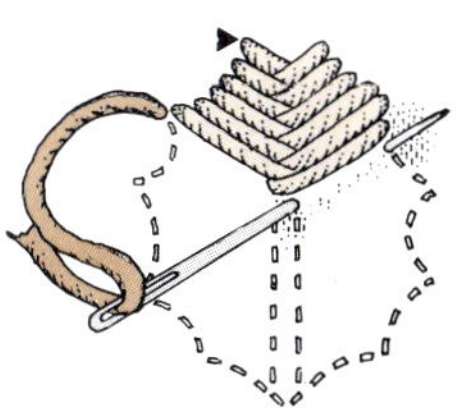

1 Sortez l'aiguille à gauche, piquez à droite du centre et sortez-la à droite.

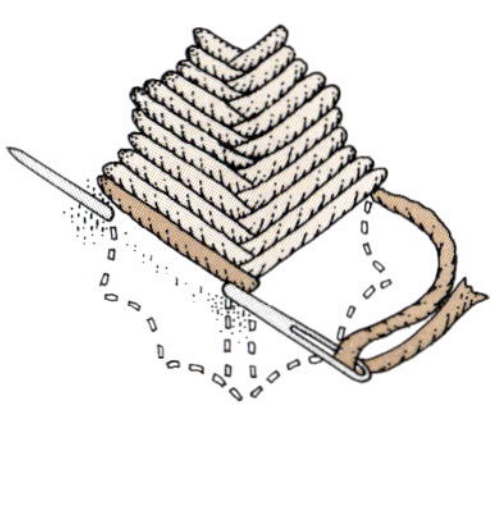

2 Piquez l'aiguille à gauche du centre et sortez-la au bord gauche.

Le point tressé simple

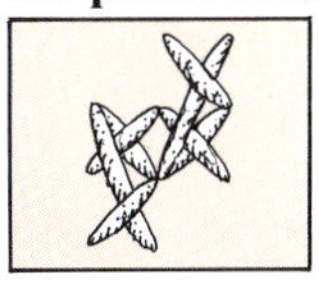

C'est un point de croix plus sophistiqué qui sert aux bordures fantaisie.

Il se travaille en points de croix réguliers et irréguliers sur un tissu à armure régulière à fils comptés.

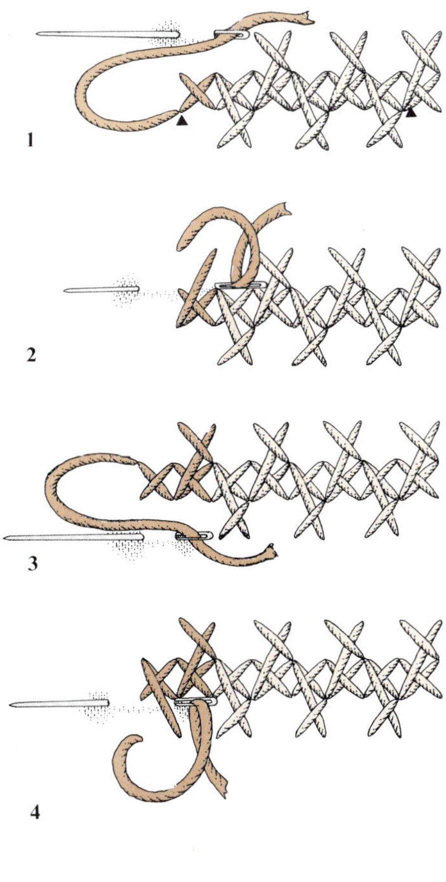

Le double point tressé

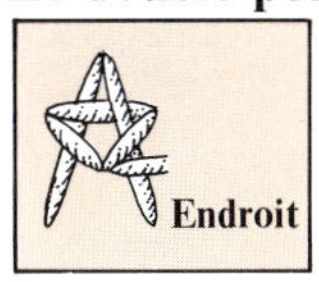

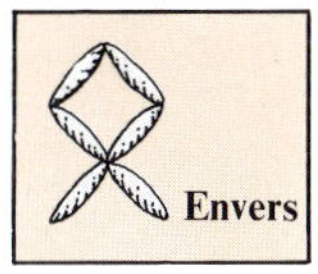

Ce point, comme le point tressé simple, s'utilise en bordure. L'envers du point forme un treillis qui le rend réversible.

On le travaille en cinq fois, de gauche à droite, en commençant par le haut.

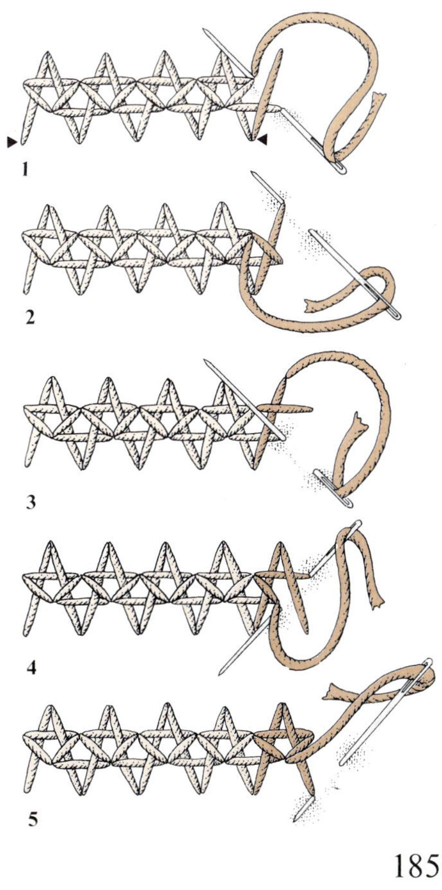

Les points à boucles

Ces points se composent d'une boucle, maintenue en place par un petit point. Le point de chaînette et le point de feston sont les plus connus de ce groupe de points. On les trouve souvent dans la broderie noire et la broderie «crewel», mais on peut également broder des contours, des lignes, ou s'en servir pour du remplissage. Le point de feston s'utilise pour toutes sortes de bordures et surtout pour la broderie anglaise. C'est également le point le plus utilisé pour la dentelle à l'aiguille (voir page 226). Le point de chaînette peut remplir de grandes surfaces, exécuté avec un crochet tambour (voir page 232). On le rencontre fréquemment dans la broderie chinoise et indienne et ses variantes servent à modifier les couleurs et la texture d'un ouvrage.

Le point de chaînette

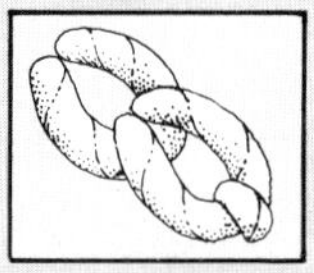

Voici le point essentiel du groupe; il sert aux remplissages, aux bordures, aux contours et aux lignes, il est des plus décoratifs en spirales et en courbes.

Il s'exécute en faisant une bouclette sous la pointe de l'aiguille, maintenue par le pouce gauche; l'aiguille prend la même quantité de tissu à chaque point, ce qui donne, à l'envers, une ligne régulière de points arrière.

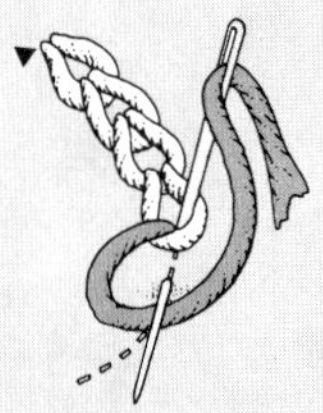

L'aiguille pique dans le même trou qu'à sa sortie pour le point suivant.

Le point de bouclette

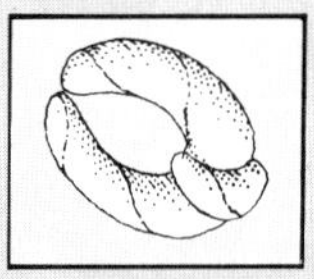

Ce point s'utilise pour les feuilles et les fleurs, il est également efficace pour le remplissage à points disséminés.

Il s'exécute comme le point de chaînette, mais chaque bouclette est fixée par un petit point de fixation.

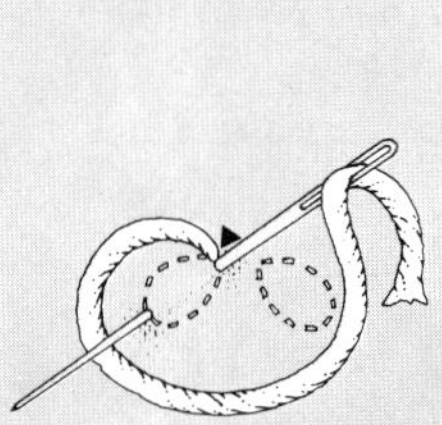

1 L'aiguille sort dans la courbe, pique dans le trou de sortie et ressort par-dessus la boucle.

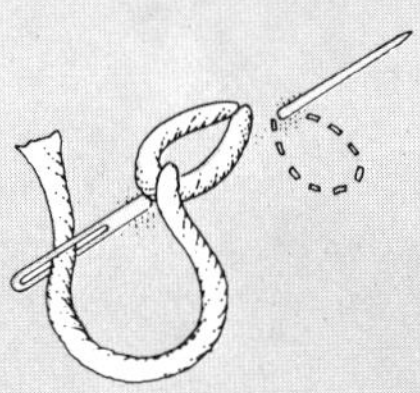

2 L'aiguille passe sur la boucle et pique en dessous de celle-ci, faisant un petit point de fixation.

Détail au point de chaînette d'un manteau mongol

Détail au point de chaînette d'un veston français du 18e siècle

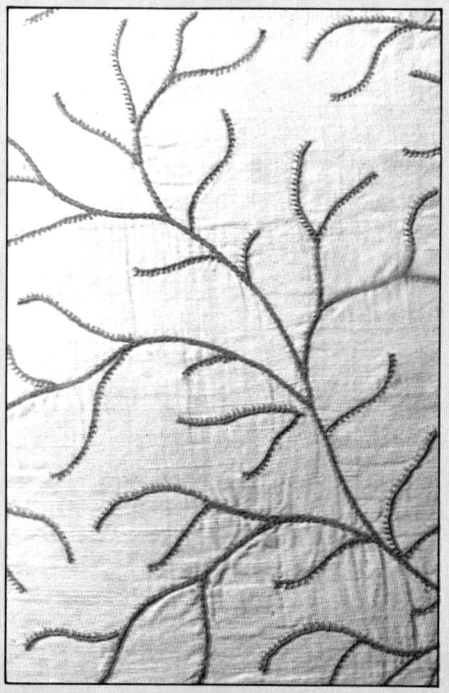

Détail au point de feston d'un couvre-pieds anglais du 18e siècle

Le point d'épine

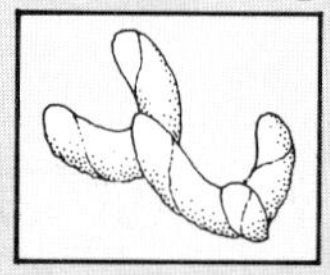

Il s'agit d'un point léger, délicat, utilisé pour les remplissages à effet de plume. On l'utilise également pour les fonds et pour les contours. On rencontre souvent le point d'épine dans les smocks, que ce soit pour les broder ou pour les froncer.

Faites un point de bouclette alternativement vers la gauche et vers la droite.

Le point de feston

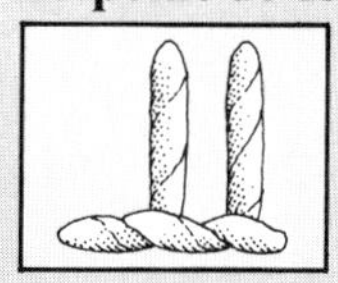

Quand les points sont plus espacés, le point de feston devient le point gribiche. On l'utilise pour les ourlets, les boutonnières, et dans la broderie décorative pour les festons, le couchage, les découpes; de plus, c'est un point de remplissage fort utile.

Il s'exécute de gauche à droite.

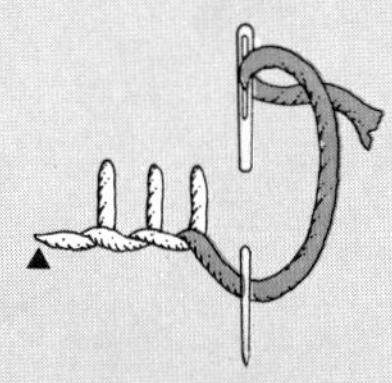

Le point gribiche

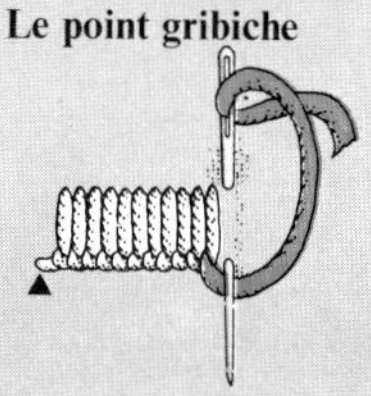

Le point de boutonnière

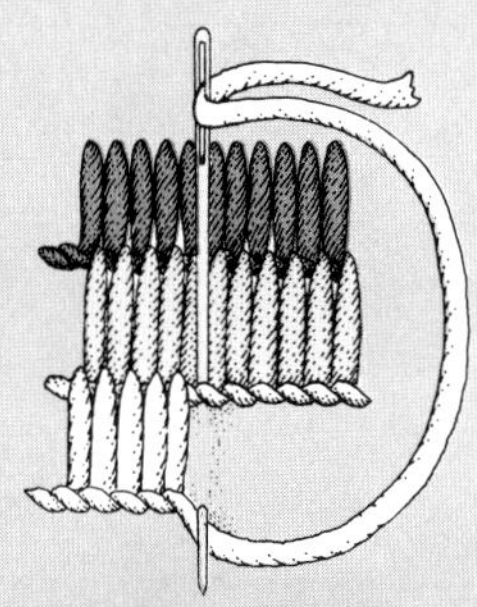

Le feston empiétant

Le point de chaînette bicolore

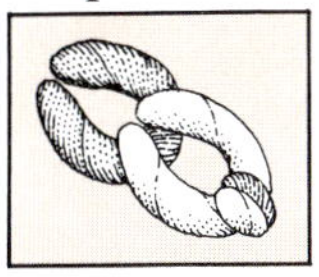

Il s'agit d'un point de chaînette plus sophistiqué; il est travaillé alternativement avec deux fils de couleurs différentes.

On enfile les deux fils dans l'aiguille, celui qui ne sert pas est maintenu au-dessus de la pointe de l'aiguille.

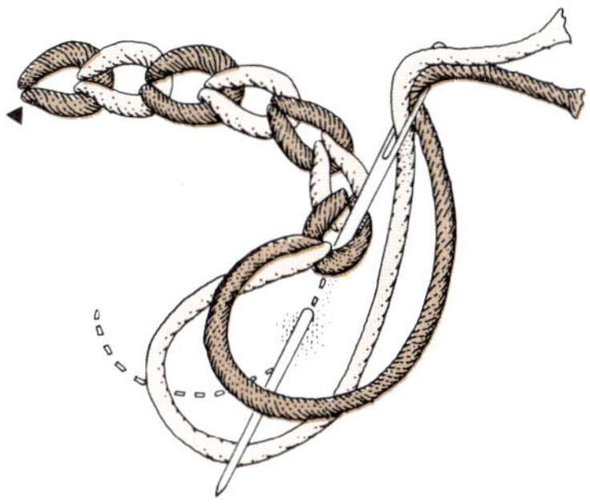

Le point de chaînette torse

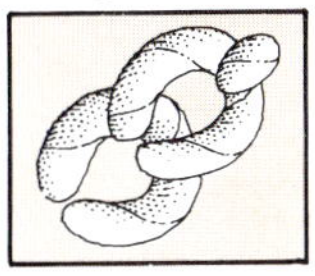

Ce point s'utilise comme les autres points de chaînette, mais il est plus saillant. Exécuté avec un fil épais, il est d'un effet remarquable.

Il se travaille en faisant d'abord un point devant, puis en sortant l'aiguille plus loin sur la même ligne.

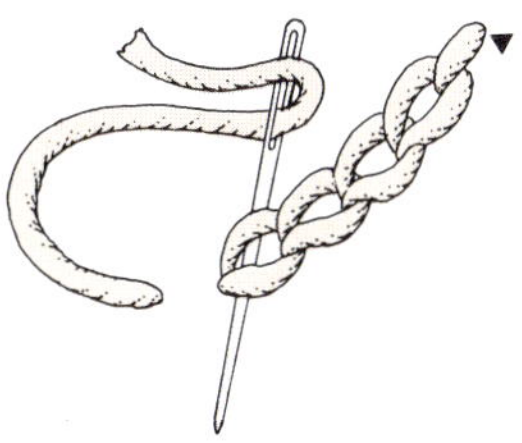

La première chaînette se fait en passant l'aiguille sous le point devant, les points suivants se font en passant l'aiguille sous le point précédent.

Le point de chaînette serré

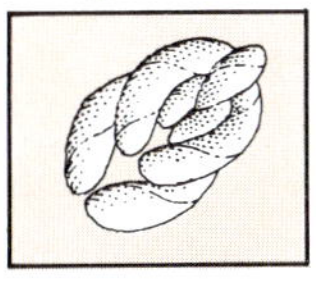

Il s'agit d'un point épais, décoratif, utile pour des lignes et des contours saillants.

On fait d'abord un point devant, puis on passe l'aiguille sous deux chaînettes avant de faire la chaînette suivante.

La chaînette double

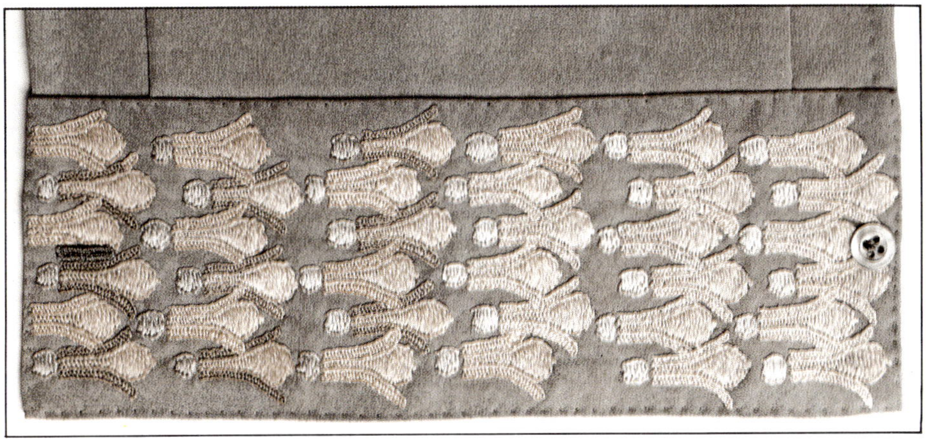

Chaînette double en soie sur soie

Il s'agit d'une variante de la chaînette, on l'utilise pour des bordures larges et pour des remplissages.

On l'exécute en faisant une chaînette à droite et une chaînette à gauche, en commençant par un tout petit point vertical vers la gauche, le fil passant sous l'aiguille. On fait un point semblable à gauche, la bouclette sous l'aiguille. Les points se font dans les boucles des points précédents.

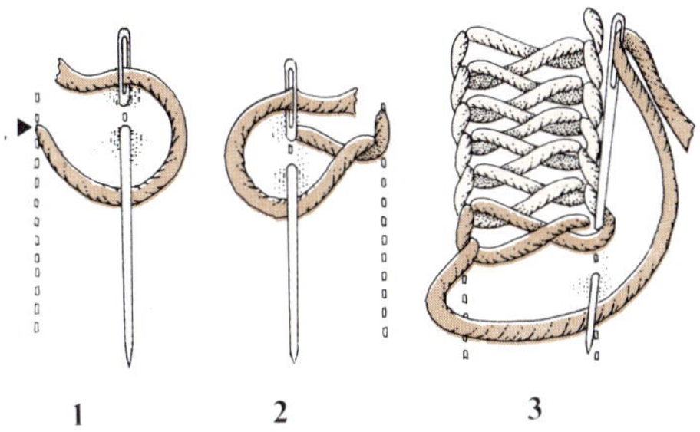

Point de chaînette ouvert

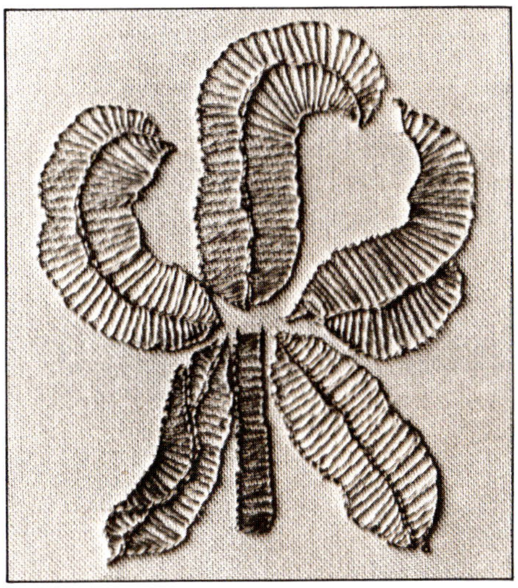

Point de chaînette en soie sur soie

Ce point s'appelle également point d'échelle. On l'utilise pour des effets de ruban; on le rencontre souvent dans les broderies des Indiens. Il s'exécute dans différentes largeurs pour des effets de dégradé.

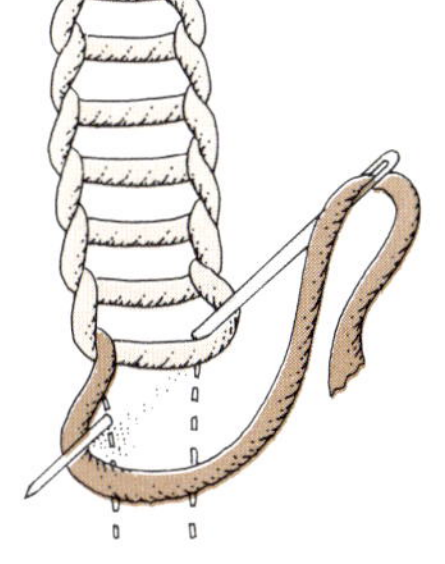

L'aiguille sort à gauche, pique à droite, ressort à gauche en passant sous le fil.

Point de chaînette en zigzag

Point de chaînette zigzag en soie sur coton fin

Ce point s'appelle également la «chaînette van Dyke», on l'utilise pour les bordures, les lignes et les contours décoratifs. C'est le point de chaînette des anciennes broderies chinoises.

Il s'exécute comme le point de chaînette normal, mais chaque point forme un angle avec le point précédent. Pour garder la chaînette aplatie, l'aiguille pique la boucle précédente tout en formant celle qui suit.

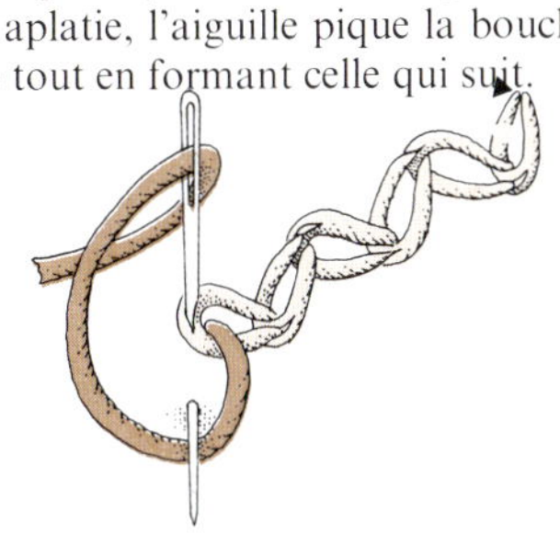

La chaînette torsadée

Chaînette torsadée en coton sur viyella

Ce point est très utile pour les volutes et les contours.

Les points étant très rapprochés, la chaînette devient plus décorative et perd son aspect de simple chaîne.

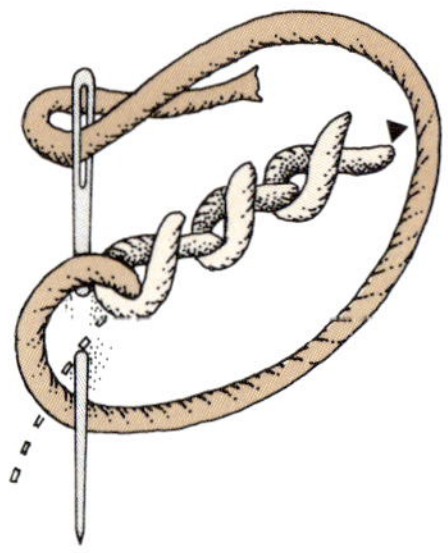

L'aiguille sort à la pointe de la bouclette, puis, le fil étant maintenu à gauche, l'aiguille passe en dessous et ressort par-dessus le fil.

Le point d'épine à bouclette

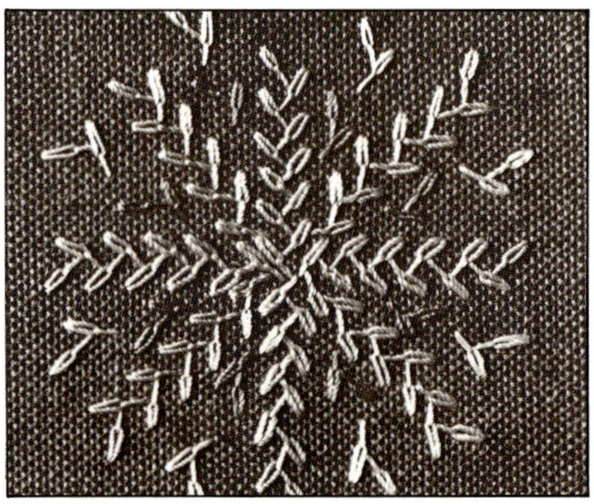

Point d'épine à bouclette en coton sur coton

C'est un point de bordure très net, formé d'un zigzag central qui comporte une bouclette à chacune de ses pointes.

Ce point s'exécute en faisant des points obliques à bouclette, alternativement vers la gauche et vers la droite, puis en les réunissant par des points en diagonale.

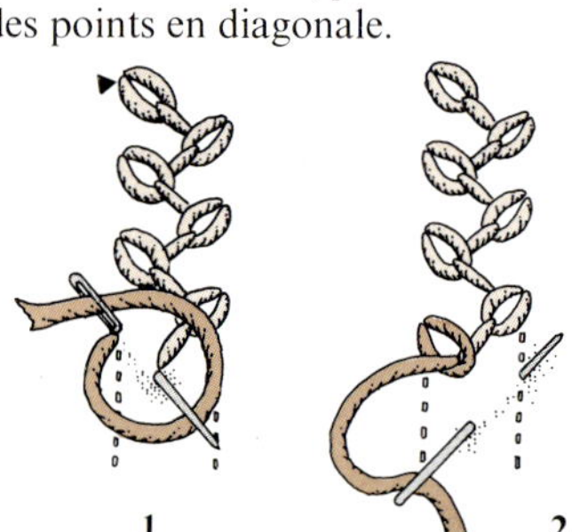

Le point de blé

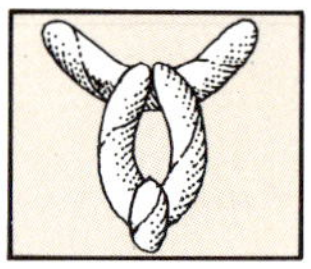

Ce point sert aux lignes décoratives ou, isolément, au remplissage de fonds à effet de saupoudrage. On le trouve souvent sur les smocks.

Il s'exécute en faisant deux points en diagonale, unis par une bouclette. Pour l'utilisation en remplissage de fond, on fait une boucle avec en son milieu un point bouclette.

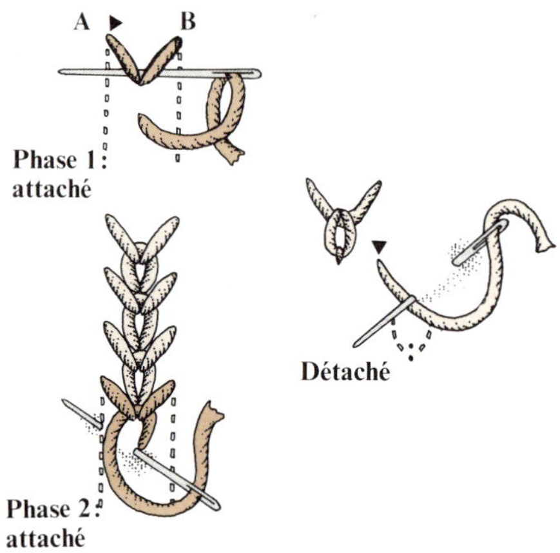

Point de bouclette en pétales

Point de pétale en soie sur laine

Cette variante du point chaînette sert aux dessins circulaires et à spirale, ainsi qu'aux volutes.

Il s'exécute en faisant un point de tige et un point de bouclette.

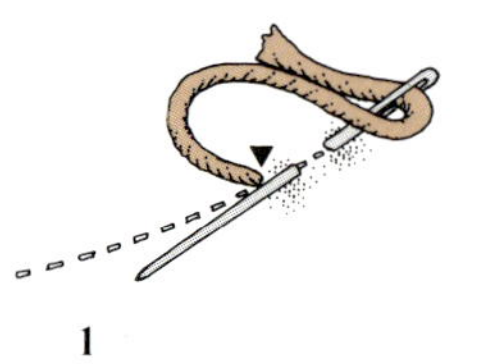

Le point de bouclette se fait au milieu du point de tige.

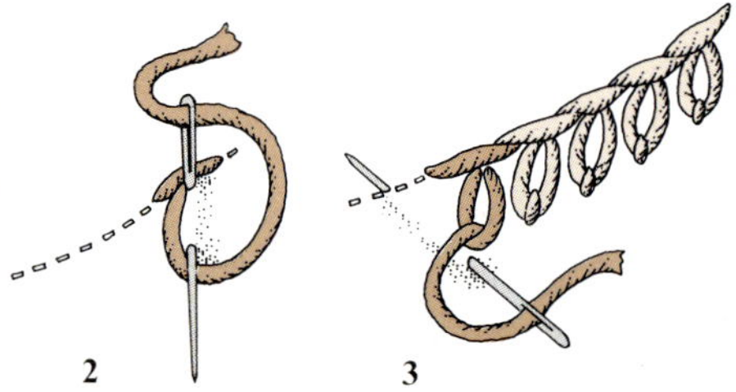

Point de boucle noué

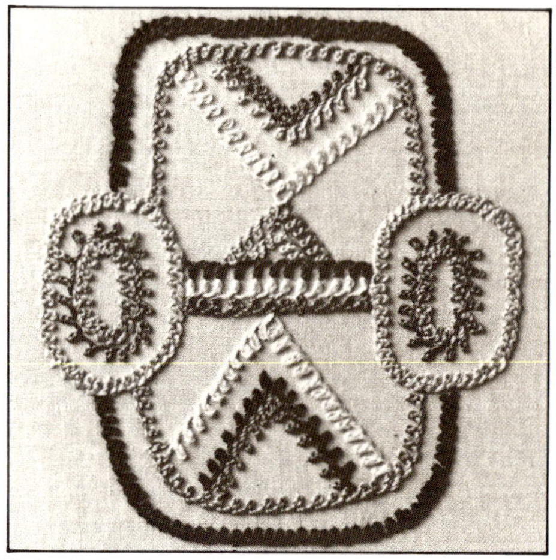

Point de boucle noué en coton sur fond coton

Ce point, très décoratif, sert pour les fleurs ainsi que pour les bordures, et donne un fini délicat au linge de bébé.

On passe le fil à gauche en le maintenant assez lâche et en formant la boucle.

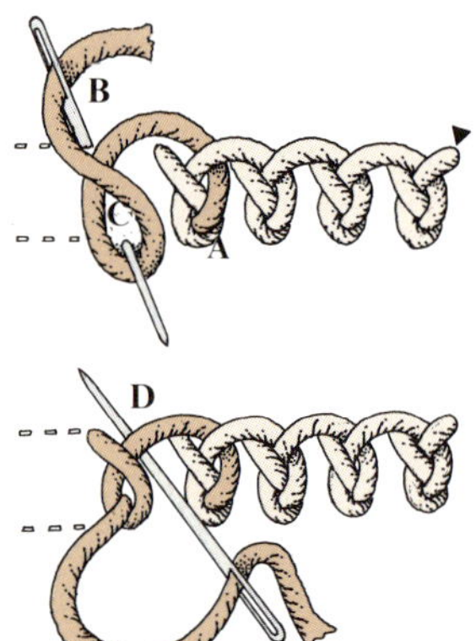

1 Faire une boucle croisée vers la gauche en A. Piquez l'aiguille en B et ressortez-la en C à l'intérieur de la boucle.

2 Pour finir, passez l'aiguille sous le fil du haut en D, en évitant le tissu. Continuez toujours ainsi.

Le point natté

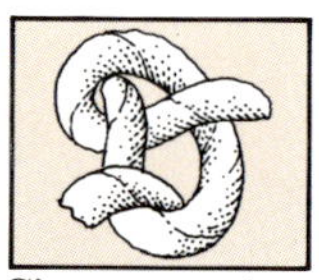

C'est un point d'ornement de bordure qui demande un fil assez gros pour rendre son plein effet.

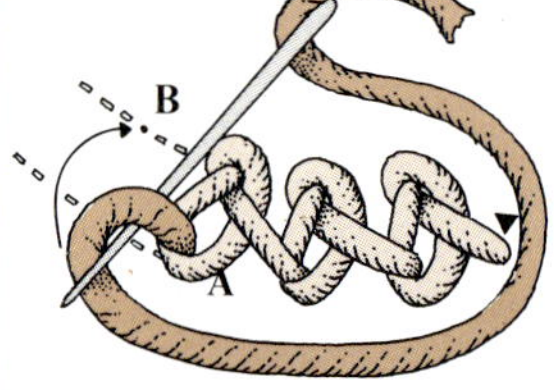

1 L'aiguille sort en A, elle tourne autour du fil vers le haut en B pour faire une boucle.

2 L'aiguille est piquée en B et ressort en C pour faire le point suivant.

Point de soutache tressé

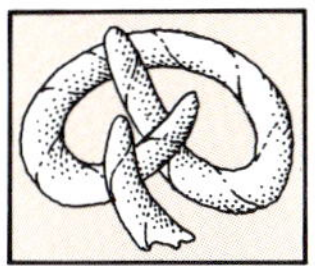

Ce point est très ornemental; il est indiqué pour la broderie au fil d'or. Comme il apparaît presque entièrement à l'endroit, peu de fil se perd sur l'envers. Il est également très décoratif exécuté avec un fil de soie retors.

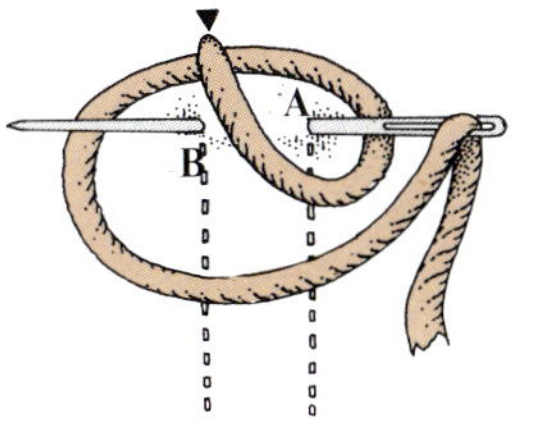

1 Sortez l'aiguille à la pointe et, après avoir fait une boucle comme sur le dessin, piquez en A, sortez en B et tirez, laissant une boucle.

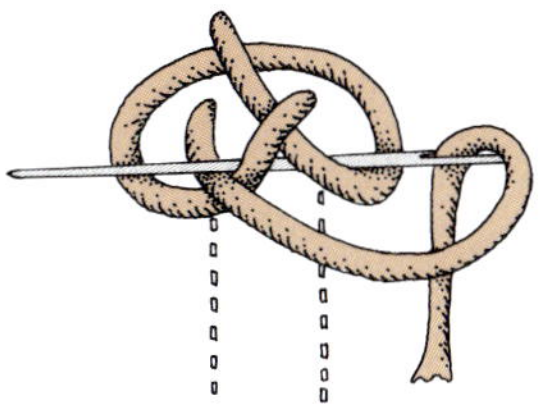

2 Passez l'aiguille sous les fils croisés, sans percer le tissu, laissez une boucle lâche.

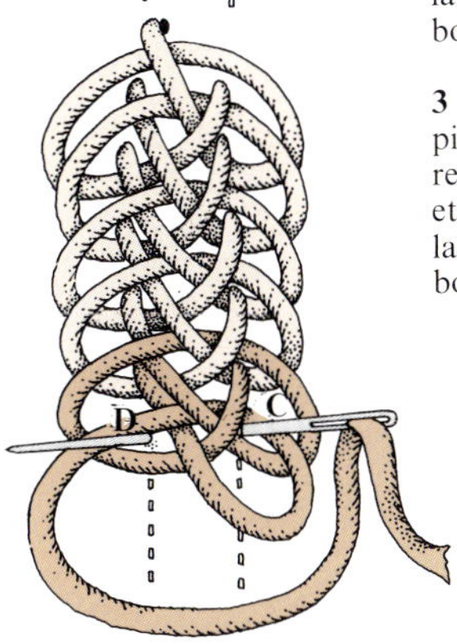

3 Pour finir, piquez en C, ressortez en D et tirez, laissant une boucle.

Point de croix torse

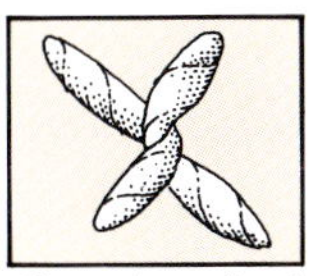

Ce point très simple s'utilise pour arrondir les angles et pour remplir les fonds avec effet de saupoudrage.

Il s'exécute en faisant un point assez lâche, qui est traversé par une boucle lui donnant une forme en V.

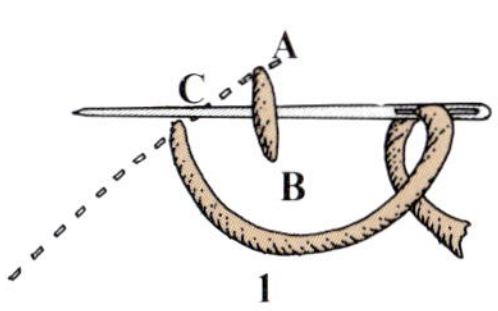

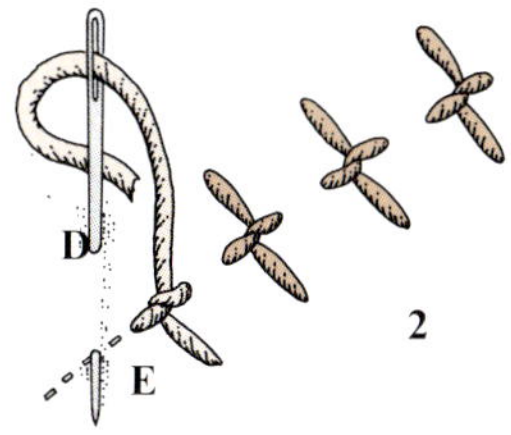

Faites sortir l'aiguille en A, piquez en B et sortez en C. Le deuxième point fait une boucle en piquant en D et en sortant en E.

Point gribiche oblique

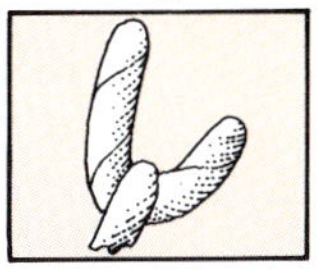

Ce point ressemble au point gribiche ou au point de feston, mais il s'exécute en angle obtus. On l'utilise pour les smocks aussi bien que pour les bordures.

Il s'exécute en faisant des boucles vers la droite.

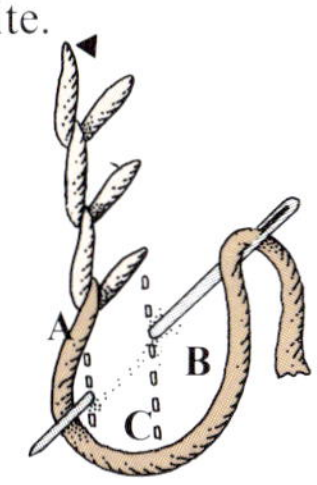

Sortez l'aiguille en A et, en maintenant le fil vers la gauche piquez en B, sortez en C en gardant la boucle sous l'aiguille.

Point d'épine en zigzag

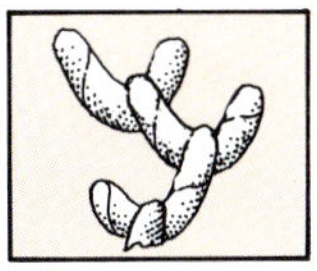

Cette variante du point d'épine se travaille en zigzag pour donner un effet de dentelle léger aux bordures et aux fonds.

Il se travaille comme le point d'épine, mais on fait plusieurs points à gauche et à droite alternativement. On peut également faire des points en nombre impair à droite et à gauche.

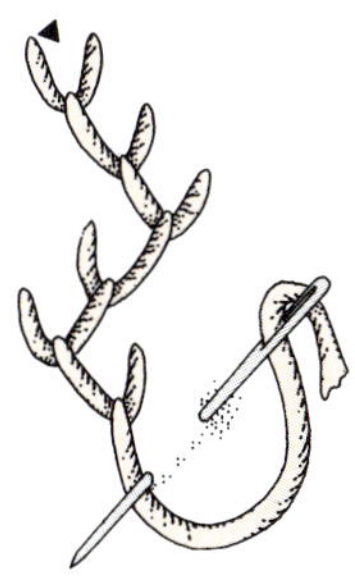

Trois points de plume sont faits contre en bas à droite, puis 2 à gauche et 2 à droite alternativement.

Point d'épine fermé

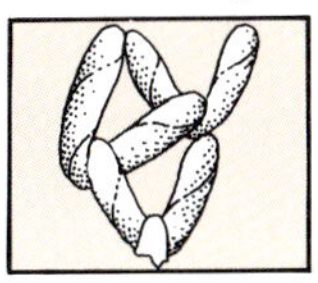

Voilà un bon point de bordure qui peut être encore amélioré en lui adjoignant un fil «couché» de couleur contrastante (voir page 205).

Il est exécuté comme le point d'épine, mais l'aiguille pique verticalement et très près du point précédent.

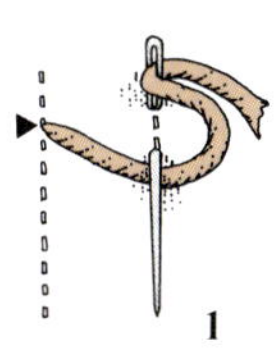

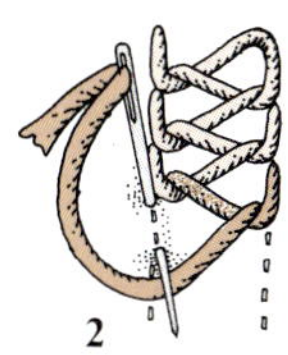

Le point crétois

Le point crétois en soie sur fond de toile

Il s'agit d'un point de remplissage très décoratif qui peut être adapté à des motifs plus ou moins larges rien qu'en variant la taille des points.

Ce point peut être travaillé de façon très serrée ou légèrement espacée, il peut même être réduit à une simple ligne.

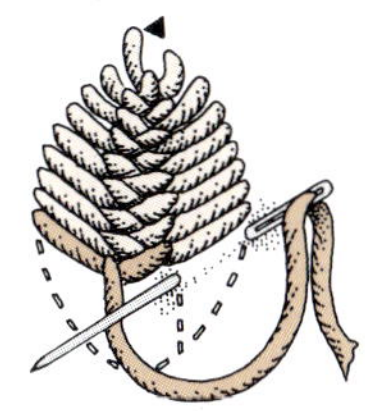

A Exécution serrée

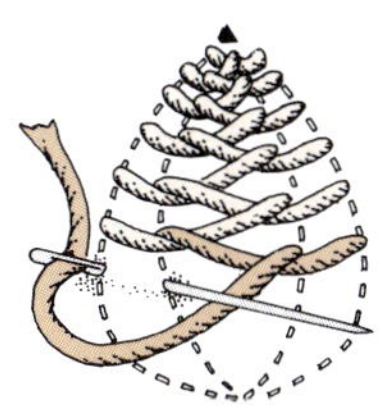

B Exécution espacée

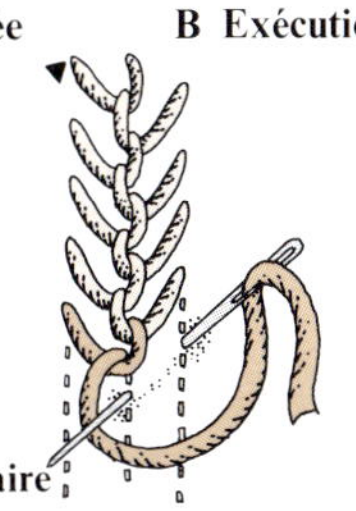

C Exécution linéaire

Le point crétois ouvert

Point crétois en soie sur fond de lainage

Il s'agit d'une variante du point crétois qui s'utilise pour les bordures simples ou en point de treillis quand il est travaillé en lignes.

Ce point s'exécute en faisant alternativement de petits points verticaux et horizontaux en maintenant toujours le fil sous l'aiguille et sur la droite. Les points peuvent être rapprochés ou espacés.

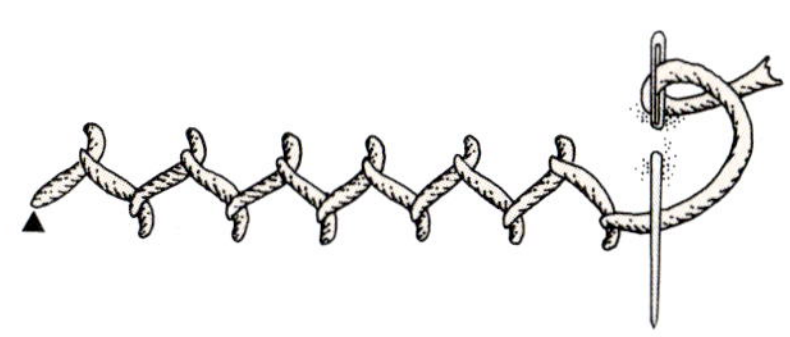

Le point de mouche

Point de mouche en soie sur coton

C'est un petit point de bordure qui donne une finition délicate aux vêtements de bébé.

Il s'exécute, verticalement ou horizontalement, en faisant des points bouclés isolés.

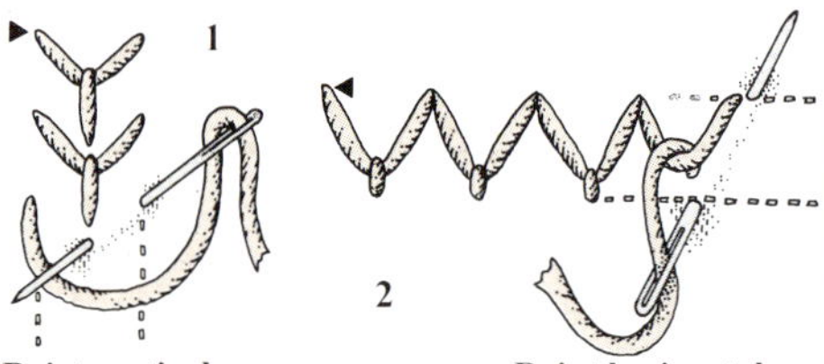

Point vertical **Point horizontal**

Le feston double

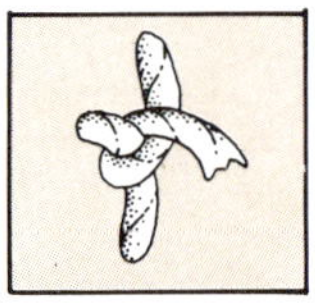

C'est un point utile pour les lignes larges tout comme pour le remplissage.

Le premier point vertical se fait en sortant l'aiguille au centre, pour la piquer ensuite en haut et la faire ressortir à la limite inférieure. L'aiguille passe ensuite sous le point précédemment fait et au-dessus du fil de travail.

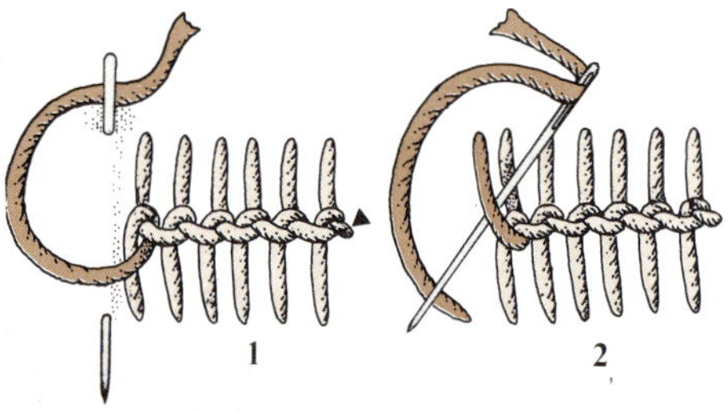

Le point van Dyke

Point van Dyke en soie sur coton

Ce point ressemble au feston, mais il comporte une tresse au milieu.

Il se travaille de haut en bas, l'aiguille ne piquant que dans les limites de droite et de gauche, jamais au centre.

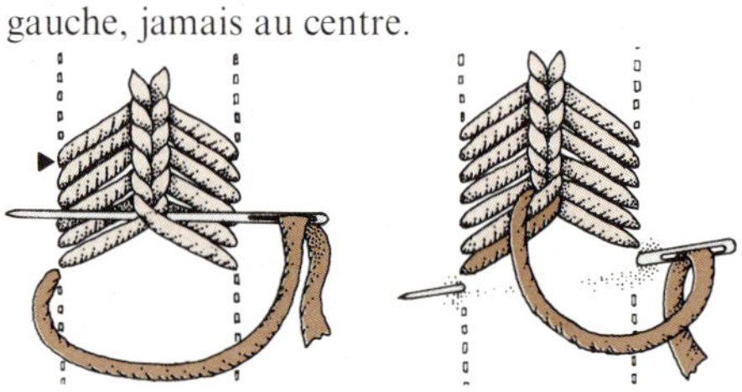

Le point échelle

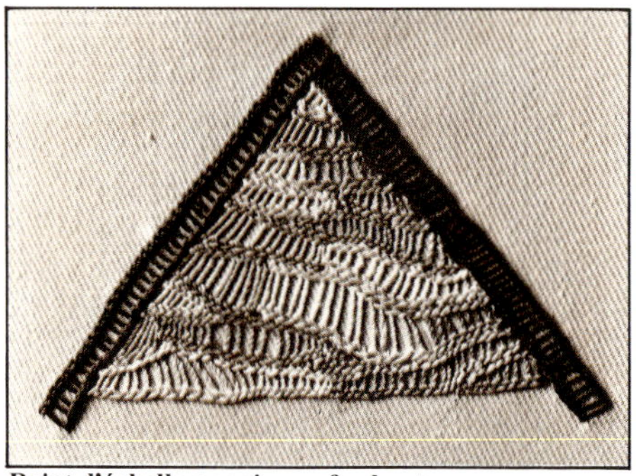

Point d'échelle en soie sur fond coton

Ce large point de bordure et de remplissage s'utilise également pour les motifs géométriques.

Travaillant de haut en bas, on doit passer les fils de droite à gauche en les nouant alternativement.

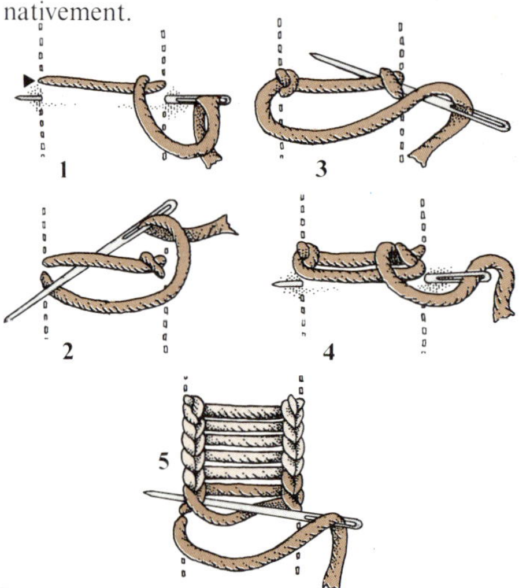

Le point tricot

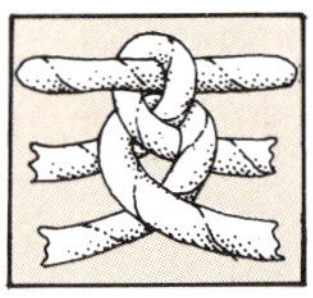

Ce point, qui sert également à la dentelle à l'aiguille, donne un remplissage serré qui ressemble au tricot. Semblable au point de tricot torse, il est peut-être bien l'ancêtre du tricot. On l'utilise pour des lignes larges; il apparaît souvent dans les ouvrages péruviens anciens.

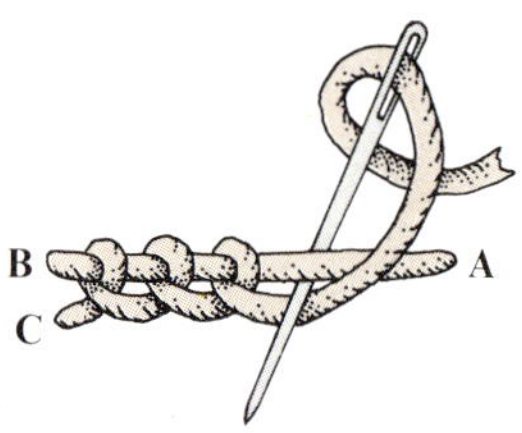

1 Tendez le fil par-dessus l'espace à couvrir et faites des boucles sur ce fil.

2 A la fin de chaque rang, l'aiguille revient au bord gauche. Les points des divers rangs se font dans les points de chaque rang précédent.

Le point de vague

Point de vague en soie sur fond de viyella

C'est un point très utile pour le remplissage, il permet également des effets ombrés et colorés.

Commencez par un rang de points lancés. Les rangs suivants sont passés en boucles à travers la base des points du rang précédent. Pour plus de clarté, notre dessin représente les points très espacés; ils peuvent, bien entendu, être bien plus rapprochés.

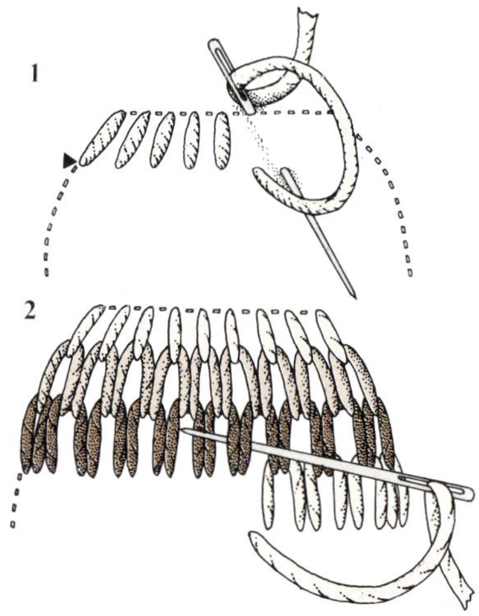

Le feston fermé

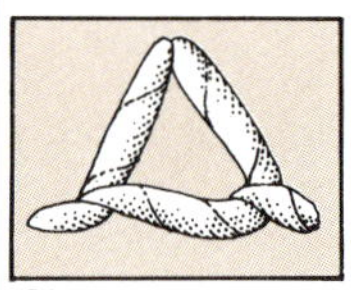

C'est une variante du feston utilisé pour les bords et les ourlets.

On le travaille en faisant des points passés par deux dans le même trou.

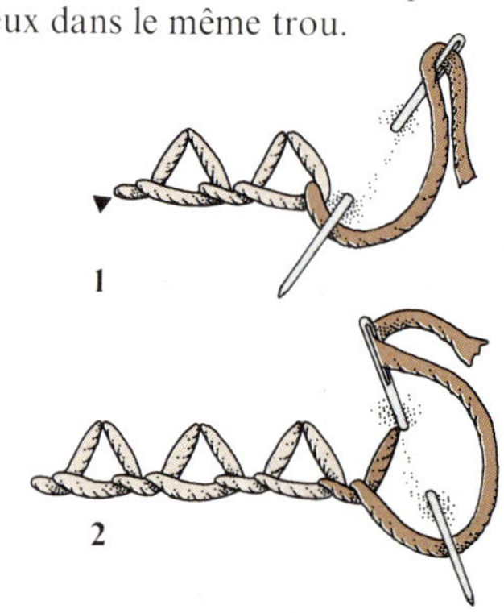

Point de feston double

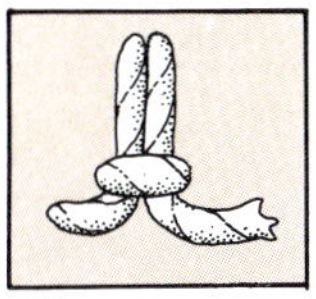

C'est encore une variante du feston simple. L'aiguille est d'abord tirée vers le bas, puis piquée vers le haut pour faire un deuxième point de feston dans le même trou.

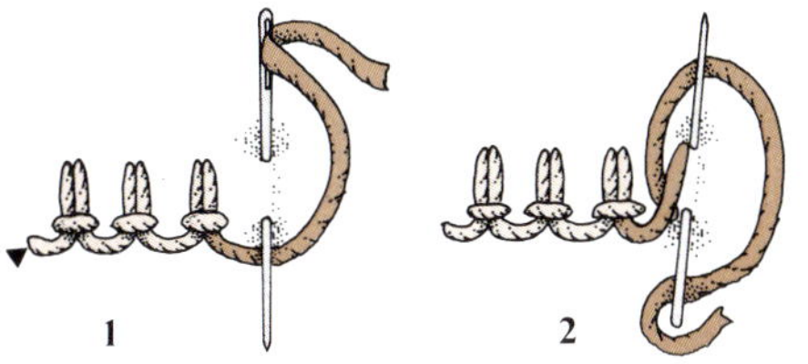

1 2

Le point de feston tressé

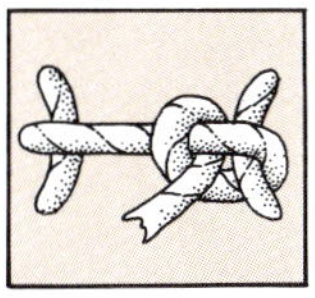

Ce point de dentelle aux aiguilles s'utilise pour le travail en relief, où les points de broderie doivent être indépendants du tissu de fond. Par ailleurs, il sert aussi de point de remplissage.

On le travaille en faisant des points de feston dans les points de feston du rang précédent, sans jamais piquer dans le tissu de fond.

Pour former un motif, on diminue les points à la fin du rang.

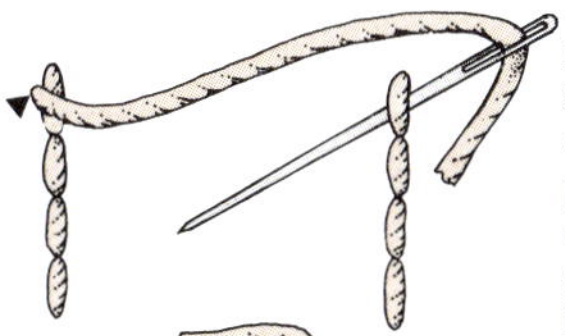

1 Faites une rangée de points arrière de chaque côté du dessin, passez le fil de gauche à droite et l'aiguille sous le point en haut à droite.

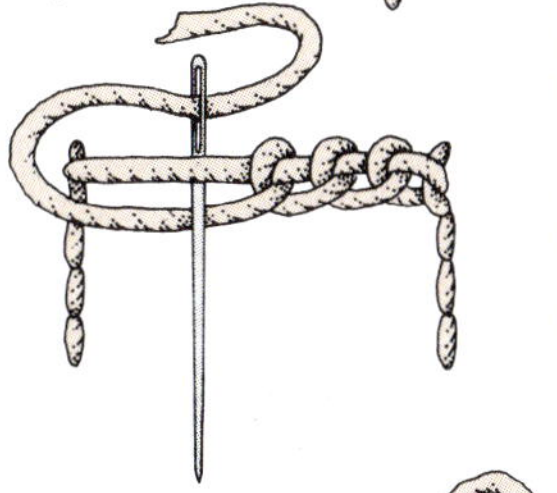

2 Faites des points de feston sur ce fil, la torsion en bas.

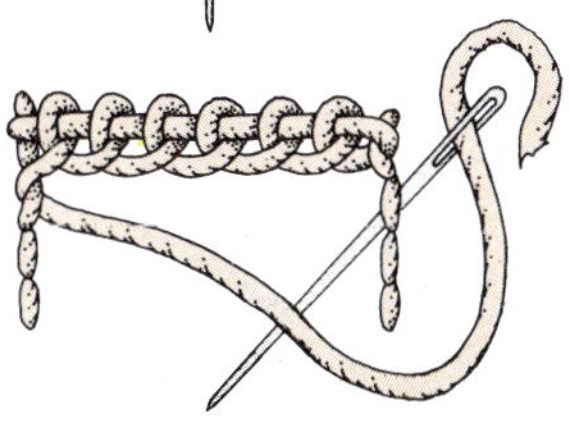

3 A la fin du rang, passez l'aiguille sous le point arrière, pour retendre le fil vers l'autre côté.

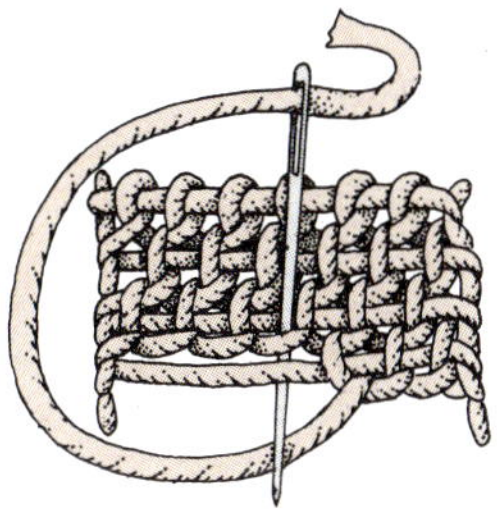

4 Les points se suivent par rang, passant dans les points du rang précédent et en dessous du fil tendu.

Les points de nœud

Ces points se font en nouant ou en tordant le fil et en le fixant, sous forme de nœud, à la surface de la broderie. On utilise ces points pour faire des reliefs dans les motifs isolés; plus serrés, ils servent à couvrir des surfaces plus larges. On peut même en faire des broderies entières. Les points principaux de ce groupe sont le point de nœud double et le point de corail. Tous les deux se trouvent dans les broderies chinoises, la broderie noire espagnole et la broderie de Mountmellick.

Le point de nœud double

Détail d'une tenture italienne du 17° siècle

Ce point s'utilise en général pour les effets de saupoudrage ou de gouttelettes, de taches ou de points, de même que pour le remplissage et comme point de finition ornemental. Il est d'un bel effet, exécuté en masse, pour les paysages et les dessins abstraits.

Ce point se travaille plus aisément sur un métier à broder, qui laisse les deux mains libres. Pour former le nœud, tournez deux ou trois fois le fil autour de la pointe de l'aiguille.

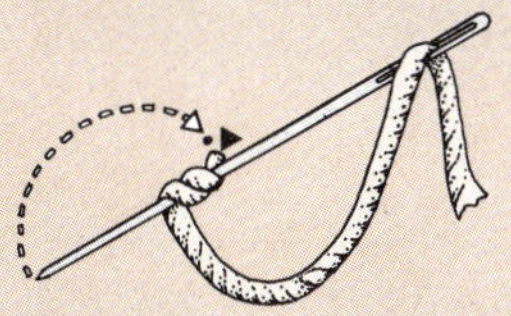

Tournez plusieurs fois le fil autour de la pointe de l'aiguille puis piquez dans le trou de sortie.

Le point corail

Ce point s'utilise pour les lignes, les contours et les bordures irréguliers. Il sert également au remplissage dentelle et se trouve souvent dans les ouvrages anglais du 17° siècle.

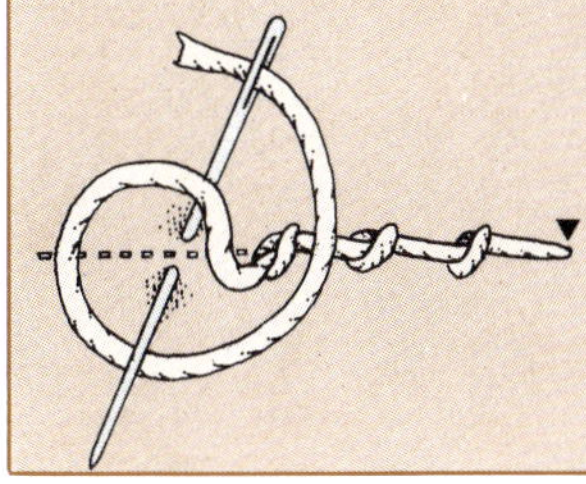

L'aiguille pique sous le fil et ressort au-dessus de celui-ci.

Le point de poste

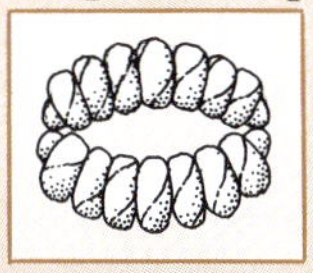

Ce point de nœud, assez large et long, s'utilise souvent comme le point de nœud mais il est d'un effet plus spectaculaire.

Isolé, on l'utilise pour les rosettes; il est particulièrement décoratif lorsque plusieurs fils de couleurs différentes sont enfilés en même temps sur l'aiguille, comme on le voit souvent dans la broderie chinoise.

On exécute ce point avec une aiguille épaisse, sur laquelle le fil est enroulé le plus serré possible, pour maintenir la spirale.

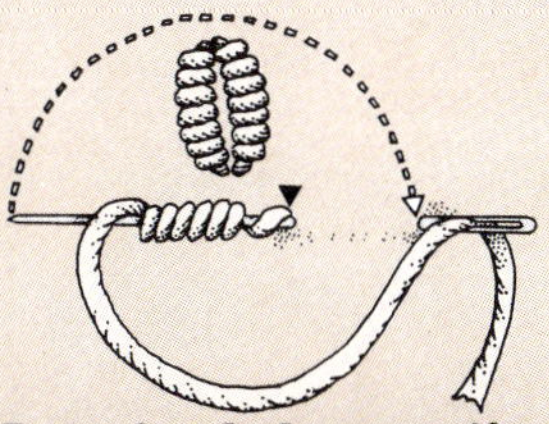

L'aiguille passe sous le fil enroulé, tourne et repasse à la pointe du dessin.

Le point de boutonnière

Point de boutonnière en soie sur fond de lainage

Cette variante du point de feston offre une bordure plus résistante.

Il s'exécute comme le point de feston, mais comporte un nœud de plus en haut du point. La longueur des points est variable.

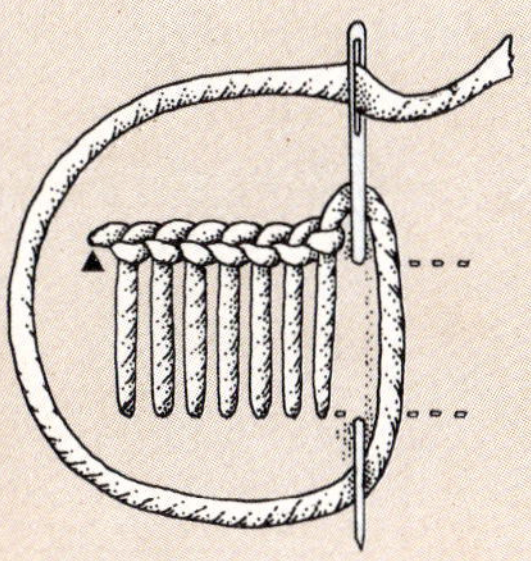

Piquez l'aiguille au-dessus du fil et ressortez-la de même.

Le point Palestrina

Point Palestrina en soie sur lainage

Ce point s'utilise pour les lignes nouées ou les bordures, comme pour les petites fleurs.

On le travaille de gauche à droite, en partant d'un point droit autour duquel on fait une boucle qui forme un nœud. Les nœuds doivent être disposés régulièrement le long du fil.

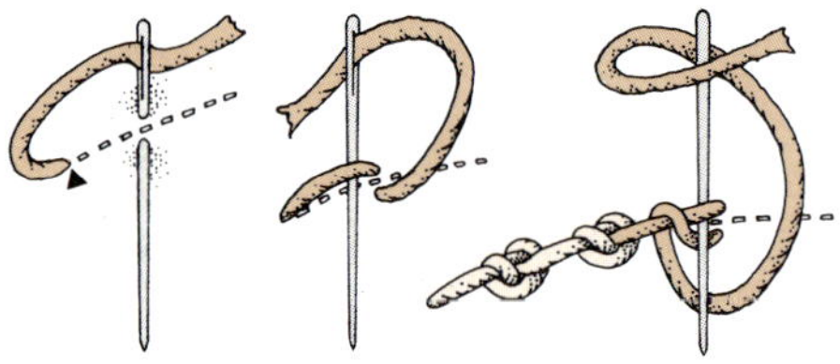

1 2 3

Le point corail zigzag

Point corail zigzag en soie sur lainage

C'est un point d'ornement pour les galons et les bordures.

Il se travaille comme le point corail, mais de haut en bas en faisant des zigzags.

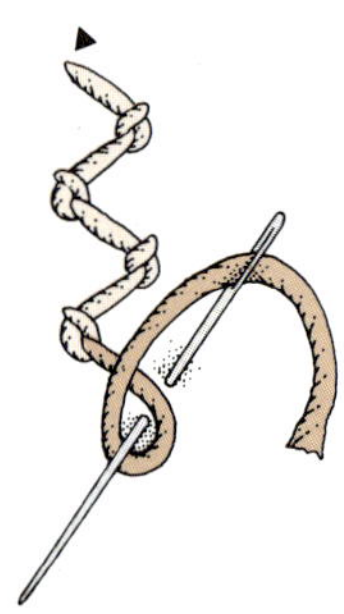

Piquez l'aiguille à gauche et faites-la sortir au centre de la boucle. Puis faites un point semblable sur la droite. Continuez ainsi en alternant les points.

Point noué sur point lancé

Point noué sur point lancé en soie sur lainage

Ce point s'utilise pour les indications de vagues, ainsi que pour les bordures et les bandes de broderie.

On le travaille de gauche à droite, ou, si on désire un effet plus plat, de droite à gauche. Après avoir formé la boucle vers la droite, piquez l'aiguille à l'intérieur de cette boucle et ressortez (toujours à l'intérieur de la boucle) au-dessus du fil. Veillez à ne pas trop serrer le fil.

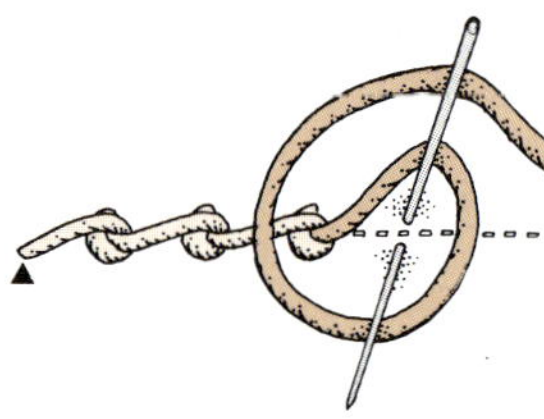

Le point de croix hongrois

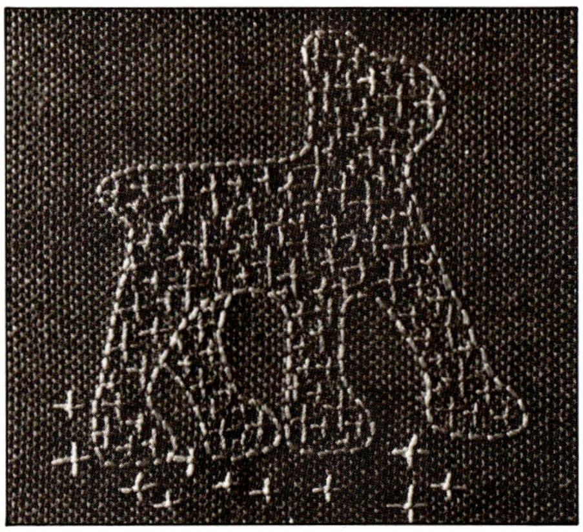

Point de croix hongrois en soie sur fond de coton

Ce point s'utilise pour des effets de saupoudrage, pour le remplissage ou en rangs, pour les bordures.

Le nœud se fait après le point vertical en passant l'aiguille, sans piquez le tissu, sous le premier point vertical, puis au-dessus du fil travailleur.

1 2 **Le point fini**

Point de chaînette câblé

Chaînette câblée en soie sur viyella

Il s'agit d'un point fantaisie avec des liures, qu'on entoure souvent d'un point de couleur contrastante de chaque côté.

La première boucle se fait en entourant de fil l'aiguille, qui pique ensuite vers le bas, sous cette boucle, puis ressort, prête à faire le point suivant de la même façon.

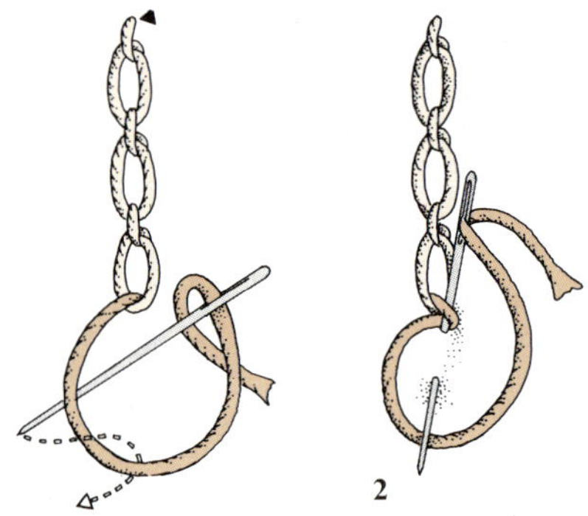

1 2

Le point de chaînette noué

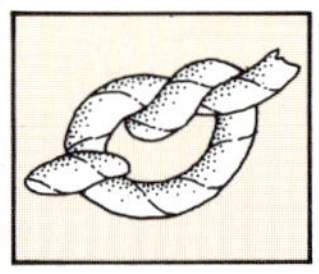

Ce point forme une ligne décorative toute simple. Travaillé avec un fil épais, il est du plus bel effet.

L'aiguille sort en A, pique en B et sort en C. Ensuite, elle passe vers le bas sous le point, en laissant le fil légèrement détendu. Puis l'aiguille passe vers le bas sous la boucle et au-dessus du fil. En passant, elle forme une boucle et c'est le début du point suivant.

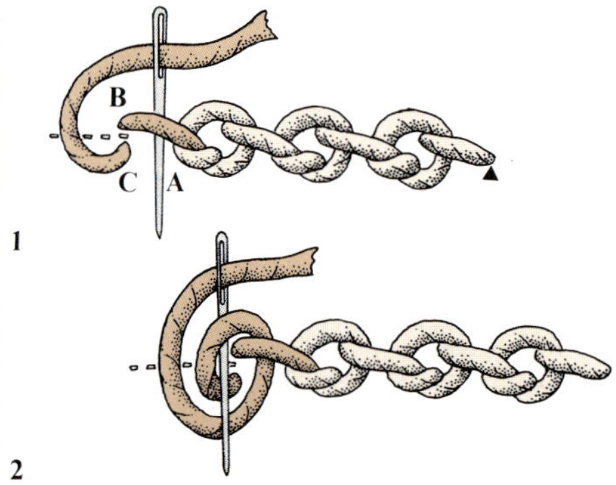

Le nœud basque

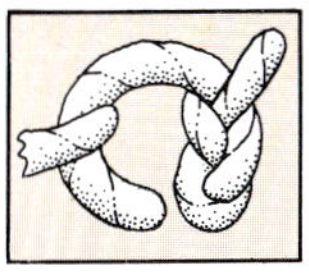

Ce point est plus décoratif que le point de chaînette câblé. Il est utilisé pour les grandes lignes courbes et les bordures. Entraînez-vous au point corail avant de vous attaquer au nœud basque.

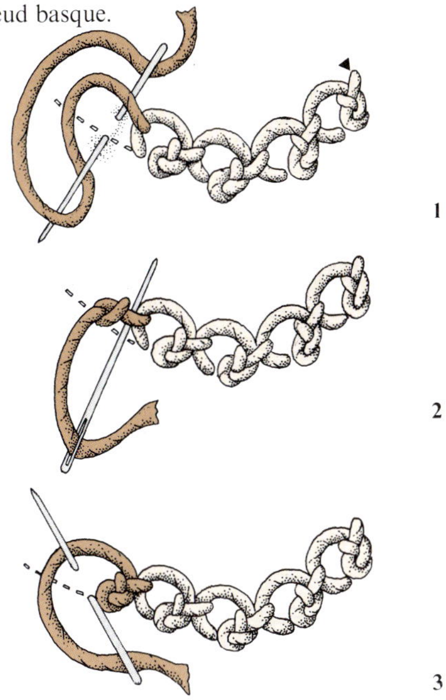

Le point diamant

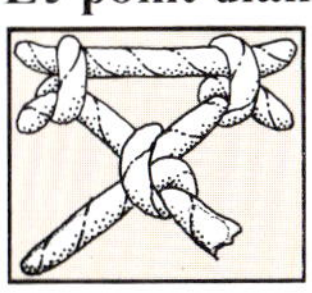

Ce point sert aux bordures et comme point d'entre-deux. Il est également utile pour les remplissages.

Faites un point de gauche à droite (A-B) en sortant l'aiguille juste en dessous (C). Formez un nœud à droite, à gauche et au centre.

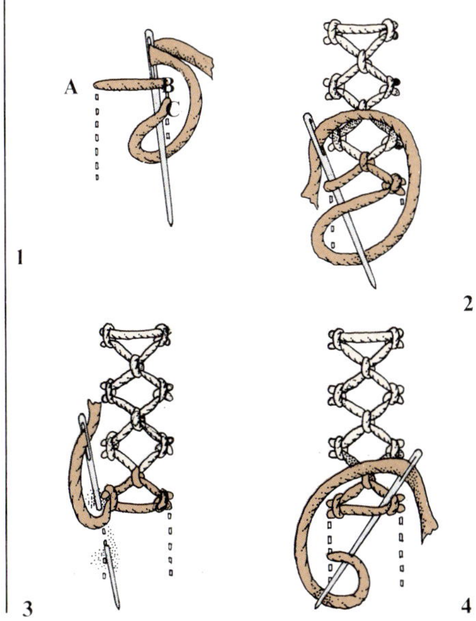

Le point de corail espagnol

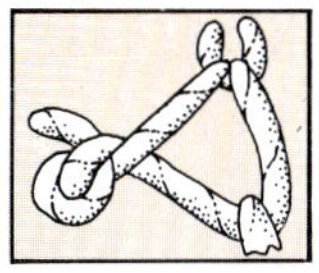

Combinaison du point de chaînette et du point corail, d'un point fantaisie pour les galons et les bordures larges.

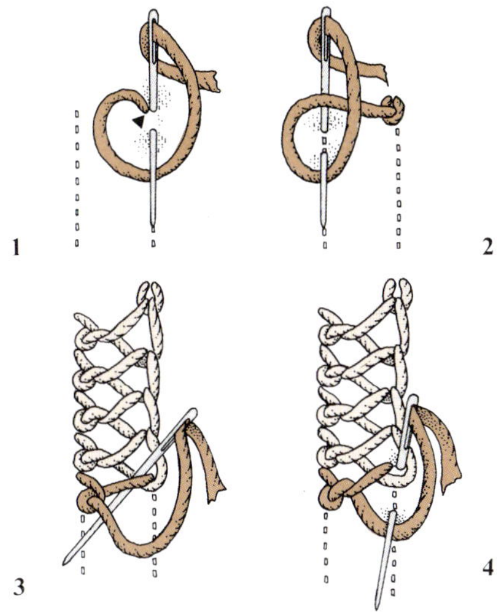

Le point de feston à nœuds

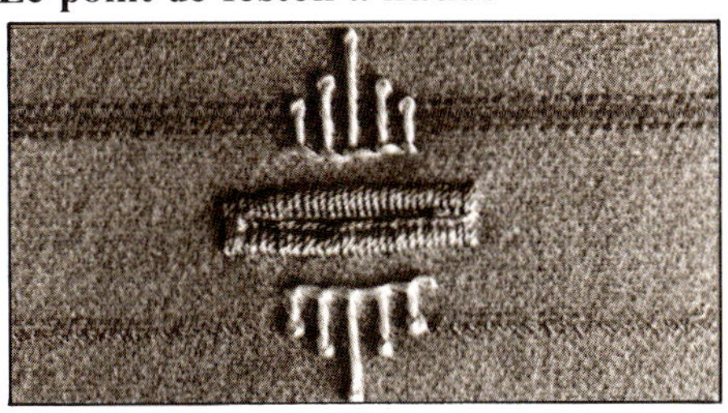

Point de feston à nœuds en soie sur lainage

Il s'agit d'une variante du point de feston qui comporte des nœuds. On l'utilise pour les broderies ornementales en lignes ou en cercles ou pour donner un effet de frange. Il est d'un bel effet exécuté avec un fil épais.

On le travaille de gauche à droite; après avoir fait une boucle autour d'un doigt, passez l'aiguille à travers cette boucle et formez un simple point de feston, en gardant la boucle sur l'aiguille pour constituer le nœud.

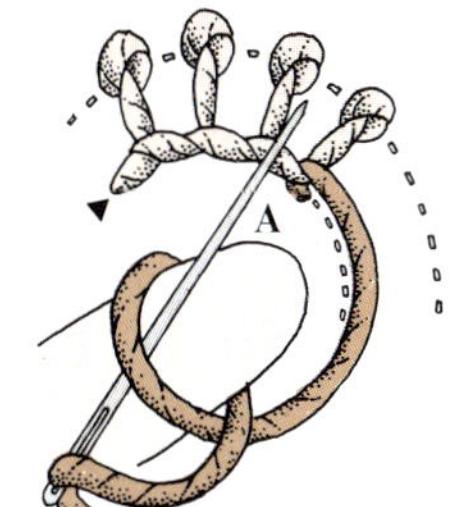

1 L'aiguille sort en A et le fil entoure un doigt.

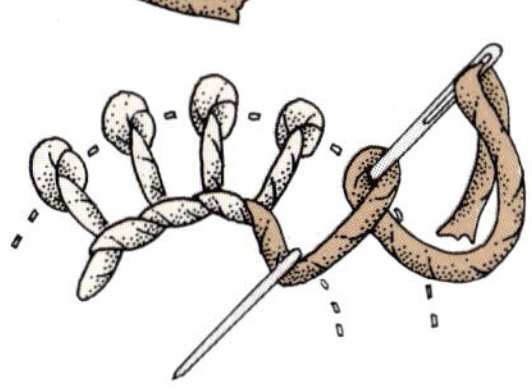

2 La boucle passe du doigt sur l'aiguille qui fait un simple point de feston.

Point de chaînette noué en zigzag

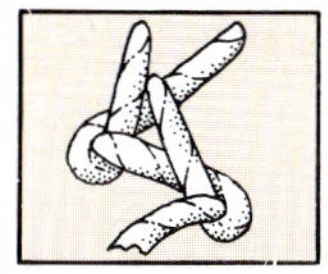

Ce point s'appelle également le point d'épine espagnol. On l'utilise pour la broderie en bande et pour les larges bordures décoratives.

On le travaille de haut en bas en faisant une série de boucles torses. Avec un certain entraînement, vous parviendrez à créer des boucles égales.

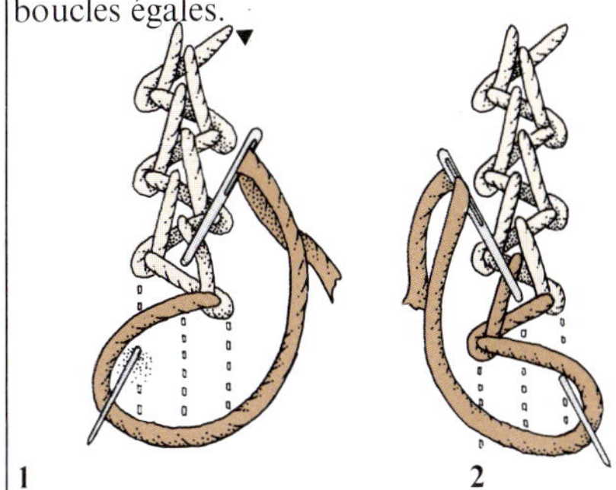

Le point de tige noué portugais

Le point de tige noué portugais en soie sur fond de coton

Ce point, utilisé pour les lignes en relief et les contours moyennement appuyés, donne un effet noueux quand il est travaillé avec un gros fil.

On le fait avec des points de tige liés par des nœuds.

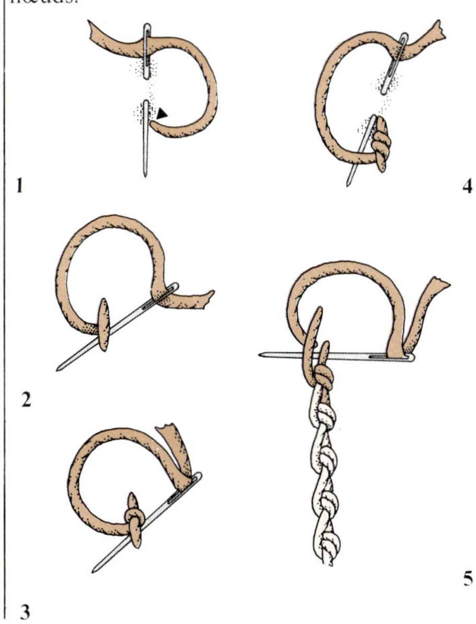

Le point lancé noué

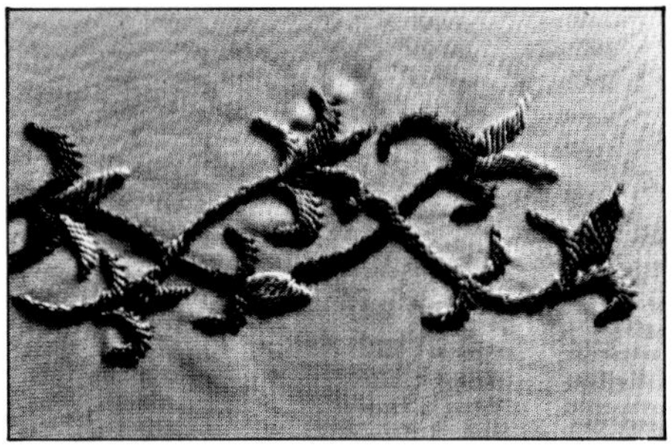

Point lancé noué en soie sur fond de soie

Il s'agit d'un point en relief très proche du point lancé. Il est employé pour les spirales, les lignes courbes et les effets de cordelette.

On l'exécute de haut en bas en faisant des points obliques très rapprochés; l'aiguille passe au-dessus du fil pour former un petit nœud à la base.

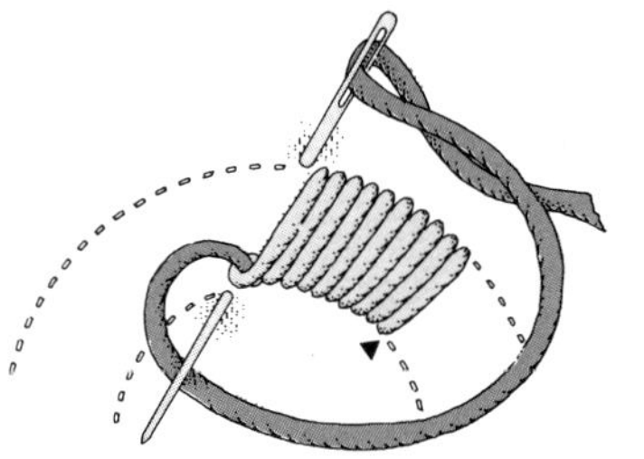

Le point perlé

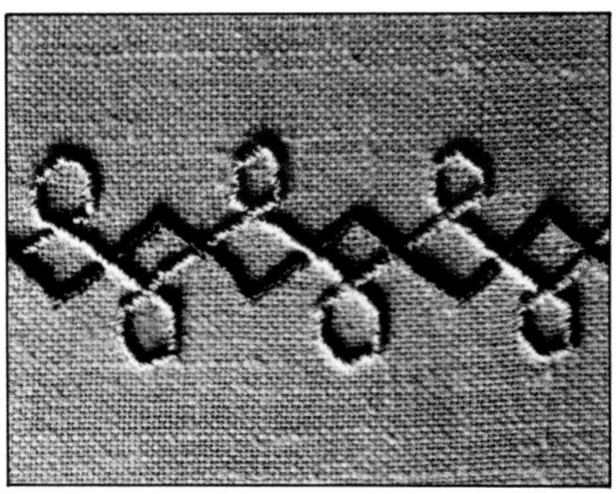

Le point perlé en soie sur fond de toile

Ce point évoque des perles; il sert également aux lignes à relief irrégulier.

On l'utilise pour des motifs géométriques; c'est travaillé avec un gros fil qu'il aura le meilleur effet.

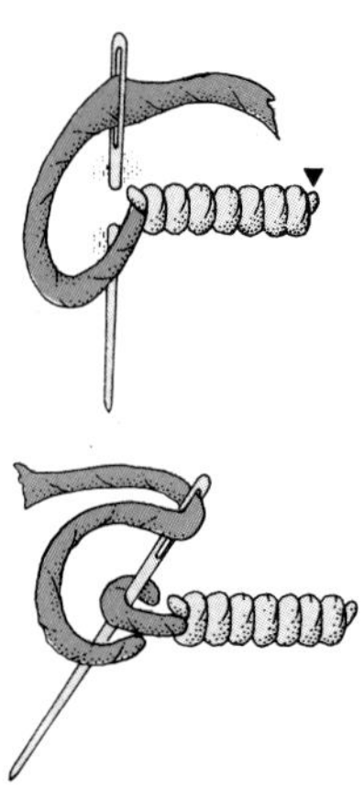

1 Piquez l'aiguille verticalement vers le bas et sortez-la sous le fil. Tirez-la, en laissant une petite boucle.

2 Piquez l'aiguille vers le bas à travers la petite boucle et sous le fil, tirez et serrez.

Les points fantaisie

Les points fantaisie sont en général une combinaison entre plusieurs points de base, qui permet d'obtenir des effets plus décoratifs. Ils s'exécutent, soit en rebrodant d'autres points, soit en les entrelaçant. Certains de ces points sont simplement entourés par un autre point, qui ne passe pas à travers le tissu. Pour ce genre de points, nous conseillons l'utilisation d'une aiguille à bout rond qui ne risque pas de transpercer le tissu ou de fendre le fil. Les points rebrodés servent à souligner un effet en relief, tout en augmentant la richesse décorative. Les points entrelacés sont purement décoratifs, le fil passant à travers les points sans mordre sur le tissu. Nous vous présentons ci-après un exemple pour chacun de ces points.

Le surjet

Ce point sert à rebroder toutes sortes de broderies blanches, de broderies à fils tirés et de découpes; il est préférable de le travailler sur un métier à broder (voir pages 214-225). Il sert également aux lignes et aux contours en relief et plus particulièrement aux initiales, aux monogrammes et aux dessins figuratifs ou encore pour cacher des intersections de fils.

On le travaille en faisant un rang de points avant, qui sont ensuite rebrodés par le point de surjet.

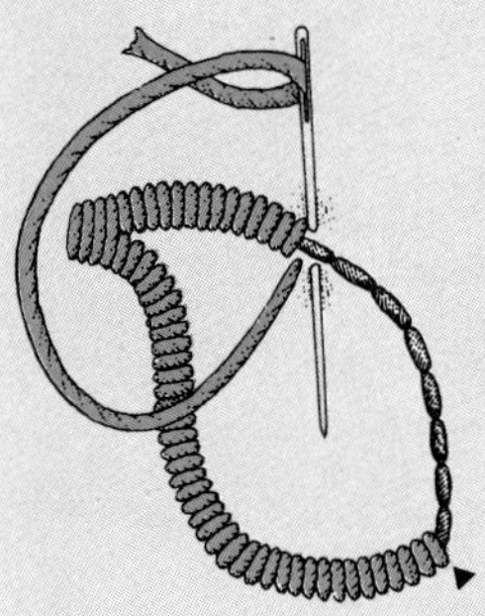

Couvrir les lignes de points avant doubles, les rebroder au point de surjet en ne prenant que le minimum de tissu de fond à chaque point.

Point de surjet en soie sur fond de coton

Le point de Pékin

C'est un point entrelacé qu'on appelle également point Chinois. Le point de Pékin a une apparence de soutache, c'est l'un des points les plus utilisés dans la broderie chinoise, où on le trouve, dans des teintes très subtiles et travaillé serré, dans un grand nombre de broderies. Ce point atteint son effet maximal quand il est travaillé avec des fils d'or et de métal.

Il s'exécute sur un rang de points arrière qui sont ensuite entrelacés par un second fil.

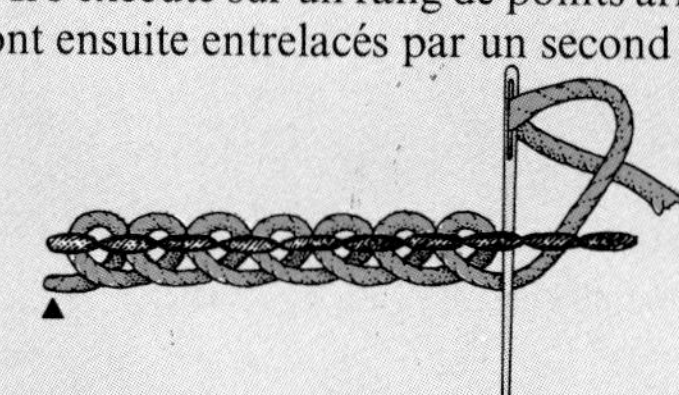

Détail d'un sac chinois du 19e siècle

Le point avant rebrodé

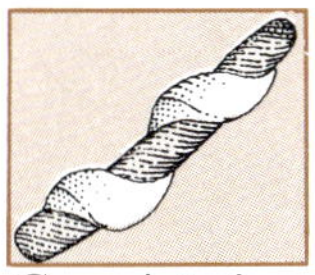

Ce point s'appelle également cordonnet ou point mirliton. Il ressemble au point de surjet, mais les points sont plus espacés et ne mordent pas sur le tissu de fond. On obtient ainsi des lignes ou des contours en relief; on s'en sert également pour les remplissages. Ce point est parfois utilisé comme point unique pour toute une broderie, par exemple sur les fines broderies de mousseline indiennes.

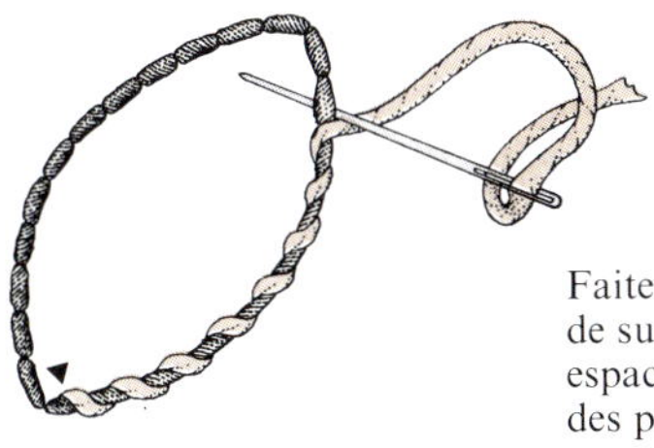

Faites des points de surjet très espacés autour des points devant.

Le passé rebrodé

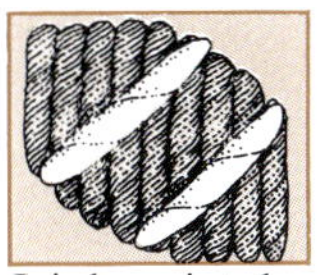

Ici, le point de passé prend une apparence de cordelette une fois rebrodé. On se sert de cette technique pour obtenir des effets texturés ou pour «barrer» des motifs.

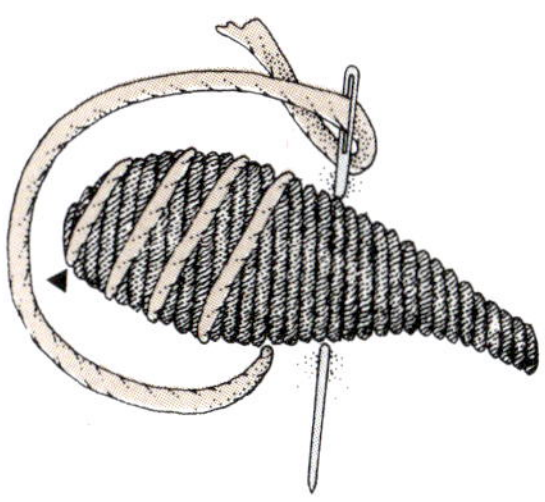

Après avoir fait le fond au point de passé, rebrodez des points en diagonale par-dessus.

Le point de tige rebrodé

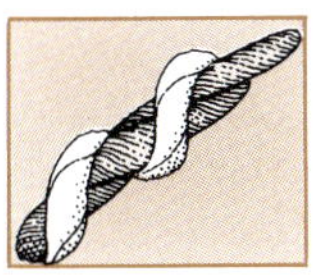

On obtient ici des lignes nettes et simples, qui deviennent plus décoratives si l'on se sert d'un fil de couleur contrastée pour les points rebrodés.

La ligne de fond, au point de tige, est rebrodée avec des points regulièrement espacés.

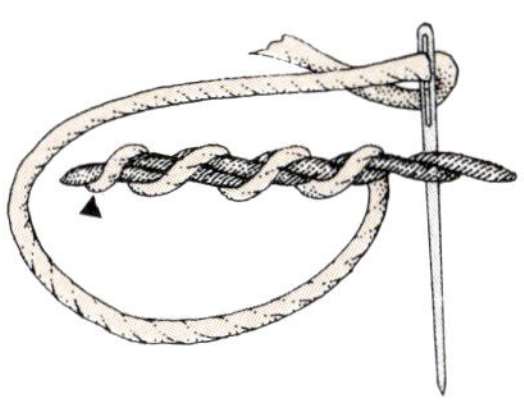

Passez le fil par-dessus et en dessous des fils du point de tige, sans mordre sur le tissu de fond.

Le point de chaînette rebrodé

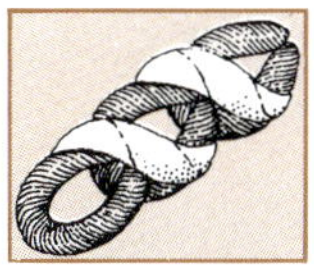

C'est un point de bordure qui sert aussi à former des contours. Comme pour le point de tige rebrodé, vous pouvez utiliser un fil de couleur contrastante pour le rebroder.

Faites un rang de points de chaînette que vous rebroderez ensuite de points régulièrement espacés, en veillant à ne pas mordre sur le tissu de fond.

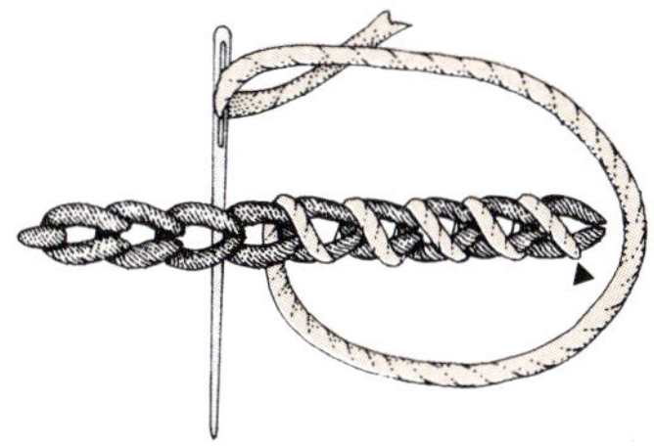

Le point arrière entrelacé

Ce point s'utilise pour les lignes décoratives et les bordures; on le travaille avec un fil de même couleur ou de couleur différente.

Faites un rang de points arrière puis enfilez deux fils de couleur différente en aller-retour.

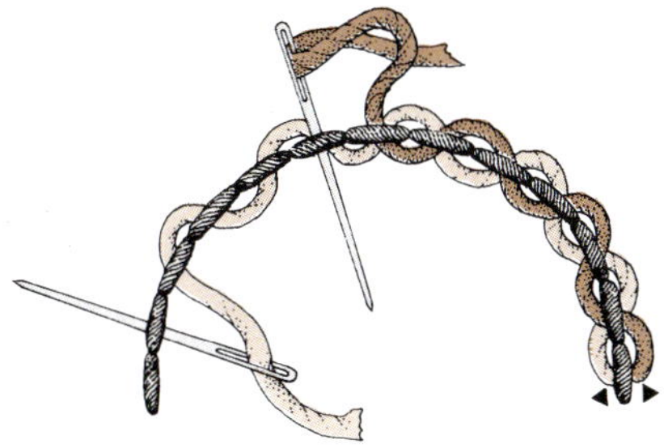

Le point guilloché

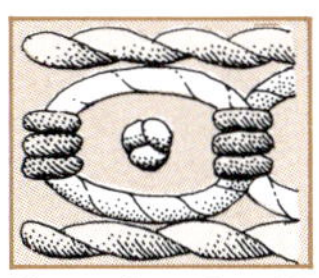

Ce point de décoration se compose de trois différents points.

Faites les lignes extérieures au point de tige et les lignes intérieures en groupes de trois points passés, puis passez-y un fil en aller-retour. Les centres sont brodés au point de nœud double.

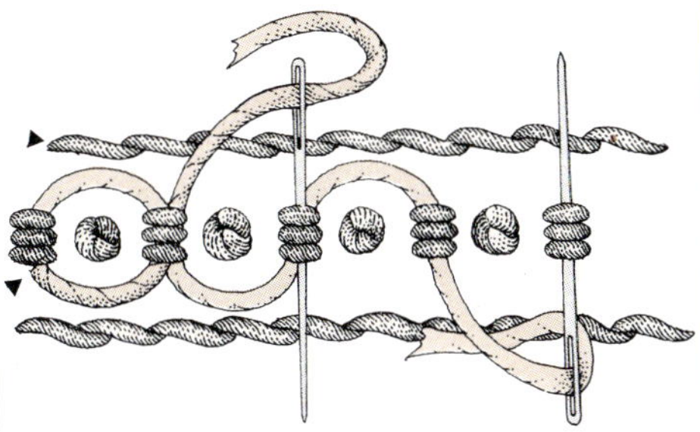

L'entrelacs en galon

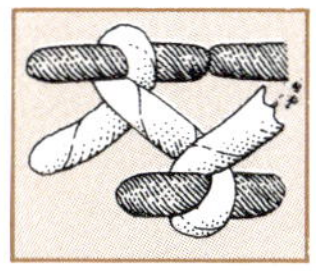

Ce point sert aux bandes de broderie et aux remplissages en treillis, il peut être réversible si vous brodez les points sur les deux côtés du tissu.

Faites deux lignes de points devant doubles (page 181), disposez-les de manière qu'ils soient légèrement décalés par rapport aux lignes.

Vous passerez un fil à travers ces deux lignes, alternativement en haut et en bas. Si vous utilisez ce point pour un remplissage, vous pouvez ajouter plusieurs lignes les unes en dessous des autres.

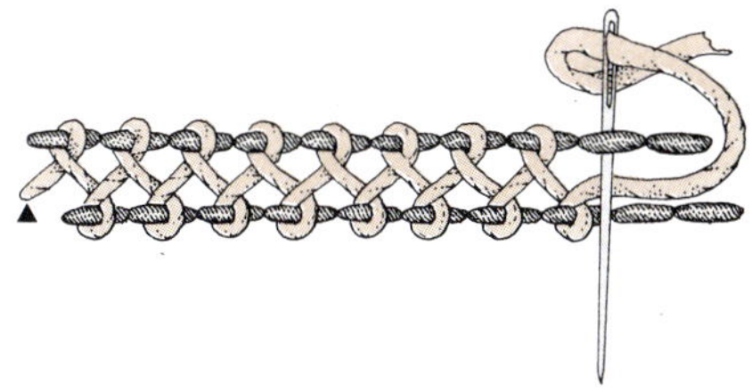

Le point mexicain

Point mexicain exécuté en soie sur lin

Ce point est facile à exécuter et d'un effet certain, il s'utilise surtout pour la broderie en laine «crewel». On le trouve dans les broderies de la vieille Angleterre; il est également répandu au Danemark, travaillé sur de la grosse toile avec des couleurs différentes pour chaque rang.

Faites d'abord un rang de points de reprise verticaux, disposés à égale distance les uns des autres (page 181), puis passez-y un fil pour former un grillage. Le point mexicain peut devenir un motif en soi si vous passez le fil dans plusieurs rangs à la fois, comme il est d'usage au Danemark.

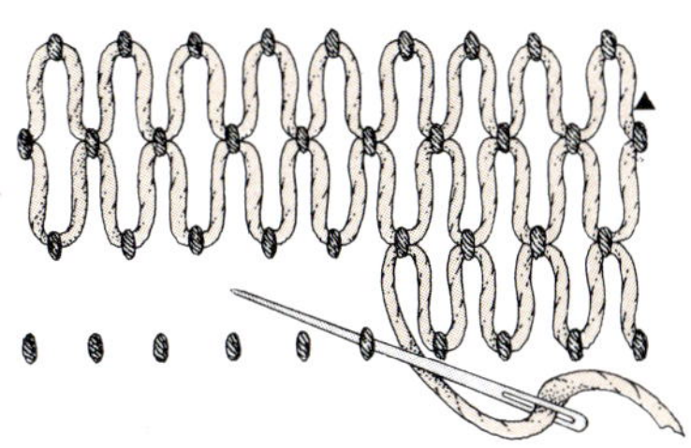

Le point de chevron entrelacé

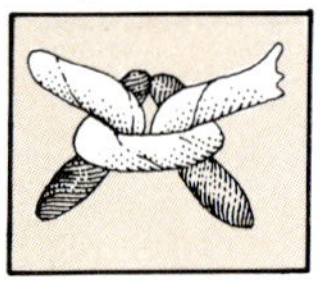

Pour les bordures simples et les broderies en bande, le point de chevron (page 182), peut servir d'entrelacs à un rang de points en diagonale, disposés en V.

Le V se travaille en gardant l'aiguille toujours en position horizontale. Elle sort en A, pique en B, ressort en C, repique en A (pour le premier V), puis elle sort en D, pique en E, sort en F et repique en D pour le second V. le point de chevron est ensuite travaillé par-dessus avec le même fil ou un fil d'une autre couleur.

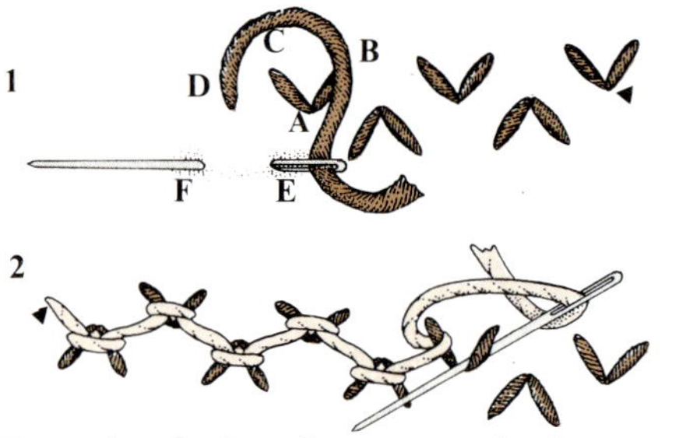

Le point de bouclette entrelacé

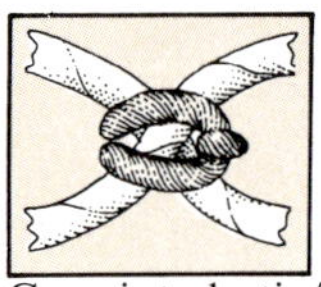

Ce point, destiné aux bordures légères ou aux lignes décoratives, peut être entrelacé en lignes simples ou en lignes doubles pour former des entrelacs.

Faites une ligne de points de bouclette (page 186), puis entrelacez-les avec un fil de même couleur ou de couleur contrastante.

Treillis rembourré

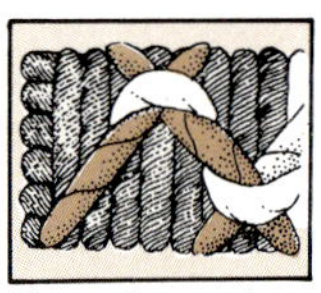

Ce point, très solide et rembourré, sert aux bordures épaisses et riches.

On l'exécute en travaillant des points de chausson par-dessus un point de passé rembourré, puis on termine par un laçage.

Le treillis rebrodé

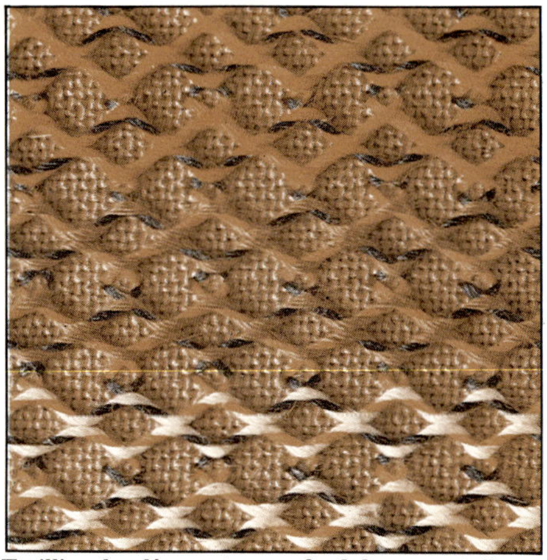

Treillis rebrodé en coton sur fond de grosse toile

Ce point de bordure léger peut servir de remplissage de fond, entrelacé de fils d'or.

Faites 2 rangs de points de chausson, puis lacez-les en deux fois.

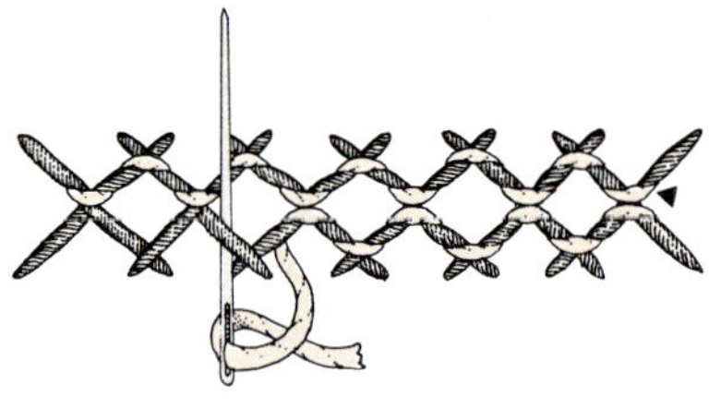

Le point de chausson noué

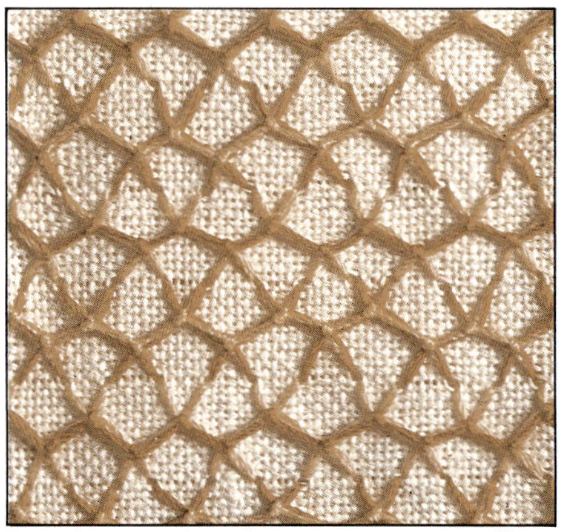

Point de chausson noué en coton sur grosse toile

C'est un point de bordure net et simple, ou un point de remplissage léger.

Faites un rang de base de points de chausson et entrelacez-les par un point de corail en zigzag (page 192). Les nœuds se trouvent aux intersections des points de chausson (comme sur le dessin ci-dessous).

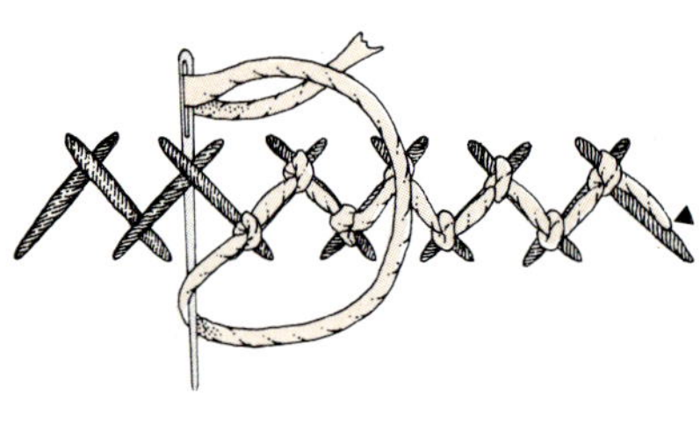

Point de croix décoratif

Les points suivants servent de support à un entrelac décoratif.

Le point de chausson entrelacé

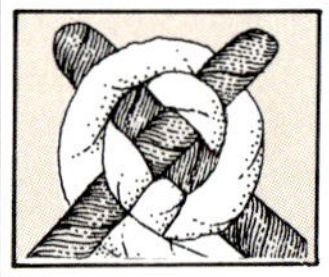

Ce point s'appelle également entrelacs allemand. En raison de son aspect inhabituel de laçage circulaire, il convient parfaitement aux bordures.

Faites un rang de points de chausson, puis retournez votre ouvrage pour commencer le laçage. Il est important de bien suivre la disposition des points de chausson. Faites deux cercles complets autour de chaque croisement supérieur, et un cercle et demi autour du croisement inférieur.

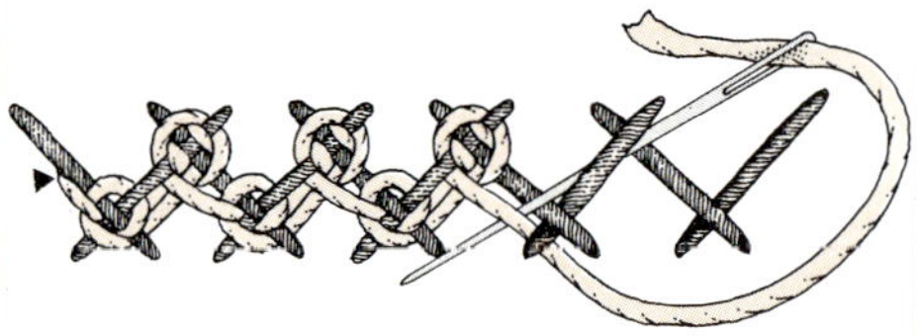

L'entrelacs arménien

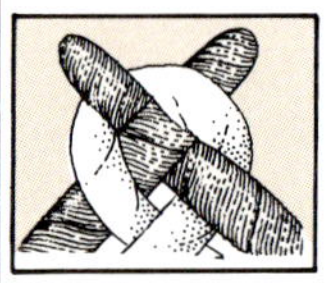

Ce très beau point ancien s'utilise en bordure, en dessins géométriques, aussi bien que pour joindre deux pièces de tissu par un point décoratif. Le fil de laçage peut être d'une couleur contrastante, il est particulièrement spectaculaire en bleu sur fond blanc.

Ce point de chausson est légèrement différent des points de chausson habituels; il convient de bien veiller à ce que la disposition soit la même que sur notre dessin; les jambages se trouvent tantôt au-dessus, tantôt en dessous des jambages précédents. Travaillez en suivant un côté, puis le centre, ensuite l'autre côté et le centre une seconde fois.

L'entrelacs maltais

L'entrelacs maltais en coton sur grosse toile

Ce point peut être exécuté en gros fil ou avec un fil très fin, il sert aux motifs isolés aussi bien qu'à une bordure plus élaborée.

Faites un fond au point de grille, puis faites un entrelacs comme indiqué, avec un fil de même ou d'une autre couleur.

1 Faites le point de grille en partant de la plus grande largeur.

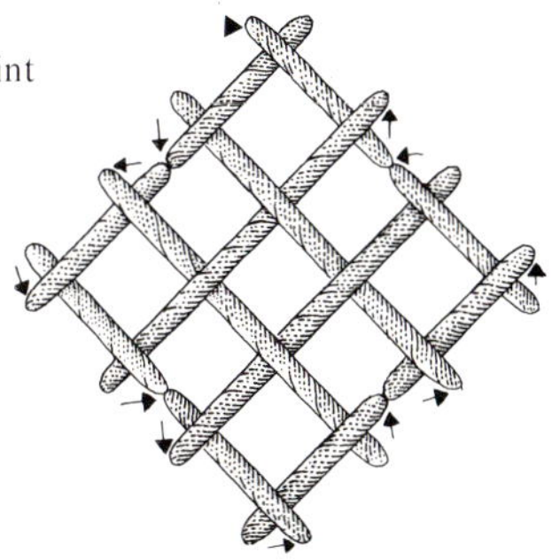

2 Commencez l'entrelacs en partant du centre de la grille.

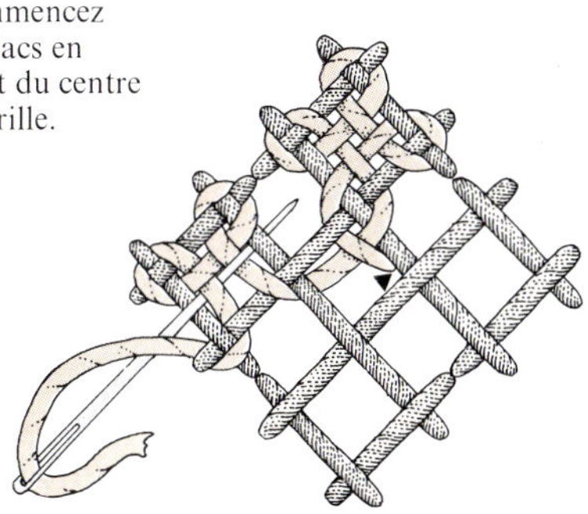

3 L'entrelacs se forme en croix pour un remplissage dentelle. Le point fini avec un fil contrasté.

Les rubans et les échelles

Les effets de ruban et d'échelle se font en partant d'un rang de points horizontaux qui sont entrelacés de différentes manières, comme vous le voyez ci-après.

Ruban au point de chaînette damier

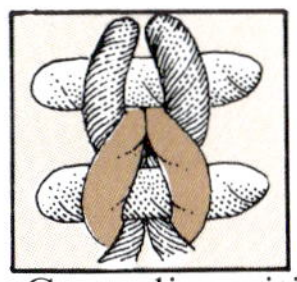

Cette disposition s'utilise pour des bordures bicolores et des remplissages. On peut également travailler ce point sur un rembourrage de fils couchés sous les points horizontaux. On effectue l'entrelacs avec deux aiguilles à bout rond, chacune enfilée de deux fils de couleur contrastante; cependant, pour la broderie de fond, on n'utilise qu'une seule aiguille avec un seul fil.

Faites un rang de points horizontaux, puis sortez la première des aiguilles enfilées en double en haut de l'échelle, passez-la au-dessus de la première barre et en dessous de la seconde. Posez-la, passez la seconde aiguille enfilée double entre la première et la seconde barre, tirez-la à travers les fils de la première aiguille. Posez cette aiguille et reprenez la première pour continuer ce travail, en utilisant les fils alternativement, tout en descendant l'échelle.

Pour le remplissage, on dispose des rubans de points de chaînette damier, côte à côte, en formant des rayures par l'utilisation de la même couleur au début de chaque ligne nouvelle; les damiers se font en commençant les lignes alternées avec des couleurs également alternées.

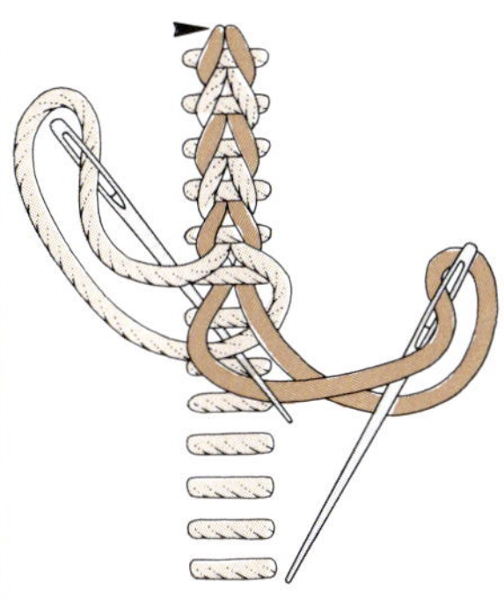

1 La première aiguille se tient sur le côté, pendant que la seconde est passée sous la barre et à travers les fils de la première aiguille.

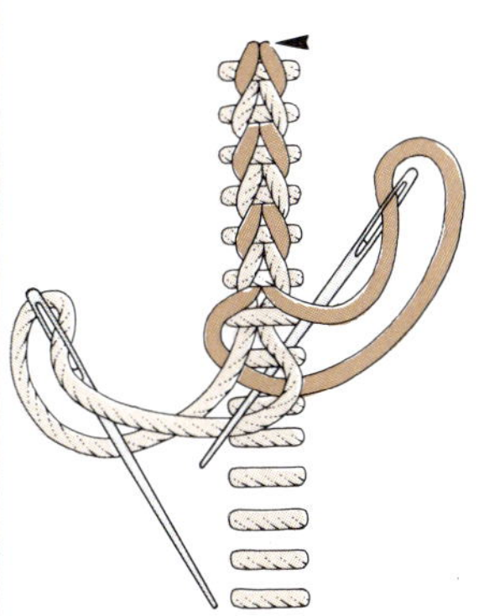

2 Puis c'est la deuxième aiguille qui est posée sur le côté, et le travail continue avec la première.

Point de chaînette rembourré

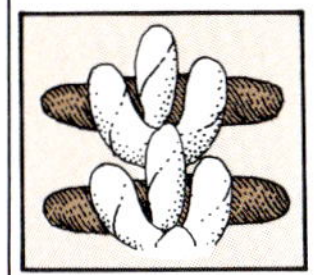

Ce petit point solide se fait avec un point de bouclette dans chaque barre.

Après avoir travaillé une rangée de points horizontaux, amenez l'aiguille à travers la première barre, en passant par le centre, et faites une bouclette, comme sur le dessin; continuez ainsi jusqu'en bas de l'échelle.

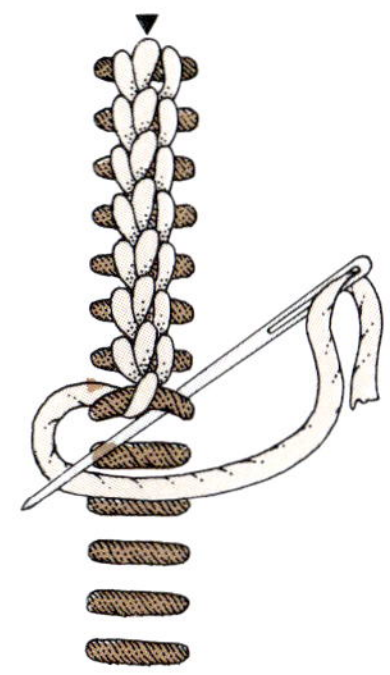

Commencez en haut et passez l'aiguille par-dessus la première barre et, au-dessous, faites une bouclette comme sur le dessin et continuez de la même manière.

Point de chaînette de Ceylan

Point de chaînette de Ceylan en soie sur lainage

Ce point se trouve dans les broderies traditionnelles de Ceylan; il s'agit d'une variante du point de chaînette ouvert (page 187). Il se fait avec des fils de couleurs différentes sur chaque côté. On l'utilise en bordure et pour finir joliment les remplissages en forme de ruban. Avant de commencer, tracez deux lignes et placez les fils de la couleur contrastante le long de ces lignes, puis faites le point de chaînette ouvert par-dessus.

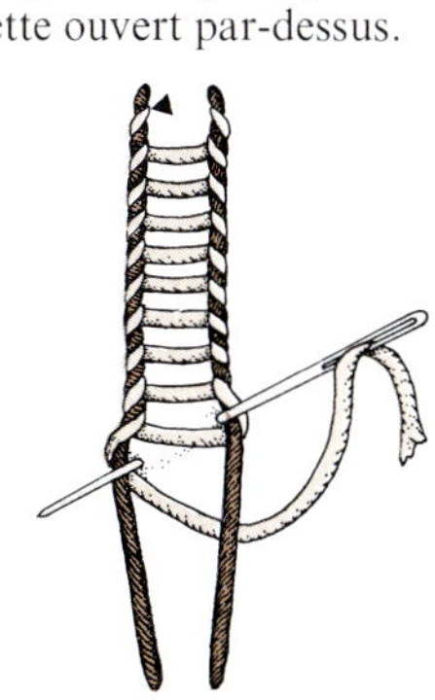

En commençant en haut de l'échelle, faites des points de chaînette ouverts par-dessus les fils disposés souplement sur les côtés.

Dessiner des motifs

Dans le passé, la nature était la grande source d'idées de broderie. Aujourd'hui encore, elle reste la meilleure inspiratrice pour les couleurs comme pour les lignes. Notre exemple vous montre un lis péruvien dont on a copié les contours et qui a été ensuite brodé, d'abord au point de croix, puis au point lancé (figures 1 et 2).

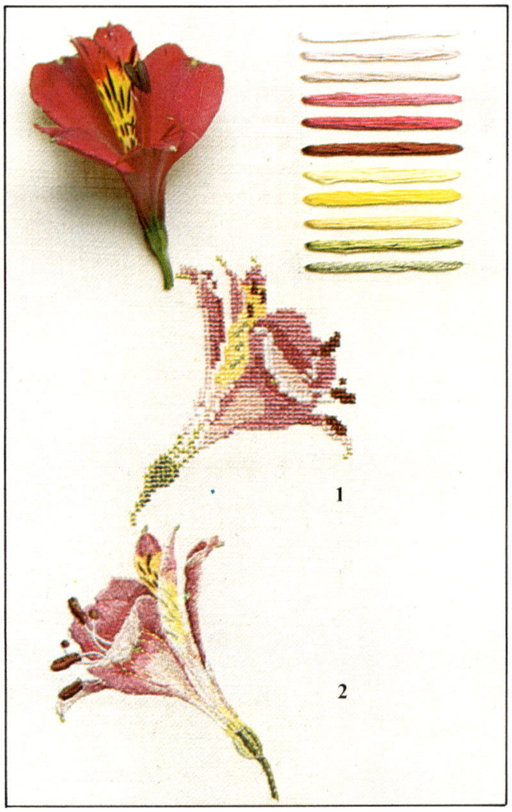

Les fils à broder assortis aux couleurs de la fleur

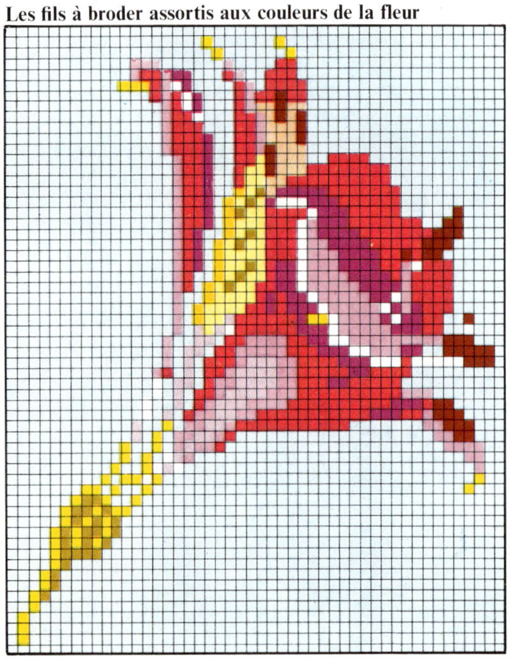

Schéma du lis au point de croix

Disposition des motifs

Les motifs brodés peuvent égayer bien des vêtements, les transformant en parures raffinées. Veillez à utiliser des fils assortis au tissu de base et, si possible, exécutez la broderie avant de coudre le vêtement.

Motif dessiné et brodé par un artiste contemporain

Sur un jean, la broderie servira d'ornement, ou bien cachera les endroits usés

Le motif ci-dessus peut orner des manchettes et des cols ; il s'exécute au point van Dyke (page 190).

Les oiseaux ci-dessus et ci-dessous viennent d'une broderie sud-américaine ; ils sont brodés sur un tissu épais.

Gilet brodé

Les broderies anciennes peuvent également donner des idées pour des motifs nouveaux. Le gilet ci-dessus, brodé en fil de soie, est inspiré d'une pièce chinoise ancienne. Les petits points chaînette ont été faits avec un crochet tambour (page 232). Le détail ci-contre montre un oiseau stylisé au milieu d'une bordure de feuilles de vigne entrelacées. Il est important de bien disposer le motif principal ; il doit occuper une place centrale. Ce dessin pourrait être répété en panneaux pour couvrir un fond, ou bien les oiseaux pourraient être utilisés isolément.

Point crétois en soie sur fond de toile

Point de chaînette, point moucheté et point de satin en soie

Fil de soie en passé plat sur coton

Broderies pour corsages

Les tissus imprimés et tissés fournissent également des motifs décoratifs pour la broderie. Vous pouvez les copier exactement ou les styliser. Les motifs ci-contre et ci-dessous viennent de tissus indiens imprimés ; vous pouvez les utiliser ensemble ou séparément pour en orner des vêtements. Veillez toujours à bien assortir les fils avec votre tissu de fond. Si vous répétez des motifs, vous pouvez les exécuter chacun dans une teinte un peu différente ou avec des points divers. Vous pouvez également y ajouter des perles ou des paillettes (voir pages 236-237 pour la technique).

Le motif (en haut à gauche) brodé sur l'empiècement d'un corsage

La couchure

La couchure simple et la couchure de remplissage sont deux techniques semblables qui servent à mettre en valeur des fils trop précieux, trop fragiles ou trop délicats pour être passés à travers le tissu. Ces deux techniques s'utilisent presque uniquement pour les fils d'or et de métal qui demandent un traitement spécial (voir pages 208-209).

La couchure consiste à disposer un ou plusieurs fils précieux sur le tissu et à les y maintenir par de petits points faits avec un fil moins précieux et plus souple. On dessine ainsi des lignes simples ou les contours d'un motif à remplir. On peut aussi fixer de la sorte des applications ou dessiner des motifs entiers, basés sur les couleurs et la texture des points de couchure.

Les fils

N'importe quel fil peut servir pour la couchure; cependant, ce sont les fils de soie brillants et les fils métalliques qui sont le mieux mis en valeur par cette technique. Il existe diverses possibilités d'utilisation de couchure; vous pouvez, par exemple, faire des couchures de fils métalliques, maintenus par des fils de soie, ou bien plusieurs fils de soie de même couleur peuvent être maintenus par un fil de couleur contrastante. Maintenus ainsi par des fils de couleur contrastante, les points de couchure deviennent visibles et forment eux-mêmes des dessins. Les points de couchure invisibles se font avec des fils de même couleur que ceux de la couchure; ils s'utilisent quand le fil principal est déjà suffisamment orné ou quand il s'agit de cordelettes qui forment déjà un dessin par elles-mêmes.

Détail de manche chinoise montrant des oiseaux réalisés en couchure

La couchure simple

La couchure s'exécute, de préférence, sur un métier à broder fixe, ce qui permet de libérer les deux mains qui maintiendront et coudront plus facilement les fils. Les lignes et les contours sont aisés à faire. Veillez cependant à ce que le fil soit bien maintenu par les points qui doivent être serrés et disposés à intervalles réguliers. Pour la couchure simple, on fait passer le fil sur l'endroit de l'ouvrage; il est ensuite guidé avec précaution par la main gauche le long du dessin, alors que la main droite fait de petits points de surjet par-dessus ce fil. A la fin du travail, le fil est ramené et fixé sur l'envers. Pour les dessins curvilignes, les points sont plus rapprochés afin de maintenir le fil bien plat; pour les angles, on place un point de surjet au coin. Vous obtiendrez un effet de botte en fixant plusieurs fils épais par un point de surjet bien serré (voir ci-dessous). Cet effet vaut particulièrement pour les contours décoratifs très appuyés.

Méthode de travail pour la couchure simple

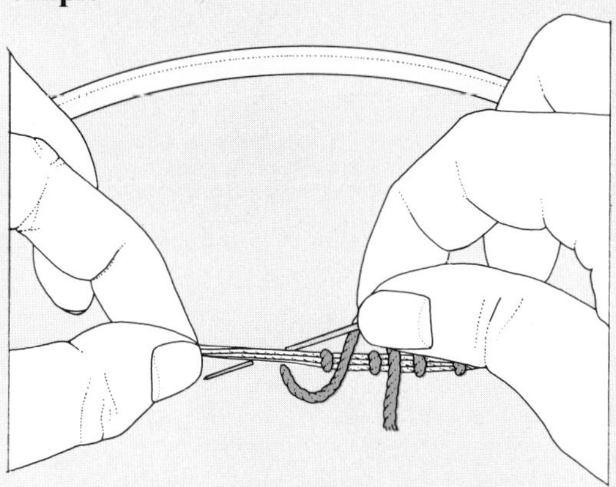

Passez le fil de couchure et le fil qui le maintient sur l'endroit de l'ouvrage, puis fixez le fil couché par des points disposés à intervalles réguliers. Finissez en passant les fils sur l'envers et en les y fixant.

Méthode de travail pour la couchure en botte

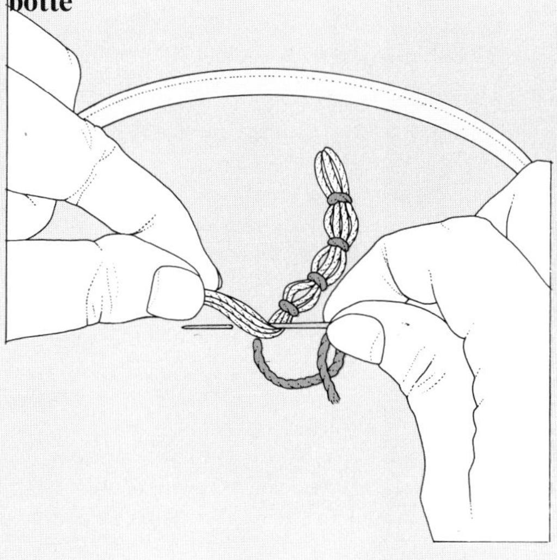

Faites passer les fils sur l'endroit comme précédemment, puis maintenez-les par des points de surjet serrés pour former une botte.

La couchure par points de broderie

Vous pouvez rendre la couchure simple plus décorative en utilisant des points de broderie au lieu du simple surjet pour la fixer. Un grand nombre de points de broderie se prêtent à cette technique, par exemple le point de croix, le point gribiche, le point d'épine et le point de satin (voir ces points pages 180 - 197). Ces points sont destinés à maintenir le fil couché, ils doivent donc traverser le tissu.

Le point d'épine

Il consiste à former une boucle de chaque côté alternativement.

Méthode de travail

1 *Disposez deux groupes de fils, de chaque côté d'un espace, puis faites des points d'épine par-dessus les deux groupes en commençant par le haut.*
2 *Faites le deuxième point par-dessus le groupe du bas et continuez toujours ainsi.*

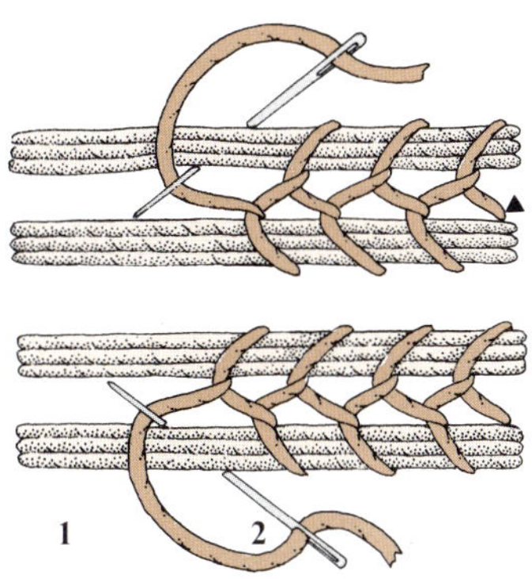

Le point de passé

Ce point peut former divers dessins, selon la longueur et la disposition des groupes de fils fixant les fils couchés.

Méthode de travail

Fixez les fils couchés en faisant des groupes de points au passé par-dessus et à travers le tissu.

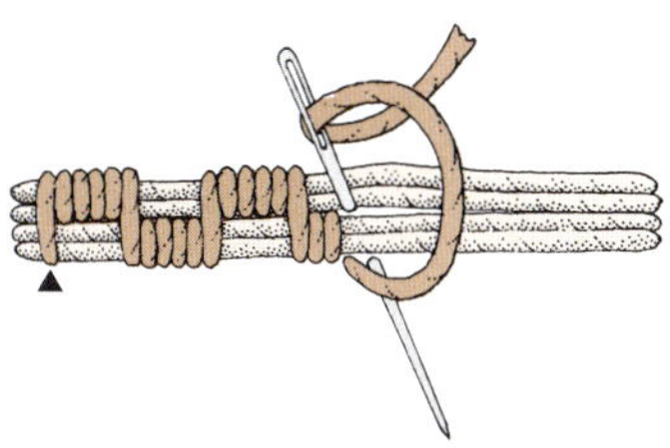

Broderie sur fil ruchés au point de passé

Le point gribiche

Ce point donne une ligne nette et précise aux contours et aux bordures.

Méthode de travail

Gardez la partie horizontale du point à l'extérieur et faites des points gribiche à intervalles réguliers par-dessus un groupe de fils.

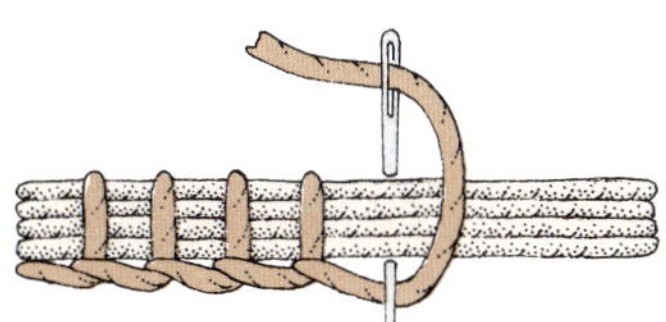

Broderie sur fil ruchés au point gribiche

Couchures maintenues par des points de broderie le long d'une bordure

La couchure de remplissage

La couchure peut servir à des remplissages légers et solides. Vous obtiendrez des effets décoratifs en contrastant les couleurs du fil couché et du fil de maintien.

Remplissages légers

Ces remplissages se font en disposant les fils en forme de grille et en les maintenant par des points de croix.

Méthode de travail

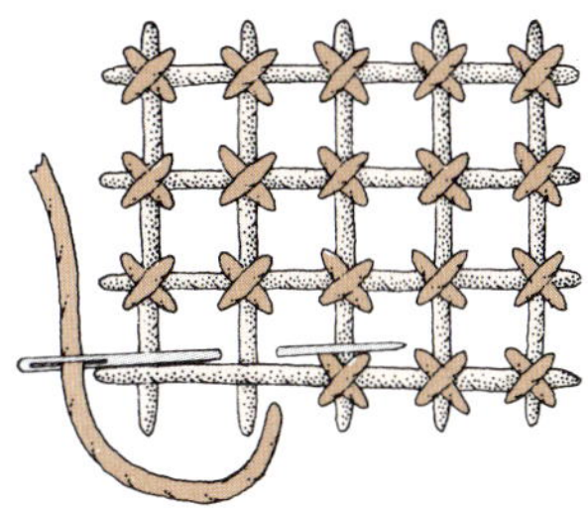

Faites une grille avec le fil couché. Puis faites des points de croix avec un fil de même couleur ou de couleurs contrastantes par-dessus les intersections.

Les remplissages serrés

En faisant des remplissages de motifs, vous pouvez disposer les fils dans n'importe quelle direction, horizontale, verticale, oblique, ou simplement suivre les contours du motif en question.

Méthode de travail

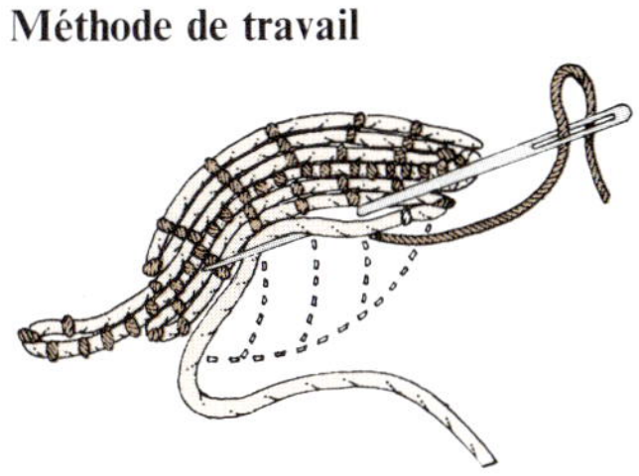

Amenez le fil à coucher sur l'endroit du tissu, faites-le passer en avant et en arrière à travers le motif, avec un fil de même couleur ou de couleur contrastante.

La couchure avec un seul fil

Il existe une technique de couchure n'utilisant qu'un seul fil à la fois pour la couchure et pour la fixation: il s'agit de la couchure bokhara et de la couchure roumaine. La technique bokhara se travaille avec des points de fixation courts et serrés, alors que la technique roumaine emploie des points longs et souples.

Méthode de couchure bokhara

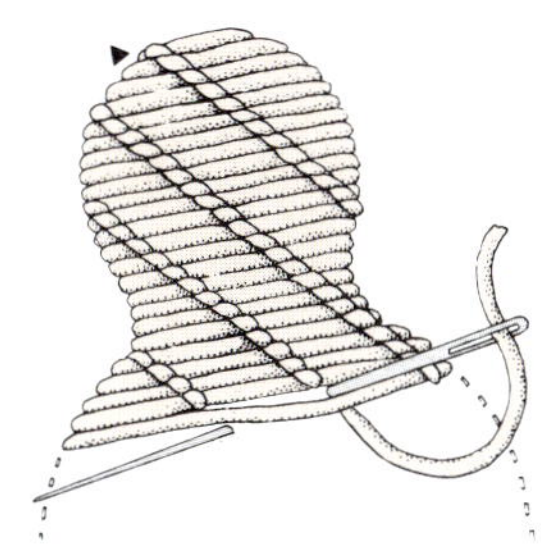

Disposez le fil à coucher en une seule ligne à la fois et fixez en revenant par de courts points de surjet, faits à intervalles réguliers, de manière à obtenir un dessin de lignes suivies.

Méthode de couchure roumaine

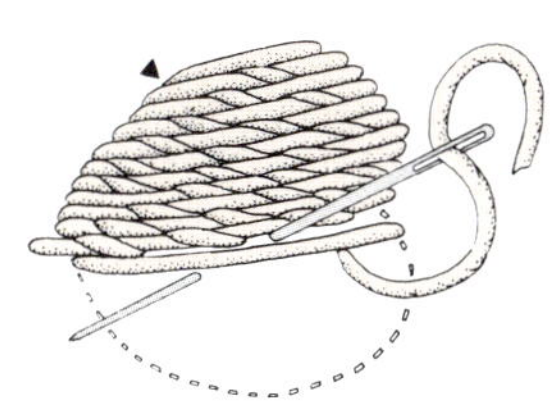

Disposez les fils à coucher souplement sur une seule ligne à la fois et fixez en revenant par des points de surjet longs et souples.

Le point roumain

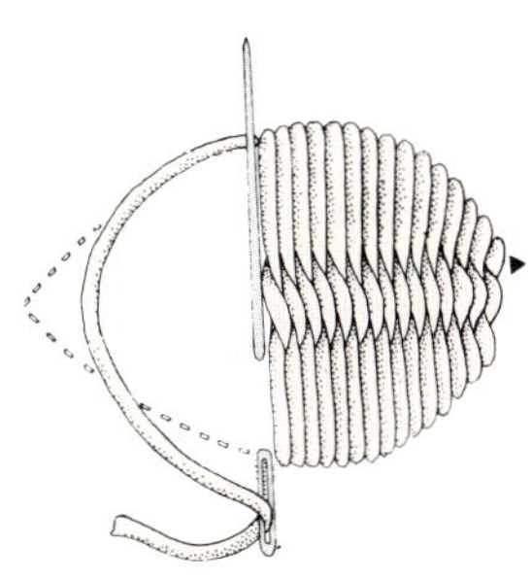

Travaillez comme pour la couchure roumaine, mais en ne faisant qu'un seul point de surjet à chaque ligne.

La couchure

Cette technique s'utilise depuis les temps les plus anciens pour fixer des fils précieux sur des surfaces de tissu. La couchure permet de couvrir rapidement de larges surfaces. Elle sert également à dessiner des contours et à finir des bords peu soignés, par exemple pour les applications. Par ailleurs, c'est une technique idéale pour la fixation de fils, de rubans, de soutaches ou de galons qui ne peuvent passer à travers les tissus.

Panneau du Dodécanèse en couchure bokhara (19e siècle)

Paravent anglais du 16e siècle, exécuté par la reine d'Ecosse, Marie
Les grands vases sont remplis de fils couchés en treillis. La couchure est également utilisée pour les contours et pour fixer les fils d'or sur le tissu de fond.

Sacoche suisse, fin du 16e siècle
Les broderies sont exécutées en fils de soie et en fils d'or au point de tige, de satin et au point transpercé ; la couchure est utilisée pour les maisons et pour la fontaine. Les fils de métal en volutes sont couchés.

Détail d'un fauteuil anglais fin du 16e siècle
Le détail ci-dessus est travaillé en fils de soie et de métal sur un tissu de fond en toile, appliqué sur fond damassé, la couchure dissimule les bords.

Détail d'une robe chinoise du 18e siècle
Le dragon Lung ci-dessus est travaillé en cercles concentriques à la couchure en fils d'or.

La couchure en bordures

Les bordures ci-dessous sont exécutées en couchure bokhara, au point roumain et en couchure simple (pages 200-201). Cette bordure pourrait s'appliquer à un ourlet de jupe, à des manchettes, ou bien orner un coussin. Assurez-vous que les fils choisis s'accordent bien au tissu de fond ; ils ne doivent être ni trop épais, ni trop minces.

Méthode de travail pour la bordure couchée
Relevez le dessin du schéma et reportez-le sur le tissu de fond. Si vous utilisez un gros tissu et de gros fils, agrandissez le dessin (voir page 177). Tendez bien le tissu sur un métier à broder et commencez par faire les motifs orange en couchure de bokhara. Puis, faites les motifs beige au point roumain. Pour finir, soulignez les motifs orange par une couchure simple, exécutée en deux couleurs contrastantes.

La bordure terminée

Le schéma à reproduire

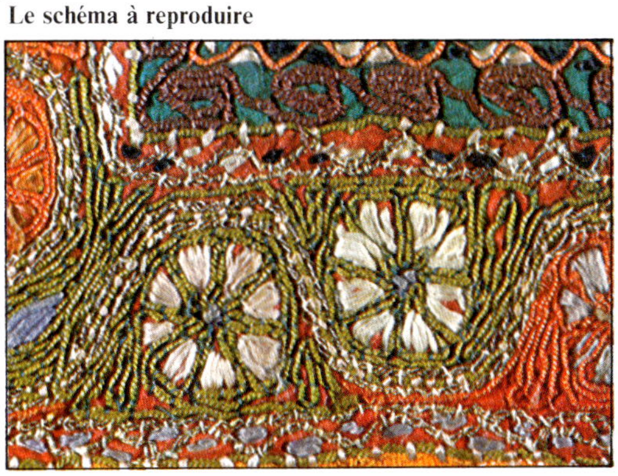

Bordure d'une robe palestinienne
Notre illustration montre une couchure de cordelette qui entoure les petits pétales au point de satin.

Couchure invisible

Cette forme ancienne de couchure ne laisse apparaître aucun fil de fixation, elle est très solide et flexible. Cette technique convient particulièrement à la couchure en fils de métal, mais les débutants seront bien avisés d'utiliser des fils moins précieux pour s'entraîner. Les fils de fixation étant cachés sur l'envers de l'ouvrage, les bords restent nets; on peut procéder de la même manière pour tourner à la fin d'un rang (page 208).

Travaillez sur du lin ou du coton à tissage fin, avec un métier à broder, laissant les deux mains libres.

Motif en couchure inversée

Méthode de travail

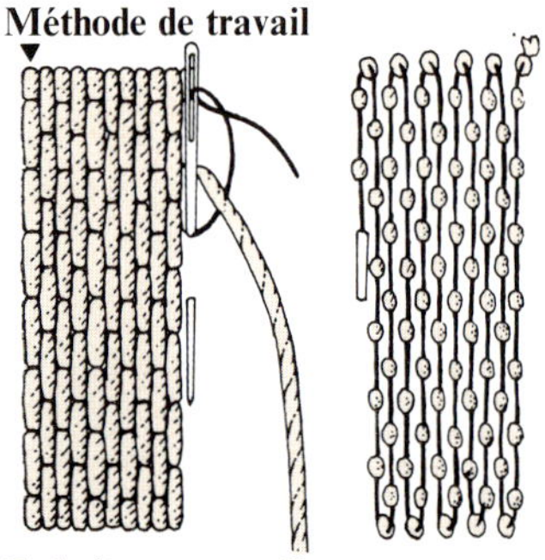

Endroit **Envers**

Attachez le fil à coucher sur l'envers du travail, puis faites-le sortir en haut à gauche. Faites sortir le fil de couchure un peu en dessous. Entourez le fil couché avec le fil à couchure et repiquez l'aiguille dans le trou de sortie en ayant soin de faire passer un peu du fil à coucher sur l'envers. Tenez fermement le fil couché de la main gauche, de la main droite passez le fil à couchure sur l'envers du travail en veillant à ce que la tension entre les deux fils reste égale. Continuez à travailler ainsi pour obtenir une surface solidement couverte.

Les motifs et les fonds

Vous pouvez introduire des motifs dans la couchure en les surélevant par rembourrage (ci-après).

La couchure rembourrée

Cette technique est particulièrement adaptée aux fils métalliques. Brodez le motif au passé. Puis faites la couchure du fond et du motif en utilisant des fils séparés de couleur différente, veillez à faire les points à angle droit par rapport au point passé.

Méthode de travail

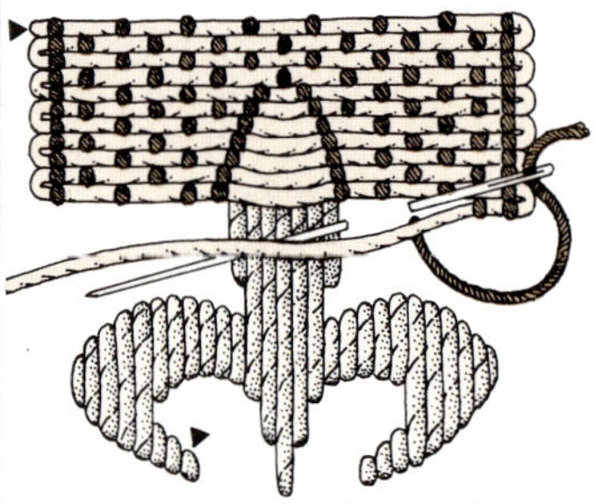

Faites les points de couchure à intervalles réguliers sur tout le fond; en arrivant au motif, faites des points supplémentaires le long du contour.

Le changement de direction des points

Vous obtiendrez des dessins différents en changeant la direction des points; vous pourrez ainsi faire le motif en points horizontaux et le fond en points verticaux. Les fils du fond sont fixés à intervalles réguliers, ceux couvrant le motif rembourré n'en suivent que le contour.

Les points qui changent de direction

La couchure de remplissage

Cette variante de la couchure sert au remplissage de grandes surfaces. C'est une technique très efficace et rapide pour remplir des motifs ou des fonds. Elle consiste en longs points passé couvrant le motif, ces points sont fixés par des points de couchure. L'éclat des fils de métal est en général suffisant pour la décoration, il suffit que les points de couchure soient faits avec des fils très simples, de couleur correspondante.

La simple couchure de rembourrage

Les longs points passé couvrent le motif ou le fond, ils sont ensuite fixés par des points de couchure, comme pour la couchure ordinaire.

Pour obtenir des points passé réguliers, il est préférable de les broder en deux étapes.

Comment disposer les fils

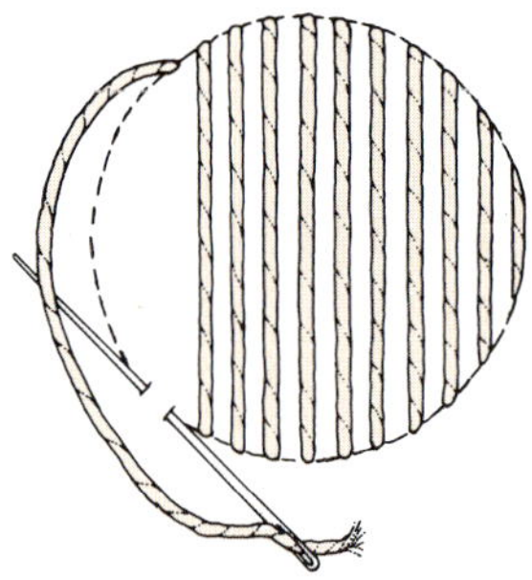

1 *Travaillez les premiers points au passé en aller-retour au-dessus de la surface à couvrir, en ne prenant que peu de tissu à chaque bord.*

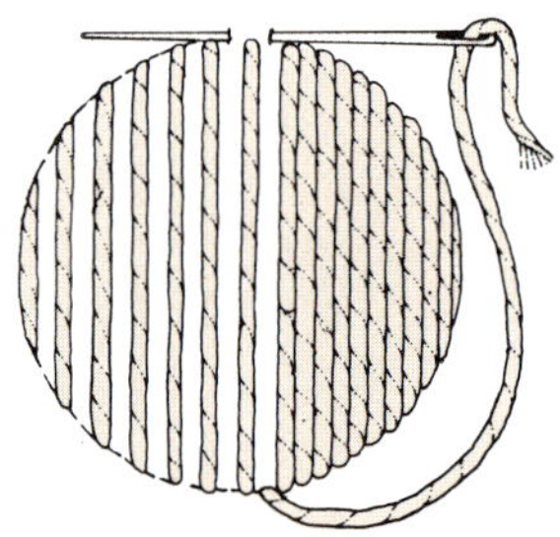

2 *Faites un deuxième passage en remplissant les intervalles restés vides.*

Comment fixer les fils couchés

Les deux méthodes ci-dessous sont également efficaces pour fixer les fils.

Fixation par simple couchure

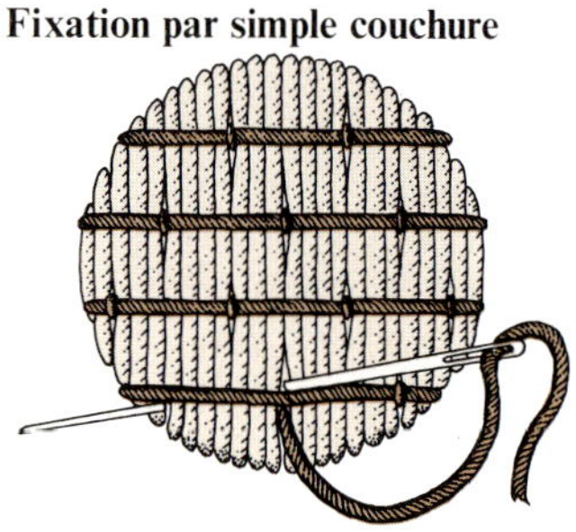

Fixez les fils couchés à angle droit par rapport au point passé. Disposez le fil, puis fixez-le à intervalles réguliers en revenant, comme pour la couchure bokhara.

Fixation par couchure en treillis

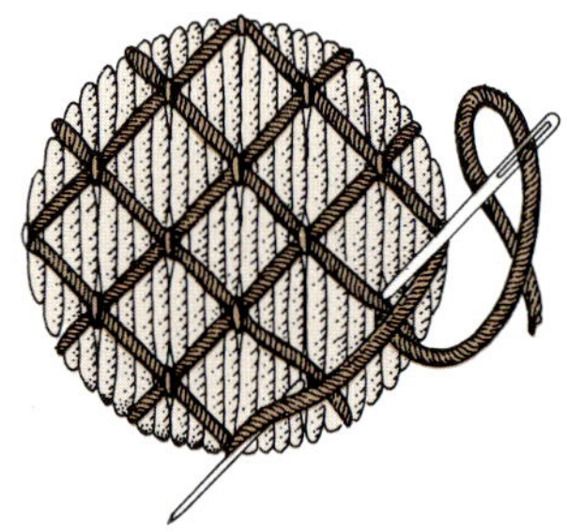

Disposez les fils en diagonale à travers le point passé, couvrez-les avec une deuxième rangée de fils en diagonale, fixez-les en revenant aux intersections.

La couchure décorative

Vous obtiendrez des motifs richement décorés en disposant la deuxième couche de fils en dessins variés, utilisant un fil de couleur contrastante. Veillez à disposer les fils de couchure dans la direction opposée à celle des fils de rembourrage, ils serviront ainsi de fixation en même temps que de décoration.

La couchure en spirales

Une seconde couche de points de couchure peut être exécutée dans un dessin de spirale en harmonie avec le dessin général. Quand les points au passé sont courts, comme sur le trèfle ci-dessous, il n'est pas nécessaire de les fixer davantage.

Méthode de travail

Faites le motif au passé en deux fois. Le motif rempli, fixez les points en couchant les fils en forme de spirale avec un fil continu. Veillez à laisser le fil de la spirale suffisamment lâche pour pouvoir le fixer sans difficulté.

Couchure en chevrons

Les dessins réguliers, comme les chevrons, soulignent les motifs abstraits et rendent les fonds plus décoratifs.

Méthode de travail

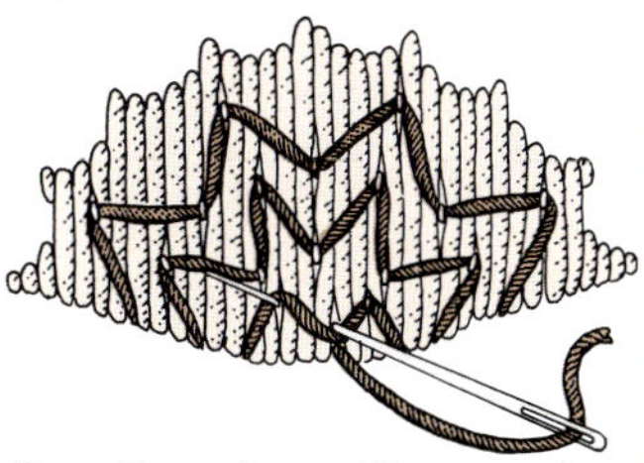

Remplissez le motif au passé en deux fois, puis travaillez des couchures en zigzag par-dessus, en fixant le dessin à chaque angle.

La couchure en dessin

La deuxième couche de fil peut également servir à dessiner des motifs.

Méthode de travail

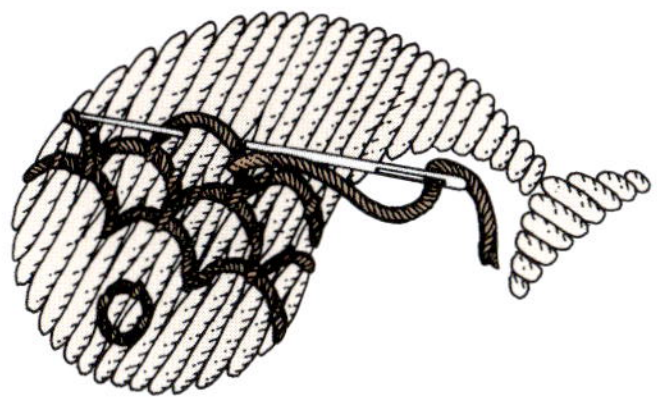

Couvrez le motif au passé. Puis formez le dessin avec un fil de couleur contrastante, en disposant le fil couché d'une manière assez lâche pour fixer au rang suivant.

Le «tissage» des fils couchés

On obtient un effet de tissage, en faisant un point de reprise sur tout le motif à remplir. Dans notre exemple, les fils couchés sont fixés verticalement, la deuxième couche, elle, est horizontale. Il existe bien des variantes pour lesquelles il suffit de changer le nombre de fils utilisés. La deuxième couche de fils ne transperce pas le tissu, les fils passent en dessous et au-dessus des fils verticaux.

Méthode de travail

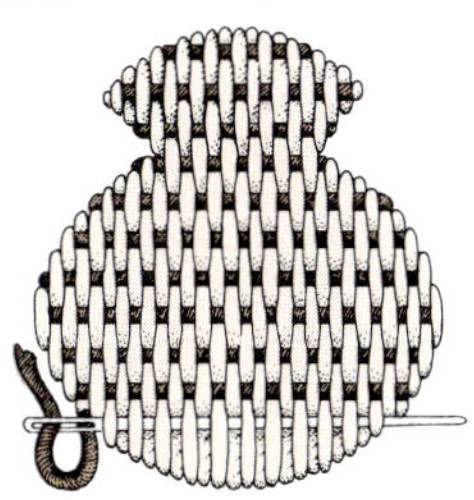

Disposez la première couche de fils au passé en deux fois. Puis, avec une aiguille à bout rond, faites des points de reprise en passant alternativement au-dessus et en dessous des fils. A la fin du rang, faites un petit point vertical vers le bas et ressortez l'aiguille à la hauteur du rang suivant.

Détail d'un ruban de manche chinois

Notre illustration représente un ruban de soie qui aurait appartenu à l'impératrice douairière chinoise Tz'u-hsi, au 19e siècle. Les pétales, le centre des fleurs, les nervures des feuilles et les plumes des oiseaux sont brodés à la couchure. Cette illustration démontre parfaitement l'efficacité de cette technique pour la représentation des motifs et des textures. Les broderies anciennes sont une source d'inspiration fort utile pour la création de motifs, l'emploi des points et les meilleures combinaisons de fils.

Fils de métal

On trouve différentes sortes de fils d'or et de métal; cependant, les débutants seraient bien avisés d'utiliser des imitations plutôt que les fils véritables. Ces derniers sont extrêmement onéreux et peuvent facilement être endommagés par trop de manipulations.

1 Fil d'or brillant enroulé

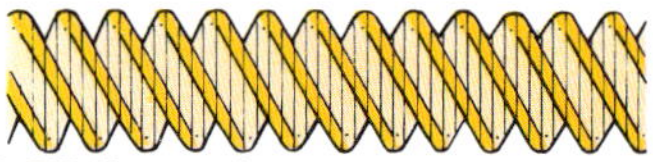

2 Fil d'or en zigzag

3 Fil d'or brut

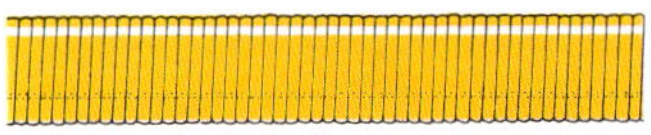

4 Fil en spirale brillant moyen

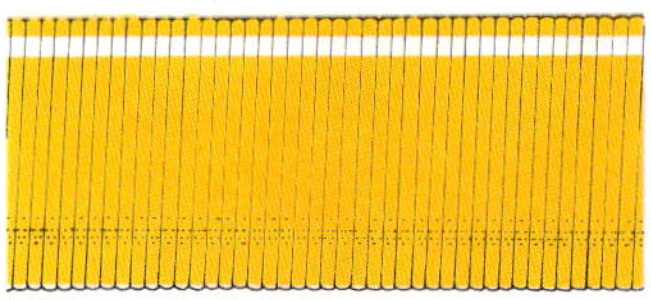

5 Fil en spirale brillant gros

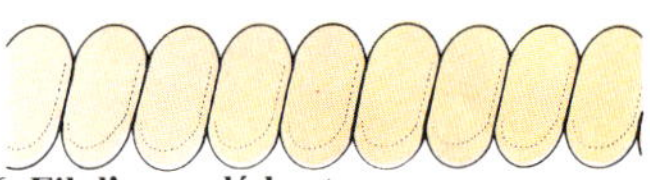

6 Fil d'or perlé brut moyen

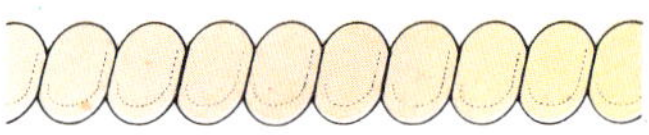

7 Fil d'or perlé brut fin

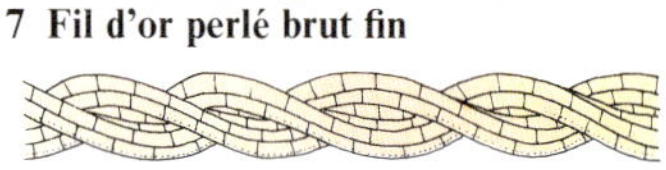

8 Cordelette d'or moyenne

9 Cordelette d'or fine

10 Fil d'or

11 Fil à tambour

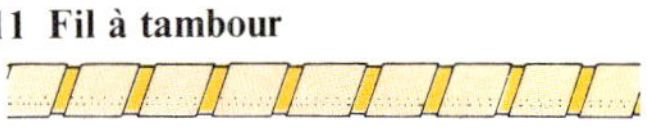

12 Fil d'imitation japonais

13 Imitation fil d'or

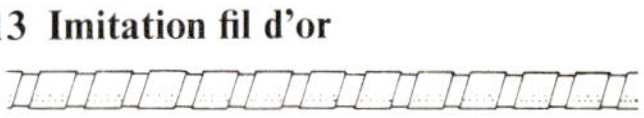

14 Imitation fil d'argent

15 Fil de lurex doré brillant

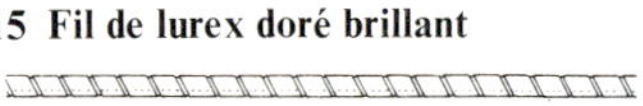

16 Fil d'aluminium fin

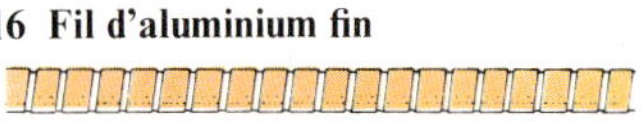

17 Fil de lurex cuivre

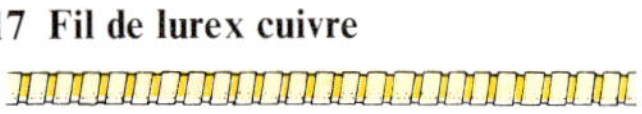

18 Fil de lurex or

La broderie d'or

La broderie d'or s'utilise pour des motifs, des bordures ou des dessins complets. Quelle que soit son utilisation, elle transforme le dessin en quelque chose de riche et de rare. La fascination qu'elle exerce date de l'Antiquité et, partout dans le monde, elle a toujours été utilisée pour symboliser le rang des dignitaires de l'Eglise, de l'Etat, de l'Armée ou de la vie civile. On peut enrichir cette broderie de perles, de paillettes, de miroirs, d'appliqué et de broderie de soie. Il faut consacrer temps et soins à cette broderie, car elle représente un investissement non négligeable.

Le travail tunisien moderne
Brodeur d'or dans la médina de Tunis. Notez la position du brodeur qui utilise son genou à la place du métier à broder.

Broderie d'or de l'Empire ottoman 1850
Les bandes d'or battu étaient découpées dans une plaque, c'est une pratique très ancienne.

Bourse afghane du 19e siècle
Des fils de couleurs contrastantes ont été utilisés pour faire les dessins sur les fils d'or. De petits miroirs sont également incorporés au dessin.

Revêtement de fauteuil
Détail d'un fauteuil chinois du 19e siècle: la broderie aux fils d'or représente un chhi-lin, animal de bon augure.

Empiècement brodé d'or

Les différents motifs de ce dessin s'exécutent avec la plupart des techniques de la broderie d'or; ils emploient également plusieurs sortes de fils d'or. Notre dessin peut s'adapter parfaitement à une broderie sur des manchettes ou des cols, tout comme à l'empiècement indiqué. Vous obtiendrez un effet plus riche en couvrant entièrement le fond, entre les cercles, avec des points de grille; un effet plus coloré sera obtenu en utilisant davantage de fils de couleur pour la bordure. Les explications nécessaires sont données page 208, y compris les indications pour le travail avec des fils de métal.

Le dessin de l'empiècement
Ce dessin se répète des deux côtés de l'empiècement.

Schéma
Pour l'agrandissement du schéma, reportez-vous page 176. Vous y trouverez également les indications pour son report.

Détail de l'empiècement fini

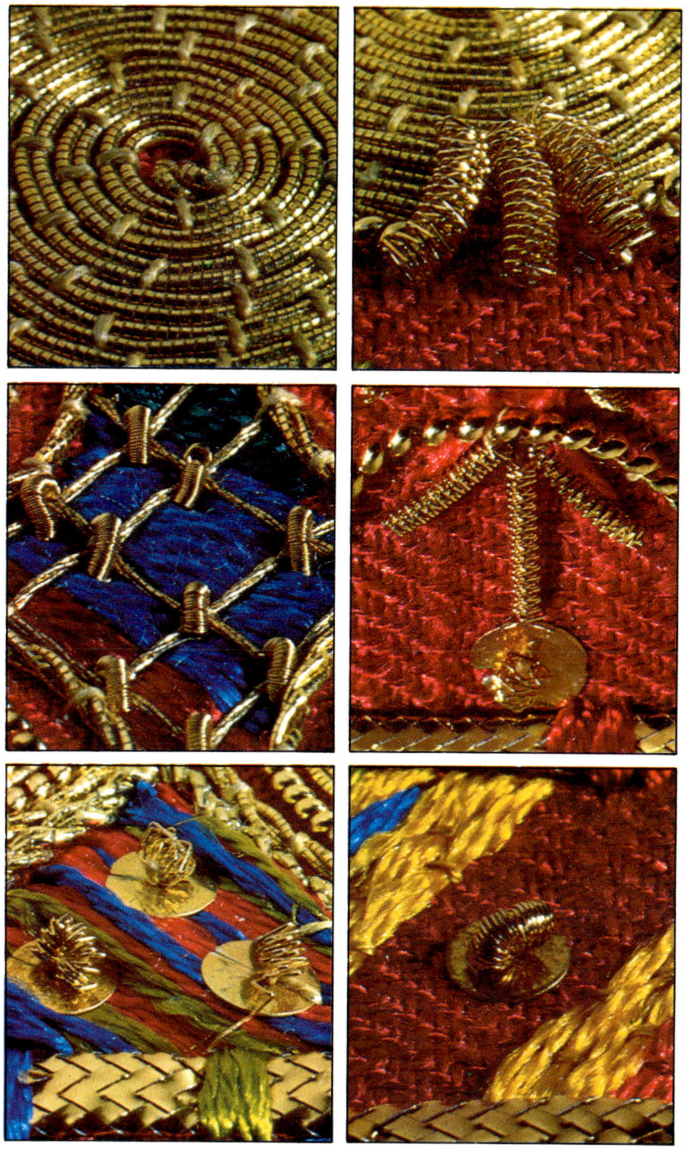

Les détails de la broderie d'or
Vous voyez ici les détails de la broderie aux fils d'or, ainsi que les paillettes et les croisillons appliqués. Le fil de soie coloré utilisé pour la couchure ayant tendance à s'user au contact du fil de métal, nous vous conseillons de le passer à la cire d'abeilles.

Explication pour la broderie d'or sur l'empiècement

Fournitures Fil d'or fin et moyen, fil d'or perlé, fil d'or en spirale, cordelette d'or fine (pages 206-207), soutache dorée, paillettes, fil de soie couleur or, pour la couchure des fils d'or, fil à broder de soie de différentes couleurs. Un tissu moyennement lourd pour l'empiècement et du calicot ou de la toile pour la doublure. Cet empiècement s'adapte à une chemise ou à une robe floue sans col. Après avoir choisi votre dessin, agrandissez-le pour l'adapter au dessin de la page 207 (voir agrandissement pages 176-177). Reportez le dessin sur le tissu en ménageant une large bordure. Cousez le tissu sur la doublure et tendez-le bien dans un métier à broder. Commencez la broderie par les dessins de plantes. Disposez les fils de soie en rangs, remplissez les dessins et fixez par points de couchure (pages 204-205). Terminez les plantes par un contour au fil de soie. Pour les branches, couchez du filé d'or très fin (voir les indications pour les fils de métal ci-contre). Faites ensuite les cercles au filé moyen, utilisé en double. Couchez avec du fil à coudre de soie en commençant à l'extérieur et en allant vers l'intérieur du cercle. Disposez les points de couchure dans les espaces entre les points du tour précédent. Les cercles finis, remplissez l'espace qui les sépare par de la couchure de soie en lignes. Couchez du filé fin en diagonale par-dessus la soie en lignes parallèles, d'abord dans une seule direction, ensuite de manière à former des angles droits. Cousez toutes les paillettes avec du fil en spirale. Finissez ensuite les détails au fil en spirale et au fil perlé. La bordure se fait avec des rayures en couchure de soie soulignée à la soutache. Assemblez l'empiècement à votre robe.

La broderie d'or

L'utilisation de l'or mêlé aux tissus date du temps des Egyptiens, des Hébreux et des Romains. A cette époque, l'or était travaillé en bandes solides, découpé dans des plaques d'or martelé. Plus tard, au début de l'ère chrétienne, les bandes étaient enroulées autour de fils de soie ou de lin et ce furent les premiers fils d'or. Ce n'est que depuis l'invention de la machine à étirer à Nuremberg en 1360, que les bandes d'or furent remplacées par des fils.

Les fils de métal

L'or et les métaux peuvent être transformés en fils de différentes épaisseurs – des plus fines aux plus épaisses – en les enroulant en spirale, en les tordant ou en les filant. Il existe également différentes imitations de fil de métal, bien moins onéreuses et tout indiquées pour les débutants.

Les fils enroulés le sont de différentes manières selon les effets recherchés : **1** Brillants ou polis, les fils plats sont alors enroulés côte à côte en un tube brillant et flexible. **2** En damier, l'or est plié en zigzag pour présenter un brillant et une surface irrégulière. **3** Brut ou terne, le fil est enroulé en spirale avec une surface rêche. Ces trois sortes de fil existent en spirale et perlé. Le bloc en spirale est la forme la plus ancienne du fil d'or, on l'emploie principalement pour les broderies d'église, les uniformes et les devises héraldiques. Le fil est enroulé de telle sorte qu'on peut en tirer et couper la longueur voulue. Ce fil doit être manipulé le moins possible, on doit en l'appliquant lui garder sa forme, comme les paillettes. Le perlé est plus cher que le bloc en spirale, on s'en sert pour broder les contours. Ce fil est trop délicat pour traverser les tissus; présenté en différentes longueurs, on l'applique tel quel en couchure.

Les fils retors donnent un effet de cordelette et servent aux lignes et aux contours. Vous pouvez entortiller plusieurs de ces fils ensemble pour en obtenir un de l'épaisseur voulue.

Les filés servent à toutes sortes de broderies en fils de métal. L'or ou le métal est ici fixé autour d'un filament de soie, de lin ou de coton pour former le fil. Les fils d'or et de métal se vendent généralement en écheveaux qui permettent d'en tirer des fils d'égale longueur, chose importante, puisqu'on emploie toujours ces fils par deux.

Le tissu

Choisissez toujours des tissus serrés, ce sont les plus faciles à travailler. Votre tissu sera toujours doublé d'une grosse toile ou d'un coton épais, cousu sur l'envers du tissu de fond. Veillez à n'utiliser que des tissus de bonne qualité pour ne pas gâcher les fils précieux.

Le matériel

Il vous faudra une aiguille ayant un chas assez large pour y passer le fil de métal et quelques fines aiguilles à broder, pour les points de couchure. Un poinçon vous sera utile, si vous travaillez sur un tissu très serré – les trous seront alors percés avant de commencer le travail.

Le travail aux fils de métal

Les fils en vrai or ou argent doivent être traités avec soin; manipulez-les le moins possible pour ne pas les ternir et évitez de les percer en cours de travail. Pour les broderies en couchure, on emploie généralement deux fils à la fois.

Préparation

N'oubliez jamais les deux principes de base : **1** Les ouvrages au fil de métal se font toujours sur un métier à broder. **2** Le tissu de fond doit toujours être fixé sur un tissu de support. Tendez un tissu solide (grosse toile par exemple), sur le métier à broder – il servira de doublure au tissu brodé. Cousez le tissu de fond sur cette doublure et reportez le dessin (page 176). Si vous utilisez un tissu très rigide, percez d'abord les trous le long du dessin pour faciliter le travail et ne pas abîmer le fil. Pour les motifs isolés à poser sur fond de velours, travaillez directement sur la doublure de toile et appliquez le motif fini sur le velours à l'aide d'un point de couchure à bordure (page 200). Votre velours sera ainsi préservé.

Les ouvrages possibles

Il y a quatre sortes d'ouvrages pouvant être faits avec des fils de métal : **1** Les contours. **2** Les broderies plates. **3** Les broderies rembourrées. **4** Les broderies aux paillettes, aux perles ou aux pierres précieuses.

Les contours

Les contours en fils d'or ou de métal se font en couchure – l'effet en est luxueux et tout gaspillage est ainsi évité. Les fils de couchure en soie seront, soit de la couleur du fil de métal, soit d'une couleur contrastante.

Broderie plate

La broderie plate s'utilise pour couvrir des surfaces entières aussi bien que pour créer des motifs isolés. Elle se fait avec une bordure à boucles ou une bordure simple.

La bordure à boucles

Cette bordure s'exécute très rapidement, mais on peut être amené à la recouvrir par un contour en couchure. Piquez une aiguille à large chas à l'endroit de la flèche, ne laissez dépasser que le chas. Enfilez ensuite 1,5 cm de fil de métal double, tirez l'aiguille sur l'envers et retirez le fil. Les fils sont ensuite couchés au fil de soie. Le premier point sur le contour du dessin doit consolider les points inférieurs. A la fin du dessin, les fils de métal sont retournés et passés sur l'envers.

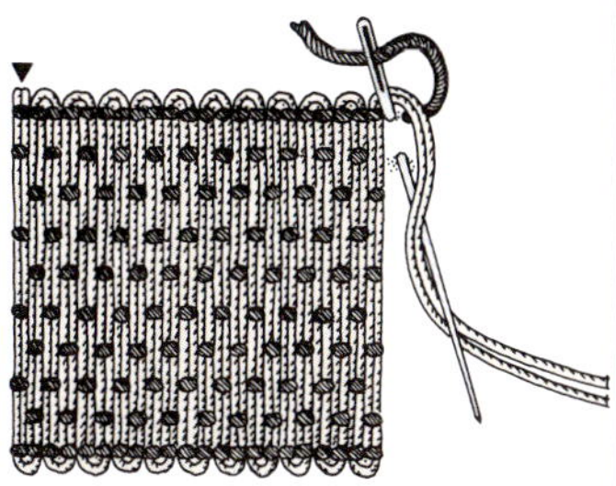

Broderie plate à bordure à boucles

Les bordures nettes

Pour obtenir une bordure nette, travaillez comme pour la bordure à boucles, mais faites chaque rang séparément. A la fin d'un rang, les fils de métal sont coupés en laissant dépasser 1,5 cm; on les fait passer sur l'envers où on les fixe par un point de couchure.

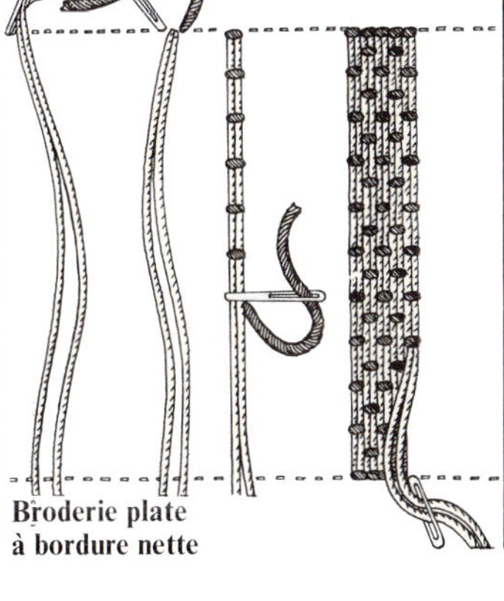

Broderie plate à bordure nette

Broderie plate décorative

La broderie plate devient plus décorative en disposant les points de couchure selon différents dessins et en utilisant des fils de couchure de couleur contrastante. Les dessins des fils de couture peuvent également présenter un dessin décoratif en eux-mêmes.

Les dessins de remplissage

On peut exécuter en points de couchure des dessins de mosaïque et des formes géométriques. Le dessin est alors tracé sur le tissu de fond et suivi au cours du travail. Des dessins plus contrastés s'obtiennent en utilisant des fils de différentes couleurs.

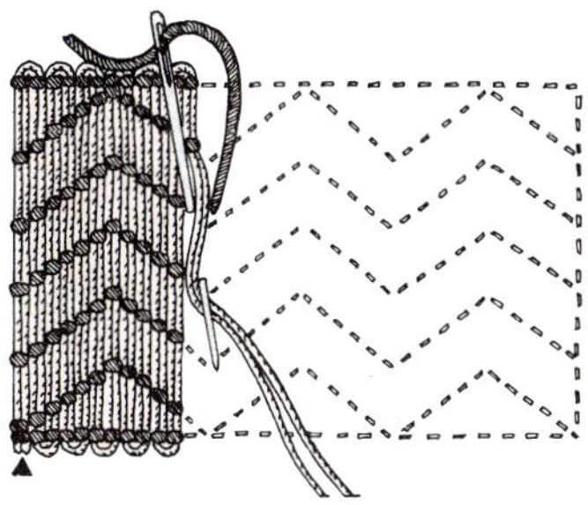

Chevrons au point de couchure

Les motifs

Les motifs peuvent être exécutés en soie de couleur contrastante pour la couchure du motif, travaillée à points très denses par-dessus le fond. A intervalles réguliers les points du fond sont travaillés comme d'habitude pour contraster le motif.

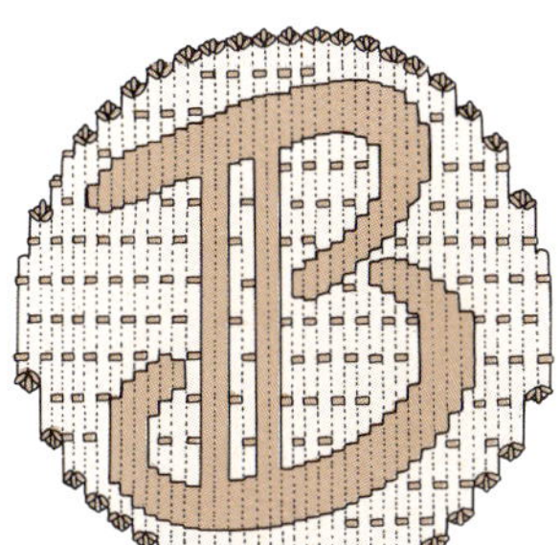

Lettre réalisée en couchure

La broderie d'or rembourrée

La broderie d'or prend encore un autre aspect si elle est travaillée sur un fond rembourré. Le rembourrage peut être fait de points passés, de carton ou de ficelle. La broderie rembourrée peut servir à couvrir un fond entier ou simplement un motif isolé.

Le rembourrage au point passé

Les motifs à rembourrer sont faits au point passé avec du gros coton. Si une surface entière doit être brodée, les fils de métal sont couchés jusqu'au bord du rembourrage. Puis on les fait passer par-dessus le motif, sous lequel est glissé le fil de couchure, qui ressort au bord opposé. La couchure continue comme précédemment.

Le rembourrage au carton

Les motifs isolés rembourrés s'exécutent directement sur le fond, qui sert de support, rembourré avec du carton découpé et fixé par un petit point de fixation à chaque bout. Les fils de métal sont couchés alternativement de chaque côté.

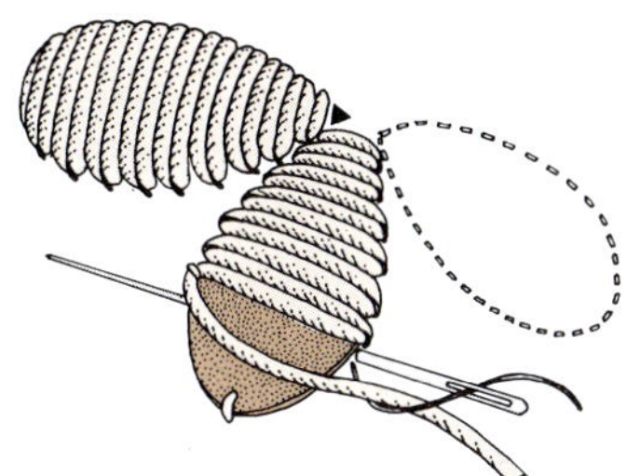

Rembourrage au carton

Le rembourrage à la ficelle

Des dessins en entrelacs ou en tissage peuvent être travaillés sur un fond de ficelle. Un fil comme celui qu'on utilise en macramé est particulièrement indiqué pour cette technique.

Le dessin en tissage

Coupez la ficelle à la longueur voulue et disposez-la à intervalles réguliers à travers la surface à couvrir. Couchez-la alors avec du fil de coton. Les fils de métal sont ensuite passés par-dessus les ficelles et couchés entre elles selon le dessin. Ce dessin se fait en passant les fils de métal par-dessus deux ficelles à la fois, en les couchant en alternance, à chaque rang.

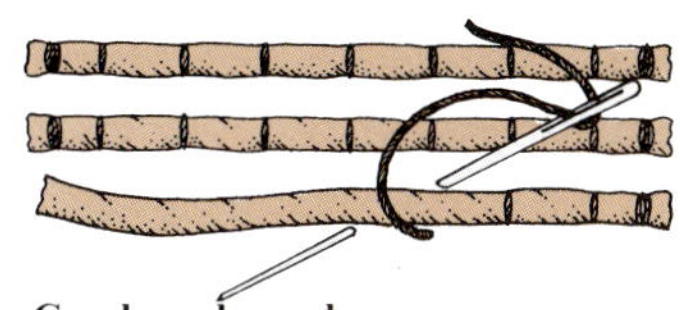

Couchure du rembourrage

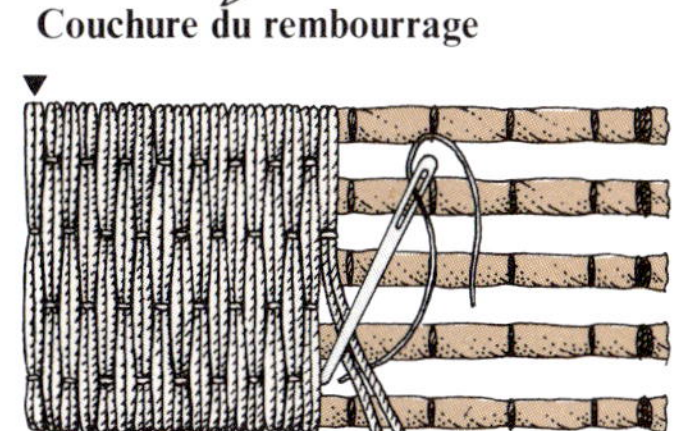

Couchure des fils de métal sur le rembourrage de ficelle

Les dessins en entrelacs

Le dessin se trace en rayures dans le tissu de fond. La ficelle est ensuite couchée le long des rayures et coupée aux points de rencontre, pour qu'aucune ficelle n'en coupe une autre. Les fils de métal sont passés sur la ficelle. Puis, on fait des points de couchure de chaque côté, le plus près possible, en les serrant bien pour que le dessin apparaisse en relief.

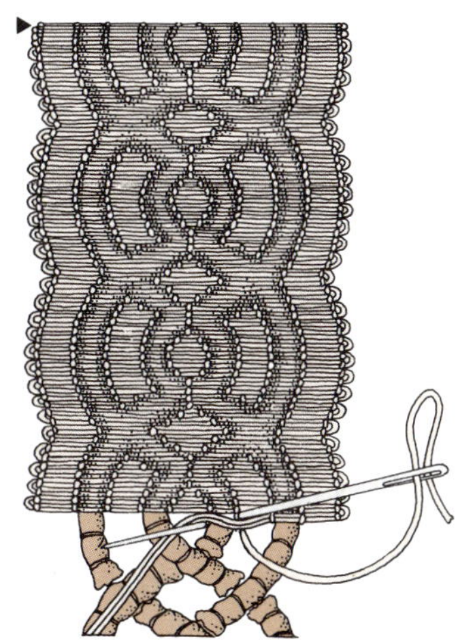

Entrelacs sur rembourrage de ficelle

Lettres et monogrammes

Abécédaire
Les abécédaires peuvent servir à essayer des points pour juger de leur effet. Celui-ci comporte des échantillons de points de croix, de passé, de chaînette, de gribiche et de point étoilé.

Les initiales brodées transforment l'article le plus commun en un objet de prix. Les illustrations de ces deux pages sont l'œuvre d'un artiste contemporain ; elles peuvent être reproduites telles quelles, ou bien être agrandies ou diminuées comme indiqué page 177. Vous pouvez broder un très grand monogramme sur le dos d'un kimono, d'une robe ou d'une veste, tandis qu'un petit monogramme sera d'un bel effet sur une chemise ou une jupe. Des lettres brodées peuvent orner des boîtes, des corbeilles à papier ou des sous-mains. Des initiales élaborées, accompagnant une date, signent une broderie tout en l'embellissant. Les cartes de Noël, de Nouvel An ou d'anniversaire peuvent être brodées, elles deviennent ainsi de vrais et beaux cadeaux.

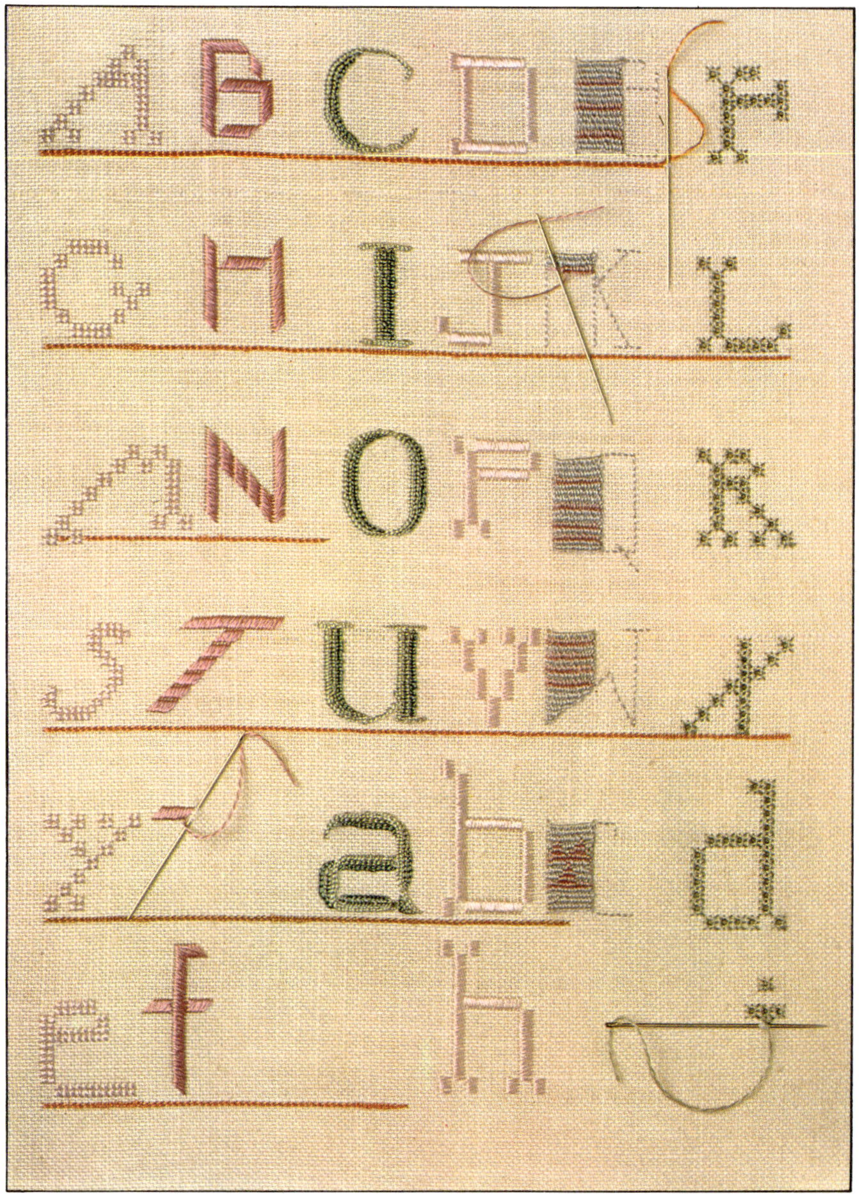

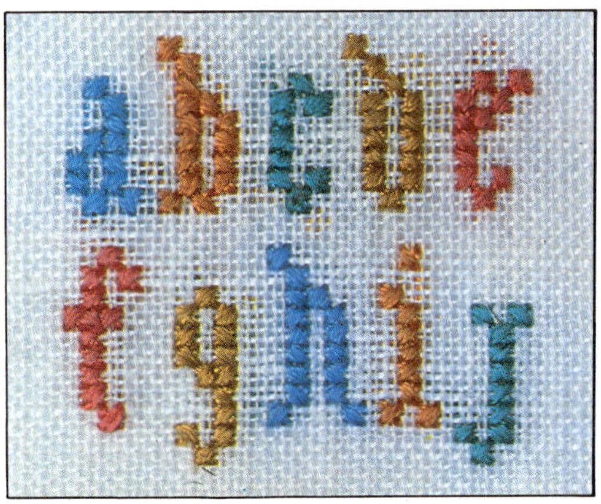

Alphabet au point de croix
Détail fini du schéma de la page 213.

Monogramme en médaillon
Point de Boulogne pour la lettre et le fond. Le point est très rapproché pour la lettre.

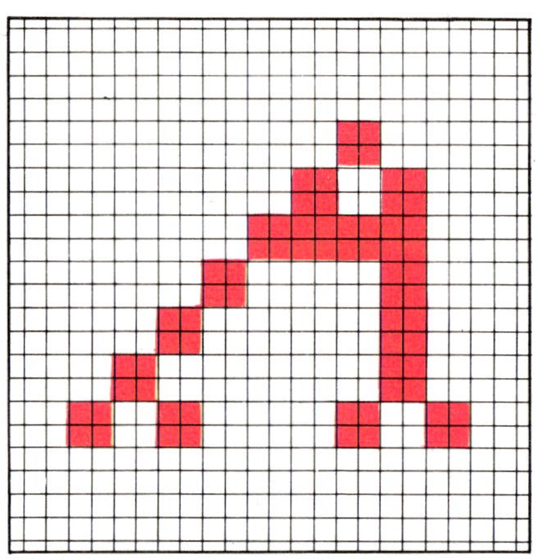

Schéma de la lettre A de l'abécédaire ci-dessus.

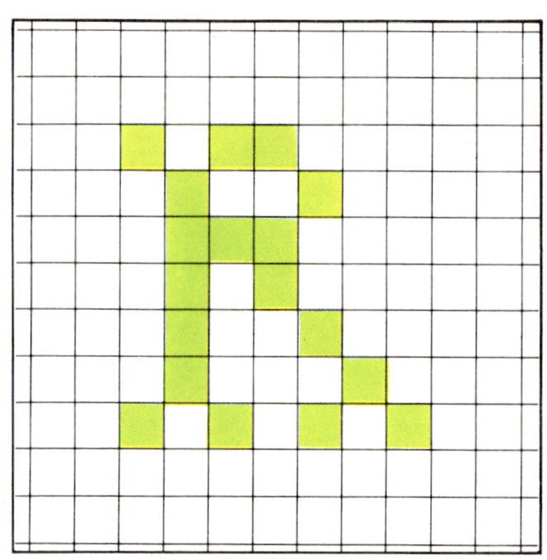

Schéma pour la lettre R au point étoilé de l'abécédaire ci-dessus.

Monogramme sur chemise au point lancé

Le monogramme ci-dessous est brodé au point lancé, les espaces servant de motif. Un point de chaînette dessine le bord circulaire.

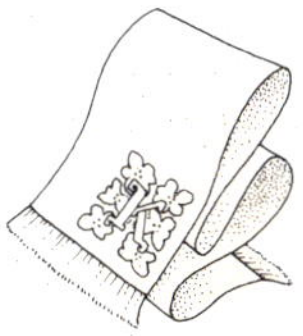

Initiales et fleurs sur une écharpe

Le K est formé de points lancés et les fleurs de points empiétants, enrichis de perles au centre.

Faites votre dessin original d'abord sur papier de soie pour vous assurer de son effet, en plaçant le papier sur le tissu à broder. Choisissez un fil qui permet de faire des contours précis, évitez les fils duveteux.

Initiales sur oreiller

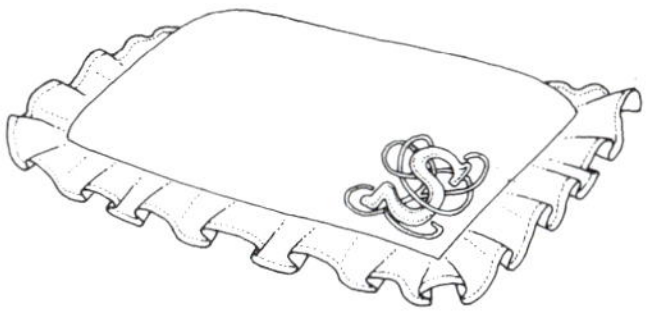

La lettre S ci-contre est brodée au point lancé rembourré, entouré au point arrière. Les volutes sont faites au point de chaînette en forme d'Y.

Initiale sur mouchoir

Le P au point lancé rembourré est brodé sur fond de fils tirés, entouré d'une bordure de points de croix.

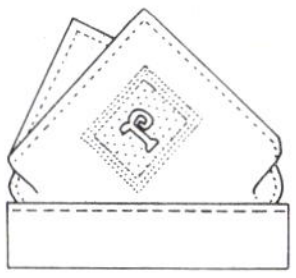

L'initiale est placée en coin.

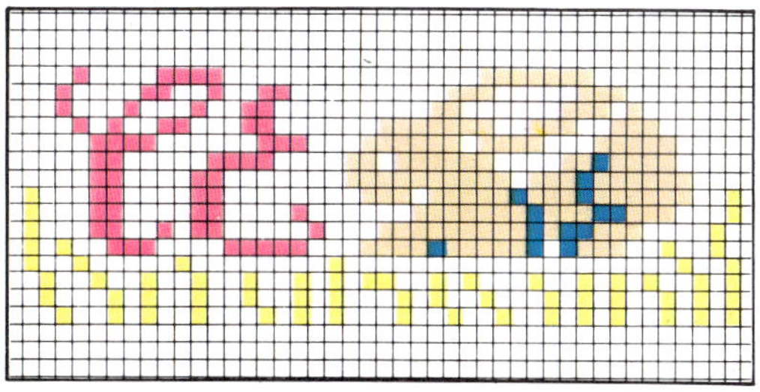

Initiales sur poche

Les lettres stylisées et le lapin sont brodés au point de croix avec des fils de différentes couleurs sur fond de toile. Vous en trouverez le schéma ci-contre.

Alphabets et monogrammes

Depuis toujours, les lettres brodées ont servi de moyen facile d'identification. Il y a encore peu de temps, le linge de maison était marqué aux initiales du propriétaire et parfois de la date d'achat. Les initiales étaient brodées, avec un fil de même couleur ou de couleur contrastante, sur le coin en haut à droite des draps, des taies d'oreillers et des serviettes. Aujourd'hui, la mode veut que des initiales très élaborées soient brodées au centre des rabats des draps, sur les plus belles serviettes de toilette et au milieu des taies d'oreillers. (Cette dernière pratique est cependant à éviter, car il est très inconfortable de dormir sur une broderie.) Les lettres figurent également sur des étendards et des bannières, symbolisant les idées des Eglises, de l'Etat et de la famille qu'elles représentent. Dans ce cas, les lettres se trouvent généralement brodées en or sur fond rembourré.

Histoire

Dans le passé, les lettres brodées ont souvent servi à traduire des messages, en général d'ordre élevé. Au 16° siècle, on brodait couramment des adages richement ornés de banderoles en fils de soie et d'or. Cette technique se retrouve dans les «exemplaires» (tableaux échantillons), des 18° et 19° siècles; elle servait alors à inculquer des principes de moralité aux jeunes personnes dont les doigts étaient occupés à broder.

La morale tenait moins de place au 19° siècle, quand apparurent les cartes de vœux brodées de quatrains sentimentaux, entourés de roses rouges et de myosotis. Le même style se retrouvait dans certains tableautins dits «du coin du feu», principalement en Angleterre, où était proclamée la douceur du foyer.

Aujourd'hui, à l'époque des messages diffusés par T-Shirts et blousons brodés, il reste encore bien des occasions de faire des déclarations durables et décoratives.

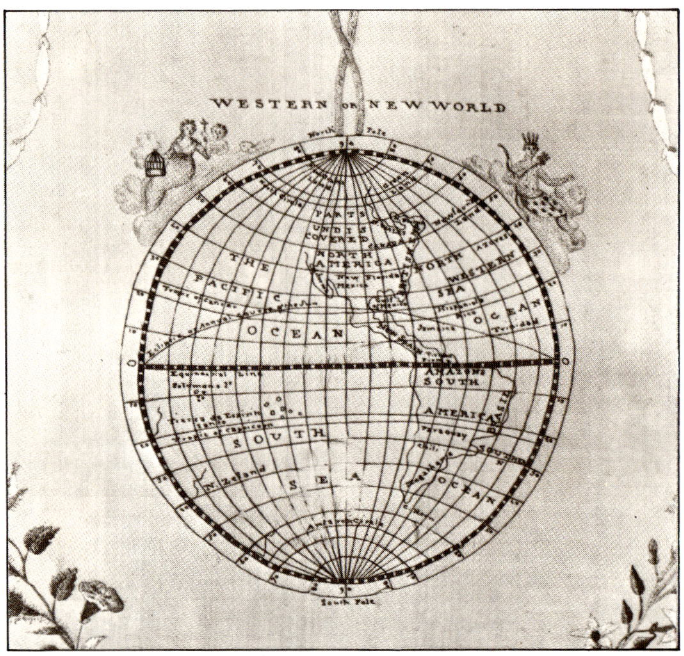

Pare-feu brodé du 19° siècle (Angleterre)

Les points de broderie pour lettres

Pour donner leur plein effet, les lettres doivent être lisibles, présenter des lignes nettes et des points régulièrement exécutés. Il est préférable de broder les lettres sur un métier à broder afin d'éviter que le tissu ne se fronce. Dessinez d'abord vos lettres, puis reproduisez-les sur le tissu de fond. Vous pouvez vous servir d'un grand nombre de points; nous vous en donnons ci-après quelques exemples.

Initiales et monogrammes simples

Le moyen le plus rapide de broder des initiales est d'utiliser le point de croix, le point de chaînette ou le passé. Les initiales peuvent figurer seules sur le fond, mais elles peuvent aussi être encadrées d'autres broderies.

Le point de chaînette

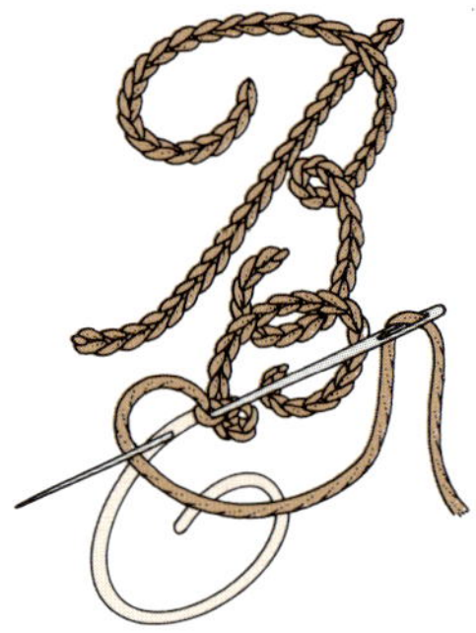

C'est le point le plus facile pour broder des lettres. Les coins des lettres peuvent être finis au point de tige pour être plus nets.

Les lettres rembourrées

Point souvent utilisé pour faire ressortir des lettres d'or sur fond or.

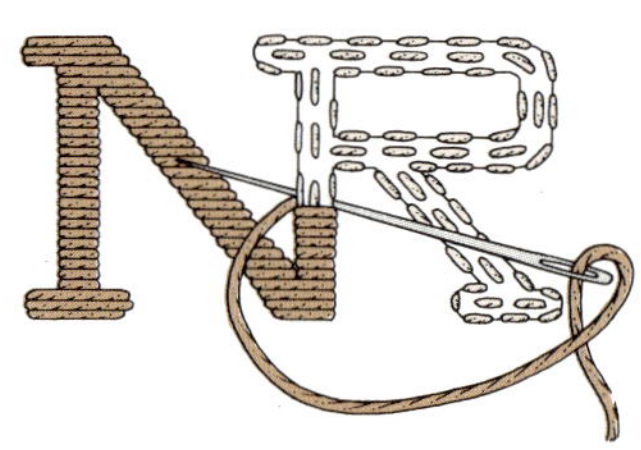

Les lettres peuvent être rehaussées en faisant d'abord un rembourrage de points avant ou de points de chaînette qui sera recouvert de point passé.

Les initiales en soutache ou en galon

Des galons et des rubans étroits forment de très jolies lettres. Le galon s'attache avec des petits points avant invisibles, en commençant par l'endroit qui se verra le moins. Le galon devra suivre la lettre sans raccord depuis le début jusqu'à la fin.

Couchure au galon

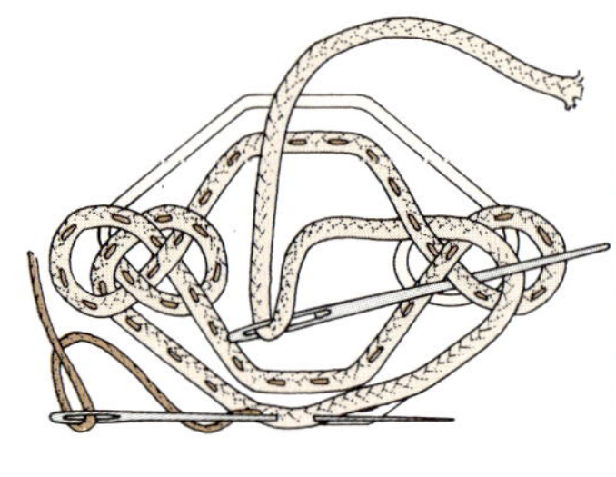

Aux intersections, laissez un espace libre de couture au premier passage ; au retour, passez le galon sous l'endroit non cousu.

Initiales en broderie blanche

La broderie s'utilise sur un tissu fin à tissage régulier; elle peut former les lettres ou servir de fond.

Fond de broderie blanche avec lettre au passé

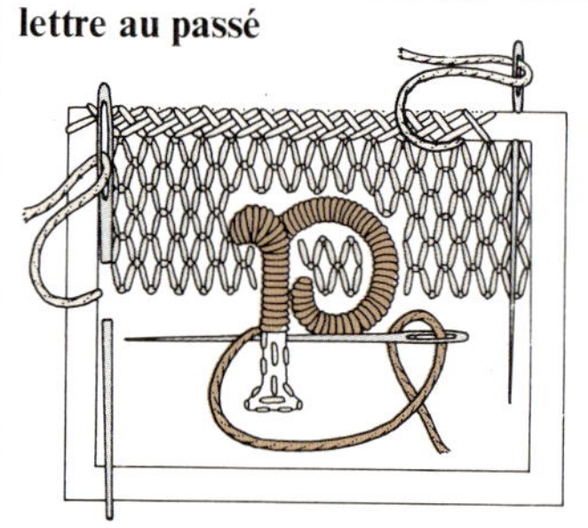

Si vous utilisez la broderie blanche pour le fond, commencez par broder l'initiale avant de finir le fond. Si la lettre est faite en broderie blanche, délimitez-la par des contours nets. Le fond peut ensuite être travaillé autrement.

Les dessins

Les lettres peuvent être entourées de fleurs, d'animaux, de feuilles et de bien d'autres sujets. Si par exemple vous brodez le nom d'une fleur, entourez-le de l'image brodée de ces mêmes fleurs ou encore, si vous brodez les initiales de quelqu'un ayant un faible pour une fleur, un fruit, un animal ou qui se passionne pour un sport en particulier, personnalisez ses initiales avec une broderie qui s'y rapporte. Ces dessins peuvent faire partie intégrante de la lettre ou se trouver sur le tissu de fond. Vous pouvez faire voltiger des papillons à travers le nom, ou bien disposer les lettres sur un échiquier. Dans ce cas, brodez d'abord le nom, puis entourez-le des cases de l'échiquier.

Lettre D et feuillage grimpant

Lettre R imagée

Les alphabets

Nous vous donnons ci-après un alphabet à exécuter au point de croix, un autre au point passé, et des chiffres à broder au point de chaînette. L'alphabet au point de croix peut être exécuté en suivant simplement le schéma, les deux autres modèles doivent d'abord être transposés sur papier puis reportés sur le tissu. N'importe quel genre de broderie peut être utilisé pour les lettres, pour autant qu'elles restent lisibles. Les instructions pour reproduire un dessin se trouvent page 176, le point de croix et le point passé se trouvent pages 180-182. Si les lettres au point passé doivent être exécutées en fil d'or, suivez les instructions de la page 208.

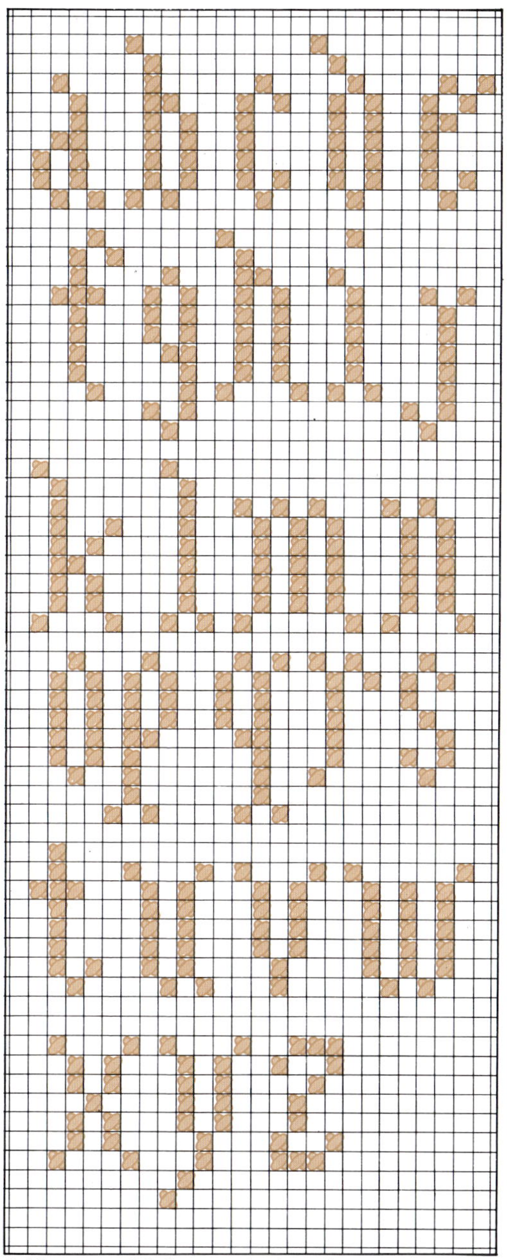

Schéma pour alphabet au point de croix

Alphabet au point passé (au point lancé)

Chiffres pour point de chaînette

La broderie blanche

Comme son nom l'indique, la broderie blanche s'effectue en fil blanc sur tissu de fond blanc. Bien qu'étant travaillés sur tissu, tous les points qu'elle utilise ont une apparence de dentelle.

Cette broderie sert à décorer du linge de maison et certains vêtements, ainsi que du linge de bébé et de la layette. On s'en sert également pour réunir des pièces de tissu d'une manière décorative.

La broderie à fils repoussés

Cette technique est la plus décorative, et c'est celle qui se rapproche le plus de la dentelle. On y trouve le point de Dresde, le point de Saxe et le point flamand. Ces points consistent à tirer les fils d'un tissu pour y former des découpes décoratives qui sont ensuite retenues par des points de broderie.

La broderie à fils tirés

Cette forme de broderie blanche se retrouve dès le 12e siècle à travers toute l'Europe, elle était particulièrement répandue en Scandinavie. On la trouve encore aujourd'hui sous le nom de broderie Hedebo au Danemark, et broderie de Hardanger en Norvège.

Cette technique consiste à retirer quelques fils du tissu de fond; les fils restants sont alors entourés de points de broderie pour former des dessins.

La broderie anglaise

C'est la plus «aérée» de toutes les broderies blanches; elle comprend également la broderie de Madère, la broderie suisse, la broderie Renaissance et la broderie Richelieu.

Pour cette broderie, on exécute d'abord les points qui entourent les dessins prévus, on coupe ensuite le tissu autour du dessin. La broderie Richelieu et la broderie Renaissance comportent tant de découpes qu'il est nécessaire de maintenir le tissu restant par des barrettes. La forme la plus décorative de ce genre de broderie est la broderie italienne, dans laquelle on découpe un grand nombre de petits carrés qui sont ensuite remplis de dentelle à l'aiguille (page 226).

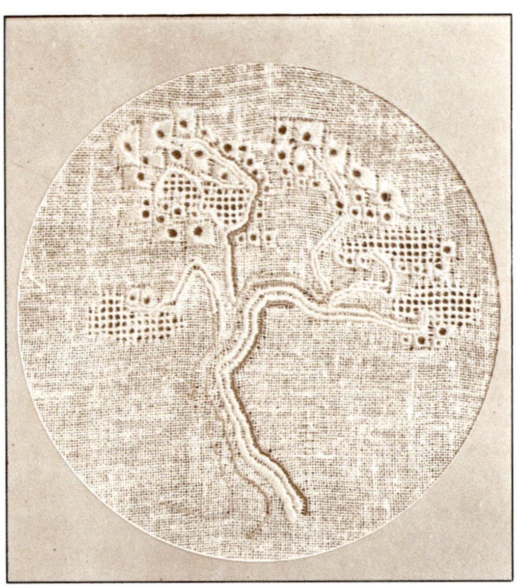

La technique des fils repoussés est utilisée pour l'olivier (voir ci-contre).

Fils repoussés

L'apparence de dentelle de cette broderie s'obtient en repoussant un certain nombre de fils, qui sont ensuite retenus par des points de broderie spéciaux. Vous trouverez ci-après les explications de certains de ces points. Notez cependant que nos dessins, pour être plus clairs, montrent les fils très légèrement tirés. En réalité, votre ouvrage présentera des découpes bien plus importantes.

Les matériaux

Pour obtenir le meilleur résultat avec cette technique, il est essentiel de bien compter les fils, vous devrez donc choisir des tissus à tissage régulier dont les fils se comptent aisément, tels que l'organza, la mousseline, les tissus de coton ou les toiles finement tissées.

Le fil à broder doit être de même texture et de même épaisseur que le tissu de fond; il doit pourtant être assez solide pour retenir les fils repoussés. N'oubliez pas que le dessin est formé par les fils repoussés et non par les points de broderie; le fil doit donc être aussi proche que possible du tissu de fond. L'aiguille doit être à bout rond et assez grosse; c'est elle qui, en effet, fait les trous; elle ne doit pourtant pas casser le tissu de fond.

Préparation

Vous monterez l'ouvrage sur un métier à broder (voir page 173), en veillant à ne pas trop tendre le tissu. Les fils de trame et de chaîne devront former des angles bien droits et être faciles à compter. Il sera peut-être nécessaire, au cours du travail, de relâcher un peu le tissu pour pouvoir bien repousser les fils.

Les points

Tous ces points doivent être bien serrés, pour que les fils soient nettement séparés.

Le point d'ourlet

Ce point démontre bien les principes du travail à fils repoussés. Il s'utilise pour fixer un ourlet plié.

Méthode de travail

Sur l'envers du travail, piquez l'aiguille deux fils plus bas que la pliure. Puis piquez l'aiguille vers la gauche et passez-la vers la droite sous trois fils de tissu simple. Puis revenez au bord plié, en tirant sur trois fils afin de former un trou.

Le point carré en diagonale

Ce point sert à dessiner des motifs ou à remplir le tissu de fond. Les rangs peuvent aller dans la même direction; dans ce cas, il convient de tourner le métier à broder après chaque rang.

Méthode de travail

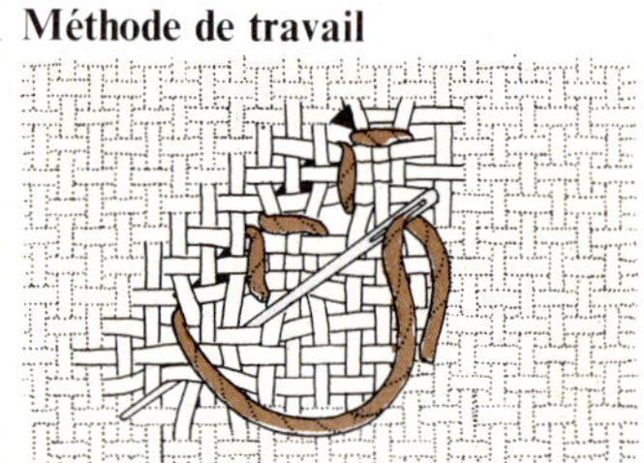

1 *Travaillez en diagonale, en faisant des points verticaux et horizontaux alternativement.*

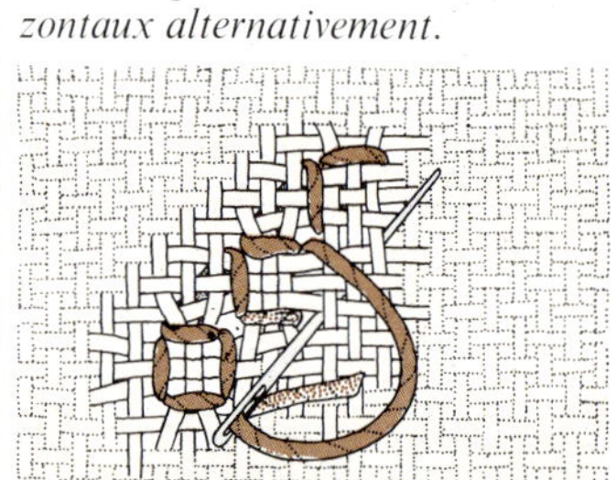

2 *Au rang suivant, complétez le carré en passant dans les trous du rang précédent.*

Le point de piqûre

Ce point, appelé également point de câble, se travaille horizontalement ou verticalement.

Le point horizontal

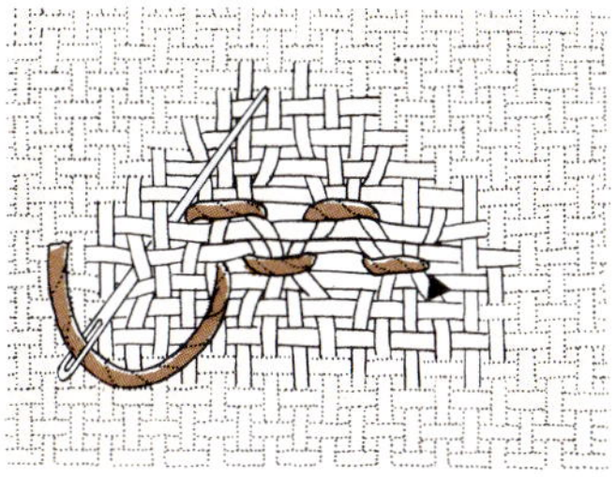

1 *Faites de petits points bien serrés de droite à gauche et de bas en haut, en serrant quatre fils verticaux et en avançant de 2 fils verticaux à chaque rang.*

2 *Le haut du rang suivant et les autres se travaillent toujours en piquant dans la base du rang précédent.*

Le point en diagonale

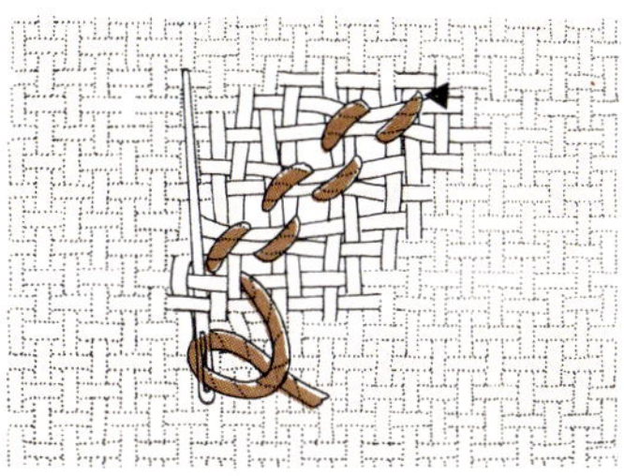

1 *Piquez l'aiguille vers le bas par-dessus deux fils verticaux et deux fils horizontaux. Puis piquez vers le haut en dessous deux fils horizontaux et faites un deuxième point en diagonale. Continuez ainsi jusqu'à la fin du rang.*

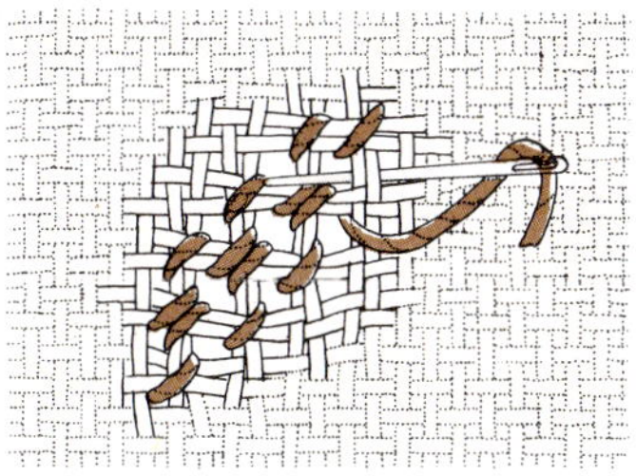

2 *Au rang retour, travaillez vers le haut en faisant la piqûre du haut dans les trous du rang précédent.*

Le point triangulaire

Ce point se compose de trois points arrière de longueur égale, très serrés, pour bien séparer les fils et faire des trous aux intersections.

Méthode de travail

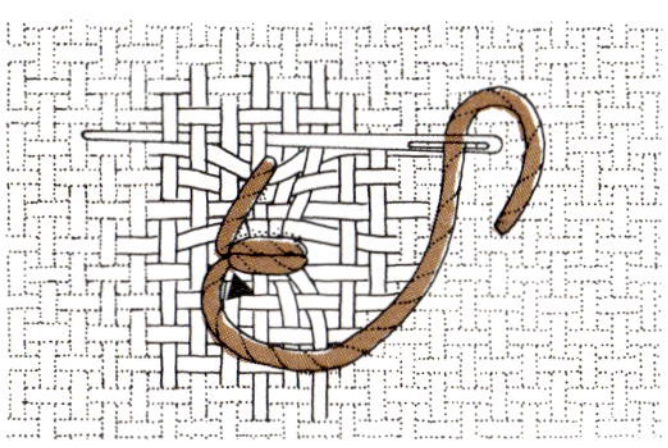

1 *Faites deux points arrière horizontaux par-dessus le même fil, puis ressortez l'aiguille au point d'entrée, faites une autre paire de points arrière en diagonale vers le haut à droite par-dessus le même nombre de fils. Puis piquez au rang supérieur.*

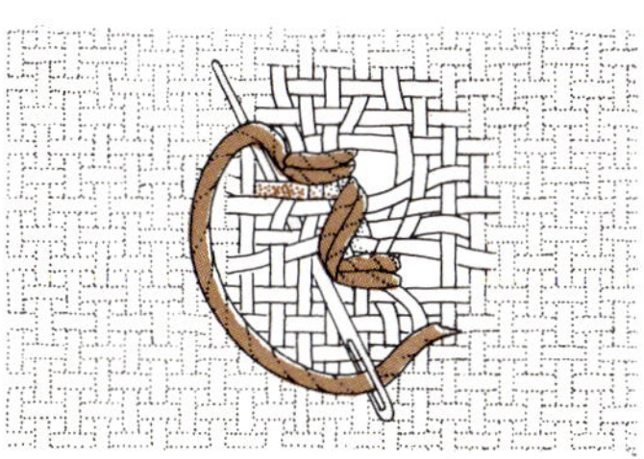

2 *Faites deux points arrière horizontaux, puis deux points arrière en diagonale vers le bas à gauche.*

3 *Continuez ainsi alternativement sur des lignes supérieures et inférieures jusqu'à la fin du rang.*

Le point carré

Ce point très précis forme des carrés.

Méthode de travail

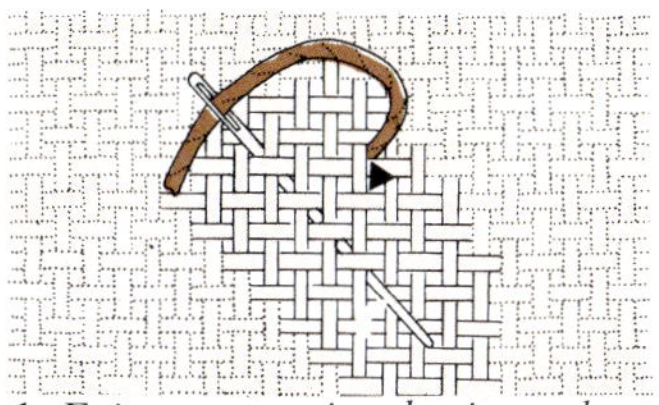

1 *Faites un point horizontal et ressortez l'aiguille en diagonale vers la droite.*

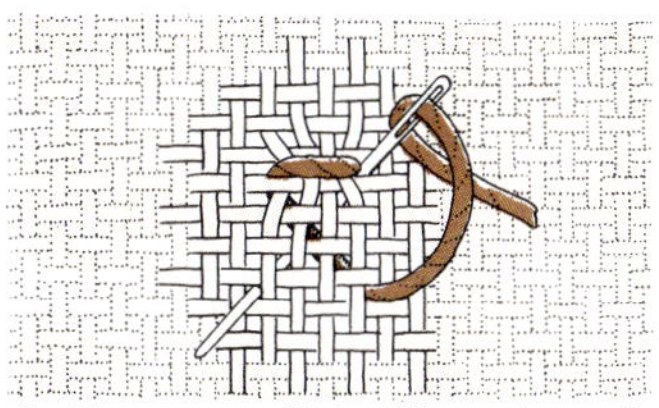

2 *Ressortez l'aiguille, piquez-la dans le premier trou et passez-la vers le bas à gauche.*

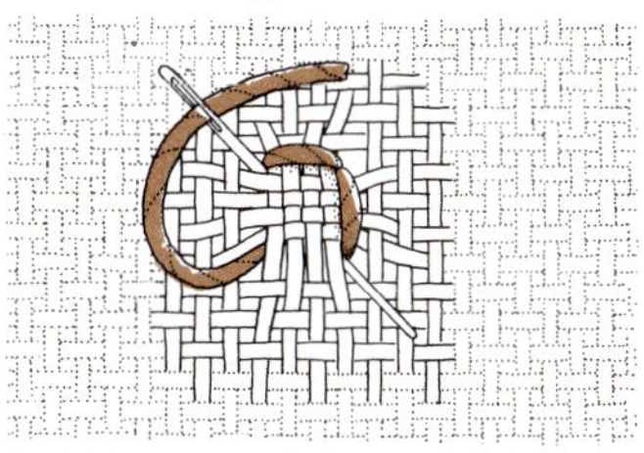

3 *Faites le troisième côté du carré en passant l'aiguille vers le bas à droite. Continuez comme 1 et 2 vers le bas.*

4 *Pour le rang suivant, sortez l'aiguille sur la droite.*

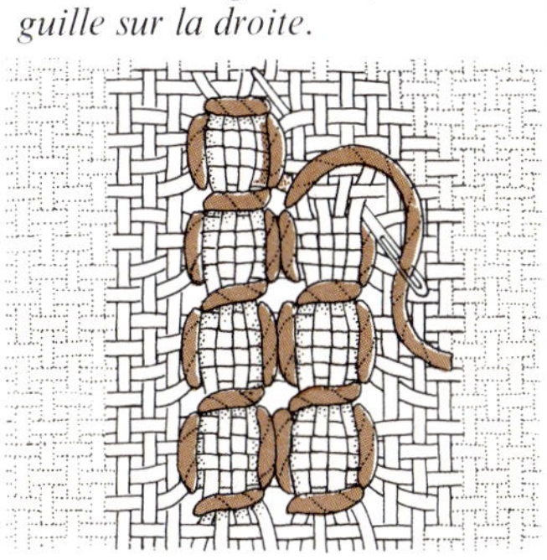

5 *Puis travaillez le haut dans les côtés du rang précédent.*

Le point de chausson rapproché

Ce point permet de faire des carrés, des triangles et des chevrons (voir page 185). Travaillez comme sur nos dessins en tirant bien les fils.

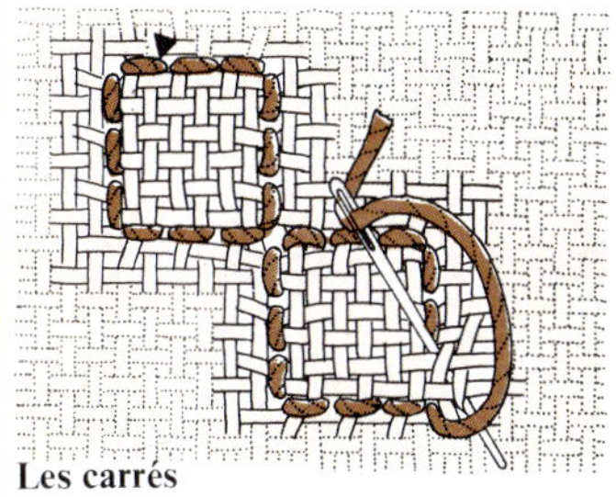

Les carrés

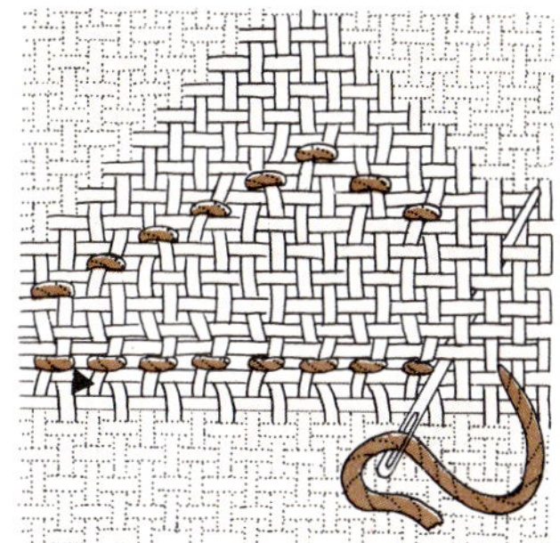

Les triangles

Les chevrons

Le ruban diagonal en relief

Ce point s'utilise pour des effets de ruban légèrement surélevés.

Méthode de travail

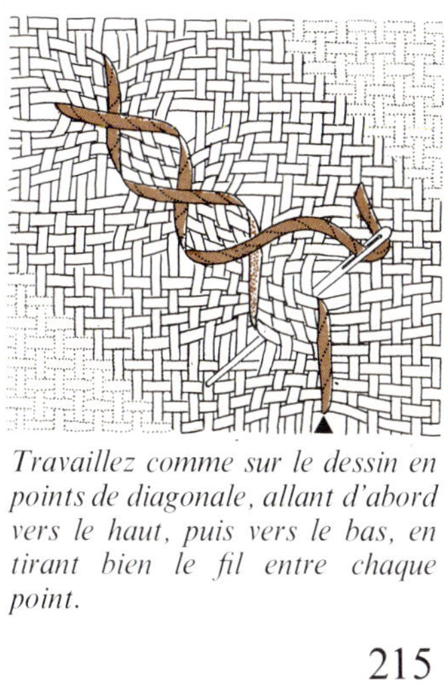

Travaillez comme sur le dessin en points de diagonale, allant d'abord vers le haut, puis vers le bas, en tirant bien le fil entre chaque point.

L'œillet algérien

Ce point, en forme d'étoile, peut être utilisé comme motif isolé ou servir de remplissage. Il est perforé au centre et atteint son maximum d'effet, brodé en soie sur fond de tissu à texture lâche.

Le motif isolé

Faites huit points simples, de longueur égale, dans le trou du milieu.

Le point de remplissage

Faites les points en deux fois, en exécutant le premier côté de l'étoile en allant vers le bas, le deuxième côté en allant vers le haut.

Le cercle indien

Ce point donne un effet très ouvert; un tissu léger à tissage lâche. Il se travaille sur toute la surface de l'ouvrage, ou en rangs, en rayures, en blocs ou en dessins diagonaux.

Méthode de travail

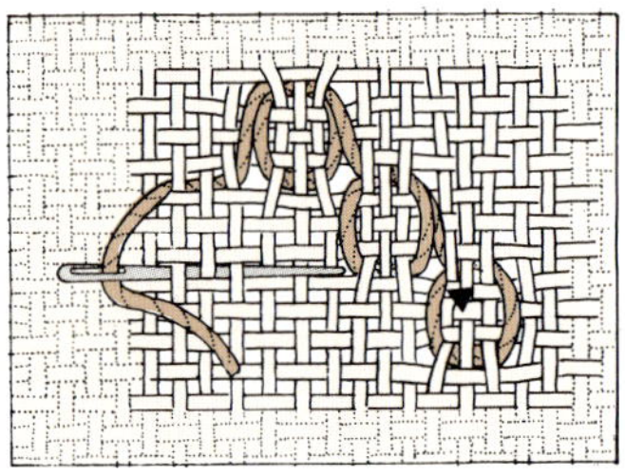

Travaillez en diagonale, en entourant les fils d'un cercle avant de commencer le second. Si vous travaillez en rangs, il est plus facile de commencer en haut et d'aller vers le bas.

Le point nid d'abeilles

Ce point est très facile à exécuter, il dessine une grille à perforations régulières.

Méthode de travail

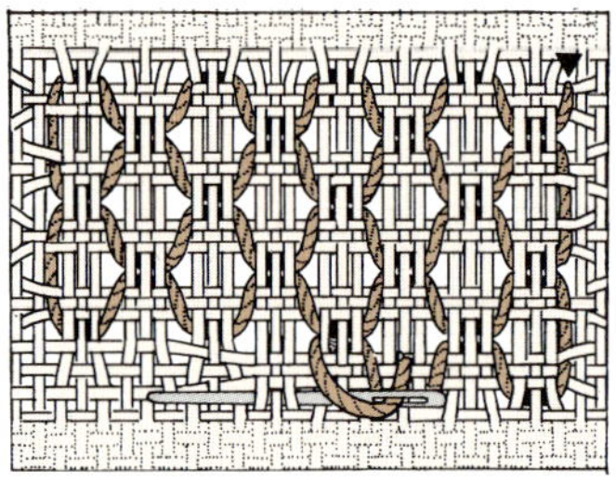

Sortez l'aiguille en haut, piquez sous trois fils horizontaux, puis sortez à gauche sous trois fils verticaux. Reprenez et piquez par-dessus trois fils horizontaux, puis sortez sous trois fils verticaux à gauche. Finissez le rang et continuez le rang suivant à la base du premier.

Le point de remplissage grec

Ce point change complètement l'apparence du tissu. Il consiste en quatre points de feston partant du même trou central.

Méthode de travail

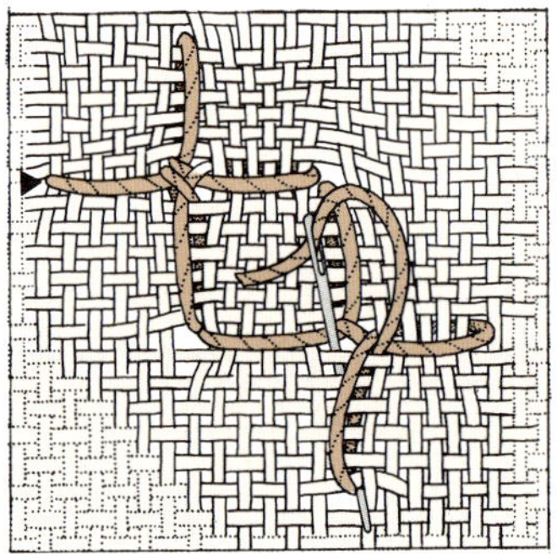

Sortez l'aiguille, piquez-la à droite sous 6 fils verticaux et 6 fils horizontaux et sortez-la 6 fils plus bas à la gauche du point. Serrez. Piquez 6 fils verticaux vers la droite, sortez au point central du point précédent et serrez. Piquez 6 fils horizontaux plus bas, ressortez encore au point central à droite du point précédent. Finissez par un point de fixation par-dessus les fils du centre et ressortez en bas pour faire le point suivant.

La broderie à fils tirés

La broderie à fils tirés est plus robuste et ressemble moins à la dentelle que la broderie à points repoussés. Elle s'exécute en tirant des fils du tissu de fond et en fixant les fils restants, par groupes, avec divers points de broderie. Cette broderie enploie souvent le point de reprise, lequel recrée un tissu de texture différente à la place du tissu original.

Les broderies à fils tirés se font sur les draps, les taies d'oreillers, les dessus de lit, les serviettes, le linge de table, les sets de table, les napperons et les rideaux. On la trouve parfois en bordures et en ourlets décoratifs sur des vêtements.

Bien que cette broderie se brode en général avec des fils blancs sur un tissu blanc, on peut aussi la faire en version colorée.

Préparation

Avant de commencer la broderie, il est nécessaire de tirer les fils. Nous vous indiquons page suivante comment tirer des fils pour les bordures. Plus loin, vous trouverez les indications pour tirer les fils en plein tissu.

Ouvrage en broderie de fils tirés

Comment tirer les fils pour les bordures

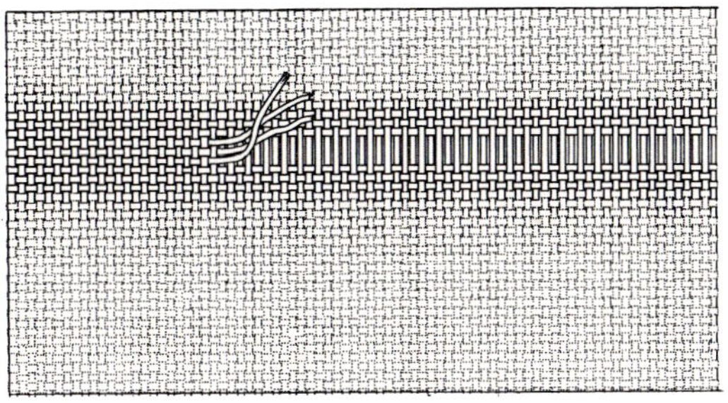

1 Comment tirer les fils des tissus

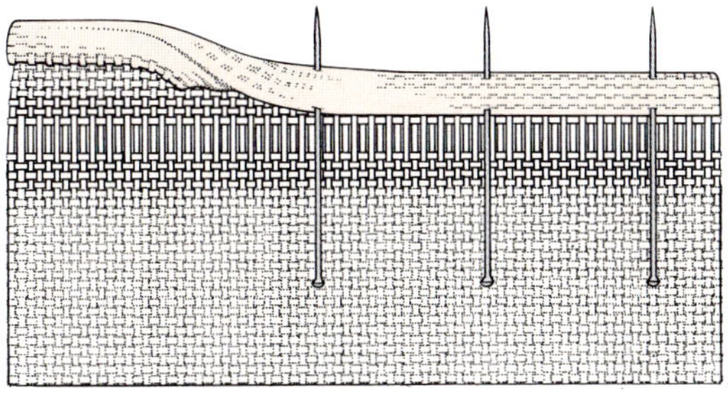

2 Comment épingler et bâtir l'ourlet

Les bordures droites

Les bordures droites se trouvent en général sur les serviettes, les draps et les jupes. Pour ce genre de bordures, les fils se tirent d'une lisière à l'autre du tissu.

Méthode de travail

Mesurez la largeur de l'ourlet et piquez une épingle sous le fil marquant l'ourlet. Tirez ce fil du tissu puis tirez les autres fils qui doivent être enlevés (1). Repliez l'ourlet jusqu'au fil en question, épinglez puis bâtissez l'ourlet (2).

Les bordures comportant des coins

Les bordures avec des coins sont utilisées pour les nappes et les napperons carrés ou rectangulaires.

Méthode de travail

Mesurez la largeur de l'ourlet et marquez les coins extérieurs avec des épingles (3). Le fil ne sera tiré que jusque-là. Puis coupez chaque fil à 5 ou 7,5 cm du coin (4). Tirez les parties centrales du fil et laissez les bouts libres. Pour finir: vous pouvez soit couper les fils qui pendent en fixant les coutures par un point de feston serré, soit couper, replier, bâtir (5) et passer les bouts sous le pli de l'ourlet.

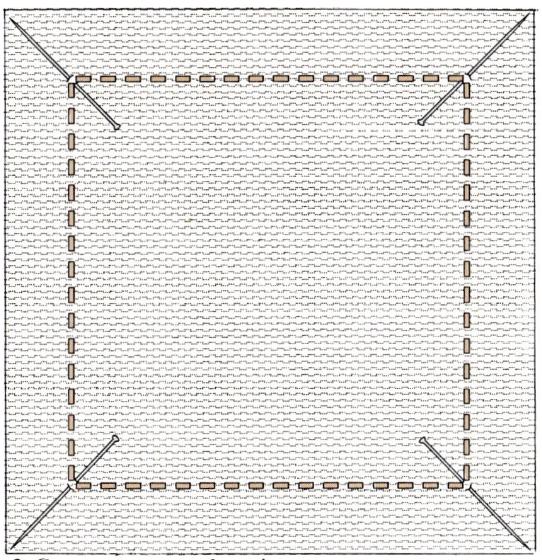

3 Comment marquer les coins

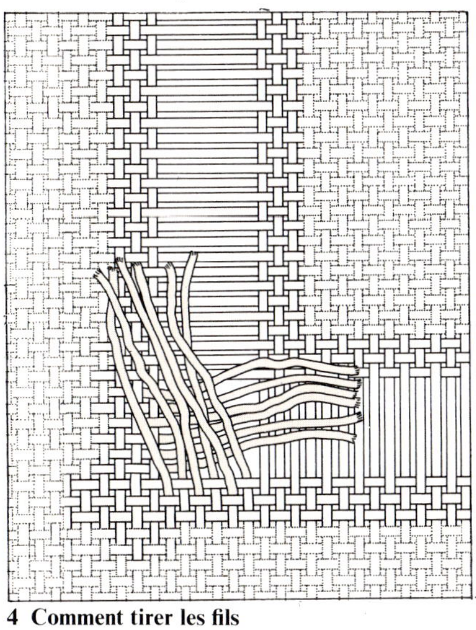

4 Comment tirer les fils

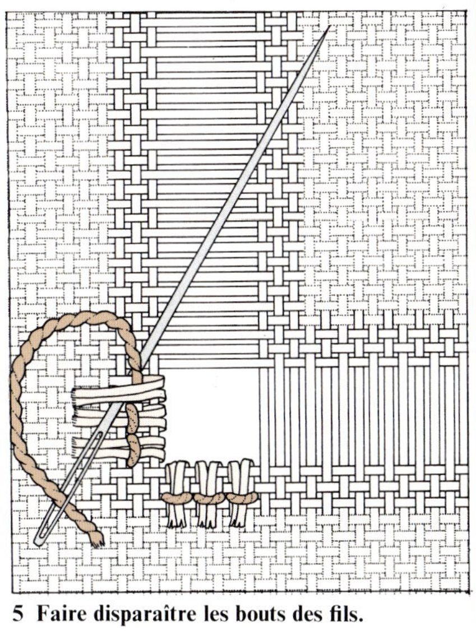

5 Faire disparaître les bouts des fils.

Les onglets

Avant de plier l'ourlet, vous pouvez couper les coins en onglets comme indiqué ci-après.

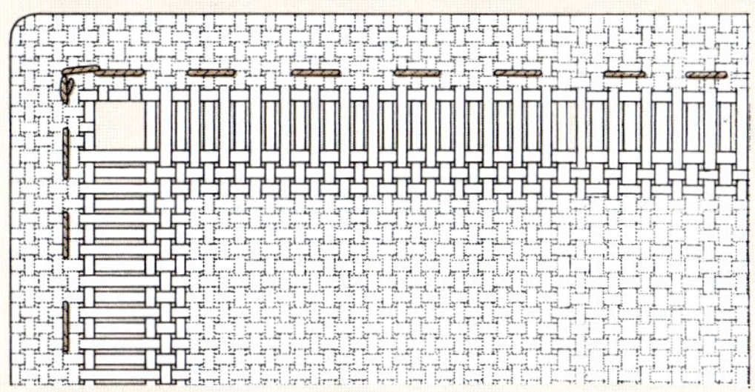

Méthode de travail

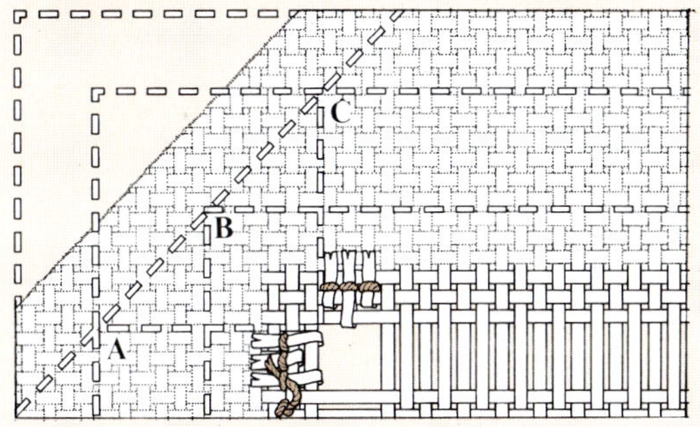

1 *Pliez le tissu à ourler et marquez le coin. Puis pliez le tissu en diagonale par-dessus ce point le long d'une ligne ABC. Dépliez le tissu et coupez le coin.*

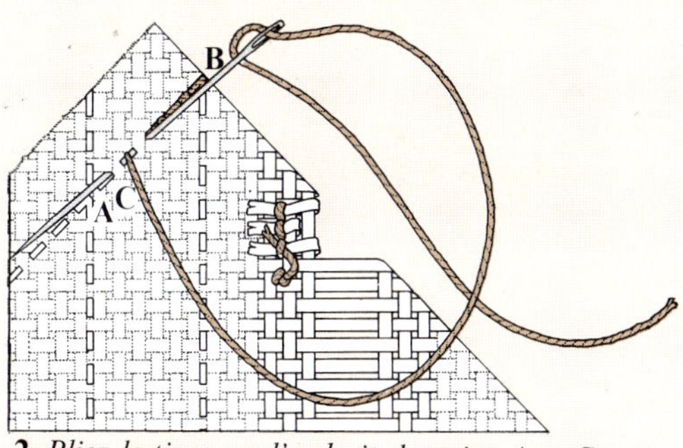

2 *Pliez le tissu sur l'endroit, le point A et C se touchant et le point B sur la ligne de pliage. Faites des points arrière de B à AC à travers les deux épaisseurs du tissu.*

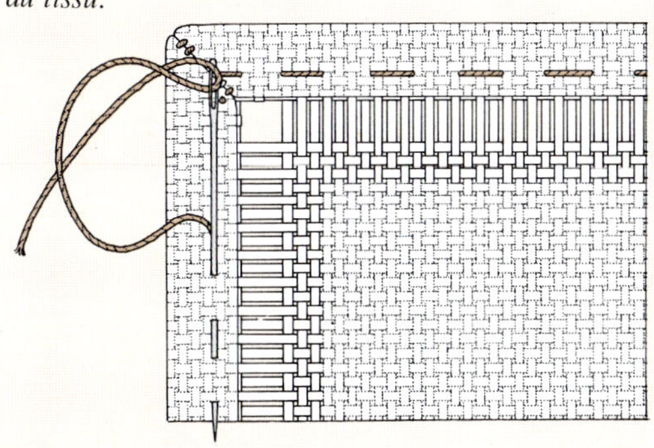

3 *Ouvrez et retournez le coin cousu. Répétez cette marche à suivre pour tous les coins, puis pliez l'ourlet et bâtissez-le pour la couture définitive.*

Les bordures en broderie à fils tirés

Une fois les fils tirés à la largeur voulue, les fils restants sont prêts à être groupés. Les points d'ourlet peuvent être une décoration par eux-même ou bien ils peuvent servir à grouper les fils en vue d'une décoration ultérieure. Le nombre des fils tirés dépendra de l'effet recherché. Pour les points plus sophistiqués, le nombre de fils tirés devra être plus important.

Le point de Paris ou jour simple

Pour ce point, il convient de tirer 4 ou 5 fils environ. Pliez l'ourlet et commencez la broderie de gauche à droite. Piquez sous 2, 3 ou plusieurs des fils libres, selon le point choisi. Puis prenez deux fils du tissu de base sur le pli et tirez le fil travailleur en le serrant suffisamment pour réunir les fils libres. Continuez ainsi à grouper les fils le long de l'ourlet.

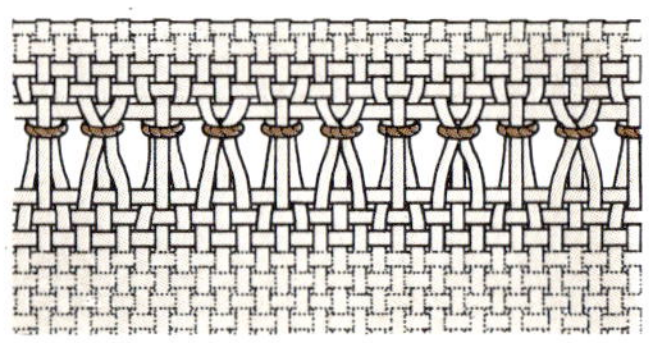

Endroit: Le point de Paris fini.

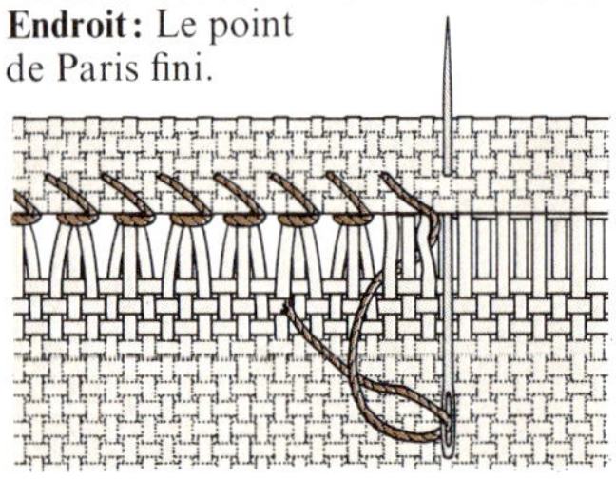

Envers: Comment faire le point.

Le jour échelle

Pour ce point, tirez 4 ou 5 fils. Sur l'envers du tissu, travaillez comme pour le jour simple en groupant les fils régulièrement. Pour la ligne du bas, piquez sous chaque groupe, prenez deux fils du tissu et tirez le fil travailleur entre chaque point. Les petits points en diagonale se verront sur l'endroit, puisqu'ils sont travaillés sur le tissu non plié.

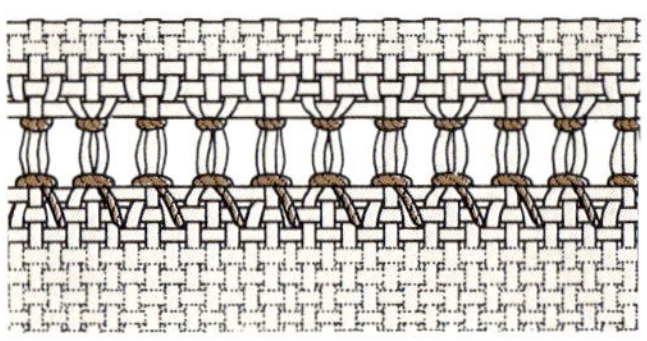

Endroit: Le point fini.

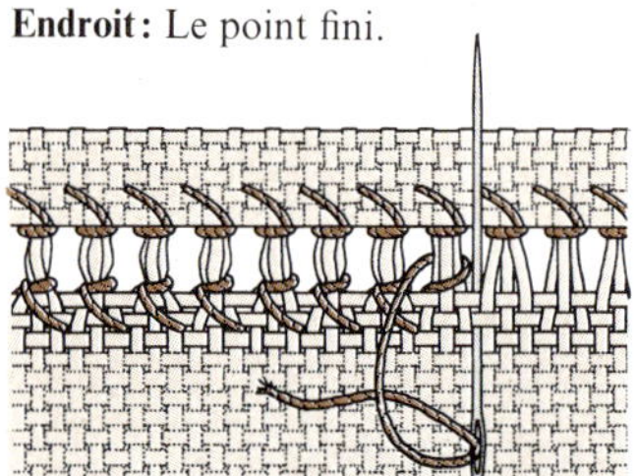

Envers: Le point en cours de travail.

Le jour en zigzag

Tirez 4 ou 5 fils, groupez-les par 4, faites un jour simple sur la ligne du bas, mais assemblez les fils en prenant 2 fils de chaque groupe pour former des zigzags.

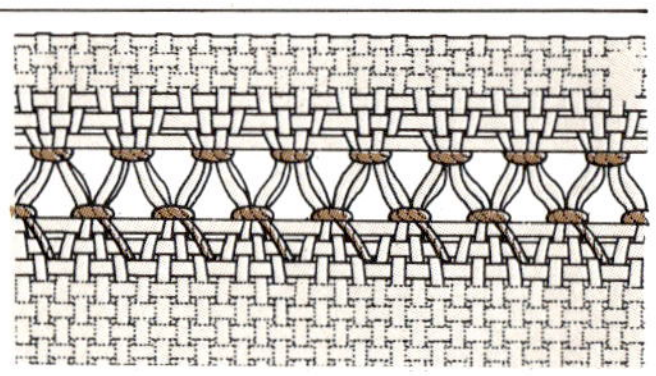

Endroit: Le point fini.

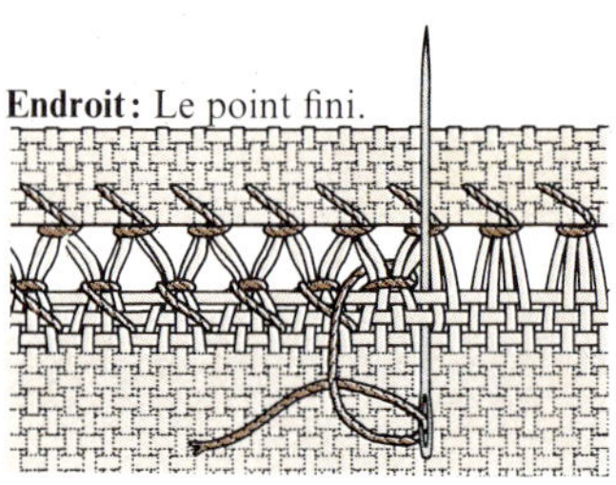

Envers: Le point en cours de travail.

Jours entrelacés et jours brodés en bordure

Les jours entrelacés

Les fils restants peuvent être groupés et entrelacés. Pour les points suivants, il convient de tirer suffisamment de fils pour permettre aux jours d'être croisés. Avant de faire ces points, groupez les fils par deux par un jour simple. Pour l'entrelacs, servez-vous d'un fil un peu plus solide que pour le fond.

Les jours croisés

Attachez le fil dans le pli, piquez l'aiguille de gauche à droite derrière le 2° groupe, tordez-le en le passant derrière le 1° groupe. Sortez après le 2° groupe, prêt à travailler les deux groupes suivants.

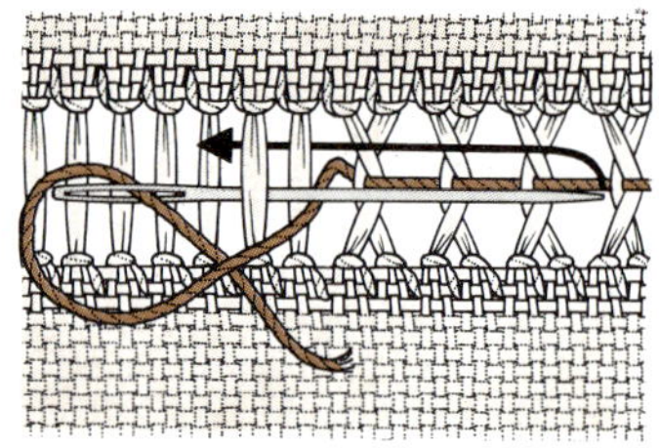

Les jours croisés doubles

Travaillez comme pour le point précédent, mais croisez le 1° groupe avec le 3° et le 2° avec le 4°.

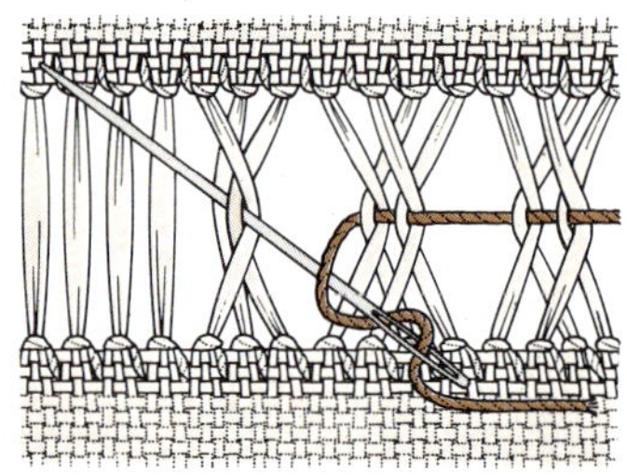

Les jours rebrodés

Vous pouvez également vous servir de points de broderie pour grouper les fils de manière plus décorative. Avant d'exécuter les points indiqués ci-après, groupez vos fils deux par deux par un jour simple.

Les jours noués

Attachez à chaque fois trois groupes par un point corail (page 191), en piquant l'aiguille au-dessus du fil travailleur derrière 3 groupes et en la sortant à travers la boucle. Serrez bien et recommencez jusqu'au bout de la bordure.

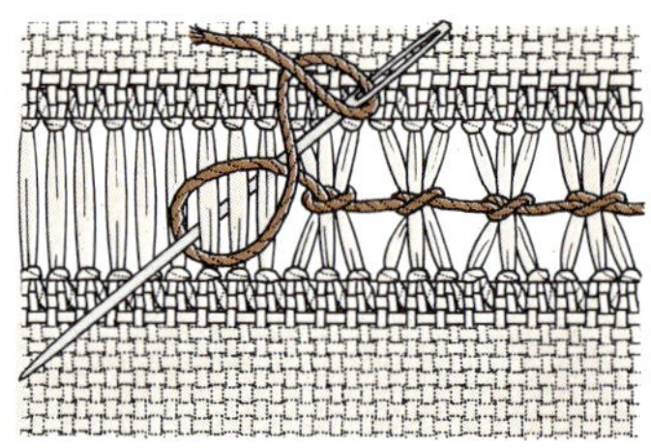

Le jour noué en treillis

Travaillez ce point sur l'envers du tissu, de sorte que seuls les nœuds apparaissent sur l'endroit. Avec un point corail, comme précédemment, attachez le 1° et le 2° groupe de fils par le haut, puis attachez le 2° et le 3° par le bas. Répétez jusqu'au bout.

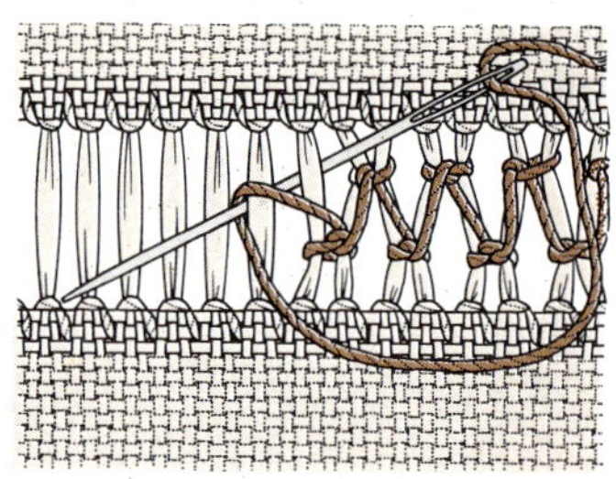

Le jour festonné

Faites un point de feston par-dessus 6 groupes, en commençant par un seul groupe et en allant jusqu'à 6, puis en diminuant d'un groupe jusqu'à ce qu'il n'en reste qu'un.

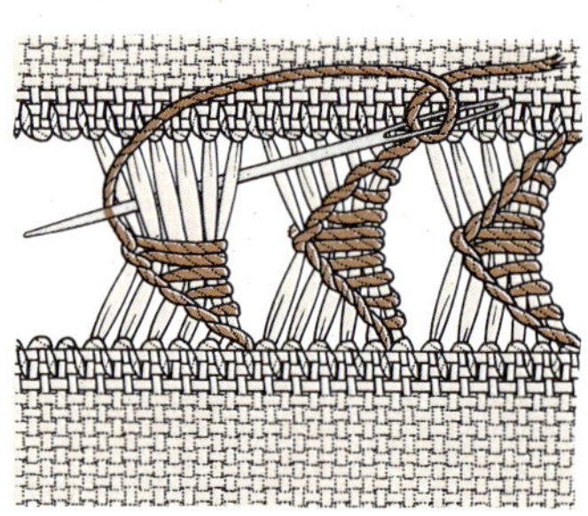

Barrettes surjetées et au point de reprise

Les barrettes surjetées, qui forment des groupes très solides, se travaillent sans exécution préalable de jours simples.

Les jours Venise

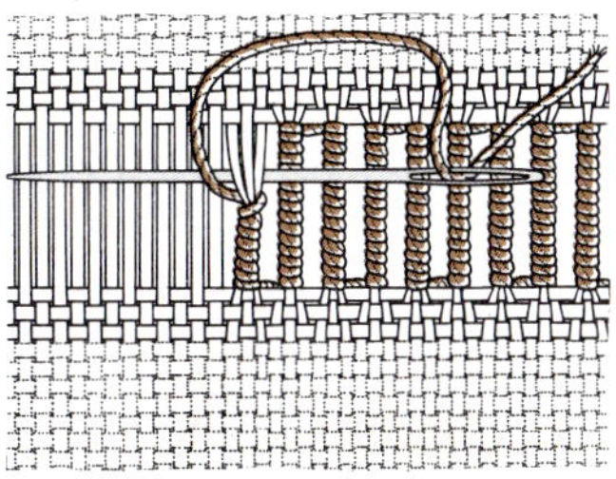

Travaillez en montant et en descendant comme sur le dessin, en enroulant le fil bien serré autour de 3 fils à la fois.

Les barrettes surjetées en V

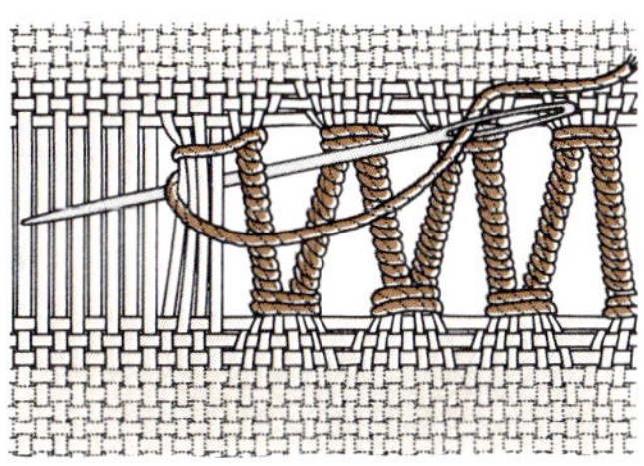

Commencez en haut et enroulez le fil deux fois autour de 8 fils. Puis travaillez sur 4 fils. En bas, joignez ensuite 4 autres fils et enroulez le fil deux fois autour de ces huit fils. Divisez encore et enroulez sur 4 fils en allant vers le haut. Continuez ainsi à former des dessins en V le long de la bordure.

Les barrettes surjetées à quatre groupes

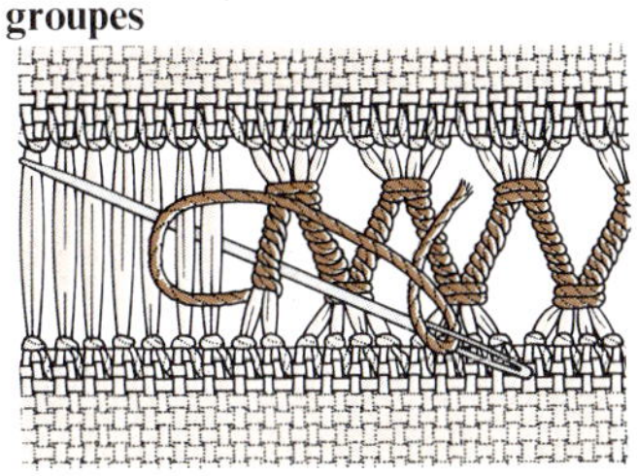

Faites des groupes de 2 fils en jours simples. Puis enroulez le fil autour de 4 groupes, divisez par deux et enroulez autour des 2 groupes. Joignez 2 autres groupes et enroulez deux fois autour des 4 groupes, puis divisez encore et enroulez autour des 2 groupes restants. Continuez ainsi jusqu'à la fin de la bordure.

Les barrettes au point de reprise

Le point de reprise sert à exécuter des dessins solides et décoratifs; il se travaille en passant le fil d'un côté à l'autre des fils libres. Nous vous donnons ici quelques exemples de ce genre de point. Vous pouvez les varier en utilisant des fils de couleur ou en faisant des bordures plus larges. Servez-vous d'une aiguille à bout rond pour ne pas casser les fils. Il n'est pas nécessaire de faire un jour préalable, le point de reprise forme des groupes à lui seul.

Les barrettes au point de reprise simple

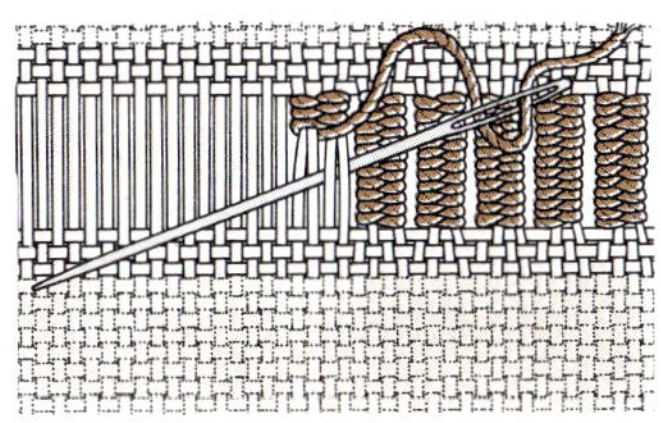

Travaillez de haut en bas et de bas en haut, en passant en dessous et au-dessus de 2 fils à la fois, formant ainsi des huit.

Les dessins au point de reprise en une seule couleur

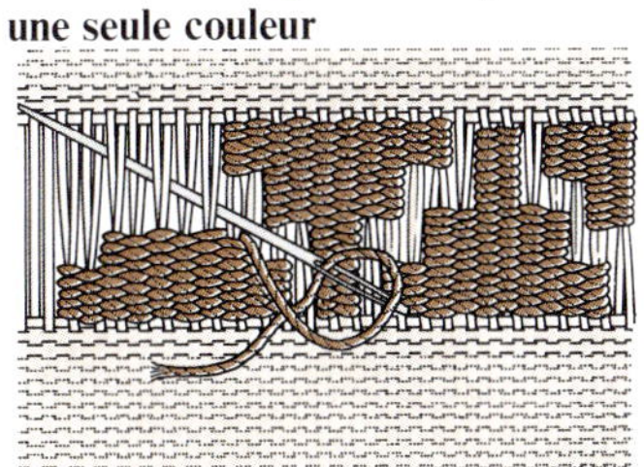

Passez en dessous et au-dessus des groupes de 2 fils selon le dessin indiqué.

Les dessins au point de reprise en plusieurs couleurs

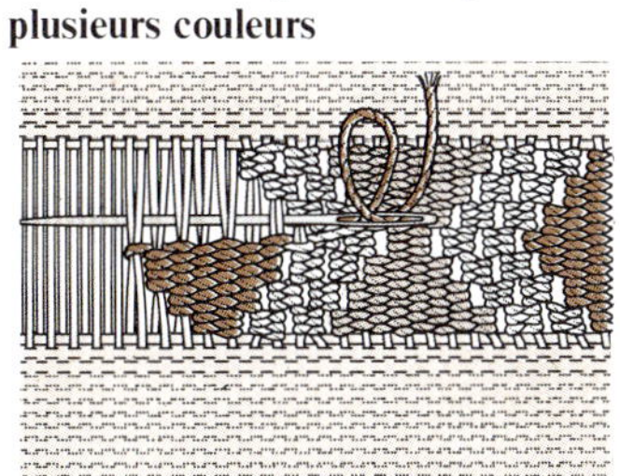

Travaillez selon le dessin en utilisant trois couleurs différentes.

Comment tirer les fils sur le tissu de fond

Vous savez maintenant comment faire des bordures avec des fils tirés. Nous vous indiquons ici la manière de tirer les fils pour une broderie en plein tissu (voir plus loin), ainsi que la façon de broder des motifs isolés par-dessus des fils tirés (page 220). Les techniques sont les mêmes, mais elles sont employées différemment pour obtenir des effets variés. La préparation du tissu de fond est plus importante, car les fils sont tirés dans les deux sens, à travers toute la surface du tissu.

La broderie sur fils tirés sur un ouvrage tout entier est généralement très spectaculaire. Les exemples type de ce genre d'ouvrage sont les broderies de Hedebo (Danemark) et de Hardanger (Norvège). Cette dernière comporte en plus des points passés dessinant des motifs géométriques.

Comment préparer le tissu de fond

Les fils peuvent être tirés entièrement pour former des grilles régulières, comme sur notre exemple, ou seulement par endroits pour former des motifs isolés, des panneaux ou des cadres entourés du tissu originel.

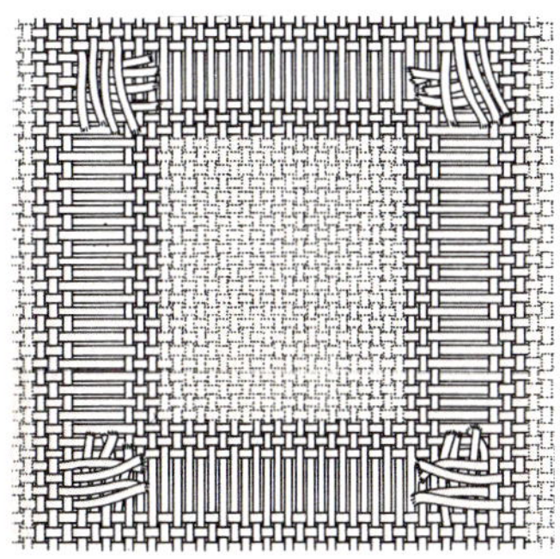

Comment tirer les fils dans les deux directions

1 *Marquer les limites jusqu'auxquelles les fils doivent être tirés, puis tirez tous les fils de bordure comme page 217. Vous pouvez ensuite tirer les fils du fond.*

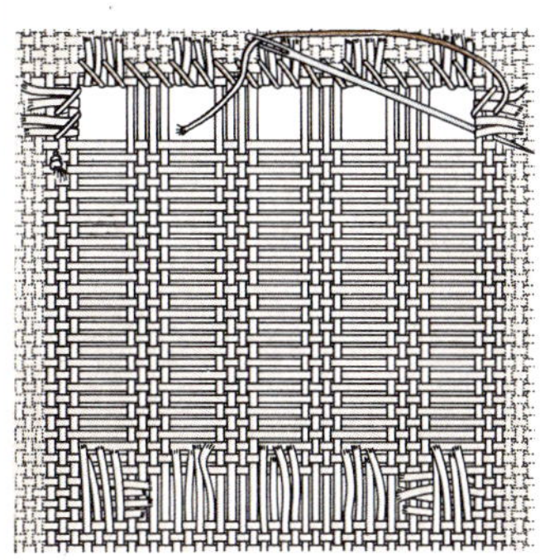

2 *Commencez par les fils de chaîne (verticaux), tirez 4 fils et laissez 4 fils. Coupez les fils à 7,5 cm des limites prévues et tirez la partie centrale de ces fils. Coupez, nettoyez et fixez les 7,5 cm de bouts restants.*

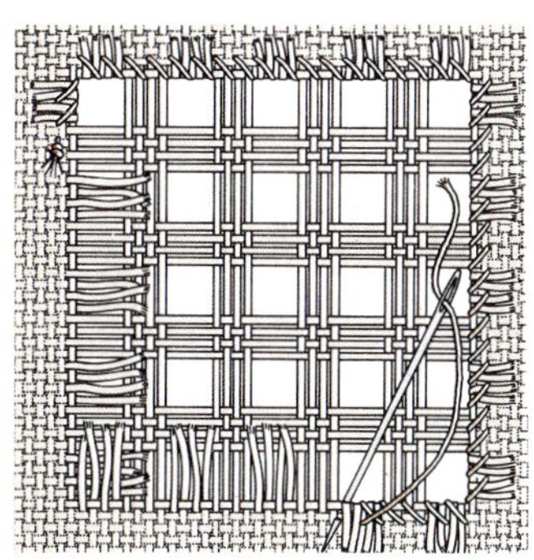

3 *Puis tirez 4 fils de trame (horizontaux) et laissez les 4 suivants de la même façon. Faites des points de surjet autour du dessin si vous ajoutez un ourlet, sinon, entourez-le par des points de feston. Les fils tirés peuvent maintenant être groupés par une des méthodes indiquées pour les bordures ou reliés par les points que vous trouverez sur la page suivante.*

La broderie à jours pour motifs et fonds

La broderie à jours est également décorative pour les motifs ajourés sur fond solide et les fonds ajourés autour de motifs solides. Cette technique se retrouve plus particulièrement dans les broderies russes et siciliennes. Pour un travail sur fond ajouré, on entoure préalablement le motif d'un rang de points de feston. Ce point est dirigé vers l'intérieur pour les motifs et vers l'extérieur pour les fonds. Dans les deux cas, on tire les fils comme indiqué sur la page précédente. Les possibilités d'application de cette technique sont illimitées, puisqu'elle se prête aussi bien aux dessins géométriques qu'aux dessins figuratifs.

Préparation du tissu pour motif solide sur fond ajouré

Dessinez le motif et faites un point avant tout autour. Puis faites un rang de points de feston par-dessus le point avant, en dirigeant le feston vers l'extérieur. Une fois le bord fini, coupez et tirez les fils, en enlevant deux fils et en laissant les deux suivants dans les deux directions. Coupez les fils aussi près que possible du point de feston. Vous pouvez maintenant commencer à broder votre fond en utilisant l'un des points que nous vous avons indiqués ci-contre.

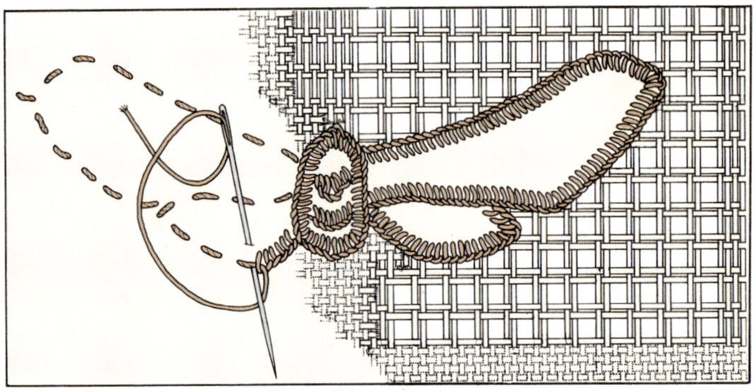

Le fond à fils tirés en cours de travail

Préparation du tissu pour motifs ajourés et fond solide

Dessinez le motif et faites un point avant tout autour. Puis faites un rang de points de feston par-dessus le point avant, en dirigeant le point vers l'intérieur du motif. Une fois le feston fini, coupez et tirez les fils comme précédemment, en en enlevant deux et en en laissant deux, alternativement. Vous pouvez maintenant entreprendre la broderie du motif.

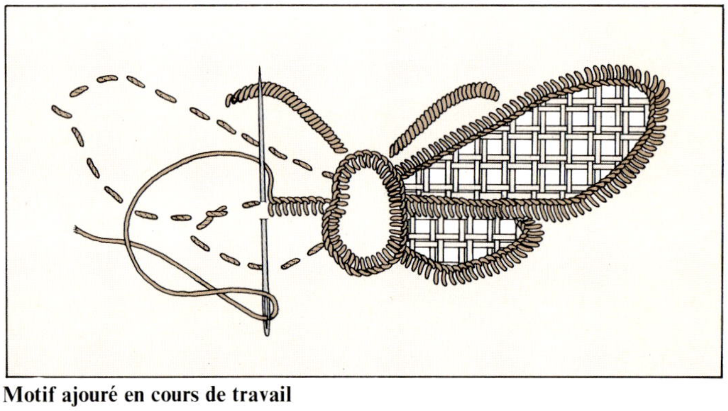

Motif ajouré en cours de travail

Points de broderie à fils tirés pour fonds et motifs

Les fonds et les motifs brodés à fils tirés se travaillent tout comme les bordures, en groupant les fils par des points noués, au surjet ou au point de reprise. Les points indiqués ci-après peuvent s'appliquer à tous les ouvrages à fils tirés.

Le laçage dentelle au point de nœud

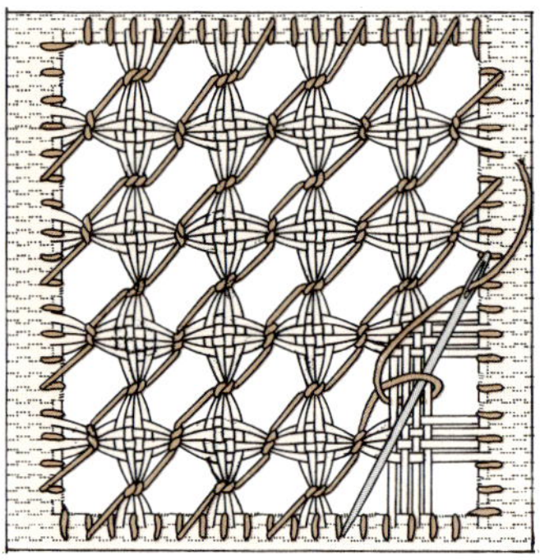

Tirez 4 fils et laissez 4 fils dans chaque direction. Puis faites un point de nœud en diagonale pour grouper les fils.

Le point de remplissage surjeté

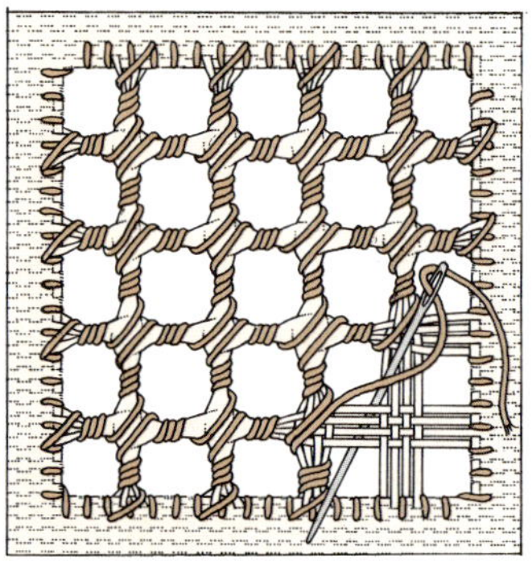

Tirez 4 fils et laissez 4 fils dans chaque direction. Puis faites des points de surjet en diagonale avec un point oblique à chaque intersection.

Les cercles

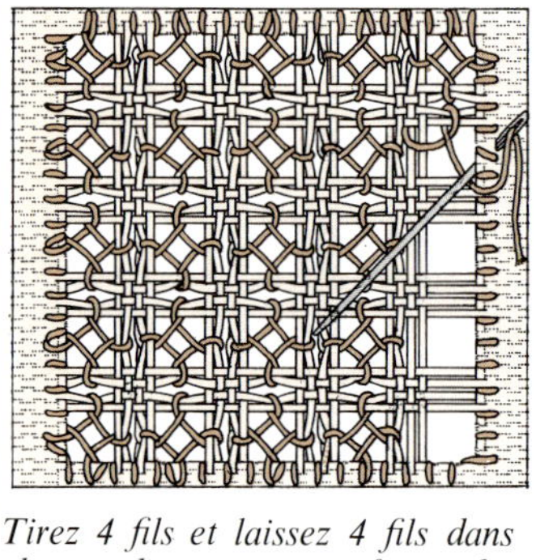

Tirez 4 fils et laissez 4 fils dans chaque direction, puis faites des boucles en haut et en bas sur les espaces.

Les jours au point de reprise

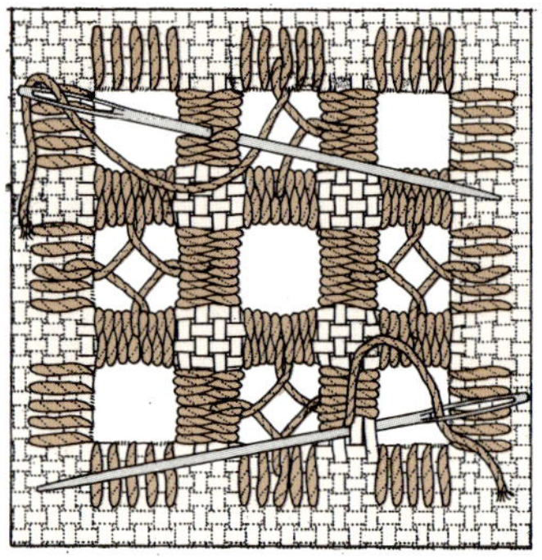

Tirez 4 fils et laissez 4 fils dans chaque direction, puis faites un point de reprise passant au-dessus de 2 fils et en dessous de 2 fils, en formant des huit avec les groupes de fils. Les espaces restants peuvent être remplis de point de boucle ou de roues (voir p. 221).

La toile d'araignée

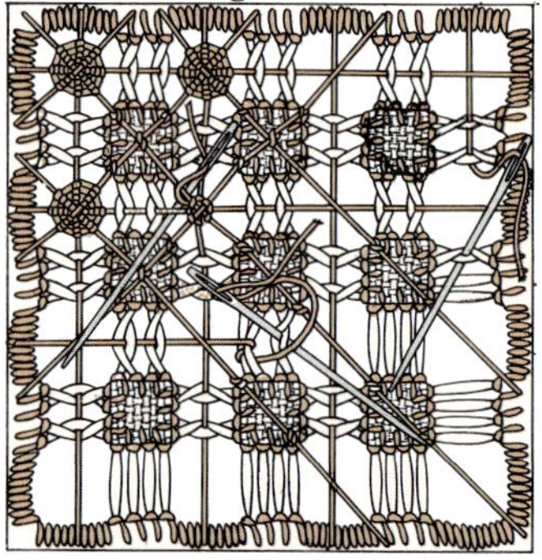

Faites une grille en tirant 8 fils et en laissant 8 fils dans chaque direction. Puis faites un jour simple en groupant les fils par deux, le long du bord et autour des carrés solides. Croisez ensuite tous les groupes de 2 fils (page 218), passez le fil par-dessus les espaces libres pour former des lignes verticales et des lignes horizontales. Faites des lignes en diagonale par-dessus les espaces restés libres, fixez le fil dans les coins par des points corail. Formez enfin des roues au point de reprise dans les espaces libres (voir la roue page suivante).

Les angles

Les bords travaillés à points tirés laissent nécessairement un trou aux angles. Si ce trou est petit, il peut rester tel qu'il est; mais s'il est assez grand, il peut être fixé et décoré de divers points brodés.

Le remplissage dentelle

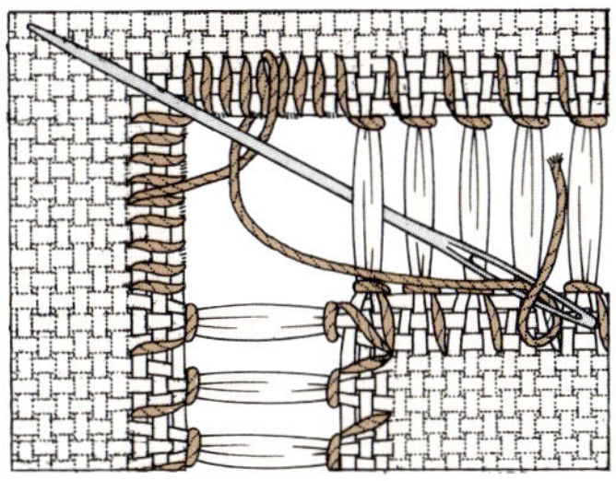

1 *Faites des points boucles dans les quatre côtés, y compris les groupes de fils sur les côtés ajourés.*

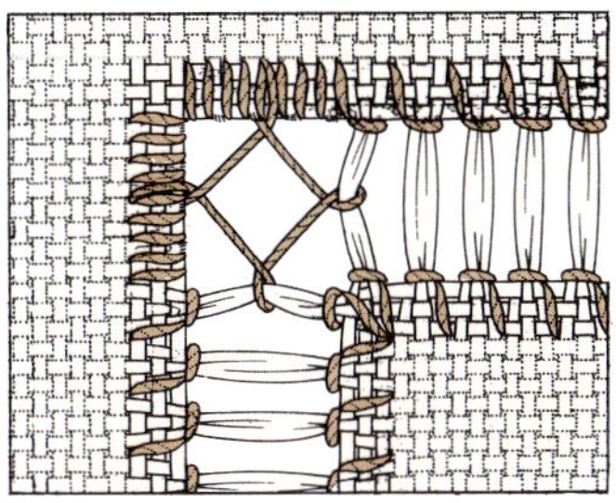

2 *Fixez les angles et travaillez les bords avec un des points indiqués* *pages 218-219.*

La roue

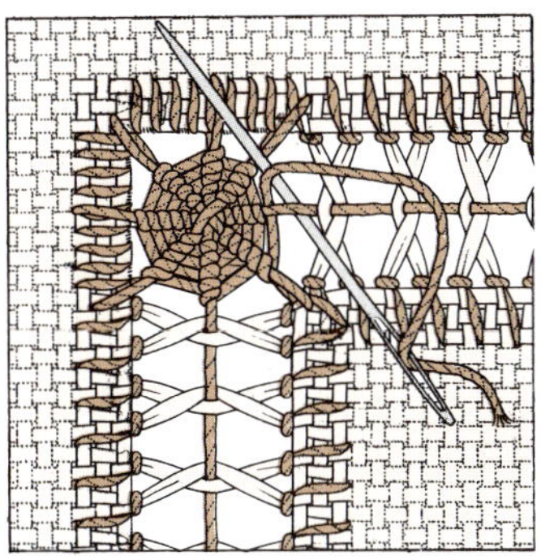

Groupez les fils des bordures par des lignes verticales et horizontales, puis faites des diagonales à travers les angles, brodez ensuite un point de reprise tout autour de ces fils, en commençant au centre et en allant vers l'extérieur.

Les découpes

Les découpes ajoutées aux points de broderie sont à l'origine de la dentelle à l'aiguille. Cette dentelle se fait autour de trous coupés dans le tissu de fond. Les trous peuvent être coupés à l'intérieur des motifs, comme pour la broderie anglaise, ou en dehors des motifs pour former le fond, comme pour la broderie italienne ou la broderie Richelieu. Une fois le tissu de fond enlevé, il est remplacé par des barrettes de dentelle attachées aux motifs, ce qui donne à l'ouvrage une texture très aérée.

Cette technique s'utilise pour toute sorte de linge de maison, comme aussi pour des bordures, des ourlets, des manchettes et des cols de vêtements.

Le matériel

Les tissus choisis doivent être solides et de texture serrée pour ne pas s'effilocher. Choisissez pour la lingerie de la batiste, du linon ou de la fine toile. Les flanelles et les crêpes de Chine sont à conseiller pour les ouvrages de couleur. Ces ouvrages doivent être montés sur un métier à broder pour faciliter le travail.

Une paire de ciseaux bien aiguisés ou un poinçon serviront à former des motifs proprement coupés et des angles nets.

Détail d'une bordure à découpes

Motifs en découpe sur fond solide

Cette broderie s'exécute en découpant les motifs, dont les bords sont ensuite entourés de points de feston ou de surjet. La broderie anglaise est un des meilleurs exemples de ce genre d'ouvrage.

Les œillets

Les œillets (c'est le nom donné aux trous dans la broderie à découpes) se font en cercles, en ovales ou en triangles.

Les cercles

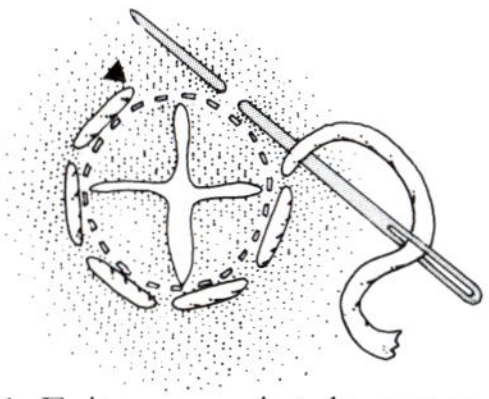

1 Faites un point devant tout autour de l'œillet, puis incisez le centre deux fois comme sur le dessin.

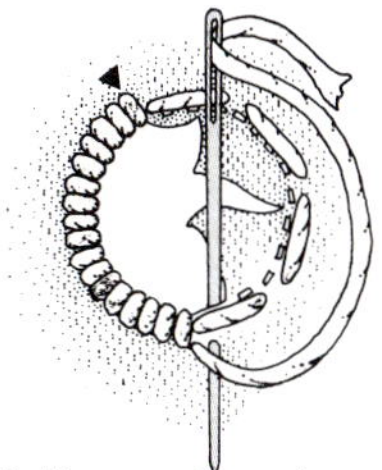

2 Tournez les coins sur l'envers et faites un surjet par-dessus.

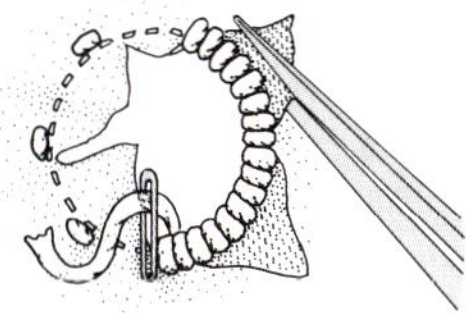

3 Achevez le surjet et coupez les coins sur l'envers.

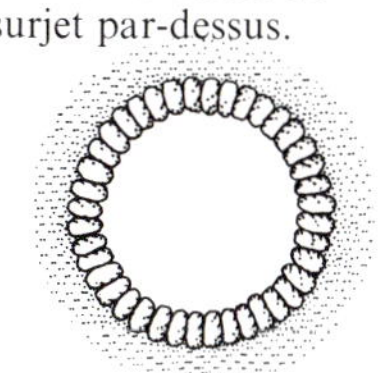

4 Le cercle fini.

Les ovales

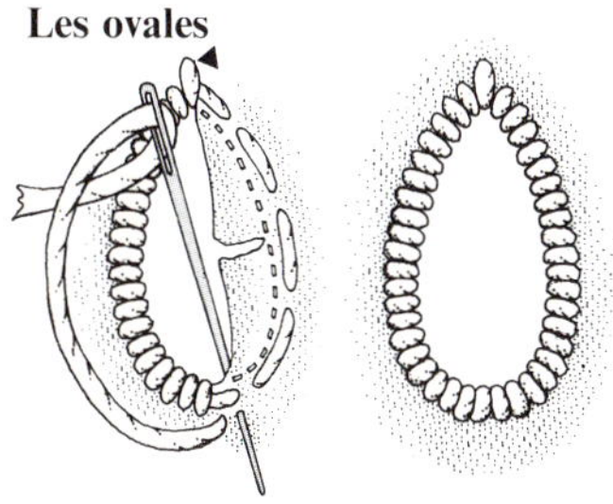

Travaillez comme pour le cercle, mais veillez à faire un bout rond et l'autre pointu.

Les triangles

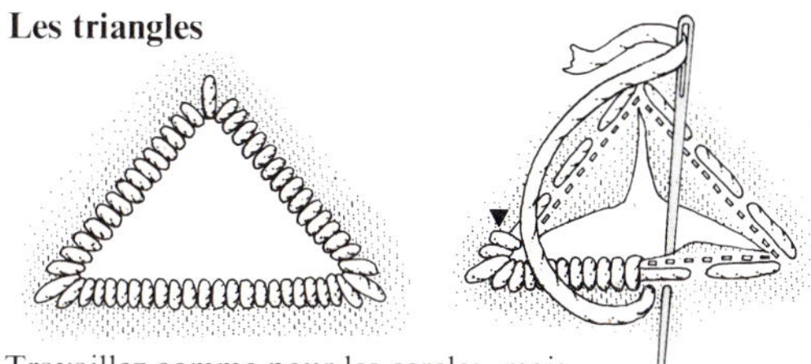

Travaillez comme pour les cercles, mais faites des points de surjet plus longs aux angles.

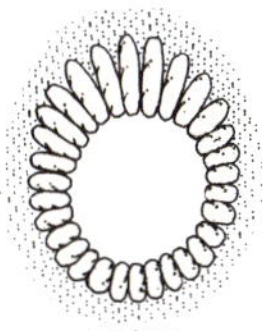

Les œillets ombrés

Ces œillets se font avec des points de surjet brodés par-dessus plusieurs lignes de points avant.

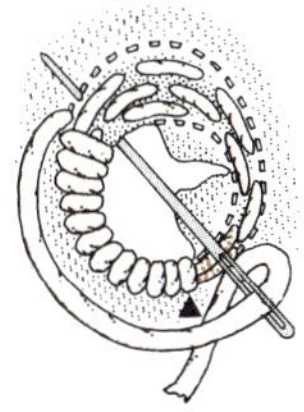

Méthode de travail

Entourez l'œillet par plusieurs lignes de points avant. Puis couvrez les points avant de points de surjet pour obtenir un effet d'ombre.

Les motifs à œillets

Les œillets simples de la page précédente peuvent être groupés pour former des motifs. Les quelques dessins très simples qui suivent vous donnent les indications de base, vous pouvez cependant varier les motifs en mêlant plusieurs formes d'œillets.

Faites d'abord un dessin général de l'ouvrage choisi. Votre travail sera facilité si vous utilisez un compas et des formes précoupées. Une fois le dessin achevé, reportez-le sur le tissu (pages 176-177), puis tendez bien le tissu sur un métier à broder.

Les œillets en cercle

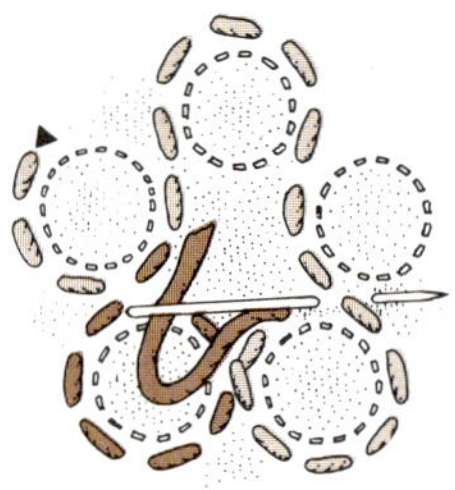

1 Faites une ligne continue de points avant autour des œillets dans le sens contraire des aiguilles d'une montre. Commencez à la flèche, contournez le premier œillet par l'extérieur, le 2° par l'intérieur, le 3° par l'extérieur, le 4° par l'intérieur et le 5° par l'extérieur. Passez une deuxième fois (voir trait épais) pour remplir les espaces laissés libres.

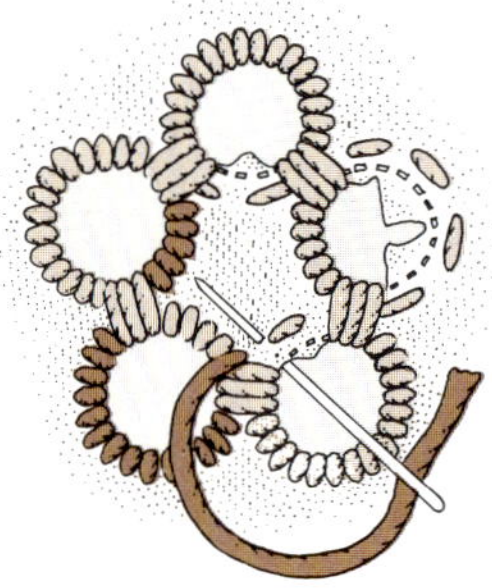

2 Les points avant terminés, incisez les centres et tournez le tissu sur l'envers. Puis faites des points de surjet de la même manière que les points avant. Au point de rencontre des œillets, faites trois longs points de surjet pour les lier. Les points de surjet terminés, coupez le reste de tissu sur l'envers.

Le motif d'œillets ovales

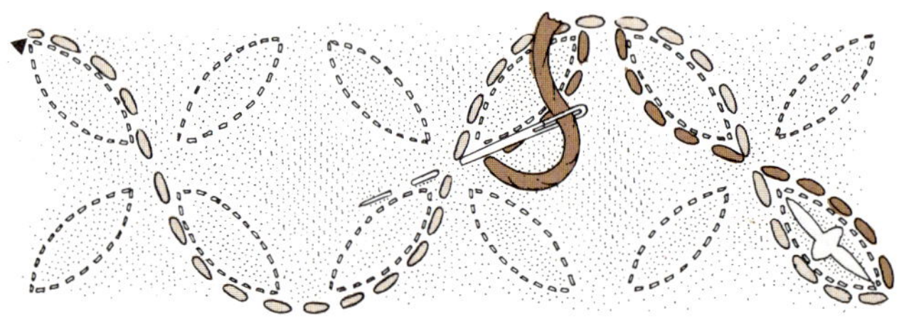

1 Commencez à la flèche et faites des points avant autour des découpes en 4 tours. Incisez ensuite les œillets et tournez le tissu sur l'envers.

2 Couvrez les points avant de points de surjet, en faisant des points plus longs à chaque bout des œillets. Puis coupez le tissu restant sur l'envers.

Les bordures en découpe

Les bords festonnés se retrouvent fréquemment dans la broderie anglaise, ils finissent joliment les broderies sur le linge de maison et les vêtements. Il convient de les dessiner avec précision et de couper le tissu aussi près que possible du bord, pour ne pas laisser pendre de fils.

Les bords festonnés

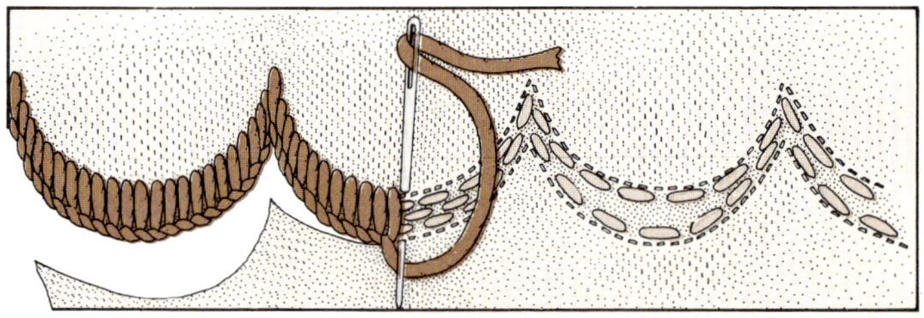

Dessinez les bords, puis brodez en points avant le long des limites intérieure et extérieure. Faites des points de feston par-dessus les points avant. Pour finir, coupez le tissu qui dépasse.

Les bords festonnés en ovale

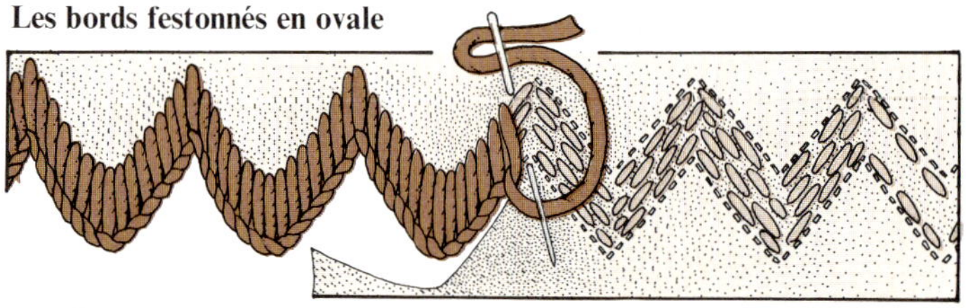

Dessinez le motif sur le tissu, puis faites des points avant et des points de feston en dégradé par-dessus. Coupez le tissu restant.

Les festons à œillets

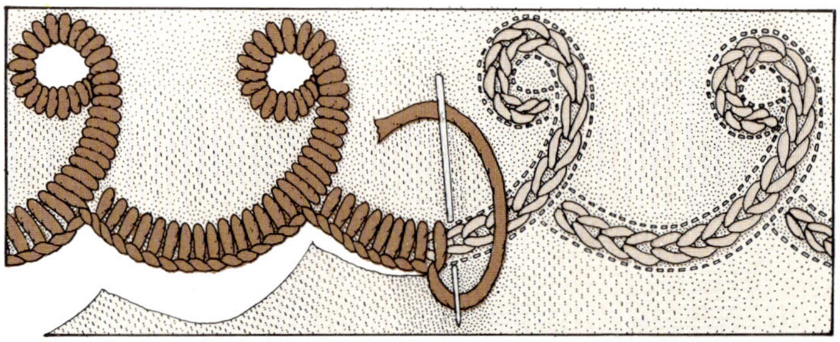

Dessinez le motif sur le tissu et remplissez-le au point de chaînette. Faites ensuite des points de surjet sur les dessins intérieurs et des festons le long du bord. Coupez le tissu du bord et celui de l'intérieur des œillets.

Les festons à œillets ovales

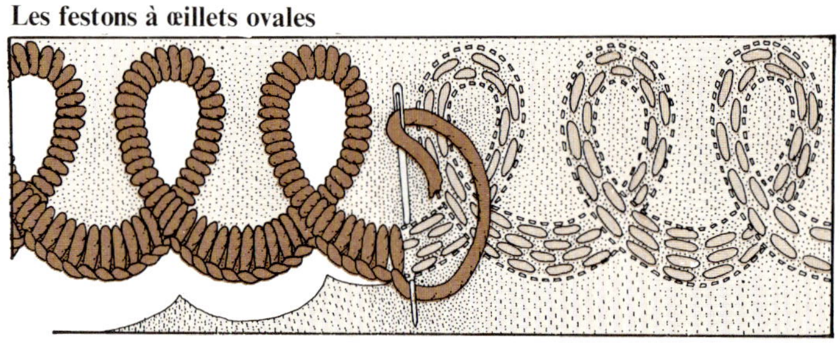

Dessinez le motif sur le tissu, puis entourez et remplissez au point avant. Faites des points de surjet sur le dessin intérieur et des points de feston le long du bord. Coupez le tissu qui reste au bord et au centre des œillets.

Motifs solides sur fond découpé

En faisant des motifs solides sur fond découpé, assurez-vous que vos motifs tiennent bien au tissu de fond, si vous ne voulez pas faire des barrettes.

Bordure en broderie à découpes.

Préparation du motif solide

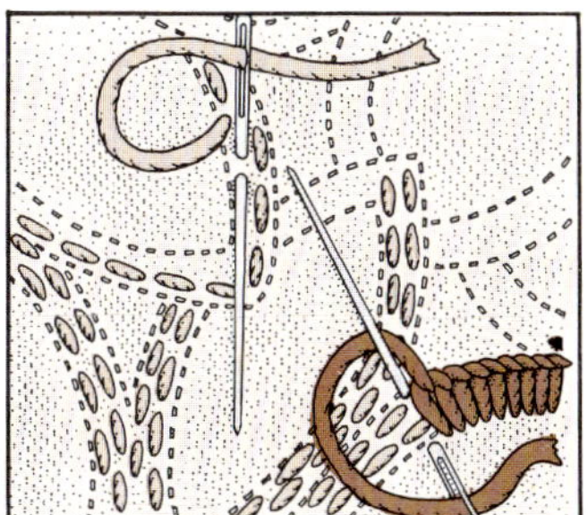

1 *Faites deux lignes de points avant le long du contour ; couvrez de points de feston.*

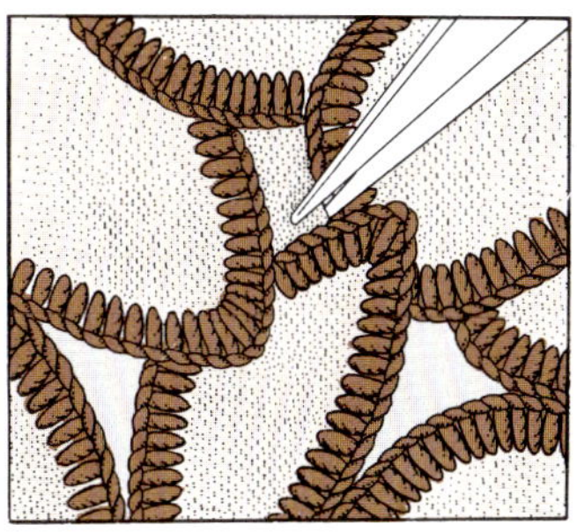

2 *Coupez pour finir le tissu de fond aussi près que possible des points de feston.*

Les fonds avec barrettes

Si votre broderie est très découpée, il vous faudra attacher les motifs avec des barrettes. Voir les origines de la dentelle à l'aiguille et les indications pratiques page 226.

Les barrettes simples

Les contours des motifs au point avant se font en même temps que les barrettes. Couvrez ensuite les motifs de points de feston et découpez le tissu superflu.

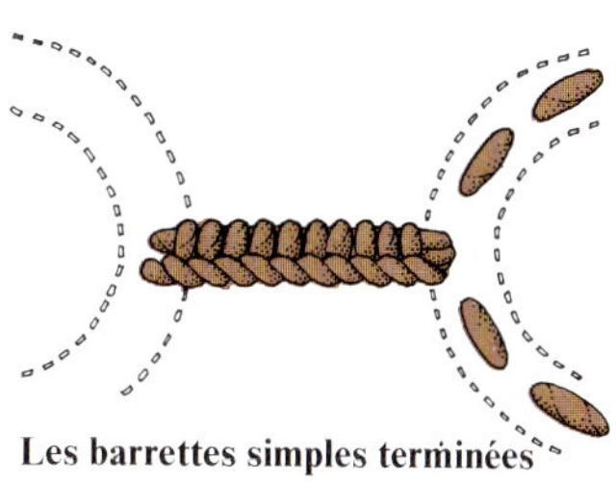

Les barrettes simples terminées

Méthode de travail

Faites des points avant autour du motif jusqu'à la hauteur de la barrette. Puis passez le fil trois fois en aller-retour entre les motifs. Couvrez ces fils de points de feston et continuez le point avant le long du contour jusqu'à hauteur de la barrette suivante.

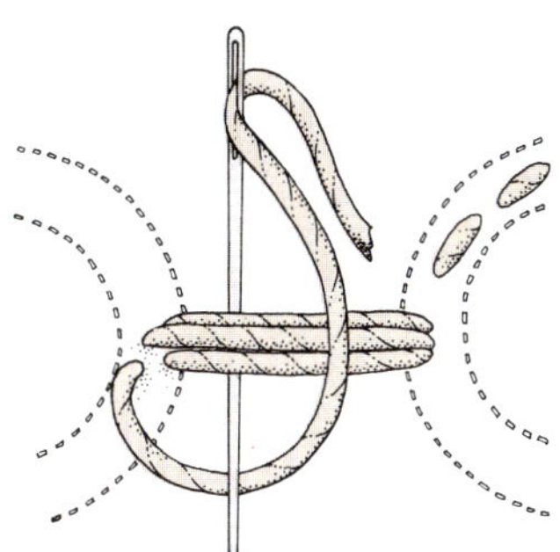

La barrette simple à picot

Voici une forme plus décorative de barrette.

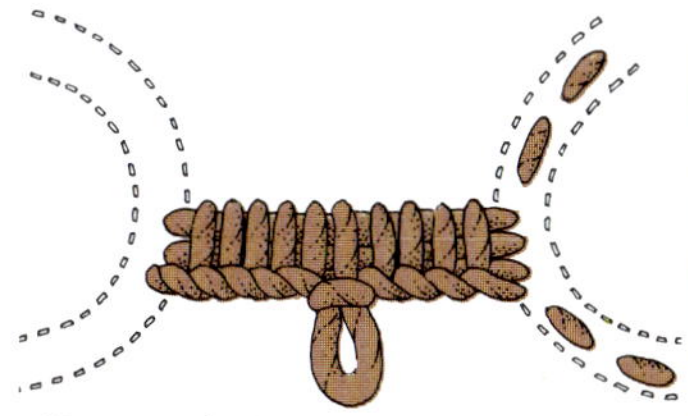

Barrette à picot terminée

Méthode de travail

Passez le fil entre les motifs comme pour la barrette simple. Faites des points de feston jusqu'au milieu de la barrette, piquez l'aiguille et faites une boucle comme sur le dessin. Fixez la boucle en passant l'aiguille en dessous, ressortez-la par-dessus le fil de travail et serrez. Puis achevez la barrette.

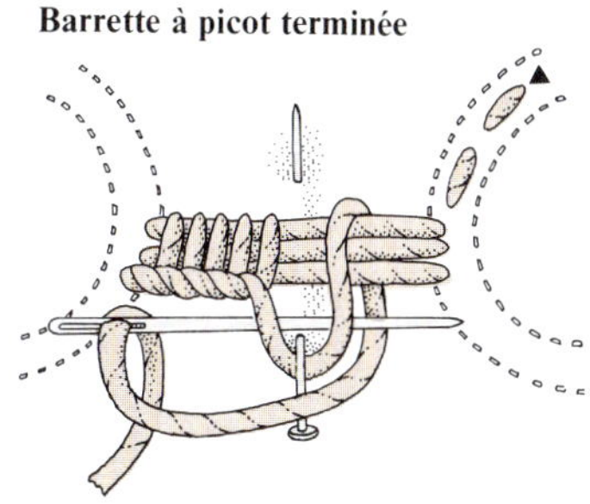

Barrette festonnée à boutonnière

Passez les fils comme pour la barrette simple. Couvrez presque entièrement de points de feston, puis faites une boucle en passant le fil trois fois sous la barrette. Couvrez cette boucle de points de feston, rejoignez la barrette et finissez comme d'habitude.

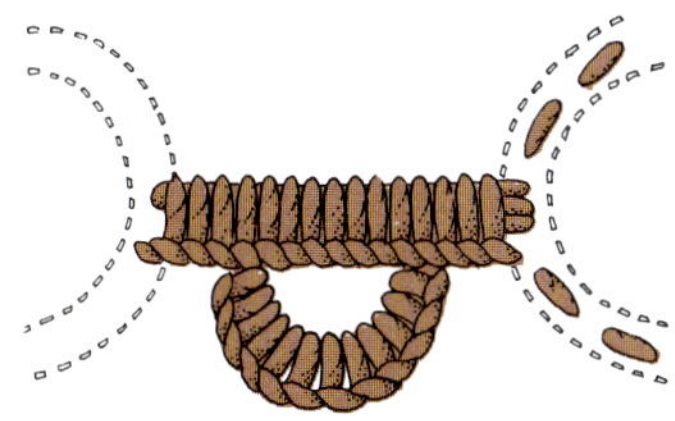

Barrette festonnée terminée

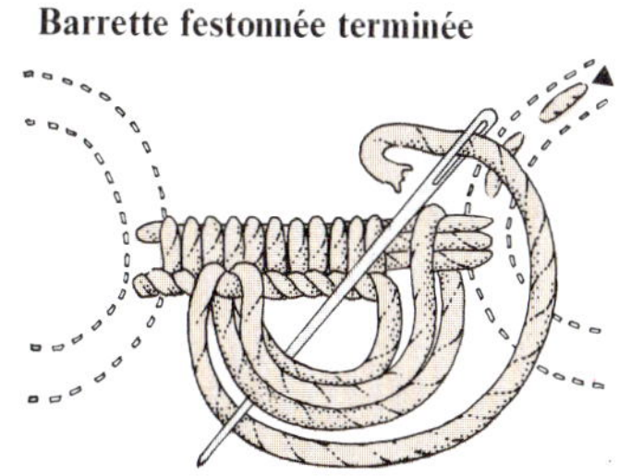

Barrette en T

Cette barrette sert à joindre trois motifs. La méthode de travail est pratiquement la même que pour la barrette simple.

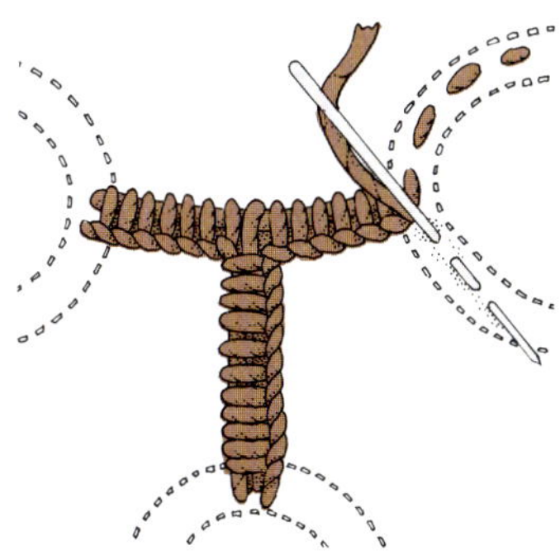

Barrette terminée

Méthode de travail

Commencez comme pour la barrette simple, puis faites des points de feston jusqu'au centre de la barrette. Passez trois fois un fil jusqu'au 3e motif, travaillez au point de feston en remontant jusqu'à la première barrette et finissez-la. Continuez le point avant autour du motif.

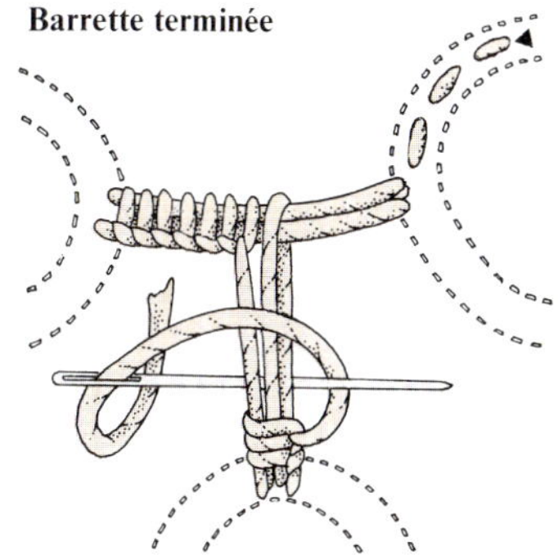

Les points d'incrustation et d'assemblage

Ces points servaient primitivement à assembler deux bandes de tissu relativement étroites pour en faire des pièces plus importantes. C'était une manière décorative de joindre des bandes de tissages faites à la main. Ces points sont faciles à faire; ils ornent agréablement des pièces même très simples.

Préparation

Avant d'être assemblés, les morceaux de tissu devront être ourlés, à moins que l'assemblage ne se fasse par les lisières. Vous devrez ensuite les attacher sur un papier en laissant environ 1/2 cm à 3 cm d'espace entre les deux, selon la largeur du point choisi. Vous serez ainsi assuré que l'espace entre les pièces sera constant et les points réguliers.

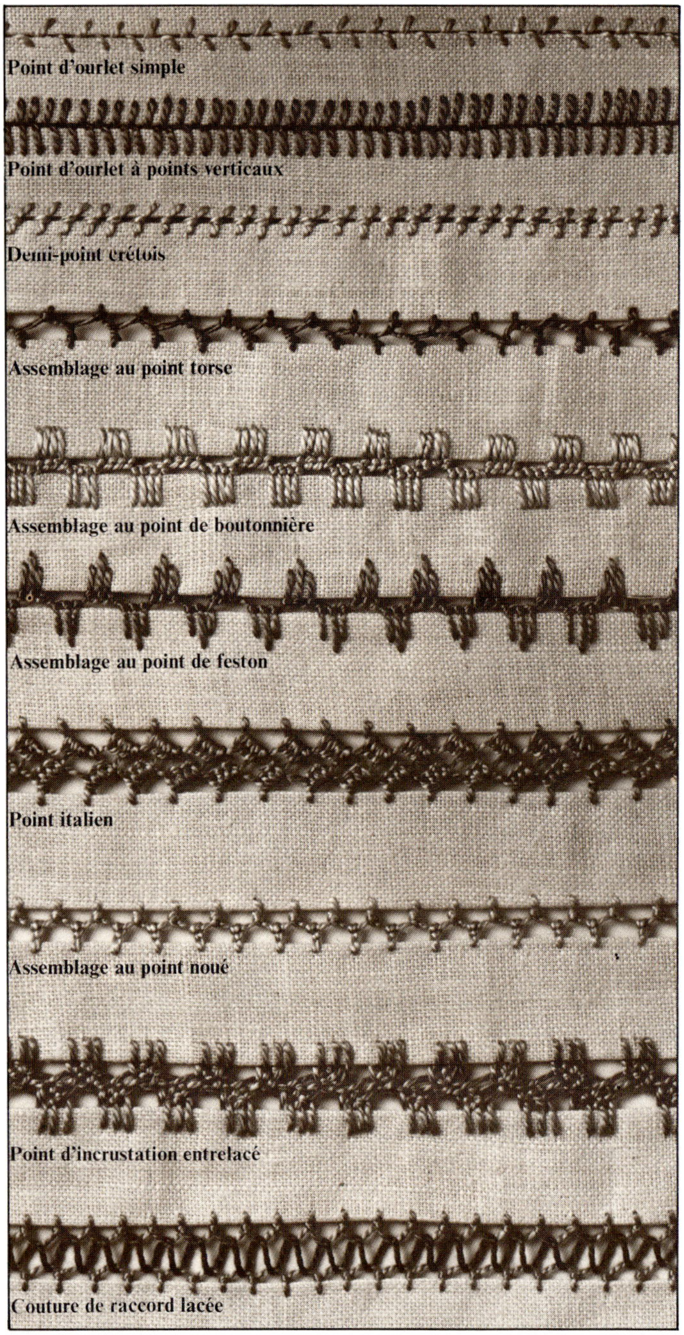

Point d'incrustation dentelle

Nous vous donnons ci-après quelques exemples des points d'assemblage les plus utilisés. Les points d'ourlet à point vertical et à point diagonal sont les plus indiqués pour les tissus qui doivent être assemblés par un ourlet plat le long des lisières. Tous les autres points donnent des effets ajourés.

Il convient d'utiliser un fil légèrement plus épais que la texture du tissu de fond, il devra cependant passer aisément à travers celui-ci.

L'ourlet au point en diagonale

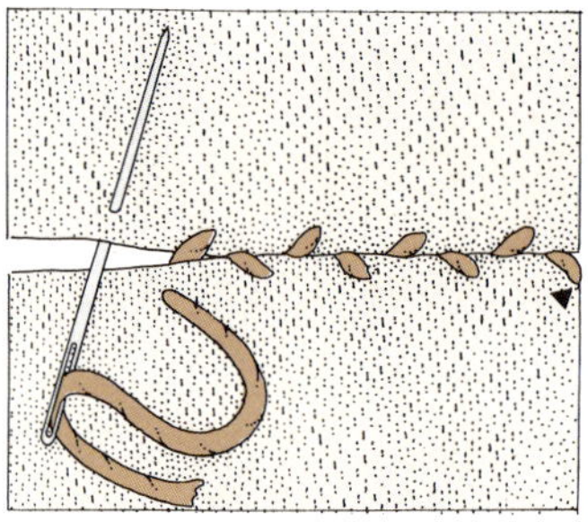

Faites des points en diagonale d'un bord à l'autre, en prenant très peu de tissu à chaque fois.

Ourlet aux points verticaux

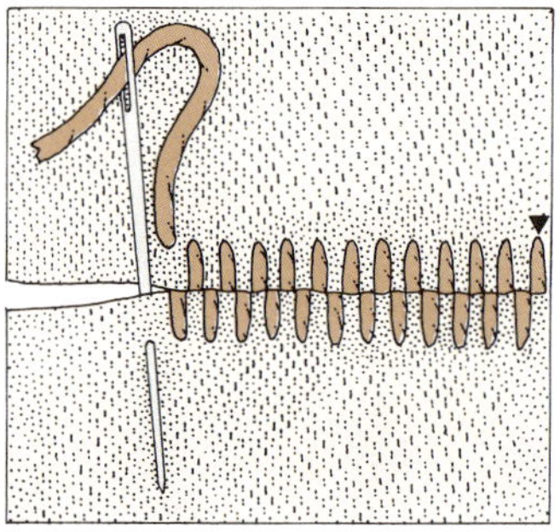

Faites des points verticaux d'un bord à l'autre, en prenant à chaque fois très peu de tissu.

Le demi-point crétois

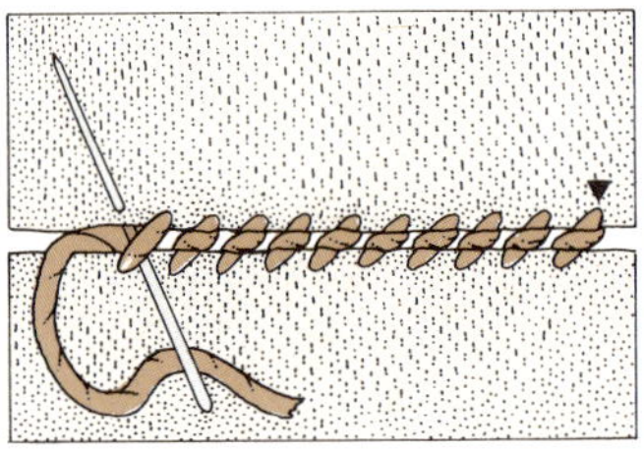

Faites des points en diagonale entre les deux bords, en les croisant au retour par un autre point en diagonale. Ne prenez que peu de tissu à chaque fois.

Assemblage au point torse

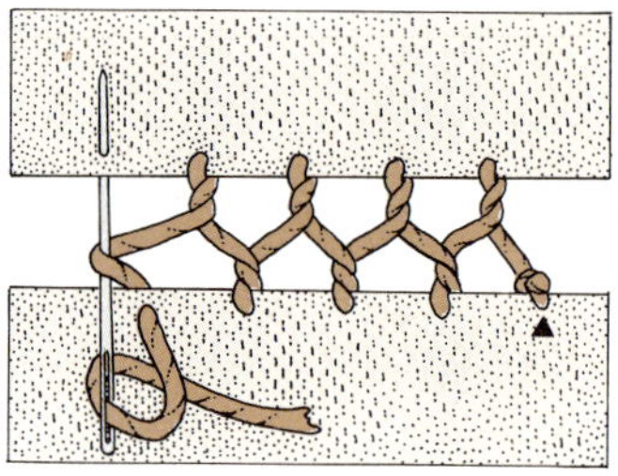

Travaillez de bord à bord en ne prenant que très peu de tissu pour chaque point. Piquez l'aiguille en dessous et au-dessus de chaque fil, en le tordant à chaque passage, comme sur le dessin.

Assemblage au point de boutonnière

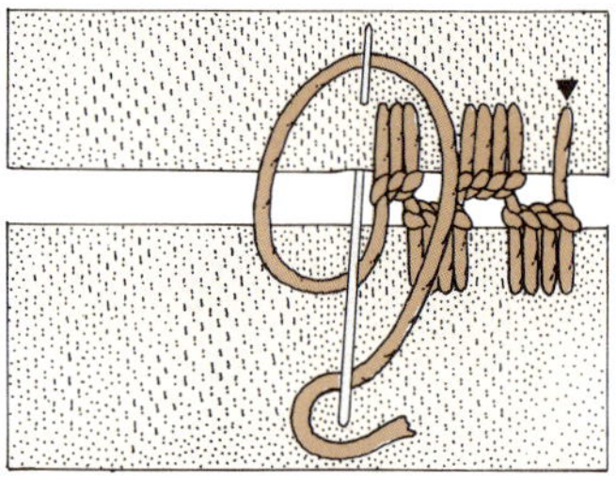

1 *Faites quatre points de boutonnière (page 191), d'un bord à l'autre, alternativement. Sur le bord supérieur, piquez vers le haut et ramenez l'aiguille en faisant une boucle.*

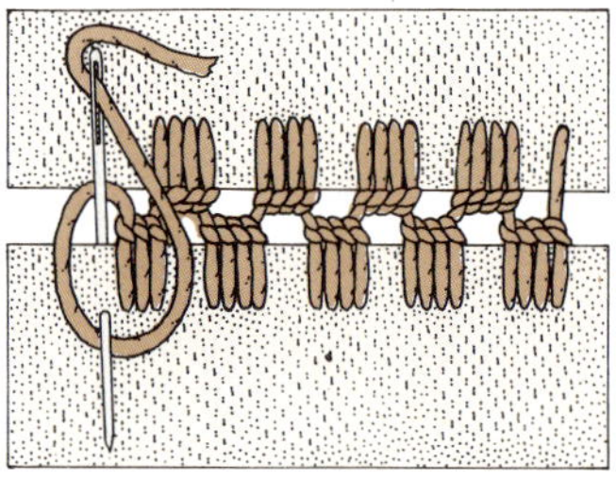

2 *Sur le bord inférieur, piquez l'aiguille vers le bas et ressortez-la en passant par la boucle formée avec le fil de travail.*

Assemblage point feston

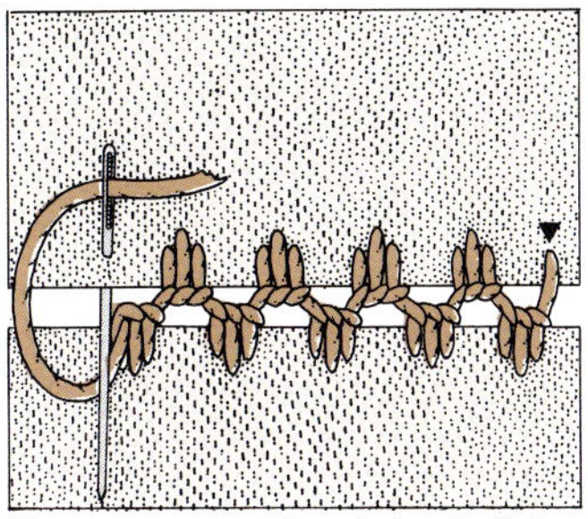

Commencez au bord droit, faites trois points de feston sur chaque bord alternativement, le point central étant un peu plus long que les deux autres.

Le point italien

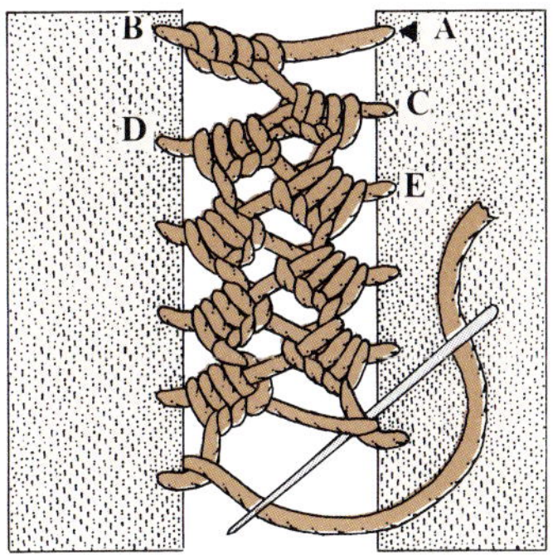

Sortez l'aiguille en A et piquez en B. Travaillez 4 points de feston rapprochés de gauche à droite sur le fil du début. Faites une boucle feston (comme en bas du dessin) en C, puis une autre boucle feston en D et 4 points de feston rapprochés sur le fil de la boucle en C, allant du centre vers la droite. Faites ensuite une boucle feston en E et 4 points de feston rapprochés par-dessus la boucle en D, allant du centre vers la gauche. Continuez ainsi d'un côté à l'autre alternativement.

Point d'assemblage à nœuds

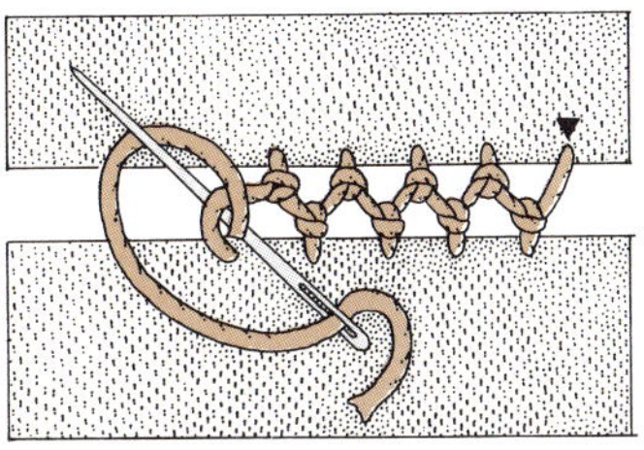

Commencez par la droite et faites bord à bord des points boucle en les nouant par des points de feston.

Le point d'assemblage entrelacé

C'est l'un des points d'assemblage les plus raffinés, on peut l'admirer sur bien des ornements sacerdotaux et du linge de maison de l'époque victorienne.

Vous pouvez l'utiliser pour ajouter une bande de tissu ou un ruban de couleur contrastante à votre ouvrage. N'oubliez pas de choisir un rajout de même texture que le tissu principal, pour que votre ouvrage garde sa tenue.

Utilisez un fil plus fort que votre tissu. Epinglez les pièces à assembler sur un papier fort en gardant un espace de 2 cm pour des tissus fins et de 3 cm pour des tissus plus épais.

Méthode de travail

1 *Fixez le fil au bord inférieur indiqué par la flèche. Puis, laissant un espace, piquez l'aiguille pointe en bas à travers le bord et sortez-la par-dessus le fil. Laissez un espace et piquez l'aiguille, pointe en haut, à travers le tissu du bas, en la sortant par-dessus le fil.*

2 *Passez l'aiguille sous le premier fil et piquez vers le bas dans le bord supérieur à gauche du point précédent, sortez-la sous le fil que vous venez de passer, et par-dessus le premier fil.*

3 *Piquez l'aiguille, pointe en haut, dans le bord inférieur à gauche du point précédent et sortez-la par-dessus les fils.*

4 *Passez l'aiguille vers le haut sous le fil du milieu. Laissez un espàce et piquez-la, pointe en bas, dans le bord supérieur, en la sortant par-dessus le fil que vous venez de passer.*

5 *Passez l'aiguille vers le bas à gauche du premier et du troisième fil, et piquez vers le haut à gauche des points précédents, sortez-la par-dessus les fils.*

6 *Passez l'aiguille vers le haut sous le fil du milieu et piquez vers le bas dans le bord supérieur à gauche du point précédent, sortez-la par-dessus les fils. Passez l'aiguille vers le bas, sous le fil du milieu. Laissez un espace, continuez ainsi.*

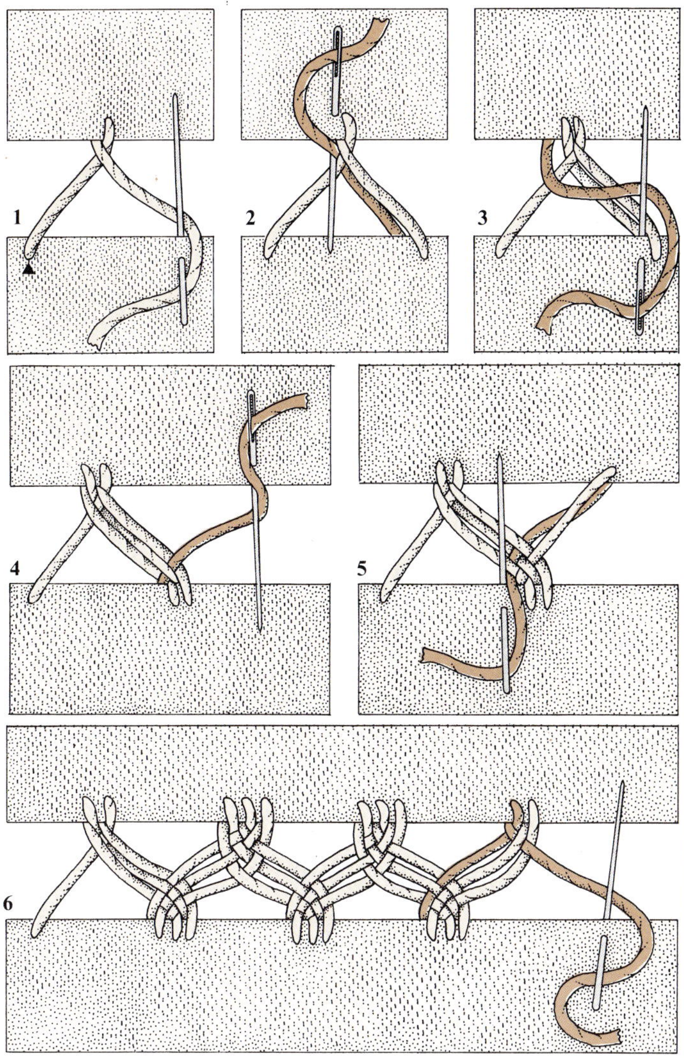

Le point d'assemblage en lacet

Faites des points de boucle le long des deux bords. Laissez un petit espace et piquez l'aiguille vers le bas à travers la boucle en fil à broder, sortez l'aiguille par-dessus le fil. Continuez ainsi sur les deux bords. Epinglez ensuite les pièces sur du papier fort et faites un laçage avec un fil de couleur contrastée comme sur le dessin.

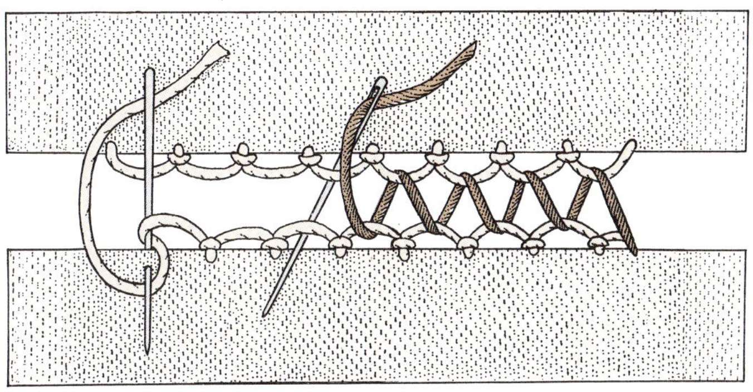

La dentelle à l'aiguille

Détail de dentelle de Venise (17° siècle)

Détail de «punto in aria» vénitien (17° siècle)

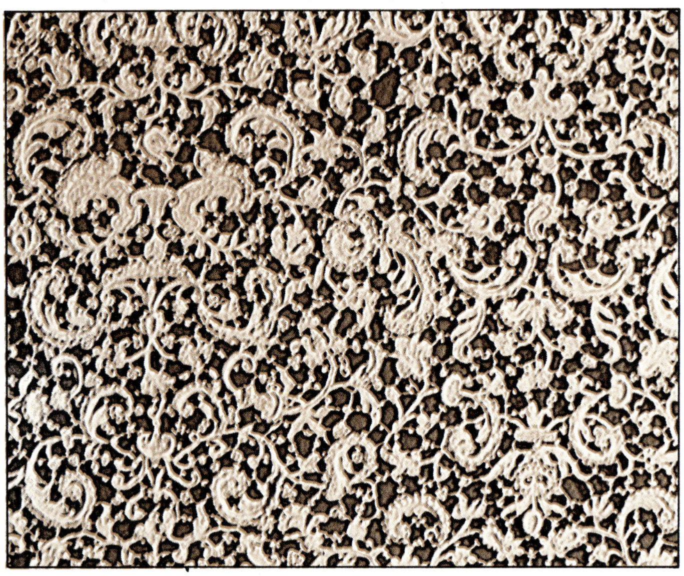

Détail de «gros point» italien (17° siècle)

Sous cette forme primitive, la dentelle est connue depuis l'Antiquité. Les Egyptiens en ornaient leurs vêtements; ils firent connaître cette technique aux Hébreux, aux Grecs et aux Romains qui, de leur côté, la transmirent aux premiers Chrétiens. Ceux-ci en réservèrent exclusivement l'usage aux précieux ornements d'Eglise, souvent enrichis de fils d'or et d'argent.

Ce n'est qu'à l'époque de la Renaissance que la dentelle à l'aiguille devint populaire. Cette dentelle se fait sans tissu de support. Seuls, l'aiguille et le fil en forment les points. Aussi, les Italiens l'appellent-ils «punto in aria» (point en l'air). En fait, les Italiens et les Espagnols revendiquent tous deux la paternité de cette technique, les uns affirment l'avoir apprise des Grecs, les autres soutiennent l'avoir prise chez les Maures. Quoi qu'il en soit, on considère en général les premières dentelles italiennes comme les ancêtres de toutes les dentelles de ce type, d'autant qu'on y retrouve des points de ressemblance avec les «reticelle» qui les ont précédées.

La fabrication de la dentelle se développant, on la trouve de plus en plus souvent comme ornement sur les vêtements des gens riches. Sa texture change selon la mode. L'Espagne et l'Italie du 17° siècle l'aiment riche et lourde, avec des contours en relief et des barrettes ornées. Dans la France du 18° siècle, elle devient transparente comme les fils de la Vierge, les barrettes sont remplacées par des fonds de résille. La fabrication mécanique des filets, qui voit le jour à Hambourg au siècle dernier, apporte un autre changement: ce sont désormais ces filets qui servent de fond aux motifs.

La popularité de la dentelle décline à partir du milieu du 19° siècle. Aujourd'hui, cependant, on note un regain d'intérêt pour cette forme de broderie qui ressemble à la dentelle aux fuseaux. Pourtant, la technique en est tout à fait différente. Plusieurs fuseaux sont en effet nécessaires à la dentelle de ce nom, chaque fuseau entraînant un fil qui est passé autour d'un motif formé par des épingles disposées sur un coussin.

Exécution de la dentelle aux aiguilles

Cette dentelle se fait toujours en plusieurs étapes. On remplit d'abord les motifs avec des points de remplissage dentelle, puis on les assemble selon un dessin général, soit par des barrettes, soit en les fixant sur un filet fait à la main. On peut également les disposer sur un filet fait mécaniquement.

N'importe quel dessin peut être reproduit, à condition qu'on puisse le diviser en sections; de plus, le fil très fin dont on faisait les dentelles anciennes n'existant plus, il faut qu'on puisse l'exécuter avec du fil de coton fin. La dentelle peut se travailler en différentes couleurs, bien qu'à l'origine elle n'existât qu'en blanc, en noir et en crème.

Les fils et les fournitures

Les aiguilles doivent être longues et fines, à bout rond comme des aiguilles à tapisserie. Il vous faudra également du fil de lin solide ou du fin coton à crocheter; du papier calque pour le dessin, du papier fort sur lequel étendre l'ouvrage et un métier à broder couvert de grosse toile.

Préparation des motifs pour la dentelle à l'aiguille

Le dessin tout entier doit être établi sur un épais papier glacé. Les petites pièces, dont les motifs doivent être assemblés avec des barrettes ou disposés sur une résille faite main, seront exécutées selon la place qu'elles occuperont dans le dessin général. Pour plus de clarté, nous ne vous montrons ci-après que la marche à suivre pour l'exécution de motifs isolés.

Etablissement du dessin

Posez et attachez le dessin sur du papier solide. Avec une épingle, piquez des trous à intervalles réguliers tout autour du motif, en perçant le papier calque et le papier de fond. Enlevez le papier calque une fois le dessin fini.

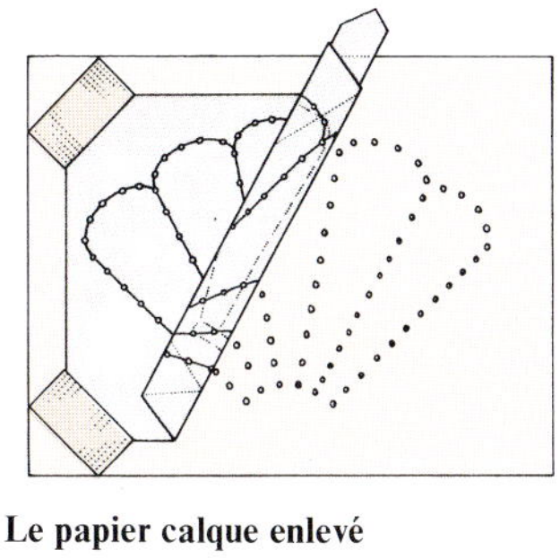

Le papier calque enlevé

Montage du dessin préparé

Le dessin doit être disposé de manière à rester fixe et plat. Montez une grosse toile sur votre métier à broder et tendez-la bien. Epinglez et bâtissez le dessin sur la toile comme sur notre dessin.

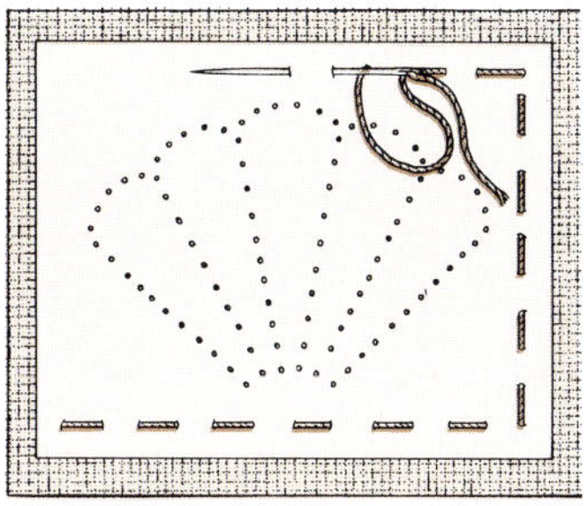

Le bâti du dessin

Le fil de trace

Une fois le dessin bâti sur la toile de fond, faites une couchure le long des contours ; c'est le fil de trace, qui sert de support à la dentelle. Prenez donc pour cela un fil solide ou deux ou trois épaisseurs du fil utilisé pour le remplissage. Posez le fil le long de la ligne de trous et, avec un fil plus fin, fixez-le à chaque trou par des points de surjet en entrant et en sortant par le même trou. Fixez bien le fil de trace tout autour du motif.

Le fil de couchure sert à fixer le fil de trace sur le support. Plus tard, il vous permettra d'enlever le motif sans le tirer et sans déformer les points, tout simplement en coupant les fils de couchure sur l'envers de la toile de fond.

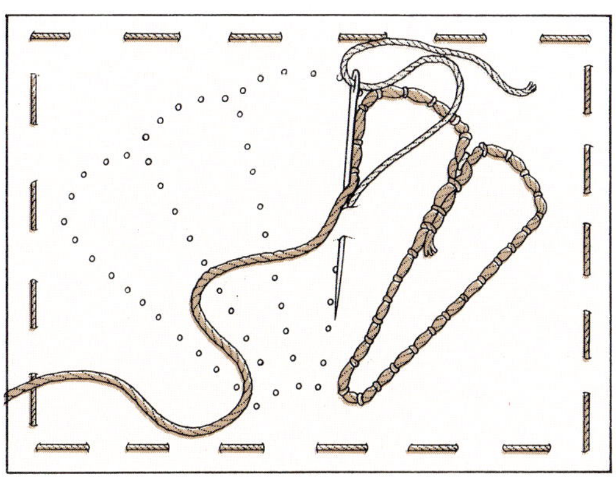

Couchure du fil de trace Utilisant un fil fin couchez un fil plus épais pour former le contour du motif.

Le remplissage des motifs

Une fois le fil de trace fixé, faites les points de remplissage (page 229). Le remplissage se fait presque toujours avec divers points de feston, disposés en rang. Le dessin dépend du nombre de points faits à intervalles réguliers. Le remplissage commence et finit toujours au fil de trace. Veillez à ne pas percer les points de couchure, ni le papier de support, vous auriez des difficultés à enlever le motif à la fin du travail.

Le premier rang se fait le long du fil de trace. Les rangs suivants sont travaillés dans les points du rang précédent, ils ne se fixent que sur le fil de trace, de chaque côté. Selon la plus ou moins grande largeur du dessin, vous augmentez ou diminuez le nombre de points en remplissant bien l'espace. Faites toujours vos points uniformément de même taille.

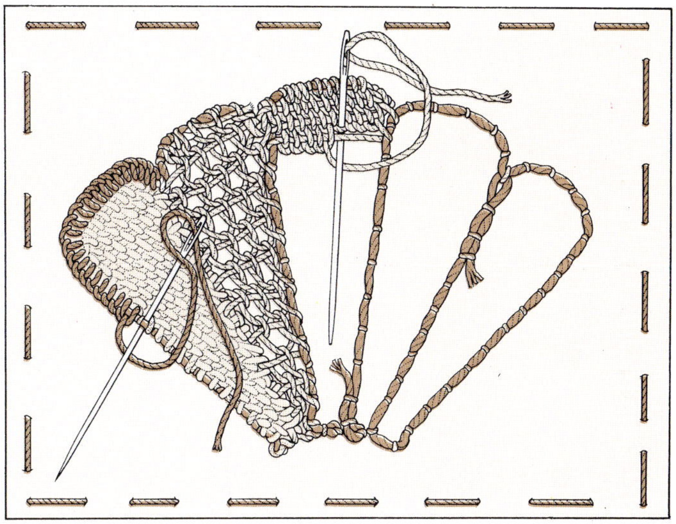

Le remplissage (à droite) et le cordonnet (à gauche)

Finitions des bords du motif

Les bords de tous les dessins sont toujours soulignés de points de feston rapprochés ; ces points peuvent être rembourrés pour rehausser le relief, on les appelle également cordonnet. Le moment d'exécuter le cordonnet dépend de la méthode d'assemblage choisie. Il sert à la fois à fixer les points de remplissage et à souligner les contours du motif.

Si votre motif doit être appliqué sur du tissu ou sur du filet mécanique, faites le cordonnet après les points de remplissage et avant d'enlever le motif de son support. Mais si vous voulez joindre les motifs par des barrettes ou par une résille faite main, le cordonnet se travaillera après l'assemblage.

Comment enlever les motifs de leur support

Une fois les motifs achevés, coupez les fils de couchure sur l'envers du tissu de support et retirez le motif. Enlevez les fils soigneusement, afin de ne pas déformer le motif.

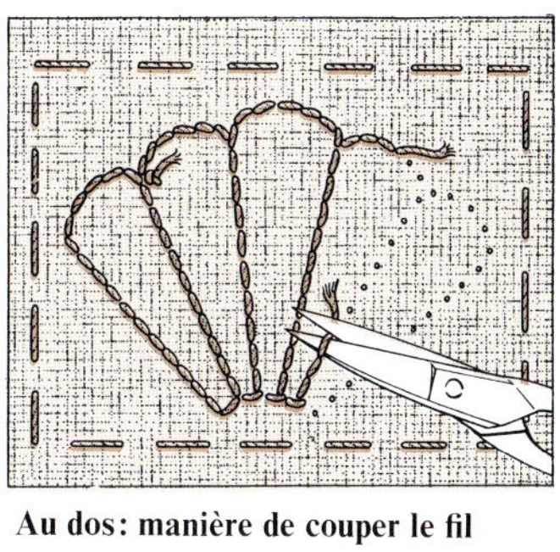

Au dos: manière de couper le fil

L'assemblage des motifs de dentelle à l'aiguille

Il y a différentes manières d'assembler les motifs pour former le dessin général. Les motifs isolés peuvent être appliqués directement sur le tissu de fond, comme décoration; ils peuvent par exemple orner un col ou des manchettes; on peut également les assembler pour former des pièces plus grandes au moyen de barrettes ou encore en les appliquant sur un filet mécanique, ou sur une résille faite main. Une fois les motifs achevés, disposez-les sur votre dessin avant de les assembler par des barrettes ou par une résille (voir les points page suivante). Si, au contraire, ils sont destinés à être appliqués sur un tissu ou sur un filet mécanique, disposez-les et cousez-les tout simplement. Nos indications ci-dessous ne sont données que pour un seul motif répété. Vous pourrez, bien entendu, en varier les formes, selon votre goût.

Application des motifs sur tissu

Les motifs peuvent être appliqués sur le tissu ou être joints aux ourlets pour former des bordures décoratives. Fixez-les par des points de surjet aux endroits où ils se rencontrent.

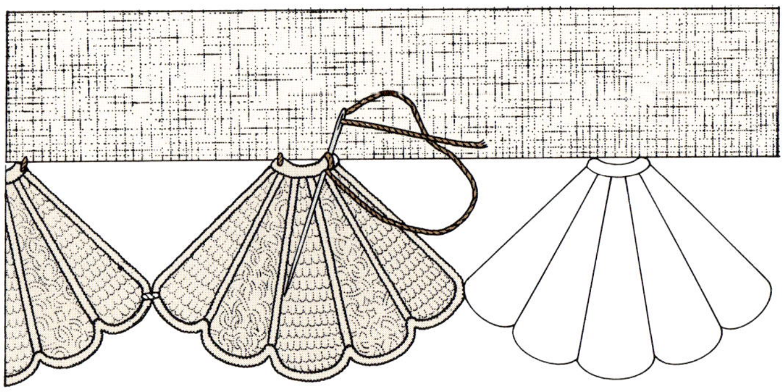

Comment attacher les motifs

Fixation des motifs sur un fil mécanique

Le moyen le plus simple de former un dessin avec des motifs isolés consiste à les appliquer sur un fond de filet tout prêt.

Ce filet sera bâti sur le dessin général qui, lui, sera bâti sur un tissu de fond. Les motifs finis, ornés de leur cordonnet, sont disposés selon le dessin. Epinglez et bâtissez ces motifs, puis cousez-les à points perdus, en ne piquant qu'à travers le motif et le filet. Pour obtenir un dessin plus décoratif, ajoutez des points de broderie sur le filet.

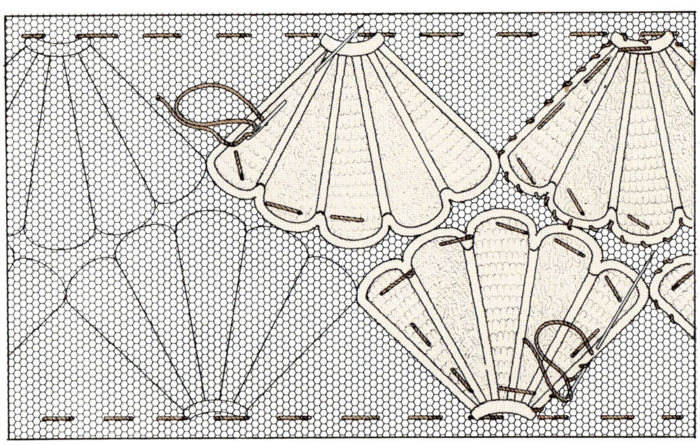

Fixation des motifs sur le filet de support

Assemblage par barrettes

Les barrettes d'assemblage sont faites au point de feston; elles peuvent être simples (barrettes claires) ou ornées de picots dans le style espagnol ou vénitien. On les appelle alors barrettes ornées. Les premières dentelles de ce genre étaient faites de motifs épais, en relief, entourés de grosses bordures au point de feston et de barrettes richement ornées.

Retirez les motifs de leur support, une fois le remplissage fait, mais avant d'exécuter le cordonnet. Puis épinglez et bâtissez-les sur le dessin général, au-dessus d'un tissu de fond monté. Faites les barrettes aux endroits indiqués, en veillant à n'oublier aucun motif. Une fois l'assemblage achevé, travaillez un cordonnet autour de tous les motifs.

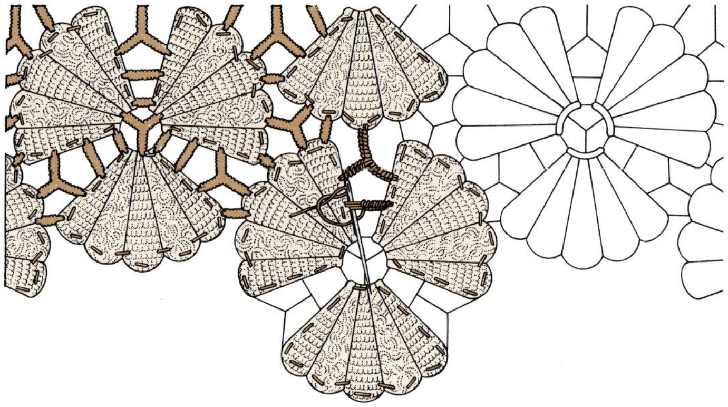

Assemblage des motifs en cours de travail

Assemblage des motifs sur résille faite main

Attachez le dessin général sur un support. Retirez les motifs de leur support après avoir fait les points de remplissage, mais avant de faire le cordonnet. Attachez les motifs au dessin et passez un second fil de trace autour du dessin tout entier, sauf aux endroits où les motifs forment la bordure.

Le fond de remplissage se fera par rangées en partant d'un angle du dessin. Faites le premier rang jusqu'au fil de trace du premier motif, puis faites le rang retour, en piquant dans les points du premier rang. Continuez ainsi pour remplir tous les espaces.

Le fond fait à la main en cours de travail

Les remplissages dentelle

Ces remplissages se font avec des points de feston variés, plus ou moins serrés selon l'effet recherché (voir page 191). Chaque rang comportera le même nombre de points, sauf en cas d'agrandissement ou de diminution du dessin, ce qui demandera une augmentation ou une diminution correspondante. Tous les points indiqués ci-après peuvent servir de remplissage pour les motifs ou pour le fond. Pour un fond à l'aspect aéré, faites des points très espacés.

Remplissage au point de feston espacé

C'est le point le plus répandu de tous les points de remplissage dentelle.

Faites un rang de boucles de feston par-dessus le fil de trace de gauche à droite. A la fin du rang, passez l'aiguille sous le fil de trace, ramenez-la à gauche et passez-la sous l'autre fil de trace. Au rang suivant, passez l'aiguille sous le fil tendu et dans les boucles du rang précédent. Continuez ainsi à remplir le motif.

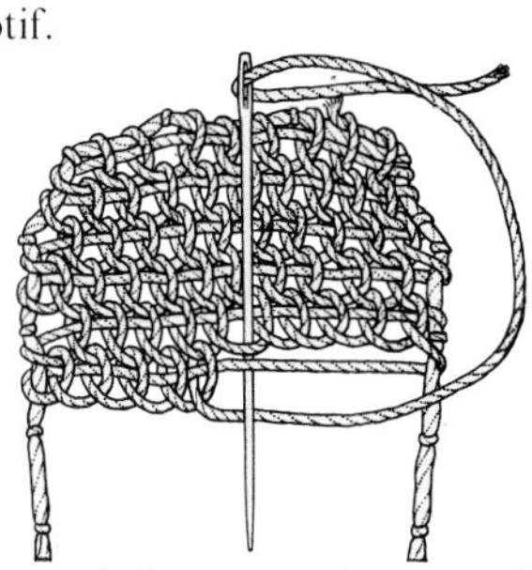

Le point de feston espacé en cours de travail

Le point breton

Faites le premier rang de boucles sur le fil de trace de gauche à droite, en tordant le fil une deuxième fois avant de passer dans la boucle. A la fin du rang, passez l'aiguille sous le fil de trace, ramenez-la sur la gauche et passez-la sous le fil de trace de ce côté. Au rang de boucles suivant, passez l'aiguille sous le fil que vous venez de tendre et dans les boucles du rang préc. Continuez jusqu'au bout.

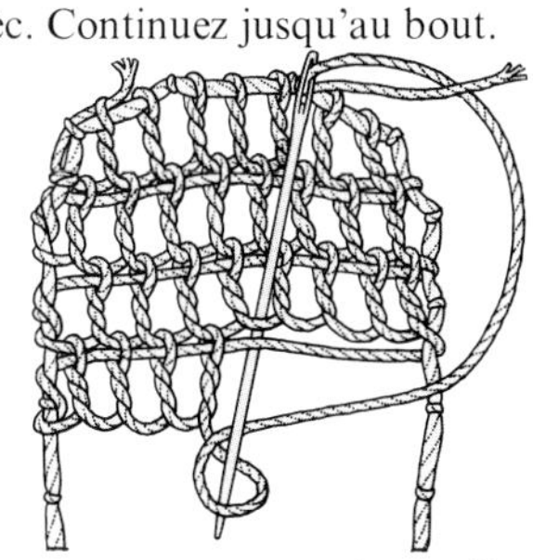

Le point breton en cours de travail

Point de remplissage vénitien

Ce point se travaille par groupes de 4 points de feston. Faites le 1° rang de gauche à droite sur le fil de trace en formant une boucle de feston lâche, puis faites un groupe de 4 points de feston par-dessus. Continuez jusqu'à la fin du rang. Travaillez le 2° rang de droite à gauche, en faisant des boucles lâches entre chaque groupe de 4 points de feston. Exécutez le 3° rang comme le 1°, mais par-dessus les boucles du rang précédent. Faites toujours le 2° et le 3° rang en aller-retour.

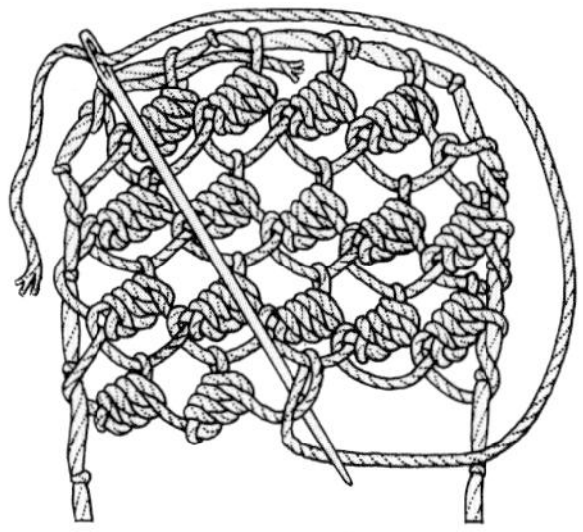

Point de remplissage vénitien en cours de travail

Point de remplissage filet

Ce point, facile à faire, est idéal pour les fonds filet. Travaillez le premier rang de boucles feston de gauche à droite, par-dessus le fil de trace. A la fin du rang, passez l'aiguille sous le fil de trace. Faites un autre rang de boucles feston lâches, de droite à gauche, par-dessus les boucles du rang précédent. Faites les rangs suivants en aller-retour de la même manière.

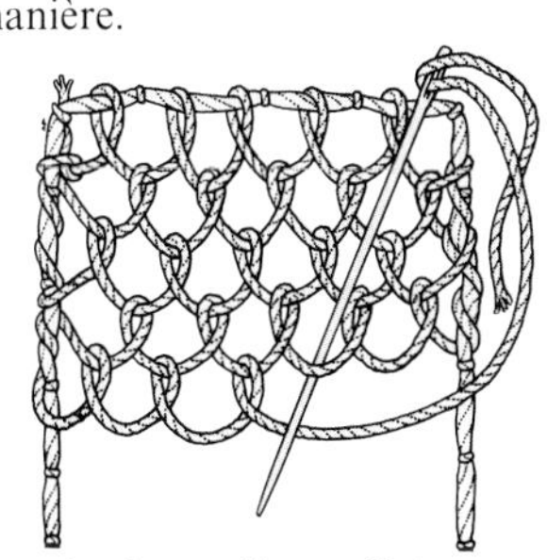

Le point de remplissage filet

Les barrettes

Les barrettes se font au point de feston très serré, elles servent à assembler les motifs. Elles peuvent aller dans toutes les directions et se fixent où cela est nécessaire (barrettes page 223).

Barrettes au point de feston double

Ce point donne une barrette à deux côtés festonnés. Passez le fil deux fois entre les motifs. Puis faites des points de feston espacés par-dessus ces fils de gauche à droite, en laissant des espaces libres entre les points. Après chaque paire de points, faites passer le fil derrière les fils tendus (Fig. 1).

Remplissez les espaces libres au rang retour, en travaillant de droite à gauche (Fig. 2).

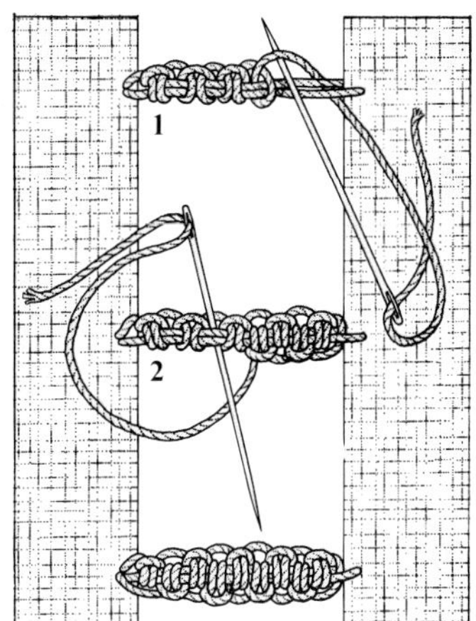

Barrette à double boutonnière en cours de travail

Point de picot vénitien

Tendez le fil 2 ou 3 fois entre les motifs. Faites des points de feston par-dessus ces fils de haut en bas, jusqu'au milieu de la barrette. Piquez-y une épingle, et faites une boucle autour. Passez l'aig derrière les fils et sortez par la boucle. Faites une autre boucle autour de l'épingle. Faites des points de feston le long de la barrette jusqu'au bout.

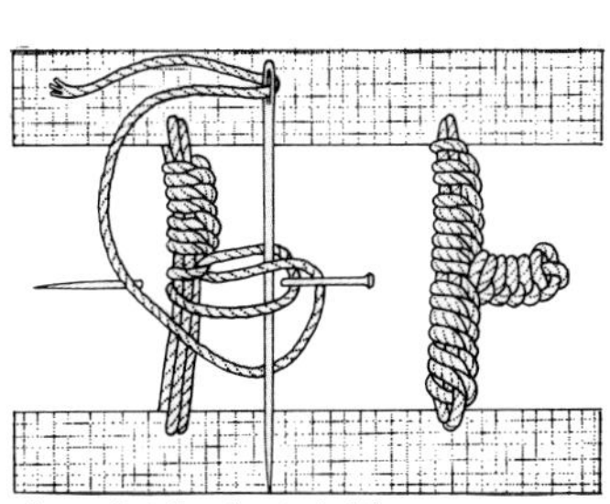

Le point de picot vénitien

Les bordures dentelle

Ces bordures sont à l'origine de la dentelle à l'aiguille.

Bordure picot

Travaillez de gauche à droite. Faites un point de feston, puis une première boucle pour le picot. Faites une autre boucle et passez l'aiguille vers le bas, à travers le point de feston et la deuxième boucle. Laissez un espace et faites le deuxième point de la même façon.

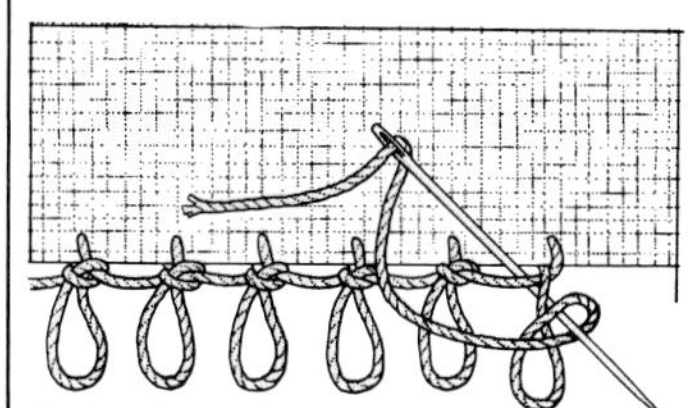

La bordure picot en cours de travail

La bordure festonnée

Faites une boucle avec deux fils pour A. Travaillez des points de feston par-dessus les fils de droite à gauche. Formez une boucle avec deux fils pour B. Travaillez des points de feston jusqu'au milieu. Faites une boucle de trois fils pour C. Couvrez de points de feston et finissez B. Continuez toujours ainsi.

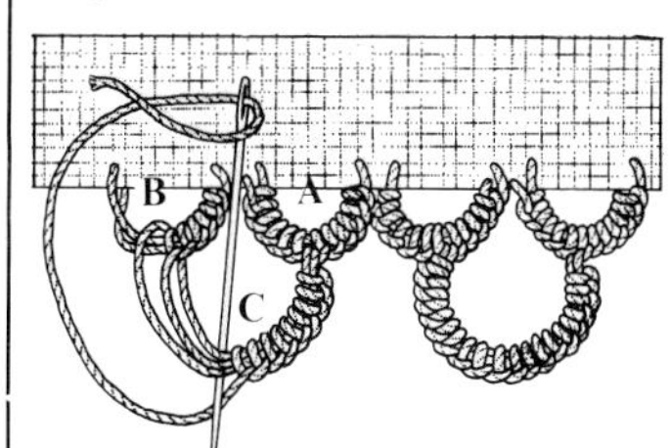

La bordure festonnée en travail

Le picot au point de poste

Formez une boucle de 4 fils. Faites des points de feston sur les fils et des points de poste à intervalles réguliers; ces derniers se font en enroulant le fil plusieurs fois autour de l'aig avant de la passer à travers le point.

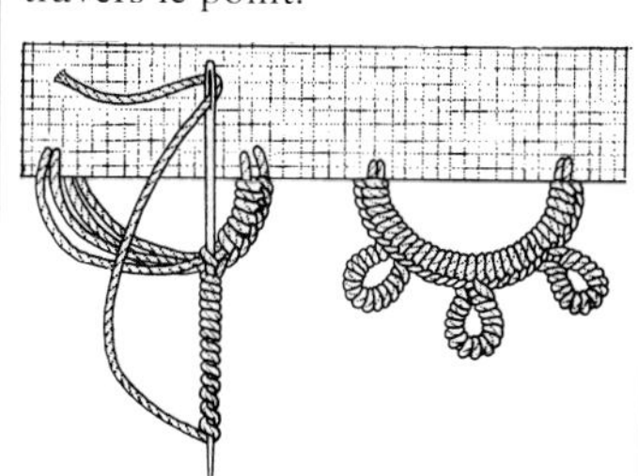

La bordure festonnée au point de poste en cours de travail

Les dessins de broderie

Au temps où la broderie et la tapisserie étaient considérées comme des expressions artistiques, les dessins étaient faits par des dessinateurs professionnels ou par les peintres de l'époque. Ces dessins étaient ensuite travaillés par des brodeuses spécialisées ou par les dames de la maison, à qui il ne restait plus qu'à choisir les fils, les points et les tissus de fond. Ceux qui n'étaient pas assez fortunés pour faire appel à des professionnels choisissaient leurs motifs dans la Bible, dans les illustrations ou dans les livres, ou encore parmi les fleurs sauvages. Les broderies servaient aussi à marquer des événements nationaux ou domestiques; il y eut pléthore de dessins brodés sur les vêtements, le linge de maison, ou même de tableaux brodés.

Les broderies anciennes méritent d'être étudiées autant pour leur exécution remarquable que pour les sujets traités, car c'est l'ensemble de ces facteurs qui fait d'une broderie une œuvre d'art. Il y a peu de règles à observer pour créer une broderie et le champ d'application en est quasi illimité en raison de la diversité des matériaux existants.

Pour les brodeuses débutantes, il est préférable de commencer par un dessin de petite taille. Les dessins de Jonathan Langley (peintre et brodeur) sur la page suivante sont assez petits (12 cm × 7,5 cm).

Si vous brodez un tableau, choisissez bien la bordure et le cadre pour le mettre en valeur. Les indications pour l'encadrer se trouvent page 173.

Dessin d'enfants
Les dessins d'enfants représentent d'excellents sujets de broderie. La broderie ci-dessus est copiée sur le dessin d'un enfant de 6 ans. La fraîcheur du dessin est bien rendue par l'emploi des fils simples et l'utilisation adroite des points (point de chaînette, lancé et de nœud double).

Insigne de fonction chinois
Au 17e siècle, il y eut en Chine des insignes de fonction brodés pour les mandarins (ci-dessus); le dessin en est délibérément stylisé.

Tenture murale indienne
Le détail (à gauche) a été exécuté au point de chaînette. Remarquez combien l'orientation des points permet de souligner les formes du cheval et du cavalier.

Comment faire un dessin à broder

Voyez les phases de l'exécution d'un dessin ci-contre. Un fin tissu de toile est tendu sur le cadre, le dessin est exécuté au crayon, puis colorié aux crayons de couleur. Le dessin achevé, la broderie commence. Faites d'abord le fond et toutes les grandes surfaces, ensuite les détails tels que les cheveux, le visage et les étoiles, pour finir par la bordure. Le processus est très simple et très logique. Il est, bien entendu, très agréable de broder son propre dessin, mais si vous n'avez pas l'habitude de dessiner, il est préférable d'utiliser le décalque d'un dessin ou d'une peinture (pour reproduire, voir pages 176-177).

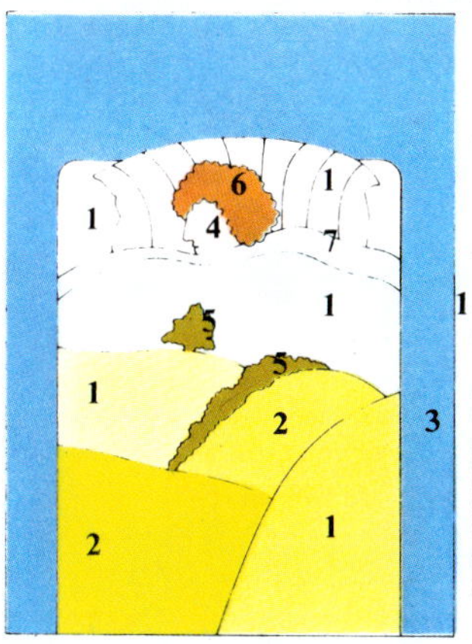

Points et fils
1 Point lancé
2 Point lancé empiétant
3 Point de toile
4 Point de toile
5 Mouchetures
6 Point de nœud double
7 Point de chaînette
Les points 1, 2, 3 et 7 avec deux fils ; 4, 8 et 6 avec 1 fil.

Méthode de travail

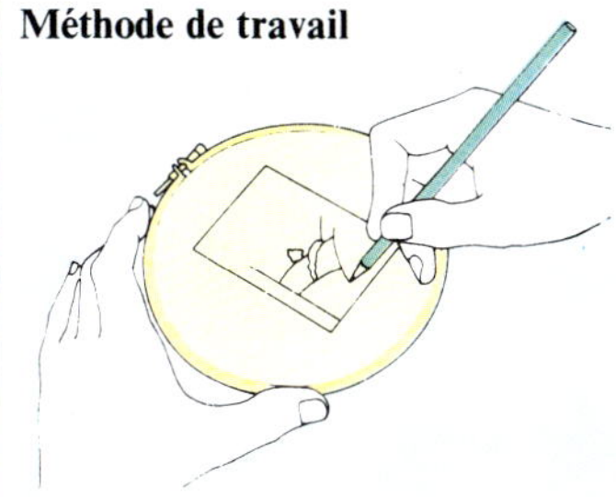

1 *Faites le dessin avec un crayon.*

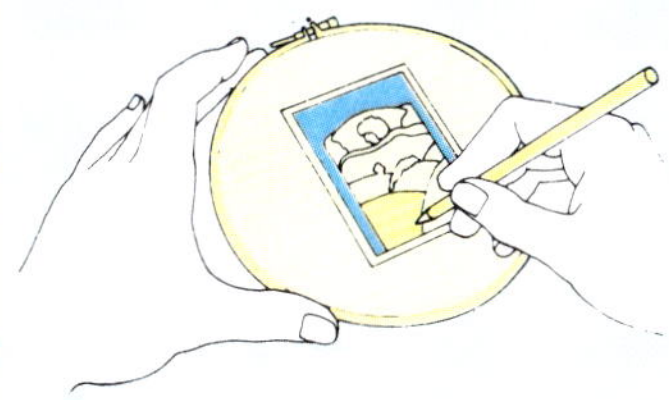

2 *Avec des crayons de couleur, remplissez les surfaces correspondantes.*

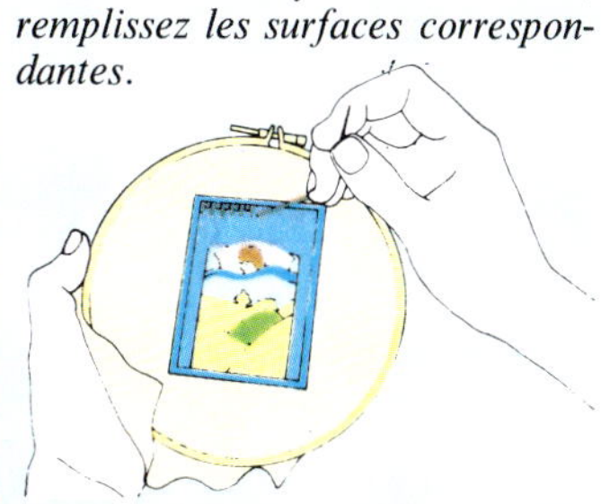

3 *Brodez d'abord les larges surfaces du fond.*

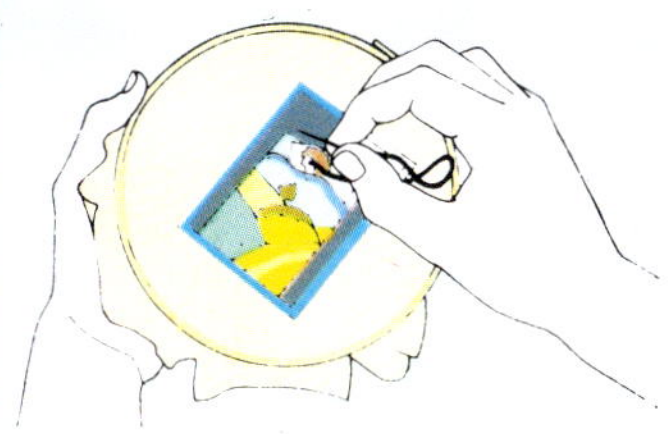

4 *Puis brodez les détails en utilisant les points correspondants.*

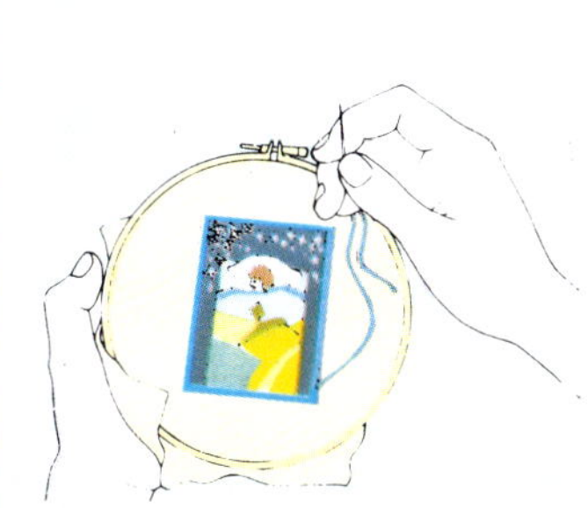

5 *Enfin brodez tout autour pour encadrer le tableau.*

Le Fermier
Tableau dans un tableau (12,5 × 17 cm) broderie au point satin autour d'une miniature en plâtre peint. La perspective est faite par une réduction des points vers le haut.

Le Clown
Broderie de 10 × 15 cm, couleurs brillantes soutenues par des dessins en encre de couleur sur le bord et sur l'arrondi.

Les dessins de broderie

Utilisation et genre de broderies

Les broderies peuvent orner les tissus de fond de bien des manières. En partant d'une simple fleur, on peut exécuter des motifs de bordures pour vêtements ou pour linge de maison. Des motifs isolés peuvent être agrandis pour devenir des médaillons sur des coussins ou des couvre-lits. En répétant des motifs à intervalles réguliers, on crée un fond entièrement brodé. Les points peuvent encore devenir des bandes diversement colorées de rayures, de carreaux ou de chevrons. Au contraire, de larges surfaces de tissu de fond peuvent apparaître dans les broderies sur grands panneaux. Le choix est illimité, mais au début il est préférable de commencer par un motif simple, en utilisant un ou deux points, puis d'en venir graduellement à des objets plus ambitieux, plutôt que de se lancer dans un grand projet utilisant tous les points sur une pièce de grande taille. Une bonne méthode consiste à choisir un point pour l'essentiel de la broderie, d'en prendre un autre pour les contours et les lignes, et d'en garder un troisième en réserve pour les effets de textures spéciales.

Les sources d'inspiration

Vous pouvez trouver des idées pour des broderies dans votre imagination, dans la nature, dans la peinture et les dessins, dans les photos, les impressions de tissus, les porcelaines, les poteries, les tuiles... Vos idées peuvent également provenir de broderies déjà existantes, et c'est même là une des meilleures sources d'idées, puisque vous y voyez clairement les points et les fils, qui vous montreront combien une combinaison bien calculée de points, de fils et de tissu est importante pour la création d'une œuvre d'art.

Pour broder de grandes surfaces

Le moyen le plus rapide de couvrir de grandes surfaces de tissu avec des broderies est d'employer un crochet à tambour, petit, métallique et pourvu d'une légère pointe au bout. On l'utilise à la place d'une aiguille pour faire des points de chaînette à travers le tissu de fond. L'emploi d'un tambour est nécessaire puisque le tissu doit être bien tendu pour que le crochet glisse facilement.

Méthode de travail

1 *Faites un nœud dans le fil et tenez-le de votre main gauche en dessous du tissu. Piquez le crochet vers le bas, à travers le tissu, faites une boucle et tirez-la au-dessus du tissu.*

2 *Puis, tout en gardant la boucle sur le crochet, piquez-le un peu plus loin le long de la ligne du dessin, puis tirez une autre boucle. Tirez la 2° boucle à travers la 1° pour faire un point chaînette et continuez ainsi.*

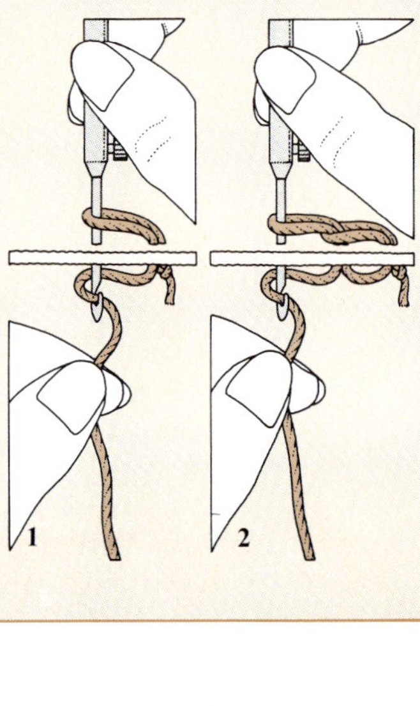

Préparation du dessin

Préparation du dessin

Une fois le dessin achevé, reportez-le sur le tissu par l'une des méthodes décrites page 176, celle qui convient le mieux au genre de tissu choisi. Le tissu est monté sur cadre et bien tendu. Si vous brodez des vêtements ou des petites pièces, il convient de ne les découper qu'une fois brodés. Les pièces trop petites pour être montées sur cadre, seront d'abord fixées sur un tissu qui sera, lui, monté normalement.

Le choix du tissu

Le choix du tissu dépendra du genre de dessin qui sera brodé, ainsi que des points et des fils utilisés. Les diverses possibilités sont présentées page 174.

Les tissus imprimés et brochés peuvent en eux-mêmes fournir le dessin, qui sera couvert de points de broderie. Vous pouvez donner à la broderie une impression de relief en utilisant des fils de la même couleur que le tissu de fond, ou au contraire, les rendre plus lumineux par l'emploi d'un fil de couleur contrastée. Vous pouvez également souligner les contours avec des points de broderie ou les agrandir en brodant les contours un peu en dehors des dessins de base.

La broderie italienne

Dans ce genre de broderie, le tissu de fond joue un rôle essentiel tout au long du travail. C'est lui, en effet, qui forme le dessin, entouré d'un point de remplissage. Cette broderie est répandue en Grèce et en Italie. On peut compliquer cette technique en bourrant les contours avec des fils de même couleur ou de couleur contrastante. Les dessins géométriques se font par des blocs de points disposés à intervalle sur le tissu de fond.

Les contours

Le contour sert à définir la forme du dessin. Vous pouvez le rendre pratiquement invisible en utilisant un fil proche de la couleur du tissu de fond ou, au contraire, le souligner avec un fil d'une couleur fortement contrastante. Un effet spectaculaire s'obtient en faisant plusieurs rangs de points de tige l'un à côté de l'autre, ou bien des points en relief, des points de poste par exemple. Les lignes ondulées se travaillent mieux avec des nœuds sur point lancé, des points corail ou des points zigzag. Et, en plus, on peut les utiliser pour cacher des coins mal réussis.

Le fond

Vous pouvez laisser le fond tel quel ou le couvrir de différentes manières. Vous pouvez employer des points qui couvrent rapidement, tels que le point chaînette ou le point de reprise ou encore utiliser un crochet à tambour. Le fond peut être ombré par l'emploi de fils plus ou moins sombres, il peut être rendu brillant par une broderie au fil d'or ou d'argent. Il peut également avoir un aspect «ancien» si vous travaillez avec différentes nuances d'une même couleur. Les motifs qui s'harmonisent avec le dessin principal donnent un bel effet décoratif, et les perles et les paillettes peuvent accrocher un éclat de lumière ici ou là.

Combinaison de points

Utilisation d'un seul fil et d'un seul point

Il arrive souvent que de riches dessins de broderie ne soient travaillés qu'avec un seul point et une seule couleur, le motif étant défini par l'orientation des points. Cette technique se retrouve sur bien des broderies folkloriques, tout comme sur certaines peintures aux aiguilles, où l'image est suggérée par la direction des points. Si, par exemple, une broderie est faite au point lancé avec un fil de soie, tantôt à l'horizontale, tantôt à la verticale, les tons changeront selon la lumière qui les frappe. On peut encore perfectionner cette technique en y ajoutant une ligne diagonale. L'effet est moins spectaculaire avec des fils de laine, il atteint un maximum d'efficacité avec des fils métalliques.

Utilisation d'un seul point avec différents genres de fil

On peut utiliser des fils de différents genres et travailler avec un seul point et une seule couleur. Vous obtiendrez des effets lumineux avec un fil de soie sur une broderie de laine ou, au contraire, des points mats, avec de la laine sur soie. Les fils de métal y ajoutent du brillant.

Utilisation d'une seule couleur avec différents points

Un ensemble de points différents faits avec une seule couleur donne souvent des effets richement décorés, comme vous pouvez le voir sur la broderie noire espagnole ou sur la broderie blanche.

Les effets spéciaux

On obtient des dégradés et des ombrés en utilisant les divers tons d'une même couleur. Les nuances sont introduites par petites touches, parfois d'un seul point pour des effets très subtils. Préparez plusieurs aiguilles à la fois avec des tons différents.

Pour des effets plus diffus, vous pouvez enfiler plusieurs fils de différentes nuances sur une même aiguille. Vous pouvez varier les tons en employant plusieurs fils d'une même couleur mélangés aux autres.

La peinture à l'aiguille

La peinture à l'aiguille

Certains sujets, tels qu'animaux, oiseaux, se prêtent facilement à la broderie, les plumes et les pelages sont, en effet, faciles à transcrire par des points de broderie, alors que les traits et les couleurs d'un visage humain, par exemple, sont plus difficiles à rendre.

Les plumes

Elles sont facilement représentées par des points lancés, de longueurs différentes allant dans diverses directions.

Les pelages

Les pelages drus se font le mieux avec des points de satin, les longueurs des points étant accordées au genre de fourrure; les pelages ondulants se font au point de chaînette et les rayés au point de boutonnière; la laine peut être utilisée au point poste ou au point noué double.

Le ciel et la mer

Utilisez des points plats ou des bourrages de fils pour les effets de calme, les arrangements en tourbillon se prêtant aux effets de tempête. L'eau est souvent représentée sous forme stylisée, comme dans la broderie chinoise où l'on trouve souvent des fils d'or, au point de Boulogne, et dans les broderies du 18e siècle où l'on trouve des rayures allant du bleu sombre au bleu pâle et au blanc. Vous pouvez également utiliser les rayures pour un ciel stylisé. Les nuages s'y ajoutent au point de chaînette en blanc. Il arrive également qu'on ajoute les nuages, au point de grille, pour obtenir un effet de brume.

Le vent et la pluie

Les coups de vent peuvent être représentés par un changement dans la direction des points. La pluie est suggérée par des points lancés isolés effectués avec des fils brillants de couleur claire.

Les paysages

Pour les paysages, vous obtiendrez un effet de perspective en employant des points de longueurs différentes: plus longs au premier plan, plus courts pour l'arrière-plan.

Le visage humain

Les visages sont très difficiles à rendre en broderie; en effet, la teinte de la peau humaine ne se prête pas aisément à la transcription par fils. Les broderies anciennes illustrent souvent ouvertement cette difficulté: les visages y sont peints, le fond servant à suggérer la peau. Toutefois, toutes les brodeuses n'ont pas été aussi timides et les méthodes que nous vous présentons ci-après ont été employées avec succès. Au 15e siècle, par exemple, la chair était représentée par le tissu de fond, mais les traits étaient brodés en lignes noires ou marron. Les broderies chinoises présentent souvent des visages humains faits au point très serré, couvrant à la fois l'envers et l'endroit du tissu pour donner une impression d'épaisseur. Les traits sont ensuite brodés par-dessus et bien serrés, afin de s'imprimer profondément dans le rembourrage, ce qui ajoute au relief, qui est encore souligné par les couleurs.

Les premières broderies anglaises montrent des visages brodés au point de tige, travaillés en cercles concentriques commençant aux pommettes et allant vers l'extérieur pour rendre l'arrondi du visage. Parfois on ajoutait des nuances, en ombrant par exemple les pommettes pour les souligner. Les traits étaient ajoutés à la fin, pour détailler les yeux, le nez et la bouche avec précision. On peut également utiliser le point transpercé pour le fond, en y ajoutant ensuite les traits au point lancé très court. Une autre possibilité consiste à remplir le fond du visage avec des points lancés et à travailler les détails par-dessus ce point. La structure osseuse du visage peut être rendue par des ombres brodées avec des couleurs plus sombres.

Détail d'une tenture murale indienne. On y utilise des points de chaînette allant dans diverses directions pour suggérer les visages, tout comme les contours et les espaces pleins de la broderie.

Les perles et les paillettes

Les perles et les paillettes sont probablement le moyen le plus spectaculaire de transformer des dessins tout simples en une matière riche et exotique. Il est essentiel qu'elles soient utilisées d'une manière précise, bien préparée d'avance. Vous pouvez également utiliser des boutons, des coquillages ou des cailloux pour obtenir le même effet, à condition qu'ils soient pourvus de trous qui permettent de les fixer au tissu. Assurez-vous que votre tissu supporte le poids des perles, parfois lourdes.

Nous vous présentons ci-après divers genres de perles et de paillettes. Les paillettes sont presque toujours d'or ou de métal, afin de scintiller et de bien capter la lumière. Les perles brillent quand elles sont en verre de couleur ou en matière plastique; quand elles ne doivent servir qu'à apporter une couleur de plus, elles sont en bois brillant ou en plastique opaque.

Les perles et les paillettes étant fragiles, il convient de les conserver dans des récipients séparés. Evitez de les placer en pleine lumière. Les paillettes d'or et d'argent ayant tendance à ternir, manipulez-les le moins possible pour qu'elles gardent leur scintillement.

Assortiment de perles et de paillettes

Tableau brodé de perles, anglais, 17e siècle

Détail d'un motif exécuté en perles

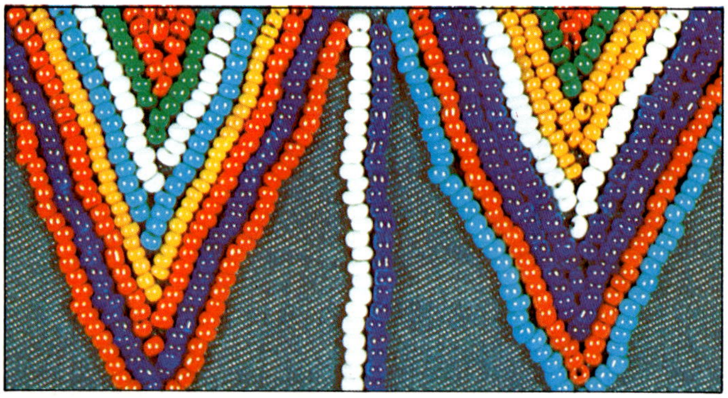

Ceinture en broderie de perles moderne Le motif provient d'une coiffure de chef indien.

Tablier de guerrier Masaï Perles et coquillages sur un tablier Masaï traditionnel.

Vêtement sacerdotal espagnol
Le vêtement, portant le gril, emblème de saint Laurent, est brodé de fils d'or et d'argent et de paillettes d'or et d'argent. On peut fixer les paillettes avec des fils de métal pour leur donner plus d'éclat.

Coiffure traditionnelle hongroise
Les paillettes de cette coiffe de cérémonie sont fixées avec des fils d'or sur fond de velours et de soie.

Pochette aux perles et aux paillettes

Sur la pochette ci-dessous, les paillettes sont utilisées pour imiter les écailles des poissons, alors que les perles forment tout le reste du dessin. Le motif du poisson peut également former une bordure, avec ou sans l'arrière-plan de vagues. Les explications sont données ci-dessous.

La pochette aux paillettes
La pochette mesure 12 cm × 26 cm à la base; une fois pliée, elle est de 12 cm × 10 cm. Il vous faudra: 30 cm de tissu de soie et de doublure, 1 paquet de chaque sorte de perles suivantes: 2 couleurs de petites perles pour les vagues, une couleur plus claire pour la crête des vagues, 2 couleurs de perles moyennes nageoires; 1 couleur de paillettes pour les poissons et 2 petites perles de couleur contrastante pour les yeux.

Laissez un ourlet de 5 cm tout autour du tissu puis reproduisez le dessin du poisson ci-contre. Tendez le tissu sur un tambour et appliquez les perles pour les vagues. Puis remplissez les poissons avec des paillettes (voir page 237 pour la fixation des perles et des paillettes). La broderie finie, retirez l'ouvrage du cadre, ramenez l'ourlet à 1,5 cm, coupez la doublure aux mêmes mesures. Posez la broderie et la doublure endroit contre endroit et cousez à points devant sur 3 côtés. Retournez sur l'endroit, pliez le côté non bâti et cousez. Pliez selon la ligne AB et cousez les côtés. Finissez en fixant un cordon ou un bouton au milieu du rabat.

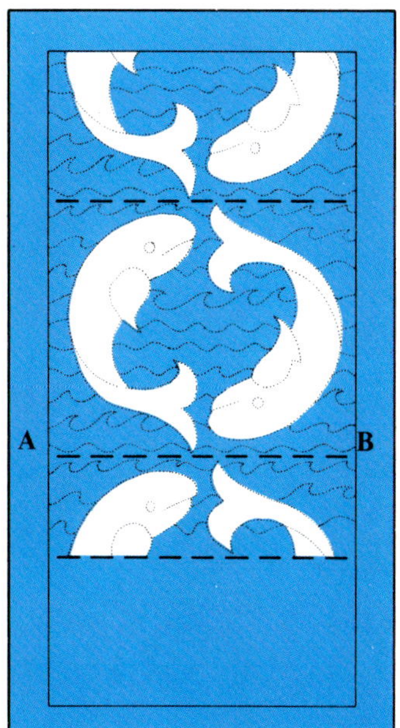

Les perles

La broderie de perles est la seule qui, en ce qui concerne le style, les dessins et l'imagination, n'ait pas souffert de l'invention des machines. La broderie moderne de perles et de paillettes est aussi belle que n'importe quelle broderie ancienne. Les robes étincelantes, ornées de perles et de paillettes, des grands couturiers français des années 20, ont suscité autant d'admiration que les vêtements et les tentes enrichis de joyaux des rois et des courtisans du camp du Drap d'Or en 1520. La seule grande différence entre les ouvrages anciens et modernes se trouve dans le fait que les premiers scintillaient de vrais joyaux, de paillettes d'or et d'argent véritables, alors que les nôtres ne sont que fer blanc, verre et plastique.

Les premières paillettes furent découvertes dans un tombeau grec. Elles étaient d'or et d'argent et avaient la forme d'étoiles, de quartiers de lune, de cercles, de carrés et de triangles. Plus tard, elles furent enrichies d'émaux de différentes couleurs pour ajouter encore à leur richesse.

Au 16° siècle, les paillettes de la reine Isabelle de Castille étaient d'or et d'argent et, contrairement aux nôtres, de forme convexe. On les faisait se chevaucher comme les tuiles d'un toit.

Tout ce qui brille peut être fixé sur du tissu, depuis les ailes de scarabées de Bangkok, jusqu'aux écailles de mollusques de Bornéo. Certains peuples se servent plus particulièrement de perles et de paillettes, tels par exemple les Masaïs du Kenya et les Indiens d'Amérique du Nord, qui sont probablement les plus grands utilisateurs de ces ornements. L'emploi le plus spectaculaire, pourtant, est celui qu'en font les clowns de la Commedia dell'Arte de Naples.

Costume de cérémonie avec paillettes pour un éléphant (Ceylan).

Fixation des paillettes

Les paillettes peuvent être attachées avec des fils apparents ou cachés. La méthode choisie dépend de l'effet recherché : le fil sera de couleur contrastante (d'or ou d'argent), ou les paillettes se chevaucheront de manière à cacher les fils.

Vous pouvez couvrir de paillettes tout un vêtement, ou les utiliser pour souligner une partie de la broderie (une goutte de rosée sur une fleur par exemple). Elles s'utilisent également en larges bandes pour donner un effet de richesse au tissu.

Les paillettes se vendent en général enfilées sur du coton. Elles sont fragiles, conservez-les soigneusement jusqu'à leur utilisation.

Fixation des paillettes avec le fil d'un seul côté

Cette méthode s'emploie quand le fil est un élément de décoration. Il donne un léger effet de relief.

Méthode de travail

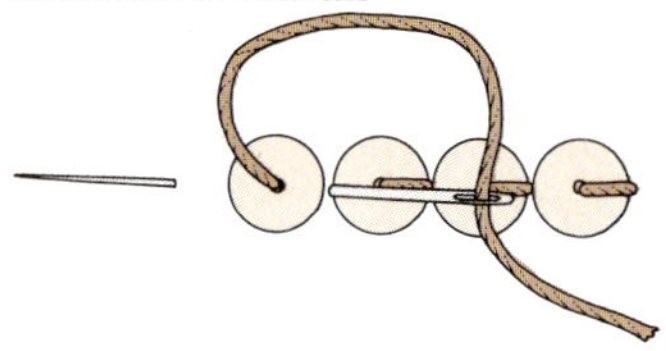

Faites passer l'aiguille de l'envers du tissu à l'endroit et à travers le trou de la paillette. Faites un point arrière vers la droite et ressortez l'aiguille à gauche, pour la passer dans le trou de la paillette suivante, placée à côté de la première. Continuez ainsi jusqu'à ce que toutes les paillettes soient fixées.

Fixation des paillettes avec un fil de chaque côté

Cette méthode donne à l'ouvrage un aspect plus plat.

Méthode de travail

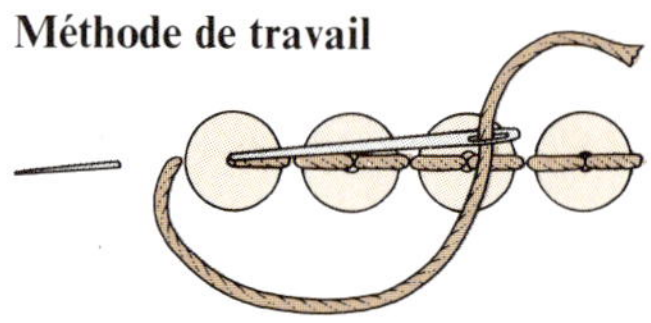

Faites un point arrière par le trou de la paillette, puis passez l'aiguille à gauche de la paillette et repassez-la, par un autre point arrière, dans le trou. Ressortez l'aiguille par le trou de la paillette suivante à gauche. Continuez toujours ainsi.

Fixation des paillettes par points invisibles

Pour que les points ne se voient pas, les paillettes doivent se chevaucher.

Méthode de travail

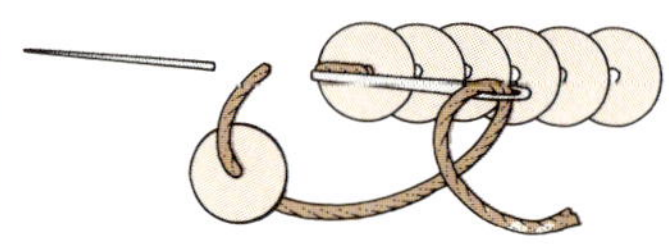

Faites un point arrière du côté gauche de la première paillette, puis placez la paillette suivante de manière à couvrir le trou de la première. Ressortez l'aiguille exactement au coin gauche et faites un point arrière à travers le trou, en passant l'aiguille dans le trou du point arrière précédent.

Fixation des paillettes avec une petite perle

Pour un effet de décoration, on peut attacher les paillettes avec une petite perle. Le fil doit être invisible, puisque c'est la perle qui retient la paillette.

Méthode de travail

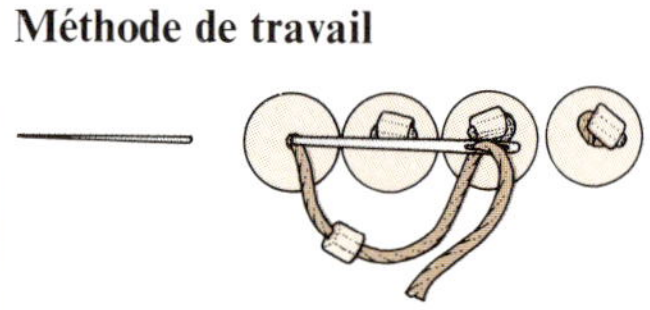

Sortez l'aiguille par le trou de la paillette, puis enfilez une petite perle et repassez l'aiguille par le trou de la paillette ; serrez bien, pour que la perle reste fixée solidement en maintenant la paillette.

Fixation des perles

Les perles s'utilisent de bien des manières pour la décoration d'un tissu : elles peuvent former des galons, ou des plages de dessins colorés, ou encore se transformer en glands ou en franges. Vous pouvez les utiliser seules ou en rangées. Les perles se fixent toujours de manière invisible.

Fixation des perles isolées

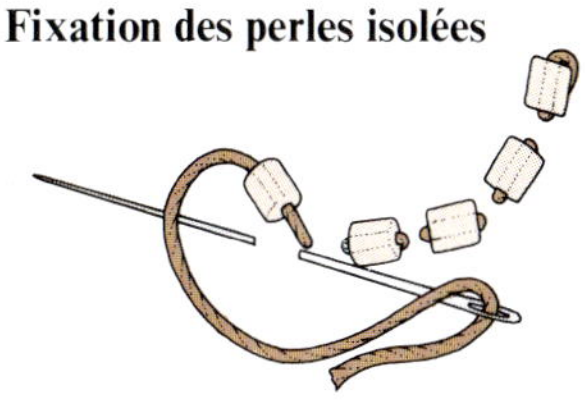

Passez l'aiguille à l'endroit et enfilez une perle, puis repassez le fil par le mêm trou, en laissant le fil légèrement plus long que la taille de la perle. Vous pouvez également fixer la perle avec un fil de même taille pour poser la perle suivante juste à côté.

Comment appliquer les perles en rang

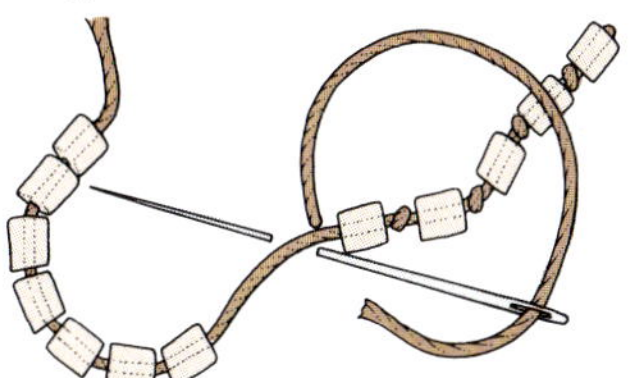

Coupez deux longueurs de fil, passez la première à travers le tissu et enfilez les perles. Disposez la première perle à sa place, puis, avec une autre aiguille, faites un point de surjet aussi près que possible de la perle. Glissez la seconde perle près de la première. Continuez ainsi jusqu'à ce que toutes les perles soient fixées.

Fixation des franges en boucle

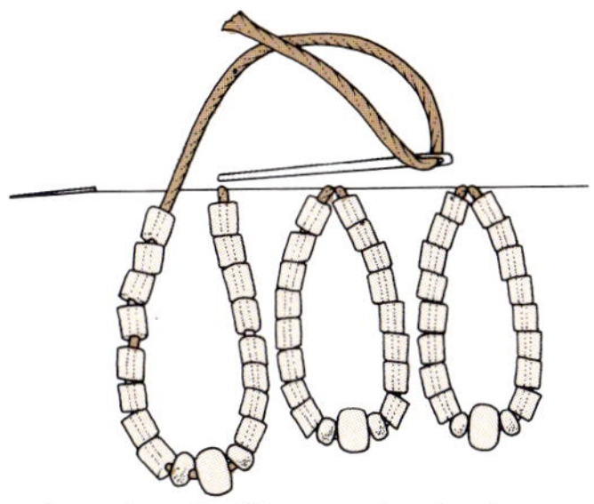

Attachez le fil au coin du tissu et enfilez le nombre de perles nécessaire. Repassez l'aiguille dans le trou par lequel elle est sortie et ressortez-la un peu plus à gauche pour faire le point suivant.

Fixation des franges libres

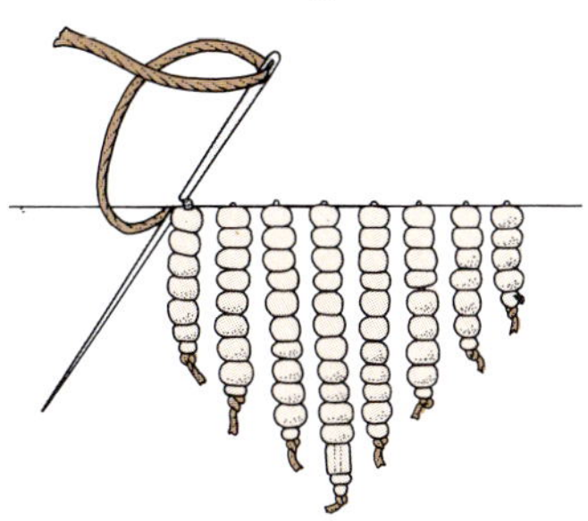

Faites un nœud au bout du fil et attachez-y une perle, puis enfilez le nombre de perles nécessaire. Attachez au bord du tissu avec un petit point arrière. Continuez ainsi à ajouter des franges.

Fixation des perles avec un crochet à tambour

Cette méthode consiste à fixer les perles par-dessous sur un tissu légèrement tendu.

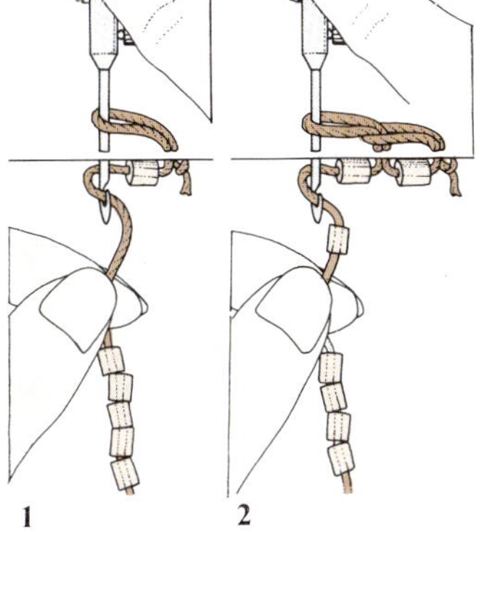

Méthode de travail

1 *Enfilez les perles et fixez le fil au tissu. Passez le crochet à travers le tissu et enroulez le fil, tirez la boucle du fil ainsi formée vers le haut. Glissez la première perle à sa place, sous le tissu, passez le crochet à travers le tissu et tirez une boucle.*

2 *Continuez ainsi tout le long du dessin.*

Broderie afghane avec des miroirs

Ce genre d'ouvrage se trouve dans les broderies traditionnelles d'Afghanistan, ainsi qu'au Baloutchistan et aux Indes. Elles consistent en l'application de minuscules miroirs ou de disques métalliques brillants. Le point employé pour les fixer est le point « shisha ».

Méthode de travail

1 *Posez le miroir sur le tissu et maintenez-le du pouce gauche. Sortez l'aig en A, passez le fil de gauche à droite au-dessus du disque et piquez-la en B, pour ressortir en C.*

2 *Repassez le fil en arrière pardessus le disque et piquez en D, sortez en E.*

3 *Passez l'aiguille au-dessus et en dessous du premier fil horizontal. Tirez, montez et passez-le au-dessus et en dessous du 2° fil horizontal. Puis piquez en F et sortez en G.*

4 *Passez encore une fois au-dessus et en dessous des deux fils horizontaux.*

5 *Passez l'aig sous l'intersection du 1° fil horizontal et sortez-la à droite du fil de travail. Piquez l'aig en H et sortez-la en I.*

6 *Passez l'aig sous l'intersection du 1° fil horizontal et sortez-la à droite du fil travailleur.*

7 *Piquez en I et sortez en J, pardessus le fil travailleur.*

8 *Passez l'aig sous le fil vertical et sortez-la par-dessus le fil travailleur.*

9 *Piquez en J et sortez en K, pardessus le fil travailleur.*

10 *Répétez 8 et 9 autour du disque jusqu'à ce qu'il soit complètement entouré de points.*

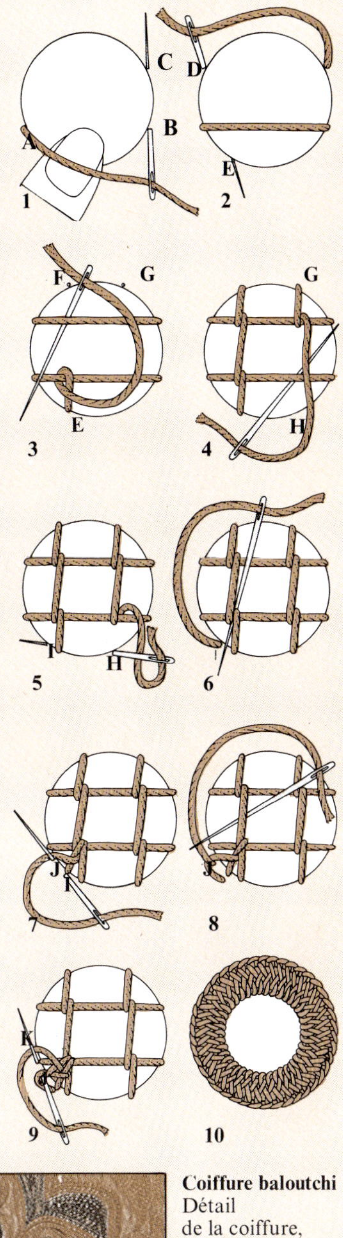

Coiffure baloutchi
Détail de la coiffure, avec broderie de miroirs entourés de points shisha.

Les smocks

Le smock est la seule broderie à la fois utile et décorative. Les points servent à réduire la largeur du tissu en même temps qu'à en orner les plis. Les smocks traditionnels (qui étaient destinés aux vêtements de travail) présentaient des motifs spéciaux, symbolisant le métier du propriétaire du vêtement. Ils étaient disposés sur les bords, les épaules, les cols et les manches. Plus tard, on utilisa les smocks pour les chemises de nuit et les robes d'enfants. Aujourd'hui, ils ornent toutes sortes de vêtements. En général, on dispose les smocks sur l'empiècement d'un corsage, le devant d'une jupe ou sur une manchette pour en réduire l'ampleur. Les smocks peuvent se faire sur la plupart des textiles légers ou d'épaisseur moyenne.

Tablier du Dorset (Angleterre)
Motifs traditionnels sur smocks au point d'épine, de blé et de boutonnière.

Smocks traditionnels
Plusieurs motifs différents figurent sur cet empiècement ; le col est orné de cœurs.

Les smocks modernes
Ici, les points sont exécutés en différentes couleurs, les panneaux sont ornés de broderies aux couleurs douces. Une fine ligne au point de tige encadre le point nid d'abeilles. Les instructions pour le nid d'abeilles se trouvent page 241.

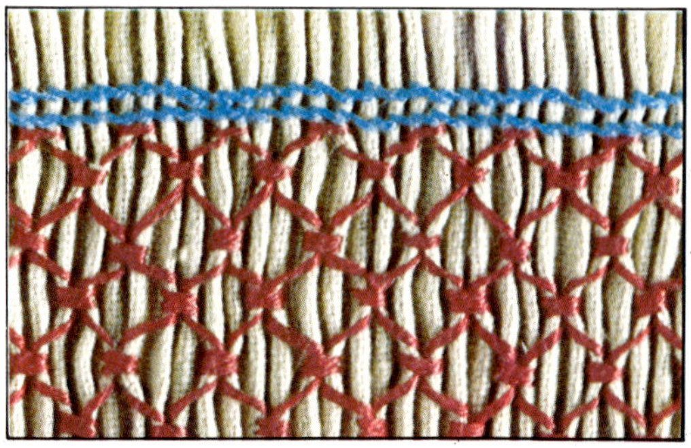

Gros plan du panneau de smocks

Panneau de fleurs au point d'épine

Panneau au point d'épine en volutes

Points pour les smocks

Les points
On peut exécuter des smocks sur toutes sortes de tissus imprimés ; les rayures, les pois et les carreaux servent souvent de guide pour le fronçage. On peut laisser libre une partie de la surface et la broder plus tard avec des couleurs semblables ou contrastantes. Les smocks qui ornent les vêtements doivent être exécutés avant l'assemblage des pièces.

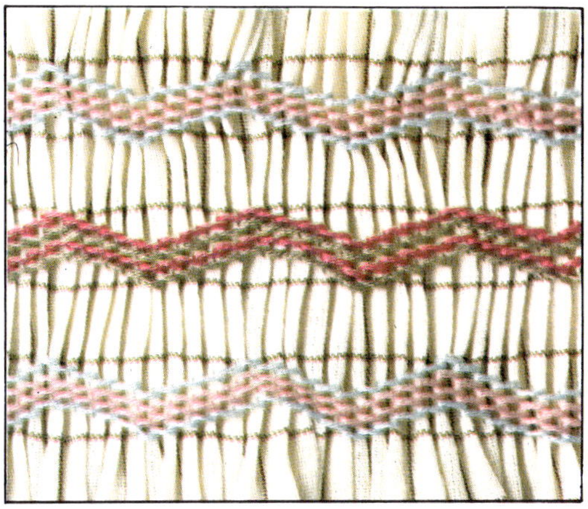

Point van Dyke sur damiers (carreaux)

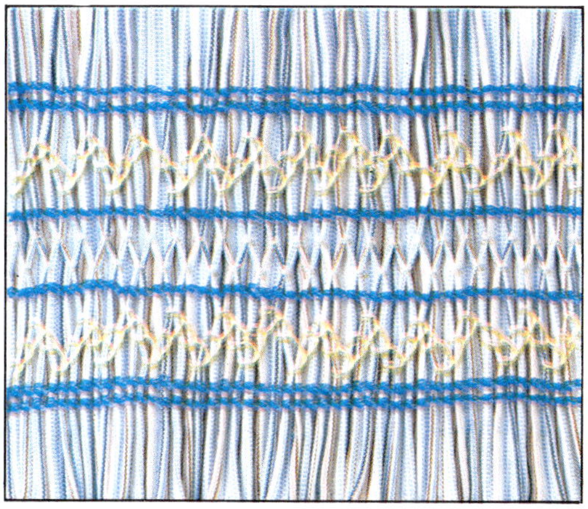

Point de tige, de nid d'abeilles et d'épine sur rayures

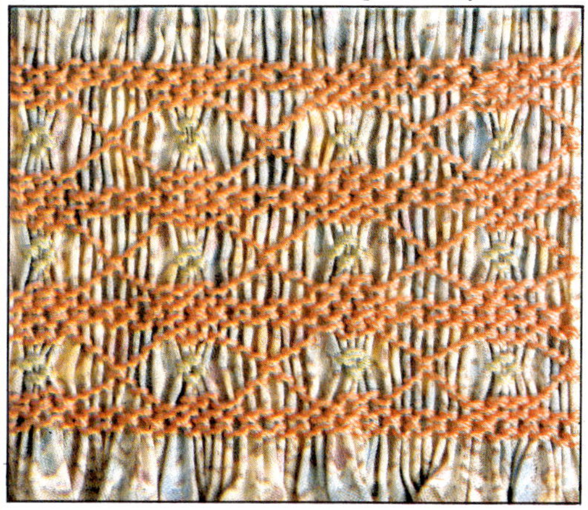

Point de câble sur imprimé à fleurs

Smocks traditionnels enrichis de points de broderie moderne

Pour enrichir un motif traditionnel
Traditionnellement, le devant et le dos du vêtement enrichi de smocks étaient simplement froncés avec des fils d'une seule couleur. Dans cette version, on trouve différentes couleurs qui dessinent des motifs floraux au point d'épine sur les panneaux devant et dos, les manches, les épaules et le col. La largeur de la manche est également reprise par un petit panneau de smocks. Il est intéressant de noter que, bien qu'on trouve des robes froncées dans toutes les parties du monde, ce n'est qu'en Angleterre qu'elles étaient enrichies de smocks.

Détail du dos

Les smocks

Le mot «smock» est un ancien mot anglais signifiant «chemise». Cette technique, apparue en Angleterre d'abord, s'appliquait sur les larges chemises carrées que les travailleurs ruraux portent en Angleterre depuis les temps anciens. Le smock a toujours été la manière la plus pratique de ramasser une largeur d'étoffe autour de la poitrine et des poignets, ce qui tenait chaud, tout en offrant la liberté de mouvement indispensable aux bergers, aux bûcherons, aux chaudronniers, aux charrons et aux jardiniers.

A l'origine, les smocks se faisaient sur toile solide, verte, bleue, blanche ou noire. Les smocks du dimanche étaient en toile blanche plus fine.

Au début, on travaillait les smocks sans ornements; puis, petit à petit, les femmes y ajoutèrent quelques points de broderie aux cols, aux poignets et aux épaules. Les motifs symbolisaient souvent le métier des propriétaires de ces vêtements: la roue pour le charron, des grains de blé pour le laboureur, les houlettes croisées pour le berger, les feuilles et les fleurs pour le jardinier. Ces motifs étaient parfois entremêlés des marques d'affection de l'épouse tels que des cœurs. Les bordures étaient travaillées au point de chaînette, de blé ou d'épine.

Puis la révolution industrielle amena les salopettes toutes faites, fabriquées à la machine, mais les smocks ne disparurent pas – on les trouve encore aujourd'hui, surtout sur les robes d'enfant.

Les matériaux

N'importe quel tissu, depuis la simple toile jusqu'au coton et aux soies imprimées, peut être travaillé en smocks, à condition qu'il soit assez souple pour être froncé. Le Vichy, les tissus rayés ou à pois sont particulièrement faciles à travailler – les dessins peuvent servir de guide pour le fronçage.

Les points, bien que traditionnellement de même couleur que le tissu, peuvent être faits en couleur contrastante ou en plusieurs couleurs. Le coton retors est le plus indiqué pour ce travail. Il vous faudra également une aiguille à coudre bien choisie et du matériel de couturière.

Il existe deux points de base: le smock traditionnel (en bas à gauche), et le point de treillage (en bas à droite). Les explications sont données page suivante.

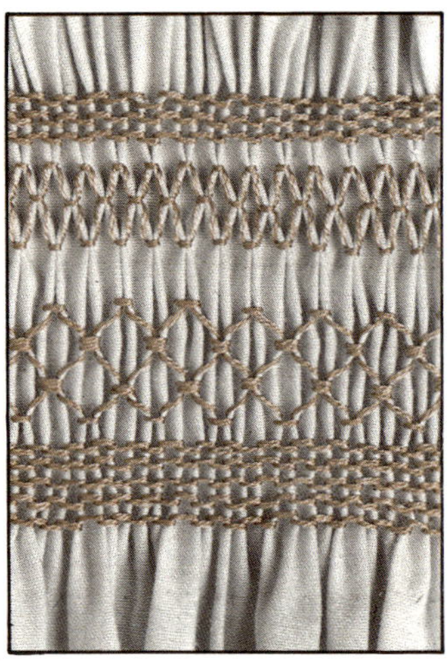

Echantillon de smocks traditionnels, présentant plusieurs points

Exemple de smocks au point de treillage, souvent utilisé pour les coussins

Méthode de travail

Préparation

Le smock se fait en fronçant le tissu de plis réguliers. Cette préparation doit être effectuée avant d'assembler le vêtement. Il vous faudra en général trois fois la largeur du tissu, mais les gros tissus, tels que les lainages souples, demandent un peu moins d'étoffe.

A l'origine, on comptait les fils de trame et de chaîne pour établir la largeur des plis, on les marquait à la craie à intervalles réguliers. Le fronçage se faisait avec un fil ciré, en piquant dans les marques et en prenant de très petites épaisseurs de tissu à chaque point.

Aujourd'hui, on trouve des dessins à décalquer tout faits; ils sont en papier carbone et portent les lignes pointillées à reporter sur l'envers du tissu. Veillez à ce que le pointillé se trouve sur un fil du tissage, sinon le tissu risquerait de tirer et de se froncer aux mauvais endroits. Si vous ne trouvez pas de décalque, vous pouvez le remplacer en perçant des trous régulièrement espacés dans un morceau de carton. Vous poserez ce carton sur le tissu, puis piquerez dans les trous avec un crayon pour faire des marques de fronçage. Ce carton pourra servir plusieurs fois.

Une fois marqué, le tissu est prêt à être travaillé.

Le fronçage

Votre fil doit être un peu plus long que le rang à froncer. Faites un nœud dans le fil, passez l'aiguille de l'envers sur l'endroit, puis prenez une petite quantité de tissu à chaque point, comme sur le dessin. Laissez le fil pendre librement à la fin du rang. Recommencez avec les rangs suivants. Tirez ensuite doucement sur les fils pendants pour froncer le tissu régulièrement. Une fois la largeur voulue atteinte, prenez les fils deux par deux, nouez-les et passez sur les plis avec une aiguille pour les égaliser. Le tissu est prêt à être brodé. Retirez les fils de fronçage une fois la broderie terminée.

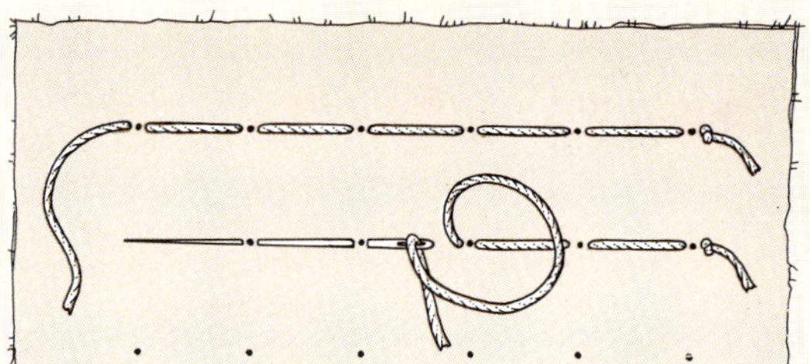

Comment travailler
1 Passez le fil dans les rangs qui doivent être froncés. Ne prenez que peu de tissu à la fois.

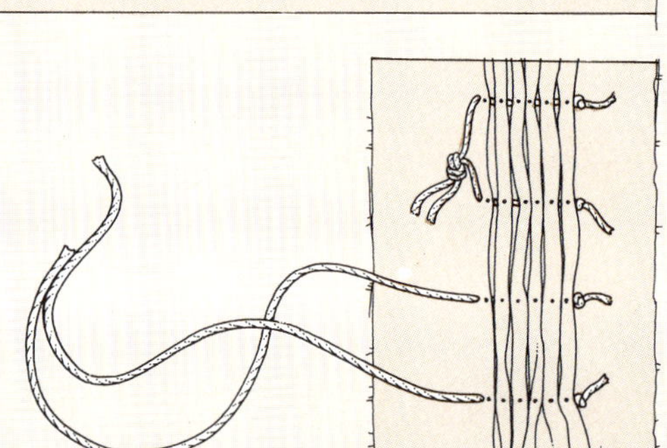

2 Une fois tous les rangs finis, tirez et attachez les fils deux par deux.

Les smocks

Les points de base ci-après permettent d'exécuter un grand nombre de modèles.

Le point de tige

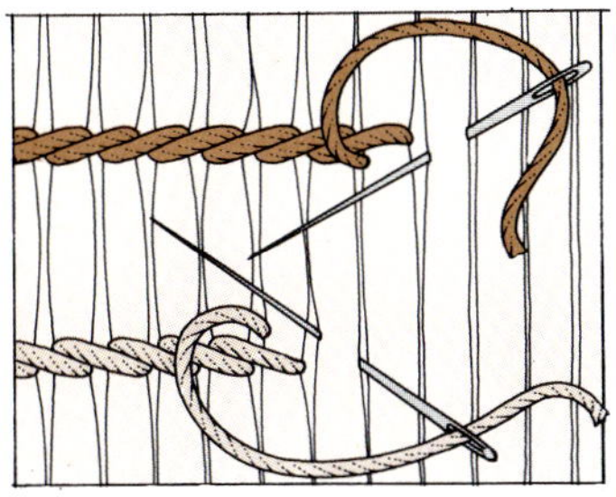

Sortez l'aiguille sur le premier pli à gauche, faites des points de tige (page 180), en laissant le fil au-dessus de l'aiguille, et en prenant très peu de tissu à chaque pli. Pour incliner le point dans l'autre direction, laissez le fil en dessous de l'aiguille.

Le point arrière double

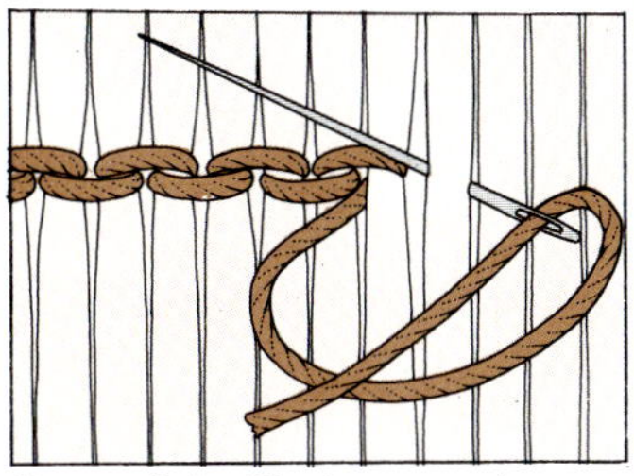

Sortez l'aiguille à travers le premier pli à gauche, puis faites des points arrière, en deux rangs superposés.

Le point Vandyke

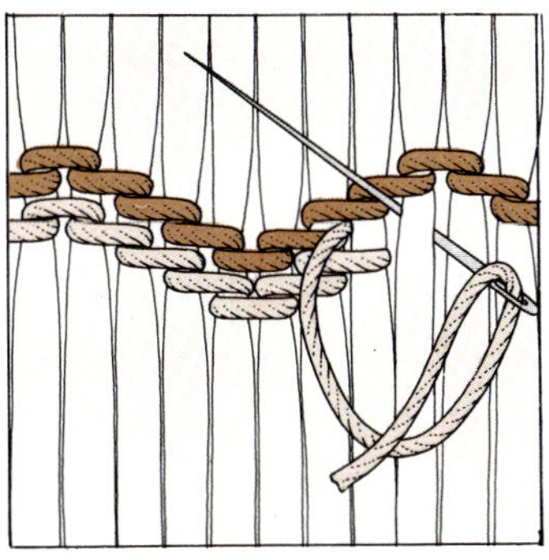

Travaillez deux rangs de points de tige en chevrons, gardez le fil sous l'aiguille en allant vers le haut et au-dessus de l'aiguille en allant vers le bas.

Le point nid d'abeilles

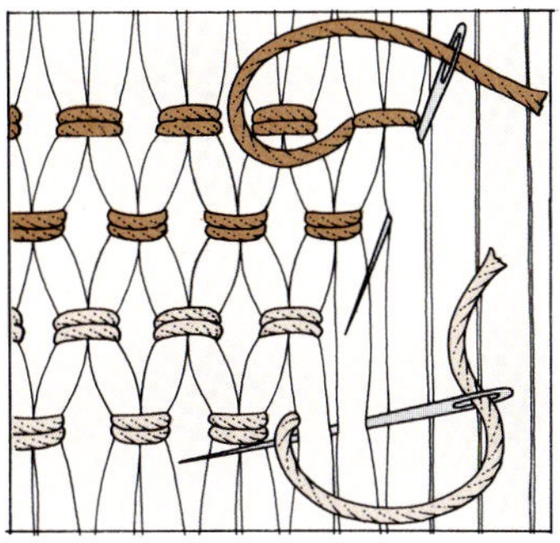

Travaillez de gauche à droite. Sortez l'aiguille sur la première ligne, puis faites un point arrière pour réunir le 1° et le 2° pli au premier rang. Puis piquez sous le tissu et ressortez au 2° pli du rang inférieur. Faites un point arrière pour réunir le 3° et le 2° pli. Retournez l'aiguille au premier rand du 3° pli et réunissez le 4° et le 3° pli. Continuez ainsi en travaillant en haut ct cn bas jusqu'à la fin du rang. Faites les rangs suivants de même.

Le point d'épine

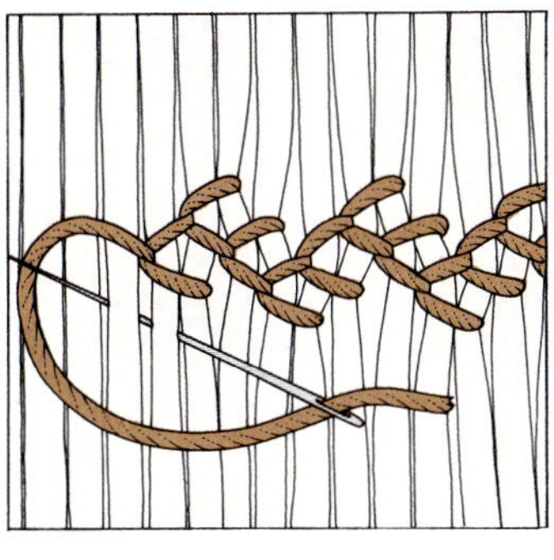

Travaillez de droite à gauche. Sortez l'aiguille au 1° pli à droite et piquez-la un peu plus bas dans le même pli. Passez l'aiguille à travers le 1° et le 2° pli, sortez-la au-dessus du fil travailleur. Faites encore deux points de cette manière en allant vers le bas à gauche, faites le premier point sur le 2° et le 3° pli et le suivant sur le 3° et le 4°. Puis faites deux points vers le haut sur les deux plis suivants. Continuez ainsi en faisant deux points vers le haut et deux points vers le bas, en prenant un pli de plus à chaque point (voir le point d'épine p. 186).

Point nid d'abeilles à broderie apparente

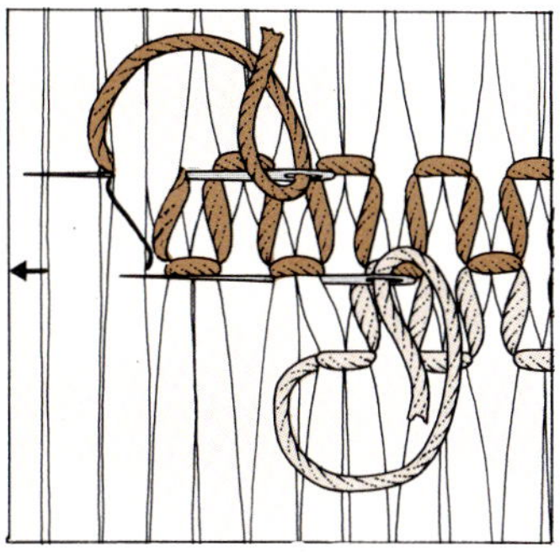

Travaillez de droite à gauche. Sortez l'aig sur le 2° pli du 2° R et faites un point arrière sur le 1° et le 2° pli. Puis, passez l'aig en surface au 1° R et faites un point arrière sur le 1° et le 2° pli. Puis passez l'aig en surface au 1° R, en faisant un point arrière sur le 2° et le 3° pli. Retournez en surface au 2° R et faites un point arrière sur le 3° et le 4° pli. Continuez jusqu'à la fin du R. Pour les rangs suivants, faites des points arrière sur les rangs inférieurs seulement; sur les rangs supérieurs, déjà réunis au rang précédent, passez seulement le fil sous les points déjà faits.

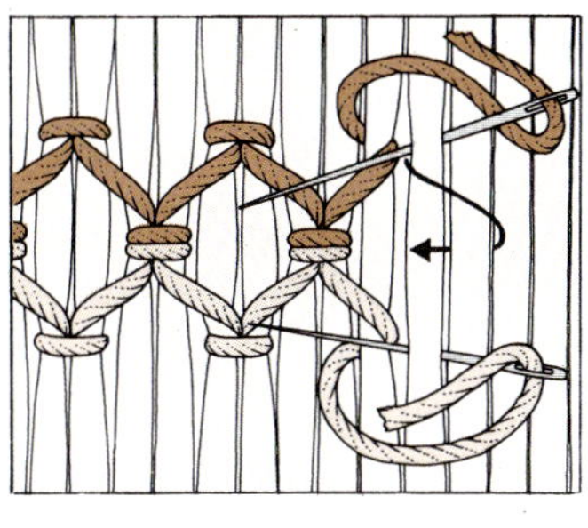

Le point diamant

Travaillez de gauche à droite. Sortez l'aig au 2° R puis passez-la au 1° R par dessus deux plis et piquez-la sous le 2° pli. Faites un point arrière sur le 2° et le 3° pli, ressortez entre deux. Descendez l'aig par-dessus 2 R et piquez dans le 2° R entre le 4° et le 5° pli, ressortez entre le 3° et le 4°. Faites un point arrière sur le 4° et le 5° pli. Continuez jusqu'au bout du rang. Faites le 1° point du R suiv sous le 1° point du R préc et travaillez le point suiv vers le bas au 3° R, continuez ainsi. Répétez toujours ces deux R.

Le point de treillage

Ce point se travaille sur l'envers du tissu et ne nécessite pas le passage d'un premier fil. Marquez la position des points.

Comment travailler

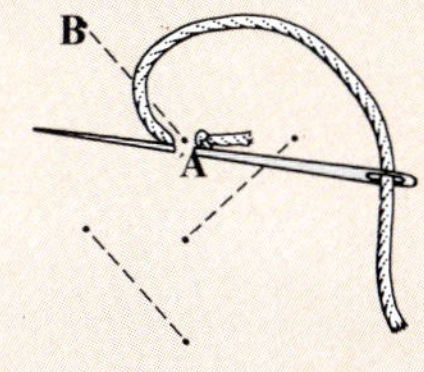

1 *Faites le point A.*

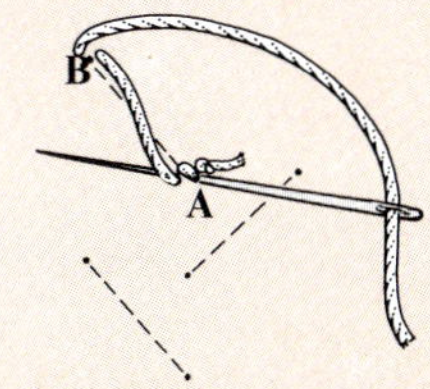

2 *Faites le point B, retournez à A et faites un autre point.*

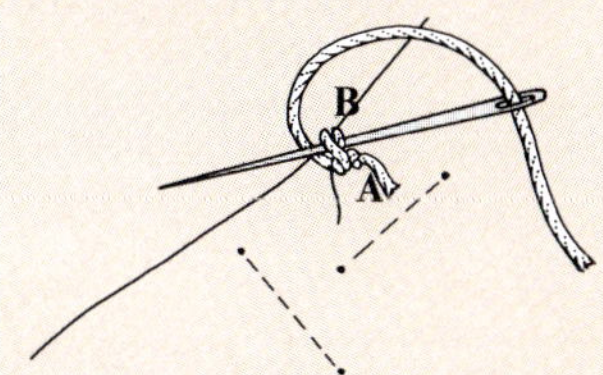

3 *Tirez ensemble A et B et attachez solidement.*

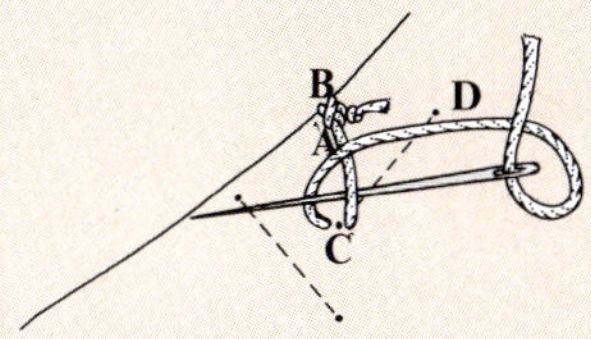

4 *Faites un point en C, puis attachez solidement en gardant le tissu plat entre les deux.*

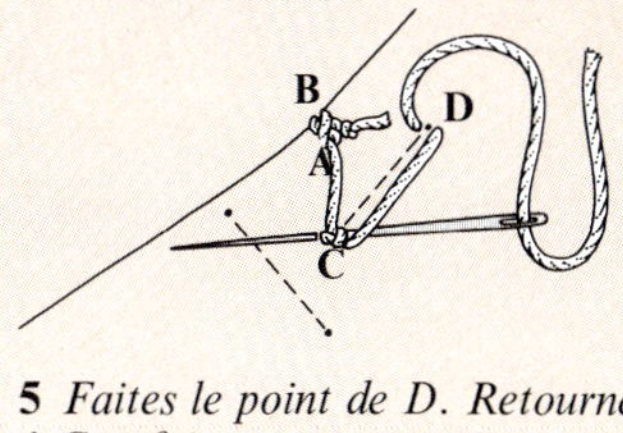

5 *Faites le point de D. Retournez à C et faites un autre point.*

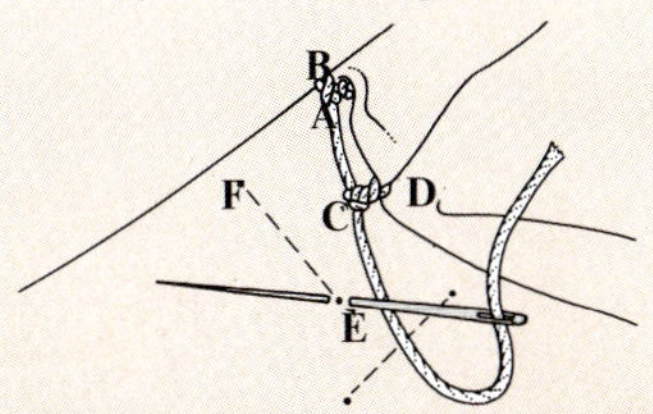

6 *Rapprochez C et D et attachez fermement. Continuez ainsi en piquant et en nouant.*

Les galons

Depuis toujours, les galons, les cordelettes et les rubans servent à orner les vêtements et à indiquer le grade sur les uniformes. En travaillant avec des galons, veillez à ce que ni le tissu de fond, ni le galon ne se gondolent, à ce que les coins soient faits avec précision et les arrondis harmonieusement fixés.

Préparation et exécution

Dessinez le motif sur le tissu de fond, posez-y les galons et bâtissez. Dès que possible, faites disparaître les bouts des galons au début et à la fin du motif et passez le début et la fin des cordelettes minces sur l'envers du travail. Les galons sont fixés avec des points devant ou des points arrière. Les galons étroits sont simplement cousus au milieu, excepté dans les arrondis où ils doivent être cousus de chaque côté. Les galons larges sont cousus des deux côtés de façon à être régulièrement fixés.

Comment travailler les motifs entrelacés
Aux points de croisement, laissez un petit espace sans bâti, en revenant sur ce point, enfilez le cordonnet dans un passe-lacet et passez-le en dessous de l'espace libre, puis continuez le bâti.

Comment faire les angles

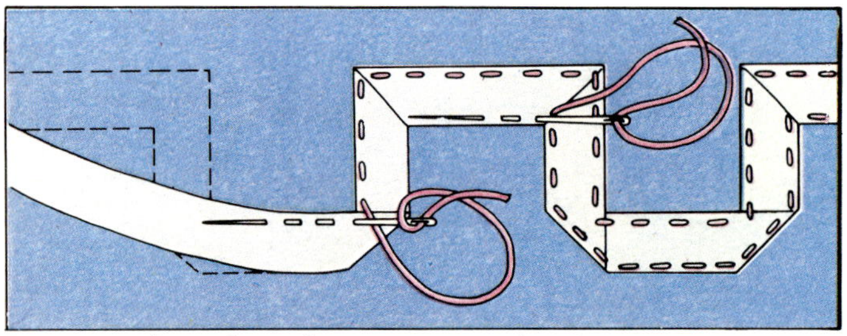

Les coins et les angles se font en retournant le galon.

Comment faire les arrondis

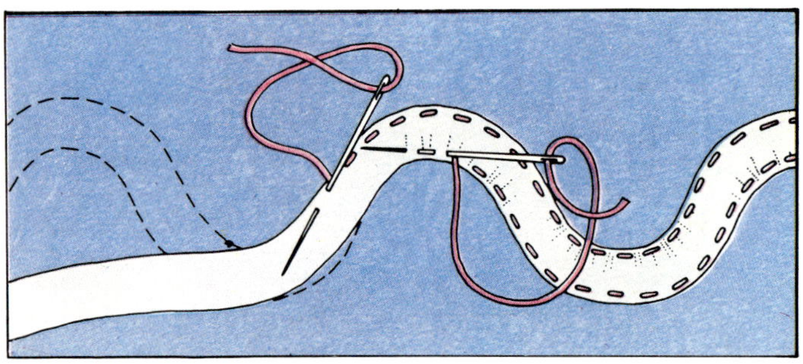

Bâtissez d'abord le bord extérieur, puis mettez le bord intérieur en place et fixez-le.

Motif à tourelles en galon écossais sur coton rayé

Motif de vagues en ruban rayé sur fond de toile

Motif point de chausson en ruban de soie arc-en-ciel sur fond de feutre

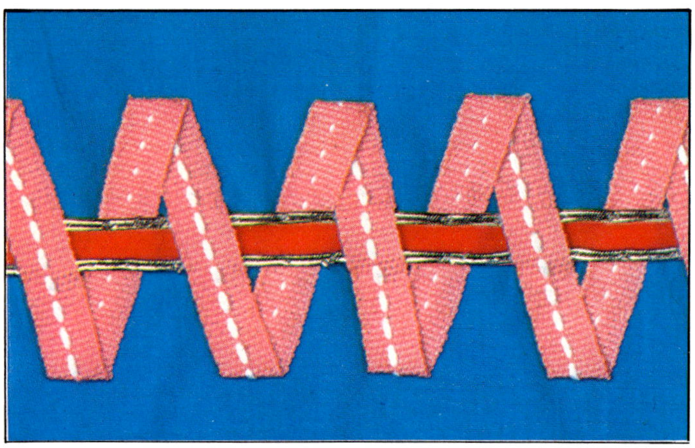

Motif zigzag en ruban de velours, de coton et de cordelette métallique sur fond de coton uni

Bordure d'encolure en cordonnet de soie et d'or sur laine

Motif à rosette en ruban de soie et croquet

Motif de nœud celte en cordonnet de soie sur soie

La broderie d'ombre

Cette broderie vient des Indes où elle s'exécute sur de fines gazes de coton et sur mousseline; on la trouve encore aujourd'hui sur des chemises et des tuniques légères. La broderie se fait sur l'envers de l'ouvrage pour apparaître sur l'endroit en transparence; on la souligne alors avec des points arrière. Elle se fait en général avec du fil blanc sur fond blanc ou coloré, mais on obtient de beaux effets pastel en travaillant avec des fils très colorés. Cette broderie peut orner des chemises, des blouses, de la lingerie et du linge de table.

Préparation et exécution

Tracez le dessin sur l'envers du tissu et travaillez au point de chausson serré (page 185). Le dessin doit être suivi très exactement pour faire apparaître sur l'endroit les points arrière. Il peut être nécessaire de faire quelques points arrière sur l'endroit du travail pour compléter le tracé du dessin. Vous pouvez ensuite ajouter sur l'endroit les tiges, les branches ou les lignes ornementales au point arrière ou au point de tige. On peut également utiliser les points de croix pour les dessins géométriques, la croix apparaissant en transparence.

Motifs jaunes, roses et verts en soie sur voile

Motifs bleu et or en soie sur soie

Le lavage de la broderie

Il faut prendre grand soin des broderies si l'on désire les garder en bon état. Toute broderie doit être lavée ou nettoyée à sec à intervalles réguliers pour la protéger de la poussière, de la saleté et des mites, ces grandes ennemies de tous les textiles. A moins de prendre l'avis d'un teinturier spécialisé, nous déconseillons de laver à la maison des broderies anciennes de prix.

Avant de laver une broderie, vérifiez si elle ne déteint pas. Pour cela servez-vous d'un peu de coton hydrophile trempé dans l'eau. Passez-le sur la broderie et vérifiez les éventuelles traces de couleur. Une autre méthode consiste à tremper dans l'eau chaude un brin de chacune des couleurs utilisées et de voir si aucun d'eux ne déteint. Si vous trouvez des traces de couleur, évitez de laver la broderie.

Les tissus comportant des motifs peints en plus de la broderie, tels que des drapeaux ou des étendards, ne se lavent pas, non plus que les soies apprêtées.

Comment laver les broderies

Faites fondre des paillettes de savon pur dans de l'eau chaude jusqu'à obtenir une mousse abondante, puis ajoutez de l'eau froide pour avoir un bain tiède. Trempez la broderie dans ce bain et remuez-la mais ne la pressez pas. Rincez dans de l'eau tiède, puis froide, jusqu'à ce que celle-ci reste claire. Evacuez toujours l'eau de lavage ou de rinçage, avant de retirer la broderie (surtout pour les pièces délicates). Le rinçage sera plus facile effectué avec une douche. Suspendez ou séchez à plat le plus rapidement possible. Ne laissez jamais une broderie humide en tas.

Comment laver les broderies délicates

Les broderies délicates qui ne déteignent pas, peuvent être trempées dans l'eau chaude salée durant une nuit, puis lavées comme d'habitude. Après rinçage, laissez-les enroulées dans une serviette éponge pendant quelques heures, puis repassez comme d'habitude.

Comment laver les broderies doublées

Il convient de défaire les doublures avant de laver séparément doublure et broderie.

Comment laver des enveloppes de coussins

Retirez-les délicatement, puis faites un patron de chaque pièce, afin de pouvoir les remettre en forme au séchage. Trempez-les dans de l'eau savonneuse tiède, lavez délicatement en passant une éponge sur la broderie, puis rincez. Après rinçage, étendez-les à l'endroit sur le patron, en les remettant en forme. Une fois qu'elles sont sèches, repassez-les à l'envers, à la patte-mouille sur molleton.

Comment laver la dentelle

Relevez le patron de la dentelle, puis enroulez-la soigneusement autour d'une bouteille bouchée à demi remplie de sable. Couvrez d'une mousseline, attachez légèrement. Trempez la bouteille dans une casserole remplie d'eau froide additionnée de paillettes de savon. Si la dentelle est très sale, ajoutez une pincée de sel. Faites bouillir une heure en changeant l'eau quand elle devient sale. Au bout d'une heure (ou quand l'eau reste propre) faites refroidir, puis retirez la bouteille, la mousseline et la dentelle, étendez celle-ci sur un tissu sec. Epinglez sur le patron, laissez sécher, puis repassez à la pattemouille avec un fer modérément chaud. Tenez le fer au-dessus de la dentelle jusqu'à ce que l'endroit soit sec. Plusieurs repassages peuvent être nécessaires avant de remettre la dentelle en forme. Etirez-la en longueur ou en diagonale entre chaque repassage.

Comment laver la dentelle délicate

Si la dentelle est tachée ou grasse, trempez-la d'abord plusieurs jours dans un bain de la meilleure huile d'olive, afin de détendre les fils. Puis lavez comme indiqué ci-dessus.

Comment raviver les couleurs

Si votre broderie a perdu le brillant et la fraîcheur de ses couleurs, il suffit de la tremper dans un litre d'eau additionnée d'un verre de vinaigre blanc. Remuez la broderie pendant quelques minutes dans cette solution, puis lavez et repassez comme d'habitude.

Comment repasser les broderies

Posez la broderie à l'envers sur une surface molletonnée (ceci pour empêcher les points de s'écraser), placez un linge humide par-dessus et repassez avec un fer tiède ou chaud, selon le tissu et les fils qui composent la broderie.

Mise en forme de la broderie

Avant le lavage, faites un patron de la broderie. Après lavage, posez l'ouvrage à l'endroit sur une planchette en bois souple, couverte de plastique. Tirez légèrement pour mettre en forme, puis épinglez la pièce avec des épingles à dentelle. Laissez sécher.

Nettoyage des broderies

Le lavage des broderies est parfois déconseillé. Nous vous donnons ci-après d'autres méthodes de nettoyage. Ne brossez jamais une broderie, vous pourriez endommager les fils.

Nettoyage à sec

Les grandes pièces de broderie comme les tentures, les broderies en relief et celles dont les couleurs déteignent, ne doivent pas être lavées, il est préférable de les faire nettoyer à sec.

Nettoyage à l'aspirateur

Si votre broderie est simplement poussiéreuse, vous pouvez la nettoyer avec l'aspirateur muni de son bec. Couvrez la broderie avec du voile de nylon, attachez les deux tissus et passez l'aspirateur plusieurs fois un peu au-dessus de la broderie.

La broderie en relief

Des broderies en relief ou en fils d'or peuvent être nettoyées avec une brosse de martre. Passez la brosse sur les endroits poussiéreux, en insistant sur les espaces entre les points.

Les tentures très sales

Si elles sont résistantes et en bon état, vous pouvez nettoyer ces tentures dans des machines automatiques. Enlevez d'abord tout ce qui pourrait endommager les points (agrafes, anneaux de rideaux, clous), puis placez la tenture dans un sac fait de vieux rideaux de nylon par exemple et cousez-le, afin de bien enfermer la tenture. Mettez le sac dans la machine et lavez comme d'habitude. Puis suspendez-la en plein air sur une barre molletonnée jusqu'à évaporation des odeurs.

Les broderies de valeur

Ne nettoyez pas vous-même les broderies anciennes de prix. Le risque d'endommager les tissus fragiles est trop grand. Confiez-les à un spécialiste du nettoyage.

Rangement

Les broderies non utilisées doivent être soigneusement conservées dans un endroit sombre, protégées par des couches de papier de soie non acide. Elles doivent être propres et abritées des mites et, si elles sont pliées, remises dans d'autres plis de temps en temps. Si une pièce est trop grande pour être gardée à plat, il convient de la plier légèrement ou, même si elle est doublée, de l'enrouler, à l'endroit, sur des couches de papier de soie.

Le montage

Les tableaux, les paravents ou les pare-feux en broderie doivent être montés sur contreplaqué avant d'être encadrés. Prévoyez un dépassement de quelques centimètres du tissu de fond non brodé à retourner sur l'envers de la planchette. Celle-ci doit avoir environ 6 mm de plus que la broderie elle-même, afin que le cadre n'en cache aucune partie.

Comment monter sur contreplaqué

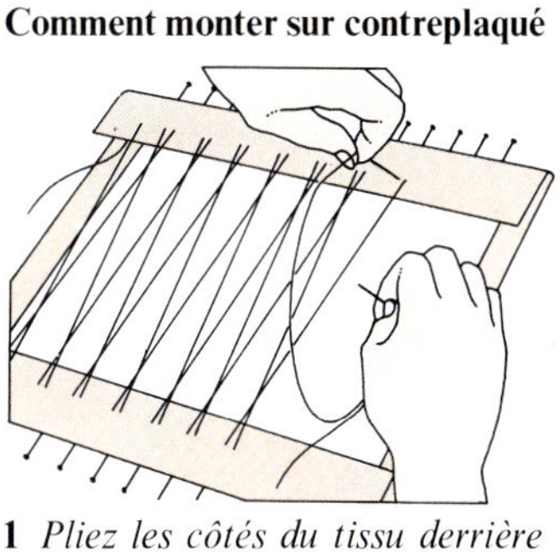

1 *Pliez les côtés du tissu derrière la planchette, puis lacez avec un fil solide. Tirez bien les points pour tendre la broderie.*

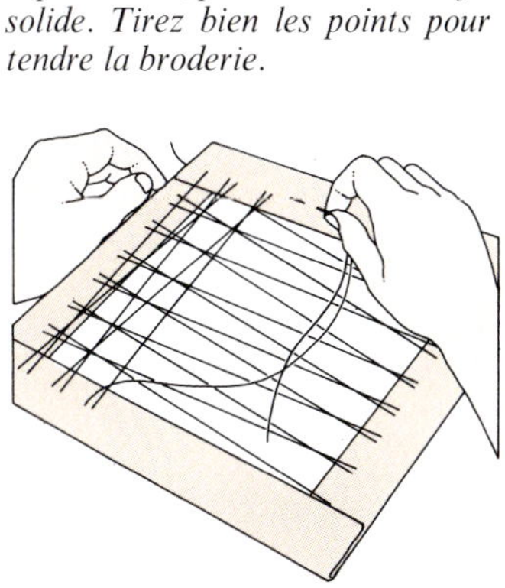

2 *Pliez les bords supérieur et inférieur et lacez de même. Vous pouvez maintenant encadrer la broderie.*

Comment enlever les taches

Nous vous donnons ci-après quelques indications pour le détachage. Si votre broderie a de la valeur ou si vous avez un doute sur le genre de la tache, il est préférable de faire appel à un spécialiste. Assurez-vous toujours que vos couleurs ne déteignent pas avant d'entreprendre un détachage.

Taches de sang
Rincez à l'eau froide jusqu'à ce que la tache soit atténuée, puis lavez à l'eau tiède savonneuse comme d'habitude. Si la tache est importante, rincez à l'eau salée, puis lavez comme d'habitude. Si la tache se trouve sur un matériau épais, mélangez de l'amidon et de l'eau et appliquez cette pâte sur la tache. Laissez sécher, puis secouer doucement. Répétez plusieurs fois si nécessaire.

Taches de bougie
Durcissez d'abord la cire de bougie avec un cube de glace, puis grattez doucement l'épaisseur, en faisant attention à ne pas endommager la broderie. Puis posez-la à l'envers sur une surface molletonnée, entre deux épaisseurs de papier buvard. Pressez avec un fer chaud, en déplaçant le papier à mesure que la cire est absorbée. Pour la bougie colorée, enlevez la couleur avec une éponge trempée dans l'alcool après avoir enlevé la cire.

Bonbons et sucreries
Lavez à l'eau froide. Pour les tissus délicats, nettoyez avec un peu de coton hydrophile trempé dans l'eau de pluie ou de l'eau distillée.

Chewing-gum
Sur tissu non lavable, ramollissez le chewing-gum avec du pétrole ou de l'alcool méthylique puis grattez doucement. Sur tissu lavable, frottez avec du saindoux, puis lavez à l'eau savonneuse.

Chocolat
Couvrez la tache avec du borax et lavez à l'eau froide. Sur tissu délicat, épongez à l'eau chaude, en rinçant l'éponge après chaque passage.

Café et thé
Si la tache est fraîche, lavez à l'eau tiède savonneuse. La soie et la laine se traitent comme pour le chocolat. Pour les taches récalcitrantes sur tissu solide, placez le tissu au-dessus d'un bol et versez de l'eau bouillante par-dessus.

Fruits et vin
Couvrez la tache avec du sel fin et frottez avec du savon humide. Attendez quelques heures et rincez. Sur tissu solide, versez de l'eau bouillante comme pour les taches de café. Sur soie et laine, couvrez la tache de borax et lavez à l'eau chaude. Sur coton blanc et toile, mettez du jus de citron sur la tache et versez de l'eau chaude.

Colle
Trempez dans l'eau tiède jusqu'à ce que la colle soit dissoute, puis épongez au vinaigre blanc.

Graisse
Lavez avec de l'eau chaude savonneuse ou nettoyez la tache avec un tissu doux trempé dans de l'alcool. Vous pouvez traiter la tache comme une tache de bougie. Si la tache est fraîche, saupoudrez de talc, laissez quelques heures et secouez. Les taches de goudron se nettoient avec un tissu doux trempé dans de l'huile d'eucalyptus.

Crayon indélébile
Trempez 3 à 5 minutes dans l'alcool, puis lavez à l'eau tiède savonneuse.

Encre
Sur tissu coloré, trempez dans du lait pendant plusieurs heures en changeant le lait quand il est sale, puis lavez dans l'eau chaude savonneuse. Sur le blanc, couvrez la tache de sel et de jus de citron et mettez au soleil. Puis lavez à l'eau chaude savonneuse ou placez au-dessus d'un jet de vapeur. Pour les taches de stylo à bille ou de feutre, nettoyez avec un tissu doux trempé dans l'alcool méthylique.

Rouge à lèvres
Nettoyez avec de la vaseline ou un tissu doux trempé dans de la glycérine ou de l'huile d'eucalyptus. Puis, si possible, lavez à l'eau savonneuse.

Moisissures
Les taches fraîches partiront facilement à l'eau savonneuse froide ou tiède. Sur tissu blanc, les moisissures s'enlèvent plus facilement avec du jus de citron séché au soleil. Puis lavez à l'eau tiède savonneuse.

Boue
Le lavage à l'eau chaude savonneuse enlèvera la plupart des taches de boue.

Taches d'animaux
Aspergez immédiatement d'eau minérale. Laissez quelques minutes puis épongez. Lavez à l'eau chaude savonneuse si possible.

Rouille
Sur du tissu blanc, exposez la tache au-dessus d'un jet de vapeur et arrosez de jus de citron. Laissez quelques minutes puis rincez à l'eau chaude. Répétez plusieurs fois si nécessaire. Vous pouvez également mouiller la tache avec du sel et du jus de citron, en ajoutant du jus de citron au fur et à mesure qu'il sèche. Lavez à l'eau tiède savonneuse.

Brûlures (traces de)
Lavez aussitôt que possible à l'eau tiède savonneuse ou mouillez avec un mélange de sel et de jus de citron. Sur laine, mouillez la tache, appliquez de la craie en poudre et séchez au soleil. Sur flanelle blanche, frottez avec du jus et de la pulpe de citron, puis séchez au soleil.

Marques de carbone
Lavez la broderie finie dans de l'eau tiède savonneuse. Si le tissu n'est pas lavable, frottez doucement avec un chiffon doux et propre, trempé dans de la benzine, puis placez la pièce près d'une fenêtre fermée au soleil et laissez sécher.

Marques d'eau
Epongez toute la surface également, mouillez le tissu, mais ne le trempez pas. Puis repassez. Sur soie, velours ou satin, secouez le tissu au-dessus de la vapeur. Faites bouillir une petite quantité d'eau, couvrez avec un tissu et placez la broderie au-dessus jusqu'à ce qu'elle soit complètement humidifiée par la vapeur.

4
COUTURE

y compris Vêtements et Linge de maison

Introduction aux techniques de base de la couture

Bien des personnes désirent savoir coudre pour confectionner des vêtements ou du linge de maison pour elles-mêmes et leur famille. Si vous n'avez jamais pratiqué la couture, il vous faudra commencer par en acquérir les notions de base, puis les appliquer à la fabrication d'objets simples. Choisissez pour commencer un ouvrage ne comportant qu'un patron unique. Evitez les assemblages compliqués qu'exigerait un patron à plusieurs pièces.

Que votre ouvrage soit simple ou plus élaboré, il vous faudra travailler avec méthode. Réunissez vos accessoires et vos fournitures dans un endroit dégagé. Si vous utilisez un patron du commerce, suivez-en les indications avec soin, surtout en ce qui concerne le choix des tissus. Ceux-ci devront être faciles à manipuler, fins ou d'épaisseur moyenne, et ne pas glisser.

La couture de base

Nous vous donnons dans ce chapitre les principes de base de la confection de vêtements : comment prendre vos mesures avant l'achat d'un patron, comment couper, comment marquer le tissu, et comment coudre à la machine. Nous vous indiquons aussi la marche à suivre pour faire un patron en toile à vos mesures lequel sera adaptable par la suite à un grand nombre de vêtements divers. Dans la 2e partie, vous trouverez les indications pour la confection d'objets tels que de simples draps, des rideaux et des couvre-lits.

Le matériel

Il vous faudra un certain nombre d'accessoires pour mesurer, couper et marquer. Nous vous les montrons ci-contre. Un mètre-ruban, imprimé des deux côtés, est indispensable pour prendre vos mesures. Prenez-le souple, à extrémités métalliques. Un mètre rigide – en métal ou en bois – servira à prendre des mesures droites et à faire les ourlets. Si vous utilisez un mètre en bois, veillez à ce qu'il n'endommage pas vos tissus.

Les instruments de la coupe

Choisissez des accessoires de coupe de bonne qualité, afin de ne pas endommager vos tissus. Entretenez-les en les graissant et en les aiguisant à intervalles réguliers. Des ciseaux de coupe sont à recommander, la branche décalée permet de couper les tissus tout en les laissant à plat. Les ciseaux les plus commodes ont entre 18 et 20,5 cm. Des ciseaux à cranter de 19 cm éviteront aux tissus fins de s'effilocher ; ne vous en servez pas pour la coupe du patron. Des ciseaux ordinaires de 14 et 15 cm serviront pour les coupes plus délicates et les finitions. Les ciseaux à broder seront réservés aux broderies et à la confection des boutonnières.

Le marquage

Le patron se reporte en général à l'aide de papier calque et d'une roulette à patron. La roulette sera dentée ou lisse; cette dernière, cependant, ne s'utilise que pour les tissus très délicats. La craie tailleur existe en différentes couleurs ; elle est idéale pour l'ajustage du patron, mais elle sert également aux marques d'assemblage.

Les accessoires «gain de temps»

Il y a des accessoires qui, bien que n'étant pas indispensables, vous feront gagner un temps précieux. Un marqueur à ourlet vous permettra de faire des ourlets sans préparation – la craie est «soufflée» sur votre vêtement à l'endroit voulu – un arrondisseur sert à faire des ourlets droits ou arrondis ou encore à changer la longueur d'un vêtement. Les ciseaux électriques accélèrent la coupe – ils s'utilisent pour les tissus légers comme pour les autres. Une pelote à épingles, qui peut être accompagnée d'une pierre à aiguiser, garde les épingles dans un endroit sec et accessible. Un enfileur vous aide à enfiler les aiguilles ordinaires et celles de la machine à coudre.

Instruments de mesures, de marquage et de coupe

Les instruments ci-après sont indispensables pour prendre vos mesures, pour marquer vos patrons et tailler le tissu. D'autres accessoires sont mentionnés ci-contre et des indications complémentaires vous sont fournies pages 255, 256 et 259.

Mètre rigide

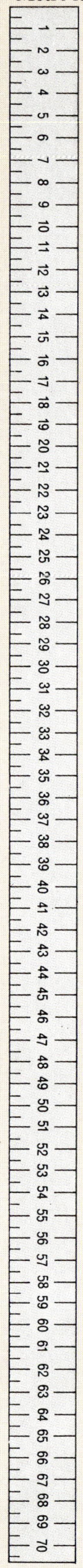

Mètre pliant/ mètre ruban

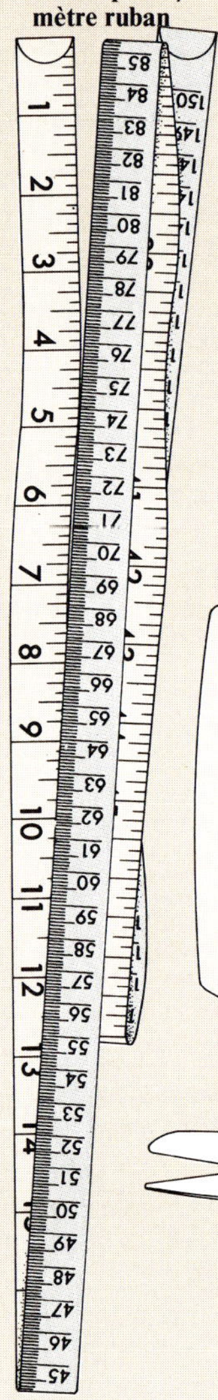

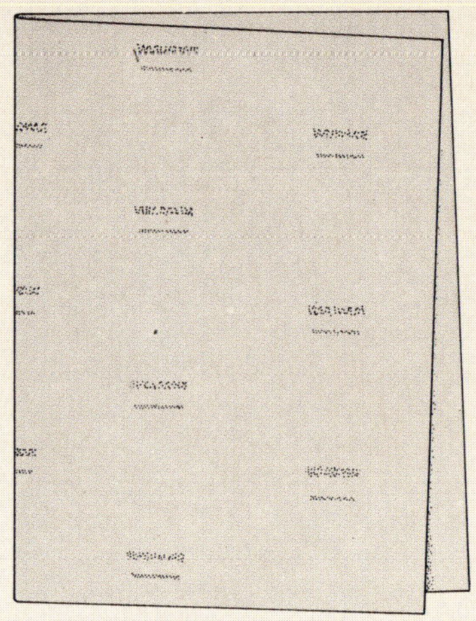

Papier carbone tailleur

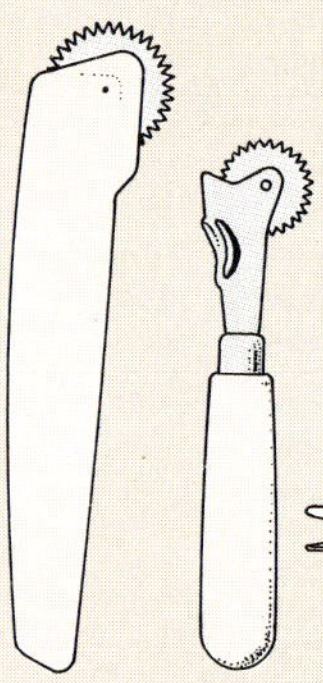

Roulettes à patron

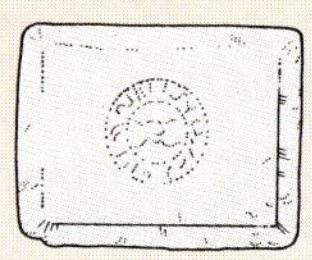

Craie tailleur

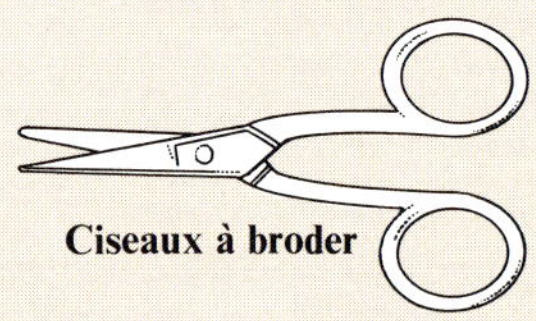

Ciseaux à broder

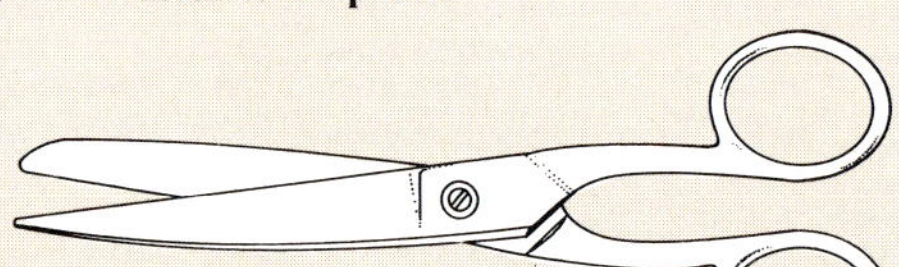

Ciseaux ordinaires

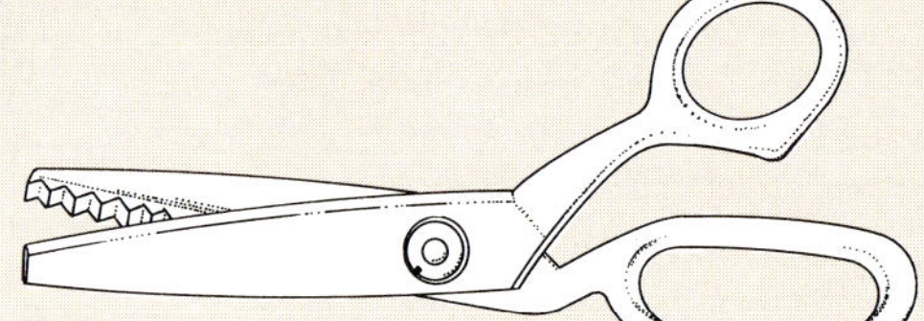

Ciseaux à cranter

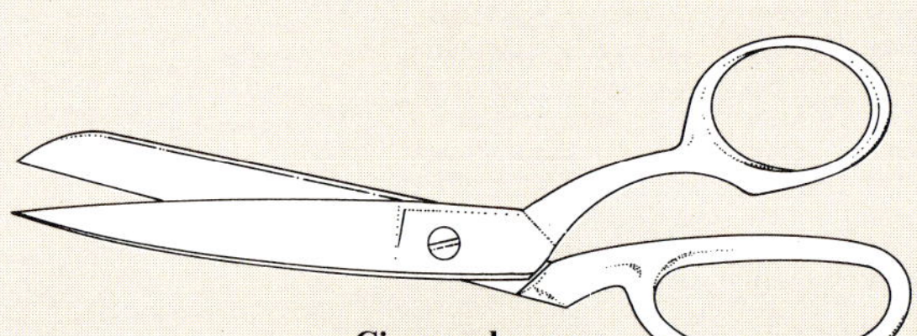

Ciseaux de coupe

Les instruments de la couture

Les instruments les plus élémentaires de la couture sont les aiguilles et le fil. Nous vous donnons ci-après les indications pour le choix du fil correspondant au tissu employé. Le «découvit» et le dé à coudre ne sont pas essentiels, mais aident à coudre plus facilement et plus vite.

Les aiguilles

Les aiguilles varient selon la couture à effectuer. Les longues sont les plus répandues. Les mi-longues permettent des points plus petits. Les aiguilles mode servent à bâtir.

Aiguille longue

Aiguille mi-longue

Aiguille mode

Les épingles

Préférez les épingles en acier qui ne rouillent pas. Elles existent en 3 cm (pour les tissus lourds) et en 2,5 cm pour les tissus délicats. Conservez-les à l'abri de la rouille.

Epingle fine 2,5 cm

Epingle tailleur

Epingle à tête en verre

Le «découvit»

Le découvit sert à découdre rapidement les coutures. Piquez la tête dans l'ourlet à découdre et coupez les fils.

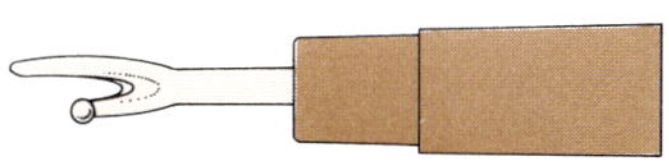

Découvit

Les dés à coudre

Le dé à coudre se met sur le médium de la main qui tient l'aiguille. Il vous permet de coudre sans vous piquer.

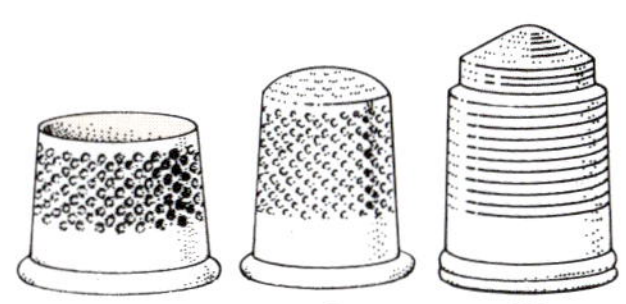

01 02 03

Les fils

Choisissez votre fil en fonction du tissu à coudre. Ne prenez pas un fil de soie pour coudre une toile épaisse, votre fil casserait. Le fil sera de même couleur ou légèrement plus foncé que le tissu.

Le genre du fil	Quand l'utiliser
Fil à bâtir	Le fil se casse facilement, il est idéal pour bâtir
Fil à coudre (N° 50)	Pour couture main et machine sur coton, rayonne, toile. Mercerisé, il est lisse et soyeux.
Fil de soie	Solide, mais souple, pour soie et laine. Il ne laisse pas de trace après repassage.
Fil nylon	Pour tissus synthétiques légers et moyens (tricots de nylon).
Fil polyester	Convient à presque tous les tissus, surtout les synthétiques tissés, les tricots et les jerseys.
Polyester et coton	Pour tissus de vinyl et tapissier lourds.

Le repassage

Le repassage est essentiel en couture. Chaque couture devrait être immédiatement repassée, pour présenter un angle net. Votre installation de repassage devrait toujours être prête à servir.

Ci-après nous vous montrons les accessoires qui vous aideront à bien repasser vos ouvrages de couture. Votre fer sera à sec et à vapeur Il devra offrir une graduation de chaleur assez vaste pour vous permettre de choisir la bonne température. Un jet de vapeur sera également utile. La table à repasser sera adaptable à différentes hauteurs et de fabrication solide. Un molleton est conseillé; maintenez-le bien lisse pour ne pas faire de faux plis lors du repassage. Les pattemouilles sont très importantes. Prenez de l'étamine pour les tissus légers et du coton ou de la toile pour les tissus plus lourds. Pour le repassage des arrondis, servez vous d'un «cochon» de tailleur. C'est un coussin très rembourré aux angles arrondis, il s'adapte aux pinces, aux ourlets arrondis et aux manches. Une «jeannette» offre deux surfaces de repassage. Elle sert au repassage des endroits qui ne rentrent pas dans votre table à repasser, elle permet de repasser une seule épaisseur de tissu sans faire de faux plis.

Les accessoires de repassage

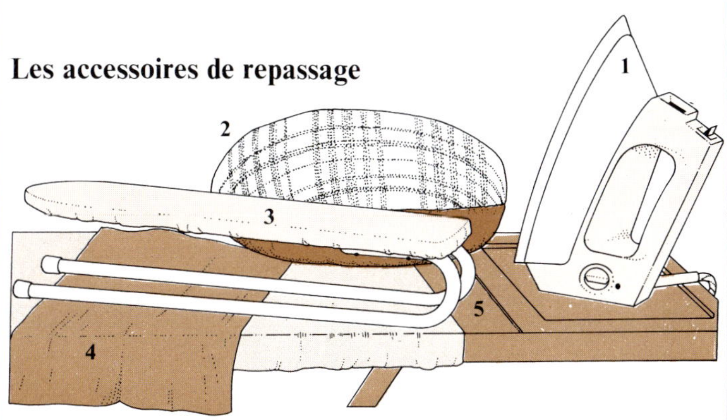

1 Fer vapeur 2 «Cochon» de tailleur 3 Jeannette 4 Pattemouille 5 Table à repasser

Les accessoires secondaires

Il existe pour le repassage des accessoires utiles, bien que non indispensables. Le manchon et le rouleau, par exemple, jouent le même rôle que le «cochon» du tailleur. Le manchon peut être enfilé sur vos doigts ou sur le bout de la jeannette, pour vous permettre de repasser des endroits peu accessibles. Le rouleau est un cylindre bien rembourré, il sert pour le repassage des ourlets étroits sur pantalons ou manches. Sa forme permet de ne repasser que les coutures sans toucher le tissu alentour. Le coussinet est fait de plusieurs épaisseurs de tissu souple, il sert au repassage des monogrammes ou des broderies de paillettes. La planchette de tailleur est en bois, elle présente des arrondis et des lignes droites, vous vous en servirez donc pour repasser des coutures de ce genre. Il existe aussi une planchette à bout pointu, en bois, et dont la pointe s'utilise pour le repassage des angles, sa base peut servir de presse. La presse elle-même, d'ailleurs, est une planche de bois solide sur laquelle on presse le vêtement, une fois repassé à la vapeur, pour obtenir des plis dans les tissus épais. Pour le repassage des tissus poilus, vous vous servirez d'une planchette à clous qui empêche que le tissu ne s'aplatisse au repassage.

Introduction à la couture machine

Il existe bien des modèles de machines à coudre, depuis la machine à manivelle jusqu'à la machine électrique dotée des accessoires les plus sophistiqués. Les derniers modèles sont de deux sortes: les machines à canette oscillante et les machines à canette centrale. Les premières font des coutures droites en avant et en arrière, la longueur des points est réglable. Ces machines sont suffisantes pour la confection de vêtements simples, pour le bouillonné et le fronçage ainsi que pour certaines finitions et la broderie des points droits. Les machines à canette centrale exécutent en plus les points zigzag de diverses longueurs, le surfilage, les broderies simples et les boutonnières. Certaines de ces machines exécutent même des points zigzag triples et d'autres points d'ornement (voir page 252).

Choisissez votre machine selon les travaux que vous désirez effectuer, en tenant compte du fait que plus vous vous perfectionnerez en couture, plus vous créerez des ouvrages compliqués. Les opérations de base sont les mêmes pour toutes les machines. Il vous sera toujours fourni un dépliant qui vous indiquera les travaux possibles et la manière d'entretenir votre machine.

Le fonctionnement de la machine

Les parties essentielles de la machine à coudre

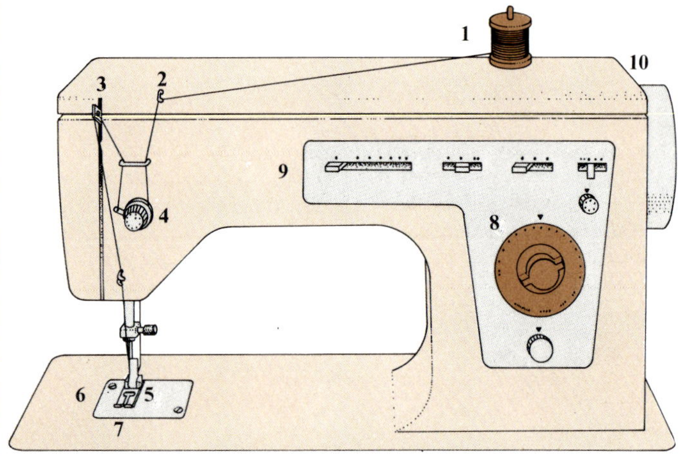

1 Bobineur
2 Tendeur de fil
3 Guide-fil
4 Réglage de tension
5 Pied-de-biche
6 Crochet
7 Emplacement canette
8 Bouton longueur de point
9 Bouton largeur de point
10 Volant (manivelle)

La position et l'éclairage

La position correcte

Pour travailler efficacement, il convient d'être commodément installé. Asseyez-vous bien en face de l'aiguille. Penchez-vous légèrement en avant, ne vous appuyez pas trop au dossier. Posez vos pieds bien à plat par terre. Si votre machine possède une pédale, actionnez-la avec le pied légèrement posé en avant. Choisissez le pied qui vous permet la posture la plus confortable. Si votre machine s'actionne par le genou, avancez votre pied gauche et appuyez du genou droit.

Position correcte

L'éclairage

Que votre éclairage soit suffisant et ne projette pas d'ombre, cela est important pour la qualité de votre travail, comme pour le bien-être de vos yeux. Une lampe réglable donnera le meilleur éclairage et elle pourra être déplacée selon vos besoins. La plupart des machines disposent d'une lampe incorporée qui éclaire directement l'ouvrage en cours.

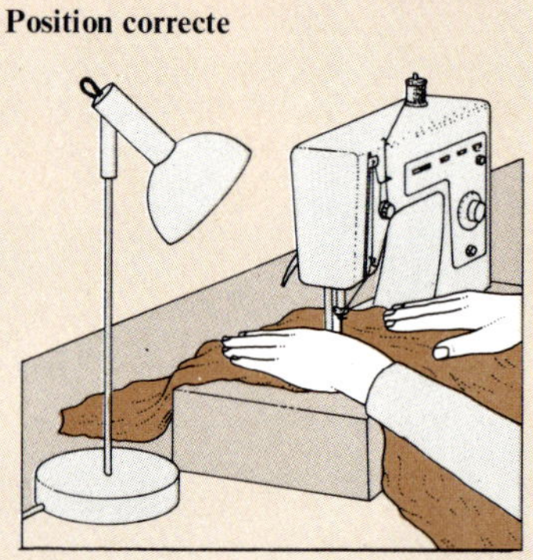

Eclairez votre travail

Enfilage de la machine

La machine utilise deux fils pour faire un point. La bobine du haut fournit le fil qui traverse le tissu avec l'aiguille, ce fil se croise avec le fil de la canette pour achever de former le point. Le tissu se glisse avec la main sous l'aiguille, il est maintenu par un «pied-de-biche».

Enfilage de la canette

Sur toutes les machines, la canette devra être remplie, seul l'emplacement du guide-fil varie. Sur certaines machines, la canette se charge à l'intérieur de son emplacement, sur d'autres, elle doit être posée sur la machine. Veillez à la remplir avec régularité et ne la remplissez pas trop, le fil risquerait de se casser.

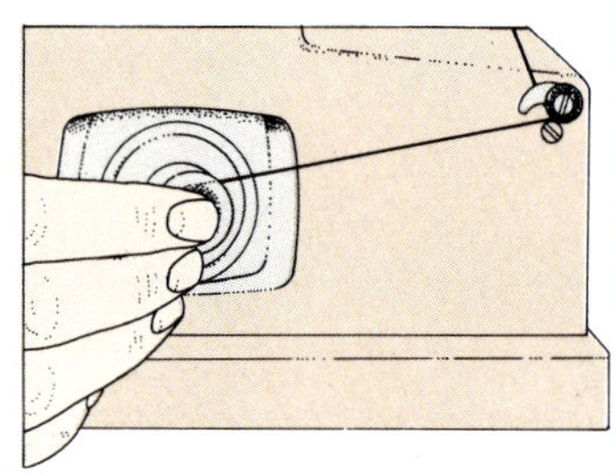

Remplissage de la canette

Enfilage de l'aiguille

Remontez d'abord l'aiguille pour voir le chas. Montez le guide-fil le plus haut possible, de façon que le fil ne sorte pas du chas dès que vous commencerez à coudre. Suivez les instructions particulières à votre machine. La direction du fil varie selon les machines.

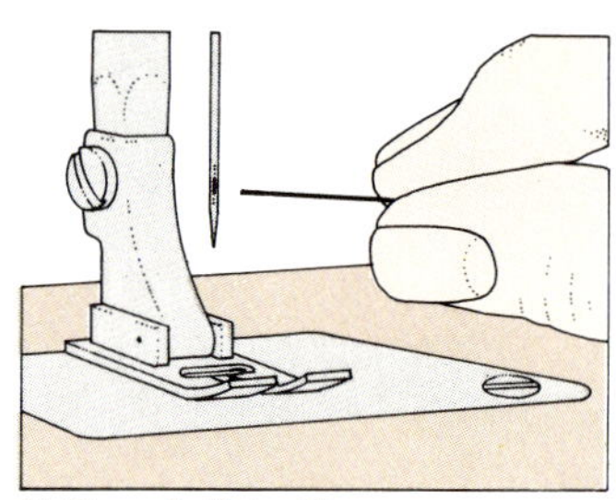

Enfilage de l'aiguille

Comment monter le fil de la canette

Tout en tenant le fil de la main gauche, tournez le volant de votre machine jusqu'à ce que l'aiguille entre dans l'emplacement de la canette, puis ressorte le plus haut possible. En montant, elle entraînera le fil de la canette. Tirez la boucle pour faire sortir le fil de la canette.

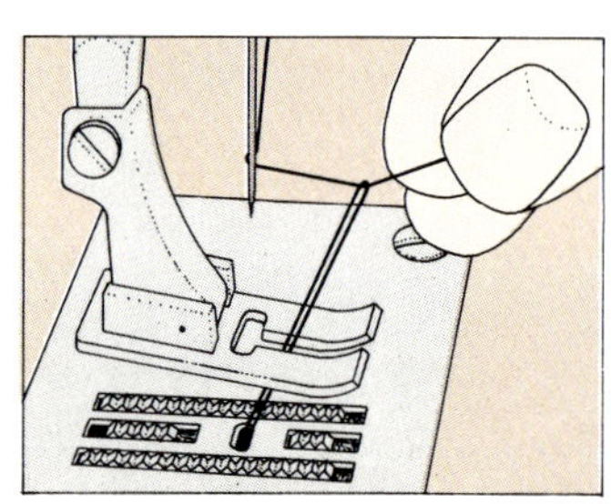

Comment monter le fil de la canette

La tension du fil

La plupart des machines possèdent un contrôle de la tension des fils. Le point ne peut être irréprochable que si la tension des deux fils est équilibrée. Une couture faite avec des fils bien équilibrés sera deux fois plus solide qu'une couture faite avec une tension inégale.

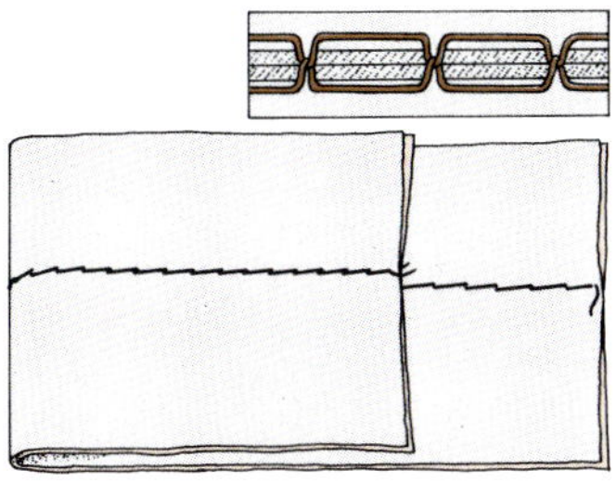

Tension correcte

La tension correcte

Quand la tension est bonne, les points formés par les deux fils se croisent au centre du tissu. La même longueur de fil aura été utilisée pour le haut et le bas, et le tissu ne froncera pas.

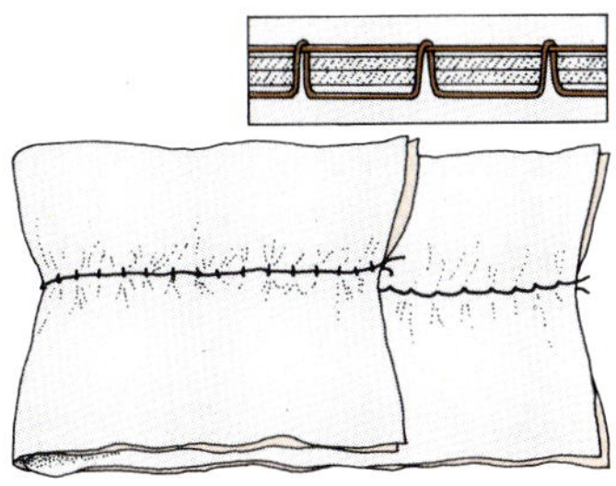

Tension trop forte

Trop de tension sur le fil supérieur

Le croisement des fils se fait trop près de la surface du tissu, la tension excessive fournit trop peu de fil et provoque le froncement du tissu, les points casseront facilement. Tournez le bouton de réglage vers le bas.

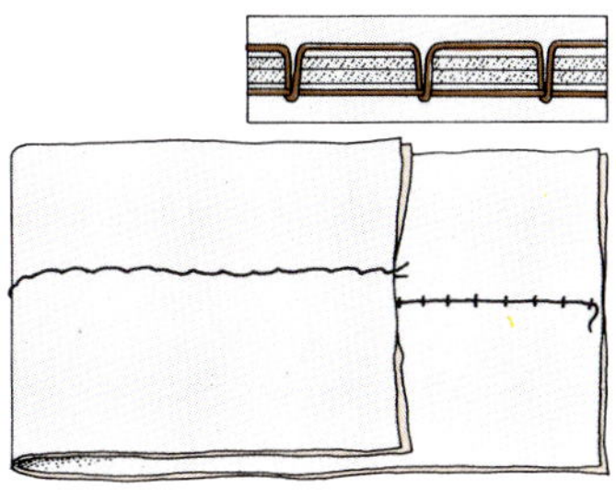

Tension trop lâche

Pas assez de tension sur le fil supérieur

Si le croisement des fils se voit sur l'envers du tissu, votre tension est trop lâche. Le fil supérieur se déroule trop facilement et la couture devient lâche et imprécise, le tissu peut froncer. Tournez le bouton de réglage vers le haut.

Le réglage de la tension

Réglez votre tension le moins souvent possible. Il existe un réglage pour le fil supérieur et un autre pour le fil de base. Normalement, vous n'utiliserez que le réglage du fil supérieur.

Réglage de la tension supérieure

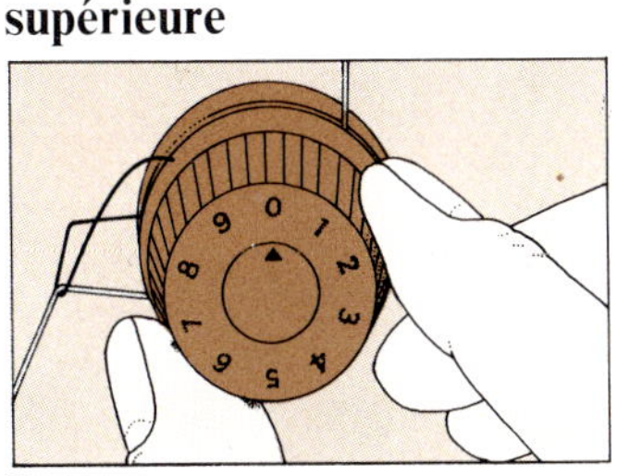

Le bouton de réglage se trouve en général près du disque de réglage. Réglez la tension du fil supérieur au cours de son passage dans la machine, l'aiguille enfilée et le pied presseur baissé. Tournez le bouton dans le sens voulu.

Le réglage de la tension du fil de base

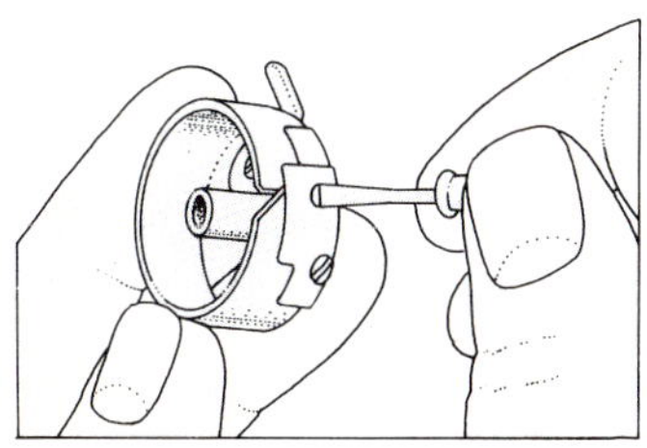

Le réglage du fil supérieur étant en général suffisant, il ne sera pas souvent nécessaire de changer la tension du fil de base. Une vis sur le côté de la navette sert en général de bouton de réglage. Pour augmenter la tension, tournez-la vers la droite, pour la diminuer, tournez dans l'autre sens.

La tension et l'alimentation en fil

La tension et l'alimentation en fil se complètent pour produire des points réguliers. Le pied-de-biche pèse sur le tissu, de manière à ce qu'il passe régulièrement dans la machine. Le crochet exerce une poussée de bas en haut pour faire avancer le tissu sous le pied presseur.

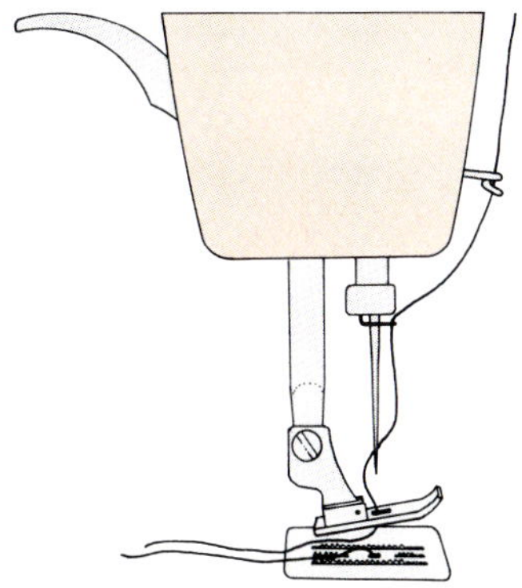

Pied-de-biche et crochet

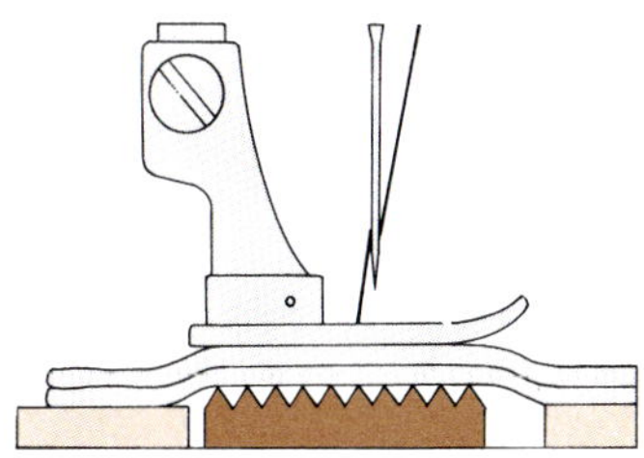

Interaction du crochet et du pied

Pied-de-biche et crochet

Quand l'aiguille traverse le tissu, le crochet se baisse, c'est le pied qui tient le tissu. Quand l'aiguille quitte le tissu, le crochet pousse le tissu en avant. Ce mouvement continue alors que l'aiguille forme le point avec le fil de la canette. Le point formé, le crochet monte pour aider le pied à maintenir le tissu, puis il le fait avancer pour le point suivant. Le pied-de-biche est réglé par le bouton de tension alors que le crochet est contrôlé par le réglage de longueur de point.

Réglez la tension selon le tissu que vous travaillez. Un tissu épais demande plus de tension, un tissu léger en demande moins. Contrôlez toujours la tension avant de commencer à coudre.

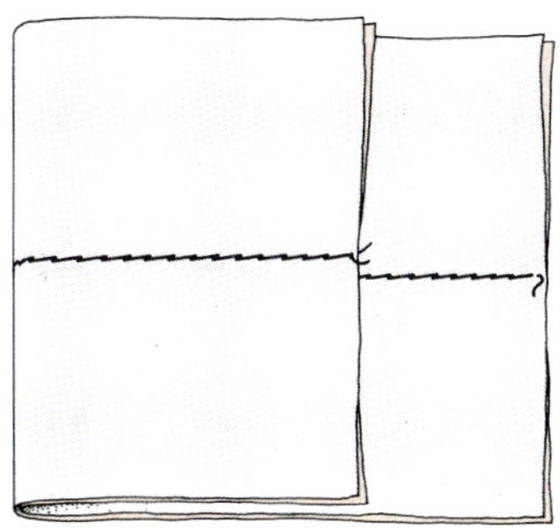

Tension correcte

Tension correcte

La tension doit être suffisante pour empêcher que le tissu ne glisse ou ne gondole, mais elle ne doit pas y laisser de traces. Si votre tension est bonne, votre tissu passe facilement et régulièrement sous l'aiguille. Les points sont de longueur régulière et le tissu n'est pas endommagé.

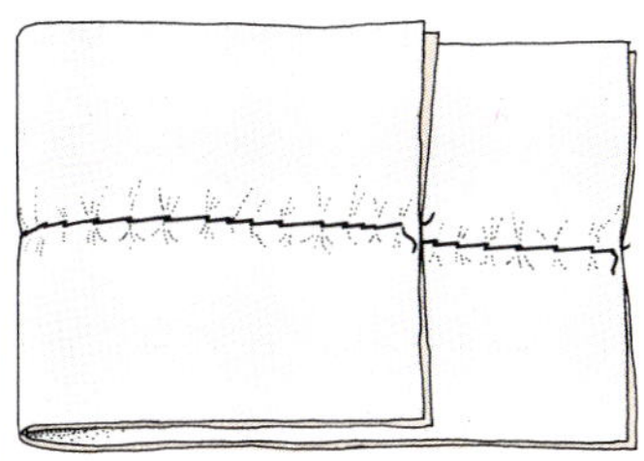

Tension trop forte

Tension trop forte

Si la tension est trop forte, le tissu de dessus peut glisser, alors que que celui de dessous se fronce. Les points peuvent devenir irréguliers, ou le tissu peut plisser. Descendez votre régulateur de tension à un chiffre inférieur.

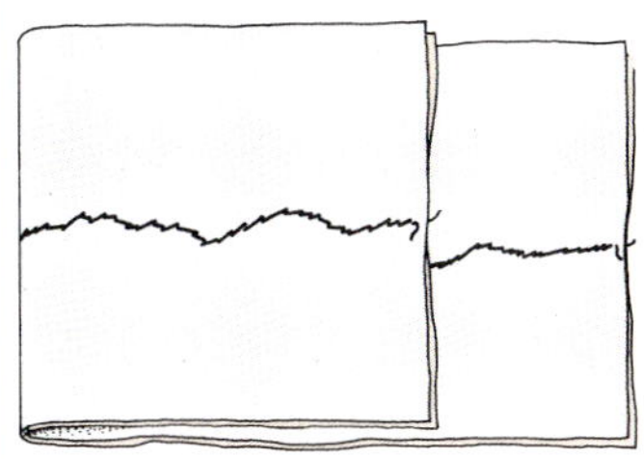

Tension faible

Tension trop faible

Une tension insuffisante empêche le crochet d'avancer. Les points deviennent irréguliers et parfois le tissu se coince dans l'emplacement de la canette. Réglez la tension à un chiffre plus élevé.

Coudre à la machine

Les divers points

Une machine bien entretenue fera des points irréprochables à condition que vous utilisiez l'aiguille et le fil adaptés au tissu et la tension adéquate.

Le point de base de la machine est le point avant. Faites des points courts pour les ourlets et les tissus légers; des points moyens seront utilisés pour les coutures ordinaires et des points longs pour les bâtis, les assemblages et les coutures lâches. Adaptez la longueur en réglant le bouton correspondant.

Petite longueur

Longueur moyenne

Grande longueur

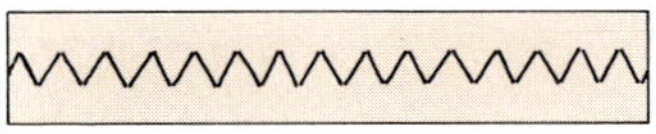
Point zigzag

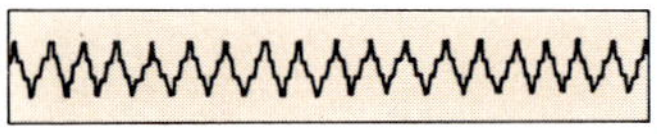
Zigzag multiple

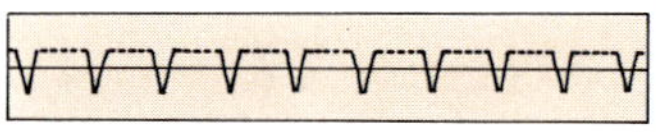
Surjet

Point de bourdon

Comment apprendre à piquer à la machine

Si vous ne vous êtes jamais servie d'une machine à coudre, entraînez-vous sur un morceau de papier, sans avoir enfilé l'aiguille. Commencez toujours lentement pour contrôler le départ et l'arrêt. Votre rapidité augmentera quand vous aurez plus d'entraînement.

Le début d'une couture

Remontez le pied de biche, amenez les fils en arrière sous le pied presseur, puis glissez le tissu pardessous, en gardant la masse du tissu à votre gauche et le bord du tissu à votre droite. Piquez l'aiguille à l'endroit où vous désirez commencer. Baissez le pied presseur et commencez à coudre.

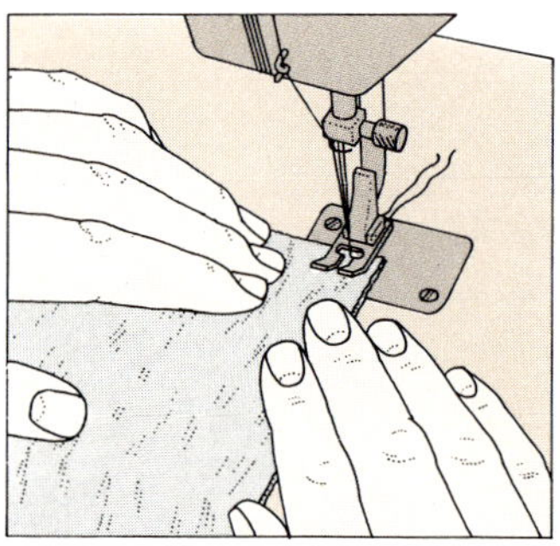
Le début de la couture

L'arrêt

Arrivée au bout de votre couture, montez l'aiguille le plus haut possible et relevez le pied. Retirez l'ouvrage en le tirant vers l'arrière, loin de l'aiguille. Coupez les deux fils en laissant une petite longueur. Passez le fil supérieur sur l'envers et attachez les deux fils solidement. Coupez les bouts.

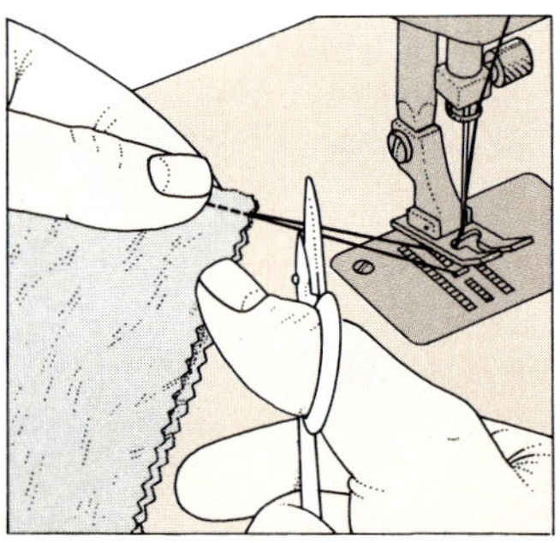
Coupez les fils

Comment guider le tissu

Le tissu doit passer le plus aisément possible dans la machine. Posez votre main gauche légèrement sur le tissu (comme indiqué dans «le début de la couture»). Veillez à ne pas peser sur le tissu, il passerait difficilement et risquerait de s'étirer. Placez votre main droite à environ 4 cm devant l'aiguille. En enclenchant la vitesse, guidez le tissu avec vos doigts. Ne regardez pas l'aiguille, mais concentrez votre regard sur le pied-de-biche par exemple. Guidez votre travail en gardant la même distance entre le pied-de-biche et le bord extérieur de votre couture.

La piqûre des angles

Pour coudre des angles, il vous faudra faire pivoter le tissu. Piquez jusqu'au point où il vous faudra tourner. Montez l'aiguille jusqu'à ce qu'elle quitte presque le tissu, montez le pied-de-biche et tournez le tissu autour de l'aiguille. Puis baissez le pied-de-biche et continuez à coudre. Renforcez la couture des angles en diminuant la longueur des points un peu avant et un peu après l'angle.

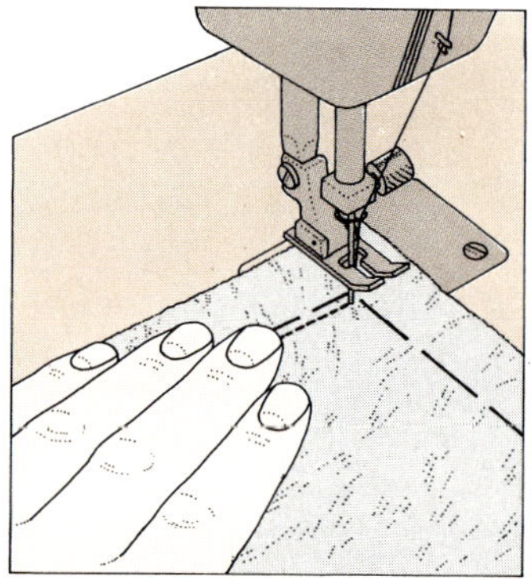
Faire pivoter le tissu

La couture incurvée

Vous pouvez faire une couture incurvée d'une seule pièce, mais s'il vous faut ajuster l'angle, assurez-vous que l'aiguille est dans le tissu quand vous arrêterez. Montez le pied et tournez doucement le tissu autour de l'aiguille. Descendez le pied et continuez jusqu'au prochain angle. Faites votre couture doucement et sans à-coups pour ne pas froncer votre tissu.

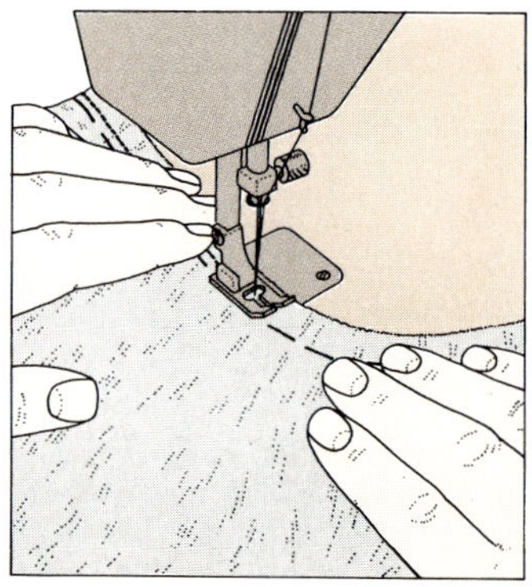
La couture incurvée

Les surpiqûres

Les surpiqûres servent d'ornement aussi bien que de renfort. Finissez complètement votre vêtement avant de le surpiquer. Faites un point de bâti avant de commencer la surpiqûre et suivez ensuite ce bâti de près. Pour un effet décoratif, utilisez du fil plus épais ou d'une couleur contrastante et allongez vos points. Gardez au contraire la longueur moyenne si votre surpiqûre doit renforcer la couture. Arrêtez les fils sur l'envers.

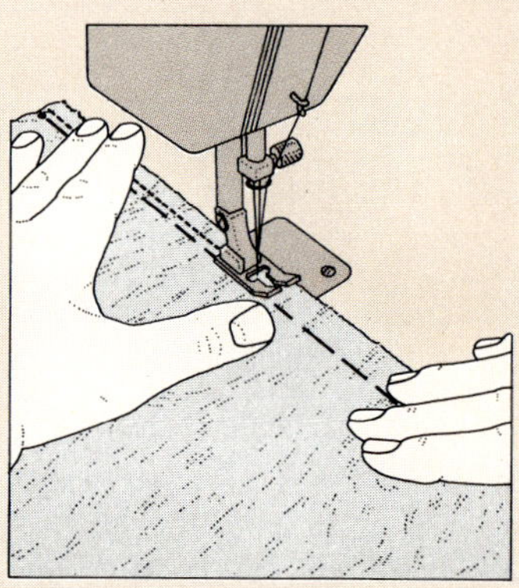
Piquez près du bâti avec un fil plus épais ou contrastant.

Le choix des aiguilles et du fil

Le choix des aiguilles de la machine

La taille et la pointe sont les deux facteurs déterminants pour le choix des aiguilles. Les tailles vont du 9 au 18 (plus le numéro est bas, plus l'aiguille est fine). Pour ne pas endommager les tissus légers, utilisez une aiguille fine. Un tissu plus épais nécessitera une aiguille plus solide qui ne risque pas de casser. La pointe est très importante. On utilise en général des aiguilles pointues pour tous les travaux sur tissu. Pour la couture des tricots, on utilise une aiguille à bout rond, qui passe entre les fils sans les endommager. Il existe des aiguilles spéciales pour la couture du cuir et des vinyls, qui diminuent le risque de déchirures.

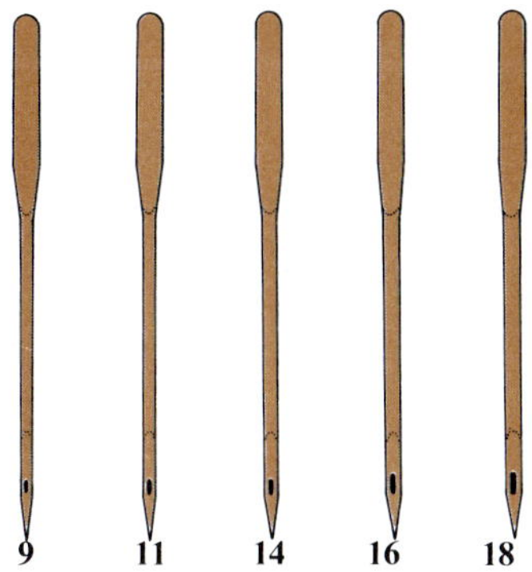

Aiguille pointue pour tissus

Aiguille à bout rond pour tricots

Aiguille spéciale pour cuirs et vinyls

Le choix des fils

Choisissez votre fil selon le tissu que vous travaillez. Utilisez du fil nylon sur des tissus synthétiques et du coton mercerisé ou du fil de soie pour le coton et la toile. Les tricots devront être cousus avec des fils de soie ou des fils artificiels, qui se détendront en même temps que le tricot. Choisissez votre fil d'une couleur plus sombre que le vêtement que vous coûsez, car le fil apparaît toujours plus clair que le tissu.

Plus le numéro du fil est élevé, plus le fil est fin. Le fil doit pénétrer facilement dans le tissu pour que la couture soit solide. Si le fil est trop épais pour le tissu, il restera en surface et s'usera rapidement, diminuant ainsi la vie de votre vêtement.

Tableau des aiguilles et du fil

Tissu	Fil	Aiguille	Nombre des points sur 2,5 cm
Léger			
Pongé, organza, dentelle linon	Soie, nylon, coton mercerisé, tous les fils les plus fins	9 ou 11	10-15
Moyen			
Velours, Vichy, crêpe, velours cotelé, broché, toile, certains croisés	Polyester, polyester coton coton mercerisé 50-60	11 ou 14	10-12
Lourd			
Gros velours côtelé, bouclé	Polyester, polyester/coton, gros fil de toute composition	16 ou 18	8-12
Très épais			
Grosse toile, tissus d'ameublement	Polyester, polyester/coton, gros fils de toute nature	16 ou 18	8-12

Les accessoires de la machine à coudre

Les accessoires augmentent l'efficacité et les possibilités de la machine. Ils ne sont pas vraiment indispensables, mais ils font gagner du temps et facilitent le travail. En plus des accessoires que nous mentionnons ci-après, il en existe un grand nombre d'autres: le pied fronceur, le pied boutonnière, le pied ourleur, le pied pour nervures, le pied pour cordonnet. Ce sont tous des variantes du pied-de-biche ordinaire. Si le trou du pied par où passe l'aiguille est petit et rond, il sert aux coutures droites. S'il est large, vous pouvez faire des coutures zigzag. Adaptez toujours la longueur du point et la tension à l'accessoire choisi.

Le pied pour fermeture éclair

Ce pied sert pour toutes les coutures qui présentent une épaisseur de tissu sur l'un des côtés. Il en existe deux sortes: adaptable ou non adaptable. Le pied adaptable a une encoche de chaque côté qui vous permet de coudre la fermeture éclair du côté gauche et du côté droit. Pour coudre à gauche, montez d'abord l'aiguille. Défaites la vis sur la barre horizontale et posez l'aiguille au-dessus de l'encoche. Faites de même pour l'autre côté.

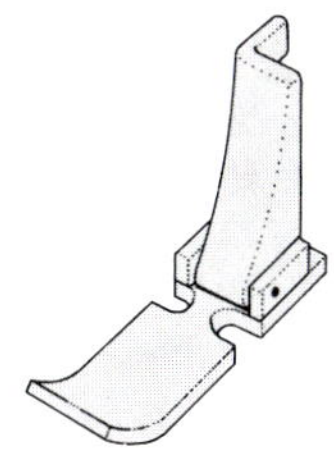
Pied pour fermeture-éclair

Pied bourdon-boutonnière

Ce pied sert à confectionner des boutonnières ou à surfiler des tissus qui s'effilochent. Cet accessoire s'adaptant difficilement sur les machines à canette centrale, il est préférable, dans le cas où votre machine est de ce type, de faire les boutonnières à la main. Sur une machine à canette oscillante, l'aiguille passe d'un côté à l'autre en faisant le point. Enlevez le pied ordinaire et montez le pied bourdon à sa place.

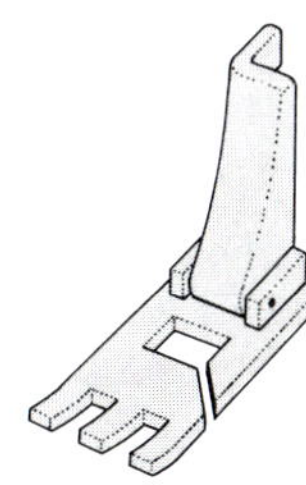
Pied à boutonnière

Le pied rabatteur

Ce pied s'utilise pour le surfilage des coutures faites sur des tissus qui s'effilochent facilement ou les coutures épaisses. Il ne s'adapte que sur les machines à canette oscillante. Disposez votre tissu de manière à ce que l'aiguille passe légèrement au-delà de la couture. Une barre tient le tissu en place et assure la régularité des points. Vérifiez la position et la longueur de point avant de commencer à coudre. Placez le pied selon les instructions de votre notice.

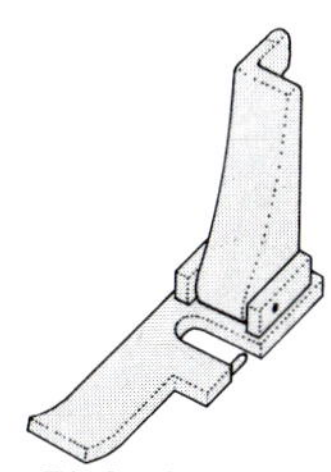
Pied rabatteur

Le pied fronceur

Ce pied sert au fronçage (voir indications page 272). Il permet à l'élastique de passer facilement. Sur les machines à canette oscillante, l'élastique se pose sur le tissu. Le fil passe à travers le pied qui le tire doucement. Plus le fil est tiré, plus le fronçage est serré. Sur les machines à canette centrale, l'élastique est enroulé autour de la canette. Placez le pied selon les indications de votre notice.

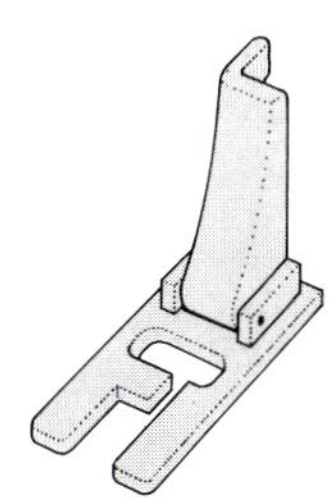
Pied fronceur

Comment prendre vos mesures

Prenez vos mesures avant d'acheter ou d'adapter votre patron. Demandez à une amie de vous aider, cela facilitera l'opération. Si vous prenez vos mesures pour une robe, pour une jupe ou pour un pantalon, portez vos sous-vêtements habituels. Prenez d'abord les mesures verticales, puis les mesures horizontales. Gardez le mètre près du sol et bien tendu. Notez vos mesures par écrit.

Le corsage

Mesurez votre tour de taille, puis la longueur de la nuque à la taille. De l'épaule, descendez jusqu'à la poitrine. De la nuque, mesurez jusqu'en haut de la manche et derrière l'épaule jusqu'à la taille. Mesurez votre tour de poitrine à l'endroit le plus fort. Prenez les mesures du dos à mi-hauteur de l'emmanchure, le bras légèrement levé.

La jupe

Prenez le tour de taille, puis mesurer du milieu de la taille jusqu'à la longueur désirée. Puis le dos depuis la taille jusqu'à l'ourlet, ainsi que les côtés. Prenez votre tour de hanches à env. 23 cm sous la taille. Mesurer l'empiècement jupe à environ 7,5 cm sous la taille.

Les manches

Mesurez de l'épaule au poignet, le bras recourbé. Le bras toujours plié, mesurez de l'épaule au coude et du coude au poignet. Le bras tenu droit, prenez la mesure intérieure depuis l'emmanchure jusqu'au poignet. Le tour du bras sera pris à l'endroit le plus épais. Mesurez le tour du coude, le bras plié à hauteur de hanches. Puis, prenez le tour de votre poignet.

Les mesures du corsage et de la jupe

1 Hauteur de l'épaule à la pointe du sein
2 Devant de poitrine (emmanchure à emmanchure)
3 Tour de poitrine (tour complet)
4 Nuque à taille (devant)
5 Taille (devant)
6 Taille à ourlet (devant)
7 Taille de côté à ourlet
8 Epaule à taille (devant)
9 Empliècement jupe (devant)
10 Hanches (devant)

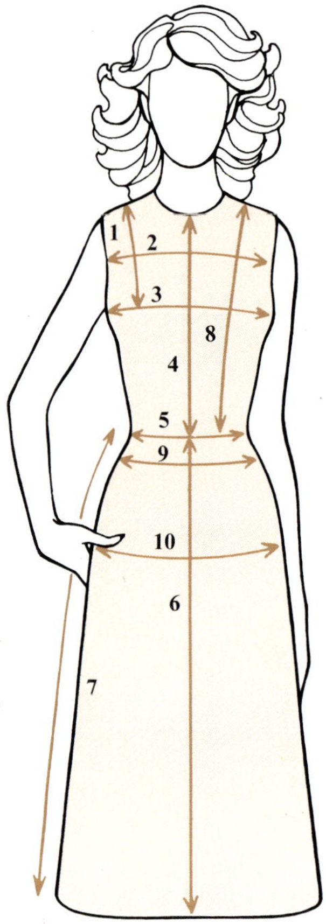

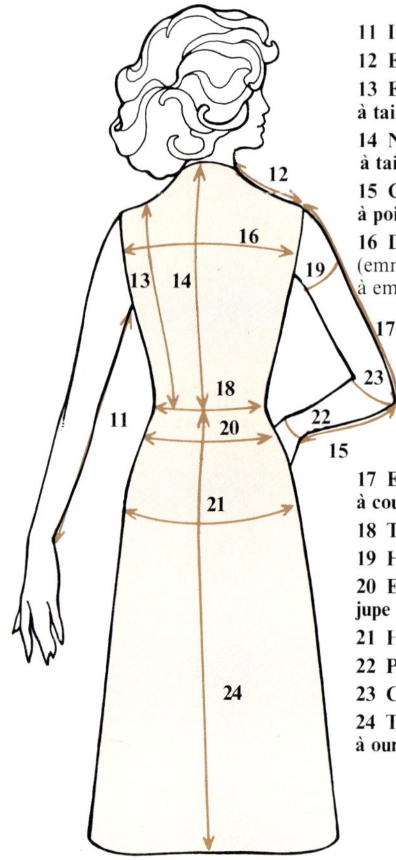

11 Intérieur bras
12 Epaule
13 Epaule à taille (dos)
14 Nuque à taille (dos)
15 Coude à poignet
16 Dos (emmanchure à emmanchure)
17 Epaule à coude
18 Taille (dos)
19 Haut du bras
20 Empiècement jupe (dos)
21 Hanches (dos)
22 Poignet
23 Coude
24 Taille à ourlet (dos)

Mesures de jambes, parties externe et interne

Prenez le tour de taille et des hanches (voir ci-contre). Mesurez l'entre-jambe depuis le haut jusqu'à la longueur voulue. Prenez la mesure externe de la jambe du côté tour de taille jusqu'à la longueur voulue.

1 Taille
2 Hanche
3 Entre-jambe
4 Extérieur de la jambe

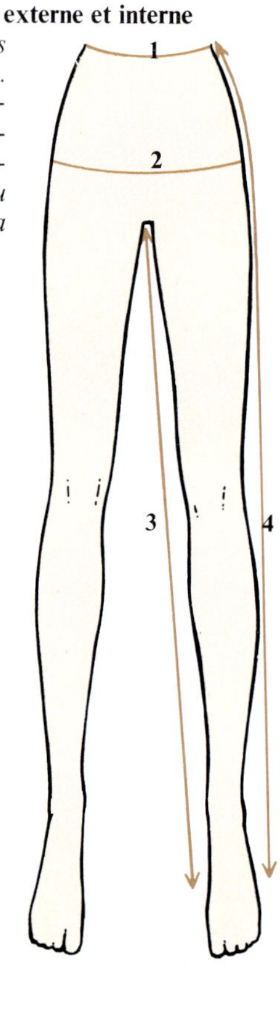

Bassin

Asseyez-vous, le dos droit et mesurez du côté de votre taille jusqu'à la chaise, ajoutez 1,5 cm pour l'aisance, mais pour une personne bien en chair, il vous faudra ajouter davantage.

1 Taille
2 Extérieur hanche

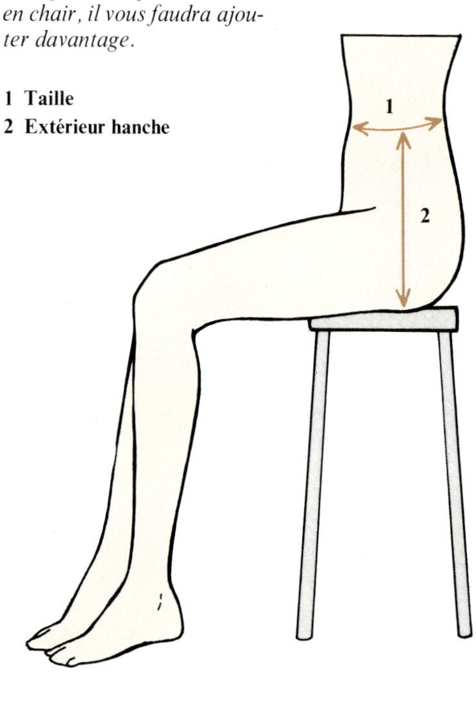

Tailles mannequin normalisées

Hommes (en cm)	**44**	**46**	**48**	**50**	**52**	**54**
Tour de poitrine	88	92	96	100	104	108
Tour de taille	78	82	86	90	94	100
Tour de hanches	92	96	100	104	108	112
Tour de cou	37	38	39	40	41	42
Longueur manche	61	62	63	64	65	66

Femmes (en cm)	**34**	**36**	**38**	**40**	**42**	**44**
Tour de poitrine	80	84	88	92	96	100
Tour de taille	63	65	69	73	77	81
Tour de hanches	88	90	94	98	102	106
Longueur du dos	38,5	39	39,5	40	40,5	41

Petits enfants

Age approximatif	**2 ans**	**3 ans**	**4 ans**	**5 ans**
Tour de poitrine en cm	52	54	56	58
Tour de taille en cm	48	50	52	53
Tour de bassin en cm	56	58	60	62
Stature en cm	86	94	102	108

Fillettes

Age approximatif	**4 ans**	**5 ans**	**6 ans**	**8 ans**	**10 ans**	**12 ans**	**14 ans**	**16 ans**
Tour de poitrine en cm	56	58	60	64	70	78	82	86
Tour de taille en cm	52	53	54	56	58	60	61	62
Tour du bassin en cm	62	64	66	70	76	84	88	92
Stature en cm	102	108	114	126	138	150	156	162

Garçons

Age approximatif	**4 ans**	**5 ans**	**6 ans**	**8 ans**	**10 ans**	**12 ans**	**14 ans**	**16 ans**
Tour de poitrine en cm	56	58	60	64	68	75	82	86
Tour de taille en cm	52	53	54	56	59	63	67	69
Tour de bassin en cm	58	60	62	66	72	79	86	89
Stature en cm	102	108	114	126	138	150	162	168

Les indications sur le patron

Les tailles du patron

D'une manière générale, la taille des patrons correspond à celle du prêt-à-porter. Comparez néanmoins vos mesures à celles indiquées sur l'enveloppe du patron. Les mesures s'établissent en partant du tour de poitrine (par exemple 88 de tour de poitrine correspondent à la taille 38). Si vos mesures ne correspondent pas exactement à celles du patron d'une veste, d'une robe ou d'un manteau, prenez le patron qui s'en rapproche le plus. Il est plus facile de retoucher le tour de taille et de hanches que la largeur d'épaules. Le patron doit bien s'ajuster aux épaules et aux emmanchures. Les jupes, les shorts et les pantalons s'achètent par rapport au tour de hanches. Si votre tour de poitrine est supérieur par rapport à vos autres mesures à celles qui figurent sur le patron, et si la différence entre votre tour de poitrine et celui de votre torse est de plus de 10 cm, achetez un patron plus petit et élargissez le tour de poitrine.

Comment lire les indications de votre patron

L'indication la plus importante est celle du métrage nécessaire. Entourez votre taille d'un coup de crayon en haut de la rubrique. Choisissez la description du vêtement sur la colonne de gauche, suivez la ligne jusqu'à la colonne qui correspond à votre taille, vous trouverez le métrage nécessaire. Il y aura également le dessin du vêtement vu de dos, un dessin de la disposition du patron sur le tissu et les mesures finies. Tenez également compte des suggestions pour le choix du tissu ainsi que des autres remarques.

Patron de base d'une robe taille 38 – deux décolletés au choix

Cette robe comporte une fermeture à glissière, des manches montées et des pinces de taille sur le devant. La version 1 a une encolure ronde basse, des poches appliquées et des manches courtes avec manchettes retroussées. La version 2 a une encolure ronde montante et des manches longues.

Les pièces du patron

Un métrage supérieur sera nécessaire pour des tissus à carreaux, à rayures et les tissus qui ont un sens.

Mesures normalisées	Tour de poitrine	80	84	88	92
	Tour de taille	63	65	69	73
	Hanches	88	90	94	98

Dos Métrages	**Tailles**	**38**	**40**	**42**	**44**
Robe 1: tissu en					
90	sans dessin	2,90	2,90	2,90	2,90
120	sans dessin	1,80	1,90	2,40	2,40
140	sans dessin	1,60	1,60	1,60	1,70
Robe 2: (avec ou sans dessin)					
90		3,00	3,00	3,10	3,10
120	sans dessin	2,50	2,60	2,70	2,40
120	sans dessin	2,00	2,10	2,60	2,60

Triplure robe 1 et 2: 0,20 m en 65, 82 ou 90 cm, tissé ou non tissé, thermocollant ou non.

Mesures du vêtement fini				
Longueur totale dos	103	104	106	107
Largeur du bas de la jupe	120	122	126	131

Fournitures: Fil, fermeture à glissière de 55 cm, contrefort.

Tissus conseillés: Toile, soie, grosse toile, shantung, crêpe, jersey, satin, nelte, mousseline.

Les tissus

Tous les textiles sont faits de fibres, qu'ils soient naturels (laine, toile, soie) ou artificiels (acrylique, polyester, acétate). Les fibres qui composent les fils sont courtes pour les tissus naturels, (sauf la soie). Elles sont longues pour la soie et les tissus synthétiques. Les fibres sont tordues et deviennent fils. L'apparence et la solidité du fil dépend de sa torsion. Les fils ayant peu de torsion sont utilisés pour la fabrication de tissus doux et peu solides. Les fils bien cablés donnent des tissus lisses, comme la gabardine. Plus un fil est cablé, plus le tissu est lisse et solide.

Les diverses méthodes de fabrication

Le tissage, le tricotage, la compression et le filetage sont les quatre techniques de base de la fabrication des tissus.

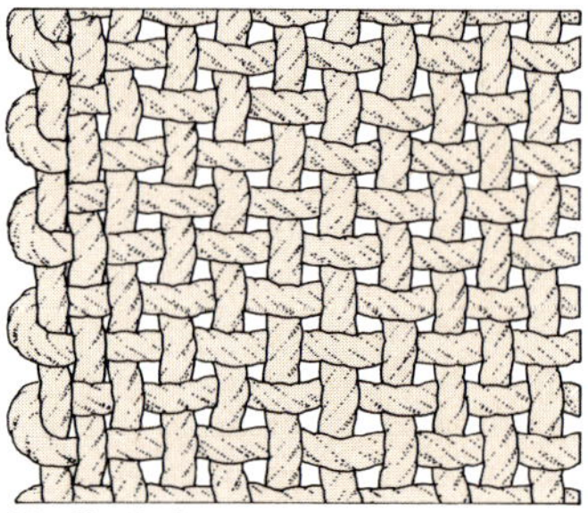

Etoffe tissée

Tissu tricoté

Feutre

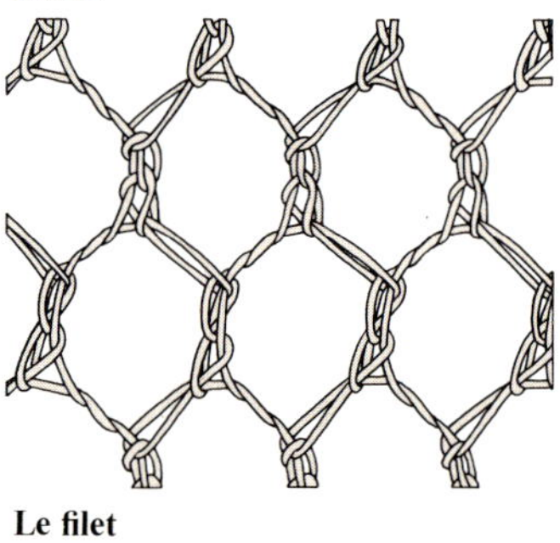

Le filet

Le tissage
C'est la technique la plus commune de fabrication de tissus. Deux nappes de fils sont travaillées à angle droit, les fils de chaîne sont tendus en longueur et les fils de trame passent à travers à l'aide d'une navette. Tous les tissages ont une lisière.

Le tricotage
Cette technique nécessite des machines qui tricotent des boucles. Le tricot tramé se fabrique avec un seul fil qui forme des boucles en se croisant. Ce tissu s'étire en largeur plutôt qu'en longueur. Agréable à porter, ce tissu a tendance à filer et à se déformer. Le tricot de chaîne présente des boucles faites en longueur. Chaque fil est contrôlé par une aiguille indépendante. Il avance en zig-zag, croisant les boucles de haut en bas. Ce tissu est solide et ne file pas.

Le feutre
Cette étoffe s'obtient en compressant à chaud en atmosphère humide des fibres courtes. Les feutres ne s'effilochent pas, mais mouillés ils ont tendance à se déchirer.

Le filet
Les fils sont ici maintenus par des nœuds aux intersections. Le filet peut être lourd comme un filet de pêcheur ou léger comme de la dentelle, selon le fil dont il est fait.

Le choix du tissu

Les patrons du commerce donnent en général le métrage nécessaire à la confection du modèle. Parfois, ils contiennent également des conseils quant au choix du tissu. Prenez un tissu de bonne qualité. Veillez à ce que le tissage soit solide et que les fils ne se déforment pas lorsqu'on tire sur l'étoffe. Le tissage doit être régulier. Regardez-le par transparence pour y détecter d'éventuelles irrégularités d'épaisseur. La teinte doit être uniforme et avoir un aspect neuf. Le tissu doit être le plus infroissable possible. Prenez un coin du tissu et froissez-le. Les plis doivent s'effacer. N'achetez que la quantité de tissu indiquée sur le patron. Si vous créez votre propre modèle, regardez page 258.

Conseils aux débutant(e)s
Les débutants choisiront de préférence des tissus légers ou d'épaisseur moyenne et qui ne glissent pas, tels que coton, rayonne peignée, polyester ou lainages légers. Ce sont les tissus les plus faciles à travailler. Evitez les tissus très légers comme le pongé et le crêpe georgette, ainsi que les tissus très lourds comme le tweed. Evitez aussi les non-tissés, les motifs trop importants et les tissus poilus dont les poils ont un sens.

Tenez compte de votre modèle
Le tissu convient-il au modèle que vous avez choisi? Si votre modèle comporte des fronces ou des plissés, assurez-vous que le tissu s'y prête. Au besoin, demandez conseil au vendeur.

Vérifiez que la couleur vous sied en tenant le tissu contre votre visage. Des imprimés audacieux et des couleurs violentes sont parfois difficiles à porter. Une personne corpulente évitera les imprimés importants ou les rayures horizontales, qui grossissent. Pour juger de l'effet, drapez le tissu sur vous devant une glace.

Tissus pour vêtements simples pour débutants

Robes et jupes	Tissu	Doublures
A plis	Léger, serré, uni	La doublure donnera de la tenue à un tissu léger
A découpes	Léger, serré, uni ou à maille	La doublure peut être toute droite
Simple	Léger, serré de n'importe quel genre, ou à maille	
Fronces	Léger, souple ou maille	
Capes et vestes simples	Epaisseur moyenne, serré de préférence, fermeture à glissière solide	Généralement doublés dans un tissu adéquat
Vêtements de nuit	Légers, serrés, à mailles ou synthétique	
Corsages et jupes	Légers, serrés, souples ou maille	Flous
Ajustés	Pas de gros imprimés, serré, maille de préférence	
Pantalons	Epaisseur moyenne. Pas de mailles; fermetures-éclair solides pour les ouvertures	Pas de doublure

Les apprêts spéciaux

On fait subir différentes préparations aux tissus afin de les adapter à leurs divers usages. Ces apprêts sont variés et ils influent énormément sur la façon dont les tissus doivent être traités par la suite. Les caractéristiques les plus répandues sont:

Irrétrécissable Le tissu ne rétrécira pas de plus de 1 à 2% au lavage.

Ininflammable Le tissu ne brûlera pas de lui-même, une fois le feu extérieur éteint.

Renforcé Une couche caoutchoutée donne plus de corps au tissu.

Imperméabilisé Un traitement spécial donne au tissu la propriété de repousser l'eau.

Plastifié Une couche de plastique empêche la pénétration de l'eau.

Infroissable Un apprêt spécial empêche la formation de faux plis.

Sans repassage Le tissu n'a pas besoin de repassage après avoir été lavé.

Grand teint Ce tissu ne déteint pas s'il est lavé selon les instructions.

Instructions à suivre avant et après la couture

Tous les tissus peuvent rétrécir, ils doivent donc être lavés selon les instructions, avant d'être cousus. Certains tissus, en raison de leur composition, nécessitent des traitements spéciaux pour la coupe et la couture.

Les tissus synthétiques s'effilochent facilement; ils doivent être coupés avec des ciseaux bien aiguisés pour éviter d'en tirer des fils. Il convient de se servir de fils synthétiques et d'aiguilles spéciales pour les coudre. Il faut également prévoir des rentrés très larges. La tension de fil de la machine doit être relâchée afin d'éviter que le tissu ne fronce. Les bordures se feront également avec des matières synthétiques.

Le coton rétrécit facilement, il convient de le laver selon les instructions, avant de le coudre.

La toile peut s'effilocher; prévoyez donc des rentrés larges et finissez les bords en conséquence.

Précautions à prendre pour le nettoyage

Pour que vos tissus durent le plus longtemps possible, lavez-les toujours soigneusement selon les instructions données. Vérifiez les indications portées sur les tissus lors de vos achats (nettoyage à sec ou lavage main). Les instructions concernant les machines à laver correspondent aux instructions que vous trouvez sur les emballages des lessives. Elles indiquent le programme à choisir sur la machine (voir ci-contre). Si vous n'êtes pas sûre de vous, faites faire un nettoyage à sec ou lavez un petit morceau de tissu en question. Mesurez la largeur et la longueur de votre tissu avant de le laver et comparez-les une fois lavé. S'il y a une différence, optez pour le nettoyage à sec.

Le coton

Lavez à la main dans l'eau tiède. Pressez doucement. Suspendez sur un séchoir qui ne rouille pas. La toile irrétrécissable sera lavée à la main et séchée comme le coton. Si elle n'est pas traitée, elle doit être nettoyée à sec.

La laine

Si elle peut être lavée à la main, utilisez du savon doux et de l'eau tiède. Laissez tremper quelques minutes et pressez doucement. Rincez soigneusement et essorez dans une serviette éponge pour enlever l'excès de l'eau. Séchez toujours la laine à plat, pour ne pas la déformer. Vérifiez toujours si le nettoyage à sec n'est pas recommandé.

Les fibres synthétiques

Traitez-les selon leur composition. Bien des tissus synthétiques sont composés de fibres différentes, ou d'un mélange de fibres naturelles et de fibres synthétiques. On peut diviser les tissus synthétiques grossièrement en deux catégories, ceux à base de nylon ou de polyester et ceux à base de rayonne. Le polyester et le nylon peuvent être lavés à l'eau chaude, rincés et suspendus sur un séchoir métallique. La rayonne doit être lavée doucement à la main. Lavez avec de l'eau tiède et du savon doux si le nettoyage à sec n'est pas indiqué.

Le code international

Ce code a été établi pour donner les informations normalisées quant au traitement des tissus. Les symboles servant au lavage et au séchage sont indiqués ci-contre. Ci-dessous vous trouvez les symboles concernant le lavage, le blanchiment, le repassage et le nettoyage à sec. Si le dessin est barré d'une croix, l'usage en est déconseillé. Par exemple un triangle barré d'une croix signifie: pas de blanchiment.

Les 4 symboles principaux

Ceci représente le lavage et tout ce qui s'y rapporte.

Le triangle s'applique au blanchiment par l'eau de Javel et donne les instructions nécessaires.

Le fer est le symbole du repassage et donne toutes les instructions nécessaires.

Le cercle représente le nettoyage à sec et toutes les instructions nécessaires.

Guide de lavage

Les symboles concernant le lavage sont internationaux. Ils se retrouvent sur les paquets de lessive et constituent une indication sûre.

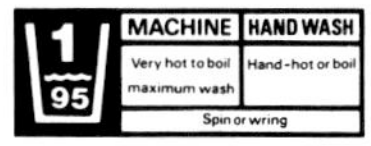

Coton et toile blanche sans apprêt spécial.

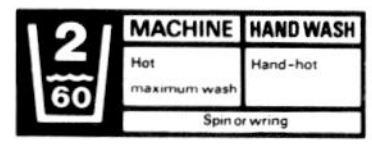

Coton, toile ou viscose; pas d'apprêts spéciaux; grand teint jusqu'à 60° C.

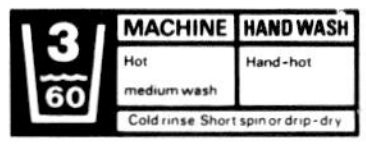

Nylon blanc, polyester blanc et coton mélangé.

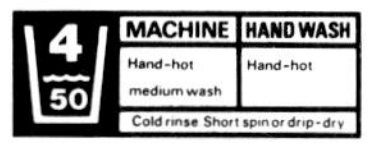

Nylon de couleur; mélange de coton et de viscose avec apprêts spéciaux; coton polyester mélangé.

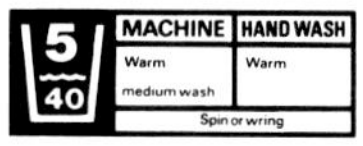

Coton, toile ou viscose couleurs grand teint à 40° C mais non à 60° C.

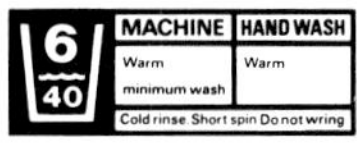

Acrylique, acétate et triacétate; y compris laine mélangée.

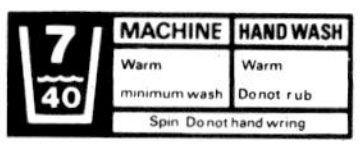

Laine; laine mélangée coton ou viscose; soie.

Soie et acétate imprimé, couleurs non grand teint à 40° C.

Coton avec apprêts spéciaux. Peut être bouilli mais doit être suspendu humide.

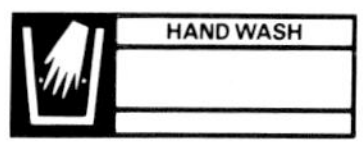

Articles ne supportant pas le lavage machine.

Ne pas laver.

Instructions de repassage

Il convient de repasser votre vêtement à chaque phase de sa fabrication. La toile et le coton doivent être repassés avec un fer très chaud, les synthétiques ne supportent qu'une chaleur modérée. Le velours et les tissus poilus seront traités à la vapeur pour ne pas être aplatis. Repassez dans le sens du droit fil. Soulevez le fer et reposez-le plus loin. Sur les tissus autres que la toile et le coton, servez-vous d'une pattemouille (tissu sec avec un fer vapeur ou tissu humide avec un fer ordinaire). Pour éviter de faire briller le tissu, repassez-le sur l'envers. Passez avec soin sur les fermetures-éclair et les coutures épaisses. Ne repassez pas sur des épingles. Si vous avez un «cochon» de tailleur, utilisez-le pour les endroits incurvés.

Symboles pour le repassage

Coton, toile viscose

Synthétiques

Polyester, laine mélangée

Ne pas repasser

Préparation du tissu

Les fils de chaîne et de trame doivent se trouver à angle droit dans tous les tissus. Si ce n'est pas le cas, le tissu est déformé, il ne tombera pas bien, à moins que l'on puisse le remettre en forme. Vérifiez à l'achat que le tissu n'est pas déformé, par exemple l'imprimé doit suivre le droit fil. Certains tissus à apprêts spéciaux ne peuvent pas être remis en forme, les fils étant bloqués. Pour vérifier le droit fil, commencez par deux fils de trame. Trouvez d'abord le droit fil en coupant la lisière avec des ciseaux, puis prenez un des fils traversant le tissu. Tirez doucement pour froncer légèrement le tissu, puis coupez le long de ce fil aussi loin que possible. Continuez jusqu'à la lisière opposée.

Pour remettre le tissu en forme, pliez-le en longueur, épinglez les lisières et le pli. Il se formera des plis. Humidifiez la moitié inférieure du tissu et, avec un fer vapeur, repassez la longueur. Si le tissu est toujours déformé, repassez dans l'autre sens. Ne repassez pas le pli.

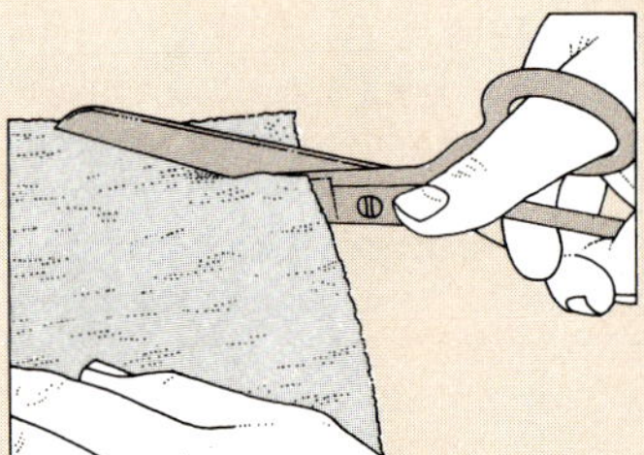

Coupez le fil de trame

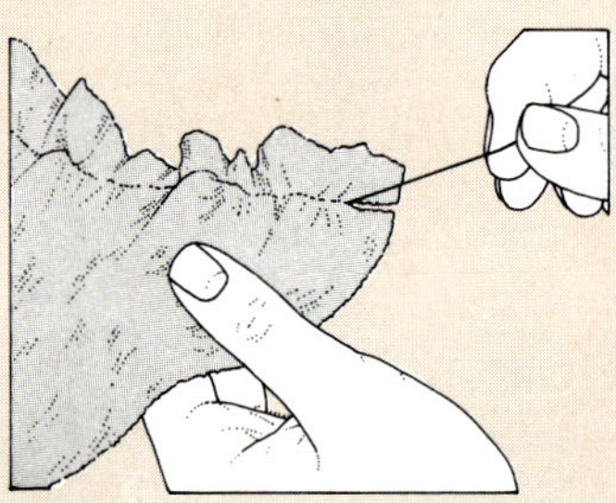

Tirez le fil

Disposition des pièces du patron

Si vous travaillez d'après un patron du commerce, des indications y figurent concernant le métrage nécessaire d'après chaque taille, la largeur du tissu et éventuellement le sens. Si vous créez votre propre modèle, estimez le métrage nécessaire après avoir disposé les pièces de votre patron sur une feuille de papier. Le tissu acheté, rassemblez vos fournitures pour la coupe sur une surface plane. Repassez les pièces de votre patron au fer tiède si nécessaire. Apportez-y toutes les rectifications nécessaires (pages 264-265).

Sur un patron du commerce, vous trouverez toutes les indications pour bien le disposer selon les différentes largeurs de tissu. La disposition change s'il s'agit de tissus poilus.

Gardez les lignes verticales du patron sur la longueur du tissu, à moins que les indications ne recommandent le contraire. Les parties du vêtement ne comportant ni coutures ni pinces sont généralement disposées en biais pour ajouter de l'élasticité au tissu. Toutes les pièces coupées en biais demandent davantage de tissu que les pièces disposées en droit fil.

Préparez le tissu comme indiqué ci-contre à gauche. Selon les indications de votre patron, disposez les pièces sur le tissu en veillant à ce que les pièces qui doivent se trouver sur une ligne la suivent effectivement. Laissez assez d'espace pour les rentrés et les parementures qui doivent être coupés en double. Vérifiez que les pièces sont au complet avant de commencer le travail.

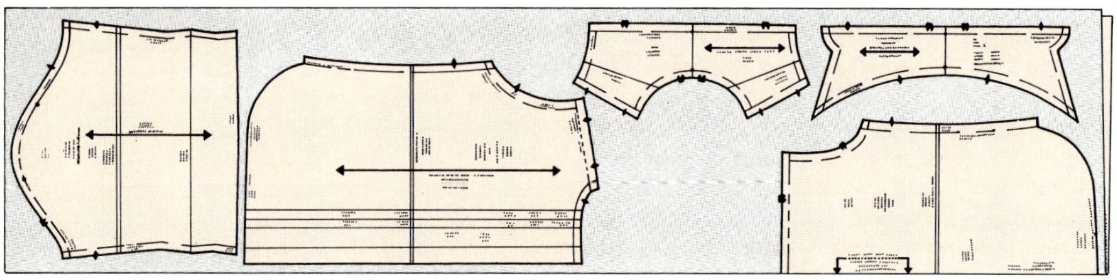

Patron disposé sur tissu plié étroit

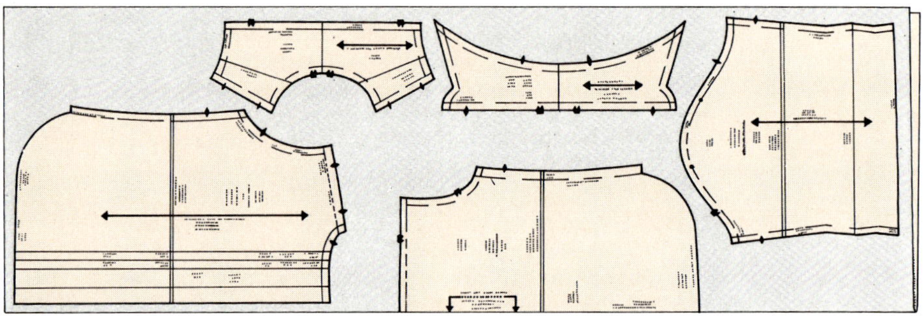

Patron disposé sur un tissu plié large

Les marques

Tous les patrons du commerce comportent des marques dont il faut tenir compte. Certaines d'entre elles vous indiquent les rectifications possibles, d'autres servent à indiquer les points des raccords.

Le tracé de coupe C'est une ligne continue à l'extérieur du patron.

Le tracé de couture C'est une ligne en pointillé à environ 1,5 cm du tracé de coupe, elle marque la couture.

Le tracé de rectification Il indique les possibilités de rallonger ou de raccourcir le patron, c'est en général une ligne double.

La pliure C'est une ligne comportant une flèche en haut et en bas. Elle doit toujours se trouver sur un pli du tissu de manière à permettre de couper une pièce en double.

Le droit fil C'est une ligne avec des flèches. Elle doit toujours être parallèle aux lisières, selon le sens du tissu.

Le tracé pour l'aisance C'est une ligne en pointillé avec un point à chaque extrémité.

Le tracé de fronçage Deux lignes brisées avec une flèche à chaque bout. Des points indiquent les points de fronçage. Il existe d'autres marques, par exemple:

Les marques de raccord Ce sont en général des crans, ils servent à assembler les pièces. Des points de taille différente, des carrés et des triangles servent également de marques de raccord.

Les pinces Elles sont indiquées par des lignes brisées convergeant vers un point.

Emplacement fermeture éclair Une ligne de petits triangles indique la place de la fermeture-éclair.

Boutonnières La place et la taille de la boutonnière sont indiquées par un cercle, ou un point et une ligne horizontale.

La coupe

Epingler le patron
Une fois vos pièces correctement disposées, épinglez-les sur le tissu. Placez les épingles, en en utilisant le moins possible, diagonalement à l'intérieur de coutures prévues. Cela permettra au tissu de se froncer et assurera une coupe bien égale.

La coupe
Avant de commencer, vérifiez les indications du patron. Coupez toujours sur une surface plane avec des ciseaux bien aiguisés. Ouvrez bien les branches des ciseaux et coupez jusqu'à la pointe. Suivez une ligne parallèle aux indications du patron (coutures comprises); tenez le tissu fermement pendant que vous le coupez. Coupez d'abord les pièces principales. Vérifiez que toutes les marques sont bien rapportées avant d'enlever les épingles (voir à droite).

La liste des choses à ne pas oublier lors de la coupe
1 Avez-vous toutes les pièces du patron? **2** Sont-elles disposées dans le droit fil du tissu? Vérifiez qu'il n'y a pas de défauts ou de faux plis dans le tissu. **3** Si le tissu est duveteux ou poilu, toutes les pièces sont-elles disposées dans le même sens? **4** Si le tissu est imprimé, les pièces sont-elles disposées de manière à ce que les dessins concordent? **5** Si le tissu doit être utilisé en double, se trouve-t-il disposé du bon côté du pli? **6** Le tissu est-il plié endroit contre endroit, s'il n'y a pas d'indications contraires? **7** Le tissu se trouve-t-il sur une surface plane?

La disposition des tissus à problèmes
Certains tissus demandent à être disposés avec un soin spécial en raison de leur composition ou de leur dessin. Il s'agit des tissus poilus, des imprimés ayant un sens défini, des écossais et des rayures. Il faut également les acheter en tenant compte de ces données. Ils doivent être irrétrécissables et l'imprimé doit suivre le fil. N'achetez pas de tissus imprimés en ne tenant pas compte du droit fil. En général, les débutantes devraient éviter ces tissus en raison justement de cette difficulté.

Comment disposer des tissus duveteux ou des imprimés ayant un sens
Si vous vous servez d'un tissu comme le velours, veillez à ce que toutes les pièces soient disposées dans le même sens. Il vous faudra donc davantage de tissu que pour un tissu ordinaire, car vous ne pourrez disposer les pièces tête-bêche. Vérifiez le sens du poil à la main. En cas de doute, renseignez-vous auprès du vendeur. Les imprimés présentant un sens doivent être utilisés de la même façon.

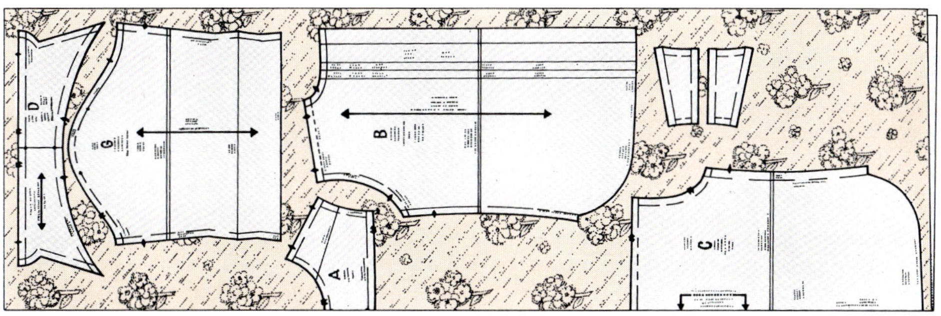

Disposition des pièces du patron sur un tissu imprimé dans un seul sens

Disposition sur tissu écossais ou rayé
Les écossais et les rayures doivent concorder exactement aux ourlets, aux coutures centrales ou aux ouvertures, à la taille et aux emmanchures ainsi qu'aux manches. Les pièces du patron doivent être très soigneusement disposées afin de concorder. Utilisez les crans, c'est la meilleure manière de procéder. Disposez les pièces de façon qu'elles se trouvent sur la même rayure de contrôle. Choisissez des modèles ne comportant pas trop de coutures. Veillez à ce que les carreaux et les rayures concordent à l'endroit de la piqûre, plutôt qu'au bord coupé. Très important: faites tous les ajustements avant de disposer vos pièces, les dessins risqueraient de ne plus correspondre.

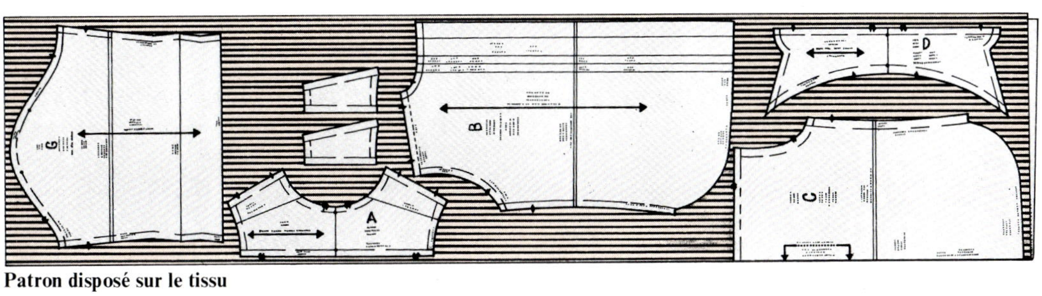

Patron disposé sur le tissu

Les marques

Une fois vos pièces coupées, gardez-les épinglées sur le tissu afin de transcrire toutes les marques. Vous pouvez marquer votre tissu de différentes façons. Vous pouvez utiliser le point tailleur (voir page 271), le papier carbone ou de longs points de bâti.

La roulette à patron
Il vous faudra du papier carbone de tailleur et une roulette à patron. Posez le papier carbone, le côté coloré vers le bas, sur l'envers du tissu. Placez la pièce du patron par-dessus le papier carbone et, en vous aidant d'une règle, passez le rouleau à patron le long des lignes. Il est utile de marquer le bout des pinces, les fentes et les autres petites indications à l'aide de traits horizontaux. Pour marquer deux épaisseurs de tissus en même temps, disposez deux feuilles de papier carbone. Pliez le tissu endroit contre endroit. Posez la première feuille de papier, côté imprégné vers le bas, entre les deux épaisseurs de tissu, la deuxième feuille entre le patron et le dessus du tissu. Tracez les lignes comme précédemment.

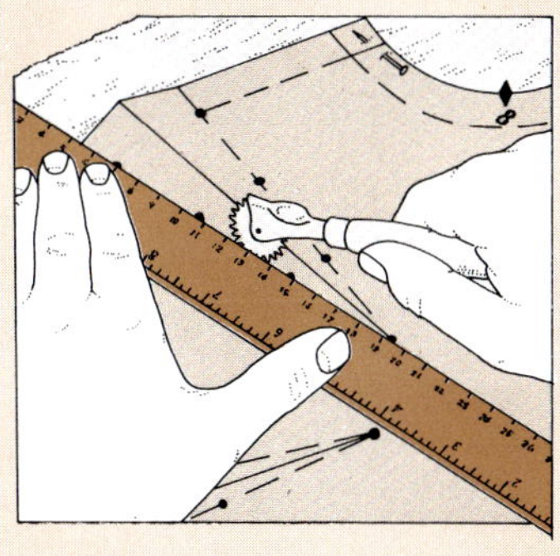

Comment marquer le tissu
Reportez les marques par des traits fermes et courts, servez-vous d'une règle comme guide.

Marquer avec du fil
Le fil est utile pour marquer, sur l'endroit du vêtement, les poches, l'ouverture du devant et l'emplacement des boutonnières. Une fois les marques portées sur l'envers du tissu et le patron enlevé, passez un fil de couleur le long des lignes marquées. Enlevez le fil à la fin du travail.

Un patron de base pour créer vos propres modèles

Les patrons du commerce, utilisés généralement, sont fabriqués à partir d'une toile coupée aux mesures normalisées d'un mannequin. Cette toile, reproduite sur papier et pourvue des indications nécessaires, devient un patron de base. Couper sa propre toile n'est pas très difficile et cela vous permet ensuite de l'adapter pour créer vos propres modèles. Les débutantes apprendront en même temps comment le tissu s'adapte au corps et comment sont établis les patrons du commerce. Bien que les pantalons puissent également être faits d'après un patron de base, nous déconseillons aux débutantes d'en établir un. Il est préférable, au début, de se servir d'un patron tout fait et de l'adapter si nécessaire.

La confection de la toile

La «toile» utilisée pour l'établissement d'un patron de base sera choisie selon le genre de vêtement auquel elle doit servir. Un calicot souple, mais solide, une toile de coton légère ou une mousseline, ou même un vieux drap, peuvent se transformer en patron de base. Prévoyez une quantité de tissu de deux fois la hauteur de votre robe, plus 30 cm.

Vous pouvez créer votre patron sur un mannequin de couturière adapté à vos mesures, mais vous pouvez aussi l'établir directement sur vous en vous faisant aider par une amie. Vous trouverez ci-contre les instructions détaillées pour la confection du patron. Bien que n'étant pas très difficile, ce travail demande du soin pour que le résultat soit parfait.

Pour adapter le tissu à votre corps, il vous faudra faire de petits plis aux points soumis à une tension. Faites ces plis, appelés «pinces» sans tirer sur tissu. Ces pinces sont reportées sur le patron de base, elles vous indiqueront l'aisance qui devra être donnée au tissu. Les indications ci-contre vous donnent les endroits où ces pinces se trouvent habituellement, mais elles peuvent changer de place pour certains modèles particuliers.

Prévoyez toujours la quantité de tissu nécessaire aux coutures et aux ourlets. Chaque pièce du patron ne correspond qu'à la moitié de la pièce à couper, n'oubliez donc pas de la couper deux fois ou de la placer à cheval sur une pliure. Il est important de toujours conserver le droit fil sur une ligne verticale: reportez-vous à la lisière ou tirez un fil pour vous assurer de la bonne disposition (voir page 258).

L'adaptation du patron de base

N'importe quel vêtement peut être confectionné en partant du patron de base si vous y apportez les rectifications nécessaires. Vous pouvez soit travailler directement selon le patron ou bien en faire un autre. Si vous n'apportez que peu de changements au modèle, un nouveau patron ne sera pas nécessaire, mais si vous désirez entreprendre une confection plus originale, il sera utile d'établir un autre patron pour vous rendre compte de l'apparence qu'aura le modèle sur vous. Dans ce cas, servez-vous d'un tissu similaire à celui que vous avez choisi pour le vêtement définitif.

Etablissement d'un patron à partir d'un vêtement existant

Vous pouvez établir un patron à partir d'un vêtement existant. Découssez-le et transférez les pièces sur une feuille de papier comme ci-dessus. N'oubliez pas de marquer les pinces et d'ajouter le tissu nécessaire aux coutures.

Le dos du corsage

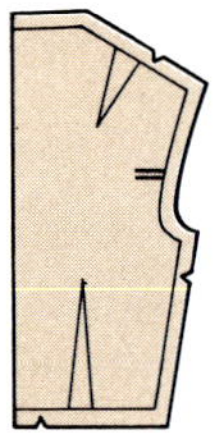

Méthode de travail

Prenez d'abord vos mesures depuis la nuque jusqu'à la taille. Ajoutez 12 cm. Puis prenez le quart de votre tour de poitrine et ajoutez 5 cm. Coupez un rectangle de calicot à ces mesures en gardant le droit fil le long de la ligne du dos.

Confection du corsage dos

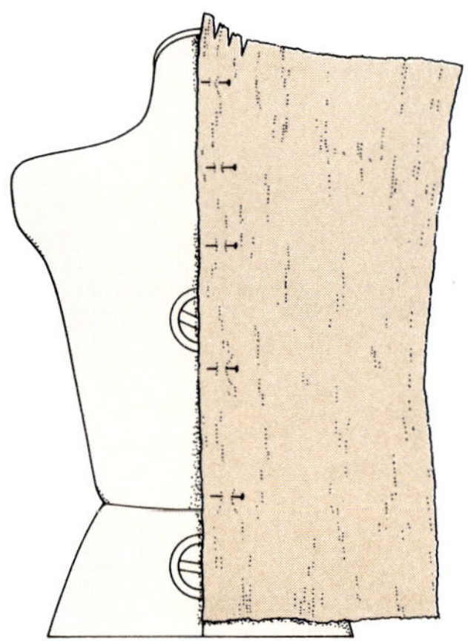

1 *Epinglez le rectangle de tissu au mannequin de couturière de manière à ce que le haut se trouve à 2,5 cm au-dessus de la nuque, la longueur descendant au milieu dos, comme sur le dessin. Faites des encoches sur le surplus du tissu autour de l'encolure.*

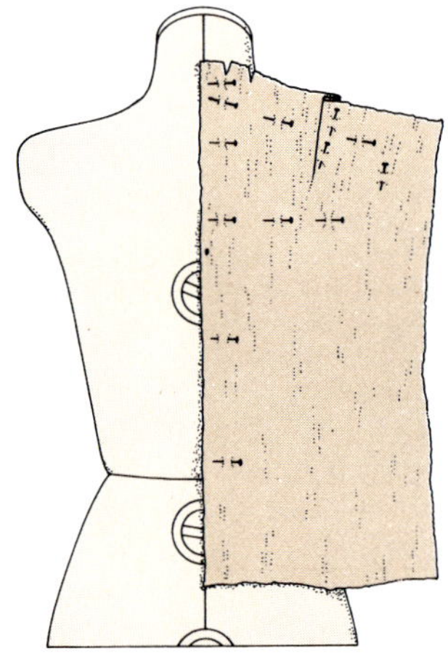

2 *Vérifiez que le fil de trame se trouve horizontalement sur la ligne d'épaule et épinglez. Epinglez le tissu à l'encolure et à la hauteur extérieure de l'épaule. Ajustez le tissu le long de l'épaule et épinglez le surplus en faisant une pince d'environ 7,5 cm. Cette pince sera environ à la moitié de l'épaule, et à angle droit par rapport à celle-ci.*

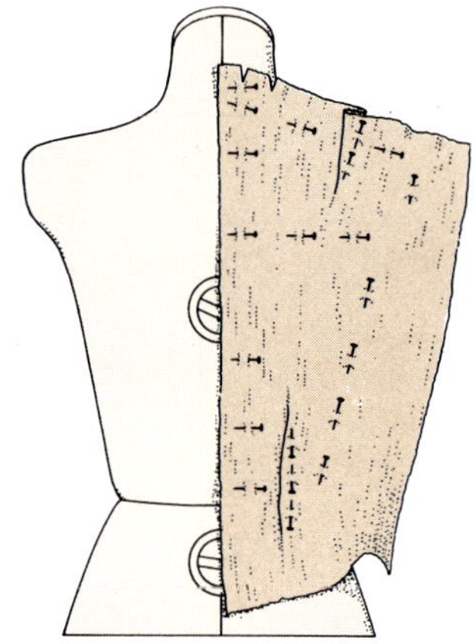

3 *Ajustez le tissu le long du dos et épinglez-le le long de la ligne de couture de côté jusqu'à la taille. Epinglez le surplus de tissu à la taille dans une pince située environ au milieu, entre la couture de côté et le milieu dos. Cette pince aura environ 10 à 15 cm de long. Rentrez l'éventuel surplus de l'emmanchure dans la pince d'épaule.*

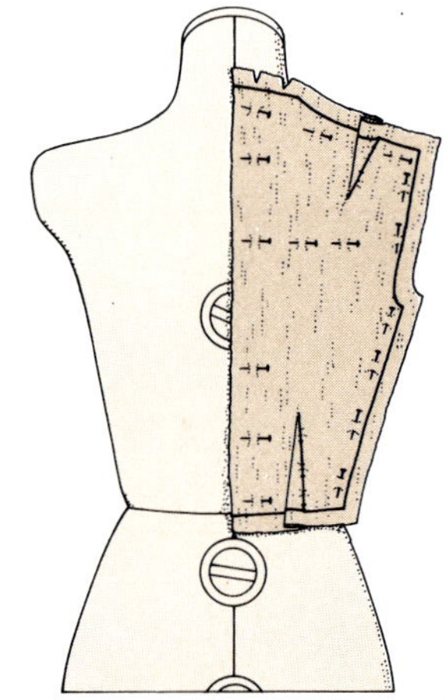

4 *Tracez une ligne le long des angles extérieurs en suivant chaque côté des pinces épinglées. Descendez la ligne d'emmanchure en partant de l'épaule, droit jusqu'au milieu de l'emmanchure et incurvez-la d'environ 2,5 cm en-dessous de la ligne d'emmanchure du mannequin. Egalisez en laissant 2 cm tout autour pour les coutures.*

Le devant du corsage

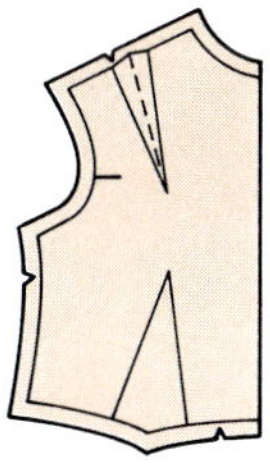

Prenez vos mesures depuis la nuque jusqu'à la taille, plus 18 cm. Prenez ensuite le tour de poitrine, divisez par quatre et ajoutez 10 cm. Coupez la toile selon ces mesures comme pour le dos.

Méthode de travail

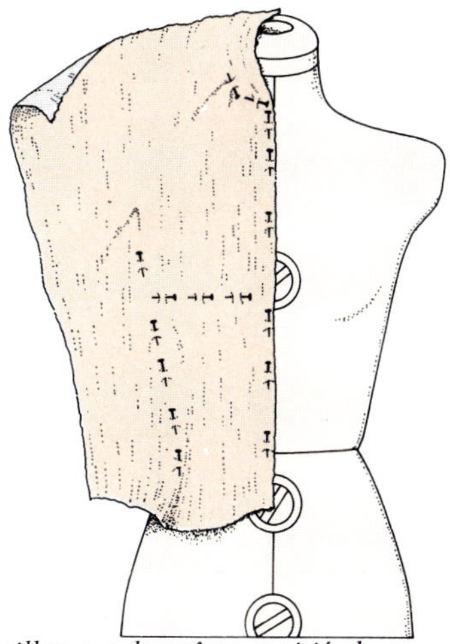

1 *Travaillez sur la même moitié du mannequin que pour le dos. Placez le rectangle de tissu sur le mannequin, de façon à ce qu'il dépasse de 12,5 cm la ligne d'encolure. Epinglez le long du milieu devant et de l'encolure. Encochez la ligne d'encolure. Avec le fil de trame horizontal sur la poitrine, épinglez le tissu à travers la poitrine et depuis le bas de l'emmanchure à la taille.*

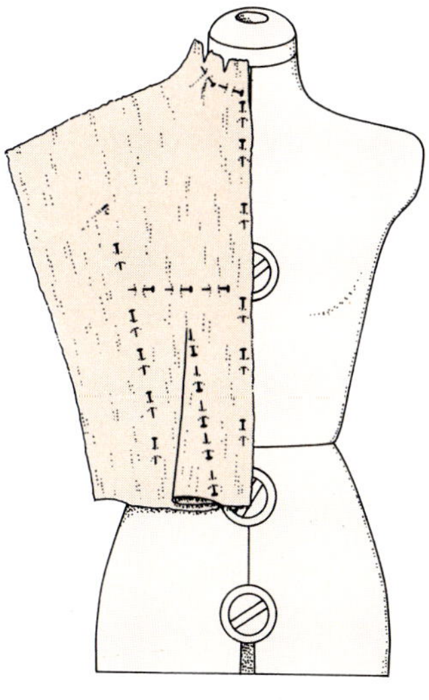

2 *Faites une pince avec le tissu excédentaire entre le milieu devant et la couture de côté. Pour un tombé parfait, elle devrait finir à 2,5-4 cm sous la poitrine.*

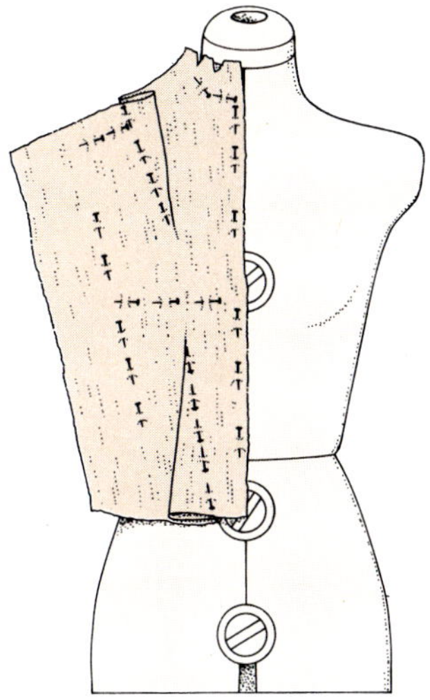

3 *Ajustez le tissu sur l'épaule, par-dessus l'emmanchure jusqu'à la hauteur d'épaule. Faites une pince sur l'épaule avec le tissu excédentaire, en vis-à-vis avec la pince du dos. La pince du devant de corsage devra finir à 2-2,5 cm.*

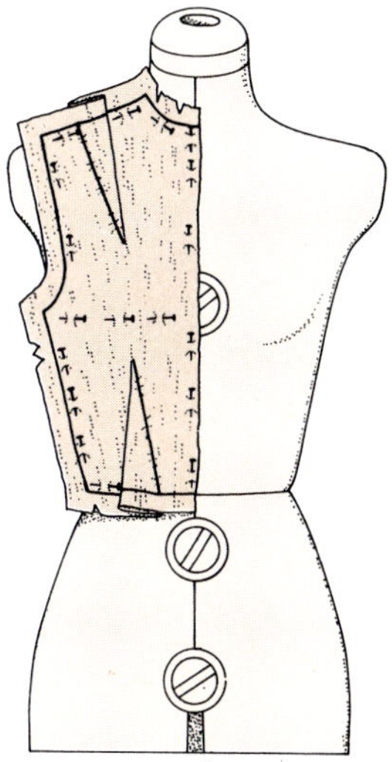

4 *Marquez les coutures et les pinces avec un stylo bille. Dessinez l'emmanchure en faisant un arrondi léger et en incurvant le bas en vis-à-vis avec l'emmanchure dos à la couture de côté. Réduisez le tissu excédentaire tout autour, à 2 cm, et faites des encoches – simples ou doubles – au corsage devant et dos, aux épaules et aux coutures de côté. Crantez le tissu excédentaire autour de l'emmanchure, afin que celle-ci soit bien plate.*

Le mannequin de couturière

Un mannequin de couturière vous sera d'une aide précieuse pour l'établissement de votre patron, à moins que vous puissiez vous faire aider par quelqu'un.

Il existe un grand nombre de mannequins, depuis les mannequins à taille fixe jusqu'aux mannequins adaptables à vos mesures. Ces derniers ont un axe rigide portant des charnières qui permettent de l'élargir à certains points, d'autres sont faits en mailles de nylon qu'on presse sur le corps et qui gardent les mesures une fois retirés. Couvrez le mannequin avec un tissu souple dans lequel vous puissiez piquer des épingles.

La meilleure méthode cependant, est l'acquisition d'un mannequin à vos mesures que vous compléterez par des rembourrages aux endroits indiqués. Ce mannequin sera recouvert d'un tissu fin, faufilé ou cousu définitivement.

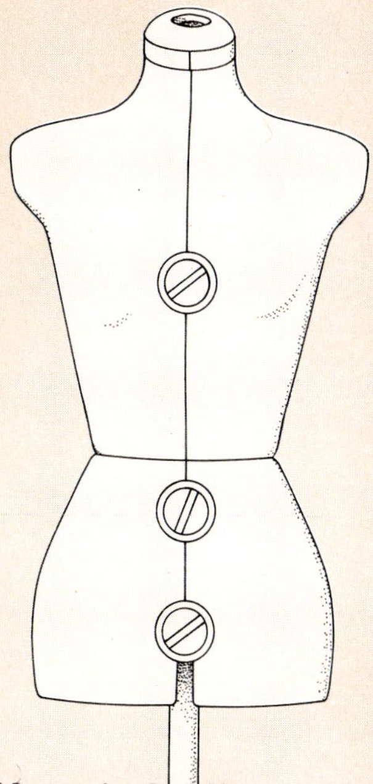

Mannequin adaptable
Les mesures peuvent être changées à la poitrine, à la taille et aux hanches en tournant les disques.

Le patron de la jupe

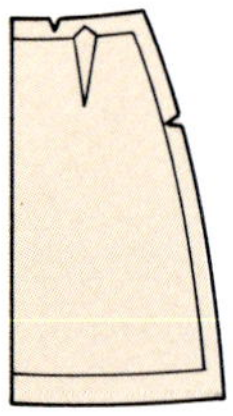

Confection du devant et du dos de la jupe

Pour établir le patron du devant et du dos de la jupe, mesurez la hauteur de votre taille à l'ourlet, et ajoutez 10 cm. Puis prenez la moitié de votre tour de hanches et coupez un rectangle de calicot à ces mesures, en plaçant le droit fil dans le sens de la hauteur. La différence entre le dos et le devant de la jupe se traduira par des pinces.

Le dos de la jupe

Disposez le rectangle de tissu en longueur le long de la ligne du milieu dos du mannequin en laissant dépasser 5 cm sur la ceinture. Epinglez le milieu dos. Ajustez le tissu par dessus la hanche en descendant légèrement le fil de trame vers la couture de côté et épinglez. Ajustez le tissu à travers la hanche jusqu'à la taille et au côté et épinglez la couture de côté sur la ligne de hanche. Faites une pince d'environ 8 cm à la taille avec le tissu excédentaire. Elle se trouvera environ au milieu, entre la couture de côté et le milieu dos, et correspondra à la pince du dos du corsage. Epinglez la pince. Repliez le tissu excédentaire le long des coutures de côté, afin que celles-ci tombent à la verticale. Marquez la pince de taille avec un stylo bille. Coupez le tissu excédentaire.

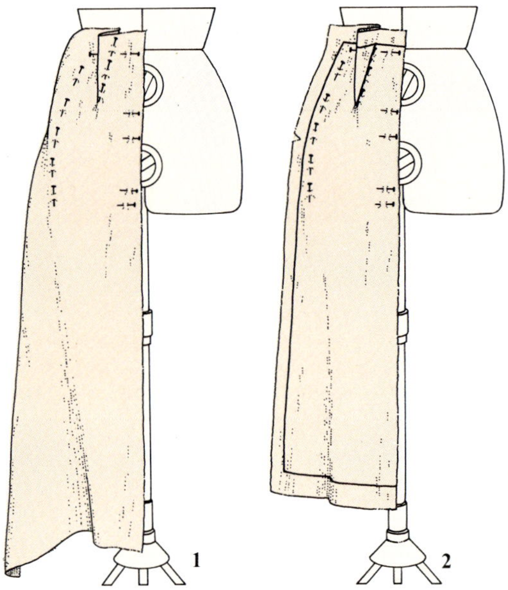

Une pince de ceinture donne sa forme au dos de la jupe. La jupe s'évase légèrement quand on replie l'excès de tissu sur les côtés (Fig. 1) en dessinant la ligne de couture partant du haut de l'ourlet du bas (Fig. 2).

Le devant de la jupe

Repliez le tissu excédentaire à la taille dans une pince d'environ 8 cm, aux ⅔ ou aux ¾ environ de la couture de côté, en biaisant légèrement. Epinglez. Repliez le tissu excédentaire comme pour le dos de la jupe, épinglez les coutures de côtés et égalisez. Arrondissez l'ourlet tout autour (vous obtiendrez une jupe légèrement évasée). Marquez les pinces de ceinture, les coutures de côtés et l'ourlet du bas. Faites les encoches correspondantes au corsage et à la jupe le long de la taille et des coutures de côté.

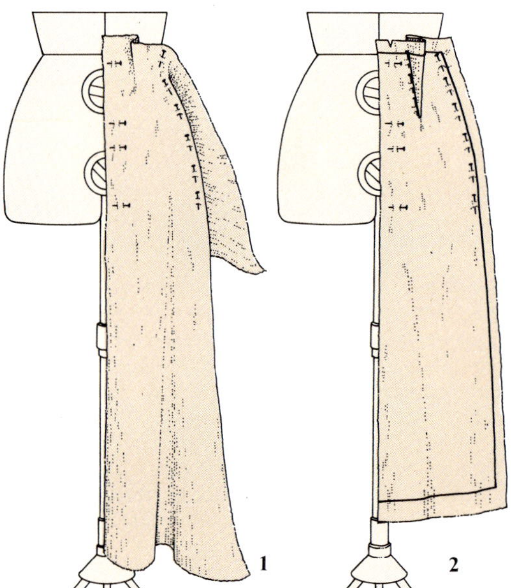

Ajustez le tissu excédentaire à la ceinture par une pince légèrement en biais par rapport à la couture de côté (Fig. 1). Dessinez la couture de côté comme pour le dos en vous servant de la couture milieu dos comme guide. Coupez le tissu excédentaire (Fig. 2).

Le patron de la manche

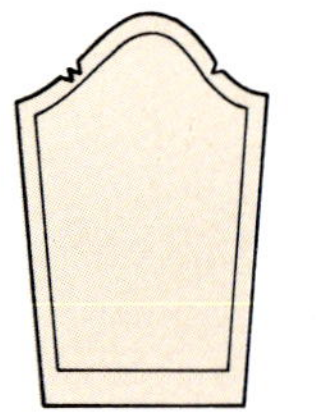

Le patron de la manche consiste en un modèle plat coupé selon vos propres mesures (page 254). Ce patron est établi sur un calicot ajusté à un mannequin ou vérifié sur vous-même si vous vous faites aider.

Comment prendre les mesures de base

Coupez un rectangle de papier d'environ 10 cm de plus que la longueur de votre mesure à l'extérieur et de 10 cm plus large que le haut de votre bras. Pliez le papier en deux dans le sens de la longueur. Tracez une ligne horizontale à travers le papier, à 5 cm d'un côté, marquez «poignet». A partir de là, mesurez la moitié de l'avant bras, ajoutez 2,5 cm et tracez une ligne à travers. Marquez «coude». De nouveau, à partir du poignet, mesurez la longueur de l'avant-bras, tracez une ligne en travers et marquez «ligne avant bras». Finalement, mesurez la longueur de l'extérieur de votre bras à partir du poignet, tracez une ligne et marquez «haut de manche».

Sur la ligne du coude, en prenant les mesures depuis le pli, marquez la moitié du coude replié. Sur la ligne du haut du bras en prenant la mesure depuis le pli, marquez la moitié de la hauteur du haut du bras plus 2,5 cm. Reliez les marques avec une roulette à patron, prolongez-la jusqu'au poignet de la manche, vous obtenez la ligne de couture. Coupez le long de cette ligne.

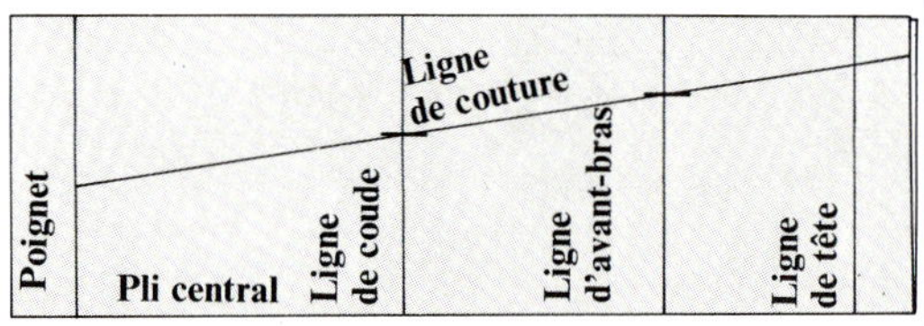

Les mesures de base du patron du bras sur une feuille de papier pliée

Mise en forme de l'emmanchure dos

Pliez le papier au milieu entre la ligne haut de manche et la ligne d'avant-bras. Repliez la ligne de couture allant jusqu'au pli central. Marquez B à 1,5 cm de l'intersection de ces deux plis. Sur la ligne d'avant-bras, faites une marque A à 2,5 cm de la ligne de couture. Sur la ligne haut de manche marquez C à 0,5 cm du pli central. Reliez légèrement ces points par des lignes droites. Au milieu de B à C marquez 1 cm plus haut. Tracez une ligne courbe pour indiquer la forme de l'emmanchure.

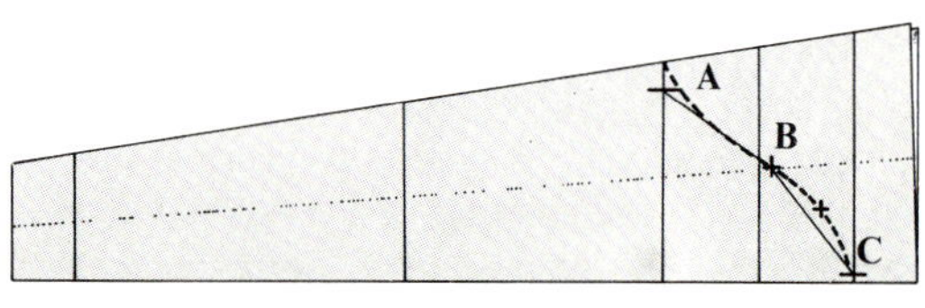

Dessin de la ligne incurvée du haut de manche

Mise en forme et ajustage du patron de manche

Mise en forme de l'emmanchure devant

Ouvrez la feuille de papier et prolongez les lignes à travers tout le papier. Mesurez les points correspondant à A, B et C de l'emmanchure dos et marquez les points D, E et F. Au milieu, entre D et E, faites une marque à 1,5 cm en dessous; au milieu entre E et F, marquez à 1,5 cm en dessous. Reliez ces marques par une ligne courbe.

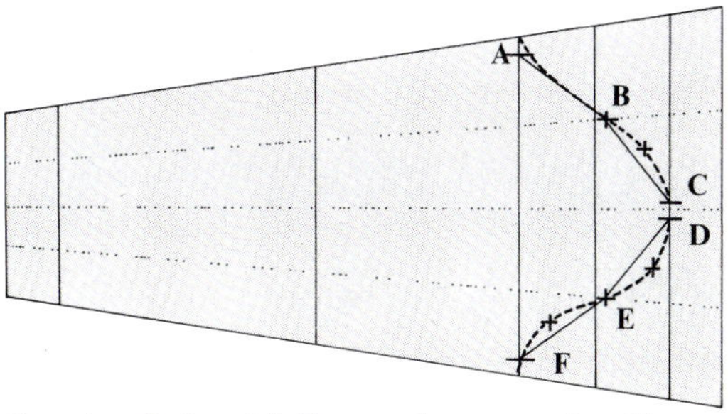

Le patron du devant de l'emmanchure sur papier plié

Coupe du patron

Découpez le patron de la manche et épinglez-le sur une pièce de calicot d'une taille correspondante. Dessinez le contour de la manche, vous avez votre ligne de couture. Avec des points tailleur, marquez les points B et E sur le patron au milieu de la ligne haut de manche. Découpez le calicot, en ajoutant 2 cm tout autour pour les coutures.

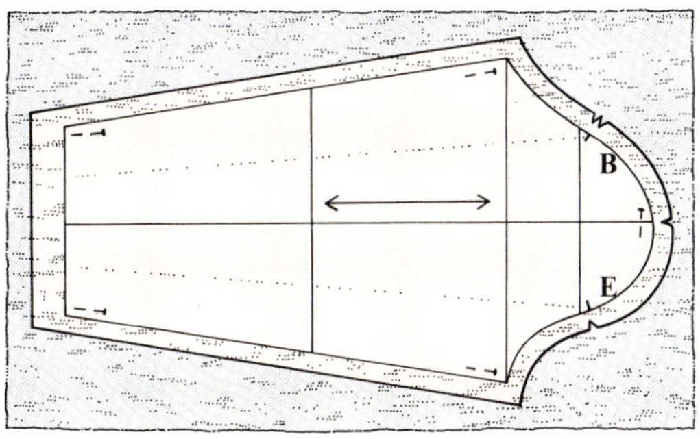

Le patron en papier épinglé au calicot

Observations

Si le haut de manche est trop haut, descendez un peu l'emmanchure du corsage; s'il est trop serré, montez l'emmanchure du corsage. Si la manche penche en avant ou en arrière, redressez-la en vous guidant uniquement sur le fil de trame. Enchaîner la couture de côté du corsage à celle de la manche. Une fois les retouches faites, pratiquez des encoches sur le haut de manche et sur le corsage pour avoir vos repères. Une encoche simple sur le devant du haut de la manche correspondra aux mêmes points sur le corsage. Faites une encoche double sur le dos du haut de manche et sur le corsage.

Comment ajuster la manche

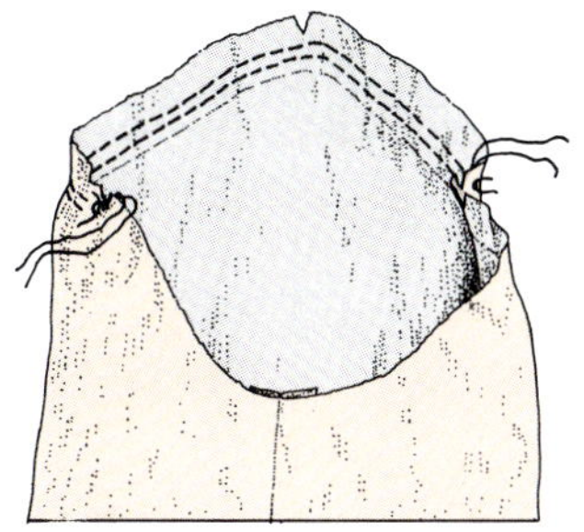

1 *Faufilez la couture de dessous le bras en vous assurant que le haut de la manche et l'emmanchure dos correspondent, la manche étant à l'endroit. Un peu au-dessus de la couture du haut de la manche, faites une double rangée de points de fronçage entre les marques au point tailleur. Nouez les deux extrémités et tirez légèrement les fils depuis le milieu.*

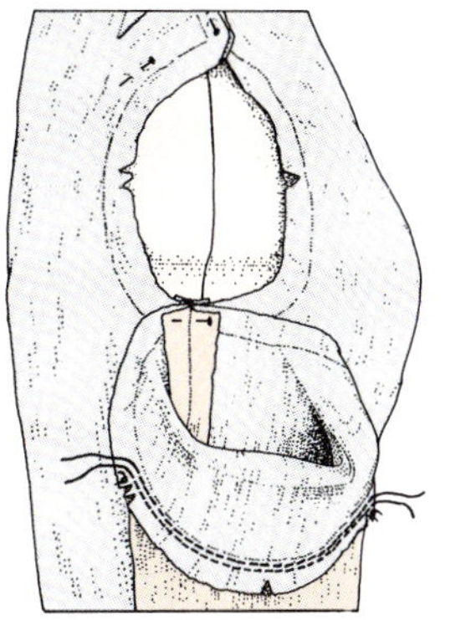

2 *Poser le devant de la manche sur le devant du corsage, puis épinglez sous le bras en faisant correspondre les coutures du corsage et de la manche. En partant de dessous le bras, épinglez le devant de la manche au corsage, en faisant coïncider les fils de rame sur le corsage et la manche. Faites de même au dos.*

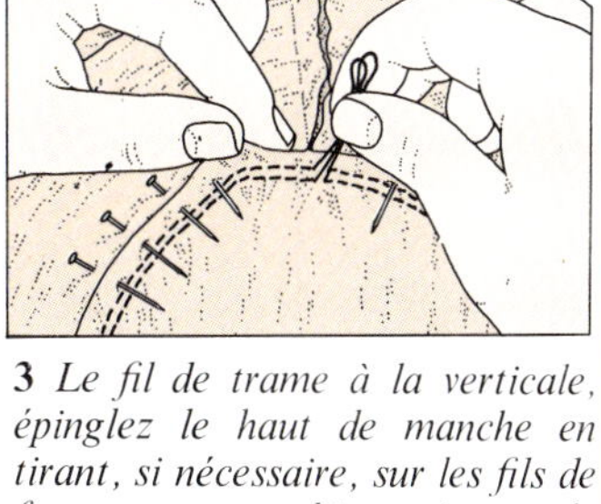

3 *Le fil de trame à la verticale, épinglez le haut de manche en tirant, si nécessaire, sur les fils de fronçage pour bien ajuster la manche.*

Report du patron en toile sur papier

Une fois les pièces de votre patron en toile parfaitement au point, il vous faudra les reporter sur papier. Utilisez du papier Kraft, qui est plus solide. Il vous faudra également une roulette à patron.

Vérifiez que toutes les coutures et les pinces sont bien marquées, faites bien toutes les encoches, puis enlevez les épingles de toutes les pièces de calicot et repassez avec soin. Epinglez toutes les pièces bien aplaties sur du papier. Avec la roulette à patron, passez sur toutes les marques de stylo bille aux pinces et aux coutures. Découpez toutes les pièces en ajoutant 2 cm tout autour pour les coutures. Enlevez les épingles et passez au stylo bille toutes les traces faites avec la roulette à patron.

Certaines pièces du patron ne représenteront que la moitié d'une partie du patron alors que d'autres, telles que les manches, devront être coupées deux fois. Indiquez «coupez deux fois» sur ces pièces. D'autres devront être coupées le long de la pliure du tissu, indiquez cela également. Indiquez le droit fil et écrivez sur chaque pièce son emploi. Vérifiez que toutes les marques et les pinces sont bien transférées.

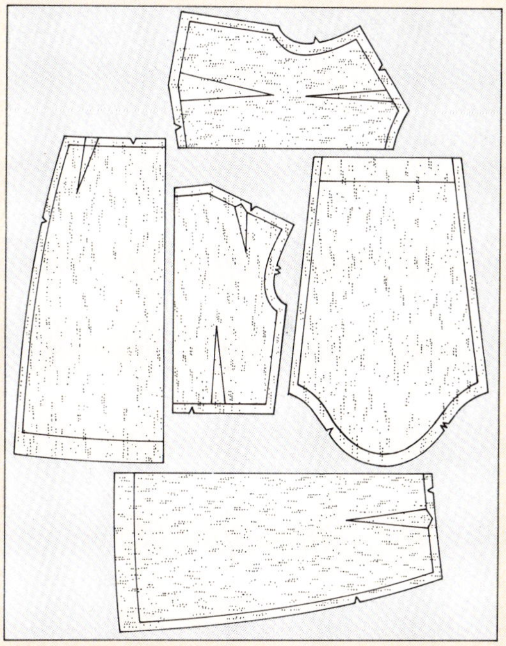

Le report des pièces du patron en toile sur du papier

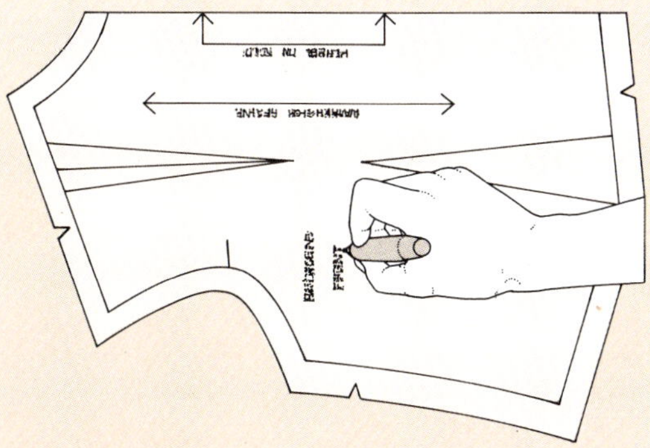

Marquez les indications nécessaires sur les pièces

Les retouches sur le devant du corsage

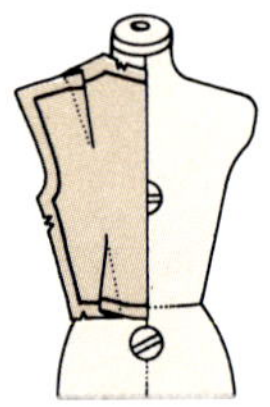

Les patrons du commerce ne nécessitent en général pas de retouches de corsage, puisqu'ils correspondent à votre tour de poitrine. Si votre tour de poitrine change, vous devriez alors ajouter ou enlever de l'ampleur.

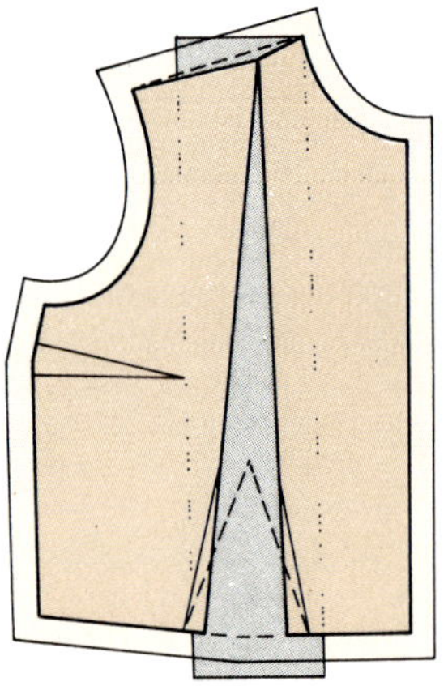

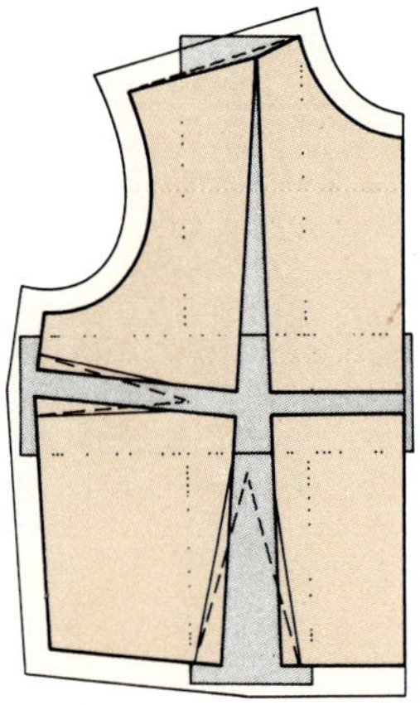

Augmenter le tour de poitrine
Mesurez les retouches nécessaires. Ajoutez-en la moitié aux deux devants du patron. Tirez une ligne droite depuis le centre de la pince de taille vers l'épaule. Coupez le long de cette ligne jusqu'à environ 0,5 cm du bord du patron. Disposez du papier de soie sous la pièce et écartez-la de la largeur nécessaire. Retracez votre pince.

Augmenter la hauteur du corsage
Tracez une ligne droite à travers le devant du corsage, passant par le centre de la pince de poitrine. Coupez selon cette ligne. Disposez du papier de soie en dessous et écartez les deux pièces jusqu'à la hauteur voulue. Epinglez le tissu. Enlevez le surplus et retracez la pince.

Comment réduire la largeur du corsage

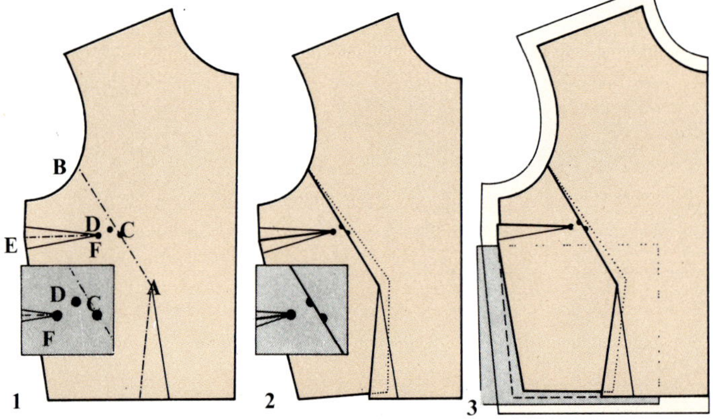

Coupez à travers l'extérieur de la pince de taille vers A et à travers le point B sur la couture de l'emmanchure. Coupez la pince de poitrine de E à F (Fig. 1). Mesurez la moitié de la réduction du devant à partir de C à D. Superposez les pièces du patron à D et attachez. Superposez la pince poitrine afin d'égalisez la retouche (Fig. 2) entre deux pinces. Fixez les parties superposées et redessinez la taille (Fig. 3).

Retouches du dos du corsage

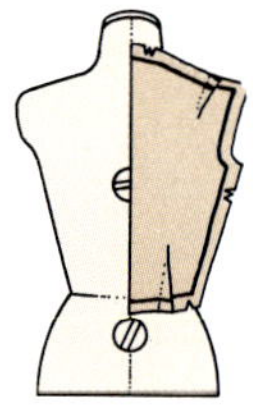

Diverses raisons à ce genre de retouche: un dos plus large, ou un dos rond, demanderont soit d'élargir, soit d'allonger le dos du corsage. Pour un dos étroit, le patron devra être réduit. Si vous avez une scoliose ou un dos très droit, la longueur peut devoir être changée.

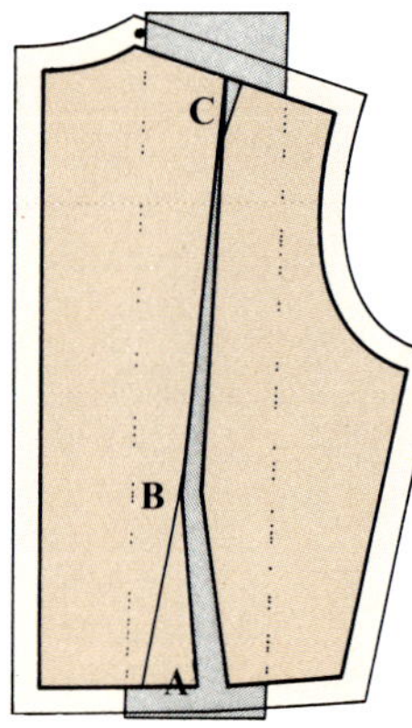

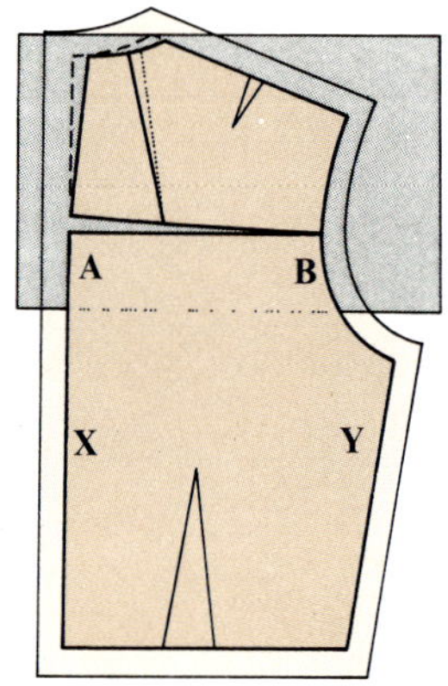

Augmentation de la largeur
Tirez une ligne droite de B au centre de l'épaule C. Puis coupez le long d'un côté de la pince (de A à B) jusqu'à l'épaule. Placez un papier de soie en dessous et écartez les pièces à la largeur voulue (de la moitié nécessaire). Epinglez le tissu. Egalisez les coutures puis redessinez la ligne de ceinture et la pince.

Comment allonger le corsage
Pour donner de l'aisance aux épaules rondes, tracez une ligne droite à travers le dos (de A à B). Coupez le long de cette ligne. Marquez et coupez une ligne à partir de la moitié de l'encolure jusqu'à environ la première coupure. Sur papier de soie, écartez le patron à la largeur voulue. Redessinez le milieu dos, en gardant la ligne droite. Pour ajouter de la longueur entre l'emmanchure et la ceinture, coupez le patron de X à Y et écartez-le. Egalisez et redessinez si nécessaire.

Comment réduire le dos

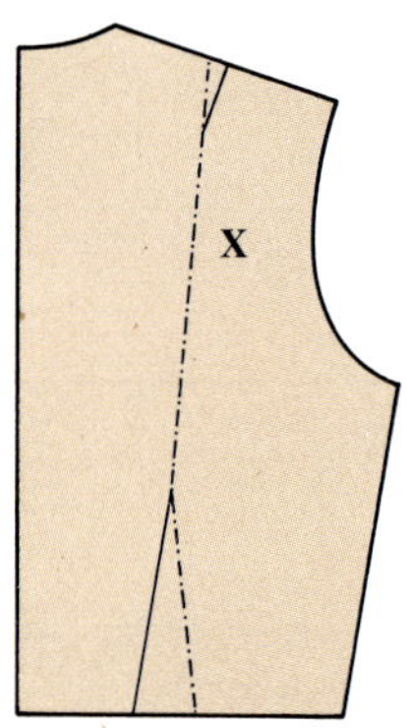

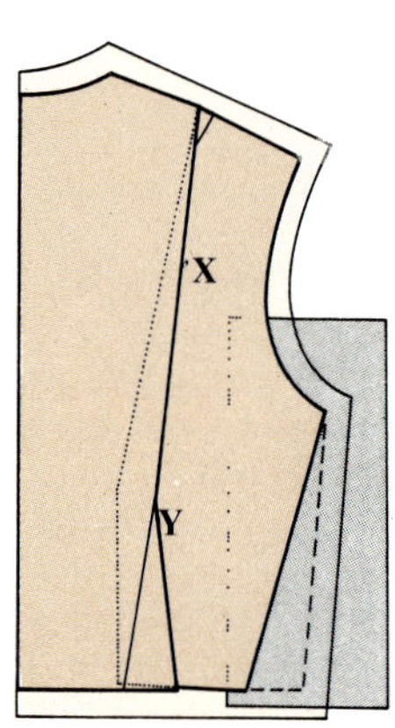

Tracez une ligne droite depuis le coin extérieur de la pince de ceinture jusqu'au centre de l'épaule (Fig. 1) et coupez jusqu'à la couture. Mesurez la moitié de la réduction nécessaire à partir de cette ligne et le point X. Superposez la pince de ceinture jusqu'à la marque (X à Y) (Fig. 2) et épinglez. Retracez la taille à la mesure précédente (Fig. 2 encart), mais ne changez pas la pince de taille.

Retouches jupe

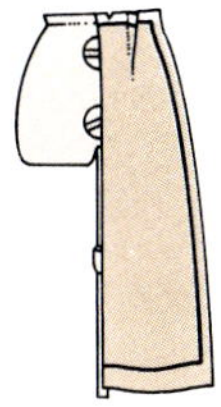

Les patrons de jupe doivent souvent être retouchés pour augmenter ou réduire le tour des hanches. Les petites retouches se font simplement en changeant les coutures des côtés et les pinces. Si la jupe doit être retouchée à la taille, toutes les pinces devront être élargies ou réduites dans la même mesure. Rectifiez l'ourlet.

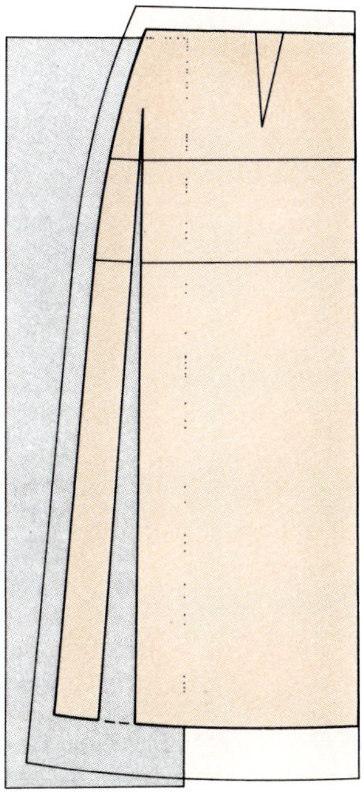

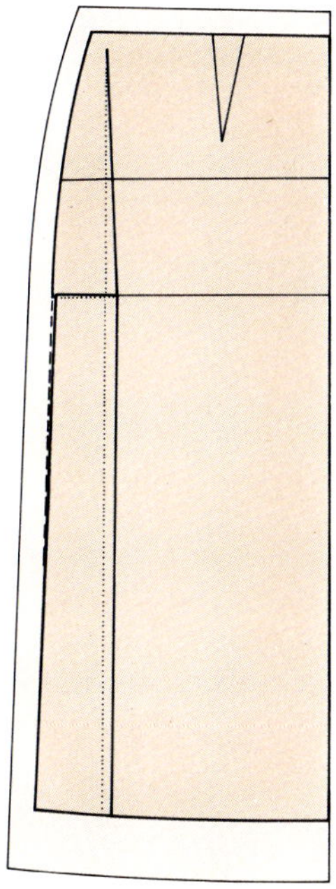

Comment élargir la jupe
Le dos et le devant doivent être également retouchés. Tirez une ligne droite depuis l'ourlet jusqu'à la taille. Coupez le long de cette ligne et posez une feuille de papier de soie en dessous. Ecartez les pièces du patron d'un quart de la largeur nécessaire, épinglez soigneusement. Egalisez l'excédent et dessinez la nouvelle largeur à l'ourlet, en gardant la forme initiale.

Comment rétrécir la jupe
Il faut également retoucher les deux parties de la jupe. Tracez une ligne droite près de la couture de côté, en partant du bas de l'ourlet jusqu'à la taille. Coupez cette ligne. Superposez les pièces à la hauteur de la taille d'un quart du rétrécissement nécessaire, épinglez. Si une épaisseur apparaît à hauteur de la hanche, coupez horizontalement à la hanche et superposez les pièces pour que le patron soit plat.

Retouches des manches et des pantalons

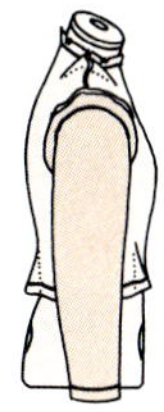

Elargissez une manche en coupant selon la longueur et en ajoutant une pièce de tissu; réduisez-la en coupant la longueur et en superposant les deux moitiés. Redessinez le haut de la manche et retouchez l'assemblage de la manche et du corsage. Retouchez la longueur de la manche de la même façon.

Augmenter la largeur du haut de la manche
Tracez une ligne depuis le milieu du poignet jusqu'au milieu du haut de la manche, coupez cette ligne. Placez du tissu en-dessous. Ecartez les pièces du patron jusqu'à la largeur voulue en haut du bras, allez en réduisant jusqu'au poignet. Epinglez le tissu et égalisez. Redessinez très légèrement la ligne d'épaule à l'emmanchure.

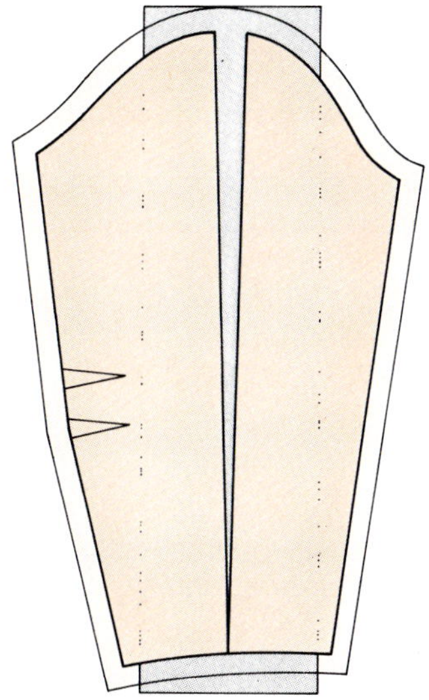

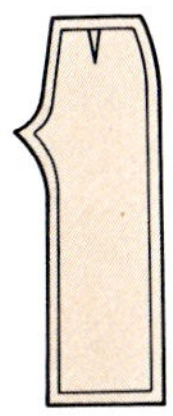

Retouches du pantalon

La longueur du pantalon se retouche comme celle du corsage soit en superposant les pièces pour les raccourcir, soit en les écartant pour les allonger. Vous pouvez avoir à élargir le fond du pantalon, dans ce cas il vous faudra mesurer la profondeur de l'enfourchure (page 254) pour évaluer la rectification nécessaire.

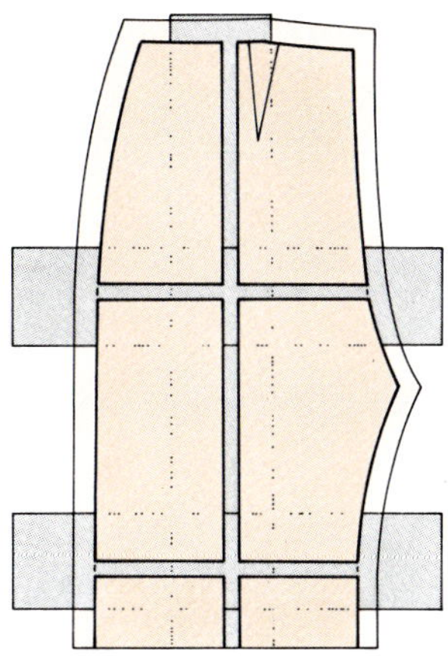

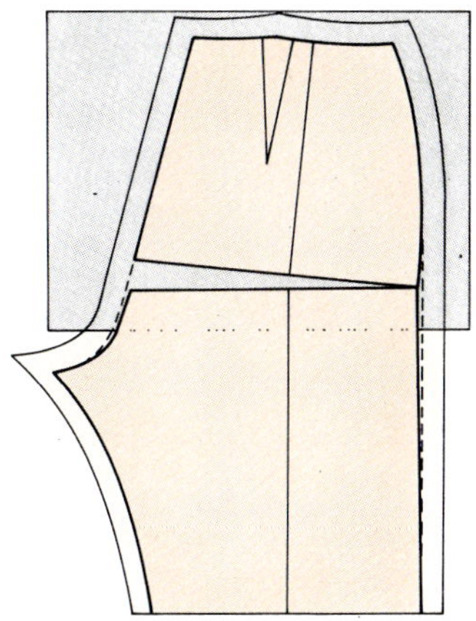

Comment élargir et allonger le pantalon
Coupez depuis la taille jusqu'en bas de la jambe de pantalon. Posez le tissu en dessous et écartez les pièces du patron. Pour allonger le pantalon, coupez horizontalement au point indiqué. Rajoutez du tissu, épinglez et redessinez.

Pour élargir le fond du pantalon
Tracer une ligne droite depuis le milieu dos jusqu'à la couture de côté. Coupez presque jusqu'au bout de la ligne. Disposez du tissu en dessous, écartez les pièces du patron au centre dos. Epinglez, redessinez, la couture du milieu dos.

Observations

1 *Travaillez toujours avec des pièces de patron bien lisses. Repassez-les, si elles sont froissées.*
2 *N'oubliez pas que sur certaines pièces, le rétrécissement ou l'augmentation ne seront que de moitié ou d'un quart du total selon l'emplacement de la retouche et la simple ou double coupe de la pièce.*
3 *N'oubliez pas de reporter tous les repères sur le nouveau patron.*

La couture à la main

Les premiers pas

N'importe quel ouvrage nécessite quelques points de couture à la main, vous devrez donc apprendre à vous servir d'un fil et d'une aiguille. Vos points devront toujours être réguliers et la couture solidement arrêtée. A moins d'indications spéciales, travaillez toujours de droite à gauche, en vous servant d'un fil et d'une aiguille adéquats. Commencez par piquer sur l'envers de votre travail par en dessous.

Comment enfiler l'aiguille

1

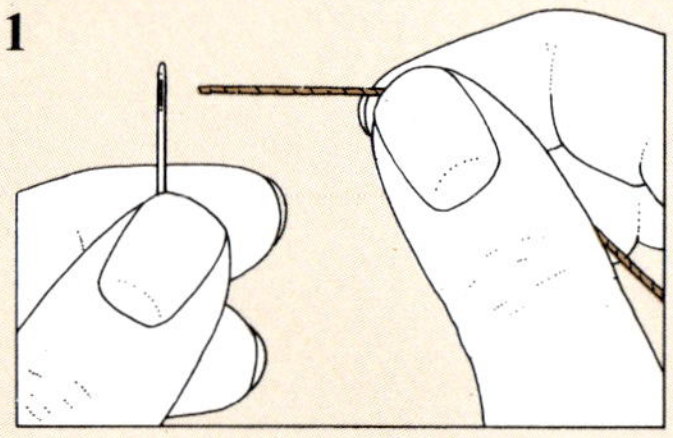

1 *Coupez un fil d'environ 60 cm. En tenant l'aiguille de la main gauche et le fil de la main droite, passez le fil à travers le chas de l'aiguille.*

2

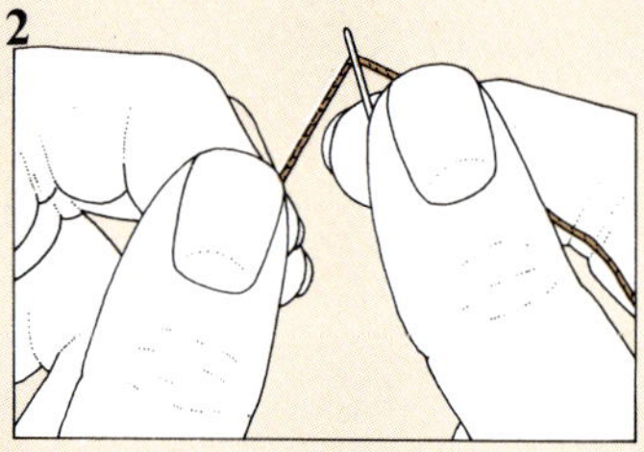

2 *Prenez l'aiguille de la main droite. Tirez le fil à travers le chas jusqu'à la moitié de sa longueur.*

Comment faire un nœud

1

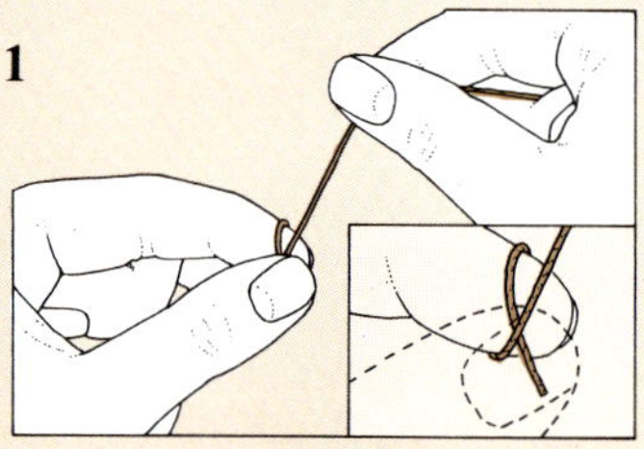

1 *Tenez le bout du fil entre l'index et le pouce de votre main gauche. De votre main gauche, enroulez le fil autour de votre index gauche.*

2

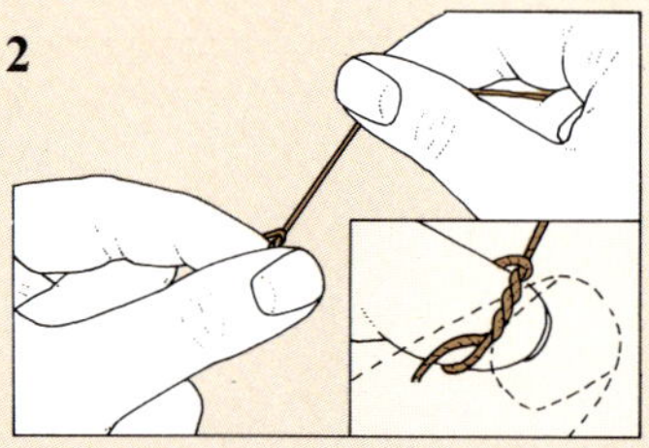

2 *Tout en tenant le bout long de votre fil de la main droite, enroulez le fil autour de la boucle en poussant le pouce de votre main gauche vers l'index de la même main.*

3

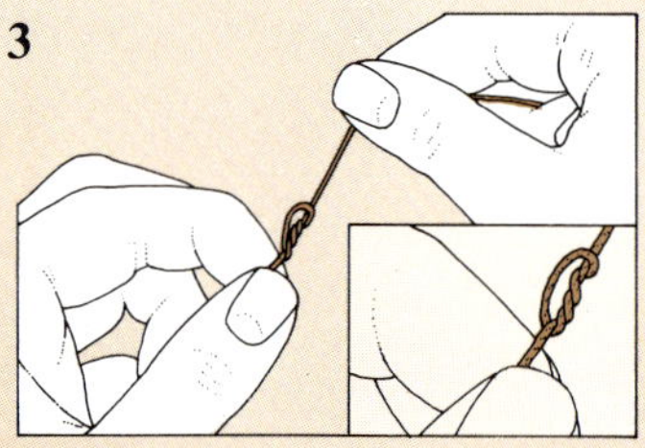

3 *Glissez la boucle de votre index gauche, en tenant toujours le fil de la main droite. Serrez la boucle avec le pouce et l'index de la main gauche et serrez le nœud.*

Comment vous servir d'un dé à coudre

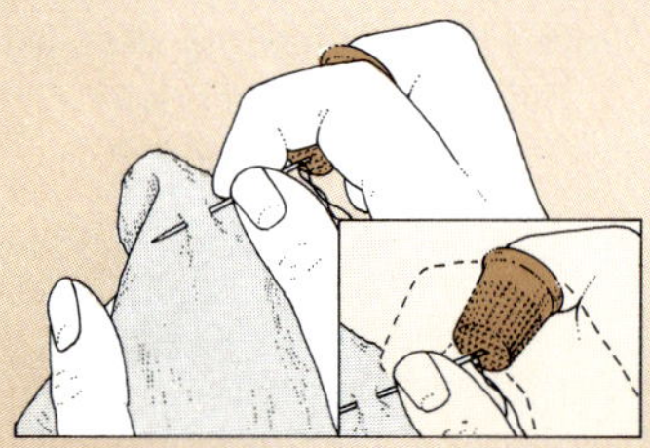

Les dés à coudre existent en différentes tailles, ils sont en métal ou en plastique. Le dé se pose sur le médium de la main avec laquelle vous cousez, il sert à pousser l'aiguille à travers le tissu.

Les points de couture à la main

Le point de faufil

Ce point s'utilise pour marquer ou pour assembler des tissus dans les cas où le fil doit rester lâche. Faites ce point avec du fil à bâtir blanc ou de couleur.

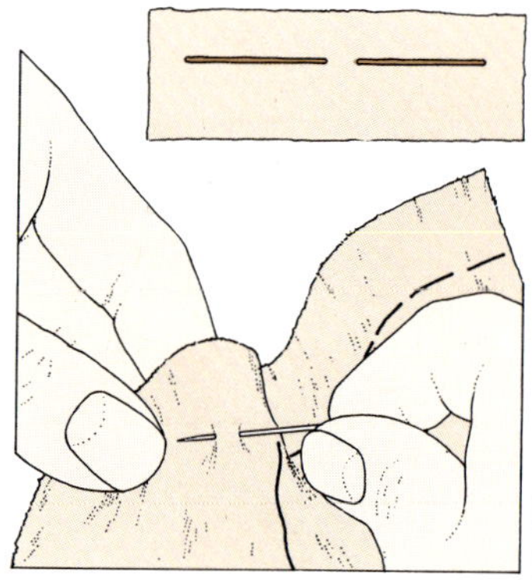

Comment faire le point

Faites un point d'environ 1,5 cm d'un côté du tissu et un point plus court (0,5 cm) de l'autre côté.

Le bâti

Ce point sert à assembler provisoirement deux épaisseurs de tissu, il est plus solide que le point de faufil. Utilisez du fil à bâtir blanc ou coloré.

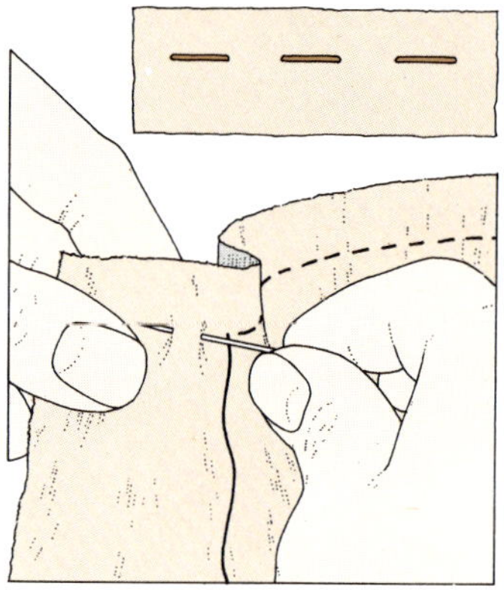

Comment faire le point

Faites des points réguliers d'environ 0,5 cm. Pour un ajustage, posez le tissu à ajuster sur l'autre, et froncez tout en cousant.

Le point avant

Ce point sert avant tout pour froncer ou bouillonner des tissus. Assurez-vous que la longueur de votre fil vous permet de faire vos fronces d'un seul tenant.

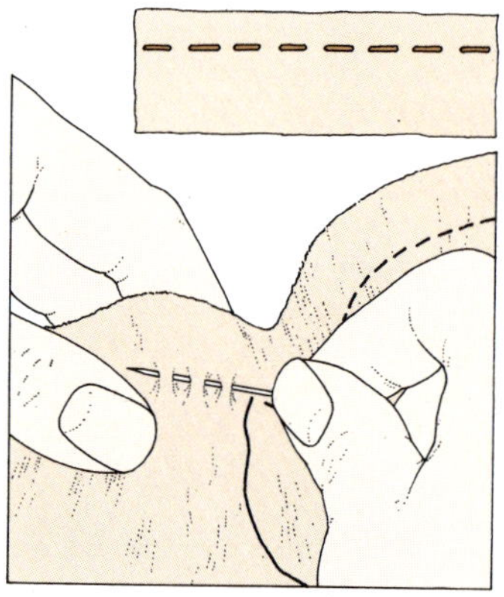

Comment faire le point

Prenez plusieurs très petites épaisseurs de tissu sur votre aiguille avant de faire passer le fil.

Le point arrière

Ce point sert à faire des coutures solides et à achever une couture machine. Les points sont petits et présentent une ligne continue.

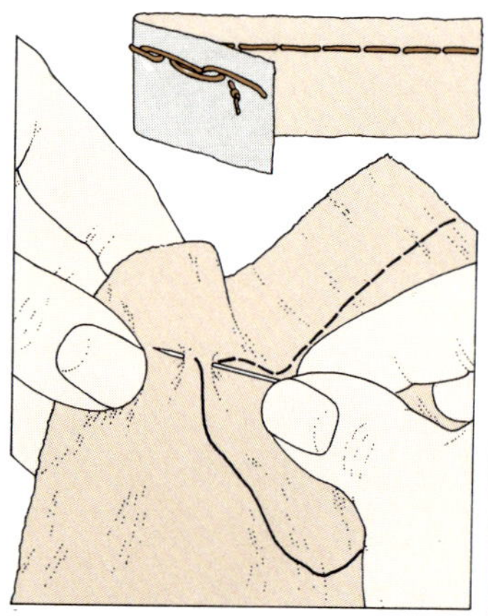

Comment faire le point

Faites un petit point en arrière de gauche à droite. Puis faites un point d'une longueur double sur l'envers du tissu, et ressortez l'aiguille à une longueur devant le point précédent.

Le point de piqûre

Ce point est semblable au point arrière, mais il est plus long sur l'envers du tissu.

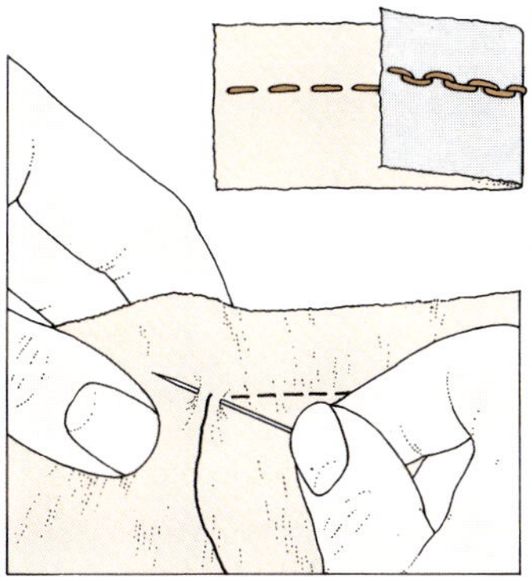

Comment faire le point

Faites un petit point arrière de gauche à droite, puis un point devant d'une fois et demie la longueur du point précédent sur l'envers du tissu. Faites un autre petit point de gauche à droite sur l'endroit du tissu.

Le point de surfil

Ce point sert aux finitions des coutures sur tissus qui s'effilochent facilement.

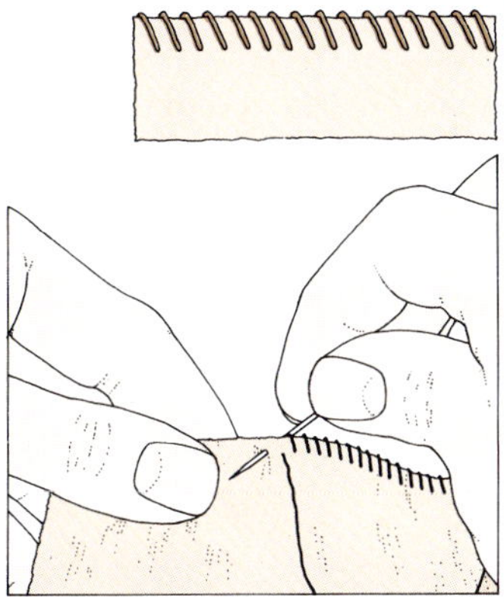

Comment faire le point

Tenez l'ouvrage avec le bord à surfiler loin de vous. Piquez l'aiguille à environ 0,5 cm du bord et passez le fil par-dessus le bord de la couture. Faites le point suivant à 0,5 cm du premier.

Le point de feston ou de boutonnière

Ce point se travaille en piquant l'aiguille vers vous, le bord de l'autre côté.

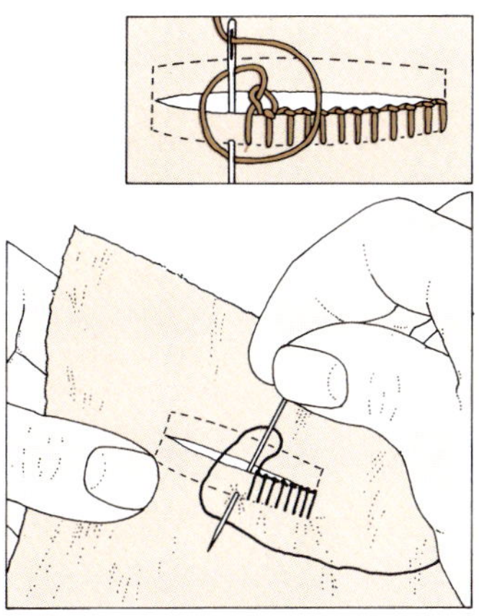

Comment faire le point

Piquez l'aiguille sur l'endroit à droite de la boutonnière. Sortez-la à 0,5 cm plus bas. Enroulez le fil sortant du chas de l'aiguille de droite à gauche sous la pointe de l'aiguille et tirez l'aiguille vers le haut pour former un nœud sur le bord de la boutonnière.

Le point d'ourlet

Ce point s'utilise pour les ourlets sur tissus légers ou moyennement épais. La taille du point dépend du genre de tissu. Il ne faut pas serrer ce point, le tissu froncerait.

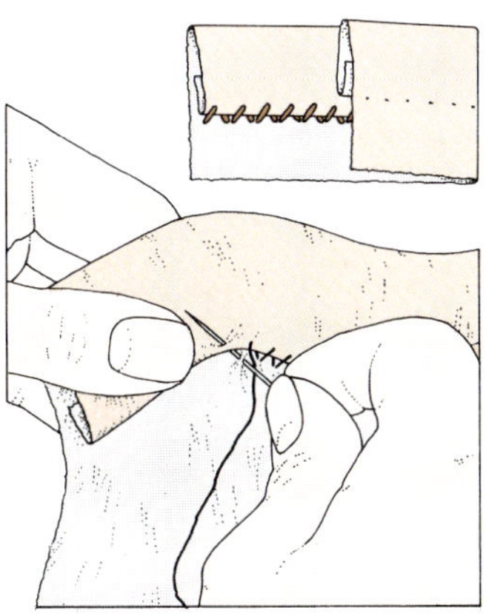

Comment faire le point

En tenant l'ouvrage comme sur le dessin, prenez un fil du tissu simple, puis un fil du tissu plié sur la pointe de l'aiguille, tirez le fil.

Le point d'ourlet invisible

Ce point se fait sur le pli intérieur de l'ourlet, ce qui le rend pratiquement invisible. Ni tirez pas sur le fil.

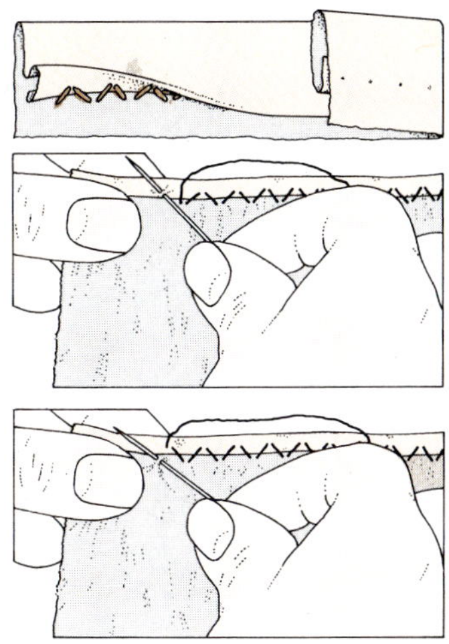

Comment faire le point

Tenez l'ouvrage avec le pli vers vous, comme sur le dessin, faites un tout petit point à l'intérieur du pli de l'ourlet, puis piquez dans un fil du tissu simple avant de prendre encore un fil dans le pli de l'ourlet.

Le point glissé

Le point glissé s'utilise pour un ourlet plat double sur tissus légers ou d'épaisseur moyenne. Le fil ne devra pas être serré et les points seront à environ 0,5 cm l'un de l'autre.

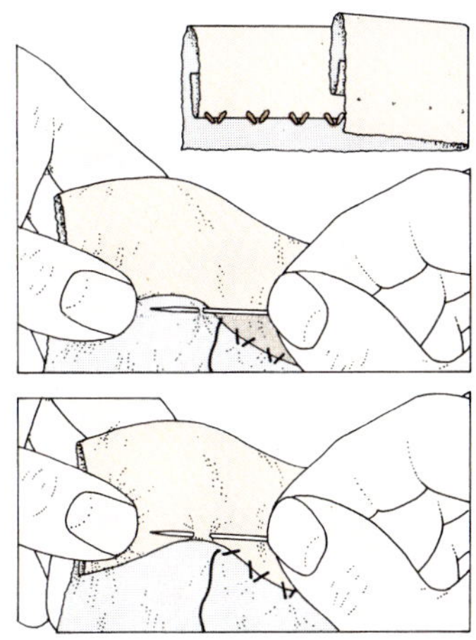

Comment faire le point

Prenez un ou deux fils du tissu simple, puis glissez l'aiguille à travers le pli de l'ourlet à environ 0,5 cm, tirez le fil.

Le point de chausson

Ce point s'utilise sur les tissus épais ne s'effilochant pas ainsi que sur les tissus «elastiss». Il se travaille de gauche à droite.

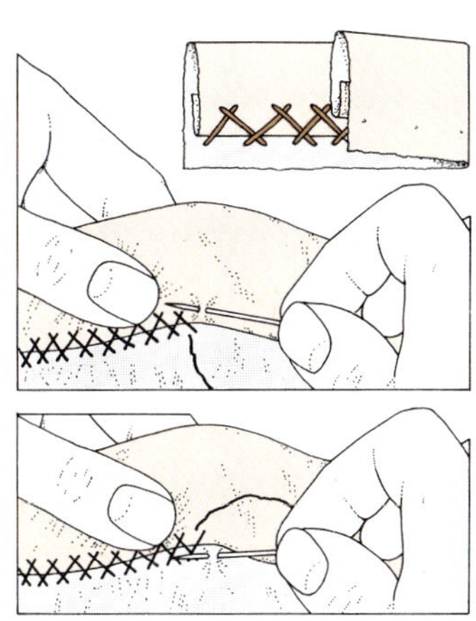

Comment faire le point

Piquez l'aiguille à travers l'intérieur de l'ourlet, puis vers la droite en bas, en faisant un petit point dans le tissu simple. Piquez l'aiguille en diagonale vers le haut à droite et faites un petit point de droite à gauche dans le pli de l'ourlet, mais non à travers les deux épaisseurs.

Les finitions

Pour finir toutes les coutures, faites deux petits points arrière (voir indications) bien serrés.

Pour les gauchères

Si vous êtes gauchère, tenez votre ouvrage de la main droite et l'aiguille et le fil de la main gauche. Vous travaillerez donc de gauche à droite. Inversez les instructions.

Les coutures

Une couture consiste à assembler deux ou plusieurs pièces de tissu en les cousant. Les coutures se font en général à la machine, vous pouvez cependant les faire à la main au point arrière (page 266).

Veillez toujours à ce que votre fil et votre aiguille soient adaptés au genre et à l'épaisseur du tissu de votre ouvrage (page 253). La couture étant exposée à une grande usure, il convient de la renforcer par deux points arrière au début et à la fin. Laissez toujours suffisamment de tissu entre la couture et le rentré, vous éviterez au tissu de s'effilocher.

Il existe différentes sortes de coutures, c'est votre tissu et le genre du vêtement que vous confectionnez qui décident du choix. Une couture simple sera indiquée pour la plupart des vêtements, les rentrés seront toujours finis selon le genre de tissu.

Une couture simple se fait généralement avec le tissu endroit contre endroit, il y a cependant des cas où l'on procède autrement. Suivez les instructions soigneusement.

La couture simple

C'est la couture de base qui permet d'assembler deux pièces de tissu. On l'utilise sur des tissus d'épaisseur normale, qui n'entraînent pas une usure spéciale des coutures.

Comment faire la couture

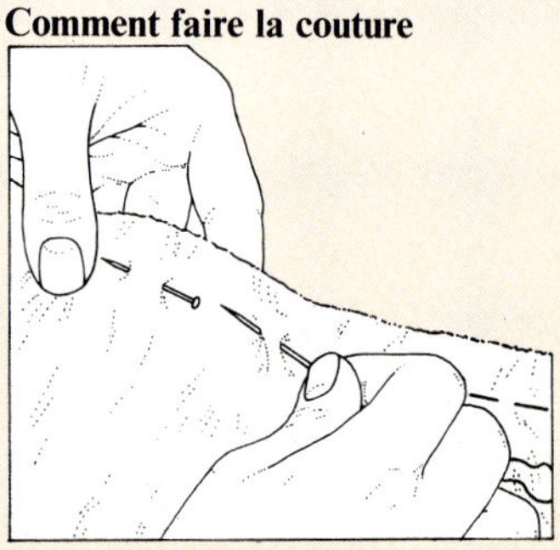

1 *Endroit contre endroit, épinglez le tissu des deux côtés de la ligne de couture à intervalles réguliers, en laissant environ 2 cm pour le rentré.*

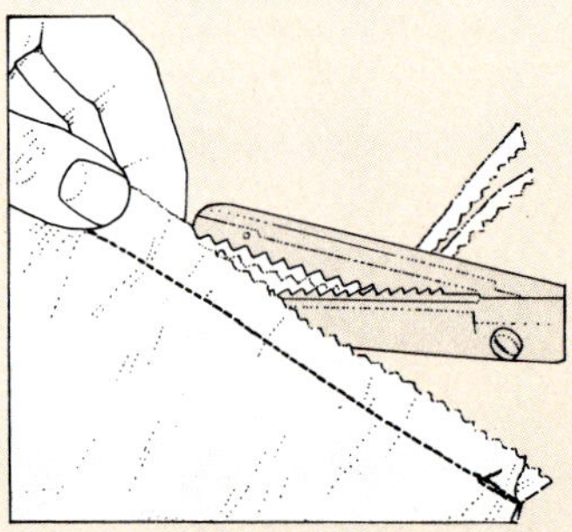

3 *Après avoir retiré les points de bâti, crantez le tissu ou finissez selon les indications correspondantes.*

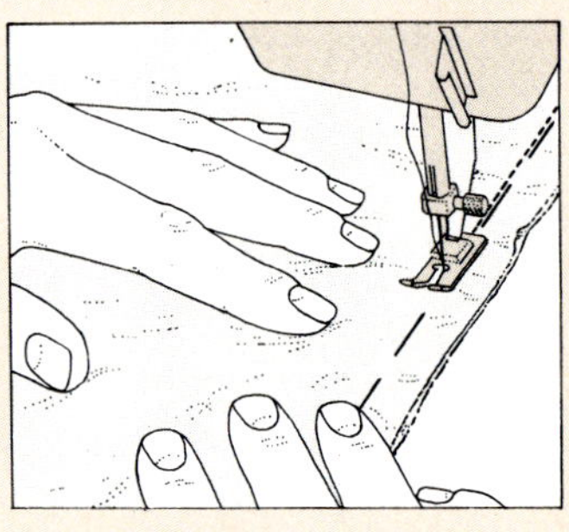

2 *Bâtissez près de la ligne de couture et retirez les épingles. Puis cousez le long de la ligne de couture, en faisant quelques points arrière au début et à la fin.*

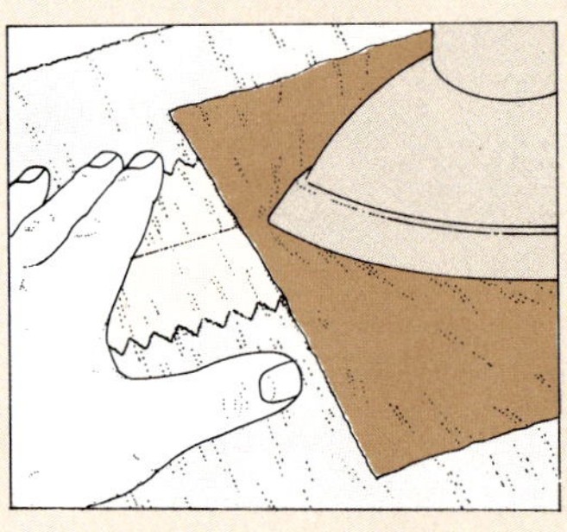

4 *Repassez la couture une fois cousue, puis ouvrez-la au fer en utilisant une pattemouille.*

Les différentes coutures

La couture anglaise

C'est une couture fine pour tissus légers ou tissus qui s'effilochent.

Ce genre de couture s'utilise en général sur tissus fins ou qui s'effilochent facilement. C'est une «couture à l'intérieur d'une couture»; finie, elle mesurera environ 0,5 cm de large.

Comment faire la couture

1 *Envers sur envers, épinglez le tissu, bâtissez près de la ligne de couture. Piquez à 0,5 cm à droite de cette ligne jusqu'au bout. Egalisez le rentré à 0,5 cm.*

2 *Ouvrez la couture au fer, endroit contre endroit, pliez sur la ligne de couture et repassez. Faufilez.*

3 *Cousez le long de la ligne de couture et repassez aussitôt.*

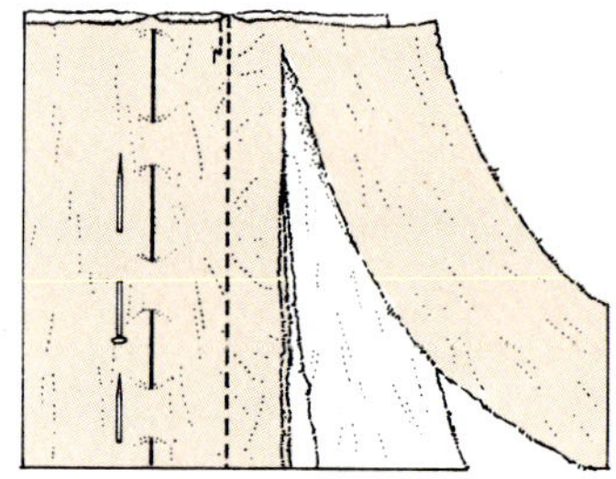

1 Egalisation du rentré.

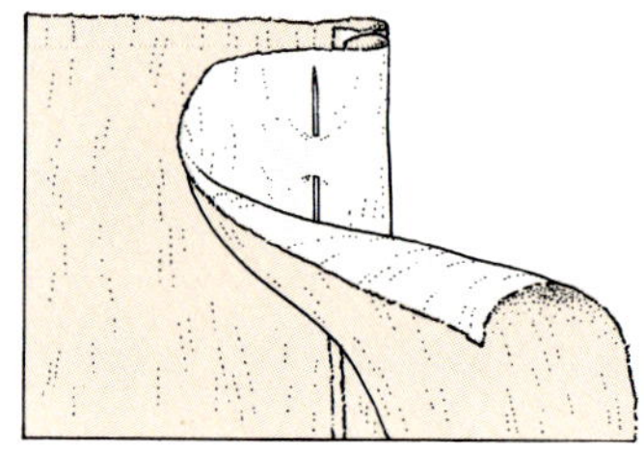

2 Le tissu épinglé.

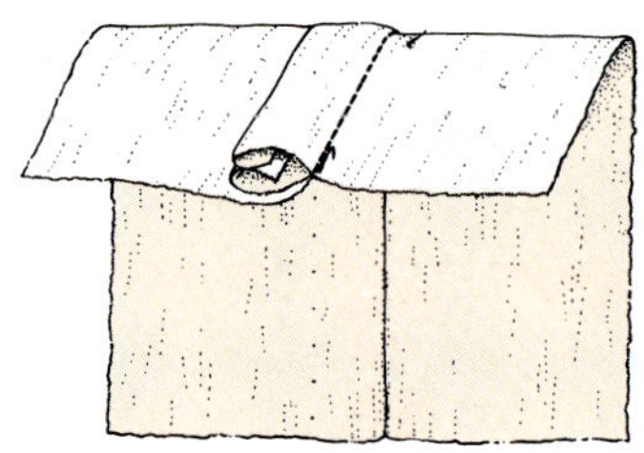

3 Couture anglaise finie.

La couture à soufflet

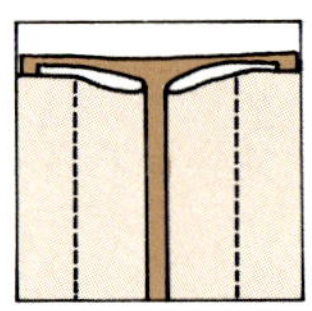

Il s'agit d'une couture décorative qui laisse passer une bande de tissu sous le pli.

La couture à soufflet est une couture décorative. Elle comporte une lanière de tissu en arrière-plan qui peut être de couleur contrastante et qui apparaît derrière le pli.

Comment faire la couture

1 *Endroit contre endroit, épinglez et bâtissez selon la ligne de couture. Ouvrez le pli au fer et coupez une bande du même tissu ou d'un tissu contrastant, de 2,5 cm plus large que les bords de la couture.*

2 *L'envers du tissu vers vous, centrez l'endroit de la bande sur la couture et épinglez. Bâtissez et cousez à égale distance du pli de couture.*

3 *Retirez le bâti et repassez aussitôt.*

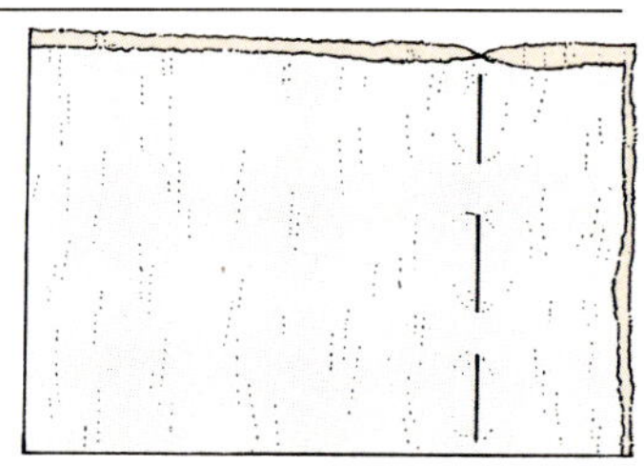

1 Le tissu faufilé.

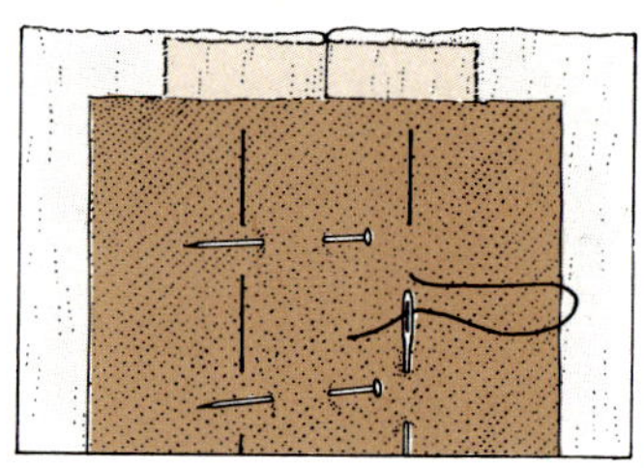

2 La bande épinglée à la couture.

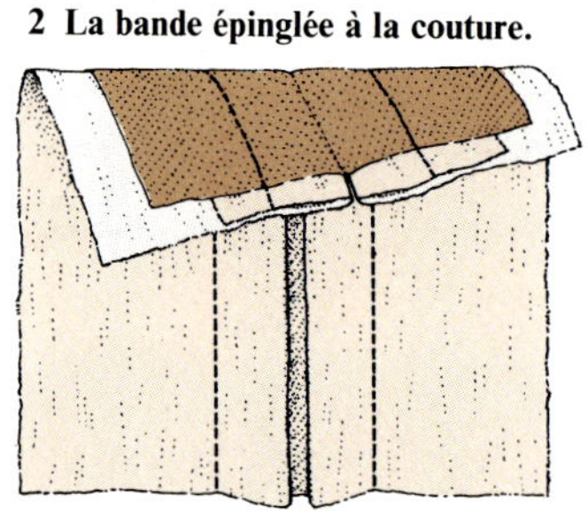

3 La couture finie.

La couture rabattue

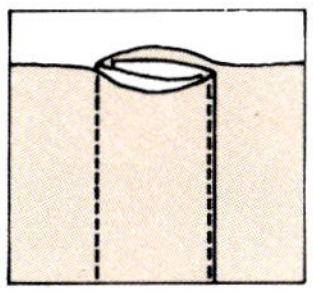

Il s'agit d'une couture solide d'aspect soigné des deux côtés du tissu.

La couture rabattue est une couture solide destinée aux vêtements lourds ou souvent lavés. Vous pouvez choisir le côté de la couture que vous désirez mettre sur le bon côté du tissu.

Comment faire la couture

1 *Envers contre envers, épinglez et faufilez le long de la ligne de couture. Piquez la couture et ouvrez au fer. Puis repassez les deux rentrés sur un seul côté. Coupez le rentré de la couture intérieure à mi-largeur.*

2 *Repliez le rentré extérieur par dessus le rentré intérieur et épinglez.*

3 *Surpiquez le côté replié, enlevez les épingles et repassez aussitôt.*

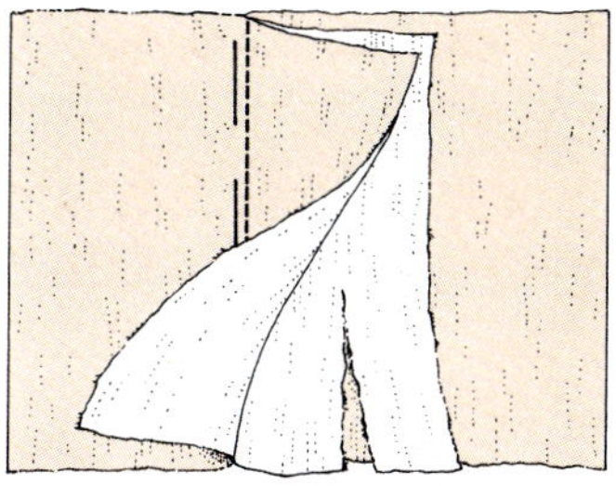

1 Couture intérieure égalisée.

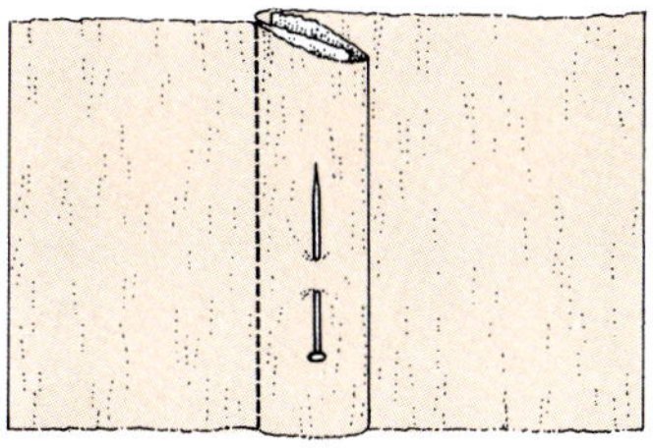

2 Couture extérieure épinglée.

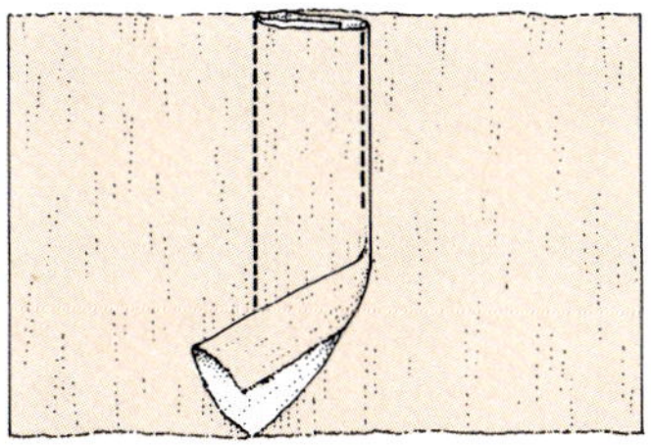

3 Couture finale.

La couture confection

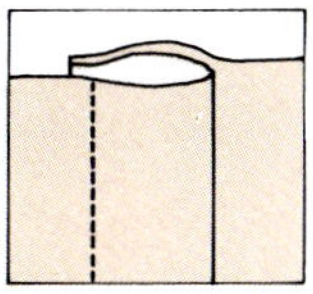

C'est une couture décorative. Finissez les bords avant de coudre.

On utilise généralement la couture confection pour former un dessin sur le vêtement. Si on la fait sur un tissu qui s'effiloche facilement, les bords de la couture devraient être surfilés.

Comment faire la couture

1 *L'endroit du tissu vers vous, repliez le rentré d'un côté du tissu et épinglez.*

2 *Disposez le pli sur l'endroit de la 2ᵉ pièce de tissu, en gardant les bords coupés ensemble. Epinglez et cousez à distance voulue du pli.*

3 *Enlevez les fils de bâti, égalisez le rentré sous la couture. Repassez aussitôt.*

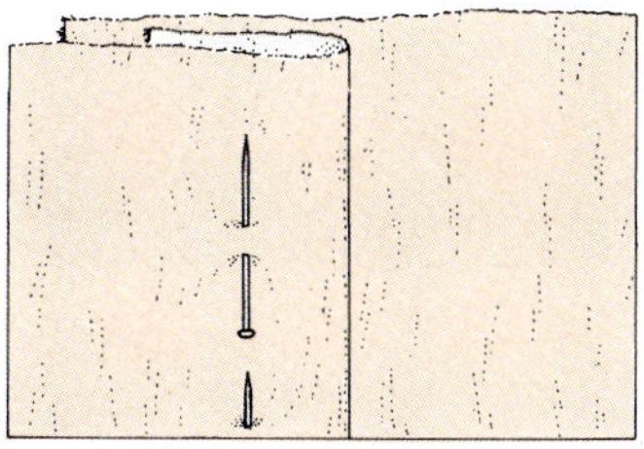

1 Rentrée épinglée.

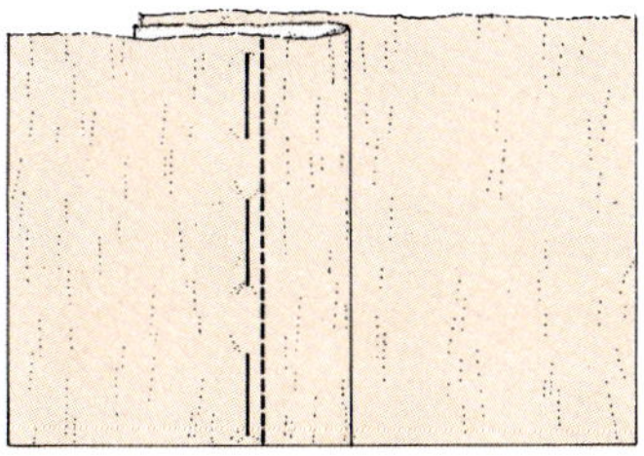

2 Couture faufilée.

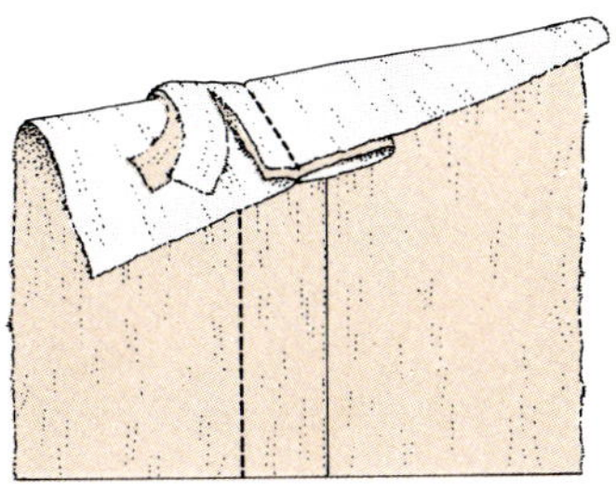

3 Couture égalisée.

Finition d'un fronçage

Cette couture est destinée à attacher un tissu froncé à une pièce de tissu plate.

Comment faire cette couture

1 *Endroit contre endroit, épinglez et cousez. Egalisez le bord froncé à 0,5 cm.*

2 *Repliez l'autre rentré par-dessus le bord jusqu'à la couture. Cousez aussi près que possible de la couture. Enlevez le bâti, repassez vers le haut, loin des fronces.*

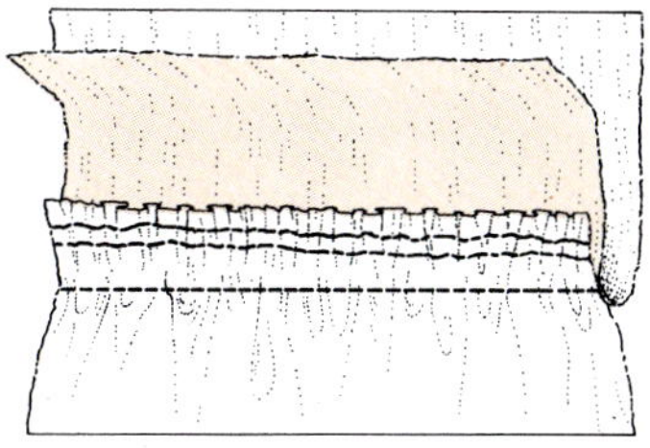

1 La couture.

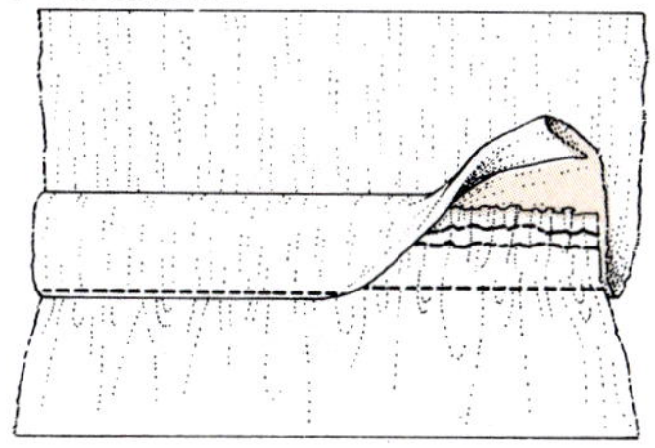

2 La couture double.

La couture zigzag

Cette couture est destinée aux assemblages qui doivent rester plats.

Comment faire la couture

Recouvrez l'une des épaisseurs du tissu avec l'autre, en faisant coïncider les lignes de couture. Faufilez et cousez au point zigzag ou au point avant. Egalisez les bords.

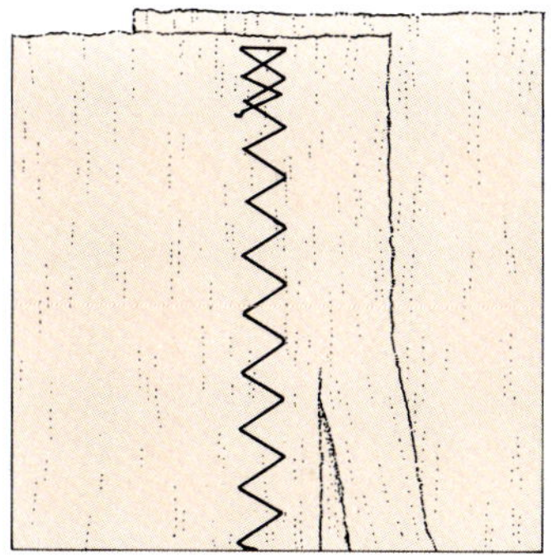

Egaliser le rentré

Finition au point zigzag

Cette finition sert aux tissus légers.

Comment faire la finition

Endroit contre endroit, faufilez et cousez le long de la ligne de couture, puis repassez. Faites une deuxième couture sur le rentré à 0,5 cm de la première, au point zigzag rapproché ou au point arrière. Egalisez comme sur le dessin.

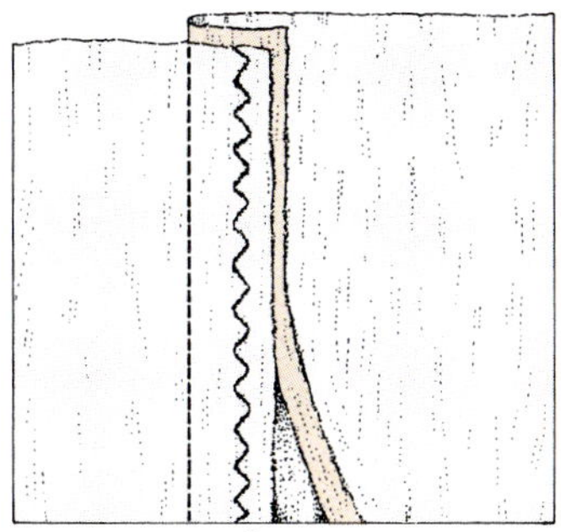

Egaliser le rentré

La couture lingerie

Cette couture est destinée aux ouvrages délicats.

Comment faire la couture

Endroit contre endroit, épinglez, faufilez, et cousez le long de la ligne de couture. Repassez. Crantez les rentrés et repassez en pliant du même côté. Cousez le rentré au point zigzag fin.

Rentré fini au zigzag

Les coutures spéciales et leur finition

Les coutures spéciales servent occasionnellement pour certains vêtements, certains genres de tissu ou pour des ouvrages exposés à une usure particulière. Les finitions des coutures droites se font après repassage, les coutures arrondies ou en angle seront repassées à la fin. Les finitions donnent un aspect soigné et empêchent le tissu de s'effilocher.

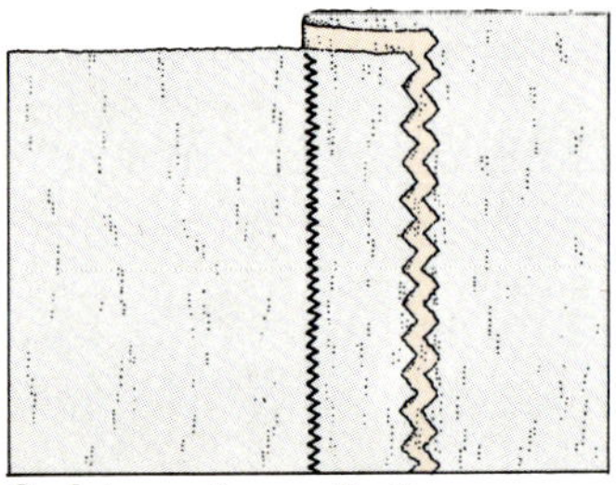

Ourlet pour tissus «élastiss» ou jersey

L'ourlet pour jersey ou élastiss

Ce genre de tissu demande une couture souple. On utilise en général une couture en zigzag, mais il existe des rubans spéciaux. Cousez comme une couture simple. Si vous utilisez un point droit, aplatissez le tissu pendant son passage dans la machine, afin d'éviter les fronces.

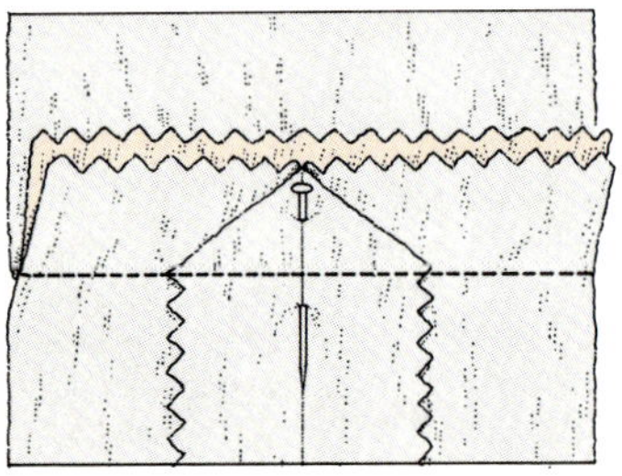

La couture croisée

La couture croisée

Faites les coutures de base avant de les assembler. Pour que les bords coïncident, piquez une épingle fine au point de rencontre avant de coudre. Coupez les rentrés en diagonale afin d'éviter les épaisseurs.

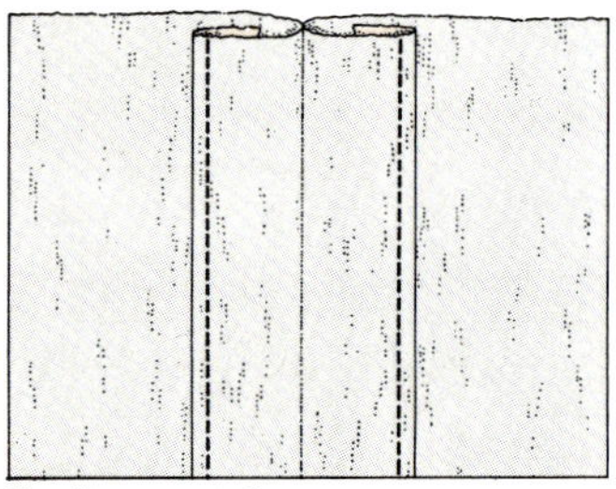

Repli sur rentré

La couture repliée sur rentré

Cette couture sert aux tissus légers ou d'épaisseur moyenne. Repliez le rentré à 0,5 cm et repassez. Sur l'endroit, cousez près du pli. Repassez pour bien aplatir.

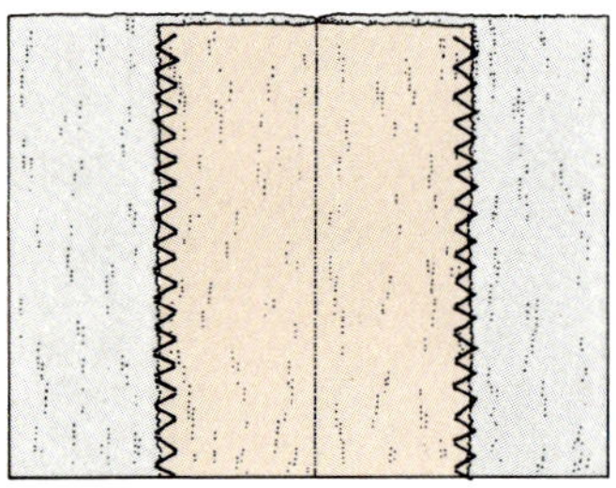

Finition en zigzag

Finition en zigzag

Vous finirez ainsi rapidement et facilement les ouvrages faits en tissus qui s'effilochent. Réglez vos points à la longueur voulue et placez le tissu de manière que l'aiguille pique une fois dans le tissu et une fois à côté.

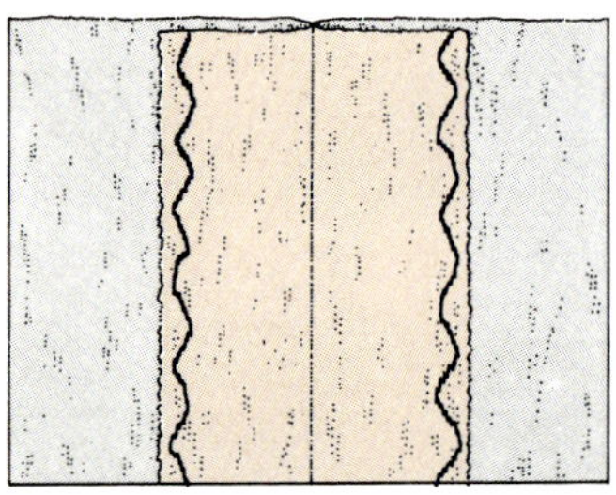

Finition en zigzag décalé

Couture au point zigzag décalé

Ce point s'étire, il est donc idéal pour les jersey, les lainages et autres tissus «élastiss». Placez le côté à finir sur l'endroit sous le pied presseur et piquez, mais sans dépasser le bord. Repassez la couture pour l'aplatir.

Coutures arrondies et carrées

Les pièces nécessitant des coutures arrondies peuvent s'assembler par une couture simple. Faites les arrondis avec soin selon nos indications page 252.

La couture arrondie

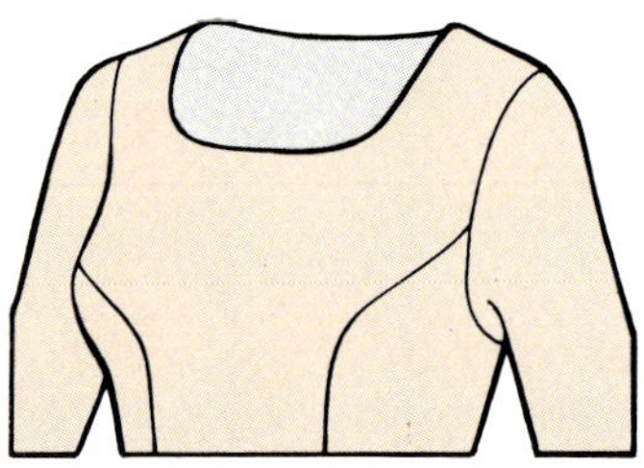

Couture de poitrine

Comment faire une couture arrondie

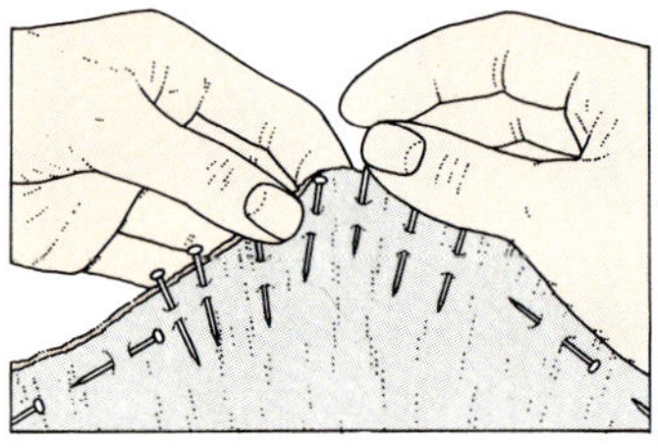

1 *Endroit sur endroit, épinglez la ligne de couture en laissant une certaine aisance aux arrondis. Cousez le long de la ligne avec des points plus petits que d'habitude.*

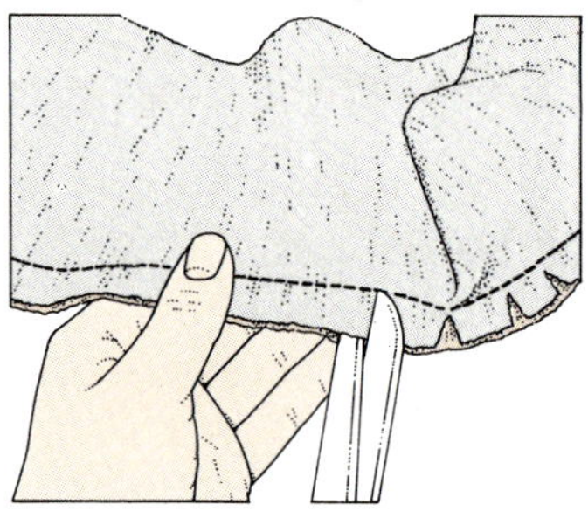

2 *Crantez les rentrés de l'arrondi et entaillez l'arrondi intérieur pour qu'il reste plat.*

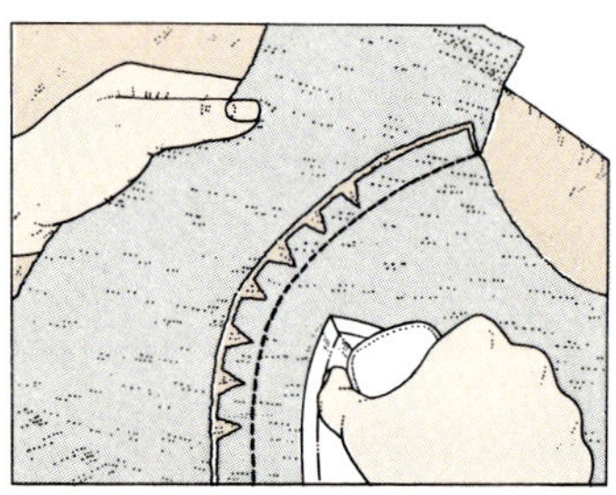

3 *En tenant le fer correctement, repassez la couture, puis ouvrez-la.*

Les coutures carrées

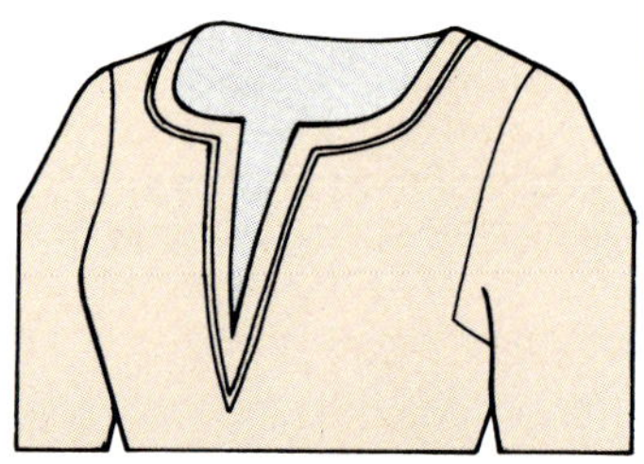

Couture d'emmanchure carrée

Comment faire une couture carrée

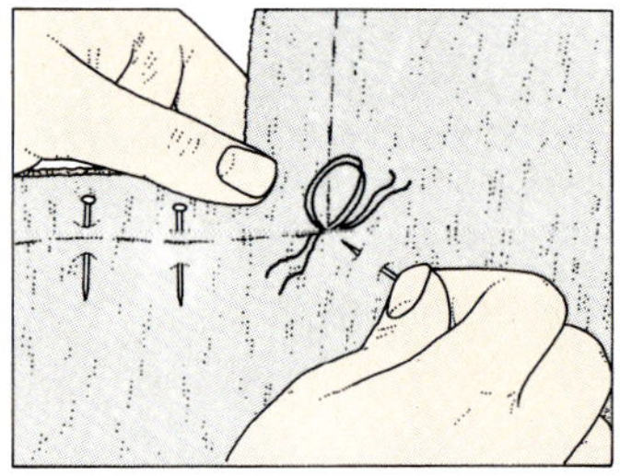

1 *Marquez les angles de votre couture. Sur l'endroit, épinglez l'angle et l'une des coutures.*

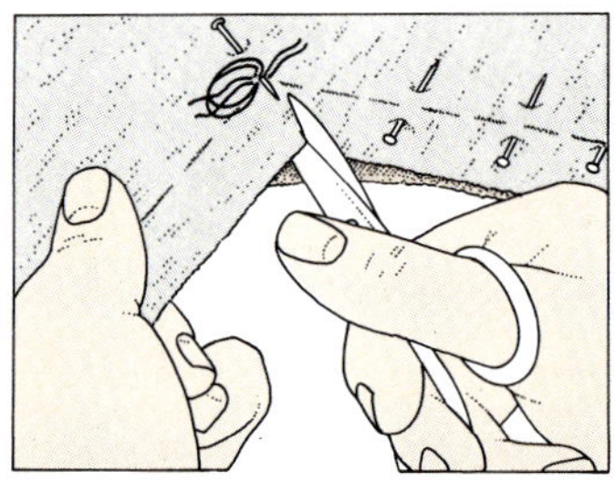

2 *Entaillez la pièce du dessus jusqu'au point d'angle. Cousez jusque-là.*

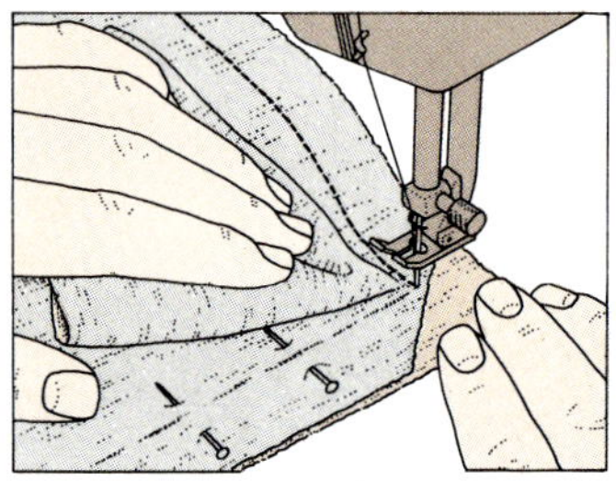

3 *Faites pivoter l'ouvrage. Remontez le tissu du dessus pour le faire coïncider avec le tissu du dessus et cousez jusqu'au bout de la couture. Retirez les marques et les épingles et repassez bien. Finissez les coutures selon leur genre.*

La mise en forme des vêtements

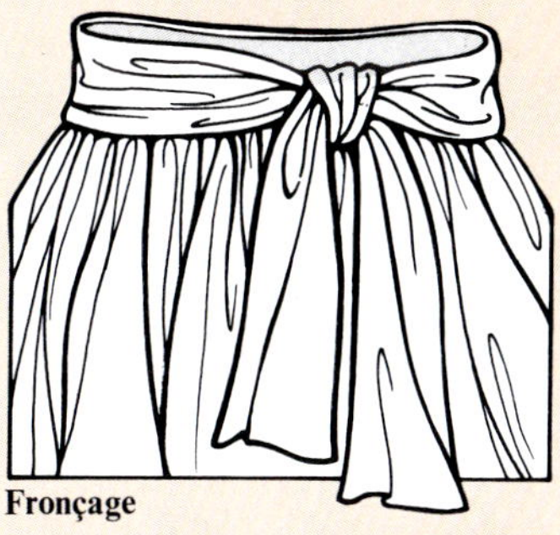

Fronçage

Bouillonné

Plis

Plissés ouverts

Pinces

Vous pouvez donner à vos vêtements des formes diverses. Ils peuvent être froncés ou bouillonnés par les coutures à fronces; ils peuvent comporter toutes sortes de plis, depuis les plissés fins jusqu'aux gros plis creux. Vous pouvez également donner une forme aux vêtements en utilisant des pinces.

Les tissus

C'est la forme qui déterminera le modèle du vêtement et le choix du tissu. Les tissus souples se prêtent aux drapés, ils sont tout désignés pour les fronces et les plis ouverts. Les tissus plus rigides retiennent bien les plis aplatis et les pinces. Des tissus très lourds devront être mis en forme par la coupe, par des coutures et des pinces. Les tissus à motifs se prêtent mal aux coupes compliquées.

Le choix de la coupe

Votre choix sera encore guidé par vos préférences personnelles et votre allure. N'oubliez pas que des vêtements larges rapetissent et grossissent et que les vêtements ajustés amincissent.

Plan de travail

Les instructions de la page 294 vous indiqueront à quel moment de la confection un vêtement doit être mis en forme. Souvenez-vous cependant que les coutures principales doivent être faites, finies et repassées avant de procéder au fronçage ou à la confection des plis.

Estimation du métrage nécessaire

Les plis, les nervures et les fronces demandent davantage de tissu, trois fois la largeur de chaque pli fini et environ une moitié de plus pour les fronçages. Si vous faites vous-même votre modèle, guidez-vous sur ces estimations.

Le point tailleur

Ce point s'utilise aux endroits qui demandent à être marqués des deux côtés, surtout aux plis, aux pinces et aux nervures. On les utilise aussi sur des tissus délicats qui risqueraient d'être abîmés par d'autres techniques de couture. Le patron restera épinglé au tissu jusqu'à ce que toutes les marques y aient été portées.

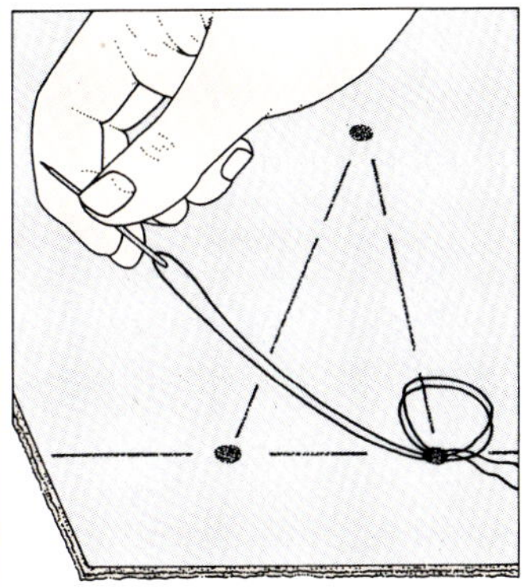

Comment faire le point tailleur

1 *Piquez l'endroit du patron où la marque doit être faite avec la pointe d'une épingle. Avec un double fil à bâtir sans nœud, faites un petit point à travers le patron et les deux épaisseurs du tissu; laissez dépasser environ 2,5 cm de fil. Faites un autre point au même endroit, laissez une boucle de 5 à 7 cm et un bout libre de 2,5 cm.*

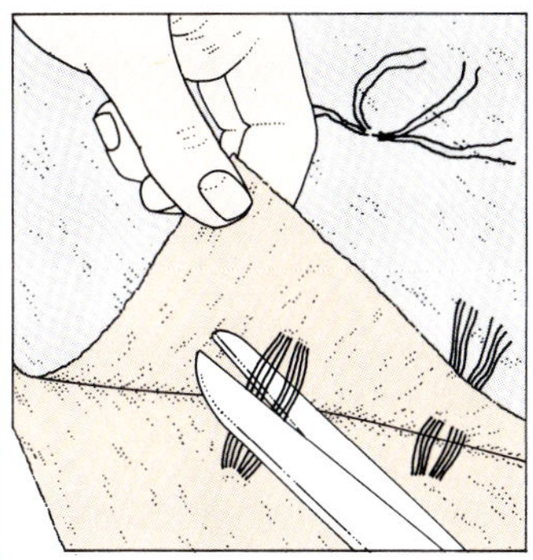

2 *Quand toutes les marques sont faites, enlevez le patron en évitant de retirer les fils. Séparez les deux épaisseurs de tissu jusqu'à la limite des fils et coupez la boucle qui assemble les deux pièces. Les fils restant dans le tissu vous indiqueront les points d'assemblage de vos pièces.*

Le bâti des plis

On utilise un point tailleur simplifié pour marquer le bâti des plis. Avec un fil très long, faites un petit point sur la ligne du pli qui apparaît sur le patron, passez à travers le patron et le tissu. Tirez le fil en laissant un bout de fil de 2,5 cm. Faites de tels points tout le long de la ligne du pli en laissant dépasser un peu de fil. Coupez le fil au milieu des boucles et retirez le patron en veillant à ne pas enlever les fils.

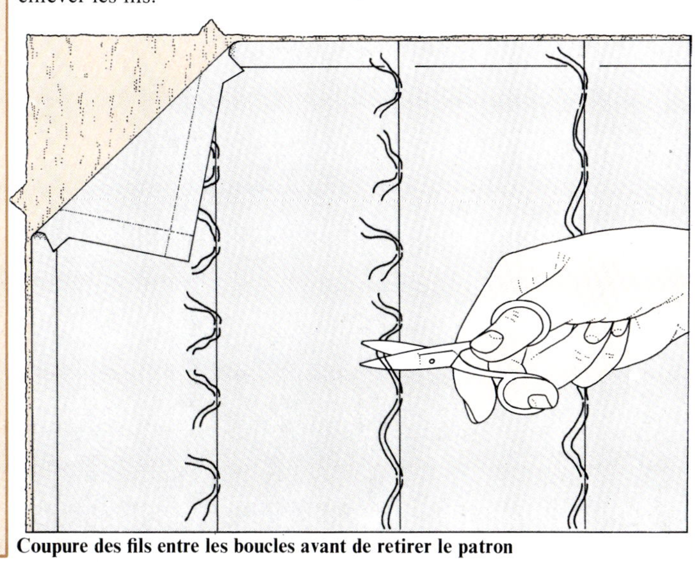

Coupure des fils entre les boucles avant de retirer le patron

La finition des pinces

En général, les pinces ne nécessitent pas de finition spéciale avant le repassage; il y a cependant des exceptions, par exemple pour les pinces profondes sur tissus épais et pour des pinces arrondies sur tissus légers ou peu épais.

La pince profonde

Une pince profonde doit être ouverte au pli sur 1,5 cm à partir du début et aplatie au fer. Si le tissu s'effiloche, surfilez les bords.

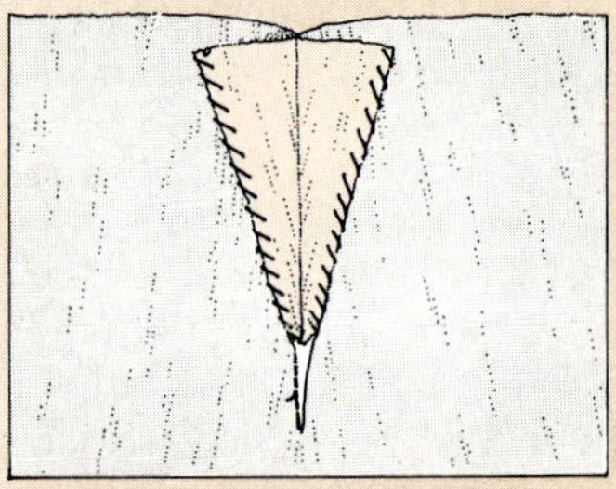

Pince profonde avec bords surfilés

Les pinces incurvées

Les pinces incurvées sont pointues aux extrémités, elles doivent être entaillées jusqu'à la couture au milieu de l'arrondi. On peut faire une deuxième couture en renfort.

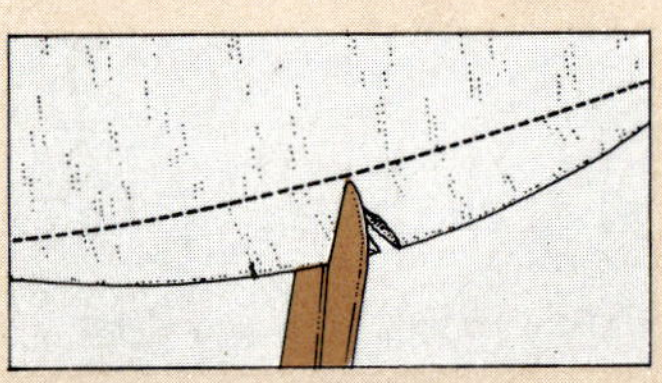

Les pinces arrondies

Une pince arrondie doit être réduite à 1,5 cm à partir du début et crantée dans l'arrondi. Renforcez l'arrondi par une seconde couture.

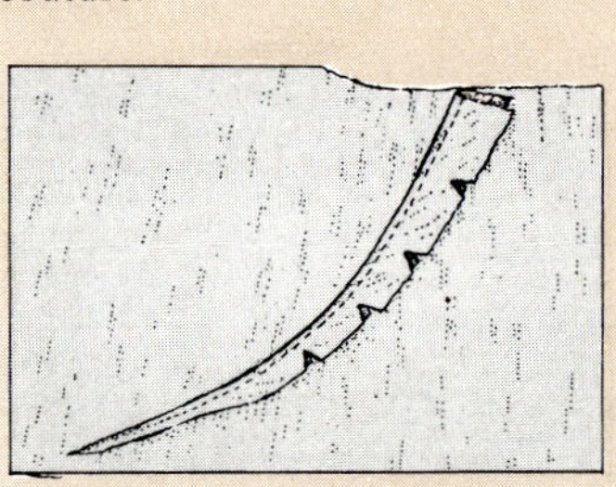

Les pinces

Les pinces servent à donner de l'aisance au buste, aux hanches, aux épaules et aux coudes. Elles peuvent être arrondies ou droites, elles peuvent être à une ou à deux pointes. Leur largeur, leur longueur, leur forme et leur emplacement dépend du modèle et de son tombant; elles peuvent être rectifiées; dans ce cas, toutes les pinces correspondantes doivent l'être également.

A moins de servir de décoration, les pinces se font sur l'envers du vêtement. Elles doivent finir par un point très fin. Les pinces fendues doivent être aplaties au fer. Les autres seront repassées aussitôt faites, de préférence sur un «cochon» de tailleur. Avant de faire la pince, vérifiez le tombant du vêtement. Faites toutes les rectifications nécessaires. La finition des pinces dépend du tissu (voir ci-contre).

Comment faire une pince

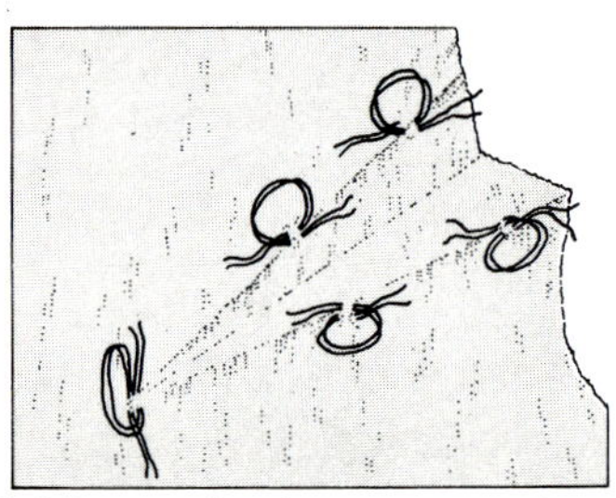

1 *Marquez la pince par un point tailleur ou avec une roulette à patron. Pliez la pince soigneusement pour que les marques coïncident.*

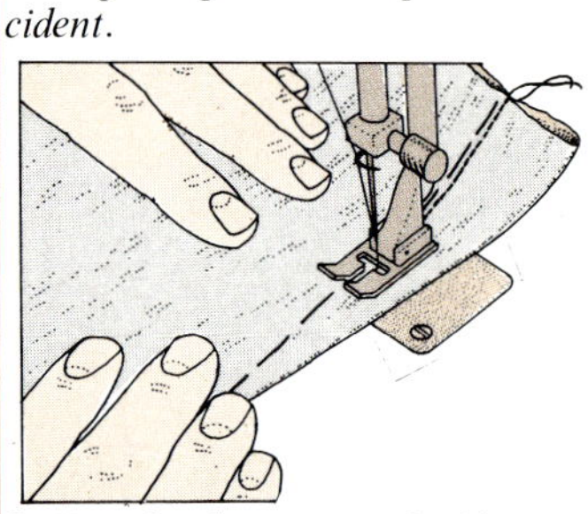

2 *Epinglez la pince et faufilez en commençant près de la couture et terminez-la en pointe. Retirez les marques. Piquez en commençant à la couture, renforcez à la pointe par plusieurs points.*

Fronçage et bouillonné

Le fronçage et le bouillonné se font par une rangée de points. Le bouillonné consiste à froncer le tissu sur plusieurs rangées de points, il sert de décoration.

Le fronçage

Le fronçage se fait à la main par points devant ou à la machine avec la plus grande longueur de point. Si vous faites des fronces à la main, veillez à ce que votre fil suffise pour toute la longueur prévue.

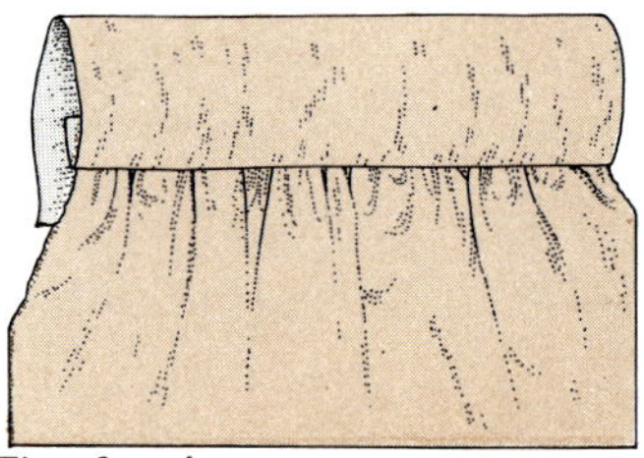

Tissu froncé

Comment froncer le tissu

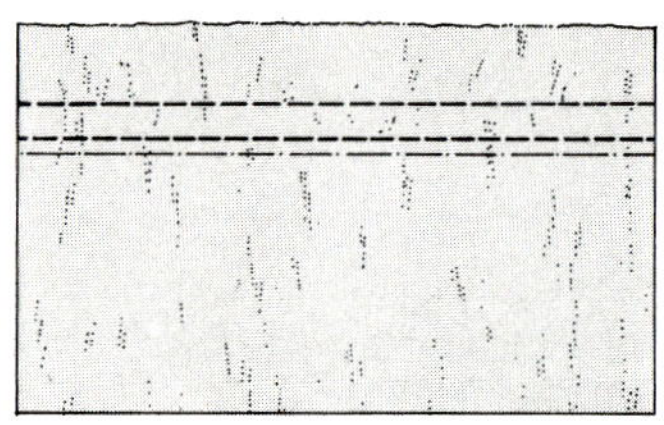

1 *Faites une couture à l'intérieur de la ligne de couture, puis une autre tout près de la première.*

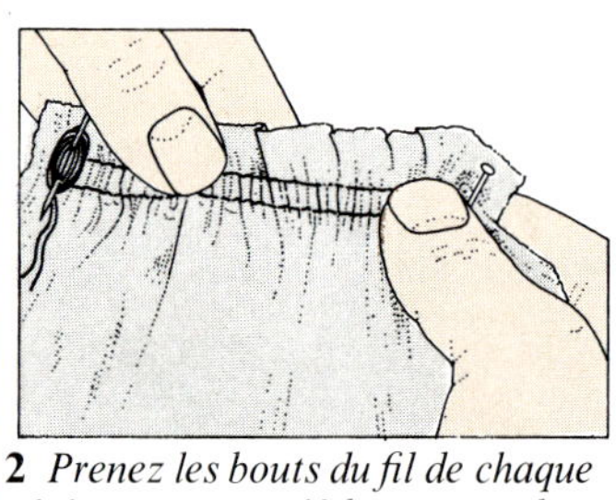

2 *Prenez les bouts du fil de chaque côté et tirez jusqu'à largeur voulue. Serrez les fils en les enroulant autour d'une épingle.*

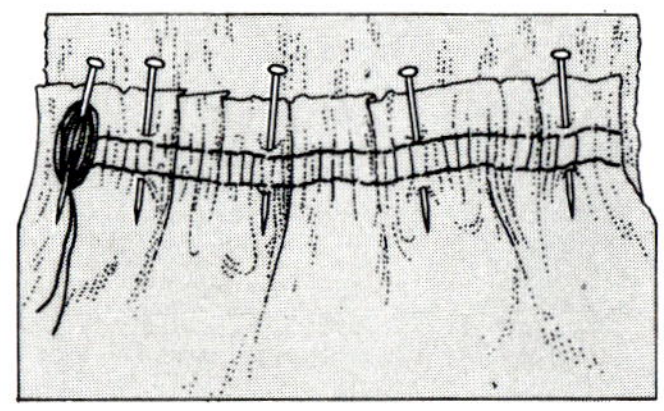

3 *Epinglez le tissu froncé au tissu non froncé, endroit contre endroit. Piquez le long de la ligne de couture, le tissu froncé au-dessus.*

Le bouillonné

Suivez d'abord les instructions pour le fronçage ci-contre. Faites deux coutures à l'intérieur du rentré.

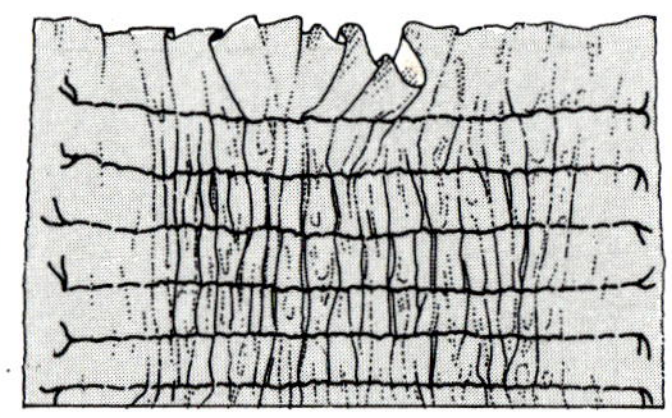

Bouillonné

Comment faire le bouillonné

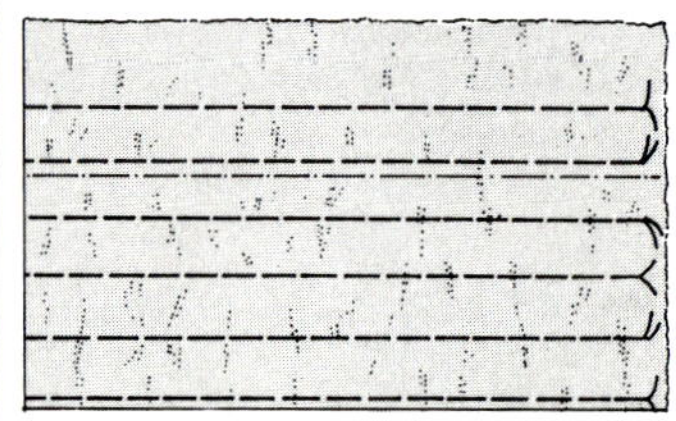

1 *Faites trois autres coutures en veillant à ce qu'elles soient régulières.*

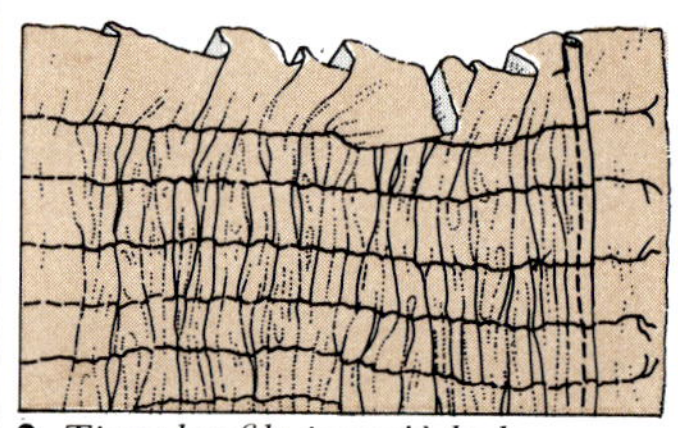

2 *Tirez les fils jusqu'à la longueur voulue. Repliez le bord du tissu et piquez en place pour fixer le bouillonné.*

Le bouillonné avec élastique

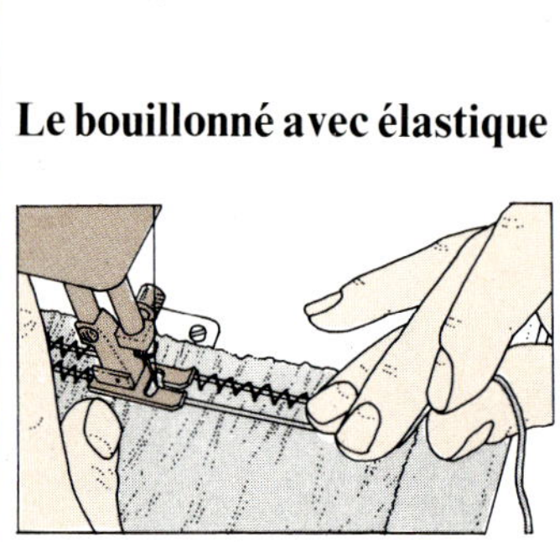

Vous pouvez faire un bouillonné avec de l'élastique spécial. Cet élastique s'enroule sur la canette, ou, dans une machine à canette oscillante, l'élastique peut être maintenu sur le tissu et cousu au point zigzag.

Plis couchés, plis creux, plis plats

Les plis servent à donner de l'ampleur; il en existe de trois sortes: les plis couchés, les plis creux et les plis plats. Les plis couchés le sont dans la même direction alors que les autres se font face, soit à l'extérieur, soit à l'intérieur du vêtement. Il est essentiel de bien marquer les plis, de les bâtir soigneusement et de les repasser.

Les plis couchés

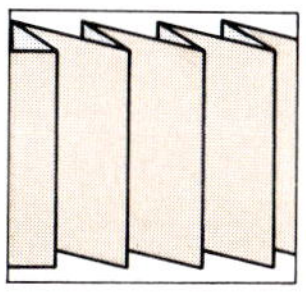

Les plis couchés se font en partant du dos d'un vêtement, de gauche à droite, pour aller de droite à gauche sur le devant. Les plis couvrent en général toutes les ouvertures d'un vêtement.

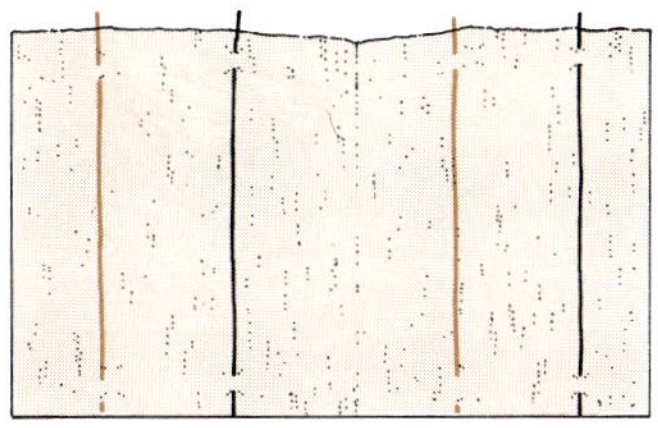

Comment faire le pli
1 *Marquez les plis sur l'endroit avec un point tailleur simple, en utilisant des fils de couleurs différentes pour le bord et le pli.*

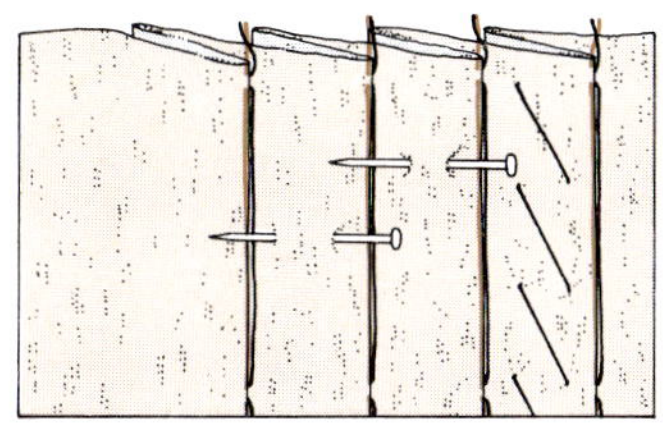

2 *Faites les plis sur l'endroit, épinglez à angle droit du pli, fixez les plis par un bâti diagonal.*

Les plis creux

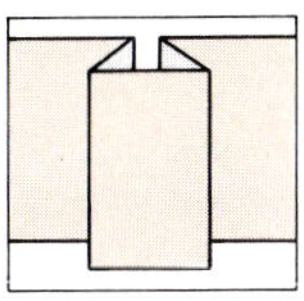

Ces plis s'écartent sur l'endroit du tissu et se font face sur l'envers. On les utilise souvent isolément au dos d'une jupe.

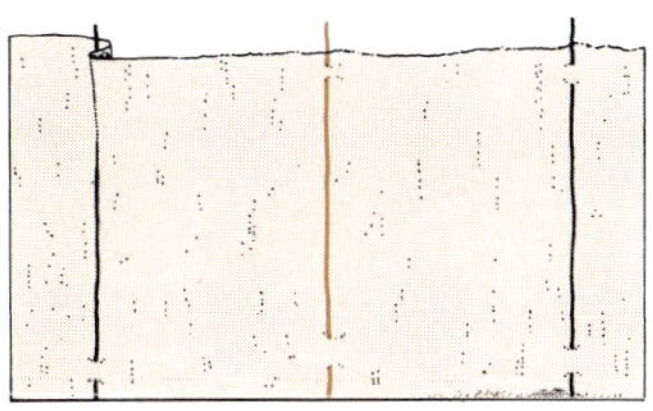

Comment faire le pli
1 *Sur l'endroit du tissu faites des points tailleur simples le long de la ligne du pli et au bord. Utilisez des fils de couleur différente.*

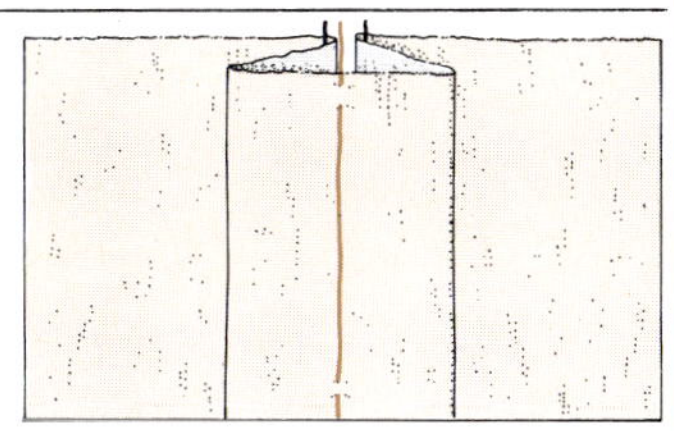

2 *Sur l'endroit, formez les plis jusqu'aux lignes marquées, comme sur le dessin. Fixez avec un bâti en diagonale.*

Les plis plats

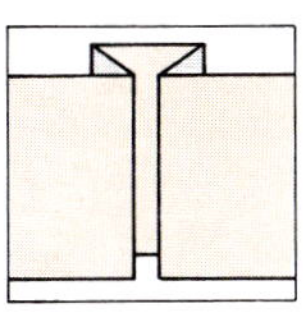

Ces plis se font comme les précédents, mais ils se font face sur l'endroit du tissu.

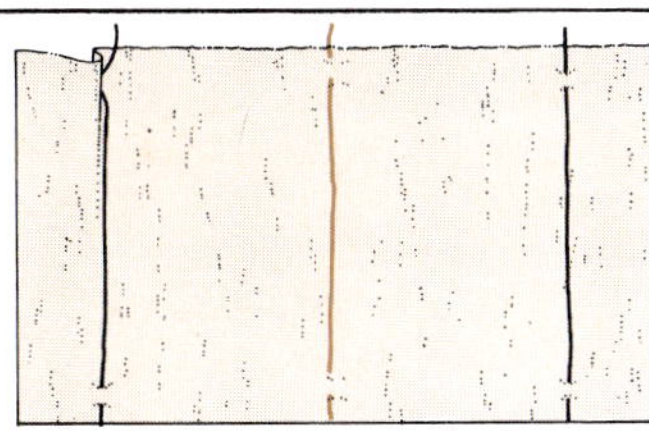

Comment faire le pli
1 *Marquez les plis comme précédemment sur l'endroit du tissu et pliez-les de manière à les faire se rencontrer sur une ligne centrale.*

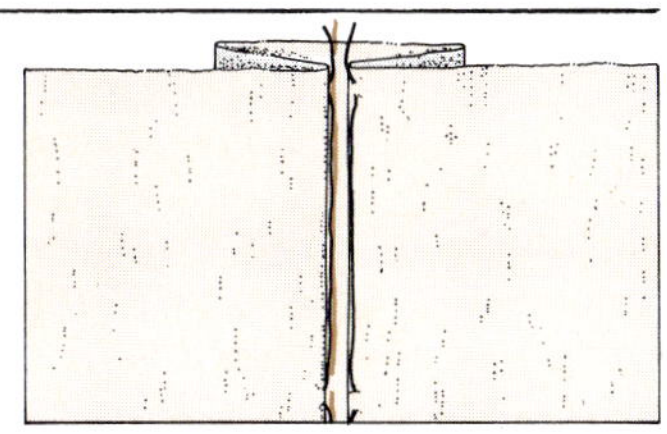

2 *Travaillez sur l'endroit et pliez comme sur le dessin, épinglez à angle droit pour le maintien. Fixez les plis par un bâti diagonal.*

Comment coudre les plis

Les plis peuvent être repassés ou non repassés, ils peuvent être cousus jusqu'à l'ourlet ou seulement en partie. S'ils doivent être repassés ou piqués jusqu'à l'ourlet, il faut d'abord finir l'ourlet. Après avoir faufilé les plis, piquez près du bord de chaque pli. Les plis doivent être repassés avec une pattemouille pour ne pas abîmer le tissu.

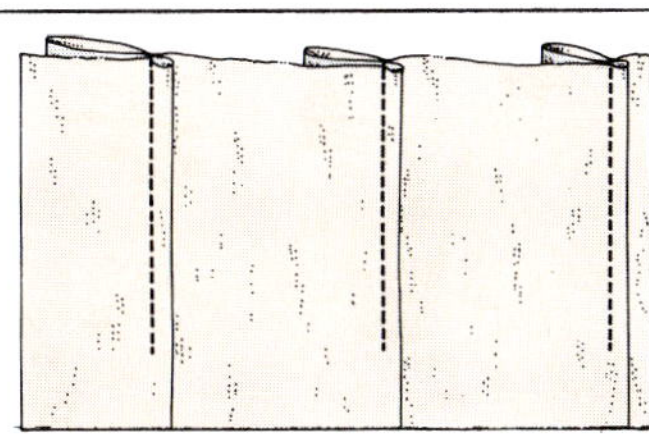

Pli cousu
Piquez à 3 mm du pli. Arrêtez à la hauteur voulue. Passez le fil à l'envers. Arrêtez.

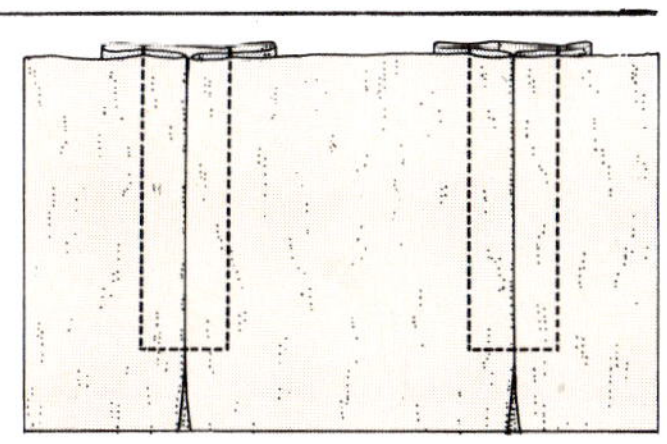

Pli creux cousu
Marquez la piqûre et suivez-là soigneusement. Passez le fil à l'envers. Arrêtez.

Les nervures

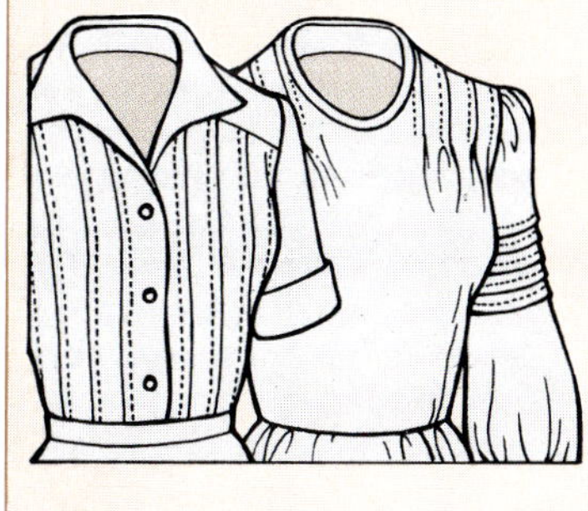

Les nervures servent à décorer ou à diminuer l'ampleur d'un vêtement. Les nervures sont une version miniaturisée des plis couchés. On les fait verticalement ou horizontalement, en tant que décoration sur un corsage, sur des manches ou sur des empiècements. Les nervures peuvent être piquées tout du long d'un vêtement ou laissées ouvertes à partir d'un certain endroit, pour ajouter de l'ampleur, par exemple dans le cas des smocks. Les fils doivent être passés sur l'envers et fixés.

Comment faire des nervures

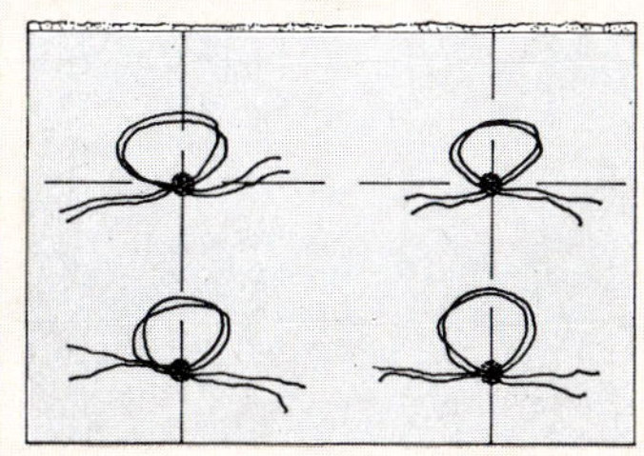

1 *Marquez la ligne de pliage et sa longueur avec des points tailleur simples comme pour les plis couchés. Utilisez du fil de couleurs différentes pour les différentes lignes.*

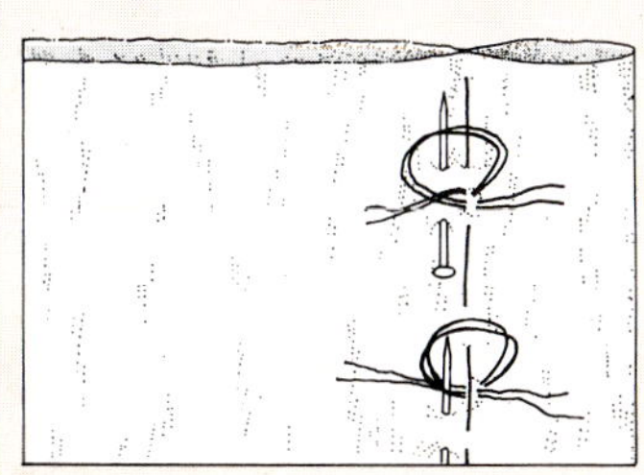

2 *Pliez les nervures et faites coïncider les marques, en gardant les bords bien droits. Epinglez et bâtissez. Piquez le long de la ligne de nervure et renforcez la couture par des points arrière des deux côtés. Retirez les fils de bâti.*

Les encolures

Les encolures, quelle que soit leur forme, seront finies par un col ou une parmenture. Le genre de la finition dépendra du tissu et du style du vêtement. La finition pourra être rapportée ou coupée en même temps que le vêtement.

Avant de travailler sur l'encolure, il faut finir les pinces du corsage et les coutures d'épaules. Si une fermeture éclair est prévue, elle devra être posée avant de finir l'encolure.

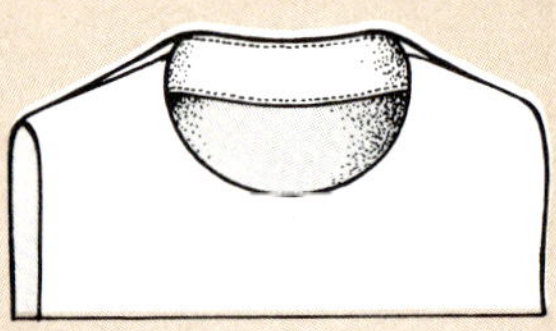

Encolure ronde

Encolure carrée

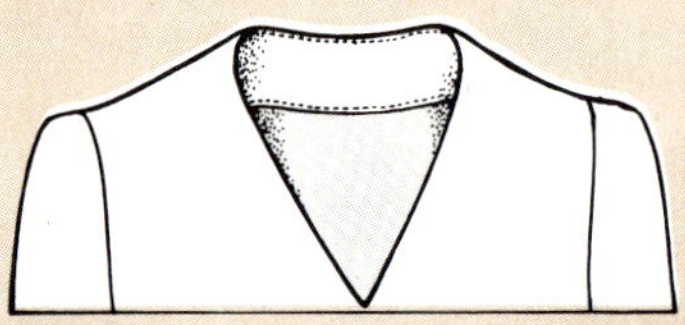

Décolleté en V

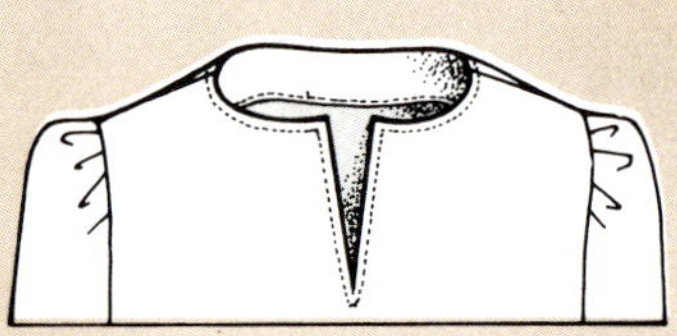

Décolleté avec fente

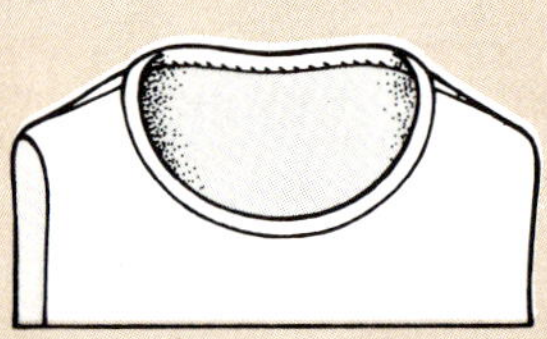

Encolure bordée par un biais

Encolure passepoilée

Encolures et parmentures

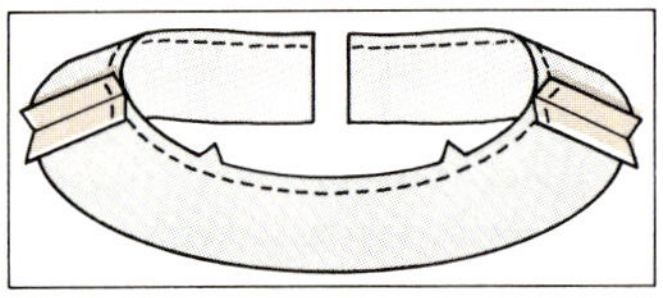

La plupart des encolures seront finies par une parmenture. Celle-ci peut être coupée dans le tissu de base pour bien s'accorder avec l'encolure. Une triplure peut être ajoutée pour donner à l'encolure une tenue plus rigide (voir page 292).

Parmenture pour une encolure ronde

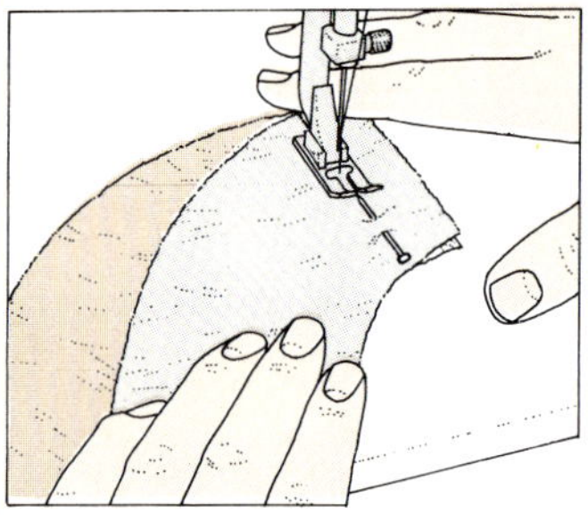

1 *Assemblez la parmenture à la couture d'épaule et finissez les bords des coutures. Ouvrez les coutures au fer. Finissez le bord en crantant l'angle, repliez d'environ 0,5 cm et surfilez-les.*

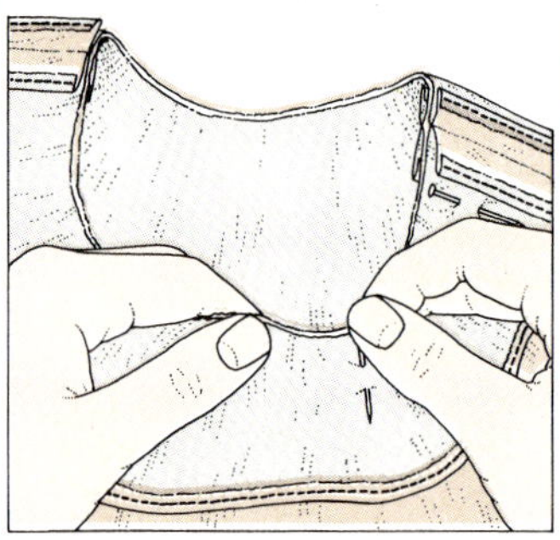

2 *Epinglez la parmenture sur le vêtement, endroit contre endroit, faites coïncider les entailles et la couture d'épaule. Cousez à petits points le long de l'encolure.*

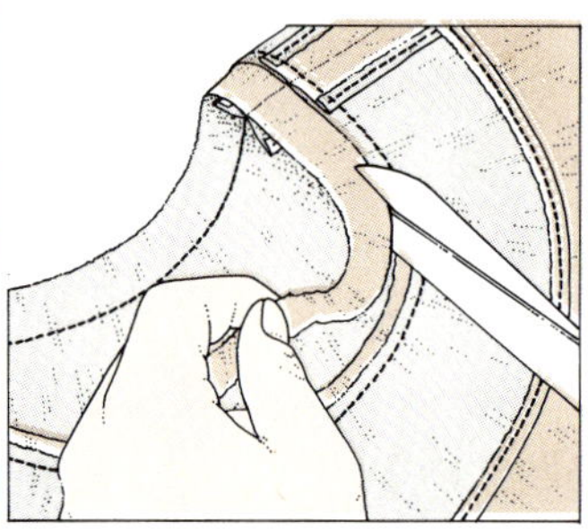

3 *Egalisez le rentré de la couture de parmenture à 0,3 cm et l'encolure du vêtement à 0,5 cm. Crantez le rentré à intervalles réguliers. Egalisez les angles où les coutures se croisent. Repassez.*

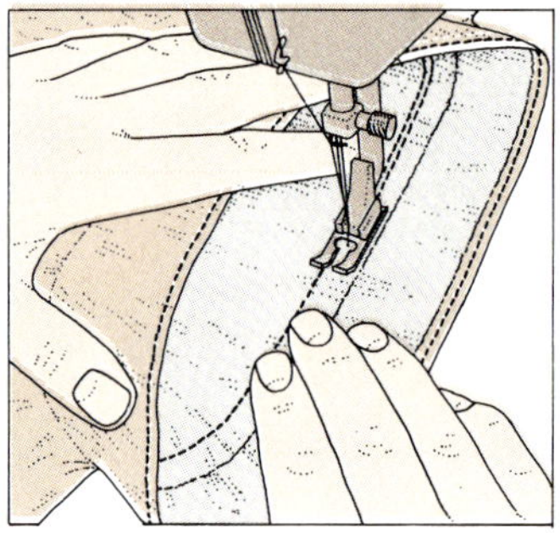

4 *Ecartez la parmenture de l'encolure. Sur l'endroit de la parmenture, piquez le long de l'encolure, à travers la parmenture et le rentré des coutures, aussi près que possible de la ligne de couture.*

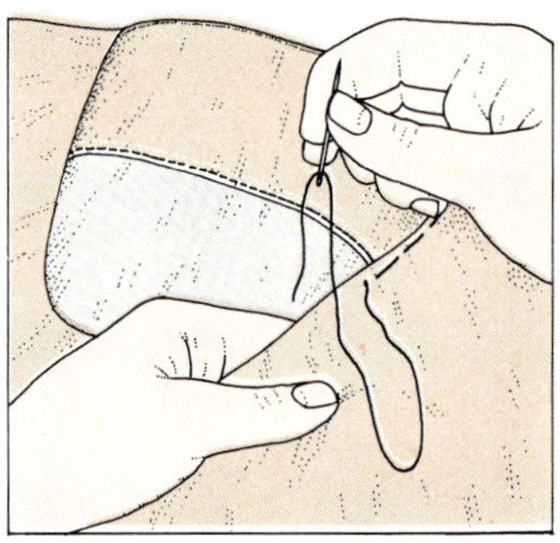

5 *Retournez la parmenture à l'intérieur de manière à ce que la ligne de couture se trouve juste à l'intérieur de l'encolure. Faufilez et repassez. Retirez les fils de bâti.*

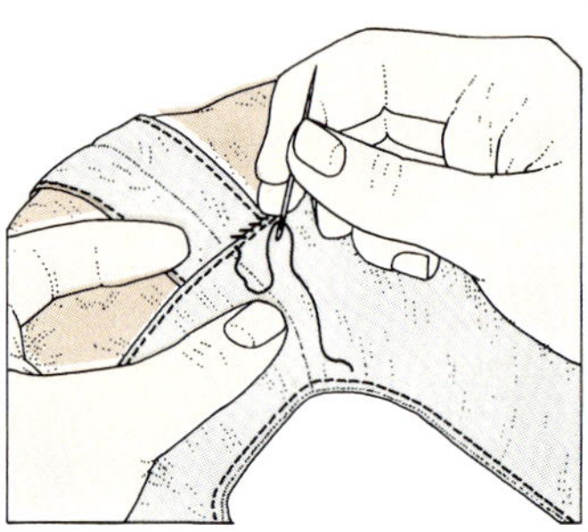

6 *Attachez la parmenture à la couture d'épaule du vêtement avec quelques points perdus. Finissez après avoir posé la fermeture éclair (page 289).*

Parmenture pour décolleté carré

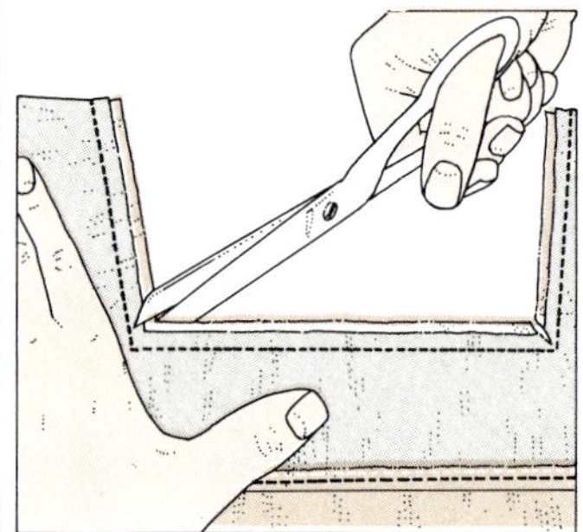

Suivez les indications pour l'encolure ronde. Lors de la couture de l'encolure, faites pivoter l'ouvrage autour de l'aiguille de la machine et crantez les angles à environ 3 mm de la ligne de couture.

Parmenture pour décolleté en V

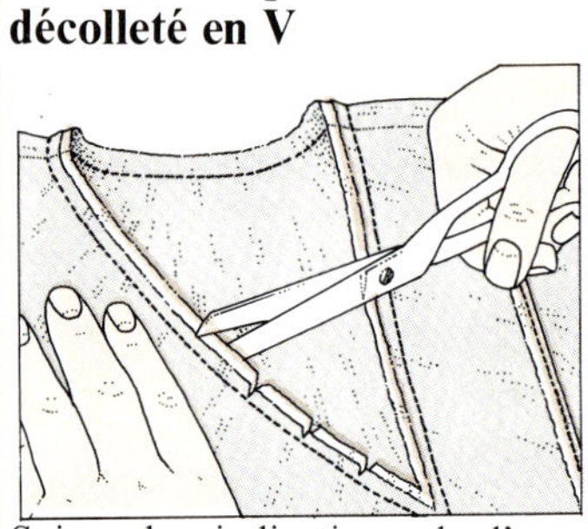

Suivez les indications de l'encolure ronde, faites pivoter l'ouvrage au point du V, crantez le V comme ci-dessus.

Finitions

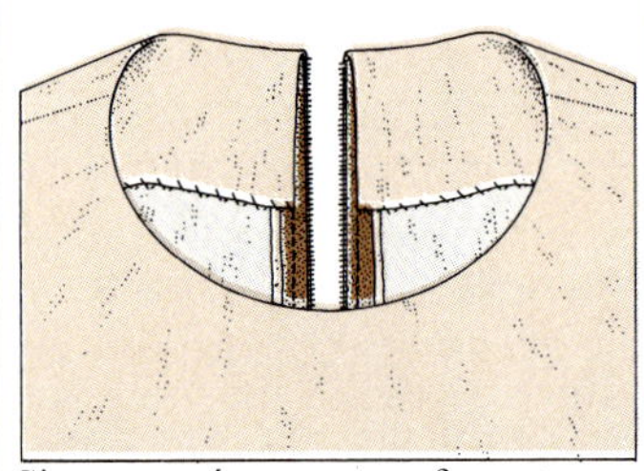

Si vous prévoyez une fermeture-éclair, posez-la avant de terminer la parmenture (page 289). Puis retournez les bouts des rentrés à l'intérieur et attachez-les à la fermeture éclair par des points glissés.

La parmenture incorporée

Vous pouvez couper l'encolure en même temps que le vêtement et la plier vers l'intérieur. On utilise souvent ce genre de parmenture pour les corsages à décolleté en fente. Cousez et finissez les coutures d'épaules de votre vêtement comme prévu. Marquez l'ouverture de devant avec des points tailleur sur le vêtement et sur la parmenture.

Méthode de travail

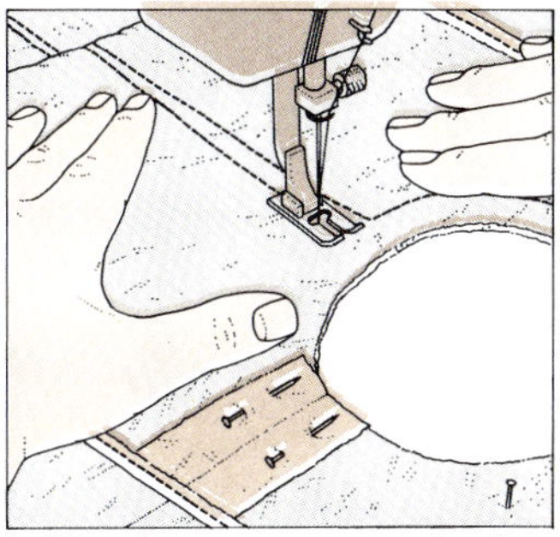

1 *Pliez la parmenture sur le vêtement, endroit contre endroit, en faisant bien coïncider les marques de point tailleur et les coutures. Faufilez et cousez. Renforcez la couture sur environ 1,5 cm de chaque côté avec de petits points.*

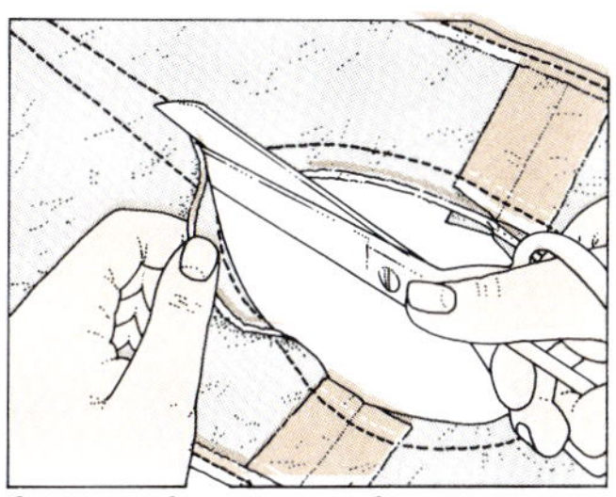

2 *Avec des ciseaux bien aiguisés, fendez l'ouverture à 3 mm de l'angle. Egalisez le rentré.*

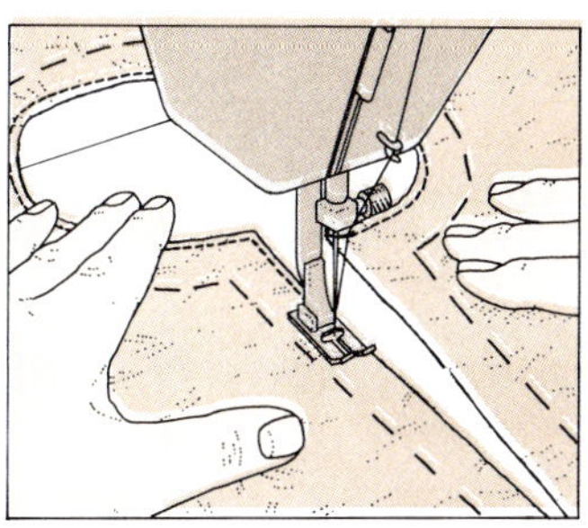

3 *Retournez la parmenture vers l'intérieur du vêtement et finissez comme l'encolure ronde (à gauche).*

Encolure bordée d'un biais

Cette encolure nécessite l'application d'une bande de tissu en biais. On la coupe en général d'une longueur quatre fois supérieure à la bande finie. Elle doit avoir 4 cm de plus que l'encolure.

Comment procéder

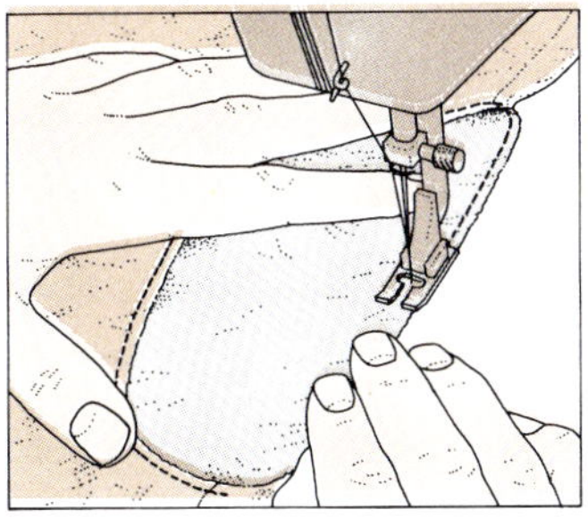

1 *Coupez le rentré de l'encolure puis cousez à 5 mm du bord pour empêcher toute déformation.*

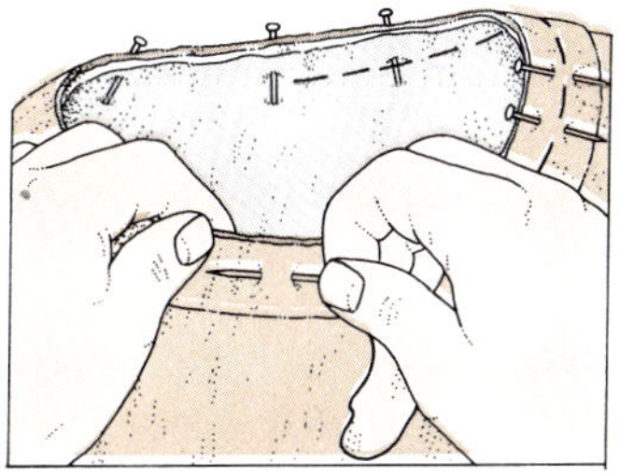

2 *Pliez la bande le long du centre, envers contre envers, et appuyez légèrement. Epinglez les deux bords coupés de la bande sur l'envers du vêtement. Etirez le biais sur l'intérieur de l'encolure. Si l'encolure n'a pas d'ouverture, attachez le biais sur les coutures d'épaule et faufilez-le autour de l'encolure.*

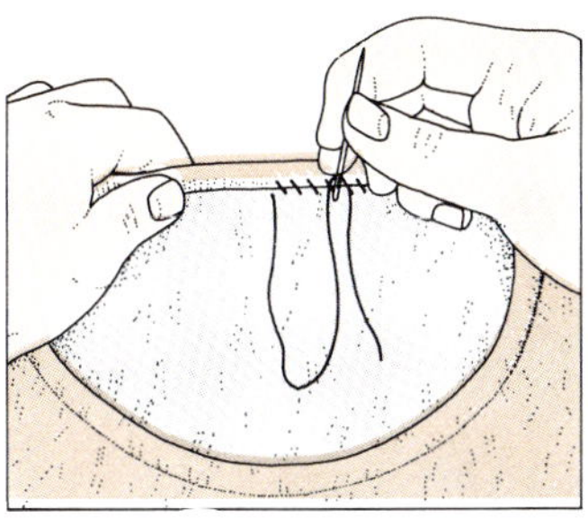

3 *Cousez à la machine à 0,5 cm du bord avec un point court, faites chevaucher début et fin. Repassez la jointure. Repliez la bande par-dessus le bord vers la couture de l'intérieur. Epinglez, cousez à points glissés. Finissez les encolures ouvertes comme les parmentures.*

Encolure passepoilée

Vous pouvez ajouter un passepoil à une encolure garnie d'une parmenture. Le vêtement et la parmenture sont préparés comme d'habitude en cousant les coutures d'épaules sur les deux pièces. Si votre encolure a une ouverture, finissez le passepoil selon les indications pour la parmenture. Pour confectionner le passepoil, regardez page 313. Assurez-vous que le passepoil dépasse de 4 cm le tour de l'encolure.

Méthode de travail

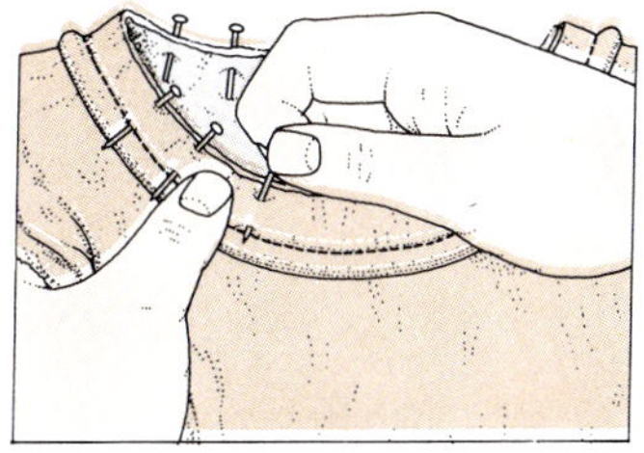

1 Faites le passepoil (page 313). Epinglez-le sur l'endroit de l'encolure, en faisant coïncider la couture du passepoil et celle de l'encolure. Ajustez le rentré du passepoil pour qu'il soit bien plat sur l'encolure.

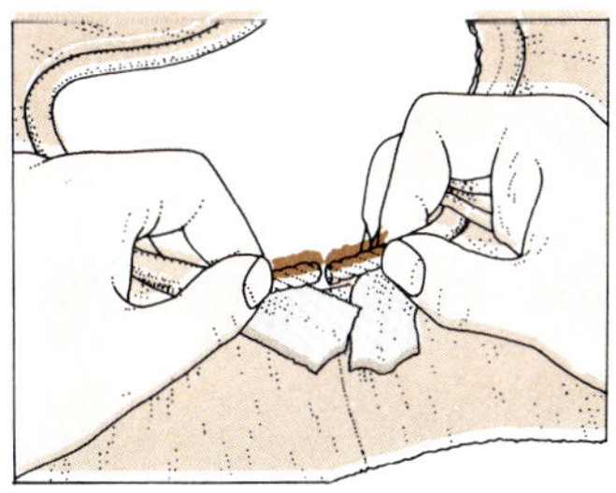

2 *Tirez le cordon du passepoil d'environ 1,5 cm du biais de chaque côté et coupez-le pour qu'il ait exactement la longueur de l'encolure (cela évite les bourrelets sur la couture). Arrondissez les deux bouts de la bande en biais du côté de la ligne de couture.*

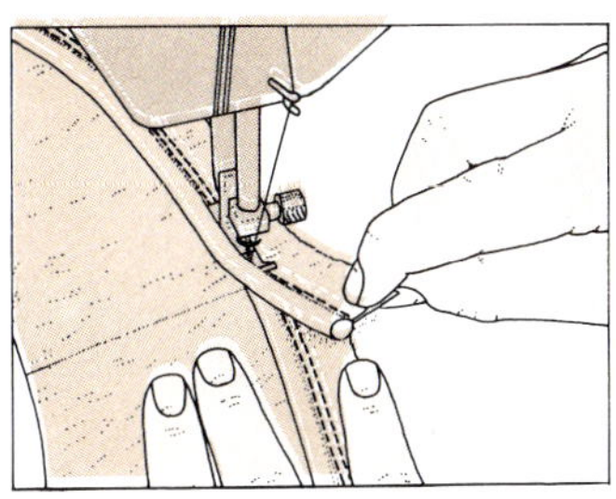

3 *Avec le pied à fermeture éclair sur la gauche de l'aiguille, piquez avec des points plus courts que d'habitude très près de la cordelette. Faites chevaucher quelques points en revenant au début, pour fixer les bouts du passepoil. Repassez la couture.*

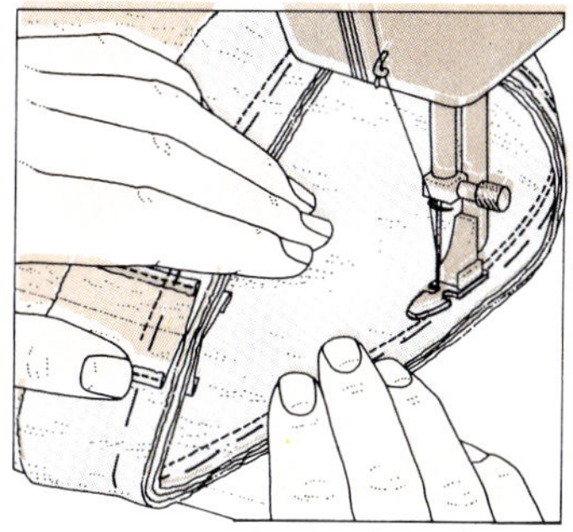

4 *Endroit contre endroit, épinglez et bâtissez la parmenture à l'encolure, faisant coïncider couture d'épaule et ligne centrale. La première ligne de couture sur le dessus, afin de la suivre aisément, piquez entre le cordon et la couture précédente.*

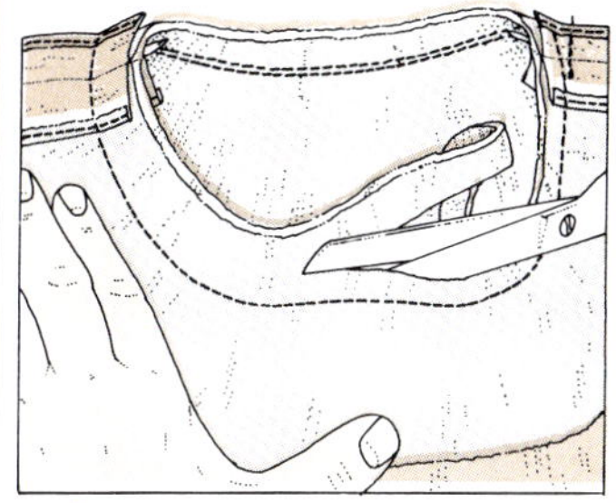

5 *Egalisez la couture du cordon à 3 mm et la couture du vêtement et de la parementure à 0,5 cm. Crantez l'arrondi intérieur et éliminez les angles des coutures d'épaule.*

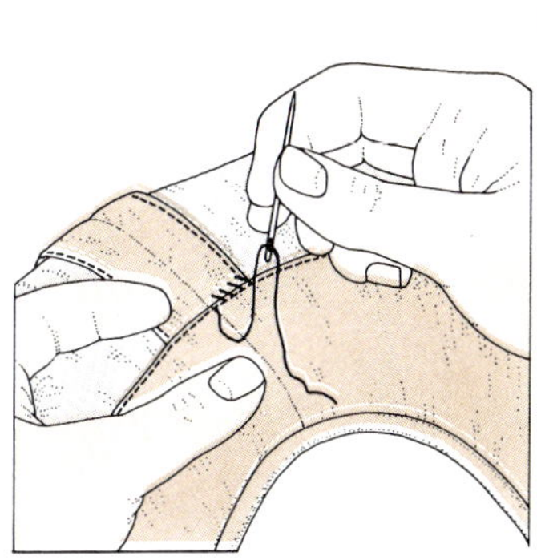

6 *Repassez et retournez la parmenture à l'envers. Repassez encore et finissez comme indiqué pour la parmenture.*

Les cols

Le col est la finition décorative de l'encolure. Il existe un grand nombre de styles de col. Mais si leur forme varie, la manière de les fixer aux vêtements est toujours la même. Nous vous montrons sur ces pages le col Claudine, le col de chemise, le col droit, et le col de chemise avec pied de col, en même temps que la technique pour les fixer. Les indications de coupe se trouvent page 303.

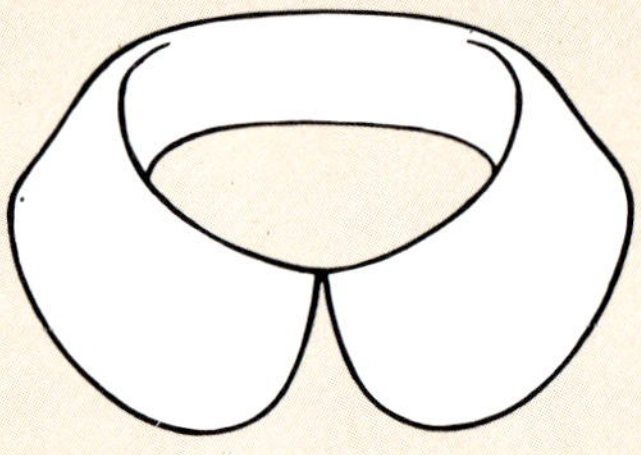

Col Claudine

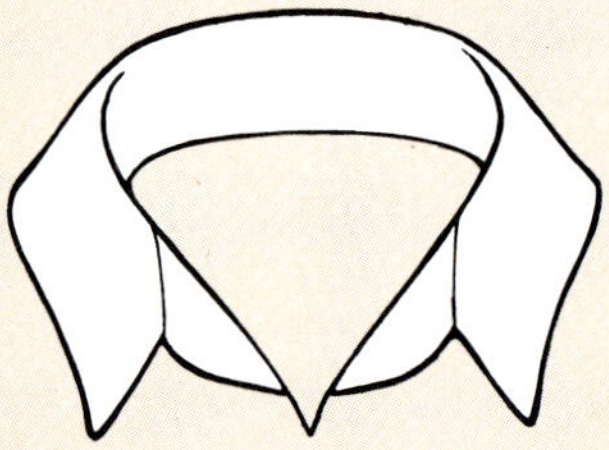

Col de chemise à deux pièces

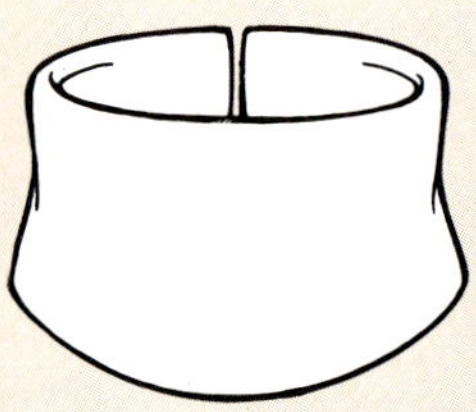

Col roulé

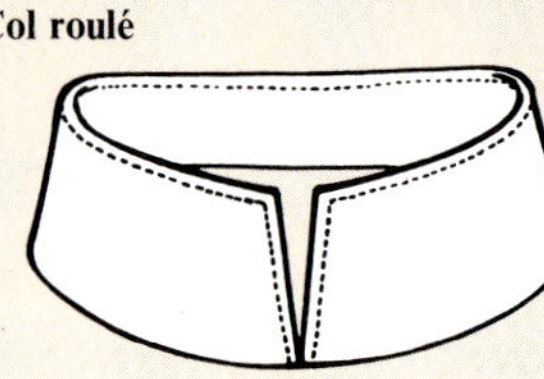

Col droit (officier)

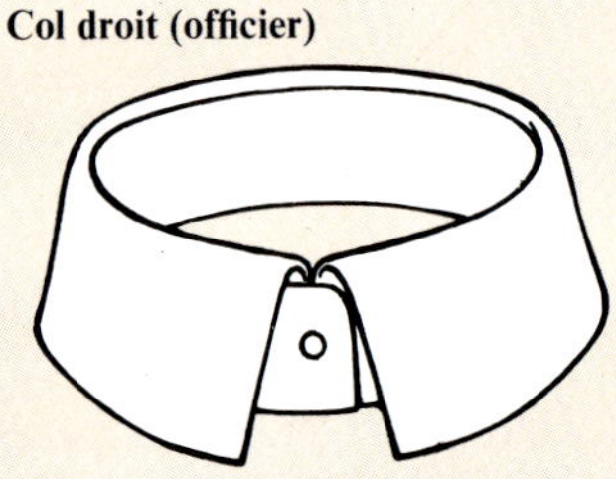

Col de chemise à pied de col

Confection des cols

Le col doit être parfaitement ajusté, l'encolure et la couture du col doivent donc coïncider exactement. Les repères doivent être soigneusement dessinés. Les rentrés de couture du col sont réduits au minimum pour éviter les épaisseurs. Les arrondis sont crantés pratiquement jusqu'à la couture.

Le col doublć

Ce col comporte un dessus, un dessous et une triplure aux dimensions exactes du col.

Confection du col

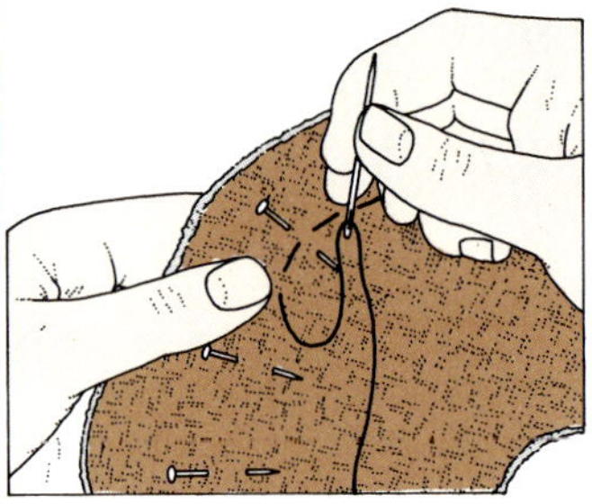

1 *Epinglez et bâtissez la triplure sur l'envers de la pièce supérieure du col. Si vous vous servez d'une triplure à fixer au fer, fixez-la sur l'envers de cette pièce à l'aide d'un fer tiède.*

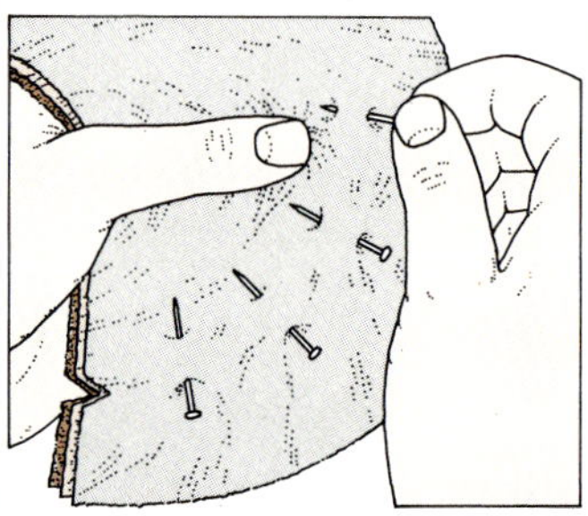

2 *Endroit contre endroit, épinglez la pièce du haut du col, pourvue de sa triplure, sur la pièce inférieure, laissez la ligne de couture ouverte.*

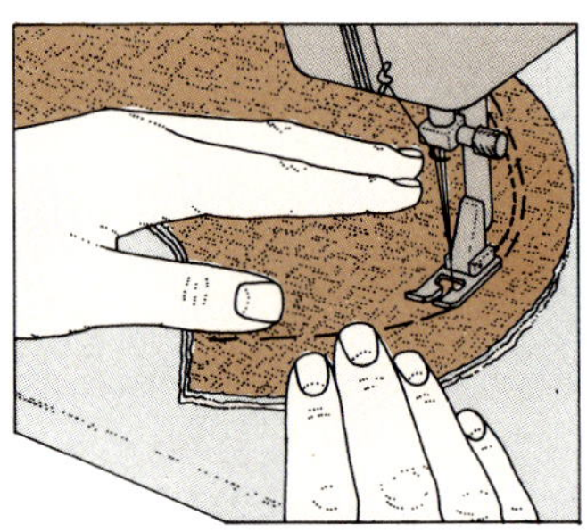

3 *Piquez le long de la ligne extérieure, faites des points réduits aux arrondis pour renforcer le col (page 252).*

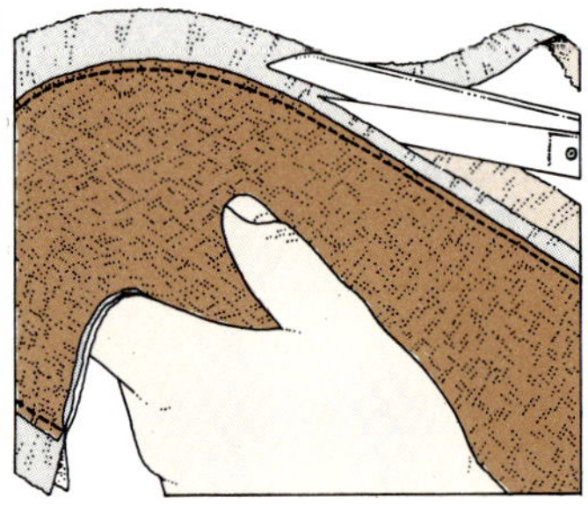

4 *Egalisez la triplure près de la couture. Puis réduisez le rentré du dessous de col à 3 mm et celui du haut du col à 6 mm. Crantez le rentré arrondi presque jusqu'à la couture.*

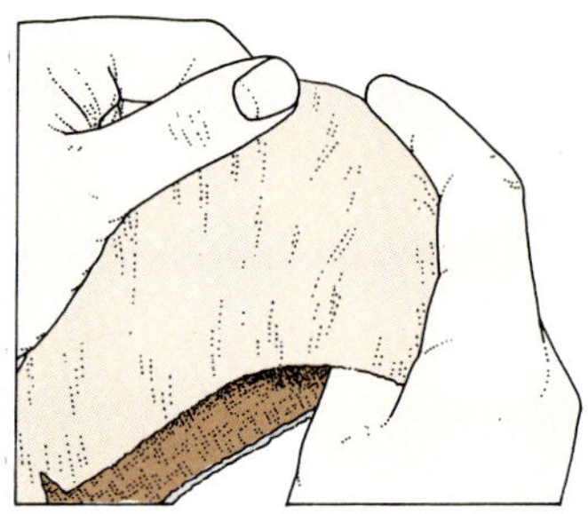

5 *Repassez le col en faisant attention aux angles de couture, et retournez-le à l'endroit. Aplatissez les angles de couture avec les doigts et ajustez la ligne de couture légèrement au-dessous du col. Bâtissez près des angles et repassez.*

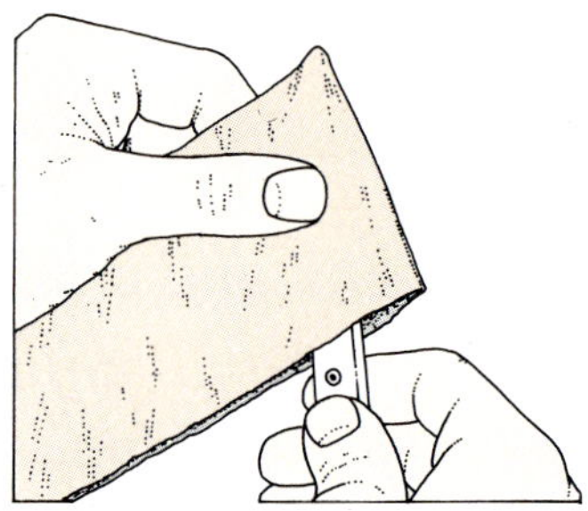

6 *Pour un col pointu, renforcez d'abord les angles par plusieurs points courts traversant l'angle. Puis égalisez les rentrés, poussez doucement les coins avec des ciseaux.*

Le col roulé

Un col roulé se fait avec une bande en biais, pliée en deux avant d'être cousue. Pour le porter, on le plie encore une fois. Cela lui donne une apparence plus soignée. Un col roulé ne nécessite pas de triplurc, il sc fixe avec ou sans parementure.

Confection du col

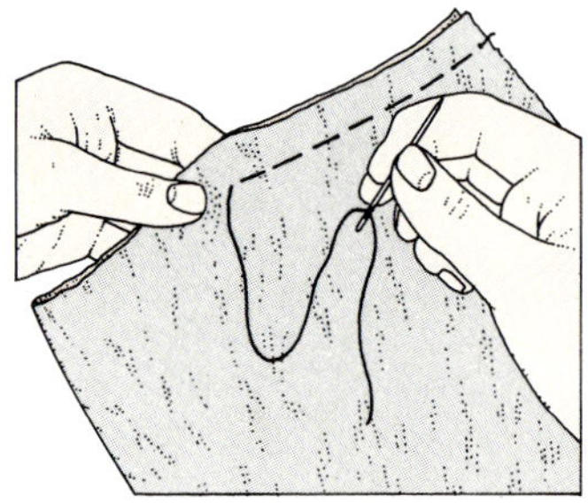

1 *Pliez le col en deux, endroit contre endroit. Marquez les crans à la couture d'assemblage et bâtissez les deux extrémités.*

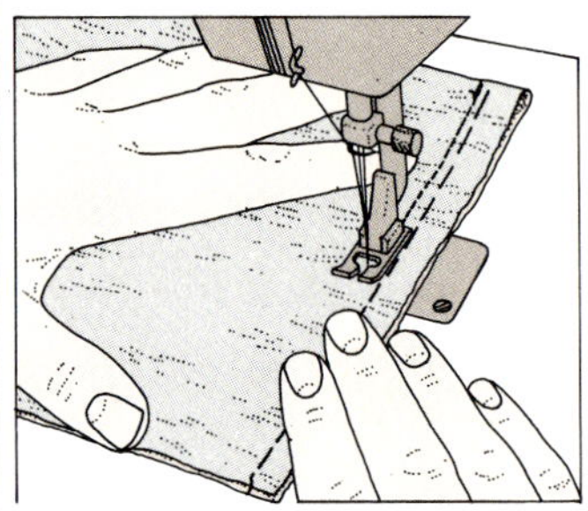

2 *Piquez le long des extrémités en laissant la couture de l'encolure ouverte.*

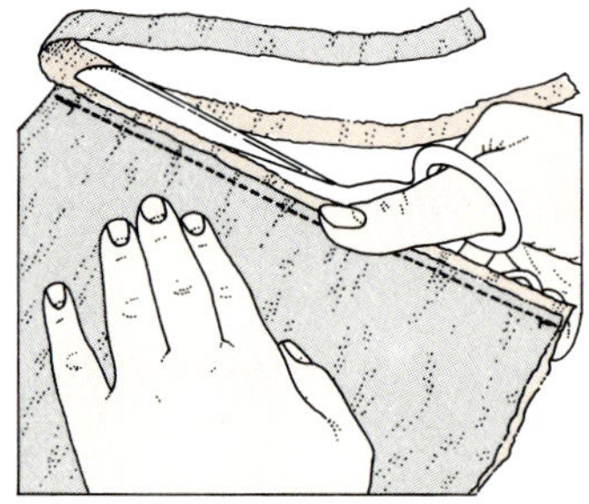

3 *Egalisez le rentré de l'intérieur du col à 3 mm et l'extérieur à 6 mm, puis entaillez les rentrés aux angles. Retournez le col à l'endroit, poussez bien les angles. Repassez les coutures, mais non la ligne de pliure du col, il doit garder un pli souple.*

Le col droit

Ce col reste droit contre le cou. Il est coupé sur deux bandes en biais et il s'ouvre devant ou derrière. La triplure sera attachée à l'envers de la pièce extérieure par des épingles ou fixée par repassage s'il s'agit d'une matière thermo-collante. Endroit contre endroit, fixez la partie extérieure à la partie intérieure, cousez le long du tracé de couture, laissez le côté encolure ouvert.

Confection du col

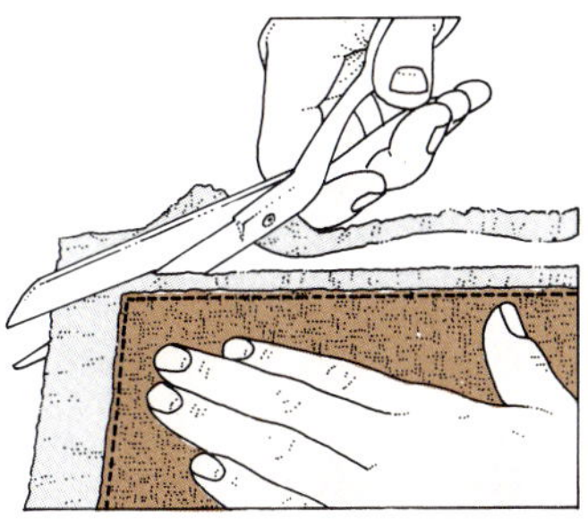

1 *Egalisez la triplure près de la couture. Egalisez le col à 0,5 cm aux rentrés de couture. Coupez le rentré en diagonale près des tracés de couture aux angles.*

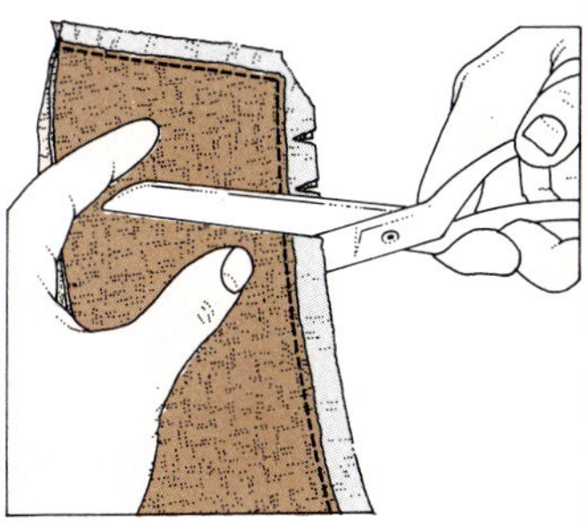

2 *Crantez les arrondis presque jusqu'à la couture.*

3 *Retournez le col à l'endroit, roulez le rentré légèrement vers l'intérieur, épinglez et bâtissez, repassez. Enlevez les fils de bâti et repassez, cousez au vêtement.*

Col de chemise avec pied de col

Ce col est une variante du col plat, on lui donne de la hauteur par un pied de col étroit. Faites le col de chemise et préparez le pied de col en triplant la pièce extérieure sur l'envers comme précédemment.

Confection du col

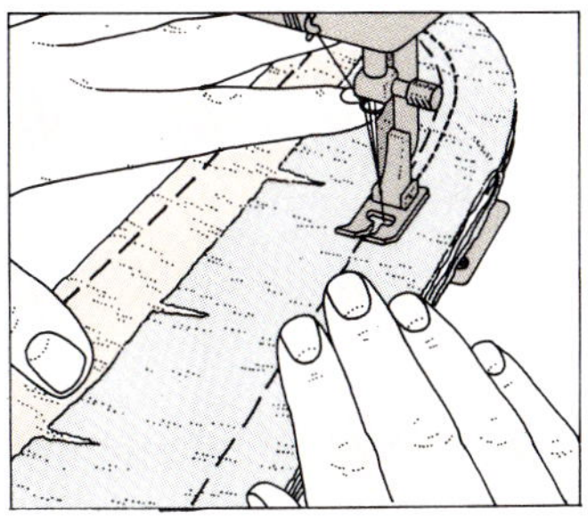

1 *Glissez le col fini entre les deux épaisseurs du pied de col préparé, endroit contre endroit, en faisant coïncider les repères. Epinglez et bâtissez à travers toutes les épaisseurs. Piquez le long du tracé de couture.*

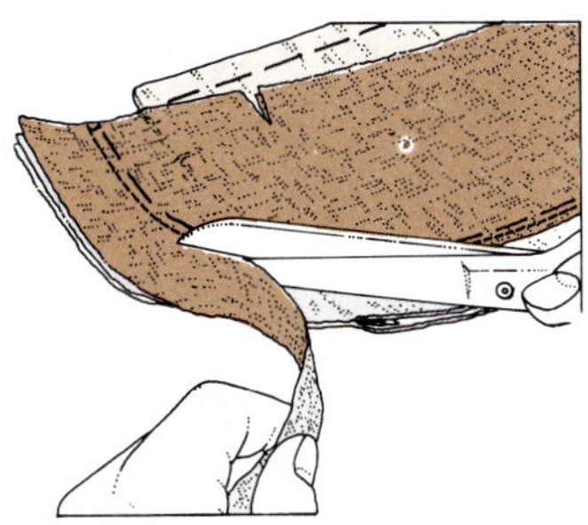

2 *Egalisez la triplure et les rentrés de couture. Crantez les rentrés pour donner de l'aisance et repassez.*

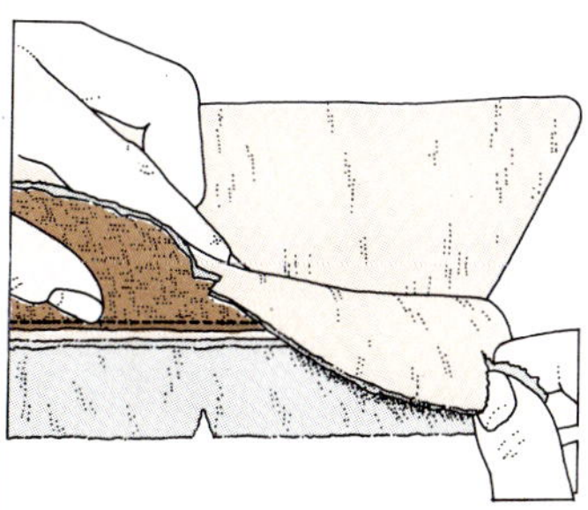

3 *Retournez le pied de col à l'endroit et repassez. Vérifiez que le rentré s'enroule légèrement aux extrémités du pied de col. Cousez au vêtement en utilisant la première méthode à droite.*

Fixation des cols

Fixation d'un col sans triplure

Cette méthode s'utilise pour fixer un col à un vêtement sans parementure. Si le vêtement a une ouverture, finissez d'abord la couture correspondante avant de fixer le col.

Fixation du col

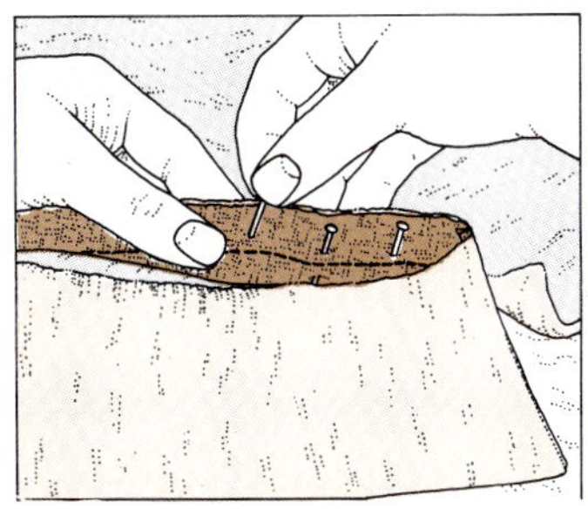

1 *Placez le dessous du col sur l'encolure du vêtement, endroit contre endroit et bord coupé contre bord coupé. Vérifiez que tous les repères coïncident. Epinglez seulement le dessous du col au vêtement.*

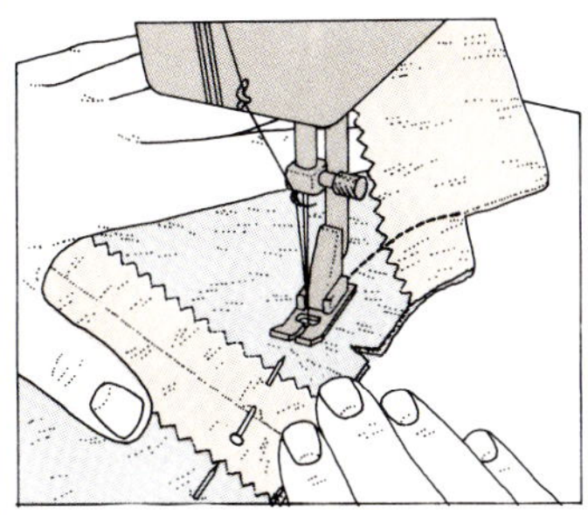

2 *Cousez, puis égalisez les rentrés à 0,5 cm et repassez. Dépliez le col comme sur un pied de col. Repassez encore la couture pour faire pénétrer le rentré dans le col.*

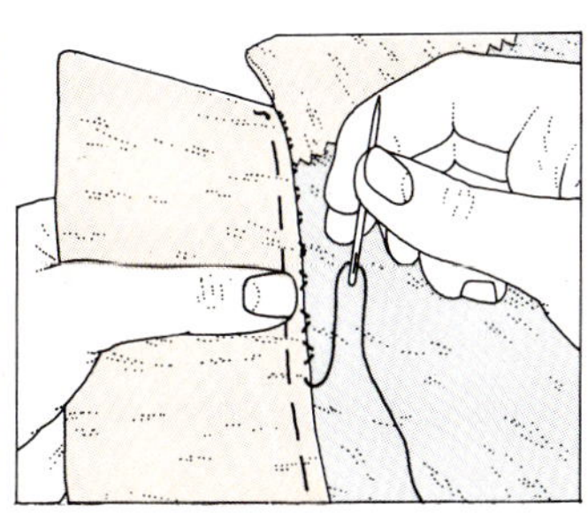

3 *Retournez le rentré sur le dessus du col. Epinglez et bâtissez en vérifiant que le dessus du col passe facilement sur le dessous, une fois retourné. Cousez à points glissés et repassez le long de la ligne de couture première.*

Fixation d'un col avec triplure

Les cols comportant deux pièces sont en général pourvus d'une triplure. Préparez le col comme un col sans triplure. Posez la triplure sur l'envers du dessus du col, en faisant coïncider les repères éventuels.

Fixation du col

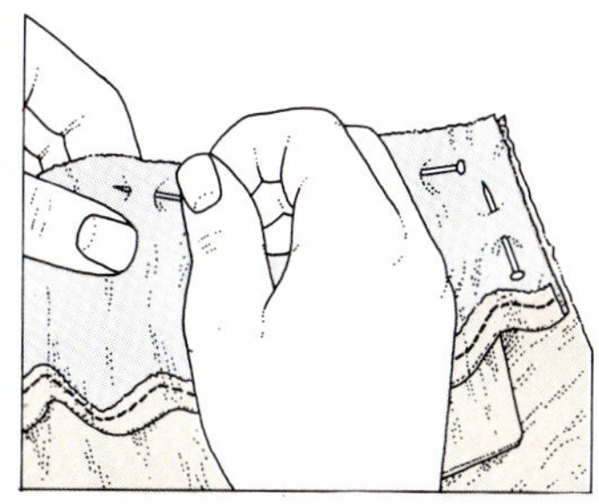

1 *Epinglez et bâtissez à travers toutes les épaisseurs du tissu. Piquez le long de l'encolure d'une seule traite, en faisant des points arrière au début et à la fin de la couture.*

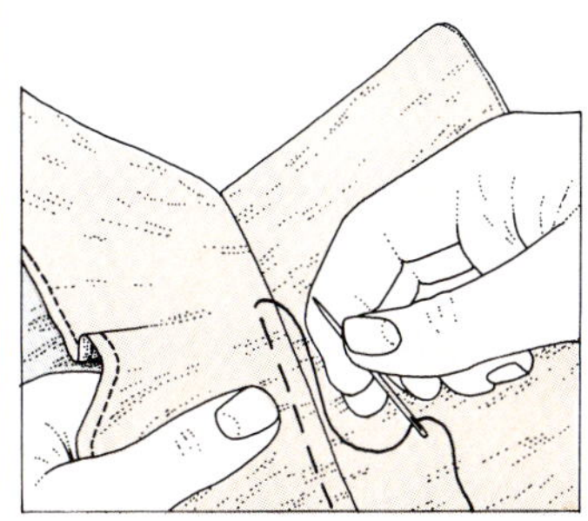

2 *Egalisez les rentrés à 0,5 cm, égalisez les angles et crantez l'arrondi de l'encolure presque jusqu'à la couture. Pliez la triplure vers l'intérieur du vêtement et ajustez les angles. Posez la couture sur le pli et repassez. Bâtissez la triplure.*

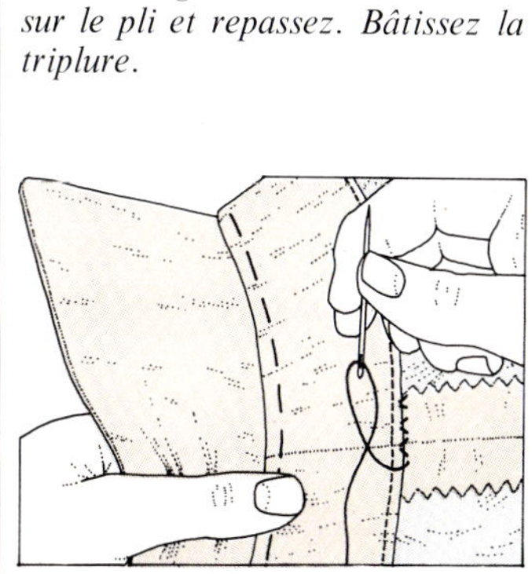

3 *Pour fixer la triplure, cousez à points glissés sur les rentrés de la couture d'épaule du vêtement.*

Les manches

Il y a différentes sortes de manches, mais elles sont toutes dérivées de trois modèles de base.

La manche montée est la plus connue des trois, elle est assemblée à l'emmanchure. La manche raglan va, d'un seul tenant, du poignet au col et la manche kimono est coupée d'une seule pièce avec le haut du vêtement.

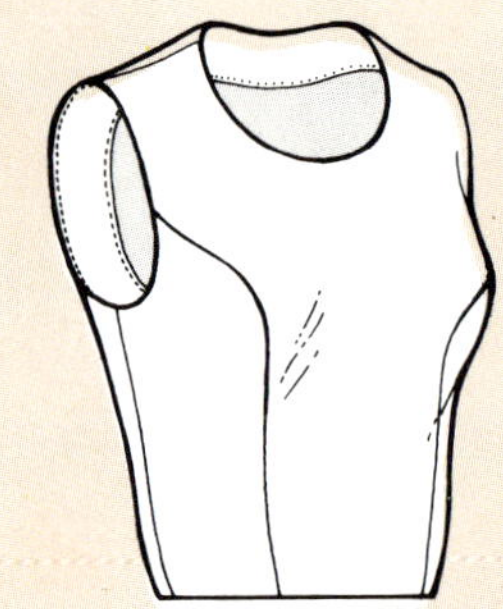

Emmanchure à parmenture

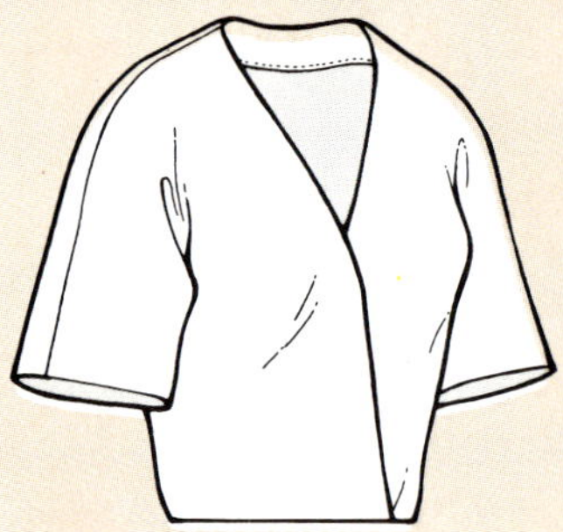

Manche kimono

Manche montée

Manche raglan

Montage de la parmenture des manches

L'emmanchure se finit à l'aide d'une pièce du même tissu, coupée comme l'emmanchure; c'est ce qu'on appelle une paremonture. On la coud à l'emmanchure puis on la retourne à l'intérieur, de manière que la couture forme le bord de l'emmanchure (voir page 300 pour la coupe).

Application de la parmenture

Avant d'appliquer la parmenture, assemblez les coutures d'épaule et de côté du corsage, ajoutez ensuite les coutures d'épaule et de côté de la parmenture. Finissez les rentrés et ouvrez la couture au fer.

Retournez le vêtement sur l'endroit, épinglez la parmenture à l'emmanchure, endroit contre endroit, en faisant coïncider les repères et les coutures. Bâtissez et essayez (voir page 295 pour l'essayage).

Montage de la parmenture

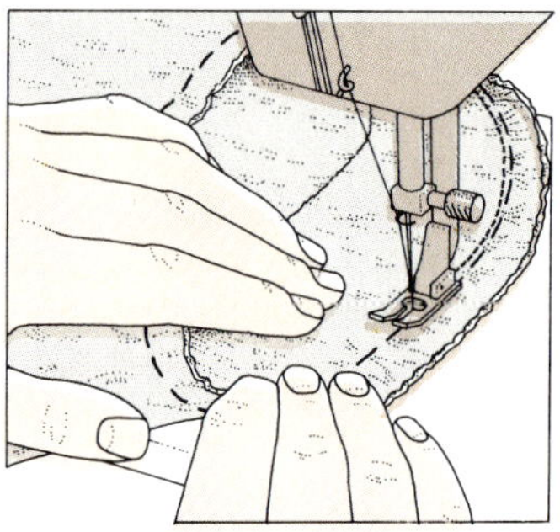

1 *Piquez le long de l'emmanchure en repassant sur les points de couture du début. Repassez.*

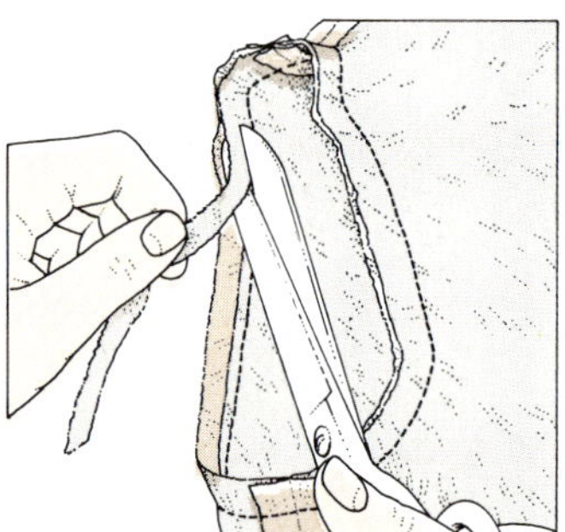

2 *Egalisez le rentré de la couture de la paremonture à 3 mm et le rentré de la couture du vêtement au double.*

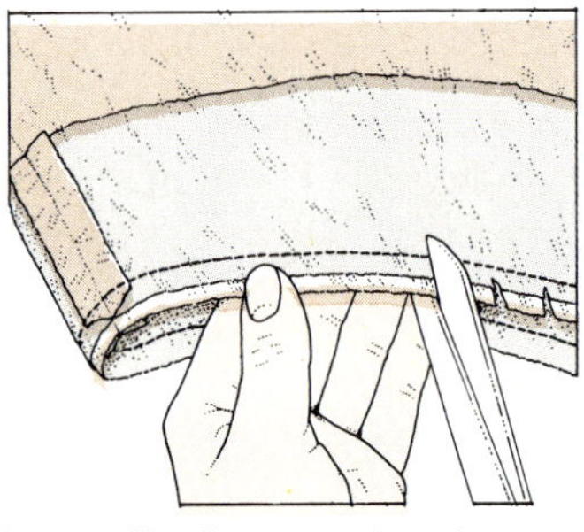

3 *Entaillez le rentré dans les arrondis intérieurs et coupez les coins où les coutures se croisent.*

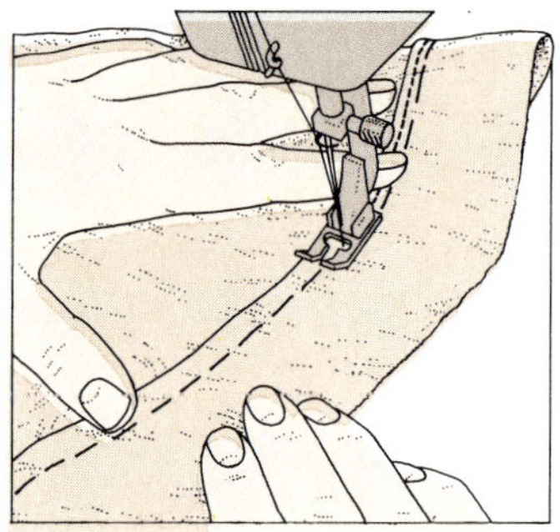

4 *Retournez la parmenture sur l'endroit du vêtement, piquez près de la ligne de couture, à travers les deux couches de tissu. Repassez.*

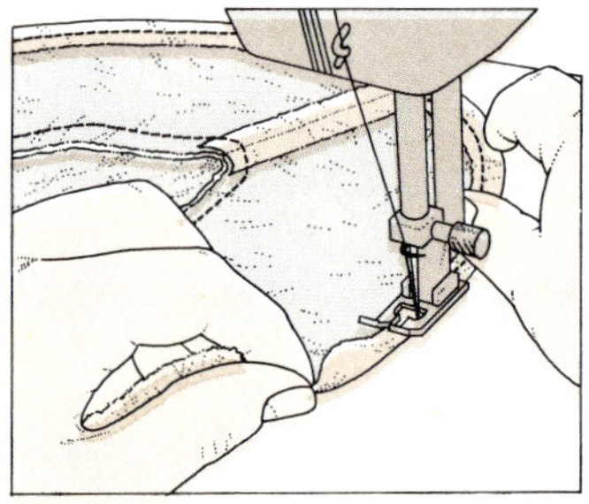

5 *Retournez la parmenture vers l'intérieur de l'emmanchure et finissez par une couture le long du bord.*

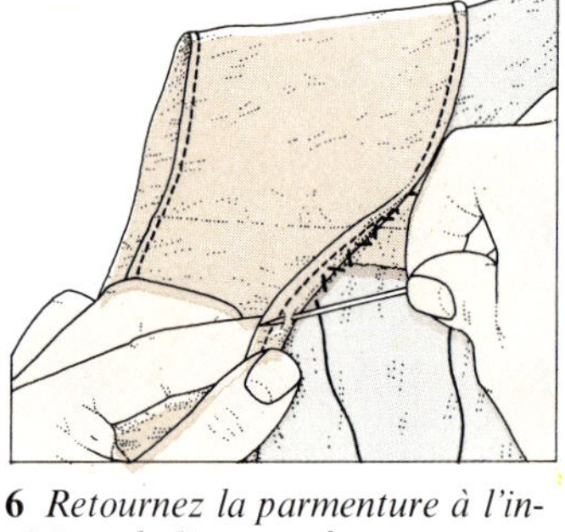

6 *Retournez la parmenture à l'intérieur de l'emmanchure et repassez. Avec un point d'ourlet invisible, attachez la parmenture aux coutures d'épaule et de côté.*

La manche kimono

Les manches kimono sont généralement coupées d'un seul tenant avec le vêtement. Mais elles peuvent comporter une couture d'épaule, dans ce cas il est plus facile de coudre d'abord la manche.

Confection de la manche kimono

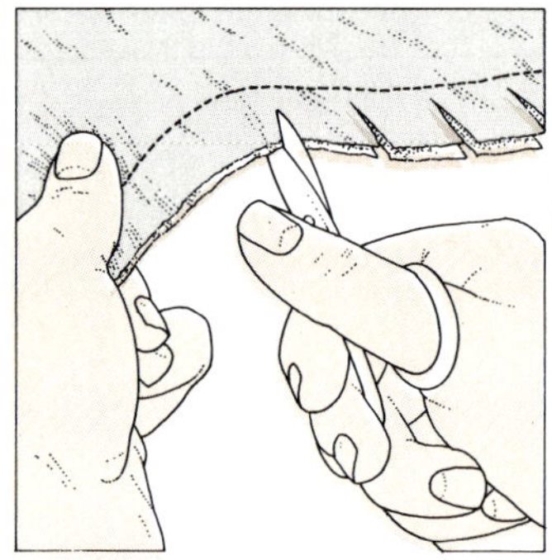

1 *Endroit contre endroit, cousez les coutures de côté et de la manche d'un seul trait en diminuant la longueur des points dans l'arrondi. Crantez le rentré à intervalles réguliers et finissez les coutures. Repassez.*

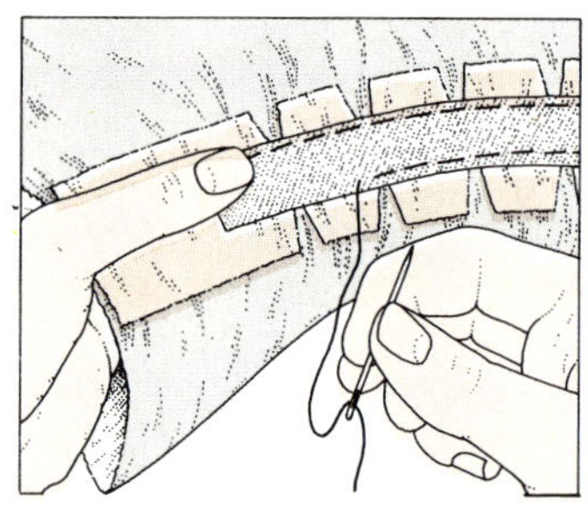

2 *Sur l'envers du vêtement, bâtissez un contrefort de 15 cm de long le long de la couture ouverte dans l'arrondi sous le bras.*

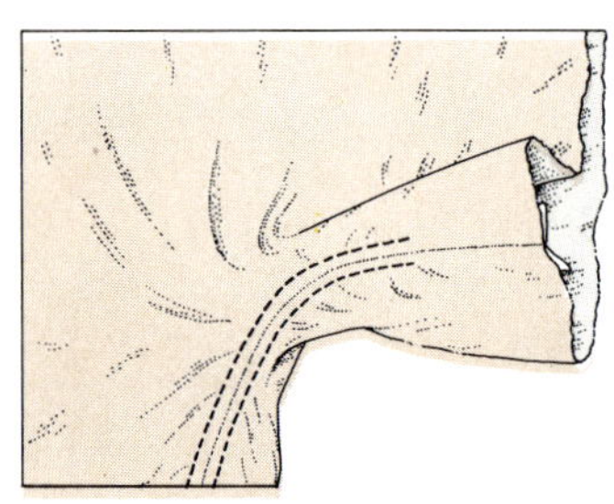

3 *Sur l'endroit du vêtement, cousez le long du contrefort de chaque côté de la couture initiale, à environ 0,5 cm de celle-ci. Passez les fils sur l'envers et fixez-les.*

La manche montée

La manche montée est coupée à part et assemblée au vêtement. La longueur et la largeur de la manche peuvent varier, mais la façon de la monter reste la même. La mise en forme se fait avant l'assemblage. Si la manche est montée sur une emmanchure carrée, suivez les instructions de la page 252. Faites un essayage avant de coudre la manche.

Montage de la manche montée

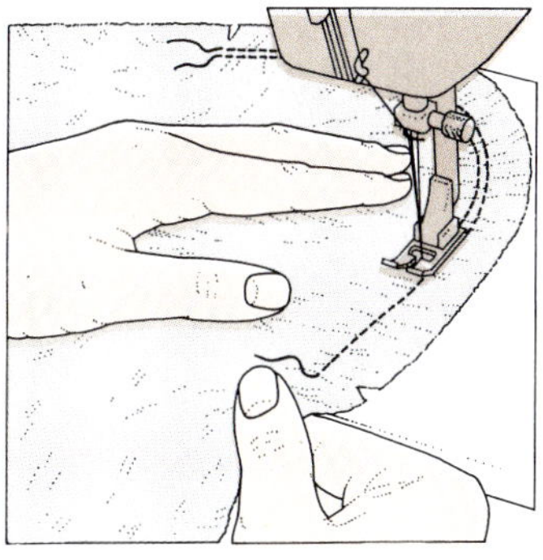

1 *Sur l'envers de la manche, faites un ou deux rangs de points de fronces à l'intérieur du rentré entre les repères de montage. Repliez la manche sur l'envers et glissez-la à l'intérieur de l'emmanchure, endroit contre endroit.*

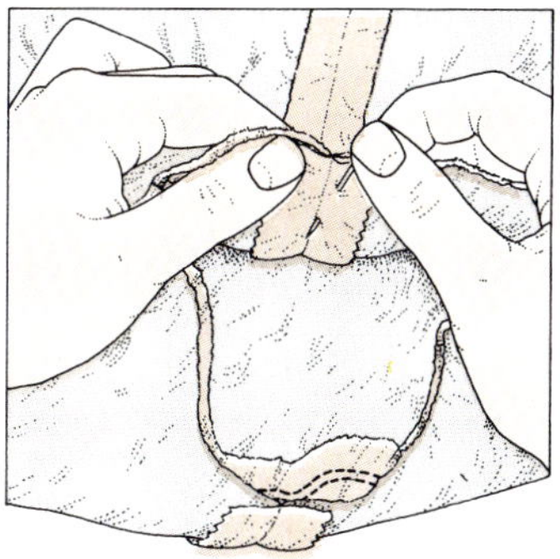

2 *En travaillant à l'intérieur de la manche, épinglez le long des coutures de côté et d'épaule selon les repères.*

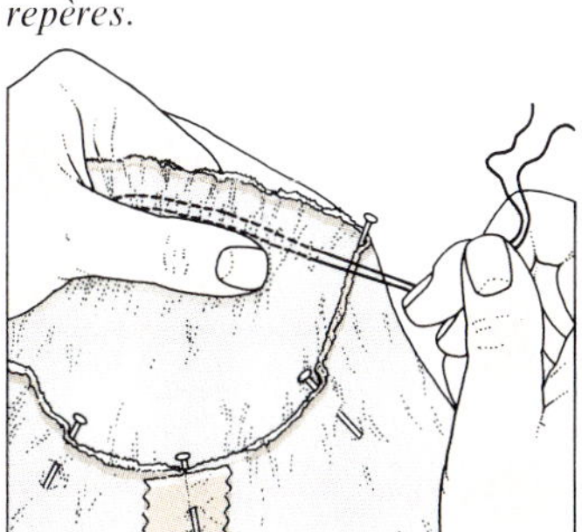

3 *Froncez le surplus de la manche vers la couture d'épaule en partant de chaque côté, jusqu'à ce qu'elle corresponde à l'emmanchure.*

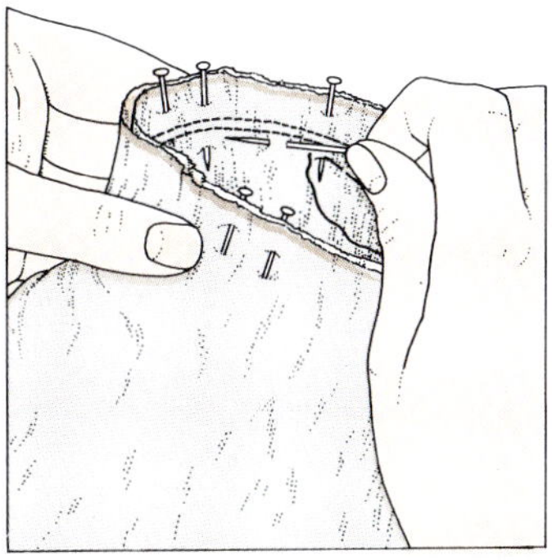

4 *Répartissez les fronces et épinglez à travers la couture à intervalles réguliers, puis bâtissez la manche à l'emmanchure. Fixez les fils de fronçage.*

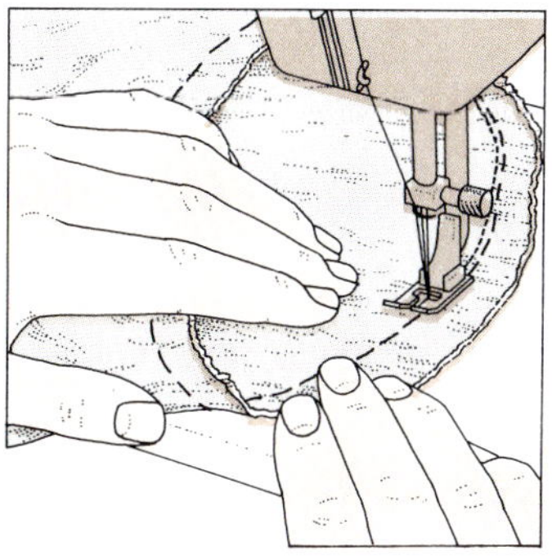

5 *Sur le côté de la manche, cousez le long du tracé de couture en partant de la couture sous le bras, en faisant chevaucher les fils du début et de la fin de la couture. Retirez les fils de fronçage.*

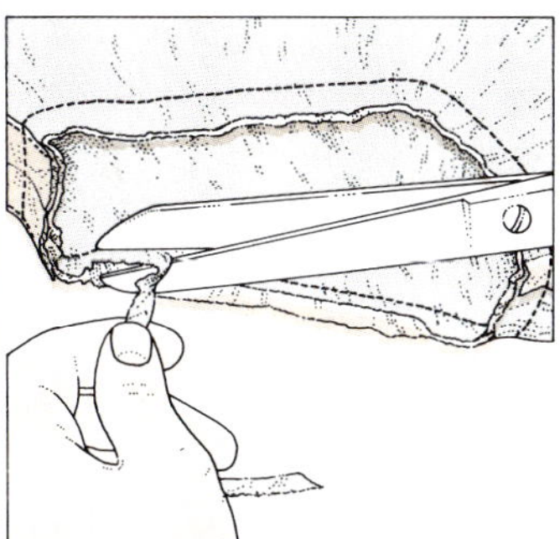

6 *Egalisez les rentrés en dégradé, coupez les angles où les coutures se croisent aux épaules et sous les bras. Finissez les bords et repassez.*

La manche raglan

La manche raglan se coupe séparément du vêtement, elle s'assemble au corsage par une couture allant de l'encolure jusqu'au poignet. Si la couture comporte des arrondis, suivez les instructions de la page 252. Le principe d'assemblage reste le même.

Montage de la manche raglan

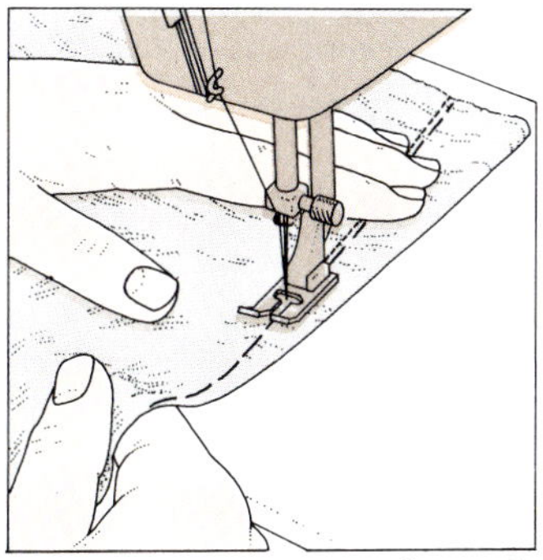

1 *Si la manche est coupée d'un seul tenant, épinglez, bâtissez et cousez la pince d'épaule. Si elle est coupée en deux morceaux, faites la couture d'épaule et finissez-la en l'ouvrant au fer.*

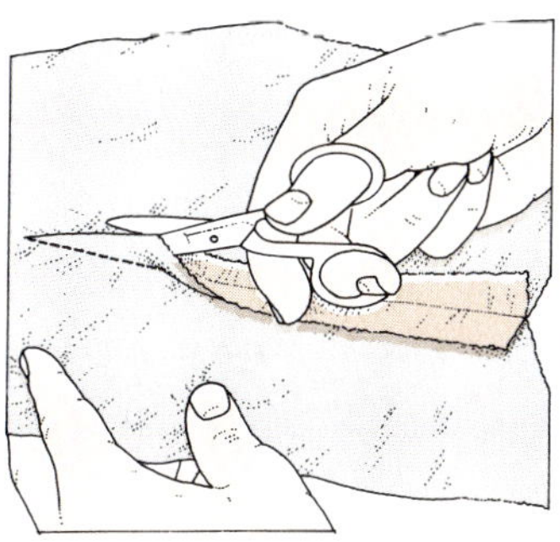

2 *Coupez la pince presque entièrement et ouvrez au fer, finissez les bords. Cousez ensuite les coutures des côtés et du bras, égalisez les bords et ouvrez au fer.*

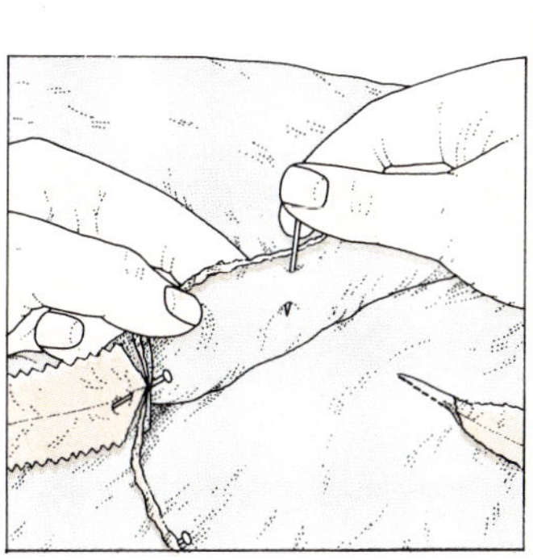

3 *Retournez la manche sur l'endroit et épinglez au corsage le long du tracé de couture, endroit contre endroit, faites coïncider les repères et les coutures sous le bras.*

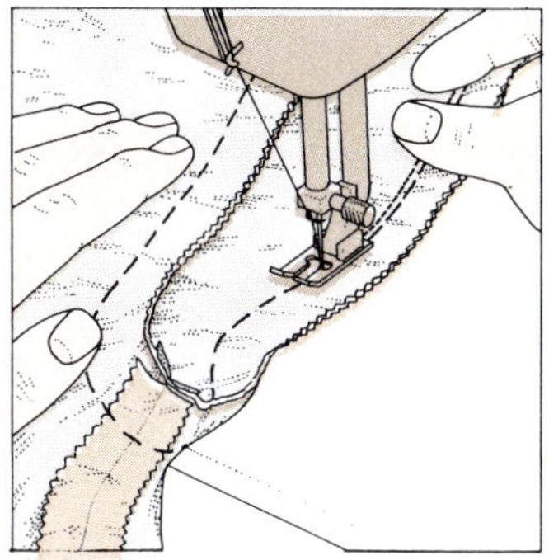

4 *Epinglez, bâtissez et cousez d'une seule traite d'un côté de l'encolure à l'autre. Retirez les fils de bâti.*

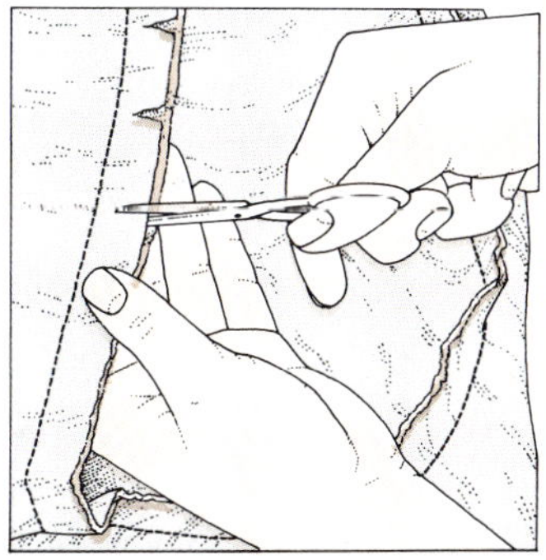

5 *Crantez les rentrés aux arrondis intérieurs et incisez aux arrondis extérieurs de manière que la couture ouverte soit bien plate. Coupez les angles des coutures qui se croisent sous le bras et finissez les bords comme d'habitude.*

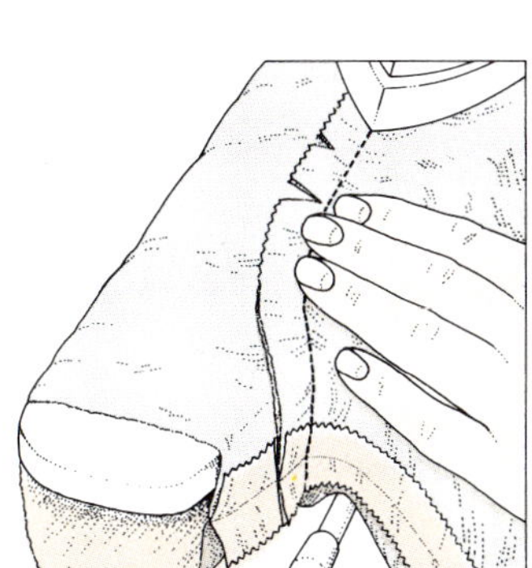

6 *Ouvrez au fer les coutures partant de l'encolure vers l'emmanchure. Puis tournez le rentré vers la manche et repassez-le sur un côté le long de l'arrondi.*

Les poignets

Les manches se finissent soit par un simple ourlet, soit par des poignets, dont il existe un grand nombre de modèles. Nous vous présentons ci-après les formes les plus connues.

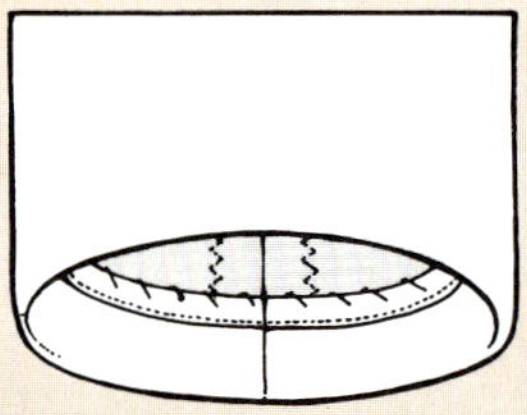

Manche ourlée

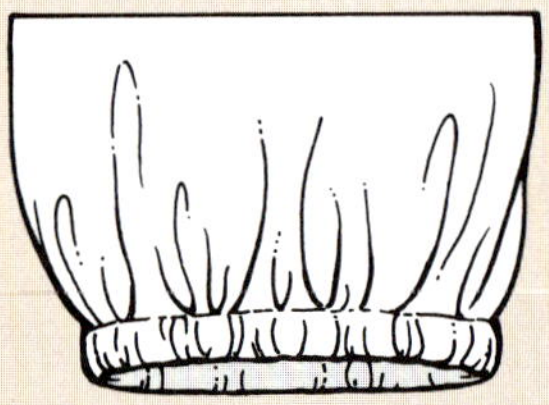

Poignet froncé par un élastique

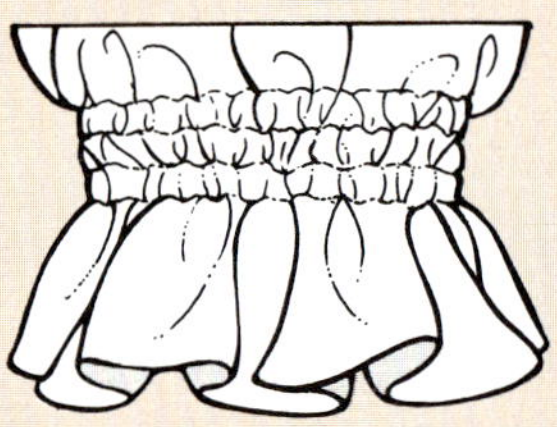

Manchette à volant

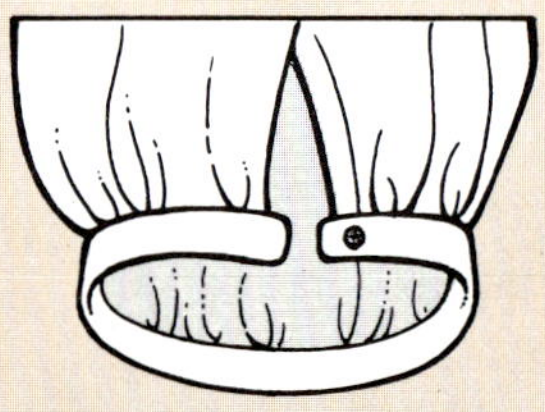

Poignet avec bordure en biais

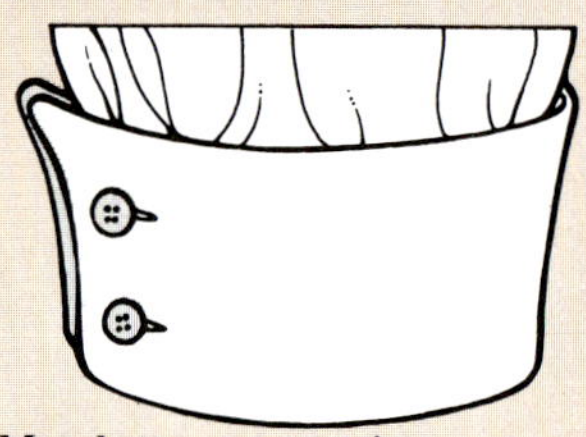

Manchette mousquetaire

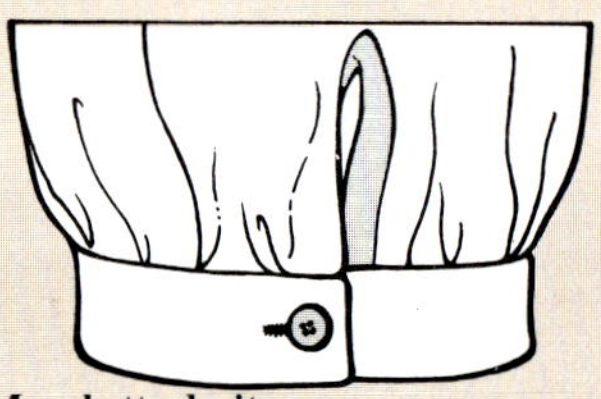

Manchette droite

Finition des manches

La façon la plus simple de finir une manche est l'ourlet. Vous pouvez, selon le même principe, adapter un poignet froncé par un élastique ou une manchette droite.

Comment ourler une manche

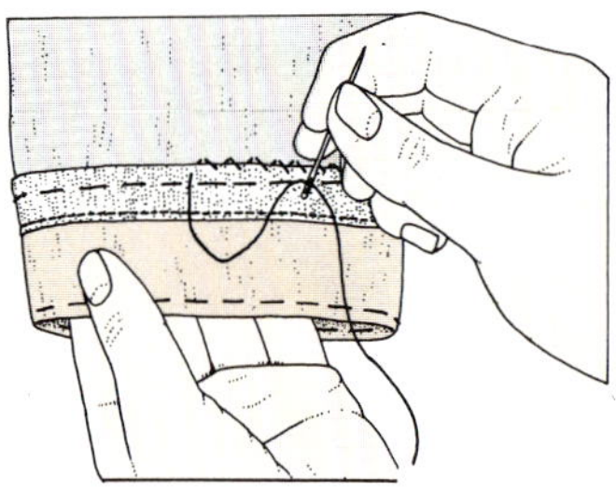

Ceci est la façon la plus simple de finir une manche. Retournez l'ourlet soigneusement vers l'intérieur, bâtissez et repassez. Fixez un ruban de finition au bord coupé de l'ourlet en le faisant dépasser de 0,5 cm d'un côté et de 1,5 cm de l'autre côté de la couture de la manche. Repassez, pliez le bord coupé du ruban sur la manche et fixez à points glissés. Retirez les fils de bâti. Repassez.

Le poignet froncé par un élastique

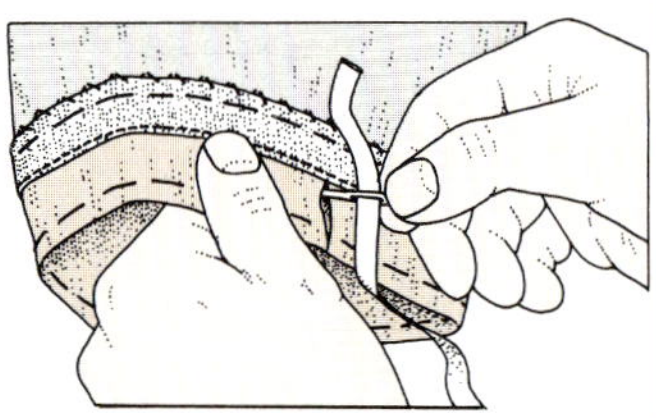

Une manche large peut être ramenée aux dimensions du poignet par un élastique passé dans l'ourlet (voir page 284 pour l'élastique).

La manchette à volant

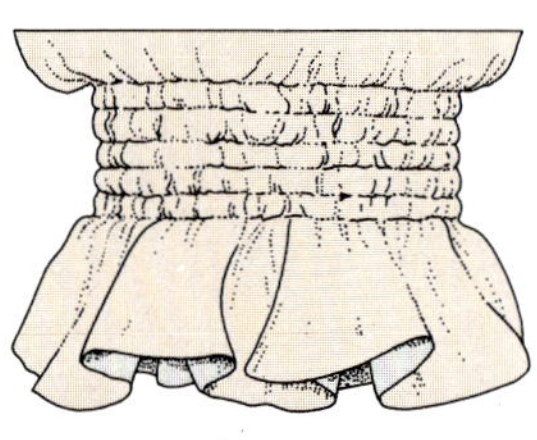

C'est une variante du poignet froncé par un élastique. Ce modèle s'adapte mieux à des tissus fins (voir page 272 pour le bouillonné).

Les ouvertures de manches

Les manches comportant des manchettes doivent être fendues sur un côté pour laisser passer la main. Cette ouverture sera faite avant l'assemblage de la manchette, soit à l'aide d'une parmenture, soit par un ruban en biais.

La parmenture

1 *Coupez une bande de tissu de la largeur de votre ouverture plus 3 cm et de la longueur plus 6 cm. Cousez sur trois côtés. Le milieu de la bande vers l'ouverture, bâtissez sur la manche endroit contre endroit.*

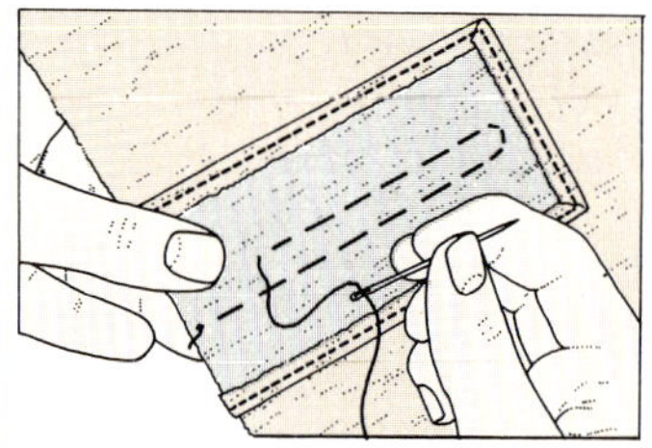

2 *Commencez à coudre en haut de l'ouverture à environ 0,5 cm du bâti, le long de l'ouverture en V. Ne tirez pas sur le tissu en cousant l'arrondi du haut.*

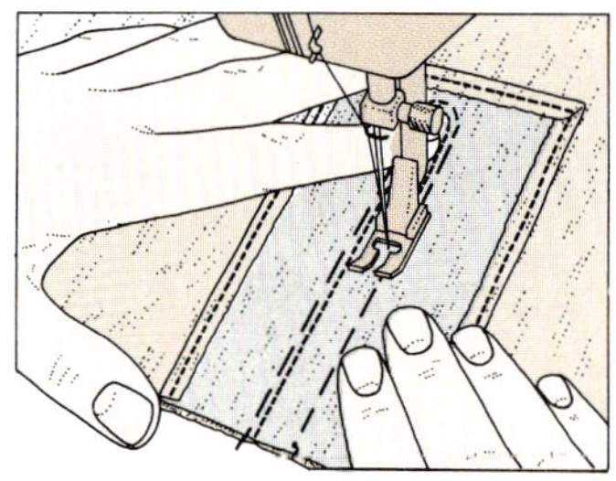

3 *Coupez le long de la ligne de bâti jusqu'à la couture. Enroulez la parmenture sur l'envers de la manche, bâtissez et repassez. Fixez la parmenture à points glissés, mais ne retirez pas le fil de bâti avant d'avoir fixé la manchette.*

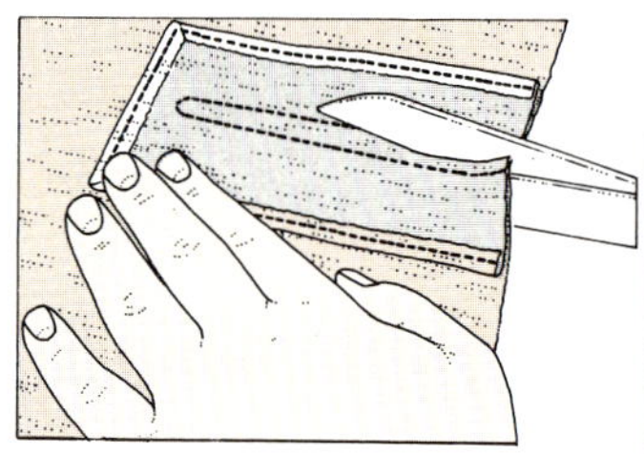

Confection d'une bande en biais

1 *Ouvrez le côté jusqu'à environ 0,5 cm du haut. Coupez une bande de tissu en plein biais, d'une longueur double de celle de l'ouverture plus 2 cm et large de 3,5 cm ; endroit contre endroit, placez l'angle de la bande contre l'angle de l'ouverture.*

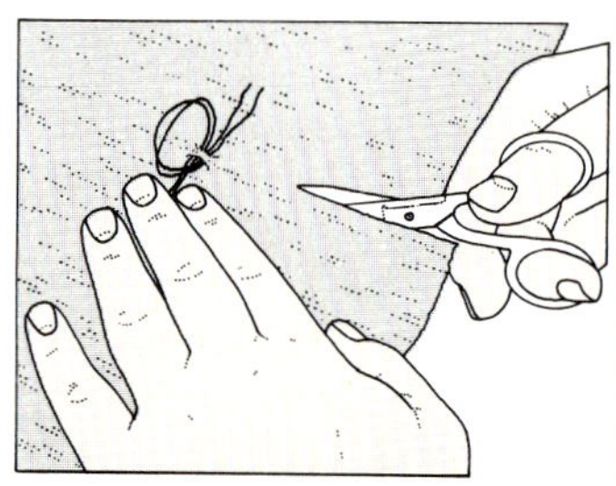

2 *Piquez à 0,5 cm du bord coupé. Arrondissez la bande en biais en haut de l'ouverture et piquez le tour, continuez jusqu'au bout. Renforcez le haut de l'ouverture par de petits points.*

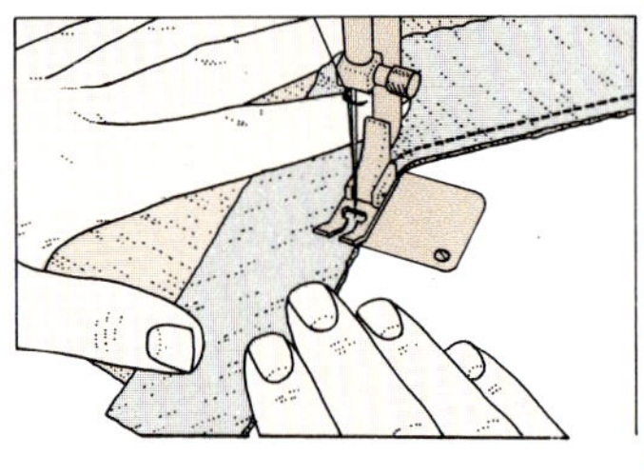

3 *Pliez la bande en deux et recouvrez le bord coupé de l'ouverture sur l'envers de la manche. Epinglez et fixez à points glissés dans les points de couture machine. Pliez la bande en biais vers l'intérieur de la manche seulement sur l'angle du devant.*

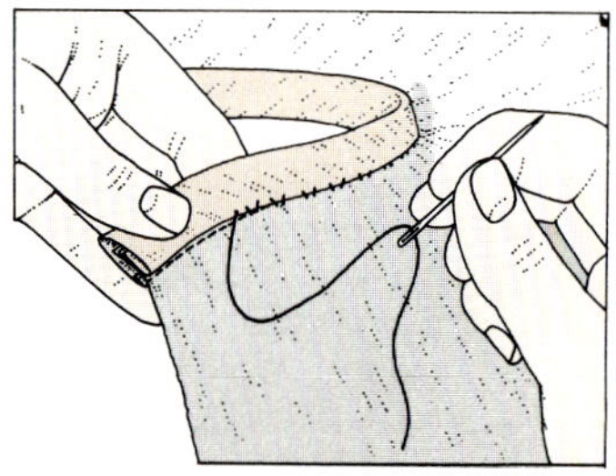

Les manchettes

La manchette droite

Cette manchette se trouve souvent sur les chemisiers et les chemises. Elle se coupe dans une pièce de tissu droite et se ferme par des boutons ou des boutons de manchettes. Voir les boutonnières page 287.

Confection d'une manchette droite

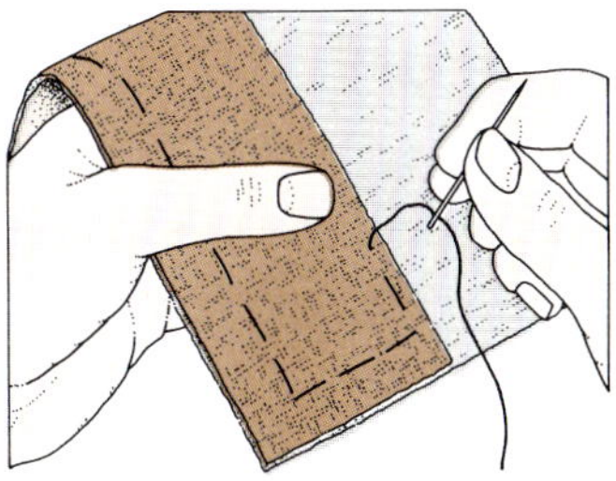

1 *Bâtissez la parmenture à l'envers de la manchette. Pliez la manchette en deux dans le sens de la longueur, endroit contre endroit. Bâtissez les bords et cousez. A l'un des bouts, cousez jusqu'à l'emplacement du retour. Faites des points arrière sur 1 cm.*

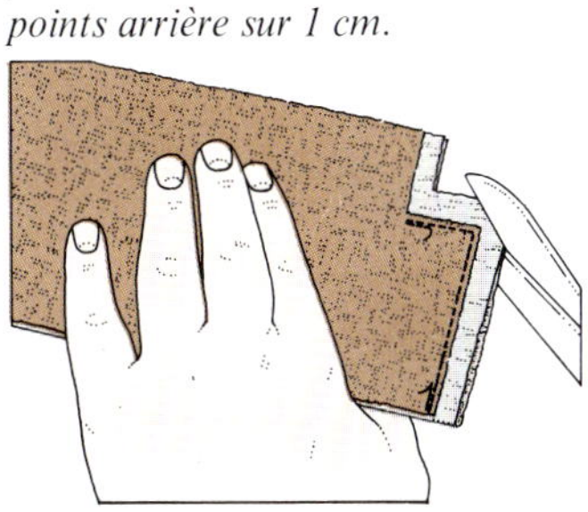

2 *Egalisez la parmenture jusqu'à côté de la couture. Réduisez le rentré de la partie intérieure à 0,5 cm. Coupez les angles en diagonale, près de la couture.*

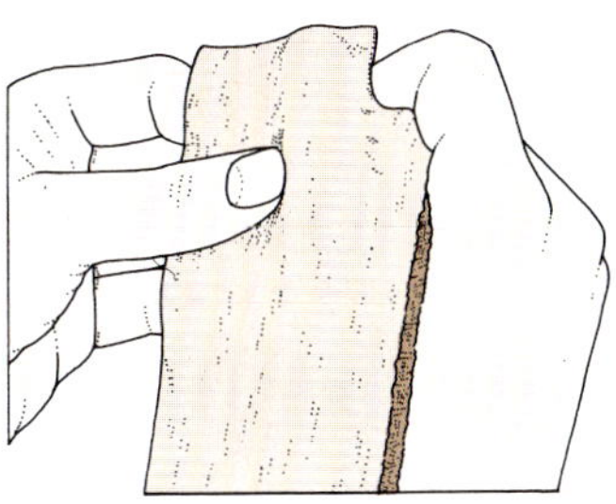

3 *Repassez les coutures, retournez la manchette à l'endroit, tirez sur les angles pour les égaliser. Incisez le rentré près du retour, presque jusqu'à la couture. Cela facilitera l'assemblage de la manchette et de la manche. Repassez encore une fois les coutures.*

La manchette mousquetaire

Cette manchette est faite de deux épaisseurs de tissu, coupées à deux fois leur largeur. On la replie pour former une manchette double. Elle comporte quatre boutonnières pour les boutons de manchettes.

Confection de la manche mousquetaire

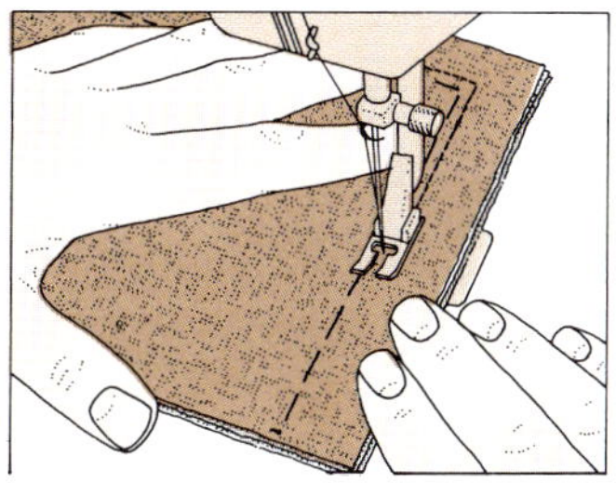

1 *Bâtissez la parmenture sur l'envers de la pièce supérieure de la manchette. Endroit contre endroit, et en faisant coïncider les repères, bâtissez les deux épaisseurs de la manchette. Cousez trois côtés, en laissant ouvert le côté d'assemblage à la manche. Faites un point à travers les angles et des points arrière au bout des coutures. Retirez les fils de bâti, repassez.*

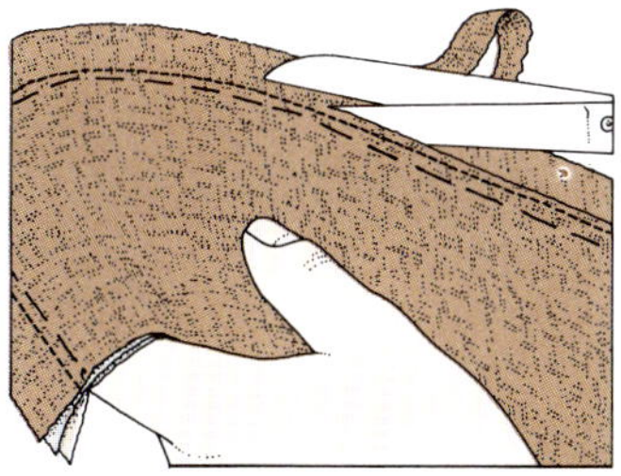

2 *Coupez la parmenture près de la couture. Réduisez les coutures de la partie intérieure à 0,5 cm et celles de la partie extérieure à 1 cm. Coupez en diagonale aux angles.*

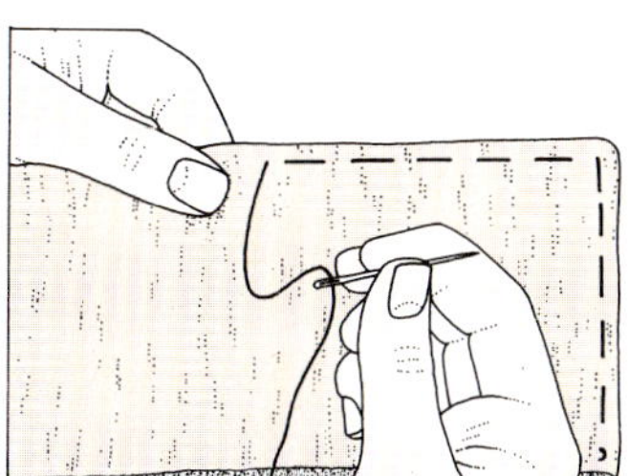

3 *Repassez les coutures. Retournez la manchette sur l'endroit. Poussez les angles pour qu'ils soient bien carrés. Roulez la couture entre le pouce et l'index. Bâtissez et repassez.*

Le montage des manchettes

Avant de monter les manchettes, cousez les côtés de la manche et vérifiez-en la longueur. La manche étant plus large que la manchette, le tissu doit être froncé pour atteindre la bonne largeur. Vous pouvez le faire avec des nervures ou des plis.

Montage d'une manchette simple

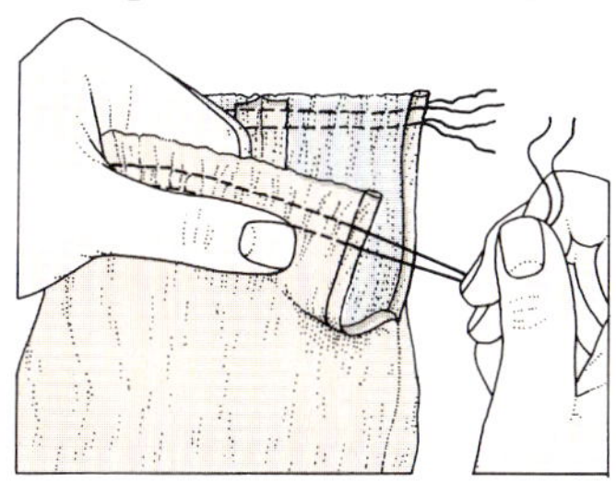

1 *La manche retournée sur l'endroit, faites un rang de points de fronçage le long du tracé de couture en haut de la manche. Faites un deuxième rang de points à 0,5 cm du bord coupé. Tirez sur les fils de fronçage jusqu'à la largeur voulue.*

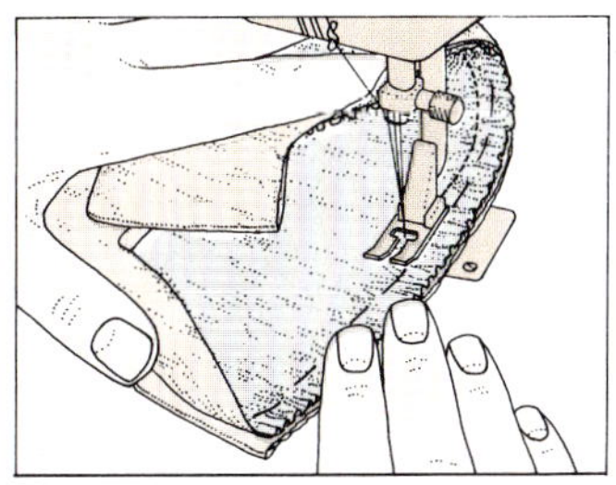

2 *Endroit contre endroit, épinglez la moitié de la manchette pourvue de la parmenture à la manche. Faites coïncider les repères et répartissez les fronces. Si l'ouverture comporte une bande en biais, laissez le bord inférieur plat et retournez le bord supérieur vers l'intérieur de la manche. Bâtissez et cousez la manchette à la manche du côté de cette dernière. Egalisez les rentrés.*

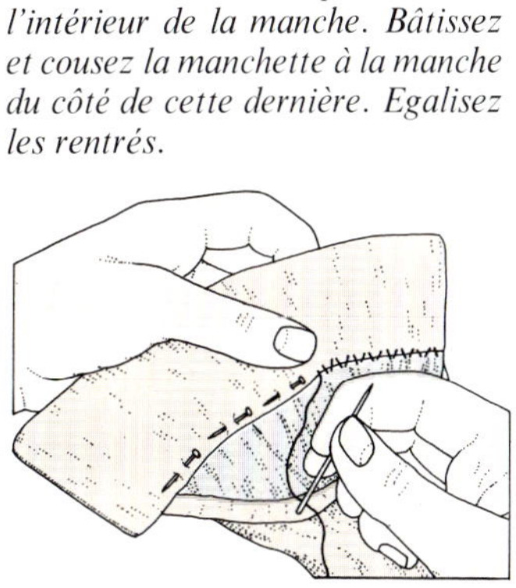

3 *Repassez la couture. Retournez la manchette et repassez les rentrés vers la manche. En travaillant sur l'envers, pliez le bord de la manchette et fixez à points glissés à la couture machine.*

Montage d'une manchette avec une bande en biais

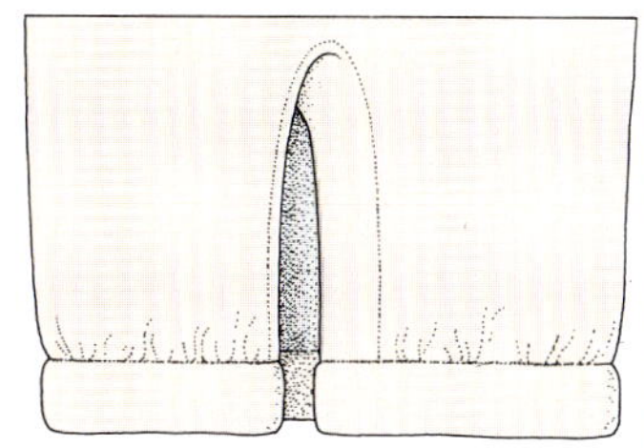

Bande en biais

Au lieu d'une manchette, vous pouvez fixer une bande en biais à la manche. La méthode est la même que celle pour l'encolure à bande en biais (page 286). La manche aura ou n'aura pas d'ouverture, mais si une ouverture existe, la bande est en général fermée par un bouton-pression. Elle peut également être fermée par des boutons et des brides. Posez des boutons sur le côté inférieur de l'ouverture, faites des brides en vis-à-vis (voir page 287).

Montage de la manchette droite sans ouverture

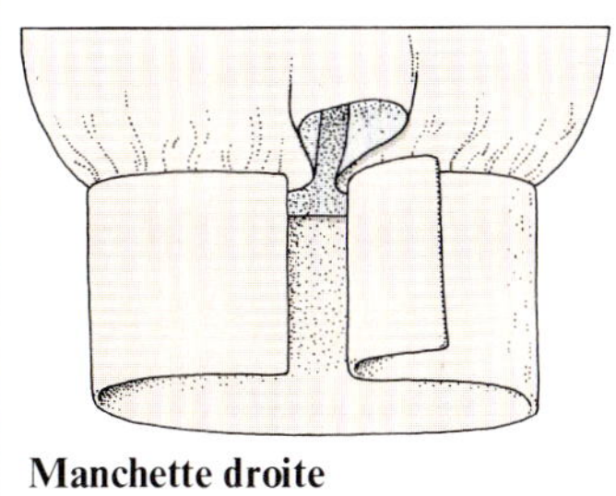

Manchette droite

Une manchette droite peut finir une manche sans ouverture. L'ourlet de la manche doit alors être proprement exécuté avant d'être froncé. La manche est froncée un peu moins que la manchette, afin de laisser suffisamment de place pour passer la main, tout en assurant un aspect soigné.

Les poches

Les poches doivent être suffisamment profondes pour qu'on puisse bien y enfoncer la main, tout en étant solidement fixées au vêtement. Elles peuvent servir de décoration et donnent une touche raffinée à un vêtement. Il y a deux méthodes pour confectionner des poches : elles peuvent être faites à part et fixées sur le vêtement, ou elles peuvent être coupées en même temps que le vêtement et cachées dans une couture.

Poches appliquées

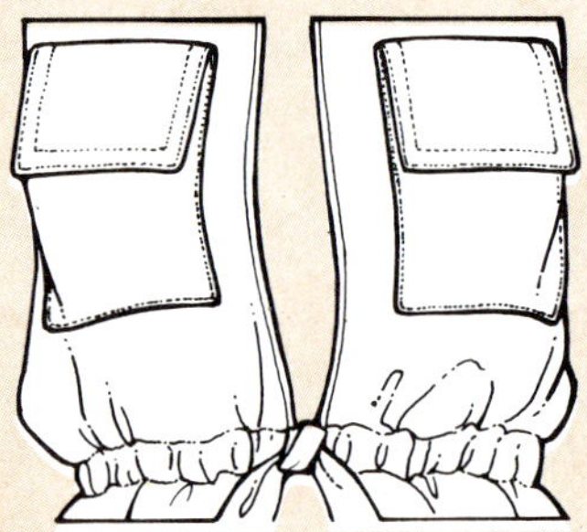

Poches à rabat

Poches cachées dans la couture

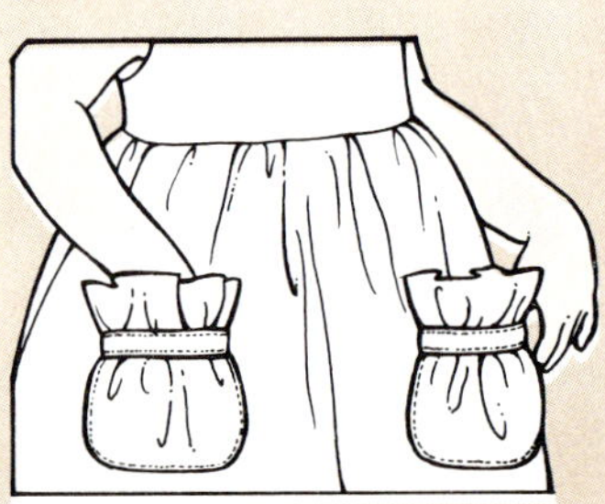

Poches froncées

La poche appliquée

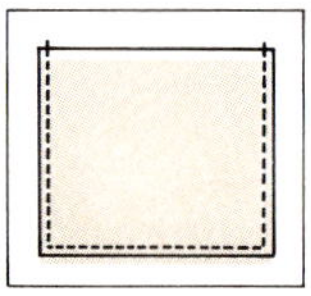

La poche appliquée est faite d'une seule pièce de tissu pliée en deux et cousue sur le vêtement. Les angles inférieurs peuvent être droits ou arrondis.

Confection de la poche

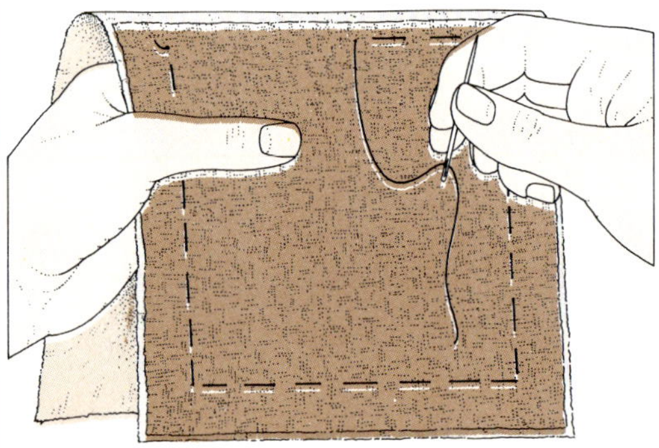

1 *Epinglez et bâtissez la parmenture sur le côté supérieur de la poche. Repliez le tissu endroit sur endroit et épinglez. Cousez la poche, en laissant une ouverture au centre du bord inférieur. Faites des points arrière aux deux extrémités des coutures.*

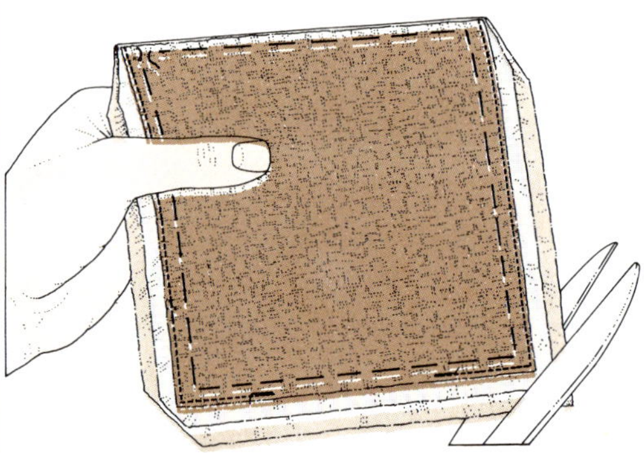

2 Egalisez la parmenture près de la couture, ainsi que le rentré de la couture elle-même. Coupez les angles en diagonale ou, si les angles sont arrondis, crantez-les. Retournez la poche sur l'endroit par l'ouverture prévue et repassez. Fermez l'ouverture à points glissés.

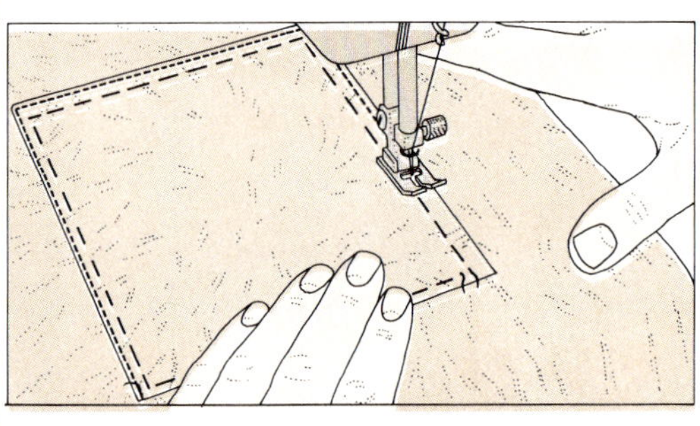

3 *Epinglez et bâtissez la poche sur le vêtement. Commencez la couture à 1 cm du haut de la poche en faisant des points arrière sur le vêtement seul pour renforcer les attaches de la poche. Cousez près du bord sur les trois côtés et arrêtez solidement.*

Poche appliquée avec rabat

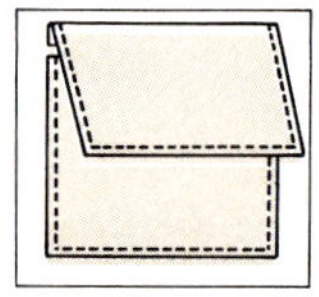

C'est une variante de la poche appliquée. La poche et le rabat y sont faits de tissu doublé et appliqués séparément.

Confection du rabat

1 *Epinglez et bâtissez la parmenture sur l'envers du côté supérieur du rabat. Egalisez les rentrés. Pliez, endroit contre endroit, et épinglez. Cousez les deux côtés de la ligne de couture et réduisez les rentrés comme pour le reste de la poche.*

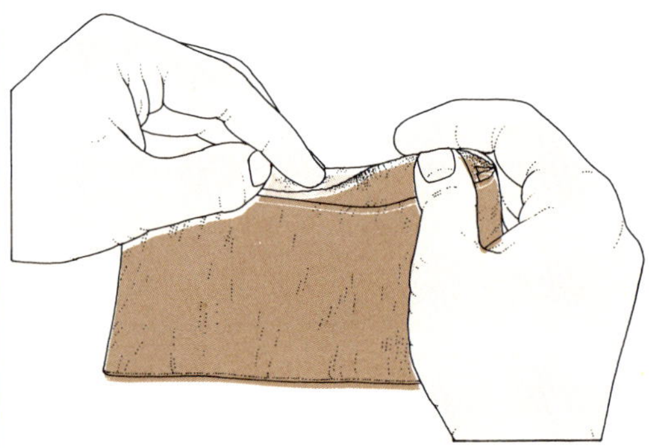

2 *Retirez les fils de bâti, retournez le rabat à l'endroit et repassez. Repliez les bords coupés d'environ 0,5 cm et repassez. Si vous prévoyez une décoration, comme une surpiqûre par exemple, faites-le maintenant.*

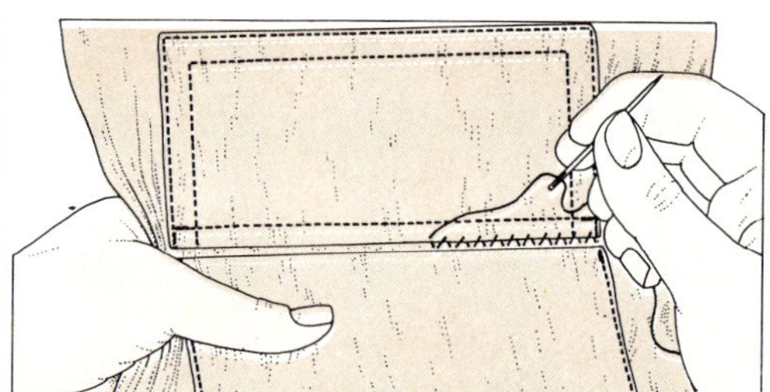

3 *Disposez le rabat sur l'envers du vêtement, le côté ouvert juste au-dessus du haut de la poche. Piquez le long du tracé de couture en faisant des points arrière aux bouts de la couture, puis fixez le bord replié à points glissés. Pliez le rabat par-dessus la poche et repassez.*

La poche intérieure sur couture

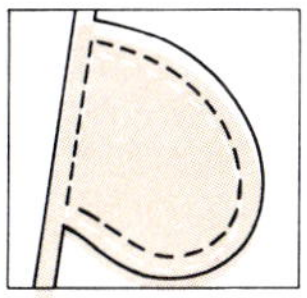

Une poche intérieure est faite de deux pièces de tissu; elle est coupée en même temps que le vêtement. Elle est en général faite du même tissu que le vêtement.

Confection de la poche sur couture

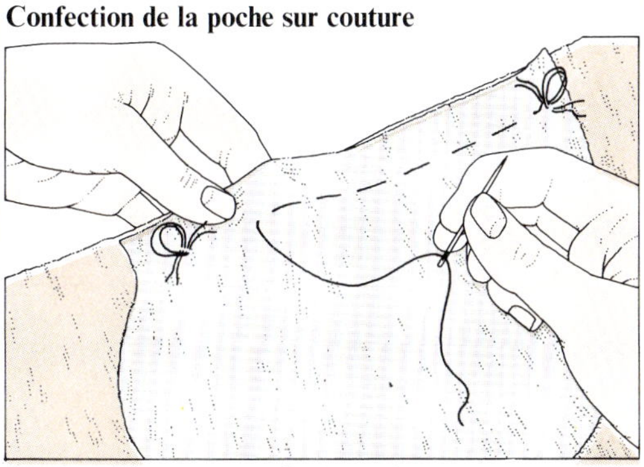

1 *Placez une moitié de la poche sur le vêtement, entre les repères correspondants. Epinglez et bâtissez, cousez à 1 cm des marques. Repassez, pliez la pièce par-dessus la ligne de couture et repassez encore une fois. Faites de même avec l'autre moitié.*

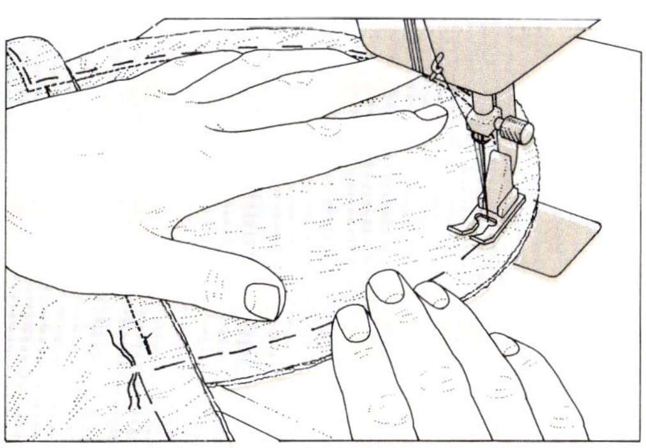

2 *Endroit contre endroit et repère sur repère, épinglez et bâtissez le long du tracé de couture. Cousez sur la couture du vêtement jusqu'au premier repère, puis piquez autour de la poche jusqu'au deuxième repère. Faites pivoter le tissu autour de l'aiguille et piquez jusqu'au bout. Crantez les coutures pour éviter qu'elles ne s'effilochent.*

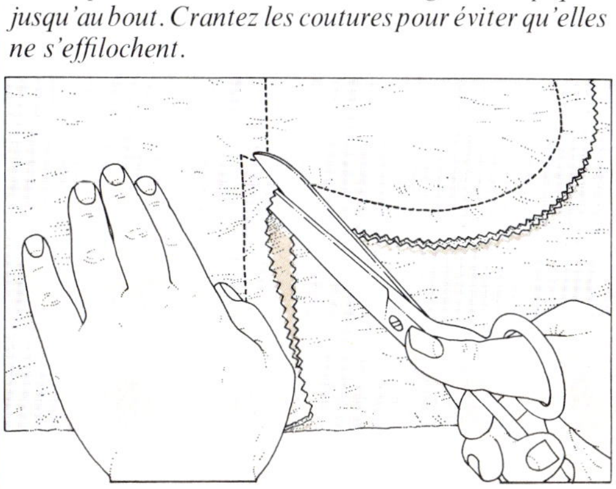

3 *Retournez la poche sur l'endroit du vêtement et crantez l'angle du rentré de la couture de l'envers du vêtement et celui de la poche. Ouvrez les coutures au fer.*

La poche froncée

C'est une autre variante de la poche appliquée. Cette version décorative est faite d'une seule épaisseur de tissu, appliquée sur le vêtement et retenue par un ruban.

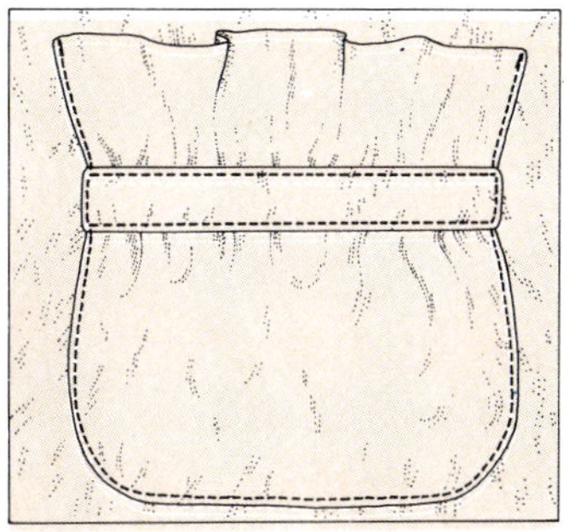

Poche froncée

Confection de la poche froncée

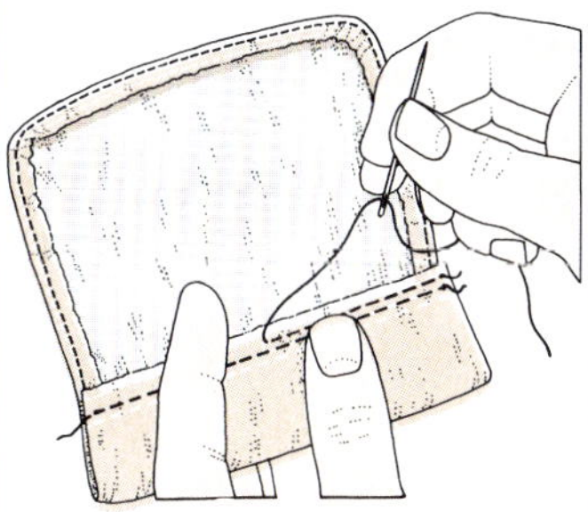

1 *Egalisez les bords coupés en les repliant sur 0,5 cm et faites un rang de points de fronçage juste en dehors de la ligne de couture de l'arrondi de la poche. Repliez 5 cm en haut de la poche pour le fronçage et bâtissez. Faites 2 rangs de points de fronçage à travers les deux épaisseurs de tissu en bas de la hauteur du fronçage prévu et froncez jusqu'à la largeur voulue.*

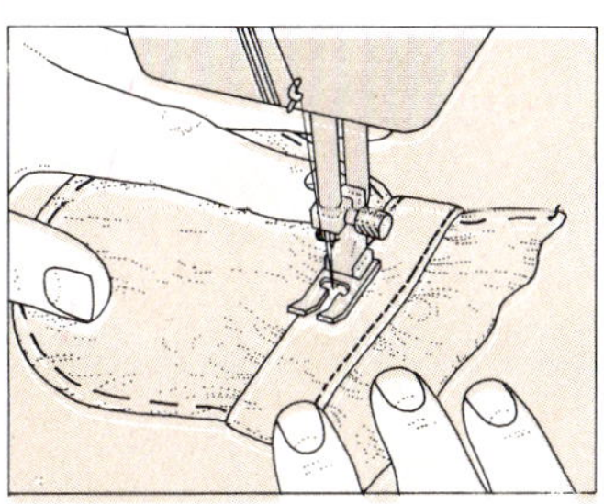

2 *Serrez légèrement le fil de fronçage dans l'arrondi. Repliez le tour de la poche sur 1,5 cm, épinglez et repassez. Cousez le ruban par-dessus le fronçage. Fixez comme une poche appliquée.*

Les finitions décoratives

Les finitions décoratives égayeront des modèles simples.

La broderie
Que la broderie soit faite à la main ou à la machine, appliquez-la avant d'assembler le vêtement.

Les rubans
Les rubans donnent de la tenue et des couleurs à un vêtement. Vous les appliquerez à la main ou à la machine.

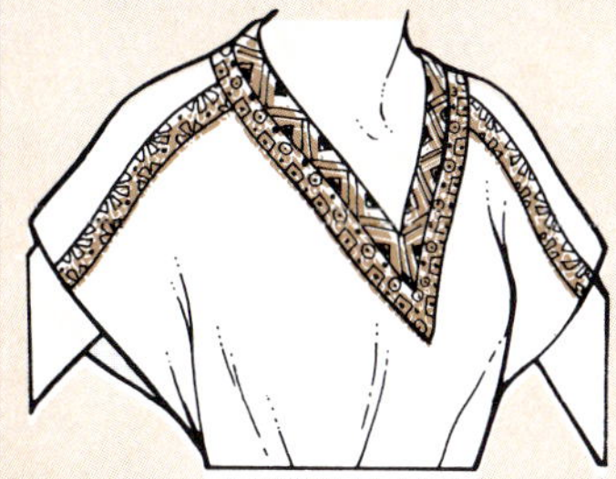

Galons et biais de différentes couleurs
On les applique comme aux encolures à bande en biais (page 447).

Les tissus contrastants
Vous pouvez les ajouter séparément comme parmentures ou en faire des manches retournées.

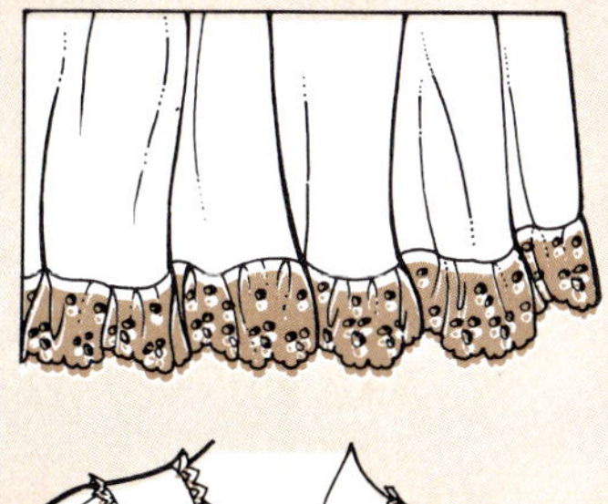

La broderie anglaise
Appliquez-la aux ourlets ou aux bandes de tissu, à la main ou à la machine.

Finitions en dentelles
Elles existent en toutes sortes de largeurs, de dessins et de textures. Appliquez-les aux ourlets ou aux bandes de tissu.

Les finitions à la taille

Les ceintures maintiennent les jupes et les pantalons. Elles doivent être commodes et suffisamment solides pour que le vêtement tombe bien. La ceinture peut être simple, entoilée ou élastique. On l'attache toujours une fois le vêtement fini, mais avant de faire l'ourlet. Les ceintures incorporées attachées peuvent être décoratives, tout comme les ceintures indépendantes.

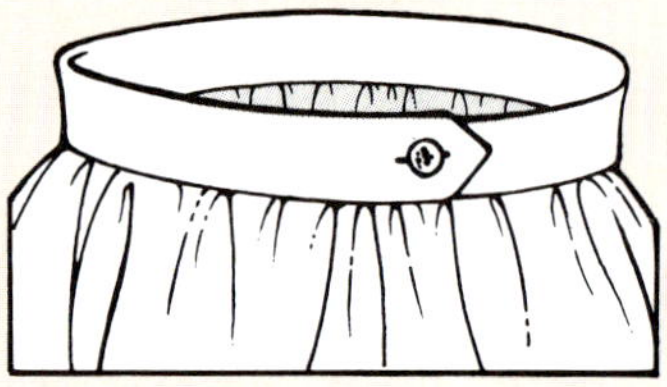

Ceinture entoilée

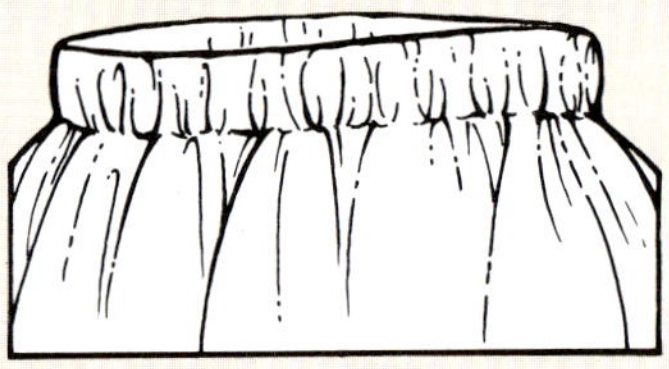

Ceinture élastique

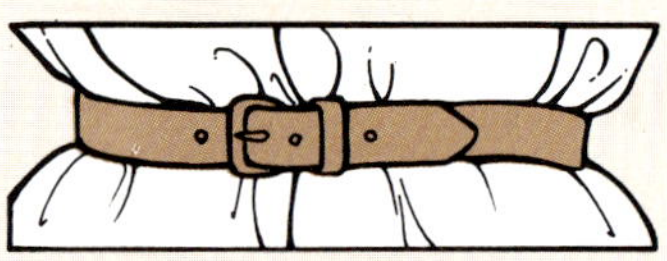

Ceinture entoilée indépendante

Ceinture nouée

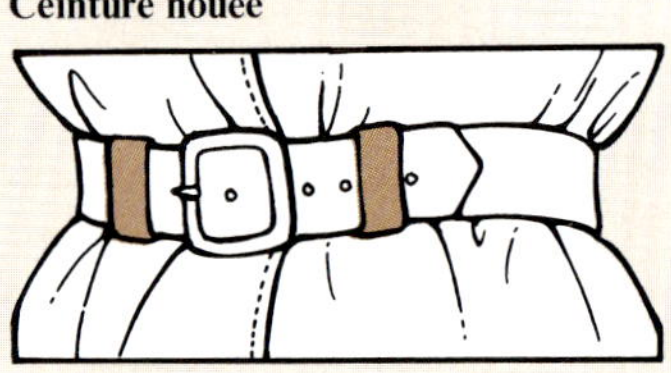

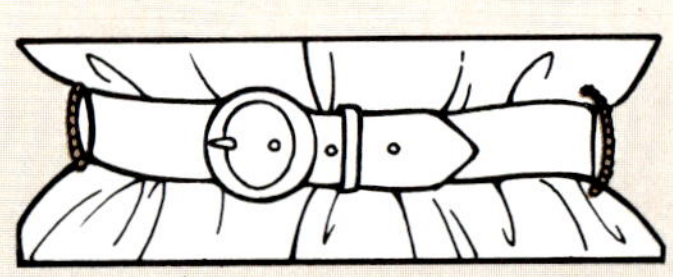

Les coulants en tissu ou en fil

La ceinture droite entoilée

La ceinture simple doit être doublée ou entoilée pour rester en forme et résister à l'usure.

Confection de la ceinture

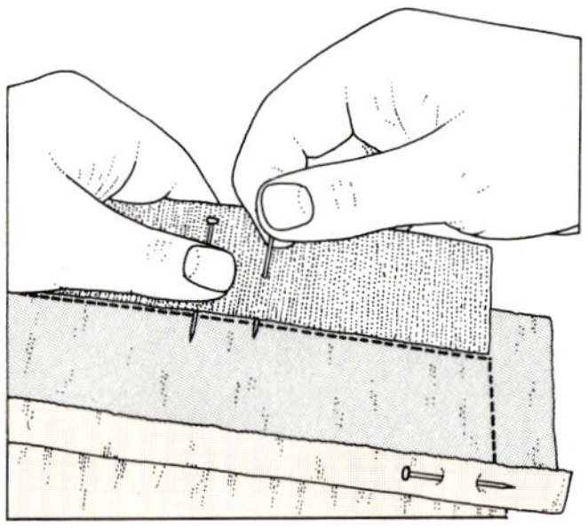

1 *Posez la ceinture, endroit contre endroit, sur la jupe. Faites coïncider les repères du devant, du dos et des côtés. Epinglez et bâtissez, puis cousez. Epinglez la doublure à la ceinture comme sur le dessin, le bord sur le tracé de couture. Bâtissez et cousez de l'autre côté, près du bord.*

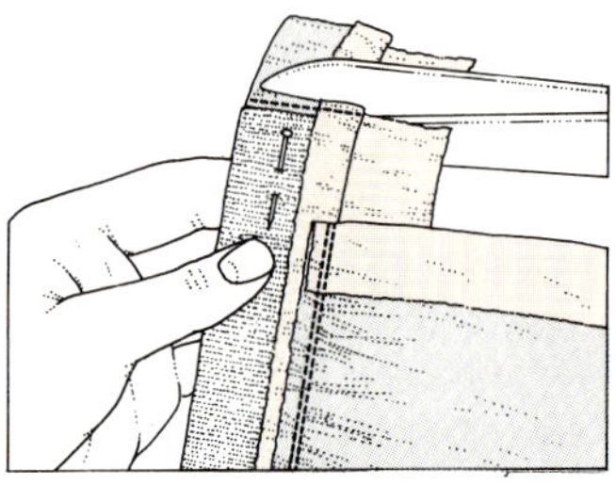

2 *Egalisez le rentré de la jupe, et celui de la ceinture. Repliez la ceinture contre la doublure. Repassez les coutures et la doublure en les éloignant de la jupe. Repliez la bande ceinture contre la doublure. Piquez les deux extrémités de la bande et égalisez les bouts.*

3 *Retournez la ceinture à l'endroit. Egalisez le rentré du bord intérieur et repliez-le. Epinglez sur le haut de la couture machine. Fixez le bord à points glissés.*

La ceinture élastique

La ceinture élastique est particulièrement indiquée pour les vêtements d'enfant, les jupes froncées et les vêtements en jersey; elle est flexible et confortable.

Confection de la ceinture

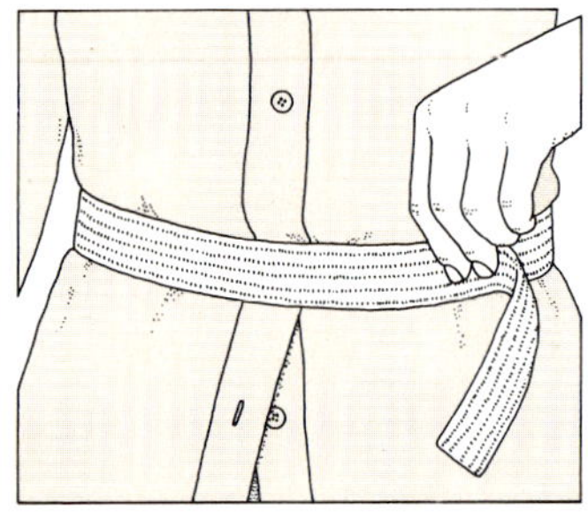

1 *Déterminez la bonne longueur de la ceinture en la mettant autour de votre taille: vous devez vous y sentir à l'aise. Ajoutez 2,5 cm. L'enveloppe sera deux fois plus large que l'élastique plus 0,5 cm, deux fois plus longue en comptant suffisamment de tissu pour les rentrés.*

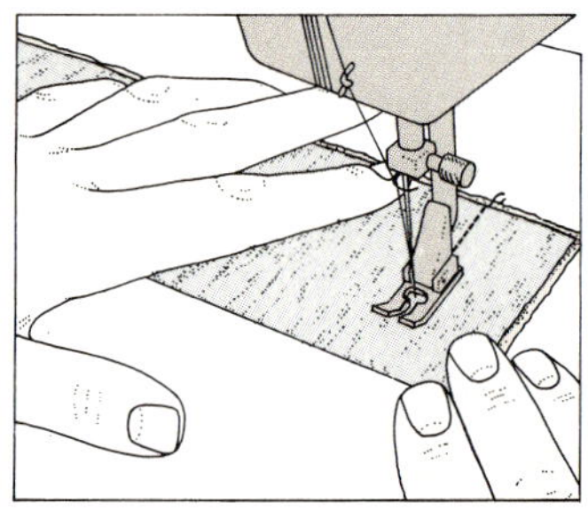

2 *Cousez les bouts de la ceinture et ouvrez la couture au fer. Endroit contre endroit, épinglez, bâtissez et fixez-la à la taille. Repassez. Egalisez la couture de la jupe à 0,5 cm et celle de la ceinture au double.*

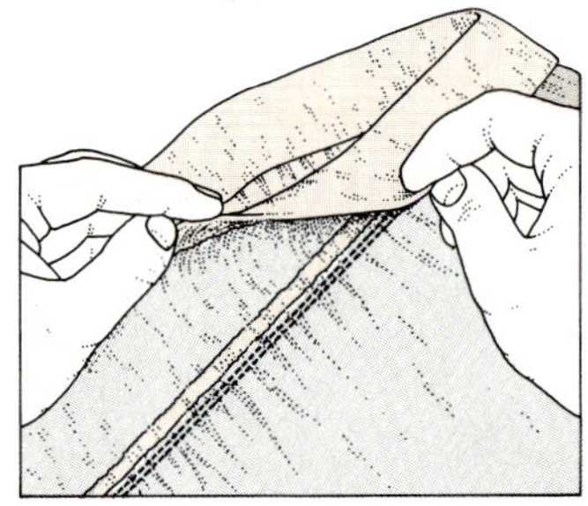

3 *Repliez la ceinture. Retournez le rentré sur la couture et épinglez. Fixez à points glissés en laissant une ouverture pour pouvoir passer l'élastique à l'aide d'une épingle de nourrice.*

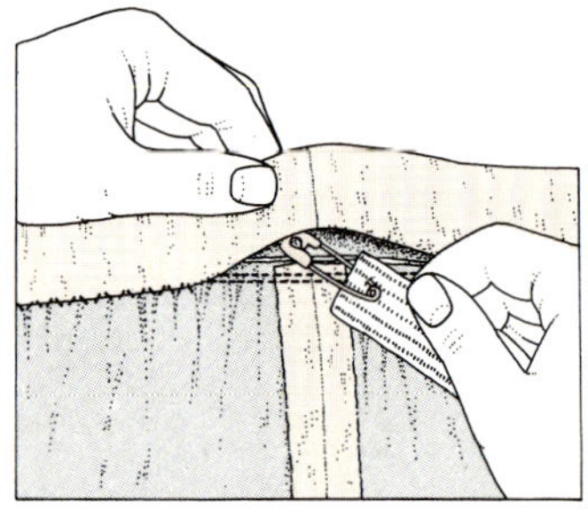

4 *Attachez une épingle de nourrice ou un passe-lacet à l'élastique pour pouvoir le passer dans la ceinture. Fixez le bout libre de l'élastique avec une épingle pour qu'il reste en place. Puis poussez l'aiguille ou le passe-lacet à travers le tube formé par la ceinture.*

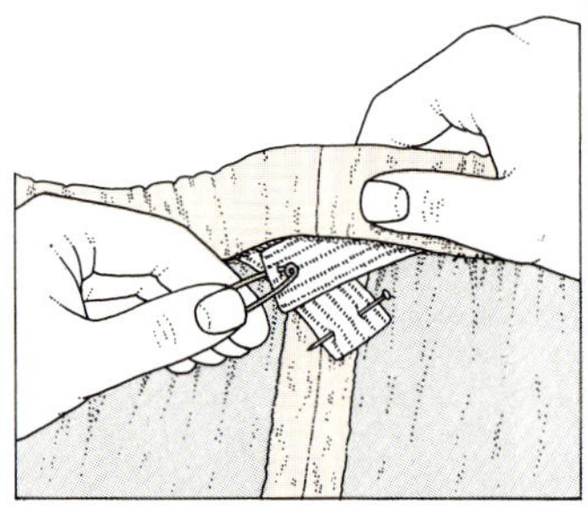

5 *Tenez fermement l'épingle ou le passe-lacet entre les deux épaisseurs de tissu. Froncez la ceinture sur l'élastique. Continuez jusqu'au bout de l'élastique et faites chevaucher les deux extrémités.*

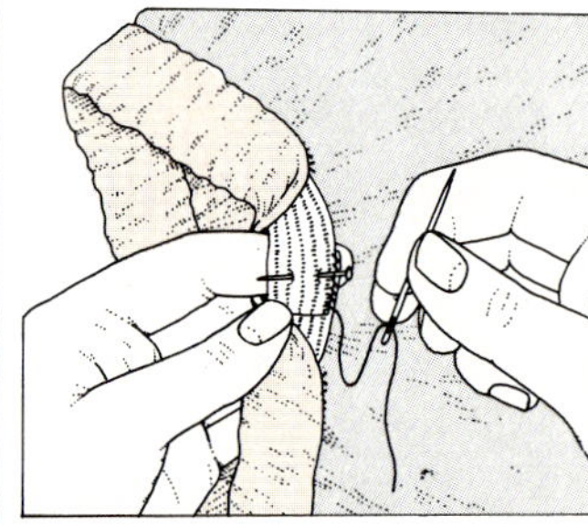

6 *Enlevez les épingles du bout de l'élastique et faites chevaucher sur 2,5 cm. Epinglez. Cousez les extrémités solidement ou faites quelques rangs de points zigzag pour les fixer. Rabattez la ceinture par-dessus l'élastique et cousez à points glissés.*

Les ceintures

Elles servent en général à maintenir un vêtement, mais elles peuvent être purement décoratives. Elles existent en deux sortes: simples ou entoilées. Elles peuvent être nouées ou fermées par une boucle. Une ceinture nouée est idéale pour un vêtement flou, elle retient l'ampleur à la taille en faisant des plis souples.

La ceinture nouée

Cette ceinture se coupe en plein biais, elle doit être plus longue que le tour de taille pour pouvoir être nouée. La largeur de la ceinture varie selon le style du vêtement; elle peut être pourvue de franges, de glands ou d'autres finitions décoratives. Coupez le tissu d'une longueur double de celle de la ceinture finie, ajoutez les coutures.

Confection de la ceinture

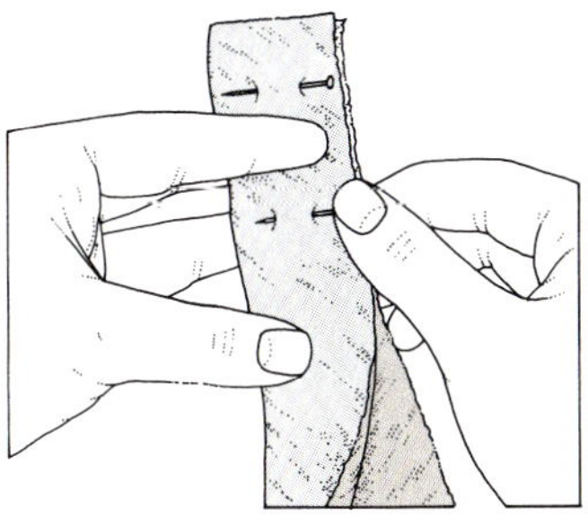

1 *Endroit contre endroit, pliez le tissu en longueur. Epinglez et bâtissez à 0,5 cm du bord coupé, laissez une des extrémités ouvertes. Attention à ne pas étirer le tissu. Cousez la longueur de la ceinture et l'une des extrémités.*

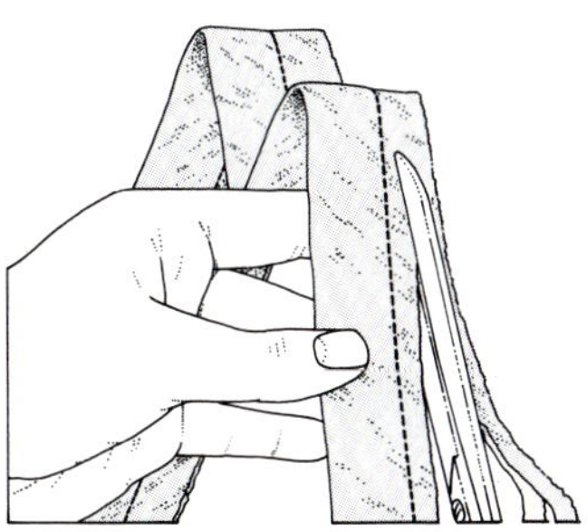

2 *Eliminez le surplus du rentré et coupez les angles en diagonale. Retournez la ceinture sur l'endroit. Repliez les bords coupés à l'extrémité restée ouverte et fermez à points glissés. Repassez la ceinture finie.*

La ceinture entoilée

Il existe différentes sortes de ceintures entoilées, elles peuvent être droites ou en forme; leurs largeurs varient. Nous vous donnons les indications pour une ceinture droite à boucle.

Confection de la ceinture

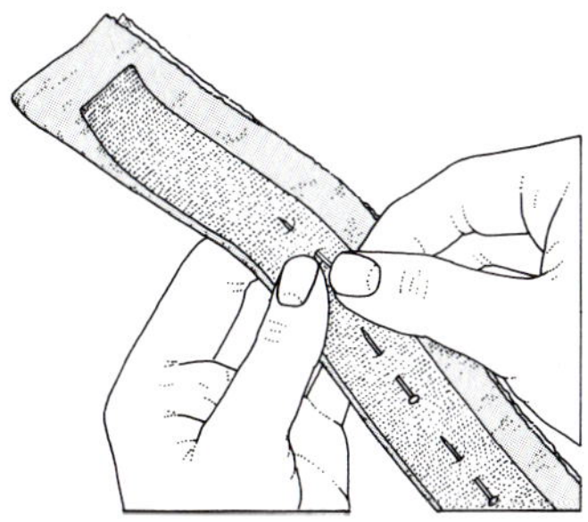

1 *Endroit contre endroit, pliez le tissu en longueur. Repassez légèrement. Posez le gros grain, mis en forme à l'une des extrémités, bord à bord avec le pli du tissu et épinglez. Suivez le gros-grain et cousez tout autour. Commencez à l'extrémité en forme et allez vers la boucle. Ne cousez pas le gros-grain. Egalisez le tissu à 0,5 cm et coupez les angles en diagonale. Enlevez les épingles du gros-grain et retournez sur l'endroit.*

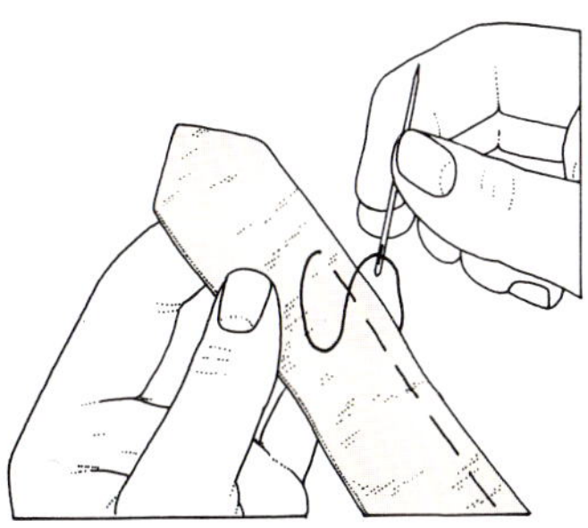

2 *Insérez le gros-grain en veillant à ce que la couture suive son bord. Repassez. Bâtissez et cousez près du bord sur la longueur et l'extrémité en forme. Attachez la boucle à l'autre extrémité (voir ci-contre).*

Les boucles et les brides en tissu ou en fil

Les ceintures doivent être maintenues en place sur le vêtement. Si elles ne sont pas nouées, elles sont fermées par des boucles et maintenues en place par des brides. Les brides se posent sur les coutures des côtés et au dos des pantalons; elles peuvent être appliquées avant ou après la finition du vêtement.

Fixation d'une boucle

Marquez le centre devant des deux extrémités de la ceinture. Egalisez le bout droit à 5 cm du milieu devant. Surfilez les extrémités.

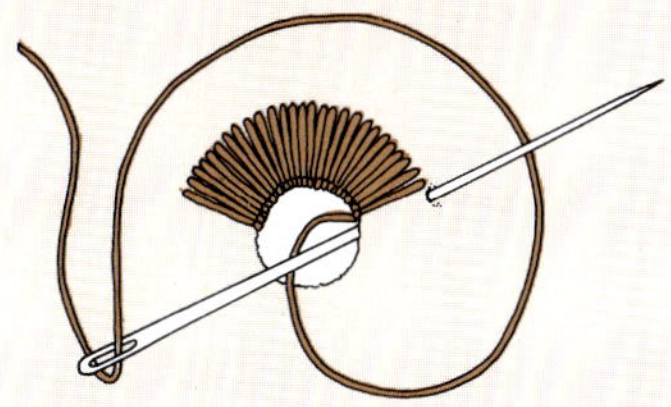

Surjet de l'œillet

Fixationdelaboucle

1 *Faites un trou ou un œillet au centre de l'extrémité droite à l'aide d'un instrument pointu (voir page 267).*

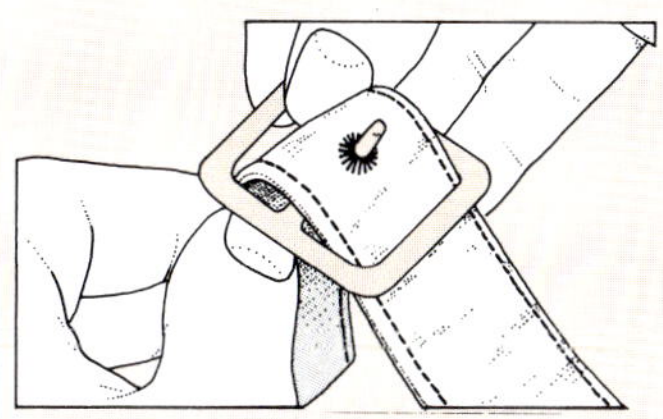

L'ardillon passe dans la ceinture

2 *Passez l'ardillon dans l'œillet, repliez l'extrémité et consolidez. Faites un autre œillet sur l'autre extrémité de la ceinture, au milieu de celle-ci. Faites-en encore un ou deux autres de chaque côté. Finissez-les comme précédemment.*

Les brides en fil

Ces brides sont moins voyantes que celles en tissu; elles se fixent aux coutures de côté. Ne les utilisez pas sur les pantalons ou sur des vêtements soumis à forte usure.

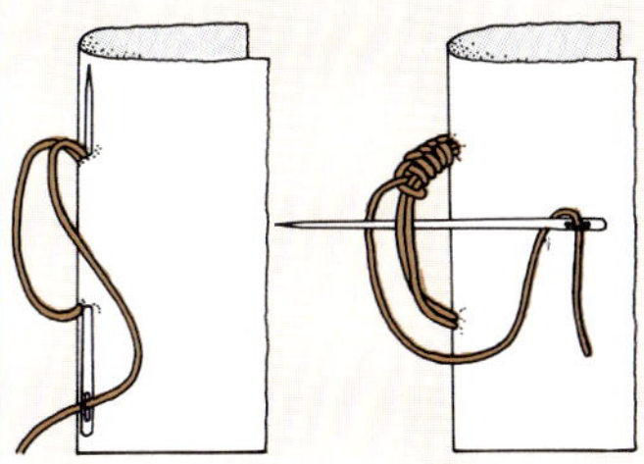

Confection de la bride

Coupez une bande de tissu de 3 cm, de la largeur de la ceinture plus 4 cm. Pliez en longueur, épinglez et cousez à 0,5 cm du bord coupé. Egalisez le rentré, retournez à l'endroit et repassez. Fixez la bride comme ci-dessus.

Les brides en tissu

Plus solides, elles résistent aux tractions. Repliez les extrémités sur 5 mm.

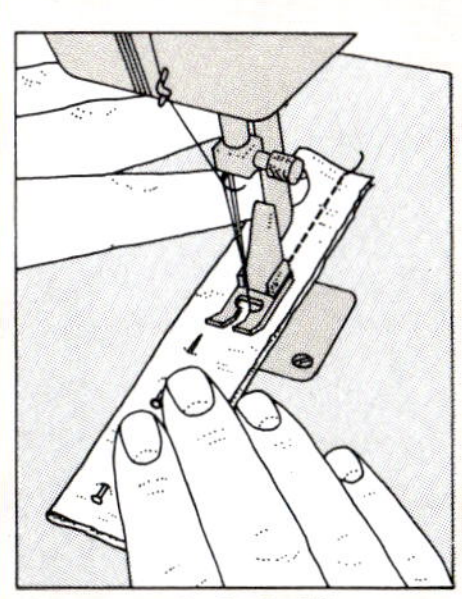

Couture de la bride en tissu

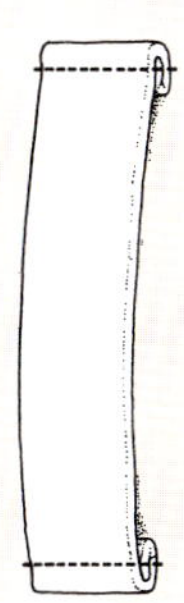

Confection de la bride

Prenez du fil à boutonnière accordé à la teinte de votre vêtement. Fixez une boucle double de ce fil sur la couture de côté à hauteur de la taille (Fig. 1). Renforcez la boucle au point bourdon (Fig. 2). Ces brides se font aussi avec des points de chaînette machine.

Les fermetures

Tous les vêtements ont besoin d'ouvertures pour être mis et retirés facilement. Il existe un grand nombre de moyens de les fermer tout en les ajustant. Votre choix se fera selon l'emplacement de l'ouverture, l'usure à laquelle elle sera soumise et les critères d'élégance.

Les ouvertures longues seront utilement pourvues d'une fermeture à glissière qui s'ouvre et se ferme rapidement, tout en étant d'une grande solidité. (Voir pages 288 289.) Le Velcro – qui se ferme par pression au moyen de minuscules crochets – est indiqué pour toute sorte de fermetures. Il en existe en bandes qui se cousent à la machine. Les boutons-pressions sur bande se fixent de la même manière. Ils sont un peu plus solides que le Velcro, ils sont indiqués pour les couettes ou les «nids d'ange» des bébés.

Les ouvertures plus petites seront pourvuēs de boutons, de boutons-pressions, d'agrafes et de crochets. Il en existe en une infinie variété de tailles, de couleurs et de formes.

Veillez à ce que les deux côtés de vos fermetures coïncident parfaitement, sans que le tissu bâille ou fasse de faux plis. La plupart des fermetures auront à subir une certaine tension, il faudra prévoir une doublure ou une parmenture pour renforcer la fixation des boutons et autres (page 292).

1 Bouton-pression
2 Agrafe
3 Bouton ordinaire
4 Bouton à tige
5 Dessous d'un bouton recouvert en tissu
6 Bande Velcro
7 Bande de boutons-pressions

Les agrafes

Elles s'utilisent pour des fermetures spéciales, aux encolures et à la taille par exemple. Cousez d'abord le crochet, vous ajusterez l'anneau ensuite.

Comment coudre les agrafes

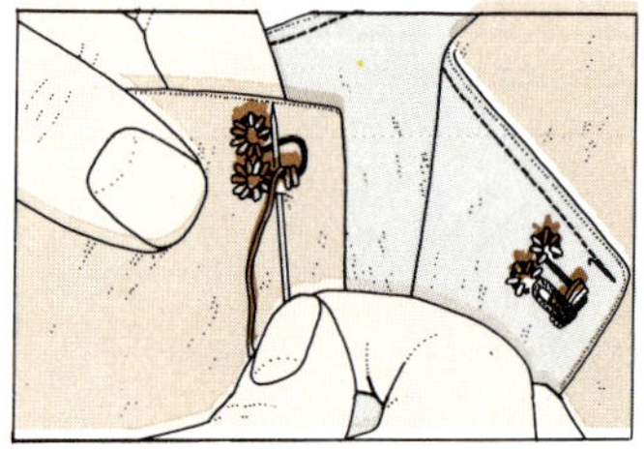

Ajustez le crochet sous le rabat, cousez-le à points de feston autour des deux trous et surfilez le col pour qu'il reste plat. Ajustez l'anneau sur le tissu opposé et cousez.

Les boutons-pressions

Fixez-les aux endroits qui ne supportent pas une grande tension. La partie mâle se trouve en général à l'endroit et la partie femelle à l'envers du rabat.

Comment fixer les boutons-pressions

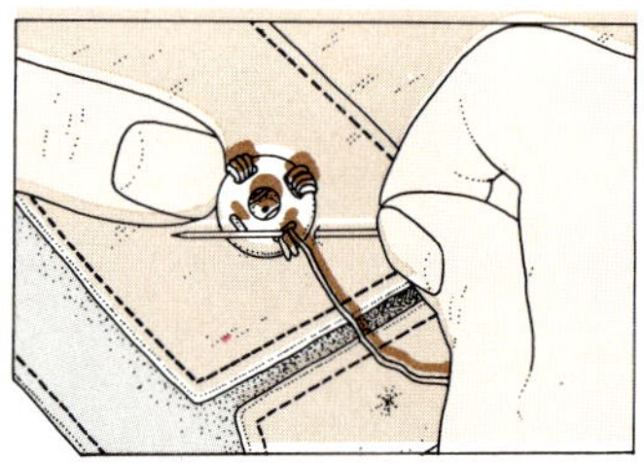

1 *Marquez la place des boutons face à face sur le rabat. Faites au moins quatre points dans chaque trou.*

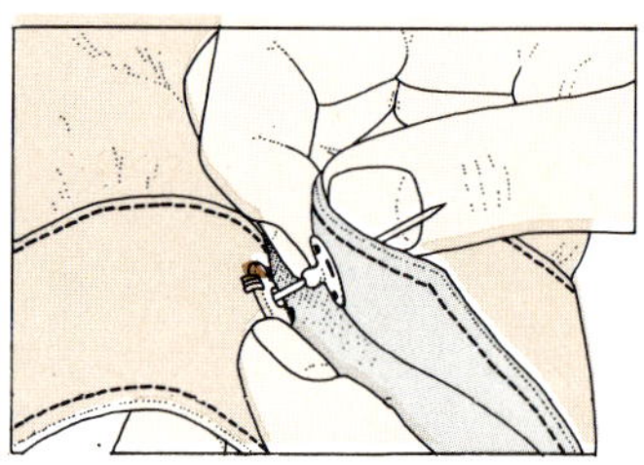

2 *Pour fixer la partie femelle bien en face, passez une aiguille à travers le trou central des deux parties, puis cousez comme précédemment.*

Les brides en tissu

Les brides en tissu se fixent isolément ou par rangs au bord du vêtement. Les brides toutes prêtes se fixent entre le tissu du vêtement et la parmenture. Les indications pour la confection des brides, qui se font toujours en plein biais, se trouvent page 300. Prenez le diamètre du bouton et faites une bande en biais suffisamment grande pour le passage du bouton et pour la fixation sur le vêtement.

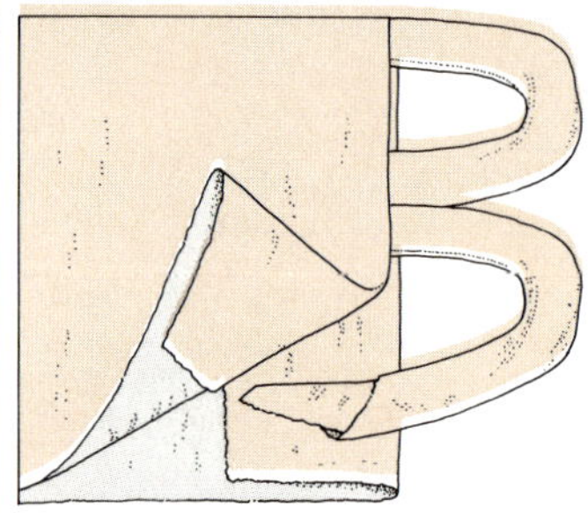

Brides en tissu

Fixation des brides en tissu

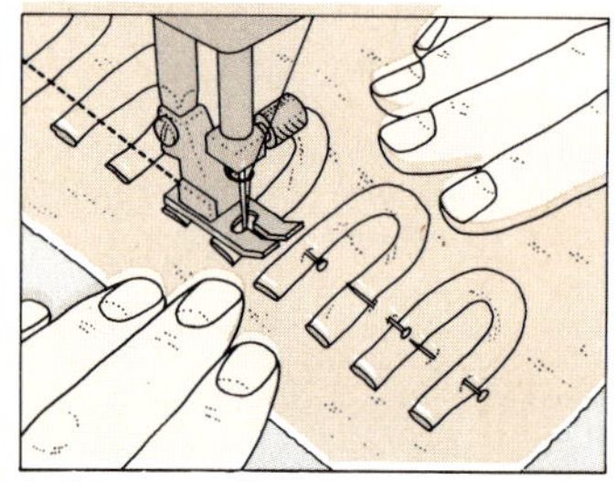

1 *Marquez la place des brides sur l'endroit du tissu. Epinglez-les et fixez par une couture machine sur le rentré.*

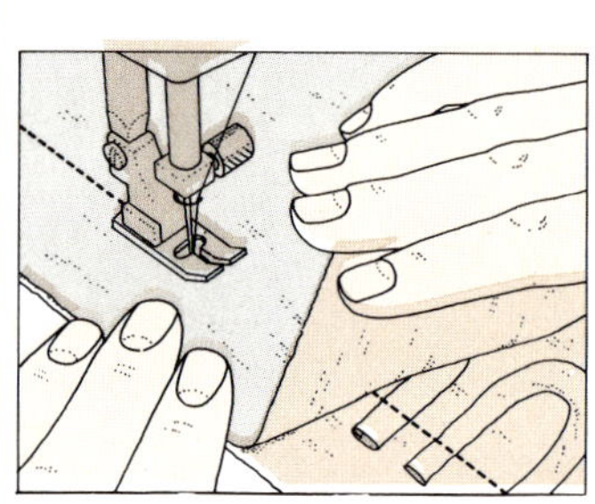

2 *Endroit contre endroit, cousez la parmenture et le tissu le long du tracé de couture. Repliez la parmenture pour faire sortir les brides, puis repassez la parmenture. Fixez à points glissés.*

Les boutonnières

Les boutonnières se font soit à la main (page 267), soit à la machine avec un pied à boutonnières. Faites d'abord une boutonnière d'essai pour vérifier le passage du bouton. La taille de la boutonnière dépendra de celle du bouton.

Confection de la boutonnière

Marquez l'emplacement des boutonnières avec un fil de bâti. Faites deux points verticaux pour le début et la fin et une ligne horizontale pour la longueur de la boutonnière.

Comment confectionner la boutonnière

1 *Marquez l'une des extrémités avec un fil vertical, la longueur par une rangée de points horizontaux.*
2 *A petits points (3 mm), cousez le long de cette ligne, au-dessus et en dessous et à travers l'autre extrémité de la boutonnière.*
3 *Avec des ciseaux bien aiguisés, coupez entre les deux coutures. Surfilez les bords coupés avec un fil assorti au tissu. Travaillez de droite à gauche sur le bas. Piquez l'aiguille dans la fente et sortez-la sur la ligne de bâti en dessous. Enroulez le fil autour de la pointe de l'aiguille de gauche à droite. Tirez l'aiguille en l'éloignant de vous à travers le tissu, de manière à former une boucle exactement sur le bord coupé.*
4 *Continuez ainsi le long de la fente, rapprochez les points le plus possible pour faire une rangée bien serrée. Pour coudre l'extrémité, faites des points en éventail. Faites une rangée de points lancés de l'autre côté de la boutonnière pour la renforcer.*

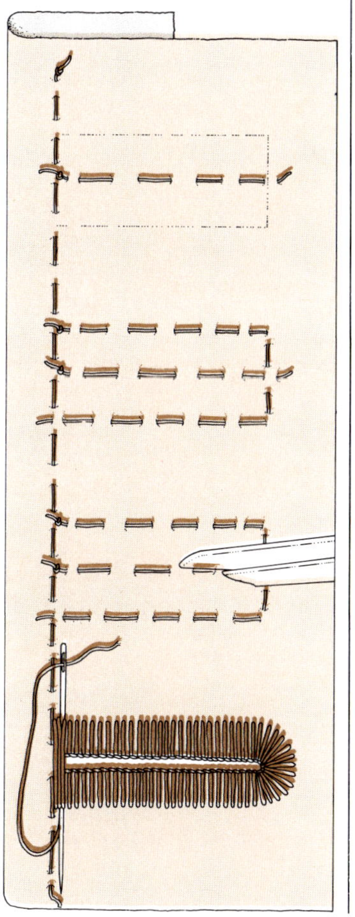

Les boutonnières à la machine

Ces boutonnières sont fendues après avoir été bordées.

Confection de la boutonnière

Marquez la place de la boutonnière comme pour une boutonnière faite main. Puis, avec le pied boutonnière de votre machine, faites le tour de la boutonnière et coupez soigneusement le centre.

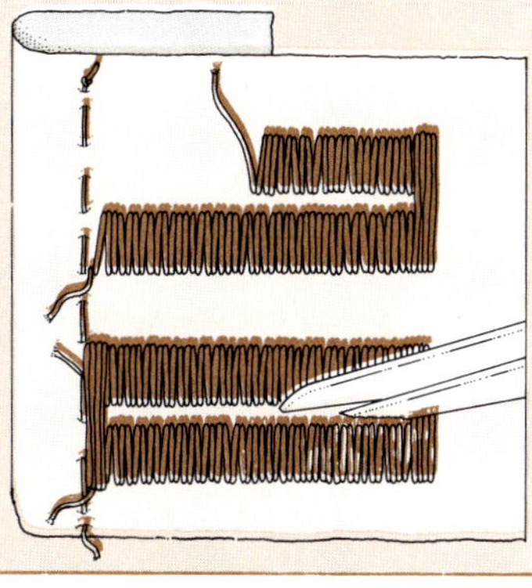

Les boutons

Les boutons doivent être choisis en fonction de l'épaisseur et de la couleur du vêtement. Cousez-les avec un fil solide assorti à la couleur de votre vêtement en laissant assez de jeu pour que la boutonnière puisse entourer le bouton sans tiraillement. Renforcez le tissu sous le bouton pour que la tension ne le déchire pas (page 292).

L'emplacement des boutons

L'emplacement des boutons est extrêmement important. Epinglez les rabats l'un sur l'autre, puis épinglez le coin extérieur de la boutonnière pour indiquer la place du bouton.

Coudre les boutons

Les boutons se cousent selon leur genre. Certains d'entre eux comportent deux ou quatre trous, alors que d'autres sont montés sur tige. Si les boutons sont doublés de tissu sur l'envers, traitez-les comme des boutons à tige.

Fixation d'un bouton ordinaire

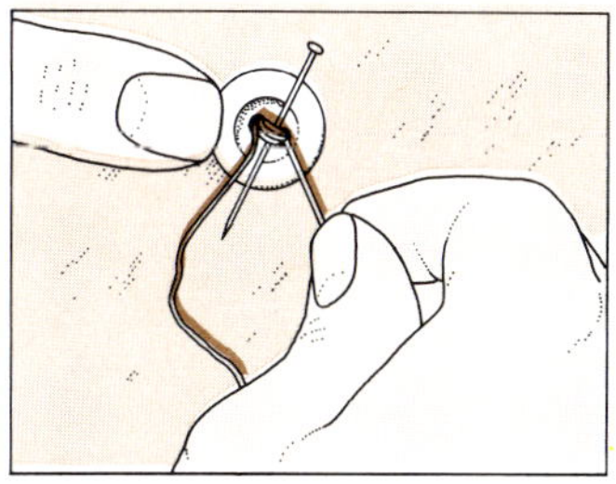

Faites un nœud et faites un petit point sous le bouton pour cacher ce nœud. Puis piquez alternativement à travers les trous, par-dessus une épingle, en laissant le fil assez lâche en dessous. Enroulez le fil solidement autour des fils sous le bouton et arrêtez.

Fixation d'un bouton à tige

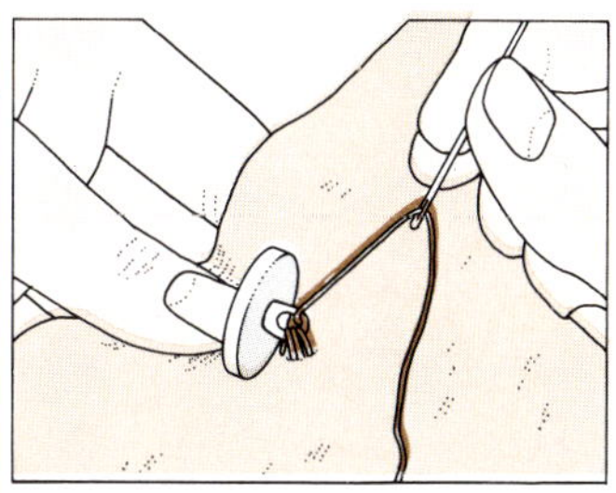

Placez le bouton à angle droit du tissu et piquez à travers le trou de la tige et le vêtement plusieurs fois avant d'arrêter le fil sur l'envers du vêtement.

Les boutons recouverts

Les boutons recouverts servent souvent de décoration, ils s'attachent généralement avec des brides en tissu. Les boutons peuvent être en bois ou en métal, ils comportent deux parties. Cousez-les comme des boutons à tige (voir ci-contre).

Comment recouvrir les boutons

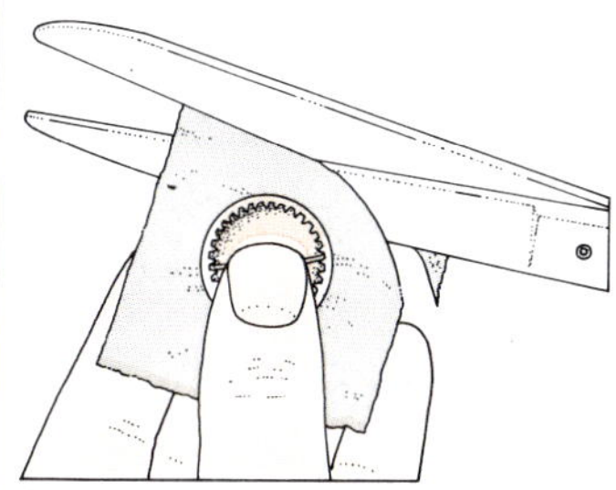

1 *Coupez un rond de tissu, une fois et demie plus grand que le bouton, posez-le sur le haut du bouton.*

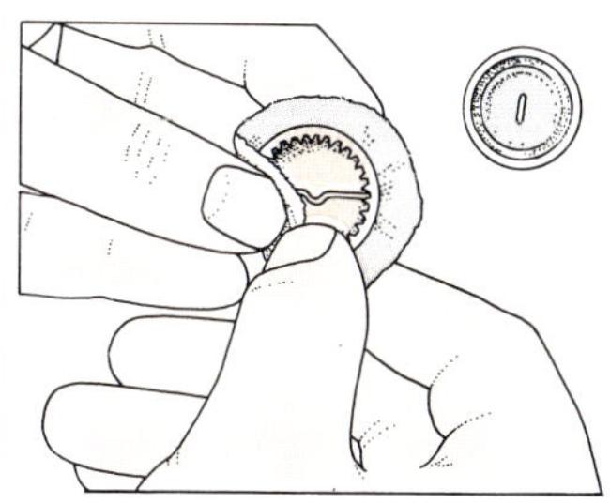

2 *Repliez le surplus de tissu sous le bouton et passez le haut du bouton sur le bas, ce qui fixe le tissu.*

Les différentes fermetures à glissière

La fermeture à glissière normale est le plus souvent utilisée sur les jupes, les robes et les pantalons. La fermeture sous rabat s'applique aux jupes tailleur, et aux robes qui risqueraient d'être déformées par une fermeture à glissière apparente. Les fermetures ouvrantes s'utilisent, par exemple, sur les anoraks et les sacs de couchage: les deux côtés de ces fermetures se séparent complètement. On trouvera ci-dessous les différentes fermetures:

1 Fermeture à glissière ordinaire.
2 Fermeture sous rabat.
3 Fermeture à monture invisible.
4 Fermeture ouvrante.

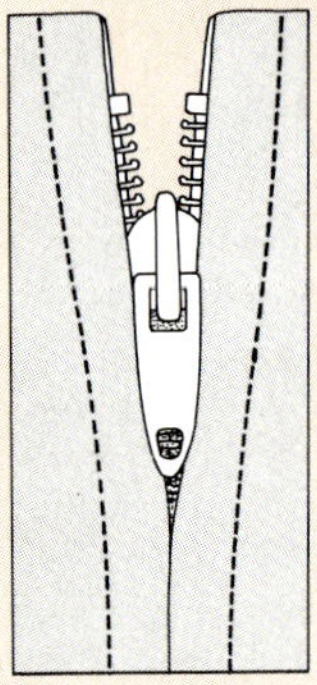
1

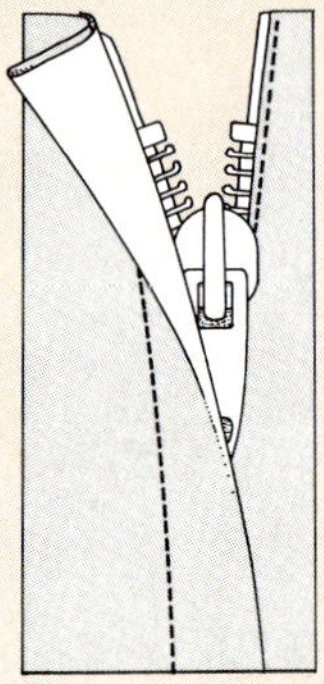
2

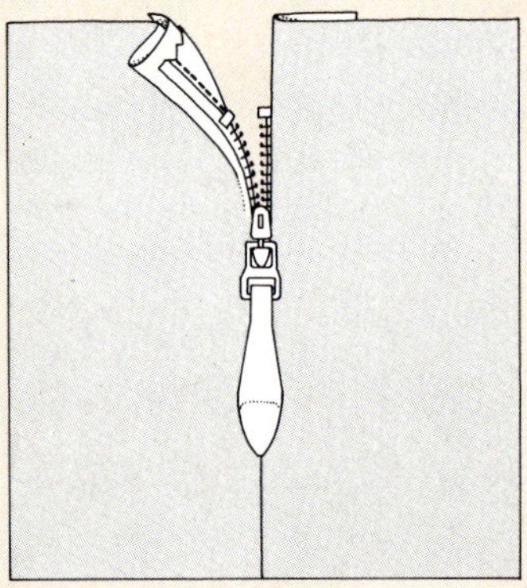
3

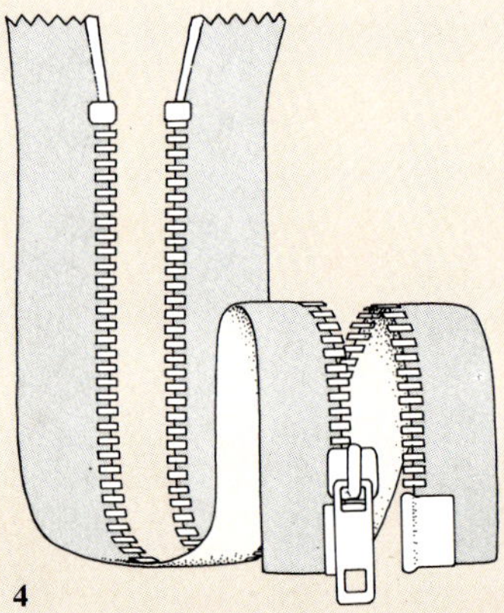
4

Les fermetures à glissière

Les fermetures à glissière existent en différents genres pour bien s'adapter à toutes les sortes de vêtements et de tissus. Les plus lourdes sont, bien entendu, les plus solides. Elles peuvent être en métal ou en nylon, montées sur coton, sur nylon ou sur un mélange coton/polyester. Les fermetures à glissière sur ruban synthétique s'utilisent sur des tissus synthétiques, les métalliques sont destinées aux vêtements qui sont soumis à une grande usure.

Posez toujours votre fermeture à glissière entre deux bords de tissu plats. La longueur de la fermeture doit être la même que celle de l'ouverture, elle doit être assez large, pour permettre d'enfiler le vêtement avec facilité. Vérifiez le tomber du vêtement avant de fixer la fermeture à glissière, le rentré doit être de 1,5 à 2 cm. Bâtissez et repassez les deux parties du vêtement où doit être fixée la fermeture avant de la poser.

Conseils de montage

Tenez compte des recommendations suivantes avant de monter votre fermeture, votre vêtement fera plus «professionnel».

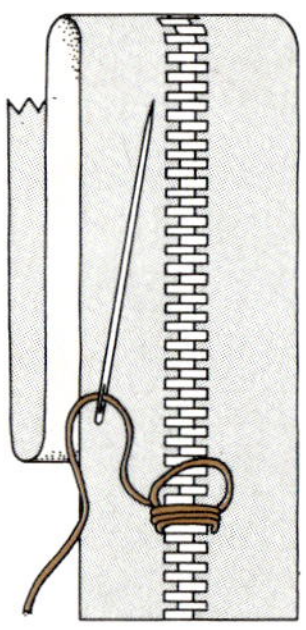

Réduction de la longueur

1 Finissez toutes les coutures avant de monter votre fermeture.
2 Décatissez la fermeture si votre vêtement est lavable, vous éviterez les fronces.
3 Tâchez d'épingler toujours de bas en haut.
4 Utilisez le pied à glissière si vous montez votre fermeture à la machine, vous pourrez fixer chaque côté de la fermeture d'une seule traite.
5 Réduisez la longueur des fermetures en surfilant les mâchoires du bas à 1,5 cm de la longueur désirée. Coupez le surplus.

Tableau des fermetures à glissière

Genre de fermeture	Poids du tissu	Longueur
Encolure	Très léger à moyen	15 à 25 cm
Jupe	Très léger à moyen	10 à 15 cm
Robe	Très léger à moyen	30,5 à 35 cm
Pantalon	Moyen à lourd	23 à 28 cm
Jeans	Lourd	15 cm

Fermeture à glissière normale

Cette fermeture se monte au milieu d'une couture, avec un rentré d'égale largeur de chaque côté. C'est la manière la plus facile de monter une fermeture à glissière. Elle s'utilise sur les coutures des côtés et du dos.

Montage de la fermeture éclair

Préparez et faites la couture, laissez une ouverture de la longueur des dents de la fermeture (Fig. 1). Ouvrez la couture au fer, de manière que le pli indique la place de la fermeture. Réduisez les rentrés en fonction du genre du tissu. Epinglez et bâtissez le long des plis (Fig. 2). Marquez la fin de l'ouverture à l'aide d'une épingle. Epinglez la fermeture, les dents au centre de la couture. Les épingles doivent être à angle droit de la fermeture et posées alternativement de côté et d'autre (Fig. 3). Bâtissez à 0,5 cm de la fermeture, puis enlevez les épingles. Piquez près du fil de bâti en vous servant du pied à glissière, le long du côté droit en commençant par le haut, descendez le long des dents, tournez la fermeture, piquez à travers le bas et remontez de l'autre côté (Fig. 4). Retirez le bâti et repassez. Egalisez le ruban de la fermeture selon son genre et celui de votre vêtement.

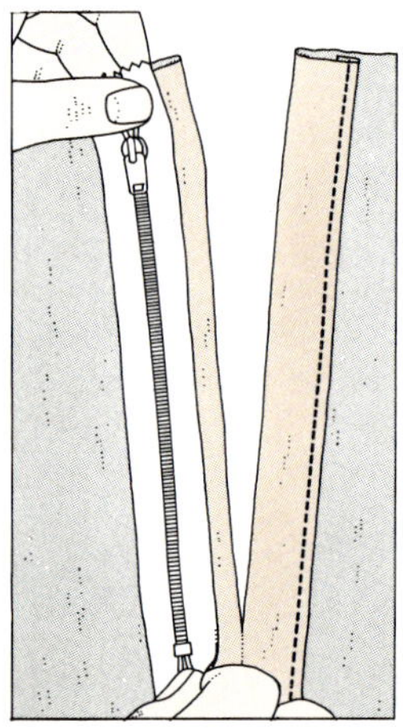
1 Disposez la fermeture

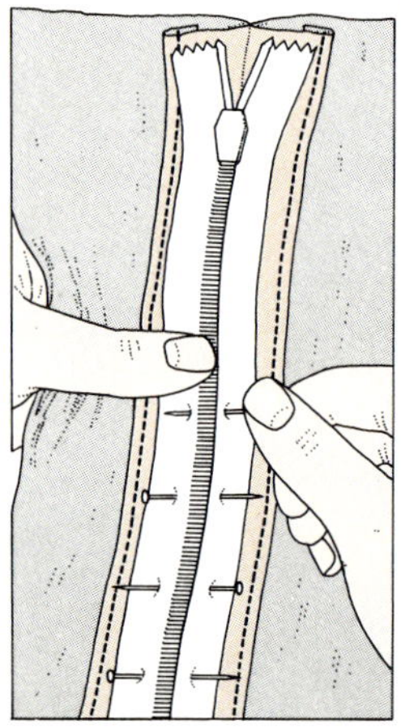
3 Epinglez la fermeture

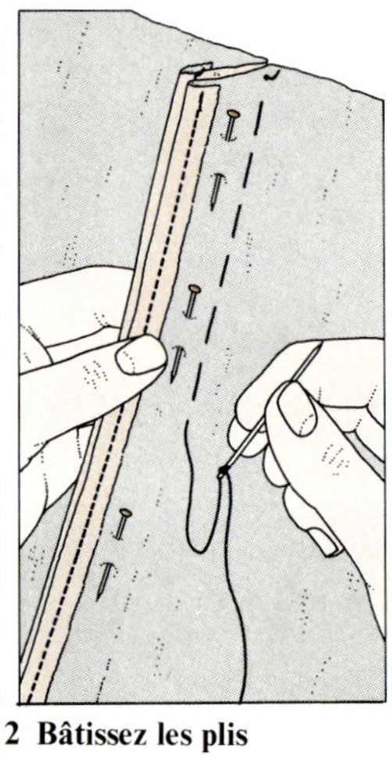
2 Bâtissez les plis

4 Cousez la fermeture

Fermeture à glissière sous rabat

Cette fermeture est cachée par un rabat formé par le rentré d'un côté de la couture. Cette méthode est recommandée pour les coutures des côtés et du milieu.

Montage de la fermeture sous rabat

Fermez la couture jusqu'à l'ouverture prévue pour la fermeture à glissière. Sa longueur sera égale à celle de la fermeture. Ouvrez au fer la couture et le rabat (Fig. 1). L'ouvrage à l'endroit, placez la fermeture sous le rentré, fente écartée (Fig. 2). Epinglez et bâtissez le côté non repassé près des dents de la fermeture (Fig. 3). Faites passer le rabat par-dessus les dents de la fermeture, en les couvrant entièrement. Bâtissez et cousez (Fig. 4).

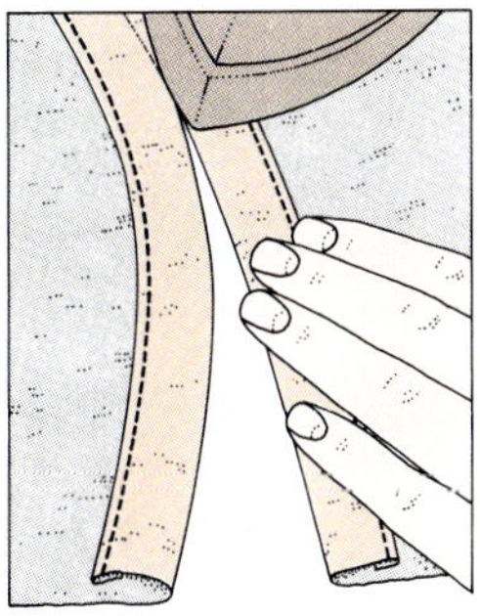

1 Repassez l'ouverture

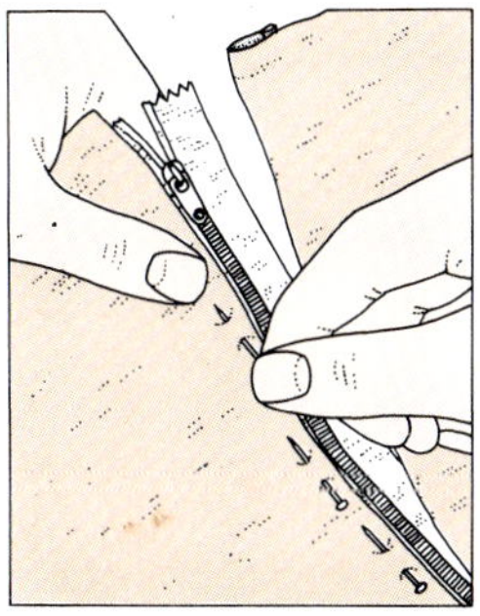

3 Epinglez la fermeture

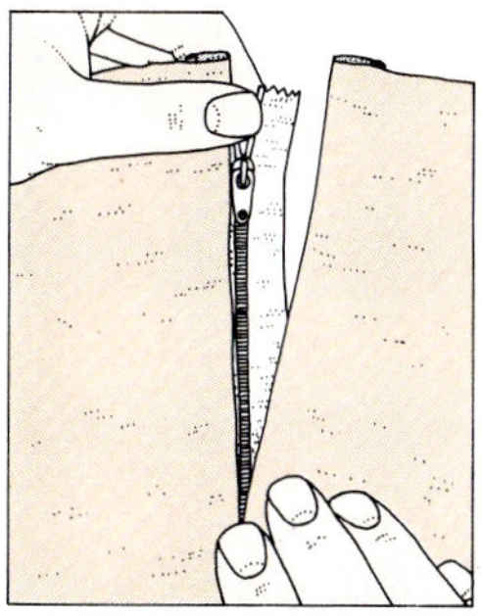

2 Disposez la fermeture

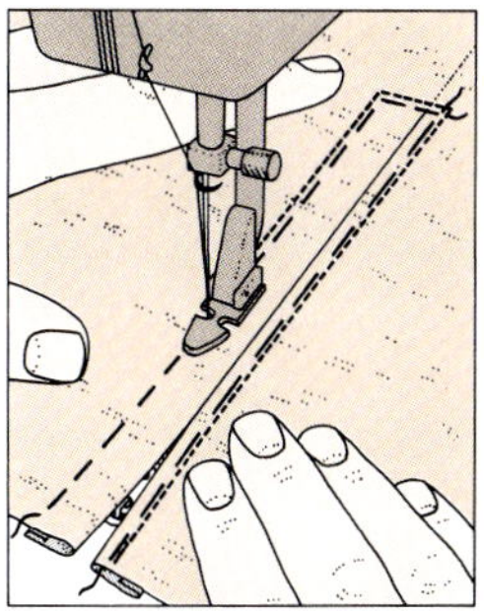

4 Cousez la fermeture sous rabat.

Fermeture à glissière ouvrante

Il vaut mieux placer la fermeture avant de faire les coutures. Elle est habituellement placée au centre, et les dents peuvent être en partie cachées ou au contraire être mises en évidence dans un but décoratif.

Montage de la fermeture ouvrante

Posez l'extrémité inférieure de la glissière à l'intérieur de l'ourlet. Mettez la fermeture en place et repliez les extrémités supérieures du ruban de la fermeture. Faites un rentré du tissu sur la fermeture et cousez à points glissés.

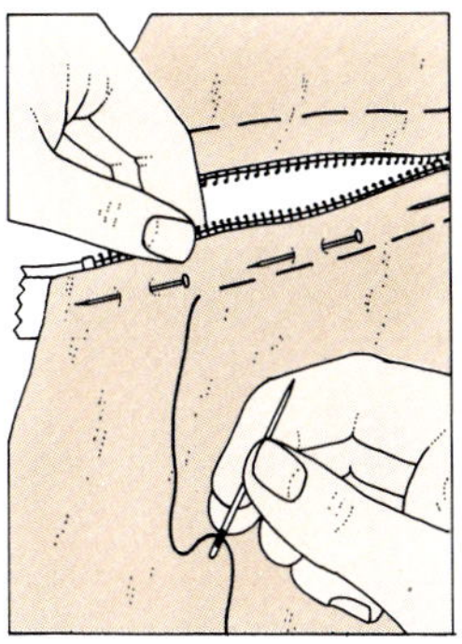

Montage invisible

Ce montage est pratiquement invisible, il ne laisse apparaître qu'une couture normale et la languette de la fermeture à glissière. Il se fait uniquement en cousant la fermeture sous les rentrés de la couture avec un pied à glissière spécial. (Le pied doit être adapté au modèle de fermeture que vous employez). La fermeture est montée avant que la couture ne soit fermée.

Montage de la fermeture

Appuyez sur le ruban de fermeture, de façon à faire ressortir les dents, elles passeront alors facilement à travers le pied à glissière spécial (Fig. 1). Finissez les bords de la couture aux endroits voulus. Ouvrez la fermeture éclair et posez-la à l'envers, sur l'endroit du vêtement. Placez les dents sur la couture prévue, le ruban sur le rentré. Posez la rainure droite du pied sur les dents. Cousez jusqu'à la languette, aussi près que possible des dents (Fig. 2). Fermez la fermeture à glissière pour faire ressortir les dents de l'autre côté et épinglez. Ouvrez la fermeture et cousez comme le côté précédent, mais avec la rainure gauche par-dessus (Fig. 3). Avant de coudre le reste, fermez la fermeture. Epinglez et bâtissez la couture, baissez l'aiguille dans la fin de la couture (Fig. 4). Cousez jusqu'en bas, assurez-vous que la couture correspond à la couture du haut. Finissez la couture selon la méthode convenant à votre tissu (page 270).

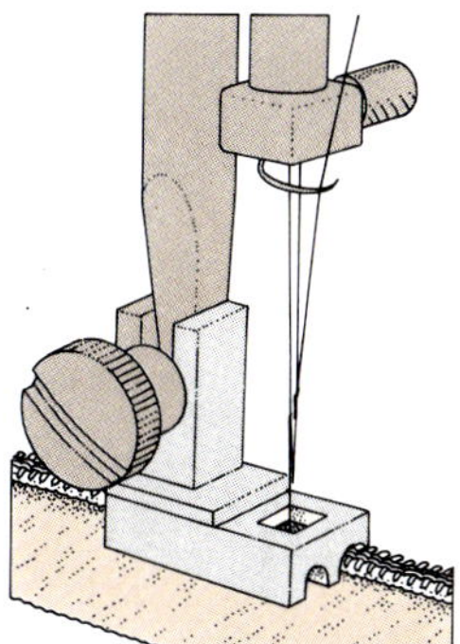

1 Pied à glissière

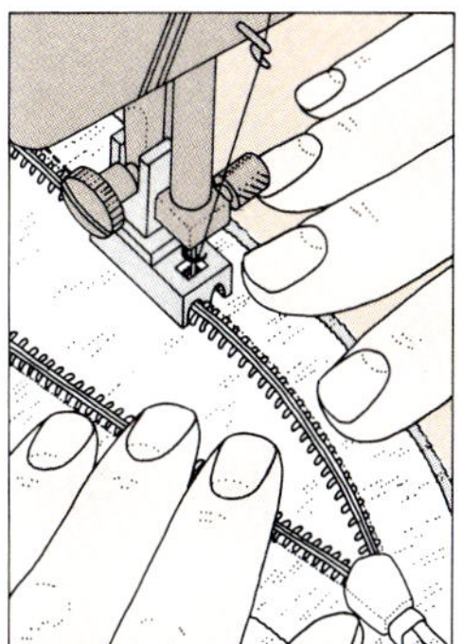

2 Couture du côté gauche

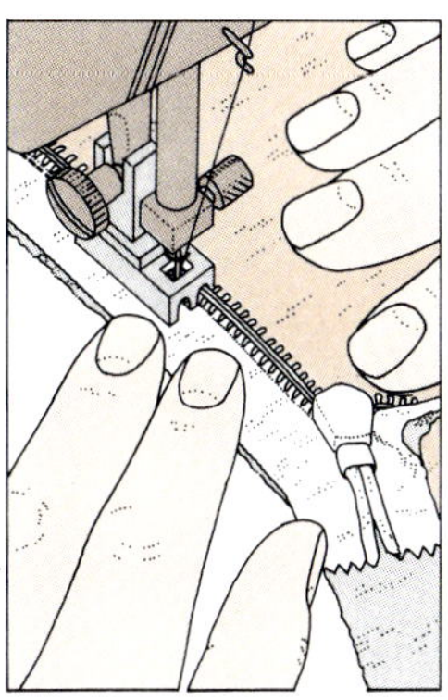

3 Couture du côté droit

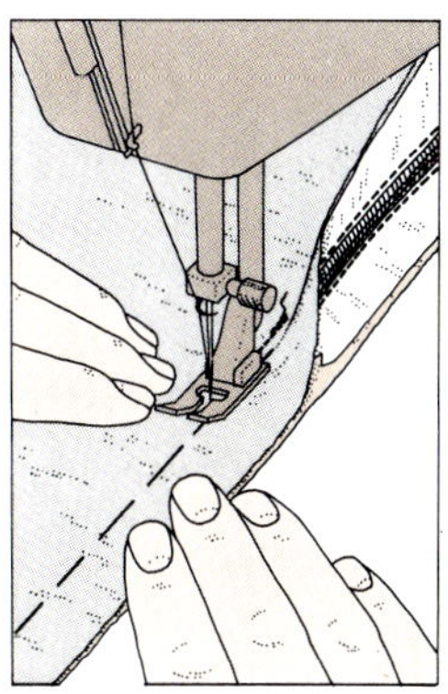

4 Finition de la couture

La finition du montage de la fermeture à glissière

Que votre fermeture soit normale, sous rabat ou ouvrante, il faudra prendre grand soin de bien finir le montage.

Finition de la fermeture normale

Sur les pantalons et les jupes comportant une fermeture à glissière normale, celle-ci se monte toujours avant de coudre la ceinture. Les extrémités en tissu seront glissées entre la ceinture et le vêtement, une fois la ceinture montée. A l'encolure, la fermeture, à rabat ou non, se monte après que la parmenture a été fixée. Elle se glisse entre la parmenture et le vêtement et se fixe à points perdus.

Finition des fermetures à glissière ouvrantes

Ce genre de fermeture se monte entre l'ourlet supérieur et l'ourlet inférieur d'un vêtement. Elle est fixée à points glissés. Veillez à ce que les rentrés et les ourlets ne gênent pas le fonctionnement de la fermeture. Faites les parmentures et les ourlets seulement à la fin.

Finition des glissières invisibles

Dans cette méthode, les extrémités de la fermeture à glissière se fixent dans les rentrés de la couture.

Cousez le côté gauche au rentré de la couture, près du bord. Remettez le pied sur le côté droit et cousez. Si vous prévoyez une parmenture, fixez d'abord la fermeture à glissière. Après la fixation de la parmenture, les bords coupés de celle-ci seront retournés sur la fermeture éclair et fixés à points glissés.

Les ourlets

L'ourlet se fait à la fin de la confection du vêtement, il est en général à la main. Pour faire un ourlet parfait, adaptez vos points au genre du tissu, ne tirez jamais sur le fil, cela froncerait le tissu, verifiez toujours le droit fil de l'ourlet, une fois celui-ci retourné. Les points ne doivent pas se voir sur l'endroit (voir couture à la main pages 266-267).

Préparation

Avant de marquer votre ourlet, assurez-vous que le vêtement tombe parfaitement bien. Toute retouche changera le tomber du vêtement, en même temps que l'ourlet. Si votre vêtement est coupé dans le biais, suspendez-le une nuit entière avant de marquer l'ourlet. Si votre jupe comporte une doublure, marquez les deux ourlets séparément.

Le tracé de l'ourlet

Comme pour tous les essayages, portez les chaussures et les sous-vêtements que vous pensez mettre avec le vêtement. Ajoutez également les ceintures, foulards, etc. Faites-vous aider pour le tracé de l'ourlet. Utilisez un arrondisseur ou un mètre sur socle et gardez toujours la même distance par rapport au sol. L'essayeuse tournera autour de la personne, afin d'éviter tout changement dans le tomber du vêtement. Montez sur un tabouret pour les jupes longues.

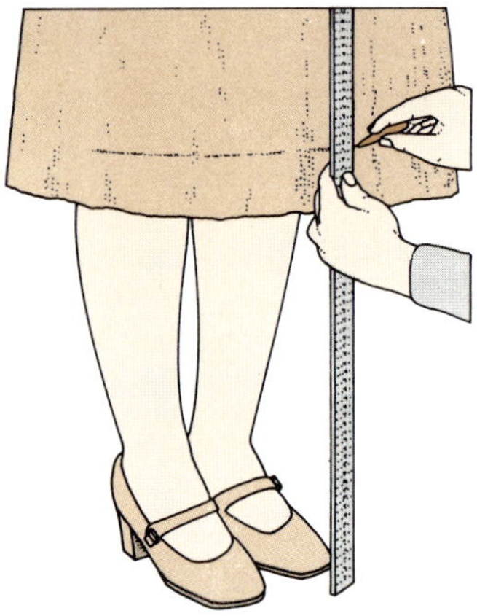

Marquez l'ourlet à la craie

Le pliage de l'ourlet

Repliez l'ourlet sur la ligne à la craie et épinglez à angle droit par rapport au pli. Votre ourlet devra être à égale distance du sol, de tous les côtés; continuez donc à épingler jusqu'au résultat voulu. Une fois la bonne distance obtenue, bâtissez à 0,5 cm du pli. Repassez pour marquer le pli en glissant le fer le long du droit fil. Coupez le surplus du tissu et ajustez l'ourlet à la moitié de sa hauteur.

Le rentré de l'ourlet dépend de sa place sur le vêtement et le genre du tissu. Les jupes et les tissus lourds demandent des ourlets plus profonds, le poids donne au vêtement une meilleure tenue. Les manches et les tissus légers n'ont besoin que d'ourlets étroits. Faites toujours les ourlets avec des points adaptés au tissu et ne prenez jamais plus d'un fil à chaque point.

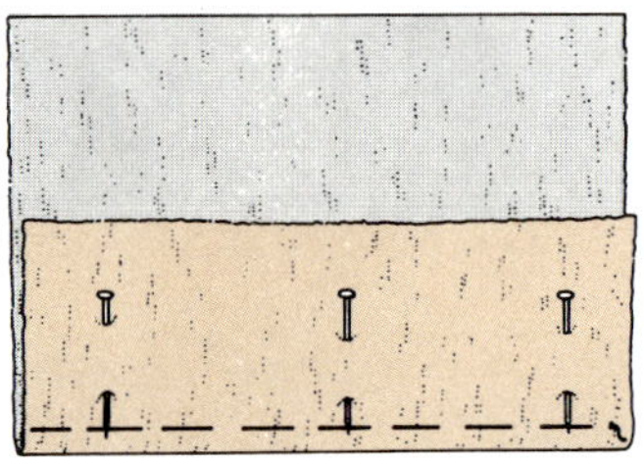

Ourlet épinglé et bâti

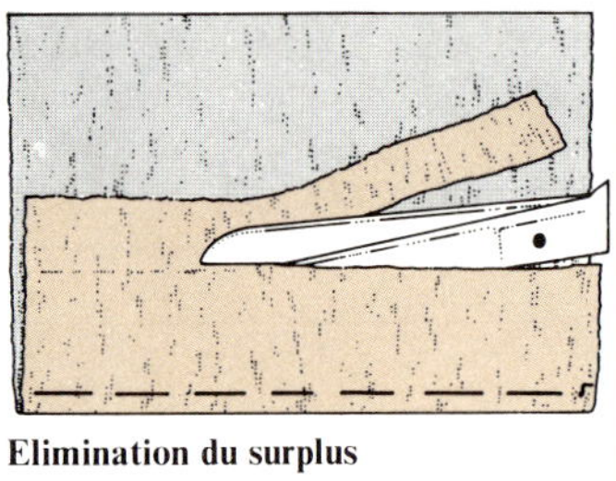

Elimination du surplus

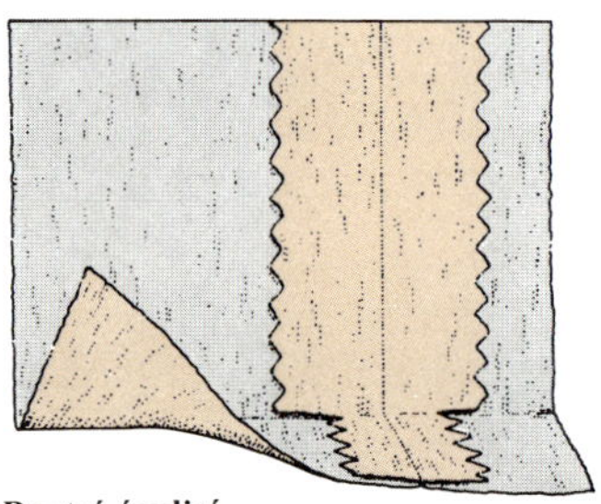

Rentré égalisé

Finition des ourlets

Une finition soignée de l'ourlet est essentielle pour donner un aspect «professionnel» à un vêtement. Ayant pris grand soin des essayages de votre vêtement, il vous reste à choisir la meilleure méthode pour finir l'ourlet. Le coupe de la jupe – à godets, évasée, ronde ou droite – ainsi que le genre et l'épaisseur du tissu, décideront de la méthode à choisir. Finissez votre ourlet à la main si les points ne doivent pas se voir sur l'endroit du vêtement.

Ourlet avec piqûre de soutien

Cet ourlet est destiné aux pièces fréquemment lavées et aux doublures.

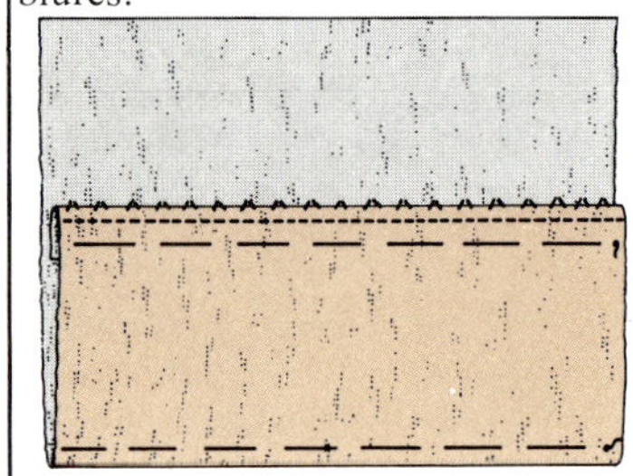

Ourlet avec piqûre de soutien

Finition de l'ourlet

Repliez le bord coupé de l'ourlet à 0,5 cm, faites une piqûre le long de la pliure et repassez. Epinglez l'ourlet, faites coïncider les marques et le bord, bâtissez. Finissez à points glissés. Retirez le fil de bâti et repassez l'ourlet.

L'ourlet au point de chausson

Cet ourlet convient aux tissus à texture lâche. Le bord coupé sera cranté ou pourvu d'un biais avant la couture.

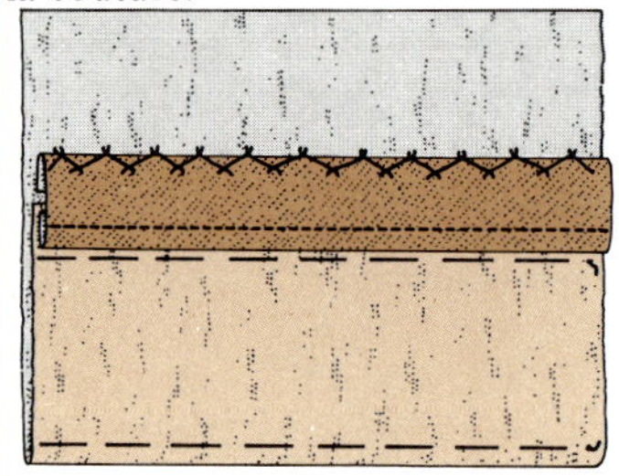

Ourlet au point de chausson

Finition de l'ourlet

Egalisez le bord coupé selon le genre du tissu, puis bâtissez. Cousez l'ourlet au point de chausson (page 267), en allant de gauche à droite. Repassez l'ourlet fini.

L'ourlet à points invisibles

Cet ourlet convient aux vêtements d'enfants et aux rideaux. Les points sont invisibles des deux côtés du vêtement.

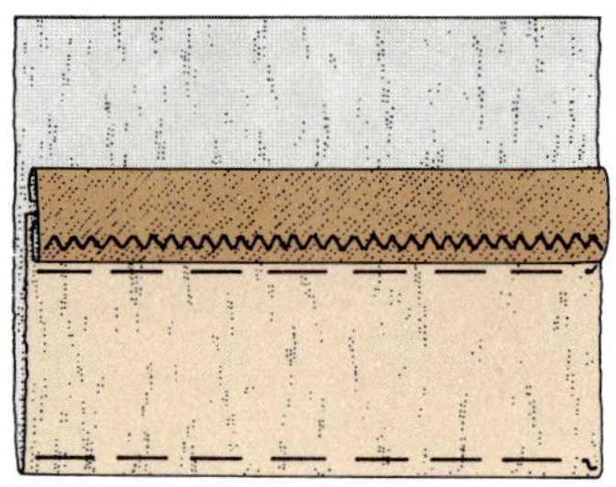

Ourlet à points invisibles

Finition de l'ourlet

L'ourlet peut être doublé par un ruban ou un biais. Cousez l'un ou l'autre à 0,5 cm du bord coupé par un point zigzag étroit, puis repassez. Bâtissez l'ourlet et cousez avec le point d'ourlet invisible (page 267). Repassez l'ourlet fini.

L'ourlet au point zigzag

Cet ourlet convient aux tissus tricotés, il empêche l'effilochage et donne de la souplesse.

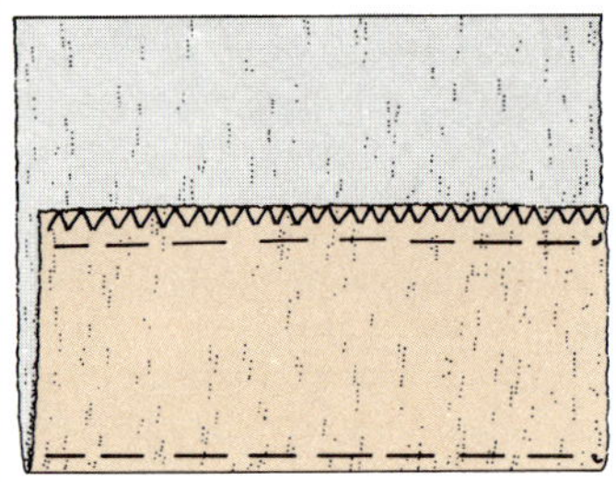

Ourlet au point zigzag

Finition de l'ourlet

Egalisez le bord au point zigzag élargi ou simple. Repassez, égalisez près de la couture. Epinglez et bâtissez le bord coupé au vêtement, faisant coïncider les tracés et l'ourlet. Finissez au point d'ourlet invisible (page 267). Repassez l'ourlet fini.

L'ourlet des jupes évasées ou à godets

Cette technique s'applique aux jupes légèrement évasées ou à godets. L'ampleur de l'ourlet est retenue par un léger fronçage.

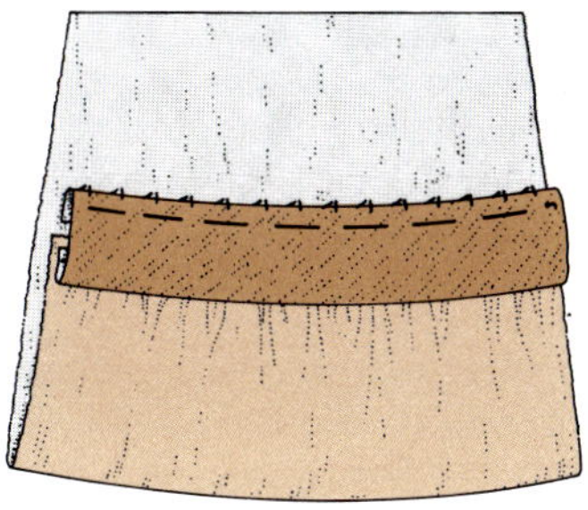

Ourlet légèrement évasé

Finition de l'ourlet

Passez un fil de fronçage à 0,5 cm du bord coupé. Epinglez l'ourlet en faisant coïncider le tracé et l'ourlet. Tirez légèrement le fil de fronçage pour retenir l'ampleur du tissu et donner sa forme à la jupe. Ne tirez pas trop sur le fil, la forme serait perdue. Placez la jupe sur une jeannette et aplatissez l'ampleur au fer vapeur. Placez un ruban en biais sur le fronçage. Epinglez et bâtissez l'ourlet. Repassez en mettant le ruban en biais en forme. Finissez au point d'ourlet invisible (page 267). Repassez l'ourlet.

L'ourlet rond

Cet ourlet doit être étroit pour avoir une forme arrondie. Trop large, il formerait des épaisseurs.

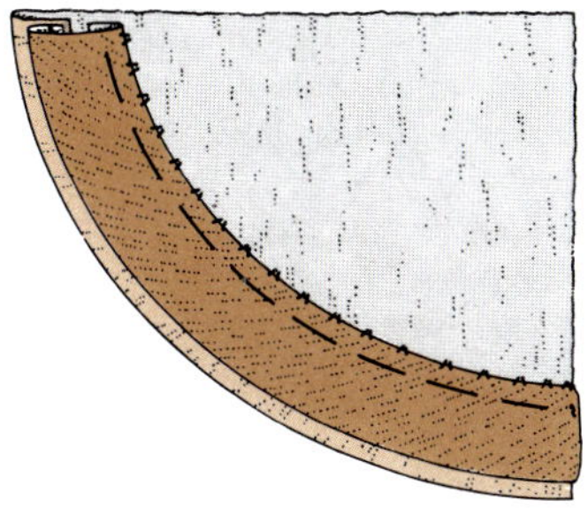

Ourlet rond

Finition de l'ourlet

Après avoir fait le tracé de l'ourlet, éliminez le surplus du tissu en ne laissant que 1,5 cm. Epinglez et cousez le ruban en biais à 0,5 cm du bord coupé. Ne tirez pas sur le ruban en biais en cousant. Repassez. Pliez le tissu sur le tracé. Epinglez et bâtissez près du pli, repassez. Bâtissez le bord coupé près du ruban en biais. Finissez au point d'ourlet invisible ou au point glissé (page 267). Retirez les fils de bâti et repassez l'ourlet.

Ourlet à la machine

Les ourlets à la machine sont rapides à faire et solides. Veillez à faire une piqûre bien droite, le point se verra sur l'endroit du vêtement. Cette méthode convient à la lingerie et aux fronçages. Egalisez le rentré à 0,5 cm, repliez-le à 3 mm sur environ 5 cm, puis repassez. Avec le pied ourleur de la machine, passez plusieurs fois sur le pli du début de l'ourlet pour renforcer la couture.

Finition de l'ourlet

Tenez les extrémités des fils de la main gauche et faites passer l'ourlet replié sous le pied ourleur en formant un «rouleau» de tissu. Les tissus raides passent mieux quand le pied ourleur est levé. Si votre tissu est coupé en biais, cousez d'abord le bord coupé.

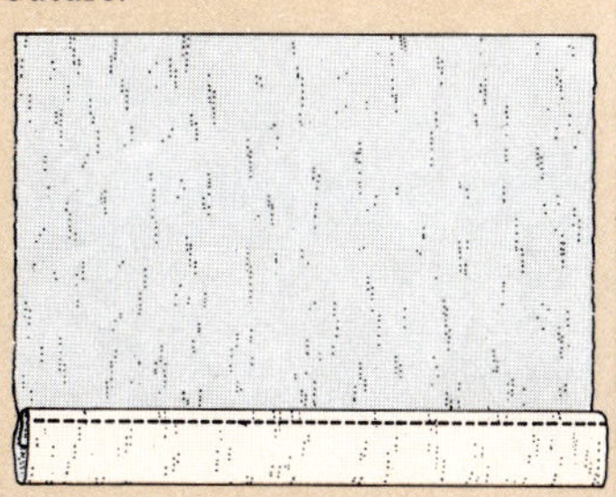

Ourlet fait à la machine

Finition des angles

En faisant les angles des ourlets, il convient d'éviter les épaisseurs de tissu; les angles doivent être nets et soignés. Les angles se font en onglets ou à parmenture.

L'onglet

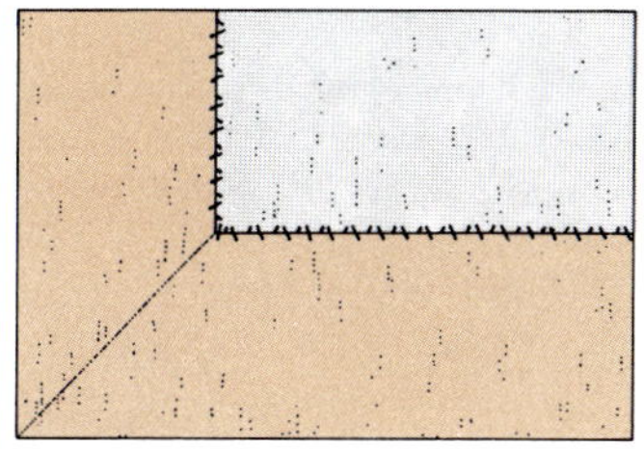

Angle à onglet

Confection de l'onglet

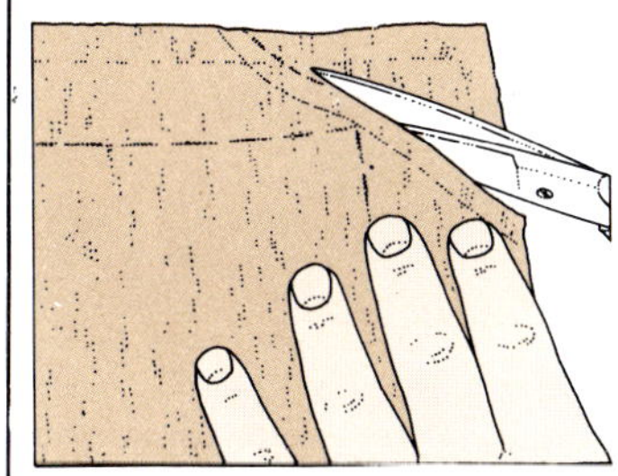

1 Repliez le bord coupé et pliez l'ourlet comme d'habitude. Repassez, puis ouvrez le tissu. Au point d'angle du pli de l'ourlet (B), tracez une diagonale. Coupez le tissu de l'angle à 0,5 cm de cette ligne.

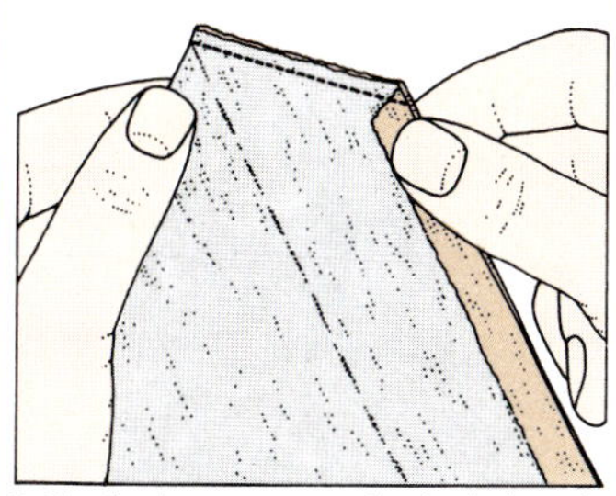

2 Endroit contre endroit, le bord coupé replié, pliez à travers l'angle et cousez la ligne diagonale. Retournez les angles et finissez l'ourlet.

L'angle à parmenture

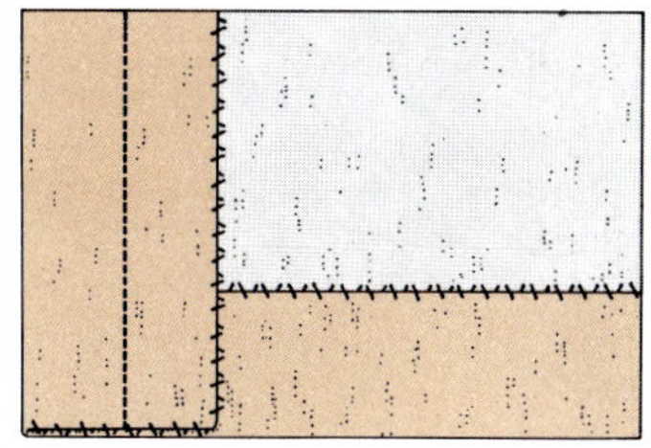

Angle à parmenture

Finition de l'angle

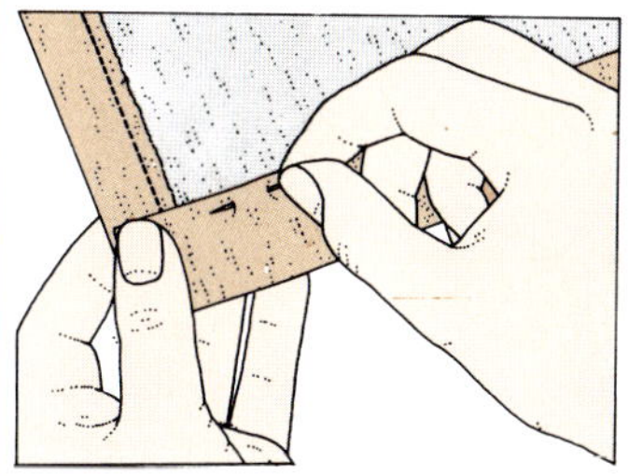

1 *Avant de plier l'ourlet, repliez le bord coupé sur 0,5 cm, cousez. Epinglez et cousez l'ourlet à la hauteur voulue.*

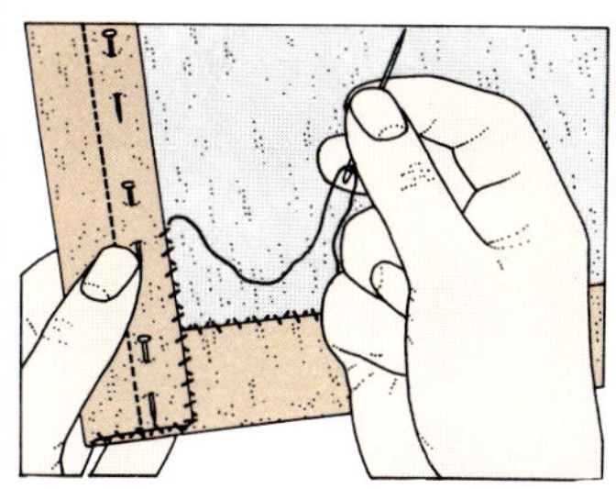

2 Retournez la parmenture par-dessus l'ourlet et fixez à points glissés, en commençant par le bas de la parmenture, afin de la fixer à l'ourlet, et en continuant le long de la parmenture.

Le repassage des ourlets

Les ourlets se repassent en partant du pli vers le bord coupé, afin d'éliminer l'ampleur et d'éviter les faux plis (page 257 pour le repassage). Repassez l'ourlet une fois bâti et repassez encore après la couture pour éliminer les traces des points.

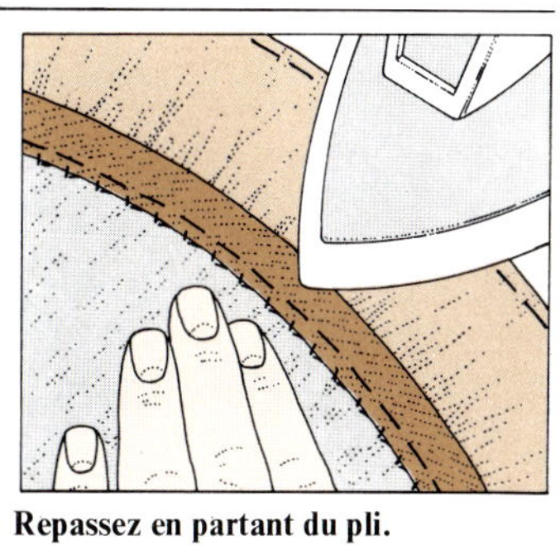

Repassez en partant du pli.

La triplure

La triplure se place entre le tissu et la parmenture, elle sert à renforcer cette dernière et à donner une meilleure tenue au vêtement.

Les patrons du commerce donnent les instructions relatives à l'emploi de la triplure. Si vous créez votre propre modèle, envisagez l'emploi de la triplure aux endroits qui demandent une tenue plus rigide, tels que les cols, les manchettes, les brides en tissu et les revers.

Le genre de triplure à utiliser dépend du tissu et du vêtement. La triplure ne devra jamais être plus lourde que le tissu employé. Vous trouverez des triplures de rigidité et d'épaisseur variées, tissées ou non tissées, certaines s'appliquant au fer chaud; c'est la chaleur qui colle les deux épaisseurs.

Si votre triplure doit être cousue, faites une couture à rabat (page 270), puis éliminez l'excédent du tissu pour éviter les épaisseurs.

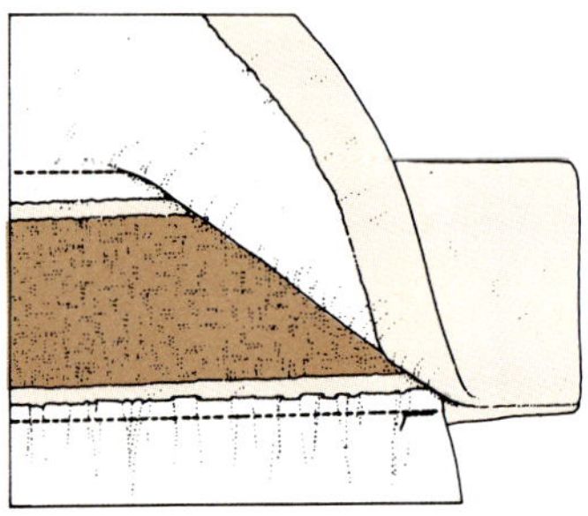

Ceinture renforcée et soutenue par une triplure

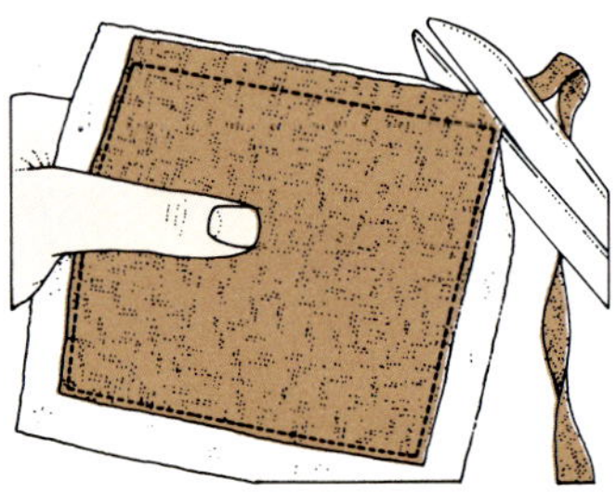

Coupez les rentrés de la couture de la triplure pour réduire l'épaisseur

Tableau de triplures

Tissu	Couleur	Emploi	Remarques
Calicot écru	Naturelle	Vestes, manteaux, tissus lâches, donne de la tenue sans rigidité	Lavable, nettoyage à sec, décatir avant emploi
Batiste	Blanche	Robes légères et corsages	Lavable, décatir avant emploi
Toile semi-rigide	Beige	Revers, devants de manteaux et de vestes	Lavable, décatir
Linon	Blanc ou de couleur	Coton et robes et corsages lavables	Peut être nettoyé à sec
Thermocollant	Blanc	Renforce les détails sur petite surface: cols, manchettes, rabats de poches. Eviter sur pure soie	Lavable, nettoyage à sec
Viseline	Blanche	Cotons légers, soies légères, tissus ne se repassant pas (wash and wear)	Lavable, nettoyage à sec

Les doublures

La doublure finit le vêtement en cachant les coutures à l'intérieur. Elle prolonge également la vie du vêtement en empêchant qu'il ne se déforme. La doublure est donc importante pour les vêtements en jersey et pour ceux qui devront subir une usure considérable.

La plupart des manteaux, vestes, etc. portés par-dessus d'autres vêtements, nécessitent une doublure, à la fois pour cacher les coutures et pour empêcher que les vêtements ne frottent les uns sur les autres.

La doublure sera, soit taillée et cousue avec les diverses parties du vêtement, soit confectionnée ultérieurement et ajoutée à la fin. Vous obtiendrez une finition parfaite en faisant des parmentures et en fixant la doublure à celles-ci. Si, pourtant, vous désirez fixer la doublure directement à un angle du vêtement, ce qui servira en même temps de parmenture, l'angle doit rester ouvert.

Les tissus pour les doublures seront idéalement glissants et souples, les tissus les plus utilisés sont la rayonne, les crêpes et le taffetas synthétique. Vérifiez que la doublure corresponde à votre tissu en ce qui concerne son épaisseur et la manière de la laver.

Préparation de la doublure

Taillez la doublure selon les pièces de votre patron, mais ne coupez pas les pièces ne nécessitant pas de doublure, telles que les cols, les manchettes et les parmentures. Les vêtements plissés ou froncés ne nécessitent pas de doublures plissées ou froncées, mais la doublure devra permettre au vêtement de bouger librement. N'oubliez pas de reporter tous les repères sur la doublure et reportez-y également les éventuelles rectifications.

Finition de l'ourlet

La doublure des robes et des jupes sera ourlée séparément. Avant de faire l'ourlet de la doublure, finissez le vêtement complètement. Les ourlets des doublures de vestes et de certains manteaux ne sont pas faits séparément, ils sont fixés au vêtement par des points glissés (voir ci-contre).

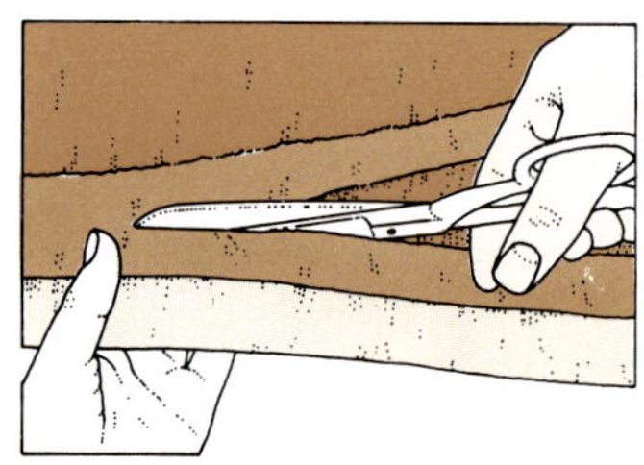

Comment finir l'ourlet de la doublure

1 *Retournez le vêtement à l'envers et repliez le surplus de la doublure sur l'ourlet, l'ourlet de la doublure étant en retrait de 2,5 cm sur celui du vêtement. Eliminez l'excédent de tissu.*

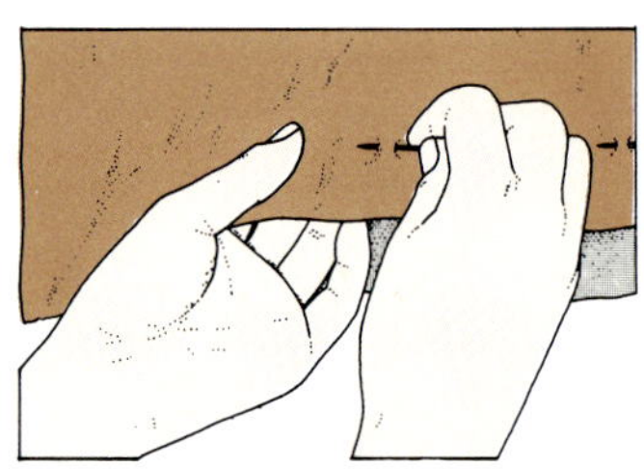

2 *Epinglez l'ourlet de la doublure, éliminez le surplus de tissu du bord coupé. Epinglez, sans prendre le tissu du vêtement. Piquez à la machine pour fixer l'ourlet.*

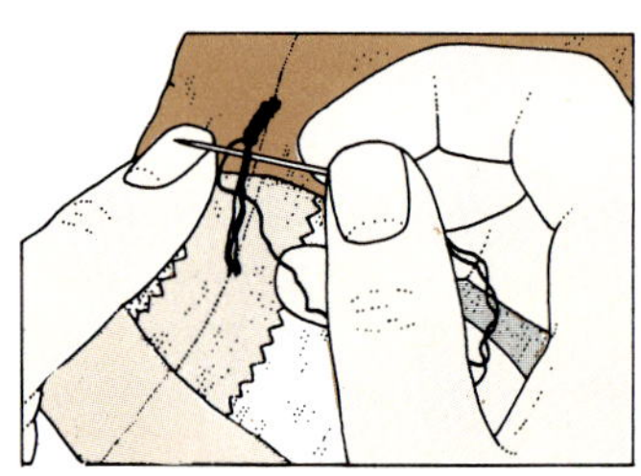

3 *Si vous désirez fixer la doublure aux coutures de côtés, faites quelques points longs et renforcez-les par des points bourdon.*

La doublure d'un vêtement

La doublure sera coupée comme le vêtement, les plis et les parmentures en moins; elle ne devra pas tirer ni faire de faux plis.

Confection de la doublure

Finissez le corsage et la jupe de la doublure, mais ne finissez pas les ourlets. Ouvrez au fer toutes les coutures et les pinces, dans le sens contraire de celles du vêtement. Retournez la doublure et posez-la sur un mannequin si vous en possédez un.

Fixation de la doublure au corsage

Posez la doublure finie sur le vêtement, envers contre envers. Epinglez (Fig. 1) en faisant coïncider les épaules, les côtés, les coutures de côté, de devant et de dos, et toutes les pinces. Bâtissez la doublure aux rentrés de couture à la taille et aux emmanchures. Réduisez la doublure à l'encolure, de manière qu'elle ne dépasse celle-ci que de 2 cm. Repliez la doublure sur l'encolure et bâtissez-la (Fig. 2). Faites de même pour les emmanchures. Si le vêtement comporte des manches, ne retournez pas la doublure par-dessus les bords coupés des emmanchures.

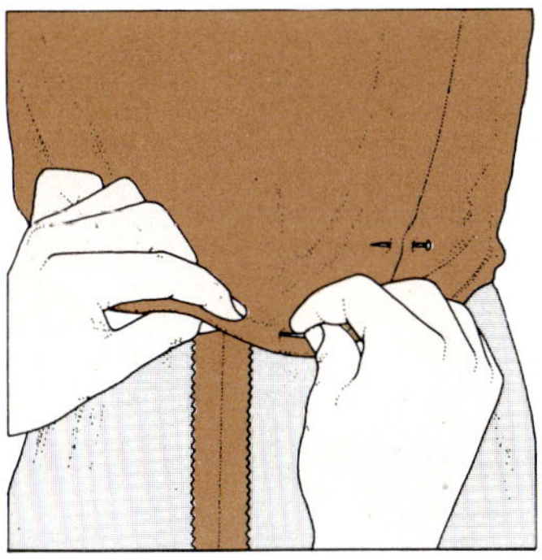

1 *Epinglez la doublure au corsage, envers contre envers.*

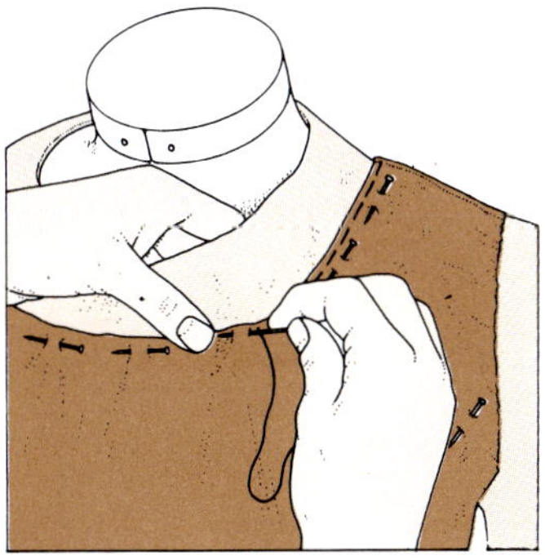

2 *Bâtissez la doublure au parement de l'encolure.*

Fixation de la doublure de la jupe et de la fermeture à glissière

Placez la doublure sur la jupe, juste sous la ceinture. Laissez 4 cm de chaque côté de l'emplacement prévu pour la fermeture à glissière. Repliez la doublure du corsage sur la ceinture de la doublure de la jupe. Epinglez et fixez à points glissés (Fig. 1). Si vous doublez une jupe, attachez la doublure à la ceinture avant de fixer celle-ci. Repliez le rentré de chaque côté de l'ouverture pour la fermeture à glissière (Fig. 2), puis attachez-le à celle-ci par un point d'ourlet. Repassez et retirez tous les fils de bâti. Eliminez l'excédent de tissu et finissez l'ourlet comme ci-contre.

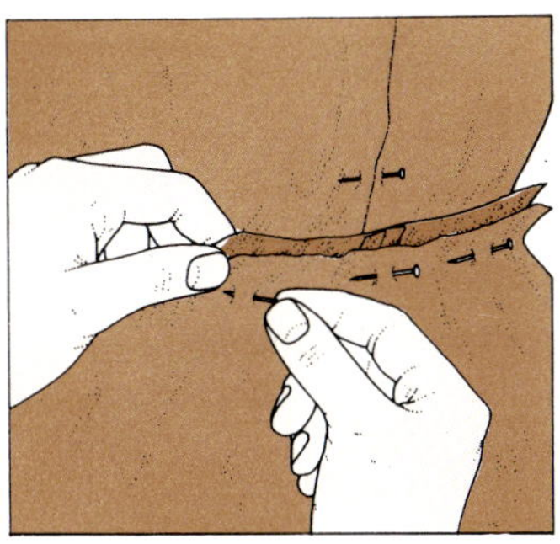

1 *Epinglez la doublure à la ceinture du vêtement.*

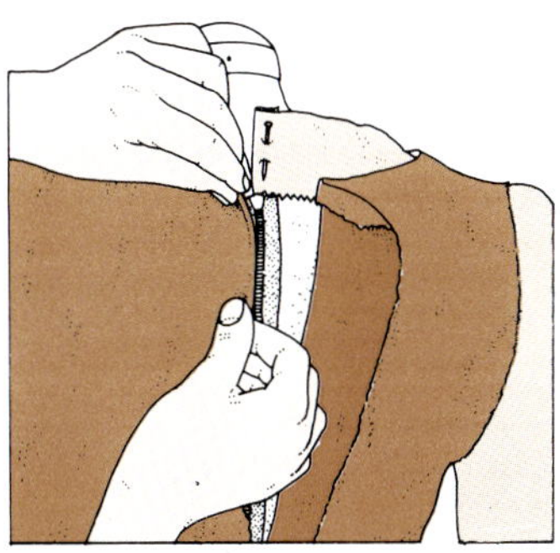

2 *Repliez le rentré de la couture avant de fixer la fermeture.*

Fixation de la doublure de manche

La doublure de la manche se fixe après la doublure du reste du vêtement. Certains vêtements ne comportent pas de manches doublées, alors que le reste du vêtement doit l'être. La doublure des manches courtes se fixe le long du bord inférieur de la manche, mais, sur les manches longues, la doublure se fixe sur la parmenture à hauteur du poignet.

La doublure des manches courtes

Préparez la doublure de la même manière que la manche, ne finissez pas l'ourlet. Retournez le vêtement à l'endroit et placez la doublure par-dessus. Vérifiez que la doublure corresponde bien à la manche. Endroit contre endroit, piquez le tour de l'ourlet.

Repassez; tirez la doublure vers l'intérieur de la manche. Roulez l'ourlet légèrement vers l'intérieur, bâtissez et repassez. Retournez sur l'envers, puis épinglez et bâtissez la doublure sur l'arrondi de la manche, en commençant sous le bras (Fig. 1). Faites coïncider tous les repères, éliminez le surplus de tissu et fixez à points glissés (Fig. 2).

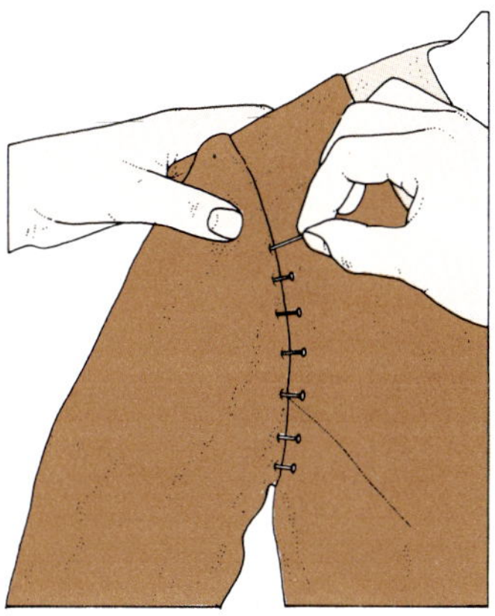

1 *Epinglez la doublure de la manche au corsage.*

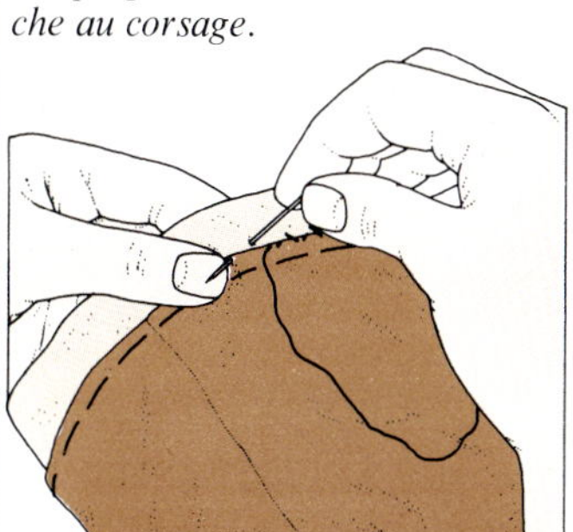

2 *Epinglez le bas de la doublure de la manche, de manière à faire dépasser la manchette sur la doublure.*

La doublure des manches longues

Faites la doublure comme la manche du vêtement. Mettez le vêtement à l'envers et passez la doublure, envers contre envers. Vérifiez que la manche corresponde bien à la doublure. Fixez la doublure à l'emmanchure comme pour la manche courte. Epinglez un petit pli autour de la manche, sous le coude (Fig. 1). Epinglez le côté manchette de la doublure, de manière qu'elle dépasse le bord coupé de la parmenture de 1,5 cm (Fig. 2). Fixez à points glissés, puis défaites le pli du coude pour libérer le tissu. Retournez la manche et le vêtement à l'endroit.

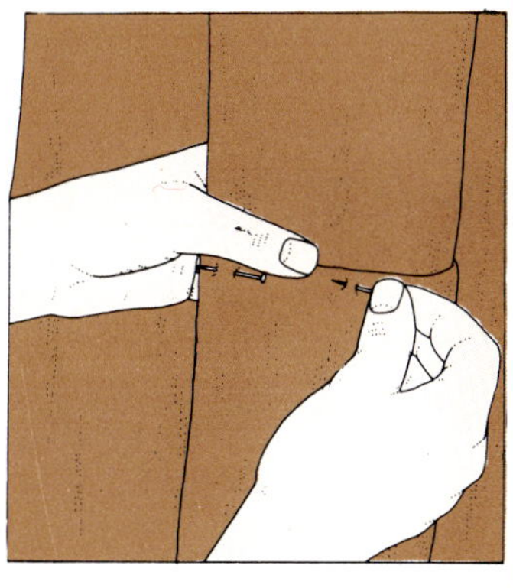

1 *Epinglez un pli sous le coude avant de fixer la manche.*

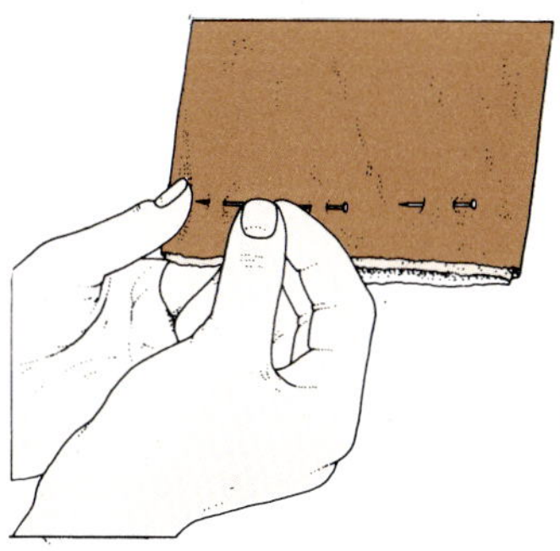

2 *Fixez la doublure à la parmenture au poignet à points glissés.*

Montage de quatre modèles de vêtements

Bien organisé, le montage est un processus simple et sans complication. Considérez votre vêtement comme un ensemble de pièces: les pièces principales (corsage et jupe), les pièces secondaires (parmentures, poches, col, manchettes et manches), chacune d'elles devant être complètement finie avant d'être assemblée aux autres pièces pour former l'ensemble. Cette méthode évite tout gaspillage de temps et tout excès de manipulation.

Tenez compte des quelques conseils suivants, ils augmenteront votre efficacité et l'aspect professionnel de votre vêtement.

Faites toujours les bâtis à la main et apportez les rectifications avant de faire les piqûres machine. Notez immédiatement les rectifications sur le patron papier. Vérifiez la tension et la longueur du point de la machine sur un échantillon de tissu avant de coudre le vêtement.

Egalisez toutes les coutures au fur et à mesure et repassez-les aussitôt faites, par exemple repassez les pinces d'épaules avant de faire les coutures d'épaules.

Corsage à empiècement et devant boutonné

Devant et dos sont faits séparément et les manches montées après assemblage.

Corsage à empiècement et devant boutonné

Montage du vêtement

1 Froncez le dos.
2 Attachez-le à l'empiècement.
3 Froncez les devants sur l'empiècement.
4 Attachez les pièces devant à l'empiècement.
5 Egalisez les coutures sur empiècement et corsage.
6 Préparez les parmentures pour les boutons et les boutonnières.
7 Attachez les parmentures.
8 Piquez les coutures d'épaules.
9 Egalisez les piqûres d'épaules.
10 Finissez le col et attachez-le.
11 Faites les manches.
12 Egalisez les coutures.
13 Faites les manchettes.
14 Montez les manchettes aux manches.
15 Montez les manches.
16 Faites, le cas échéant, les poches.
17 Fixez les poches.
18 Finissez l'ourlet.
19 Faites les boutonnières et cousez les boutons.

Jupe avec fermeture à glissière, ceinture et poches dans les coutures

Les jupes simples se font en cousant les côtés, puis en posant ceinture et fermeture. Si la jupe comporte des poches dans les coutures, devant et dos de la jupe sont finis séparément avant d'être assemblés.

Jupe avec fermeture à glissière, ceinture et poches dans les coutures

Assemblage

1 Faites le devant de la jupe, y compris le devant des poches.
2 Faites le dos, mais ne cousez que jusqu'à l'ouverture prévue pour la fermeture à glissière.
3 Attachez le dos des poches au vêtement.
4 Faites les coutures de côté, en passant autour des poches pour les assembler.
5 Montez la ceinture.
6 Fixez la fermeture à glissière.
7 Attachez la ceinture et faites une triplure.
8 Arrondissez l'ourlet et cousez-le.

Pantalon avec fermeture à glissière

On fait chaque jambe séparément, puis la couture du milieu. Cela permet d'ajuster l'entrejambe.

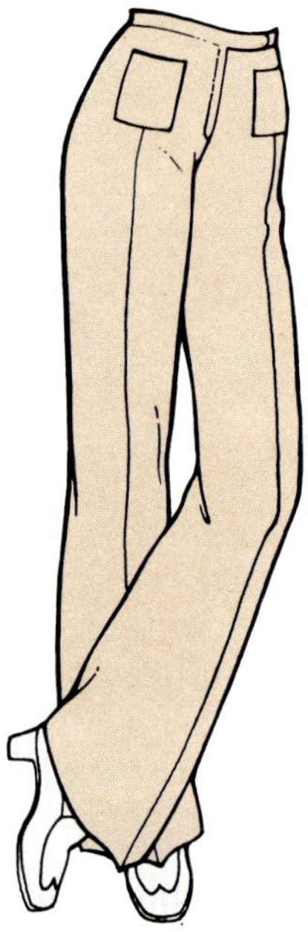

Assemblage du pantalon

1 Cousez les pinces devant et derrière.
2 Assemblez devant et dos le long des coutures intérieures des jambes et des côtés.
3 Faites éventuellement des poches.
4 Fixez les poches.
5 Faites la couture du milieu d'un seul tenant, en ménageant l'ouverture pour la fermeture à glissière, que vous coudrez ensuite.
6 Faites la ceinture.
7 Attachez la ceinture et faites une triplure.
8 Repliez et cousez les ourlets des jambes.

Robe avec fermeture à glissière dans le dos

Le corsage et la jupe se font séparément, ils s'assemblent à la fin.

Robe avec fermeture à glissière dans le dos

Assemblage

1 Faites les pinces du devant du corsage.
2 Faites les pinces du dos.
3 Faites les coutures d'épaules et égalisez-les.
4 Faites le col.
5 Préparez la parmenture.
6 Fixez la parmenture et le col.
7 Faites les coutures des côtés.
8 Faites les manchettes avec des boutonnières, si nécessaire.
9 Faites les manches et égalisez les coutures.
10 Attachez les manchettes aux manches.
11 Montez les manches.
12 Faites le devant de la jupe.
13 Faites les poches.
14 Fixez les poches au devant de la jupe.
15 Faites les coutures de côté de la jupe.
16 Assemblez corsage et jupe.
17 Fermez la couture dos jusqu'à l'ouverture de la fermeture à glissière.
18 Fixez la fermeture à glissière.
19 Faites la ceinture.
20 Faites les coulants de la ceinture, s'il y en a.
21 Attachez les brides de la ceinture.
22 Arrondissez et fixez l'ourlet.

Les essayages

L'un des avantages de la couture à domicile est que vous pouvez adapter votre vêtement à vos propres mesures. Veillez d'abord à bien prendre vos mesures, vérifiez ensuite et rectifiez toutes les parties du patron avant de couper le tissu et, finalement, essayez le vêtement une fois bâti avant de le coudre. Cet essayage devra être fait sur vous-même, et non sur un mannequin; vous devrez donc vous faire aider.

Les retouches

Les retouches doivent être faites tout au long de la confection du vêtement une fois les pinces et les principales coutures bâties. Les autres coutures seront tenues en place par des épingles. Théoriquement, les retouches apportées sur l'un des côtés du vêtement devraient correspondre à celles du côté opposé. Peu de personnes, cependant, ont un corps parfaitement symétrique; des retouches unilatérales peuvent donc être nécessaires pour assurer le bon tomber du vêtement.

Le premier essayage

Une fois tous les détails vérifiés et le vêtement bâti, vous êtes prête pour le premier essayage. Mettez les sous-vêtements et les chaussures que vous porterez avec ce vêtement. Essayez le vêtement à l'endroit, épinglez les ouvertures et mettez la ceinture si vous en prévoyez une. Si des retouches sont nécessaires, enlevez les points de bâti et posez des épingles.

Vérification de l'aisance

Le vêtement ne devra pas vous gêner si vous êtes assise, si vous bougez, si vous vous étirez, si vous levez le bras ou pliez un genou. Essayez une veste sur un chemisier ou une jupe, et un manteau sur une robe pour vérifier qu'ils vont bien. Pour que le vêtement tombe parfaitement, il faut prévoir une aisance raisonnable pour le tour de poitrine, la taille devra être bien tenue, mais non serrée, et le tissu devra suivre sans effort la ligne entre hanches et taille. Si le dos du vêtement est trop large, il vous faudra rectifier les coutures de côtés ou remonter la jupe à la taille. Les épaisseurs et les faux plis seront supprimés en rectifiant les pinces et les coutures correspondantes.

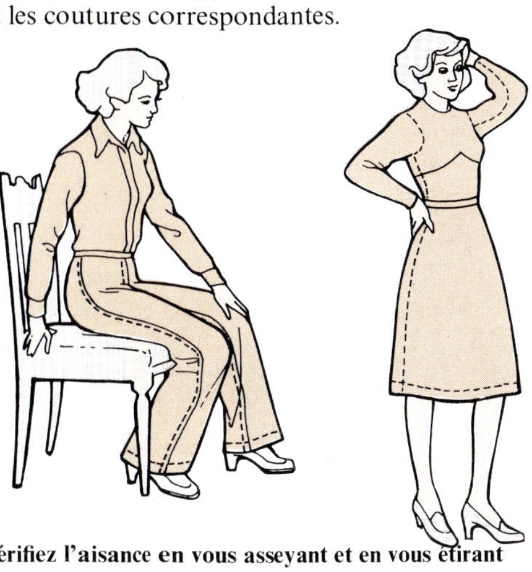

Vérifiez l'aisance en vous asseyant et en vous étirant

Vérification du droit fil

Le droit fil du devant et du dos, qui aura été indiqué par un point de bâti, sera perpendiculaire au sol (sauf pour les vêtements taillés en biais), le fil de trame sur la ligne de poitrine et de hanches sera parallèle au sol. Le droit fil de la manche sera à la verticale en partant de l'épaule au coude et le fil de trame au-dessus du coude sera parallèle au sol.

Vérification des tracés de couture

Faites avec soin les coutures et les assemblages, votre vêtement aura un aspect professionnel.

Coutures d'épaules
Cette couture se trouvera exactement sur le haut de l'épaule, elle ne glissera ni vers le devant, ni vers le dos.

La taille
Cette couture se trouvera à l'endroit naturel de la taille; cependant, des ajustements peuvent être nécessaires selon le genre du tissu et son tomber.

Les pinces
Les pinces de poitrine auront l'extrémité à la pointe du sein. Les pinces de manches pointeront vers le coude.

Les coutures des côtés
Ces coutures seront droites et verticales par rapport au sol (cela s'applique également aux coutures de devant et de dos).

Le report des retouches

Avant d'enlever le vêtement, marquez les nouvelles coutures à la craie. Epinglez à nouveau les coutures et bâtissez-les. Essayez encore une fois le vêtement pour vérifier les retouches. Ne cousez qu'une fois satisfaite du résultat.

Ajustement de l'encolure

L'ajustement de l'encolure est essentiel pour l'aspect soigné du vêtement. N'oubliez pas qu'elle sera plus ouverte de 2 cm une fois cousue, en raison du rentré des coutures.

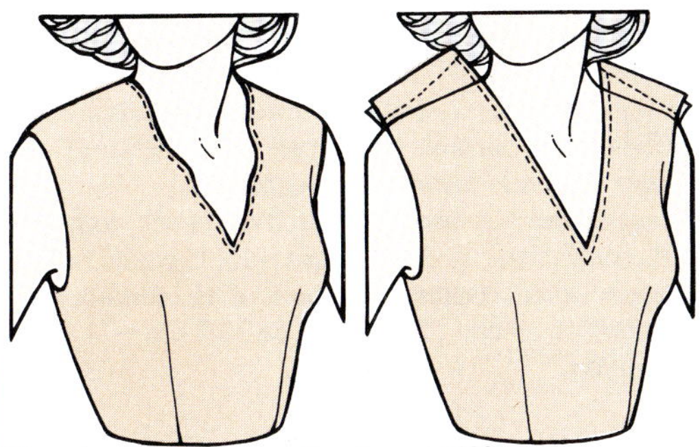

L'encolure bâille **Encolure rectifiée**

Une encolure qui bâille sera reprise en remontant les coutures d'épaules, en faisant un petit pli à certains endroits ou en reprenant la couture du milieu dos.

Les problèmes courants

Certaines rectifications peuvent s'imposer avant la couture définitive.

Le dos de la jupe est trop serré

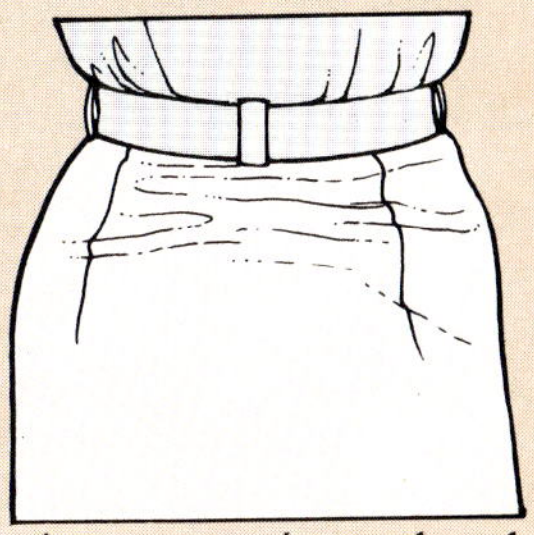

Si la jupe est serrée aux hanches, des faux plis apparaîtront sous la taille. Relâchez les pinces du milieu du dos de la jupe et recousez-les en les incurvant selon votre conformation. Les pinces peuvent également devoir être raccourcies.

Les emmanchures sont trop échancrées

Les retouches se font en haut de l'emmanchure. Enlevez les fils de bâti et ajustez l'emmanchure exactement en haut de l'épaule. Ne changez pas le rentré de la couture de manche.

Les pinces poitrine sont mal ajustées

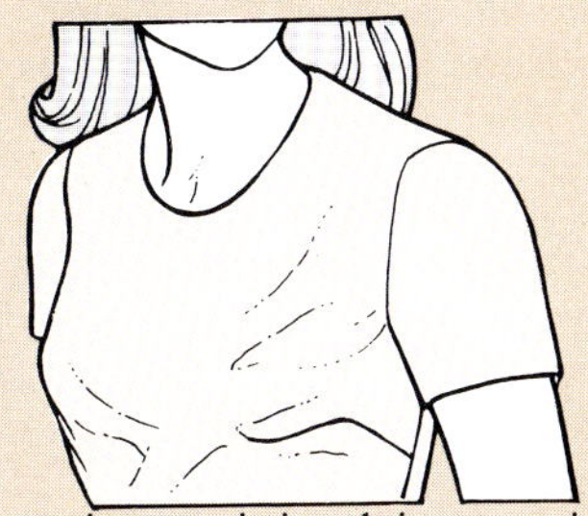

Les pinces poitrine doivent avoir l'extrémité pointue à la pointe du sein. Si l'extrémité est mal placée, rectifiez-la en allant vers le côté le plus large, sans déplacer celui-ci.

Variations sur les manches

Vous pourrez facilement adapter le patron de base des manches soit en le coupant ou en l'évasant, soit en ajoutant de l'ampleur en haut ou aux poignets, ou encore en allongeant les coutures de côté pour obtenir des manches kimono ou des manches ouvertes en bas. Avant d'adopter un modèle, n'oubliez pas de tenir compte du tissu et du style de votre vêtement à venir. Une manche bouffante, par exemple, s'adaptera mal à un vêtement très ajusté, elle sera mieux à sa place sur un vêtement ample en tissu souple.

Avant de vous lancer dans divers dessins, reproduisez votre patron de base sur une feuille de papier, afin de ne pas l'endommager. N'oubliez pas de reporter tous les repères sur un double du patron de base qui servira à vos expériences. Dès que vous aurez choisi votre modèle de manche, reproduisez-le sur une autre feuille de papier, gardez le patron de base de la manche. Le nouveau patron sera propre et prêt à l'emploi.

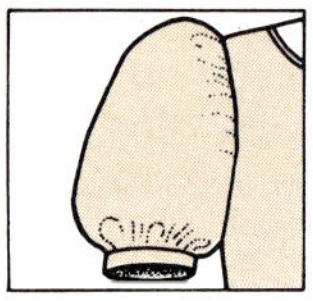

Manche bouffante

Cette manche ample se confectionne en ajoutant de l'ampleur à la tête et à l'ourlet du patron. Elle sera finie par un ruban en biais ou un ruban droit étroit.

Coupe de la manche

Dessinez le patron de la manche et taillez-le à la longueur voulue. Pliez-le quatre fois dans le sens de la longueur, puis dépliez-le et coupez le long des plis. Sur une autre feuille de papier, tracez une ligne verticale un peu plus longue que la manche. A angle droit, tracez une ligne aussi large mais un peu plus longue que la couture du dessous de bras. Disposez les pièces du patron sur la ligne de couture de dessous le bras en laissant 5 cm entre chaque pièce. Epinglez. Mesurez de 4 à 7 cm du haut de la tête de la manche, selon la longueur voulue. Tracez une courbe à partir de là et reliez les lignes extérieures du patron. Ajoutez 5 cm sous le milieu de l'ourlet du bas de la manche. Dessinez une ligne courbe jusqu'à la couture de côté puis marquez le droit fil. Ajoutez 2 cm tout autour, pour les coutures. Reportez les repères et taillez le patron.

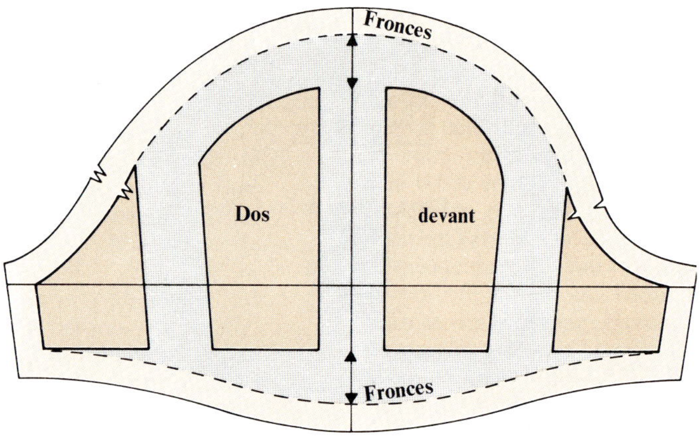

Patron de base élargi pour manche bouffante

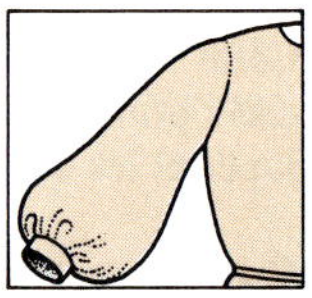

Haut de manche plat et poignet froncé

Cette manche a un haut plat et un poignet froncé. La manchette peut être froncée ou montée sur un élastique, l'ampleur variera selon le modèle et l'épaisseur du tissu.

Coupe de la manche

Coupez un patron de manche droite ayant la couture de dessous le bras parallèle depuis l'emmanchure jusqu'au poignet. Repliez le patron quatre fois dans le sens de la longueur, puis dépliez-le. Coupez le long des plis puis placez les pièces sur une feuille de papier plus longue en les écartant du bas. Comptez 2,5 cm pour les fentes de devant et du centre et 5 cm pour le dos. Epinglez. Rallongez la couture de dessous le bras de 2,5 cm et la longueur trois-quart dos de 5 cm. Tracez une ligne courbe le long du bord inférieur et marquez 7,5 cm de longueur d'ouverture. Ajoutez 2 cm pour la couture tout autour. Marquez le droit fil, le point d'épaule, les repères et les crans.

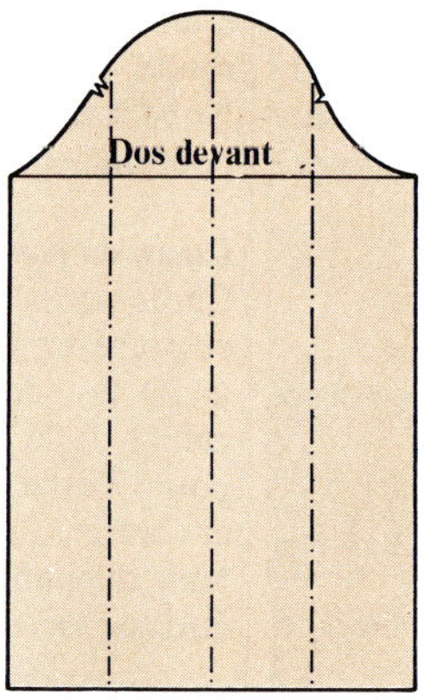

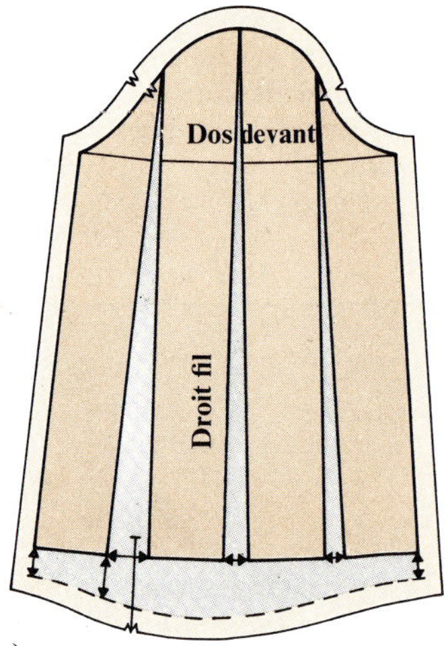

Patron de base élargi pour manche resserrée au poignet et à tête plate (en haut).
Patron de base plié en longueur (à droite)

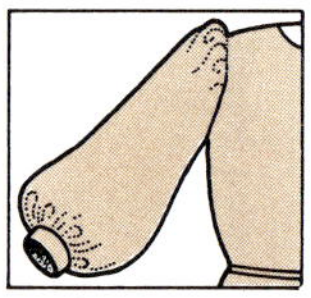

Haut de manche froncé et poignet froncé

Cette variante de la manche resserrée à tête plate, comporte une tête froncée ajustée à l'emmanchure.

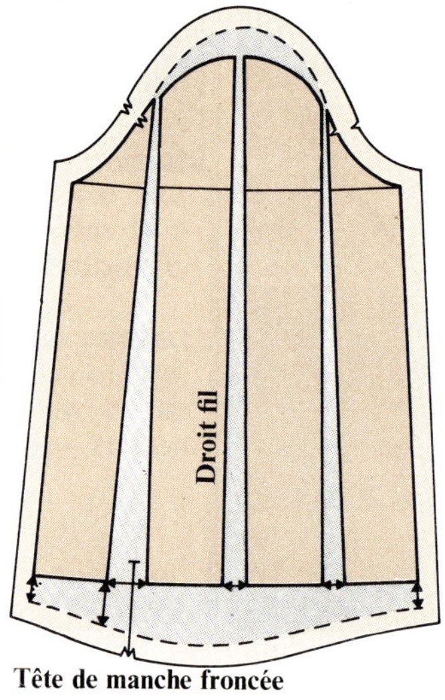

Tête de manche froncée

Coupe de la manche

Préparez le patron comme pour la manche à haut plat, mais écartez chaque partie de 1,5 cm en haut. Faites une marque à 5 cm en dessous du point d'épaule. Tracez une ligne courbe descendante, comme sur le dessin, pour relier les parties extérieures du patron, puis ajoutez 2 cm tout autour pour les coutures. Marquez le droit fil, le point d'épaule, les repères et les crans. Découpez ce nouveau patron.

Les manches évasées

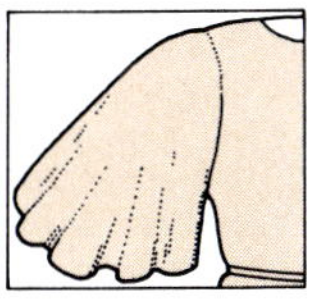

La manche évasée

Cette manche peut avoir n'importe quelle longueur. L'ampleur du bas n'est pas retenue, mais laissée libre. L'ourlet du bas est fait selon la méthode convenant au tissu.

Coupe de la manche

Découpez un modèle de manche droite selon la longueur désirée. Pliez-le quatre fois dans le sens de la longueur, dépliez et découpez selon les lignes pliées. Disposez le patron sur une feuille de papier, en écartant les pièces pour donner l'ampleur voulue au bas de la manche. Redessinez le haut de la manche, en arrondissant la ligne le long des points de rencontre des pièces. Ajoutez 2 cm pour la couture du haut et des côtés, plus 1 cm pour l'ourlet roulé du bas. Marquez le droit fil, le haut d'épaule, les repères et les crans. Coupez le nouveau patron.

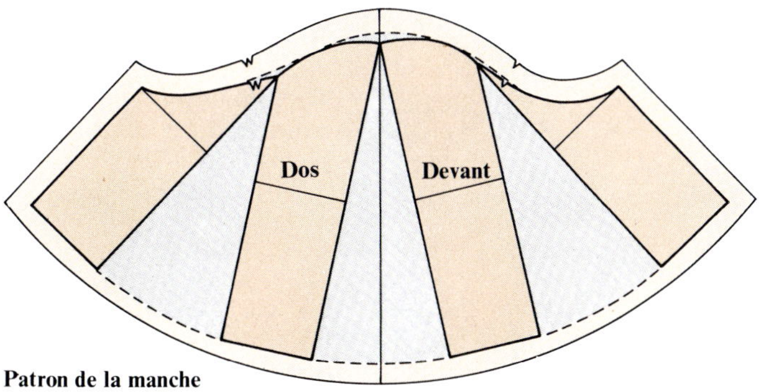

Patron de la manche

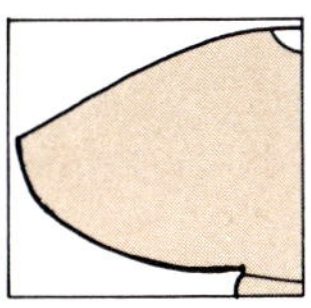

La manche évasée incorporée

Comme la manche kimono, celle-ci est incorporée et coupée en même temps que le corsage entre l'épaule et la taille.

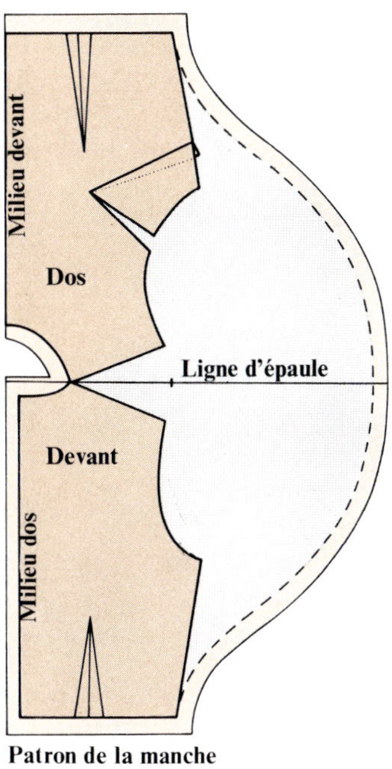

Patron de la manche

Coupe de la manche

Disposez les parties du patron du corsage sur une feuille de papier en faisant se rencontrer les points d'encolure. Epinglez. Tracez une ligne droite à angle droit du milieu dos jusqu'au point de rencontre des encolures. Allongez cette ligne à la longueur voulue, en ajoutant la largeur de l'épaule. Tracez une ligne courbe passant à travers la ligne de longueur de manche; elle reliera le tracé de la taille des deux parties du corsage comme sur le dessin. Ajoutez 2 cm tout autour pour les coutures. Marquez le droit fil le long de la ligne du milieu dos. Reportez les marques, les repères et les crans et découpez ce nouveau patron.

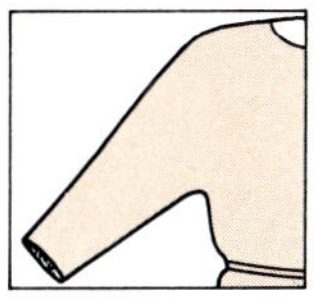

La manche kimono

Cette manche large se coupe en même temps que le haut du corsage, les coutures d'épaules et de dessous de bras se continuent jusqu'au poignet. Le résultat est un corsage ample à larges manches.

Coupe de la manche

Disposez le patron de base sur une feuille de papier plus grande que lui. Epinglez et allongez la ligne de couture d'épaule jusqu'à la longueur voulue de la manche. Marquez le haut de l'épaule C et le poignet A. Marquez le point B à 4 cm et à angle droit de A. Reliez B et C. Tirez une ligne à 10 cm de B, à angle droit de BC. Marquez la fin de cette ligne D. Mesurez 4 cm vers le bas en partant de la couverture de dessous de bras et marquez G. Reliez D à G puis tracez une ligne incurvée entre le corsage et la manche. Mesurez 20 cm en partant de B le long de la ligne BC. Tirez une ligne à angle droit de BC pour rencontrer DG. C'est la ligne de trois-quarts de manche. Faites le devant du corsage et de la manche de la même façon. Descendez la pince poitrine juste en dessous de la pince originale, mais gardez la pointe au même endroit. Marquez le droit fil au milieu dos et le milieu devant du corsage. Reportez toutes les marques, les repères et les crans, puis découpez le nouveau patron.

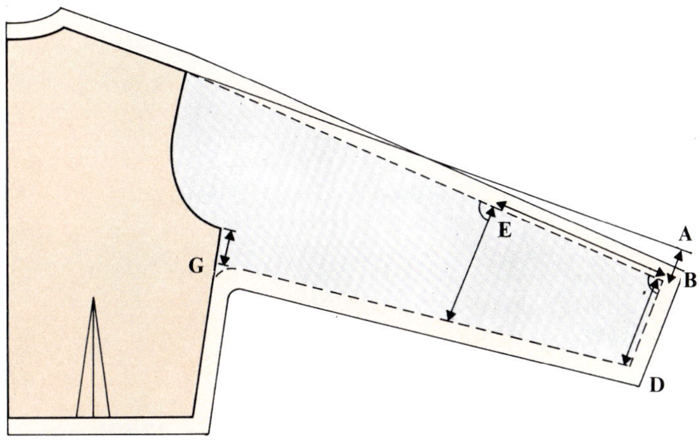

Dos de la manche kimono

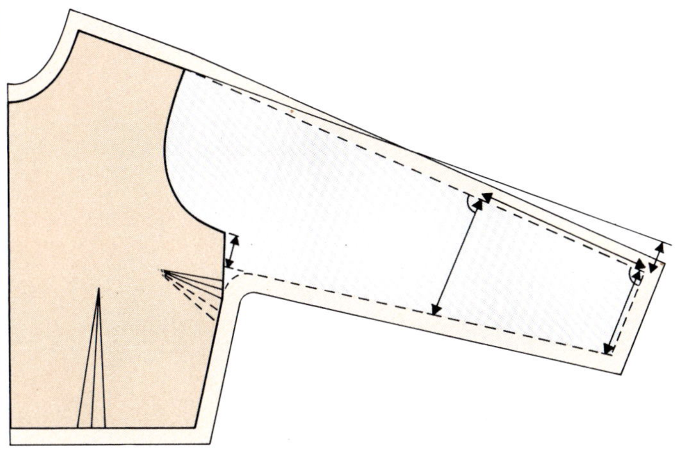

Devant de la manche kimono

Les biais

Les rubans en biais s'utilisent pour la finition des bords coupés nets. Si le ruban est coupé plein biais, il reste plat et ne s'enroulera pas (voir ci-après).

Déterminez le plein biais

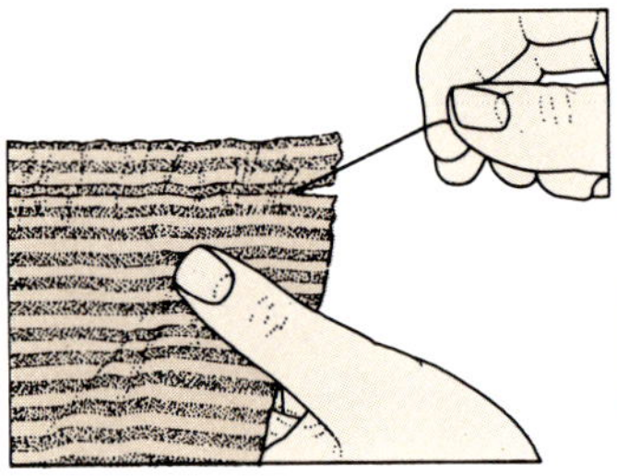

1 *Assurez-vous que les angles du tissu sont droits. Utilisez la lisière pour en faire l'un de vos bords. Vérifiez que l'autre bord soit droit en tirant sur un des fils de trame (voir page 258).*

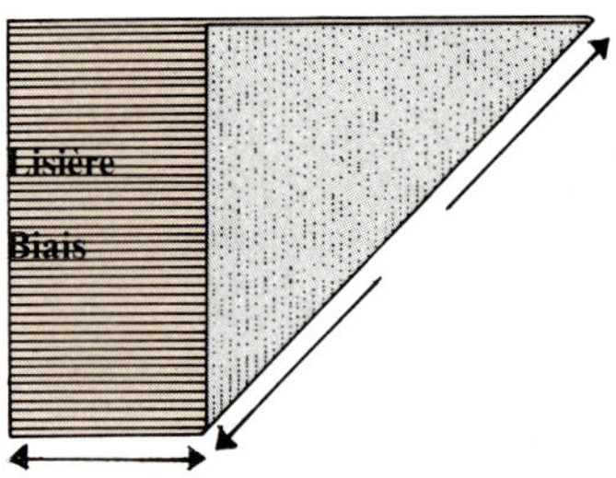

2 *Posez le tissu à plat et repliez-le avec le bord droit par-dessus la lisière. La diagonale sera le plein biais. Enroulez la largeur de vos lanières en parallèle au biais.*

Coupez et assemblez les rubans en biais

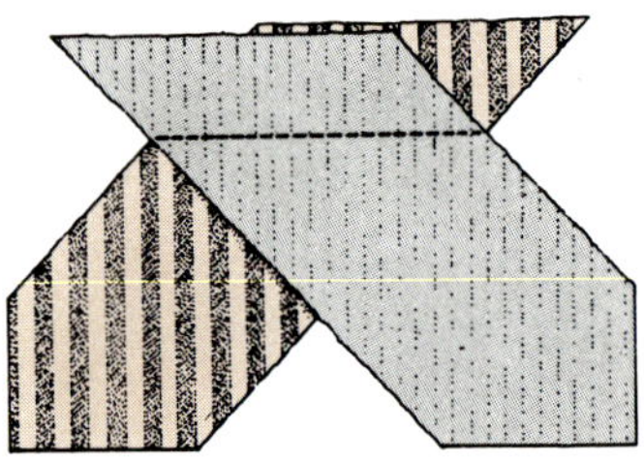

Coupez vos lanières à quatre fois la largeur finale (en général 2,5 à 3 cm). Epinglez les extrémités endroit contre endroit, en faisant coïncider le dessin si nécessaire. Piquez à 0,5 cm du bord.

Les parmentures

Pour que les encolures et les emmanchures soient soigneusement finies, il faut les renforcer par une parmenture. La parmenture sera faite dans le tissu du vêtement et coupée exactement comme l'ouverture à laquelle elle s'appliquera. Vérifiez donc bien la tenue de votre vêtement avant de couper les parmentures. Si vous avez fait des retouches sur le vêtement, il faudra les reporter sur les parmentures.

Autour de l'encolure, la parmenture sera renforcée par une triplure pour être plus nette. Coupée aux mesures exactes de la parmenture, la triplure se place entre celle-ci et le vêtement. Le genre de triplure utilisée dépendra du tissu et du style du vêtement (voir page 292). Des triplures thermocollantes se trouvent dans le commerce, elles se fixent au fer chaud.

Parmenture d'encolure

La parmenture comportera deux ou trois pièces, selon l'ouverture prévue.

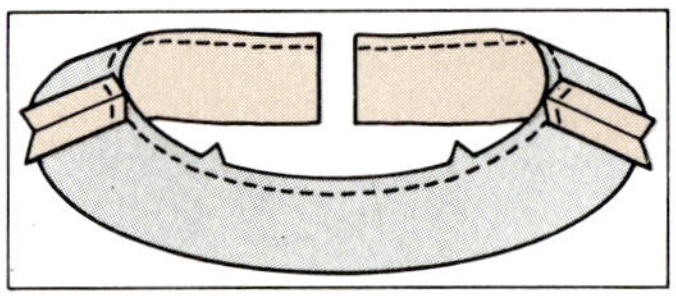

Coupe de la parmenture

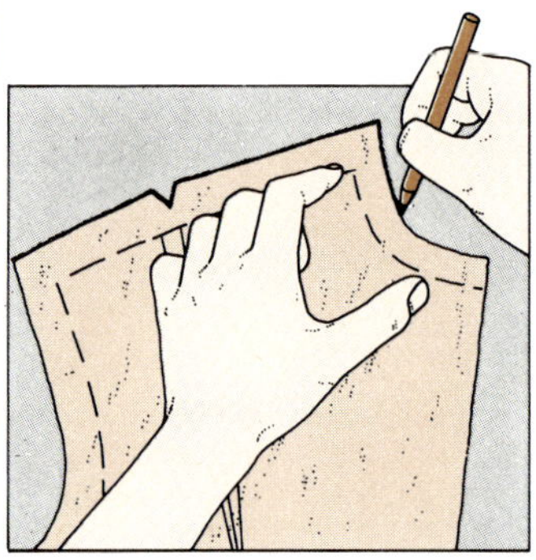

1 *Disposez le devant sur une feuille de papier et épinglez. Tirez un trait le long de l'encolure en y ajoutant la largeur de la couture. Dessinez les coutures d'épaules avec du carbone tailleur. Reportez les repères.*

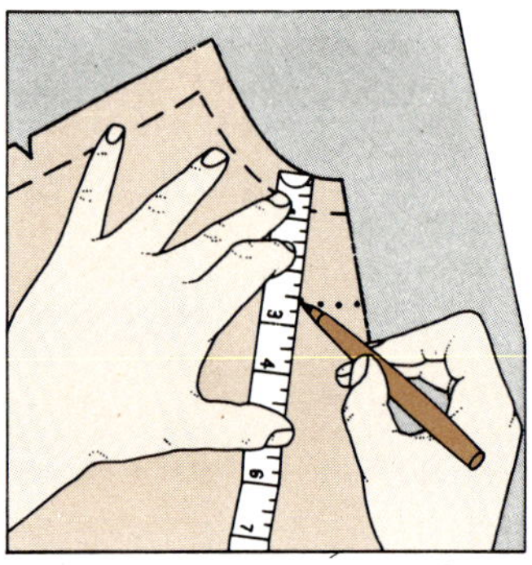

2 *Retirez le patron du corsage et marquez des points autour de l'encolure à 6,5 cm de la ligne de couture. C'est la profondeur de votre parmenture.*

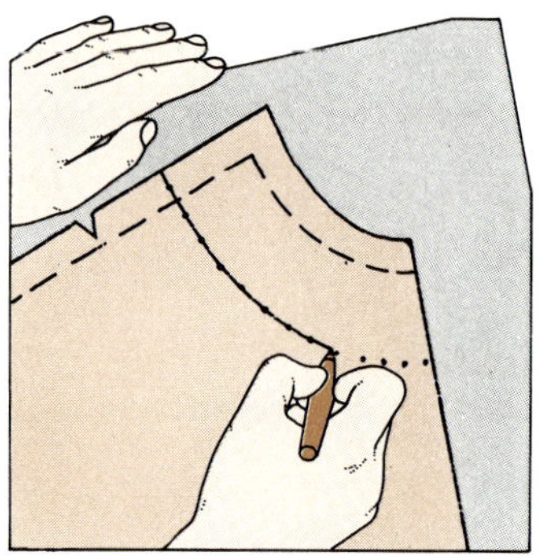

3 *Reliez ces points et marquez le droit fil au milieu devant.*

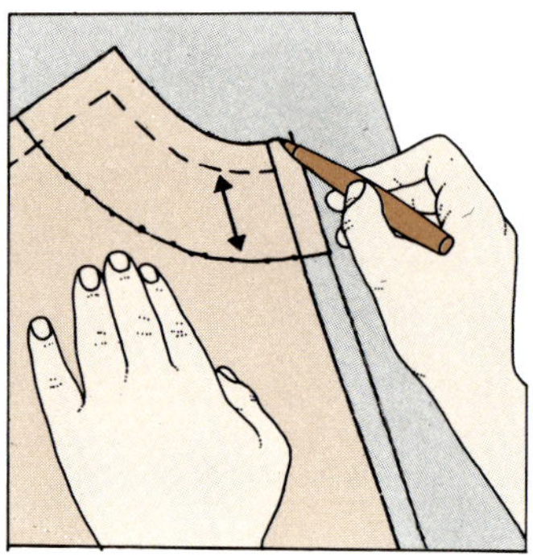

4 *Si la parmenture est d'une seule pièce, marquez «pli» au milieu devant. Si vous prévoyez une ouverture centrale, ajoutez la largeur de la couture au milieu devant et marquez «couper 2». Faites de même la parmenture pour l'encolure dos.*

Parmenture d'emmanchure

La parmenture finit les emmanchures sur les modèles sans manches. Tout comme la parmenture d'encolure, celle-ci doit être coupée avec soin pour être parfaitement ajustée, afin d'éviter les faux plis et les fronces. Les parmentures se font en deux parties.

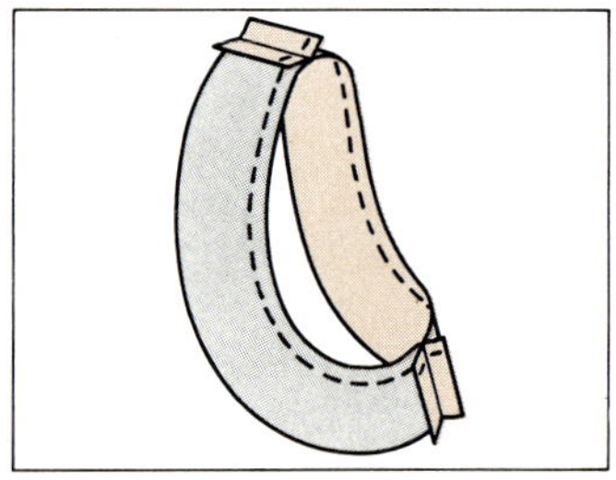

Coupe de la parmenture d'emmanchure

Disposez le devant du corsage sur une feuille de papier et épinglez. Dessinez une ligne contournant l'emmanchure, plus les coutures. Transférez les repères et tracez les coutures. Retirez le patron du corsage et marquez des points tout autour à 6,5 cm de l'emmanchure. Reliez ces marques et dessinez les tracés de coutures d'épaules et de côtés. Marquez le droit fil parallèlement au milieu devant du patron. Faites la parmenture de l'emmanchure côté dos de même.

Le dessin de la parmenture d'emmanchure

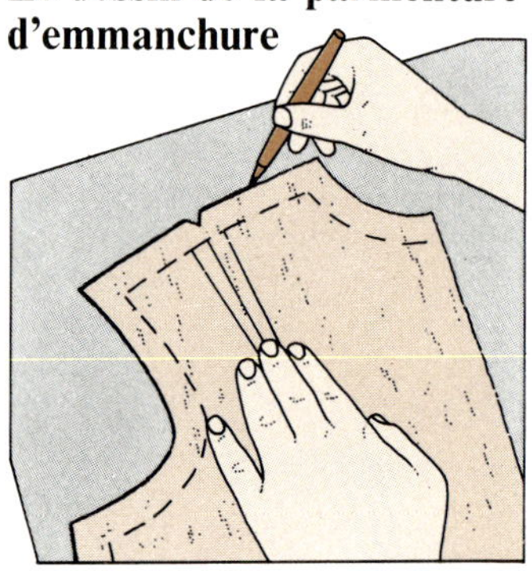

Faites une ligne autour de votre patron avec de la craie tailleur ou un crayon. Reportez les repères avec un carbone tailleur (page 259).

Les tailles

Ceinture droite avec gros-grain
Cette ceinture se fait à partir d'un simple rectangle de tissu, droit fil ou non, replié sur un gros-grain. Elle peut être de n'importe quelle largeur mais faites votre choix avant d'acheter le gros-grain.

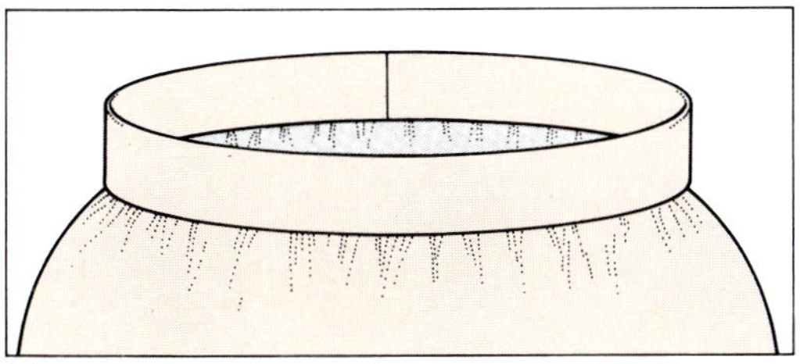

Ceinture droite avec gros-grain

La coupe de la ceinture
Sur une feuille de papier, dessinez un rectangle à la mesure de votre tour de taille plus 2,5 cm, ayant deux fois la hauteur de votre gros-grain plus 2 cm pour le rentré tout autour. Marquez le droit fil en longueur, puis marquez le milieu devant, le milieu dos et les coutures de côté.

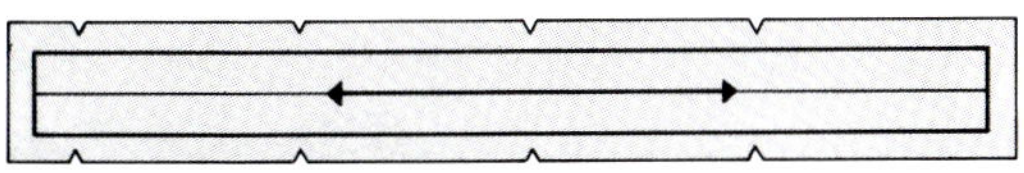

Patron d'une ceinture droite

Ceinture en forme
Le haut de cette ceinture est arrondi pour souligner la taille. Elle est coupée droit fil, mais elle comporte deux pièces et une triplure.

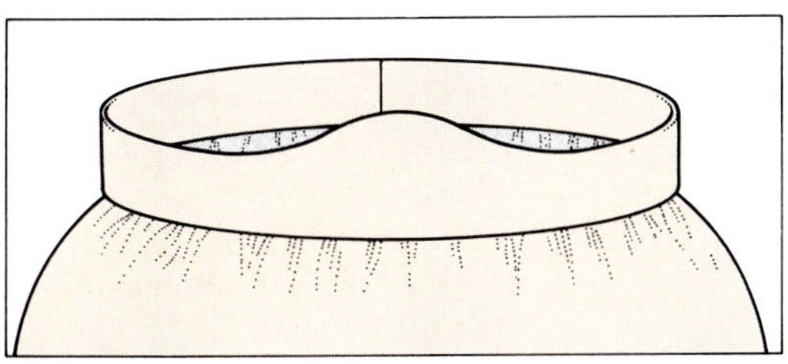

Ceinture en forme

Coupe de la ceinture
Sur une feuille de papier, dessinez un rectangle de la longueur de votre tour de taille et de la largeur du point le plus large prévu pour la ceinture. Faites une ligne incurvée de la taille désirée sur un des côtés et ajoutez 2,5 cm de tissu à l'ouverture du milieu dos, pour le rabat. Ajoutez 2 cm tout autour pour les coutures. Marquez le droit fil sur la longueur, ainsi que le milieu devant et les coutures de côtés. Notez «couper 2» sur le patron.

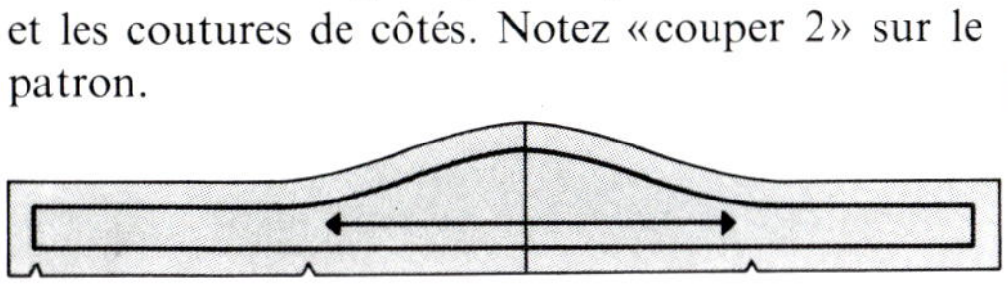

Patron d'une ceinture en forme

Les ceintures

Les ceintures
Voici une ceinture ordinaire, fermée par une boucle. Elle se coupe droit fil et de la largeur voulue, elle est doublée d'un gros-grain ou d'une triplure.

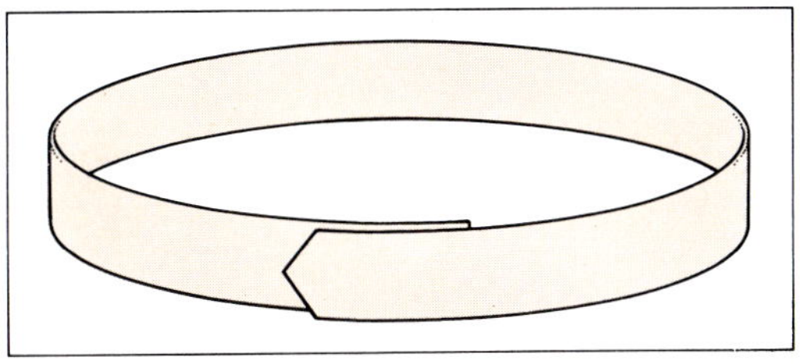

Ceinture doublée

Coupe de la ceinture
Sur une feuille de papier, dessinez un rectangle de la longueur de votre tour de taille, plus 12,5 cm et de deux fois la largeur voulue, ajoutez 2 cm tout autour. Coupez l'une des extrémités en triangle ou en arrondi; marquez le droit fil sur la longueur. La triplure sera coupée à la même longueur que la ceinture, mais seulement à la moitié de la largeur.

Ceinture nouée étroite
Cette ceinture sera aussi longue et aussi large que voulu, mais elle doit être coupée dans le biais pour bien entourer la taille sans tirer ni faire de faux plis.

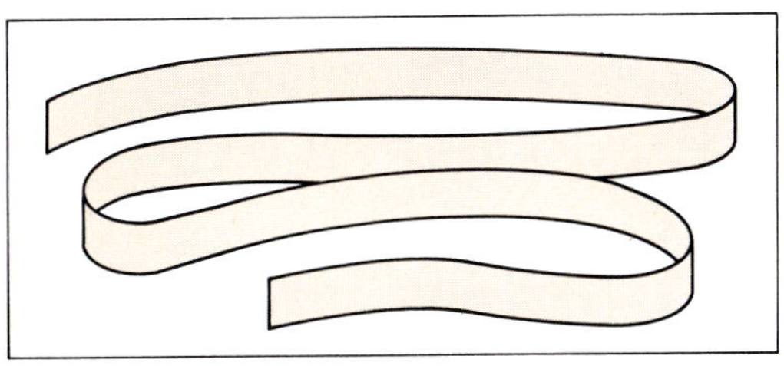

Ceinture nouée étroite

Coupe de la ceinture
Pliez le tissu pour obtenir le plein biais (voir page ci-contre). Coupez des lanières en biais deux fois de la largeur voulue, plus 4 cm pour les coutures (cela assure 2 cm pour chaque extrémité de la ceinture). La ceinture sera assez longue pour entourer votre taille et permettre un nouage facile. Prévoyez 2 cm de couture aux extrémités. Pour obtenir la longueur de la ceinture voulue, il sera peut-être nécessaire de joindre plusieurs lanières en biais.

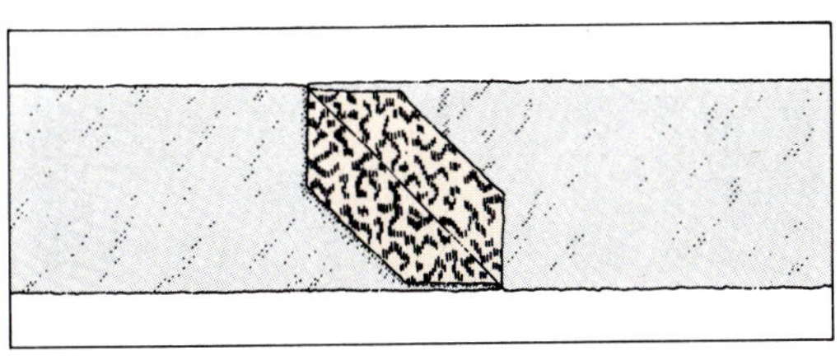

Assemblage de lanières en biais pour obtenir la longueur voulue de la ceinture

Finition des coutures

On prévoit en général 2 cm pour les coutures, ce qui permet de finir proprement les bords coupés. Mais si votre couture est arrondie ou s'il vous faut éliminer des épaisseurs, il faudra égaliser vos coutures d'une autre façon.

Les encoches à l'intérieur de la couture
Si le rentré de couture se trouve à l'intérieur d'un arrondi, faites des encoches à intervalles réguliers, vous éviterez les fronçages, le tissu pouvant se superposer dans la courbe.

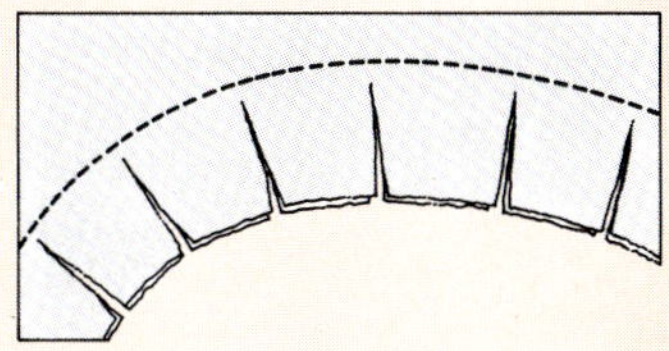

Couture avec encoches à l'intérieur

Encoches à l'extérieur
Un rentré de couture à l'extérieur d'un arrondi devra être incisé pour que le tissu puisse s'écarter; faites des encoches à intervalles réguliers aussi près que possible de la couture.

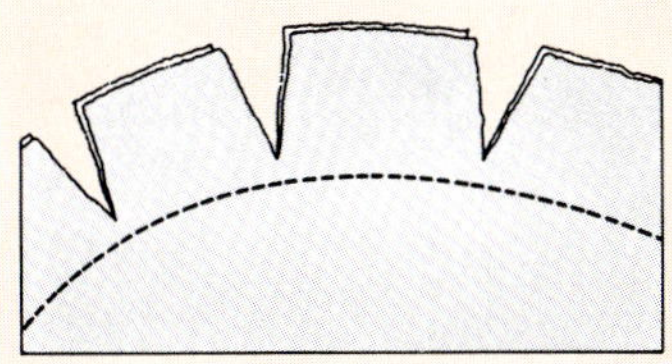

Coutures avec encoches à l'extérieur

Les réductions
Vous réduirez les épaisseurs des coutures des cols et des manches, par exemple en coupant le rentré le plus près possible de la couture. L'épaisseur inférieure du tissu se réduit à environ 3 mm, celle du tissu supérieur ou de la triplure à 0,5 cm.

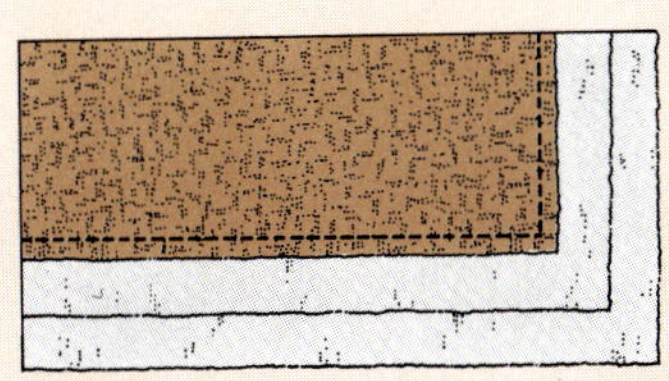

Couture avec réduction

La coupe des poches

Poche appliquée

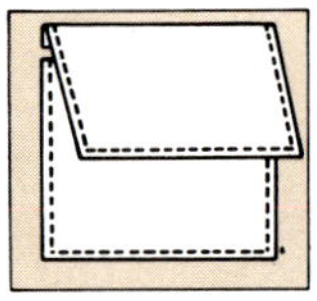

Poche sans rabat **Poche à rabat**

La poche appliquée devra être suffisamment grande pour qu'on puisse y mettre la main. Elle sera coupée droit fil ou en biais. Assurez-vous que les motifs de la poche correspondent à ceux du vêtement dans le cas où vous utilisez un tissu imprimé. Si vous appliquez deux poches, assurez-vous également qu'elles correspondent l'une à l'autre. Les poches appliquées peuvent être doublées ou simples.

Coupe de la poche
Dessinez un rectangle de la largeur de la poche et de deux fois sa profondeur, plus 2 cm tout autour. Pour une poche ronde, arrondissez les deux angles inférieurs. La doublure sera coupée aux mesures de la poche en ajoutant 2 cm tout autour.

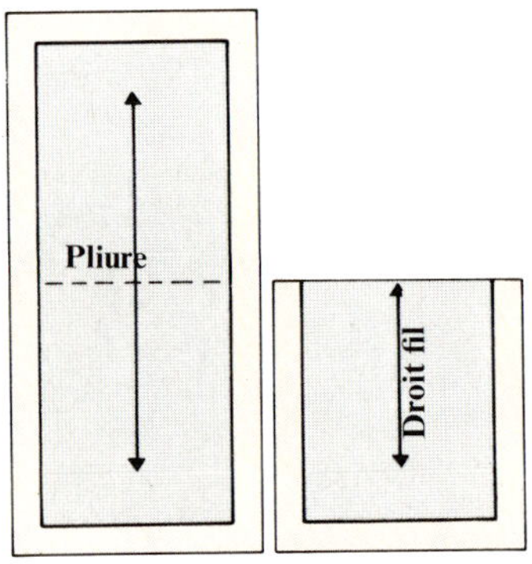

Poche appliquée et doublure

Coupe du rabat
Dessinez un rectangle de la largeur de la poche et de deux fois la hauteur du rabat plus 2 cm tout autour. Si votre rabat comporte des angles arrondis, coupez-le en deux pièces, autrement il serait impossible de le plier. Coupez la doublure de la taille du rabat fini, ajoutez 2 cm pour la couture tout autour.

Poche sous couture

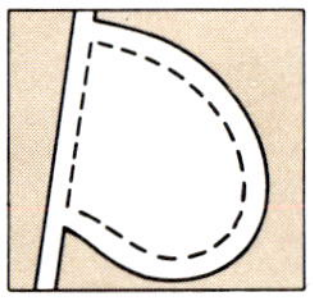

Cette poche est cachée dans la couture de côté.

Coupe de la poche
Dessinez un rectangle de 15 × 20 cm, ajoutez 2 cm tout autour. Donnez à la poche la forme du dessin et inscrivez «couper 2» sur le patron.

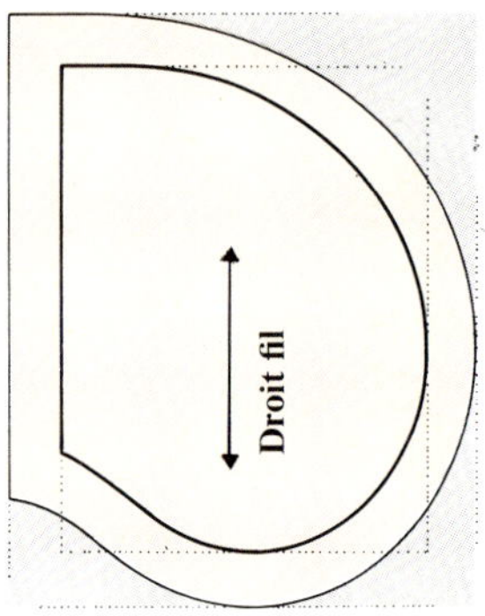

Poche intérieure sous couture

Poche froncée

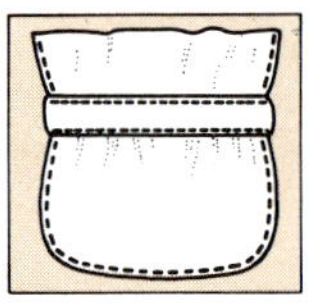

C'est une version froncée de la poche appliquée, elle est maintenue par un ruban de couleur contrastante ou par une bande du tissu d'origine, coupée aux dimensions voulues.

Coupe de la poche
Coupez un carré de 14 cm de côté, ajoutez 1 cm tout autour. Arrondissez les angles comme sur le dessin, faites la ligne pour le rentré du haut à 2,5 cm du haut et la ligne de fronçage à 2,5 cm en dessous de celle-ci.

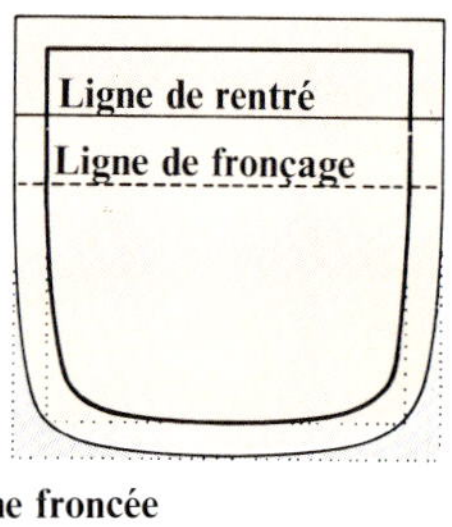

Poche froncée

La coupe des manchettes

Manchette droite

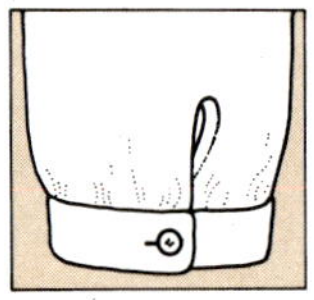

C'est une bande coupée dans le droit fil dont les extrémités se croisent, elle est généralement fermée par des boutons. La manchette est faite d'une seule pièce coupée à deux fois la largeur de la manchette finie; elle comportera une triplure.

Coupe de la manchette
Dessinez un rectangle de la longueur de votre tour de poignet plus 3,5 cm et de deux fois la hauteur voulue. Ajoutez 2 cm tout autour pour la couture. Marquez le droit fil sur la hauteur de la manchette, à travers la pliure. Notez «couper 2» et faites une double encoche pour marquer l'ouverture de la manche. Marquez l'emplacement des boutonnières. Coupez la triplure à la même longueur et à moitié de la hauteur de la manchette.

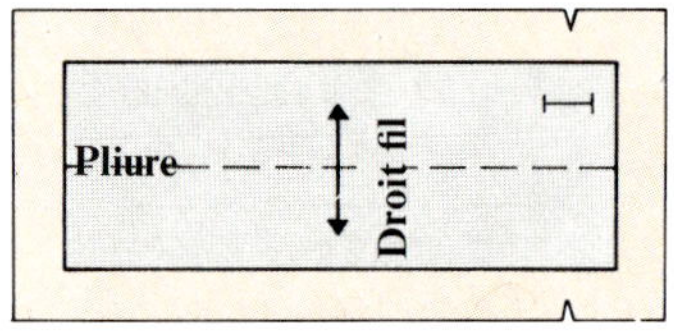

Patron d'une manchette droite

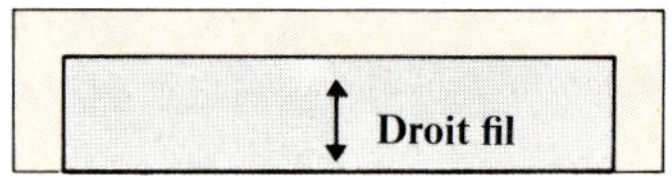

Patron de la triplure

La manchette mousquetaire

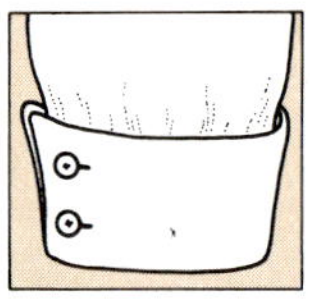

Coupée à deux fois la largeur finie, cette manchette se retourne sur elle-même pour devenir une manchette double. Les extrémités ne se superposent pas. Chaque manchette est faite de deux pièces et d'une triplure. Faites 4 boutonnières.

Coupe de la manchette
Dessinez un rectangle de deux fois la largeur de la manchette finie et de la longueur de votre tour de poignet plus 4 cm. Ajoutez 2 cm tout autour pour les coutures. Marquez le droit fil le long de la hauteur et à travers la pliure. Notez «couper 4» et faites des encoches pour l'emplacement de l'ouverture de la manche. Marquez l'emplacement des boutonnières. Cette manche ne nécessite que deux pièces de triplure.

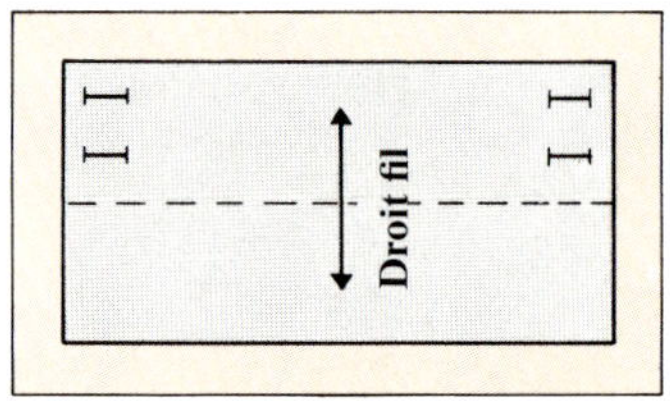

Patron du poignet mousquetaire

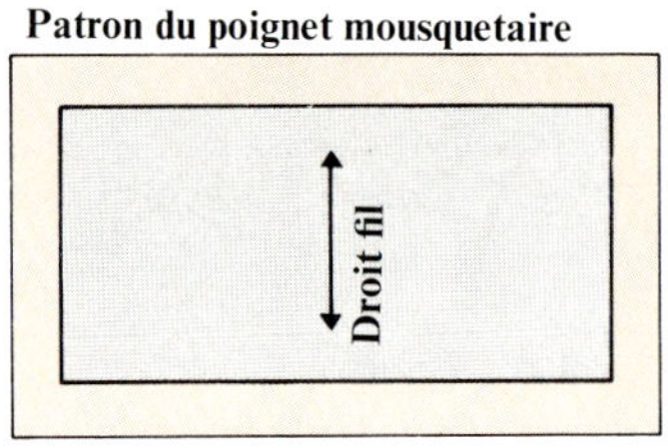

Patron de la triplure

Poignet gansé par un biais

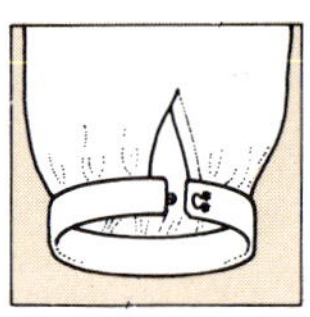

Une manche large peut être finie par une simple ganse fermée soit par une agrafe, soit par un bouton, un bouton-pression ou une bride.

Coupe de la ganse
Prenez le tour du poignet et ajoutez 5 cm pour l'aisance, la couture et une bride. Prenez les mesures de la largeur finie et multipliez par 4 pour une seule épaisseur (voir page 300).

La coupe des cols

Le col droit

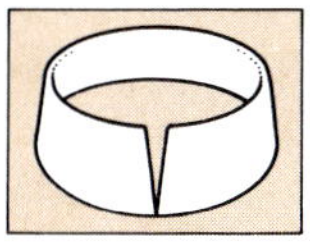

Voilà un des cols les plus faciles à faire. Il comporte une triplure pour lui donner un aspect net. Il peut avoir une ou deux ouvertures.

Coupe du col

Coupez un rectangle de papier de la moitié de l'encolure et de 4,5 cm de largeur, marquez la couture d'épaule, le milieu devant et le milieu dos. Le milieu devant sera droit fil. En partant du devant de l'encolure, faites des points à 4,5 et 2 cm du bord de l'encolure, coupez la hauteur du col (Fig. 1). Superposez les fentes en haut sur 0,5 cm. Dessinez un col rond et marquez la hauteur d'épaule (Fig. 2). Dessinez 2 cm pour la couture tout autour et, s'il y a deux ouvertures, marquez comme sur Fig. 3. Si le col ne comporte qu'une ouverture, marquez-la au milieu dos comme Fig. 4.

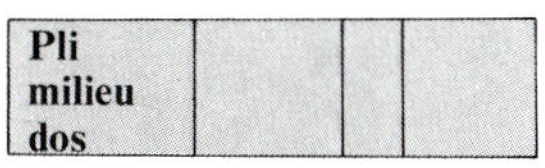

1

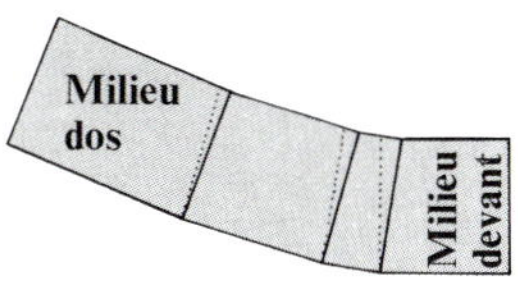

2

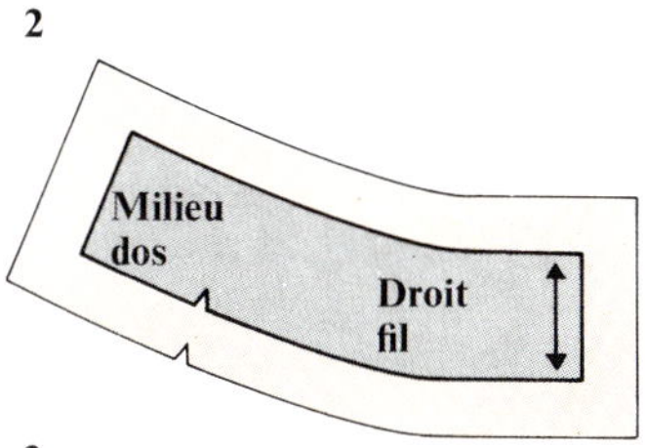

3

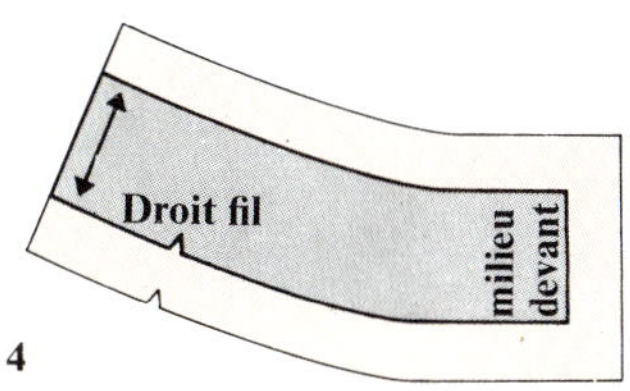

4

Col avec pied de col

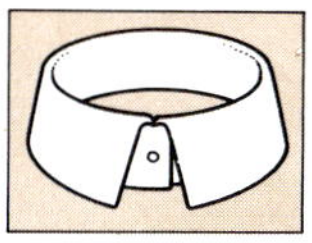

Ce col simple est monté sur un pied de col, on l'utilise surtout pour les chemises. Le col et le pied de col auront une triplure.

Coupe du col

Dessinez un rectangle de la moitié du tour de cou sur 7,5 cm de haut. Marquez «milieu dos» sur une extrémité et allongez l'autre, le «milieu devant», de 2 cm. Mesurez le bord du col jusqu'à la hauteur d'épaule et marquez l'emplacement de la hauteur épaule sur col. Puis tracez une ligne parallèle de 2 cm partant d'un côté long (ce sera le bord de l'encolure) jusqu'à la ligne milieu devant. Allongez cette ligne en arrondi jusqu'en face de la ligne allongée (Fig. 1). Arrondissez la ligne du cou jusqu'à la hauteur d'épaule à 2 cm au-dessus du pied de col. Ce sera le col. Tracez deux pièces séparées du patron en marquant le milieu devant. Marquez également «droit fil» et «pli» au milieu dos. Incisez à la hauteur d'épaule. Ajoutez 2 cm pour les coutures tout autour, sauf au centre dos.

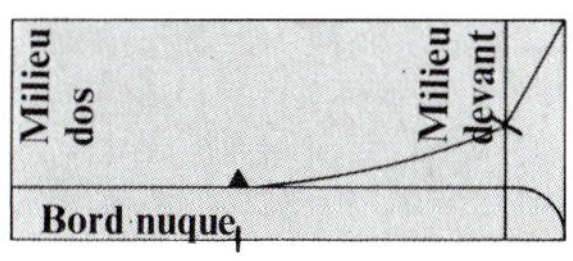

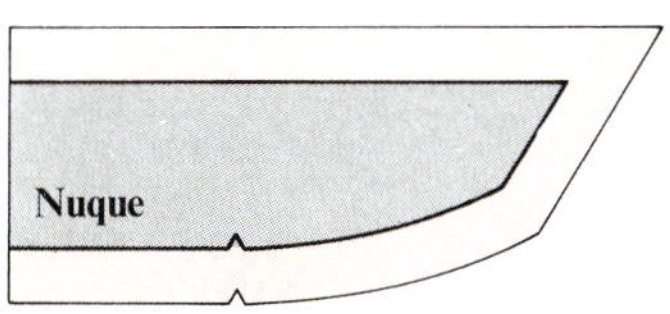

Patron du col

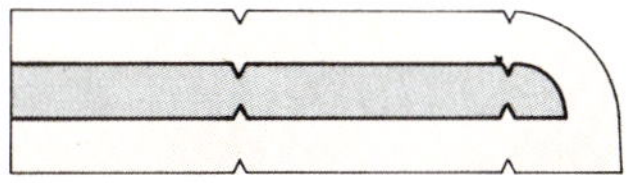

Patron du pied de col

Col Claudine

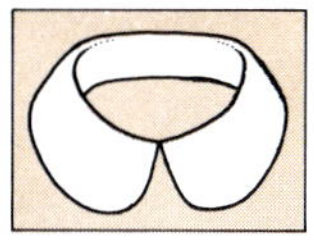

Ce col est plat sur l'épaule; il comporte deux pièces de tissu et une triplure. Le patron peut être modifié pour que le col soit légèrement relevé.

Coupe du col

Posez le devant et le dos du corsage à plat sur une feuille de papier, en faisant coïncider les coutures d'épaules. Dessinez le contour de l'encolure (Fig. 1). Enlevez les pièces du corsage et dessinez la forme du col. Ajoutez 2 cm tout autour. Marquez le milieu dos «droit fil» et «pli». Notez «couper 2». Faites des encoches au milieu de la ligne du col jusqu'à hauteur d'épaule, à la fois sur le patron de col et sur celui du corsage.

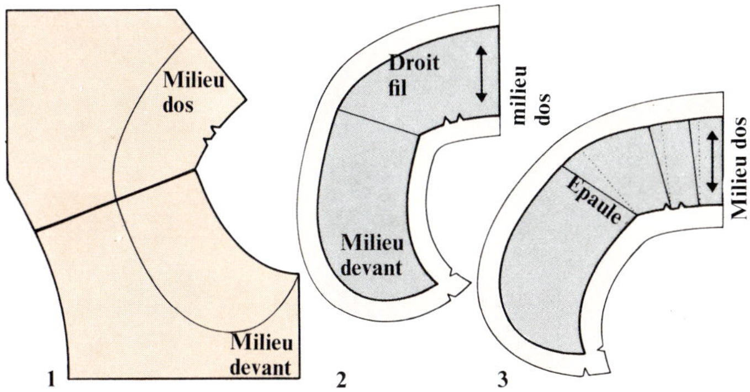

1 2 3

Col Claudine droit

Si vous désirez avoir un col plus droit, réduisez le bord extérieur. Pour cela, superposez légèrement les patrons à hauteur d'épaule, en gardant les repères du col ensemble (Fig. 2). Plus les patrons seront superposés, plus le bord extérieur sera réduit et plus le col sera droit. Pour un col très droit, coupez en partant du bord extérieur vers la ligne de col à deux endroits et superposez la quantité nécessaire du tissu sur le bord opposé seulement, en gardant les mesures de l'encolure (Fig. 3); notez «couper 2» sur chaque pièce du patron.

Le col roulé

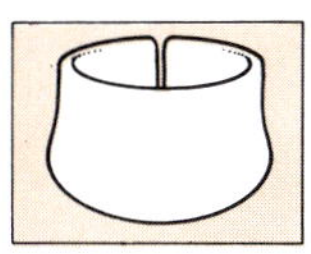

Ce col, bien droit, entoure complètement le cou et se replie au milieu. Il se coupe en plein biais et est fait d'une seule pièce. Il ne nécessite pas de triplure puisqu'il doit rester souple.

Coupe du col

Dessinez un rectangle de la longueur du tour de cou et de deux fois la hauteur et la retombée du col. Ajoutez 2 cm tout autour pour les coutures. Marquez le «droit fil» en plein centre du col et «milieu devant» au centre de la longueur. Faites des encoches à la hauteur d'épaule.

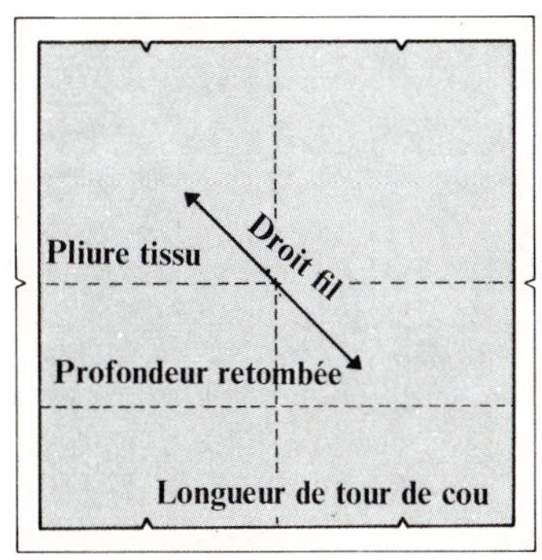

Patron d'un col roulé

Les patrons de vêtements simples

Une fois votre patron de base établi, vous pouvez en faire des variantes infinies. Une certaine expérience étant nécessaire, nous conseillons cependant aux débutantes de commencer par des modèles nécessitant un minimum de changements. Nous vous donnons donc la méthode de travail pour une simple jupe évasée, une jupe à panneaux, une tunique carrée et une robe princesse. Ces modèles illustrent la confection de vêtements évasés, amples et ajustés. Les robes peuvent avoir des cols, des manches et des manchettes diverses, ou des décolletés variés. Tenez compte de l'aspect général du vêtement avant de changer des détails comme les manches ou le col.

N'oubliez pas de recopier votre patron de base sur une simple feuille de papier avant de couper les variantes. Votre patron de base restera ainsi intact. N'oubliez pas d'ajouter la quantité de tissu nécessaire aux coutures et aux ourlets, marquez bien le droit fil et reportez les repères pour l'assemblage et la mise en forme.

Jupe évasée

Il est très facile d'ajouter de l'ampleur à la jupe du patron de base. Cette jupe ne sera que légèrement évasée afin de ne pas gâcher la silhouette par des plis de côté.

Coupe de la jupe

Pliez le patron de la jupe en deux dans le sens de la longueur et coupez selon cette pliure. Disposez le milieu dos sur une feuille de papier et épinglez. Sans augmenter le tour de taille, écartez la pièce extérieure du côté de l'ourlet d'un quart de la largeur à ajouter. Tracez une ligne autour du patron en ajoutant 2 cm pour la couture de côté et celle de la ceinture, plus 5 cm pour l'ourlet du bas. Si vous prévoyez une ouverture au milieu dos, ajoutez 2 cm au milieu dos pour la couture. Transférez tous les repères et découpez le patron.

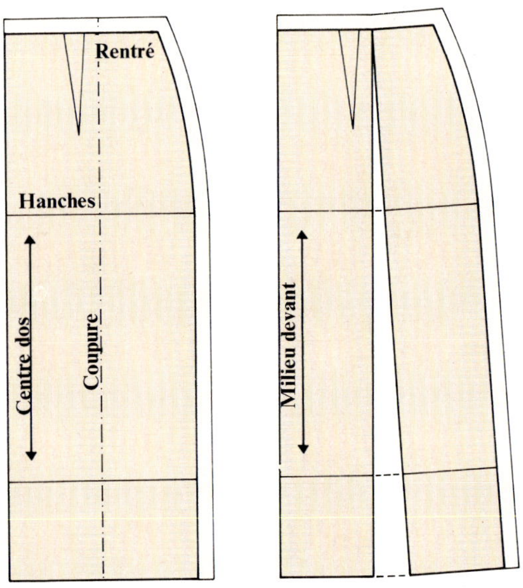

Pliez le patron de base (à gauche), coupez et écartez le bas pour la jupe évasée (droite)

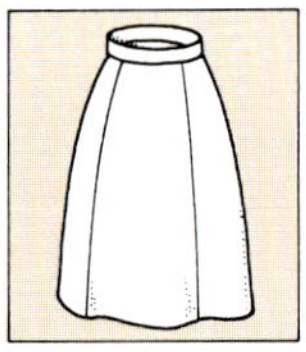

Jupe à panneaux

Cette jupe se taille sur un simple rectangle. On la porte indifféremment soit avec les panneaux, soit avec des coutures sur le devant ou sur les côtés.

Coupe de la jupe

Coupez un rectangle de la largeur du quart de votre tour de taille et de la longueur de la jupe. Dessinez la ligne de hanches. Pliez en trois dans le sens de la longueur et coupez le long des pliures. Sur une autre feuille de papier, tracez une ligne un peu plus longue que la longueur de la jupe. Divisez la pièce centrale en deux moitiés égales en traçant une ligne au crayon le long du centre. Disposez la pièce du patron avec la ligne au crayon sur le droit fil et épinglez. Disposez les deux autres pièces de chaque côté. Sans changer le tour de taille, écartez le bas des pièces jusqu'à ce que la ligne de hanches mesure au moins le quart de votre tour de hanches, plus 1,5 cm. Epinglez. Tirez une ligne de contour autour du patron, en arrondissant légèrement la ligne de l'ourlet. Ajoutez 2 cm pour les coutures de côtés et de taille et 2,5 à 5 cm pour l'ourlet du bas.

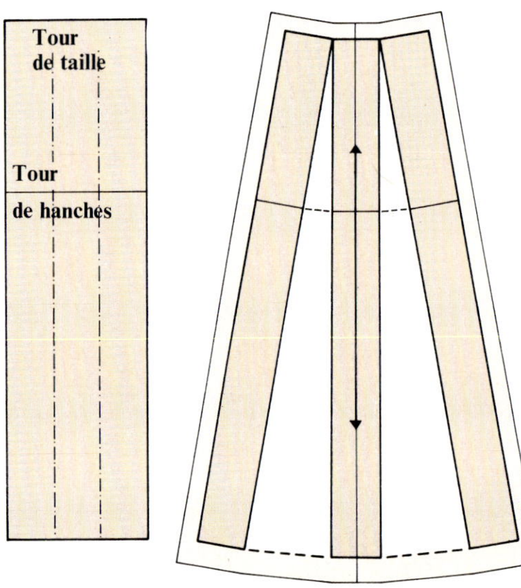

Patron de la jupe à panneaux élargis, plié (à gauche), coupé et écarté (à droite)

La tunique carrée

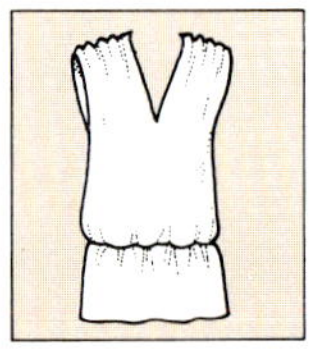

Le patron de cette tunique est un dérivé du devant du patron de base.

Coupe de la tunique

Disposez le devant du corsage et de la jupe du patron de base sur une feuille de papier en alignant les tracés du milieu et en faisant coïncider les tracés de la ceinture. Dessinez le contour. Tracez une ligne horizontale à angle droit du milieu devant, à travers le haut de l'épaule. Continuez jusqu'à obtenir la largeur d'épaule; de là, faites descendre une ligne verticale le long de la tunique. Faites une ligne de travers sur le bas. Mesurez en partant de la ligne d'épaule au milieu devant et dos la profondeur de l'encolure, marquez «fente». Ajoutez 2,5 cm pour les coutures de côté et pour l'ourlet. Marquez «froncer», «plier» et la hauteur d'emmanchure. Découpez le nouveau patron.

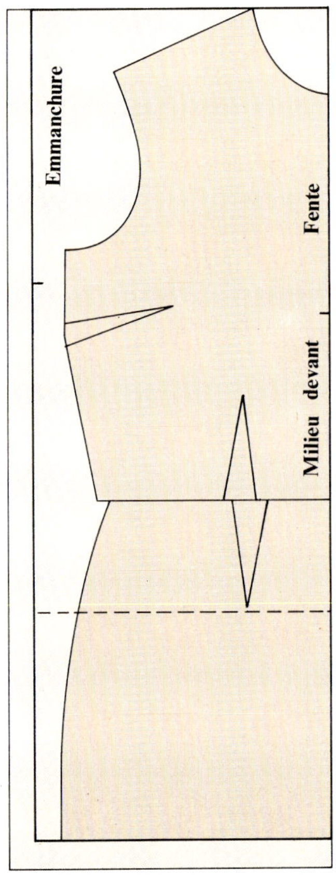

Patron de la tunique carrée

La robe princesse

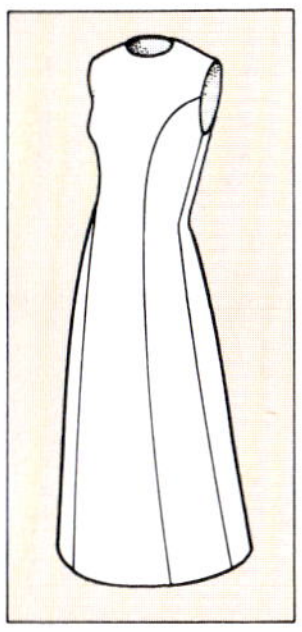

En partant du patron de base du corsage et de la jupe, vous pouvez obtenir le patron de cette robe princesse. L'ajustement du corsage et l'ampleur de la jupe peuvent être adaptés à votre goût personnel.

Coupe de la robe

Placez les pièces du patron de base du corsage et de la jupe sur une feuille de papier en faisant coïncider les lignes centrales et en superposant les coutures. Les pièces du patron seront légèrement superposées aux coutures de côtés. Dessinez la ligne de couture princesse depuis l'emmanchure vers la pince de ceinture (passez tout près de la pince poitrine).

Creuser la taille

Pour la mise en forme de la taille, tracez une ligne verticale du haut de la pince de taille du corsage jusqu'à l'ourlet du bas (AB). A la taille, marquez la moitié de la largeur de la pince de chaque côté de cette ligne (C et D). Avec un crayon de couleur, reliez la marque le plus près possible de la ligne centrale (intérieure) jusqu'à la pointe de la pince. Plus vous réduirez, plus le vêtement sera ajusté.

Arrondir l'ourlet

A l'ourlet, faites des points de chaque côté de la ligne verticale selon l'ampleur désirée. Avec le même crayon de couleur, continuez la ligne depuis la ceinture jusqu'à la ligne extérieure de l'ourlet. Avec une autre couleur, reliez le haut de la pince de corsage à la marque extérieure de la ceinture, puis continuez jusqu'à la marque intérieure de l'ourlet. Donnez aux coutures de côtés sur l'ourlet la même ampleur supplémentaire qu'au panneau devant, faites partir l'ampleur depuis les hanches. Dessinez une ligne continue entre le corsage et la jupe le long des coutures de côtés (Fig. 1).

Le corsage devant

Sur le devant, tracez une ligne à travers le centre de la pince poitrine jusqu'à la hauteur de poitrine et coupez. Coupez la ligne de couture depuis l'emmanchure jusqu'à la hauteur poitrine et fermez la pince poitrine (Fig. 2). Cela entraînera l'ouverture d'une autre pince sur la couture. Epinglez-la. Marquez le droit fil sur chaque panneau, parallèlement à la ligne centrale.

Finitions du nouveau patron

Tracez le contour de chaque panneau, ajoutez 2 cm pour les coutures verticales, sauf celle du milieu devant qui se trouvera sur la pliure (Fig. 3+4). Ajoutez 2 cm pour les coutures aux épaules, à l'encolure et aux emmanchures, ajoutez 2,5 à 5 cm pour l'ourlet du bas. Faites des encoches à la poitrine, à la taille et à hauteur des hanches. Découpez le nouveau patron. Si la robe ne comporte ni manches, ni col, faites des parmentures aux mesures correspondantes (page 472). Sinon, découpez des patrons de col, de manchettes, de manches, d'encolure et de poches (pages 296 à 305).

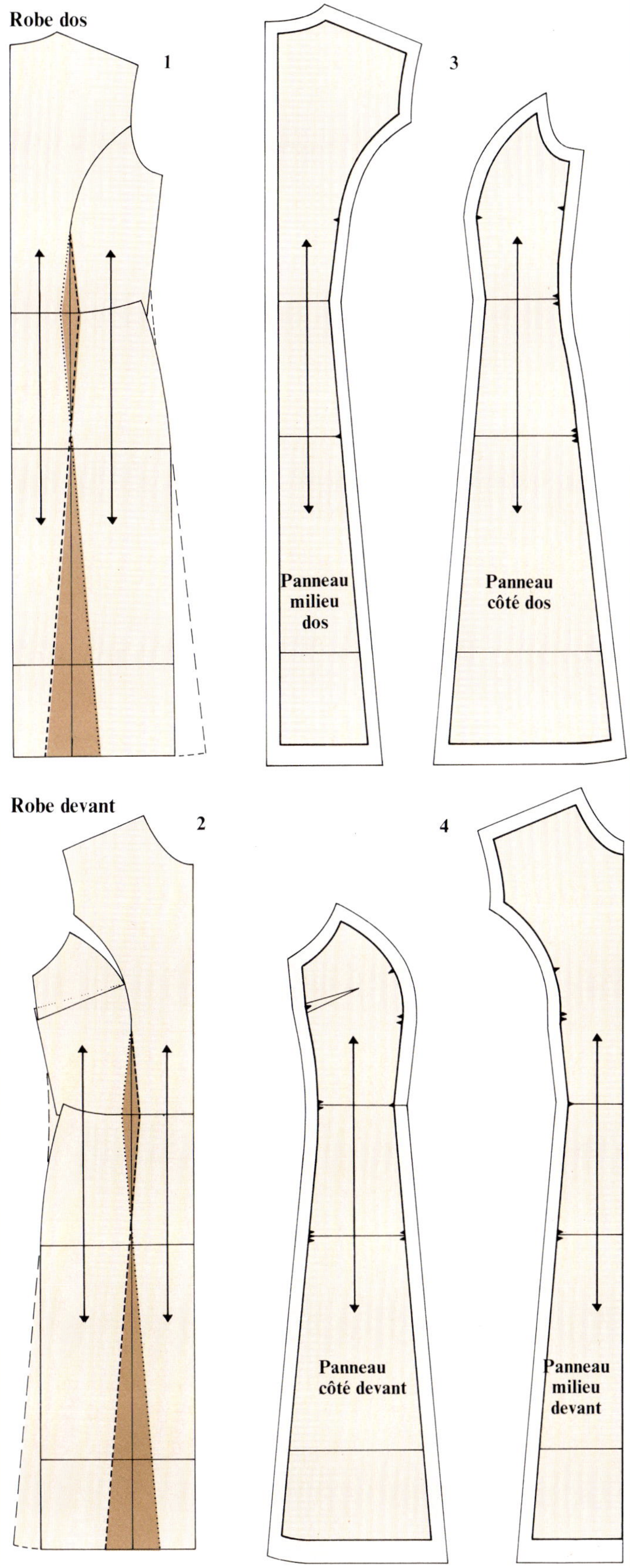

Le godet

Cette pièce de tissu évasée s'ajoute dans une couture ou dans une simple fente sur une jupe, soit pour servir d'ornement, soit pour donner de l'aisance à la jupe. Elle se fait à partir d'un cercle, sa largeur est affaire de goût personnel.

Coupe du godet

Mesurez la fente et tirez un trait de même longueur sur une feuille de papier. Partant de la même longueur, tracez un cercle de chaque côté de cette ligne. Sur la ligne circulaire, marquez la moitié de la largeur du godet de chaque côté de la ligne verticale. Reliez tous ces points à la pointe du godet, puis découpez le nouveau patron.

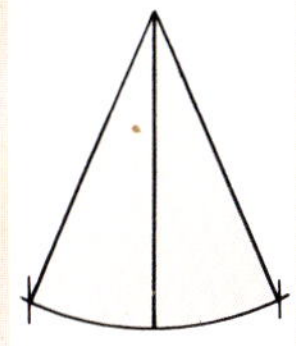

Le linge de maison

Il existe un grand choix de linge de maison facile à coudre et dont la confection vous permet de faire de sérieuses économies, tout en offrant l'occasion d'extérioriser votre créativité. Rideaux, nappes, couvre-lits, draps, taies d'oreiller, coussins, vous pouvez tout faire vous-même et dans les tissus de votre choix.

Les techniques de base pour la couture du linge de maison sont les mêmes que celles de la couture des vêtements. L'introduction à la couture est donc valable pour les deux.

Fournitures

Les fournitures sont les mêmes que pour la couture des vêtements. Cependant, il vous faudra peut-être des accessoires comme des rubans en biais, des anneaux de bois, des galons, lesquels sont spécifiés dans les indications des pièces concernées.

Les tissus

Le choix du tissu est extrêmement important pour le linge de maison qui est, en général, destiné à beaucoup servir. Le tissu doit donc en être résistant, et d'un entretien aisé. Il lui faudra résister à un grand nombre de lessivages. Regardez donc d'abord la qualité et ensuite seulement l'attrait décoratif. Les nappes, les draps et les taies d'oreiller peuvent être décorés par la suite. Veillez cependant à choisir une décoration adéquate et évitez d'orner de fines dentelles une pièce de linge d'usage courant.

Le calcul des métrages

Les mesures de presque toutes les pièces de linge de maison sont d'une importance capitale. Vérifiez-les donc soigneusement avant de couper votre tissu. Ces pièces étant souvent larges, vous aurez à les assembler par des coutures pour obtenir la dimension voulue. Si votre tissu comporte de larges motifs, il vous faudra prévoir à l'avance comment les faire coïncider. Si votre tissu, par exemple, présente un motif de 25 cm de large, prévoyez 25 cm de plus pour chaque nouvelle longueur nécessaire.

La doublure

La doublure prolonge en général la vie d'une pièce de couture, et cela se vérifie surtout pour les rideaux. La doublure protège le tissu de la lumière et donne un aspect fini au rideau. Veillez toujours à bien accorder le tissu de la doublure au tissu du rideau (page 292) et assurez-vous de ne pas manquer de tissu en cours de travail.

Les coutures

Pensez toujours à faire des coutures suffisamment solides quand vous confectionnez du linge de maison. Finissez bien vos coutures, revenez en arrière pour les renforcer et surfilez tous les bords afin d'éviter tout effilochage.

Les nappes rondes

Les nappes rondes se font en toutes dimensions. Bien qu'il soit préférable de couper une nappe ronde dans un seul morceau de tissu, il sera peut-être nécessaire d'assembler plusieurs morceaux par une couture afin d'obtenir la taille désirée (voir ci-contre). La nappe peut simplement dépasser un peu le plateau de la table, ou bien elle peut descendre jusqu'au sol si vous désirez obtenir un effet plus décoratif ou si les pieds de la table doivent être cachés.

Calcul du métrage nécessaire

Votre métrage dépendra du tombant de votre nappe. Une table de repas est en général couverte d'une nappe qui la dépasse d'environ 31 à 32 cm. Pour calculer votre métrage, mesurez le diamètre de la table, puis ajoutez deux fois la hauteur du tombant et deux fois la largeur de l'ourlet, qui est en général de 2,5 cm. S'il vous faut assembler deux morceaux de tissu, reportez-vous aux indications de la page suivante.

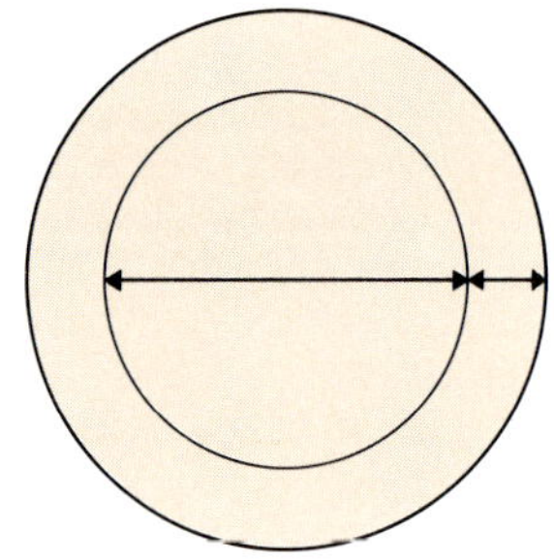

Comment mesurer une nappe ronde

Comment faire la nappe

Si votre tissu est suffisant pour faire la nappe en un seul morceau, commencez par le plier en quatre. Dessinez un quart de cercle sur le tissu en vous servant d'une craie tailleur (page 296). Coupez la nappe. Retournez les bords coupés et l'ourlet (la hauteur dépend de l'ourlet choisi). Epinglez, bâtissez et cousez selon la technique indiquée pour le tissu. Repassez la nappe et décorez-la si vous le désirez.

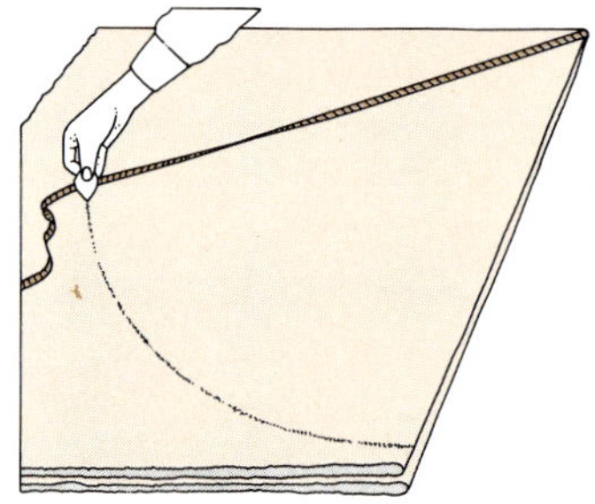

Dessinez un quart de cercle

L'ourlet des nappes rondes

Les nappes rondes peuvent être ourlées de la manière habituelle en retournant la hauteur de l'ourlet; elles peuvent aussi être ourlées avec un ruban en biais. Si vous faites votre ourlet normalement, prévoyez 1,5 cm à cet effet. Si l'ourlet est plus large, il formera des bourrelets. Repliez d'abord 7 mm, puis encore 7 mm, épinglez et repassez avant de coudre près du bord.

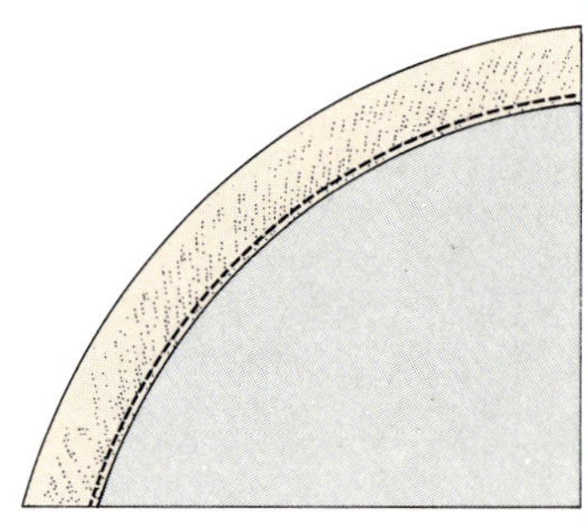

Ourlet cousu sans ruban en biais

L'ourlet à ruban en biais

Cet ourlet ne nécessite que 5 mm de tissu. Retournez donc 5 mm et repassez. Ouvrez un côté des rubans en biais, pliez sous l'un des côtés et repassez. Repliez le ruban comme à l'origine et posez-le sur le bord de l'ourlet à l'endroit. Piquez près du bord du ruban. En arrivant à votre point de départ, pliez légèrement le bout du ruban et couvrez-le du bout opposé. Tournez alors le ruban sur l'envers de la nappe par-dessus le bord coupé. Epinglez le ruban au tissu de la nappe. Bâtissez et repassez légèrement. Cousez à la machine ou à la main à points perdus.

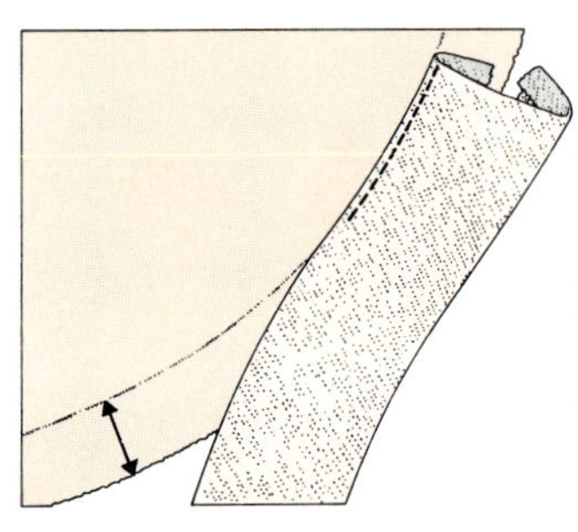

Pose du ruban en biais

Disposition du tissu

Si votre tissu est trop petit pour y tailler la nappe ronde d'un seul morceau, il vous faudra procéder à un assemblage. La couture d'assemblage ne sera jamais au milieu de la nappe. Si un assemblage est nécessaire, il faudra couper en deux une des longueurs du tissu et fixer chaque moitié sur un côté du panneau central. Selon la taille de la nappe et la largeur du tissu, vous serez obligé de perdre du tissu. Si le tissu comporte des motifs, prévoyez un motif entier pour chaque côté.

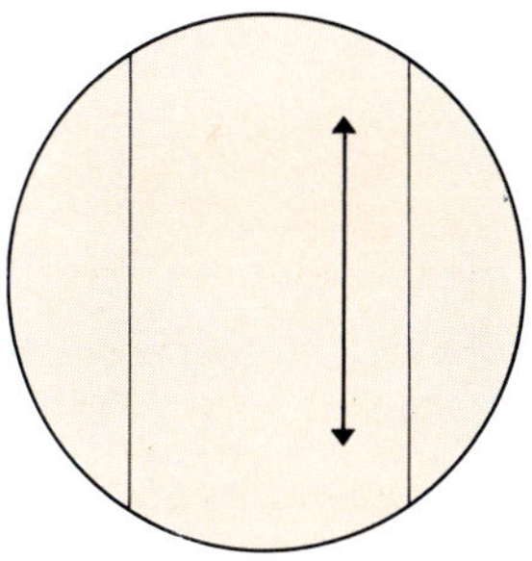

Assemblage des pièces de tissu

Faites correspondre et assemblez les morceaux du tissu. Placez les deux morceaux supplémentaires de chaque côté du panneau central, lisière contre lisière. Veillez à ce que les morceaux soient disposés dans le même sens et que les dessins correspondent. Epinglez et bâtissez les coutures, cousez-les et repassez-les. Coupez le tissu en carré, selon les dimensions de la nappe. Pliez-le en quatre et suivez les instructions de coupe pour la nappe ronde à gauche.

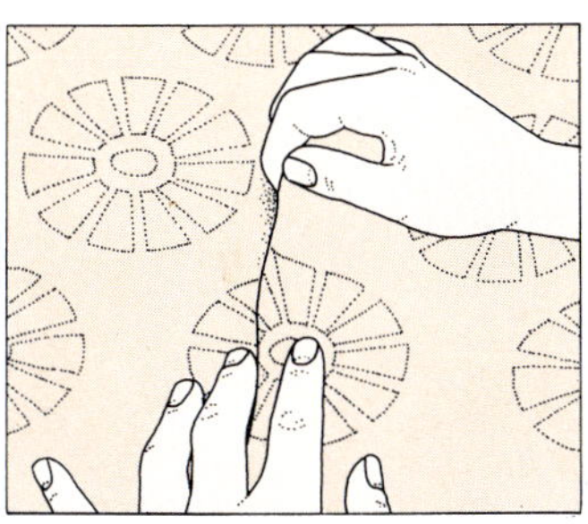

Le raccord des motifs
Tournez les bords pour que les dessins coïncident. Marquez la couture, dépliez et assemblez comme indiqué.

Les nappes carrées

Qu'elles soient carrées ou rectangulaires, ce sont les nappes les plus répandues et les plus utiles. Elles peuvent être faites dans toutes sortes de tissus, avoir des longueurs différentes et être décorées par des découpes ou des bordures diverses.

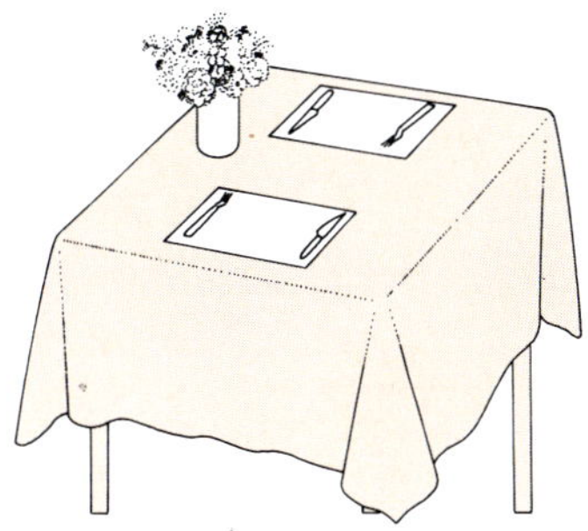

Calcul du métrage

Pour une nappe carrée, mesurez la largeur et ajoutez deux fois le tombant plus 2,5 cm pour l'ourlet. Pour une nappe rectangulaire, mesurez la largeur et la longueur, ajoutez deux fois le tombant plus 2,5 cm pour l'ourlet. Certains tissus, comme les grosses toiles ou les tissus qui s'effilochent, nécessitent un ourlet plus large. Ajoutez donc, dans ce cas, deux fois la largeur de l'ourlet.

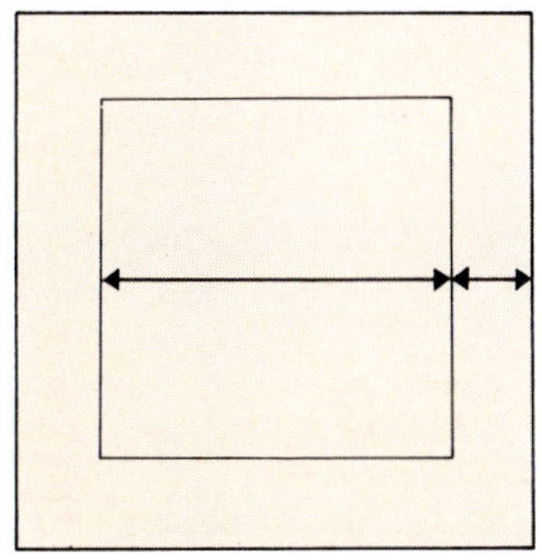

Les mesures d'une nappe carrée

La confection de la nappe
Taillez la nappe et repliez les bords et l'ourlet. Si les coins doivent être coupés en onglet, suivez les instructions ci-dessous. Sinon, épinglez et bâtissez l'ourlet, puis cousez comme prévu. Repassez la nappe et décorez-la selon votre goût, avant de la repasser encore une fois.

Coins en onglets

Une nappe avec un ourlet large aura un aspect plus soigné si les coins sont faits en onglets. Repliez les bords d'environ 1,5 cm, repassez. Repliez les ourlets et repassez encore. Ouvrez le tissu, mais laissez les bords repliés. Pliez l'angle du tissu selon une diagonale ABC, passant par le point de l'angle. Ouvrez encore une fois (Fig. 1). Avec le bord toujours replié, coupez l'angle en dehors du pli en diagonale (Fig. 2). Pliez le tissu à l'endroit, de manière que les points A et C se rencontrent et que le point B se trouve sur le pli. Cousez le long de cette ligne. Retournez le tissu sur l'endroit et sortez le coin de l'angle avec une aiguille. Quand tous les angles seront pourvus d'onglets, cousez l'ourlet comme prévu (Fig. 3).

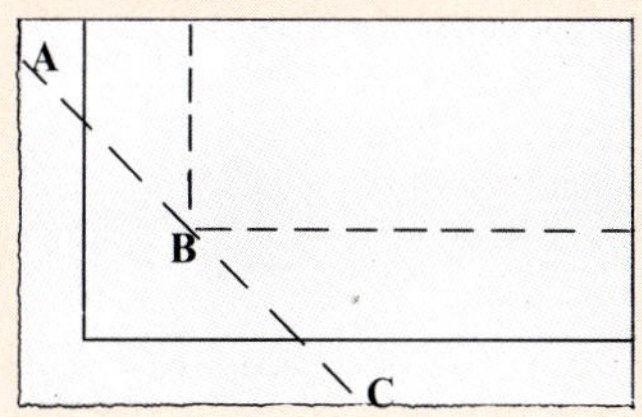

1

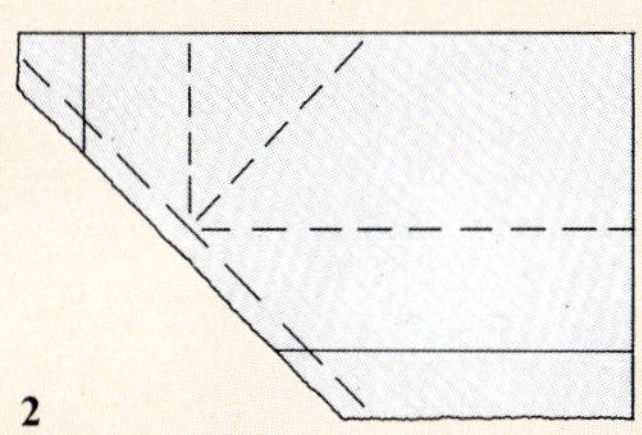

2

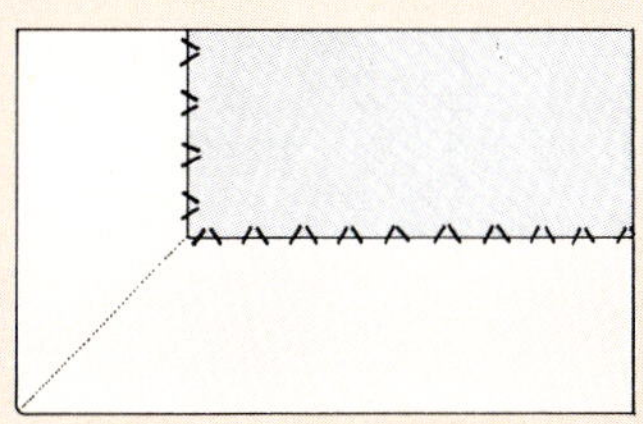

3

L'ornementation

Vous pouvez orner votre nappe de multiples façons: de franges, de glands, de galons, de dentelle, ou la festonner. Ou bien alors la broder.

Bordure brodée

Bordure festonnée

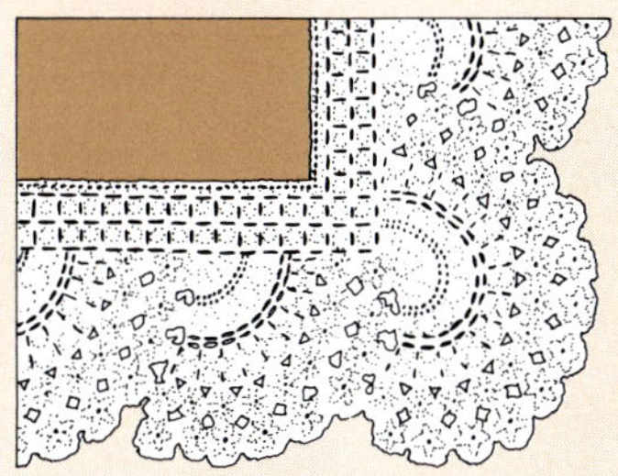

Bordure en dentelle

Bordure avec galon

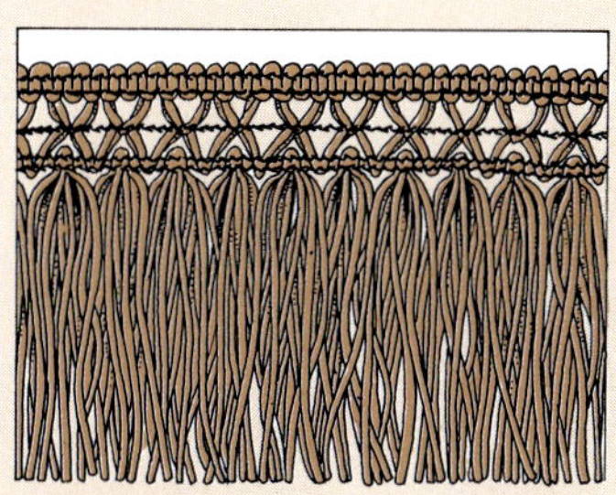

Bordure à glands

Les draps simples

Les draps simples se font en divers tissus. Leurs mesures dépendent de la largeur du lit.

Estimation du métrage nécessaire

Pour plus de facilité, achetez du tissu prévu pour des draps, il existe dans les largeurs correspondantes aux largeurs des lits: 0,90, 1,40, 1,60 m. Les draps auront toujours, en largeur, 1 m de plus que le matelas et 1,20 m de plus en longueur.

Comment faire les draps

Vérifiez le droit fil (page 258), puis coupez le tissu à la longueur voulue en gardant la lisière sur les côtés. Faites un double ourlet sur les bords coupés en pliant d'abord à 1 cm, puis à 5 cm. Epinglez et bâtissez. Faites une couture droite ou une couture en zigzag à la machine.

Les largeurs de literie

Nous vous donnons ci-après les mesures les plus courantes pour la literie. La largeur du drap se calcule d'après celle du matelas.

1 personne (lit normal)

Drap	180 × 310
Drap-housse	90 × 190
Oreiller	63 × 63
Couette	144 × 200
Matelas	90 × 190

2 personnes (lit normal)

Drap	240 × 310
Drap-housse	140 × 190
Oreiller	63 × 63
Couette	200 × 200
Matelas	140 × 190

2 personnes (lit large)

Drap	260 × 310
Drap-housse	260 × 190
Oreiller	63 × 63
Couette	240 × 220
Matelas	160 × 190

Les draps-housses

Les draps-housses ne s'utilisent qu'en tant que draps de dessous. Ils doivent s'adapter exactement aux mesures du matelas. Ils vous économiseront bien du travail, surtout si vous les utilisez avec une couette comme couverture.

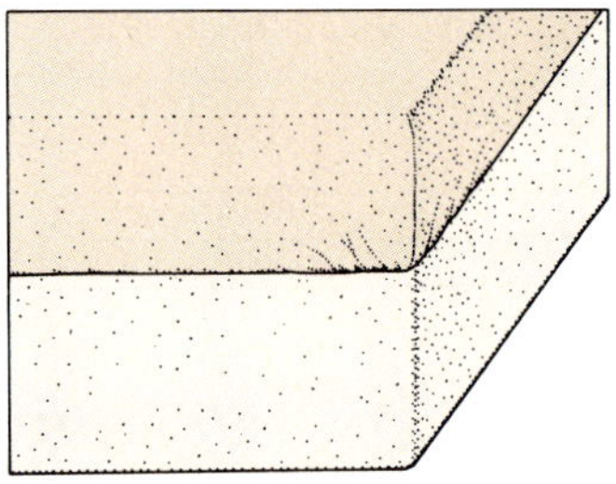

Le drap-housse épouse les mesures exactes du matelas. Il comporte un élastique à chaque angle et donne un aspect soigné au lit.

Comment calculer le métrage

Le métrage se calcule en partant de la longueur et de la largeur du matelas, auxquelles il faut ajouter deux fois l'épaisseur du matelas plus 18 cm. Ajoutez encore 2,5 cm pour l'ourlet.

Comment faire le drap

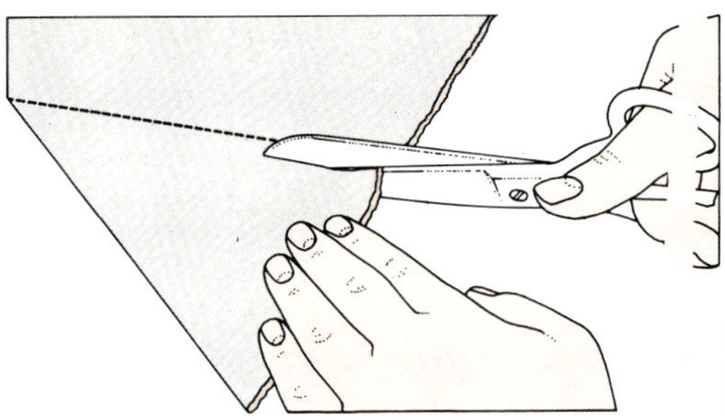

1 *L'endroit du tissu en haut, pliez chaque angle en diagonale et marquez un point à 12 cm de l'angle. Piquez à la machine à angle droit par rapport à ce point. Coupez la couture à 0,5 cm et faites un surfilage. Faites de même dans les quatre angles. Repliez les bords coupés à 0,5 cm puis encore à 3 cm tout autour, piquez tout le tour à la machine, en laissant une petite ouverture de 25 cm à chaque angle.*

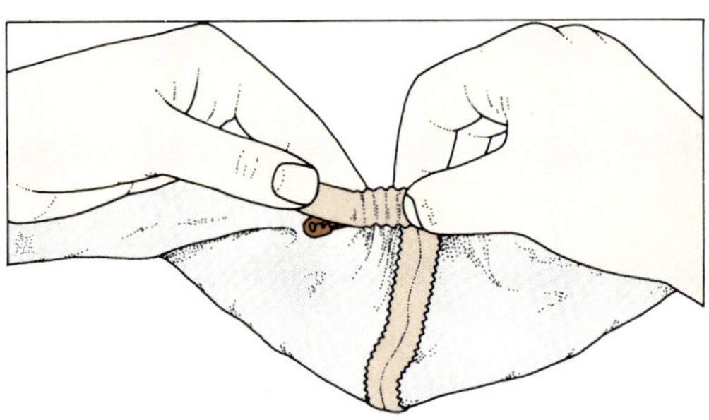

2 *Coupez votre élastique en quatre longueurs de 25 cm chacune et introduisez-les dans les ouvertures de chaque angle (voir page 284). Froncez le tissu autour de l'élastique et fixez solidement.*

Les finitions décoratives

Le linge peut être orné de différentes manières. Vous pouvez faire un ourlet décoratif en choisissant un point spécial sur votre machine. Vous pouvez aussi ajouter des bordures ou faire des broderies.

Le capitonnage

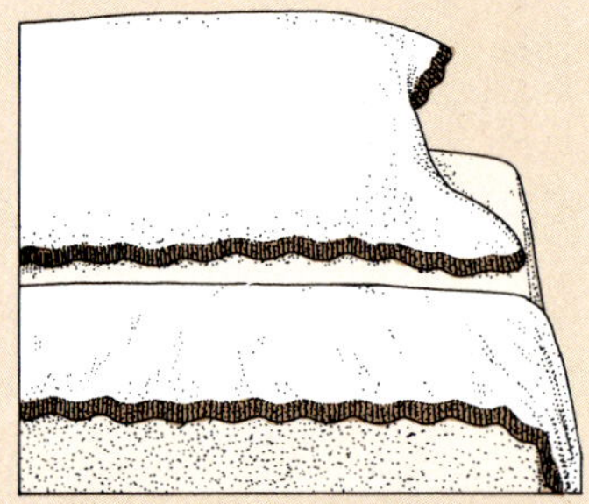

Les bordures de couleurs

Broderies à la main

Broderies à la machine

Les taies d'oreiller

Les taies d'oreiller peuvent se faire dans du tissu pour draps. Elles sont très décoratives quand elles sont d'une couleur contrastante par rapport au drap de dessous, ou de la même couleur que le drap de dessus et la couette. Vous pouvez y ajouter d'autres ornements (voir ci-contre).

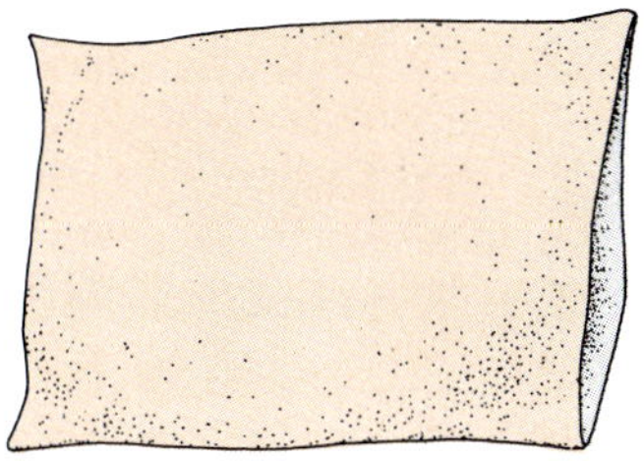

Estimation du métrage nécessaire

La taie d'oreiller finie sera de la même taille que l'oreiller lui-même. La longueur du tissu sera de deux fois la hauteur de votre oreiller plus 18 cm pour la poche portefeuille. Ajoutez 5 cm pour l'ourlet, la largeur sera celle du coussin plus 2,5 cm pour l'ourlet.

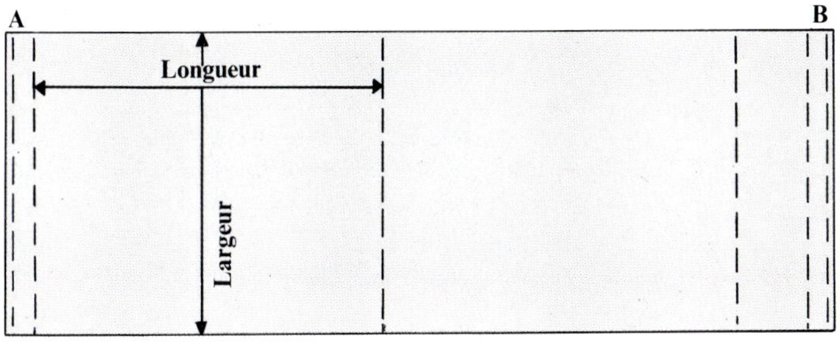

Mesures pour taie d'oreiller

Confection de la taie

1 *Retournez un des bords coupés sur l'envers du tissu sur 1 cm. Repassez. Retournez encore 5 cm, épinglez et cousez. Retournez également l'autre bord pour faire un ourlet double de 1 cm. Cousez. Retournez sur l'endroit.*

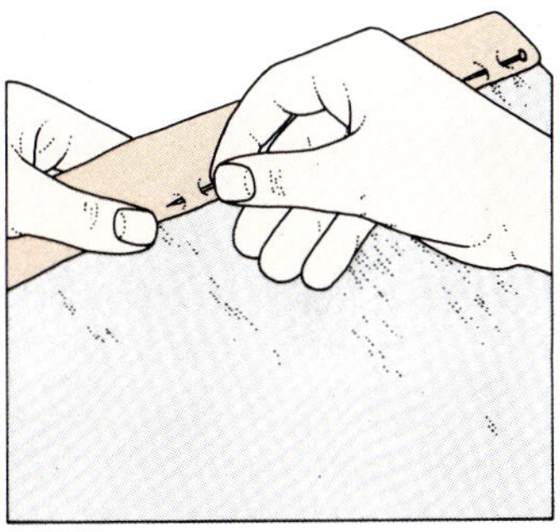

2 *Pliez l'angle A vers l'angle B à la longueur du coussin. Pliez B sur A pour former un pli. Repassez. Epinglez le long des bords et cousez depuis le bas par-dessus le rentré portefeuille. Finissez les coutures comme d'habitude (page 268).*

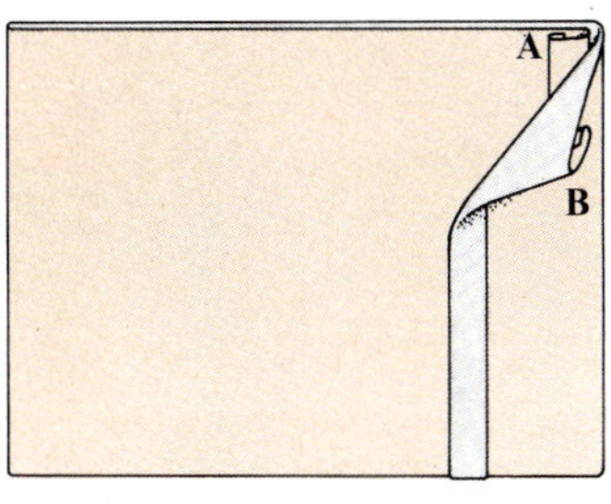

3 *Tournez le rentré portefeuille sur l'endroit et repoussez les angles avec vos doigts. Puis tournez le coussin entier sur l'endroit et repoussez les autres angles avec vos ciseaux. Vous pouvez maintenant ajouter des broderies.*

Les enveloppes de couettes

Si vous vous servez de couettes, il faut les couvrir. Le tissu peut être uni ou à motifs, mais il doit être lavable, léger et solide. L'enveloppe est facile à faire. Elle peut être fermée par un ruban ou par une fermeture éclair.

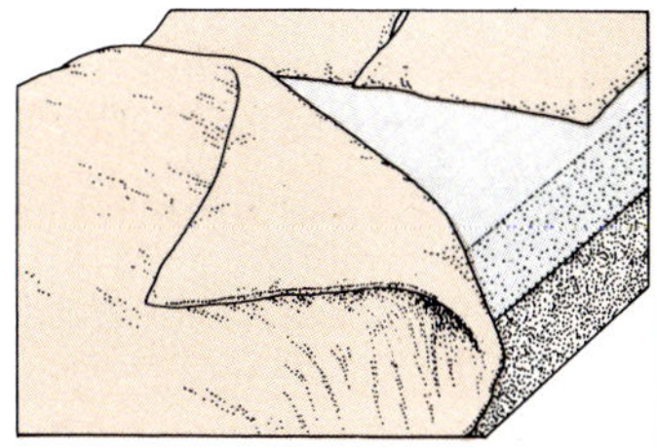

Estimation du métrage nécessaire

Mesurez votre couette et ajoutez 2,5 cm pour les ourlets. Le tissu pour draps est le plus indiqué, il existe dans les mesures adéquates.

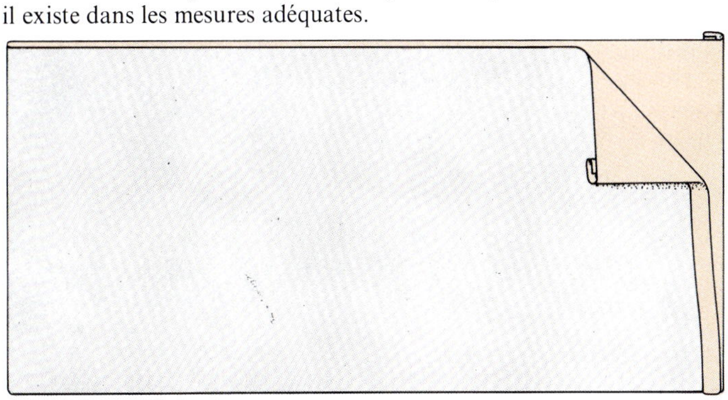

Comment plier la couverture de couette

Confection de l'enveloppe

Prenez le tissu de la largeur voulue et coupez-le aux mesures exactes. Endroit contre endroit, épinglez la couverture en laissant une ouverture pour introduire la couette. Environ 90 cm. Piquez tout autour, faites une piqûre arrière en arrivant à l'ouverture et coupez aux angles de l'ourlet. Finissez les ourlets de l'ouverture par des jours ou au point zigzag.

La fermeture de l'enveloppe

L'enveloppe peut être fermée par une fermeture éclair solide (voir page 288), avec une bande Velcro ou un ruban à boutons-pressions. Repassez les ourlets et fixez un ruban sur l'ourlet du dessous. Epinglez, bâtissez et cousez proprement le ruban en haut et en bas (Fig. 1). Posez le ruban correspondant de l'autre côté de l'ouverture et fixez comme précédemment (Fig. 2).

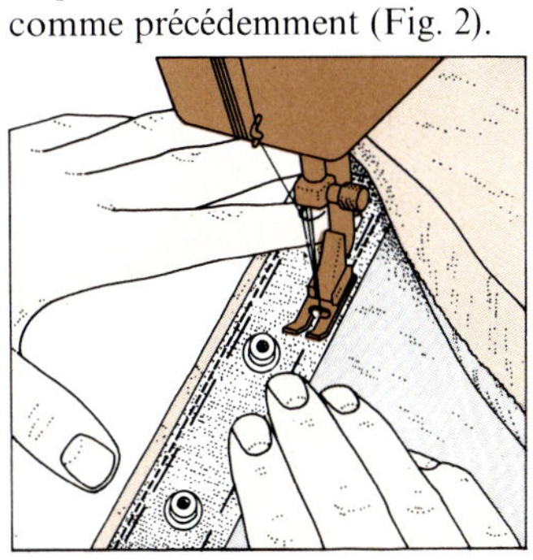

1 Couture du ruban-pression

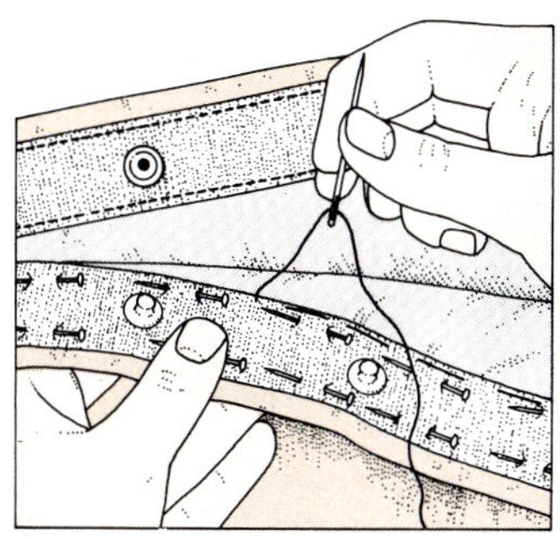

2 Couture du côté opposé du ruban-pression

Les couvre-lits

Il existe trois principales sortes de couvre-lits: le jeté, le dessus de lit froncé et le dessus façon tapissier. Le jeté est un simple morceau de tissu drapé sur un lit. Les deux autres ont des retombés qui peuvent être froncés ou à plis.

Tous les couvre-lits comportent un panneau central auquel les retombés seront ajoutés. Les coutures devront se trouver à égale distance du centre. N'importe quel tissu peut convenir pour un couvre-lit: vous aurez cependant avantage à choisir un tissu solide, il aura un aspect plus net et ne nécessitera pas de doublure.

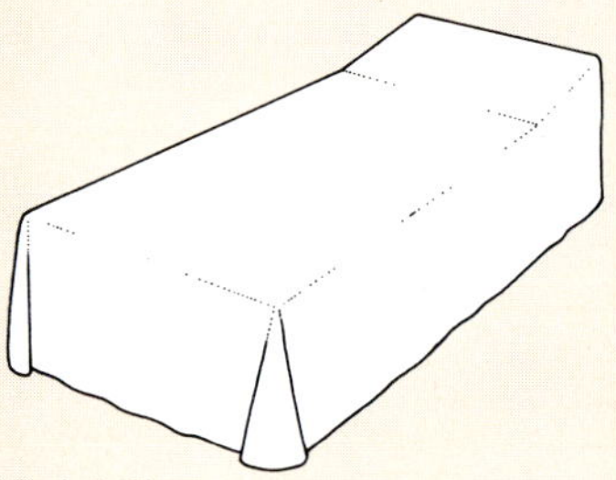

Jeté de lit

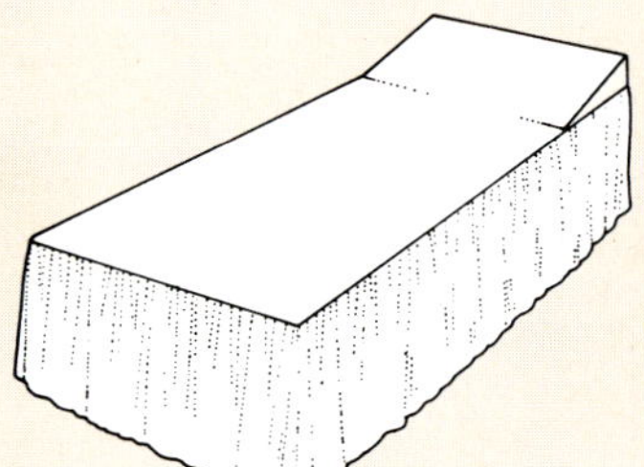

Couvre-lit à volant froncé

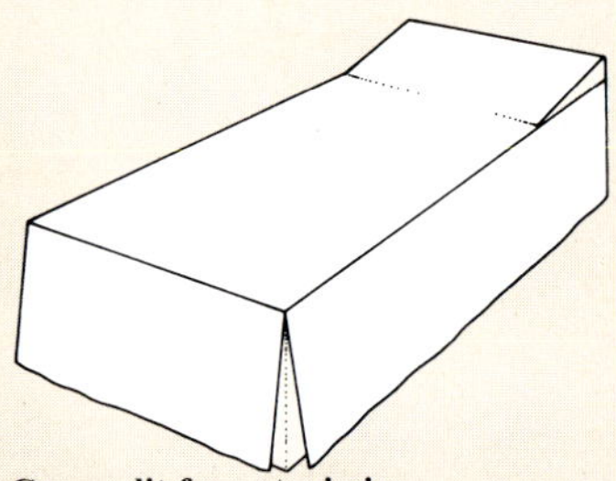

Couvre-lit façon tapissier

Le jeté

Ce couvre-lit très simple ne demande aucun ajustage. Il est assez large pour couvrir le lit et retombe jusqu'au sol. On peut en arrondir les angles, l'aspect sera plus soigné.

Comment calculer le métrage nécessaire

Mesurez d'abord le lit. La largeur se mesure depuis le sol, en remontant les côtés, ou en traversant le dessus et en descendant de l'autre côté jusqu'au sol. La longueur se prend depuis la tête, par-dessus les coussins et jusqu'au sol, au pied du lit. Si votre couvre-lit doit recouvrir des coussins, ajoutez environ 30 cm à la longueur. Si votre tissu comporte des motifs, ajoutez le tissu nécessaire pour un éventuel raccord.

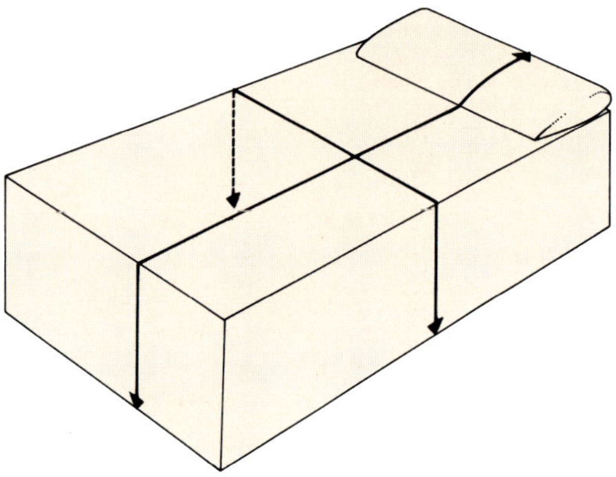

Confection du jeté

Disposez le tissu comme indiqué page 307. Ourlez d'abord les deux longueurs par un double ourlet de 0,5, puis de 2 cm. Epinglez, bâtissez et cousez, puis repassez. Faites de même sur les autres côtés, veillez à ce que les angles soient droits. Retirez le fil de bâti et repassez une seconde fois.

Les angles arrondis

Disposez le tissu sur le lit et épinglez en arrondi aux deux angles, au pied du lit. Retirez le tissu et ajustez les angles en vous servant d'un objet rond. Ourlez comme précédemment, en crantant éventuellement les arrondis.

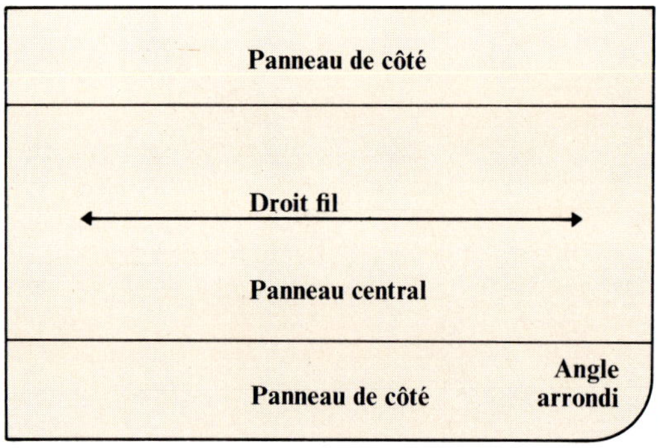

Dessus-de-lit à volant froncé

Un dessus-de-lit bien ajusté aura un aspect net et soigné. Le panneau central sera exactement de la taille du dessus du lit, un volant lui sera ajouté sur les côtés. Le volant sera froncé et, le cas échéant, vous lui adjoindrez un cache-oreiller.

Comment calculer le métrage nécessaire

Mesurez la longueur et la largeur du dessus de votre lit. Ajoutez 10 cm pour un rentré à la tête du lit et 2 cm pour un ourlet tout autour. Mesurez la hauteur du volant en partant du coin supérieur du lit jusqu'au sol, plus 7 cm pour l'ourlet et la couture. La longueur du volant, avant qu'il ne soit froncé, sera une fois et demie à deux fois la longueur et la largeur de votre lit, plus 2 cm pour les coutures des deux côtés du lit. Prévoyez un surplus de tissu pour le cache-oreiller (voir ci-dessus les indications).

Le cache-oreiller

Le cache-oreiller sert à couvrir les oreillers tout en permettant au volant de rester parallèle au sol. Le cache-oreiller peut être triangulaire ou arrondi. Nous vous expliquerons la confection du cache-oreiller triangulaire. Notre dessin représente les deux possibilités et le panneau central. Les lettres indiquent les points d'assemblage.

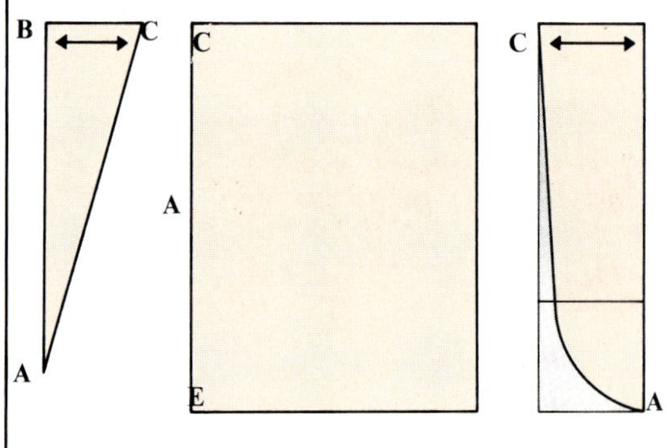

Confection du cache-oreiller triangulaire

Il sera particulièrement utile sur les lits à une ou deux personnes dont les oreillers restent en place pendant la journée. Tracez une ligne sur votre patron en papier d'environ 40 cm de long. Marquez un côté A et un côté B. A partir de B et à angle droit de AB, tracez une ligne de 11 cm et marquez C à la fin. Joignez A à C et marquez une ligne parallèle à BC (voir ci-dessus). Ajoutez 2 cm à tous les côtés.

La confection du couvre-lit

Assemblez d'abord les panneaux du couvre-lit, puis fixez le cache-oreiller. Faites ensuite le volant et fixez-le au panneau central et au cache-oreiller.

Assemblage des panneaux

Assemblez le tissu comme d'habitude (page 307). Pliez le panneau central en deux sur la longueur et arrondissez légèrement les angles destinés au pied du lit pour que le volant tombe harmonieusement (voir ci-contre comment arrondir les angles).

Assemblage du cache-oreiller triangulaire au panneau central

Epinglez et bâtissez les angles AB (voir dessin page précédente), à 10 cm du haut du panneau central. Le tissu restant en dessous de B reste libre pour l'ourlet. Cousez et repassez.

Confection du volant

Assemblez les pièces de tissu nécessaires à la longueur du volant par une couture anglaise (page 268). Froncez le haut du volant avec deux rangs de points avant à l'endroit prévu pour la couture ; arrêtez à environ 3,5 cm de chaque bord (cela pour permettre un rentré de 2 cm et un ourlet de 1,5 cm à la tête du panneau fini).

Comment joindre le volant au panneau et au cache-oreiller

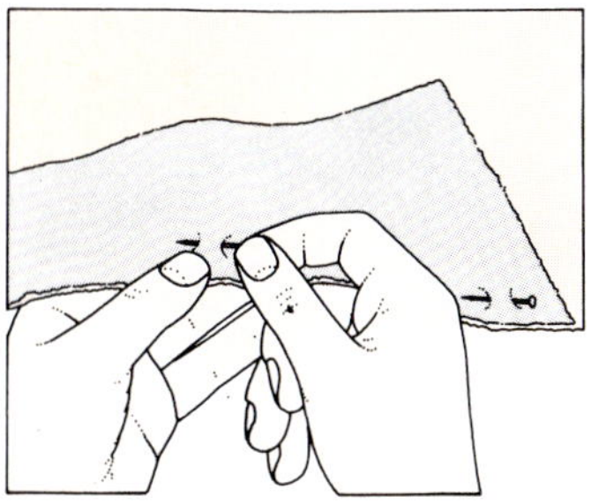

1 *Disposez vos fronces régulièrement, puis assemblez le volant au panneau central et au cache-oreiller par un point de bâti, endroit sur endroit. Le cache-oreiller en haut, faites la couture jusqu'en A (en évitant les rentrés de couture), faites une couture arrière pour consolider. Répétez sur l'autre côté du cache-oreiller.*

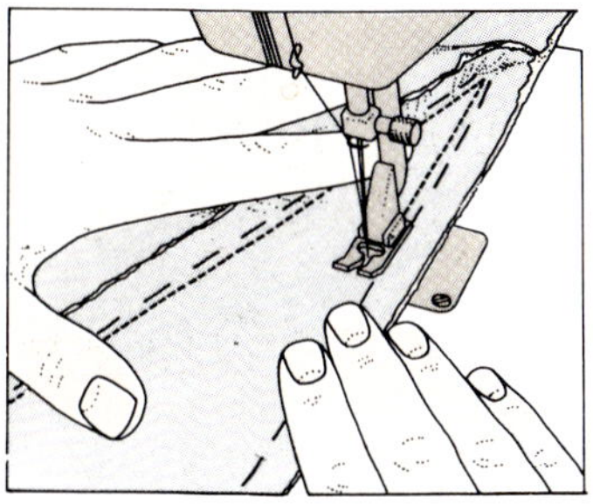

2 *Recommencez la couture à partir de A jusqu'au bout du volant. Repassez les rentrés du cache-oreiller et la couture du volant. Piquez à la machine le volant et le cache-oreiller (1 cm) en dehors de la couture et jusqu'au bord coupé du cache-oreiller, en tournant en A.*

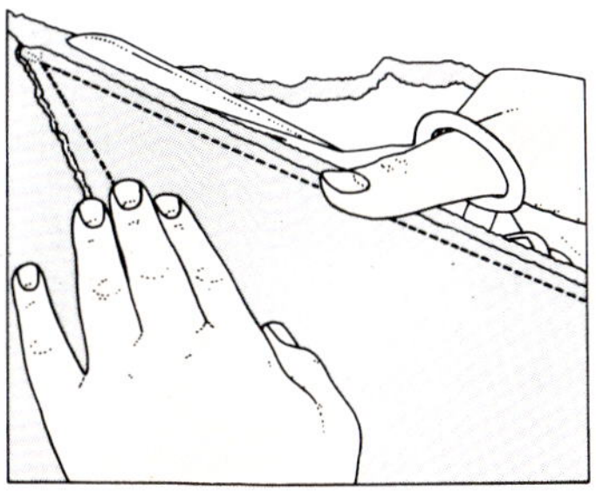

3 *Coupez le surplus à 0,5 cm de la couture et faites une couture zigzag ou un point de surjet sur les bords coupés. Faites des ourlets le long du volant, le long du bord coupé et à la tête du panneau central. Finissez les coutures du volant et du panneau central de la même façon.*

Couvre-lit façon tapissier

Ce couvre-lit très soigné comporte un cache-oreiller et des plis aux angles.

Comment calculer le métrage nécessaire

Les mesures se prennent comme pour le couvre-lit à volants en ce qui concerne le panneau central et le cache-oreiller triangulaire. Une fois le tour du panneau central mesuré, ajoutez 40,5 cm à chaque angle, donc un total de 162,5 cm.

La confection du couvre-lit

Après avoir préparé le panneau central, faites les retombés et fixez-les.

Les plis creux

En partant du point central C, marquez B et D à 21 cm de chaque côté BD étant éloigné de 41 cm.

Endroit contre endroit, pliez B et D pour rejoindre C. Epinglez le long des plis et bâtissez à travers les trois épaisseurs.

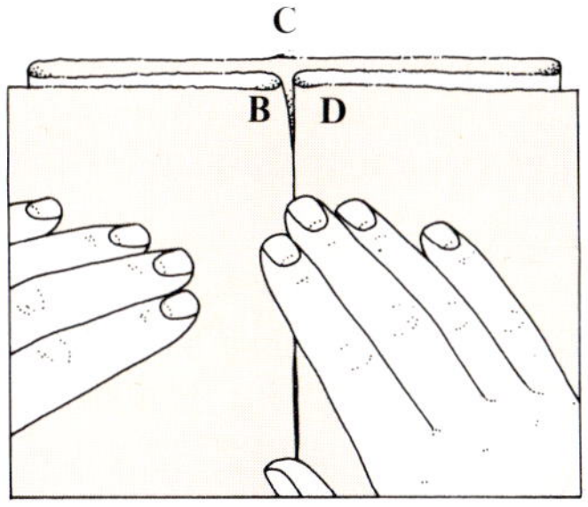

Comment assembler les plis et le panneau central

1 *Faites un bâti en attachant le pli à l'angle du panneau central en C, laissez 1,5 cm pour la couture.*

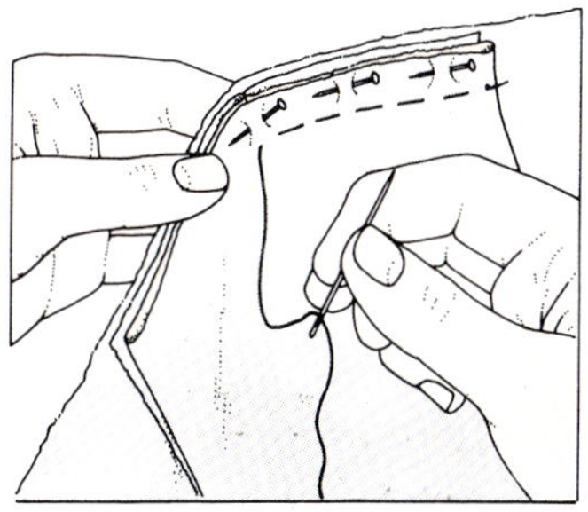

2 *Tournez l'ouvrage et le pli de manière qu'il coïncide avec le côté long du panneau central, cousez (voir décolletés page 270 pour la technique).*

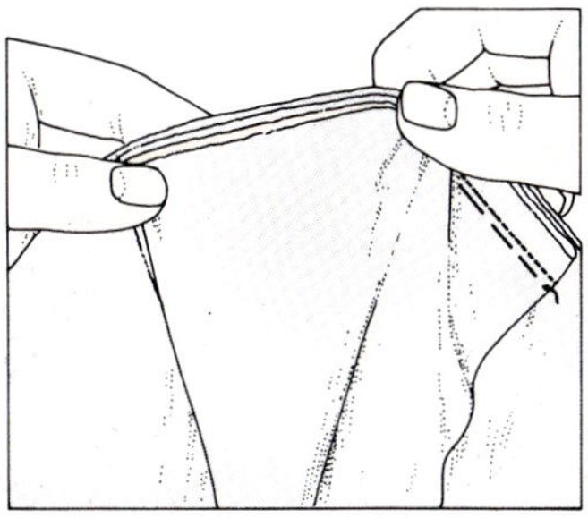

3 *Entaillez l'angle de la couture du pli puis continuez la couture pour finir le deuxième côté du couvre-lit. Finissez les autres angles de la même façon. Repassez les coutures et écrasez les plis au fer.*

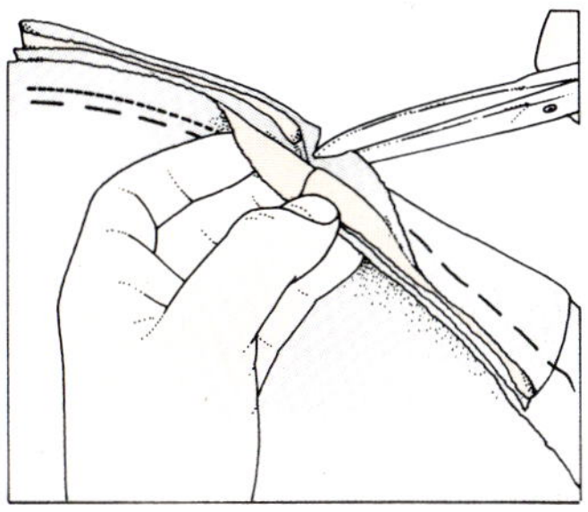

Les coussins façon tapissier

Ces coussins peuvent être ronds, rectangulaires ou carrés. Ils ont en général une enveloppe intérieure et extérieure; les deux se confectionnent de la même façon.

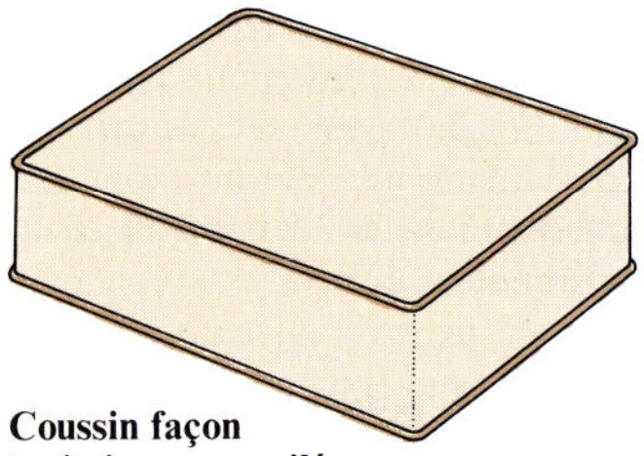

Coussin façon tapissier passepoilé

L'enveloppe intérieure
Prenez un tissu léger pour l'enveloppe intérieure. Le métrage est le même que celui de l'enveloppe extérieure, sans les suppléments pour le passepoil et la fermeture éclair. Cette enveloppe est cousue sur trois côtés avant d'être rembourrée.

Estimation du métrage nécessaire aux deux enveloppes

Mesurez le dessus du coussin et ajoutez 2 cm pour les rentrés tout autour. Faites deux pièces semblables en vérifiant le droit fil. Mesurez la hauteur du coussin et ajoutez 2,5 cm pour les coutures. Vous avez la hauteur de la bande plate. La longueur de ces bandes sera augmentée de 4 cm par rapport à la taille voulue. Il vous faudra 4 bandes plates pour l'enveloppe.

Si vous prévoyez un passepoil (voir page 313), ajoutez le tissu nécessaire. Mesurez le tour de votre bloc de mousse et ajoutez 10 cm pour les coutures. Coupez deux longueurs de passepoil pour le haut et le bas du coussin.

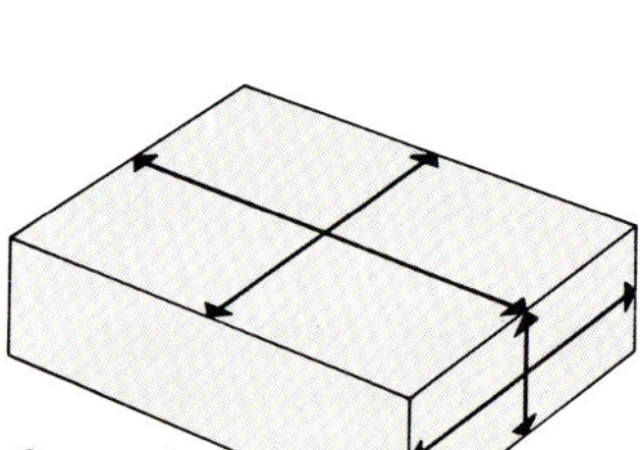

Comment mesurer une enveloppe de coussin façon tapissier

Enveloppe fixe passepoilée

Coupez le tissu en droit fil pour le haut et le bas du coussin, ainsi que pour les bandes plates. Coupez et confectionnez le passepoil comme page 313 Servez-vous d'un bloc de mousse polyester.

Confection de l'enveloppe passepoilée

1 *Assemblez les bandes plates par leur côté le moins large. Effilez les coutures aux angles au fur et à mesure.*

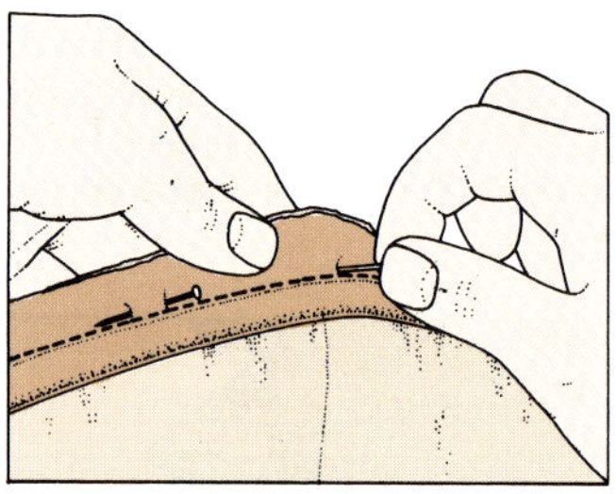

2 *Posez le passepoil comme page 485. Posez les bords coupés endroit contre endroit, posez l'enveloppe sur l'endroit de la bande plate. Epinglez, bâtissez et cousez le passepoil le long des bords à 1,5 cm à l'intérieur.*

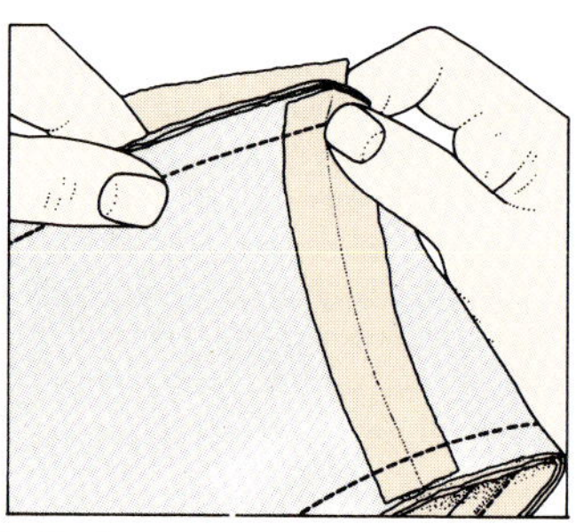

3 *Endroit contre endroit, posez les bandes plates passepoilées de manière à faire coïncider les coutures avec les angles du coussin.*

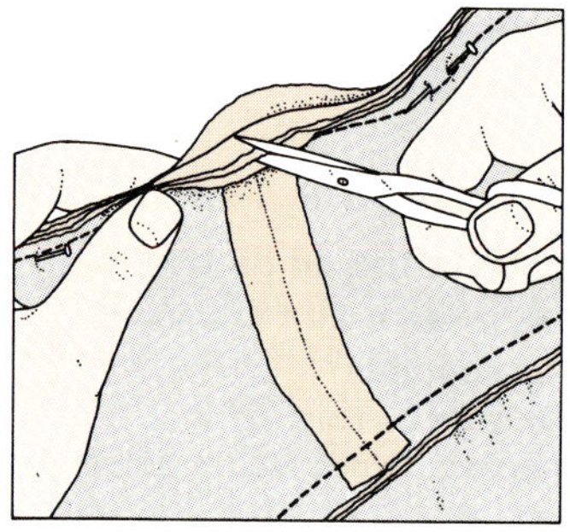

4 *Epinglez le tissu, crantez le passepoil aux angles pour donner de l'aisance. Les coutures effilées sur les côtés seront suffisamment souples sans être crantées.*

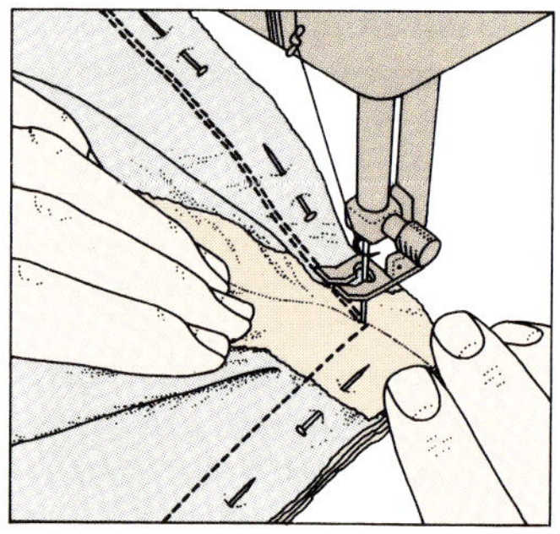

5 *Piquez ensemble les côtés et le dessus, faites pivoter l'ouvrage aux angles pour obtenir une couture nette (page 252), finissez les bords selon le genre du tissu.*

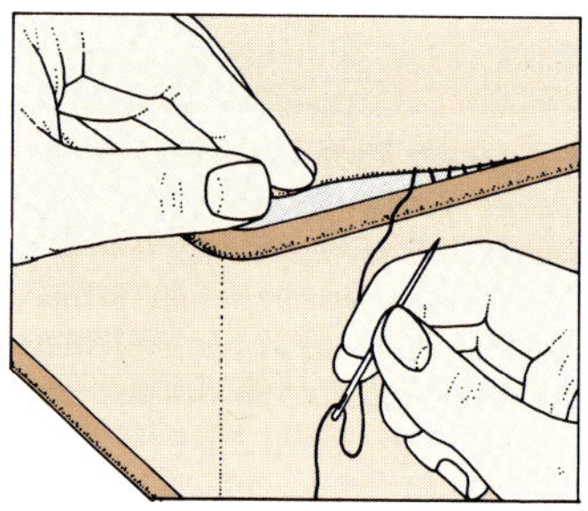

6 *Assemblez les dessus et les bandes de côté comme ci-dessus, en laissant une ouverture suffisante pour introduire le bloc de mousse. Egalisez les bords et repassez. Retournez l'enveloppe sur l'endroit, introduisez la mousse et fermez l'ouverture à points perdus.*

Enveloppe amovible à fermeture éclair

Mesurez le tissu nécessaire comme pour l'enveloppe fixe, mais ajoutez une cinquième bande qui servira à la fermeture à glissière.

Confection de l'enveloppe

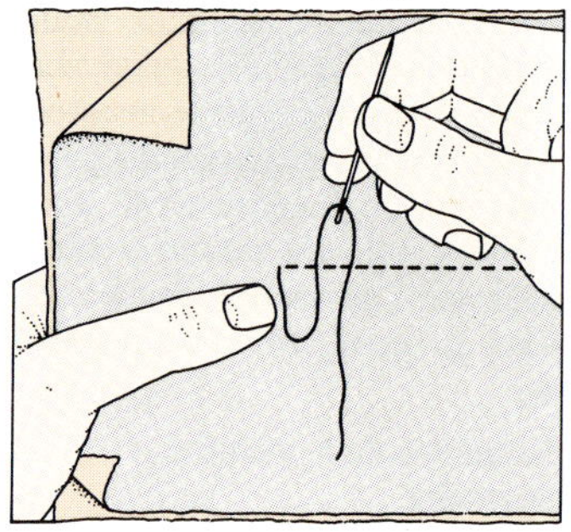

1 *Endroit contre endroit, cousez deux des bandes de côtés au point avant (page 266).*

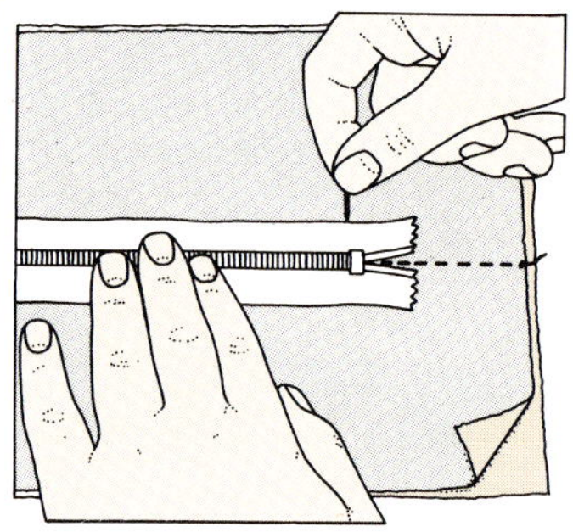

2 *Posez la fermeture éclair en suivant la couture, à égale distance de chaque bord. Marquez l'endroit exact où finissent les dents de la fermeture. Cousez jusqu'à ces deux points, faites des points arrière pour consolider la couture.*

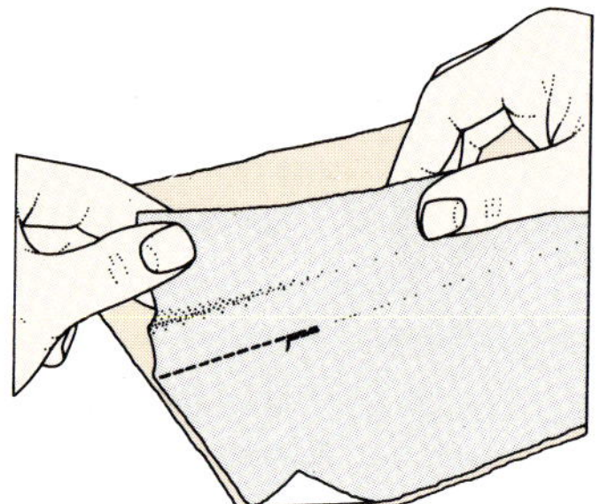

3 *Pliez chaque bande, envers contre envers, introduisez la fermeture éclair (page 288) et enlevez les fils du bâti. Finissez l'enveloppe comme précédemment.*

Les traversins

Ces coussins sont généralement cylindriques, à bouts plats. Ils servent d'appui sur les lits et les divans.

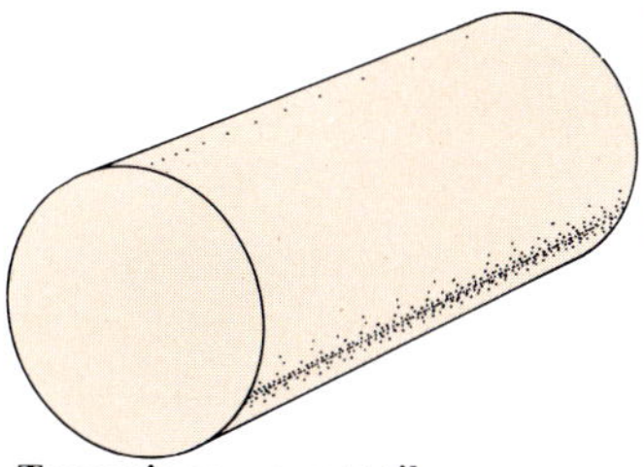

Traversin sans passepoil

La coupe de l'enveloppe

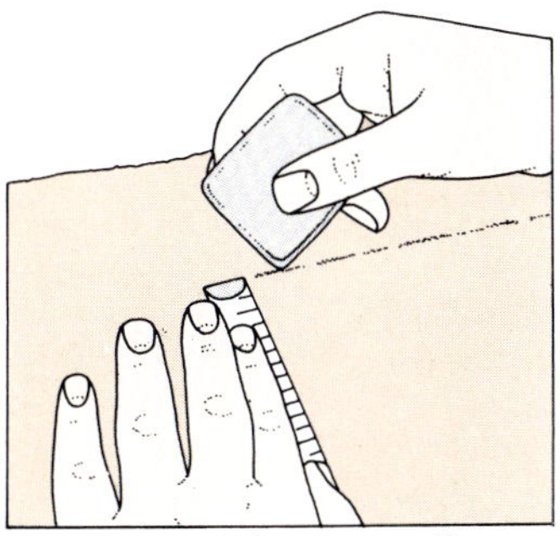

1 *Marquez à la craie tailleur un rectangle comportant 2,5 cm de plus que la longueur du traversin et 3,5 cm de plus que sa circonférence.*

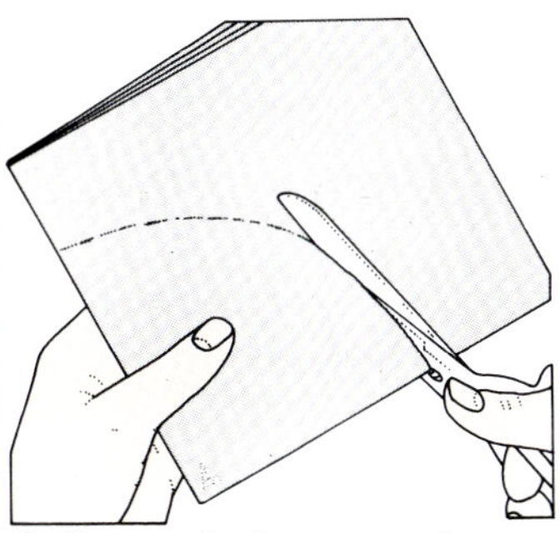

2 *Il vous faudra un cercle pour chaque extrémité. Faites un patron en pliant en quatre une feuille de papier, dessinez un quart de cercle dont le rayon sera celui de l'extrémité de votre traversin (page 296), découpez et faites deux cercles.*

Confection de l'enveloppe de traversin

Vous pouvez rembourrer une enveloppe intérieure avec des flocons de mousse polyester. Vous pouvez également former un cylindre avec une feuille de mousse, le coller, le remplir de flocons de mousse et ajouter deux cercles.

Les enveloppes intérieure et extérieure sont faites de la même façon. Si l'enveloppe extérieure est amovible, il faudra prévoir un rectangle de tissu de la taille de l'ouverture et de 7,5 cm de large. Cela formera la lanière de l'ouverture.

Confection de l'enveloppe

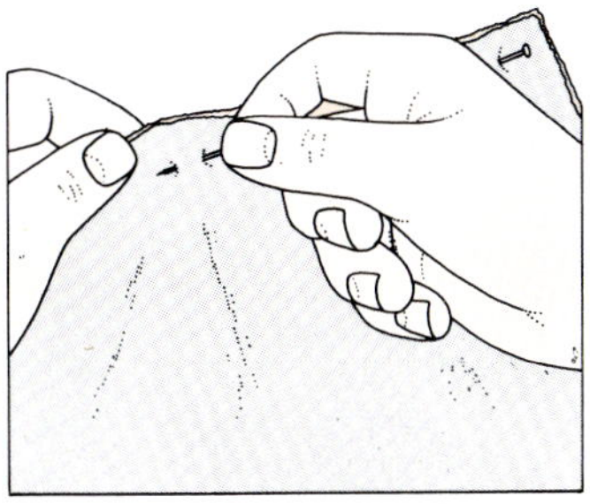

1 *Coupez le tissu pour le traversin; endroit contre endroit, épinglez et cousez sur toute la longueur à partir de 0,5 cm du bord coupé.*

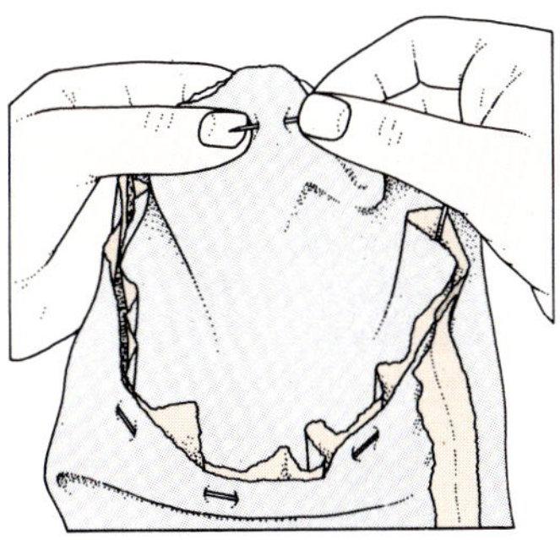

2 *Ouvrez la couverture au fer et, endroit contre endroit, épinglez un des cercles à l'une des extrémités. Posez une épingle exactement en face de la première posée et épinglez en tournant à intervalles réguliers, à 1,5 cm du bord coupé. Crantez si nécessaire. Bâtissez et cousez, retournez l'enveloppe. Introduisez le cylindre de mousse ou le kapok par le trou du haut et tirez le tissu par-dessus jusqu'à ce qu'il soit parfaitement en place.*

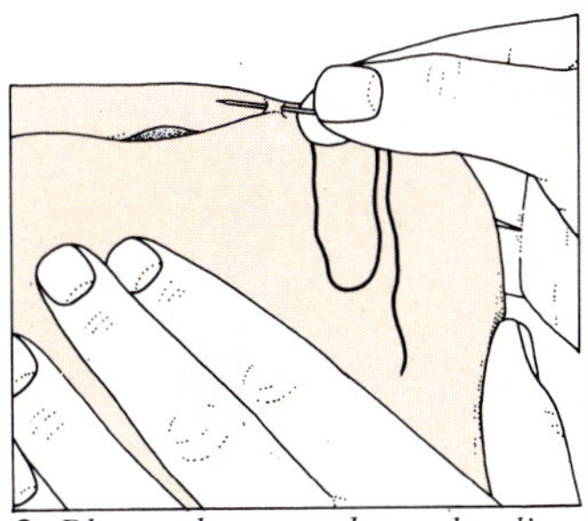

3 *Placez le second cercle, l'endroit vers l'extérieur, à l'extrémité ouverte du tube. Repliez les bords, épinglez et cousez à points perdus.*

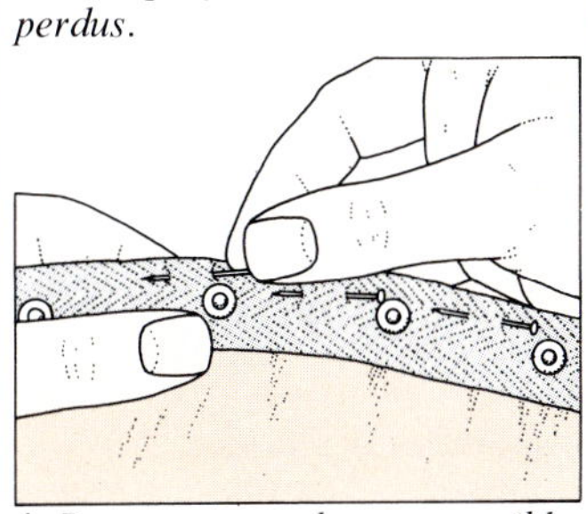

4 *Pour une enveloppe amovible, placez une lanière sur la couture de côté avant de la fermer (page 313). Posez la bande en laissant une ouverture suffisante pour introduire le traversin, à égale distance de chaque extrémité. Epinglez et cousez un des côtés du ruban à l'endroit de la lanière. Attachez le côté correspondant au bord opposé.*

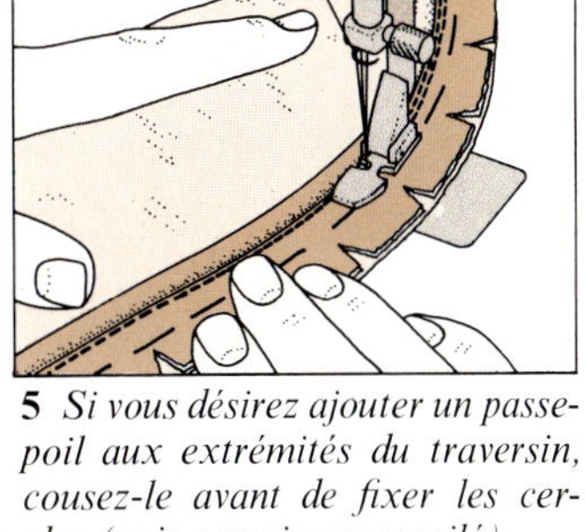

5 *Si vous désirez ajouter un passepoil aux extrémités du traversin, cousez-le avant de fixer les cercles (voir coussin passepoilé).*

Les rembourrages

Vous choisirez votre rembourrage en fonction de la fermeté que vous désirez donner à votre traversin et en fonction de vos disponibilités financières.

Les plumes

Le rembourrage peut être fait de plumes (d'oie, de canard ou de poulet) qui sont moins chères que du duvet et peuvent être achetées toutes préparées. Vous pouvez les acheter au poids chez les éleveurs de poulets. Un traversin de 45 cm nécessite 1 kilo de plumes.

Plumes

Le kapok

Le kapok et les fibres de térylène remplacent avantageusement les plumes. Le kapok, une fibre végétale, a tendance à s'aplatir; il n'est pas lavable. Le térylène est lavable et antiallergique. Une livre de fibres de térylène suffira pour un traversin de 45 à 50 cm.

Kapok

Latex et mousse

Pour les coussins plus rigides, vous trouverez du latex et de la mousse déjà «en forme». Votre coussin ainsi préformé, il n'y manquera que l'enveloppe.

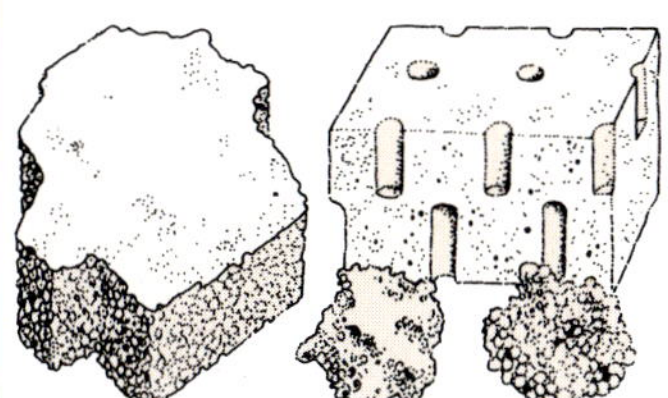

Latex et mousse

Les rideaux

Les rideaux sont de différentes longueurs: courts, mi-longs, longs. Les « brise-bise» s'attachent au milieu de la fenêtre, ils ressemblent aux rideaux de «bistrot» (page 320). Choisissez votre tissu en tenant compte de la tringle, de la hauteur de la fenêtre et de l'effet recherché, en considérant aussi la solidité et la possibilité de lavage.

Rideaux courts (allant jusqu'au rebord)

Rideaux mi-longs (dépassant légèrement le rebord)

Rideaux longs (allant jusqu'au sol)

Comment prendre les mesures

Décidez d'abord de la hauteur de vos rideaux. A l'aide d'un mètre rigide, prenez la mesure en partant de la tringle. Les rideaux courts s'arrêteront à environ 2,5 cm au-dessus du rebord. Les rideaux mi-longs dépasseront le rebord de 10 à 22 cm et les rideaux longs s'arrêteront à environ 2,5 cm du sol. Mesurez ensuite la largeur de votre tringle.

Comment mesurer la hauteur

Comment calculer le métrage nécessaire

Ce calcul se fera à partir de la largeur de la tringle. Il faut également tenir compte de la tête de rideau et de l'épaisseur du tissu, cela en raison des fronces à prévoir. Les tissus légers doivent avoir environ le triple de la largeur de la fenêtre pour offrir un aspect agréable. Deux à deux fois et demie la largeur sera suffisant pour les tissus plus épais. Comptez environ 5 cm de plus pour les ourlets de côtés et 15 cm pour l'ourlet du bas.

Si vous prévoyez un rideau en deux parties, prenez la moitié de la longueur de votre tringle et calculez la largeur pour chaque partie. Si vous faites un rideau en trois parties, calculez trois fois, etc. La plupart des tissus étant en 120 cm de large, il vous faudra sans doute rajouter une largeur pour obtenir les dimensions nécessaires (voir page 307). Prévoyez un peu plus de tissu pour faire coïncider les dessins, le cas échéant. Le plus simple est de compter un dessin de plus dans la largeur pour chaque partie de rideau. Si vous utilisez deux largeurs pour chacun de vos rideaux, prévoyez 4 dessins en plus, etc.

Comment mesurer les stores

Les stores se mesurent de la même façon que les rideaux quant à la hauteur et à la largeur. Il faut cependant décider si le store sera posé à l'intérieur ou à l'extérieur des embrasures. Dans les deux cas, les tasseaux devront être posés préalablement. Le rouleau doit pouvoir jouer à l'aise en entraînant la quantité de tissu nécessaire. Il dépassera chaque côté de la fenêtre d'environ 2,5 cm.

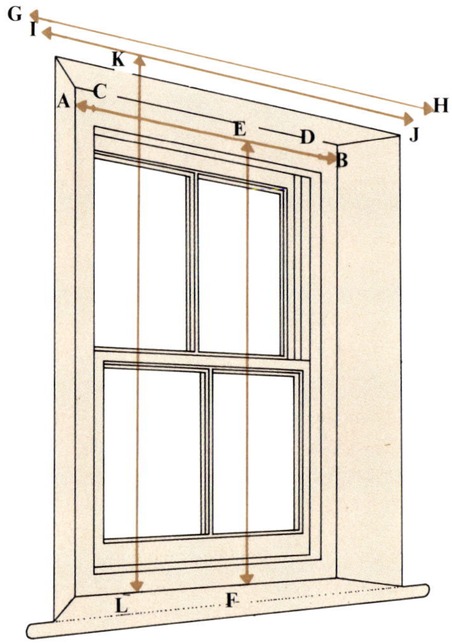

Comment prendre les mesures pour les stores

Les stores à l'intérieur de l'embrasure

Votre store ira de A à B, y compris les embouts métalliques. Le tissu sur le rouleau ira de C à D, de manière à couvrir complètement la fenêtre. Ajoutez 5 cm pour la rentrée de chaque côté. Mesurez la hauteur de E à F. Ajoutez 18 cm pour la barre du bas qui fait poids.

Les stores à l'extérieur des embrasures

Le rouleau et ses attaches iront de G à H, dépassant l'embrasure de chaque côté d'au moins 15 cm. La largeur totale du tissu ira de I à J. Ajoutez 5 cm de chaque côté pour la rentrée. Mesurez la hauteur du store de K à L. Elle dépassera le rebord d'au moins 5 cm, ajoutez 18 cm pour attacher le tissu et la barre du bas.

Les rideaux

Il est à la fois économique et facile de faire ses rideaux soi-même. Le rideau le plus simple peut avoir un aspect professionnnel.

Le tissu

Que vous choisissiez un velours épais ou un imprimé léger, il vous faudra tenir compte de certaines données. Considérez d'abord l'usage que vous ferez de vos rideaux. Il ne serait par exemple pas raisonnable de choisir, pour une cuisine, des rideaux nécessitant un nettoyage à sec. Si votre rideau est exposé au soleil, doublez-le pour atténuer les effets de la lumière. Pensez au faîte du rideau avant d'acheter votre tissu. Le genre et le nombre des plis décident de la quantité de tissu nécessaire.

Les tringles

Les tringles servent de support aux rideaux, elles existent, en métal ou en plastique, dans un grand nombre de largeurs. Le rideau est attaché aux anneaux à l'aide de crochets, fixés eux-mêmes à un ruban spécial cousu à la tête du rideau. Les rideaux lourds seront de préférence suspendus à des attaches métalliques; réservez les rails et les attaches en plastique aux baies incurvées.

Vos rideaux peuvent également être suspendus à des tringles ornementales en bois ou en cuivre. Les rideaux seront suspendus par des anneaux cousus directement sur le tissu. Il existe encore des tringles à spirale qui s'attachent à des crochets spéciaux des deux côtés de la fenêtre.

Les rubans fronceurs

Ces rubans servent de support aux crochets tout en formant les plis du rideau. Un cordonnet, de part et d'autre du ruban, lui permet, une fois cousu, de froncer le rideau tout en formant de petites poches qui contiendront les crochets. Ces rubans existent en toutes sortes de couleurs et de largeurs. Ils s'utilisent sur n'importe quel tissu. Un ruban particulièrement léger sert pour les voilages et les rideaux en filet. Le ruban à plisser peut s'utiliser sur les tissus légers et moyens, mais pas sur les tissus lourds qui ne se plissent pas. Utilisez le ruban léger pour les voilages et les filets et le ruban normal pour les tissus normaux. Le ruban à plis groupés existe en 4 et 9 cm de large. On le fixe comme les autre rubans, mais les plis se forment par groupes.

Les cantonnières et les coffrages

La tringle, bien que souvent cachée par la tête de rideau, peut être couverte par un coffrage ou une cantonnière. Le coffrage est en bois, fixé au mur, il couvre la tringle et le haut des rideaux. Il peut être recouvert du même tissu que les rideaux ou encore rester tel quel. La cantonnière est entièrement faite de tissu, on la fixe au mur par une planchette ou on la suspend sur une tringle.

Tringles à rideaux

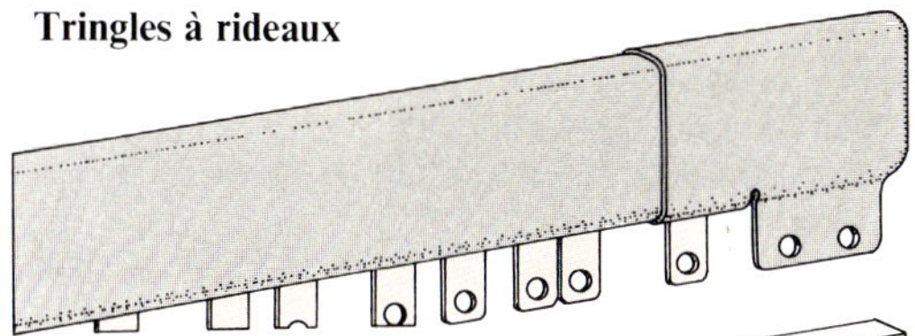

Rail métallique

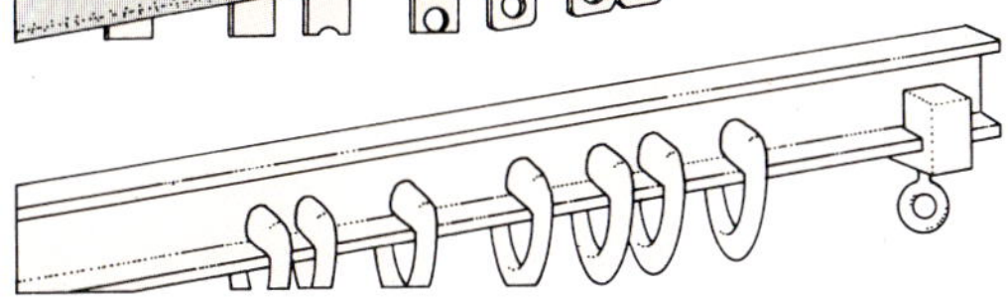

Rail en plastique

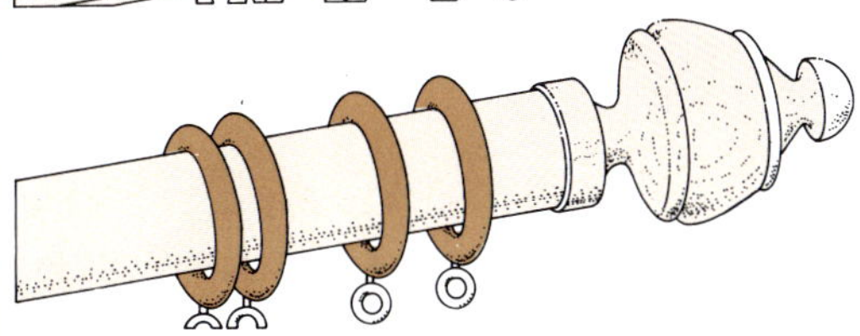

Tringle en bois

Rubans fronceurs

Ruban normal

Ruban à plisser

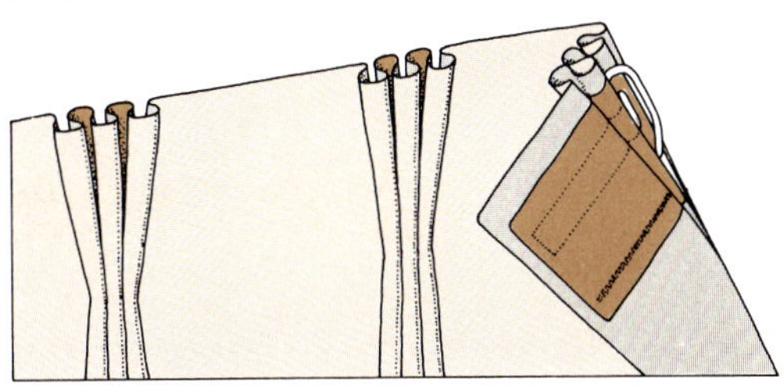

Ruban à plis groupés

Coffrages et cantonnières

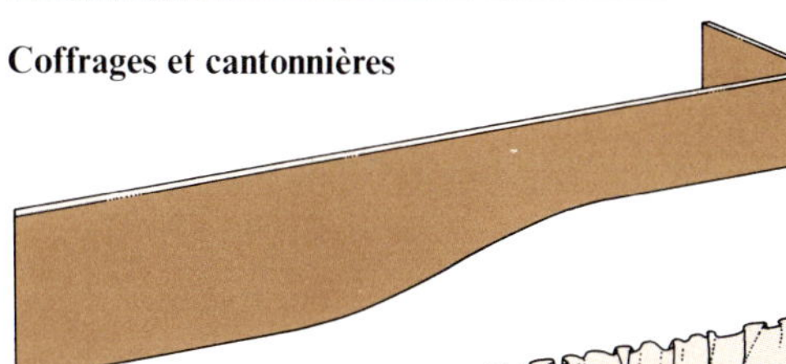

Coffrage en bois

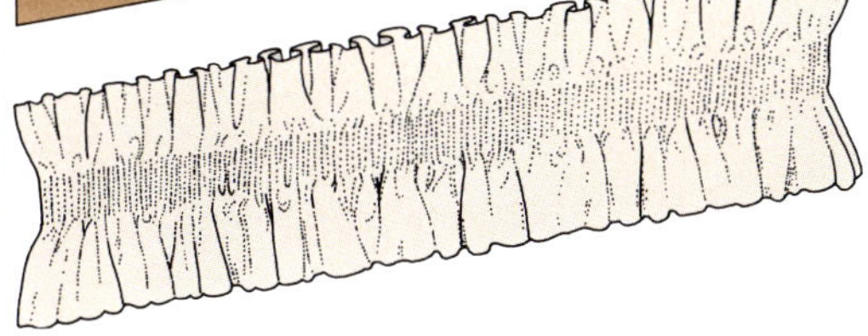

Cantonnière en tissu

Les rideaux non doublés

Les rideaux peuvent être doublés ou non. Les rideaux non doublés sont tout indiqués pour une pièce qui manque de lumière; les rideaux doublés, cependant, durent plus longtemps, le tissu est protégé et retient la chaleur.

Comment faire les rideaux

Après avoir mesuré votre fenêtre et calculé le métrage nécessaire, coupez le tissu selon les mesures requises (page 317). Assurez-vous que le tissu est décati et vérifiez le droit fil (page 258). Puis étendez le tissu sur une surface plane, par terre, par exemple, et coupez-le sans oublier les éventuels raccords de motifs (page 307).

L'assemblage

Disposez le tissu de manière que les éventuels bords coupés se trouvent à l'extérieur du rideau, puis assemblez les pièces par une couture simple aux lisières ou par une couture aux bords coupés (page 269). Si votre couture doit être invisible, faites une couture anglaise terminée par des points avant.

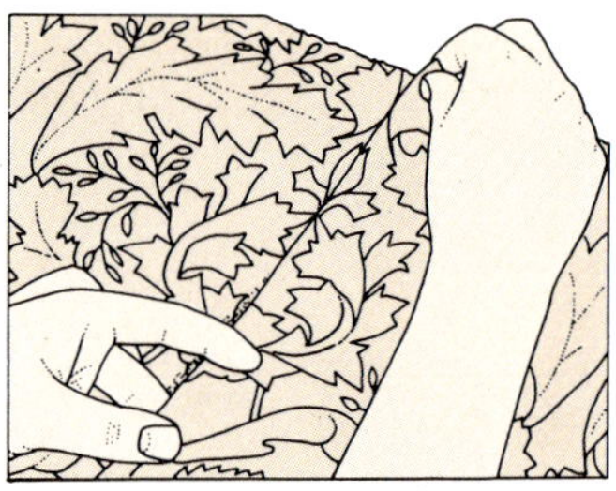

Disposez les largeurs du tissu

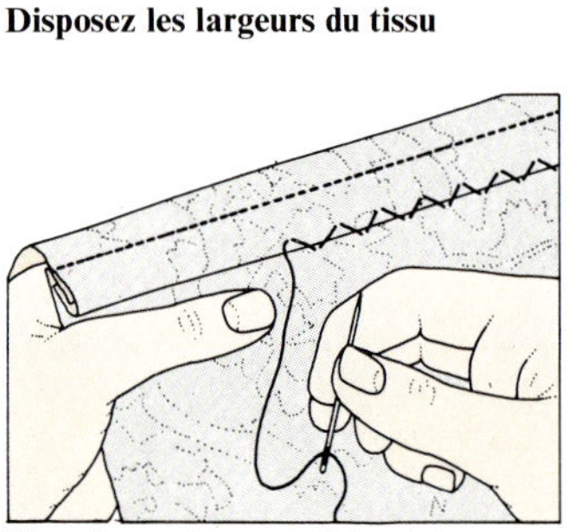

Fixez la couture par des points avant

Les têtes de rideaux

Les rideaux peuvent être attachés à l'aide de ruban fronceur et de crochets, ou à l'aide d'anneaux (page 317). Ils peuvent aussi être glissés directement sur une tringle passée à travers l'ourlet du haut (page 317). Cette dernière méthode n'est utilisable que pour des rideaux légers.

Comment fixer le ruban fronceur

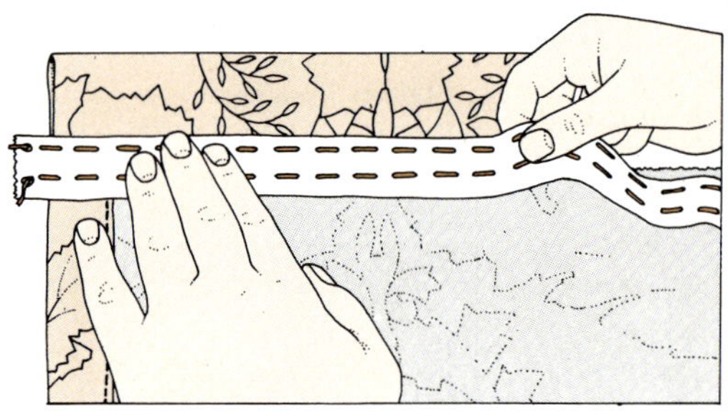

1 *Coupez le ruban à la largeur du rideau en gardant environ 2,5 cm à chaque extrémité. Nouez solidement les deux cordonnets à un bout du ruban, mais laissez les autres libres. Retournez le haut du rideau d'environ 5 cm et épinglez-le. Disposez le ruban à environ 2,5 cm sous le bord du rideau, retournez chaque bout du ruban et épinglez-le de manière à faire disparaître les nœuds de l'un des côtés et en laissant les bouts des cordelettes libres.*

2 *Epinglez et bâtissez les rubans de chaque côté des cordelettes et à chaque extrémité. Piquez les rubans à la machine, en faisant les deux coutures dans la même direction afin d'éviter tout froncement du tissu. Tirez sur les cordelettes jusqu'à atteindre la largeur voulue et nouez-les. Egalisez les fronces et fixez le surplus des cordelettes par quelques points de couture. Introduisez les crochets à chaque bout, puis à intervalles réguliers (environ 8 cm) tout le long du ruban.*

Comment faire l'ourlet des rideaux

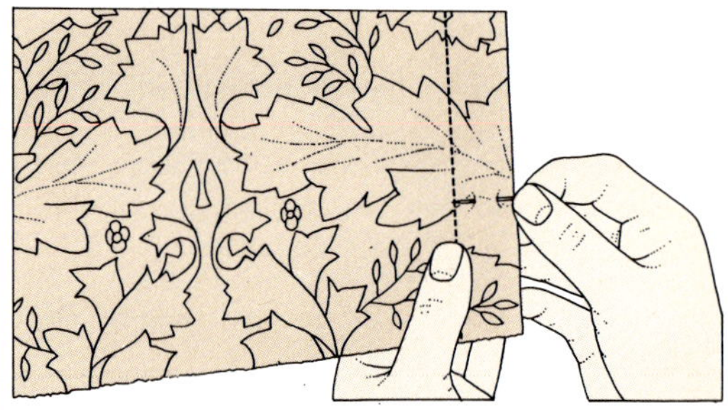

1 *Suspendez les rideaux plusieurs jours avant de faire l'ourlet du bas, certains tissus risquant en effet de se détendre. Marquez la hauteur voulue à chaque extrémité du rideau, décrochez-le, puis marquez tout l'ourlet avec des épingles ou un point de bâti.*

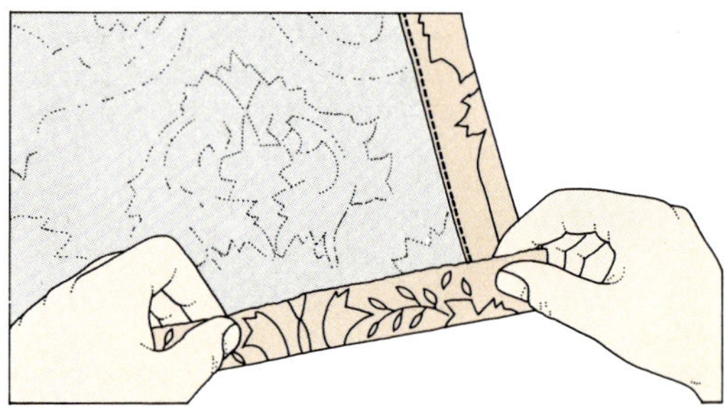

2 *Retournez les bords coupés, sur l'envers, à environ la moitié de leur largeur. Repassez et retournez encore une fois la même largeur pour constituer un ourlet double. Faites des onglets et posez des poids aux angles si nécessaire (les onglets suppriment de l'épaisseur et les poids améliorent la tenue). Epinglez, bâtissez et cousez à points perdus. Piquez à la machine, si votre ourlet ne doit pas être invisible.*

Le double ourlet de côté

En faisant un double ourlet sur les côtés, vous empêcherez votre rideau de se déformer.

Les ourlets de côté

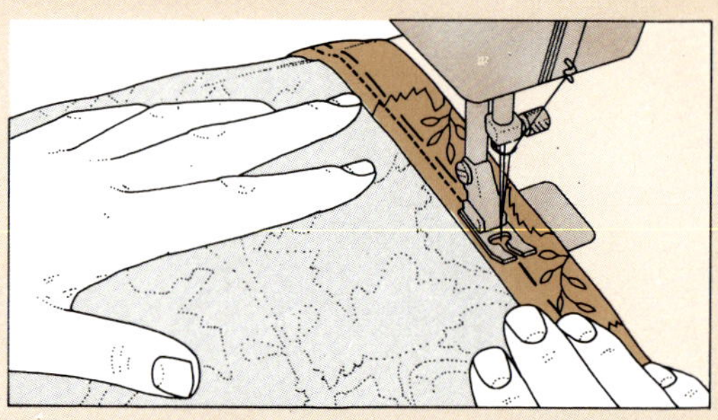

Retournez environ 2,5 cm de votre tissu sur l'envers, repassez. Retournez encore 2,5 cm et repassez, puis épinglez. Bâtissez et cousez à la machine ou à la main si la couture doit être invisible.

Les rideaux doublés

Mesurez, coupez et assemblez le tissu comme pour les rideaux non doublés. Préparez la doublure de la même manière, mais ne faites que des coutures simples pour l'assemblage. Faites les ourlets de côté sur le tissu comme pour les rideaux non doublés, utilisez un point de croix assez lâche et arrêtez à 20 cm du bas du rideau. Ce bord servira à faire les onglets.

Comment fixer la doublure

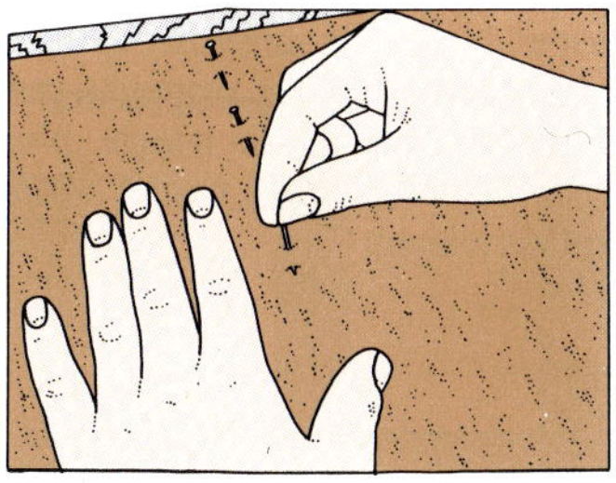

1 Posez le tissu sur l'endroit et, l'envers vers vous, placez la doublure sur le rideau. Aplatissez bien les tissus, épinglez les deux épaisseurs le long du centre, puis retournez une moitié de la doublure.

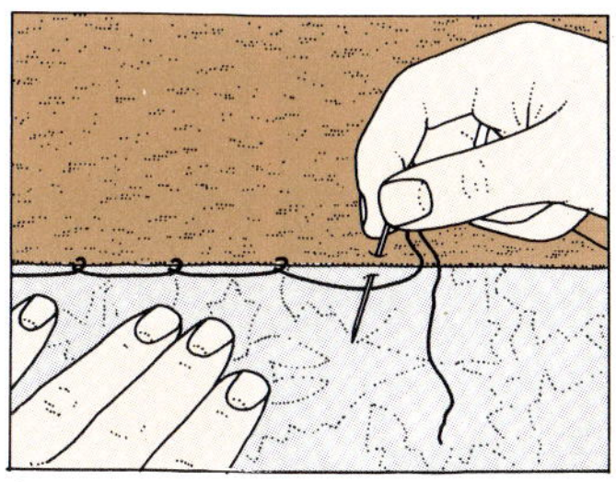

2 Fixez la doublure au tissu à environ 22,5 cm du bas, travaillez de gauche à droite. Prenez un ou deux fils du rideau et de la doublure avec votre aiguille, enroulez le fil autour de celle-ci et tirez à travers la boucle. Laissez le fil assez lâche. Faites les points à environ 5 à 8 cm d'intervalle. Répétez à intervalles réguliers.

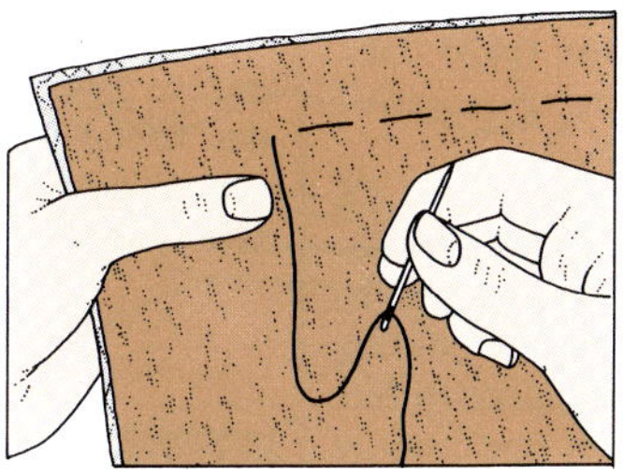

3 Bâtissez le bord coupé du rideau et de la doublure le long du haut jusqu'à 8 cm des bords extérieurs.

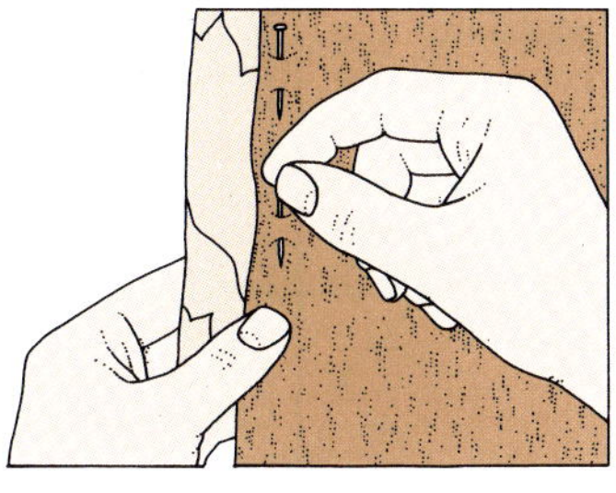

4 Coupez la doublure sur les côtés de manière à ne laisser que 5 mm le long du rideau, retournez les bouts de la doublure à environ 1 cm. Epinglez et bâtissez sur le rideau de manière à ne laisser que 1,5 cm du tissu du rideau. Cousez à points perdus jusqu'à 20 cm environ du bas. Travaillez maintenant le rideau d'un seul tenant et fixez le ruban fronceur.

Comment ourler les rideaux

Suspendez les rideaux pendant quelques jours avant de faire les ourlets du bas. Marquez la longueur voulue aux bords extérieurs. Décrochez les rideaux et marquez le reste de l'ourlet par des épingles ou un point de bâti. Retournez la moitié de l'ourlet, repassez et faites l'onglet (voir ci-contre). Repliez le tissu encore une fois le long de l'ourlet. Epinglez, bâtissez et fixez à points glissés. Retirez le fil de bâti et repassez. Retournez la doublure sur l'envers du tissu – le pli de l'ourlet finira à environ 2,5 cm du bas du rideau – puis finissez l'ourlet comme pour le rideau non doublé. Fixez la doublure au rideau à points perdus sur les bords et à 1,5 cm par-dessus l'ourlet du bas.

Le faîte du rideau

Le ruban large

Un ruban large donnera une bonne tenue au sommet du rideau. Une fois tiré, le rideau cachera la tringle.

Comment fixer un ruban large

Retournez le haut du rideau à 1,5 cm sur l'envers et bâtissez. Préparez et attachez le ruban comme le ruban ordinaire (voir à gauche), mais faites coïncider le haut du ruban avec le haut du rideau.

Le ruban fixé à la doublure amovible

Cette méthode consiste à fixer le ruban à la doublure et à l'attacher ainsi aux rideaux, ce qui permet de détacher la doublure pour les lavages.

Comment fixer le ruban

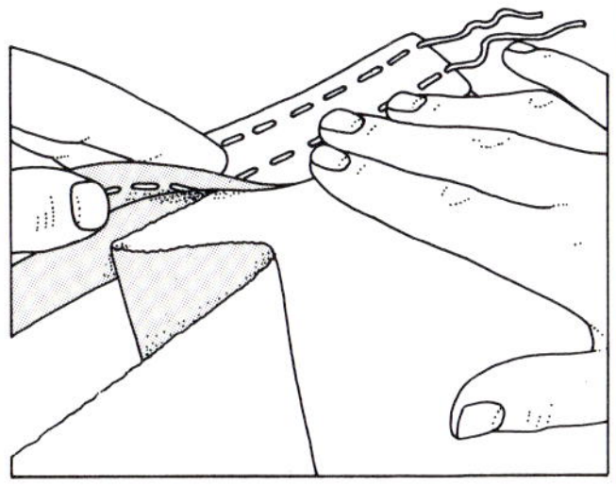

1 Tirez les cordelettes sur 3 à 4 cm d'un côté, puis nouez-les solidement. Tirez la cordelette jusqu'à la largeur voulue, puis repliez sous l'extrémité nouée et fixez à la machine. Le côté endroit de la doublure face à vous et les cordelettes dessus, glissez la doublure entre les épaisseurs du ruban.

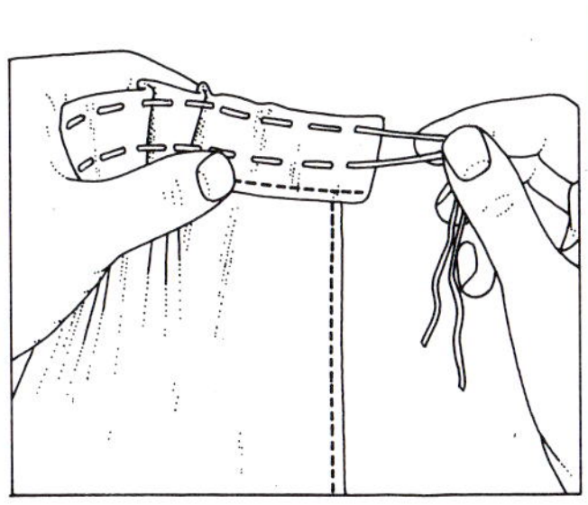

2 Laissez pendre 2,5 cm des cordelettes du côté noué. Epinglez et bâtissez le bord inférieur du ruban. Repliez les bords qui dépasseraient sur l'envers de la doublure, cousez, froncez et finissez comme pour le ruban ordinaire.

Comment faire un onglet sur un ourlet double

L'onglet sera rendu nécessaire pour éviter les épaisseurs, surtout pour les tissus lourds.

Méthode de travail

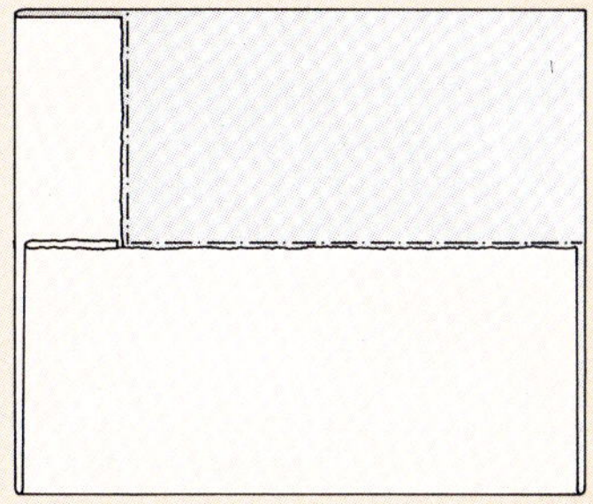

1 Faites l'ourlet des rideaux comme d'habitude, mais laissez environ 20,5 cm non ourlés au bas du rideau. Retournez le bord coupé de ce côté sur environ 2,5 cm. Retournez l'ourlet à environ la moitié de l'ourlet final.

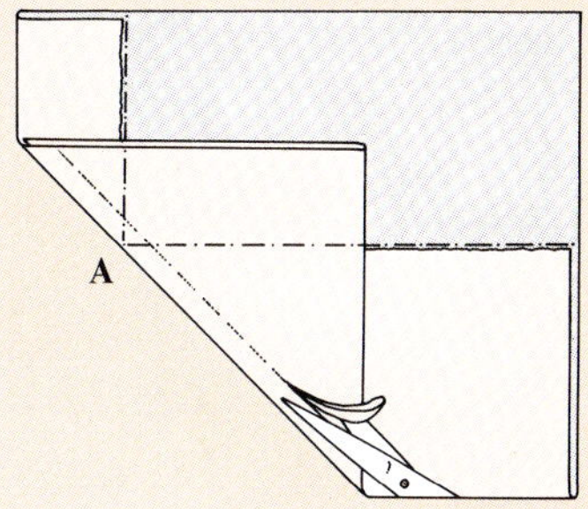

2 Retournez le coin sur l'envers du tissu, de manière qu'une ligne diagonale coupe le point A. Repassez pour former un pli. Coupez le long de ce pli.

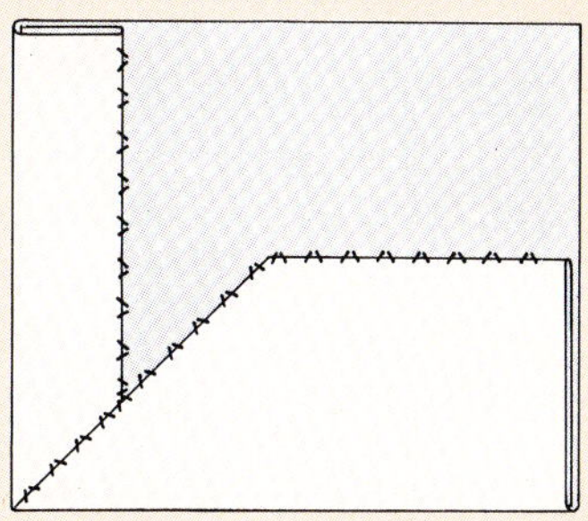

3 Repliez l'ourlet de côté sur l'envers sur 2,5 cm et fixez par une couture. Repliez l'ourlet du bas sur toute sa largeur et cousez selon les besoins du tissu. Fixez à points perdus le coin à onglet et l'ourlet en même temps.

Reprises et raccommodages

Trous et déchirures peuvent être réparés en les reprisant ou en y mettant des pièces. La méthode doit être choisie selon l'importance de la déchirure, l'endroit du vêtement où elle s'est produite et le genre du tissu. Si l'accroc n'est pas effiloché, il pourra être reprisé, mais s'il est assez large et plutôt défait, il faudra y mettre une pièce. Tenez compte de l'endroit où se trouve l'accroc. Près de l'emmanchure, d'une couture centrale ou d'un autre point soumis à forte usure, il devra être couvert par une pièce.

Reprise des accrocs

Si l'accroc est assez petit, vous pourrez le repriser. N'utilisez pas cette méthode sur des tissus qui s'effilochent.

Comment repriser un accroc

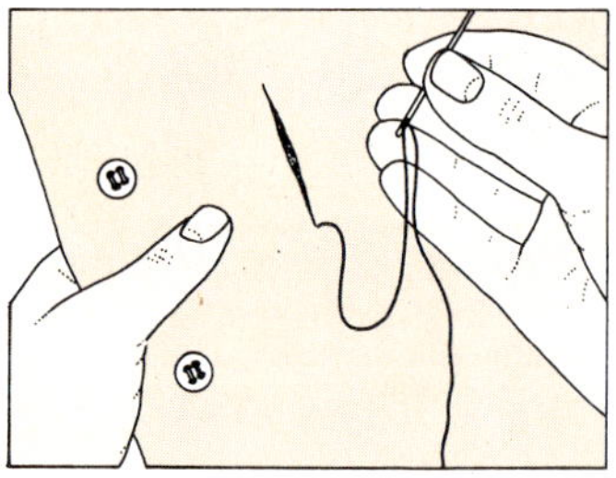

1 *Prenez une aiguille très fine et pointue et un fil assorti au tissu (pour un accord parfait, tirez un fil d'une des coutures du vêtement). Laissez votre fil assez court et ne faites pas de nœud. Passez l'aiguille de l'envers sur l'endroit au début de l'accroc, en laissant dépasser 5 mm du fil en dessous.*

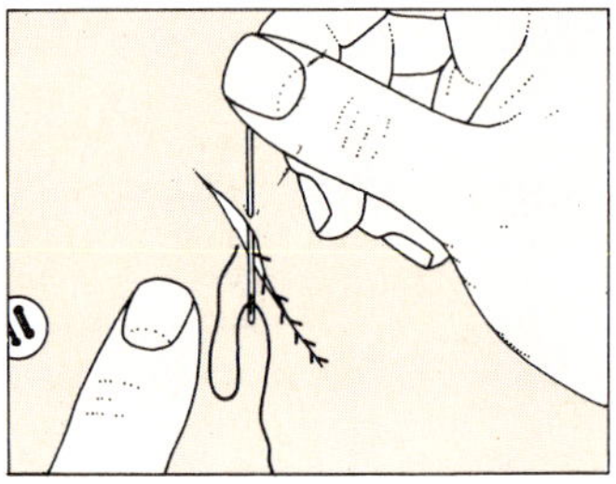

2 *Faites des points en diagonale en piquant dans le bord gauche, puis dans le bord droit, jusqu'à ce que les deux parties soient assemblées. Fixez le fil sur l'envers du vêtement.*

Poser des pièces

Les pièces se posent aux endroits qui doivent être solidement tenus. On les pose également sur les tissus qui s'effilochent, ou sur les trous trop grands pour être reprisés. Les pièces peuvent même être décoratives et pas seulement utilitaires. Vous pouvez faire des applications une fois les bords du trou nettoyés et cousus. Il existe des pièces qui se fixent simplement par repassage. C'est la chaleur du fer qui les colle. Elles se fixent en général facilement mais elles ne sont pas utilisables partout.

Comment fixer une pièce

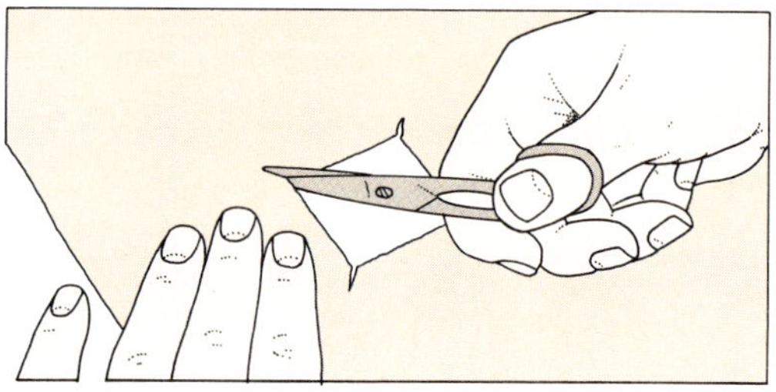

1 *Coupez les bords du trou en un carré ou un rectangle bien propre. Entaillez chaque angle d'environ 0,5 cm. Coupez une pièce dépassant d'au moins 5 cm le trou à réparer. Si possible, coupez cette pièce dans le même tissu que le vêtement endommagé (dans un ourlet ou un parement).*

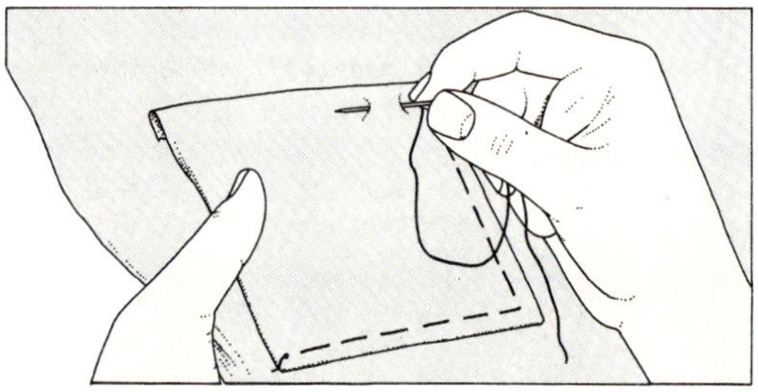

2 *Retournez les bords de la pièce. Sur l'envers du vêtement, la pièce posée à l'envers, bâtissez la pièce par-dessus le trou.*

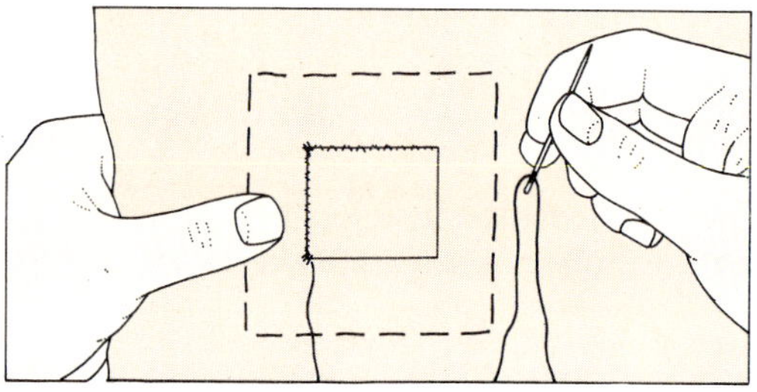

3 *Retournez sur l'endroit. Repliez les coins du trou et fixez-les à points perdus à la pièce. Cousez par-dessus les angles pour les renforcer. La pièce peut être cousue sur l'endroit.*

Comment retourner des cols et des manchettes

Il arrive souvent que les cols et les manchettes des chemises soient usés avant le reste. Plutôt que de jeter le vêtement, vous pouvez retourner les cols et les manchettes, à condition que l'envers soit du même tissu et ne comporte pas de couture spéciale. La technique est la même pour les cols que pour les manchettes, sauf qu'en retournant le col, vous devrez faire vos marques sur le col et le pied de col; les fils qui les assemblent devront être coupés.

Comment retourner les manchettes

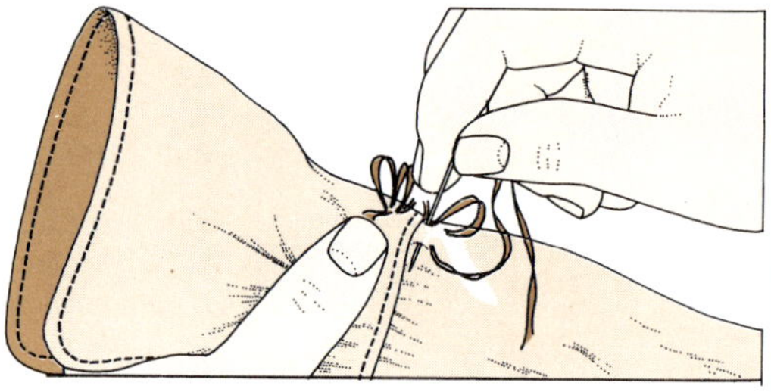

1 *Pliez la manchette en deux et marquez le centre par un point tailleur. La marque doit apparaître des deux côtés de la manchette. Faites une marque sur le centre de la manche pour retrouver l'endroit où poser la manchette retournée.*

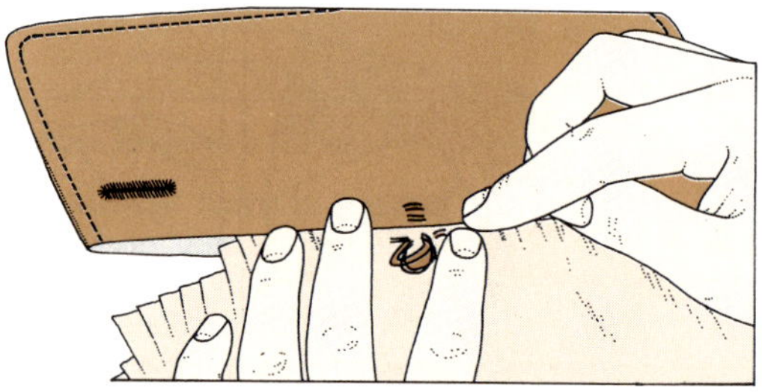

2 *Décousez les coutures avec des ciseaux bien aiguisés ou un découvit. Retirez tous les fils restants. Retournez la manchette et replacez-la sur la manche en respectant les marques.*

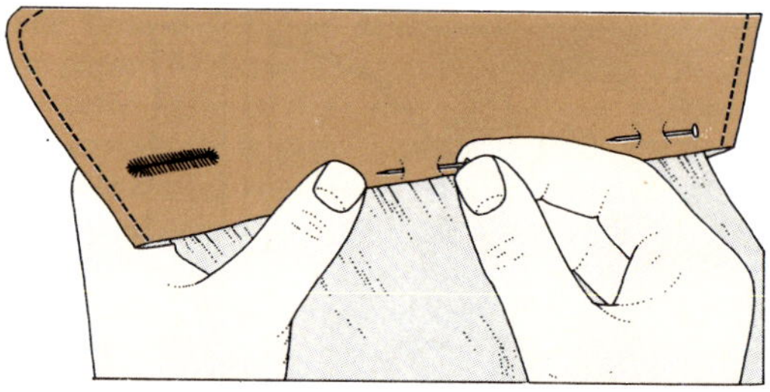

3 *Epinglez la manchette, fixez par un point de bâti à travers toutes les épaisseurs du tissu. Piquez à la machine le long de la couture d'origine.*

Le détachage

Les taches devraient être enlevées aussitôt faites, car, une fois séchées, elles sont bien plus difficiles à faire disparaître. Les taches non grasses s'enlèvent à l'eau froide, sans trop frotter, pour ne pas faire pénétrer la tache dans le tissu. Les tissus lavables seront trempés dans l'eau froide et rincés plusieurs fois. Les tissus non lavables seront doucement épongés. Les taches de graisse seront saupoudrées de talc et traitées ensuite avec du tétrachlorure de carbone. Les taches de fruits ou de vin (sauf si elles se trouvent sur des tapis ou des tissus d'ameublement) seront couvertes de sel pour les empêcher de s'étendre, puis lavées avec une lessive biologique. Les tapis ou les meubles seront traités avec du détachant à tapis ou une solution boratée. Les taches d'origine inconnue devront être traitées par des professionnels.

Taches de sang
Rincer à l'eau froide jusqu'à ce que la tache soit atténuée, puis lavez dans de l'eau savonneuse tiède comme d'habitude. Si la tache est épaisse, lavez dans de l'eau froide salée, puis relavez comme d'habitude. Si la tache se trouve sur un tissu épais, faites une pâte épaisse avec de l'amidon et de l'eau chaude et appliquez-la, faites sécher et secouez doucement. Répétez si nécessaire.

Taches de bougie
Durcissez la tache avec un cube de glace et grattez le surplus. Placez le tissu entre deux couches de papier buvard et repassez avec un fer tiède en déplaçant le papier buvard au fur et à mesure qu'il absorbe la cire. Pour les bougies colorées, enlevez la couleur avec une éponge trempée dans de l'alcool une fois la cire enlevée.

Chocolat
Couvrez la tache de borax et lavez à l'eau froide. Sur les tissus délicats, épongez à l'eau tiède en rinçant l'éponge après chaque application. Utilisez de la glycérine ou de l'eau oxygénée pour les taches rebelles.

Chewing-gum
Adoucissez la tache avec du borax ou de l'alcool méthylique, puis enlevez-la.

Café et thé
Traitez la tache immédiatement au borax ou au peroxyde. Les taches séchées seront traitées avec de la glycérine pour les ramollir. Les taches de café et de thé sur laine ou sur soie seront traitées comme les taches de chocolat.

Désodorisant
Pour les taches rebelles, utilisez une solution de vinaigre ou d'alcool méthylique.

Taches d'œuf
Si possible, utilisez une lessive biologique. Sinon, utilisez de l'eau tiède pour le blanc d'œuf et de la mousse de détergent pour les jaunes. Pour les taches rebelles, servez-vous d'un solvant des graisses.

Fruits et vin
Couvrez la tache de sel de table et frottez avec du savon mou. Attendez quelques heures, puis rincez. Sur soie ou sur laine, couvrez la tache de borax et lavez à l'eau tiède. Sur coton blanc et toile, mettez du jus de citron et versez de l'eau chaude par-dessus.

Colle
Trempez les tissus lavables dans de l'eau très chaude avec un peu de détergent, la colle se dissoudra. Epongez les taches rebelles avec du vinaigre.

Taches de graisse
Enlevez-en le plus possible avec un kleenex, puis utilisez du trichloréthylène. Utilisez de l'huile d'eucalyptus pour les huiles et le goudron. Sur les taches sèches, appliquez une pâte de talc et de tétrachlorure de carbone. Brossez une fois sec.

Encre indélébile
Trempez la tache 3 à 5 minutes dans de l'alcool, puis lavez à l'eau tiède savonneuse.

Encre
Rincez et lavez les tissus lavables aussitôt que possible. Utilisez l'alcool méthylique pour les taches de stylo à bille ou à feutre.

Moisissures
Les taches fraîches partent facilement à l'eau tiède savonneuse. Sur des tissus blancs, aspergez de jus de citron et faites sécher au soleil.

Rouge à lèvres
Utilisez vaseline, huile d'eucalyptus ou glycérine. Lavez à l'eau tiède savonneuse. Epongez avec du tétrachlorure de carbone aussitôt sec.

Taches de lait
Rincez les tissus lavables à l'eau froide puis lavez à la lessive biologique. Prenez du borax pour les taches sèches et un solvant des graisses pour les tissus non lavables.

Transpiration
Utilisez une lessive biologique, du borax ou une solution de vinaigre.

Rouille
Sur du tissu blanc, tendez la tache au-dessus d'un jet de vapeur et arrosez de jus de citron. Laissez quelques minutes, puis rincez à l'eau chaude. Répétez plusieurs fois si nécessaire. Vous pouvez également mouiller la tache avec du sel et du jus de citron, en ajoutant du jus au fur et à mesure qu'il sèche. Lavez à l'eau tiède savonneuse.

Brûlures
Lavez aussitôt que possible à l'eau tiède savonneuse ou mouillez avec en mélange de sel et de jus de citron. Sur laine, mouillez la trace, appliquez de la craie en poudre et séchez au soleil. Sur flannelle blanche, frottez avec du jus et de la pulpe de citron, puis séchez au soleil.

Cirage
Utilisez un solvant des graisses et de l'alcool méthylique pour enlever le reste.

Vomissures
Pour les tissus lavables, servez-vous d'une lessive biologique. Pour les tissus non lavables, utilisez un solvant des graisses, après une solution de sel.

Eau
Epongez également toute la surface, mouillez le tissu, mais ne le détrempez pas, puis repassez. Sur soie, velours ou satin, agitez le tissu au-dessus de la vapeur. Faites bouillir une petite quantité d'eau, couvrez avec le tissu et gardez-le ainsi jusqu'à ce qu'il soit complètement humidifié par la vapeur.

Les détachants

Quel que soit le détachant que vous utilisez, travaillez toujours sur l'envers du tissu. Ce n'est pas toujours possible, par exemple pour les tapis. Evitez absolument de tremper les tapis, l'envers ne doit jamais être mouillé. Pour ne pas laisser d'auréoles, travaillez en rond en partant de l'extérieur vers le centre. Testez d'abord les détachants sur une partie cachée du tissu et rincez abondamment. Certains détachants sont à la fois inflammables et toxiques. Gardez-les hors de portée des enfants.

Les absorbants
Le talc, la craie.

L'acétone
Ne l'utilisez jamais pour l'acétate, le triacétate ou le viscose. Vous pouvez utiliser à la place l'amylacétate. Faites un essai avant de vous en servir.

Le borax
Faites une solution avec une cuillère à dessert de borax pour ¼ litre d'eau tiède. Trempez la tache si possible, sinon épongez. Pour les taches importantes, frottez le borax sur la tache humidifiée et laissez une demi-heure, puis rincez soigneusement.

Détergents
Certains contiennent du savon, d'autres non. Sur les tissus non lavables, n'utilisez que la mousse. Les détergents très forts contiennent un agent blanchisseur qui est efficace pour certaines taches. Les détergents aux enzymes effacent les taches de protéines, telles que celles de sang ou d'œuf.

Les poudres à nettoyer
Il s'agit de solvants des graisses qui portent différents noms. Appliquez sur des surfaces sèches.

Huile d'eucalyptus
Utile pour les taches de goudron et d'huile.

Alcool méthylique
Essayez avant de vous en servir. A utiliser non dilué.

Peroxyde
A utiliser sur les tissus blancs, 1 part pour 4 parts d'eau.

Vinaigre
Une part pour 4 parts d'eau. Empêche la décoloration des tissus.

INDEX TRICOT

INDEX CROCHET

INDEX BRODERIE

R

S

T

V

INDEX COUTURE

Le poncho

Explications *(suite de la page 72).*

Fournitures 750 gr de laine employée double; 2 aiguilles de 5 mm. **Echantillon** un carré de 10 cm tric en jersey donne 20 mailles et 24 r. Le poncho terminé mesure 187 cm de longueur totale sur 94 cm en sa plus grande largeur. L'augmentation utilisée est l'augmentation intercalaire: avec l'aiguille gauche soulevez le fil horizontal qui se trouve entre 2 mailles et tricotez une maille à l'endroit dans le brin arrière (page 37). Dans les abréviations se lit aug int.

Pointe devant Monter 1 m. **R 1** à l'end. **R 2** (1 m end, 1 m env, 1 m end) dans la m. **R 3** à l'end. **R 4** 1 m end, (1 m end, 1 m env, 1 m end) dans la m du milieu, 1 m end. **R 5** 1 m end, 3 m env, 1 m end. **R 6** 2 m end, aug 1 m, 1 m env, aug 1 m, 2 m end. **R 7** 1 m end, 5 m env, 1 m end. **R 8** 2 m end, aug 1 m, 1 m end, 1 m env, 1 m end, aug 1 m, 2 m end. **R 9** 1 m end, 2 m env, 1 m end, 1 m env, 1 m end, 2 m env, 1 m end. **R 10** 2 m end, aug 1 m, 1 m env, 1 m end, 1 m env, 1 m end, 1 m env, aug 1 m, 2 m end. **R 11** 1 m end, 3 m env, 1 m end, 1 m env, 1 m end, 3 m env, 1 m end. **R 12** 2 m end, aug 1 m, (1 m end, 1 m env) 3 fs, 1 m end, 1 aug, 2 m end. **R 13** 1 m end, 2 m env, (1 m end, 1 m env) 3 fs, 1 m end, 2 m env, 1 m end. **R 14** 2 m end, aug 1 m, (1 m env, 1 m end) jusqu'aux 3 dern m, 1 m env, aug 1 m, 2 m end. **R 15** 1 m end, 3 m env, (1 m end, 1 m env) jusqu'aux 5 dern m, 1 m end, 3 m env, 1 m end. **R 16** 2 m end, aug 1 m, (1 m end, 1 m env) jusqu'aux 3 dern m, 1 m end, aug 1 m, 2 m end. **R 17** 1 m end, 2 m env, (1 m end, 1 m env) jusqu'aux 4 dern m, 1 m end, 2 m env, 1 m end. **R 18** 2 m end, aug 1 m, (1 m env, 1 m end) jusqu'aux 3 dern m, 1 m env, aug 1 m, 2 m end. **R 19** 1 m end, 3 m env, (1 m end, 1 m env) jusqu'aux 5 dern m, 1 m end, 3 m end, 1 m env. **R 20** 2 m end, aug 1 m, (1 m end, 1 m env) jusqu'aux 3 dern m, 1 m end, aug 1 m, 2 m end. **R 21** 1 m end, 2 m env, (1 m end, 1 m env) 3 fs, 1 m end, (1 m end, 1 m env, 1 m end) dans la m suiv, (1 m end, 1 m env) 3 fs, 1 m end, 2 m env, 1 m end. **R 22** 2 m end, aug 1 m, (1 m env, 1 m end) 4 fs, 3 m env, (1 m end, 1 m env) 3 fs, aug 1 m, 2 m end. **R 23** 1 m end, 3 m env, (1 m end, 1 m env) 3 fs, (1 m end, 1 m env, 1 m end) dans la m suiv, 3 m ens à l'env, (1 m end, 1 m end, 1 m env) dans la m suiv, (1 m env, 1 m end) 3 fs, 3 m env, 1 m end. **R 24** 2 m end, aug 1 m, (1 m end, 1 m env) 4 fs, 7 m env, (1 m env, 1 m end) 4 fs, aug 1 m, 2 m end. **R 25** 1 m end, 2 m env, (1 m end, 1 m env) 3 fs, 1 m end, (1 m end, 1 m env, 1 m end) dans la m suiv, 3 m ens à l'env 2 fs, (1 m end, 1 m env, 1 m end) dans la m suiv, (1 m end, 1 m env) 4 fs, 1 m env, 1 m end. **R 26** 2 m end, aug 1 m, (1 m env, 1 m end) 4 fs, 11 m env, (1 m end, 1 m env) 4 fs, aug 1 m, 2 m end. **R 27** 2 m end, 3 m env, (1 m end, 1 m env) 3 fs, (1 m end, 1 m env, 1 m end) dans la m suiv, 3 m ens à l'env 3 fs, (1 m end, 1 m env, 1 m end) dans la m suiv, (1 m env, 1 m end) 3 fs, 3 m env, 1 m end. **R 28** 2 m end, aug 1 m, (1 m end, 1 m env) 4 fs, 15 m env, (1 m env, 1 m end) 4 fs, aug 1 m, 2 m end. Cont en aug 1 m à la fin de chaque R end. Gardez les 10 m lisière en point de riz de chaque côté, jusqu'à ce que le poncho mesure 94 cm, avec 56 «mouches» verticalement et 111 horizontalement. Term par un R end.

Encolure; rang suivant Trav sur 46 mouches. Les 19 mouches suiv, tric (1 m end, 3 m ens à l'env) au lieu de (1 m end, 1 m env, 1 m end) dans la m suiv, 3 m ens à l'env, 1 m end, puis cont normalement jusqu'à la fin du R. **Rang suivant** Cont les aug et trav la lisière au point de riz. Tric à l'env 28 cm d'encolure au milieu, puis rabattre 39 m très lâches. Tric à l'env jusqu'aux 10 dernières mailles, puis tric la lisière en point de riz et aug 1 m à la fin du R. **R suiv** Tric jusqu'à l'encolure, tournez l'ouvrage pour avoir l'endroit et montez 39 m, puis tournez l'ouvrage et revenez pour avoir l'envers de l'ouvrage. Cont jusqu'au bout du R. **R suivant** 1 m end, 2 m ens à l'end, 1 m end tric par derr, 8 m point de riz, tric à l'env jusqu'aux 11 dern m, 8 m pt de riz, 2 m ens à l'end, 1 m end. **R suivant** Trav le bord 3 m ens à l'env, (1 m end, 1 m env, 1 m end) dans la m suiv jusqu'aux mailles de montage, puis 1 m env, (1 m end, 1 m env, 1 m end) dans la m suiv 19 fs, 1 m env, (1 m end, 1 m env, 1 m end) dans la m suiv, 3 m ens à l'env jusqu'aux 10 dernières mailles. Trav au point de riz. Faites une seconde pointe semblable à la première en diminuant à la fin de chaque R end au lieu d'augmenter. Continuez les 10 m de lisière au point de riz.

Pull irlandais pour enfant

Explications *(suite de la page 80).*

par derr, 4 m end, (1 m env tric par derr, 1 m end) 3 fs, 1 m env, 1 m env tric par derr, 1 m end, 2 m env, 1 m end, (4 m env, 1 m end) 2 fs, 2 m env, 2 m end, 2 m env, 4 m end, 2 m env, 2 m end, 2 m env, 4 m end, 2 m env, 2 m end, 2 m env, (1 m end, 4 m env) 2 fs, 1 m end, 2 m env, 1 m end, 1 m env tric par derr, 1 m env, 1 m end, (1 m env tric par derr, 1 m end) 3 fs, 3 m end, 1 m env tric par derr, (1 m end, 1 m env) 2 fs, 1 m end. **R 15** 1 m end, (1 m env, 1 m end) 2 fs, 1 m env tric par derr, 3 m env, (gl 1 m sur 1 aig aux derr, 1 m end tric par derr, tric à l'env la m gl) 3 fs, 1 m end, 1 m env, 1 m end tric par derr, 1 m env, 2 m c dev, 1 m env, gl 2 m sur 1 aig aux derr, 2 m end, tric à l'end les m de l'aig aux, 1 m env, gl 2 m sur 1 aig aux derr, 2 m end, tric à l'end les 2 m de l'aig aux, 1 m env, 2 m c dr, 2 m env, 3 m t dev, 2 m env, 3 m t derr, 2 m env, 2 m env, 3 m t derr, 2 m env, 2 m c dev, 1 m env, gl 2 m sur 1 aig aux derr, 2 m end, tric à l'end les 2 m de l'aig aux, 1 m env, gl 2 m sur 1 aig aux, 2 m end, tric à l'end les 2 m de l'aig aux, 1 m env, 2 m c dr, 1 m env, 1 m end tric par derr, 1 m env, 1 m end, (gl 1 m sur 1 aig aux dev, 1 m env, tric à l'end par derr la m gl) 3 fs, 3 m env, 1 m end tric par derr, (1 m end, 1 m env) 2 fs, 1 m end. **R 16** 1 m end, (1 m end, 1 m env) 2 fs, 1 m env tric par derr, 3 m end, (1 m env tric par derr, 1 m end) 3 fs, 1 m env, 1 m end, 1 m env tric par derr, 1 m end, 2 m env, 1 m end, (4 m env, 1 m end) 2 fs, 2 m env, 3 m end, 2 m env, 2 m end, 2 m env, 4 m end, 2 m env, 2 m end, 2 m end, 3 m end, 2 m env, 1 m end, (4 m env, 1 m end) 2 fs, 2 m env, 1 m end, 1 m env tric par derr, 1 m end, 1 m env, 1 m end, (1 m env tric par derr, 1 m end) 3 fs, 2 m end, 1 m env tric par derr, (1 m env, 1 m end) 2 fs, 1 m end. **R 17** 1 m end, (1 m end, 1 m env) 2 fs, 1 m end tric par derr, 2 m env, (gl 1 m sur 1 aig derr, 1 m end tric par derr, tric à l'env la m gl) 3 fs, 1 m end, 1 m env, 1 m end, 1 m end tric par derr, 1 m env, 2 m c dr, (1 m env, 4 m end) 2 fs, 1 m env, 2 m c dev, 3 m env, 3 m t dev, 3 m t derr, 4 m env, 3 m t dev, 3 m t derr, 3 m env, 2 m c dr, (1 m env, 4 m end) 2 fs, 2 m c dev, 1 m env, 1 m end tric par derr, 1 m end, 1 m env, 1 m end, (gl 1 m sur 1 aig aux dev, 1 m env, tric à l'end par derr la m gl) 3 fs, 2 m env, 1 m end tric par derr, (1 m env, 1 m end) 2 fs, 1 m end. **R 18** Comme R 2. Rép à partir du R 3 (rép sur 16 R). Au 60° R à partir des côtes, commencez l'emmanchure. Aux 2 extrémités, rab tous les 2 R 5 m. **R suiv** 1 m gl, 1 surjet, term par 2 m ens, 1 m end. **R suiv** Gl 1 m, 1 m env, term par 1 m env, 1 m end. Rép ces derniers jusqu'à ce qu'il ne reste plus que 34 m laissez en attente.

Devant Tricotez comme pour le dos pendant 96 R depuis les côtes, lorsqu'il vous reste 46 m, tout en continuant l'emmanchure raglan, commencez l'encolure. Tric 18 m et laissez les m en attente. Rab les 10 m suiv et terminez le R. Faites un autre R *. Rab 5 m au début du R suiv. Dim 3 fs 1 m pour l'encolure tous les 2 R. Tric 2 autres R, dim 1 m pour l'emmanchure. Rab les 2 dern m. Relevez sur l'env les 7 m en attente, reprenez à partir de *.

Manches Avec les aig de 4 mm montez 36 m. Tric un R end, mailles prises par derr, puis 12 R de côtes 1/1. Tric un autre R de côtes en augmentant ainsi: *3 m côtes, 1 aug dans la m suiv, 6 m côtes, 1 aug dans la suiv *. Rép jusqu'aux 3 dernières mailles. Vous avez 42 m. Prenez les aig de 4,5 mm. **R 1** 1 m env, 1 m end, 1 m env, 4 m end, 1 m env, 2 m c dev, 4 m env, 4 m end, 6 m env, 4 m end, 4 m env, 2 m c dr, 1 m env, 4 m end, 1 m env, 1 m end. **R 2** 1 m end, 1 m env, 1 m end, 4 m env, 1 m end, 2 m env, 4 m end, 4 m env, 6 m end, 4 m env, 4 m end, 2 m env, 1 m end, 4 m env, 1 m end, 1 m env, 1 m end. **R 3** 1 m end, 2 m env, gl 2 m sur 1 aig aux dev, 2 m end, tric à l'end les m de l'aig aux, 1 m env, 2 m c dr, 4 m env, gl 2 m sur une aig dev, 2 m end, tric à l'end les 2 m gl, 6 m env, gl 2 m sur une aig aux dev, 2 m end, tric à l'end les 2 m gl, 4 m env, 2 m c dev, 1 m env, gl 2 m sur une aig aux derr, 2 m end, tric à l'end les 2 m gl, 2 m env, 1 m end. **R 4** 1 m env, 2 m end, 4 m env, 1 m end, 2 m env, 4 m end, 4 m env, 6 m end, 4 m env, 4 m end, 2 m env, 1 m end, 4 m env, 2 m end, 1 m env. **R 5** 1 m env, 1 m end, 1 m env, 4 m end, 1 m env, 2 m c dev, 3 m env, 3 m t derr, 3 m t dev, 4 m env, 3 m t derr, 3 m t dev, 3 m env, 2 m c dr, 1 m env, 4 m end, 1 m env, 1 m end, 1 m env. **R 6** 1 m end, 1 m env, 1 m end, 4 m env, 1 m end, 2 m env, 3 m end, 2 m env, 2 m end, 2 m env,

4 m end, 2 m env, 2 m end, 2 m env, 3 m end, 2 m env, 1 m end, 4 m env, 1 m end, 1 m env, 1 m end. **R 7** 1 m end, 2 m env, 4 m end, 1 m env, 2 m c dr, 2 m env, 3 m t derr, 2 m env, 3 m t dev, 2 m env, 3 m t derr, 2 m env, 3 m t dev, 2 m env, 2 m c dev, 1 m env, 4 m end, 2 m env, 1 m end. **R 8** 1 m env, 2 m end, 4 m env, 1 m end, 2 m env, 2 m end, 2 m env, 4 m end, 2 m env, 2 m end, 2 m env, 4 m end, 2 m env, 2 m end, 2 m env, 1 m end, 4 m env, 2 m end, 1 m env. **R 9** Aug 1 m dans la 1° m, 1 m end, 1 m env, gl 2 m sur une aig aux dev, 2 m end, tric à l'end les 2 m gl, 1 m env, 2 m c dev, 1 m env, 2 m t derr, 4 m env, 3 m t dev, 3 m t derr, 4 m env, 3 m t dev, 1 m env, 2 m c dr, 1 m env, gl 2 m sur une aig derr, 2 m end, tric à l'end les 2 m gl, 1 m env, 1 m end, faites 1 aug dans la dernière maille. **R 10** Tric les m comme elles se présentent. **R 11** 3 m point de riz, 1 m env, 4 m end, 1 m env, 2 m c dr, 1 m env, 2 m end, 6 m env, gl 2 m sur une aig aux placée derr, 2 m end, tric à l'end les 2 m gl, 6 m env, 2 m end, 1 m env, 2 m c dev, 1 m env, 4 m end, 1 m env, 3 m point de riz. **R 12** Tric les m comme elles se présentent. **R 13** 3 m point de riz, 1 m env, 4 m end, 1 m env, 2 m c dev, 1 m env, 3 m t dev, 4 m env, 3 m t derr, 3 m t dev, 4 m env, 3 m t derr, 1 m env, 2 m c dr, 1 m env, 4 m end, 1 m env, 3 m point de riz. **R 14** Tric les m comme elles se présentent. **R 15** Aug 1 m dans la 1° m, 2 m point de riz, gl 2 m sur une aig aux dev, 2 m end, tric à l'end les 2 m gl, 1 m env, 2 m c dr, 2 m env, 3 m t dev, 2 m env, 3 m t derr, 2 m env, 3 m t dev, 2 m env, 3 m t derr, 2 m env, 2 m c dev, 1 m env, gl 2 m sur une aig aux derr, 2 m end, tric à l'end les 2 m gl, 1 m env, 2 m point de riz, 1 aug dans la dernière maille. **R 16** Tric les m comme elles se présentent. **R 17** 4 m point de riz, 1 m env, 4 m end, 1 m env, 2 m c dev, 3 m env, 3 m t dev, 3 m t derr, 4 m env, 3 m t dev, 3 m t derr, 3 m env, 2 m c dr, 1 m env, 4 m end, 1 m env, 4 m point de riz. **R 18** Tric les m comme elles se présentent. Cont en augmentant aux 2 extrémités 1 m tous les 6 R jusqu'à ce qu'il y ait 62 m (30 cm) et tric les m aug au point de riz.

Emmanchures Rabattre 5 m au début des 2 R suiv, puis **R 1** Gl 1 m, 2 m ens à l'end tric par derr, cont et term par 2 m ens, 1 m end. **R 2** Tric les m comme elles se présentent. **R 3** Gl 1 m end, cont normalement. **R 4** Tric les m comme elles se présentent. Répétez une fois de plus ces 4 R puis dim 1 m tous les 2 R jusqu'à ce qu'il n'y ait plus que 14 m. **R suiv** Gl 1 m, 3 m ens à l'end, term par 3 m ens à l'end, 1 m end. **R suiv** Tric les m comme elles se présentent. **R suiv** Gl 1 m, 2 m ens à l'end, term par 2 m ens à l'end, 1 m end. Laissez les 8 m restantes en attente.

Encolure et montage Repassez les pièces du tricot. Assemblez les coutures raglan sauf celles du dos droit. Sur le devant du tricot relevez les 34 m en attente, (dos), les 8 m du haut de la manche gauche, les 40 m du dev, et les 8 m de la manche droite, (en tout 90 m). Tric 16 R en côtes. Rab en côtes souplement. Term d'assembler les coutures du dos. Rabattez le col vers l'intérieur et cousez-le. Assemblez les manches et les côtés.

Pull irlandais pour femme

Explications *(suite de la page 81).*

(1 m end, 1 m env) 4 fs, 1 m end. **R 13** 1 m end, (1 m env, 1 m end) 4 fs, 1 m end tric par derr, 1 m env, 1 m end tric par derr, 4 m env (1 m t derr) 3 fs, 1 m end, 1 m end tric par derr, 1 m env, 2 m c dr, 1 m env, (4 m end, 1 m env) 2 fs, 2 m c dev, 1 m env, (3 m t dev, 4 m env, 3 m t derr) 3 fs, 1 m env, 2 m c dr, (1 m env, 4 m end) 2 fs, 1 m env, 2 m c dev, 1 m env, 1 m end tric par derr, 1 m end, (1 m t dev) 3 fs, 4 m env, 1 m end tric par derr, 1 m env, 1 m end tric par derr, (1 m end, 1 m env) 4 fs, 1 m end. **R 14** 1 m end, (1 m end, 1 m env) 4 fs, 1 m env tric par derr, 1 m end, 1 m env tric par derr, 4 m end, (1 m env tric par derr, 1 m end) 3 fs, 1 m env, 1 m env tric par derr, 1 m end, 2 m env, 1 m end, (4 m env, 1 m end) 2 fs, 2 m env, (2 m end, 2 m env, 4 m end, 2 m env) 3 fs, 2 m end, 2 m env, (1 m end, 4 m env) 2 fs, 1 m end, 2 m env, 1 m end, 1 m env tric par derr, 1 m env, 1 m end, (1 m env tric par derr, 1 m end) 3 fs, 3 m end, 3 m end, 1 m env tric par derr, 1 m end, 1 m env tric par derr, (1 m env, 1 m end) 4 fs, 1 m end. **R 15** 1 m end, (1 m end, 1 m env) 4 fs, 1 m end tric par derr, 1 m env, 1 m end tric par derr, 3 m env, (1 m t derr) 3 fs, 1 m end, 1 m env, 1 m end tric par derr, 1 m env, 2 m c dev, 1 m env, 4 m t derr, 1 m env, 4 m c dev, 1 m env, 2 m c dr, 2 m env, (3 m t dev, 2 m env, 3 m t derr, 2 m env) 3 fs, 2 m c dev, 1 m env, 4 m t derr, 1 m env, 4 m t dev, 1 m env, 2 m c dr, 1 m env, 1 m end tric par derr, 1 m env, 1 m end, (1 m t dev) 3 fs, 3 m env, 1 m end tric par derr, 1 m env, 1 m end tric par derr, (1 m end, 1 m env) 2 fs, 1 m end. **R 16** 1 m end, (1 m env, 1 m end) 4 fs, 1 m env tric par derr, 1 m end, 1 m env tric par derr, 3 m end, (1 m env tric par derr, 1 m end) 3 fs, 1 m env, 1 m end, 1 m env tric par derr, 1 m end, 2 m env, 1 m end, (4 m env, 1 m end) 2 fs, 2 m env, 1 m end, 1 m env tric par derr, 1 m end, 1 m env, 1 m end, (1 m env tric par derr, 1 m end) 3 fs, 2 m end, 1 m env tric par derr, 1 m end, 1 m env tric par derr, (1 m end, 1 m env) 4 fs, 1 m end. **R 17** 1 m end, (1 m env, 1 m end) 4 fs, 1 m end tric par derr, 1 m env, 1 m end tric par derr, 2 m env (1 m t derr) 3 fs, 1 m end, 1 m env, 1 m end, 1 m end tric par derr, 1 m env, 2 m c dr, (1 m env, 4 m end) 2 fs, 1 m env, 2 m c dev, 3 m env, (3 m t dev, 3 m t derr, 4 m env) 2 fs, 3 m t dev, 3 m t derr, 3 m env, 2 m c dr, (1 m env, 4 m end) 2 fs, 1 m env, 2 m c dev, 1 m env, 1 m end tric par derr, 1 m end, 1 m env, 1 m end, (1 m t dev) 3 fs, 2 m env, 1 m end tric par derr, (1 m end, 1 m env) 4 fs, 1 m end. **R 18** Comme R 2. Rép à partir du R 3 (rép sur 16 R). Au 108° R depuis les côtes commencez l'emmanchure, dim de chaque côté tous les 2 R, 3 m, R suiv gl 1 m, 1 surj, term par 2 m ens, 1 m end, R suiv gl 1 m, 1 m env, term par 1 m env, 1 m end **. Rép ces 2 derniers R jusqu'à ce qu'il reste 36 m, laissez en attente.

Devant Tric comme pour le dos jusqu'à **. Rép les 2 derniers R jusqu'à ce qu'il reste 50 m. Tric sur 16 m en dim sim 1 m tous les 2 R pour l'emmanchure et 1 m tous les R pendant 5 R pour l'encolure jusqu'à ce qu'il reste 1 m. Rabattez. Reprenez les m en attente, rab 18 m et trav sur les 16 m restantes en reprenant les explications.

Manches Avec les aig de 4 mm, montez 50 m. Tric le premier R à l'end en prenant les m par derr, puis tric 16 R de côtes 1/1 en commençant ainsi 1 m gl, *1 m end, 1 m env *; term par 1 m end. Prenez les aig de 4,5 mm, et aug de chaque côté 1 m tous les 6 R jusqu'à ce qu'il y ait 80 m. Tric les m augmentées en point de riz. **R 1** 1 m env, 1 m end, 1 m env, 4 m end, 1 m env, 2 m c dev, 4 m env, 4 m end, (6 m env, 4 m end) 2 fs, 2 m env, aug à l'env la m suiv, 2 m c dr, 1 m env, 2 m end, aug à l'end la m suiv, 1 m env, 1 m end, 1 m env. **R 2** 1 m end, 1 m env, 1 m end, 4 m env, 1 m end, 2 m env, 4 m end, (4 m env, 6 m end) 2 fs, 4 m env, 4 m end, 2 m env, 1 m end, 4 m env, 1 m end, 1 m env, 1 m end. **R 3** 1 m end, 2 m env, 4 m t derr, 1 m env, 2 m c dr, 4 m env, (4 m t dev, 6 m env) 2 fs, 4 m t dev, 4 m env, 2 m c dev, 1 m env, 4 m t dev, 2 m env, 1 m end. **R 4** Tric les m comme elles se présentent. Tric ainsi tous les R pairs. **R 5** 1 m env, 1 m end, 1 m env, 4 m end, 1 m env, 2 m c dev, 3 m env, (3 m t derr, 3 m t dev, 4 m env) 2 fs, 3 m t derr, 3 m t dev, 3 m env, 2 m c dr, 1 m env, 4 m end, 1 m env, 1 m end, 1 m env. **R 7** 1 m end, 2 m env, 4 m end, 1 m env, 2 m c dr, 2 m env, (3 m t derr, 2 m env, 3 m t dev, 2 m env) 3 fs, 2 m c dev, 1 m env, 4 m end, 2 m env, 1 m end. **R 9** 1 m env, 1 m end, 1 m env, 4 m t derr, 1 m env, 2 m c dev, 1 m env, (3 m t derr, 4 m env, 3 m t dev) 3 fs, 1 m env, 2 m c dr, 1 m env, 4 m t dev, 1 m env, 1 m end, 1 m env. **R 11** 1 m end, 2 m env, 4 m end, 1 m env, 2 m c dr, 1 m env, 2 m end, (6 m env, 4 m t derr) 2 fs, 6 m env, 2 m end, 1 m env, 2 m c dev, 1 m env, 4 m end, 2 m env, 1 m end. **R 13** 1 m env, 1 m end, 1 m env, 4 m end, 1 m env, 2 m c dev, 1 m env, (3 m t dev, 4 m env, 3 m t derr) 3 fs, 1 m env, 2 m c dr, 1 m env, 4 m end, 1 m env, 1 m end, 1 m env. **R 15** 1 m end, 2 m env, 4 m c dev, 1 m env, 2 m c dr, 2 m env, (3 m c dev, 2 m env, 3 m c dr, 2 m env) 3 fs, 2 m c dev, 1 m env, 4 m t derr, 2 m env, 1 m end. **R 17** 1 m env, 1 m end, 1 m env, 4 m end, 1 m env, 2 m c dev, 3 m env, (3 m t dev, 3 m t derr, 4 m env) 2 fs, 3 m t dev, 3 m t derr, 3 m env, 2 m c dr, 1 m env, 4 m end, 1 m env, 1 m end, 1 m env. Rép à partir du R 3 (rép sur 16 R), dim les manches en suivant exactement les explications du dos jusqu'à ce qu'il reste 10 m que vous laissez en attente.

Encolure et montage Repassez. Assemblez les coutures raglan sauf celles du dos droit. Sur le dev du tric relevez les 36 m en attente dans le dos, les 10 m de la manche gauche, les 11 m de l'encolure gauche, les 18 m du devant, les 11 m de l'encolure droite et les 10 m de la manche droite. Vous avez 96 m. Tric 16 R en côtes 1/1. Rabattez en côtes souples. Assemblez les coutures du dos. Rabattez le col vers l'intérieur et cousez-le. Assemblez les manches et les côtés.

Suite des explications de la page 40 (Bouquet)

R 7 (2 m end, 1 m env) 2 fs, 1 m end, 2 m env, 1 m end, (1 m env, 2 m end) 2 fs.

R 8 2 m env, faire une mouche (FM) de la manière suiv: (1 m end, 1 m env) 2 fs dans la m suiv. R 2 4 m env. R 3 4 m end, R 4 (2 m ens à l'env) 2 fs. R 5 2 m ens à l'end (la mouche est terminée), 1 m env, c dr, 1 m env, 2 m end, 1 m env, c dev, 1 m env, FM, 2 m env.

R 9 4 m end, 1 m env, 2 m end, 2 m env, 2 m end, 1 m env, 4 m end.

R 10 4 m env, FM, 2 m env, 2 m end, 2 m env, FM, 4 m env.

Rép les R 1 à 10.

Suite des explications de la page 41 (Vigne grimpante).

R 19 13 m end, 1 m env, 3 m end, 2 m env, 4 m end, 7 m env, 12 m end. **R 20** 12 m env, gl 1 m, 1 m end, rab la m gl, 3 m end, 2 m ens à l'end, 4 m env, 2 m end, 2 m env, 1 aug à l'env, 1 m end, 2 m ens à l'env, 11 m env. **R 21** 12 m end, 1 m env, 4 m end, 2 m env, 4 m end, 5 m env, 12 m end. **R 22** 12 m env, gl 1 m, 1 m end, rab la m gl, 1 m end, 2 m ens à l'end, 4 m env, 2 m end, 4 m env, 1 jeté, 1 m end, 1 jeté, 12 m env. **R 23** 12 m end, 3 m env, 4 m end, 2 m env, 4 m end, 3 m env, 12 m end. **R 24** 12 m env, gl 2 m à l'end, 1 m end, rab les 2 m gl, 2 m env, 2 m ens à l'env, 1 m end, aug 1, 1 m end, 4 m env, (1 m end, 1 jeté) 2 fs, 1 m end, 12 m env. Rép les R 1 à 24.

Suite PIC de la page 97.

R 17 4 m end, 1 jeté, 2 m ens à l'env, 6 m end, 1 jeté, 3 m ens à l'end, 1 jeté, 3 m end, 1 m env, 2 m ens à l'env, 1 jeté, 2 m ens à l'env, 2 m end. **R 18** B, 8 m end, 1 jeté, 2 m ens à l'env, 2 m end. **R 19** 4 m end, 1 jeté, 2 m ens à l'env, 5 m end, 2 m ens à l'end, 1 jeté, 3 m end, 1 m env, 2 m ens à l'env, 1 jeté, 2 m ens à l'env, 2 m end, **R 20** B, 6 m end, 1 jeté, 2 m ens à l'env, 2 m end. **R 21** 4 m end, 1 jeté, 2 m ens à l'env, 3 m end, 2 m ens à l'end, 1 jeté, 3 m end, 1 m env, 2 m ens à l'env, 1 jeté, 2 m ens à l'env, 2 m end. **R 22** B, 4 m end, 1 jeté, 2 m ens à l'env, 2 m end. **R 23** 4 m end, 1 jeté, 2 m ens à l'env, 1 m end, 2 m ens à l'end, 1 jeté, 3 m end, 1 m env, 2 m ens à l'env, 1 m end, 2 m ens à l'end, 1 jeté, 3 m end, 1 m env, 2 m ens à l'env, 1 jeté, 2 m ens à l'env, 2 m end. **R 24** B, 2 m end, 1 jeté, 2 m ens à l'env, 2 m end. Rép les R 1 à 24.

Suite Ondulations de la page 97.

R 10 2 m ens à l'end, 3 m end, 1 jeté, 3 m ens à l'env, (1 jeté, 1 m end, 2 m ens à l'env tric par derr) 2 fs, 1 jeté, 2 m ens à l'end, 3 m end. **R 11** 3 m end, 2 m ens à l'end, 1 jeté, 1 surjet, 1 m end, 1 jeté, 1 surjet, 2 m end, 1 jeté, 3 m end, 2 m ens à l'end. **R 12** 2 m ens à l'end, 3 m end, 1 jeté, 1 m end, (1 jeté, 2 m ens à l'env, 1 m end) 2 fs, 1 jeté, 4 m end. Rép les R 1 à 12.

Explications *(suite de la page 98).*

Losanges ajourés

R 13 3 m end, (1 jeté, 2 m ens à l'env) 2 fs, 4 m end, 2 m ens à l'end, [1 jeté dble (2 m ens à l'end) 2 fs] 2 fs.

R 14 2 m ens à l'end, 1 m end, 1 m env, 3 m end, 1 m env, 7 m end, (1 jeté, 2 m ens à l'env) 2 fs, 1 m end.

R 15 3 m end, (1 jeté, 2 m ens à l'env) 2 fs, 6 m end, 2 m ens à l'end, 1 jeté dlbe, (2 m ens à l'end) 2 fs.

R 16 2 m ens à l'end, 1 m end, 1 m env, 9 m end, (1 jeté, 2 m ens à l'env) 2 fs, 1 m end.

Rép les R 1 à 16.

Explications selon illustration page 99.

Faisceaux et losanges

Montez 34 m et tric 1 R à l'end.

R 1 Gl 1 m, 3 m end, 1 jeté, 1 surjet, 3 m end, 2 m ens à l'end, 1 jeté, 3 m env, 1 jeté, 1 surjet, 3 m end, 1 jeté, 1 surjet, (1 jeté, 2 m ens à l'end) 6 fs, 1 m end.

R 2 Gl 1 m, 23 m end, 5 m env, 3 m end, (1 m end, 1 m env) dans la m suiv, 1 m end.

R 3 Gl 1 m, 5 m end, 1 jeté, 1 surjet, 1 m end, 2 m ens à l'end, 1 jeté, 5 m env, 1 jeté, 1 surjet, 3 m end, (1 jeté, 2 m ens à l'end) 6 fs, 2 m end.

R 4 Gl 1 m, 24 m end, 3 m env, 5 m end, (1 m end, 1 m env) dans la m suiv, 1 m end.

R 5 Gl 1 m, 7 m end, 1 jeté, gl 1 m, 2 m ens à l'end, rab la m gl, 1 jeté, 7 m env, 1 jeté, 1 surjet, 3 m end, (1 jeté, 2 m ens à l'end) 6 fs, 1 m end.

R 6 Gl 1 m, 5 m end, 1 m env, 7 m end, (1 m end, 1 m env) dans la m suiv, 1 m end.

R 7 Gl 1 m, 6 m end, 2 m ens à l'end, 1 jeté, 3 m end, 1 jeté, 2 m ens à l'env, 3 m env, 2 m ens à l'env tric par derr, 1 jeté, 3 m end, 2 m ens à l'end, 1 jeté, 1 m end tric par derr, (1 jeté, 2 m ens à l'end) 5 fs, 2 m end.

R 8 Gl 1 m, 24 m end, 3 m env, 6 m end, 2 m ens à l'end, 1 m end.

R 9 Gl 1 m, 4 m end, 2 m ens à l'end, 1 jeté, 1 m end, 1 jeté, 2 m ens à l'env, 1 m env, 2 m ens à l'env tric par derr, 1 jeté, 3 m end, 2 m ens à l'end, 1 jeté, 1 m end tric par derr, (1 jeté, 2 m ens à l'end) 6 fs, 1 m end.

R 10 Gl 1 m, 23 m end, 5 m env, 4 m end, 2 m ens à l'end, 1 m end.

R 11 Gl 1 m, 2 m end, 2 m ens à l'end, 1 jeté, 7 m end, 1 jeté, 3 m ens à l'env, 1 jeté, 3 m end, 2 m ens à l'end, 1 jeté, 1 m end tric par derr, (1 jeté, 2 m ens à l'end) 6 fs, 2 m end.

R 12 Gl 1 m, 21 m end, 7 m env, 2 m end, 2 m ens à l'end, 2 m end.

Rép les R 1 à 12.

Un châle traditionnel

Explications *(suite de la page 101).*

Rép de * à **. **R 55** *2 m end, (2 m ens à l'end, 1 jeté, 1 m end, 2 m ens à l'end, 1 jeté, 2 m end, 1 jeté, 3 m ens à l'end, 1 jeté, 2 m end, 1 jeté, 2 m ens à l'end, 1 m end, 1 jeté, 2 m ens à l'end, 13 m end) 3 fs, 2 m ens à l'end, 1 jeté, 1 m end, 2 m ens à l'end, 1 jeté, 2 m end, 1 jeté, 3 m ens à l'end, 1 jeté, 2 m end, 1 jeté, 2 m ens à l'end, 1 m end, 1 jeté, 2 m ens à l'end, 2 m end **, 1 m end, 1 jeté, 2 m ens à l'end. Rép de * à **. **R 57** *2 m end, 2 m ens à l'end, (2 m ens à l'end, 1 jeté, 1 m end, 2 m ens à l'end, 1 jeté, 3 m end, 1 jeté, 2 m ens à l'end, 1 m end, 1 jeté, 2 m ens à l'end, 17 m end) 3 fs, 2 m ens à l'end, 1 jeté, 1 m end, 2 m ens à l'end, 1 jeté, 3 m end, 1 jeté, 2 m ens à l'end, 1 m end, 1 jeté, 2 m ens à l'end, 2 m ens à l'end, 2 m end **, 1 m end, 1 jeté, 2 m ens. Rép de * à **. **R 59** *2 m end, (2 m ens à l'end, 1 jeté, 1 m end, 2 m ens à l'end, 1 jeté, 5 m end, 1 jeté, 2 m ens à l'end, 1 m end, 1 jeté, 2 m ens à l'end, 15 m end) 3 fs, 2 m ens à l'end, 1 jeté, 1 m end, 2 m ens à l'end, 1 jeté, 5 m end, 1 jeté, 2 m ens à l'end, 1 m end, 1 jeté, 2 m ens à l'end, 2 m end **, 1 m end, 1 jeté, 2 m ens à l'end. Rép de * à **. **R 61** *2 m end, 2 m ens à l'end, (2 m ens à l'end, 1 jeté, 2 m end, 1 jeté, 3 m ens à l'end, 1 jeté, 2 m end, 1 jeté, 2 m ens à l'end, 19 m end) 3 fs, 2 m ens à l'end, 1 jeté, 2 m end, 1 jeté, 3 m ens à l'end, 1 jeté, 2 m end, 1 jeté, 2 m ens à l'end, 2 m ens à l'end, 2 m end **, 1 m end, 1 jeté, 2 m ens à l'end. Rép de * à **. **R 63** *2 m end, (2 m ens à l'end, 1 jeté, 1 m end, 2 m ens à l'end, 1 jeté, 3 m end, 1 jeté, 2 m ens à l'end, 1 m end, 1 jeté, 2 m ens à l'end, 17 m end) 3 fs, 2 m ens à l'end, 1 jeté, 1 m end, 2 m ens à l'end, 1 jeté, 3 m end, 1 jeté, 2 m ens à l'end, 1 m end, 1 jeté, 2 m ens à l'end, 2 m end **, 1 m end, 1 jeté, 2 m ens à l'end. Rép de * à **. **R 65** *2 m end, 2 m ens à l'end, (2 m ens à l'end, 1 jeté, 5 m end, 1 jeté, 2 m ens à l'end, 21 m end) 3 fs, 2 m ens à l'end, 1 jeté, 5 m end, 1 jeté, 2 m ens à l'end, 2 m ens à l'end, 2 m end **, 1 m end, 1 jeté, 2 m ens. Rép de * à **. **R 67** *2 m end, (2 m ens à l'end, 1 jeté, 2 m end, 1 jeté, 3 m ens à l'end, 1 jeté, 2 m end, 1 jeté, 2 m ens à l'end, 19 m end) 3 fs, 2 m ens à l'end, 1 jeté, 2 m end, 1 jeté, 3 m ens à l'end, 1 jeté, 2 m end, 1 jeté, 2 m ens à l'end, 2 m end **, 1 m end, 1 jeté, 2 m ens à l'end. Rép de * à **. **R 69** *4 m end, (2 m ens à l'end, 1 jeté, 3 m end, 1 jeté, 2 m ens à l'end, 23 m end) 3 fs, 2 m ens à l'end, 1 jeté, 3 m end, 1 jeté, 2 m ens à l'end, 4 m end **, 1 m end, 1 jeté, 2 m ens à l'end. Rép de * à **. **R 71** *2 m end, 3 m ens à l'end, (1 jeté, 5 m end, 1 jeté, 2 m ens à l'end, 21 m end, 2 m ens à l'end) 3 fs, 1 jeté, 5 m end, 1 jeté, 3 m ens à l'end, 2 m end **, 1 m end, 1 jeté, 2 m ens à l'end. Rép de * à **. **R 73** *2 m end, 2 m ens à l'end, (1 jeté, 2 m ens à l'end, 1 m end, 2 m ens à l'end, 1 jeté, 25 m end) 3 fs, 1 jeté, 2 m ens à l'end, 1 m end, 2 m ens à l'end, 1 jeté, 2 m ens à l'end, 2 m end **, 1 m end, 1 jeté, 2 m ens à l'end. Rép de * à **. **R 75** *2 m end, 2 m ens à l'end, (1 jeté, 3 m ens à l'end, 1 jeté, 27 m end) 3 fs, 1 jeté, 3 m ens à l'end, 1 jeté, 2 m ens à l'end, 2 m end **, 1 m end, 1 jeté, 2 m ens à l'end. Rép de * à **. **R 76** 99 m end, 1 m end, 1 jeté, 2 m ens à l'end, 99 m end. **R 77** *2 m ens à l'end, 2 m ens à l'end, (1 jeté, 2 m ens à l'end) 46 fs, 2 m ens à l'end, 1 m end **, 1 m end, 1 jeté, 2 m ens à l'end. Rép de * à **. Vous avez 195 m. **R 78** (2 m ens à l'end, 1 jeté), 48 fs, 1 m end, 1 jeté, 2 m ens à l'end, 1 jeté, 2 m ens à l'end 48 fs. Le bord est terminé. Glissez maintenant les 99° m sur un fil; les 96 m restantes forment le début du panneau central. Répétez le motif de la bordure le long des côtés C et D de la lisière en laissant toutes les m sur un fil.

Panneau central

Commencez avec les 96 m en attente du côté A. **R 1** 17 m end, 2 m ens à l'end, (2 m end [1 jeté, 2 m ens à l'end] 2 fs, 1 jeté, 1 m end, 1 jeté, 2 m end, 3 m ens à l'end, 3 m end, 3 m ens à l'end) 4 fs, 2 m end, (1 jeté, 2 m ens à l'end) 2 fs, 1 jeté, 1 m end, 1 jeté, 2 m end, 2 m ens à l'end, 4 m end. **R 2** et tous les R pairs, à l'end. **R 3** 6 m end, (2 m ens à l'end, 2 m end [1 jeté, 2 m ens à l'end] 2 fs, 1 jeté, 3 m end, 1 jeté, 2 m end, 2 m ens à l'end, 1 m end) 4 fs, 2 m ens à l'end, 2 m end, (1 jeté, 2 m ens à l'end) 2 fs, 1 jeté, 3 m end, 1 jeté, 2 m end, 2 m ens à l'end, 3 m end. **R 5** 5 m end, 2 m ens à l'end, (2 m end [1 jeté, 2 m ens à l'end] 2 fs, 1 jeté, 5 m end, 1 jeté, 2 m end, 3 m ens à l'end) 4 fs, 2 m end, (1 jeté, 2 m ens à l'end) 2 fs, 1 jeté, 5 m end, 1 jeté, 2 m end, 2 m ens à l'end, 2 m end. **R 7** 4 m end, 2 m ens à l'end, 1 m end, (1 m end, 1 jeté, 1 m end [1 jeté, 2 m ens à l'end] 2 fs, 1 jeté, 2 m end, 2 m end, 2 m ens à l'end, 7 m end. **R 9** 3 m end, 2 m ens à l'end, 2 m end, (1 jeté, 3 m end [1 jeté, 2 m ens à l'end] 2 fs, 1 jeté, 2 m end, 2 m ens à l'end, 1 m end, 2 m ens à l'end, 2 m end) 4 fs, 1 jeté, 3 m end, (1 jeté, 2 m ens à l'end) 2 fs, 1 jeté, 2 m end, 2 m ens à l'end, 6 m end. **R 11** 2 m end, 2 m ens à l'end, 2 m end, 1 jeté, (5 m end, [1 jeté, 2 m ens à l'end] 2 fs, 1 jeté, 2 m end, 3 m ens à l'end, 2 m end, 1 jeté) 4 fs, 5 m end, (1 jeté, 2 m ens à l'end) 2 fs, 1 jeté, 2 m end, 2 m ens à l'end, 5 m end. **R 13** 6 m end, (1 m end, 2 m ens à l'end, 2 m end [1 jeté, 2 m ens à l'end] 2 fs, 1 jeté, 1 m end, 1 jeté, 2 m end, 2 m ens à l'end, 2 m end) 4 fs, 1 m end, 2 m ens à l'end, 2 m end, (1 jeté, 2 m ens à l'end) 2 fs, 1 jeté, 1 m end, 1 jeté, 2 m end, 2 m ens à l'end, 4 m end. **R 14** A l'end. Répétez 15 fs à partir du R 3, (rép sur 12 R). Laissez les m sur un fil.